Max Gottschald
Deutsche Namenkunde

Max Gottschald

Deutsche Namenkunde

Mit einer Einführung
in die Familiennamenkunde
von
Rudolf Schützeichel

6., durchgesehene und
bibliographisch aktualisierte Auflage

Walter de Gruyter · Berlin · New York

1. Auflage 1932
2. Auflage 1942
3. Auflage 1954
4. Auflage 1971
5. Auflage 1982

♾ Gedruckt auf säurefreiem Papier,
das die US-ANSI-Norm über Haltbarkeit erfüllt.

ISBN-13: 978-3-11-018031-2 (geb.)
ISBN-10: 3-11-018031-6 (geb.)

ISBN-13: 978-3-11-018032-9 (brosch.)
ISBN-10: 3-11-018032-4 (brosch.)

Bibliografische Information Der Deutschen Bibliothek

Die Deutsche Bibliothek verzeichnet diese Publikation in der Deutschen Nationalbibliografie; detaillierte bibliografische Daten sind im Internet über http://dnb.ddb.de abrufbar.

© Copyright 2006 by Walter de Gruyter GmbH & Co. KG, 10785 Berlin
Dieses Werk einschließlich aller seiner Teile ist urheberrechtlich geschützt. Jede Verwertung außerhalb der engen Grenzen des Urheberrechtsgesetzes ist ohne Zustimmung des Verlages unzulässig und strafbar. Das gilt insbesondere für Vervielfältigungen, Übersetzungen, Mikroverfilmungen und die Einspeicherung und Verarbeitung in elektronischen Systemen.
Printed in Germany
Einbandgestaltung: Christopher Schneider, Berlin
Druck und buchbinderische Verarbeitung: Hubert & Co. GmbH & Co. KG, Göttingen

ADOLF BACH
gewidmet
*31. Januar 1890   †19. April 1972

Inhalt

	Seite
Vorwort	11
Einführung in die Familiennamenkunde	13
Einleitung	13
I. Name und Bedeutung	14
1. Das Problem	14
2. Name und Appellativ	14
3. Der Name als sprachliches Zeichen	15
4. Name und Bedeutungsarten	16
5. Name und Bezeichnung	17
6. Name und Genus	18
II. Name, Individuum und Numerus	20
1. Bezeichnung des Individuums	20
2. Namen in Pluralform	21
III. Komposition germanischer Rufnamen	23
1. Morphologie	23
2. Stammformen des Erstglieds	24
3. Kompositionsarten	25
4. Komposition und Genus	26
5. Kompositionsgesetze	26
IV. Älteste Rufnamenschichten	27
1. Die Frage der Motivierung	27
2. Primärbildungen	28
3. Poetische Namengebung	29
4. Zweitglieder germanischer Primärbildungen	29
5. Zum historisch-soziologischen Befund	30
6. Erstglieder germanischer Primärbildungen	31
7. Sekundärbildungen	32
V. Eingliedrige Rufnamen	32
1. Derivation eingliedriger Rufnamen	32
2. Eingliedrige Rufnamen auf *-ing*	34
3. Partizipialbildungen	34
4. Kontraktionen und Lallnamen	35
5. Kosenamen auf *-man*, *wīb* und *-kint*	35
6. Entwicklung von Zweitgliedern zu Suffixen	36
VI. Beinamen	38
1. Beinamen zu Rufnamen	38
2. Beinamentypen	38

Inhalt

	Seite
VII. Fremdnamen in den Rufnamen	39
1. Vorläufer	39
2. Voraussetzungen	40
3. Das Aufkommen der Heiligennamen	41
4. Geistliche und Laien als Träger von Heiligennamen	43
5. Namenmoden	44
VIII. Die Entstehung der Familiennamen	45
1. Einnamigkeit und Mehrnamigkeit	45
2. Bindung familienmäßig zusammengehöriger Rufnamen	46
3. Beinamengebung und Familiennamen	47
IX. Familiennamen aus Rufnamen	47
1. Einfache Rufnamen	47
2. Derivation von Rufnamen	48
X. Familiennamen aus Herkunftsbezeichnungen	48
1. Einfache Herkunftsbezeichnungen	48
2. Derivation bei Herkunftsnamen	49
XI. Familiennamen aus Wohnstättenbezeichnungen	50
1. Zusammenrückungen	50
2. Derivation bei Wohnstättennamen	48
XII. Familiennamen aus Berufsbezeichnungen	51
1. Gruppen von Berufsnamen	51
2. Wortbildungsmöglichkeiten in Berufsnamen	53
XIII. Familiennamen aus indirekten Berufsbezeichnungen	54
1. Metonymien	54
2. Derivationen als indirekte Berufsnamen	55
XIV. Satznamen	55
1. Typen der Zusammenrückung	55
2. Satznamentypen	57
3. Entlehnung oder Polygenese	59
XV. Familiennamen aus Übernamen	60
1. Entstehung von Übernamen	60
2. Gruppen von Übernamen	55
XVI. Humanistennamen	61
1. Vorhumanistische Latinisierungen	61
2. Humanistenzeit	62
3. Typen der Antikisierung	62
XVII. Fremdnamen in den Familiennamen	63
1. Fremdnamen aus östlicher Nachbarschaft	63
2. Fremdnamen aus westlicher und südlicher Nachbarschaft	64
3. Sonstige Fremdnamen	64
XVIII. Familiennamengeographie	64
1. Sprachgeographische Grundlagen	64
2. Regional gebundene Bildungsweisen	65
3. Statistisch fundierte Familiennamengeographie	67

Inhalt

	Seite
XIX. Appellative aus Eigennamen	71
1. Appellative aus Rufnamen	72
2. Formationsmorpheme aus Eigennamen	72
3. Appellative aus Eigennamen berühmter Personen	73
4. Adjektive und Verben aus Eigennamen	73
XX. Neuzeitliche Entwicklungen	74
1. Durchsetzung der Familiennamen	74
2. Gesetzliche Bestimmungen	75
Namenbuch	77
Vorbemerkungen	77
Namen A bis Z	80
Anhang	551
Abkürzungen	552
Literatur	558
Anmerkungen	607

Vorwort

Seit der fünften Auflage ist dem Buch eine Einführung in die Familiennamenkunde vorangestellt, die ungezählten Lehrenden, Studierenden und interessierten Laien den Weg in die Namenkunde überhaupt gewiesen, sie auf diesem Weg begleitet und ihnen Rat und Orientierung gegeben hat. Sie wurden damit in den Stand versetzt, das Namenbuch richtig zu verstehen, ebenso andere Namenbücher und namenkundliche Publikationen kritisch zu nutzen und für die jeweiligen Anliegen in ihrem Wert zutreffend einzuschätzen. In zwanzig (römisch gezählten) Abschnitten wird der Problembereich in der gebotenen Knappheit übersichtlich und ausführlich genug dargestellt. Nach geringfügigen Verbesserungen kann die Einführung ihre Funktion im wesentlichen unverändert erfüllen.

Einführung in die Familiennamenkunde ist auch das Namenbuch, insofern es eine Fülle von Beispielen bringt, die zu dem jeweiligen Namen eine oder mehrere mögliche Erklärungen darstellen, ohne aufdringlichen Zwang ausüben zu wollen (gemäß Entscheidung des Verlags unverändert gegenüber der letzten Auflage).

Zwingende Erklärung der Entstehung und weiteren Entwicklung eines Namens kann erfolgversprechend im Grunde genommen nur über den jeweiligen Einzelnamen unter Hinzuziehung familiengeschichtlicher Dokumente und zugehöriger oder nahe stehender archivalischer Zeugnisse erfolgen. Hierbei spielt auch die Herkunftslandschaft eine wichtige Rolle, die Typisierung der angetroffenen Namenbelege und auch alle sonstigen Umstände, die die Erkenntnis fördern und sichern können. Die Einträge des Namenbuchs geben erste Auskunft und helfen allen Benutzern, die, aus welchen Gründen auch immer, weiterhin in großer Zahl das Buch zu Rate ziehen werden.

Die in dem Verzeichnis gebotene wissenschaftliche Literatur ist stärker als bisher auf den Themenbereich der Familiennamen konzentriert. Das bedeutet zugleich Straffung, aber auch die Hereinnahme vieler Publikationen aus den Jahrzehnten seit der letzten Auflage. Die wichtigen Hilfsmittel können im allgemeinen auch im Hinblick auf weitere Forschung wegweisend sein.

Eine schließliche Sortierung nach verschiedenen Problembereichen oder Landschaften soll die Benutzung noch zusätzlich erleichtern.

Münster, am 25. Juni 2005   *Rudolf Schützeichel*

Einführung in die Familiennamenkunde

Einleitung

Die folgende Einführung soll den Fragenbereich der deutschen Familiennamen von Grund auf erschließen helfen. Das macht es zunächst erforderlich, die wichtigsten sprachtheoretischen Aspekte der Eigennamen zu klären, was in den ersten beiden Abschnitten (I. Name und Bedeutung; II. Name, Individuum und Numerus) geschieht. Das ändert nichts an dem auch sprachwissenschaftlich zu konstatierenden Primat der Geschichte.

Der entwicklungsgeschichtliche Ausgangspunkt war sodann bei den germanischen Rufnamen zu sehen, und zwar den zweigliedrigen Kompositionen, die zunächst hinsichtlich ihres morphologischen Befundes (III. Komposition germanischer Rufnamen) dargestellt werden. Ein weiterer Teil (IV. Älteste Rufnamenschichten) sucht die Möglichkeiten der Erfassung von Primärbildungen und ihrer Abgrenzung gegen Sekundärbildungen herauszuarbeiten. Den eingliedrigen Namen wird wegen ihrer Vielfalt relativ breiter Raum (V. Eingliedrige Rufnamen) gegeben. Den ältesten Beinamentypen ist ein eigener Abschnitt (VI. Beinamen) gewidmet.

Die Behandlung des Aufkommens der Heiligennamen (VII. Fremdnamen in den Rufnamen) führt schon in eine im ganzen jüngere Zeit. Damit sind wesentliche Voraussetzungen für die Geschichte der Familiennamen geklärt, was um so notwendiger ist, als germanische Namen ebenso wie Fremdnamen, die als Rufnamen verwandt wurden, Eingang in den deutschen Familiennamenschatz gefunden haben.

Die unmittelbaren historischen Bedingungen der Familiennamen werden kurz dargestellt (VIII. Die Entstehung der Familiennamen). Sodann wird das weitgefächerte Spektrum ihrer jeweiligen Grundlagen aufgezeigt (IX. Familiennamen aus Rufnamen; X. Familiennamen aus Herkunftsbezeichnungen; XI. Familiennamen aus Wohnstättenbezeichnungen; XII. Familiennamen aus Berufsbezeichnungen; XIII. Familiennamen aus indirekten Berufsbezeichnungen; XIV. Satznamen; XV. Familiennamen aus Übernamen).

Die folgenden Abschnitte (XVI. Humanistennamen; XVII. Fremdnamen in den Familiennamen) beleuchten fremdsprachige Einflüsse auf den deutschen Familiennamenbestand. Ansätze und Möglichkeiten einer modernen räumlichen Erforschung und Darstellung der Familiennamen werden in einem weiteren Abschnitt (XVIII. Familiennamengeographie) vorgeführt, schließlich die Entstehung neuer Wörter aus Eigennamen (XIX. Appellative aus Eigennamen). Eine Abrundung des geschichtlichen Prozesses erfolgt in einem besonderen Teil (XX. Neuzeitliche Entwicklungen). Zu allem treten die Literaturhinweise zum Ganzen und zu den einzelnen Abschnitten (Anhang), so daß diese Einführung nicht nur den Weg zu dem anschließenden Namenbuch ebnen will, daß sie darüber hinaus tatsächlich in die zentralen Bereiche der Personennamenkunde mit ihren Hilfsmitteln und ihrer wichtigsten Literatur einführt. Der streng genommen zu weit gefaßte Titel ‚Deutsche Namenkunde' erfährt insofern nachträglich seine Rechtfertigung.

Die Einführung in die Familiennamenkunde erfolgt also in systematischer wie in historischer Hinsicht. Familiennamen sind sprachliche Gebilde, sprachliche Zeichen, die zunächst sprachwissenschaftliche Beschreibung verlangen. Sie sind zugleich historische Sprachmuster, Traditionen, die uns überkommen sind und die wir weiterzugeben gedenken, weswegen sie aber nicht aufhören, Gegenstand der Sprachwissenschaft zu sein. Sie spiegeln in ihrem heutigen Bestand historisch-soziologische und sprachgeschichtliche Bedingungen vor allem des späten und ausgehenden deutschen Mittelalters, aber auch vorangegangener wie nachfolgender Jahrhunderte. Die Träger der Familiennamen stehen mit diesen Namen tief in der Geschichte des Volkes, dem sie angehören. Die Familiennamen müssen ebenso sprachwissenschaftlich-theoretisch wie sprachwissenschaftlich-historisch verstanden werden, ein weitgespannter Aufgabenbereich, dem die folgende Einführung dienen soll.

I. Name und Bedeutung

1. Das Problem

Das Problem sei an einem einfachen Beispiel erläutert: *Bach ist ein bedeutender Name in der Musik. — Münster ist ein bedeutender Name am Ende des Dreißigjährigen Krieges.*

An den einfachen Sätzen läßt sich folgendes feststellen:

a) In beiden Fällen liegen augenscheinlich Eigennamen vor: *Bach*, der Name eines Menschen; *Münster*, der Name einer Stadt.

b) In beiden Fällen haben die Namen augenscheinlich substantivischen Charakter. Sie sind Substantive.

c) In beiden Fällen existieren Parallelen zu Substantiven, die augenscheinlich keine Namen sind: *Der Bach, der zwischen den Feldern fließt. — Das Münster, das sich in Straßburg erhebt.*

d) In beiden Fällen des einleitenden Beispiels ist aber auch offenkundig, daß der jeweilige Träger des Namens gemeint ist, der Komponist beziehungsweise die Stadt, und nicht der Name als solcher.

e) In beiden Fällen ist ferner offenkundig, daß von Bedeutung die Rede ist, allerdings in einem landläufigen Sinn, nämlich von der Bedeutung eines Mannes in der Geschichte der Musik und von der Bedeutung einer Stadt im Westfälischen Frieden. Das ist aber scharf zu trennen von Bedeutung im sprachwissenschaftlichen Sinn. Sprachwissenschaftlich wäre das Wort Bedeutung so nicht verwendbar.

f) Das heißt nun nicht, daß die beiden Sätze sprachlich nicht möglich wären. Sie sind weder ungrammatisch noch unrichtig noch semantisch unklar. Demnach muß in dem Wort Name die Möglichkeit einer inhaltlichen Verschiebung (einer Metonymie) stecken, so daß dieses Wort beispielsweise für die Person und nicht nur für die Bezeichnung der Person stehen kann (wie beispielsweise: *Bach ist sein Name. — Bach ist ein kurzer Name. — Bach ist ein Eigenname*).

2. Name und Appellativ

Aus alledem folgt:

a) Namen sind Substantive.

b) Namen unterscheiden sich von anderen Substantiven, so wie sich *Bach* von *Bach* unterscheidet, *Münster* (als Name einer Stadt) von *Münster* (als Bezeichnung einer Kirche).

c) Diese Unterscheidung fassen wir terminologisch als Unterscheidung von Eigenname (nomen proprium) und Appellativ (nomen appellativum). Damit haben wir die Termini Name (Eigenname) und Appellativ, und wir müssen zunächst versuchen, den deutlich spürbar sachlichen Unterschied sprachwissenschaftlich zu verstehen. Es geht um die sprachwissenschaftlich feststellbaren Fakten, die es uns beim Sprechen gestatten, mit dem gleichen Lautkontinuum, mit dem gleichen Wort, einmal den Forellenbach und ein andermal den Musiker Bach zu bezeichnen, um bei diesem Beispiel zu bleiben.

3. Der Name als sprachliches Zeichen

Ausgangspunkt ist die Bestimmung des Eigennamens als sprachliches Zeichen.

a) Bei jedem sprachlichen Zeichen unterscheiden wir Ausdrucksseite und Inhaltsseite, das heißt, die äußere Wortgestalt einerseits und den Wortinhalt andererseits. Wir haben in der Sprache also den Ausdruck und andererseits das, was mit dem Ausdruck zum Ausdruck kommt, das Inhaltliche. Auf diesen sprachlichen Inhalt müssen wir uns nun konzentrieren.

b) Wir unterscheiden verschiedene Ebenen des sprachlichen Inhalts, nämlich Bezeichnung, Bedeutung und Sinn.

c) Zum Verständnis dieser Unterscheidung dreier inhaltlicher Ebenen ist noch eine andere Unterscheidung einzubringen, nämlich die Unterscheidung von Sprechen, Einzelsprache und Text.

d) Die Sprache als allgemeine menschliche Tätigkeit ist das Sprechen.

e) Die Traditionen des Sprechens, die für historisch gewordene Sprachgemeinschaften gelten, sind die Einzelsprachen (also Deutsch, Französisch, Englisch und so weiter).

f) Ein Sprechakt oder mehrere im Zusammenhang stehende Sprechakte sind der Text, wobei es unerheblich ist, ob er nun gesprochen oder geschrieben wird.

g) Diesen drei Aspekten, unter denen wir die Sprache sehen, ordnen wir die inhaltlichen Ebenen zu. Bezeichnung, Bedeutung und Sinn ordnen wir jeweils dem Sprechen, der Einzelsprache und dem Text zu.

h) Das ist einmal so zu verstehen, daß wir die Sprache als Sprechen oder als Einzelsprache oder als Text untersuchen können, zum anderen so, daß im einzelnen Sprechakt Sprechen erfolgt, indem Einzelsprache gesprochen und ein Text produziert wird. Sprechen, Einzelsprache und Text sind insofern also beieinander. In jedem Sprechakt werden auch die semantischen Ebenen Bezeichnung, Bedeutung und Sinn angetroffen.

i) Bezeichnung meint den Bezug auf das Außersprachliche, auf den außersprachlichen Tatbestand. Man könnte auch sagen, Bezeichnung sei der außersprachliche Tatbestand, also Baum oder Mensch oder die Verhältnisse der Menschen untereinander oder Größen oder Tätigkeiten (und so weiter), also alles, zu dem sprachlich ein Bezug hergestellt werden kann. Bezeichnung als Begriff der Semantik meint diesen Bezug. Dieser Bezug wird im Sprechen hergestellt. Insofern ist die Bezeichnung auf das Sprechen bezogen.

j) Dabei steht nicht die Frage im Vordergrund, mit welchen sprachlichen Mitteln oder mit welcher Sprache überhaupt das im einzelnen geschieht. Gemeint ist nur die Bezeichnung als Bezug zum außersprachlichen Denkinhalt. Deswegen kann in verschiedenen Sprachen natürlich das Gleiche bezeichnet werden *(Freund/amicus)*. Deswegen kann auch mit verschiedenen sprachlichen Mitteln der gleichen Sprache das Gleiche bezeichnet werden *(Schrank/Kommode)*.

k) Mit Bedeutung ist der einzelsprachlich gegebene Inhalt gemeint. Auf dieser semantischen Ebene geht es um den Unterschied im Inhaltlichen in der Sprache selbst. *Schrank* und *Kommode* haben verschiedene Bedeutung, bezeichnen im gegebenen Sprechakt womöglich dasselbe. *Die Tür ist offen / Die Tür ist nicht geschlossen:* Beide Sätze haben verschiedene Bedeutung, bezeichnen aber dasselbe. Entsprechendes gilt von: *Hans schlägt Peter / Peter wird von Hans geschlagen.*

l) Umgekehrt kann mit der gleichen Bedeutung unter Umständen Verschiedenes bezeichnet werden. Das läßt sich etwa bei den Konstruktionen mit *mit* zeigen: *Er schneidet das Brot mit dem Messer / Sie geht mit dem Pelzmantel, mit dem Dackel und mit dem Mann spazieren.* Mit etwas hat gleiche Bedeutung, bezeichnet aber Verschiedenes. Mithin kann durch dieselbe Bedeutung Verschiedenes bezeichnet werden.

m) Sinn als sprachwissenschaftlicher, nämlich semantischer Terminus eignet nur dem Text, der im Sprechakt als Ganzes entsteht. Gemeint ist der besondere Inhalt, der über Bezeichnung und Bedeutung hinaus in einem Text zum Ausdruck kommt. Es geht also sozusagen um die Bedeutung der Bedeutung. So kann es kommen, daß ein Text in verschiedenen individuellen Situationen verschiedenen Sinn haben kann. Das führt natürlich weit über die Namenkunde im engeren Sinn hinaus. Es ist aber zu beachten, daß den Namen als solchen sprachwissenschaftlich kein Sinn zugesprochen werden kann.

4. Name und Bedeutungsarten

Für die Namen ist die Frage nach der Bedeutung von besonderer Wichtigkeit. Dabei sind aber zunächst noch einige Unterscheidungen notwendig, und zwar über die Feststellung hinaus, daß die Bedeutung an die Einzelsprache gebunden ist. Wir müssen nämlich die Bedeutung in ihrer jeweiligen Bedeutungsart erfassen. Zu unterscheiden sind: lexikalische Bedeutung, kategorielle Bedeutung, instrumentale Bedeutung, syntaktische Bedeutung und ontische Bedeutung.

a) Instrumentale Bedeutung und syntaktische Bedeutung gehören in gewisser Weise zusammen. Instrumentale Bedeutung meint die jeweilige Bedeutung der Morpheme, die dem Aufbau der grammatischen Kategorien dient. So ist das *-e* in *Hunde* pluralisierend, das *-t* in *geht* Signal der 3. Person Singular Indikativ Präsens Aktiv. Die syntaktische Bedeutung bezieht sich demgegenüber auf den ganzen Satz und die Struktur des ganzen Satzes, wie Pluralsatz, Aktivsatz und so weiter. Die ontische Bedeutung bezieht sich ebenfalls auf den ganzen Satz. Sie meint den Existenzwert, der einem Tatbestand in einem Satz zugeschrieben wird. So haben die Sätze *Er kommt* und *Er kommt nicht* die gleiche Struktur im Sinne der syntaktischen Bedeutung. Hinsichtlich ihrer ontischen Bedeutung sind sie jedoch verschieden, nämlich affirmativ beziehungsweise verneinend.

b) Für die Namen sind die beiden anderen Bedeutungsarten von Belang, nämlich lexikalische Bedeutung und kategorielle Bedeutung. Die lexikalische Bedeutung meint das Was der sprachlichen Erfassung der Welt. So steht *warm* gegen *kühl*, *erwärmen* gegen *abkühlen*, *Wärme* gegen *Kühle*. Es stehen sich also in den gewählten Beispielwörtern *Wärme* einerseits und *Kühle* andererseits als lexikalische Bedeutung gegenüber. Das muß von der Bezeichnung unterschieden werden. Der Bezug zu einem außersprachlichen Tatbestand kann eben auch mit anderen Bedeutungen hergestellt werden: *nicht kalt = warm; lau = warm; nicht heiß = warm.* Verschiedene Bedeutungen können mithin das Gleiche bezeichnen. Der Unterschied von Bedeutung und Bezeichnung muß also durchgehalten werden und wird gerade auch für die Namen von Belang.

c) Die kategorielle Bedeutung meint im Unterschied zur lexikalischen Bedeutung das Wie der Erfassung der Welt. Bei *kühl* und *warm* läßt sich hinsichtlich des Was verschiedene lexikalische Bedeutung konstatieren. Hinsichtlich des Wie liegt aber die gleiche Bedeutung vor. Beides sind Adjektive. Im Adjektiv wird die Welt als Eigenschaft erfaßt. Darin stimmen also *kühl* und *warm* überein. Das heißt, daß sie in der kategoriellen Bedeutung übereinstimmen.

d) Kategorielle Bedeutung ist diejenige Bedeutung, die jeweils einer ganzen Wortart eignet. So gesehen erfaßt das Substantiv die Welt als Ding, gleichgültig ob es dem Was nach ein Ding ist oder nicht. Das Verb hingegen erfaßt die Welt als Tätigkeit, und zwar auch dann, wenn in der lexikalischen Bedeutung keine Tätigkeit zum Ausdruck kommt.

e) Für die Namen (nomina propria) heißt das, daß sie als Substantiv dessen kategorielle Bedeutung haben. Die Welt wird in der entsprechenden Hypostasierung als Ding gesehen, was also die kategorielle Bedeutung des Substantivs meint und keine Aussage über die lexikalische Bedeutung sein kann. Die Eigennamen sind immer Substantive. Auch wenn jemand *Schwarz* oder *Klein* oder *Groß* heißt, liegt keineswegs die Wortart Adjektiv und keineswegs die kategorielle Bedeutung des Adjektivs vor. Entsprechendes gilt für das Verb, das in einem Namen stecken kann, zum Beispiel: *Kehrein, Fürchtegott.* Weiterhin liegt auch keineswegs syntaktische Bedeutung vor, obwohl solche Namen sich ihrem Ursprung nach als Sätze zu erkennen geben *(Fürchte Gott).*

5. Name und Bezeichnung

Bei den Eigennamen ist das Augenmerk zunächst auf die semantische Ebene der Bezeichnung zu richten.

a) Der Eigenname bezeichnet jeweils ein Individuum, beispielsweise eine Person *(Karl, Bach)* oder beispielsweise eine Stadt *(Münster, Köln).*

b) Es ist nun zu klären, wie diese Bezeichnungsfunktion erfüllt wird. Wir können zunächst formulieren: Der Name bezeichnet, und zwar bezeichnet er unmittelbar. Das will heißen, daß er, ohne selbst lexikalische Bedeutung zu besitzen, seine Bezeichnungsfunktion erfüllt. Insofern ließe sich sagen, der Name bedeutet nichts, er bezeichnet nur. Dabei kann nur die lexikalische Bedeutung gemeint sein, die ihm abgeht. Kategorielle Bedeutung, und zwar die des Substantivs, und instrumentale Bedeutung lassen sich beim Namen jedoch feststellen.

c) An dieser Stelle müssen wir zunächst anmerken, daß nicht allein bei den Namen das Fehlen lexikalischer Bedeutung zu konstatieren ist. Bei einer Reihe von Kleinwörtern liegt keine lexikalische Bedeutung vor *(ich, du, nein, ja* und so weiter). Freilich können solche Wörter durch Transposition in eine andere Wortart lexikalische Bedeutung erlangen: *Das geliebte Du. — Das gekränkte Ich. — Das stereotype Nein. — Er hat ihr sein Ja gegeben.* In diesen Beispielen sind Substantive mit der entsprechenden kategoriellen Bedeutung und mit dem Gewinn von lexikalischer Bedeutung entstanden.

d) Bei den Namen fehlt die lexikalische Bedeutung. *Bach* als Name hat nicht die lexikalische Bedeutung des Appellativs *Bach.* Andererseits können auch Namen lexikalische Bedeutung erlangen: *Ein dummer August; Veronika* als Gattungsbezeichnung und so weiter. In solchen Fällen liegen in Wahrheit keine Eigennamen vor. Eigennamen sind zu Appellativen geworden. Darüber wird weiter unten noch zu sprechen sein.

e) Umgekehrt können Appellative ihre lexikalische Bedeutung verlieren, indem sie Namen werden: *Schwarz* kann blondes Haar und helle Haut haben. — *Ungeraten* kann sehr geraten sein. Aber auch, wenn ein Mensch mit Namen *Schwarz* schwarze Haare und schwarze Haut hat, hat dieser Name die kategorielle Bedeutung des Substantivs, nicht mehr die des Adjektivs. Eine lexikalische Bedeutung liegt nicht mehr vor, auch wenn das Motiv der Benennung noch erkennbar ist. Das ist aber von der lexikalischen Bedeutung zu unterscheiden.

f) Bei den Appellativen, die also nicht Eigennamen sind, können wir formulieren, daß sie etwas bezeichnen, indem sie etwas bedeuten. Gemeint ist die lexikalische Bedeutung. Die lexikalische Bedeutung des Substantivs trifft nun zweierlei, nämlich die Gattung wie den Angehörigen einer Gattung. Mit dem Substantiv *Tisch* oder *Baum* oder *Mensch* kann entweder die Gattung Tisch oder Baum oder Mensch bezeichnet werden oder ein Angehöriger dieser Gattung, ein Tisch, ein Baum, ein Mensch. Offenbar eröffnet die lexikalische Bedeutung die Möglichkeiten der Bezeichnung. Zwar können sehr viele Dinge als Tisch bezeichnet werden, solange die lexikalische Bedeutung das zuläßt. Die lexikalische Bedeutung des Wortes scheint aber nicht zuzulassen, daß ich damit die Heckenrose bezeichne. Die lexikalische Bedeutung schafft Möglichkeiten der Bezeichnung und richtet Hindernisse der Bezeichnung auf: *Seicht* kann nur von einem niedrigen Gewässer gesagt werden, nicht von einem Karton, obwohl der auch niedrig sein mag.

g) Damit verschärft sich aber die Frage, wie denn bei den Namen die Bezeichnung funktionieren kann, da sie keine lexikalische Bedeutung haben sollen. Dabei muß man zunächst sehen, daß die genauere Fixierung des einzelnen Angehörigen einer Gattung, der mit einem Appellativ bezeichnet werden soll, durch den sprachlichen oder außersprachlichen Kontext oder in Zusammenwirken beider in einem Sprechakt erfolgt, also nicht schon allein durch die lexikalische Bedeutung. Die Fixierung dessen, der mit einem Namen bezeichnet werden soll, erfolgt nun ebenfalls im Sprechakt, und sei es durch den direkten Fingerzeig: *Das ist Hans.* In der lexikalischen Bedeutung aber sind weder Möglichkeiten noch Hindernisse der Bezeichnung mit Namen zu suchen, da die Namen über keine lexikalische Bedeutung verfügen.

h) In einem Sprechakt stellt der Sprecher mit dem Namen eine unmittelbare Beziehung zu einem Namenträger her. Der Sprecher bezieht sich mit dem Namen auf den einen von ihm bezeichneten *Jakob,* das heißt, auf einen ganz bestimmten Träger dieses Namens.

i) Das gelingt aber nur, wenn Sprecher und Hörer dementsprechende Bedingungen aufweisen, das heißt, wenn insbesondere auch der Hörer weiß, wer dieser eine *Jakob* ist, von dem der Sprecher spricht. Der Hörer muß also verstehen, wer der Bezeichnete ist, wem die Bezeichnung gilt. Der Sprecher muß diese Verstehensmöglichkeit des Hörers antizipieren.

6. Name und Genus

Dabei ist nun eine Reihe von Feststellungen zu treffen:

a) Das in dem letzten Beispiel auftretende sprachliche Zeichen, *Jakob,* ist ein Name, genauer ein Rufname, und zwar ein männlicher Rufname, so daß damit ein Mann bezeichnet werden kann. Das gilt dann für alle derartigen Namen, also für *Jakob* ebenso wie für *Franzjosef, Heinrich, Dietrich* (und so weiter). Insofern hätten wir es mit Gebrauchsbedingungen zu tun, insofern nämlich, als ein solcher Name als Bezeichnung eines Mannes gebraucht werden kann.

b) Diese Beobachtung ist zunächst richtig. Sie darf aber nicht als allgemein gültige oder absolute Feststellung formuliert werden, denn: *Jakob ist ein Hund* (selbstverständlich in einem anderen Kontext, so wie *Cäsar* oder *Rolf* oder *Waldi* oder andere Namen auch Hundenamen sein können). Oder: *Jakob ist ein Pferd,* da auch Pferde solche Namen tragen können oder Maultiere oder Esel oder Ochsen oder Goldfische (und so weiter). *Jakob hat schlechte Zähne:* Das könnte sich auf einen Mann wie auf einen Hund wie auf ein Pferd beziehen. Nur der weitere Kontext kann hier sicherstellen, wer in diesem Sprechakt bezeichnet wird.

c) Mithin bliebe als sicheres Merkmal nur das maskuline Genus übrig und weiterhin, daß die Bezeichnung für ein organisches Lebewesen wie einen Menschen oder wie ein Tier gebraucht werden könnte. Die Gebrauchsbedingungen sind also anders zu fassen. Aber selbst diese Korrektur genügt nicht, denn *Jakob* kann auch Familienname sein. Hier ist an die häufiger auftretenden Familiennamen *Werner (Joachim Werner), Franz (Günter Franz), Heinrich (Wolfgang Heinrich), Walter (Otmar Walter), Dietrich (Marlene Dietrich), Gerhard (Paul Gerhard), Heinz (Josef Heinz)* (und so weiter) zu denken.

Das bedeutet aber, daß jeder Angehörige der betreffenden Familie diesen Namen trägt, also auch die weiblichen Mitglieder, wie spätestens das Beispiel *Marlene Dietrich* zeigt. In einem Sprechakt kann durch zusätzliche Bestimmungen deutlich werden, wer bezeichnet werden soll: *Marlene Dietrich singt* (soweit eben *Marlene* als weiblicher Rufname identifiziert wird) oder: *Die Dietrich singt* (wo der stilistisch anstößige weibliche Artikel das Geschlecht sicherstellt und einen männlichen Sänger ausschließt).

Aus solchen Beobachtungen ergibt sich, daß selbst das Genus offensichtlich nicht eindeutig im Namen festgelegt ist, mit dem Namen nicht ohne weiteres gegeben ist, so daß zusätzliche Bezeichnungen erfolgen müssen, wenn im Sprechakt eine genaue Fixierung erfolgen soll: *Der Walter spielt Fußball. — Die Walter ist Friseuse.* Natürlich kann sich die Fixierung auch ohnehin aus dem weiteren Kontext ergeben.

d) Das zeigt aber, daß die Namen das Geschlecht des Bezeichneten tragen. Das ist anders bei Appellativen, die vielfach über ein Genus verfügen, das dem natürlichen Geschlecht des Bezeichneten gerade nicht entspricht: *Der Tisch, der da steht* (der Sache nach nicht männlich), aber: *Jakob, der da steht* (männlich). — *Die Tasse, die er liebt* (der Sache nach nicht weiblich), aber: *Luise, die er liebt* (weiblich). — *Das Kind, das er liebt* (dem natürlichen Geschlecht nach männlich oder weiblich), aber: *Elisabeth, die er liebt, die noch ein Kind ist.*

Das Genus ist beim Eigennamen mithin vom bezeichneten Individuum abhängig, anders als bei den Appellativen, deren grammatisches Genus nicht mit dem außersprachlichen Geschlecht des Bezeichneten übereinzustimmen braucht *(das Pferd, das Mädchen, das Weib).*

Beim Hinzutreten eines Adjektivs richtet sich dieses im Genus nach dem Geschlecht des bezeichneten Individuums: *schöner Sigismund — schöne Dietrich.*

e) Die Beobachtung gilt nun nicht nur für meist männliche Namen, die gelegentlich ein weibliches Individuum bezeichnen können. Prinzipiell gilt auch das Umgekehrte. Das läßt sich gelegentlich bei Familiennamen beobachten, zum Beispiel: *Nies* (aus *Agnes*), *Metze* (aus *Mathilde*). Ein solcher Name, der letzten Endes aus einem weiblichen Rufnamen stammt, wird dann auch von den männlichen Mitgliedern der Familie so getragen. Am Rande ist darauf hinzuweisen, daß auch männliche Personen weibliche Rufnamen tragen, wenigstens zusätzlich: *Carl Maria von Weber, Rainer Maria Rilke.*

f) Einige Rufnamen werden teilweise als männlich, teilweise als weiblich fixiert, wie bei dem Beispiel *Hartmut,* ein Name, mit dem die einen eine Tochter, die anderen einen Sohn benennen.

g) Prinzipiell ist das Geschlecht der Namen also von ihrer Bezeichnung abhängig, nämlich von dem, was sie bezeichnen. In der Sprache erkennen wir aber traditionelle Muster, die die Namen als typisch weiblich oder typisch männlich erscheinen lassen, was die Rufnamen angeht, ferner Namen, die dem Typus der Familiennamen angehören. Die Typologie der Namen gehört natürlich mit zu einer umfassenden Typologie der Sprache. Solche Typologie und auch die Namentypen im einzelnen sind historisch geworden und nur historisch vollständig zu begreifen. Es wird also auf die Namentypen aus dem Blickwinkel der Sprachgeschichte zurückzukommen sein.

h) Hier ist jedoch noch ein weiterer Punkt zu beachten. Das ist die Fixierung der Eigennamen auf den Namentträger. Diese Fixierung geschieht durch den Taufakt oder durch spätere Akte rechtlicher Art, bei Eheschließung, bei Eintritt in eine Mönchsgemeinschaft und dergleichen.

Diese Fixierung ist ein sozusagen außersprachlicher Vorgang, was sich auch an den Einschränkungen zeigt, die hier gemacht werden müssen. Ein Name kann wieder abgelegt werden, wie beispielsweise bei der Eheschließung oder beim Eintritt in eine Mönchsgemeinschaft, schließlich durch staatliche Eingriffe *(St. Petersburg — Leningrad)*.

Der Name kann auch als solcher verändert werden, was insbesondere bei den Rufnamen häufig erfolgt *(Johannes — Johann — Hannes — Hans)*.

Übernamen, die als sogenannte Beinamen gegeben werden, sind vielfach ohne den Willen und gegen den Willen des Betroffenen verliehen worden. Sie können aber auch dann festbleiben. Das zeigt, daß die anderen Teilhaber einer engeren Gemeinschaft die Bezeichnungsfunktion eines Namens durch die fortgesetzte Verwendung sicherstellen, die Bezeichnung eines Individuums mit diesem oder jenem Namen also herstellen.

i) Bei der Fixierung des Namens auf ein Individuum spielen zusätzliche sprachliche Mittel kaum eine Rolle. Vielmehr sind die Eigennamen in mancher Hinsicht sprachlich weniger ausgestaltet als die sonstigen Appellative. Sie haben keine lexikalische Bedeutung. Sie werden im allgemeinen nicht mehr flektiert *(Goethen gesehen; Goethe gesehen)*. Sie sollten ohne Artikel verwendet werden, wobei aber gesehen werden muß, daß die Artikelverwendung sich vielfach doch beobachten läßt.

j) Die Fixierung des Namens auf ein bestimmtes Individuum ist allein an die Gemeinschaft der in einem Sprechakt Handelnden gebunden. Man kann auch sagen, daß sie allein von dem außersprachlichen Wissen der Sprecher/Hörer bestimmt sei. Hier wirkt die Kenntnis des Außersprachlichen hinein. Weil jemand weiß, wer *Jakob* ist, versteht er, daß von ihm gesprochen wird, was dann zugleich die Grundlage des weiteren Verstehens ist. Das bedeutet, daß die Namen im einzelnen eine Bindung an kleine, oft sehr kleine Sprachgemeinschaften haben. Man könnte fast von einer Code-Bezogenheit sprechen, insofern der Name in einem Code existiert, über den eine kleinere oder größere Gemeinschaft verfügt. Das Appellativ *Eisen* kann in Wien wie in Hamburg mit der gleichen Fixierung verwandt werden und ohne engere Gemeinschaft der Wiener und der Hamburger. Ihre Gemeinschaft besteht in dem Verfügen über die gleiche Einzelsprache. Der Personenname *Richard Strauß* kann ebenfalls in Wien wie in Hamburg sehr leicht fixiert werden, wenigstens soweit Kenntnis dieses Namentträgers vorliegt. Der Name *Richard* aber kann nur in einer engeren Sprachgemeinschaft als Bezeichnung eines außersprachlichen Objekts bestimmt und insofern verstanden werden. Kosenamen vom Typus *Mausi* oder *Peterle* sind oft nur in der kleinen Gemeinschaft einer Familie verwendbar, fixierbar und auf das Objekt hin identifizierbar, gelegentlich auch nur in einer Sprachgemeinschaft von weniger als drei Personen.

II. Name, Individuum und Numerus

1. Bezeichnung des Individuums

Das entscheidende semantische Kennzeichen der Eigennamen ist ihre Bezeichnungsfunktion, während ihnen auf der semantischen Ebene der Bedeutung die lexikalische Bedeutung abgeht.

Die Eigennamen finden beim Sprechen Verwendung. Im Sprechakt erhält der Name eine bestimmte Bezeichnung, eine Referenz auf ein Individuum hin. Der Eigenname bezeichnet als solcher ein Individuum.

Soll also ein Substantiv Eigenname sein, so muß Bezeichnung eines Individuums als Individuum vorliegen (nicht als Angehöriger einer Gattung). Daraus folgt, daß Eigennamen nicht im Plural auftreten können. Die nähere semantische Charakterisierung der Eigennamen läuft einer Pluralbildung zuwider.

2. Namen in Pluralform

Dieser Annahme scheinen aber einige Fälle zu widersprechen:

a) Substantive vom Typus: *Die Pyrenäen, die Alpen, die Azoren, die Vereinigten Staaten,* die als Eigennamen aufgefaßt werden. Sie haben keinen Singular. In der Tat sind es viele Berge, viele Inseln, viele Staaten. Es liegt also eine Vielheit vor, und zwar eine Allheit. Gemeint sind alle zu dem betreffenden Gebirge gehörigen Berge, alle zu der betreffenden Gruppe gehörigen Inseln, alle zu dem betreffenden Staatsgebilde gehörigen Staaten. Das heißt: Allheit ist eine Vielheit, die als Einheit betrachtet wird. Im Objekt liegt eine Vielheit vor, viele Inseln zum Beispiel. In der Bezeichnung werden sie als Einheit betrachtet, ohne daß der Plural daran etwas änderte. Der Plural bezeichnet in diesem Fall nicht diese und jene und eine weitere Insel zusammen als jeweils einzelne (so wie bei: *die Inseln, viele Inseln*). Der Plural bezeichnet das ganze Archipel, das ganze Gebirge, das ganze Staatsgebilde. Das bedeutet, daß die in der grammatischen Kategorie des Numerus im Deutschen angelegte Opposition Singular/Plural neutralisiert ist. Das ergibt sich auch daraus, daß ein Singular in den genannten Beispielen fehlt. Es gibt zu *den Vereinigten Staaten* keinen *Vereinigten Staat*. Die Opposition einer/viele läßt sich also nicht aufbauen. Es liegt tatsächlich jeweils ein Eigenname vor, der als solcher ein Individuum bezeichnet, nämlich eine Allheit, eine Vielheit, die als Einheit betrachtet wird.

b) In diesem Zusammenhang sind auch Substantive zu beachten, die sich auf eine Vielzahl gleichgenannter Gegenstände beziehen, also beispielsweise alle *Karls* einer Schulklasse, alle *Marias* eines Gesangvereins, alle *Neustadts* in der Bundesrepublik Deutschland.

Der Eigenname ist immer individualisierend. Wird einer *Karl* genannt *(Er heißt Karl. — Karl, höre mal)*, so wird er nicht etwa einer Klasse oder Gattung *Karl* zugeordnet, so wie er in einem anderen sprachlichen Zusammenhang einer Klasse *Mensch* oder *Dickkopf* oder *Dichter* zugeordnet werden kann, wobei natürlich sprachliche Klassen gemeint sind und nichts anderes.

Daß es noch andere gibt, die *Karl* heißen, ändert daran nichts. Zwischen *Karl* und *Karl* besteht insofern der gleiche Unterschied wie zwischen *Karl* und *Peter*. Wird aber ein Plural gebildet *(die Karls sind alle blond),* um damit in einem bestimmten Rahmen alle diejenigen zu erfassen, die *Karl* genannt werden, so liegt ein Plural der Vielheit vor, so wird damit die sprachliche Klasse *Karl* geschaffen. Das heißt: Es wird ein Appellativ geschaffen. Zu diesem zunächst im Plural erscheinenden Appellativ kann ein entsprechender Singular gebildet werden: *ein Karl, noch ein Karl, dieser und jener Karl* (ein Angehöriger der sprachlich faßbaren Klasse *Karl*), so wie *ein Pferd, noch ein Pferd* (und so weiter). Das bedeutet zugleich, daß die Opposition einer/viele hier aufgebaut wird, wie beim sonstigen Appellativ auch.

c) Hier muß noch ein weiterer Fall berücksichtigt werden, nämlich nach dem Beispiel: *Schmidts backen Kartoffelkuchen.* Dazu ist auszuführen: *Schmidt* ist zunächst Eigenname einer Familie *(Diese Familie heißt Schmidt). Schmidt* ist auch der Eigenname des einzelnen Mitglieds einer Familie *(Er heißt Schmidt)*. Das heißt: Der Eigenname ist eindimensional. Entweder bezeichnet er die Gesamtheit als Allheit oder den Einen. Beide sind jeweils als Individuum gesehen. Darauf kommt es an. Das Appellativ bezeichnet hingegen sowohl die Gesamtheit, nämlich die Klasse, wie den einzelnen Vertreter der Klasse.

Wird zu dem Namen *Schmidt* oder *Meier* ein Plural gebildet *(Schmidts, die Meier)*, so ist er tatsächlich auch bei formaler Übereinstimmung mit dem Familiennamen Appellativ: Gemeint ist die Vielheit der *Schmidts*, die Vielheit derer, die den Namen *Schmidt* oder *Meier* tragen. Deswegen kann zu einem solchen Appellativ auch wieder ein Singular gebildet werden, der dann gleichfalls Appellativ ist *(der eine und der andere Schmidt, der Schmidt von heute und der Schmidt von gestern, noch ein Schmidt)*. Die *Schmidt* oder *Meier* heißenden Personen können also durchaus eine Klasse bilden und mit einem Appellativ im Singular oder im Plural bezeichnet werden. Ebenso können die Seinsweisen *Schmidts*, um im Beispiel zu bleiben, auf die gleiche Weise erfaßt werden *(Der Schmidt von heute ist nicht mehr der Schmidt von gestern. — Die Stalins leben noch. — Das ist ein Stalin. — Das ist ein Christ. — Das ist ein Esel)*.

d) In der gleichen Weise sind Substantive vom Typus *Mozart* oder dergleichen zu beurteilen *(Neue Mozarts sind nicht zu entdecken)*. Hier liegt eine Verschiebung der Gebrauchsbedingungen vor, nämlich so, daß jemand bezeichnet werden kann, der so begabt ist wie *Mozart*, so genial ist wie *Mozart* (oder dergleichen). Durch diese Verschiebung der Gebrauchsbedingungen ist Gewinn lexikalischer Bedeutung erreicht. Es liegt also ein Appellativ vor, das dementsprechend die Numerusopposition einer/viele aufbaut.

e) Eine Verschiebung der Gebrauchsbedingungen kann auch auf andere Weise eintreten, zum Beispiel: *Viele Picassos wurden gestohlen. — Zwei Dürers wurden restauriert*. In einer derartigen Metonymie steht der Hersteller für das Produkt. Es liegt also ebenfalls ein Appellativ vor, das sprachlich auch wie ein Appellativ behandelt wird und im Plural wie im Singular erscheinen kann. Es entsteht so die Klasse *Picasso* oder die Klasse *Gottschald* (zur Bezeichnung eines Buches mit dem Verfasser *Gottschald: Der Gottschald ist in jeder Bibliothek vorhanden. — Der Gottschald ist eingebunden. — Der Gottschald hat einen blauen Schutzumschlag)*. Das Gleiche liegt vor, wenn jemand *Bach* (die Sprachgeschichte von *Adolf Bach*) liest oder *Bach* (Musik von *Johann Sebastian Bach*) spielt oder *Brecht* (ein Stück von *Brecht*). Beispiele für diese Metonymie sind sehr zahlreich.

f) Schließlich ist noch auf den Typus *Die Niederlande* einzugehen, der weithin dem Typus *Die Vereinigten Staaten* entspricht. In anderen Sprachen gehören dazu etwa Beispiele wie *Athenae* (Athen), *Las Vegas* in den Vereinigten Staaten, *Las Palmas* auf den Kanarischen Inseln und viele andere. Die Pluralformen sind eindeutig auf ein Individuum bezogen. Die Opposition einer/viele läßt sich im angedeuteten Sinne nicht aufbauen. Im Fall der *Niederlande* gibt es indessen einen Singular *Niederland*, der aber zu einem gleichlautenden Appellativ gehört, das in seiner lexikalischen Bedeutung in Opposition zu *Oberland* steht. Die Tatsache, daß sich der Name *Die Niederlande* aus einem Singular herleitet, ändert daran nichts. Vielmehr ist die Vielheit der Lande als Allheit gesehen wie bei *den Vereinigten Staaten* auch. Die altertümliche Pluralform (im Unterschied zu nhd. *die Länder*, aber auch im Unterschied zu mhd. *diu lant*) signalisiert das Alter des Vorganges, der zu dieser Namenbildung geführt hat. An den sprachlichen Tatsachen und an der Einschätzung des Eigennamens ändert das nichts.

g) Der Fall *der Niederlande* erinnert zudem an Beispiele, die bei Siedlungsnamen auftreten und die ihrer Entstehung nach verschiedenartige Pluralformen sind, mit denen aber das Individuum einer Siedlung bezeichnet wird *(Solingen, Lüdinghausen, Dorfen, Vierwinden, Zevenbergen, München* und unzählige andere). Solche Pluralformen verlangen natürlich nach sprachhistorischer Erklärung, die aber in den Zusammenhang der Ortsnamenkunde gehört, was die hier genannten Beispiele betrifft.

h) Wie sich aus einem Teil der oben angeführten Beispiele ergibt, kann ein Eigenname in seiner individualisierenden Funktion durchaus für eine Vielheit von Objekten verwandt werden. Diese Vielheit wird als Allheit gesehen, nämlich als Einheit und insofern als Individuum. Die Vielheit besteht in der außersprachlichen Wirklichkeit tatsächlich. Das bedeutet zugleich, daß der Eigenname in solchen Fällen deutlich sekundär ist. Das mit einem solchen Eigennamen versehene Objekt ist notwendig vorher schon mit einem Appellativ bezeichnet: Den Staaten wird der Name *Vereinigte Staaten* gegeben, den Ländern (Landen) wird der Name *Die Niederlande* gegeben.

Die Überlegungen zum Numerus bei den Eigennamen sind von grundsätzlicher Bedeutung. Sie sind auch für die Personennamen von Wichtigkeit, auch wenn manche Beispiele aus dem Bereich der Ortsnamen gewählt werden mußten.

III. Komposition germanischer Rufnamen

Karl als Eigenname unterscheidet sich als individualisierende Bezeichnung von jedem anderen *Karl* als Eigenname, der also ebenfalls individualisierende Bezeichnung ist, und zwar ebenso klar wie *Karl* von *Peter* und *Hans* von *Heinrich*. Das zielt auf die semantische Monovalenz der Eigennamen, die weiter oben zunächst herauszustellen war. Es ist aber nicht zu leugnen, daß *Karl* und *Heinrich* verschiedene Namen sind, in dem Sinn nämlich, daß sie offenkundig verschiedene Ausdrucksseiten haben und also verschiedene sprachliche Zeichen sind. Bei jedem sprachlichen Zeichen können wir Ausdrucksseite und Inhaltsseite unterscheiden, wenn diese auch niemals getrennt voneinander und selbständig vorkommen.

1. Morphologie

Das führt uns zunächst in den Bereich der Morphologie. Die Morphologie befaßt sich mit der sprachlichen Gestalt als solcher und im einzelnen mit den kleinsten bedeutungtragenden Einheiten, den Morphemen.

a) Wir unterscheiden drei Arten von Morphemen, nämlich Grundmorpheme, Formationsmorpheme und Relationsmorpheme.

b) Relationsmorpheme *(-es* in *Tages;* *-t* in *es tagt)* tragen die Flexion und dienen zur Herstellung der syntaktischen Relationen in einem Satz.

c) Formationsmorpheme dienen der Bildung neuer Wörter auf dem Wege der Derivation. Im Beispiel *Freiheit* ist von einer Basis, nämlich dem Adjektiv *frei,* das Derivat, nämlich ein Substantiv *(Freiheit)* mit Hilfe eines Formationsmorphems *-heit* abgeleitet.

d) Grundmorpheme treten selbständig auf oder als Basis bei Derivationen oder auch als Glieder von Kompositionen *(frei; Freiheit; Freiraum).*

Bei den Eigennamen liegen im Prinzip die gleichen morphologischen Verhältnisse vor wie beim sonstigen appellativischen Wortschatz auch, das heißt: Wir treffen auf alle Morphemarten, und wir stoßen auf die entsprechenden morphologischen Möglichkeiten, wie im einzelnen noch zu zeigen sein wird.

e) Die ältesten germanischen Rufnamen sind als Kompositionen aufzufassen. Das bedeutet zunächst, daß der zweite Bestandteil als Grundwort anzusehen ist. Das Grundwort trägt die Flexion, bestimmt im appellativischen Wortschatz die

Wortart und trägt im appellativischen Wortschatz in der Masse der Fälle auch den Kern der lexikalischen Bedeutung der Komposition. Bei den Eigennamen sind die Verhältnisse insofern etwas anders, als die Eigennamen immer Substantive sind, wie weiter oben schon gezeigt worden ist, und insofern als bei ihnen von einer lexikalischen Bedeutung überhaupt nicht gesprochen werden kann. Darauf wird zurückzukommen sein.

f) Der erste Bestandteil einer Komposition ist das Bestimmungswort. Es trägt keine Flexion. Im appellativischen Wortschatz modifiziert das Bestimmungswort die lexikalische Bedeutung, die im Grundwort ausgedrückt ist. Dabei ist von besonderen Fällen der Komposition abgesehen. Bei den Eigennamen spielt dieses Verhältnis von Grundwort und Bestimmungswort in vielen Fällen bei der Namenbildung eine Rolle. Das wird im einzelnen noch zu zeigen sein.

g) Bei der Namenbildung spricht man im Falle von Kompositionen von den einzelnen Gliedern eines Namens, die also Grundwort beziehungsweise Bestimmungswort sind. Ein solches Namenglied darf nicht mit einer Silbe verwechselt werden, wiewohl ein Namenglied in zahllosen Fällen einsilbig ist. Im Beispiel *Diet/mar* entsprechen sich die Anzahl der Silben und die Anzahl der Namenglieder. Bei einem Namen wie *Gund/beraht* liegt aber ebenfalls Zweigliedrigkeit vor, woran die Mehrsilbigkeit des zweiten Bestandteils nichts ändert.

h) Bei der Komposition muß nun noch die Unterscheidung einer uneigentlichen Zusammensetzung von den eigentlichen Kompositionen beachtet werden. In dem Beinamen *Löwenherz* taucht im ersten Bestandteil ein Flexionselement auf. Es handelt sich offensichtlich um einen Genitiv Singular. Das Ganze ist mithin aus einem Syntagma *Des Löwen Herz* zu verstehen. Die entscheidenden Elemente dieses Syntagmas sind zu einem dann festverbundenen neuen Wort zusammengerückt. Hier ist also der Terminus Zusammenrückung am Platz. Andererseits muß man sehen, daß sich Zusammenrückungen dieser Art in das Muster der längst vorhandenen und weiterhin lebendigen Komposition, der eigentlichen Komposition, einfügen. Der zweite Bestandteil einer Zusammenrückung kann als Grundwort einer uneigentlichen Zusammensetzung aufgefaßt werden, der erste Bestandteil als Bestimmungswort. Die modifizierende Funktion des Bestimmungswortes ist durch die Flexion erst recht deutlich. Bei den germanischen Rufnamen ist aber zunächst von der echten oder eigentlichen Komposition zu sprechen. Die germanischen Rufnamen sind in ihrer Masse nach diesem Muster zweigliedrig komponiert.

2. Stammformen des Erstglieds

Bei den eigentlichen Kompositionen zeigt das erste Glied, wie gesagt, kein Flexionselement. Es erscheint vielmehr in der Stammform des betreffenden Namenwortes.

a) Wir unterscheiden bei einem Nomen (Substantiv oder Adjektiv) prinzipiell zwischen Wurzel, Stammbildungselement und Flexionselement, was einer Abfolge Grundmorphem, Formationsmorphem, Relationsmorphem entspricht.

b) Die reine Stammform, der Stamm, besteht mithin aus Wurzel und Stammbildungselement. Die Flexionsklasse (Deklinationsklasse) bestimmt sich nach dem Stammformans.

c) Im Germanischen unterscheidet man im groben zunächst zwischen konsonantischen und vokalischen Deklinationsklassen, und zwar je nachdem, ob das Stammformans auf einen Konsonanten oder einen Vokal ausgeht. Die vokalischen Deklinationen nennt man auch starke, die *n*-Klasse der konsonantischen Deklinationen auch schwache Deklination.

d) Innerhalb der vokalischen (starken) Deklinationen unterscheidet man:
a-, ja-, wa-Stämme;
ō-, jō-, wō-Stämme;
i-Stämme;
u-Stämme.

Die hervorragendste konsonantische Deklinationsklasse ist im Germanischen die *n*-Deklination, neben der aber noch andere konsonantische Klassen existiert haben, wie schon angedeutet.

e) In den ältesten Sprachstufen des Deutschen ist das Stammformans des Erstgliedes einer Komposition vielfach noch erkennbar, zum Beispiel in ahd. *taga/lōn* ‚Tagelohn' (Lohn für einen Tag); ahd. *hugu/lust* ‚Gesinnung' (*hugu* ‚Geist', Stammformans *-u*). In den Beispielen sind die stammbildenden Vokale *a* beziehungsweise *u* klar erkennbar.

f) Dieser älteste Zustand ist in den Namenkompositionen noch deutlicher erkennbar: *Gota/hart* (*a*-Stamm); *Hugi/bald* (*ja*-Stamm, resthaft in -*i*); *Geba/hart* (*ō*-Stamm; -*a* ist Abschwächungsprodukt); *Hadu/beraht* (*u*-Stamm). Die Beispiele zeigen also im ersten Bestandteil der betreffenden Namen den reinen Stamm mit klar oder resthaft erkennbarem Stammformans, ohne flexivisches Element.

g) Dieser älteste Zustand ist durch verschiedene Prozesse beeinträchtigt worden, die man Zerrüttung der Kompositionsfuge nennt. Diese Zerrüttung zeigt sich einmal in der Tendenz, auch andere als die von einem Stammformans her zu erwartenden Vokale in der Funktion von Bindevokalen in die Kompositionsfuge zwischen den beiden Namengliedern eintreten zu lassen. Die Fugenelemente sind also nicht in jedem Falle Rest vokalischer Stammbildungselemente. Es kann sich auch um bloße Bindevokale handeln.

h) Die Zerrüttung der Kompositionsfuge zeigt sich zum andern auch darin, daß die entsprechenden Vokale abgeschwächt werden, und zwar im allgemeinen zu *e* (*Gebahart > Gebehart*), weiterhin, daß die Vokale gänzlich ausfallen (*Geb/hart* statt *Geba/hart; Hug/bald* statt *Hugi/bald*).

3. Kompositionsarten

Blicken wir nun auf das Ganze der Kompositionen germanischer Rufnamen, so ist die Feststellung zu wiederholen, daß die Eigennamen immer Substantive sind. Bei der Komposition als einem Wortbildungsprozeß können aber verschiedene Arten von Zusammensetzungen beobachtet werden, insofern verschiedene Wortarten beteiligt sind.

a) Zunächst ist die Komposition von Substantiv + Substantiv zu nennen, zum Beispiel: *helm + gēr* (‚Speer') > *Helmger; wolf + raben* (‚Rabe') > *Wolfram* (kontrahiert aus *raben*).

b) In den Namenkompositionen begegnet auch die Zusammensetzung von Adjektiv + Substantiv, zum Beispiel: *beraht* (‚strahlend, glänzend') + *hraban > Bertram* (*Bert-* kontrahiert aus *beraht*); *bald* (‚kühn, tapfer') + *wīg* (‚Kampf') > *Baldwig*.

c) Bildungen aus Substantiv + Adjektiv, die dann bei den Namen ein Substantiv ergeben, zeigen den Unterschied zum sonstigen Appellativ deutlicher, zum Beispiel: *Gunt* (‚Kampf') + *beraht > Guntberaht > Gumpert*

d) Auch die Komposition von Adjektiv + Adjektiv wird bei einem Eigennamen zum Substantiv, zum Beispiel: *bald + hart > Baldhart*.

Komposition germanischer Rufnamen

4. Komposition und Genus

Bei den zweigliedrigen Namen gilt wie bei jeder Komposition, daß das Grundwort auch das Genus bestimmt. Bei den Eigennamen ist das aber dahingehend einzuschränken, daß das Genus vom bezeichneten Individuum abhängt, wie weiter oben schon in etwas anderem Zusammenhang gesagt worden ist. Bei den germanischen Rufnamen läßt sich aber beobachten, daß sich ihr Genus aus dem Grundwort ergibt, insofern maskuline Wörter im zweiten Bestandteil maskuliner Rufnamen erscheinen, feminine Wörter im zweiten Bestandteil femininer Rufnamen.

a) Als Beispiel für maskuline Grundwörter können Namen auf *-brant* gelten: *Heribrant, Hiltibrant, Hadubrant*. Das Grundwort ist mit dem Appellativ ahd. *brant* ‚Brand' identisch, das maskulin ist und als Metapher (übertragene Bedeutung) für *Schwert* dienen konnte.

b) Zweigliedrige weibliche Rufnamen haben als Zweitglied wohl ursprünglich ein weibliches Wort. Das gilt beispielsweise für Namen auf *-burg: Gērburg, Heriburg*. Im appellativischen Wortschatz bezeichnet *burg*, das feminin ist, die Stadt. Diese lexikalische Bedeutung ist hier zunächst nicht von Belang.

c) Männliche Substantive werden also als Grundwort zur Bildung männlicher Rufnamen verwandt, weibliche Substantive als Grundwort weiblicher Rufnamen. Neutra treten als Zweitglieder bei einer Komposition im allgemeinen nicht auf. Sie könnten auch nur männliche oder weibliche Rufnamen ergeben, da sich das Genus bei den Eigennamen nach dem Bezeichneten richtet. Treten im Grundwort Adjektive auf, so entstehen dennoch Substantive, und zwar männliche oder weibliche, je nach dem bezeichneten Individuum. Die entscheidende Grundtatsache ist eben, daß die Eigennamen ihr Genus von der bezeichneten Person her nehmen. Die Namen sind nicht deswegen männlich oder weiblich, weil der zweite Bestandteil männlich oder weiblich ist. Vielmehr werden vielfach solche Namenwörter zur Komposition germanischer Rufnamen verwandt, weil diese männlich oder weiblich sein sollen. Die Komposition richtet sich insofern schon nach dem Bezeichneten.

5. Kompositionsgesetze

Da der zweite Bestandteil prinzipiell das Geschlecht einer Komposition trägt, ist die Zahl der Namenwörter, die ursprünglich als Grundwort erscheinen können, eingeschränkt. Nicht jedes beliebige Namenwort ist bei der germanischen Rufnamenbildung als zweiter Bestandteil verwandt worden, was freilich auch noch später zu erläuternde Gründe hat. Gleiche Wirkung haben Kompositionsgesetze, die jedenfalls in den Anfängen der germanischen Rufnamenbildung strikt beachtet worden sind und die wiederum das Zweitglied betreffen.

a) Bemerkenswert ist zunächst die Vermeidung jeglichen Reims zwischen den beiden Gliedern einer Komposition. Das bedeutet zunächst, daß Binnenreime wie in theoretisch möglichen, tatsächlich aber vermiedenen Bildungen *Walt/balt, *Rat/flat eben nicht begegnen. Das Klangbild des Reims wurde vermieden.

b) Das Gleiche gilt auch für die Alliteration, die in der germanischen Stabreimdichtung eine so große Rolle spielt. Das könnte darauf hinweisen, daß die speziellen Bildungsgesetze der germanischen Rufnamen älter sind als die Ausbildung der altgermanischen Stabreimtechnik. Theoretisch denkbare Bildungen wie *Baldo/beraht* werden jedenfalls streng gemieden.

c) Weiterhin wird grundsätzlich der vokalische Anlaut beim zweiten Bestandteil vermieden. Das hat zur Folge, daß Namenwörter wie *arn* ‚Adler', *ūr* ‚Auerochs', *eber* ‚Eber' und viele andere nicht als Grundwörter von germanischen Rufnamen auftreten.

d) Gleichwohl gibt es Namen, die im Zweitglied vokalischen Anlaut haben, zum Beispiel *Gundakar* oder *Adalolf*. Tatsächlich ist hier aber ein sekundärer Ausfall eines anlautenden *w-* vor Vokal erfolgt, und zwar nur in dieser Stellung aufgrund einer Assimilation von *Gundwakar > Gundakar* beziehungsweise *Adalwolf > Adalolf*.

Wir können also davon ausgehen, daß die Vermeidung des vokalischen Anlauts beim Zweitglied ebenso wie die Vermeidung der Alliteration oder sonstiger Reimerscheinung zu den Grundgesetzen der Komposition zweigliedriger germanischer Rufnamen gehört. Diese Gesetzmäßigkeiten beruhen wesentlich auf klanglichen Gründen, was insofern bereits über den streng morphologischen Bereich im engeren Sinne hinausführt. Wegen ihrer ursprünglich strengen Beachtung sind aber auch diese Gesetzmäßigkeiten von großer Wichtigkeit.

IV. Älteste Rufnamenschichten

1. Die Frage der Motivierung

Die älteste erkennbare Rufnamenschicht stellen die zweigliedrigen germanischen vom Typus *Hiltibrant* dar, die uns teilweise bis heute geläufig sind. Dieser Namentypus ist sehr alt und auch in anderen indogermanischen Sprachen anzutreffen. Im Germanischen ist dieser Typus zweigliedriger Namen jedenfalls zu voller Blüte und einer reichen Entfaltung gekommen. Bis zum Beginn der Karolingerzeit, also noch vor dem Einsetzen der größeren Quellengruppen und des kaum überschaubaren mittelalterlichen Namenmaterials, sind schon circa zweitausend germanische Rufnamen überliefert. Damit ist ihre Zeit aber noch nicht vorbei. In den Quellen der Karolingerzeit, also im 8. und vor allem im 9. Jahrhundert, und in den folgenden Jahrhunderten treten sie in noch viel größerer Zahl auf.

Bei den germanischen Rufnamen dieses Typus stellt sich natürlicherweise die Frage ihrer Deutbarkeit. Es ist nämlich zu prüfen, ob eine Motivierung der Kompositionen erkennbar ist, womit das Anliegen des Namenschöpfers sichtbar und auch nachvollziehbar würde. Mit der Frage der Motivierung befinden wir uns im Bereich der Namengebung. Das darf nicht mit der Annahme einer lexikalischen Bedeutung verwechselt werden. Eigennamen haben, wie weiter oben schon ausgeführt, keine lexikalische Bedeutung, was aber nicht ausschließt, daß ihre Bildung motiviert war, und zwar als bewußter Namengebungsakt.

a) Wir müssen annehmen, daß am Anfang der Wille zur bewußten Motivierung gestanden hat. Bei vielen dieser Namen ist die Motivierung auch erkennbar. Bei einigen ist der Zugang zum Verständnis erschwert und bedarf erst noch der Erforschung. Schließlich ist eine Gruppe von germanischen Rufnamen erkennbar, bei denen die Frage nach der Deutung in angegebenem Sinne überhaupt versagt, weil bei diesen Namen zwar die alten Bildungsgesetze noch eingehalten sind, eine deutliche Motivierung aber nicht mehr erstrebt ist.

b) Eine älteste Schicht könnten wir aus diesem Aspekt Primärbildungen nennen. Primärbildungen müßten also das Kriterium haben, daß sie von der lexikalischen Bedeutung der Einzelglieder und von der Gesamtkomposition her eine bewußte und in bestimmter Hinsicht sinnvolle Motivierung zu erkennen geben. Damit richtet sich unser Augenmerk, wie schon gesagt, auf die Namengebung als solche, und das heißt, auf die Namengeber und die historischen Bedingungen, aus denen bestimmte Motivierungen verständlich würden. Decken wir die Motivierung als solche auf, dann gewinnen wir mit den Namen womöglich einen Einblick in eine bestimmte historische Situation und in das Denken der Menschen in diesem Zeitalter.

c) Das ist freilich nicht möglich, wenn man sich zu eng an den einzelnen Namen klammert und zu sehr auf die Frage nach einer eventuellen vorgängigen lexikalischen Bedeutung des Einzelnamens fixiert ist, eine Frage, die natürlich ihre Berechtigung behalten mag.

2. Primärbildungen

Will man die Primärbildungen als historische Schicht erfassen, so sind verschiedene methodische Rücksichten nötig, was dann aber bemerkenswerte Ergebnisse bringt:

a) Der Blick muß sich zunächst auf die Namenglieder und nicht sofort auf die Namen als Ganzes richten.

b) Die Namenglieder, also die zur Namenbildung verwendeten Namenwörter, können aber auch nicht isoliert interpretiert werden. Sie müssen vielmehr in ihrer Gesamtheit gesehen und begriffen werden, weil sie nur im ganzen die Denkwelt einer historischen Stufe zu erkennen geben.

c) Aufgrund der morphologischen Tatsachen empfiehlt sich sodann eine getrennte Behandlung von Zweitglied und Erstglied. Wir müssen zunächst diejenigen Namenwörter ins Auge fassen, die als Zweitglied erscheinen. Das Zweitglied ist das Grundwort einer Komposition, so daß ihm bei einer Interpretation besonderes Gewicht zukommen wird.

d) Die Interpretation schaut aber auf die Gesamtheit der Zweitglieder, die bei vermuteten Primärbildungen auftreten, in einem zweiten Schritt dann auf die Erstglieder.

e) Bei dem Gesamt der überhaupt vorkommenden Namenwörter fällt auf, daß bestimmte Bereiche darin stark vertreten sind, andere Bereiche aber gänzlich fehlen. Es tauchen Bezeichnungen aus dem Bereich des Kampfes auf, viele Tierbezeichnungen und manches andere. Wichtiger sind aber zunächst diejenigen Bereiche, die bei den vermuteten Primärbildungen überhaupt nicht erscheinen, wie beispielsweise Haus und Hausbau, häusliche Tätigkeiten, Ackerbau, Handel, Speisen. Es fehlt auch der Bereich des Priestertums, es fehlen Tugenden wie Güte und Milde und dergleichen, und es fehlen auch die Namen germanischer Götter, schließlich Bezeichnungen der Pflanzen wie *Eiche, Rose, Gerste* (und so weiter). Von diesen ersten Eindrücken her müßte sich eine Analyse sachgerecht anlegen lassen.

f) Bei dem Gesamt der germanischen Rufnamen fällt aber nun weiterhin auf, daß sie in ihrer Masse Männernamen sind. Frauennamen treten der Zahl nach zurück, oder sie sind in dieser oder jener Weise von den Männernamen abhängig. Vor allem aber treten in ihnen oft die gleichen Namenwörter auf wie in den Männernamen auch. Sie gehören, so gesehen, also der gleichen Welt an wie diese.

g) Daraus ergibt sich namenkundlich ein sicherer Ausgangspunkt für die Analyse vermuteter Primärbildungen: Namen bezeichnen als Personennamen eine Person, und die germanischen Rufnamen bezeichnen primär den Mann. Da das tragende Element das Grundwort ist, so müßte man sagen können: Das Grundwort bezeichnet in diesen Namen, die wir Primärbildungen nennen, den Mann.

h) Bei der Analyse käme es also darauf an, aus den lexikalischen Bedeutungen der im Grundwort auftretenden Namenwörter die Motivierung zu erkennen und damit die semantischen Prinzipien solcher Kompositionen in einer primären Schicht.

i) Es fällt aber sogleich auf, daß in den ins Auge gefaßten Grundwörtern keine Bezeichnung für den Mann auftritt, obwohl gesagt worden ist, daß das Zweitglied dieser Namen den Mann bezeichne. Es treten nämlich keine Bezeichnungen auf wie *Mann, Krieger, Ritter, Junge, Sohn, Held* oder dergleichen. Es treten überhaupt keine Personenbezeichnungen auf wie *Mensch, Weib, Kind* oder dergleichen. Treten sie dennoch auf *(Herman, Widukint, Gērwīf),* so sind sie ganz anders zu beurteilen und gehören in einen weiter unten zu erläuternden Zusammenhang.

j) Mithin werden die betreffenden Namenwörter ihre Funktion, den Mann zu bezeichnen, mittelbar ausüben, nicht direkt, verdeckt wie in einem Bild oder einem bildhaften Ausdruck oder sozusagen poetisch und nicht auf eine ganz alltägliche Weise.

3. Poetische Namengebung

a) Bildhafte Ausdrucksweise zur Bezeichnung des Mannes ist bis in die Gegenwart ganz geläufig. *Er ist ein Löwe,* jemand, der wie ein Löwe kämpft. — *Er ist ein Wolf,* womöglich habgierig wie ein Wolf. — *Er ist ein Hund.* — *Er ist ein Fuchs.* Hier tauchen also zunächst einmal Tierbezeichnungen auf.

b) Wir kennen aber auch Dingbezeichnungen für den Mann: *Er ist der Turm in der Schlacht. — Er ist ein Fels, auf den man sich verlassen kann. — Wir brauchen eine Eiche,* die nicht vom nächsten Windhauch umgeworfen wird. — *Jemand ist der Pfahl im Fleisch, der Dorn im Auge* (und andere mehr).

c) Immer handelt es sich um Metaphern, die dem poetischen Vergleich sehr nahestehen, auch wenn die Metaphern wegen ihrer Identifizierungsfunktion nicht einfach Vergleich sind. Die Metapher ist ihrem Wesen nach ja gerade übertragene Bedeutung, aus einem Bedeutungsfeld hinausgetreten und in ein ganz anderes Bedeutungsfeld gelangt.

d) Die Grundwörter der germanischen Primärbildungen könnten also Metaphern (Bedeutungsübertragungen) oder Metonymien (Bedeutungsverschiebungen) für den Mann sein. Dann käme es für die Motivierung solcher Verwendungen auf die Spenderfelder an, auf die Ermittlung der Bereiche, denen die Namenwörter im appellativischen Wortschatz entstammen, und weiterhin auf die Ermittlung der Funktion, die sie dann in den motivierten Namen erfüllen.

4. Zweitglieder germanischer Primärbildungen

Wir können für die germanischen Primärbildungen im Zweitglied folgende Bereiche feststellen, die in den Namenwörtern aber immer mittelbar ausgedrückt werden:

a) Der Mann als Krieger: Namenwörter für Kampf, zum Beispiel: *Argi/bad* (*baduz ‚Kampf'); *Balde/gund* (*gunpaz ‚Kampf'); *Wili/had* (*hapuz ‚Kampf').

Dazu treten Namenwörter für die kriegerische, mutige Gesinnung, für den Stolz, die Erhabenheit, den Glanz des Helden, zum Beispiel: *Wini/bald* (ahd. *bald* ‚kühn'); *Burg/hart* (ahd. *hart* ‚hart, streng'); *Adal/bert* (ahd. *beraht* ‚hell, strahlend, glänzend').

Um die Namenwörter aus dem Bereich des Kampfes scheint sich alles andere zu gruppieren.

b) Der Mann als Angehöriger eines Stammes: Hierhin gehört das Namenwort für den Friedenswahrer: ahd. -*fripu* ‚Friede', das sich mit Kampf schlecht zu vertragen scheint. Aber innerhalb des Stammes sollte Friede als Zustand des Rechts und der gegenseitigen Hilfe herrschen. Der Kampf wurde vom ganzen Stamm oder einer ganzen Völkerschaft oder Gruppe nach außen getragen, wie insbesondere in der Völkerwanderungszeit und den verschiedenen germanischen Völkerwanderungen der Goten, Burgunder, Langobarden, Alemannen, Normannen (und so weiter). So weist das Zweitglied -*frid* (*Sig*/*frid*, *Badu*/*frid* und so weiter) vielleicht gerade auf den Stamm und damit auf den Mann als Stammesangehörigen, als Wahrer des Friedens innerhalb des Stammes.

Aber auch direkte Stammesbezeichnungen kommen vor: *Regin*/*gaoz* (*gautaz ‚der Gute'); *Adal*/*swāb* (*swāb* ‚der Schwabe'); *Ker*/*wentil* (*wentil* ‚Wandale') und einige andere.

c) Der Mann als Herrscher: *Gund*/*oald* (*-wald*) (*waldaz ‚Fürst', man vergleiche ahd. *waltan* ‚herrschen'); *Folc*/*uuard* (*-wardaz ‚Wächter', mit ahd. *wart* ‚Wächter' zu vergleichen); *Erman*/*rich* (man vergleiche ahd. *rīhhi* ‚Herrschaft, Herrscher, Macht, Gewalt, Reich'); *warinhari* Wernher (got. *harjis* ‚Heer' für den Führer des Heeres, kaum nur für den Angehörigen des Heeres).

Es handelt sich bei allem um poetische Versuche der Bezeichnung, und es ist auch nicht davon auszugehen, daß solche Namen etwa nur Fürstensöhnen gegeben worden wären.

d) Der Mann als Knecht: *Gottschalk* (*-skalkaz ‚Knecht'). Das scheint im Widerspruch zum Bisherigen zu stehen. Aber Diener war der freie Mann nur gegenüber den Göttern oder gottähnlichen Mächten oder gegenüber dem einen Gott. Das führt in gewisser Weise schon in den religiös-kultischen Bereich, was im folgenden noch deutlicher wird.

e) Der Mann als Maskenträger, was natürlich unmittelbar an kultisches Brauchtum erinnert oder auch an kriegerische Verkleidung oder Bemalung: *Isen*/*grim* (ae. *grīm* ‚Maske'); *Ago*/*bard* (ahd. *bart* ‚Bart'). Man vergleiche den Volksnamen *Langobarden*, von denen berichtet wird, daß sie sich die Haare vor den Ohren lang wachsen ließen, damit es wie ein Bart aussähe.

f) Der Mann als Tier: *Atha*/*ulf* (ahd. *wolf* ‚Wolf'); *Bert*/*ram* (ahd. *ram, raben* ‚Rabe'); *Adal*/*bero* (ahd. *bero* ‚Bär'); *Bere*/*welf* (ahd. *welf* ‚Junges'); *Megin*/*hund* (ahd. *hunt* ‚Hund') (und andere mehr).

g) Der Mann als Ding: *Sigistab* (ahd. *stab* ‚Stab'); *Situ*/*wit* (ahd. *witu* ‚Holz, Baum'); *Hadu*/*brant* (ahd. *brant* ‚Brand' = ‚Schwert'); *Wolf*/*rant* (ahd. *rant* ‚Schild'); *Wolf*/*helm* (ahd. *helm* ‚Helm') (und andere mehr). Es ist klar, daß hier auch eine Beziehung zu Kampf, zu Schutz und Abwehr gegeben ist.

5. Zum historisch-soziologischen Befund

Es läßt sich also feststellen, daß die Zweitglieder germanischer Männernamen in Primärbildungen, wie gesagt, den Mann bezeichnen, daß sie ihn auf eine poetische Weise bezeichnen und zwar als Krieger, als Friedenswahrer und Angehörigen seines Volkes, als Herrscher, als Freund der Götter (oder Gottes), als Maskenträger, als Tier, als Ding (wohl im Zusammenhang des Bereichs kultischer Abwehr, kultischen Schutzes).

a) Das ist nichts anderes als die Spiegelung eines historisch-soziologischen Befundes in einem Zeitalter, in dem der Mann idealtypisch so gesehen werden konnte, so fremdartig das gegenwärtigem Denken auch erscheinen mag. Es ist am ehesten die Zeit der germanischen Völkerwanderungen um Christi Geburt und in den nachchristlichen Jahrhunderten bis zur neuen Stabilisierung der politischen

Landschaft in Europa. Gemeint sind insbesondere die nach Osten, Süden, Westen und Norden vordringenden germanischen Völkerschaften des ersten Jahrtausends, von den Kimbern und Teutonen vor Christi Geburt angefangen bis zur nordgermanischen Völkerwanderung am Ende des ersten Jahrtausends. Aus den angedeuteten historischen Bedingungen wird die poetische Mannbezeichnung in den Namen verständlich und begreifbar, wobei noch sehr viel ältere historische Bedingungen vorliegen können, die bis in das Indogermanische zurückreichen mögen. Ohne die Kenntnis solcher Bedingungen wäre die poetische Mannbezeichnung kaum durchschaubar.

b) Es ist aber in diesen Bildungen mit diesen Grundwörtern niemals dieser oder jener Mann gemeint, nicht der einzelne jeweilige Mann. Es ist vielmehr ein überindividueller Idealtypus dargestellt, also das, was man in der historischen Stunde dieser Bildungen als ideal angesehen hat.

6. Erstglieder germanischer Primärbildungen

Wenn aber im Grundwort das so verstandene Wesen, der Typus des Mannes gemeint ist, so liefert das Bestimmungswort, also das Erstglied, eine nähere Bestimmung oder Ergänzung, alles ebenfalls auf poetische Weise und im Motivierungszusammenhang gesehen. Dieses Bestimmungswort kann natürlich adjektivisch oder substantivisch sein. Prinzipiell sind durch das Erstglied viele Präzisierungen, Ergänzungen, also insgesamt Modifizierungen möglich. Wir sehen aber, daß im Erstglied die Ausleuchtung und Stilisierung der Welt des Mannes, die im Zweitglied idealtypisch und auf poetische Weise bezeichnet wird, erfolgt. Das läßt sich an Beispielen zeigen, nämlich daß das Erstglied, wiederum auf poetische Weise, die Welt des Mannes als Raum, die Welt als Besitz, die Welt als Volk, die Welt als Kriegsvolk, die Welt als Rechtsgemeinschaft, die Welt als Erfahrung und die Welt als Krieg dargestellt.

a) Die Welt als Raum: *Landwald* (ahd. *lant* ‚Land'); *Nordberaht (> Norbert)* (ahd. *nord* ‚Norden'); *Sundolt (Sundwalt)* (ahd. *sunt* ‚Süden').

b) Die Welt als Besitz: *Ardarik (-rīh)* (as. *ard* ‚Boden'); *Uodalrih (> Ulrich)* (ahd. *uodil* ‚Besitztum').

c) Die Welt als Volk: *Folkmar* (ahd. *folk* ‚Volk'); *Thietmar* (ahd. *thiet* ‚Volk'); *Kuniberaht (> Kunibert)* (ahd. *kunni* ‚Geschlecht, Sippe', sofern nicht zu *kuoni* ‚kühn').

d) Die Welt als Kriegsvolk: *Heribert* (ahd. *heri* ‚Heer'); *Tructesindus* (latinisierter westgotischer Name) *(truht* ‚Gefolgschaft').

e) Die Welt als Rechtsgemeinschaft: *Thingbraht* (ahd. *thing* ‚Gericht, Gerichtsverhandlung'); *Domfrith* (ae. *dōm*, ahd. *tuom*, an. *dōmr* ‚Urteil').

f) Die Welt als Erfahrung: *Ratberaht (> Ratpert)* (ahd. *rat* ‚Rat'); *Andagis* (ostgotischer Name; *anda* ‚Geist, Gedanke'); *Hugibern* (as. *hugi* ‚Sinn, Gedanke').

g) Die Welt als Krieg, die der Mann als Krieger in jener Zeit vielleicht am stärksten erlebt hat. Dazu gehören auszeichnende Adjektive: Für den Krieger, der im Zweitglied ja poetisch dargestellt wird, zum Beispiel: *Berahtwald (> Bertold)* (*beraht* ‚hell, glänzend, strahlend'). Dazu gehören Waffenbezeichnungen im Erstglied, zum Beispiel: *Bilifrid* (ahd. *billi* ‚Streitaxt'); *Brynwald* (angelsächsischer Name) (ahd. *brunia* ‚Rüstung'); *Sarawart* (ahd. *saro* ‚Rüstung'). Dazu gehören schließlich auch Pferdbezeichnungen, zum Beispiel: *Marafred* (*marha* ‚Pferd'); *Hanhawald* (burgundischer Name) (*hanha* ‚Pferd, Hengst'). Das wird sich daraus erklären, daß das Pferd wichtiger Bestandteil der Ausrüstung eines Kriegers war. Andere Tierbezeichnungen im Erstglied waren vielleicht als bildhafter Vergleich gemeint, zum Beispiel: *Bernhart* (‚wie ein Bär hart [kämpfend]' oder dergleichen).

Es ist mithin nichts anderes als die Welt des Kriegers, die im Erstglied der germanischen Primärbildungen erscheint. Das korrespondiert mit der poetischen Bezeichnung des Mannes im Zweitglied, so wie er da idealtypisch gesehen wird. Umgekehrt ausgedrückt können wir sagen, daß diejenigen germanischen Personennamen, die solche Kriterien aufweisen, als Primärbildungen anzusehen sind.

7. Sekundärbildungen

Sekundärbildungen sind mithin eine jüngere Rufnamenschicht gegenüber den Primärbildungen, obwohl sie in der tatsächlichen Überlieferung beide durcheinander und nebeneinander vorkommen.

a) Sekundärbildungen sind nicht mehr in der gleichen Weise motiviert. Eine erkennbare semantische Relation der Glieder ist allenfalls schwach angedeutet oder gar nicht mehr vorhanden. Die formalen Gesetze der Namenbildung aber werden weiterhin streng eingehalten: zweigliedrige Komposition, und zwar eigentliche Komposition; Vermeidung des Stabreims oder einer sonstigen Reimbindung; Vermeidung des vokalischen Anlauts im Zweitglied.

b) Primärbildungen wurden zu Ausgangsverbindungen für Sekundärbildungen, indem Erstglieder oder Zweitglieder durch andere aus Primärbildungen (oder dann auch aus Sekundärbildungen) stammende Namenglieder ersetzt wurden, die nicht mehr zum Erstglied beziehungsweise Zweitglied nach Art alter poetischer Namengebung für den Mann paßten. Gewaltsame Deutungen, als seien alle Namen in gleicher Weise motiviert, sind zu vermeiden.

c) Sekundärbildungen sind vielfach auch die eingliedrigen Rufnamen, über die anschließend zu handeln ist.

V. Eingliedrige Rufnamen

Eingliedrige Namen dürfen nicht als einsilbige Namen mißverstanden werden. Sie können zum Teil mit zu den ältesten Namen im Germanischen gezählt werden, stehen also schon sehr früh neben den zweigliedrigen Namen, die das Bild der älteren Namenschichten bestimmen. Die meisten eingliedrigen Namen gehören jedoch relativ späten Jahrhunderten an und müssen, wie viele der zweigliedrigen Namen auch, als sekundäre Bildungen aufgefaßt werden.

1. Derivation eingliedriger Rufnamen

Sekundäre Bildungen sind sie insbesondere dann, wenn ihre Basis aus einem der beiden Glieder oder aus Elementen beider Glieder eines zweigliedrigen Namens besteht. Das führt zur Aufgabe der Zweigliedrigkeit oder Verkürzung der zugrundeliegenden Namen, weswegen zuweilen auch von Kurzform gesprochen wird (im Gegensatz zur Vollform, den zweigliedrigen Rufnamen).

a) Sehr häufig wurde eines der beiden Glieder des zugrundeliegenden zweigliedrigen Namens isoliert und so zur Basis für die Derivation eines eingliedrigen Namens. Die Isolierung eines Kompositionsgliedes traf im allgemeinen das Erstglied, das dann stark oder schwach flektiert werden konnte und so als eingliedriger Name für die ursprünglich zweigliedrige Vollform eintrat. In den mittelalterlichen Quellen ist manchmal Personenidentität in den Trägern eines zweigliedrigen und des entsprechenden eingliedrigen Namens festzustellen. In vielen anderen Fällen sind mögliche Ausgangsformen zu ermitteln, zum Beispiel: *Huno* < *Hunfrid*; *Oto* < *Otbraht*; *Wano* < *Wanfrid*; *Wigo* < *Wigbraht*.

Derivation eingliedriger Rufnamen

b) Bei den eingliedrigen Namen ist grundsätzlich damit zu rechnen, daß sie in starker und in schwacher Flexion auftreten, zum Beispiel *Brun* neben *Bruno*, *Hugi* neben *Hugo*, *Lul* neben *Lullo*.

c) Das bedeutet zugleich, daß die starke Flexion ebenfalls in ansehnlichem Maße vertreten ist und auch in vielen solchen Fällen, in denen mögliche zweigliedrige Ausgangsformen angeführt werden können, zum Beispiel: *Amal* < *Amalbraht*, *Ot* < *Otmunt*, *Bald* < *Baldolf* oder *Ercanbald*, *Bern* < *Bernhard* oder *Engelbern*, *Bert* < *Bertold*, *Ebur* < *Eburhart*, *Goz* < *Gozbraht* oder *Waltgoz*, *Hun* < *Hunbert*, *Wentil* < *Wentilger*, *Wolf* < *Wolffrid* oder *Marcwolf*, weiterhin: *Agi, Oti, Sturmi* (und andere mehr).

d) Die Derivation aus dem isolierten Glied eines zweigliedrigen Namens erfolgte vielfach mit fülligeren Suffixen, zum Beispiel: -*z*-haltigen Suffixen oder -*z*-haltigen Suffixverbindungen, wie *Gunza* (weiblich), zu einem isolierten Namenglied **Gunth-*, *Reginzo* < **Ragin*, *Lanzo* < **Land-*, weiterhin etwa: *Gunzelin*, *Rezechin* (und andere mehr).

Die Derivate mit -*z*-haltigen Suffixen sind als Diminutivbildungen aufzufassen. Diminutivbildungen sind bei den Namen als Koseformen anzusehen.

e) Die kosende Funktion ist auch bei einer Reihe anderer Bildungen, die als eingliedrige Namen aus zweigliedrigen Kompositionen anzusehen sind, anzunehmen. Dazu gehören auch -*l*-haltige Suffixe und -*l*-haltige Suffixverbindungen. Mit einem solchen Formationsmorphem ist auch der Name des berühmten Gotenbischofs *Wulfila* im 4. Jahrhundert abgeleitet, dann beispielsweise *Eckel* < *Eckhart* oder *Merkel* < *Markward*, die heute noch als Familiennamen weiterexistieren, wie weiter unten zu zeigen sein wird.

f) Kosenamen sind auch die Bildungen mit einem -*k*-haltigen Suffix. Es begegnet uns etwa in dem Namen des Wandalenkönigs *Stilico (Stilicho)*, im Namen der germanischen Nebenfrau des Hunnenkönigs Attila, die *Hildico* genannt wurde, im Namen des Burgunderkönigs *Gibica*, der in der mittelhochdeutschen Heldendichtung als *Gibiche* erscheint. Infolge der zweiten Lautverschiebung wurde das -*k*-Suffix zu einem -*ch*-Suffix. Bekannte Namen haben das gleiche -*k*-Suffix, auch wenn sie von der Basis her anders zu beurteilen sind, so etwa *Veldeke* oder die bis in die Gegenwart hinein bekannten Familiennamen *Benecke, Baesecke* und andere.

g) Im Niederdeutschen konnten mundartliche Palatalisierungen das alte -*k*-Suffix bis zur Unkenntlichkeit verändern, beispielsweise *Hilke* (aus *Hildika*) > *Hiltje*. Zu dem zweigliedrigen Namen *Meinhard* konnte aufgrund des ersten Gliedes als Basis mit einem -*k*-haltigen Suffix die Koseform *Meineke, Meinke* gebildet werden oder auch *Menke*, ein Name, der durch Palatalisierung zu *Menze* wurde und der sich bis heute in Familiennamen gehalten hat.

h) Zu den Koseformen mit -*z*-haltigem, -*l*-haltigem oder -*k*-haltigem Suffix sind weiterhin Bildungen mit -*n*-haltigem Formationsmorphem zu rechnen. Dabei spielt das Suffix -*īn*- eine große Rolle, das auch im appellativischen Wortschatz von Belang ist, heute zu -*en*- abgeschwächt wie in *Füllen, Kücken* oder *Kissen*. So konnte zu dem isolierten Namenglied *ruod-* (wie in *Ruodbert*) die Koseform *Ruodīn* gebildet werden. Dieses Suffix erhielt seine große Geltung vor allem dadurch, daß es zur Verstärkung der anderen Suffixe insbesondere der -*l*-haltigen oder -*k*-haltigen Suffixe verwandt wurde, zum Beispiel: *Hildikin* (im Niederdeutschen), hochdeutschen *Hildchen*, *Richelin* zu dem Namenglied *rīch-*, *Sigilin* zu dem entsprechenden Namenglied. Gerade durch die Suffixverbindungen und durch andere, hier nicht zu nennende Suffixe, entstand eine außerordentlich große Vielfalt von Koseformen, deren Basis in isolierten Bestandteilen zweigliedriger Namen zu suchen ist.

2. Eingliedrige Rufnamen auf -ing

Im Zusammenhang der Derivation eingliedriger Namen verdient nun noch ein Formationsmorphem besondere Beachtung, das in den variierenden Formen -ing/-ung/-ang auftritt, in der Hauptsache als -ing und -ung.

a) Mit Hilfe dieses Suffixes konnte im appellativischen Wortschatz ganz allgemein die Zugehörigkeit ausgedrückt werden. So ist der *druhting* der Angehörige einer *druht*, einer Gefolgschaft. Die in solchen Derivaten ausgedrückte Zugehörigkeit zu dem in der Basis Genannten konnte bis zur Identifizierung führen.

b) Das hat nun Bedeutung für die Bildung von Rufnamen erlangt. So ist *Karling* der Sohn oder fernere Nachkomme eines *Karl*. Das heißt: Er ist eigentlich ein *Karl*, er wird als solcher identifiziert, er gehört zur Gruppe oder Familie derjenigen, die *Karl* sind. Auf diese Weise sind patronymische Beinamen entstanden. Solche Beinamen sind aber offensichtlich vielfach von vornherein Rufnamen gewesen. Das Suffix ist also überhaupt zur Namenbildung verwandt worden. Hingegen kann man nicht in jedem Einzelfall sagen, ob es sich um einen patronymischen Beinamen oder um einen von vornherein gegebenen Rufnamen handelt. Der Ausgangspunkt der Entwicklung ist aber wohl bei dem Charakter dieser Bildungen als patronymische Beinamen zu suchen.

c) Solche Bildungen treten beispielsweise in der mittelhochdeutschen Heldendichtung auf: *Amelunc, Schilbunc, Nibelunc* als Namen zwerghafter Gestalten, *Balmunc* als Name des personifizierten Schwertes Siegfrids. Hinzuweisen ist auch auf die friesischen Rufnamen *Henning* oder *Ebbing*, schließlich auf die vielen derartigen Namen, die heute noch in Familiennamen fortexistieren, so beispielsweise *Brüning, Hering, Berning* und viele andere.

Bei diesen Bildungen ist, wie gesagt, zu beachten, daß sie in ihrem Ausgangspunkt Beinamen gewesen sind, alsbald aber als Rufnamen erscheinen. Womöglich haben sie gelegentlich auch kosende Funktion, wie viele andere mit anderen Suffixen gebildete eingliedrige Namen.

3. Partizipialbildungen

In ihrem Ausgangspunkt Beinamen sind auch Partizipialbildungen, wobei die participia praesentis offensichtlich ein hohes Alter aufweisen. Participia perfecti werden hingegen als jüngere Beinamen aufzufassen sein, worüber weiter unten gesprochen wird. Nicht in jedem Einzelfall ist es möglich, mit Sicherheit eine verbale Grundlage zu finden.

a) In vielen Fällen ist in der mittelalterlichen Namenüberlieferung die Partizipialbildung als solche durchsichtig, zum Beispiel: *Helfant* (zu *helfan*), *Ratant* (zu *rātan*), *Rahhant* (zu *rahhan*), *Rechant* (zu *rechan*), *Rītant* (zu *rītan*), *Waltant* (zu *waltan*). Im Hildebrandslied wird der *waltant got* ‚der herrschende Gott' angerufen, ist das Partizip also einmal in voller Funktion erkennbar, ohne daß es sich um einen Namen handelte.

b) Einige dieser Partizipialbildungen sind bis in die Gegenwart hinein als Familiennamen erhalten, beispielsweise: *Wielant*, ein Name, der an den Namen des kunstfertigen Schmieds in der Wielantsage erinnert. Hierhin gehören auch Namen wie *Wiegant* (zu *wīgan* ‚kämpfen'), *Wirnt* (aus *wirunt*, mit grammatischem Wechsel zu *wīsan* gehörig).

c) In einigen Fällen muß allerdings damit gerechnet werden, daß bei Bildungen auf *-ant* eine Schwunddissimilation vorliegt, was bedeutet, daß tatsächlich das ursprüngliche Zweitglied *-nand* vorliegt, wie beispielsweise in *Hruodant* aus *Ruodnant*. Es kann auch mit einem Ausfall von *-h-* gerechnet werden, wie bei *Starkant* aus *Starkhant*.

d) Darüber hinaus wird mit Analogiebildungen zu den alten Partizipien gerechnet werden müssen, da man diese Namenbildungen wohl nicht mehr als Partizipien empfunden haben wird. Auch bei Appellativen werden manche Partizipialbildungen, wie beispielsweise ahd. *friunt* ‚Freund', nicht mehr als solche empfunden worden sein.

4. Kontraktionen und Lallnamen

Eingliedrige Namen konnten auch noch auf andere Weise, als bisher erläutert, entstehen.

a) Eine wichtige Rolle spielt die Kontraktion aus beiden Gliedern einer Namenkomposition. Meistens wird dabei nur der anlautende Konsonant des Zweitgliedes in die Kontraktion einbezogen. Hierhin gehören etwa Bildungen wie: *Oppo* aus *Otpraht*, *Goffo* aus *Gotefrid*, *Germo* aus *Germar*, *Thioba* aus *Theotburg* oder *Theotbirg*.

b) Die lautlichen Veränderungen infolge der Kontraktion haben Ähnlichkeit mit der Bildung von Lallnamen, die oft nur eine sehr geringe Bindung an die zweigliedrigen Namen aufweisen. Solche Lallnamen sind seit alter Zeit bis heute geläufig. Im 11. Jahrhundert wird der Abt *Poppo* von Stablo-Malmedy bezeugt. *Poppo* ist Lallname aus *Folcmar*. Das bedeutet, daß nur der Vokal des ersten Bestandteils des zweigliedrigen Namens den Lallnamen mit diesem verbindet. Solche Lallnamen werden gern von Kindern gebildet und können auch heute noch jederzeit neu gebildet werden. Vielfach wurden sie oder werden sie zu festen Rufnamen, wie beispielsweise *Nele* oder *Bele* für *Elisabeth*, *Tolle* für *Folkert*, *Pepi* für *Josef*, *Pim* für *Willem* und andere mehr.

c) Solche Lallnamen konnten wiederum Basis für Derivate abgeben, und zwar in der Regel mit kosenden Suffixen, zum Beispiel: *Pippin*, *Buobilin*, *Tuticha* und andere.

d) Im Zusammenhang der lautlichen Veränderungen bei der Bildung eingliedriger Namen sind vor allem verschiedene Geminationserscheinungen zu beachten. Hierhin gehört vor allem die expressive Gemination, wie beispielsweise: *Batto* statt *Bato* aus *Batafrid*, *Hunno* statt *Huno* aus *Hunfrid*, *Otto* statt *Oto* aus *Otbraht*, *Siggo* statt *Sigo* aus *Sigolf* und viele andere. In Fällen wie *Eggi* oder *Seggi* kann wegen des ursprünglich nachfolgenden *j* normal zu erwartende Konsonantengemination vorliegen. Schließlich kann die Gemination nur dem Anschein nach bestehen, in Wahrheit aber durch Assimilation an einen benachbarten Konsonanten entstanden sein, wie beispielsweise bei: *Anno* zu *Arn* aus *Arnolf*, *Benno* zu *Bern* aus *Bernhart*, *Focco* zu *Folco* aus *Folchart*, *Hanno* zu *Hagano* aus *Haganolf*, *Hitta* zu *Hiltar* aus *Hiltraht*, *Imma* zu *Irmina* aus *Irminsuuind*. Diese verschiedenartigen Geminationen zeigen vielfach eine Verstärkung des geminierten Konsonanten, also: *Appo* neben *Abbo*.

5. Kosenamen auf -*man*, -*wīb* und -*kint*

Zu den eingliedrigen Namen müssen aber nun auch Bildungen gerechnet werden, die wie zweigliedrige Komposita aussehen, deren zweiter Bestandteil wie Suffixe mit kosender Bedeutung wirken. Es sind das Bildungen auf -*man*, -*wīb* und -*kint*. Diese Wörter sind bis heute als Appellative geläufig und sie nehmen im Wortschatz wegen ihrer lexikalischen Bedeutung sogar eine hervorragende Stellung ein. In den Namen sind sie jedoch nicht als Eigennamenbestandteile zu werten, eher als Suffixe. Sie ähneln zumindestens den eingliedrigen Namen, die mit

Eingliedrige Rufnamen

Suffixen gebildet sind. Bemerkenswert ist auch, daß sie aus dem Kreis der sonstigen Namenbestandteile herausfallen, die bei den weiter oben erläuterten germanischen Primärbildungen verwendet werden. Zu beachten ist die kosende Funktion dieser Suffixe, auch wenn wir das heute nicht mehr so ohne weiteres nachvollziehen können.

a) Bekannt ist der Name des Sachsenführers *Widukint*, der Karl dem Großen unterlag. Die Bildung eines solchen Kosenamens auf *-kint* wird uns heute vielleicht noch am ehesten verständlich, weil wir zum mindesten weibliche Koseformen auf *-kind* bilden können, beispielsweise *Utekind* oder *Hildekind*, zu *Ute* und *Hilde*, außerdem, weil das Wort *Kind* an sich diminuierende und auch kosende Bedeutung haben kann.

b) Bei den Wörtern *-wīb* ‚Frau' und *-man* ist uns das nicht ohne weiteres mehr verständlich. Gleichwohl gibt es früher auch zahlreiche Rufnamen auf *-wīb*, die ebenfalls als ursprüngliche Kosenamen aufgefaßt werden müssen. So werden beispielsweise im 12. Jahrhundert in Köln die Frauen *Gērwīf* und *Hadwīf* genannt (etwa zu *Gērnot* und *Hadubrand*).

c) In der Karolingerzeit begegnet dazu schon das Gegenstück in den Männernamen, nämlich *Karlmann* als Kosebildung zu *Karl*. Der ältere *Karl* hieß *Carolus Magnus*, was später als *Karl der Große* verstanden wurde. Der jüngere *Karl*, nämlich der jüngere Bruder Karls des Großen, hieß *Karlmann*. Hier wird die diminuierende Funktion einmal greifbar.

d) Später werden derartige Namen zahlreicher. Das zum Suffix gewordene Wort *-man* wird beliebt, wird häufiger zur Namenbildung verwendet. Heute kennen wir diesen Rufnamentypus mit wenigen Ausnahmen (wie *Hermann*) kaum noch. In den Familiennamen sind derartige ursprüngliche Rufnamen mit kosender Funktion bis heute in großer Zahl vorhanden, zum Beispiel: *Volkmann* (mit dem Bestandteil *folk* aus einem Namen wie *Folkbert*), *Heinemann* (zu *Heinrich*), *Tiedemann* (zu *Dietrich*), *Friedemann* (zu *Friedrich*), ein Name, der noch von Johann Sebastian Bach einem Sohn als Rufname gegeben wurde: *Friedemann Bach*.

e) Dieser Familiennamentypus muß jedoch von anderen Familiennamen auf *-mann* unterschieden werden. Keineswegs alle Familiennamen auf *-mann* sind ursprünglich Rufnamen, wie die hier zu behandelnden. Sie gehören vielmehr in andere Zusammenhänge (zum Beispiel: *Tochtermann*, *Oppermann*, *Stelzmann*, *Westermann*, *Münstermann*).

6. Entwicklung von Zweitgliedern zu Suffixen

Ähnliche Entwicklungen wie bei den Bildungen auf *-man*, *-wīb* und *-kint* sind auch in einer Reihe von anderen Namenbildungen zu beobachten. Die Ähnlichkeit besteht darin, daß häufiger auftretende Zweitglieder germanischer Rufnamen allmählich die Funktion von Suffixen erhalten haben, so daß die betreffenden Namen schließlich wie eingliedrige Namen behandelt werden müssen. Die Entwicklung von Kompositionsgliedern zu Suffixen ist in der Geschichte des Wortschatzes häufiger zu beobachten. So gibt schon Notker der Deutsche in St. Gallen († 1022) die Namen der Götter *Consus* und *Nocturnus* als *willolf* ‚Gott des Wollens, der Zustimmung' und *nahtolf* ‚Gott der Nacht' wieder und nennt den Reichen *rīhholf (dives)*. Von der ursprünglichen lexikalischen Bedeutung des Namenbestandteils *-olf* < *-wulf* ‚Wolf' ist in diesen Bildungen schon nichts mehr zu verspüren.

Entwicklung von Zweitgliedern zu Suffixen

a) Ähnliche Entwicklungen lassen sich nun auch bei mittelalterlichen Rufnamen beobachten, so vor allem bei Namen auf *-bald, -burg, -hart, -heri, -hilt, -rat, -rih, -old, -olf, -uuin*. Diese wie Suffixe wirkenden Namenbestandteile haben aber nicht ohne weiteres diminuierende oder kosende Funktion, wie das bei den Bildungen auf *-man, -wīb* und *-kint* anzunehmen war.

b) Hierhin gehören Bildungen mit Personengruppennamen, also Namen von Stämmen oder Völkerschaften, in der Basis, wie einige Beispiele zeigen können: *Danburg, Denihart, Denihilt, Deniolt; Francrih, Francolt; Friesburc, Sahshart, Sahsrih; Suuabheri, Suuabhilt, Suuabold*. Mit den verwendeten Namenwörtern in der tatsächlichen Funktion von Suffixen sollte der so Benannte offensichtlich als Däne, Franke, Friese, Sachse, Schwabe identifiziert werden, wobei die verwendeten Namenwörter den Benennungen zugleich den Charakter des Rufnamens verliehen.

c) Die Entwicklung des ursprünglichen Zweitgliedes zum Suffix zeigt sich vielleicht noch deutlicher bei der Verwendung von Bezeichnungen der Himmelsrichtungen in der Basis, zum Beispiel: *Ostarhilt, Ostarrat, Sundarheri, Sundarolf, Suntheri, Sunthilt, Uuestrat, Nordhilt, Nordolt, Nordolf*. Ähnlich sind wohl auch Bildungen auf der Grundlage von *jung* und *alt* zu sehen: *Iungrat, Iungolf; Altbolt, Altburg, Althilt, Altrat, Altrih, Altuuin* und andere. Es ist anzunehmen, daß die ursprünglichen Zweitglieder unverstanden oder mißverstanden übernommen worden sind, daß sie also auch nicht mehr in zweigliedrigen Kompositionen verstanden wurden.

d) Derartige Bildungen kamen zu verhältnismäßig starker Entfaltung, wie die Verwendung von Adjektiven, Adverbien und Substantiven in dem nunmehr als Basis aufzufassenden Erstglied zeigt, zum Beispiel: *Bazheri* (zu *baz* ‚besser, mehr'), *Boserih* (zu *bōse* ‚wertlos, schwach, haltlos'), *Frohilt* (zu *frō* ‚froh, heiter, fröhlich'), *Fruotuuin* (zu *fruot* ‚klug, weise, erfahren'), *Samanolt* (zu *saman* ‚zusammen, zugleich, miteinander'), *Scerpfolf* (zu *scarp* ‚scharf, rauh, heftig, höhnisch, hart, streng, ernst, grausam, furchtbar'), *Snelburg* (zu *snel* ‚schnell, behende, tapfer'), *Zierolf* (zu *zieri* ‚schön, lieblich, anmutig'), *Betolf* (zu *beta* ‚Gebet, Bitte, Fürsprache'), *Buozrich* (zu *buoza* ‚Buße, Strafe, Besserung, Umkehr'), *Friuntbald* (zu *friunt* ‚Freund, Nächster'), *Itisburg* (zu *itis* ‚Jungfrau, Frau'), *Scohilt* (zu *skuoh* ‚Schuh'), *Uuintarhilt* (zu *wintar* ‚Winter').

e) Solche Namenbildungen machen den Eindruck ursprünglicher Beinamen, was jedoch nicht in jedem Fall gewesen sein muß. Vielmehr können solche Namenformen auch das Vorbild für jüngere appellativische Bildungen vom Typ *Trunkenbold* gewesen sein. Schon im Althochdeutschen bietet sich zum Vergleich *pōsewiht* ‚wertloser, schlechter Mensch' an. Hier ist auch an die jüngeren Namen *Nīthart* oder *Biterolf* zu denken, bei denen wohl auch nicht mehr mit zweigliedrigen Kompositionen zu rechnen ist.

f) Relativ früh treten Namenformen auf, die wenigstens ähnlich verstanden werden können, zum Beispiel: *Hamarhart, Nagalhart, Smidhart, Steinhart* (zu *hamar* ‚Hammer', *nagal* ‚Nagel, Ruderpinne, Steuer', *smīda* ‚Geschmeide', *stein* ‚Stein'). Doch ist in diesem Zusammenhang an mhd. *steinherte* ‚hart wie Stein' zu erinnern, so daß hier auch adjektivische Beinamen vorliegen könnten, wobei der zweite Bestandteil nicht zum Suffix geworden wäre, die lexikalische Bedeutung aber auf ‚hart' eingeschränkt wäre.

g) Der Verlust der lexikalischen Bedeutung bei solchen ursprünglichen Zweitgliedern nach den weiter oben genannten Beispielen wirkt sich auch dahingehend aus, daß sie sich mit etymologisch unverwandten Namenwörtern vermischen, zum Beispiel: *Gundolt/Gundolf, Fridumar/Friduman, Eburhart/Eburat*.

VI. Beinamen

1. Beinamen zu Rufnamen

Von Beinamen im strengen Sinn kann eigentlich nur gesprochen werden, wenn zu einem bereits vorhandenen Rufnamen ein weiterer Name hinzutritt, und zwar im allgemeinen aus dem appellativischen Wortschatz.

a) Dazu seien einige frühe Beispiele genannt: *Amalperaht cognomento Fugal; Hermannus Rubezagil; Heinrihchus ... qui et Heribertus; Brunihilt cognomento Teda; Iohannes Sensensmit*. In den beiden ersten Beispielen tritt ein sogenannter Übername als Beiname zum Rufnamen hinzu, im dritten Beispiel ein weiterer zweigliedriger Name, im vierten Beispiel ein vermuteter Lallname und im letzten Beispiel schließlich eine Berufsbezeichnung.

b) Es ist aber nun damit zu rechnen, daß in vielen Fällen bereits Rufnamen vorliegen, die zwar bei ihrer ersten Verwendung Beinamen waren, die dann aber nicht mehr zusätzlich neben einem bestehenden Rufnamen getragen wurden. Sie sind nicht zweigliedrige Komposita im weiter oben erläuterten Sinn, sie sind auch nicht Sekundärbildungen dieser Komposita, und sie sind schließlich auch nicht eingliedrige Namen auf der Grundlage solcher Komposita, auch keine Kontraktionen und auch keine Lallnamen. Sie sind dem appellativischen Wortschatz entnommen und werden aus der entsprechenden lexikalischen Bedeutung verständlich. Zu ihnen sind vermutlich auch weiter oben schon erläuterte Bildungen zu rechnen, wie die Partizipialbildungen oder manche Bildungen mit Hilfe von Namengliedern, die zu Suffixen geworden waren.

2. Beinamentypen

a) Ursprüngliche Beinamen wird eine Reihe von Simplicia gewesen sein, die schon in relativ früher mittelalterlicher Überlieferung auftritt, zum Beispiel: *Brūn* ‚Braun'; *Erbio* ‚der Erbe'; *Ernust* ‚Ernst, Eifer, Kampf, Sorge'; *Karl* ‚Mann, Ehemann'; *Craft* ‚Kraft, Fähigkeit, Vermögen, Tugend, Macht, Gewalt, Wunder, Herrlichkeit'.

b) Der Beiname konnte aus einem Personengruppennamen gewonnen sein, zum Beispiel: *Franco, Suuab, Frenkin, Sehsin, Engila, Angilman, Alaman, Peiarin, Deno, Frieso, Hessa, Nordman, Nortuuib, Nordo, Roman, Thuring, Uuentila, Uuinid, Uualaman* (‚der Welsche').

c) Benennungen nach Ortsbezeichnungen sind ebenfalls früh anzutreffen, beispielsweise: *Rīnbold, Rīnbertus, Rīnolf, Rīnolt* (nach dem *Rhein*), *Moinrat* (nach dem *Main*), *Rumbald, Rumhart, Runhilt* (möglicherweise nach dem Namen der Stadt *Rom*).

d) In den ursprünglichen Beinamen treten Berufsbezeichnungen und Standesbezeichnungen auf, zum Beispiel: *Boto* ‚Bote, Gesandter, Apostel, Engel'; *Burgio* ‚Bürge'; *Encheo* ‚Knecht, Ochsenhirt'; *Genoz* ‚Genosse, Gefährte, Mitbürger, Jünger'; *Gisal* ‚Bürge, Unterpfand'; *Gotesman* ‚Theologe'; *Helid* ‚Mann, Krieger'; *Hirti* ‚Hirt, Wächter'; *Houauuīb* ‚zu einem Hof gehörige Frau'; *Holzman* ‚Holzarbeiter, Holzhauer'; *Piligrim* ‚Pilger'; *Thegan* ‚Krieger, Gefolgsmann, Anhänger, Jünger, Diener, Begleiter'; *Uuarto, Uuardman* ‚Wächter'; *Uuīgman* ‚Krieger, Kämpfer'; *Uuirtun* ‚Gattin, Hausfrau, Gastgeberin'. Hierzu stellen sich noch einige weiter oben benannte ältere bezeugte Beinamen, die zu Rufnamen geworden sind.

e) Bei einem Auftreten von Verwandtschaftsbezeichnungen oder ähnlichen Bezeichnungen mag es naheliegen, daß sie nicht schon bei der Geburt als Beinamen gegeben worden sind, so beispielsweise: *Fater* ‚Vater, Abt', *friuntin* ‚Freundin',

Buolo ‚naher Verwandter, Geliebter', *Gatto* ‚der mir gleich oder verwandt ist, Gatte', *Neuo* ‚Enkel, Verwandter, Nachkomme', *Uuasa* ‚Vaterschwester, Base'.

f) Auch Abstrakta treten als Rufnamen aus ursprünglichen Beinamen auf, zum Beispiel: *Anamuot* ‚Lust'; *Alttuom* ‚Alter'; *Thionost* ‚Dienst, Bedienung, Untertänigkeit, Knechtschaft'; *Fruma* ‚Nutzen, Vorteil, Segen, Heil, das Gute, das Nützliche, Gut, Frucht'; *Galm* ‚Schall, Klang'; *Hohmot* ‚Hochmut'; *Uodil* ‚Besitztum, Heimat'; *Minna* ‚Liebe, Zuneigung, Eifer, Verlangen, Gemeinschaft, Liebesgemeinschaft'; *Sturmi* ‚Aufruhr, Kampf, Getümmel'; *Unuuan* ‚Überraschung'; *Uuidargelt* ‚Entgelt'; *Uuunnar* ‚Freude, List, Wollust, Glück, Seligkeit'. Sieh auch weiter oben schon genannte Namen dieser Art aus alter Überlieferung.

g) Zahlreich sind auch Tierbezeichnungen. In vielen Fällen muß aber damit gerechnet werden, daß ein isoliertes Glied eines zweigliedrigen Namens vorliegt. Einige Beispiele seien angeführt: *Aro* ‚Adler', *Bero* ‚Bär', *Binin* ‚Biene', *Ebur* ‚Eber', *Hraban* ‚Rabe', *Uuelf* ‚junger Hund, Junges', *Uro* ‚Wild, Stier, Auerochs'.

h) Auch einige andere Bereiche erscheinen in den aus Beinamen entstandenen Rufnamen, zum Beispiel: *Bebozs* ‚Beifuß'; *Dilli* ‚Dill'; *Freido* ‚der Abtrünnige'; *Friduman* ‚Friedensbringer'; *Harpfa* ‚Harfe'; *Krispo* ‚Krauskopf'; *Ertag* ‚Dienstag'; *Frittag* ‚Freitag, Rüsttag'; *Uuillicomo* ‚der Willkommene'; *Uuintarung* ‚zum Winter gehörig'.

i) Adjektive spielen ebenfalls eine große Rolle, zum Beispiel: *Alauuar* ‚ganz wahr, ganz sicher, gerecht', *Broda* ‚hinfällig, schwach', *Geila* ‚übermütig, überheblich, erhaben', *Heiliga* ‚heilig, geweiht, heilbringend, zum Heil bestimmt, fromm', *Knuz* ‚munter, entschlossen', *Lud* ‚laut, vernehmlich, laut schallend, dröhnend, bekannt', *Michel* ‚groß, bedeutend, der Besondere, stark, mächtig, viel, laut' (nicht zu verwechseln mit dem Fremdnamen *Michael*), *Sconea* ‚schön, herrlich, glänzend, festlich, gut, vortrefflich, angenehm', *Spiligern* ‚mutwillig', *Stur* ‚stark, groß', *Untol* ‚nicht dumm', *Zeizza* ‚lieb, zart, befreundet'.

j) Auf die Grundlage von Verben in der Form des Partizips Präsens ist bei weiter oben schon genannten älteren Rufnamen aus Beinamen hingewiesen worden. Participia perfecti scheinen im ganzen jünger zu sein, zum Beispiel: *Born* (zu *beran* ‚tragen, gebären, bringen, hervorbringen, entgegenbringen, erweisen'); *Otan* (sieh das altsächsische Partizip Perfekt *ōdan* ‚beschert, geschenkt'), *Uuallod* (zu *wallōn* ‚wandern, gehen, umhergehen, ziehen, umherziehen, pilgern, fortschreiten, sich ausbreiten, sich bewegen'), *Uuonot* (zu *wonōn* ‚wohnen, bleiben, zufrieden sein'), *Uurhta* (zu *wurken* ‚wirken, bewirken, vollbringen, schaffen, erschaffen, errichten, verfertigen, bilden, tun, machen, handeln, ausführen'). Wie die Beispiele mit den Hinweisen auf die zugrundeliegenden Verben zeigen, ist es vielfach nicht leicht möglich, die lexikalische Bedeutung des Partizips, das als Beiname, dann als Rufname verwendet wurde, genau zu bestimmen.

VII. Fremdnamen in den Rufnamen

1. Vorläufer

a) Die ältere mittelalterliche Überlieferung ist bis weit in das hohe Mittelalter noch fast ausschließlich von germanischen Namen beherrscht, gleichgültig welchen Typs sie waren. Die germanischen Rufnamen wurden auch außerhalb der germanischen Völkerschaften zur Mode, so bei den Romanen in der ehemaligen Gallia, die von den Franken erobert und im Nordosten teilweise besiedelt worden war. Natürlich gab es auch Namenmoden in der langen Geschichte der Rufnamengebung. Das bedeutet nichts anderes als die Bevorzugung bestimmter, aber nicht etwa gleichzeitig aller bekannter Namen. Das kann auf der anderen Seite das Absterben eines Teiles der Namen zur Folge haben, ohne daß es immer zu einer Wiederbelebung in einer späteren Zeit kommt. Für den germanischen Rufnamenschatz hat das auf die Dauer zu einer Verarmung, zu einer Verringerung des Bestandes gebräuchlicher Rufnamen geführt, was aber nicht darüber hinwegtäuschen darf, daß es, wie weiter oben schon angedeutet, germanische Rufnamen in außerordentlich großer Zahl gegeben hat. Viele Jahrhunderte waren germanische Namen, zweigliedrige Namen, eingliedrige Namen oder Rufnamen mit Beinamencharakter, fast allein beherrschend.

b) Neben den germanischen Namen treten in der Karolingerzeit, also im 9. und 10. Jahrhundert, einige wenige nichtgermanische Namen auf, und zwar sind es gerade alttestamentliche Namen wie *David, Daniel, Salomon*. Das hängt mit dem starken Einfluß des Alten Testaments auf die karolingische Denkwelt zusammen. Neutestamentliche Heiligennamen treten sozusagen nicht auf. Eine bemerkenswerte Ausnahme bildet der Name *Stephan*, der sein Aufkommen bei den Franken letzten Endes dem Besuch des Papstes Stephan II. im Jahre 753 im Frankenreich verdankt. Von da an taucht der Name im deutschen Westen auf, wird immer häufiger und offensichtlich wie ein fränkischer Name behandelt. Seine fremdsprachliche Herkunft wird nicht mehr empfunden. Wie sehr das ein Einzelfall war, zeigt das Beispiel einer Kölner Namenliste aus dem ausgehenden 11. Jahrhundert, in der unter Hunderten von germanischen Personennamen lediglich drei nichtgermanische Namen vorkommen: *Petrus, Johann, Margareta*.

2. Voraussetzungen

a) Das bedeutet aber, daß so verstandene christliche Rufnamengebung nicht mit der früh abgeschlossenen Christianisierung einherging. Es blieb noch für viele Jahrhunderte bei den germanischen Rufnamen. Dabei ist die Christianisierung der Germanen selbstverständlich die erste Voraussetzung und Grundlage der Ausbreitung christlichen Namengutes im Mittelalter. Dazu gehört die Ausbreitung christlicher Patrozinien in Europa. Mit der Ausbreitung des Christentums ging überall die Errichtung von Klöstern und Kirchen einher. Diese Kirchen erhielten neben ihren weltlichen Schutzherren, die ihre Einrichtung und Unterhaltung gewährleisteten, auch einen himmlischen Patron, den Erzengel *Michael* beispielsweise oder aber einen Heiligen, der aus der christlichen Überlieferung bekannt war, zum Beispiel *Petrus, Martin, Georg* und so weiter. Das hatte zur Folge, daß sich seit dem frühen Mittelalter Patrozinien beliebter Heiliger über Europa verbreiteten, innerhalb des Frankenreiches im allgemeinen von Westen nach Osten, wenn auch im einzelnen auf verschiedenen Wegen. Mit den Patrozinien wurden die Heiligennamen in weiten Gebieten Europas bekannt und den Angehörigen der christlichen Gemeinden geläufig. Damit war eine wichtige Grundlage für die weitere Namengeschichte gegeben, aber nicht etwa automatisch auch die christliche Rufnamengebung.

b) Zu diesen allgemeinen Voraussetzungen kam noch eine wichtige Entwicklung innerhalb des germanischen Rufnamenschatzes. Der Namenschatz verkümmerte in der früher schon angedeuteten Weise, nämlich, daß Namen bevorzugt und andere aufgegeben wurden. Zu dem Vorgang gehört aber vor allem auch, daß das Gefühl für die Motivierung der Namen verlorenging, so daß die weiter oben schon erläuterten Sekundärbildungen in der Gruppe der zweigliedrigen Rufnamen entstehen konnten, die eine poetische Motivierung, wie bei den Primärbildungen, nicht mehr erkennen lassen, die Gesetzmäßigkeiten der Bildung aber weiterhin beachten. Es scheint aber auch das Gefühl für die klangliche Schönheit der insbesondere zweigliedrigen Bildungen verlorengegangen zu sein. Das zeigt sich besonders an dem massenhaften Auftreten eingliedriger Bildungen, Beinamen als Rufnamen, Kontraktionen aus zweigliedrigen Namen und an den Lallnamen, die es natürlich schon seit früher Zeit gegeben hat.

c) Es ist davon auszugehen, daß die bewußte Motivierung der Namen bei der Namengebung lediglich bei den Primärbildungen vorlag, daß dann andere Prinzipien zum Tragen kamen. Dazu gehört zunächst das Prinzip der Nachbenennung, das heißt, Namengebung nach dem Vater oder Großvater oder einem anderen Verwandten oder Nachbenennung in der Form der Variation. Das bedeutet, die Verwendung des Namengliedes eines zweigliedrigen Namens bei der Namengebung von Kindern und Enkeln. Auf diese Prinzipien wird in anderem Zusammenhang noch einmal zurückzukommen sein. Jedenfalls konnte das latente Bedürfnis nach neuen Namenformen entstehen. Diese sozusagen negative Voraussetzung scheint in nachkarolingischer Zeit und erst recht in nachottonischer Zeit schon gegeben gewesen zu sein.

3. Das Aufkommen der Heiligennamen

a) Der entscheidende Anstoß zur Heiligennamengebung liegt offensichtlich bei religiösen Bewegungen, die auf deutschem Boden im 11. Jahrhundert einsetzten und im 12. Jahrhundert und später zur stärkeren Auswirkung kamen, und zwar zur Auswirkung auch im breiteren Volk. Es handelt sich um religiöse Strömungen verschiedener Art, die hier nicht im einzelnen erläutert werden können. Der sichtbare Ausdruck waren religiös-politische Kämpfe großen Ausmaßes, war unter anderem die Kreuzzugsbewegung, waren die Gründungen neuer Ordensgemeinschaften und die starke Einwirkung mönchlich-kirchlicher Kräfte auf das Laientum im Sinne einer religiösen Belebung. Insbesondere die sogenannten Bettelorden wirkten unter den Massen des Volkes und gewannen nachhaltigen Einfluß. Insgesamt erfaßten die religiösen Strömungen sozusagen ganz Europa und alle sozialen Schichten. Eine besondere Seite der religiösen Bewegungen scheint die gesteigerte Heiligenverehrung gewesen zu sein: *Michael* wird zum Patron der Kreuzfahrer, *Georg* zum Patron des christlichen Ritters. Die Verehrung des Erzengels und des heiligen *Georgs* waren indessen schon sehr alt. Mit den neuen Wellen der Heiligenverehrung kamen auch die Heiligennamen ins Volk, das heißt, die Ablösung der bis dahin fast allein herrschenden germanischen Namen und die Verwendung von Heiligennamen meist nichtgermanischer Herkunft bei der Rufnamengebung. Das ist ein wichtiger kulturgeschichtlicher und namengeschichtlicher Prozeß, der vor allem seit dem späteren 12. Jahrhundert vor sich ging. Die Vorgänge sind im einzelnen noch bei weitem nicht umfassend untersucht.

b) Der große Prozeß des Aufkommens der Heiligennamen in der Rufnamengebung steht in europäischen Zusammenhängen. Die Bewegungen breiteten sich im ganzen von Westen her in östlicher Richtung aus. In den rheinischen Städten, beispielsweise in den Rheinlanden und in Straßburg, sind die entsprechenden Beobachtungen in den Quellen zuerst zu machen. Die östlicheren Gebiete folgen in der allgemeinen Entwicklung nach. Die später sich verstärkende deutsche Ostkolonisation nimmt die Heiligennamen in den Rufnamen bereits mit. Das setzt ihr Aufkommen im Westen also voraus.

c) Der tiefgreifende kulturhistorische und namenhistorische Prozeß, von dem hier gesprochen worden ist, ist tatsächlich eine grundlegende Wandlung in der Rufnamengebung, und zwar insofern, als die ursprünglich vorhandene und in der Überlieferung noch deutlich erkennbare Motivierung der Namenbildung, was die Primärbildungen betrifft, nun durch ein ganz anderes Verfahren ersetzt wird. An die Stelle einer derartigen Motivierung tritt die durch die Namengebung gewollte Bindung an den Patron, also beispielsweise an den Heiligen. Das ist ein gänzlich neues Prinzip, wiewohl man sehen muß, daß diese Art der Namengebung durch Nachbenennung oder durch die Nachbenennung in der Form der Variation, wie oben erläutert, schon ein wenig angebahnt war. Man muß wohl auch erkennen, daß gerade die Nachbenennung die Benennung nach einer als vorbildlich angesehenen Persönlichkeit bedeutete. Wird man beispielsweise annehmen dürfen, daß ein Karolinger mit dem Namen *Arnulf* nach dem heiligen Arnulf von Metz benannt ist, so muß man doch gleichzeitig sehen, daß dieser Karolinger nämlich ihr Stammvater gewesen ist. Das Beispiel zeigt, daß Heiligennamengebung und Rufnamengebung nach einem als vorbildlich angesehenen Namenträger nicht ohne weiteres einhergehen muß. Es ist aber klar, daß auf diesem Wege die Heiligennamengebung angebahnt werden konnte. Es ging nicht mehr unter allen Umständen um die Motivierung des Namens als solchem und seiner Bildung nach, es ging nunmehr um den Patron, dessen mächtigen Schutzes man einen zu Benennenden anvertrauen wollte.

d) Das bisher Ausgeführte bedeutet zugleich, daß man die Rufnamengebung nach Heiligennamen so lange nicht eindeutig erkennen kann, als nur germanische Namen gewählt wurden. Auch die Träger germanischer Namen konnten Heilige sein. Die Namenwahl konnte darauf beruhen. Aber erst das Auftreten von Heiligennamen nichtgermanischer Herkunft erlaubt die sichere Feststellung der Heiligennamengebung überhaupt.

e) Aus sprachlichen Gründen sind also germanische Rufnamen und nichtgermanische Namen zu trennen. Bei den Fremdnamen ist aber eine weitere Unterscheidung notwendig. Es ist nämlich nicht bei jedem Fremdnamen ohne weiteres sicher, daß es sich um einen Heiligennamen handelt. Andererseits gibt es kaum einen der Fremdnamen semitischen, griechischen oder lateinischen Ursprungs, der nicht auch als Heiligenname erklärt werden könnte. Es ist aber zu beachten, daß die Namenwahl unter Umständen auch aufgrund der appellativischen lexikalischen Bedeutung getroffen worden sein kann, so beispielsweise bei *Constantius, Durandus, Probatius, Benedictus, Victorius, Honestus* und so weiter.

f) Der namenkundliche Terminus ‚Heiligenname' setzt aber das System der Benennung nach Heiligen bereits voraus. Dabei wird der Heilige als kanonisierter Heiliger verstanden. Diese Definition kann aber bis zur Jahrtausendwende nicht angewandt werden, da erst im Jahr 993 eine erste offizielle päpstliche Kanonisation stattfand. Danach bildete sich erst langsam die Gewohnheit heraus, die Heiligkeit eines Verstorbenen durch eine feierliche päpstliche Entscheidung zu dokumentieren. Es hat Jahrhunderte gedauert, bis die so verstandene Heiligsprechung genau geregelt war. Bis zum Jahre 1000 wird der Heilige meist als *dominus* tituliert, später als *sanctus*. Hier ist die Stellung des fränkischen Adelsheiligen wichtig, dessen Heiligkeit durch die adlige Familie sozusagen propagiert wird. Das durch die Heiligkeit eines Verwandten erworbene Heil kann eine adlige Familie sich auch durch Erwerb seiner Reliquien aneignen. Mit dem Einfluß dieser Familien wächst der Kult des betreffenden Heiligen. So war der heilige *Martin* als Heiliger des Merowingerhauses anzusehen. Damit war aber bereits eine gewisse Entwicklung in der Heiligenverehrung abgeschlossen. Die Urkirche unterschied nicht zwischen Heiligem und anderen, denn jeder *christianus* war als solcher heilig. Nachdem dieses Bewußtsein geschwunden war, konnte eine zusätzliche Institution der Heiligkeit entstehen, in der derjenige als heilig gekennzeichnet wurde, der in hervorragender Weise Christ gewesen war. Bei den Franken waren die Heiligen aber sozusagen der Besitz bestimmter Familien. Eine allgemeine Rufnamengebung nach Heiligen unterblieb, so daß noch für das 12. Jahrhundert gezeigt werden kann, daß auch heimische Heilige in der Namengebung ohne Einfluß blieben.

g) In der Frühzeit der Heiligennamengebung ist *Christianus* häufig. Die ersten Christen nannten sich vielfach einfach *Christianus*. Dieser Name taucht bald nach der Christianisierung bei den Sachsen auf, früher als im längst christlichen Rheinland. Ähnlich sind Namen wie *Marianus* oder *Paulinus* zu beurteilen, obwohl hier auch Heilige Pate gestanden haben können. Ähnliches gilt für Namen wie *Sapientia* (nach der Tugend), *Antiphona* (nach der Liturgie), *Regulus* (aus dem monastischen Leben), *Constantius* (nach der Tugend) und so weiter.

h) Nicht bei allen Namen, die als Heiligennamen aufgefaßt werden können, läßt sich mit letzter Sicherheit sagen, daß sie tatsächlich Fremdnamen sind. Wenigstens für einige existieren germanische Entsprechungen, so etwa bei *Anna* (zu *Anno*) oder *Simon* (zu *Sigismund*). In einzelnen Fällen handelt es sich auch um die Latinisierung germanischer Beinamen, wie beispielsweise *Magnus*.

4. Geistliche und Laien als Träger von Heiligennamen

a) Das Motiv der Namengebung wird nicht allein mit dem Träger eines Namens sichtbar. Da der Träger sich seinen Namen durchweg nicht allein gibt, wird die soziale Schicht zu berücksichtigen sein, in der der Anlaß für die Wahl eines solchen Namens erkennbar wird. Gerade in der Frühzeit der Heiligennamengebung muß zwischen geistlichen Namenträgern und den Laien, die Heiligennamen tragen, unterschieden werden. Zunächst sind nämlich Geistliche und Mönche als Träger von Heiligennamen erkennbar. Den entsprechenden Namen haben sie sich wohl erst über eine Namenänderung im Eintritt in einen Klosterverband beigelegt. Doch fehlen hier noch genauere Forschungen. Für die übrigen sozialen Schichten unter den Laien kann festgestellt werden, daß sie bei der Übernahme von Heiligennamen etwa gleichmäßig vertreten sind. Mithin kann nicht ohne weiteres davon ausgegangen werden, daß die Heiligennamengebung in dieser oder jener Schicht zuerst aufgetreten wäre und dann auf die anderen Schichten gewirkt hätte. Jedenfalls ist das nicht ohne genauere Untersuchungen erkennbar.

b) Um das Jahr 1200 und im 13. Jahrhundert wird die Heiligennamengebung als allgemeine Erscheinung sichtbar. Aber schon vorher, und zwar vom 8. Jahrhundert an, am stärksten dann im 12. Jahrhundert, wird eine Vielzahl von Heiligennamen sichtbar, die in den Quellen auftreten, zunächst meist bei Mönchen, Bischöfen und anderen Geistlichen, dann bei Laien. Als Beispielreihe seien die Namen der bis zum Jahre 1200 im Rheinland bezeugten Heiligennamen in alphabetischer Folge genannt: *Aaron, Abel, Abraham, Absolon, Adam, Aegidius, Aemilianus, Aemilius, Agatha, Agnes, Albanus, Alexander, Alexandra, Alexius, Amabilia, Amandus, Ambrosius, Amantia, Anastasia, Anastasius, Andreas, Anna, Antiphona, Antonia, Antonius, Aper, Apertus, Apollonius, Argentea, Bartholomäus, Basilius, Basilissa, Beatrix, Benedicta, Benedictus, Benigna, Benjamin, Blasius, Bonafides, Bonifatius, Brictius, Caecilia, Caesarius, Carissima, Christianus, Christina, Christophorus, Clara, Clarissa, Claricia, Clemens, Clementia, Constantinus, Constantius, Cornelius, Crispinus, Daniel, David, Deodatus, Desiderius, Dionysius, Dominicus, Durandus, Eleazarus, Elias, Elisabeth, Elisäus, Ephrem, Euphemia, Eustachius, Eva, Felicitas, Felix, Florentia, Florentius, Florinus, Gabriel, Georgius, Gereon, Gervasius, Gregorius, Helena, Hieronymus, Hilarius, Hodierna, Honestus, Imperius, Irena, Isaac, Israel, Iwan, Jacob/Jacobus, Jeremias, Jocelinus, Johanna, Johannes, Jonas, Jonathas, Jordanus, Joseph, Judith/Jutta, Jugurta, Julia, Juliana, Julinus, Justina, Kalixtus, Katherina, Kilianus, Laetitia, Laurentius, Leo, Leonius, Libertus, Lucia, Lucius, Lukas, Macarius, Magnus, Malchus, Mansuetus, Manasses, Marcellinus, Marcellus, Marcianus, Margaretha, Maria, Marianus,*

Mariotta, Markus, Marsilius, Martinus, Matthäus, Matthias, Maura, Mauritius, Maurus, Michael, Nazarenus, Nikodemus, Nikolaus, Offitia, Olympias, Oliva, Oliverus, Oneratus, Osanna, Pankratius, Pantaleon, Patricius, Paulinus, Paulus, Petrissa, Petrus, Philippus, Piligrimus/Peregrinus, Placidus, Pontius, Principalis, Probatius, Protasius, Pyramus, Regulus, Remigius, Romanus, Rusticus, Sabina, Salomon, Samson, Samuel, Sapientia, Sapientius, Sara, Saul, Saulinus, Scholastika, Sergius, Severa, Severinus, Sibilia, Silvester, Simeon, Simon, Sophia, Stephanus, Susanne, Symphorianus, Theophanu, Thomas, Tobias, Victorius, Vincentius, Vivianus, Zacharias, Zachäus.

c) Die Strömungen, die die Heiligennamengebung trugen, waren nicht nur oberflächlicher Natur. Sie haben, wie schon angedeutet, alle sozialen Schichten und vor allem auch die breitesten Schichten des Volkes ergriffen. Das zeigt sich vor allem in der starken lautlichen Anpassung der Fremdnamen, die auf diese Weise zu Lehnnamen werden, wie einige Beispiele zeigen können: *Matthaeus* wird zu *Mattes, Gregorius* zu *Görres, Bartholomäus* zu *Meves, Valentin* zu *Velten, Liborius* zu *Börries, Stephanus* zu *Steffen* oder *Steffel, Cornelius* zu *Knölles, Christopherus* zu *Stoffel, Antonius* zu *Tonius, Tünnes, Toni, Tünnemann, Severinus* zu *Fring* (und so weiter). Bei diesen Beispielen handelt es sich um früher gebräuchliche Rufnamen. Heute sind sie vielfach nur noch als Familiennamen vorhanden.

5. Namenmoden

a) Die germanischen Namen wurden aber keineswegs ganz verdrängt, so erstaunlich es auch ist, daß sie sich bei solch tiefgreifenden religiösen Bewegungen und bei einer so gesteigerten Heiligenverehrung überhaupt halten konnten. Der Grund liegt aber wohl ebenfalls in der Heiligenverehrung selbst. Denn sobald es beispielsweise einen heiligen *Konrad* gab, konnte man sein Kind ebenso nach diesem Heiligen benennen, wie nach dem heiligen *Petrus, Johannes, Martin* und so weiter. Die sprachliche Herkunft des Namens spielte also keine Rolle. Es kam nun lediglich darauf an, ob es einen heiligen Träger dieses Namens gab, der sich zu der entsprechenden Zeit und in der entsprechenden Landschaft der Beliebtheit erfreute. An die Stelle ursprünglich einmal herrschender bewußter semantischer Motivierung der Namen trat nun der Heilige selbst, als Patron seines Namenträgers, das heißt, vor allem als sein Beschützer und gegebenenfalls auch als sein Vorbild.

b) Andere Faktoren konnten ebenfalls mitspielen, wie schon angedeutet worden ist. Die Namen der Könige und Kaiser *Konrad* und *Heinrich* (und so weiter) und beliebter Fürstinnen wie *Adelheid, Gisela* und so weiter, konnten unter Umständen beliebter sein als die gleichlautenden Heiligennamen, sofern es sie gab. Bei dem staufischen *Friedrich* ist ähnliches zu beobachten, wie in der Neuzeit bei den preußischen Königen mit den Namen *Friedrich* und *Wilhelm,* die einen entsprechenden Einfluß auf die Rufnamengebung ausübten, ebenso *Ferdinand* und *Maximilian* in Österreich, *Ruprecht* in Bayern, *Luise* in Preußen, *Adolf* nach *Gustav Adolf* von Schweden oder nach *Adolf von Nassau* (und so weiter). Modenbildend konnte schließlich auch die Dichtung sein: *Gretchen* aus dem Faust, *Hermann* aus Hermann und Dorothea, um einige wenige Beispiele zu nennen. Die Romantik brachte alte germanische Rufnamen wieder stärker hervor, so daß alles in allem immer wechselnde Schichten von Rufnamen sichtbar werden, das Beliebtwerden einzelner Namen, das Verschwinden anderer.

c) In diesen Zusammenhang gehört auch die jahrhundertelange Scheu des Mittelalters, den Namen der Mutter Gottes zu verwenden: *Maria* erscheint nicht als Rufname. Bis heute besteht bei uns, wenn auch nicht überall auf der Welt, die Scheu, den Namen des Erlösers, *Jesus,* in der Rufnamengebung zu gebrauchen.

Es sind also ganz verschiedene Faktoren, die in die Namengeschichte hineinspielen. Das können auch sozusagen negative Faktoren sein, wie beispielsweise das Vermeiden des Namens des Verräters Jesu, *Judas,* in der Rufnamengebung oder das zeitweilige Vermeiden von Namen unbeliebter historischer Persönlichkeiten und dergleichen.

d) Mit den im 12./13. Jahrhundert in großer Zahl auftretenden Heiligennamen in der deutschen Rufnamengebung ist jedenfalls ein historisch wichtiger Einschnitt angesprochen. Einen ähnlich tiefen Einschnitt in der Rufnamengebung hat es seitdem nicht mehr gegeben. Die christlichen Heiligennamen, ob fremder oder ob germanischer Herkunft, sind im ganzen bei weitem nicht mehr so zahlreich, wie es die germanischen Rufnamen einmal waren. Aber sie wurden überall beliebt und verbreitet. Das Gesamtbild hat sich also auch im Hinblick auf die Zahlenverhältnisse seit dem 13. Jahrhundert entsprechend geändert.

VIII. Die Entstehung der Familiennamen

In den bisherigen Kapiteln sind die Voraussetzungen und der Hintergrund skizziert worden, vor dem das Phaenomen der Familiennamen umso deutlicher sichtbar werden soll.

1. Einnamigkeit und Mehrnamigkeit

a) Um das Phaenomen der Entstehung von Familiennamen in der rechten Weise historisch begreifen und beurteilen zu können, muß man sich zunächst vergegenwärtigen, daß am Anfang das Prinzip der Einnamigkeit bestanden hat: Die einzelne Person trägt einen einzigen Namen. Sie ist mit diesem einen Namen im Kreise der Familie, der Verwandten und der Bekannten klar und eindeutig identifiziert. Diese Einnamigkeit gilt im praktischen Leben vielfach bis heute: Die Angehörigen einer Familie, die Glieder eines Verwandtenkreises, eines Freundeskreises, die Mitglieder von Vereinen und Vereinigungen, von Arbeitsgruppen in den Betrieben (und so weiter), insgesamt also die Angehörigen einer engeren Gemeinschaft, tragen innerhalb dieser Gemeinschaft nur einen Namen, sei es der Rufname (*Hans* für *Hans Müller*), sei es ein Übername (*Ike* für *Dwight D. Eisenhower*) oder sei es der Familienname *(Müller)*. Hier herrscht weiterhin das alte Prinzip, wie es der weiter oben erläuterten Eigenart der Namen und ihrer besonderen Bezeichnungsfunktion auch am besten entspricht.

b) Gleichzeitig aber besteht heute das durchgängige Prinzip der Mehrnamigkeit, wenigstens der Zweinamigkeit, wie sie durch die Existenz der Familiennamen gegeben ist, also unabhängig davon, ob mehr als ein Rufname („Vorname') vorliegt oder nicht.

c) Die Familiennamen sind im Grunde genommen nichts anderes als eine spezielle Art von Personengruppennamen, eine spezielle Art wegen ihrer Festigkeit und relativen Unveränderlichkeit und wegen ihrer Erblichkeit in der männlichen oder neuerdings auch in der weiblichen Linie oder gar in der Kombination beider. Das macht ihre besondere Eigenart aus. Der Familienname eignet ebenso einer ganzen Gruppe, die als Einheit gesehen wird, wie gleichzeitig der einzelnen Person, die dieser Gruppe angehört.

d) Das besagt dann weiterhin, daß der Familienname, vom Rufnamen her gesehen, für die einzelne Person Beinamencharakter hat. Familiennamen unterscheiden sich natürlich von sonstigen Beinamen, so fest sie auch sein mögen, aber sie haben doch etwas von einem Beinamen. Sie sind ‚Zunamen' zu den eigentlichen Namen, den Rufnamen, die im engeren Familienkreise (beispielsweise) allein von Belang sind. Die Zwitterstellung der Familiennamen zwischen Personengruppennamen und Beinamen muß man sich vor Augen halten, wenn ihre Entstehung wirklich begriffen werden soll.

2. Bindung familienmäßig zusammengehöriger Rufnamen

a) Schon in ältester Zeit, als also das Prinzip der Einnamigkeit noch unangetastet war, ist vielfach das Bestreben erkennbar, die Angehörigen einer Familie oder einer Großfamilie in der Rufnamengebung als zusammengehörig zu bezeichnen. Das konnte auf verschiedene Weise geschehen, nämlich einmal durch Stabreim, also durch eine Bindung im Anlaut der Rufnamen, dann durch Variation einzelner Namenglieder oder schließlich durch Nachbenennung.

b) Das Hildebrandslied, aus dem 9. Jahrhundert überliefert, gibt in gewisser Weise alle diese Möglichkeiten zu erkennen. An einer Stelle heißt es: *...ibu du mi ęnan sages ik mi de odre uuet* ...: ... wenn du mir einen (Namen) nennst, so kenne ich (auch) die andern, das heißt, die ganze Großfamilie, die ganze Sippe. Dahinter steht zunächst das Prinzip der Nachbenennung: Der Sohn wurde nach dem Vater benannt oder (noch häufiger) nach dem Großvater oder auch nach dem Oheim oder einem anderen Verwandten. So mußten immer wieder die gleichen Namen auftreten, an denen dann leicht die ganze Sippe erkennbar war. Das gilt auch noch bei Fürstendynastien in der Neuzeit, so wie beispielsweise bei den Hohenzollern immer wieder *Friedrich* vorkommt. Die Zusammengehörigkeit einer Sippe drückt sich hier also durch Nachbenennung aus.

c) Eine andere Möglichkeit ist die Bindung familienmäßig zusammengehöriger Rufnamen durch Stabreim. Merovingische Könige des 5. bis 8. Jahrhunderts heißen nacheinander: *Childerich — Chlodovech — Chlodomer — Childebert — Chlotahar — Charibert — Chilperich* (und so weiter). Alle Namen haben gleichen Anlaut. Entsprechendes zeigt sich bei den Burgundern (und von daher dann später in der mittelhochdeutschen Heldendichtung): *Gibica — Godomarus — Gislaharius — Gundaharius — Gundovechus — Gundobadus — Godegisilus — Gislahadus.* Im Hildebrandslied heißen die Väter und ihre Söhne: *Heribrant — Hiltibrant — Hadubrant.*

d) Diese Bindung durch Stabreim wird gleichzeitig durch eine Bindung durch Variation ergänzt. Bei gleichbleibendem Zweitglied *-brant* wird das erste Glied variiert: *Hadu-, Heri-, Hilti-*. Ebenso kann bei gleichbleibendem Erstglied das Zweitglied variieren, wie in den schon genannten Reihen von Königsnamen, zum Beispiel: *Chlodovech — Chlodomer; Gundaharius — Gundovechus — Gundobadus; Godomarus — Godegisilus* (und so weiter). Das Gleiche ist auch bei den Namen der alten Cheruskerfürsten im ersten nachchristlichen Jahrhundert zu beobachten: *Segimund — Segimer.* Derartige Bestrebungen, die familienmäßige Zusammengehörigkeit in den Rufnamen zum Ausdruck zu bringen, birgt die latente Möglichkeit der Entstehung von Familiennamen in sich, hat aber tatsächlich nicht von selbst zu ihrer Entwicklung geführt. Immerhin ist in dem dadurch zum Vorschein kommenden Sippenbewußtsein und Familienbewußtsein eine wichtige Voraussetzung für die viel jüngere Entwicklung von Familiennamen gegeben.

3. Beinamengebung und Familiennamen

a) Daneben beobachten wir seit ältester Zeit die Existenz von Beinamen, die entweder zu festen Rufnamen werden konnten, wie wir für viele Fälle gesehen haben, oder die als Beinamen zu den eigentlichen Namen, den Rufnamen, hinzutraten. Damit war in einzelnen Fällen schon Zweinamigkeit gegeben und eine namengeschichtliche Möglichkeit angezeigt, wie sie sich viel später dann verwirklichen sollte. Das bahnt sich in gewisser Weise schon an, wenn ein solcher Beiname innerhalb einer Familie fest wird und sich über Generationen hinweg vererbt. Solche Fälle lassen sich in den Quellen für die mittelhochdeutsche Zeit schon häufiger beobachten. Der Beiname kann also unter Umständen den Charakter der Erblichkeit erlangen.

b) Nun zeigen die Quellen, daß in Deutschland seit dem 12. Jahrhundert allmählich die Sitte der Familiennamengebung um sich greift. Hierbei handelt es sich um eine europäische Erscheinung, die von Westen und Süden her auf das Gebiet des deutschen Reiches übergreift und mit der deutschen Ostsiedlung nach Osteuropa getragen wird. In Europa und auch innerhalb Deutschlands sind der Westen und der Süden führend. Hier ist die Erscheinung zuerst festzustellen. Der Prozeß dauert dann Jahrhunderte, bis er in Deutschland wirklich zum Abschluß kommt. Erst um das Jahr 1600 hatte sich in Deutschland die Sitte weithin durchgesetzt, einen Familiennamen zu führen. Teilweise mußte die Führung eines Familiennamens in der Neuzeit sogar amtlich erzwungen werden.

c) Die historischen Bedingungen für das Aufkommen der Familiennamen werden am ehesten in den praktischen Bedürfnissen städtischer oder ähnlicher Verwaltungen zu suchen sein. Hier mußte bei den wachsenden Einwohnerzahlen und den wachsenden Verwaltungsaufgaben am ehesten das Bedürfnis zu klarer Unterscheidung und Bezeichnung der Personen entstehen. Die oberitalienischen Städte wurden da zum Vorbild. Ihr Beispiel wirkte wohl auf die übrige Romania und von da aus auf die benachbarten deutschen Städte: Salzburg, Zürich, Basel, Straßburg, Köln. Hier zeigen sich in den mittelalterlichen Eintragungen Beinamen in großer Zahl, Beinamen, von denen viele dann zu festen und erblichen Familiennamen geworden sind. Praktische Bedürfnisse werden vor allem maßgebend gewesen sein, wenn die Mode der Familiennamen sich ausbreitete und wenn sie als richtige Familiennamen fest und erblich wurden. Wenn man auf diese Weise bei einem Namen verharrte, konnte man sich beispielsweise als Erbe eines Besitzes umso klarer und unangefochtener Geltung verschaffen. Das Bedürfnis der Unterscheidung der Personen mit gleichen Rufnamen wird also wohl eine wichtige Rolle gespielt haben, außerdem die Neigung, familienmäßig gebundene Personen als zusammengehörig zu bezeichnen.

IX. Familiennamen aus Rufnamen

Die so im ausgehenden Mittelalter bis in die Neuzeit hinein allmählich überall entstehenden Familiennamen aber sind ihrer Entstehung nach ganz verschiedener Art. Sie lassen sich nach größeren Gruppen unterteilen und bestimmen.

1. Einfache Rufnamen

a) Eine erste Gruppe ist mit den Rufnamen gegeben, das heißt, mit solchen Familiennamen, die aus Rufnamen entstanden sind. Die Vorgänge konnten sehr verschieden verlaufen. Immer steht die gleiche Vorstellung dahinter, nämlich, daß jemand Sohn oder Tochter des *Wilhelm*, des *Werner* (und so weiter) sei oder aber (nach der Mutter) Sohn oder Tochter der *Grete*, der *Agnes* (und so weiter). Daraus entstand der Familiennamentypus *Wilhelm, Werner, Heinrich, Grete* (und so weiter).

b) Innerhalb dieses Typus kommen einheimische germanische Namen ebenso vor wie entlehnte Rufnamen, zum Beispiel: *Wilhelm, Kurt*, dann: *Tönnis (Antonius), Görres (Gregorius), Merten (Martinus), Steffen (Stephanus)*.

c) Darunter erscheinen natürlich auch eingliedrige Rufnamen, beispielsweise mit -*l*-Suffix in kosender Funktion: *Heinzel, Merkel, Künzel* und viele andere. Dazu gehören auch Ableitungen auf -*man*, wie sie weiter oben erläutert worden sind: *Thiedemann, Heinemann* (und so weiter).

2. Derivation von Rufnamen

a) Eine andere Weise ist die Derivation von einem Rufnamen mit dem identifizierenden und patronymischen Suffix -*ing*, -*ung*, von dem weiter oben schon gehandelt worden ist, zum Beispiel *Brüning* (zu *Bruno*), *Nölting* (zu *Arnold*), *Lortzing* (zu *Lorenz*), *Humperdinck* (*Hūnberhting* zu *Hūnberht*) (und so weiter).

b) Von etwas anderer Art ist der Typus: *Heinrich Heinrichs Sohn*. Hier wird die Familienzugehörigkeit durch die Genitivform des Rufnamens des Vaters ausgedrückt. Diese Form als Rest des Syntagmas bleibt dann als Familienname erhalten, zum Beispiel: *Heinrichs, Mertens, Steffens, Martini*, weiterhin: *Sievers* (zu *Siegfried*), *Rohlfs* (zu *Rudolf*), *Krings* (zu *Quirin*), *Frings* (zu *Severin*), *Brahms* (zu *Abraham*), *Stinnes* (zu *Augustin*) (und so weiter). Solche Genitivformen vom Typus *Heinrichs* (aus *Heinrich Heinrichs Sohn*) als Familiennamen treten vor allem im Nordwesten und Westen Deutschlands auf.

c) Im Norden dagegen hat sich der Typus *Heinrich Heinrichs Sohn* als *Hendriksen* erhalten, zum Beispiel in Skandinavien: *Björnson, Ibsen, Nansen* (und so weiter). Im Norden Deutschlands begegnen beispielsweise: *Willemsen, Petersen, Jansen, Thiesen* (zu *Matthias*), *Niesen* (zu *Agnes*), *Dreesen* (zu *Andreas*), *Klaasen* (zu *Nikolaus*) (und so weiter).

Alle diese Familiennamen, so verschieden sie auch aussehen mögen, haben das Gemeinsame, daß sie aus Rufnamen entstanden sind, und zwar Rufnamen im Nominativ: *Heinrich*, im Genitiv: *Heinrichs*, auf -*sen* gebildet: *Heinrichsen*, dann Bildungen auf -*ing*: *Henning*, auf -*mann*: *Heinemann* (und andere mehr).

X. Familiennamen aus Herkunftsbezeichnungen

Eine andere Gruppe von Familiennamen wird man als Herkunftsnamen bezeichnen. Namentlich in den Städten breitete sich im Mittelalter die Gewohnheit aus, die Bewohner nach ihrer Herkunft zu benennen, wenn sie zugezogen waren.

1. Einfache Herkunftsbezeichnungen

a) Dabei brauchte es sich nicht immer um den tatsächlichen Herkunftsort zu handeln. Zuweilen war es auch ein zeitweiliger Aufenthaltsort, der namenbildend wirkte: Kaufleute Mitteldeutschlands, die die Nürnberger Straße zogen, wurden *Nürnberger* genannt, andere, die in Brabant Handel trieben, *Brabander*. Ein Pilger bekam den Namen *Jerusalemer* (und so weiter). In den meisten Fällen aber wird es sich um die tatsächliche Herkunft gehandelt haben.

b) Der Herkunftsort erscheint dann beispielsweise mit *van* oder *von* (und auch schon in Fällen, in denen es sich noch nicht um einen Familiennamen im eigentlichen Sinne handelte), zum Beispiel: *Henric van Veldeken, Hartmann von Aue, Ludwig van Beethoven, von dem Stein* (und so weiter). Das muß von dem jüngeren Adelsprädikat nach dem Muster *von Schiller, von Goethe, von Kortzfleisch* natürlich getrennt werden.

c) Es kann aber auch der einfache Siedlungsname stehen, also ohne *van* oder *von*, zum Beispiel: *Delbrück* (nach einem Städtchen unweit Paderborn), *Quint* (nach einem Ort bei Trier), *Leibniz* (nach *Leubnitz* bei Dresden), *Baudissin* (nach einer alten sorbischen Form für *Bautzen*), schließlich etwa: *Emrich* und *Emmerich*, ein Herkunftsname nach der niederrheinischen Stadt, der von den Schiffern rheinaufwärts getragen wurde (sofern es sich nicht um eine auf dem Rufnamen *Ermanerich* beruhende Namenform handelt).

2. Derivationen bei Herkunftsnamen

a) Im Süden und Westen Deutschlands bevorzugt man bei Herkunftsnamen Bildungen auf *-er*. Das Suffix *-er* findet in der Wortbildung des Deutschen vielfältige Verwendung zur Derivation von Substantiven. Das komparativische *-er* bei Adjektiven *(tief/tiefer)* ist hier natürlich fernzuhalten. Von verbalen Grundmorphemen werden Substantive (nomina agentis) zur Bezeichnung dessen abgeleitet, der das in dem betreffenden Verb Ausgedrückte tut *(spielen/Spieler)*. Die Basis kann auch nach Art der Zusammenbildung aus einem Syntagma bestehen, von dem nur das Substantiv im Derivat erscheint *(Fußball spielen/Fußballer)*. Weiterhin kann die in solchen Bildungen zum Ausdruck kommende Tut-Aussage (jemand tut etwas, und zwar das, was in der Basis angesprochen ist) nicht mehr möglich sein, so daß eine Haben-Aussage die Umschreibung leisten muß *(Eigentum haben/Eigentümer)*. Schließlich kann das mit Hilfe des Formationsmorphems *-er* gebildete Derivat eine lokale Beziehung zum Ausdruck bringen, also denjenigen bezeichnen, der das in der Basis Ausgedrückte als (Wohn-)Ort oder Herkunft (Heimat) hat *(Köln/Kölner; Tirol/Tiroler)*. Diese Möglichkeit ist im Süden und im Westen, wie schon gesagt, im besonders starken Maße zur Bildung von Herkunftsnamen genutzt worden, zum Beispiel: *Adenauer* (zu *Adenau* in der Eifel), *Rockefeller* (zu *Rockenfeld* bei Neuwied, mit Assimilierung von *-ld* > = *ll-* und mit Ausfall des *-n-*), *Mainzer* (zu *Mainz*), *Oppenheimer* (zu *Oppenheim*), *Holzamer* (zu *Holzheim*, mit mundartlicher Monophthongierung von *ai* > *ā*), *Forchhammer* (zu *Forchheim*), *Heidegger* (zu *Heideck* in der Oberpfalz), dann: *Eifler* (aus der *Eifel*), *Schlesier* und *Schlesinger* (aus *Schlesien*), *Meißner* (aus *Meißen*), *Oderer* (von der *Oder*) (und so weiter).

b) Der Norden Deutschlands bevorzugt demgegenüber wieder Bildungen auf *-mann*, das hier also nicht Koseform (Typus *Karlmann*) und auch nicht Familienname aus einem Rufnamen (Typus *Thiedemann*) ist, das vielmehr die Herkunft ausdrückt, zum Beispiel: *Münstermann* (aus *Münster*), *Brackmann* (aus *Brake*), *Huntemann* (von der *Hunte*), *Wippermann* (von der *Wipper*) (und so weiter).

Von den sich gerade in den Herkunftsnamen ausdrückenden familiengeographischen Möglichkeiten wird weiter unten noch zu sprechen sein.

XI. Familiennamen aus Wohnstättenbezeichnungen

Von der Gruppe der Herkunftsnamen sind die Wohnstättennamen zu unterscheiden. Es handelt sich dabei um ursprüngliche Beinamen nach dem Wohnsitz, den der Betreffende gerade innehatte.

1. Zusammenrückungen

a) Hier ist zunächst der morphologische Prozeß der Zusammenrückung zu nennen. Eine syntaktische Gruppe wird ohne ausdrucksseitige Veränderung ‚zusammengerückt' und als Ganzes zu einem Appellativ oder, wie hier, zu einem Namen transponiert, der dann also mit allem ausgestattet ist, was zu einem Namen gehört, wie weiter oben erläutert worden ist. Zum Beispiel: *Aufdermauer, Aufdemgraben, An der Pütz* (< lat. *puteus* ‚Ziehbrunnen'), *Von dem Driesch* (der an dem Platz, an der trockenen Wiese wohnte; man vergleiche zum Beispiel: *Gereonsdriesch* in Köln bei der Kirche St. Gereon). Diese Beispiele zeigen schon, daß sich in den Familiennamen vom Typus der Wohnstättennamen die topographischen Gegebenheiten mittelalterlicher Städte andeuten können.
b) Vielfach blieb von den zugrundeliegenden präpositionalen Ausdrücken nur das Substantiv übrig. So ergaben sich: *Mauer, Pütz, Driesch, Graben* (und so weiter) als Familiennamen.

2. Derivationen bei Wohnstättennamen

a) Auch bei Wohnstättennamen treten Derivationen auf, wie sie uns in anderem Zusammenhang schon begegnet sind, und zwar insbesondere auf: *-er, -ing* und *-mann*. Im 13. Jahrhundert wird in Tirol ein *Heinrich auf dem Eck* bezeugt. Im 15. Jahrhundert heißt ein Nachkomme *Ekker*. Noch später heißt die Familie *Eggmann*.
b) Ein Mann, der in einer Hütte wohnte, konnte *Hütting* genannt werden, also mit einer *-ing*-Derivation. Der an der Mauer wohnte, konnte *Mauerer*, dann *Maurer* (sofern keine Berufsbezeichnung dahintersteckt) genannt werden. Der *Feldner* (mit einer *-n*-Erweiterung des Suffixes) wohnte an irgendeinem Feld, das später natürlich nicht mehr näher bestimmbar ist. Der *Gaßner* wohnte auf/in/ an der Gasse, der *Holzner* am Wald (Holz als ursprüngliche Bezeichnung für den Wald), der *Moser* saß auf dem Mooshof. *Bühl* oder *Bühel* hieß einer, der auf dem Hügel (ahd. *buhil* ‚Hügel, Berg') wohnte. Als *-er*-Derivat entstand aus: *Büheler* mit oberdeutscher Entwicklung von *b-* > *p-* und Erhaltung der Frikativa *(h)* als *ch: Picheler, Pichler*. Als *-ing*-Ableitung entstand aus *Bühl: Bühling*. Daraus konnte dann ein Siedlungsname entstehen: *Bühlingen* (Dativ Plural, ‚bei den Leuten auf dem Bühl', also ein sogenannter Insassenname), dieser wiederum als Herkunftsname zum Familiennamen werden.
c) Bei den Familiennamen aus Wohnstättenbezeichnungen begegnen vielfach Bildungen, die nicht unmittelbar durchschaubar sind, vor allem dann, wenn man die mittelalterlichen Verhältnisse nicht berücksichtigt oder nicht genau erkundet. Eine Familie, die an dem Abfluß der Dachrinne einer Häuserzeile wohnte, hieß *An der Kall* oder *An der Kallen*. Daraus entstand (auf die erläuterte Weise) der Familienname *Kallen*. Hinzu können aber auch starke mundartlich bedingte Umformungen und Varianten treten, wie einige Beispiele zeigen können: *Backhaus > Backes, Taubenhaus > Duffes, Melatenhaus* (Haus der Aussätzigen) *> Blates; Bachmann*, der am Bach wohnt, hat im Niederdeutschen die Entsprechung: *Beekmann*, dann *Beckmann* oder *Böckmann*.

XII. Familiennamen aus Berufsbezeichnungen

Eine wichtige Gruppe der Familiennamen sind die Berufsbezeichnungen. Es liegt nahe, daß sie sich als Beinamen anboten und so zu Familiennamen werden konnten, vor allem, wenn der Beruf länger bei der Familie verblieb. Tatsächlich kommen in den Familiennamen Berufsbezeichnungen in großer Zahl vor. In ihnen spiegelt sich die Vielfalt spätmittelalterlicher Berufe und zugleich die Vielfalt ihrer Bezeichnungen, die nicht in allen Fällen berufliche Differenzierung unmittelbar ausdrückt. Oft ist nicht einmal eine genauere berufliche Fixierung möglich. Die Beispiele können das veranschaulichen.

1. Gruppen von Berufsnamen

a) Berufsbezeichnungen in Familiennamen, sogenannte Berufsnamen, zum Stichwort ‚Landwirtschaft': *Bauer, Landmann, Gärtner, Baumgärtner, Kräuter* (Gemüsegärtner oder Gemüsehändler), *Obser* (Obstgärtner oder Obsthändler), *Weingärtner, Weinzierl* (ahd. *winzuril* ‚Winzer'), *Mähder* (mhd. *mādære* ‚Mäher'), *Drescher, Futterer, Torfsteker, Stiermann* (Zuchtstierhalter), *Herder* (mhd. *hertære* ‚Hirt'), *Roßhirt, Schäfer, Scherer, Meuser* (Maulwurfsjäger) (und andere mehr).

b) Berufsnamen zum Stichwort ‚Wald': *Jäger, Förster, Harder* (zu *hart* ‚Wald'), *Holzner, Berinfenger, Weidmann, Falkner, Vogler, Finkler, Köhler, Eschenbrenner, Escher* (zu *Asche*), *Becherer, Becher* (mhd. *becherer* ‚Pechbrenner'), *Wurzner* (Wurzelsammler), *Schaler* (zu *schälen*), *Zeidler* (Honiggewinner), *Beutler* (zu mhd. *biute* ‚Bienenwohnung in einem Baum'; falls nicht *Beutler* ‚Taschenmacher') (und so weiter).

c) Berufsnamen zum Stichwort ‚Nahrung': *Metzler, Metzger, Fleischer, Fleischhauer, Knochenhauer, Sülzer, Wurster, Silcher* (mhd. *selhen* ‚räuchern'), *Kerner* (mhd. *kürn* ‚Handmühle'), *Müller, Möller, Oelmüller, Oligschläger* (zu *Olig* ‚Öl'), *Grützner* (zu *Grütze*), *Semmelbeck, Semmler, Flader, Brauer, Melzer* (Malzbereiter), *Käser, Koch, Küchenmeister* (und andere mehr).

d) Berufsnamen zum Stichwort ‚Textilien': *Weber, Walker, Zaiser* (mhd. *zeisen* ‚zupfen'; Wollzupfer), *Nopper* (Noppenbeseitiger, Tuchreiniger), *Gewantscherer, Scherer, Tucher, Leinweber, Hechler* (zu *Hechel;* Flachsbearbeiter), *Färber, Schwärzer, Rodler* (Rotfärber), *Bleicher, Schneider, Wamsler, Schröder* (Schneider), *Hutter* (Hutmacher), *Filzer* (Hutmacher), *Kögler* (mhd. *kugel, gugel* < lat. *cuculla* ‚Kapuze'), *Hoser* (mhd. *hose* ‚Strumpf'; Strumpfweber), *Nähter* (Näher), *Stricker, Seidenstricker, Seiler, Rebschläger* (Seiler) (und so weiter).

e) Berufsnamen zum Stichwort ‚Leder': *Gerber, Weisgerber, Lohgerber, Riemenschneider, Gürtler, Beutler, Teschner* (Taschenmacher), *Hammacher* (Sattler), *Zeumer* (zu *Zaum*), *Hentscher* (Handschuhmacher), *Schuchert* (mhd. *schuochwürhte* ‚Schuhmacher'), *Schumann* (zu *Schuh*), *Altbüßer* (Flickschuster), *Kürschner, Fechner* (zu mhd. *vēch* ‚buntes Pelzwerk'), *Bermenter* (Pergamentmacher) (und viele andere).

f) Berufsnamen zum Stichwort ‚Metall': *Bergmann, Knappe, Hauer, Schmidt, Nagler* (Nagelschmied), *Kessler* (Kesselflicker), *Kannegießer, Nadler* (Nadelmacher), *Spener* (zu mhd. *spenel* ‚Stecknadel'; Stecknadelmacher), *Spengler, Blechner, Munsmeister* (zu *Münze*), *Münzer* (und andere mehr).

g) Berufsnamen zum Stichwort ‚Holz': *Zimmermann, Sägemüller, Wagner, Wegner* (zu *Wagen*), *Rademacher, Stellmacher, Assenmacher, Schiffbauer, Schreiner, Tischler, Kistner, Brettschneider, Küfer, Faßbinder, Büttner, Böttcher, Scheffer* (zu *Scheffel*), *Siebmacher, Drechsler, Spindler, Schnitzer, Schüssler, Schopenhauer* (zu *schope* ‚Schöpfkelle'), *Moldenhauer* (zu *Mulde*, Holzgefäß), *Schindler* (zu *Dachschindel*),

Familiennamen aus Berufsbezeichnungen

Klüber (Holzspalter), *Löffler, Besemer* (zu *Besen*), *Körbler* (zu *Korb*) (und so weiter).

h) Berufsnamen zum Stichwort ‚Hausbau‘: *Maurer, Meurer, Klaiber* (zu *kleben*, bei der Herstellung von Lehmwänden), *Weißbinder* (Anstreicher), *Tüncher, Decker* (Dachdecker), *Leyendecker, Steinmetz, Steinhauer, Kalkbrenner, Kalker, Ziegler, Venstermacker, Glaser, Oeffner* (Ofensetzer) (und andere mehr).

i) Berufsnamen zum Stichwort ‚Gesundheit‘: *Bader, Stuber* (zu *Badstube*), *Scherer* (zu *scheren*, sofern nicht zu *Scherer* ‚Schneider‘; sieh weiter oben); *Lesser* (Aderlasser), *Wasserzieher* (Badeknecht), *Kindervater* (Geburtshelfer), *Heiler, Lachner* (mhd. *lāchenære* ‚Sprecher von Krankheitssegen‘), *Säuschneider* (Kastrator), *Behrstecher* (zu *Behr* ‚männliches Schwein‘), *Gelzer* (zu mhd. *gelze, galze* ‚verschnittenes Schwein‘), *Leichter* (zu mhd. *līhten* ‚kastrieren‘), *Nonnenmacher* (Kastrator) (und so weiter).

j) Berufsnamen zum Stichwort ‚Handel‘: *Kaufmann, Krämer, Manger, Mengeri* (zu lat. *mango* ‚Händler‘), *Eisenmenger, Honigmenger, Pferdmenger, Tandler, Tändler, Krempler, Winkler* (Trödler), *Nüßler* (Nußhändler, Nußölhändler), *Salzer, Selzer* (Salzhändler), *Ganser, Mehler, Melber* (Mehlhändler), *Ayser* (Eisenhändler), *Hiersemann, Bohner, Höpfner, Haberer* (Haferhändler), *Fütterer* (Futterhändler), *Roßtäuscher* (zu *tauschen*; Pferdehändler), *Schaller* (Ausrufer), *Wechsler, Makler, Münzer* (Geldwechsler, sofern nicht Münzmeister; sieh weiter oben) (und andere mehr).

k) Berufsnamen zum Stichwort ‚Verkehr‘: *Fuhrmann, Rößler* (zu *Roß*), *Wagenführ, Wagenknecht, Kärrner* (zu *Karre*), *Menner* (zu mhd. *mener* ‚Viehtreiber‘; Fuhrmann), *Ferger* (‚Fährmann‘), *Schiffer, Marner* (lat. *marinarius* ‚Schiffer‘), *Sturmann, Neher* (zu *Neh*, lat. *navis*), *Bott* (Bote), *Renner* (reitender Bote), *Leitzmann* (mhd. *leitesman* ‚Führer, Wegweiser‘) (und andere mehr).

l) Berufsnamen zum Stichwort ‚Kriegshandwerk‘: *Fend* (mhd. *vende* ‚Fußsoldat‘), *Grotefend, Fenrich, Fenner* (mhd. *venre* ‚Fahnenträger, Fähnrich‘), *Hauptmann, Obrist, Sackmann* (Troßknecht; dann: Wegelagerer, Plünderer), *Schütz, Eibenschütz* (zu *Eibe* ‚Armbrust aus Eibenholz‘), *Waffler* (Waffenträger), *Schildknecht, Maurenbrecher* (und so weiter).

m) Berufsnamen zum Stichwort ‚Rüstung‘: *Waffenschmied, Armbruster, Bogner, Pfeilschmidt, Bardenheuer* (zu *Barte* ‚Streitaxt‘), *Helmer* (zu *Helm*), *Eisenhüter* (Helmschmied), *Brünner* (Brustharnischmacher; sofern nicht Herkunftsname zu *Brünn*), *Plattner* (Hersteller von Plattenpanzer), *Harnischmacher, Schwertfeger, Sporer* (und andere mehr).

n) Berufsnamen zum Stichwort ‚Spielleute‘: *Spielmann, Pfeifer, Schwegler* (zu mhd. *swegel* ‚Flöte, Sachpfeife‘), *Lautenschläger, Büngner* (zu mhd. *bunge* ‚Trommel, Pauke‘), *Dromschleger, Lyrmann, Giger, Härpler, Fiedler, Spieler, Tänzer, Springer, Kögler* (mhd. *gogeler, kogeler* ‚Gaukler‘; sofern nicht Kapuzenmacher; sieh weiter oben), *Gumpelmann* (Possenreißer), *Fechter* (herumziehender Fechter), *Scholderer* (Veranstalter von Glücksspielen), *Sager* (Cantor) (und andere).

o) Berufsnamen sonstiger Art: *Wirt, Schenk, Weinschenk, Krüger, Leitgeb* (mhd. *lītgebe* ‚Schenkwirt‘, zu mhd. *līt* ‚Obstwein‘). — *Töpfer, Auler, Hafner, Potter* (Töpfer). — *Kachler* (Hersteller von Ofenkacheln), *Kemmer* (Kammacher), *Knöpfler, Kistenfeger* (Abtrittsreiniger), *Bitter* (Bettler), *Nusterer* (Paternosterer ‚Verfertiger von Rosenkränzen‘), *Briefdrucker, Sternseher, Freihart* (mhd. *vrīhart* ‚Landstreicher‘), *Strateridere* (Straßenräuber) (und andere mehr).

p) Familiennamen aus Amtsbezeichnungen: *Schultheiß, Schulte, Bauermeister, Ammann, Richter, Grebe* (Graf, Vorsteher), *Elster* (Ältester), *Scheidemann* (Schiedsmann), *Rieger* (Vorsteher des Rügengerichts), *Büttel, Angstmann* (Henker), *Meister, Richter* (Scharfrichter), *Schaffner* (Hausverwalter), *Kellermann, Hofmeister, Walbott* (mhd. *waltbote* ‚Bevollmächtigter‘), *Mauter* (Zöllner), *Zoller, Zöllner,*

Salzmutter (zu *mutti* ‚Scheffel'; Salzmesser), *Kieser* (Getränkeprüfer), *Pförter, Wächter, Türmer, Stockmann* (Gefängniswärter), *Gildemeister, Küster, Sigrist, Offermann, Glöckner, Greber* (Totengräber), *Vierer, Zwölfer* (Angehöriger eines Viererausschusses, Zwölferausschusses) (und viele andere).

q) Familiennamen nach einem Rechtsverhältnis: *Lehmann, Lehner* (mhd. *lēhenære* ‚der sein Gut zu Lehen hat'), *Papenbur* (Bewirtschafter eines Klosterguts), *Hofmann* (Bewirtschafter eines zu einem Herrenhof gehörigen Gutes), *Pachter* (Pächter), *Meier* (Inhaber eines Meierhofes), *Hallbauer* (Halbbauer, mit nur einem halben Hof), *Eigenmann* (Leibeigener), *Brotesser* (Dienstbote) (und andere mehr).

2. Wortbildungsmöglichkeiten in Berufsnamen

In den vielfältigen beruflichen und ständischen Bezeichnungen des späten und ausgehenden Mittelalters, die in den Familiennamen erhalten sind, spiegeln sich auch die verschiedenen Wortbildungsmöglichkeiten des Deutschen wie auch die verschiedenen Sprachlandschaften des Deutschen mit ihren jeweiligen mundartlichen Eigentümlichkeiten.

a) Die Wortbildungsmöglichkeiten in der Derivation zeigen sich am deutlichsten in der Gegenüberstellung verschiedener in den Familiennamen auftretender Berufsbezeichnungen für den gleichen Beruf mit morphologisch gleicher Basis, wie schon einige Beispiele zeigen können: *Ackermann — Ackerer; Weidmann — Weidner; Vogler — Vogelmann; Maurer — Mauermann; Gläser, Glaser — Glasmann; Scherer — Schermann; Winkler — Winkelmann; Krempler — Krempner; Salzer — Salzmann; Mehlmann — Mehler; Roßmann — Rösselmann — Rößler; Euler — Auler — Aulmann; Keller — Kellermann; Zoller — Zöllner; Stöcker — Stockmann; Hofer — Hofmann* (und so weiter). Das sehr häufig auftretende Element *-mann* wirkt in diesen Fällen wie ein Formationsmorphem zur Bildung von Derivaten, nämlich nomina agentis, wie das Formationsmorphem *-er* auch.

b) Die Vielfalt der Wortbildungsmöglichkeiten zeigt sich noch deutlicher bei der Hinzunahme der verschiedenen Kompositionen zu den Derivationen, was an einigen Beispielen gezeigt sei: *Weingärtner — Rebmann — Weinzierl; Hirt — Schafhirt — Roßhirt — Herder; Jäger — Jagemeister; Förster — Holzmeister; Eschenbrenner — Escher — Köhler; Fleischhauer — Fleischhacker — Fleischmann — Fleischer — Metzger — Metzler — Schlachter — Beinhauer — Knochenhauer — Sülzer — Wurster — Selcher; Beck — Brotbeck — Semmelbeck — Weckbäcker — Kuchenbeck — Küchler; Hutmacher — Hutter; Schubert — Schomaker — Schumann; Kalkbrenner — Kalkoffner — Kalker; Fuhr — Wagenführ — Wagenknecht; Angstmann — Fetzer — Filler — Hämmerling — Knütter — Meister — Richter — Schelm — Stocker — Zwicker* (Henker) (und so weiter).

c) Die Vielfalt der Bezeichnungen für den gleichen oder ähnlichen Beruf ergab sich aus dem relativen Reichtum an Wortbildungsmöglichkeiten wie auch aus den im Mittelalter oft sehr starken beruflichen Differenzierungen, die durch Differenzierungen in der Bezeichnung gelegentlich, wenn auch nicht immer, zum Ausdruck gebracht werden sollten. Das läßt sich am Beispiel des Schmiedehandwerks (hier im weitesten Sinne gemeint) vielleicht am besten verdeutlichen. Die zu diesem Handwerk aufgeführten Berufsnamen erheben keinen Anspruch auf Vollständigkeit, sind nur Beispiele, um die Vielfalt anzudeuten: *Schmidt — Hufschmied — Goldschmied — Kupferschmied — Stahlschmidt — Stahler — Stähler — Blechschmied — Sensenschmied — Nagelschmidt — Nagler — Drahtschmied — Hammerschmied — Messerschmitt — Messerer — Beilschmied — Scharschmied — Waffenschmied — Gropengießer — Clockengetere — Keßler — Ketelböter — Kanne-*

gießer — *Kettler* — *Nadler* — *Spener* — *Schlosser* — *Schlösser* — *Schlotter* — *Schlotthauer* — *Kleinschmidt* — *Spengler* — *Blechner* — (und andere mehr). Hierzu treten dann noch die weiter unten zu behandelnden mittelbaren Berufsbezeichnungen, die es auch für den Schmied gibt und die in Familiennamen erscheinen.

d) Zu der Vielzahl der Berufe und der Vielfalt der morphologischen Möglichkeiten treten noch landschaftliche Differenzierungen, die sich im Lautlichen zeigen, wie einige Beispiele veranschaulichen mögen: *Bauer — Bur — Boer — Boor; Neubauer — Niebuhr; Schäper — Schäfer; Müser — Meuser; Kerner — Körner — Kirner* (zu mhd. *kürn* ‚Handmühle'; Müller); *Brauer — Bräuer — Brüwer; Schröter — Schröder — Schröer — Schroter; Schüßler — Schüttler; Klaiber — Kleber; Salzer — Selzer — Salter — Sölter; Machler — Makler; Tandler — Tändler; Ziegler — Tegeler; Schuchardt — Schuchert — Schuckert — Schurig — Schuricht — Schurcht — Schubert — Schubart — Schober — Schaufert* (mhd. *schuochwürhte* ‚Schuhmacher') (und viele andere). Hier sind also lautliche Erscheinungen (Diphthongierung, Monophthongierung, Umlaut, Rundung, Entrundung, Lautverschiebung, Kontraktion und anderes) gemeint, nicht die weiter unten noch zu erwähnende namengeographische Verteilung von Bildungsweisen in den Familiennamen aus Berufsbezeichnungen und anderem.

XIII. Familiennamen aus indirekten Berufsbezeichnungen

1. Metonymien

Berufe konnten mittelbar bezeichnet werden, und zwar auf dem Wege der Metonymie, das heißt, einer Verschiebung der lexikalischen Bedeutung bei dem verwendeten Appellativ, so daß für das Handwerk das Instrument (für den Schmied der *Hammer*), das Material *(Stahl),* das Produkt *(Kessel)* (und so weiter) stehen konnte. Solche indirekten Berufsbezeichnungen tauchen in den Familiennamen in großer Zahl auf, fast entsprechend der großen Zahl der direkten Berufsnamen.

a) Für das Stichwort ‚Schmied' (sieh auch weiter oben) tauchen relativ viele mittelbare Berufsnamen auf, wie auch viele unmittelbare (weiter oben) aufzuzeigen waren, zum Beispiel: *Anker* (Ankerschmied), *Naghel* (Nagelschmied), *Plathe* (Plattenmacher), *Spore* (Sporenmacher), *Hufnagel* (Hufschmied), *Stahel, Hemmer, Hammer, Vunko, Hammerschlag, Wildysen* (und andere mehr).

b) Andere Berufe sind in den mittelbaren Berufsbezeichnungen in Familiennamen ebenso vertreten, zum Beispiel für den Schuster: *Knierim, Pfriem, Bech* (Pech), *Alenstich, Knif* (Schustermesser), *Van der Leest* (nl.; ‚Leiste') und andere; für den Schneider: *Stich, Seidenfaden, Vingerhut* und andere; für den Metzger: *Nierlin, Hertzge* (Herzchen), *Cröse* (Gekröse), *Bösefleisch, Kalbesfuos, Schwinefoet* und andere; für den Bäcker: *Kleinbrötlin, Brot, Teig, Flath, Weisbrot, Mehl, Spitzweck, Hebel* (mhd. *hevele, hebel* ‚Sauerteig') und andere; für den Fischer: *Krabbe, Stöhr, Baars* (Barsch), *Spickhering, Ahlrep* (Aalschnur) und andere; weiterhin: *Schacht* (Schaft) für den Speermacher; *Vogel* für den Vogelhändler; *Strigl* für den Bader; *Roßkamm* für den Pferdehändler; *Kornrumpf* (Korntrichter) für den Müller; *Schaum* für den Koch; *Litfaß* (zu *līt* ‚Obstwein') für den Obstweinhändler; *Johannes mit der War* (Ware) für einen Händler (und viele andere).

Einige dieser Namen werden Beinamen im Sinne von Übernamen gewesen sein, wovon weiter unten zu handeln sein wird. Eine klare Entscheidung und Unterscheidung ist kaum möglich. Viele muten wie Übernamen aus den Gesellenstuben des späteren Mittelalters an. Dazu gehören zum Teil wohl auch die noch besonders zu erläuternden Satznamen (sieh weiter unten).

2. Derivationen als indirekte Berufsnamen

Eine besondere Art indirekter Berufsnamen entsteht durch sogenannte patronymische Bildungen auf der Basis von unmittelbaren Berufsbezeichnungen und gelegentlich wohl auch auf der Basis mittelbarer Berufsbezeichnungen der zuletzt erläuterten Art. Die Derivation erfolgt mit Hilfe von Formationsmorphemen zum Ausdruck der Zugehörigkeit oder auch der Identifizierung.

a) Derivate mit dem Formationsmorphem -*ing* sind zum Beispiel: *Meiering, Meistering, Vischering, Möllering, Beckering, Schmieding, Schmeding* (falls nicht zum Rufnamen *Smid, Smido*), *Schülting* (zu *Schulte*), *Greving* (zu *Greve* ‚Graf‘), *Richtering, Vögting* (zu *Vogt*) (und andere mehr).

b) Gelegentlich treten auch Bildungen mit dem Formationsmorphem -*er* auf, wie zum Beispiel: *Kocher* (zu *Koch*), *Küsterer, Schifferer, Pfisterer* (zu *Pfister* ‚Klosterbäcker‘), *Kuhfüßer* (falls zur mittelbaren Berufsbezeichnung *Kuhfuß* und nicht zu einem anders zu erklärenden Übernamen) (und andere).

c) In den gleichen Zusammenhang gehören auch genitivische Wortformen, die also entsprechend dem weiter oben erläuterten Typus *Heinrichs (Heinrichs Sohn)* zu beurteilen sind und also auf dem Ausdruck der Zugehörigkeit zu einer Familie (Typus *Bäckers Sohn*) beruhen. Dazu läßt sich eine Reihe von Beispielen anführen, die teilweise schon recht früh zu belegen sind: *Lemans* (zu *Lehmann*), *Schippers, Schneiders, Kochs, Breuers, Jägers, Küsters, Fervers, Deckers* (zu *Dachdecker*), *Schröers* (zu *Schröder* ‚Schneider‘), *Schmitz, Wirtz, Pferdmenges* (zu *Pferdmenger* ‚Pferdehändler‘), *Scholten* (schwacher Genitiv zu *Scholte* ‚Schultheiß‘), *Schütten* (schwacher Genitiv zu *Schütte* ‚Schütze‘) (und andere mehr).

d) Die Zugehörigkeit zu einer Familie oder die Identifizierung mit dem Angehörigen einer Familie konnte auch durch eine Diminutivbildung erfolgen, also nach dem Muster *Köchlin* (der kleine Koch), wozu weitere Beispiele treten, davon einige wohl von mittelbaren Berufsbezeichnungen: *Schmidtgen, Schmiedel, Schmidlin, Köchly, Bürle* (Bäuerlein), *Oefele* (zu *Ofen* ‚Ofensetzer‘), *Häfele* (zu *Hafen* ‚Häfner‘), *Fäßle* (falls zu *Faß* ‚Küfer‘), *Schülein, Schüle* (zu *Schuh* ‚Schuster‘) (und andere mehr).

XIV. Satznamen

Als indirekte Berufsbezeichnungen können auch Satznamen auftreten, jedoch nicht nur als solche. Satznamen sind morphologisch zunächst als Zusammenrückung aufzufassen. Zusammenrückung liegt dann vor, wenn sich eine syntaktische Gruppe unter Beibehaltung der Wortformen und der Wortfolge so zusammenschließt, daß daraus ein neues Wort entsteht, und zwar ein Substantiv mit entsprechender kategorieller und einer bestimmten lexikalischen Bedeutung.

1. Typen der Zusammenrückung

a) Zusammenrückung zeigt sich in verschiedenen Formen, so zunächst in der (weiter oben schon behandelten) sogenannten uneigentlichen Zusammensetzung nach dem Typus *Löwenherz* < *eines Löwen Herz (Er hat eines Löwen Herz)*.

b) Auch die umgekehrte Wortfolge kann bei einem Genitivsyntagma zu einer Zusammenrückung führen, so etwa im Beispiel *Muttergottes (Die Mutter Gottes heißt Maria. — Die Mutter Gottes hilft. — Mutter Gottes, hilf!)*. Eine Analyse mit den Gesetzen der eigentlichen Komposition ist nicht möglich. An beiden behandelten Beispielen wird deutlich, daß der Genitiv als der Kasus der Integration die Zusammenrückung und damit die Wortbildung begünstigt.

c) Zusammenrückungen sind sozusagen unmittelbar aus dem weiteren syntaktischen Zusammenhang genommen und in ein Substantiv transponiert. Das zeigen auch Beispiele mit einem Adjektiv als letztem Bestandteil, so etwa: *Gernegroß (Er wäre gerne groß); Nimmersatt (Er ist nimmer satt zu kriegen); Dreikäsehoch (Er ist drei Käse hoch. Er ist ein Dreikäsehoch)* (und andere mehr). Die Beispiele sind Übernamen, von denen weiter unten noch zu handeln sein wird.

d) Faktische Zusammenrückung liegt auch vor bei Substantiven mit Adjektivattribut, die als Einheit aufgefaßt werden, wie zum Beispiel: *deutsche Sprache, evangelische Kirche* (und so weiter). Sie können als Ganze in Kompositionen eintreten, so daß der Typus *deutsche Sprachwissenschaft, evangelische Kirchengeschichte* (und so weiter) entsteht, wobei also tatsächlich eine Zusammenrückung *(deutsche Sprache)* als Bestimmungswort fungiert *(deutsche Sprachwissenschaft)*. Zusammenrückungen der bezeichneten Art treten ebenfalls bei den weiter unten zu behandelnden Übernamen auf, zum Beispiel: *blonde Gefahr, kalte Pracht, steiler Zahn* (sofern nicht lediglich Appellativ) (und viele andere).

e) Zusammenrückungen begegnen auch bei den weiter oben schon behandelten Familiennamen aus Wohnstättenbezeichnungen, ohne daß eigens darauf hingewiesen wurde, zum Beispiel: *Aufdermauer, Aufdemgraben, An der Kall* (und so weiter). Solche präpositionalen Ausdrücke erscheinen dann auch in den weiter unten zu erläuternden Übernamen, zum Beispiel: *Mitderhand, Ohneland, Anacker* (ohne Acker) (und so weiter). Immer entsteht bei der Zusammenrückung ein Substantiv.

f) Auch ganze Sätze werden durch Zusammenrückung zu Substantiven und dann als solche in neue Satzzusammenhänge eingebracht, wie schon wenige Beispiele zeigen können: *Er ist ein Taugenichts. — Er ist ein Tunichtgut. — Er nimmt Reißaus.* Die fraglichen Appellative sind durch Zusammenrückung aus imperativischen Sätzen entstanden.

g) Die Analyse und paraphrasierende Umschreibung der neu entstandenen Substantive weist aus, daß sie zur Bezeichnung dessen dienen, der das in dem Verb Ausgedrückte tut. Das zeigt sich am deutlichsten in Namen, die die gleiche Entstehung haben. *Holdasbier* ist als Imperativsatz noch erkennbar. Das Substantiv bezeichnet den Bierholer. In der Bildung *Bierholer* drückt sich die andere Möglichkeit des Deutschen aus, ein nomen agentis zu bilden. *Bierholer* ist derjenige, der das Bier holen soll und der es für gewöhnlich auch holt. Das erleichtert das Verständnis des Übergangs von einem Imperativsatz zu einem Substantiv.

h) Morphologisch ist der Vorgang am ehesten als implizite Ableitung zu begreifen. Implizite Ableitung liegt dann vor, wenn die Basis äußerlich unverändert und ohne das Hinzutreten eines Formationsmorphems für eine Derivation dient, etwa im Beispiel: *Das Tief* (aus dem Adjektiv *tief*), *Angst/angst, Ernst/ernst* (und so weiter). Das Entsprechende ist auch bei Zusammenrückungen gegeben, insofern das zugrundeliegende Syntagma oder das zugrundeliegende ganze Satz äußerlich unverändert das neue Wort bildet.

i) Im Hinblick auf die gewonnene lexikalische Bedeutung der Neubildung ist diese als exozentrisch zu bezeichnen, da der gemeinte Handelnde, der Agens, nicht unmittelbar erscheint und erst durch eine Tut-Paraphrase zum Vorschein kommt, also jemand, der das im Verb Ausgedrückte tut.

j) Diese Wortbildungsmöglichkeit ist in verschiedenen Sprachen gegeben und auch im Deutschen bis heute lebendig, wobei der imperative Charakter des zugrundeliegenden Satzes deutlich durchscheint, zum Beispiel, *Trimm Dich* in einem Satz *Er macht Trimm Dich*.

k) In der Namengeschichte des Deutschen treten Satznamen seit dem hohen

Mittelalter und in verstärktem Maße im ausgehenden Mittelalter auf. Sie fungieren als Beinamen, die dann auch zu Familiennamen werden konnten, wie sehr viele Beispiele zeigen. In manchen Fällen mag es strittig sein, ob tatsächlich ein Imperativsatz und nicht vielmehr ein Aussagesatz der 1. Person Singular vorliegt. Die Bildungen selbst aber zeigen im ganzen den Imperativcharakter der zur Basis einer impliziten Ableitung gewordenen Sätze.

2. Satznamentypen

Die Bildungen lassen sich nach ihrem sprachlichen Aufbau ordnen, wobei außerordentlich viele Verben zum Vorschein kommen, so daß sich die Beispiele am besten in der alphabetischen Reihenfolge der verwendeten Verben ordnen lassen. Den hier zu nennenden Beispielen steht eine außerordentlich große Zahl der tatsächlichen Vorkommen im Deutschen gegenüber.

a) An erster Stelle steht der Typus Verb + Substantiv ohne Artikel im Akkusativsatz, zum Beispiel: *Bacbrot* (zu *backen*), *Biegysen* (zu *biegen, beugen*), *Bintrime* (zu *binden*), *Borgescilth* (zu *borgen*), *Bradegans* (zu *braten*), *Berneschure* (zu *brennen, bernen; schure* ‚Scheuer'), *Dawledder* (zu *dauen* ‚zubereiten'), *Dempesu* (zu *dempen* ‚würgen'), *Dienegott* (zu *dienen*), *Dreidanz* (zu *drehen*), *Vegesac* (zu *fegen,* ‚leeren'), *Findeisen* (zu *finden*), *Vocheisen* (zu *vochen* ‚blasen'), *Gaderpenninc* (zu *gadern* ‚sammeln'), *Habedank* (zu *haben*), *Hacworst* (zu *hacken*), *Haßkerl* (zu *hassen*), *Haueisen* (zu *hauen*), *Hebekanne* (zu *heben*), *Hollbier* (zu *holen*), *Hudewyn* (zu *hüten*), *Koplant* (zu *kaufen*), *Kibewin* (zu *keiben* ‚schelten, schimpfen'), *Kiesewetter* (zu *kiesen* ‚prüfen'), *Kikepot* (zu *kiken* ‚schauen'), *Klövekorn* (zu *klieben* ‚spalten'), *Klopffleisch* (zu *klopfen*), *Knedehengst* (zu *kneten*), *Kostfleisch* (zu *kosten*), *Kuelbrant* (zu *kühlen*), *Leckbart* (zu *lecken*), *Liebetanz* (zu *lieben*), *Lobwasser* (zu *loben*), *Machetanz* (zu *machen*), *Mordebir* (zu *morden* ‚vergeuden, verderben'), *Nerebalg* (zu *nähren*), *Plückebaum* (zu *pflücken*), *Prisdanz* (zu *preisen*), *Raffegerst* (zu *raffen*), *Raubesack* (zu *rauben*), *Rühmkorf* (zu *räumen*), *Recknagel* (zu *recken*), *Rinnewolf* (zu *rinnen* ‚laufen machen'), *Rostpenninc* (zu *rosten* ‚rosten lassen'), *Rofhont* (zu *rufen*), *Ropphane* (zu *rupfen*), *Schaffrath* (zu *schaffen*), *Schenckbecher* (zu *schenken* ‚einschenken'), *Schlyffysen* (zu *schleifen*), *Schlindbecher* (zu *schlinden*), *Snidehunt* (zu *schneiden*), *Schroteisen* (zu *schroten* ‚zerschneiden'), *Schuddesichel* (zu *schütten* ‚schütteln'), *Setzkorn* (zu *setzen*), *Sparbrodt* (zu *sparen*), *Stokebrant* (zu *stochen* ‚schüren'), *Stortebecher* (zu *stürzen*), *Drinckwasser* (zu *trinken*), *Wendepenning* (zu *wenden*), *Zuckisen* (zu *zücken*) (und viele andere).

b) Ein weiterer Typus ist Verb + Artikel + Substantiv im Akkusativ, zum Beispiel: *Bytendüvel* (zu *beißen*), *Bleckenzan* (zu *blecken*), *Brechtenbusch* (zu *brechen*), *Drückenpfennig* (zu *drücken*), *Vegesnest* (zu *fegen*), *Findenkeller* (zu *finden*), *Flickenschild* (zu *flicken*), *Füllengast* (zu *füllen*), *Hangenmantel* (zu *hängen*), *Hassenpflug* (zu *hassen*), *Hauenteufel* (zu *hauen*), *Kliebenschädel* (zu *klieben* ‚spalten'), *Ladengast* (zu *laden, einladen*), *Lobentanz* (zu *loben*), *Machentanz* (zu *machen*), *Preisendanz* (zu *preisen*), *Rubenschuh* (zu *rauben*), *Reitenspieß* (zu *reiten* ‚zubereiten'), *Rockenzahn* (zu *rucken*), *Schaffenrath* (zu *schaffen*), *Schiltenwolf* (zu *schelten*), *Schmeckenbecher* (zu *schmecken*), *Schnaytenbart* (zu *schneiden*), *Schwingenhamer* (zu *schwingen*), *Spaltenstein* (zu *spalten*), *Springenzaun* (zu *springen* ‚überspringen'), *Stopsloch* (zu *stopfen*), *Suchsland* (zu *suchen*), *Treibenreif* (zu *treiben*), *Wurgenbock* (zu *würgen*), *Zausenbart* (zu *zausen*), *Zickendraht* (zu *ziehen*), *Zwingeisen* (zu *zwingen*) (und viele andere).

c) Gelegentlich vertreten ist auch der Typus Verb + Adverbialsubstantiv, zum Beispiel: *Häpchli* (zu *haben;* ‚Habeklein'), *Hablützel* (zu *haben; lutzel* ‚klein, wenig'), *Schaflutzel* (zu *schaffen*) (und einige andere).

Satznamen

d) In einigen Fällen begegnet der Typus Verb + Substantiv im Genitiv oder Dativ, zum Beispiel: *Mutermaghet* (zu *muden* ‚begehren'), *Wartzpenninck* (zu *warten*), *Motemmoduvel* (zu *möten* ‚begegnen, entgegentreten'), *Verbrennderwürstnicht* (zu *verbrennen*).

e) In einzelnen Beispielen vertreten ist auch der Typus Verb + Personalpronomen im Akkusativ oder Dativ, zum Beispiel: *Houmek* (zu *hauen*), *Däumich* (zu *deuhen* ‚drücken, schieben'), *Jachmich* (zu *jagen*), *Krebelmich* (zu *kribbeln* ‚kitzeln'), *Nimmich* (zu *nehmen*), *Seinmichyn* (zu *segnen*), *Soldemir* (zu *solden* ‚lohnen').

f) Hierhin gehört auch der Typus Verb + Reflexivpronomen im Akkusativ, zum Beispiel: *Besserdichs* (zu *bessern*), *Fyntdich* (zu *finden*), *Hütdich* (zu *hüten*), *Lupfdich* (zu *lupfen*), *Nährdich* (zu *nähren*), *Reimdich* (zu *reimen*), *Schaudich* (zu *schauen* ‚prüfen'), *Zauwedich* (zu *zauen* ‚eilen').

g) Stark vertreten ist der Typus Verb + Präposition, zum Beispiel: *Blasup* (zu *blasen*), *Flugup* (zu *fliegen*), *Vretup* (zu *fressen*), *Geussauf* (zu *gießen*), *Greifzu* (zu *greifen*), *Houtow* (zu *hauen*), *Hoerauff* (zu *hören*), *Huppauff* (zu *hüpfen*), *Jagenae* (zu *jagen*), *Kehrein* (zu *kehren* ‚einkehren'), *Kicküm* (zu *kiken* ‚schauen'), *Klaubauf* (zu *klauben*), *Knuppeczu* (zu *knüpfen*), *Laßan* (zu *anlassen* ‚angeben'), *Leidmit* (zu *leiden*), *Liesaus* (zu *lesen*), *Lugus* (zu *lugen*), *Machauf* (zu *machen*), *Raffuff* (zu *raffen*), *Reibein* (zu *reiben*), *Rennemede* (zu *rennen*), *Rorauff* (zu *rühren*), *Sauffaus* (zu *saufen*), *Schenkein* (zu *schenken*), *Schlagauf* (zu *schlagen*), *Schlickauf* (zu *schlicken* ‚schlucken'), *Sloput* (zu *schlafen*), *Schnapop* (zu *schnappen*), *Schottus* (zu *schütten*), *Spanau* (zu *spannen*), *Springop* (zu *springen*), *Stechan* (zu *stechen*), *Standop* (zu *stehen*), *Stigoff* (zu *steigen*), *Torkus* (zu *torken* ‚keltern'), *Drauan* (zu *traben*), *Trittauf* (zu *treten*), *Trinckus* (zu *trinken*), *Wakup* (zu *wachen*), *Weyduß* (zu *weiden* ‚ausweiden'), *Werpup* (zu *werfen*), *Zunduff* (zu *zünden*) (und viele andere).

h) Hierzu ist auch der Typus Verb + Präpositionaladverb zu stellen, zum Beispiel: *Farhirher* (zu *fahren*), *Fluichdervon* (zu *fleuchen*), *Kerewedder* (zu *kehren*), *Klopperdran* (zu *klopfen*), *Rückfort* (zu *rücken*), *Schabarum* (zu *schaben*), *Schlachnider* (zu *schlagen*), *Sudertzu* (zu *sehen*), *Springorum* (zu *springen*), *Stegerop* (zu *steigen*), *Trittherfür* (zu *treten*), *Czuchdorvon* (zu *ziehen*) (und andere mehr).

i) Relativ stark vertreten ist auch der Typus Verb + Adverb, zum Beispiel: *Bleibtreu* (zu *bleiben*), *Duyrlanck* (zu *dauern* ‚währen'), *Denewol* (zu *dehnen*), *Essegerne* (zu *essen*), *Vorwohl* (zu *fahren*), *Grotegut* (zu *geraten*), *Haltvast* (zu *halten*), *Hittwol* (zu *hüten*), *Kikelanck* (zu *kiken*), *Kochwoil* (zu *kochen*), *Lauffbalde* (zu *laufen*), *Lebefromm* (zu *leben*), *Machefeste* (zu *machen*), *Radewail* (zu *raten*), *Schickwol* (zu *schicken*), *Schryffeyns* (zu *schreiben*; *eyns* ‚einmal, mal'), *Schweisguth* (zu *schweißen*), *Syngewoel* (zu *singen*), *Stridegerne* (zu *streiten*), *Danzwal* (zu *tanzen*; *wal* ‚wohl, gut'), *Drinkgern* (zu *trinken*) (und viele andere).

j) Beachtenswert ist auch der Typus Verb + Negation, der relativ häufig vertreten ist, zum Beispiel: *Backenicht* (zu *backen*), *Pleypnicht* (zu *bleiben*), *Borgenicht* (zu *borgen*), *Dankenicht* (zu *danken*), *Vruchtenicht* (zu *fürchten*), *Habenichts* (zu *haben*), *Henkenit* (zu *henken*), *Kokenicht* (zu *kochen*), *Lachnit* (zu *lachen*), *Schaffenicht* (zu *schaffen*), *Sweghenicht* (zu *schweigen*), *Touknicht* (zu *taugen*), *Trorenicht* (zu *trauern*), *Zaelnet* (zu *zahlen*) (und viele andere).

k) Von Belang sind auch Bildungen des Typus Verb + Pronomen + Objekt oder Präposition oder Adverb, zum Beispiel: *Gibbensnueg* (zu *geben*), *Kerdichume* (zu *kehren*), *Thudichum* (zu *tun*), *Schleichennach* (zu *schleichen*), *Haltdichfast* (zu *halten*), *Weschemichschone* (zu *waschen*), *Kochenweich* (zu *kochen*), *Nimbsgern* (zu *nehmen*), *Stichennider* (zu *stechen*), *Zuckhengwaltig* (zu *zwicken*), *Greifirdran* (zu *greifen*) (und andere mehr).

l) Stark vertreten ist der Typus Verb + Präposition (+ Artikel) + Substantiv, zum Beispiel: *Bleibimhaus* (zu *bleiben*), *Fahrentholtz* (zu *fahren*), *Greifentrog* (zu *greifen; trog*), *Hoffingott* (zu *hoffen*), *Huschinbett* (zu *huschen*), *Kikinsfeld* (zu *kiken*), *Leckenkeul* (zu *lecken; keul* ‚Bratenkeule'), *Luginsland* (zu *lugen*), *Rennenkampf* (zu *rennen*), *Schlaginhauffen* (zu *schlagen*), *Springinßfelt* (zu *springen*), *Tritinlöffel* (zu *treten*) (und viele andere).

m) Zu den letztgenannten Bildungen stellen sich auch solche mit Negation, und zwar der Typen Verb + Pronomen + Negation oder Verb + Adverb + Negation, zum Beispiel: *Schademirnicht* (zu *schaden*), *Traumirnicht* (zu *trauen*), *Thusenicht* (zu *tun*), *Blefhirnicht* (zu *bleiben*) (und andere mehr).

n) Bemerkenswert sind offensichtliche Umkehrungen bisher behandelter Typen, zum Beispiel: *Eysenbeyß* (zu *beißen*), *Leitvordryve* (zu *vertreiben*), *Kalklösch* (zu *löschen*), *Huntschint* (zu *schinden*), *Zugreif* (zu *greifen*), *Zudrinc* (zu *trinken*), *Orabpeis* (zu *abbeißen*), *Nidanc* (zu *danken*), *Widerkum* (zu *kommen*), *Wohllebe* (zu *leben*), *Niffergall* (zu *vergelten*), *Nitvertrag* (zu *vertragen*), *Nichtweiß* (zu *wissen*) (und andere mehr).

o) Wichtig ist der allerdings seltener vorkommende Typus Verb + Verb, zum Beispiel: *Lategan* (zu *lassen*), *Laßleben* (zu *lassen*), *Machenschein* (zu *mögen* u. *geschehen*).

p) Zu beachten ist auch ein Typus ohne Verb, wobei es sich um sozusagen elliptische Formen handelt. Hierhin könnten zum Beispiel gehören: *Baldhinweg*, *Frühauff*, *Frueinsfeldt*, *Nimmerarm* (und andere). Diese letztgenannten Bildungen sind jedenfalls Zusammenrückungen im erläuterten Sinne, das heißt, aus größeren Satzzusammenhängen genommen, etwa nach dem Muster *Er steht früh auf / Steh früh auf*.

3. Entlehnung oder Polygenese

a) Die Blüte solcher Bildungen ist nach den bisher bekannten Belegen zu urteilen, im ausgehenden Mittelalter zu suchen, ihr Aufkommen, wie weiter oben schon angedeutet, im hohen Mittelalter. In althochdeutscher Zeit sind solche Bildungen noch nicht anzutreffen. Das gibt dem Gedanken an eine Beeinflussung aus dem Romanischen, insbesondere aus dem Französischen, natürlich Nahrung. Das spätere Lateinische und das Mittellateinische kennen Satzappellative auch, so beispielsweise in mittelalterlichen Buchtiteln (*Vademecum* und andere). Jedoch ist der Gedanke an Polygenese, also eine Entstehung unabhängig voneinander in den verschiedenen Sprachen (den romanischen Sprachen, den germanischen, den slawischen), nicht von vornherein auszuschließen.

b) Für Entlehnungen dieser Bildungsweise aus dem Französischen spricht die Tatsache, daß gerade der Typus Verb + Substantiv im Akkusativ ohne Artikel nach dem Beispiel *Fegebeutel* die ältesten Vorkommen liefert. Die ältesten Belege stammen schon aus dem frühen 12. Jahrhundert. Der Typus *Haßdenteufel*, also mit Artikel, ist demgegenüber jünger. Hinzu kommt, daß die ältesten Belege aus dem Westen des deutschen Sprachgebietes stammen.

c) Von den imperativen Satznamen und ihren Problemen sind andere Satznamen zu trennen, die als Echonamen aufzufassen sind, in dem Sinne nämlich, daß sie von einem Sprecher beliebte Redewendungen wiedergeben. Die beliebte Redewendung ist also zum Beinamen geworden. In diese Zusammenhänge könnten gehören: *Michdorst* (zu *dürsten*), *Sistumich* (zu *sehen*), *Wyduwylt* (zu *wollen*), *Jasomirgott* (*Ja, so mir Gott helfe*) (und andere mehr).

XV. Familiennamen aus Übernamen

Übernamen, die zu Familiennamen geworden sind, machen einen beträchtlichen Anteil aus. Schon bei den weiter oben behandelten Familiennamen aus Berufsbezeichnungen, insbesondere aus indirekten Berufsbezeichnungen, und bei den Satznamen unter den Familiennamen dürfte in vielen Fällen damit zu rechnen sein, daß es sich um Übernamen handelt und daß sie nur zum Teil als Berufsbezeichnungen gemeint waren.

1. Entstehung von Übernamen

Übernamen entstehen wohl zu allen Zeiten und natürlich auch heute noch. Sie können aus Sätzen oder Redewendungen gebildet sein, wie etwa bei den Satznamen. Sie können von einem bestimmten Ereignis herrühren, das unter Umständen alsbald vergessen ist, oder auf einer Eigenschaft, einer Äußerlichkeit und dergleichen mehr beruhen.

a) Der sprachliche Vorgang ist zunächst der der Metonymie, also der Verschiebung der lexikalischen Bedeutung in dem für den Übernamen gewählten Adjektiv oder Substantiv, wie Teil für das Ganze (*Langnese* ‚lange Nase'), Eigenschaft für den Träger der Eigenschaft (*Fröhlich* und anderes). Der sprachliche Vorgang ist in vielen Fällen auch der der Metapher, also der Bedeutungsübertragung in ein lexikalisches Feld aus einem ganz anderen, zum Beispiel *Esel, Klotz* und andere.

b) Übernamen aus Adjektiven zielen auf die damit ausgedrückte Eigenschaft. Substantive sind vielfach Konkreta, wie *Fuchs, Ochs, Stein* (und so weiter). Diese Konkreta können aus präpositionalen Fügungen entstanden sein (Beispiel *Friedrich mit dem Munde > Friedrich Mund*). Vielfach sind sie mit Artikel versehen gewesen, der sich heute noch vielfach in Übernamen findet (zum Beispiel *der Buckel, die Aap* ‚Affe'). Vielfach tauchen auch Abstrakta auf, zum Beispiel *Wisheit, Zorn, Trost, Bosheide, Zwivil* ‚Zweifel', *Müßiggang* (und andere mehr).

c) Ursprünglich waren die Übernamen als Beinamen in Verbindung mit einem Rufnamen Appositionen (*Heinrich der Schwarze*), adjektivische Attribute (*der schwarze Heinrich > Heinrich Schwarz*), präpositionale Attribute (*mit der vust > Vust* ‚Faust'), substantivierte und attributiv gebrauchte Adverbien und adverbiale Ausdrücke (*Fürbass, Toperdt* ‚zu Pferd'), schließlich etwa imperativische Sätze wie bei den Satznamen.

Wir müssen davon ausgehen, daß sozusagen jedes Wort, jedes Syntagma und jeder Satz der deutschen Sprache zum Übernamen verwandt werden kann und daß wir die Motivierung nicht in jedem Fall erkennen können. Doch lassen sich Gruppierungen bilden aus solchen Übernamen, die im ganzen durchschaubar sind.

2. Gruppen von Übernamen

a) Eine Reihe von Übernamen bezieht sich auf Körperteile oder körperliche Besonderheiten, zum Beispiel: *Junghe, Jüngling, Jungbluth* (nach dem Alter), *Rese* (*Riese;* nach der Gestalt), *Dürr, Halbgewachsen, Wahnschaffe* (der Mißgestaltete), *Kalwe* (der Kahle), *Strobart, Dünnebacke, Schiller* (Schieler), *Naselose, Tüfelsnase, Dove* (zu taub), *Haupt, Stirn, Zahn, Genshals, Schulderknoke, Spitcebouch, Steuß* (Steiß), *Krumbfuß, Schleicher* (nach dem Gang), *Leisegang, Breytfuz, Link* (für den Linkischen), *Luchterhand* (linker Hand).

b) Geistige und charakterliche Eigenschaften werden in vielen Übernamen deutlich, zum Beispiel: *Wrangel* (für den Streitsüchtigen), *Unfrid, Grimme, Unbescheiden, Vrolich, Wrede* (mnd. *wrede* ‚wild, zornig'), *Wunderlich, Sure, Behaghel* (mnd. *behaghel* ‚behaglich, freudig, kühn'), *Kluge, Stolz, Unverzagt, Redlich, Hartnack* (und viele andere).

c) Metaphorische Übernamen sind vielfach aus Tierbezeichnungen gewonnen, zum Beispiel: *Hirz (Hirsch), Hase, Vinke, Sperling, Dorsch, Stockfisch, Backfisch, Hecht, Hering* (sofern es sich nicht um indirekte Berufsbezeichnungen handelt), *Hummel, Muck, Quadflieg, Ganskopf, Buttauge, Katzenor, Hasenvel, Kronsbehn (Kranichbein)* (und viele andere).

d) In Übernamen erscheinen auch metaphorisch gebrauchte Pflanzenbezeichnungen und dergleichen, zum Beispiel: *Holzappel, Haberstro, Kabushoubet* (und viele andere).

e) Viele Gegenstände können als Übernamen aufgefaßt werden, sind aber teilweise womöglich Berufsbezeichnungen oder auch Häusernamen, die zu den weiter oben schon behandelten Familiennamen aus Wohnstättenbezeichnungen gehörten. Die Unterscheidungen sind selten eindeutig zu treffen. Einige Beispiele seien genannt: *Spigel, Corf, Flegel* (Dreschflegel), *Knopp, Knopf, Pflug, Spiez, Morgenstern, Weißärmel, Kortehose, Hochhut, Weizenbrot, Smalz, Blutwurst* (und andere mehr).

f) Bezeichnungen von Naturerscheinungen und Gestirnen spielen ebenfalls eine Rolle, zum Beispiel: *Dagestern, Regenbogen, Nortwind, Ungewitter, Brausewetter, Regen, Staub* (und andere mehr).

g) Weiterhin sind Zeitbezeichnungen der verschiedensten Art vertreten, zum Beispiel: *Herbest, Summer, Mittnacht, Vyerabund* (Feierabend), *Hornung, Sonntag, Freitag, Paschedach, Ostertag* (und andere mehr).

h) Kirchliche Gegenstände sind mit ihren Bezeichnungen ebenfalls vertreten, zum Beispiel: *Wiewasser, Wiroug* (und andere mehr).

i) Auch andere Bereiche treten hier und da in Erscheinung, zum Beispiel: *Teufel, Valandt* (mhd. *vālant* ‚Teufel'); *Hundertmark, Sevenpenning, Schilling, Hundertpund, Rich* (reich), *Armmann, Muckinfenger* (vielleicht für einen launischen Menschen), *Tanz, Kögel* (mhd. *kegel* ‚unehelicher Sohn'), *Zwingli* (Zwilling), *Schwer (schweher), Eidam, König* (und viele andere).

j) Auch patronymische Bildungen können als Übernamen gemeint gewesen sein oder auf Übernamen beruhen, Bildungen auf *-ing*, Bildungen auf *-er*, genitivische Namen, Namen auf *-man*, Namen mit Diminutivsuffix. Das können einige Beispiele veranschaulichen: *Valanting, Schmeling (Schmal), Fincker (Finck), Kegels, Tuefels, Klugman, Biederman, Starkman, Böcklin (Bock), Weckerlin (Wacker)* (und viele andere).

XVI. Humanistennamen

1. Vorhumanistische Latinisierungen

a) In dem Gesamtbild der deutschen Familiennamen spielen Latinisierungen und Gräzisierungen, die aus der Humanistenzeit stammen, eine nicht unbeträchtliche Rolle. Freilich muß man sehen, daß es schon von Anfang der Überlieferung an Übersetzungen germanischer Namen in das Lateinische gegeben hat, zum Beispiel: *Wolf > Lupus.*

b) In den von der lateinischen Sprache beherrschten Klöstern treten Beinamen der Mönche in lateinischer Sprache auf (zum Beispiel: *Notker Balbulus, Notker Labeo, Notker Teutonicus, Notker Peperis Granun*).

c) Lateinische Appellative wurden ins Deutsche entlehnt und gaben die Grundlage ab für spätere Familiennamen, zum Beispiel: *Sutter, Sauter* (< lat. *sutor* ‚Schuster'), *Pfister* (< lat. *pistor* ‚Bäcker') (und andere mehr).

d) In den lateinischen Urkunden wurden die Beinamen, später Familiennamen, oft ins Lateinische übersetzt, zum Beispiel: *Küster/custos, Schwertfeger/gladiator, Schneider/sartor, Weber/textor, Metze Langin/Metza Longa, Herr von Neuerburg/ dominus de Novo castro, Halbsleben/Mediavita* (und andere mehr). Solche Namen sind in dieser lateinischen Form in der Alltagssprache nicht gebraucht worden.

2. Humanistenzeit

a) Hingegen wurden in der Humanistenzeit deutsche Namen ins Lateinische und Griechische übersetzt und so dann auch verwendet. Großenteils sind sie bis heute in Gebrauch. Das ging im wesentlichen auf italienische Anregungen zurück.

b) Damit war das Prinzip der Dreinamigkeit verbunden, zum Beispiel: *Conradus Celtes Protupius, Johannes Fabricius Montanus, Desiderius Erasmus Roterodamus* (und viele andere). Gelegentlich treten auch mehr als drei Namen auf, zum Beispiel: *Georgius Sabellicus Faustus Junior, Aureolus Theophrastus Bombastus Paracelsus ab Hohenheim* (und andere).

c) Viele solcher Humanistennamen haben sich auf die Dauer nicht halten können. Doch ist darauf hinzuweisen, daß in lateinischen Buchtiteln und in lateinischen Urkunden bis heute wenigstens der Rufname latinisiert wird.

3. Typen der Antikisierung

a) Die Antikisierung des Namens erfolgte zum Teil durch eine lateinische Endung *(-us, -ius, -anus, -inus)* und mit Anpassung der Akzentuierung, zum Beispiel: *Reimárus, Kopérnikus* (aus *Köppernig* bei Oppeln), *Tautpháeus* (aus *Dautphe* in Hessen); *Lipsius* (zu *Lips* aus *Philippus*), *Heinsius* (*Heinz*), *Matthésius* (*Matthes* aus *Matthias*), *Crusius* (*Kruse*), *Frobénius* (*Froben* aus *Frowein*), *Crecélius* (*Kretzel* aus *Pankratius*), *Jansénius* (*Jansen*), *Staphórstius* (aus *Staphorst*), *Cochlóvius* (*Kochlowski*); *Heidanus* (*von der Heyde*); *Spalatinus* (aus *Spalt* bei Nürnberg) (und viele andere).

b) Vielfach wurden deutsche Familiennamen, die Genitivbildungen zu Rufnamen waren, in lateinische oder griechische Bildungen umgeformt, zum Beispiel: *Wilhelmy, Bartholdy, Arnoldi, Philippi, Pauly, Petri; Thomae; Michaelis; Steffanides, Johannides* (in Böhmen) (und viele andere).

c) Herkunftsnamen mit *von* oder *van* wurden vielfach durch *a* oder *ab* wiedergegeben *(ab Utrecht, a Kempis)*.

d) Übersetzungen deutscher Namen ins Lateinische erfolgten in großer Zahl. Sie sind vielfach auch als Familiennamen erhalten geblieben, zum Beispiel: *Lavater* (*lavator* ‚Wäscher'), *Faber, Mercator, Piscator, Molitor, Sartor, Venator, Viëtor* (*Faßbinder*), *Avenarius* (*Hafermann*), *Paulus* (*Klein*), *Gallus* (*Hahn*), *Curtius* (*Kurz*), *Treviranus* (aus *Trier*), *Pontanus* (von *Brück*), *Rivinus* (*Bachmann*), *Regiomontanus* (aus *Königsberg* in Franken) (und viele andere).

e) In gleicher Weise erfolgten Übersetzungen in das Griechische, zum Beispiel: *Neander* (*Neumann*), *Dryander* (*Eichmann*), *Melander* (*Eppelmann*), *Paedopater* (*Kindervater*) (und andere mehr).

f) Die lateinischen Namenübersetzungen wurden vielfach mit der Endung *-ius* versehen, ohne daß diese Endung auch eine patronymische Funktion gehabt hätte.

Die Namen wurden aber volltönender, zum Beispiel: *Sartorius, Praetorius, Canisius (de Hondt)* (und andere mehr).

g) Auch Satznamen konnten prinzipiell ins Lateinische übersetzt werden. So erscheint beispielsweise ein *Jacobus da nobis satis* entsprechend dem Familiennamen *Gibunsgenug*.

h) Vielfach genügten äußerliche Anklänge oder vage Beziehungen zur Antikisierung der Namen, wobei auch Fehlübersetzungen eine Rolle spielten. Hierhin gehören zum Beispiel: *Plinius (Pleninger), Caelius (Zell), Rhegius (Rieger), Thraziger (Drahtzieher), Osiander (Hosemann), Janus (Jens), Seneca (Söncke), Scipio (Sipke), Desiderius Erasmus Roterodamus (Geert Geerts)* (und andere mehr).

i) Im Laufe der Zeit treten auch Umgestaltungen auf, zum Beispiel: *Käßkorb* < *Cascorbius* < *Cascorbi*; *Sartorius* < *Sartori* (und andere mehr).

j) Nicht in allen Fällen ist es möglich, den einem Humanistennamen zugrundeliegenden deutschen Familiennamen sicher zu ermitteln. So ist der Name *Asper* womöglich von dem Hofnamen *Aspe* in der Schweiz abgeleitet. Dem Namen *Olearius* können beispielsweise die folgenden deutschen Familiennamen zugrundeliegen: *Oelmann, Oelschläger, Oehler, Ohligmacher* (und andere). Der Familienname *Faber (Schmied)* begegnet einmal als Übersetzung der indirekten Berufsbezeichnung beziehungsweise des Übernamens *Eßwurm* für den Schmied.

XVII. Fremdnamen in den Familiennamen

Die Humanistennamen sind insofern Fremdnamen, als sie den Einfluß der fremden griechischen oder lateinischen Sprache zeigen. Sie beruhen aber im ganzen auf ursprünglich deutschen Familiennamen, so daß sie auch besonders zu beachten sind, zumal sie einen beachtlichen Anteil an den deutschen Familiennamen haben.

Im Deutschen ist aber auch eine große Zahl ursprünglicher Fremdnamen gebräuchlich, die im wesentlichen aus den verschiedenen Nachbarsprachen des Deutschen stammen.

1. Fremdnamen aus östlicher Nachbarschaft

a) Einen hervorragenden Anteil haben die slawischen Familiennamen. Das erklärt sich ohne weiteres aus der weitreichenden deutschen Ostsiedlung und der Vermengung mit slawischen Völkern einerseits und den verschiedenen Westwanderungen aus osteuropäischen Gebieten andererseits. Aus den slawischen Familiennamen lassen sich ähnliche Gruppen bilden wie bei den deutschen Familiennamen auch, so zum Beispiel Familiennamen aus Rufnamen, wie: *Adamek, Peschke (Peter), Stefaniak, Hanusch (Johann), Kopisch (Jakob), Bogislav, Adamski, Jakubski* (und so weiter), dann Familiennamen aus Herkunftsbezeichnungen, zum Beispiel: *Bühlow, Lützow, Gutzkow, Basedow, Virchow, Bonin, Schwerin, Zeppelin, Tauentzin, Lüderitz, Leibniz* (und so weiter), *Lublinski* (zu *Lublin*), *Kaminski* (zu *Kammin*), *Grabowski* (zu *Grabow*) (und so weiter), weiterhin Familiennamen aus Berufsbezeichnungen: *Kretzschmer* (Wirt), *Lommatsch* (Steinbrecher), *Koschnik* (Mäher), *Kufahl* (Schmied) (und so weiter), schließlich Familiennamen aus Übernamen, zum Beispiel: *Zarncke* (der Schwarze), *Pahnke* (kleiner Herr), *Nestroy* (Faulpelz) (und so weiter).

b) Aus dem Litauischen, das in Ostpreußen in dauernder Berührung mit dem Deutschen stand, stammen beispielsweise Namen wie: *Baltruweit* (zu *Balthasar*),

Steppuhn (zu *Stephan*), *Endruweit* (zu *Andreas*), *Adomat* (zu *Adam*), *Josupeit* (zu *Josef*), *Jankuhn* (zu *Johannes*), *Paulat* (zu *Paul*) (und andere mehr). Aus litauischem Einfluß und Analogie sind Namen wie *Tischlereit, Deckereit* (und dergleichen) zu verstehen.

2. Fremdnamen aus westlicher und südlicher Nachbarschaft

a) Französische Namen in Deutschland wurden von aus Frankreich vertriebenen Hugenotten oder sonstigen Emigranten mitgebracht, zum Beispiel: *Aubin, Guillaume, Dujardin, Savigny, Fontane, Toussaint* (und andere mehr).

b) Italienische Namen sind von italienischen Künstlern, Handwerkern, Händlern oder politisch Verfolgten, die in Deutschland ansässig geworden sind, mitgebracht worden, zum Beispiel: *Pestalozzi, Brentano* (zu dem Ortsnamen *Brenta*), *Sarotti, Carossa, Socin (Sozzini)* (und andere mehr).

3. Sonstige Fremdnamen

a) Fremdnamen aus anderen Sprachen sind demgegenüber relativ selten. *Hans Michael Moscherosch* trägt einen Familiennamen, der sich aus *Mosen (Monsieur)* und *Ros* (span. *Ruiz* aus *Rodrigo*) erklärt. *Morell* ist aus span. *Murillo* (kleiner Maure) entstanden. *Amira* soll aus *Admiral* (arab. *amiral-ma*) entstanden sein. Die Beispiele mögen zur Verdeutlichung genügen.

b) Aus den benachbarten germanischen Sprachen stammen ebenfalls zahlreiche Familiennamen, so aus den skandinavischen Sprachen *(Jensen, Andersen)* (und andere mehr), aus dem Friesischen *(Wiarda, Ebbinga)* (und andere mehr), aus dem Niederländischen *(de Boer, Susterman)* (und andere mehr), aus dem Englischen *(Forster, Kant, Pickering)* (und andere mehr).

XVIII. Familiennamengeographie

Eine Familiennamengeographie kann die landschaftliche Verteilung in verschiedener Hinsicht berücksichtigen.

1. Sprachgeographische Grundlagen

a) Die sprachgeographische Grundlage liegt in den phonetisch/phonologischen Systemen der deutschen Mundarten, die sich auf die Familiennamen auch dann auswirken, wenn sie ansonsten gleich sind, zum Beispiel: *Holtmann/Holzmann; Kruse/Krause; Schröder/Schröter; Pieper/Pfeifer; Voß/Fuchs; Schulte/Schulze; Buchner/Puchner* (und viele andere Formen). Das ist dann aber tatsächlich eine Angelegenheit der Lautgeographie des Deutschen, die sich natürlich auf alle Wortbildungen und Namenbildungen auswirkt. Sie setzt also in den Einzelheiten eine komplette Lautgeographie des Deutschen voraus, die hier natürlich nicht abgehandelt werden kann.

b) Sprachgeographische Verteilungen können sich aus rein wortgeographischen Unterschieden des Deutschen ergeben. Das zeigt sich beispielsweise in den Berufsnamen, also denjenigen Familiennamen, die aus Berufsbezeichnungen gewonnen sind. Hier wirken sich die landschaftlich verschiedenen Bezeichnungen

Sprachgeographische Grundlagen

für die einzelnen Berufe aus. So gibt es beispielsweise eine lange Reihe von Bezeichnungen für den Töpfer, die dann auch als Familiennamen erscheinen können, so etwa *Töpfer, Pötter, Pottmacher, Hafner, Hafenmacher, Euler, Kachler, Schüssler, Kannenbecker* (und viele andere). In der Wortgeographie zeigen sich charakteristische Verteilungen, so etwa *Rademacher, Assenmacher* am Rhein, *Wegener* in Niederdeutschland, *Stellmacher* im Osten, für den Handwerker, der auch *Wagner* oder *Felgenhauer* oder anders heißt. Die Beispiele können aber bereits verdeutlichen, daß sich die Wortgeographie als solche mittelbar ebenfalls auf die Familiennamengeographie auswirkt.

c) Bei den Familiennamen aus Herkunftsnamen spielen die zugrundeliegenden Ortsnamen insofern eine Rolle, als derartige Familiennamen natürlicherweise die für eine Landschaft charakteristischen Siedlungsnamen zeigen. Familiennamen auf *-scheid* werden letzten Endes aus einem Raum stammen, in dem dieser Siedlungsnamentypus verbreitet ist, nämlich dem westlichen Mitteldeutschen. Entsprechend weisen Familiennamen auf *-leben* auf das Gebiet Thüringen/Harz zurück, wo der entsprechende Siedlungsnamentypus anzutreffen ist. Familiennamen vom Typus *Hilzinger* finden sich dementsprechend in südlicheren Landschaften, wo die Siedlungsnamen auf *-ing(en)* stark verbreitet sind. Die Beispiele zeigen, daß bei einer Familiennamengeographie auch die Siedlungsnamengeographie in den betreffenden Namentypen durchschlagen kann und bei der Erforschung der Familiennamen ebenso mit zu berücksichtigen ist wie die Lautgeographie und die Wortgeographie.

d) Bei den aus Rufnamen hergeleiteten Familiennamen ist wenigstens prinzipiell eine landschaftliche Verteilung zu erwarten, also über die landschaftlich bedingten lautlichen Unterschiede hinaus. Eine derartige Geographie setzt aber die Kenntnis der landschaftlichen Verbreitung der Rufnamen und ihrer landschaftlichen Dichte im 13. bis 16. Jahrhundert voraus, zu der Zeit also, in der die Familiennamen entstanden sind. Hier sind also keine allzu starken Anhaltspunkte zu erwarten.

2. Regional gebundene Bildungsweisen

Eine Familiennamengeographie im eigentlichen Sinne ist am deutlichsten aus der Verteilung bestimmter Bildungsweisen in den verschiedenen deutschen Landschaften abzulesen. In dieser Hinsicht unterscheiden sich der oberdeutsche Bereich, der westmitteldeutsche Bereich, der ostmitteldeutsche Bereich, der westniederdeutsche Bereich und der ostniederdeutsche Bereich. Hinzu kommen noch oberdeutsche, mitteldeutsche und rheinisch-niederdeutsche Mischgebiete, sowie die friesisch beeinflußten Küstenzonen. In dieser Hinsicht lassen sich also gewisse vorläufige Unterscheidungen treffen, wobei allerdings Lautliches und Wortgeographisches mit hineinspielen kann, wie auch die den Herkunftsnamen, die sich landschaftlich verteilen.

a) Eine für das Oberdeutsche charakteristische Namensform sind Bildungen auf *-er,* die die verschiedensten Grundlagen haben können, zum Beispiel: *Hofer, Villinger, Forschhammer, Lindober* (Herkunftsname zu *Lindau*), *Moosbauer, Lochbrunner* (und andere mehr).

b) Einige Familiennamen aus Berufsbezeichnungen sind für das Oberdeutsche charakteristisch, zum Beispiel: *Beck* (Bäcker), *Pfister* (Feinbäcker), *Sauter* (Schuster), *Sigrist* (Küster) (und andere). Familiennamen aus Übernamen scheinen nach bisherigen Untersuchungen besonders im Schwäbischen häufig aufzutreten. Neben solchen etwas mehr hervorstechenden Bildungen stehen im oberdeutschen Raum aber auch die anderen Namentypen, auch soweit sie nicht von Zuwanderern stammen, wenn auch nicht in der gleichen Häufigkeit. Genauere Untersuchungen und ein darauf fußender genauerer Überblick fehlen.

c) Im Oberdeutschen ist eine gewisse Vorliebe für Verkleinerungsformen bei Familiennamen festzustellen. Dabei ergeben sich landschaftlich mehr oder weniger stark ausgeprägte charakteristische Unterschiede. Auf der Grundlage des -*l*-haltigen Diminutivsuffixes erscheinen oberdeutsch weit verbreitet Familiennamen vom Typus *Merkel,* daneben dann der Typus *Merkle* im nördlichen Baden-Württemberg, während im Südwesten -*lin*, -*li* häufiger sind *(Hölderlin, Nägeli)* und in Bayern und Österreich -*l (Merkl).*

d) Für das Oberdeutsche charakteristisch sind umlautlose Formen wie *Gartner, Burger, Schuler, Stuber, Maurer, Huber* (und viele andere). Als eine Reaktion auf die mundartlichen Entrundungserscheinungen (zum Beispiel ö > e) treten umgekehrte Schreibungen auf, zum Beispiel: *Böck (Beck), Höss (Hess), Schnöll (Schnell)* (und viele andere).

e) Schweizerische Familiennamen tragen in Einzelheiten besondere Züge, beispielsweise Bildungen auf -*ing*, teilweise reduziert zu -*ig*, etwa *Martig* (zu *Martin*), *Schnidrig* (zu *Schnider*), *Schmidig* (zu *Schmid*), dann: *Wäckerling* (neben *Wäckerlin*) (und andere mehr). Bemerkenswert sind auch bürgerliche Herkunftsnamen mit *von (von Arx, von Laupen, von Greyerz* und andere mehr). In den aus Wohnstättenbezeichnungen entstandenen Familiennamen sind die Präpositionen zuweilen erhalten, zum Beispiel: *Imfeld, Zumbrunn, Abderhalten* (und andere mehr). So kann sich ein Nebeneinander verschiedener Bildungen auf gleicher Grundlage ergeben: *Zerlinden/Lindemann/Linder.*

f) Die stärksten Unterschiede zum Oberdeutschen bestehen im Niederdeutschen, während das mitteldeutsche Gebiet eine Art Zwischenstellung einnimmt, vielleicht am deutlichsten erkennbar an der Bevorzugung der einfachen Siedlungsnamen als Herkunftsnamen, also ohne -*er*-Ableitung und ohne *von*, also *Arzbach* (südlicher *Arzbacher*). Neben den hervorstechenden Erscheinungen steht natürlich die Vielzahl der anderen Familiennamentypen, für deren Frequenzen jedoch die Grundlagenuntersuchungen fehlen.

g) Im Ostmitteldeutschen werden bei den Familiennamen aus Rufnamen Bildungen vom Typus *Werner* bevorzugt, während Derivation von Rufnamen oder genitivische Bildungen demgegenüber zurücktreten. Zu beachten sind beispielsweise in Schlesien auftretende metronymische Bildungen wie *Jüttner* (zu *Jutta*), *Ilgner* (zu *Ottilie*), *Hillner* (zu *Hildegund*) (und andere mehr). Bei den Familiennamen aus Übernamen, die auf Adjektiven beruhen, sind insbesondere in Schlesien stark flektierte Formen anzutreffen, zum Beispiel: *Grosser, Langer, Weisser* (und andere mehr).

h) Für das rheinisch-niederdeutsche Übergangsgebiet sind bis zu einem gewissen Grad genitivische Familiennamen aus Rufnamen vom Typus *Heinrichs* charakteristisch. Aber auch Familiennamen aus Berufsbezeichnungen und aus Übernamen erscheinen in der Form des Genitivs, dazu gehören *Schmitz, Schneiders, Junkers, Langen, Kleinen, Jungen* (und so weiter).

i) Im westlichen Niederdeutschen stechen beispielsweise Herkunftsnamen auf -*mann* stärker hervor, die dann auch von Flußnamen abgeleitet sein können *(Münstermann, Wuppermann* und viele andere).

j) Charakteristisch sind auch Familiennamen aus Wohnstättenbezeichnungen, insofern hier niederdeutsches Wortgut auftritt. Dazu gehören Familiennamen auf -*brink*, -*brock*, -*loh*, -*holt*, -*horst*, -*kamp*, -*beck* (zu *bach*), -*hus*, -*hof* *(Hasenbrink, Butendieck, Uhlenbrock, Hesselhorst, Eickholt, Möllenbeck, Niehus, Aschhoff).* Dazu gehören dann auch Ableitungen auf -*er* und -*mann*, zum Beispiel: *Holtkemper* und *Brinkmann.*

k) Unter den Familiennamen aus Berufsbezeichnungen tritt *Schulte* hervor, daneben auch *Meier* und *Kötter*, was dann zu charakteristischen Namenbildungen führt, zum Beispiel: *Brinkmeier, Kampmeier, Baumkötter, Sandkötter* (und so weiter).

l) Im Nordseeküstengebiet sind friesische Einwirkungen besonders spürbar, zum Beispiel: *Alberda* (zu *Albert*), *Ottema* (zu *Otto*), *Mense (Menke)*, *Edzard (Eckhart)* (und viele andere). Unter den patronymischen Bildungen außerhalb des Friesischen spielen Genitivformen eine stärkere Rolle, zum Beispiel: *Sybolts, Harms, Dircks, Focken* (und so weiter).

m) Im Ostniederdeutschen sind auch im westlichen Niederdeutschen beliebte Namen anzutreffen. Dazu treten hier slawische und litauische Familiennamen, was aus den Vermischungen aufgrund der deutschen Ostsiedlung resultiert. In Neupommern, was jahrhundertelang schwedisch war, erscheinen auch schwedische oder schwedisch beeinflußte Familiennamen (*Lindgreen, Sjöborg* und andere).

n) Das tatsächliche Bild einer Familiennamenlandschaft wird erst durch die genauere Untersuchung aller auftretenden Namentypen, ihrer Verteilung, ihrer Häufigkeit und ihrer Herkunft deutlich, also nicht nur durch hervorstechende Einzelerscheinungen. Dabei ist auch mit fremdsprachigen Familiennamen zu rechnen, so den slawischen im Südosten und Osten, mit den erwähnten litauischen Namen in Ostpreußen, den schwedischen in Pommern, den dänischen in Schleswig-Holstein, den niederländischen im Nordwesten des deutschen Sprachgebiets, den französischen in einzelnen kleineren Vorkommen des Westens. Sie gehören zu dem heutigen Bestand der in Deutschland vorkommenden Familiennamen. Für sie wie für alle Namentypen deutscher Herkunft sind die historischen Bedingungen zu untersuchen, auf denen sie entstehen konnten und sich ausgebreitet haben, gewandert sind oder sich verändert haben. Ohne vollständige eingehende Untersuchungen ist ein Überblick für das Deutsche nicht zu gewinnen, was aber nicht besagt, daß eine Familiennamengeographie in Deutschland auch nicht im Ansatz vorhanden sei.

3. Statistisch fundierte Familiennamengeographie

Eine wissenschaftlichen Ansprüchen gerecht werdende Familiennamengeographie mit einigem Niveau ist in den Niederlanden systematisch entwickelt worden.

a) Die niederländische Forschung hat die Familiennamengeographie zunächst dialektgeographisch aufgefaßt und dementsprechend dialektgeographische Ausdeutungen vorgenommen. Sie befaßte sich zunächst mit morphologischen Namentypen in geographischer Verbreitung. Bestimmte Namentypen sind landschaftlich gebunden, so daß beispielsweise die Namen auf *-a* vom Typus *Heeroma, Elema, Miedema, Terpstra* auf Friesland zurückverweisen, so daß die Dichte ihres Auftretens und die Verbreitung über Friesland hinaus etwas mit einer sprachlichen friesischen Expansion zu tun haben könnte. Man erkannte, daß die Verbreitung solcher Namentypen durchaus mit der Verbreitung dialektgeographischer, insbesondere lautgeographischer, Erscheinungen korrespondierte. Das heißt, die übereinstimmende Verbreitung von Lauterscheinungen und Namentypen konnte ebenso wie die gleichartige Verbreitung kulturhistorischer Phänomene des Hausbaus, des Ackergeräts und anderer Dinge zu historischen Einsichten genutzt werden.

b) Dabei war die Familiennamengeographie von vornherein in einer weit besseren Lage als die reine Dialektgeographie, da die aufgrund dialektgeographischer Interpretationen gewonnenen Hypothesen vergleichsweise abstrakt sind und sich nun in ihrer ganzen Ungesichertheit in dem Augenblick offenbarten, als sie von anderer Seite entscheidend gesichert wurden, nämlich durch die Familiennamengeographie. Wenn nämlich Namen eines bestimmten Typus und eines bestimmten Herkunftsraumes sich in dieser oder jener Richtung über eine kurze Distanz ausgebreitet haben, dann ist damit Wanderung von Menschen (Migration) verbunden. Das mehr abstrakt Gewonnene bekommt nun konkrete historische Sicherheit. Es ist nur natürlich, daß Menschen, die in zahlenmäßig größeren Wanderungen ihre Wohnsitze verlegt haben, die Sprache nachhaltig beeinflussen konnten, daß also selbst die dialektgeographische Expansion auf kurze Entfernung immer sehr stark an die Menschen selbst und ihre Migrationen gebunden ist.

c) Solche Migrationen auf kurze Distanz sind in der niederländischen Familiennamengeographie an den verschiedensten Stellen angetroffen worden, nicht etwa nur im Raum Friesland — Groningen — Drenthe. Sie gelten gerade auch für große Städte wie Rotterdam, Amsterdam und Eindhoven, das eine sehr rapide industrielle Entwicklung in kurzer Zeit durchgemacht hat. Das bezieht sich zunächst auf den engeren Raum, aus dem die Bewohner nach Zeugnis der Herkunftsnamen vorzugsweise stammen, der also auch bei großen Bevölkerungsmassen einer Stadt nicht in einem übertrieben großen Radius vorzustellen ist.

d) Wichtig ist die statistische Präzision solcher Untersuchungen. Die niederländische Forschung hat ein sehr reiches Material zur Verfügung. Die Untersuchung geht aber nicht mit absoluten Zahlen vonstatten. Die Aussagen werden auch nicht allein auf das bloße Vorkommen von Siedlungen in Herkunftsnamen und auf ihre Anzahl aufgebaut. Vielmehr werden Relationen der verschiedensten Art ausgenutzt, die dann zu deutlichen Ergebnissen führen. So müssen zunächst die Herkunftsnamen, also Familiennamen dieses Typus, in Relation gesetzt werden zur Gesamtzahl der Familiennamen überhaupt. In einer Untersuchung für Bonn ist in der Zeit vom 12. bis 16. Jahrhundert nicht weniger als ein Drittel der in den Quellen auftauchenden Namen als Herkunftsnamen zu bestimmen. Das ist ein hoher Prozentsatz, der tragfähige Schlüsse durchaus erlaubt.

e) Eine weitere Relation ist das Verhältnis der Namenträger, die Herkunftsnamen tragen, untereinander, und zwar nach Art ihrer Herkunftsnamen. Dabei geht es um die Anzahl der Namenträger eines Herkunftsnamens im Verhältnis zu den jeweils anderen, also beispielsweise weniger als 25, die den Namen eines bestimmten Ortes tragen, zum Beispiel *van Aken,* oder 25 bis 100 oder gar mehr als 100. Das ist an den modernen niederländischen Familiennamen gemessen und führt zu verblüffenden Kartenbildern, die gerade die engeren, meist um eine Stadt liegenden Zonen sehr deutlich ausfüllen, die im übrigen verschiedenen Unsicherheiten Rechnung tragen, die durch die Anzahl der Namenträger hervorgerufen werden. Aufgrund solcher statistischer Untersuchungen kommt die Migration in kurzer Distanz klar zum Vorschein.

f) Die niederländischen Bilder entsprechen aber den Bildern, die wir bisher etwa in Köln gewonnen haben, hier freilich noch bei weitem nicht in voller Ausnutzung der Quellen, und den Bildern, die wir in Bonn gewonnen haben, hier unter völliger Ausnutzung der Quellen bis zum Jahre 1600. Das bedeutet aber, daß bis zum Erweis des Gegenteils die These gilt, daß jeweils jüngere und unter Umständen sehr rasche Stadtentwicklungen oder industrielle Entwicklungen das ursprüngliche Bild einer engeren Namenlandschaft nicht entscheidend stören.

g) Damit ist aber auch gegeben, daß die dialektgeographischen Verhältnisse, die ebenso an die Menschen gebunden sind wie die Namen an die Namenträger, sich zunächst einmal im überschaubaren mittleren oder kleineren Raum abgespielt haben, daß mit großen lautgeographischen Expansionen vor diesem historischen Hintergrund überhaupt nicht zu rechnen ist. Das läuft allen Thesen zuwider, die sehr weitläufige Expansionen annehmen, ohne gleichzeitig zahlenmäßig beträchtliche Wanderungen der Menschen nachweisen zu können.

h) Die in den mittelalterlichen Kölner Herkunftsnamen auftretenden Siedlungsnamen konzentrieren sich in auffälliger Weise im westlichen Vorland von Köln, in einem Dreieck, das durch Remagen, Aachen und Düsseldorf ungefähr markiert wird. Wenigstens siebzig verschiedene Siedlungsnamen dieses Gebietes erscheinen in den Quellen als Herkunftsnamen Kölner Bürger, ein großer Teil von ihnen sehr häufig und durchaus auch bei verschiedenen Personen, so etwa: *Bürvenich, Merzenich, Zülpich, Metternich, Wichterich, Lechenich, Gymnich, Türnich, Lövenich, Jülich, Wesseling, Rödingen, Bornheim, Heimerzheim, Gelsdorf, Odendorf, Ludendorf, Sindorf, Heppendorf, Immendorf, Weiler, Eschweiler, Arnoldsweiler, Güsten, Elfgen, Geyen, Frechen, Kerpen, Laurensberg, Godesberg, Heimbach, Rheinbach* (und viele andere). Der beschriebene Raum ist das natürliche Einzugsgebiet der Stadt, dem sie von jeher geöffnet war und dem sie das eigentliche Zentrum bedeutet. Zu diesem natürlichen Einzugsgebiet im engeren Sinne gehört auch ein schmaler ostrheinischer Streifen, der durch eine größere Anzahl von Siedlungsnamen in Herkunftsnamen repräsentiert wird, zum Beispiel: *Unkel, Honnef, Beuel, Siegburg, Lohmar, Lindlar, Blankenberg, Bensberg, Overrath, Paffrath, Benrath* und einige andere. Das zusammen mit dem beschriebenen linksrheinischen Gebiet der Raum des Ribuarischen, der Kölner Sprachraum, der also zugleich wichtigstes Einzugsgebiet der Stadt ist.

i) Südlichere Landschaften scheinen demgegenüber als Einzugsbereich der Stadt Köln, um bei diesem Beispiel zu bleiben, im ganzen zurückzutreten. Wenigstens lassen sich vorerst keine Zonen derartiger Ballung erkennen, wiewohl nicht übersehen werden soll, daß die Herkunftsnamen in Einzelfällen sehr weit nach Süden zurückweisen, um einige Beispiele zu nennen: *Andernach, Koblenz, Kobern* an der Mosel, *Bacharach, Wetzlar, Frankfurt, Bingen, Sponheim, Kreuznach, Mainz* (und so weiter), aber darüber hinaus auch nach *Straßburg* und *Augsburg*. Der Süden ist also durchaus vertreten. Wichtig ist aber auch der Anteil des Nordens. So sind die Gebiete nördlich von Aachen und Düsseldorf bis hin nach Kleve und Emmerich an den Kölner Herkunftsnamen sehr stark beteiligt: *Kaldenkirchen, Geldern, Dülken, Süchteln, Kempen, Ürdingen, Ratingen, Dinslaken, Wesel, Xanten, Rees, Marwich, Goch* (und viele andere). Es muß dabei beachtet werden, daß diese Siedlungen nördlich der Lautverschiebungslinie liegen, also in einem sprachlich vom Kölnischen in vieler Hinsicht verschiedenen Gebiet. Das gilt erst recht für den westfälischen Anteil an den in Köln auftretenden Herkunftsnamen, wie *Drolshagen, Attendorf, Plettenberg, Elberfeld, Arnsberg, Iserlohn, Hamm, Coesfeld, Münster* (und einige andere). Diese Namen verteilen sich über ein sehr viel größeres Gebiet als beispielsweise die zuletzt behandelte niederrheinische Gruppe. Im ganzen scheint der westfälische Anteil etwas schwächer zu sein, erst recht dann der ostfälische Anteil in den untersuchten Herkunftsnamen, wiewohl einige unzweifelhafte Fälle auftreten: *Bernsen* bei Minden, *Sonnenberg* bei Braunschweig (und einige andere).

j) Sehr bemerkenswert aber ist der Anteil, den Siedlungsnamen aus Nordfrankreich, Belgien und dem Königreich der Niederlande an den mittelalterlichen Kölner Herkunftsnamen haben. So erscheinen beispielsweise die französischen beziehungsweise wallonischen Städtenamen *Paris, St. Quentin, Vermand, Lille, Revin, Douai, Dinant, La Tour, Valenciennes, Namur* (und einige andere). Die französischen Namen treten aber der Zahl nach weit zurück hinter den Herkunftsnamen nach Siedlungen aus dem niederländischen Sprachgebiet, und zwar aus dem niederländischen Sprachgebiet Belgiens und aus den Niederlanden selbst. So begegnen beispielsweise: *Tongeren, St. Truiden, Hasselt, Leuven, Brüssel, Mechelen, Antwerpen, Gent, Brügge, Ypern, Jabbeke, Lo, Damme, Zwevezele, Beveren, Balen, Bilsen, Diest, Halen, Lommel, Maaseik, Mol* und andere Siedlungsnamen aus dem heutigen Belgien, auch Landschaftsbezeichnungen wie *Flandern* und *Brabant*. Mindestens ebenso deutlich ist der Anteil der nördlichen Niederlande, insbesondere der Gebiete um Maas, Waal und Ijsel. Das können schon einige

Familiennamengeographie

Beispiele zeigen: *Maastricht, Sittard, Roermond, Tegelen, Venlo, Blitterswijk, Heerlen, Herten, IJzeren, Eindhoven, Helmond, Grave, Nijmegen, Elst, 's-Hertogenbosch, Heeze, Zevenbergen, Waalwijk, Breda, Kampen* in Zeeland, *Dordrecht, Delft, Leiden, Utrecht, Wijk bij Duurstede, Maarsbergen, Amersfoort, Haarlem, Arnhem, Zutphen, Deventer* (und einige andere). Das bedeutet, daß zu einem weiteren Einzugsbereich des mittelalterlichen Köln offensichtlich auch Teile des niederländischen Sprachgebietes gehört haben, Flandern, Limburg, Brabant und nordniederländische Landschaften bis hin nach Deventer, Amersfoort und Haarlem. Hinzu kommen dann vor allem niederrheinische Gebiete bis Goch, Kleve und Emmerich und westfälische Gebiete bis hinauf nach Coesfeld und Münster, so daß insgesamt der Eindruck eines großen Halbkreises entsteht, der das engere und als Einzugsbereich bedeutendere ribuarische Gebiet um Köln selbst nordwestlich, nördlich und nordöstlich der Lautverschiebungslinie einschließt. Die mittelalterliche Bürgerschaft der Stadt Köln rekrutierte sich zu einem nicht unbedeutenden Teil aus eben diesen Landschaften, wobei der Anteil des Südens nicht übersehen wird und erst recht nicht das viel stärkere Gewicht der Landschaften unmittelbar vor den Toren von Köln.

k) Dabei soll eine Reihe von Unsicherheitsfaktoren nicht übersehen werden. So muß mit einer gewissen Zufälligkeit der Überlieferung gerechnet werden, die aber durch den Reichtum des Quellenmaterials bis zu einem gewissen Grade ausgeglichen wird. Dieses Quellenmaterial konnte beim Beispiel Köln nur zu einem Teil ausgeschöpft werden. Doch kann diese Auswahl schon wegen ihres Umfanges durchaus als repräsentativ gelten. Es muß aber auch beachtet werden, daß nur ein Teil der überlieferten Beinamen Herkunftsnamen sind. Bei den vielen andersartigen Beinamen können wir im allgemeinen nichts über die Herkunft ihrer Träger aussagen. Nur der Typus der Herkunftsnamen gibt Hinweise für das Einzugsgebiet. Dabei bleiben auch hier mancherlei Unsicherheiten. Der Herkunftsname braucht nicht in jedem Falle die unmittelbare Herkunft anzugeben. Er sagt auch nicht ohne weiteres etwas über die Zeit der tatsächlichen Einwanderung aus. Die Familie kann schon Generationen vorher in die Stadt gekommen sein. Auch bei der Bestimmung der Namen hinsichtlich der Lage der betreffenden Siedlungen stellen sich mancherlei Schwierigkeiten ein. So gibt es beispielsweise den Namen *Bergheim* in ganz verschiedenen Landschaften. Ähnliches gilt für *Meer, Hamm, Vurde* und andere. Bei vielen Namen ist eine Identifizierung der Siedlung unmöglich oder wenigstens nicht leichthin zu gewinnen. Das Gesamtbild aber wird wegen der großen Zahl der Belege und ihrer Dichte von den angedeuteten Unsicherheitsmomenten nicht entscheidend gestört. Schon jetzt kann beispielsweise gesagt werden, daß dem niederrheinisch/niederländischen Raum im angegebenen Sinne als Herkunftsbereich der Kölner Bürger des Mittelalters große Bedeutung zukommt.

l) Das Beispiel lehrt, daß es auch Migrationen auf große Distanz gibt. Dazu kommt noch die Kettenmigration, worunter die Erscheinung zu verstehen ist, daß die Mitglieder einer Familie immer mehr Angehörige ihrer Familien nachziehen, wie wir bei den Gastarbeitern unserer Tage, bei den überseeischen Kolonisationen beobachten können und vielleicht auch bei der fränkischen Kolonisation nach Westen im frühen Mittelalter. Die Migration auf große Distanz läßt sich ebenso wie in Köln und wie in Bonn auch in den niederländischen Städten feststellen. Diese Feststellung ändert aber nichts an den Ergebnissen, die bei den Einzugsgebieten mit kurzer Distanz getroffen worden sind. Es ist nämlich durchaus nicht damit zu rechnen, daß französische oder niederländische Einwanderer in Köln die Sprache hätten französisieren oder niederlandisieren können, was sie ja auch nachweislich nicht getan haben. Das bedeutet aber auch, daß nicht zu erwarten ist, daß Einwanderer aus dem fernen Süden, aus Straßburg oder Augsburg oder Regensburg die Bevölkerung einer solchen Stadt hätten nachhaltig alemannisieren oder bajuvarisieren können. In den Niederlanden beruhen die Einwanderungen aus großer Distanz in den Städten im Prinzip auf denselben historischen Bedingungen, wie zum Beispiel in den Städten Köln und Bonn auch. Für den Norden und Nordosten der Niederlande kommen noch die Wanderungen in die ursprünglichen Moorgebiete hinzu. Die niederländische Forschung kann Migrationsströme aufgrund des Familiennamenmaterials wirklich nachweisen, etwa Migrationsströme entlang der großen Flüsse Maas, Rhein und Ijssel in Richtung Amsterdam und davon abzweigende Ströme nach Dordrecht und Rotterdam. Für Rotterdam selbst lassen sich Herkunftsströme aus dem Rheingebiet, aus Brabant und aus Zeeland selbst feststellen (und so weiter).

m) Die großen Entfernungen bleiben statistisch gesehen bei der Besiedlung der Landschaften und der Besiedlung der Städte hinter den Migrationen auf kurze Distanz weit zurück. Das verringert oder erledigt ihre Wirkung in lautlich/morphologischer Hinsicht im sprachlichen System. Das zeitigt aber andererseits wenigstens in Einzelfällen Wirkungen im Wortschatz. Auch die von Ferne gekommenen Namenträger können aus ihrem eigenen ursprünglichen Wortschatz ein weniges beitragen zu dem Wortschatz in dem neuen Raum, vor allem dann, wenn sie soziologisch eine Stellung einnehmen, die ihnen einen gewissen Einfluß gewährt, wie sich das am Beispiel von Köln zeigen ließe.

n) Die Erforschung der Herkunftsnamen im Rahmen der Familiennamengeographie steht zunächst im Zusammenhang der Erforschung der Namengeschichte überhaupt. Darin haben die Herkunftsnamen eine zahlenmäßig große Rolle bei der Frage der Entstehung der Familiennamen. Sodann weisen die Herkunftsnamen auf die Einzugsgebiete der Städte und damit auf die Geschichte der Menschen hin. Schließlich führt ihre Erforschung zu weit konkreteren sprachgeschichtlichen Ergebnissen, als die Dialektgeographie allein erbringen kann. Die Kombination der verschiedenen Teildisziplinen gibt wichtige sprachhistorische Aufschlüsse, macht Wortwanderungen aus großer Distanz verständlich und die Strukturierungen des sonstigen sprachlichen Systems aus kurzer Distanz.

Eine derartige Erforschung der Familiennamengeographie nach dem Muster der niederländischen Arbeiten oder auch darüber hinausgehend ist in Deutschland erst ansatzweise begonnen. Wegen der mangelnden Erhebung der gegenwärtigen Familiennamen und ihrer Verteilung in Deutschland fehlen hier noch entscheidende Voraussetzungen, auch von der Erforschung der spätmittelalterlichen Quellen abgesehen.

XIX. Appellative aus Eigennamen

Zur Geschichte der deutschen Familiennamen gehört die Erscheinung, daß Familiennamen, wie in anderen Sprachen auch, zu Appellativen werden können und vielfach zu Appellativen geworden sind. Die Voraussetzung für diese Entwicklung ist der Zugewinn der lexikalischen Bedeutung des betreffenden Namens, der als solcher keine lexikalische Bedeutung hat, wie weiter oben schon erläutert worden ist. Das bedeutet nicht in allen Fällen sogleich auch den Untergang des Namens als Name. Vielmehr stehen Eigennamen und Appellativ lange oder immer nebeneinander. Außerdem sind fließende Übergänge zu beobachten.

Appellative aus Eigennamen

1. Appellative aus Rufnamen

a) Der Übertritt zum Appellativum ist in einigen Fällen bei häufig auftretenden und allgemein bekannten Rufnamen zu verzeichnen, zum Beispiel: *Johann* (zur Bezeichnung eines Hausknechts oder Dieners oder Kellners), *August* (als Bezeichnung eines dummen Menschen oder Narren), *Stoffel,* aus dem Rufnamen *Christopherus* (zur Bezeichnung eines ungeschickten und auch dummen Menschen), *Rüpel,* von dem Rufnamen *Ruprecht* abgeleitet, also von der Bildung *Rupilo* (als Bezeichnung eines Menschen mit flegelhaftem Benehmen), *Louis* (zur Bezeichnung eines Zuhälters), *Wenzel,* aus *Wenceslaus* (zur Bezeichnung eines Dieners, Knechts oder auch des Buben im Kartenspiel), *Metze,* von *Mechthild* abgeleitet (zur Bezeichnung einer Dirne), *Veronika* (zur Bezeichnung einer Dirne), *Hein, Freund Hein* (zur Bezeichnung des Todes), *Heinz* (regional zur Bezeichnung des Bullen), *Gäret, Gerhard* (zur Bezeichnung des Gänserichs in der Rheinpfalz) (und andere mehr).

b) Bei Tierbezeichnungen ist im Einzelfall nicht immer zu entscheiden, ob ein Eigenname des individuellen Tieres vorliegt oder tatsächlich eine Gattungsbezeichnung im Sinne eines Appellativs. Vielfach ist tatsächlich mit Appellativen zu rechnen, zum Beispiel: *Reinhard* (für den Fuchs in der Tierdichtung), *Lampe,* abgeleitet von *Lamprecht* (als Bezeichnung des Hasen), *Matz,* abgeleitet von *Matthäus* (als Bezeichnung für den Star, *Starmatz*), *Klaus* (als Bezeichnung für die Dohle in der Altmark), *Tratschkatel* ‚geschwätzige Katharina' (als Bezeichnung für die Elster in der Steiermark), *Markolf* (als Bezeichnung für den Häher am Mittelrhein) (und andere mehr).

c) Auch Pflanzenbezeichnungen sind gelegentlich aus Eigennamen gewonnen, beispielsweise *Mangold, Gundermann, Alraune* (und andere mehr).

d) Eigennamen treten auch als Bezeichnungen für Sachen, Körperteile und dergleichen auf, sind also Appellative, zum Beispiel: *Dietrich* (als Bezeichnung des Nachschlüssels), *Peterchen* (als Bezeichnung für den Nachschlüssel, zu *Petrus,* dem Himmelspförtner), *Gottfried* (als Bezeichnung für den Schlafrock im Hessischen), *Barbara* (als Bezeichnung für die Baßgeige im Schlesischen), *Karoline* (als Bezeichnung für die Schnapsflasche in Leipzig), *Cornelius* (als Bezeichnung für den Kornschnaps), *Tünnes,* abgeleitet von *Antonius* (als Bezeichnung für den Kopf im Rheinischen), *Nannel,* zu *Anna* (als Bezeichnung für die Nase im Bayrischen), *Peter und Paul* (als Bezeichnung für die weiblichen Brüste), *Biedermeier* (als Bezeichnung eines kulturellen Zeitabschnitts) (und andere mehr).

e) Die zu Appellativen gewordenen Eigennamen sind vielfach fest mit einem charakterisierenden Adjektiv oder Substantiv verbunden, zum Beispiel: *Konzessionsschulze, dummer August, wahrer Jakob* (für den Marktschreier), *dicker Wilhelm* (nach einem beleibten Kurfürsten aus Hessen-Kassel), *langer Laban, langer Lenz* (zu *Lorenz*), weiterhin: *Das fleißige Lieschen* (als Pflanzenbezeichnung), *Langer Heinrich* (für das Brecheisen), *Grüne Minna* (für den Gefängniswagen), *Blanker Hans* (für die Nordsee), *das schnelle Katrinchen* (für den Darmkatarrh) (und viele andere).

2. Formationsmorpheme aus Eigennamen

a) Rufnamen können auch Funktionen eines Suffixes annehmen, so beispielsweise in *Struwwelpeter, Quasselpeter, Lausewenzel, Transuse, Prahlhans, Schmalhans, Grobhans, Dummerjan, Lüderjan* (wohl angelehnt an Heiligennamen vom Typus *Damian* und andere Bildungen). In solchen Fällen ist der Übergang vom Eigennamen zum Appellativ und von da aus zum Kompositionsglied, dann zum Formationsmorphem noch deutlich erkennbar.

Formationsmorpheme aus Eigennamen

b) Häufig auftretende germanische Rufnamen haben mit ihrem zweiten Bestandteil Formationsmorpheme gebildet, die dann zu Derivation und Substantiven, vielfach mit pejorativer Bedeutung, verwandt worden sind. Häufig ist *-hart* (wie in *Gebhart*), daraus abgeschwächt *-ert*, zum Beispiel: *Bankert* (mhd. *banchart*, uneheliches, auf der Bank gezeugtes Kind), *Knausert* (Geizhals), *Läusert* (lausiger Mensch), *Tappert* (täppicher Mensch), *Gehlert* (Gelbhart, Bezeichnung für die Goldammer) (und andere mehr).
In diesen Zusammenhang gehört auch das Namenglied *-olf* (aus *-wolf*), so zum Beispiel: *rīhholf* (zur Bezeichnung des Reichen bei Notker), mhd. *triegolf* (Betrüger), *zwingolf* (der Zwinger) (und andere mehr). Fruchtbar ist auch das Namenelement *-rīch* (wie in *Heinrich*), zum Beispiel: mhd. *wegerīh* (Wegerich), mhd. *wuotrīh* (Wüterich), frühnhd. *fenrich* (Fähnrich) (und andere mehr). Hierzu stellt sich auch *-bold* (aus *-bald*, wie in *Sigibald*), so beispielsweise: *Raufbold, Saufbold, Witzbold, Tugendbold, Kurzibold* (und andere).
c) Nach dem Muster des im Oberdeutschen häufigen Familiennamens auf *-berger* werden Appellative wie *Drückeberger* und *Schlauberger* gebildet, nach dem Muster von Familiennamen auf *-meier* die Appellative *Schlaumeier* und *Angstmeier*, nach dem Muster niederdeutscher Familiennamen auf *-ke* Appellative wie *Raffke, Fatzke*, nach dem Vorbild von Familiennamen polnischer Herkunft Appellative wie *Radikalinski, Bummelinski* (Faulenzer), *Quatschkowski*.

3. Appellative aus Eigennamen berühmter Personen

a) Die Namen berühmter oder berüchtigter Persönlichkeiten konnten leicht zu Appellativen werden, zum Beispiel: *Kaiser (Caesar), Don Juan, Christ (Christus), Quisling* (und andere mehr).
b) Metonymisch kann der Name des Erfinders oder Herstellers für sein Produkt gelten, zum Beispiel: *Zeppelin, Baedeker, Vertikow, Underberg* (und viele andere).
c) Der gleiche Übergang liegt vor, wenn von dem Werk eines Künstlers, von einem *Rubens*, von einem *Rembrandt*, einem *Picasso* gesprochen wird, wenn ein Reitinstitut nach einem englischen Trainer *Tattersall* bezeichnet ist (und so weiter). Ähnliches gilt für Appellative aus Personengruppennamen oder nach Herkunftsnamen wie *Araber, Wallach* (für bestimmte Pferde), *Holländer* (für Holländer Käse), *Limburger* (für Käse aus Limburg) (und so weiter).
d) Eigennamen können auch die Basis für Derivationen von Substantiven sein, zum Beispiel: *Mansarde* (nach dem Namen des französischen Architekten *Mansard*), *Guillotine* (nach dem Namen des französischen Arztes *Guillotin*), *Fuchsia* (nach dem Namen des Botanikers Leonhard *Fuchs*), *Dahlie* (nach dem Namen des Botanikers *Dahl*), *Kamelien* (nach dem Namen des Jesuiten J. *Kamell*) (und andere mehr). In diesen Zusammenhang gehört auch, wenn aus Eigennamen Abstrakta abgeleitet werden, wie: *Luthertum, Eulenspiegelei* (und so weiter).

4. Adjektive und Verben aus Eigennamen

a) Seit dem Althochdeutschen werden Adjektive aus einem Namen abgeleitet, und zwar mit dem Formationsmorphem *-isch*, zum Beispiel: *fränkisch, altfränkisch* (mit Bedeutungsverschiebung), *fritzisch (fritzisch gesinnt sein*, zum Namen des *Alten Fritz*).
b) Bemerkenswert sind Verbbildungen aus Eigennamen der verschiedensten Art, zum Beispiel: *röntgen, nassauern, schwäbeln, sächseln, mauscheln* (zu *Mousche, Moses*), *hänseln, utzen* (zu *Utz*, zu *Ulrich*), *einwecken* (zu dem Namen des Fabrikanten

Weck), *verballhornen* ‚verschlimmbessern' (nach dem Namen des Buchdruckers *Ballhorn*) (und viele andere).

XX. Neuzeitliche Entwicklungen

1. Durchsetzung der Familiennamen

Die Familiennamengebung ist eine relativ junge Sitte, die sich aus der Beinamengebung allmählich entwickelt hat, wie weiter oben schon ausgeführt worden ist. Familiennamen sind aus dieser Sicht Beinamen, die, ähnlich wie die sonstigen Beinamen, zunächst relative Unfestigkeit zeigen. Zudem hat sich die Familiennamengebung nach den Anfängen im 12. Jahrhundert erst nach und nach durchgesetzt. Zur Durchsetzung der Familiennamen gehört ihre absolute Verbreitung, ihre Erblichkeit und schließlich ihre wenigstens prinzipielle Festigkeit. Der Prozeß reicht bis tief in die Neuzeit hinein.

a) Beinamen zeigen im Mittelalter vielfach Wechsel, so daß man in solchen Fällen zögern wird, überhaupt schon von Familiennamen zu sprechen. Bis in das 17. Jahrhundert hinein ist eigentlich nur der Rufname unantastbar. Auch wenn schon Familiennamen von relativer Festigkeit vorliegen und vererbt werden, so können sie im einzelnen doch verändert oder ersetzt werden.

b) Die Festigkeit der Familiennamen ist bei den verschiedenen sozialen Schichten unterschiedlich, und zwar aus verschiedenen oder auch aus gleichartigen oder ähnlichen Gründen. Nach dem Forschungsstand zu urteilen ist der Namenwechsel beim Adel besonders häufig zu beobachten. Das hängt wohl teilweise damit zusammen, daß die einzelnen Glieder einer Familie nach ihrem Besitz benannt wurden, zum Beispiel: *Albert von Wolkenberg* und *Albert von Liebenau* aus dem Geschlecht der Herren *von Summerau*. Bürgerliche Geschlechter in den Städten wechseln ihren Familiennamen vielfach mit dem Haus, das sie bewohnten. *Henne Gensfleisch* nannte sich beispielsweise nach dem Haus seiner Mutter in Mainz *Gutenberg*. Entsprechend nannten sich bäuerliche Familien nach dem Hof, den sie bewirtschafteten, was beim Wechsel des Hofes auch zu Namenwechsel führen konnte, zum Beispiel: *Cord Merlhusen* heißt *van des Haves wegen Cordt Hesse*. Gelehrte und Künstler geben im 15. und 16. Jahrhundert gelegentlich ihren schon angestammten Familiennamen zugunsten eines Herkunftsnamen auf, zum Beispiel: *Nicolaus Cusanus*, der *Krebs* hieß; *Thomas a Kempis*, der den Beinamen/Familiennamen *Hamerken* (‚Hämmerchen') hatte (und andere mehr).

c) Mit dem Eindringen der hochdeutschen Schriftsprache in das niederdeutsche Sprachgebiet (seit dem 16. Jahrhundert) erfolgt gelegentlich Verhochdeutschung des niederdeutschen Namens, zum Beispiel: *Swart* zu *Schwarz*, *Scheper* zu *Schäfer*, *Schipper* zu *Schiffer*, *Sur* zu *Sauer* (und so weiter), ohne daß das niederdeutsche Element etwa zu einem überwiegenden Teil verdrängt worden wäre. Eine schon vorhandene Festigkeit der Familiennamen wird durch diese oder ähnliche Veränderungen auch nicht eigentlich tangiert.

d) Der Nordwesten des deutschen Sprachgebietes und angrenzende niederländische Gebiete sind am längsten ohne feste Familiennamen geblieben, teilweise bis in das 17., das 18. oder gar bis in das 19. Jahrhundert hinein. Ähnliches gilt auch für Teile der Alpenländer.

e) Besonderheiten friesischer Beinamengebung führen wenigstens zeitweilig zu einer Art Dreinamensystem *(Abel Janssen Schrage)*, das aber meist keine allgemeine amtliche Festigkeit erlangt. Ähnliches ist auch in anderen Landschaften, zum Beispiel am Niederrhein *(Arnt Wilhelmssohn van Speldorp)* und im Oberdeutschen *(Josef Grosz Franzen)*, zu beobachten.

f) Einschneidendere Neuerungen im Bestand der deutschen Familiennamen erfolgen in der Neuzeit durch amtlich genehmigte oder geduldete Namensänderungen. Als anstößig empfundene Familiennamen werden teilweise leicht oder stark verändert oder vollständig ersetzt. So wird *Teufel* zu *Teufer*, *Schwein* zu *Klein*, *Kalb* zu *Kolb*, *Ziegenhorn* zu *Horn*, *Ungerathen* zu *Unger* (und so weiter), dann *Tod* zu *Keller*, *Backfisch* zu *Wagner* (und so weiter). Solche Namensänderungen brauchen nicht das totale Verschwinden der betreffenden Namen im Gesamtbestand der deutschen Familiennamen zur Folge zu haben.

g) Seit dem ausgehenden 18. Jahrhundert sind im Ruhrgebiet in Tausenden von Fällen Familiennamen litauischer, masurischer oder polnischer Herkunft durch Übersetzung, lautliche Angleichung oder totalen Namenwechsel dem Deutschen angepaßt worden. Infolge der Erblichkeit der Familiennamen ergibt sich, daß heute wohl Hunderttausende einen Familiennamen tragen, der einen ursprünglich litauischen oder slawischen Namen ersetzt hat.

h) Doppelnamen entstehen in der Neuzeit durch die Vereinigung der Familiennamen zweier Eheleute, zum Beispiel: *Meyer-Lübke*, *Hoffmann-Krayer* und andere, was durch das weiter unten zu erwähnende neue Familienrecht noch begünstigt wird. Ähnliches ist bei Adelsfamilien zu beobachten, wenn verschiedene Besitzungen im Namen zum Ausdruck kommen sollen, auch zur Unterscheidung verschiedener Linien, zum Beispiel: *Leiningen-Westerburg*, *Nassau-Usingen* und andere. Bei häufigen bürgerlichen Familiennamen wird gelegentlich ein Herkunftsort des Namenträgers hinzugefügt, zum Beispiel: *Hoffmann von Fallersleben*, *Schultze-Delitzsch* und andere.

i) Neue Familiennamen entstehen in der Neuzeit vielfach bei Adelserhebungen mit zum Teil phantasievollen Namen, wie zum Beispiel: *Hofmann von Hofmannswaldau* (zu trennen von ehrenden Beinamen wie: *York von Wartenburg*, *Bülow von Dennewitz*, *Blücher von Wahlstatt* aus den Freiheitskriegen).

j) Neue Familiennamen entstehen im Mittelalter und in der Neuzeit für unehelich Geborene und für Findelkinder, zum Beispiel: *Rauschart* (mhd. *rūschart* ‚uneheliches Kind'), *Liebeskind*, *Halbritter* (nach dem Stand des Vaters), *Nunnensun* (nach der Mutter), *Ludwig Ernst von Hessenzweig* (illegitimer Sohn eines hessischen Landgrafen), *Junius* (im Juni aufgefunden), *Korb* (in einem Korb gefunden), *Bahn* (von der Mutter auf einem Bahnhof jemandem zum Halten gegeben) (und andere mehr).

k) Neue Familiennamen entstehen vor allem in der Neuzeit für jüdische Familien, die vielfach bis zum 18. und 19. Jahrhundert keine Familiennamen führen.

2. Gesetzliche Bestimmungen

Gesetzliche Bestimmungen sind nichts anderes als außersprachliche Einwirkungen auf den betreffenden Bereich der Sprache. Sie zielen auf die Sicherung eines einmal vorhandenen Familiennamens und seine Beibehaltung. Sie suchen die Annahme eines Familiennamens durchzusetzen. Sie schaffen Regelungen für die Übernahme, Beibehaltung, Ablegung oder Änderung eines Familiennamens im Rahmen des Familienrechts.

a) In Frankreich gab es schon um die Mitte des 16. Jahrhunderts behördliche Maßnahmen zur Sicherung der Beständigkeit der Familiennamen und zur Unterbindung des Namenwechsels. In Bayern werden Namensänderungen a. 1677 verboten, in Österreich erst hundert Jahre später, im Jahre 1776, in Preußen noch später, nämlich a. 1794. Eine Verordnung des dänischen Königs schrieb a. 1771 feste Familiennamen vor. Für friesische Gebiete verfügte ein Dekret Napoleons a. 1811 die Annahme fester Familiennamen. Im Jahre 1825 erinnerte die niederländische Regierung noch einmal an einen Erlaß, der das Tragen fester Familiennamen gefordert hatte. Die hannoversche Regierung ordnete noch in den Jahren 1826, 1829 und 1855 für Ostfriesland die Aufstellung von Listen der Familiennamen an, um ihre Beständigkeit zu sichern. Diese Beispiele können die Notwendigkeit und das allmähliche Greifen der gesetzlichen Bestimmungen in Mitteleuropa verdeutlichen.

b) Seit dem Ende des 18. Jahrhunderts verlangen staatliche Edikte auch von den jüdischen Bürgern die Führung eines festen Familiennamens, in Österreich a. 1787, im Fürstprimat Frankfurt am Main a. 1807, in Frankreich mit dem damals zu Frankreich gehörigen linken Rheinufer a. 1808, in Hessen-Darmstadt im gleichen Jahr, in Baden im darauf folgenden Jahr, in Preußen a. 1812, in Mecklenburg im gleichen Jahr, in Bayern a. 1813, in Kurhessen a. 1816, in Anhalt a. 1822, in Sachsen-Weimar a. 1823, in Württemberg a. 1828, in Sachsen a. 1834. Die Annahme und Führung eines Familiennamens ist für die jüdische Bevölkerung also erst vom Ende des 18. Jahrhunderts an und vor allem in der ersten Hälfte des 19. Jahrhunderts gesetzlich fest geworden.

c) Einzelheiten des neueren Namenrechts mit seinen Regelungen für die Führung des Familiennamens können hier nicht ausgebreitet oder gar näher erläutert werden. Die gesetzlichen Bestimmungen betreffen das Namenrecht bei Adoption, bei Eheschließung, bei Ehescheidung, bei Legitimation von Kindern, bei Illegitimitätserklärungen (und so weiter), also insgesamt bei Feststellung und bei Änderung von Familiennamen. Im neueren und neuesten Recht ist der Wahlakt der Ehegatten von zentraler Bedeutung, der in seinen einzelnen Möglichkeiten und Konsequenzen hier jedoch nicht weiter erörtert werden kann. Jedenfalls ist eine Vielfalt der Rechtslage entstanden, die auch durch eine Vielfalt juristischer Termini gekennzeichnet ist. Dazu gehören: Geburtsname, Ehename, Familienname, Begleitname, die sich in ihrer juristischen Qualität jeweils verschieden ausnehmen und die nicht in gleicher Weise den namenkundlichen Begriff des Familiennamens erfüllen. Die namenkundlichen Auswirkungen der neuen Rechtslage und die Folgen in namengeschichtlicher Hinsicht sind im Augenblick noch nicht abzuschätzen.

Namenbuch

Vorbemerkungen

Die Vorbemerkungen zum folgenden Namenbuch beruhen auf den (stark überarbeiteten) Formulierungen von M. Gottschald, wie sie in den letzten Auflagen des Buches festgehalten waren. Sie beziehen sich allein auf das Namenbuch und sollen vor allem auch dem Laien als Benutzer die nötigen Hilfen und Anhaltspunkte geben.

Ältere Namen sind grundsätzlich nach dem ersten Bestandteil geordnet, Volkmar also unter VOLK, innerhalb dieser Artikel nach dem zweiten Bestandteil, wobei aber die ältere, nicht die jetzige Form maßgebend ist. Es folgen daher aufeinander: bald, bercht, bod, bord, brand, dag, dank, frid, funs, gang, gard, gast, ger, GOTE, grim, hard, hari, helm, hraban (RABE), hroc, hrod, laif, laik, land, man, mar, mund, mut, nand, not, rat, rik, skalk, stein, thiu (DIEner), walt, wart, wik, win, wolf. Die ersten Bestandteile sind in großen Buchstaben gesetzt (ADEL).

Spätere Zusammensetzungen oder Zusammenrückungen stehen häufiger unter dem zweiten Bestandteil (Mußgeier unter Geier). In vielen Fällen (zum Beispiel bei -mann, -hofer und dergleichen) ist freilich wieder Anordnung unter dem ersten Teil erfolgt. Wenn beide der Erklärung bedürfen, sind beide nachzuschlagen.

Die Abkürzungen der Namen sind folgendermaßen aufzulösen: Goder, |er, bauer = Goder, Goderer, Goderbauer; Koder(er) = Koder, Koderer; Roß|goderer, gotterer = Roßgoderer, Roßgotterer; Kunz-, Mühl|nickel = Kunznickel, Mühlnickel. Die Abkürzungen dienen nur zur Raumersparnis. Sie deuten nicht die Entstehung der einen Form aus der anderen an. Bei Herkunftsnamen auf -er ist der Ortsname oft nicht besonders genannt; zum Beispiel Vaihinger: ON. Württ. mehrf. (das heißt Vaihingen). Wörter in „Anführungszeichen" und in Klammern gesetzte Stichwörter sind nicht als Namen zu betrachten.

Die Umlaute ä(ae), ö(oe), ü(ue), äu(aeu) sind nicht als ae (und so weiter) eingeordnet, stehen vielmehr unter a, o, u, au; j steht hinter i; ß ist als ss eingeordnet, steht also vor st.

Vermißt man einen Namen, so sind die Spalten aufwärts zu verfolgen, bis die Anfangssilbe oder die Gruppe der Anfangsbuchstaben zum ersten Mal erscheint, da sich dort die Sammelverweise finden. Der gesuchte Name kann nach den Verweisen doch noch folgen.

Zur Aussprache sei bemerkt: In niederdeutschen Namen wird e oft auch nach o, a und u als Dehnungszeichen benutzt: Soest, Tenhaeff, Heidhues. — Zu niederländischen Namen sei bemerkt: uy lautet so ähnlich wie eu, -huys wie -heus; oe ist Zeichen für (langes) u. — Zum Gotischen: ei ist Zeichen für i. Gotisches, altsächsisches, angelsächsisches th entspricht englischem th. — ʒ in althochdeutschen und mittelhochdeutschen Wörtern ist stark artikuliertes stimmloses s (daʒ māʒ, daʒ meʒʒer), also kein z (ts). — Althochdeutsches und mittelhochdeutsches h im Silbenauslaut und vor Konsonanten = ch: naht = nhd. Nacht. — Zu den slawischen Sprachen: ą = nasaliertes on; ę = nasaliertes in; č = z; ć, cz = tsch; c = tj; ł eine Art von w; ř, rz ein weiches rsch; š, sz = sch; s = ß; z = s; ž = franz. j. Besonders im Anlaut ist im allgemeinen s und c zu Z geworden; z und ž zu S. Doch finden sich viele Ausnahmen. Bei den aus slawischen Sprachen stammenden Namen ist oft nur eine Einzelsprache (Wend., Tschech., Poln.) angeführt. Doch kann mancher Name auch aus einer anderen stammen.

Namenbuch

Zu den Zeichen und Abkürzungen ist zu bemerken: < (zum Beispiel Haustein < Augustinus): Die erste Form (Haustein) ist aus der zweiten (Augustinus) entstanden.

> (zum Beispiel Augustinus > Haustein): Aus der ersten Form (Augustinus) ist die zweite (Haustein) entstanden.

×: Kreuzung einer Erklärung mit einer darauf folgenden: Amsler < Amsel × ON. Amseln (Schweiz) bedeutet: Der N. Amsler ist aus der Vogelbezeichnung Amsel entstanden, kann aber auch von dem Schweizer ON. Amseln hergeleitet werden.

*: Die Form ist nicht bezeugt, aber als früher vorhanden anzunehmen.

⌣ bezeichnet Kürze; ˉ bezeichnet Länge des Vokals.

Zahlen hinter den Namen bezeichnen die Jahrhunderte.

Bei den Ortsnamen befindet sich eine kurze Angabe des Bezirks, der Nachbarstadt oder dergleichen, zuweilen auch eine Häufigkeitsangabe nach Huhns Topographischem Lexikon.

Im Namenbuch gelten noch die folgenden Abkürzungen:

ags.: angelsächsisch	lit.: litauisch	(Satzname nach einer Redensart)
ahd.: althochdeutsch	Ma., ma.: Mittelalter, mittelalterlich	Rel.: Reliquien
alem.: alemannisch	Märt.: Märtyrer	Rhld.: Rheinland
an.: altnordisch	md.: mitteldeutsch	RN.: Rufname
as.: altsächsisch	metron.: metronymisch	rotw.: rotwelsch
asl.: altslawisch	mhd.: mittelhochdeutsch	Sa.: Sachsen
balt.: baltisch	Mischf.: Mischform	s. d.: sieh dieses
bergm.: bergmännisch	mlat.: mittellateinisch	skr.: Sanskrit
dt.: deutsch	mnd.: mittelniederdeutsch	sl.: slawisch
FN.: Familienname	mua.: mundartlich	spr.: sprich
Frk., frk.: Franken, fränkisch	N.: Name (–n.: –name)	Sup.: Superlativ
frz.: französisch	nd.: niederdeutsch	tsch.: tschechisch
Gen.: Genitiv	ndl.: niederländisch	urspr.: ursprünglich
got.: gotisch	ndrh.: niederrheinisch	vgl.: man vergleiche
gr.: griechisch	ndwend.: niederwendisch	Vklf.: Verkleinerungsform
Gräc.: Gräzisierung	nord.: nordisch	
Hann.: Hannover	OB.: Ober-Bayern	Weiterb.: Weiterbildung
Hl.: Heiliger, Heilige	obd.: oberdeutsch	wend.: wendisch
imp.: imperativisch	obwend.: oberwendisch	Westf.: Westfalen
it.: italienisch	ON.: Ortsname	Zinsn.: Zinsname (Name nach einer Abgabenverpflichtung)
kelt.: keltisch	ÖN.: Örtlichkeitsname	
Kf.: Kurzform	patron.: patronymisch	
Komp.: Komparativ	PN.: Personenname	zsgz.: zusammengezogen
lad.: ladinisch	pruß.: prußisch	Zsr.: Zusammenrückung
lat.: lateinisch	Redn.: Redensartenname	Zss.: Zusammensetzung

Bei den Literaturangaben des Namenbuches gelten, abgesehen von den im Literaturverzeichnis weiter unten aufgeführten, die folgenden Abkürzungen, die auch auf das Literaturverzeichnis verweisen:

B. = Bach, Deutsche Namenkunde, I
Bre. = Brechenmacher, Deutsche Sippennamen

Vorbemerkungen

Fischer	= Fischer, Schwäbisches Wörterbuch
Först.	= Förstemann, Altdeutsches Namenbuch
Grimm	= Grimm, Deutsches Wörterbuch
He.	= Klein, Die Hermannstädter Personennamen
KJ.	= Kessler, Familiennamen der Juden
Kluge–Mitzka	= Kluge–Mitzka, Etymologisches Wörterbuch
KS.	= Kessler, Die Familiennamen der ostpreußischen Salzburger
Lexer	= Lexer, Mittelhochdeutsches Handwörterbuch
Li.	= Linnartz, Unsere Familiennamen
NF.	= Nied, Fränkische Familiennamen
NS.	= Nied, Südwestdeutsche Familiennamen
Prö.	= Proempelers Sammlung alter deutscher Namen von etwa 1150 bis 1500 (Manuskript)
Schm. I	= Schmerler, Familiennamen aus dem Bergbau
Schm. II	= Schmerler, Familiennamen aus dem Reiche der Jagdtiere
Schm. III	= Schmerler, Familiennamen aus dem Bauernwesen
Schmeller	= Schmeller, Bayerisches Wörterbuch
Schweiz. Id.	= Schweizerisches Idiotikon
Socin	= Socin, Mittelhochdeutsches Namenbuch
Stark	= Stark, Die Kosenamen der Germanen

Im übrigen gelten die im Abkürzungsverzeichnis (weiter unten) verwendeten Abkürzungen.

A

A(a): „Wasser, Fluß" = Ache. Awater, von der Ahe (Ahé), Vontra = Vonderaa, Hoffzumahaus. Vgl. Ach und ON. Ohe in Hannover > Oyen
–a: 1. = A(a): Hagena, Berka, Fulda. **2.** < –er Lexa < Lexer. **3.** fries. Endung: Bojunga. **4.** Undeutsche, besd. slaw. Endung in PN. und ON.
Aab: s. ADEL II Kf.
(Aachen): van A(a)ken, van Acken (× Aken, Elbe). Ochmann (Glatz) hatte die Aachfahrt, Wallfahrt nach A. mitgemacht
Aal: 1. s. ADEL. **2.** Fisch; dazu A(a)lfänger; Ahlrep „Aalreif", Werkzeug zum Aalfang
Aal|bers, derk, dring: s. ADEL I
Aap–: 1. s. ADEL II Kf.? **2.** nd. „Affe" (s. d.)
Aar, Ahr: 1. s. AR. **2.** Vogel (vgl. Adler und Stockar)
Ab–: 1. s. ADEL II Kf. **2.** Präposition = „von": Abach, Abderhalden, Abberg, Ab Egg, Abeck, Abbühl, Ableit(er), Abwander, Abstein, Abheiden, Abrath, Abacherli (zu Acker)
Abar: s. Adebahr
Abb–: s. ADEL II Kf.
Abbenseth: ON. Stade
Abbas: lat. „Abt"
Abdank: ON. Budweis
Abeck, Ab Egg: s. Ab
Abel: 1. s. ADEL II Kf., Abel|e, ein. **2.** hebr. „Hauch, Vergänglichkeit", wend. Hab|a, el(t), ke, lick. **3.** ON. Schleswig
Äbel: s. ADEL II Kf.

Abeld: s. ADEL II (Adabald)
Abend, Aabend: Zss. Feyerabend, Fastabend, Abendanz („Abendtanz" × Apekendans, s. Affe), Obintfreude, Aben(d)roth, Aventroth (Riese in der Rothersage; vgl. Ebenroth, × ON. Abbe(n)rode), Abendstern (1811 Findlingsn., auch ON.), Braunabend, Brun(n)abend „der braune Abend", Ausdruck der 2. schles. Dichterschule im 17. Jhd. Abend|schein, schön
Abentheurer: „Wanderhändler". Eben|theuer, tür(er), Hebentheier, Afentürer (× ON. Abentheuer, Birkenfeld)
Ab(e)rell, Aberill, Abröll: „April"
Aberham: s. Abraham
Aber|le, mann: s. ADEL II
Äberli: s. EBER
Äbersold: s. Suhle
Abesser: Einöde Abes, Bez. Vilsburg, N.Bay.
Abfalter(er) < mhd. affalter „Apfelbaum"; vgl. Affolter
Abholz: s. ADEL II
Äbi, Äbli: Kf. von ADEL oder EBER (× Abraham)
Abic, Abich(t), Abitzsch: s. ADEL II
Abild: dän. mua. „Apfel". Abildgaard „–garten"
Ablaß: wohl „Schleuse". Ablaßmeyer
Abraham: hebr. (aber auch christl. N.) „Vater der Menge". Abraham, |s, er; Abram(s), Aberham, Overham, Abra(ha)mson. Slaw. Abram|sky, ek, Avramowiczy, wend.

Hamm, |e, el, itzsch; lit. Abromeit. Kf. Brahms, schweiz. Äbi. – Jüd. Aussprache Afrom > Fromm; jüd. auch Eber, |le, lin, Avram, Brahm, Bramson (In M.-Frk. auch < Oberhahn „oberer Hahn")
Abrecht: s. ADEL II
Abröll: s. Aberell
Absalom: hebr. „Vater des Friedens". Absolom, Apsel
Ab|senger, singer: s. sengen
Abstegger: s. Asten
Abstreiter: < ON. Abtsreit, Traunstein = „Abtsreute"
Abt: Apt, Abtmayr, Ab(t)s, Eptle, Abs|hoff, maier, Hapt. Jüd. Abt < Opatow, Polen; > Abter
Accum: ON. Oldenb. Aurich
Ach: „Wasser, Fluß". Vgl. A(a) und –a. Ach, |(n)er, mann, auer, miller, leitner, thaler; Acht|mann, meyer? Vgl. Acht. Vonderach. Nebenform Och: Ochner (jüd. < Aachen). — Vgl. Acker
–ach(er): 1. < Ach: Biberach, Fischach, Überacher (ON. Waldbroel) > Überacker (ON. Bay.), 819 Uparacha (Pfaffenhofen). Obermillacher, Mittelacher > Mit(t)lacher. **2.** auf früher keltischem Boden entsprechend keltolat. –ācum: Bach(a)rach < Bacariacum, Breisach < Brisiacum (> Breisig); vielleicht auch Eisenach, Eisenächer. **3.** obd. bei Ortsangaben wie sonst ich(t) in Dickicht, Weidicht: Aschacher („am

Eschenort", doch auch Bachname Aschach), Rohracher, Dickacher, Weidacher, Prantacher, Mauracher. 4. alem. < –acker = –acker: Malz–, Krumm–, Müll–, Spelt–, Stauff|acher
Achard: s. ECKE
Achatius: hebr. Achazjah „Jehova hält" (Nothelfer), Achatz(y), Agatz, Agotz; slaw. Agaciak
Achelis: s. Achilles
Achenbach: ON. Oberhessen, Siegen
Achenwell: < engl. Auchinvole
Achermann, Ächerli: s. Acker
Achilles: 1. griech. Held. 2. Hl. Achill|is, us, ius, Achelis, Achgelis. Als Judenn. < Jachiel
Achim: < Joachim; × ON. Stade
Achinger: 4 ON. Ob.-Österr.
Achmiller: von der Achmühle (Füssen, Tölz)
Achner: s. Ahorn
Achnitz: s. Achsnicht
Achorner: s. Ahorn
Achs: s. Axt
Achse(n)macher: „Achsen–, Stell|macher". Achsensteller, nd. Asse(n)|maker, macher
Achstetter: ON. Württ.
Acht: 1. Art Lehengut. 2. Zahlwort, ON. Rhld. bei der Hohen Acht: Acht(el) (stetter); Achtzehn (auch < Achtsnicht), Achtzehnter, Achtzig(er). Acht|mann, meyer (× Ach; nd. Achtmann < achten „Schöffe", auch „Taxator"). 3. ON. Acht(el) (achter):nd.„hinter". Achter|berg (ON.), lander, mann, busch, rath (s. roden), kerke, Agternkamp. Vgl. after
Ach(t)snicht: Satzn. Achtznich, Achcenich, Axenicht, Axnick, Achtsnick, Achnitz, Acht|nichts, nig, nit
Ack–: s. ADEL II Kf. u. ECKE Kf. (van Acken: s. Aachen; Ackel: s. Ecke)
Ackenhausen: ON. Gandersheim
Acker: Acker, |l, s, van den Akker, Aufenacker, van Acker(e)n (vgl. Gehöftnamen wie am Acker, aufm Acker bei Wuppertal), Äckerling(sberg) (× ECKE, Agihar), Äckerle(in) — Schweiz. Ammeacher „am Acker"; vgl. –acher 4. — Acker|hans, knecht, mann, Gutacker. Alem. Achermann, Ächerli
–acker: 1. < WACKER: Gunn–, Noth–, Roden–, Roth–, Will|acker. 2. < Acker: Buch–, Rüben–, Theil–, Baum–, Hohen–, Honn– („am hohen A."), Straß–, Gottes– (einer Kirche gehörig), Hof|acker (zum Herrenhofe). Zweiacker. Anacker s. ohne. Kettenacker: ON. Hohenzollern. Üblagger (Iblacker). — –äcker < äckerer: Stein–, Guten–, Gerst|äcker; Gärsten–, Weitzen|ecker, Weizenegger, Weiz(s)äcker, Kießecker, Straßegger. Anderes wie Rienäcker < Ecke. Vgl. –acher
Ackley: s. Akeley
Ackmann: s. ECKE
Ackstaller: 2 Einöden Agstall, N.-Bay.
Acksteen: s. Agsteiner
Ackva: vgl. Akvamühle, Kreuznach
Adal: s. ADEL Kf.

Adam: hebr. „Mensch". Adam, |s, er, us, i, y, Attami, Ad|a, e, el. Dahm(en). Genitiv auch Ad|ä, ae. Slaw. Adam|ick, sky, itz(ky), Hadam(ek), Hadank, Jadamovitz, Hodam, lit. Adom|eit, atis. Adamheid. — Zss. Adam|meier, berger, huber, Karrenadam
Addana: s. ADEL II Kf.
Addels: s. ADEL I Kf.
Add|ickes, ix: s. ADEL II Kf.
Ade: s. ADEL II Kf. und Adam
Adebahr: mhd. nd. „Storch" < od. „Besitz, Glück" u. bar „tragend". Adobahr, Abar
ADEL: zu ahd. adal „Geschlecht, Adel"; nur im ersten Bestandteil von N. In zgez. Formen Berührung mit AGIL, ALH und ALT

I. Formen mit l im Stamm:

A d a l b o l d: Albold, fries. Eelbo
A d a l b e r n: Ahlber(e)nd, Alberndt
A d a l b r e c h t: Adel|bert, berg; Al|brecht(sen), bra(ch)t, brich(ter), bart, ber, pert, pers, |brings, brink, permann; Albert, |s, z, sen, i, ini, er; Alberternst; Alberts–, Albrechtskirchinger (ON. Albertskirchen N.-Bay.); Albertha wohl < Alberter, Alpert, Alpers; Allebracht, Ahlbrecht, Aalbers, Alverdes, Alversmeyer, Ehlebracht, El|bracht, bregts, bert, berding, brechter; ostmd. Ol|bert, brich(t), brisch (Albrich, Oberth He), Olbrych, Opitz (s. d.),

ADEL

Ulbri|cht(t), tsch. Brychta, wend. Hobr|acht, ack, echt, Holb|a, e, Vgl. OD III

Adalbrand: A(h)lbrand, Allebrandt, Ell(e)brandt

Adalburg (weibl.): Ahl|burg, borg
Kf. Ab(d)o: s. II hinter Aduberaht

Adaldag: Al(le)tag (× Übername), A(h)ldag, Ohldach, Oldag, Haldag, Holtack, Hol(l)dack, Aldey

Adalfrid: Alfer|t, s, mann, Alfredson, Hall|fahrt, far (× ALB, Alfhard)

Adalfuns: Alfus, Alfuß; span. Alfonso, Alonzo > Alphons, Alfonsus (vgl. ALL). < Hadufuns

Adalgar: Alger(t), Alker (× ON. Alken, Koblenz), Ellger, Elgering, Ellgring, Elker

Adalgis: Adel|geis, geist

Adalgaud: Adelgoß, Adl|gos, gas, gasser, Ölgötz, Ehlgötz (× Elgaß)

Adalgrim: A(h)lgrim(m)

Adalhaid (weibl.): Adelheid, Alheit, Aleidt, Aleiter, Aleithe, Aleth(e), Aletius, Aletter, fries. Al(l)jets. Sl. Alusch > Alsch, |er, inger

Adalhard: Ad(e)lhardt, All|ard(t), ert(z), erding; Ahlert, Aaldring, fries. Aldersna, Ed(e)lhardt, Ehler|t, ding, s (× AGIL), Ohlert (He)

Adalhari: Ad(e)ler (× Vogeln.), Ateler, Ahler(ing), Aller, Allers (Erkelenz, Rhld. 1719), Aller|mann (× Flußn. Hannover), s(ma), sch, Alers(meyer), Äller, Ed(e)ler, Ählers, Ehlers, Ellering(hoff)

Adalhelm: Adelhelm, A(h)lhelm, fries. Alm(s)

Adalhoch: Ad(e)lhoch

Adalhram: All|ram, rann (vgl. Altraban)

Adalhrod: A(h)lroth, Allroth, Alrutz

Adalman: Adel–, Attel–, All(e)–, Ahl(e)|mann; Adlmannseder; Adelmannsstötter, Alemanns

Adalmar: Almer(ing); Allmer(s)

Adalmund: Adel–, Edelmund

Adalmod: Allmuth
Kf. Almo: Alm(s), Allmich (× altd. N. wie Almabert, zu an. almr „Ulme, Bogen"?)

Athalaricus: Al(l)rich, Ahlrich(s), Ohlerich, All(e)recht, Aalderk, fries. Jellerichs

Adelstein: Adelstein

Adalwalt: Allewelt (Redensarten-N.?), Alewell, Allwohl, Adelt (auch < Ardelt), Adelholz (× ON. Adlholz O.-Pf.)

Athalwart: Ad(e)l–, All–, Ahlwardt; Edelwerth

Adalwig: Alwich, Allwicher (× ALH)

Adalwin: Al(l)wein(s) (vgl. Albinus), Ellwein
Kf.: Attala, Allo, Edilo: Die Formen fallen meist mit den auf –l gebildeten Verkleinerungen von Atto zusammen, z. T. auch mit Lallnamen (vgl. II)
Ad|al, el, (e)lung, elum, ling, Addels, All|s, sen, ecke, ig, itz(sch), (i)scher, schinger; All|e, en(s), ihn, es, sch(n)er, isch, Aal, Ahl|es, icke, ckes, Ähl|e, ich, Ällig, Edel(s), Eddeling, Edl|in, inger (ON. Edelingen, Elsaß), ich, beck, furtner; Etl, Ett|l(e), ler, ling(er) (× ON. Ettling, |en); Ehl, |e, inger, ig, gen (× ECKE), Ell|e, ing

II. Formen ohne l im Stamm:

Schon früh wurde ADAL zu bloßem AD(A) gekürzt (vgl. den Westgotenkönig Atha–ulf < Athalulf); solche Formen können sich mit denen von HAD berühren. Bei manchen der folgenden N. kann auch die ganze Silbe DAL ausgestoßen sein. Bei den ältesten N. liegt gelegentlich auch nur die eigentliche Wurzel des Wortes vor, die später durch AL erweitert worden war; vgl. AM–AL, OD–Al. — Die Kf. ohne l sind nachweisbar auch von den ja viel häufigeren Volln. mit l gebildet, z. B. Appulo = Albert, Athicus = Adalricus, Azo = Adelbertus und Adelhelmus. Unter den Kf. (auch schon denen der Gruppe Attala usw.) stecken sicher auch uralte Lallnamen (vgl. Attila mit got. atta „Vater")

Adabald: App|old, olz, elt, Ap|old, elt, Abeld, Abholz

***Adabero** (fem. Adabirin): Etebier

Aubert: Ab(b)recht, Aber|t, mann, l(e), Ober|le, lin (× N. wie Abar, zu got. abrs „stark")
Kf. Ab(b)o (auch Lalln.): Ab|o, e, é, el (s. d.), eling, elang, ele(in), elsmeier, ler, eken, eking, icht (× Habicht), itzsch, inger; Abb|e, é, iken, ing, es; Ap|elmann, ich, itz(sch), etz, itius; App|

el(l), elius, ens, king, inger, Aab, Aapken, Äbel, Äp|ler, linius, Eplinius, Eppenbuher (Ebing, Ebb, Eble, Epkes, Epple auch zu EBER), Opel, Obitz, Op(p)itz (s. d.), Obitsch
Adohar: Ader, |s, sen, mann, Atter|mann, hoff; Eder(er), Etter (s. d.)
Adamar: Athmer, Etmer, Ammer (s. d.), |er, l, mann, Emmer(ling) (s. d.)
Kf. Ammo: s. AM
(Adalnot): Adnot
Athald: Adelt, Adldinger
Athaulf: Adolph, Adolf(i), Adlof(f), Allhof(f), A(d)leff; Ahlf, Aalfs, Alf(f) (× ON. Mosel), Alfermann, Al(e)fs, Alefsen, Adlfinger. — Im Anlaut gekürzt (× Rudolf): Dolf(f)s, Dolf|en, inger, Dölf|(e)s, el, i; Dollfuß (s. d.)
Kf. Atto (auch Lalln.), Addic, Acco, Azo, Ezo (Attala s. I Kf.), Ezilo (König Etzel = Attila; gelegentlich = Hezilo): Ade(na), Adt, At|ing(er), sma, Att|ig, mann, Add|ickes, ix, ana, Eden-Eddix, Ethe, Ett|i(g), isch, le, ner, Ättner, Ädner — Acke, Akemeyer (Eckel u. dgl. s. ECKE) — Atz, |(e)l (× Atzel „Elster" > „zänkischer Mensch"), ler, mann, Etzler, Ezell, Eß|-ler, ken, Ess|ig(ke), el, ing (vgl. Essig und Etzer) — Mischf. Eßrich, Essert, Etzold

III. Eine Erweiterung durch n vielleicht in den westgot. N. Athana|gildus, ricus, dt. Adenolfus
Adena: s. ADEL II Kf.

Adenauer: ON. Adenau, Rhld.
Ader–: s. ADEL II (Adohar)
(ader): nd. „Zaunstange": Ader|holdt, holz, tun
Adler: 1. Adalhari s. ADEL I. 2. Vogel (vgl. Aar) > wend. Hodler. Zu 1, 2. Adeler; Adler, Edler von Adlersschwung, Adler von Adlerskampf; Adlersgruber. Zu 2. Steinadler, Adlersflügel; z. T. von Hausn. (Ger. de Aquila, Köln XII)
Adner: s. ADEL II Kf.
Adnot: s. ADEL II (Adalnot)
Adobahr: s. Adebahr
Adolf u. dgl. s. ADEL II, aber Adolfinger < ON. Orlfing, Erding (XV Adefriding, XVII Odefing)
Adorf, Adörfer: ON. (6)
Adrian: s. Hadrianus
Adt: s. ADEL II Kf.
Advena: lat. für Fremd, Neukomm oder dgl.
Afentürer: s. Abentheurer
(Affe): × Kf. von ECKE und ADEL. Aff. Effgen, nd. Aapken. Als Hausn. und in Zss. früher nicht selten: de Symea (Meerkatzen) Köln XIV, vgl. FN. Seekatz; van Affen, Stettin XVI, Zsr. Apekendans, Guldenaff, Waldaffe, Grasenaph, Brulapius. Hierzu noch Schluraffe < mhd. slūr „Faulenzer"; Schlauderaffe < schludern (danach das Schlaraffenland). FN. Schlauderof — (Affenzeller: „Appenzeller"; Affenmark s. Avemaria)
Affolter: ahd. affoltra „Apfelbaum". Afholderbach (ON. Starkenburg, Siegen). Af(f)lerbach,

Affeltranger (zu Wang). Vgl. ON. Apfeltrangen, Kempten. Vgl. Abfalter
Afkat: nd. Advokat
Afteiker, Aftekmann: s. Apotheker
Agapitus: griech. „der Geliebte", Märt. Rel. u. a. in Halberstadt: A(ga)pitus, Gapitus, Gepes
Agartz: s. ECKE
Agatha: griech. „die Gute". Agata, Agatha, Märt. Agahd, Agt(h)e, Agethen, Eyth, Agde
Agathstein: s. Agsteiner
Agatz: s. Achatius (× Agartz)
Agert, Ägerter: s. Egart
Agethen: s. Agatha
Aggen(a): s. ECKE III Kf.
Aggensteiner: s. Agsteiner
-agger: s. Acker
Aegidius: Nothelfer. Griechischer N., abgeleitet von der Ägis, dem Schilde des Zeus: Ägidi, Egid|y, e; Gitt(e)l, Gietmann, Jides, Jitges, Gedis, Nebenform Gilius (B. 1, 40): Gieles, Gilles, Gielessen, > Gillessen; ndrh. Jelis, Jelesen, Gelißen, (Geltsch, Gillich, Giltsch, Ki(e)ltsch: He), Gill|i, y, ig, i(e)s, mann, Güll, Gilg(in), Gilch, Ill|ius, g(es), gen; Koppeln. Ilgenfritz, Ill|ies, ig(ens), gen; Jilg(er), Jülg, Schilgen. ON. Ilgen, Tilgen, Dilje < St. Ilgen. Ilgner Oberschles. Idzi|ok, kowski. Vgl. Lilie

AGIL: s. ECKE II

AGIS: zu gotisch agis „Furcht", ahd. akiso, ekiso „Schrecken" (gr. ἄχος). Von EIS(EN) kaum zu trennen. Sieh auch Ester unter Esch

Egisbraht: Eisbrich, Eisbrecher
Agishari: Eiser, Eysert (× –hart), Eißerl
Egisrik: Eisrich
Kf. Agiso: sicher hierher nur nd. Formen mit Ei, Ai, z. B. Aistrup; sonst wohl meist < Iso (s. EISEN). Vgl. auch Agizo (s. ECKE). Zu Eising(er) vgl. ON. Aising, Tegernsee < Agasinga
Aglaster: ahd. agalstra (noch im 17. Jh. Agelaster „Elster"), Agster, Alester. Vgl. Elster
Agler: s. ECKE II
Agner: s. ECKE III
Agnes: Märt. Viell. < gr. ἀγνή „die Reine, Keusche". Agneta, Agnis, Angenete, Angenetter, Ann|eser, iser (× Anis). Kf. Nees(ke), Neese, Ne(e)sen, Neß, Nesel, Nes(s)ensohn = Neser
Agotz: s. Achatius
Agratsberg: s. ECKE I
Agreiter: (Tirol) < lat. aceretum „Ahorngehölz"
Agricola: Latinisierung f. Bauer u. dgl. Kf. Grickel
Agritius: Bischof von Trier, † um 352; wohl < ἀγροῖκος „bäuerisch". Kf. Gritz
Agst–: s. Augustus, Augustinus
Agsteiner: mhd. age(t)stein „Bernstein, Magnet", wohl durch Verwechslung < roman. agata „Achat", Agathstein, Aggensteiner (× Augustinus) dicta zem Agsteine, Basel XIII. Nd. Acksteen, Agsten (Hamburg)
Agsten: s. Augustus
Agster: s. Aglaster
Agternkamp: s. achter

Agthe: s. Agatha
Ahé: s. A(a)
Ahl–, Ähl–: s. ADEL und ECKE II
Ahlbeer: „schwarze Johannisbeere" (× Ahlkirsche, Faulbaumbeere). Ahlbäumer, Ahlenkamp.
Ahlburg (Hambg.): dän. ON. Aalborg
Ahlborn: s. Geburt
Ahle: Ahlenstiel, Alenstich, Schuster-Übern.
Ahlefeld(t): ON. Alfeld, Hildesheim
Ahlgrimm: s. ADEL
Ahlhorn: ON. Oldenburg
Ahlswede: ON. Alswede, Minden; auch Ahl|swe(del), schwede, Alsweh, Ahlschwedt
Ahlund: schwed. „Erlenwald"
Ahmels: s. AMAL
Ahmer: „Eicher"
Ahmsetter: „Eichmeister" < nd. āme (Tonnenmaß)
Ahn–: s. ECKE III und ohne, aber Ahn(e), Ehni „Großvater", Ahn auch < Arnold
Ahntenjäger: s. Ente
Ahorn: Ahorner (> schles. Urner?), Achorner > Achner, Ahornacher (s. –ach 3), Auhorn, Imahorn — Ohorn, Mohorn: ON. Sachsen
Ahr: s. AR
Ahren: ON. Euskirchen
Ähren: ON. Rhld.
Ahren|holdt, holtz: ON. Arenholz, Schlesw.-Holstein
Ahrheit: s. ADEL III
Ahrich: s. ECKE I
Ai: wend. jajo „Ei". Vklf. Jaik. Vgl. Waitz
Aiblinger: ON. O.-Bay.
Aichetshammer: ON. Ob.-Österr.
Aich|ham(mer), heim: ON. O.-Bay.

Aichinger: 6 ON. O.-Bay., N.-Bay.
Aidam: „Eidam"
Aigen, Aigner: s. eigen (× ECKE II)
Aiglsreiter: s. ECKE I
Aik–: s. ECKE I
Ailinger: ON. Württ.
Aimann: s. ECKE I
Aimer: ON. Aim, Vilsbiburg (N.-Bay.)
Ainet|er, hsmann: s. Einöde
Ain(miller): s. ECKE III
Aisch: 1. mhd. eisch „häßlich". 2. ON. Franken. 3. ECKE I Kf. Zu 1, 3 Aischmann, zu 3 Aischberger
Aisenbrey: s. oesen
Aissen: s. ECKE I Kf.
Aitermoser: Einöde Aitermoos, Wasserburg
Aitl: s. EID Kf.
Akelbein: s. ogge
Akeley: Pflanzenn. < Aquilegia. Ackley
Akemeyer: s. ADEL II Kf. und ECKE
Aker: s. ECKE
Aktuaryus: „Gerichtsschreiber"
Aland: „Rohrkarpfen" oder Pflanze Inula
ALB: zu mhd. alp (Mehrzahl elbe, mnd. alf, ags. aelf (× ADEL; Albertus = Albericus, Breslau XIV). Übergang des a zu o zumal nd. nicht selten (vgl. nd. oll = nhd. alt). Die N. mit f und w finden sich noch jetzt vorwiegend auf niedersächs. und niederfränk. Gebiet
Alfdrud (weibl.): Elfruth
Alfhaid (weibl.): Alfeis, Alpheis
Alfhard: Alfhart, Allfahrt, Alfert, Alford, Olfert, Elvert, Alferding, Elbert(zhagen), Elfert (× Adalfrid)

Alpheri: Alper|s, n, Alber, |sheim, sdörfer (× Alber), Alfer(s), Elver, Elfer|s, ing, Elber|ling, s(hausen), Alber–, Alver–, Olfer–, Olver|mann (× Adalbert)

Alfram: Eilfromm, Quedlinb. XVIII

Alverat (ags. Aelfred): Alfred(son), Elf|rath, roth, rodt

Albirich (Zwergenkönig): Albrich, Alverichs, Elfreich (× Adalbrecht)

Alboald: Albold, Elbelt

Albruna: Seherin bei Tac. Germ. 8; überliefert freilich Aurinia, Albrinia (aber Albrun IX)

Alfwin: (Alboin, Langobarde VI) Elb|in, en Kf. Alb|o, ila, ilin, izo; Aluik|o, in: Alb (s. d.), |e, (e)s, (e)l, inger, ig (× ON. Hess.); Alp|en (× ON. Mörs), s. Alf (× ON. Mosel u. ADEL II, Athaulf, s. d.), Alf|ke(n), (l)en, es, Alv|en, ing, Alwes, Elb, |e, (e)l, Elp|el, ing, Elf, |en, inger, lein, mann, ner, Elven, Olp(e), Ölpke, Olf, |e(n)

Alb: „Bergweide". Alb, |e, steiger („am Steig"), Albauer

Alb–: s. ADEL und ALB

Albanus: Märt. Alban|us, i, d(t), söder (s. Öd), Albo(h)n

Albauer: „Alp-Bauer mit Almweide". Albang, Alban(bauer)

Albe: 1. Weißfisch. 2. s. Alb. 3. s. ALB Kf.

Albeißer: s. büßen

Albenstetter: ON. Albanstätt(en), Bay.

Alber: „Pappel". Alberer (× s. ALB, Alpheri)

Albiez: s. büßen

Albinus: Hl. † 549, doch auch Latinisierung für Weiß(e) und × Albwin, Adalwin: Albin(us), Albien(ius), Bihn. Wend. Halb|in, a, e, ig

Albisser: ON. Albis, Schweiz

Albo(h)n: s. Albanus

Alborg: ON. Aalborg, Dän.

Alburg: s. Ahlburg

Alböter: s. Altbüßer

Albus: 1. Latinisierung f. Weiß(e). 2. kleine Silbermünze. Vgl. Pfennig

Ald–: s. ALT

Aldahin: Redn. „Es ist alles dahin"?

Alder: s. Herr

Aldey: s. ADEL I (Adaldag)

Aldinger: ON. Württ. (2)

Alecke: s. ADEL I Kf.

Alef|s, sen: s. ADEL II (Athaulf)

Aleithe: s. ADEL I (Adalhaid)

Alenstich: s. Ahle

Alester: s. Aglaster

Aleth, Aletius: s. ADEL I (Adalhaid)

Aletter: s. ADEL, Adalhaid

Alexander: griech. Alexandros < ἀλέξειν „abwehren" und ἀνήρ „Mann". Mazedonierkönig; aber auch kirchl. N. (z. B. 8 Päpste Al.). Kf. Al(l)ex, Xand|er, ry, Zand|er(s), ring, Sander(s); wend. Tschanter, Holl(ex), Hal(l)ex, Hall|ig, ing(er), Hall|enz, ke, Hälkisch, obschles. Lessek, Holenz, Holik; jüd. Zander, Zender, Sand|er, el, ler, mann, Sanner, Sender

(Alexis): Wilibald Alexis, Pseudonym für Häring < breton. Hareng (< lat. allex „Fischsauce")

Alexius: Kf. zu Alexandros, Hl. Nebenform Alexis. Kf. Al(l)ex, Lex, |ius, is, er > a (Alexi, Lex|en, kes, Löchs, Löxkes: He)

Alf–: s. ALB und ADEL II (Athaulf)

Alfa: s. Alpha

Alfänger: s. Aal

Alfreider: < Alpreyder < lad. albareto „Espengehölz"

Alfter: ON. Köln

Alg–, Alh–: s. ADEL I

Algeier: s. Allgäuer

Algermissen: ON. Hildesheim

ALH: zu got. alhs, ahd. alah „Heiligtum, Tempel" (× ahd. elaho „Elch")

Elkihard: El|kart, gert Elektrad: ags. Ealhred: Elgrad

Alawig: s. Adalwig Kf. Alacho: Elk|e(s), isch, Elg|es, ner

Alias: s. Andreas

Ali|g, sch, tz: s. ADEL I Kf.

Alius: s. Andreas

Aljets: s. ADEL I Adalhaid

Alkan: jüd. = Elkan

Alke: pruß. N.

Alker: s. ADEL I

Alkofer: ON. Bay., Ob.-Österr.

ALL: Ahd., nhd. „all", zur Verstärkung des Begriffes wie in allmächtig, allwissend. Von ADEL nicht mehr zu trennen; manche der dortigen N. mit kurzem A und E können hierher gehören, z. B. Alfons. Alaricus, Gotenkönig IV. Alaruna (weibl.): Al(e)raun (doch auch Übern.)

(all): Allerheiligen (Zeitn.

Allardt

oder ON.); Aller|hand, ley, All(e)welt, Allerwelt, Alletag, Aldag(e) (× ADEL I), Alsgut(h) (> Alshuth?), wohl Redn.

All|ardt, er-, Äller u. dgl.: s. ADEL I

Allermann: Flußn. Aller

Allex: s. Alex|ander, ius

Allgäuer: „aus dem Allgäu". All|gaier, geyer, göwer, Algeier

Alliger: s. Aulich

Allinger: 3 ON. Alling, Bay.

Alljets: s. ADEL I (Adalhaid)

Allm–: s. ADEL I

Allmacher: s. büßen

(Allmende): „Gemeindeland". Allmender, Anderallmend (Elmenthaler, Immerthal KS.)

Allmendinger: ON. Allmendingen, Württ. Allmadiger

All|ram, rann, roth, wein, wich: s. ADEL I

(Alm): Alm|rodt, stätter „von der Rodung, Hofstätte auf der Alm". Allmenröder, Almenräder (× ON. Almerode, Hessen). Almreiter, Almenritter

Allrath: ON. Köln

Alm–: s. ADEL I

Almos: s. Moos

Alm|s, t: „Weißfisch" (× Adelhelm)

Alneider: < lat. alnetum „Erlenau" (Tirol)

Alp–: s. ALB

Alpha: Gräzisierung von A(a). Alfa, Nürnberg 1167 Helene Alpha aus Großreuth

Alrutz: s. ADEL I

Alsch|er, inger: s. Adelheid

Alse(n): Fischn. „Döbel" (× ADEL Kf.)

Alsleben: ON. bsd. Anhalt, Mansfeld

Alsweh: s. Ahlswede

ALT: zu ahd., nhd., alt, as. ald, nnd. oll. (vgl. ALB), daher × OD II

Aldabert: Aldebert, O(h)lbert

Aldhard: Altert

Althar: Alder(s), Alter, Olter(s), Olders, Aldering

Altraban: Aldram, sonst von Adalhram nicht zu trennen

Aldman: Alt–, Olt–, Al–, Ohl|mann; Oltmanns, Altmanns|berger, dorfer, hofer, stetter, vgl. vogtl. Ul(b)mesgrī = Altmannsgrün

Aldemar: Ol(l)mer

Alderich: Aldrig, Haltrich, Elt(e)rich, Oltrich, Ohl(e)rich, Öllrich (× Ulrich)

Alduig: Olwig; aber Alt|wicker < ON., vgl. Quick

Aldawin: Altwein

Kf. Aldo: Aldico, Alzo: Alt, |en (× ON. Althen s. Altner), inger, kofer (s. Hof), s; Ald|e, inger (ON. Schwaben) ick, Alsch(ing)er, Ältel, Elt|en (ON. Nrhein), (ner), ing, gen, Eld, Oldiges, Ol(l)ze, Ollech, Öl|lig, tje(n), tjendiers, (t)ze (× ON. in Thüringen)

(alt): nd. old, oll, Alt(er): 1. s. ALT. 2. „der Alte". Steigerung: Elter, Eltester, Elste(r) — ndl. oud: Oudegeest. Viele Zsr. 1. Alt|felix, henn(e), nickel, peter, Alten|bernd, hein, hans. — 2. Alt|herr, mann (× ALT), vat(t)er („Großvater"), mutter, sohn, schwager; schäff(e)l, (fuldisch) stetter (stötter), bürger, mayr, meister, richter, krüger, schaffner, bair. Altwischer. Alter|mann (Eltermann „Vorstand"), schmid, Altekrüger, Olde|meyer, müller, schulze, Ollermann. 3. Alt|haus, (h)us, hüser, hof(f), gassen, haber, wegg („Wecke"), geld, heller; lei, mark, moos (Altmauser), wasser, heimer, reuter, reiter, buchinger, Alten|hoff, burg, stein, pohl, höwel, loh, rath; Altnether (s. Öd), Alden|dorff, hoven, kirchen, Ohlhoff (× Ohl) = Olthoff, Olde(n)hove, Aldekamp, kott (Allekotte) = Olden|kott, dorff, berg, burg, bruch; Ol(l)endorf. 4. Olde|welt, gelt, haver (Ohlhaber), Olhoevt = Oldecop. Oldeburhuis. Altgenug (Redn.)

Alt|büßer, butzer, putzer: s. büßen, **mauser:** s. Moos

Altena: mehrf. ON.

Altenrath: ON. Wipperfürth (s. o.)

Althen: ON. Leipzig

Altner: ON. Althen

Alv–: s. ALB

Alw: s. ADEL

Alwe: „Weißfisch"

Alzinger: ON. Traunstein

Aly: arab. „der Erhabene", stammt von einem türkischen Kriegsgefangenen

AM: Wenig verwendeter, noch nicht sicher erklärter Stamm. Viell. verwandt mit dem Worte emsig (ahd. amaȥȥig), dessen Grundbegriff „Mühe, Ausdauer" ist; urverwandt mit lat. amare?

Kf. Am(m)o (dies auch Lalln., zugleich Kf. von

Am- (Amt)

Ada(l)mar, Agamar u. dgl.; Berührung mit IRMIN): Amm|e(n), Ammé, Ahm(e) (×„Oheim"), Ahmel, Ammelt, Emm|ing, e, Ehmsen. Amico: Am(ec)ke, E(h)mig, Em(m)ich, Ehmke, (noch jetzt ofries. RN.). Em|ick, ke. Amizo (× Ameis): Am(e)s, Ambs, Emisch, Em(b)s (× ON.), Ams-l(inger), Amschl(er), (× Amsel)
Am– in Zss. s. An. **–am** (z. B. Steinam): s. Heim
(āmad): mhd.„Nachmahd, Grummet" (s. d.; Gegs. Frumeth). Mua. ohmed, öhmd, emd: Amets|-berger, bichler (Amesmann s. Ameis). Omade, Öhmt, Emde, Empte(r) < empter„Öhmedwiese". Emtmann
AMAL: viell. Weiterbildung zu AM (vgl. ADEL II). Danach das ostgot. Königshaus der Amaler. Amala|berga, frida, suintha
Amalhari: Am(b)ler, Em(e)ler,
Kf. Amala, Emilo: Ammel(t), A(h)mels, Emmel(mann), Emel|e, ius, Em(m)ler, Emmilein. Amalung: Ameling, Amelunk, Am(m)elung, Am(u)long, Amblank, A(m)belang, Ammer|lang, lahn, Amling, Amel|ing(s), ounx, ungse, unxen (ON. Höxter), Amalungsen, Amelingmeyer, Armlang? Emlung
Amandus: Bischof von Maastricht VII; lat. „liebenswürdig": Amand
Ambach(er): 13 Orte Baden, Bay.-Österr.
Ambeck: s. Bach

Ambelang, Amblank, Ambler: s. AMAL
Ambold: nd. „Amboß"
Ambo(r)st: s. Armbrust
Ambo|s, ß: Schmiede-Übername
Ambrosius: griech. „der Unsterbliche, Göttliche", Kirchenvater, † 397. Ambrosi(us)
Kf. 1. Ambro|s, si z, sch; Ambras. 2. (× BROD Kf. und Brosame), Bros|-(en)ius, e, enbauer, eler, i, ig, emann, Brooß, Brosje, Broß(mann), Proß, Pros|i, enius, Brosch(e), Brösche(n), Prösch, Brös|e, ike, el(mayer), Breselmayr, Brös|ke, gen, Brasch(l), Brasching, Prasch|l, inger, Bräsch, Bräske, Bräs|e, ick, Bruse, Brusius, Bruske, Brusch(e) (Ambrosi, Bruis, Bruß, Brüß: He). Wend. Brosk(o): Ham(bu)sch, Brozik, Brotzke, Broske, Brösing, Mro|s, se, sack, san. Mrotz
Ameis: 1. Amis < lat. Amicus (Roman von Amicus und Amelius). 2. Insekt. — Zu 2: O(h)meis, Emeis, Ohn|mais, meiß, Ohmes; Ameisöder (Ameseder), Omasreiter, Ames|berger, maier, reiter, mann. Dies = Ameiser „Ameisengräber" (× s. Moos)
Amel–: s. AMAL
Ameln: ON. Jülich
Amen|d, g u. dgl.: s. Ende
Amer: s. Ahmer
–amer s. Heim
Amerbacher: ON. Amorbach, UFrk.
America (Amerikaner jüd.)
Ames–: s. AM und Ameis
Amets–: s. āmad

Amfaldern: s. Fallgatter
Aemilius: röm. FN. Ämilius, Emilius, Mill|ies, ias, Miles, Mielies (Mielke eher zu MIL)
Amit: s. Amt
Amke: s. ADEL II (× AM)
Amler, Amlong: s. AMAL
Amm–: s. ADEL II
Ammann: „höherer oder niederer Beamter", Amtmann, nd. auch Gutsvorsteher u. Zunftmitglied. Aman(n), Am(m)on, Among, Hammon, Ammanson, Hausammann. Auch Ammeister
Amm(e)acher: s. Acker
Ammenhäuser: ON. –hausen (Hessen, Hannover, Waldeck)
Ammenn: s. an und Ende
Ammer: s. ADEL II, Amen und ECKE, doch meist Vogeln. Zsr. Gold|(h)ammer, dammer, tammer, Goltdammer, Am(m)erpohl
Ammer|lahn, lang: s. AMAL
Ammerlander: ON. OB. (Würmsee)
Ammersin(n): < mhd. āmer „Jammer"?
Amos: Prophet. Hebr. „der Tragende" oder „Getragene". Obschles. Moschek. S. Amsel
Amrehn: s. Rain
Amschwandt: < schwenden. S. d.
Amsel: 1. Amizo. 2. meist Vogeln. Amsl, Amsler „Vogelfänger" × ON. Amseln, Schweiz (> FN. Amseln). Nebenform: Amsch(e)l, Amschler (jüd. Amschel(berg) > Anselm zu Amos oder dgl.)
Amsdorf: ON. Mansfeld (× Amesdorf, Anhalt)
(Amt): Amicht 1653 Glatz (< Amacht) > Amft,

Anft. Amtmann s. Ammann

Amulong: s. AMAL

(an): in Ortsangaben, mit dem Artikel am, ame (< an dem) oder an (< an den), weibl. an de(r), z. T. mit anderem Geschlecht als im Nhd.: am| Bach, Ende (des Dorfes), Feld; Am Bühl, Am Zehnhoff, Am|brunn, berge, biehl, buhl (Bühel), end(e), Ament, Ammenn, Amen(g), Mende (vgl. Ende). Am|hof, ort, platz (> Ampletzer), sturz, stutz, rain > rhein, sta(a)d (s. stade), thor, port, stein, stalden (steiler Weg), (g)werd (< Wert, Werder), dohr, thor (> Amthauer, Andauer), faldern (s. Fallgatter), hengart s. Garten), lehn, schwand, Amm(e)acher = Amacker (s. Acker). Amedick (Deich) — An|bach, stein, biehl, halt (Halde), hagen, hegger, tor, hof(f), lach, reite(r), kreuz, schlag, schuer (Scheuer), do(h)r. — Ander|egg, heyden, halden, wert, la, lohr, fuhr (Furt), ley, leit, hub, matt(en), sag (Sägemühle). Anderau > Anderauer, Antret(t)er (< Öd), Andefuhr, An de Brügge. Mehrzahl: Andenmatten. Westd. Ang < And: Angen|dohr, feld, stein, endt, heister; Ängenheister, Angewisch, Angermundt (Mündung)

An— = ohne: s. d.

Anastasius: gr. N. < ἀνάϛτασις „Auferstehung". Papst 399—401. Kf. Annas, Stas, Sta(h)sen, Staß(en), Staschen

Anclam: ON. Stettin

AND: wohl zu ahd. ando „Atem", an. andi „Geist" oder zu ahd. anti „Ende, Spitze". Zum kelt. Volksn. Andes, woraus ags. ent „Riese"

A n d a h a r i: Anter, Ander, |er, mann, En(d)ter (× Andreas)

A n t h a r t: Andert, End|har(d)t, ert

A n d a r i c h: Andrich, Antrecht, Ändrich, End(e)richs, Ent(e)rich, Endtricht, Endewardt

A n d u a l d: Antholz, Endewald, E(h)ntholt

A n d u l f: Annolf, Andlefske

Kf. A n d o, Andala: Anding, Ant|en, ner, ich (× Andwich), hofer, esberger, Anthe(s), End(e), Endl, |ein, ich(er), ing, meier, Ent|ing, ler; —mann: Ant(el)m., End(e)m., Ente(l)m. Sieh auch Anzo und Enzi

—and: Partizipialendung wie in Heiland, Faland (s. d.), oft aber aus —nand entstanden, z. B. Bajant, Uhland, Wiegand, Wieland, Wernd

Andauer: „am Tor"

Andelfinger: ON. Federsee

Anderl u. dgl.: s. Andreas

Andernacht: ON. Andernach

Anderweit: s. Andreas

Andexer: ON. Andechs, Starnberg (KS.). Andeßner, Andexel, Andecker

Andorf: 1. Alter N. für Antwerpen (s. d.). 2. ON. Antdorf, OB. Andörfer

Andlauer: ON. Elsaß

Andreas: griech. 'Ανδρέας Kf. zu 'Ανδροκλῆς oder dgl., entspricht also deutschem Mann|o, el (nicht: „der Mannhafte"). Apostel. Andre|a(s), ß, hs, ge, Andrés, Andrä|as, ß, Andris(ke), Andrie|s, se, Andrys, Andreis, Andrs, Andörsch, Ander|s (> lat. Alias), es, sch, st, Andritz, E n d r|as, aß, es, iß, ös, Ender(e)s, [Enders > Endlich, Ehnlich (Fraureuth, Greiz)], Ent|res, riß, reis, er (× AND), I n d r e|s, Intreß. Patronymisch: 1. Andr|eä, äi, Antrei, Andree; 2. Andreaßon, Andr|eßen, ießen(s), Ander|sson, sonn, sen, er. Zsr., Zss. Jungandreas, Ander|maier, mann. Vklf. And(e)rle, Anderl(er), Zsr. Lukschanderl; mit Umlaut: Enterlein, Entres, Änderl, Enderli(n), le(n), lein; Zss. Mühlenderlein, Andrist, Enderst (schweiz.). Andres oder dgl. latinis. > Alius.

Vorn gekürzt: Drea|s, ssen; Drees, |mann, henrich; Meyerdrees, Dresing, Dresbeimdieke („Deich"), Dreessen, Dräsemann, Dreske(n), Tre, Rees (× ON. Rhld.), Dries|mann, ken, Driesemann, Drießen, Dreyse, Dreist (s. d.), Treis, Dreis (Dreisvogt) (× ON. Drais, Dreis), Tressen. Zerdehnt aus Andreus; vgl. engl. Andrews (B. 1, 41): Drew|(e)s, (ic)ke, (l)ing, Dhreews, Dreewsen, Drehwing, Drebing (× DRAB), Dreiwes (aber Treb|es, st zu TREB). Wendisch: Andr|asch, ick, ich, uck, Antr|ag, ick, Handr|ack, eck, ick, ock; Wandr|ach, ack, ich, ey, Wanderey, Wantke, Wäntig, Dreke, Drecke, Dresch(e), Dreisike, Dreißig, Drivas. – Tsch.: Wondra(k), Wund|er, ra(c)k, rock. Wondřejz > Wunderschütz, Ondra, Jendruschke. Obschles.: Jendr|ek, osch. Polnisch: Jandr|ig, ich, ey. Lit.: Anderweit, Entruweit, Endruscheit

Anert: s. ECKE III
Anfasser: s. Anlasser
Anft: s. Amt
ANG: Unerkl. Stamm; in den umgelauteten Formen Eng– von dem häufigeren ING, in den Kf. von ANGIL nicht zu trennen. Ablautend zu ING? Zu ahd. ango „Stachel, Angel"? Vgl. auch ἄγγωνες hastae Francorum
Ancharius: Angar, Anker, |sen, müller
***Angirich:** Ang|rich, rick, rück
Ang–, Äng–: niederrhein. < And–: s. an; Angenfeld, Aengenvoort (s. Furt) u. dgl.
Angehrn: s. gēre
Agelbeck: ON. Oldenburg
Angeloch: ON. Gau- u. Waldangeloch, Heidelberg
Angenete, Angenetter: s. Agnes
Anger: „Grasland". Anger, |t, mann, bauer, maier, müller, hofer, hübel, stein, thal, pointner, Au–, Wild–, Wolf|anger, Angerer (22 Orte Anger in Bay.), Enger(er), selbst Engel|mann, mayr
Angermund: ON. Düsseldorf
ANGIL: Zum Volksn. der Angeln oder zu dessen Grundlage (ablautend zum N. des Stammheros Jng? ANG?) oder angul im Sinne von „Winkel, Meerbusen"? Bei jüngeren N. wie Engilscalc auch zu lat. angelus „Engel"
Angilberht: Engel|brecht(sen), bart, brett, bert, bracht, breit, berz, brecher; Englbert, Englebert
Angilfrid: Engelfried
Angilhart: Engel|hard, hart, Engl|hardt, e(r)t
Angilher: Angler (× „Angel|macher, fischer"), Ankler, Eng(e)ler (× ON. Engeln und Angilo + er), Enkler
Angilramnus: Englram
Angilman: Ankel–, Engel– (× Anger), Enkel–, Hinkel|mann
Angilmar: Angelmar Ingalrad: Angel|rath, roth, rott (× ON. Angelroda, Thür.)
Engilscalc: Engel|schal(c)k, schal(l)
Hengildeo: Hinkel|dey(e), they, deyn, de (s. DIEner)
Engilwin: Engelwein Kf. Angilo, Engilo, Ingilo: Angel, |l, |er, en, maier, berger, stein, korte, (doch vgl. Anger); Angl, |huber, sperger, Engel (s. d.), auf, e, en, s (mann), sma, ke (noch jetzt RN.), king > kind, lein, ing, Engel|maier, mann (vgl. Anger), niederhammer (vgl. Heim, Engl|er, ing, ich(t), bauer, eder (s. Öd), Engelsrath, Enkler
Engizo: Angsch. Sonst von ING nicht zu trennen
Angreß: < tsch. angrēst „Stachelbeere" (vgl. Hendrischke)
Angsch: s. ANGIL Kf.
Angsmann: s. Angst

Angst und Zss. z. T. örtlich zu erklären im Sinne von „Enge" (vgl. Engemann und Berci an dir Angist, Socin), Angstenberger, z. T. Übern. wie Ängstlich, Unangst. Angst, |er, mann, ler, er (× angster, engster < mlat. angustrum „Flasche mit engem Halse", vgl. Kuttruf), Angsmann, „Henker", Engist, Engst-(l)er
An|häuser, heißer: 1. ON. Anhausen, mehrf. 2. Anheiser, in der Schwalm bäuerlicher Beamter, der die Spanndienste ordnet
An|helm, huth: s. ohne
Anhold: s. ECKE III
(Anis): An(n)ieser „Anishändler" (× Agnes)
Anke: 1. bair. alem. „Butter". 2. anke(l) schwäb. fränk. „Nacken", auch Flurn. „Bodenerhebung". Anken|er, bauer, brunn; Ankler, Ankeln
Anker: z. T. sicher Häusern. (Ankersmit: „–schmied"); doch auch zu ANG und ON. Lauenburg. Ankermüller = Angermüller, Ankerstein = Angerstein
Anlage: s. Lache 1
Anlasser: < ON.; > Aletter, Allester, Anfasser (KS)
Anlauft (Plauen): ON. Anlauf, Gastein
Anmuth: ON. Gumbinnen
Anna: hebr. Channa „Gnade", ebensogut aber weibl. Form zu deutsch Anno (s. d.). Anne|rl, ler, ke, Anna|maier, hein, Annen|müller, sohn
Annaberger: ON. 14 Orte
Annanias: mehrf. im A. und N. Test (Theatern.)

89

Annas: s. Anastasius
Anne—: s. Anna
Annegarn: „am Garten"
Ann|(i)eser: s. Agnes, Anis
Anniwanter s. Wand
Anno, Enno: wohl Lalln., aber auch < Arnold, Enno noch jetzt im Vgtl. beliebter RN. Vgl. Anna. Anni|co, lo: Ann|o (e)s, er (×ON. Annen), eckesinger, ighöfer, Anich, Enne|en, ig, icht, inghaus, ers, En|ick, igk, Enk|e (s. d.), en, elmann, ing. Vgl. Anzo
Annolf: s. AND
Anrath(er): ON. Krefeld
Anreiter: s. an
Ans—: s. ASEN
Ansbach: ON. Mittelfranken, × Anspach: ON. Nassau, Frkf. a. d. Od.
Anschel: s. Anzo
Ansch|ick, ing: s. Antonius
Anschmalz: s. ohne
Anschütz: der bei Mühlen oder Bergwerken das Wasser „anschützt", d. h. durch Schützen staut
Ansel—: s. Anzo
Anselm, Anser(t): s. ASEN
Ansinn, Ansorge: s. ohne
Ansehn: s. ohne
Ansen: s. Anzo
Anspann: s. espan
Anstipp: ON. Anstippen, Ostpr.
Anstößer: „Grenznachbar"
Ant—: s. ANT und Ente (nd. ante)
Anthäus: Schwager des Dichters Klinger
Antefuhr: „an der Furt"
Antelmann: s. HAND
Antonius: Röm. FN. 1. Hl. Einsiedler in der thebaischen Wüste, † 356, „Vater des Mönchtums". 2. A. von Padua, Franziskaner, † 1231. Anton, |ius, n, i(e), y, s, Anthony, Andony; Zss. Merkanton; lit. Antonat. Kf. Ton, |ius, e, ge(s), jes, le, (Ton(t)ch, Tontsch: He); Tonn, |es, y, ies; Thon, |ig, jes, üs, (n)issen, ke; Tön|s-(meyer), jes, ges, ießen, Schäfertöns, Tönn|i(e)s, (ig)es, ings, Thönnes, Thön|e, y, (e)s, essen, (d)el, elt; Ten|(n)ius, ge; Thun, Thüns, Thinnes, Theun|is, issen, Don, |ius, (i)ges, y, ie (n)ig, Dohn, |en ke, Dön|gi, ecke, ges, Döhnel, Dönn|ig(es), ier, Deng, |s, el, Denn|es, i(g), Dinies, Dünnes, Düngen. — Wend. Ante, Antos, Ansch|ick, ieg, Hant|ig, ke, Hantsch|el, ick, Häntsch|el, ke, Hent(t)schel; Donke, Tonk, |o, e, Thonig, Tank(e), Thunig, Zaunick
Antr|ag, ick: s. Andreas
An|tretter, tritter: s. Tratt
Antrop: ON. Antrup, Münster 2
Antscherl: s. Anzo
Antweiler: ON. Koblenz, Köln
Antwerpen: Antwerber. Vgl. Andorf
Anwander: s. Wand. 4 Orte Bay., Württ.
Anzill: s. Magd
Anzo: Kf. zu Anno, AND oder ASEN. Anz|er, inger (ON. 11 Orte Bay., Österr.), mann; Anzen|berger, gruber (NB.), höfer, Ansel, |mann, stätter, Ansen, Antscherl. Vgl. Enzi
Apel(l) u. dgl. s. ADEL II und Adabald. Appel auch nd. „Apfel" (s. d.) und ON. Hann.; dazu Appelmann
Apeldorn: ON. Meppen
Apfel: Apf(e)l (vgl. ADEL II Kf.); Apfler, Äpfler, Öpfler, Apfel|baum, bach (ON. Eisenach, Mergentheim), beck, böck (ON. Pfarrkirchen), mann, grün (christl.). Holz—, Kien— = Bi(e)n— (< lat. pinus), Eich—, Gülden—, Wald|apfel; nd. Appel, |baum, stiel, Äppelmann (vergriecht Melander), Eppelbauer, Eppler, Holtappel(s), Tinnappel „Turmknopf". Vgl. Höltje
Apitz(sch): s. ADEL II Kf.
Apitus: s. Agapitus
Äpler, Äplinius: s. ADEL II Kf.
Apmann: aus einem Orte wie Apen oder Apenrade
Apollinaris: lat. Weiterb. zum Göttern. Apollon; Märt. Rel. in Remagen. Narjes, Nor(r)es, Nohr, Nöhren, Nöres, Nörr
Apollonius: < griech. Göttern. Apollon. Märt. II. Jhdt., vor allem aber der Held des beliebten Romanes Apollonius von Tyrus, unter Einfluß des N. der hl. Apollonia, d. Patronin gegen Zahnweh (FN. Apoll|onia, inen, Plonien, Lonien), Bilonius, Plönni(e)s, Ploenes, Plönnigs, Plönges, Plonis, Plönissen, Plo(h)n, Plö(h)n (× ON. Holst.), Plinnes, Pleines, Plinsch, Bluni, Lön(n)ies, Lön|ing, s, Lönser, Lohn|es, y, Lonn|ig, es. Polonius > Poll|entz, itz (auch ON.). Wend. Happ|a, ach, atz, e, el

Apostel: wohl Aposteldarsteller in einem Mysterienspiel. Aposter
Apotheker: Appadegger, Appentegger, Apte(i)ker, Afteiker, Aptek, Aftekmann. S. auch Kraut, Pulver, Schwamm
App–: s. ADEL II
–app: aus sl. -ow > -au: s. Gienow
Appel–: s. Apfel (×ON., z. B. Münsterappel, Pfalz)
April: Aprell, Aberell (s. d.), Avril
Apriß: s. ober
Apsel: s. Absalon
Apt: s. Abt
Aquila: Latinis. von Adler
AR: zu ahd. aro, nhd. Aar „Adler"
A r a f r i d : Arfert
A r a w a l d (wechselt oft mit Arnwald): Ar|(h)old, elt, leth, litt, Arlt, Arwold (Plauen)
A r v i k : Erwig (× HEER)
A r u i d : nord. Arvidson
A r u l f : Arloff (× ON. Köln), Arlef(f)
Kf. A r o : Aar, Ahr, Arlich, Ark(e), Ahring(smann), Jürgenahring
ARAN: Ableitung von AR (vgl. BÄR; ahd., mhd. arn–)
A r n b r e h t : Arren–, Arm|brecht, [Arne–, Ernebold Prö. 1, 20]
A r n h e i t (weibl.): Arnheiter. Vgl. Hofn. Arnheiden, Starkenburg
*A r i n h a r t : Ar(e)nhardt, Arnert, Ernert
A r n h e r i : Arner (× mhd. arnaere „Schnitter, Tagelöhner")
*A r n r i c : Arn|rich, reich
A r n o a l d : Ahren(d)s, A(h)rend, Ährendt, Ahrning, Ahrndt, Arn|wald, hold(i), old(s), al, odt, eth, (e)tz, Arand, Aren|z,

smeyer, twisch („Wiese"), Arns, Arndt(s), Arntz(en), Arentzen; aber Arentschild, schwed. „Adlerschild"
Kf. N o l d | t, ius, Nolde|n, mayer, Nolt(z)e, Obernolte, Branolte (< Nolte Brandes), Noll, |e, en, Nolzen, Nol(l)ding, Nölt|ing, ker. Nölke(r), Nöld|eke, echen, ner, er, ing; Nolte(ns)meyer, Noll–, Nullmeier
A r n u w i n : Ern(d)wein (Ernenwein × ERL)
Kf. Arno: Arn|i, s, ens, son, icke, (ec)ke, ich, ing, schink, emann, egger, berg(er); Arnecke > Annecke. Arenhövel, Ärni, Ern|e, dle, kes, hofer, sberger, Erne(mann) (vgl. ern)
Arb–: s. ERBE
Arbeit: Arbeiter, Goldarbeiter, Arbeitlang (Redn.)
Arbens, Arbenz: schweiz. < frz. Arbenson (1637 Arbenzung)
Arbes(mann), Arbesser: s. Erbse
Arbinger: 11 ON. Arbing
Arbogast: s. ERBE
Arch–: s. ARG
(Arche): Tirol. Balkengerüst zur Bachregelung: Archer
Archen|hold, holtz, Archinal: s. ERKAN
Architekt: jung
Ardelt: s. HART
v. Aretin: armen. Herkunft
Arf–: s. ERBE und Erbse
ARG: teils zu ahd. arc, nhd. arg (so Argo, Unarc, Argait), teils zu got. arhvazna, ags. earh „Pfeil" (vgl. lat. arcus). Berührt sich mit ERKAN. Arcks, Argks, Arke(r), Ärge, Arg|endorf, stat-

ter, Arch|leb, inger? (Ercmer Prö 1, 20)
Argast: s. ERBE
Argauer: Kanton Aargau, Schweiz
Argelander: falsche Übersetzung von Lehmann (< lat. argilla „Ton, Lehm" und gr. ἀνήρ, ἀνδρός „Mann")
Argwo: < frz. Arquevaux. Erquo, Ergwo, Erkwo
Arians: s. Hadrianus
Aries: viell. Latinis. von Widder oder wie Arius < Hilarius
Ariovistus: der Name Ariovist wird als Harjowist gedeutet und von hari „Heer" und dem Stamm unseres Wortes weisen abgeleitet, also = Heerführer (B. 1, 220)
Arius: s. Hilarius
(arl): kleiner Pflug. Arl,| e(mann), Arland
Ar|leth, litt: s. AR
Arloff: ON. Köln (×AR)
Arlt: s. AR
(Arm): Arm, Vierarm (Armlang × AMAL Kf.)
(arm): Arm, Armann(mhd. arm(m)ann), Arm|knecht, haus, Ärmlich, Ermlich. Sonst Arm- zu IRMIN
Armand: wohl französisch, aber eigentlich germanisches Partizipium zu got. arman „sich erbarmen"
Armbrust: < mlat. arcubalista: Arm(s)brust, A(r)mborst, Ambost, Arnsbrust. Dazu Arm|bruster, burster, brüster, briester, bröster, Armster („Armbrustmacher oder –schütze")
(Ärmel): Grünärmel, Rothermel
Ärmes: s. IRMIN
Arminius: Deutung umstritten. Der Cherusker-

fürst kann recht wohl in die römische gens Arminia aufgenommen worden sein wie andere Germanenfürsten in andere römische Familien. (B. 2, 7). Der N. kann aber auch germanisch sein und wäre dann wohl an IRM(IN) anzuknüpfen (Armoin, Ermoin < –win, falls nicht einstämmig). Eine weitere Deutung (Arminius = Armenius. Die Deutung als „Hermann" ist nicht besser als die Ariovistus = Ehrenfest; Hermann hätte damals latinisiert Chariomannus gelautet (vgl. Chariovalda > Herold). Der FN. Armin(ius) in der Humanistenzeit aus Hermann latinisiert

Armster: s. Armbrust
(Armut): Armuth, Armütter, falls nicht zu HEER, Harimot
Arn–: s. ARAN
Arnim: ON. Stendal
Arnsbrust: s. Armbrust
Arnst: s. Ernst
Aron: hebr. Bruder des Moses. Unerkl. Aron|sohn, stein, (s)heim, hold, owitsch, Aaron, Ahron, Aronius, L'Arronge (das Aronche), Arnd, Ahrens, Ohrenstein, Ehren|stamm, kranz
Arp–, Arpus: s. ERBE (Arpe: ON. Westf. Arpke: ON. Lehrte)
Arpel: s. Erpel
Arras: 1. ON. frz. Flandern. 2. ON. Sachsen. 3. Wollenstoff nach Art von Arras. Arraß. Vgl. Rasch und Schalun
Art–: s. HART
(art): „Pflügen, Ertrag des Ackerbaus", art|acker,

feld, land. Art|ner, ler, mann, bauer, huber, schlag, schwager (s. Schwaige)
Artus: Sagenkönig
Artzen: s. HART
Arw–: s. ERBE
Arzberger: s. Erz
Arzig: s. HART
Arzt: mhd. arzāt, arz(e)t, „unstudierter Arzt", auch „Bader". Noch 1750 war in Österr. Arzt „Quacksalber". Arz|at, et, Ar(t)z, Artzt, Arztmann; nd. Arts
Asam = Absamb (Allgäu 1650 < ON. Absam, Tirol)
Asang(er): mhd. āsang „Feuerrodung", vgl. sengen. Osang, Hosang
Asbach: s. Esche
As|bahr, both, brand: s. ASEN
Asbeck: ON. Bay., Rhld., Westf. 8
Asch–, Äsch–: s. ESCHE und Esche
(van) Asch: ON. Asch, Wuppertal
(Asche): Aschbrenner, Aschen|brenner, berner, born, brandt, Eschen|brenner, brender, Escher (× ON. Eschach NS), Äscherer brennt Holzasche für Glashütten, Schmelzwerke u. Seifensiedereien. Ascherbrandt. Aschermann „Aschenhändler" (Asch–, Esch|mann < frz. E(s)chement)
Aschecker: s. Asten
Ascher: 1. s. ESCHE. 2. jüd. „der Glückliche" od. < ON. A(isen)sch(tadt); dazu Aschersohn = Benascher. Aschheim, Oscher
Ascheuer: ON. Aschau häufig
Aschinger: ON. Asching Bay., Österr.

Aschkinasy: Bezeichnung der deutschen und poln. Juden (Aschkenazim) im Gegensatz zu den span. Sephardim. Auch Askanazi, Askanas, Askenas „Deutschland", Axkenas, Eskenasi
Äschlimann: s. Esche
ASEN: got. anses, an. āss, ags. ōs „Gott". Nd. oft ōs. Os aber auch got. (Osvin) und obd. (Osulf), dann wohl zu AUS (s. OR). Obd. AS stellt Kluge zu kelt. ēsu in Esunertus
Asbad: Asboth
Ansbald: Ospald, Esbold, Aspalter
Ansbert: Asberth, Osbarth
Ansiprand: Asbrand
Osbern: Aspern (soweit nicht ON., vgl. Asper)
Ansburgis (weibl.): Osburg
Ansger: Osger (nord. Oskar)
Ansher: Anser, Asser (× ON. Assen, Westf.), Asher, Oser, Oscher, Öser, Eser (s. d.)
Ansard: Ansert, Assert
Anshelm: Ansel(m), A(n)shelm, Ashalm, Unshelm, Anselmeyer. S. auch Enzi und Amsel (Anshalm 1398)
Osman: Ans–, Aß–, Ohns–, Os–, Oß–, Osch|mann
Osmer: Osmers(s)
Ansmod: Asse–, Aß|muth
Ansemund: Osmund
Ansovald: (St. Oswald, † 642, danach ON.) Aß–, Oß–, Osch–, Ose|wald, Ostwald, As(u)al, Assal, Assold, (Uiselt: He), Uschold = Uschald (Usswald Gera XV). Schwald, Schwall (z. T. Walde,

Wäldele u. dgl.). Oswaldowski, [Osco Prö. 1, 19] Weiterb. *Osilhart: Os|lert, lath
Kf. Anso, Ensilo, Asilo: Ass|e, ing(er), enbrunner, As|n(er), linger, Ose(l), Osenstätter, Oßenbrunner, Oßberger, Osche, Oske, Öse|n, mann, Ösing, Eske, |n, ns, lsen. Sieh auch Anzo und Enzi
Asenbaum: „Stützbalken" (Weiler Aasenbaum bei Passau). Assenbaum
As|halm, her: s. ASEN
Asimus: s. Erasmus
Askanas u. dgl.: s. Aschkinasy
Asm|us, y: s. Erasmus
As|n(er), linger: s. Asen
Asper: meist ÖN. Asp < ahd. aspa „Espe", auch ON. Aspe, mehrf. × ASEN
Assal, Asse–: s. ASEN
Assam: s. Erasmus
Aßdecker: s. Asten
Asselmann: ON. Assel, Stade
Asse(n)|maker, macher: s. Achsenmacher. Vgl. essen
Asser: s. ASEN (doch auch jüd.)
Aß|fahl, falg: s. Falke
Aß|hauer, heuer: s. Ast
Aßler: ON. Assel, Stade; Aslau, Bunzlau
Aßmann: s. ASEN u. Erasmus
Aßmuß: s. Erasmus
Aß|muth, wald: s. ASEN
Assum: s. Erasmus
AST: Viell. zu ahd. ast „Ast". Ast|har, ulf, Esthelm. Ast, |el, en, ermann; Est, |el(mann), inger, er, erl(e). Vgl. HAST, OST, Astner
Ast: allein im Sinne von Bengel, Flegel; auch =

Buckel; Eschle. Zss. Ast|–hauer (höwer, höfer, hofer; Aß|hauer, heuer), fäller, holz. Fellnast. Astfalik, Estling s. Falke. Häusern. Gildenast („güldener"), Gilgenast („Lilienzweig"); Kienast s. Kynast. Vgl. Nast
Asten: Bayern, Tirol. „Voralpe, Weideplatz". Asthalter (zu Halde), Estner, Mungenast, Kienast, Holz–, Langen|aster (Astecker, Aßdecker, Aschecker, Abstegger KS
Aster: „Elster" (Vogel)
Asterball, Azderbal: jüd. Hasdrubal?
Asterroth: ON. Asterode, Hessen. Astroth
Astheimer: ON. Ufrk., Hessen. Astemer
Astner: wohl ON. Asten, Rosenheim, OB.
Astor: < it. astore „Habicht"
Astrath: Hofn. Elberfeld
Asual: s. ASEN
Asyl: jüd.
Aß–: s. ASEN, Ast, āʒ
–at: meist < –hart (Lenat, Maigatter), selten < –walt (Kranats)
Athmer: s. ADEL II
Ating(er), Atsma: s. ADEL II Kf.
Attami: s. Adam
Attelmann: s. ADEL I
Atter–: s. ADEL II
Att|ig, mann, Ättner; s. ADEL II Kf.
Attinger: < ON. Attikon, Schweiz
Attula: wend. < Otto
Atz–: s. ADEL II Kf.
Atzberger: ON. NB.
Atzerodt: ON. Atzerode, Schmalkalden
Atzinger: 10 Orte Bay., Österr.
Atzmann: „Kobold"
Au: „Wasserreiches Land,

Insel, Halbinsel". Oft mit Umlaut. Ahd. ouwa (fries. og, ei > nhd. Eiland; schwed. dän. oe „Insel"; vgl. die Inseln Wangeroog, Norderney, Öland, Dagö, Hiddensee) unter Verlust eines g zu got. ahva (s. Ache)
Au(e) (oft ON.), Aué, Awe, Ausderau, Anderau, Inauen, in der Ouw, von Euw, aus der Eu, Eue, van Oy, Äuler, Euwer, Oyen (Dativ), Eyb, Au|beck, gart, hage, e(n)müller; fries. Ojemann. — Grunau, Gneisenau, Kronau, Lindenau, Sommer|au, ei, Vogelei, Burgai; doch –au öfters < ach 1: ON. Steinau, Waldau (Hessen), in Ostdeutschl. auch < slaw. –ow (s. d.), Spandau = Spandow. Rathenau. Auer (s. d.)
Mit dem alten g: Gansauge > Ganzauge, auch Gansau (doch vgl. ON. Gansau, Österr., Ganzow, Meckl.), Weinauge (< Weiden–?), Kronauge, Auger, Augmüller. –auer: s. Au. Aden– (ON. Koblenz), Asch–, Berg–, Blum–, Wein–, Frosch–, Grün–, Gut–, Dür– („Dürr"), Hochen–, Kin–, Krummen–, Lang–, Matzen–, Totz–, Dotz–, Müll–, Nieder–, Ober(n)–, Unter–, Weiten|auer. Im Anschluß an ein Genitiv–s: –sauer: Höflsauer, Helmsauer, Ramsauer. Umgedeutet: Rosen–, Depen|hauer (Tiefenauer). Umgelautet: Sommerei, Euwer, Adeneuer, Haseneier, Morgeneier, Ramseyer, Horneyer, Waldeyer. Tirolisch: Fisch–,

93

Mer–, Wild|haber, Oberlindober, Schinober (Schönauer), Sillober
Aub: ON. Unterfranken
Aub–: s. OD I
Aubinger: ON. Aubing, München
Auburger: ON. OPf., NB.
Auch–, Aucht–: s. uchte
Auctor: Bischof v. Metz, IV?, Rel. in Hannover u. Braunschweig: Au(c)tor, Auter, Auktor
Aud–: s. OD I
(Auener) Awener: XV Chemnitzer Urk.-B. 84, 5. 136, 24. 190, 16. 210, 18.
Auer: 1. schon ahd. Uro = FN. Auerochs (vgl. tur). 2. < Au
–auer: s. Au
Auerbach: oft ON. Nicolaus Vrebach 1383 (Chemnitzer Urk.-B. 338, 9). 1. < hor. 2. < ur „Auerochs"
Auerhahn: auch Uhrhahn
Auernigg: s. jawor
Auerswald: 1423 Claus von Uwirswalde (Chemnitzer Urk.-B. 80, 26); Gunther von Uwerswalde (das. 101, 6); 1540 Wolffgangus Awerschwald von Kempnitz (das. 433, 25); 1516 Wolff Auerswalde (das. 450, 30) [nicht adelig]
(auf): Auf dem (den) Garten, Auf der| Mauer, Springe; Aufdem|kamp, graben, Aufder|klamm, heide, eggen, maur, Auf'm Wasser, Aufm|hoff, kolk, Aufenacker, anger, ast; von und zu Aufseß. — nd. up, op: Op den Platz, Op den Winkel, op der Beck = Obderbeck, Opterweidt, Opdenacker, Optenhögel, Opgeno(o)rth, op Gen Oorth, Opgen-Rhein, Op(pen)horst, Oppen|kamp, hövel, berg,

born, Op|wis, hüls, hiels (s. Hülse), hey (Heide), hoven = hoff, haus, hus, Upderworth, Uppen|born, brink, kamp, Up|hagen, hoff, ward (s. Worth), haus = hu(e)s, Uptmoor, Uppen|dahl, thal: Vgl. Achim: Up und Dael Mecklenb. XVI. Halbnd. Offen|berg, sand, Uffen|wasser, kamp.
Verbalsubstantiva: Aufschläger (Sch I), leger („Auflader"), schneider, Uplegger, Uffschlag — Auffahrt „Himmelfahrt", Auffert.
Auslautend: Gleichauf, Fliegauf, Baldauf, Gächauf, Gschwinduf; sonst –auf (auch in Baldauf, s. BALD) < ulf, wulf
Auf(f)ermann: s. OD I
Aufner: 1. < aufen „in die Höhe bringen, bessern". 2. jüd.-deutsch „Bäcker"
Aufrecht: Übern. Ufrecht
Augath: pruß. N.
(Auge): Augen|er, leit, reich, stern, straßer; Rothaug(e), auch Fischn. Grauaug, Greenaugh, Liebauge (Breslau um 1300 Libisawge, Fremdesouge), Feinaigle (schwäb. „verschmitzt"). Schwarzeugl, Plenagl (bair. „Liebäugler"), Augenbraun. Sonst s. Au. Zu ougeln „äugeln": Ögler (1. Schmeichler, 2. Aufseher)
Aug(en)müller: s. Au
Augenstein: s. Augustinus
Aug(g)enthaler: 2 Orte Oberösterr.
Auger: s. Au
Äugst: schweiz. „Unterstand für Bergziegen". Eugster
Augustinus: Weiterb. von Augustus, Hl., Kirchenlehrer, †430. Augustin(y), Aug|stien, stein, sten, Auxten, Aust|ein, ing, Austen (× ON. Schlesien), Agst(en), umgedeutet: Augenstein, Hau(en)stein (vgl. Agsteiner); im Anlaut gekürzt: Stin|us, s(ke), Stien|es, en, ke, ing, Stings, Stinnes, Stennes. — Wend. Hawštyn; Haus(ch)ting, Haus–, Hauß|ding, Hau(pt)stein, Hausigk, Häusicke, pruß. Austin
Augustus: „der Erhabene", röm. Kaiser. In den Kf. von Augustinus nicht völlig zu trennen. August|esen, son, August(i), Augst(en) (August, Augst aber auch Monatsn.). Aust, |el, mann, en, gen, ing; im Anlaut gekürzt: Gust, |mann, le, ke. Lit. Augustat. Metron. Augusta?
Auhorn: s. Ahorn
Auinger: ON. Auing Bay., Österr.; Auingen Württ.
Aukes, Aul–: s. Auo
Auktor: s. Auctor
Auler(mann), Äuler: s. Euler
Aulich: ON. Auligk, Borna
Aulinger: ON. Passau
Aulner: 1. s. Euler. 2. ON. Auel, Bonn. Dazu Auelmann
Aumund: ON. Bremen
Auo (Ouwo, Avila, Aulico, Auloald): unerkl. altd. N. Dazu wohl fries. Aukes, Auts, A(u)wen, Aewen, ferner Aulrich, Eulrich. Au|leb, lepp
Aupperle: s. OD
Auracher: ON. (18) Bay., Österr. **Auras:** ON. Breslau (2), Kottbus
Aurelius: röm. FN. Hl. IV. Orelli

Aureus: lat. „golden". Mainzischer Hl., †406: Aur|is, es, i(e)n, Oury, O(h)ry
Aurien: pruß. (ON.)
Auringer: s. jawor
(aus): Präposition, nd. ut. Aus dem| Keller, Bruch, Siepen, aus'm Werth, Aus der| Gassen, Wieschen; Auster|wischen, mühl(e), Austemwerth, Austenbrink — Ausfeld (außerhalb der Dorfflur) = nd. Utermark = Außer(er) = Uß|felder, mann = Aus|land, länder, Usländer (erst nhd. „Fremder"; s. Land). Uten|dorf, dörfer, woldt („Wald"), Utwald, Uter|möhl(e)(n), möhler, müller, hardt = wedde („Wald"), Uderstadt (aber Uter|hack, hake < tsch. uterek „Dienstag")
Ausch: s. OD I Kf. und Weitze
Ausken: s. OD I Kf.
(äußer): Außer(er), Außerbauer, bichler (vom äußeren Bühel), brunner, hofer, Äußer. Sieh auch aus
Äußer: s. äußer und OST
Aust–: s. aus

Aust, |(e)in, en: s. Augustinus und Augustus
Aust, |el: ahd. auwist, ewist „Schafstall". Austmann, Ewest, Ebster
Auster: (Lausitz) ÖN.; zu sl. husty „dicht"? Hauster
Auster–: s. aus und OST
Autem: Latinis. v. Abert oder dgl.
Autenrieth: zu Aucht „Nachtweide". S. Uchte. Auch ON. Autenried, Bayr. Schwaben
Autsch: s. Wutschig
Auw–: s. Auo
Autze: s. Weitze
Autze(n): s. OD I Kf.
Auvera: < van der Auwera(a) (Mecheln), wohl = vān der ouderaa „vom alten Bach"
Auwärter: 1. rotw. „Maulwurf"; 2. „Abdecker"
Auwell: ON. Auwel, Geldern
Auwers: s. OD I
Auxten: s. Augustinus
Avemaria: Ave| marie, marg, mark, martz, Avenmarg, Affenmark, Aweh
Avenarius: Latinis. für Havermann, Vielhaber
Aver–: s. über

Avenwedde: ON. Wiedenbrück
Avianus: s. Vogel
Avril: s. April
Awater: s. Aa
Awe: s. Au
Aweh: s. Avemaria
A(e)wen: s. Auo
Awer–: s. über
Awram: s. Abraham
Ax–: s. ECKE Kf.
Axel: < Apsel < Absalom. Axel|sen, son
Axenicht, Axnick: s. Achtsnicht
Axien: ON. Torgau
Axt: Gerätn. Achs, Ax(er), Axter(er), Ax(t)mann; nd. Ex(e); Axt|halb, helm < mhd. halm, helm „Stiel"
Axthammer: Einöde Axtheim, Trostberg (OB.)
Aye: s. ECKE Kf.
Aycke: pruß.
Ayrer: s. Ei
(āʒ): „Speise" > „Weide"; atz, ätz, etz, iß: Aßbichler, Etzer, Eß|bauer, meier, reiter, berger, Etzinger, Ess(ing)er, Ißmann, (Sch III). Dazu obd. geäs > käs „Waldmast": Kä|s, ß, sbach, sbeck
Azderbal: s. Asterball

B

Im Anlaut erscheint oberdeutsch oft P statt B
Baab: s. Babo
Baach: mehrf. ON.
Baade: nd. „Bote" (× Kf. zu Segebade)
Baak(e): ON. Baak, Westf. < bake „Zeichen, Fanal am Versammlungsplatze" (× BAG)
Baakmeister: s. Backmeister
Baal: ON. Aachen (× BALD Kf. und Valentinus)

Baar: 1. mehrf. ON.; 2. s. Bär
Baars: s. Barsch
Baas: ndl. „Meister, Herr"
(baba): sl. baba „alte Frau" Bab|atz, ich, ig, o, usch, Babbe
Babel: 1. s. Babo, 2. s. Paulus, 3. ON. Priegnitz, Sorau
Baben: mehrmals ON.
Babendererde: s. boven
Babenstuber: Einöde –stuben, Wolfratshausen (OB.)

Baber: ON. Baben, Liegnitz (sl. Babyn > FN. Babin)
Babian: mhd. babiān < papigān „Papagei"; Pfabigan, Pavian, Pevian
Babilon: ON. Neustettin; Babylon: 7 kleine Ortsch. (Böhm., Opf., Pom.)
Babo: Lallname wie „Pappa", seltener Kf. zu Badubreht. In Nordd. ist Pap– meist auf Pape „Pfaffe" zurückzuführen. Baab Bab|o, e, inger, (8 Orte

95

Bay., Österr.), el, l, ler, lich, Babb|e, el, en; Bäb|i, ler, elich, Babb|o, el, Beb|ie, el, ert, Bepler, Paap, |e, ke, Pab|el (× Paulus), isch, Papp|i, ey, e, er(mann), ert, ler, Päp|ke, rer, Pep|er (× nd. peper „Pfeffer"), el, Pepp|ing, el, ler, Pebben
Babinger: ON. Bay., Österr.
Babs: s. Poppitz (× Papst)
Babst: s. Papst
Babzi(e)n: pruß. (ON.)
Bacchus: Märt. unter Diokletian. Bach(h)us (× Backhaus)
Bach: 1. s. BAG (× Bartholomaeus). 2. der am Bach Wohnende oder einer aus Bach (92 ON.). Bach, nd. beek(e), beck(e), doch auch bair. N. auf –beck, –böck, die dort schon in alter Zeit ohne das Anhängsel –er auch die Person bezeichnen; s. Socin. 364 (B. 1, 161). Mua. oft weibl. (Wetzlar XIV an der Bach). Bach(l), Pach, Bäch|i, le, lin(n), Beek(e), ndrh. Becks (vergl. Brinks) (Mehrf. ON. Bach, Beeck, Beeke. Imbach, am Bach, Ambeck, in der Beek, vom Beek, Bidenbach, Zam–, Zem–, Zum–, Zor|–bach, van der Bach, von der Beck, van Beek, Bei der Becke, Biederbeck, op der Beck, ter Beck, Terbäck, Thorbecke, In der Beek, Schmidtverbeek.

B a c h|(n)er, ert, ler, inger, mann (× wend. Bachar „Faucher"); Pach|(n)er, mann, inger (× ON. Pachingen, Österr.), Bächler („am Bach oder Bächle"), Bechler (s. d.), Beekmann, Beckmann. B a c h|-(h)ofer, of (< „Hof", aber Bachofner < „Backofen"), feld, holz, thaler, lehner, leitner, huber, fisch(er), schuster, steffen, frieder, éberle. Bachhaus(× Backhaus, s. d.), nd. Beekes. Bachhäubl („Quelle"), Pachmayr, obersächsisch Bochmann. Beke|dorf, ndamm, Beeker(s), Bek-k(e)meier, ebaum, ing, adolph, gerd, Beckurts, Beekbaum.

Als Grundwort in Tausenden von Flurn., ÖN. und ON. und danach FN. –bach: Steinb., Clarenb., Drittenb., Haselb., Mühl(e)b., Dießb. = Rauschenb., Reisb., Kohlb., Trübenb. (> Triemb.), Trübsb., Schwarzenb., Eichenb., Tiefenb., Diepenb., Fischb. aber Stro-(h)bach < sl. stropac „Grind–, Strobel|kopf"; Schmalbach < –bauch; –beck: Buschb. van Crasb. = Grasb., Schöneb. = Schinab. (Tirol), Schönerb., Diepenb., Düsterb., Nettelb., Schlotterb., Lamb. (s. d.), Lehmb., Moosb., Overb., Rutenb. (Tal bei Elberfeld), Steinb., Möllenb., Lohb., Hagenb.; –böck: Krumb., Le(i)mb., Thanb., Wittenb., Rohrb., Fischb., Groißb. (s. Krebs), Erlb., Eschenb., Kühlb., Schoderb. („Schotterb."), Schwarzb., Seeb., Mo(o)sb. („Moorb."). Studpöck > Stuppöck („Staudenbach"), Weißenbäck, Weiß(en)böck, Radlspöck (auch –weck, –wöck), Hellpach. Auch geschwächt: Marbe (Freiburg i. Br.) < Marbach; > Marber; Mürb (< Mür-(ren)bach; –bich s. Cannabich; –beke > –ke in ON. Bremke (Bredanbeke), Steimke („Steinbach"), Bomke (s. d.), Stambke. –bacher: Staudenb., Dirnb. („dürr"), Kienb., Niederb., Röhrenb., Formb. (< vor dem B.); –becher: Nußb., Reichenb., Weidenb., Eschenb., Westb., Wittenb., Steinb. — Eberspächer, Wasserbäch. —bekker: Dörrb., Steinb. vgl. Bäcker und Beck

Bachaly: s. Pachaly
Bachauer: jüd. < Auerbach
Bache: s. Bartholomaeus
Bachem: ON. Rhld. (5)
Bacherz: s. BAG
Bachgolke: s. BOG
Bachhaus: s. Backhaus
Bachholz, Bacholski: s. Pachali
Bächler: zu Bach oder Pech
Bachstelz: Vogel, der am Bache stelzt. Mua. Nebenformen: quickstert (quick „lebendig", stert „Schwanz" s. Starz), wagestert (wagen „wakkeln"), beinsterze (zu beben): FN Beinsterz, Quecksteert, Quistart, Wachen– Wagen|-schwanz, Wochenstoltz, Wasserstelz
Back–: s. BAG und Beck
Bäck: s. Beck
–bäck: s. Bach
Backband: ON. Bagband, Aurich
Backe: 1. s. BAG. 2. Körperteil. Bäggli, Beggli; Baus–. Pause– (s. d.), Fett|back, Dünnebacke. Backen–, Baggen|stoß. Vgl. kake

Backer: s. Bäcker
Bäcker: meist Becker, fries. Backer, Becker|s, mann, ing, Bäcker|ling, bauer, Backer(t)(× BAG). (Sieh auch Beck und vgl. Flader, Horneffer, Küchler, Lebzelter, Pfister, Plätzer, Mutschler, Semmler, Vochezer, Waffler, Weggler u. Ofen). Zss. Jung–, Platz–, Kuchen|bäcker; Motzenbäcker, Mutzenbecher (s. Mutze), Küchel–, Süße–, Semmel–, Weckb., Grofb., (nd. „Grob–, Schwarzbrotb."), Hüpenbecker (s. Hippe), Weisbecker < mhd. weize „Weizen", Waisbeker (× ON. auf –beck, –bach; s. Bach), Dyngkelbecker, Haverbeckere, Hotzel–, Stuten|becker, Bacwerc. Kuchenbacker. Lehmbecker „Ziegler", Pottbacker „Töpfer". — Harzbecker s. Pech
Backes: s. Backhaus
Backeshoff: ON. Gladbach
Backfried: ON. Ob.-Österreich
Backhaus: auch mehrf. ON., Backaus, rhein. Backes (vgl. Haus), osnabr. Backs; Back|hausen, häuser. Von Bachhaus und Bacchus nicht sicher zu trennen
Bac(k)meister: „Oberbäcker". Baakmeister
Backof(en): Backhofer, Bach|ofen, ofner (× ON. Backow, Münchengrätz)
Backs: s. Backhaus (× BAG)
Bad–: s. BADU
Badack: wend. badak „Distel", Badock
Bäde(c)ker: nd. „Böttcher"

Bademohne: wohl = Bademuhme „Hebamme"
Badendieck: ON. Meckl.
Badenheuer: s. Barte
Badenschier: ON. Badenscheuern, Baden
Bader: (Baader) < BADU (Bader|le, sbach), meist aber = Badstüber (s. d.), Barbier, schweiz. Badhütter. Pader. Zss. Baderschneider, Zsr. Bader|wastel, waschel: Bader namens Sebastian. Kostenbäder s. Quast. Vgl. auch Kreisler, Lesser. Ausnahmsweise < ON. Baden
Bädker: s. Böttcher
Badock: s. Badack
Badstüber: Inhaber einer Badestube, Warmwasserbadeanstalt, deren z. B. Nürnberg im 15. Jhdt. 8, Breslau 12, Wien 29 hatte. (FN. Badstube). Ähnlich Badhütter. Batlehner, Batliener, Stiebelehner haben ein Badstubenlehen. — Bad|stieber, stübner, Pottstüber; Bardstübener, Bartstieber, Bo(r)tstieber; Patschdieber, auch Badmann. Vgl. Stube, Bader, Wasserzieher, Dürnitzhofer. Kurz: Stub(l)er, Stübler(t), ler, Stieb(n)er, nd. Stober, Stöb(en)er, Stöwer (× ON. Stuben, Breslau)
BADU: Zu an. bodh, ags. beada „Kampf" (Pătăvrid im Waltharius)
*Badebreht: Bappert, Pap(p)ert
Patager: Bagger: Pakkert, Betker
Bathari: Bader (s. d.), Bäter, Pader, Peder (× Peter; so sicher Pedersen); Päder, Bederke,

Batter–, Pat(t)er|mann, Patterson
Badeloch: Pattloch, Battlog
Padmar: Bat–, Bett–, Bete–, Bam|mer, Pammer, Pemmert
*Baduwald: Badewald, Badelt, Bädelt, Batheld Kf. Bado: Bad, |e, (× nd. Bade „Bote"), el, (e)mann (vgl. Badstüber), icke, ge, en(berger), Bahde, Bath|e, ies, Batke, Pahde, Pathe, Patt, Batt|el, ig, jes, mann, Bädje, Pätel, Bäthig, Bätke, Betche, Betge, Bethje, Bethke, Baethge, Backe (s. d.), Bax (× Bago), Bammann
Pazzo: Batz, |er, ler, Bazing, Pa(a)tz (vgl. Paulus); rhein. auch zu Beatus), Pa(a)tsch, Patzl, Basch(er) (vgl. Baso), Pasching, Bezo s. besonders.
Auslautend: Segebade (vgl. BOD)
BAG: zu ahd. bagan „streiten". Bagulf, Bachilda. Alle heutigen Volln. unsicher. S. auch BOG. Bagwinus Lübeck XIV, Bako XIII (Prö. 1, 22)
*Bagahard: Backert, Packkert, Pachert, Bacherz, Beckhard, Peckert, Bägert, Begert (× Patager bei BADU, Beger in der Begharde „Laienbruder")
*Bagamar: Backmerhoff?
*Bagarich: Begrich, Beyrich
*Bagwalt: Pachwaldt Kf. Bago (×BADU u. BALD): Baag(e), Baak(e) (s. d.), Back(e) (s. d.), Backen(eder) (s. Öd), Bag, |e, ehorn, Bax–

(meier), Pax(mann), Pagener, Pachl, Backelmann, Pagel (meist < Paulus), Pagler, Pägel, Beggel
Bag|dan, emühl, Baggatsch: s. BOG
Bageritz: ON. Delitzsch
Baggenstoß: s. Backe
Bagger: s. BADU (Patager)
Bäggli: s. Backe
Bäggy: schweiz. bäggen „weinen"
Bahde: s. BADU Kf. und Bote
Bahl–: s. BALD (wend. Bahl, |ingk, ow, au, zu Valentinus, × Balthasar und ON. Balow, Meckl.)
Bahm: s. Baum
Bahmann: nd. = Baumann
Bahn: „freier Platz", auch ON. Hofn. Up der Bahn, Westf. Baan–, Baen–, Ba(h)n|schulte, Schulte, gen. Bahnschulte. Bahner (× aus St. Urban?), aber Schiff–, Schie(f)bahn: ON. Schiefbahn, Rhld. Ostd. × wend. bahno „Sumpf", oft Flurn.
Bahnholzer: s. Bann
Bahr–, Bähr–: s. BÄR und Bär
Bahra: mehrf. ON.
Baida: ON. Schwatz, Tirol
Baierlacher: Einöde Baierlach, Wolfrathshausen, OB.
Baiker: s. Pauker
Bailer: s. Pegel
Baintner: s. Bünd, Bainder
Baißel: s. Beißel
Baitler: s. Beutler
Baizer: richtet Beizfalken ab
Bajohr: pruß. N. Bayor
Bakker: s. Bäcker und BADU
Balan(d): s. Balthasar
Balas: s. Pallas
Balb–: s. balme

Balbach: ON. Baden
Balbier: s. Barbier
BALD: zu got. balths (Königsgeschlecht der Balten), ahd. bald, mhd. balt „kühn", urgerm. wohl „leuchtend", dann „schnell". Nhd. nur noch das Adverbium bald, aber it. bald(anzos)o „kühn". Das a geht, und zwar zuerst im schwachbetonten zweiten Namenteil, öfters unter dem verdumpfenden Einfluß des l, ähnlich wie bei WALTEN, in o, danach gelegentlich sogar in u über; ld wird oft zu ll angeglichen
*****Baldgrim:** Baldgrim, Balgrin
Baldhart: Ball|ard, ert, etshofer, Bo(h)lard, Boll|hardt, ert, Pollert, Pol(l)et, Bollet, (Bullert?), Pällot, Böll|ath, e(r)t, Pell|et, Pöllert, et, oth (s. d.). Vgl. aber Bellach
Baldher: Balder(er), Baller, Pahler, Boldermann), Pohler, Bölter, Böller, Belter, Peller, Beller(stein), Büllermann
Paldhram: Peldram, Baltrame?
Baldroh: Pol(l)trock (oder zu nd. palte „Lappen"?)
*****Baldroth:** Bollerott?
Baldoman: Balde–, Ball–, Bahle–, Bäll–, Bolde–, Pohle–, Pöll–, Böll–, Bull|mann
Baldomar: Pal|mar, mer(s), Pallmert, Balmer(t), Pollmer, Bullmer Kf. **Palmo:** Balm, Palm(berger), Bolm
Baldarat: Baltrat
Baldarich: Bald–, Ball–, Bolde–, Bull–, Belle–, Pell|rich, Ballreich

Paldewart: Boll(e)ward
Baldwig: Bolwig, Pollwick, Boldeweg. Anderes mehrdeutig: Balde–, Ball|weg viell. ein Wanderlustiger (vgl. Morgen), Baldenweck (mhd. enwëc „hinweg"), Bollweg, „Bohlenweg"?
Baldawin: [Boldewanus Rost XIII Prö. 1, 24] Bol(l)win, Bode–, Bull|wien, Balde–, Poll–, Bull|wein, Balduin, Boldin, frz. Baudouin > Bodewein
Baldulf: Bald|uf, off, auf (schon früh mißdeutet als „voreiliger Mensch" wie Gleichauf u. dgl., s. auf), Ball|auf, uf (it. Balluffi), Bollof, Bellof, Pallauf, Pollauf, Waldauf Kf. Baldo: (×ON. Bohl, Böhl, |a, e, en; Hl.-N. Sebaldus s. SIEG; dazu bes. Bald|us, es). Bald, |y, enius, ing, huber, enhofer, Bäldi, Ball, |e, ing, je, müller, Bahl|o, s, sen, Baal(ß), Pahling, Bolte(n), Polte, Bolten, Boldner, Böld, Bölting, Bölling, Böhlig, Bol|le, ig, meyer (vgl. Boll), Poll, Pöll, Bohl|ung, en(ius), s, Pohling, Belding, Belling, Bull, |e, inger; fries. Boelma, Palma. — Belthle. — Baldiko, Bolko [Bokko s. BURG Kf., × Valentinus, slaw. BOL u. slaw. Balik < Balomer]: Baleck, Balk(e). Bal|ge (s. d.), kmann, kind (< king), Bahlke, Bohlje, Bol|kenius, ig, Böhl|k, ig, Böl|deke, tje, icke, Pollich, Bülck. Bal|zo (× Balthasar): Bal|z (ON. Frkf. a. d. O.), ze, ske, Bolz (× ON. Meckl.),

Baldas

|ius, haußer, Bolsinger, Bölßen, Pölzl, Pelzl, Bälz, Belz|ing, ner, Bulß, Bultze (× BOL)

Als zweiter Bestandteil z. B. in: Sebald, (Garibaldi), Liebold, Niepold, Stiboll, Humblot, Debelt, Ruppelt, Taubel, Gerbet, Seibt, Teufel

Bald|as, eßari, hauser: s. Balthasar

Baldhammer: ON. Baldheim (Baltham), OB.

Baldinger: ON. Nördlingen

Baldrian: die Pflanze Valeriana. Paldrian, Buller–, Boller|jahn, Bullerian

Baldus: 1. Balthasar. 2. Sigibald

Balentin: s. Valentinus

Balg: = FN. Blasbalg. Doch Smerbalch. Vgl. ziehen

Balge: 1. ON. Hannover, Baden. 2. s. BALD Kf. Baldiko

Balgrin: s. BALD

Balk(e): s. BALD Kf. Baldiko und Valentinus

Ball–, Bäll–: s. BALD

Ball|and, as, es: s. Balthasar

Ballaske: s. Pallas

Ballauf: s. BALD (Baldulf)

Balldin: s. Valentinus

Balleini(n)ger, Bolleininger: bair. N. < ON. Waldleinigen, Baden, Rhpfalz

Bal(l)ensiefen: 2 ON. Ballsiefen, Köln

Ballemach: s. Balmach

Ballentin: s. Valentinus

Ballester: (< lat. ballista „Schleudermaschine", dann „Armbrust" s. d.) = Armbruster. Balster (× ON. Köslin und Balthasar), Pallester, Belst(n)er, Pelster. Vgl. Bliede, Pfetterer

Balletshofer: Einöde Wertingen (Bay. Schwab.)

Ballhorn: ON. Bollhorn, Kassel, Münster

Ballier: s. Polier

Ballmaker: s. Balmach

Ball|schmiede, schmidt: mlat. balsamita, N. mehrerer Heilkräuter. Ballschmie|der, ter, Balsmieter handelt damit

Balmach(er): rotw. „Soldat". Ballemach, Ballmaker, Bellmach, Pall|mag(en), mack, Poll|mach, mächer, mecher

(balme): mhd. „überhangender Fels". Bal(l)mer, Palm, |er, ach, berger (vgl. Balmach und Palme), schweiz. Balber, ab der Balb

Balnuß: vgl. Walbaum

Balschbach: ON. Balsbach, Franken

Balske: s. Valentinus

Balsmieter: s. Ballschmiede

Balspieß: rotw. „Wirt"

Balster: s. Ballester und Balthasar

Balter: s. Walthari

Balthasar: babylon. Belsazar („Gott behüte sein Leben"), einer der sog. Hl. Drei Könige. Balz (× BALD, Balzo), Balzar, Balzer, |sen, t, Palzer, Balt|es, is, Ball|as, es, Bald|as, us, Balster |s, mann, Baldeßari (Balt(r)es, Boltres He). Sahr, Sarius (× SAR). Entstellt: Bald–, Wald|hauser, Hauser, Baltheiser. Lit.: Baltras, Balzereit (patron. Baltratis, Baltruschat), Balschuweit (> volksetymol. Baltzuweit), Baldschun. Wend.: Batz(ke), Patz, Balan(d), Balland, Bautzer

BAND

Baltner: mhd. paltenaere < mlat. paltonarius „Pilger, Landfahrer in langem, grobem Wollrock", mlat. paldo

Baltot: s. Berchtwald

Baltyn: s. Valentinus

Balz–: s. BALD Kf., Balthasar, Valentinus

Bälz–: s. BALD Kf.

Bam–: s. Baum u. Pammo

Bambler: rotw. „Schmied": Bembler; Bam(m)ler

Bamb|ola, ula: it. „Puppe"

Bamgartz: s. Garten

Bamme: ON. Rathenow

Bammert: s. Bannwart

Bammler: 1. „Bummler". 2. s. Bambler

Bamsch: < wend. bamž „Papst". Pahms

BAN: zu ahd. bannan „bannen", ban „Befehl" oder zu an. bani, ags. bana „Mord" (× BAND und BANG)

Banager: Panger|l, ke

Banhart: Bann|ert, hart, et, Banetzberger

*Banwulf: Bannwolf Kf. Panno: Baneder (s. Öd), Bahnson, Bahnsen, Bansen, Banne, Pann|es, ing, iger, Penning (Nürnb.) — Panzo: s. BAND

Auslautd.: RN. Eoban

BAND: zu langob. bandu „Banner, Streitfahne", got. bandwa „Zeichen", ursprünglich wohl „einigendes Symbol". Dann wäre der Grundbegriff der ablautenden Stämme BAND, BIND u. BUND der des Vertrages. Vgl. asächs. bant, ahd. banz „Gau"

Bandhart: Bannert, Bannatz, Bentert

*Bandheri: Banter(mann), Benter [vgl. Pant(h)er]

99

(BAND) BÄR

*Bandmar: Bandeme(h)r, Bandomer, Bannemar, Bammer(er), Bemmerle
*Bandrich: Bend|rich, rig, Pannerich
Kf. Bando: (× s. Bünd) Band|o, a, e, y, t (× ON. Oldenb. u. s. BÄR II Berinhard), ell, ler, el-(mann), ner, sch; Bant|el(e) (× Pantaleon), je, enrieder, Bantelmann, Pandel, Pantelmann, Bend|(e)l (vgl. Band), ler (× „Bandmacher"), ig, inger, Bent, |er, gens, erodt, ink. Panzo: Bantz(er) (× ON. Franken), Banse (s. d.), Pan|se, tz, tscher, Bansch(er). Vgl. Benzo
(BAND): (vgl. BAND u. Bünd) Zss. Halsb., Schönb., Windelb. (Wendelb.) „Band, Strick z. Einwickeln, Windel", Halseb., Strob. (Strobender). Kniebandel (aber Netz(e)b. ON. Ruppin, Tuchb. ON. Küstrin).
— Bendler = Bendermacher (× ON. Benteler, Münster). Der Bend|heuer, schneider, nd. Bandschnieder, verfertigt Bänder für Fässer und zum Einschlagen von Warenballen = FN. Faßbender, Bendermacher, Bent–, Benn|schneider, Band|hold, holtz. Dabei benutzt er einen Haken: Bend|haak, hack
Bander, Bänder, –bandner, –bändner: s. Bünd
Bandit(t): s. Benedictus
Bandlow: ON. Bandelow, Prenzlau
Banduhn: pruß. N. Bandune
Bandur: Volksn. Pandur
Baneder, Banetzberger: s. BAN

BANG: wohl zu an. banga „schlagen" (oder zu „Bank"?). Von BAN in den Kf. nicht zu trennen. Vgl. BING
Pancoardus: Banghard, Bank|art, et, Benk|-(h)ard, er(t), Bang|ert(er), at (vgl. Bannwart, Baumgart und spätmhd. bankart „uneheliches Kind")
Kf. Penko: Bang, |e(mann), en, el, schmidt (doch vgl. Bünd); Bank|o, e (× ON. Bank|au, e), el, es; Bänke; Beng|s, en (× ON. Neuenahr), eser, isch, el (s. d.), elsdorff, er; Benk|mann, hauser, er (× ON. Benk, OFr., auch „Tischler")
Bangratz: s. Pancratius
Banit: s. Benedictus
Bank: mhd. banc „Bank", besond. „Verkaufsstand" (vgl. BANG und Pancratius; × ON. Bank), Bänk(l)er, Benker (auch „Tischler"), von der Bank, von der Benken. Loderbank „Lotterb., Ofenb.". Schöfbänker („Schöffenbank"). Ostd. × Bonk
(Bann): „Verbot, Gebiet"; Bannholz „verbotener Wald" (ÖN. und ON., Baden). Ba(h)nholzer, Bon(n)wald, Bon|hag, horst, holzer. Ban(n)|warth, hart, Banner(t) „Flurhüter, Gerichtsdiener". Bam(m)ert, elsäss. Bangert (vgl. BANG); Banrichter, Bannwenger (s. Wang)
Bann–: s. BAN und BAND
Bänsch: s. Benedictus
Bansch(er): s. BAND Kf.
Bans–, Bansch|bach: fränk. N. nach einem schweiz. ÖN. (NF.)
Banse: 1. Getreideschober, Holzhaufen. Zum Bansen.

2. Pansen, Wanst. 3. bair. „Faß". Bansenwein, Banz|haf, hof. 4. s. BAND Kf.
Bansen: ON. Ostpreußen. Bansener
Bant–: s. BAND
Bantin: ON. Meckl. Bantzin, Bantien
Ban(t)zer: ON. Banz, OFr.
Bant|alion, le(on), el: s. Pantaleon
Banz–: s. BAND Kf.
Bappert: s. BAD
Baptista: Johannes B. „J. der Täufer". Baptist(e), Battist(el), Batysta, Patist, Disteli
BAR: wohl zu ahd. bar „Mann"; von BÄR kaum zu trennen
Baribert: Barber (× wend. barwar „Färber"), Berber
Kf. Barbo: Barbe, Berb|ig, ner
Kf. Baro: Bark|(e)ing (Bar|ich, icke, viell. auch Barnig zu BOR)
Bar–: syrisch-chaldäisch „Sohn". Barabas, Barheine
BÄR: zu ahd. bero „der Bär"; an. björn auch „Held, Fürst". Ein großer Teil der Zss. zeigt im ersten Bestandteil schwache Form: Berin- (s. BÄR II). Von BAR nicht sicher zu trennen, zumal nd. neben bēr auch bär erscheint. Auch ahd. beran „tragen" kommt in Betracht, vgl. gr. N. wie Φερεκύδης, makedon. Berenike. Das e geht oft in i über
BÄR I:
*Beriberht: Berberich
Berhard: Berard, Ber|adt, eth, etz, Perret, Pirard; Mischf. Petzet (× Petzold)

Bär

Perlaic, Berelah: Perlich, Berleck, Bar|ilich, lach, Biereth, Bierlich
*Berleib: Berleb, Perlep, Berlips; dazu Berlepsch < ON. Berleibeshusen (jetzt Barlissen b. Göttingen)
Berman: Be(e)r-, Bär-, Ba(a)r-, Pa(a)r-, Bär-, Pirr|mann (× mhd. barman „halbfreier Höriger"), Permaneder, Barmaneter, Bermanseder (s. Öd)
Bermar: Permer, Biermer
*Bernot: Biernoth
*Parscalch: Perschall vgl. Perschalk
Paradeo, Peradeo: Bardey, Par|they, thie, thy, tai (doch s. Bartholomäus)
Beroald: Bär|wald (× ON.), hold; Ber|wald, let (Gutberlet), litt, litz, olzheimer, Berlth, Beerhold, Bärold, Bier|wald, hold, holz, oth, hals, Bir(r)wald, Pir|let, lot
Beroward: Be(e)rwart, Bär-, Beer-, Bier|werth; Bär-, Bier|wirth (× „Gastwirt"), Bierwarth, Berwerz
Beriwick: Bar|wich, wick, Ber|wig, wick, Berbig, Berweger
Berowin: Ber|win, wing, wind, wein; Bärwind, Barwin(d), Perwein
Berulf: Bärwolff, B(i)erwolf, Perwolf, Berwulf
Kf. Bero, Berilo, Berico, Berzo (× BERCHT; Bezzo s. besonders), Behr, |ing, > ein, es, le; Beerli, Berlo, en, horst, l(meier), lings, king, tz, zen, zel; Berri; Bär (× Tier), |o, es, icke, je, reiter;

Bähr(ecke), Bar, |s(ke), l(e), elmann, ing, z(en) (doch vgl. Bartsch), Baar|ck, sch, Bahr|e (× ON. Bahra, Sa.), s; Barrink; Per|s, schmann, zl, tz(el), les(reuther), len; Bir|le(r), l(bauer), ch, zer, zler; Bier, |l(ein), ling (× mhd. birling „Heuschober"), zer, sch, leben > lehm, kamp, horst, henke, otte, Bierlmeier; Pir|lich, lmaier, kel, z(e)l, sch(e)l, sing, Pierling (vgl. Perng)
BÄR II: Erweiterung von BÄR I (s. d.)
*Berinbald: Bärenbold
Berengar: [Berngoz Prö. 1, 26]; Beringer, Peringer, Bieringer (× ON.), Berger
Berinhard: Bern(h)ard, arda, hardi(ny) (it. Bernardini), er(t), at(z), atzeder, et(t), Perne(rt), Biernath; Barn|ert, eth, etz, Benn|at, ett, etz, Behnert, schles. Bannert, Penert, Pennartz, Biernert. Zgez. Bährendt, Bärenß, Behrend(s), Berend(es) (× ON. Berend, Schleswig), Behrens, Berentzen, Berenskötter, Bernd, |lgen, ken, sen, häusel, schles. Barndt, Band; Bierenz, Pierenz, Pirntke, Pirrenz, Barn|ndt, netz; Ohlbehrendt, Schön|behrend, ebernt, Braunbährens. Beer (Rheydt) > Bähren. Wendisch: Bernat, Barnat(j), Bjarnat, Benad|a, e; poln.: Bier|nath, natzki. Vgl. Barnas
Bernhelm: Benhelm
Berinher: Berner(s) (s. d.), Barner, Biner, Penner(sdorfer). Vgl. Benner
Bernolt: Be(r)nhold, Ben(n)old, Pernold, Behnholz, Bärenwald (× ON.),

Berenwald [1399 Niclaws Berenwald burgermeister (Chemn. Urk.-B. 58, 17); 1401 Nickel Bernwald das. 60, 37)], Barnewold, Bien|wald, hold. Mischf.: Pennsold, Penzoldt
Beranwich: Benwich
Bernulf: Bärnwolfinger
Kf. Berno, Benno (s. auch Benzo, Bezzo): Bern|y, s(müller), ig, ges, ahrendt, Perndl, Birn-, Pirn|gruber; Bähren, Bähny; Benn, |e(n), ecke, igsen (s. d.), eder, Benning|a, haus, hoven, meyer; Penn|e, ing(er) (ON. Österr. × BAN), Bänninger? Ben|l, ekamp, ke(mann), kert, Behn, |e, ecke, el, ing, sen, Langbehn, Bähnk, Beenken, Bein|e, icke, Piernke.

Auslautend mischt es sich ndsächs. mit −brand, braucht aber nicht daraus entstanden zu sein; in Stade z. B. erscheinen Silbernus und Sibrandus nebeneinander. S. u. a. ADEL, DIET, SIEG, WIG
Bär: (× BAR, BÄR). 1. „Raubtier" (Sch. II). Jüd. Ersatz für Isaschar (Ke J.). Oft in ON. wie Bärloch, Zsr. Bären|bruch, loh, sprung, stein, winkel, Berwinkel, Bär-, Beer-, Behren|walde, Bern|loch, loh(e). Bärlein, Jungbär; nd. Baar, Bahr. Zss. z. T. Jagdtrophäen, z. T. ON. u. ÖN. Bär|lechner, locher, walde, winkel (s. d.); Zsr. Bären|fänger, sprung, klau (auch Pflanze und ON. Mark), zung, stein, reuter; Behrenbruch, Barembruch (ON. Barenbruch, Naugard), Baren-

101

brock, Beren|haut (Berhauter), wenger (> Bärenfänger), brock, Bern|glau („Klaue"), kopp, haupt = höft (Börenhöfft), löhr (s. Loh), locher, rieder, gruber, thaler; Beer|fuß, enwinkel; Ber|wanger (s. Wang), zahn, haupt

2. „Zuchteber" (nd. bēr, beier, engl. boar): Beer–, Bier|halter (aber Berhalder, Socin 371 zu Bär 1 und Halde) = Bierbauer; Bierhof, Beiermann. Bärfacker, Perfackel (< fack „Ferkel"). Kastrierer (vgl. Gelzer) sind Bär–, Beer–, Bier|schneider, Bers(a)uter, Biersauter (s. sutor), Behr(en)stecher, Beerstecher. (Aber Bärbaum s. Beerbohm). Jüd. s. Dob

Barach: hebr. Barak „Blitz"; vgl. karthag. Barkas

Baran(n): wend. baran „Widder". Bar(n)ack, Barnick, Baranek

Barb–: s. BAR

Barbara: Märt. „Barbarin" Barbara|s, n

Barbeck: ON. -becke, Wolfenbüttel

Barber: 1. besonders nd. nl. „Barbier". 2. ON. Barbe (Trier). 3. wend. „Färber"

Barbi(e)r: dissimiliert Balbier(er)

Barb–, Barf–, Bartknecht: „Barbiergeselle"

Barby: ON. Magdeburg

Barchend: Stoffn. aus dem Arabischen. Barch|et, en

Barchschneider: mhd. barc „männliches verschnittenes Schwein"

Barchtenbreiter: s. Berchtenbreiter

BARD: zum Volksn. der Barden (Langobarden), doch auch zu ahd. barta „Streitaxt". (Auch zu ahd. bart „Bart" und an. bard „Riese"? Kaum ablautend zu bord „Schild"). Der N. Langobarden selbst ist strittig. Da die barta als langob. Waffe nirgends bezeugt ist, billigt man meist die alte Erklärung des Paulus Diaconus „Langbärte"
Parthart: Bardet
*Bartwald: Bardelt
Bartholf: Bardolf, Bartloff (× ON. Bartlof, Heiligenstadt, Worbis)
 Kf. Bardo: Barth(a), Barde, Bahrdt, Bart, |en, mann, z, ling, (× ON. Minden), ig (auch pruß. N.), jes, gens, Part|he, l, Bärtich, Berding, Bärdel (alles auch Kf. von BERCHT, manche von Bartholomäus)

Barden–: s. Barte

Bardewy(c)k: ON. Bardowick, Hann. Barwi|ck, g, ch. (× ON. Barwick, Westpr.)

Bardey: s. Bartholomäus

Bardin: pruß. ON.

Bard|o(h)n, onner: ON. Bardon, Frankreich (× Pardon), aber Barduhn, Barduna (Gelsenk.)

Bardstübener: s. Badstüber

Bareis: ON. Paris. Barreiß, Bärreis

Bar|eiter, euther: s. Bayreuther

Barenbrock: ON. Barenbruch, Pomm.

Baresel: alter N. des Dorfes Barßel, Oldenburg. Parisol

(Barett): mlat. birretum. Paret, Birett, Bieret

Barfknecht: s. Barbknecht

Barfuß: Bar|fuhs, vas, faut, foht, furth

Barg–, Bärg–: s. Berg

Bargende(r): s. Burgund

Bargiel: poln. bargiel „Meisenart"

Bargum: ON. Husum

Barheine: s. Bar–; **Barilich:** s. BÄR I (Perlaic)

Bark: pruß. N. Barke

Bark–: s. Berg und Birke

Barkel: s. BAR

Barlach: s. BÄR I (Perlaic)

Barlage: ON. Oldenburg

Barmaneter: s. BÄR I

Barmbichler: ON. Traunstein

Barn–: s. BÄR II

Barnas: slaw. < Bernhard; dazu Barnutz, Barnitzki

Barndt: s. BÄR II Berinhard

Barnewitz: ON. Danzig, Potsdam

Barnick: s. Baran

Bar|nickel, nikol: „Gerstenkorn am Auge". Barnick, Bernick, |e(n), el, Pernickel, Vernick(el), Fernickel, Burnikl. Unerklärtes Wort. Auch Vier|nickel, korn, Haber|nickel, noll

Baroch: s. Baruch

Baron(ius): „Freiherr"; doch auch dt. oder slaw. Báron (zum ON. Bahro, Guben)

Bar(r)abas: Aus einem Passionsspiel

Barreiß: s. Bareis

Barsch: 1. Fischn. 2. ON. Prov. Sachsen. 3. = Bartsch. Barschdorf: ON. Liegnitz (< Bartosch, s. Bartsch); > auch FN. Barsch, Bartsch(dorf)

Barsler: rotw. „Schmied"

Barsnick: pruß. ON.

Barsön: Insel im Kl. Belt

Bart: z. T. von BARD und BERCHT, auch ON. z. T. „der Bärtige".

(Barte)

Barth. Bärthlein. Zss., Zsr. Breitb., Bunteb. (s. d.), Braunb., Rotb., Schwarz(e)b. (Schwarzbard), Weißb., Graub., Flachsb., Spitzb., Schweizerb., Zwilchenb. (doppelt gedrehter B.), Zitterb., Rauschb., Stutzb., Seidenb., Kakeb. (s. kake), Ziegenb., Geißb., Judenb., Hächelb. (stachlig wie eine Flachshechel), Distelb., Eisenb., Lewenb., Strob., Sichelb., Slitzb.; Zuckbärtli. Sonst –bart meist zu BERCHT. Häs(s)elb., Höselb. wohl jüngere Zss. — S. scheren
(Barte): „Streitaxt", doch auch Werkzeug (Bortenschläger). Barthe. Bart|ner, enschlag, Barten–, Borden|schläger, der sie zuhaut (vgl. Lanzenhauer, alem. s. Bre) = Barten|heuer, hewer, heier, Badenheuer, Bart|hauer, schmied. Bardenwerper (dissimiliert < bardenwerter, vgl. Werk), verhochdeutscht Bardenwerfer, der Bart(t)enwerfer. Vgl. Helm 2
Bartel: meist < Bartholomäus (× BARD, BERCHT)
Bart|eldes, elt, Barthol|d, l, z: s. BERCHT
Bartholomaeus: latinisiert aus syr. „Sohn des Tolmai" (nicht „Ptolemaios"; Thalmai schon Josua 15, 14), viell. nur Beiname des Apostels Nathanael. Bartholemaius, my, Bartolmehs, Bartel|meß, muß; Genitiv: Bartholo|maei, may, mä, mé, Barthélemi, Barthlme Kf. 1. Bartmus, Bartemes, [Bart|mes, nes, Buortmes(ch), Buertesch He]. 2. (× Berchthold, überhaupt BERCHTA u. BART) Barthol, Bart(e)l, Bartel|s, sen, Bertele, Bährtlein (× Bart), Barteldres (B.-Andreas) — slaw. Bardey, Bart|e, ke, eck, ig, on, Bärtich, Parthen, Wartha, Wartusch. Vgl. Bartsch. 3. Mäus, Meuß, Mäusli, Mäuser (× Maus), Mäß, Mees. Mit eingeschobenem w (vgl. Andreas, Matthäus): Mew|is, (e)s, ing, Mäw(s), Mieves, Miewes, Möw|us, (e)s, isch, Mev|(i)us, ing, issen, Meuwsen, Meeuwsen, Meisen, Mießen, Meußen. Das w zu b verhärtet: Meb|(e)s, (es)ius, Möb|i(s), s, (i)us, Mieb|s, e. Wend. Bartyl > Thiel, |ow, ke, Tilk, |e, o, Tiltz, Till|ack, ich, u. dgl. Slaw. auch Bach, Bache, Pache (Glatz)
Bartke: pruß. N. Bartke
Bartnick: 1. sl. „Imker". s. ON. Bartnig, Schles.
Bartram: s. BERCHT
Bartsch: z. T. < Barzo < BARD, BÄR, BERCHT, meist < slaw. Bartosch < Bartholomaeus. Dazu Bart|os, usch, osch(ek), schik.Bar(t)sch,Bartzscht. Barz, Partsch (× Bartz). Auch ON. Bartsch (Breslau), Barz (Mecklenb.). Vgl. Barsch
Bartscher: = Scherbart; s. scheren
Bärtschi: s. BERCHT
Bartstieber: s. Badstüber
Bar(t)z: 1. obd. barz, borz „Baumstumpf". 2. ostd. zu poln. barzy „schnell", wend. borzy „bald". Dazu Borz, Bors (× Bartsch). 3. poln. barć, tsch. brt „Waldbienenstock". Dazu ON. Barz, Meckl., ON. FN. Baruth (wend. Barćan „Baruther" > Barzen)
Baruch: hebr. „der Gesegnete". Bar|och, uchsohn. Jüd. > Barry, Börne, Berg–, Burk|heim, Borchard, Brückmann u. dgl. K J.
Barucker: s. Perücke
Baruth: s. Bartz 3
Barvas: s. Barfuß
Bärwinkel: 1. Flur. ON., meist aber Bärenwinkel. Bernwinkler. 2. Pflanze Singrün (s. d.) Vinca minor (pervinca; nd. berwinkel, perwinke|l, n: Perwinke|l, n). So auch sl. barwinek > Barwinski
Barzefal: s. Parzefal
Barzen: s. Bartz 3
Bas: = Baas
Basch|, Bäsch|: s. Sebastianus
Baschenegger: Hofn. Bascheneck, bayr. Schwaben
Base|dow, dau: ON. Basedow Lauenb., Meckl., Prenzlau
Basel: 1. ON. Baseler, Basler, Baßler, Bäßler, Beseler (s. d.). 2. < slaw. Božel Kf. zu Božidar „Gottesgabe". 3. s. Baso
Basilius: griech. „königlich", Kirchenvater. Basi(eh)l, Basseli, Waslé, Wäßle, Wesle; slaw. Wasilewski
Bäslack: pruß. ON.
Baso, Basi und ähnl. N.: wohl meist Kf. von BADU und BÄR. Bass|o, e, er (× ON. Basse, Hannover, Meckl.), ing; Bas(s)el, Baß, Basmann, Pasemann, Bäs(s)e, Baske(n) (vgl. Paske), Bä-

secke, Bäßgen, Bäske(n), Paßler. Sieh auch Basel und Päßler
Bassauer: ON. Passau
Basseli: s. Basilius
Bassermann: s. Wasser
Basset(t): frz. „Teckel"
Bassiner: ON. Stralsund
Bassow: ON. Meckl.
Bas(s)üner: s. Posaune
Bast–, Bäst–: s. Sebastianus (× ON. Bast, Köslin)
Basta: slaw. bašta „Vater"
Bastard: „Bankert". Bastaert, Bastert (ON. Westf.)
Bat(h)–, Bät(h)–: s. BADU
Bätcher, Bättger: s. Böttcher
Batenbruch: ON. Batenbrock, Recklinghausen
Batliener: s. Badstüber
Batte(n)feld: ON. Battenfeld, Oberhessen
Battin: ON. Belgard, Prenzlau, Böhmen
Bätschirrer: „Petschaftmacher"
Batt: s. Beatus
Batt–: s. BADU
Battist(el): s. Baptista
Battlehner: s. Badstüber
Battram: s. BERCHT
Batysta: s. Baptista
Batz–: s. BADU
Bätzoldt: s. Petrus
Bau–, Bäu–: s. BAV und BU
Bauch: Bäuchl(e), Beuchel, Beichel; nd. Buhk. In den Zsr., Zss. × -bach und –buch. Hohlb., Breitenb., Schmerb., Schmalb.; nd. Kuchen–, Bonen|buck, Kuchenbuch, Kressebuch, Roggen|bauch, buck, buch. Pirpauch, Saurpauch, Bloßbauch, Yserenbuyk, Stahlbu|hk, ck (vgl. gr. Χαλκέντερος). Gutzschebauch s. d.
Aber Bauchspieß (1647 Rottdorf, Thür. Buchspieß) „Buchenzweig" zu mhd. spiʒ „Zweig"; vgl. Bauchmüller bei Buche
Baucker: s. Pauker
BAUD: Unerkl., viell. keltisch oder zu an. bauta, ahd. bōzan „schlagen". Soweit ostd., vgl. BUD, Baud|is (1459 Budis Chemnitz), isch, itz. Baud|o, t, emann (Baude aber ON. Bauda, Sa.), Bauder(er, mann), Pauth(ner), Pauderer, Pautz, Pause(lius)
Baudach: ON. Krossen, Sorau
Baudenbach(er): ON. M.-Frk.
Baudissin: ON. Bautzen, wend. Budysin
Baudrex|(e)l, ler: vgl. österr. Baudaxl „kleiner, dicker Mensch"
(bauen): Oft „den Acker bebauen". Bau|herr, meister (auch „Baubehörde" und = Bauermeister), knecht, werker, hoff, hofer, haus, mann (auch „Zimmermann"; Pau–, Bäu–, Bah–, Bu|mann: „Bauer, Pächter, Großknecht", dieser gelegentlich auch Bau|knecht, meister), landt, feld, huber, meier, holzer, schulte; Neubau (Rodung), Hauserbauer
Bauer: mhd. būr < ahd. gibūro (vgl. Gebauer) „Mitbewohner, Dorfgenosse", dann „Landwirt". Baur, Pau(e)r, nd. Bu(h)r, holl. de Boer, schweiz. Bur(i), Pur, Bürli, Pürli. Bäuerle(i)n, Bei(y)erlein (XVI Pauerlein). Bäurle, Beurlen, Bühr|lein, len, cke, ing > Biering (vgl. ahd. būring „colonus"), Beierle, Bierle, Peuerle, Bauert, Baurs, fries. Boerma. — Sehr viele Zss., Zsr. mit PN. Brosenb., Engelb., Ganglb., Kasparb., Marxb., Sieglb., Wassib. — Ferner: Großb., Kleinb., Armb., Ziegelb., Sternb., Schwarzb., Doppelb., Hal(l)b. (nd. Halbuer, s. halb), Eigenb. (auf eigenem Gute), dagegen hörig: Königsb., Kirchenb., Herrenb., Hoffb., Papenb., Salzb., (vgl. Salz), Kammerb., Osterb. (zinst zu Ostern?). Neubauer (s. d.), Jungb., Niederb. > Nierb., Freib. Frieb., Edelb., Langb., Kurzb., Feistb.; Schmidb., Jägerb., Beckenb., Müllerb. (Mühlb., Müllb., Millb.), Schuch|, Schu|, Schusterb. = Bauer|schuster, schubert; Schneiderb. = Natterb. (s. nähen), Loderb., Weberb.; Bruckb., Leitenb., Ebenb., Lohb., Moosb., Griesb., Grubenb., Kappelb., Eckb., Oberb., Mitterb., Gegenb. („gegenüber"), Nachb. (> Nachbar, s. d.). Eichb., Haselb., Kirschb. (Kerschb.), Kriechenb., Rosenb., Feichtlb.; Schindelb.; Vogelb., Rabenb., Haasb., Fuchsb., Kleeb., Kohlb., Käsb. (Molkenbuhr), Schmalzb., Gänsb., Gaisb. — Satzn. Würgenpawr.
Bauer–, Beuer–, Beier|mann, Beierknecht, Bauer|hans, schubert, schmidt, ochse, Bauer|henne, Baurhenn („Johannes"), schafter, Buerschaper, Bauern|böck, schmied, girgl; Bauer(n)-

feind, B(o)urfeind > Bauernfreund (dies auch jüd.), Baurenhass. Feldbauer ist mhd. vëltbūwaere „Bergmann". Vgl. Hof, Hube, Kothe, Selde, Häusler, Meier, Feldmann, sāʒe, Forst, Bawor

Bau(e)rmeister: mhd. būrmeister < būr „Wohnung", „Stadt- und Landbürgermeister". Buhrm. (Burmester) entstellt Bauernm., Beierm. > sl. Burmistrzak. Ähnlich Bau–, Bur|richter

Bauern|beck, böck: ON. Bauernbach, Weilheim

Bauer(n)sachs: stammen vom Förster Hans Bauer, Sachs genannt, 1555 Judenbach, Frk.

Baues: s. Haus

BAUGE: zu mhd. bouc „Hals- oder Armring, Kette" als Schmuck und Wertgegenstand

Bougrat und *Boughari: Bauger, Beug|gert, at, Paukert, Peuker(t), Poiger, Bäugger, Beuchert, Pei|chert, kert (vgl. Pauker und BICK)

*Bougwald: Paukewald, Beucholdt

Kf. Bauco: (× BAV) Bauke (vgl. Buche), Beug|e, isch, Beuch|e (s. d.), ler, ling, Bäuchl(e) (× Bauch), Pauk, |o, sch, ner, Pauge, Paug|e, ler

Bauhardt: s. BU

Bauk–: s. BAUGE, Buche, buk

Bauler: s. Paulus

Bauling, Bäulich: s. BU und Paulus

Bäulke: s. Buhle

Baum: nd. bōm, Bohm, van den Boom, ten Boom, Booms, Böm|kes, ker, Bäum|el, li(n), le, chen, ken, ges, le(r), er (s. d.), ling, fries. Bomker. Viele Zss., Zsr. (ON., ÖN., Häusern.) Grüneb., Schönb. (Schonebohm), Nußb. (Nottebohm) = Wallb. (Klammerform), Lindenb., Pappelb. = Poppelb., Apfelb., Birnb. (Bierb., dazu Pirpamer; nd. Beerbohm, Peerboom), Holderb., Schlohb. („Schlehe"), Saalb. (s. Salweide), Rosenb., Tannenb., Kienb., Zederb., Feldtb., Mai(en)b., Estlinb. (wohl < mespel „Mispel"), Buchsb. (cks, x, Buschb., Puxb., nd. Busboom > Buse(n)baum, Bussebaum), Griechenb. (Kreiken-, Kreckenbom, s. Krieche), Kirselb., Kriesb., Kersenb. u. dgl. s. Kirsche, Weichselb. s. d.; Burb. = Theeboom (unter ihm tagt die Bauerschaft; vgl. Tie); Dickerboom. — Als Gerätn. Wiesb. (s. Wiese) = Heub., Heib., Weseb.; Renneb. (s. d.) = Zugb. = Schlagb. = Valbohm; Ronneb. („Haspelwelle im Schacht"); Falderb. s. Fallgatter; Haneb. (Hamb., Handb., nd. Han(n)ebom) ist der Hahnenbalken unter dem Dachfirst, wo der Haushahn nächtigt.

Baum|blüth, ast, busch, garten (s. Garten), kirch(ner), berger, steiger, höfer, kamp, bach; hacker, häckl (Bamhackl; auch „Specht"), hauer, heier (vgl. Steinhöwel), kötler (zu Kothe), hüter, warth (> Bannwart); falck; stark (Adjektiv). Baumotte > Beaumotte. Bombosch, Baumblatt; Baumstümmler, gürtel (< gütel?); aber Baumgratz < Pancratius

Baumer, Bäumer: der an einem Baum, bes. Schlagbaum, wohnt, Zolleinnehmer. Baumert, Bäumert, nd. Böhmer, Bömers, Boomer, bair. Pamer. Pirpamer (s. Baum), Nußbaumer, Steinbömer. Weichselbaumer

Baun: s. Bohne

Baunschabel: (Baumschabel) „Messer zum Ebnen des Holzes", vgl. Ponschab

Baunscheidt: Hofn. Hagen

Baunach: 1. Weidengeflecht zum Uferschutz. 2. ON. Baunach, Frk. (NF. > Bauni), Baunacher, Baunack

Baurat: lit. < Bauer

Baur|echt, isch: s. Buresch

Baurichter: s. Bauermeister

Baurigk: s. Bawor

Bauroth: ON. Baurodt, Hagen i. W.

Baus: s. Paulus

Bausback, Bausenbach: s. Pauseback

Bausch: 1. Strohbündel (vgl. Schaub). 2. ahd. PN. Busco (NF; > Bauschinger). Bäuschlein. 3. s. BUD

Bauschatz: s. Buch

(Bäuschel): „Bergmannshammer". Pauschel, Päuschel, Peuschel. Damit arbeitet der Pauscher, Bauscher, Bäuschler

Bause, Bauske: s. BUD

(bausen): „schlemmen, zechen". Bauser, Bause(n)wein

Bausenhaus: Hofn. Düsseld., Wuppert.

105

Baußen (Bede)

Baußen: s. Haus
Baust–: s. Sebastianus
Bausteller: ON. Württemb.
Bautz(e): Kerngehäuse des Obstes, Griebs, Knirps
Bautzer: s. Balthasar
Bauwein: s. Bovin
BAV: Unerkl. Stamm: Bau, holl. Bouwe, Bauwe > Bauwens, fries. Bawa, Bavink, Bewing (Bave XIV Prö. 1, 22). Sonst von BAUG und BU nicht zu trennen. Vgl. Bevo
Baven–: s. Boven
Bawor: wend. „Deutscher"; eigentl. „Bayer". Bayer, Bauer, Baurigk
Bax: s. BADU und BAG. Baxmann (Plauen). Vgl. Backhaus
Bay: Ahd. PN. Baio, Kf. von Boiemund oder dgl.
Bayel: s. Beil
Bayer: Stammesn., schon ahd. Baior IX. (×nd. beier „Eber", s. Bär 2); mit ay, ai, ey, oi, oy. Walter Peyger 1365, Chemn. Urk.-B. S. 25, 34; Waltherus Beygir 1367, das. 29, 33. Pajer, Pay(e)r, nach Socin auch Beger < Beiger; Beer (Glatz); Beyrer, Beier|mann, kühnlein, lipp, lieb; Beyer|(l)ing, (s)mann, Bayer|l, er, incke, waltes, hammer, köhler, schmidt, lacher. Mühlbeyer, Holzbeierlein. Vgl. Bawor
Bayrhammer: ON. Bayrham, Salzburg
Bayler: s. Pegel
Bayn: s. Boio
Bayreuther: Bareit(h)er, Bareuther, Boreiter, Parreuter
Bazing: s. BADU
Bea: s. Böhmen

Beatrix, Kf. Beate: Batz Heinen (Rheydt), Witwe des Theiß Heinen; Sohn Jentgen Batzheinen > Butzheinen, vgl. Beatus
Beatus: lat. „Selig"; Apostel der Schweiz. Beat|e(r), or, holder, Batt, vgl. Beatrix
Beau: frz. „schön" Beaulieu
Beaumotte: s. Baum (< Otto)
(van) Bebber: ON. Bedburg, Kleve
Beb|el, ert: s. Babo
Bebensee: ON. Holst.
Beber: 1. nd. „Biber". 2. tirol. „Weber". 3. zu Babo 4. ON.
Bebermann: < nd. bebern „zittern" oder von ON. wie Beber, Beberbeck
Bebernick: pruß. ON.
Bebin: s. Babo
Bech: s. Pech
Bechem: ON. Wipperfürth
Bechen: ON. Kempten
Becher: Trinkgefäß, urspr. aus Maserholz, verfertigt vom Bech(e)rer, der selbst auch Becher hieß. Böcherer, Pecherer, Becherle, Bechert, nd. Bekerer (× „Pechbereiter"; FN. Harzbecher; ON. Bech|au, en). Satzn. Neyginbechir, Schmeckenb., s. schwenken, stürzen. Aber Mutzenbecher = Bäcker (s. Mutze); sonst –becher < Bach, z. B. Wittenb., Reichenb.
Bechler: 1. s. Bach. 2. „Pechbereiter". 3. < mhd. bachelaere „Knappe"
Becht–: s. BERCHT
Bechtum: ON. Bechtheim (Rheinhessen, Nassau)
Beck: mhd. becke, noch jetzt obd. und z. T. md. statt Bäcker (s. d.). Beck-

(h), Bäck, Peck (×ON. Beck mehrf.), Beck|le, ing, Back, [Ba(a)k He], Böckh; Peckenknecht. –beck: Bauerb., Kleinböck, Kornb., Sauerb., Surb., Matzenb., Neuböck. Weinb. (mit Weinschank), Weitzenb. = Weißb. (Weißbech, Weißenböck vgl. Bäcker), Brodb. > Brautb., Semmelb., Täglichsb., Hopfenb., Koh(len)b., Fesenb. — Brodback. Nach dem Orte: Dom–, Dum–, Thum|beck, Dumbach; Kirchbeck, Thor–, Dor–, Thür|beck, Bruckbeck. Judenpegk, Fladenpeck, Schwartzp., Pfennigsp., Kunczp., Schelp., Hirsp., Swinp., Sunnenp. Anderes s. bei Bach und Bago
Beckardt: „Begarde, Laienbruder", Beckert, Begert, Bäckert, Peckert (×BAG). Vgl. Beginn
Beckenhube: „Helm, Pickelhaube" >Becken–, Bickel|haupt. Beckenschlager macht Becken oder Helme wie 1489 buckeler, bei Bücher, Die Berufe der Stadt Frankfurt a. M. im Mittelalter
Becker: s. Bäcker
–becker: s. Bach u. Bäcker
Beck|ert, hardt: s. Bekkardt
Beckmann: wohl meist zu nd. beke „Bach"
Becks: rh. zu Bach. Ritterbex
Beda: pruß. N.
Bedack: poln. biédak „armer Schlucker" (vgl. Bettag)
(Bede): ursprüngl. „(erbetene) Abgabe der Freien". Bedepenning, festgesetzt vom Betsetzer,

Beddig(es) eingezogen vom Beth–, Bede–, Bete–, Bett|mann, Bedenknecht
Beddig(es), Bedecke: s. BADU
Bedel: s. Pedell
Bederlunger: < ladin. petra longa „Langenstein"
Bedje: s. BADU
Bedner(s): s. Bütte
Bedrich: tsch. < Friedrich
Beeg(er): s. Bieg 2
Beek(e), Beeker: s. Bach
Beenhacker: s. Bein
Beer–: s. BÄR I — **beer:** s. Bier; Beer auch Bayer
Beerbo(h)m: nd. „Birnbaum". Beer–, Berr–, Bär|baum, nl. Peer(en)boom; ähnlich Beerenkämper, Behrenstengel; Berenzweig, Berblume. Vgl. Baum
(Beere): Brambeer = Kratzbeer, Krambeer („Preiselb.", vgl. Kranich); Gramsbier („Wacholderb."), Heidelbeer — Berenvreter
Beer|halter, schneider: s. Bär 2
Beese: ON. Altmark
Beesk(e): s. Betz
van Beethoven: ndl. „vom Rübenhofe" < lat. beta „Rübe". Betenstiel „Rübstiel"
Beetschen: s. Petrus
Beg–: s. BAG und Pegau
Begemann: Flußn. Bega, Lippe. Niederbegemann
Beger: s. Bayer, Pegau und Bieg 2
Begert: s. Beckart
Beggli: s. Backe
Beginn: „Begine, Laienschwester". Beging, Begoihn (frz. beguine), metron. Beginen, doch auch zuweilen männlich beguinus = Begarde; s. Beckardt

Begleiter: s. Geleitsmann
Begner: = Bogner
Begrich: s. BAG
Beguhl: s. BOG
Beha: s. Böhmen
Behaghel: ndl. „freudig, kühn" (behaglich), vgl. Unbehagen
Beham(er), Behe(i)m: s. Böhmen
Beher: s. Bieg 2
Behlau: mehrf. ON. Belau
Behling: ON. ' Hagen (Behlingen, Bayer. Schwab.)
Behm–: s. Böhmen, Böhmer
Behmerwohld: ON. Böhmerwold, Leer
Behn–: s. BÄR II (Langbehn zu Bein, Düsterbehn zu Bähn „Bühne, Speicher"; Behn auch < Böhm KS)
Beholz: s. BOGEN
Behr–: s. BÄR, Bär
Behrenstecher: s. Bär 2
Behrisch: s. BER
Behütuns: Reden.
(bei): nd. bī. Beykirch = Biekark, Bydekarken, Beikircher, Beim|esche (s. Esch), bach, fuhr, fohr, graben, rohr, kofler; Bei der Becke („Bach"), Beider|kellen, beck, wieden, linden, hase (Flußn.); Beinkämpen, Beiden|lack, weg; Biebusch, Biedengraben, Biederbeck, Bien|wald, see Binhold; als „angrenzend": Bei|hof, rodt, schlag, Birot, Biefeld. Aber Beidersee: ON. Saalkreis. Beigang: Nebengang in einer Grube
Beich: s. Beige; Beiche(rt): ON. Beucha, Leipzig; Beichel: 1. s. Bauch. Beichhold. 2. fränk. „Beil"
Beidl: ON. Oberpfalz

Beiel: s. Beil
Beielstein: ON. Beilstein mehrf.
Beier–: s. Bayer, Bär, Bauer
Beifuß: 1. Gewürzpflanze. Peyfuß, Beybus. 2. jüd. < Phoebus, vgl. Ben– 2
Beig: s. BICK. **Beige:** „Haufen" (Beich). **Beigel:** s. Beil. **Beiger:** auch Bayer. **Beigler:** s. Pegel
Beik: unerkl. fries. N. Beico
Beikiefer: „Weinküfer". Bei|küf(f)ner, käfer, Beinkiefer; ähnlich Beinhofer
Beikler: s. Pegel
Beil: Gerätn. (× BIL), Bayel, Beiel, fränk. Beich(e)l, Beigel. Nd. Biel, schweiz. Biehly. Breitbeil, Hackebeil, Klinge|beil, biel, Pflugbeil (s. Pflug) > Pflichtb. Flichtb. Brobeil b. Brot. Beil|schmidt, hack, (Birkenbeil s. Bühel). ·Senkbeil s. sengen
Beil–: s. BIL
Beiler: s. Pegel und BIL
Beilfuß: s. BIL
Bein: 1. meist Körperteil (vgl. Fuß), Dünneb., Einb., Ho(ch)b., Hölzb., Höltzenb. (< holzīn „hölzern"), Krum(m)b., Leiseb., Klepperb., Klapperb. („Gebein"?), Knickeb., Korteb., Schienb., Schmalb., Strackb., Wurfb., Käg(e)b. < kegen „schleppen", Kegenb. Oder < nd. kakebee, käkelbee „Schwarze Johannisbeere"? FN. Kagebein, Kögeböhn, Gegenbein, Kegelbein. Langbehn. Hahnenb., von Hühnerb., Gensb., Hasenb., Voßb., Ziegenb., Ochsenb. (doch

vgl. B. 2, 243), Tischb. — Sichelb., Tanczb., Cronsb. Bein|hauer, hackl „Knochenhauer, Fleischer", nd. Beenhacker, nl. Beenhouwer; Beindreher „Drechsler". 2. s. Bünd. 3. österr. „Biene": Beindl. Beinhölzl „Seidelbast" oder „Zeidelwäldchen". 4. In altd. N. zu BÄR II und WIN (Bein|er, hold, holz s. Wineuald; Frohbein s. FROH, Ackelbein s. ECKE II, Rehbein s. RACHE
Beinhofer: s. Beikiefer
Beinhorn: ON. Hannover
Beinkämpen: s. bei
Beinkiefer: s. Beikiefer
Beinlich: „Beinling, Hosenbein"
–beintner: s. Bünd
Beis–: BIS, BIT u. WEISE
Beischold: s. WIG (Wigolt)
Beisenherz: s. beißen
Beiser: s. Peiser u. WEISE
Beisker: s. Peisker
Beiß–: s. BIS, BIT und WEISE; beiß: bair. „Eber". Beiß(l), Beisl, Peißel (× ON. Beißel, Mühlhausen)
(beißen): Kuchenbeißer. S. Käse. Stein|beiß(er), biß: 1. Fischn. Gründling vgl. Peisker). 2. Flurn. zu biuzen, bōzen „schlagen, stoßen", vgl. Bergn. Kniebis. Katzenbiz, Kreyenbis, Hunt–, Frawen|biss. — Satzn. Eisenbeiß. Beißenhirtz („den Hirsch", Jägern.) > Beisenherz (vgl. beizen); nd. Bietendüfel = Deubelbeiß (Bittendübe|l, r); Beißengroll, Bitevlege, Kedinbiszer, Khernbiss. — Neubeißer: s. büßen

Beißwanger, wenger, winger: s. Binse (ON. Beiswang, Württ.)
Beister: s. Bister
Beit|: s. BIT
Beit(e)lrock, Beitler: s. Beutel
Beitrich: s. WID
Beitz–: s. BIT
(beizen): „jagen": Beitzer, Beiß|er, ner, mann, Beiser, Beizler, Peiß(n)er, latinis. Mordax (Sch II), Morda|s, ß. Sieh auch beißen
Bejach: mhd. bejac „Jagdbeute". Bejaach (nach Werner ndrh. „Alexianerbruder"
Bek–: s. Bach
Bela: < frz. Belat; > Behla, Blaß
Belaak: pruß. ON.
Belan|d, g: s. Wieland u. belu
Belch: mhd.-alem. belche „Bläßhuhn"
Beld–: s. BALD
Belger: ON. Belg|en, ern
Belgerin: s. Pilger
Belk–: s. BALD Kf. und BIL
Bell–: s. BIL (× BALD)
Bellach: 1. < belle „Salweide" und –ach 3; dasselbe Bellet. 2. ostd. s. belu
Bellem: ON. Belm, Osnabrück (< Bellheim). Bellm(er)
Beller: zu mhd. bellen „kneifen" (× Baldher wie ON. Bellersen < Baldereshusun)
Bellert: < Beller oder zu BIL
Bellet(h): s. Bellach
Belletzer: ON. Bellenz, Schweiz
Bel(l)gar|d, t, dt: ON. Pommern „Weißenburg" (= Belgrad), s. GRAD 2

Belling(er): mehrf. ON. Belling(en)
Bellingrath: ON. Bellingroth, Gummersbach
Bellmach: s. Balmach
Bellmer: s. Bellem
Bellscheid: ON. Düsseldorf
Belschner: s. Pelz
Belser: ON. Belsen, Württ.
Belst(n)er: s. Ballester
Belten: s. Valentinus
Belter: s. Baldher
Belthle: s. BALD Kf.
Bel(t)zig: ON. Potsdam
belu: asl. „weiß". Bellach (s. d.), Billig, Biel|ich, igk, ke, and, ang (Bĕlan), Beland, Böhland, Pöhlan(d), Pielandt, Böl|itz, ke, Belk(e), Bilk, Bial, |k, ke, Pillack, Pilk, Pilz, Pelz, Belz. Vgl. Bellgard
Belz–: s. Pelz (× BALD und belu)
Bemberg: ON. Bay., Württ., mehrfach Hofn. in Westf. u. im Bergischen
Bembler: s. Bambler
Bem|isch, ke: s. Böhmen
Bemm–: s. Pammo
Ben–: 1. s. BÄR II. 2. hebr. „Sohn". Benary „Löwensohn" = Benloew; Benfey „Sohn des Fey" (s. Phoibos); Ben|david, zion, major („Meyersohn")
Benad, |a, e: s. Benedictus u. BÄR II, Berinhard
Ben|as, atz(ki): slaw. < Benislaw (zu BEN „töten") oder Benedictus
Bend–: s. BAND, Band, Pantaleon
Bend|a, itt, ix: s. Benedictus
Benderslei: s. Lei u. vgl. ON. Benders|hof, mühle, Koblenz
Bendfeld: ON. Holstein

Bendlage: ON. Bentlage, Münster
Bendlebe(n): ON. Bendleben (< BAND), Thüringen
Bendwisch: ON. Priegnitz; **Bentwitsch:** ON. Meckl., Stade (nd. „Binsenwiese"), vgl. Binse
Benecke: s. BÄR II
Benedens: < nd. beneden „unten"
Benedictus: lat. „der Gesegnete, Benedeite"; Hl., Stifter des Benediktinerordens IV. Bene|dik(t), dek, dix, dicti, Bennedichs, Ben|ditt, ditz, dig, del, dey, Bendix|sohn, en, Bentix; bair. Benedikter, Wenedikter, it. Benedetti, slaw. Benad, |a, e (s. d.), Bened|a, itz, ek, Wendig, Ben|es, z, as (s. d.), esch, (i)sch, ath, tke, na, Bähnisch, Bänsch, Böhnisch, Bönsch, Pönsch, Bönitz, Penz, Benzig, Bien|eck, tz, s. — Im Anlaut gekürzt: Dict|us, es (> Dittes), Dick, |el, en, Dix(ken), Dieck|s, schen, Düx, Dyx (× DIET Kf.). — Jüd. statt Baruch (KJ): Bendi|t, x, Ban(d)it, Bendemann, Binet(ter), Beinisch
Bene|s, sch: s. Benedictus
Benfey: s. Ben– 2
Beng(e)l: „Knüttel, derber, grober Mann". Bengler (× BANG und ON. Trier; hierzu Bengelmann). Vgl. Klump, Schlegel, Pleul, Zoch, Block, Klotz
Benhelm: s. BÄR II
Benignus: lat. „gütig", Märt. 3. Jahrh.
Benisch: s. Benedictus
Benjami(e)n: hebr. „Sohn des Glückes", vereinzelt auch christl. N. Jami(e)n
Benk–: s. BANG und Bank; Benker(t) auch < ON. Benk(en); Benk|sohn, sen < nord. RN. Bengt
Benn–: s. BÄR II
Benne: „Wagenkorb", schwäb. Benne|r, macher
Bennedichs: s. Benedictus
Bennewitz: ON. (6)
Bennigsen: ON. Hann. < Bennigshusen
Benninger: ON. Benning, NB. — Benning|haus, hoff. — ON. Benning|hausen, hofen, hoven mehrf.
Bennschneider: s. Band
Benrath: ON. Düsseldorf
Bens–: s. Benzo (Bensemann: ON. Bensen, Bremen, Oster-, Wester-Bense, Hann.; Bensel(er) auch zu Pinsel)
Bensberg: ON. Köln
Bensch: s. Benedictus
Bensiek, Bensing: s. Binse
Bent–: s. BAND, Band, Pantaleon, Bendwisch; Benter s. Bünd; Bent|ix, ke s. Benedictus
Benthe: ON. Bente, Hann.
Bentien: ON. Bentin, Meckl. FN. Benthin, Bentin
Bentenrieder: Einöde Bentenried, Starnberg
Benwich: s. BÄR II
Benzig: s. Benedictus
Benzin: 4 ON. Bentzin, Meckl., Pomm.
Benzinger: ON. Hohenzollern
Benz|mann, ner: ON. Benz(en)
Benzo: Als Kf. von Berchtold bezeugt (NS), doch sicher auch zu anderen Stämmen, bes. BÄR II, auch zu BAND und Benedictus. Benz (× ON. mehrf.), |e, l, Penz(el), Bens|e, eł, ing, Pen|sberger, sel, Bi(e)nzle, Binsch (× Pinsel). Mischf. Penzoldt s. BÄR II
Ber–: s. BÄR und Bär
BER: Sl. Stamm, zu asl. beru „tragen, rauben". Vgl. BÄR. Ber|islaw, oš, iš. Kf. Bier, Ber, Bär, Beran(el), Berrisch, Behrisch, Bierisch
Berber: s. BAR
Berchem: ON. Duisburg, Luxemburg. ON. Bergheim, Bergham mehrf.
Bercher: s. Berg (× Berhtari)
BERCHT: Zu ahd. beraht „glänzend, berühmt" (vgl. engl. bright „hell"). Je nach der Betonung enthalten die N. 1. beraht, beret, 2. berht, bert (Berta), 3. braht, brat. Oberd. anlautend auch p statt b (× BERGEN, in den Kf. auch BÄR)
Berhtari: Berch(t)er, Bergter, Prächter, B(r)echter, Berter, Pertermann, Perchermaier
Berahthoh: Bert|og, uch, Pertuch
Berahtram: Bertram(s), Bertraum, Bertrab, Bettram, Bartram, Battram, Tramm (s. d.), Tram|bauer, smeier, sen
Bertrand: Bertrandt
Berchtwald: Be(r)chtold, Brech(t)old, Berg|(d)olt, olte, holter, hold, kolz, wald, Berktold, Berdholtz, Bercholz, Berthold, Pechtold, Pechhold, Brachold, Bart|hold(us, i), holl, holz, eldes, elt, el (× Bartholomäus), Bartelsen, Parthol, Bertholy, Schäferbarthold; Mischf. Betschold; wend. Baltot

Kf. Told, Dold (s. d.), Döldle, Doll (s. d.), Dollt, Toll(e)

Berhtolf: Bechtolf, Bechtloff, Bechtluft, Bardolph (× BARD), Bartloff (× BARD), Bertleff He Kf. Perhto, Berto, Betto (z. T. auch zu Albrecht): Bergt, Brecht (× ON.), Brecht|el(sbauer), er, ken, Percht, Prech, Precht(lin), Pracht(häuser), Bracht (× ON. Hessen), |el, l, Prächt(el), Breche(t)sbauer, Bechtel(er), Pecht(el), Berth(le), Perthes, Bert|(e)le, elsmann, lein, ling, ung, ong, heim, sche, schin, ig, gen, ges, eneder, mann; Bärthlein, Bärtschi, Pert|inger, z, sch, Persch (falls ē, zu Petrus), Bersch, Betsch, Betz (× BÄR), Beth|e, (e)ge, ig, ke, Pethe, Bete, Bedge, Bett, |e, ke, ges, els (× Elisabeth), (Bahrdt, Barde, Bart(h) und Part s. auch bei BARD)

Im Auslaut: z. B. Mielbrecht, Albrecht, Wieprecht, Heidebreck, Gilbricht, Folbrycht, Gumprich, Hilbrig, Reiprich, Obereich, Ul|bri(e)g, brisch, bich, Kohlbrey, Odenbreit, Gesellbracht, Hobrack, Ropproch, Leibrock, Albert, Kispert, Mühlbrett, Dombart, Rappard, Gerbhard, Siphardt, Nieber, Kopper(mann), Vollbehr, Engwer, Gießenbier, Hendebett, Osbahr; zu –mert assimiliert: Kommert, Sammert, Genitive u. dgl.: Libbertz, Milpetz, Mävers, Siebraß, Heidberder, Engel–, Ecken| brecher, Wolperding, Wollbrink, Harbring

Ber(ch)tenbreiter: Einöde Donauwörth. Barchtenbreiter

Berding: s. BARD und BERCHT Kf.

(bereit): Breit|schaft, schopp, sprecher, Preitschaft

Bereiter: „berittener Ratsdiener, Pferdeknecht" (Li)

Beren|blum, zweig: s. Beerbohm

Berenroth: ON. Bernrode Anhalt

Beres: s. Liborius

Berg: ÖN. und ON., in zahllosen Zss., Zsr.; oft in Dativform (Berge < zem berge). Gelegentlich × Birke. S. d. und Berg–. Berg(k), von (den) Berg, vom Berge, van den Berg(h), von der Berg, ab Berg; Amberg (× ON.), an Bergen, zu Bergen, Bergundthal. Nd. Barg(e), von Bargen; Barg|(e)mann, heer, eboer, ebuhr, („Bauer"), frede, fried (s. u.), steen, meier

Berg|(e)mann (× Berufsn.), mans, mannshof(f) (gräzis. Bergander, Berkander), müller, thal(er), lehner, schneider, haus (oft ON.), hof (desgl.), hoff, horst, fried, fred (mlat. berfridus, als „Turm auf dem Berge" gedeutet; nd. Bargfrede), feld, heim; Perk|mann, hofer. — Zum Bergbau (Sch I) gehören noch: Berg|meister, knecht, schmidt, bauer, schreiber, feld, (erzhaltiges Feld vgl. Bauer, Feldbauer), häuel = hauer, zog (Reihe von Schächten, Halden; vgl. ON. Zug, Freiberg), grün („Kupfergrün"), Berkhauer; aber Bergrath ON. Aachen (s. BERGEN und roden)

Als zweiter Bestandteil wechselt –berg oft mit –burg (vgl. Straßburger): Eschenb., Osterb., Winterb., Ho(h)mb. < zem hohen B., Linnenb. = Lindenb., Vosb., Sterenb. = Sternb. (s. Ster), Herzb. = Hirschb., Freib., Rothenb., Steinb. (> Stember). Als Weide: Viehb., Roßb., Kuhb., Geisb., Lämmerb. — Windbergs; obsächs. > brig: Klebrig, Roßbrig, Sohlbrig; in Glatz Rusmich < Rosenberg. Nd. Uhlenbarg = Eulenberg, Kobarg („Kuhb.")

Ableitungen auf –er: Berger (ausnahmsweise < frz. berger „Schäfer"), Bärger, Bercher (×Berhtari), Bergner (< ON. Bergen), –berger: Sandb., Erzb., Gerstenb., Nürnb., Schöne(n)b., Untersb., Forb., Schneeb. — Reichensperger

Berg–: s. Berg, BERGEN, BERCHT

Bergamenter: s. Pergament

Bergande: s. Burgund

Bergegren, Berggre(e)n: s. Birke

Bergel: s. BURG Kf.

BERGEN: Zu ahd. bergan „bergen, retten". Von BERCHT im ersten Teil oft nicht zu scheiden. Am häufigsten als zweiter Teil weibl. N. (Amalabirga, Heilbiric u. a.)

Berchger (häufig): Berger (doch gewiß meist örtlich); Bergers

Berchher: Pergher?

Berchart: Berg|hardt, ert, ath, Berkard
*Bergwart: Bergward (× „Wärter")
*Bergwin: Bergwein Kf. Perga, Berkilo: Berge, Berke (× Birke, ON. Berka), Berg|el, ler lein, ling, s, sch, st. Berk|(l)ing, rodt, enruth, Perge
Berges: s. Haus
Berg|(d)olt, olte, ter: s. BERCHT
Berghammer: 13 Orte Bergham Bay., Österr. = Bergheimer
Berglas: ON. Vogtl. (× ON. Berglase, Rügen)
Bergsträßer: Nicht nur nach der Bergstraße am Odenwald, sond. auch im Gegensatz zu einer Talstraße. Auch ON. Bergstraß, Lauban; Bergstraße, Soest
Bergunde(r): s. Burgund
Berigk: s. Berka
Berisch: s. BER
Berk–: s. BÄR, BERGEN und Birke
Berka: 1. 5 ON. 2. tsch. PN. „Räuber". 3. wend. bĕrka „Einnehmer" > Berk, Birke, Berigk
Berkau: ON. Stendal, Wittenberg (× Barkau, Holst. 4)
Berke: s. Birke (× BERGEN, Berka 1)
Berkelmann: ON. und Flußn. Berkel, Westf.
Berker: ON. Berk, |a, au
Berkessel: ON. Bernkastel < Beronis castellum
Berking: s. BÄR I Kf.
Berktold: s. BERCHT
Berlemann: < ON. Berlebeck oder –burg
Berkum: ON. Bonn
Berl–: s. BÄR
Berlack: pruß. ON.

Berlage: ON. Barlage, Old.
Berlepsch: ON. Kassel < Berahtleibeshuson
Berlunger: <lad. pralung „lange Wiese". Perlunger
Berm–: s. BÄR und Pergament
Bermühler, müller: Einöde Ebersberg (OB.)
Bern–: s. BÄR II
Bernauer: mehrf. ON.
Berndroth: ON. Nassau
Bernecker: ON. Bay., Österr., Württ.
Berner: 1. s. BÄR II. 2. ON. Bern, Schweiz; Berne, Oldenb.; Bernau, Mark. 3. = Börner; s. Brunn
Berngeher: ON. Altötting.
Bernheim(er): ON. Wasserburg OB.
Bern|höft, klau, locher u. dgl.: s. Bär
Bernick, |e(n), el: s. Barnickel
Berninghaus: Hofn. Hagen i. Westf.
Bernitt: ON. Bützow
Bernsen: s. Börnsen
Bernstein: 1. ON. (meist < BÄR II). 2. (vor allem jüd.) Mineral
Bern|stengel, stiel: s. Birne
Bernwinkler: vgl. Bärwinkel
Berrbaum: s. Beerbohm
Berres: s. Liborius
Berressen: ON. Berresheim, Mayen
Berrisch: s. BER
Berroth: s. Petrus
Berscheid: s. Perscheidt
Bert: s. BERCHT
Bertschinger: < ON. Bertschikon, Schweiz
Berwerz: s. BÄR, Beroward
Bescheiden: mhd. „gescheit"

Bescherer: s. scheren
Besch(le): s. Sebastianus
Beschop: s. Bischof
Beschor|en, ner: s. scheren
Beseler: = Bäseler. Basler. 1. ON. Basel; 2. mnd. bēseler, bäseler „Dolchart". Beßler (× Päßler)
Beselin: ON. Rostock
(Besen): mhd. besem. Bes(s)emer, Besmer, Besenbinder
Besenbruch: ON. Herford. Besenbrock
Besenecker: s. Pößnecker
Besenfelder: ON. Württ.
Besenreiter: ON. Besenreuth, Oberösterr.
Bes(s)emer: s. Besen. Besmer
Bessemich: ON. Euskirchen
Bessenroth: s. Bössenrodt
Besserdich: Satzn.
Besser(er): mhd. beʒʒeraere < beʒʒern „Bußen einziehen" (vgl. Rüger)
Bessiger: s. Bezzo
Best–: s. Sebastianus
Best(e)horn: wohl wie Bestehaupt Viehabgabe höriger Erben an den Herrn
Besten: ON. Duisburg, Osnabrück. Bester
Besteler: „Bastler"
Bestry: sl. pestry „scheckig, bunt"
Bestvater: nl. „Großvater"
Besuch: „Jagdrevier" (poln. „ohne Ohren"?)
Bet–: s. BERCHT Kf.
Betcher: s. Böttcher
Bete–, Beth|für: s. böten
Betenstiel: s. Beethoven
Bethäuser: ON. Bettenhausen, mehrf.
Bethlehem: Pilgern. oder nach einem Asyl dieses Namens. Hebr. „Brothaus", daher jüd. für Ungarisch Brod in Mäh-

ren > Bettelheim > Telheim
Bethmann: s. Bede
Betker: s. Böttcher
Betsetzer: s. Bede
(Bett): Bett|lach („Laken"), sack, steller („Tischler"), emacher („Federhändler"), züge, züche, zieche(r) < mhd. bettezieche „Deckbettüberzug". Aber Oberbettstetter?
Bett–: s. BERCHT Kf.
Betta|ch, g, que: < frz. Bettaque
Bettcher: s. Böttcher
Bettelheim: s. Bethlehem
Bettenhausen: ON. > Betthäuser
Better: bair. „Rosenkranz". Better|er, mann = Paternosterer
Betterolf: s. Biterolf
Bettführ: s. böten
Bettkober: vgl. ON. Bettighofen, Württ.
Bettmann: s. bede
Bettram: s. BERCHT
Bet(t)schart: „Peitschenmacher" (Socin)
Betulius: < lat. betula „Birke"
Betz: 1. s. Bezzo; 2. häufiger rhein. Wiesenn. (Betzner); 3. wend. bez „Holunder". Beesk(e); obwend. bóz: Botz(ke), Bötz(ing)
Betz|elt, hold: s. Petrus (slaw.)
Betzing(er): ON. Betzing, Mayen; Betzingen, Württ.
Beuch–: s. BAUGE
Beuche: ON. Beucha, Leipzig. Beicher(t) (× ON. Beuchen, Amorbach)
Beuchel: s. Bauch
Beuermann: s. Bauer
Beug–: s. BAUGE
Beuk–: s. Buche

Beul: 4 ON. Rhld. **Beule:** ON. Arnsberg. **Beul|ecke, ig, ke:** s. BY
–beul: s. Bühel
Beulert: s. BIL
Beune, Beunt(n)er: s. Bünd
Beurlen: s. Bauer
Beusker: s. Busch
Beuster: ON. Beuster, Magdeburg
BEUT: zu ahd. biutan, nhd. (ge)bieten; ablautende Nebenform zu BOD. Ahd. z. B. Biotuit, Bioda, Piezi
Beuth, |e(r), Beutel(pacher), Beut|z, lich, ling, gen; Peut|ert, rich, inger
(Beute): 1. Bienenkorb. 2. Backtrog. 3. Walkmühle. Beut|(n)er, mann, Beuttenmüller, Beydemüller
Beuteführ: s. böten
(Beutel): Beutel(e), Beut'l (× ON. Potsdam), dazu Beutler, Peutler, Baitler, Bütler, Beitler, Peidtler „Beutelmacher", auch „Gerber" (FN. Weißbeutler) und „der das Mehl beutelt" (FN. Beuttenmüller × Beute, s. d., doch vgl. Flurn. Leimen–, Pfannen|beutel. Spickchenpewtel. — Beitelrock < beiteln „schlottern". Beutelrock
Beuther: ON. Beutha, Sachs.
Beuthner: ON. Beuthen
Bever, Bewer: nd. „Biber". Dazu Bever|e, n, (7 ON. Braunschw., Holst., Oldenb., Münster), unge (ON. Beverungen, Höxter). Bevers–, Bewers|dorf, Beverborg
Bevo: unerkl. ahd. N., nach Förstem. viell. zu BAB. Bevendorf, Bew|ig,

art, ert. Vgl. BAV Prö. 1,25
Bew–: s. Bever, Bevo
Bey–: s. Bei–
Beyer: s. Bayer
Beyerburg: ON. Lennep
Beyerlein: s. Bauer
Beyrich: s. BAG
Beyschlag: „Stück Feld" (× Vorbau am Hause und Fürstenbastard)
Bezzo: meist < Berzo, Kf. von BÄR I, II und BERCHT, doch auch zu BAD. Betz, |el, ler (× mhd. betzeler „Knappe"), Bessiger (ON. Bessingen, mehrf.), Bezzel, Petz, |l, gen, (n)er (× ON. Petze, Hildesh.; Petzen, Schaumb. u. tsch. pecnar „Brotbäcker"), kofer, Peßl(er) (s. Päßler), Petschening? — Petz|ke, old und dgl. s. Petrus
Bezzenberger: ON. Boi(t)zenburg
Bial–: s. belu
Bib–: s. BIT
Biber: Biberli, Biwer, Pieber, nd. Bever (s. d.) (× 6 ON. Bieber), Bieberschulte, Biberstein (4 ON.), Bierbach, Beberbeck (ON. Hofgeismar). Bieber|geil, gehl, jehl: stark riechende, früher medizinisch verwendete Flüssigkeit aus den Schwanzdrüsen des Bibers (Biebert, Pieper KS)
Biberger: 13 Orte Bay.
Bibernell: Pflanze Pimpinella. Pimpernell
Bibow: ON. Meckl. Biebau
Bibra: ON. Thüringen
Bich–: s. Pech
Bich: Hofn. Siegkreis
Bichl(er): s. Bühel
Bichsenmeister: s. Büchse
BICK: zu ahd. pichan,

mhd. bicken „hauen, stechen"
*Bighard: Bickhardt, Biegert, Pichert, Pickart (× s. Picard), Picke(r)t, Piekert, Peikert
*Bighari: Bieger (s. Bieg), Bigger, Biecker, Picker(ing), Beiger
*Bigerich: Bickerich
Bigwald: Biegholdt, Biegenwald, Beicholdt
Kf. Bigo: (vgl. Pickel) Biging, Bieg(ling), Bigge(mann) (× ON. Westf.), Bick(el), Pick|l, elein, erodt, Piek|en, sen, Peik
Bickel: s. BICK und Pickel
Bickelhaupt: s. Beckenhube
Bickenbach: ON. Bay., Hess., Rhld.
Bidder: s. Bitter
Bidel(l): s. Büttel
Biddrich: s. Bittrich
Bider: s. BIT
Bidinger: s. Büdinger
Bidner: s. Bütte u. Wittum
Bidtel: s. Büttel
Bie–: s. bei
Bieb–: s. Biber u. BIT
Biebrach: s. Bober
Biebricher: ON. Nassau
Biechele: s. Bühel
Biecker: Hofn. Altena i. Westf.
Bieda: sl. PN. Běda „Not, Elend". Bied|e, ka, ke
Biedengraben: s. bei
Biedenkopf: ON. Wiesb.
(bieder): Biedermann > Bitterm., Biedermeier, Bieder|bist, bost. S. Büdner
Biederich: s. Bittrich
Biederwolf: s. Biterolf
Biedner: s. Wittum
Biefang: s. fangen
Bieg: 1. ÖN < mhd. biege „Beugung, Neigung, Flußbiegung", dazu Tenbieg, Bieger (× mhd. biegaere „Zänker, Betrüger"

und ON. Bieg, Biegen). 2. sl. PN. Běg < běgati „laufen". Beeg(er), Beher, (Běhar), Bieg, |an, ang, andt, er, on (poln. „Läufer"), us, Bieh, Bischke
Bieg–: s. BICK
Biegandt: s. Bieg, Wiegand
Biegel, Biegler: 1. mhd. biegel „Winkel". 2. s. Bühel
Bieger, Bieh: s. Bieg
Biehler: s. Bühel
Biehlke: s. belu
Biehly: s. Beil
Biekar(c)k: s. bei
Biel|and, ang: s. belu
Bielefeld: ON., auch FN. Bi(e)lfeldt (× Wüstung Bilevelde, Wilster Marsch, Holstein)
Bielenberg: ON. Wipperfürth
Bieler (Glatz): < ON. Langenbielau; sonst ostd. < ON. Biela (mehrf.; < belu); obd. zu Bühel
Biemann: s. Biene
Bien–: s. BÄR II u. Benedictus
Bienapfel: < lat. pinus „Kiefer"
Bienbacher: < Birnb. KS
(Biene): mhd. auch bīe; vgl. Bein 3. Biendl, Bie(ne)mann (× ON. Biene, Osnabr.) = Bienvirth = Bienzeisler = Bienzeidler = Zeidler. Der Bien(en)gräber holt den Honig der wilden Bienen aus hohlen Bäumen
Biener: 1. ON. Biene, Osnabr.; Bienen, Rees. 2. „Zeidler". Bienert. 3. s. Bünd
Bienhold: s. WIN (Wineuald) (× Bienwald)
Bienmüller, nd. Binmöller: 4 ON. Bienmühle

Bienroth: ON. Bienrode, Brschw.
Bien|see, wald: „beim See, Wald"
Bienz: s. Benzo
Bier: Getränk, nd. bēr. Bier|bräuer, brau, hake s. Hake), leutgeb (s. līt), schenk, wirth, werth (× Beroward), rufer, schröder, kandt (s. Kanne); freund, mordt, hals, sack = bauch, wolf, ente, gans, han, schwale, schwall (Schwalbe); Wierschenk. Biereye (Bier|ei, eichelt, au, auge, äugel, ögel, egel) zu mhd. ougen, öugen „vor Augen bringen", steckt ein Schankzeichen aus (Schmalkalden XV Birouge, XVI Biereige). [Biermann < BÄR I oder „Wirt"; Bierbaum „Birnbaum" (auch ON., mehrf. in Österr., auch Koblenz), ebenso Bierenfeld, Bierkamp, Bierkemper (Bierwisch, Bierer?), Bier|sauter, schneider s. Bär 2; Bierbach s. Biber (× ON. Biederbach)]; Bier|dämpfel, düm(f)el, dimpfl, tüm(f)el, timpel (> tempel) „Tümpel"?, vgl. Milichtuemphel. Gutbier. Böseb., Dinneb. (Dimb.), Todenb., Dotenb. (< dōte Taufpate, vgl. nd. Kindelbier „Taufschmaus"), Schengb. (nd. Schengber), Schluckeb. (Schlockeb., Schluckeb.), Mengeb., Warmb., Frischb., Sau(e)rbier, (Suhrbeer), Scharffbier, Süßb. (Söt|beer, ebier, halbnd. Sößbier), Vollb. (Vollbehr; zu füllen), Zuberb., Kumb. („Haustrunk" zu Kumme), Bidelb. (vgl. mnd. biddelköste „Bewirtung des

113

Hochzeitsbitters"), Zukkerb., Maib., Grunesb., Mordespier (Mordebier), Brengebeer. Sonst × Beere, Birne; Gießenbier < Gisembert, Fehlbier s. Felber. Vgl. Gose, Mumme, Brauer
Bier–: s. Bär
Bieret: s. Barett
Bierig: s. Petrus (slaw.)
Bier|ing, le: s. Bauer (Bieringer s. BÄR II)
Bierkle: s. BURG Kf.
Bierl: s. BÄR I Kf.
Biern–: s. BÄR II
Biersauter, Bierschneider: s. BÄR II
Biese: nd. „Binse" (× BIT Kf.), Biesen|bach (mehrf. ON. Rhld.), dahl; auch bēse: Besen|brock, bruch, dahl (aber obd. mhd. bīse, pīse „Erbse" < lat. pisum: Piser)
Bies|eke, (i)ke, elt, old: s. Petrus und Peske
Biesenecker: s. Pößnecker
Biesterfeld: ON. Lippe. Bisterfeld
Bietendüvel: s. beißen
–bieter: s. büßen. Bietha(h)n
Biffard: s. BIL
Big–: s. BICK
Bigge: ON. Brilon
Bigot(t): Redn. „bei Gott"; aber Bigotte < sl. bēgota „Läufer"
Bihl–: s. Bühel
Bihn: s. Albinus
BIL: zu as. bīl „Schwert" (dies wohl zu nhd. beißen), vermischt mit ahd. bīhel „Beil"
*****Bilifuns:** Beilfuß
*****Biliger:** Bilger (× Pilger), Pelger, Beilker
Biligarda (weibl.): Pilegard (falls nicht sl. „Weißenburg"; vgl. belu und GRAD) Bilgardt

Biligrim: s. Pilger
*****Bilihart:** Bill(h)ard(t), ert, at, Bilharz, Pielert, Pill|at, et, Beil|ert, hardt, harz, Beulert
Bilihar: Biller, Bieler (meist zu Bühel), Piller, Beiler, (s. d.), Behler, Bellermann (× Baldher)
Biliram: s. Pilger
Biliman: Bill–, Pill–, Piele–, Bel(l)–, Pehle|mann
Beliman: Bilmer, Bel(l)mer
Pilimunt: Bellmund
*****Piliwin:** Pillwein
Billulf: Bellof, Beilof, Pilf (× Bilifrid)
 Kf. **Bilo:** Biel (vgl. Bühel), |igmeyer, Bil|se, zing, Bill|o, ung, ing, Behling, Bell|e (× Bellach), ingkrodt (ON. Bellingroth, Gummersbach) = ingrath. Belz (× Pelz und BALD); Beil|ke, ig, enson, Beylich, Beulich, Pielemann, Peil, Pil|ke(nroth), singer, sl, stl, Pilz, (s. d.) |ing, ke, (n)er, ecker, Pill|e, ing, neder, Pell|ens, s, ke
Bilau: pruß. ON.
Bild: vgl. HN. von deme Bilde. Jost Bildecke zcuo Kempnitz burger 1470 (Chemn. Urk.-B. 190, 3). Sieh auch Bülte, Bild|hauer, ner, stein (auch ON. U.-Frk., Vorarlberg)
Bild|at, ert: s. WILD
Bilderbeck: vgl. Billerbeck
Bilfeldt: s. Bielefeld
Bildheuser: ON. -hausen, U.-Frk.
Bilfinger: ON. Bilfingen, Baden; Billafingen, Hohenz.; Bihlafingen, Württ.

Bilgenroth: Hofn. Altenkirchen (Koblenz)
Bilger(i): s. Pilger
Bilipp: s. Philippus
Bill–: s. BILL
Billasch: s. Pilartz
Billeb: ON. Billeben, Sondershausen
Billep(p): s. Philippus
Biller: s. Büller und BIL
Billerbeck: ON. Braunschweig
(Billet): 1627 „Quartierschein des Soldaten". Billjött. Billeter, Pellet(er) „Quartiermeister"? (oder aus Biliton, Bilten, Glarus; × Bil–, Bild|hard)
Billig: ON. Euskirchen. 1412 Hannus Billich (Chem. Urk.-B. 70, 27), 1541 Paul Billich Ratmann (das. 124, 9)
Billian: mit Kupfer legierte Silbermünze. Billion
Billroth: ON. Billroda, Merseburg, Billroth, Salzb.
Bil(l)stein: 13 Orte
Billwarder: ON. Billwärder, Hambg.
Bilonius: s. Apollonius
Bilse, Bilzing: s. BIL
Bilsnak: ON. Wilsnack, Brandenb.
Bin–: s. Benedictus
Bina: Flußn. NB.
Binckebanck: s. Pinkepank
BIND: Ablautend zu BAND (s. d.)
 Jetzt Volln.: Bind|hart (× ON. Bay.) > ert, rich (Pinterich), ewald, > Binnewald, Pindol Kf. **Bind** (× Bünd), |e, el, l(er), ges, chen, ing, hammer (s. Heim), Binting, Binn|emann, er, inger (× ON. Biningen, Stuttgart < Buninga).

(binden)

Bin|tsch, z(el), zle auch zu Benzo. Pindl, Pint|ig, gen, s, sch(er). — Auslautend Ariobindus
(binden): Bindauf, Bind(er)nagel: Holz, das zum Binden der Garben dient, oder = Faßnagel; doch vgl. Pinternagel unter Pinkepank. Bindschedler (s. Schädler), Bindschuh = Bundschuh, Binteri(e)m („Riemen"), Bindseil (nd. Binseel)
Binder: „Faßbinder, Böttiger, Küfer" (× ON. Binder, Hildesh., Binde, Magdeb., vgl. Bünd). Binder, Pinder > Pindar, Pinther, Bender = Faßbind(er) (lat. Viëtor), Bittenbinder, Buden–, Boden|bender (zu Bütte), Rothb. (nach dem Rotbuchenholz), Weißb. (nach dem billigeren Fichtenholz). Buchb., Bürstenb.; Ballenb. „Packknecht"
Bineter, Binöder: s. Pineiter
Bingau: < frz. Bugno|n, t
Binge: „Graben, kesselförmige Vertiefung im Bergbau, eingestürzter Schacht". Binge|l, r, Bing(el)–, Binge|mann, Pinge, |le, r, Bünger, Püngel
Bingemer: ON. Bingenheim, Hessen
Bing|en(er), er: ON. Bingen (jüd. Bing, |o)
Binggeli: schweiz. „Knirps"
Bin|hold, holz: s. WIN (Winewald). Vgl. Bienhold
Binkebank: s. Pinkepank
Binmöller: s. Bienmüller
Binne|bös, bößel: Auch Binne|wis, weiß, besel, Binnen|wies, böse, Bimbös. Unerkl. = Bendwisch? Binnenwiese? Heimlich weise, böse? (Lexer, I, 280 binwis „ein dunkles Wort", „Art von Grundstücken")
Binner: meist „Binder" (× Bünd)
Binnewald: s. BIND
Binnig: ON. Binningen, Baden
Binöder: s. Pineiter
Binsförth: ON. Melsungen
(Binse): Bins, Binz(inger), Binsfeld (mehrf. ON.), Bi(n)swanger (vgl. Wang; 5 ON.) > Beiswanger, Beiß|wenger, winger?, Pinsdorf. Nd. bent in ON. Bent|feld, heim, –lage, –lo, FN. Bensiek (> Bensing?), Bente|ler, mann, Bent|er, feld, han, hues, kamp, lage, Bentrup. Vgl. Bendwisch, Biese, Bischof
Binseel: s. binden
Bint–: s. BIND u. binden
Bippart: s. BIT
Birch–: s. Birke
Birenzweig: s. Birne
Birett: s. Barett
Birgden: 3 ON. Rhld.
Birgle: s. BURG Kf.
Birke: Nd. bark, berk; oft in ON. In den Birken, van Berk. Birk, |e (× BURG Kf.), l(bach), er(t), ner, inger, mann, emayer; Unterbirker; Birk|igt = holz, hölzer; Birghan (Barghaan, Berghänl); Birgfeld, Birken|hagen, busch, beul, bihl (> beil „Bühel"), kamp, stock, stamm, hake, ruth, hauer (heuer, heier), pesch, kötter; obd. Birch, |(l)er, ner (doch Birchoff nordd.); Pirch|(n)er, moser, egger, Pirgstaller; Pirk, (oft ON.) |(n)er, holz,

Birus

Pyrker, Pürchhauer. Pürk|hauer (× ON. Pürkau), fellner; Bürk|müller, ner (ON. Bürken, Leutkirch). — Bark|haus, efeld, holdt (= Berggold), enruth, ebrandt, Bargfleth, Berke|feld, loh, meyer, Berckholtz, Berkhan, Berken|busch, bosch, brink, hoff, kamp, kopf, hage(n), Berkhemer. — Nord. Björk(lund) (meist schwed.), Bergegren, Berg|gre(e)n, qvist, lund, löb = löf. Sieh auch Berka
Birkhold: s. Burgwald
Birkle(in): s. BURG Kf. (× birkel „junger Bär")
Birkenbach: ON. Wittgenstein
Birl–: s. BÄR I Kf.
(Birne): Birn|er (× ON. Pirna, Birnau u. BÄR II), baum (vgl. Baum), bich(e)l, biggel, bickel (s. Bühel), grube, bacher, still, stengel, stingel; Bern|stiel, stengel, Birrenzweig, Bier|kamp, berg, most (dazu Birnbräuer), Birn|esser, menger (Händler), Sauerbirn. Vgl. ON. Birn|baum, stengel, Birnstein, Birenstiel, Pirnstill, Bernstiel, Behrenstengel u. s. Beerbohm, Bier u. Bäumer. — Aber Birnkammer (ON. Vilsbiburg, NB.) < *Birinkheimer
Biro: < frz. N. Pierrot
Biroll: „Vogel Pirol"
Birrenkoven: ON. Birrekoven, Bonn
Birrwald: s. BÄR I
Birsner: Wüstung Birsen, Sundgau
Birtler: s. Borte
Birus: s. Petrus (slaw.)

Birx: s. BURG Kf.
Birz(e)le: „Bürzel"
BIS: unerkl. Stamm. Ahd. Bis|mod, o, inus; weibl. Bissula (× unerkl. N. Beis; vgl. ON. Beisheim, Beisingon; sieh auch WEISE), Bi(e)se (s. d.), Biesel (× ON. Bisel, Elsaß), Bießlich (× ON. Bislich, Wesel), Bisl, Bisike, Biß, Biss|el(l), ing(er), (× ON. Bis(s)ingen, Biesingen, Büsingen, Bessungen < Bissingen); Beis|l(er), Bei|s(ing)er, el(e), Beißinger, Beißbarth, Beißer(t), Pissinger, Pißl, |e(in), Peisl, Peiß|inger, l, ner
Bischke: s. Bieg 2
Bischof: Bisch|hof(f), kop, kopf(f), Pischop. Übern.: Curt Sauffaus den man Bischof nennt (Wetzlar XVII); nd. Beschop > Bischoping, Bisping(hoff) (mnd. biscoving „Mann des Bischofs", ON. Bispingen, Lüneb.), Bisschops; slaw. Biskop, Biskup|ski, ek (× ON. Bischof, Wilster Marsch. 1277 Biscop „Binsenkuppe". Biskop). Bischofer, Bischoffshausen, Bischofs|heimer, werder (ON. Westpr.)
Biskamp: wohl zu Binse
Bis|kop, kup: s. Bischof
Bismarck: auch bürgerl. N. Klammerform = Bischofsmark, ON. Bismarck an der Grenze des Bistums Verden. Ebenso ON. Köslin, Stettin, Bischofshausen, Hess.
Bisnecker: s. Pößnecker
Bisping(hoff): s. Bischof
–biß: s. beißen
Bißhold: s. Petrus (slaw.)
Bissikummer: s. Hof

Bissinger: 5 Orte Bissingen, Schwaben
Bister: 1. ON. Bisten, Saarland (× ON. Bist, |er). 2. sl. Bystry „schnell, scharf". Bistri(ch), Beister
Bisterfeld: s. Biesterfeld
Biswanger: s. Binse
BIT: zu ahd. bītan „aushalten" und bittan „wünschen, bitten"
Bitbert: Pippert, Bippard, Pipphardt
  Kf. Bibo, Pippi (doch meist Lalln.): Bib|o, inger, Bieb|el, l, ler, isch; Beibel, Pip(h)o, Piep, Pipp|i(n)g, el; Pievenkämper?, Piebes, Peip(mann)
*Bitfrid: Biffard
Pittheri: Bitter, |le, lich, ling, mann, Bider, Beiter (× WID), Pitter|le(in)
Bitherid: Piderit
  Kf. Bito: Bitt|e, ig, Pitl, Pietler (aber Pieth, Pietsch s. Petrus), Piedemann, Beit|lich, inger (× BEUT), Peitgen, Bitze (s. d.), Pitz, |en, ing. l(in), Pitsch, |er, eneder. Peitsch(er), Biese (s. d.) |ke, Beiß|ig, ner, Beitz(el)
Biterolf: Held d. Dietrichsage (nicht ahd.): Bitter|(w)olf, auf, hoff, Bit(e)rof, Biederwolf, Bitt|rof(f), orf, Bittruf(f), Pitt|roff, ruff, orf, Betterolf, Peterolf, Bitraf
Bitsch: ON. Elsaß
Bitt–: s. BIT und Biterolf
Bittag: s. ptak
Bitt(s)cher: s. Bottich
Bittel(mann): s. Büttel
Bittenbinder: „Büttenbinder"
Bittendübe|l, r: s. beißen
Bitter: 1. städt. Almosensammler (vgl. Klingler). 2. Bitter, |le, ling s. BIT. 3. s. Büdner
Bittig: s. ptak
Bittner: s. Büttner
Bitt|orf, roff: s. Biterolf
Bittrich: 1. Trinkgefäß (Bidd–, Biede|rich, Bittricher, Büttricher). 2. s. Petrus (slaw.)
Bitze: obd. < ahd. bizuna „Bezäunung" (vgl. Etter), auch „Baumgarten" (× ON. Bitz, Bitzen). Bitz|er, enbauer, inger, henner; schweiz. Bitzi(ner), Inderbitzi; aber Bitzius wohl < Sulpicius, Hl. VII
Bivour: s. Furt
Biwer: s. Biber
Bixner: s. Büchse
Bla(a)k, Blab–: s. BLAD
Blabsreiter: Einöde Blabsreit, Trostberg (OB.)
Blackert: vgl. altd. N. Blac|fin, heri XI (zu engl. black „schwarz"?)
Blackner: s. Blaike
BLAD: viell. wie nhd. „Blatt" zur Wurzel der Wörter „blühen, Blume" Volln. selten: Blatter, Blattert, Plater (× Platter), Blätterlein (Blathar), Plätrich (Bladrich), Pladwig (*Pladwig)
  Kf. Blatt, Bladt, Blädel, Blädtke, Plath, Plät(t)ke, Plett(ig), Platt(l) (doch s. Platte. Die N. mit s und ß vielfach unsicher; auch zu Blasius; vgl. Blaschke, Blaß, Blesse, Bletz, Platz), Bla|as, se, sig, sch(e), Plaß, Platz(öder), Bla|tz(er), ß(ner), sche, Blä|sche, tzer, ske, sel; Blesgen; Bla(a)k, Pla(a)ck(e) (vgl. Blackert), Pläg|ing, er. Von Bladb– (vgl. Blatbert, Platpotesheim) wohl: Blab, |el,

Blaffart   Blei

sreiter (× BLAU), Pla|b(st), pp, Blepp
Blaff|art, ert: < Plappart (s. d.) oder wie Blaffer „Kläffer". Bleffert
Blaha: tsch. „Glück"
Blaicher: s. Bleich
(Blaike): durch einen Bergrutsch von der Ackererde entblößte Stelle. Blaickner, Plaichner, Hechenblaikner (Blackner, Plackner, Plachner, Ble(i)chner, Plikker(t) KS)
Blaim–, Blam–: s. Blume
Blaimberger: 2 Orte NB.
Blamberger: Einöde Vilshofen (NB.)
Blameuser: nd. Münzn. Blamüser (Reichsadler als müser „Bussard" mit blauem Schnabel aufgefaßt). Blaumeiser, Blammeser
BLAND: unerkl. Stamm; vgl. BLUND. Blan|der(er), z; Blend, |el, inger (Blender: ON. Verden, Hessen), Blenz, Planding, Plant, |z, hold, holz, Plen|dl, z, ß
Blandau: 3 ON. Ostpr., –ow: ON. Stralsund
BLANK: zu ahd. blanc „weiß, blinkend". Blank, |e, l, mann; Plank, |e, l, mann; Blänkle, Blenk, |l(e) (× blenkl bayer. „schwerfälliges Werkzeug"), Plenge, Plenk. — Erweiterungen: Blanchard: Blankart(z), Blanckertz, frz. Blanchard; *Blanchar: Plangger, Plänker, Plenkers, Blanker–, Planker|mann
(blank): „glänzend", auch „baumfrei" (vgl. Blaß). Blencke > Blenker; Blanken|berg, feld, hagen > hahn, bühler, bichler.

Aber Blänkner, Blenkner auch „Schminkehersteller". Vgl. Firnis (× Blaike u. ON. Plenken, OB.) Blanckmeister: vgl. „Huf- u. Blanksschmied" (Grimm; doch s. Plank–)
Blankenhan: mehrf. ON. Blanckenhagen
Blas–, Bläs–: s. BLAD Kf.
Blasberg: Hofn. Solingen
Blasewitz: ON. Dresden
Blaschke: slaw. Blažek, Blaško < blagu „gut" (× Blasius)
(blasen): Blaser, Bläser, Bleser (bes. Turm–, Tor|wart). Blasbalg. Satzn. Blasen|brey > bräu s. Brei
Blasius: Märt. und Nothelfer. Blas|i, y, el, Bläsi(us), Blesi, Bleß (Blasch, Blooß, Bluos, Blues: He); wend. Bla(h)se, Blasik, Blaske, Plaschke, vgl. Blaschke. Mischt sich mit BLAD. Blässi(n)g u. dgl. zu Blaß oder dt. u. wend. zu Blasius
Blaß: mhd. blas „kahl" (nicht „bleich"). Blaskopf, Blässi(g) (s. Blasius), Blessi(n)g, Plessing. Rodungsnamen: Blassauer, Blaßfeld, Plaßmeier. Vgl. BLAD, Blesse, Bela
Blasweiler: ON. Ahrweiler
(Blatt): Blättchen, Blettel; Kleebl., Rosenbl. (× Platte), Bumbl. („Baumbl."). Schwed. Lind–, Palm|blad (Blatt s. Blott)
Blatt–: s. BLAD und Platte
Blatter|er, mann: „blatternarbig". Vgl. Spiel
Blättner: s. Platte
Blatz(er): s. BLAD u. Platz
Blatzheim: ON. Köln
BLAU: zu ahd. blāo,

„blau", aber urverwandt mit lat. flavus „blond"
***Blawhart:** Blaw|ath, at(t), ert, Blau|hardt, ert, th
Kf. ***Blawo:** Blau, |w, e(n), (e)l (s. Bleile), ß, mann, Blavius, Plau(mann), Plawer (× ON. Plauen). — Mit Übergang des w zu b: Blab, Plab. Vgl. BLAD Kf.
(blau): Blau|zwirn (jüd.), ärmel, rock (roch), huth, fuß (mhd. blāvuoʒ, Edelfalkenart > Bleifuß), nd. (doch auch Brüx 1500) Blohut. Blaumeiser s. Blameuser
Blaul, Bläul: s. Bleile
Blaumoser: Einöde Blaumoosen, Pfaffenhofen (OB.)
Blauner: s. Plauen
Blavius: s. BLAU
Blaw–: s. BLAU
Blech: Blech|e, en, er(t) (× ON. Blech, Rhld.), ner (× Blaike), mann = Blech(hen)schmidt. Holst. dän. Bli(c)kslager.
Blecha: tsch. blecha „Floh, Knirps"
Blechinger: s. BLEK
Bleck–: s. Bleich und BLEK
Bleck|wehl: ON. Bleckwedel, Stade. FN. Bleckwedel
Bled–: s. BLIDE
Blee|g, k: s. Bleich
Bleffert: s. Blaffart
Bleher: fertigt Wagendecken, schweiz. Blähen
Blei: 1. Metall, auch Senkblei, Lot. Bleyreiber; Bleigießer, Bleistein(er), ON. Pleystein, OPf. (Bleihuber > Bleihöfer, Plaghoff KS). Bleiweiß. 2. nordd. Fisch. 3. s. Pelagius. — Bleimeister s.

117

Bliede. Vgl. Bleibel, Bleile und blühen
Bleibel: 1. = Bleile (plūwil). 2. Vklf. von Blei (blī, blīwes: Bleibli)
(bleiben): Bleib|imhaus [in(s)haus], nichtlang, treu, Pleybmirnit. Nd. Bliefernich(t)(s). Blievernit, Bliebenicht, Bliefernich(t), Bliewarnit, Bliebenicht, Bliefenik, Bliefterning, Bliewernitz („bleib dar nicht")
Bleich: „blaß". Bleeg. Bleicher(t) (×ON. Bleich, |e), Blaicher „Stoffbleicher, Anwohner des Bleichplatzes"; vgl. nd. ble(c)ke „Dorfanger", Blecke, Bleek(er). Vgl. Blaike
Bleich|: s. BLEK
Bleichrodt, roth: ON. Bleichrode, Nordhausen; Bleichroden, Ellwangen
Bleickhardt: s. BLEK
Bleid—: s. BLIDE
Blei|diessel, distel: s. blühen
Bleier: 1. Bleischmelzer. 2. Stampfmüller (s. Bleile). 3. Fischn. = Plötz
Bleifuß: s. blau
Bleigart: s. BLEK
Bleiholder: s. blühen
Bleik—: s. BLEK
Bleil(e): „Schlegel, Prügel, Stampfmühle"; vgl. nhd. bleuen und Pleuelstange. Schon ahd. Plūwil. Pleibel, Bleib|le, el (s. d.), Playel, Pleul, Bleul, Bläul, Bleyl, Plau(be)l, Blaul; dazu Bleiler, Bleier (s. d.), Pleuer, Bläuer (× „Blaufärber"), Bleuwer, Bleumann
Bleim—: s. BLIDE
Bleimeister: s. Bliede
Bleische, Bleise: s. BLIDE
Bleißner: s. Pleißner
Bleit—: s. BLIDE u. Bliede

BLEK: zu ahd. blich, md. blic „Glanz, Blitz"
*__Blichard:__ Bleicher(t) (× Bleich), Blei|ckhardt, gart, chard, Bleck|ert, at, Bleschart, Plick|ert, at
Blicger: Blicker, Blecker Kf. Blick|le, mann, enberger, Blichmann, Bleike, Bleick, |e(n), Blechinger, Pleck, Bleck, |e, en, Pleichl
BLEN: Unerkl. Stamm. Nach Förstemann < kelt. Göttern. Belenus. Blenninger, Blenninger, Plen|(n)inger, er(t), Plien(inger) (ON. Pliening, Freising), Pleininger
Blend—: s. BLAND
Blenk—: s. BLANK, blank
Blerer: „Plärrer"
Blesch: „Walache" He
Bleschart: s. BLEK
Blesgen: s. BLAD Kf.
Blesi: s. Blasius
(Blesse): „Kahler Ort, Geröllhalde". Blessinger, Bleß|ner, mann (Bleß s. Blasius, Blessing s. Blaß)
(Bletsche): Bletsch „Großblättriges Kraut wie Huflattich und Klette". Bletsch—, Bletz—acher (s. —ach 3), Pletsch(acher)
Blettner: s. Platte
Bletz: 1. Flicken. 2. Wiesenfleck. Zu 1, 2: Pletz, Bletzer, Pletzer (bes. Flickschuster, × bletzen „schwatzen"), zu 1: Rot(h)pletz, zu 2: Bletzinger (oder wie Bletzacher zu Bletsche)
Bleu|l, mann, wer, Bleyl: s. Bleile
Blich—, Blick—: s. BLEK und Blech (Blick auch pruß.)
BLIDE: Zu ahd. blīdi, blīde „froh, freundlich" (Blidelevent)

*__Blidefrid:__ Bliefert, Bleyferth
Blithart: Pledath
Blidheri: Bleider, Bleder
Blidmar: Bleimer; Kf. Bleim(hofer), Bliem, Bliemel (× Blume) Kf. Blied(ung), Bled|e, l, Blei|dl, l(e), (s. d.), tgen, sch, se, Bli(e)ß, Blieske, Plitt, Plitsch, Blietz, Pliet(z), Plei|tgen, tz, ß
Blieb—: s. bleiben
(Bliede): mhd. blīde „Schleudermaschine für Belagerungen". Blidner, Bleitner, Pleidner, Pleitner, Blidensmet, Pleydenwurff, Blie(de)meister > Bliemeister, Bleimeister? Vgl. Ballester, Pfetterer
Blief—: s. bleiben
Bliefert, Bliem(e)l, Blie|ske, ß: s. BLIDE
Bliev—, Bliew—: s. bleiben
BLIND: Wohl Ablautsform zu BLAND, BLUND wie BLINK zu BLANK. Blind, |huber, hammer, enhöfer, Blinn(e) (vgl. BLEN), Blinzinger, Plin|z, tz(ner), ske, sch
(blind): Blind, Blindimann, Blindschleiche
Blindauer: ON. Traunstein
Blindow: ON. Prenzlau
Blinzler: der blinzelt. Blinzi
Bliß: s. BLIDE
Blix: „Blitz", mhd. blicz < BLEK. Blitz
Blöbaum: s. blühen
Blobner: s. Plauen
Bloch: 1. Block (s. d.). 2. jüd. „Welscher", ursprüngl. Bezeichnung der im 14. Jhdt. von Westen her in Polen eingewanderten Juden; vgl. Wloch
Bloch—: s. Block

Blochard: rotw. „betrügerischer Blinder"
Bloche: wend. Błocha „Floh"
Block: 1. Klotz. 2. Felsblock. 3. Einzelgrundstück. 4. Gefängnis (Blöcker, Blocher, Blöcher = Stöcker, der die Gefangenen in den Block setzt). 5. plumper Mensch. Block, |us = haus, mann, Bloch, |er, berger, inger, mann, Blöckel, Ploch|er, mann, Blöchle, Plöchinger, Blöcklein, Plock|e, horst, Plöck|l, inger
BLÖD: Zu ahd. blōdi „zaghaft, blöde" (aber Bloedel(īn) im Nibell. geschichtlich Bleda; falls nicht hunnisch, wohl zu BLIDE), Blöd|e(l), t, ing, ner, Blöte, Blöing (× BLUT)
Blöd(b)orn: s. blühen
Bloder: s. Ploder
Blodig: s. BLUT
Blohut: s. blau
Blom–, Blöm–: s. BLUME, Blume
Blonk: wend. błonk „Wiesenplatz". Bonk
Blontke, Blonzke: s. BLUND
Blöschli: schweiz. „Glatzkopf"
Bloß: dt. wohl von unziemlicher Kleidung. Blo(o)s. Vgl. Blozo (× Blasius). — Örtlich: Bloßfeld, Bloss|ei, ey (Aue); nd. Blote|kamp, nberg, vogel
Blothner: ON. Ploth|a, en. Auch Blottner (südd. s. Platte)
Blöthorn: s. blühen
Blott: sl. błodo „Sumpf" × wend. płot „Zaun, Flechtwerk". Plot|h, ke, Blatt, Plath, Plätke
Blozo: Kf. zu sl. Blogumil < blogy „gut, reich, selig". Blo|s, ß, sse, Blosch, Blöß(l), Plöse(l), Plotzki, Plötz, |e, er, ke, Plü|ß, schke, Pluschke, Plutz, Blösius
Blücher: ON. Ruppin, Meckl. Blüchert
Bludau: pruß. ON.
Blues: s. Blasius
Bluff: s. BLUT
(blühen): nd. blöen. Bloi–, Blei|bohm, Blöbaum, Bleiholder, Maiblüh, Rosenblüh, Heidenblut; Blühdorn (Blöd(h). Bleud. Bleid., Blöthorn, Blödborn), Bleybaum, Blei|distel, diessel, kamp
BLUME: Zu got. blōma, ahd. bluomo, bluoma „Blume"
*Blomhard: Blumhard, Blümert, Bloemertz, Blumenhardt
*Blomheri: Blommer, Blohmer, Blömer, Blümer, Blümner, Plümer
Blume: Schon ahd. Blōma (s. BLUME), daher viele Vklf. u. dgl. wie von alten PN. Blum, |l, e (ON. Hildesheim), Blumann, Blü(h)m, Blüm|huber, (i)schen, ke, (e)l, le(in), ler, Bliemel (Plieml, Plehm, Blöhm KS), Blom|e(s), ke, Blohm, Bloem, Blöm(l)ing, Blömer, de Bloem. Oft als „Wiese, Weide": zuo der Bluomen, Zsr. (z.T. ON.); Blum|auer, (en)rath, enroth (ON. Blum–, Soest), röder (> Blumenröhr), reuter, berg (oft ON.) > Blumrich, schein (d. h. Glanz, Strauß, wohl Flurn.), tritt (s. treten), Blumen|stengel, stock, kamp, saat, thal, hoff, hagen, stingl, stiel. Blömeke, Bloempot („Topf"), Blomenkamp. — Rosenblum, Hegg–, Schön|blom, Zeitblom. Blometrost, de Allenblomen = Alriblumen. — Bair., österr.: Blam|schein, rot, Bla(i)mberger, Blaim, |er, Blaimschein, Plaim. Jüd. Metron. Blumes, Blümels, Blumen|sohn, hain, reich
Blumreisinger: Einöde Eggenfelden (NB.)
BLUND: Außer BLIND scheint auch BLUND als ein zu BLAND ablautender Stamm bestanden zu haben (daraus romanisch, weiterhin nhd. „blond"). Hierher viell. Plundrich (vgl. Blandrich), Plunder (× „Hausrat"), Pluntke, Blontke, Blönzke
Blumi: s. Apollonius
Blunk: ON. Holstein
Bluns, Blunz: ahd. „Blutwurst"
Bluntschli: schweiz. „plumper Mensch". Blunsch
Bluoß: s. Blasius
Blus: sl. bluszc „Efeu". Blüschen, Blüsack (× Blozo)
Blut: = „Blüte"
BLUT: Zu ahd. bluot. 1. Blut. 2. Blüte. Blut|gart. Hierher viell. Bluff < Blotfrid, Bluthard > Blutharsch?
Kf. Blut, Plutte, Plut(z)er, Blodig (oder „blutig"), Plüter
(Blut): Blut|harsch? (vgl. BLUT), wurst (vgl. Bluns)
–blut: s. blühen
Blüte: Blut|gen, chen
Blüthner: ON. Blüthen, Priegnitz
Boas: s. Buch Ruth 2, 1

Bob—, Böb—: s. BOD und Poppo
Bober: wend. bobr, běbr „Biber". Vklf. Bobrich, běbraca; bobraca koža „Biberfell, —pelz" > Biebrach
Bobinger: ON. Schwabmünchen
Bobs: s. Poppitz (× Papst)
Bobst: s. Papst
Boch: schweiz. „Bock" (× BURG Kf.)
Bochdam: s. BOG
Bochem: ON. Boch|en, heim, um, Rhld., Westf.
Böcherer: s. Becher
Bochsler: schweiz. 1. „Hausknecht" (vgl. Boßler) 2. „Buterer": Boxler
Bock: 1. BURG Kf. 2. Tier (nd. buck). Bock|hardt, hahn, fisch, huth, mann, ram, weg, woldt, Bock|emüller, mühl, zuom Bocke; schweiz. Boch, Böck|le(n), li(n), ing, Pöckl. Zsr. Bocks|kopf, lever, Bockstert, Pochsfleisch. Zss. Steinb., Rehb. (dazu nach ON. ÖN. Bock|horn, horst, stall(er), stette, winkel). Holzbock „Sägegestell". Helbok: mhd. helleboc „Teufel". Böckisch „unartig". Bocksblut: Redn. (statt „bei Gottes Blut"). Aber Bockhorn|i, y, s, Pokorny, Bockhacker: s. Buche
Böck—: s. BURG Kf. und Bock. —böck: s. Bach.
Bockel, Böckel: mehrf. ON.
Bocker, Böcker: ON. Bock|a, au, en. Vgl. buk
Bockemühl: 2 Höfe Kreis Gummersbach (× Bockmühl(e)
Böckh: s. Beck
Bockhorst: 10 Orte Hannover, Westf.

Bockhorn: ON. Boxhorn (× ON. Bockshorn, Luxemb.)
Bockler, Böckler: Buckelschild|macher, träger (× Bockel). Pückler
Böckling: ON. Böcklingen, Rhld.
Böckmann: mehrf. ON. Böck(e)
Bocksch: s. BOG
Bockshammer: Einöde Bocksheim, Mühldorf OB.
BOD: zu got. biudan, ahd. biotan „(ge)bieten". Vgl. das zu bieten gehörige ahd. boto, as. bodo „Bote"
*Bodebert: Bob|ardt, (b)ert, er(tz); Pop(p)ert(t), Bub(b)ert. Vgl. Poppo
Bodefrit: Boffert (× ON. Bofen, Tirol), Puffer(t), Böfer, Pöferlein
  Kf. Boffo: Boffo, Böff(el), Poff, Pöffl, Pöfl(inger), Buff(e), Bufe, Buf(f)ler, Büffel, Puff(e), Puf(k)e
Bodeger: Pöttger, Püttker (? × Bötticher)
Bodard: Pudert
Botthar: Boder(ke), Boter—, Potter|mann; Poder, Böder, Pöttering, Bötterling, Buder(er) (× wend. budar „Büdner"), Butter, |ling, mann, Buttrer, Puttrer, Puder, Büter, latinis. Pudor
Bodomar: Both|mar, mer (× ON. Lüneb.); Bodemer (× Boden), Bommer, Bummer
  Kf. *Bommo: Pomme, Pomesberger, Pomsel
Poterich: Böd—, Bött—, Pött—, Bude—, Put(t)—, Pütt(e)—, Bütt(e)|rich (× Bittrich und Friedrich)

*Bodoscalc: Bott—, Pottschalk?
*Bodoald: Bode|wald, wall, Bödelt, Böthelt, Podelt
*Bodewig: Bodewig, Bö(de)wig, Bud|(e)wig, wech, weg, Butwig (× sl. Budiwoj)
Boduuin: Bodewin, Podewin, Botwein. Vgl. Baldawin
Butolf: Puttloff
  Kf. Bod|o, ilo, Putigo (× slaw. BUD und Kf. von Ratpod, Sigiboth u. dgl. auch „der Bote"): Bod|o, i, e, el, icke, Boot, Poot, Boden (s. d.); Both, |e(n) (× ON. Bothen, Grimma > ner), ung; Bott, |o, y, enwieser, ig, hof; Bodtke, Botje; Pott, (s. d.) |en, el, |er, kamp, hoff, schulte; Po|ten, el; Poth(s); Böd|(mann), (e)l, ler, inger; Böth, |ge; Bött|che, le(r), ing(er) (mehrf. ON. Böttingen), Böddinghaus, Böing(s), Pödje, Pötel, Poeth, Pöth|e(n), ke, Pötting, Pöll; Bud|e, y, (× ON. Posen), el(mann), er(er), erus, ig; Budt(e). Budde(nhagen) (× nd. budde, buttemann = „Butze, Gespenst"), Budding, Buddel|hagen, meyer; Butt, (s. d.) |e, ler (× „Dorfkrüger" < frz. bouteillier, engl. butler und ON. Buttlar, Thür.), hof, i(n)g; Bute(cke), Put|lich, ensen, Putt|lich, kunz; Pud|e(l), ler; Büd|e(nhölzer), ke, ing(er) (ON. Büdingen, mehrf.), Büdd|emann, inghaus, Büthe, Bütt|ig, genbach
  Bozo: Die Formen fal-

len mit denen von BOS, BURG und BOG zusammen.

Auslautend (nach Socin freilich Umdeutung aus –bato; vgl. BADU; ältere Formen stark: –bod, jüngere schwach –bodo): Maroboduus = ahd. Meripato ('Ἱππόμαχος), Teutobod, Radobod — Gerbode, Herboth(e), Reinbote, Meerbott, Wallpott, Niepoth, Segebade, Seibt

Bodamer: s. Boden
Bodanski: s. BOG
Bodatsch: sl. bodač „Stecher"
Böd(d)eker: s. Bötticher
Böddener: s. Bütte
Bodelle: s. Büttel
v. Bo(de)lschwing(h): ON. Dortmund
Bodemann: Flußn. Bode, Harz oder zu mnd. bode „kleines Haus" = Bodener
Boden: ahd. bodam. 1. Flurn. „Tal–, Erd–, Ackerb.", oft morastig. 2. ON. Bod(m)en mehrf. 3. „Bretterb., Fußb., Schiffsb., Faßb.". Genitiv von Bodo. 5. s. BOG. Zu 1: Bodom, Bodem, (Im) Boden, Boden|sieck, wieser, mann. Zu 3: Bod(d)enbender, Falzboden. Zu 1–3: Bod(a)mer, Bod(e)mer [Lehnhardt Podemer XV, Chemn. Urk.-B. 260, 9 u. ö.] (× Bodomar u. ON. Bodeme = Bodmann, Konstanz). Bodenschatz wohl „Abgabe vom Boden"
Böddinghaus: ON. Böddinghausen, Altena in Westf.
Bödefeld: ON. Meschede
Bodenstein: 3 ON.

Bodung: ON. Bodungen, Worbis
–boe (spr. bō): dän. bö „Weideplatz". Nyboe
Boerma: s. Bauer
Boet(h)ius: röm. Philosoph z. Z. Theoderichs (< βοηθεῖν „helfen"), Latinis. von Boysen
Böff(el): s. BOD
Bofinger: ON. Bopfingen Württ.
BOG: slaw. Stamm, zu bog „Gott". Bogumil „Gottlieb", Bog|umiel, emehl, Bugumil (aber Bagemühl, ON. Uckermark, s. auch Bockemühl), Bogdan „Gottgegeben" (vgl. DALU), Bogda(h)n, Bochdam, Boden, Bagdahn, Bugda(h)n, Buckdahn, Bodanski; Buguslaw: Bogislav, Bus|laff, lepp, Bußlapp, Butzloff.

Kf. Bog|(i)sch, us, usch, uth, utt, Bogust, Bocksch, Baggatsch, Bachgolke, Beguhl, Božo, Božak, Božela u. dgl. Botz, Bozan, Butzke, Buske, Busch|ack, ek, an(g), e, Bus|ack, eck, Posch, |ak, ag, ke, el, en, ick; Pösch|e, ke, el, Pötschke, Poss|e(h)l, ehn, ekel, Pusch (in Nordostdtschl.), Pusch|in, ke, Püsch|ke, el, Putz, |ey, ig, ke, schke. Vgl. auch BUD und BURG am Ende

Bog: wend. wbogi „arm" > Bogisch
Boga(t)sch: wend. bogac „reich, von Gott begünstigt". Bogatz, Bojasch (tsch. bohač > Bohatsch)
BOGEN: zu ahd. bogo „Bogen" (Waffe), zu „biegen". Von BAUG

und BURG nicht sicher zu trennen. Junge Bildungen
*****Boghari:** Boger, Bögers(hausen) (× s. Bogen)
*****Bogwald:** Bögehold, Bög(e)holz, Beholz, Pögelt(t)

Erweiterter Stamm: Bogenhardt, Bögenhold Kf. Bogo: Bogle(mann), ena, ler, endörfer, Bög, |e, l, el(ein), elmüller, ner; Boog(s), Book(en)
Bogen: 1. Fluß–, Bach–, Weg|biegung. Bogenstätter. 2. Waffe. 3. × BOGEN. Zu 1: Bogen (ON. Bay.). Zu 1, 2: Bog(n)er (meist „Bogenmacher"), Pogner, Bög(n)er. Bogler, Pögner (> Bonger KS). Zu 2: Bogenstahl, Bogen|schneider, schütz, Sen(n)ebogen (< sennen „mit einer Sehne beziehen"). Als Grundwort: Sattelbogen, Holzboog, Fittbogen („Flitzbogen")
Bogenreuther: ON. OPf.
Bogenberger: 5 Orte Bayern, Böhmen
Bogenrieder: ON. Dachau. Kempten
Bogisch: s. Bog
Bogott: wend. „Vogt"
Bohatsch: s. Bogatsch
Bohl–: s. BALD Kf.
Bohl: ON. Düren, Köln
Böhl–, –böhl: s. Bühel; dazu Böhler, doch auch ein Klosterbeamter (Nied). Vgl. auch ON. Bohl, Böhl|au (meist Böhla), e(n) < belu. — Böhl|ig, ke: s. BALD Kf. (× belu)
Bohla: s. BOL. **Böhland:** s. belu. **Bohländer:** s. polje. **Bohlard:** s. BALD

Bohling(er): ON. Baden
Bohmbach, –bohm: s. Baum
(Böhmen): mhd. Bēheim, Böheim. Behe(i)m, Peh(ei)m, Peham, Beham(er) > Be(h)a; Behm(er), Bem|ich, ke; Böham, Böhaimb, Böheim(er), Böhm |e(l), lein, ig, isch, er(le), ke, länder. Böhmann. Bemischman 1378 Glatz. Slaw. Behmak, Bömack. Behmerwohld: ON. Böhmerwold, Aurich
Böhmer: 1. s. Böhmen (Behmer). 2. nd. s. Baum
Böhmetzrieder: ON. Böhmersried, Viechtach (NB.)
Bohmhardt: s. Bomhardt
Bohmrich: Hofn. Bommerich, Wipperfürth
Bohn–, Böhn–: s. BON
Bohne: Schwäb. Baun. Bo(h)ner „Bohnenpflanzer", latinis. Fabarius. Bohn|dieck, ensieck, hof(f), horst, sack. Bohn(en)stengel, Boonekamp. Bohnen|stange, sack, kämper. Bonenbluest, Vettebone, Grotebone, Bohnacker, Bonnacker. Vgl. ON. Bohn(au), Bon|au, e, ekamp, acker, Bohnsack (Danzig), sowie Urbanus. Hierzu Bon(n)eß (× Bon und essen). — Jüd. Bo(h)ne(n)fang < frz. Bonenfant = Gutkind. — Sieh Bunge
Bö(h)nhase: „unzünftiger Handwerker" (böhn „Dachboden")
Bohr–, Böhr–: s. BOR
Bohr: s. Liborius
Bohrer: ON. Bohra(u) mehrf.
Böhres: s. Liborius

Böhringer: 3 ON. Bad.-Württ.
Boier: s. Bayer
Böings: s. BOD Kf.
Boio: Uralter N., wie Baiorix, zum N. des kelt. Volkes der Bojer oder Lalln. Besd. friesisch, Boi, |e, k(sen), gk, gs, Boj|e, unga, Poje (Gottschee), Boy|e, en(s), sen, ungs, Bayn (× ON. Boye(n) Hann. u. sl. Kf. zu Bojslaw < boj „Kampf")
Boja(h)r: sl. Pojar „sehr keck". Pojar, Bojarski
Boekbinder: s. Buch
Boke–, Böke–: s. Buche
Böker: s. Bötticher und BUCHE
Boklet: ON. Bocklet, Kissingen
BOL: slaw. Stamm; zu asl. bolij „mehr". Bol|eslaw, ich, ko (× polje, (s. d.). Bohla, Bol|eck, esch, Boll|e, ig, ing, Böl|ick(e), ke, ling, Bolk(e), Pol|ko, ke, ich (vgl. Poley), Pollitz, Baluschek, Bul|isch, itz, Bullik, Puls, Pull|ey, ig, Puhl(e)
Bol–, Böl–: s. BOL und polje
Bolay: s. Pelagius (× BOL, polje, Poley)
Bold–, Böld–: s. BALD (doch auch zu N. auf –bald)
Boldebuck: ON. Schwerin. Bollbuck
Bolender: s. polje
Boley: s. Poley
Bölfing: s. WOLF Kf.
Boljahn: s. polje
Böl|itz, ke: s. belu
Bolk(e): s. BOL
Bolkenius: s. BALD Kf.
Bolk|hard, art, ert: s. VOLK
Boll: „runder Erdvorsprung", mehrf. ON., nd. böhl, beul; vgl. Bühel, Bülte, Boller(er), Poller (× Bollo < BALD und BOD). Bollbringer (zu Brink)
Boll–, Böll–: s. BALD, BOL, polje
Bol(l)brügg: nd. „Bohlenbrücke"
Bollbuck: s. Boldebuck
Bolleininger: s. Balleininger
Bollenmüller: Bollemühle, Offenbach
Bollerjahn: s. Baldrian
Bollerott: ON. Bollerode, Eisenach
Bolley u. dgl.: s. Poley
Boll|fraß, fraz: s. fressen
Bollhorn: s. Ballhorn
Bollier: s. Polier
Bolli(n)ger: ON. Blaubeuren
Bollschwig: s. wik
Bollwerk: ON. Arnsberg, Düsseld.
Bollwin: s. BALD
Bolm, Boelma: s. BALD
Bolschwing: s. Bodelschwing
Bolsinger: s. BALD Kf.
Bölßen: s. BALD Kf.
Bolster, Bölsterli: s. Polster
Bolt–, Bölt: s. BALD, Bolt–, auch Bolzen
Boltenhagen: 6 Orte Mecklenb., Pommern
Boltres: s. Balthasar
Bolwig: s. Baldwig
Bolz–: s. BALD Kf.
(Bolzen): Bolz(macher), Polzer, nd. Bolter, Boltendreier
Bom–, Böm–: s. Baum
Bomhardt: Altes Blasinstrument, Vorläufer des Fagott
Böminghaus: ON. Böminghausen mehrf.
Bomke: < Bombeke, nd. „Baumbach"
Bomker: s. Baum

BON: zu an. bōn, ags. bēn „Bitte, Forderung". Ablaut zu BAN? Einfluß von lat. bonus „gut"
Bonard: Bo(h)nard, Bonhard(ing), Bonn|at, et, Böhn|hart, ert, Bönet, Ponader
Bonuald: Bon(n)wald (× Bannwald), Bohnewald, Bönhold, Bonebold?
Kf. Bono: Bohn, |e(mann), Bon|s(mann), sch, sen, ing, Bonn|e (s. d.), y, ell, er (× ON. Bonn), esen; Bönn|er, ing(er), Pon|s, sens, Pön|icke, ker, kemeyer, sch, Pöhn, |er, lein
Bon: sl. PN. Bon, zu boniti „schrecken". Bon|as, at, atzke, itz, etzki; Bonn, |ek, es, eß (Bonec, doch sicher noch anderdeutig), is, ke; Bön|ig, ing(er), ke, Bohnack, Böhnack
Bonau: ON. Weißenfels
Bonaventura: Franziskanerheiliger, † 1274; mlat. „gute Zukunft". Bona|venture, fentura, wandt, Vent(o)ur, Wenthur
BOND: Partizipium zu bauen (ahd. buwant, vgl. schwed.-dän. bonde „Bauer"), oder keltisch (Stark 88, 1), oder zu BAND, BUND? Bond, Bont|e, jes, ing, zel (× ON. Westf.), Bonz, Böndel, Bönten, ke, Bönthig (vgl. Bünd)
Bonde(r), Böndgen: s. Bünd
Bondon: ON. Roveredo
Bongert u. dgl.: s. Garten (Bonger s. Bogen)
Bong(r)atz u. dgl.: s. Pancratius

Bon|hag, horst u. dgl.: s. Bannholz
Bonifatius: Apostel der Deutschen, < lat. bonum fatum „gutes Schicksal", doch oft als Bonifacius „Wohltäter" gedeutet. Bonefas; s. auch Facius
Bonin: mehrf. ON.
Bonk: poln. bąk „Rohrdommel, Viehbremse". Bank, Bunk (ON. Bank|o, witz, Bonkau; × Blonk)
Bonnacker: s. Bohne
Bonne: roman. bonna „Grenze". Bonne(n)berger (× BON)
Bonneß: s. Bon
Bonnet: Waldensername
Bönninghaus, Bönninghausen: ON. Bönninghausen, Lippstadt
Bonome: < frz. Bonhomme
Bonse: „Tonne". Bonz, Bunz(e) (× BOND)
Bontwerker: s. bunt
Boog-, Book-: s. Bogen
Boom-, -boom: s. Baum
Boomer: s. Bäumer
Boomgarn: s. Garten
Boorsum: = Borsum
Boo|s, ß: mehrf. ON. (vgl. BOG Kf. und BOS)
Boot: 1. s. BOD. 2. Fahrzeug: Bootsmann, Bothmann, Bootbauer, Botmaker
Bopf, Bopp-, Böpple: s. Poppo
BOR: Slaw. Stamm, zu asl. boru „Streit" (Bor|islav, win, ek, eta, ut, iš, aš). Bur(t)zlaff (ON. Belgard), Bor|(e)k, etius, etzke, utta, itz, isch, (o)sch, as, aß, Bohrisch, Bar|ich, icke, Por|is, itz, sch(ke), tz(ig), zel; Pörschke. In vielen N. nicht sicher zu trennen von sl. bor „Kiefer, Fichte, Nadel-

wald" (ON. Bor|ek, ken, ow, au, in, Buhrau, Bur|g, k): Bork, |e, en, ert, Börk, |e, ert, ner; Bohr, |er, ke, ing, Böhring, Buhr|en, o(w), ke, Bur|o, ke, Bühr|ig, ing, ke
(de) Boer: s. Bauer. Boers
BORAN: Ahd. boran „geboren". Borno, Boranolt. Born (s. d.), |hardt, holdt, iger; Börn|ert, ing; Pörn|er, ich
Borbeck(er): ON. Duisburg, Lennep, Oldenburg
Borch-, Borck(e): s. BURG
BORD: Zu got. baurd, an. bordh „Schild": Junge Volln. wären Borthard, Bordwig. Borto, Porzo (× BURG), Bord|e(l), e(r)s, ich; Bördgen, Bort|e(nreuter), chen, z(ner), Börtlein, Pertig, Porzelt, Pord|el, hoff. — Auslautend Herbort
Bordenschlager: s. Barte
Boreiter: s. Bayreuther
Borg-, Börg-: s. BURG, Burg, Bürgermeister
Borgas, Börges: s. Liborius, Borges
(borgen): Satzn. Borgenicht
Borheck: häufig ostd. ON. Borek
Borho: „sehr hoch" (Socin)
Borin: pruß. N.
Bori|us, es, Böres: s. Liborius
Bork-, Börk-: s. BURG und BOR. **Borkenbrecher** = Schäler. **Borkmöller** = Lohmüller
Bork: häufiger norddt. ON. **Borlinghaus:** ON. Borlinghausen, Altena, Warburg. **Bornefeld:** ON. Wuppertal, Mün-

ster. **Bornheber:** ON. Bornhöved, Holst.
Bor|mann, mester: < Burg oder Bauer
Born–: s. BORAN und Brunn
Börne: s. Baruch
Bornack: < sl. borno „Sumpf"
Börn|chen, gen: ON. Börn(i)chen mehrf.
Börnicke: ON. Mark
Bornschleg(e)l: s. Schlegel
Börnsen: ON. Lauenburg. Böhrnsen, Bernsen
Bornträger: befördert Flüssigkeiten, im Weinland vorwiegend Wein, so daß der N. geradezu Weinschröter bedeutet. ZNF. 19 (1944) 119 ff.
Borr–, Börr–: s. Liborius
Bors(ch)–, Börs(ch): s. BURG (× Börsch ON. Elsaß)
Borsch(t), Porsch: 1. < BURG. BORD. 2. < BORislaw. 3. = Borst. 4. = Porst
Borsinger: < ON. Borsikon, Schweiz
Borst: 1. „borstiger Mensch". Burst. 2. s. Brust
Bo(r)stel: In Nordwestdeutschland häufiger ON. < būrstal „Siedlungstelle". Borstel(l), Bostel, Bo(r)stel–, Bossel|mann. Tempostel, Oberbossel, Horn|bostel, bossel, Heinbostel (ON. Hoinkenbostel, Lüneb.), Dudenb., Bestenb., Dehnb. (ON. Lüneb.)
Börstinghaus: s. Brust
Borsum: ON. Hildesheim
(Borte): Silberborth. Bortenwirker. (Birtler: He). Aber Bordtenschlager s. Barte. Bortstieber s.

Badstüber. Sonst s. BORD
Borz–, Börtz–: s. BURG Kf.
BOS: Volln. (ahd. Bos|elm, ulf), jetzt sehr unsicher. (Boso wegen seiner Häufigkeit nur gelegentlich zu ahd. bōsi „feindlich, böse", meist wohl alte Kf.). Berührung mit Bozo und mit *Bozo < BOG
Boshart: Bosharadt, Bosert, Boss|at, ert, Possart, viell. eher Mischf. zu Burkhard
***Boswald:** Vgl. Bosoldt u. dgl. bei Busze
Boso: Boo|s, ß (5 ON.), Bos(l), Bose, Bossinger, Boßling, Boosemeyer, Posl, Pösel, Bösinger. Bosse nd. < Burkhard (B. 1, 112)
(bosan, botjan): wend. „Storch", poln. bocian. Boschan(n), Bossan(ek), Bot(t)zian, Buschan, Botschen, vgl. ON. Boczan = Botschin, Marienwerder
Bosbach: ON. Wipperfurth. **Böschenstein:** s. Büchse. **Böscher:** 3 Einödhöfe Boschen, Leutkirch u. Ravensburg (zu Busch)
Böse: Vgl. BOS. Böse|wetter, will, Bös(willibald), Böß(h)enz, Boser (s. Boseck), Boseckert. Vgl. Binnebös. — In Flurn. von schlechtem Boden: Boß–, Böse|feld, Besenbiel, Pesen|hofer, lechner
Boseck, Boser: sl. Bosek, Bošera < bosu „barfuß". Bossa(c)k
Bösel: ON. Lüneb., Oldenburg

Boserich: rotw. „Polizist": Poserich
Bosi(e)n: pruß. ON.
Boslar: ON. Jülich
Boß, Böß, Boss–: s. BOS und BURG Kf.
Bossa(c)k: s. Bosseck
Bossan(ek): s. bosan
Bossel–, –bossel: s. Borstel
von Bossel, Bosselmann: ON. Bossel, Hagen i. W.
Bössenecker, Bößnicker: s. Pösnecker
Bössenrodt: ON. Bösenrode, Hildesh.
Boßler: Arbeiter für geringe Nebenarbeiten. Bostler, Postler, Bosler (× ON. Boslar, Jülich), Bösler, Pößler, Boßmann, Bußmann (Baden < Buselmann). Vgl. Bochsler und Päßler
Bost: s. Sebastianus
Bostel–, –bostel: s. Borstel
Bostler: s. Boßler
Bosuner: s. Posaune
Bot–, Böt–: s. BOD
(Bote): Bode, Bottmann, nd. Baade, Bahde, Boden|sack, stab. Frei|both, bott, (vrībote „unverletzlicher Gerichtsbote"), Geldenbott „Schuldeneinzieher", Tragbott trägt auch Lasten (schon ahd. Tragaboto)
Bötel: nd. „Schlegel"
(böten): nd. „heizen": Böter (× büßen). Satzn. Böte–, Bett–, Beute–, Büte|führ, Bet(h)für, Bettführer „zünde Feuer an" = Fürböter. Sieh auch büßen
Böthling(k): mnd. bötelinc „verschnittenes Tier", bes. „Hammel"
Bothmer: ON. Lüneb. (× BOD)

Botschke: s. BOG
Botstieber: s. Badstüber
Bott–, Bött–: s. BOD
Bot(t)a: tsch. bota „Stiefel"
Botter–: s. Butter
Bottich: Bottigmacher, Bött(i)cher, Bött(i)ger, Böttjer, Bettcher, Bätcher, Bättger, Bäd(e)ker, Bitt(s)cher, Buttier, Böd(d)eker, Büdeker; zgez. Böker (× Buche), lit. Buttgereit. Vgl. Band, Binder, Schädler, Büttner, Faßhauer, Fäßler, Schaff, Küper, Kübler, Moldenhauer, Tippenhauer (Viëtor), Hasenhauer, Schäufler, Schöttler, Sester, hemete, Gelte, Becher, Wanner, Eimermacher, Legler, Schopenhauer, Kimker, Motteler
Böttinger: 4 Orte Württ.
Bottner, Böttner: s. Bütte
Bo(t)z–: s. BURG u. BOG; Botz(ke), Bötz(ing): s. Betz; Botzian: s. bosan
Botzner: < ON. Bozen
Bour–: s. Bauer
Bouterweck: s. Butter
(boven): nd. „oben, oberhalb", vgl. engl. above. Boven|kerk(en), kamp, siepen, stein, schulte; Bovermann, Terbowen, Bavendamm, Babenerderde, Babenerd(e) (under der Erden, Räubername). Baben|schneider, schulte. Bowenut „oben hinaus"
Bovin: < frz. Bouv(a)in. Bauwein
Boxberger: 8 Orte Boxberg (Baden, Hessen, Schlesien, Rhld.)
Boxhorn: s. Bock 2
Box|leitner, leidner: Einöde Bocksleiten, Tölz
Boxler: s. Bochsler

Böxler: < ON. Boxthal, Baden
Boy–: s. Boio
Boyer: 1. ON. Boye(n). 2. s. Bayer
Bozan: s. BOG
Bozian: s. bosan
Bozo, Puazo: Kf. der Stämme BOD, BOS, BURG und BUSZE (s. d.)
Braam: s. Brame
Braband(t): Ländern. Bra|banter, bender, bants
Brabeck: Hofn. Recklinghausen (× Brabecke ON. Meschede)
(Brache): umgebrochenes, noch unbestelltes Land. Oberd. auch braig, brack, bruch, nd. bra(c)k, breck, hierbei × nd. brake s. Bruch, braken „Dornreiser" (hierzu Bracke(n)busch, Dornbrach). Brach|er(t), ner, inger, mann, feld, holz, haus, vogel (N. mehrerer Vogelarten), Brächer, Pracher (falls ā, sonst „Bettler"), Brocher, Brack|er, mann, hahn = hage, land, (e)meyer, schulze, sieck, Braaksma, ter Braake, Tembrake, Terbrak, Ellerbreck, von Heidebreck
Brachel: ON. Brachelen, Geilenkirchen
Brachet: schweiz. „Juni" (ahd. brāhmānōt)
Brachold: s. BRECHT
Bracht: 1. Oft ON. 2. mhd. braht „Lärm". 3. < BERCHT. Zu 1, 3: Brächter
Brack: Spürhund (Hausn., Straßn.), Prack, Bräck|el, l(ein), Präckel, Brackenhöft; sonst s. Brache
Brackel: ON. Lüneb.,

Dortmund (vgl. ON. Brakel, Höxter, Brachelen, Aachen). Brakelmann
Brackwehr: ON. Brackwede, Bielefeld
Brad–, brädl–: s. braten
Brad|ac, arsch: s. Broda
Brado: Unerkl. altd. N. Bei der Seltenheit dieses N. die folgenden N. z. T. zu sl. brat(r) „Bruder", PN. Brat, |rusch, risch, oš, s. BRAT (× breit), Bradt, Bratle, ner, Brad|er (× braten), el, e(mann); Brattke, inger, je, Brädler, el, Brettle, ling (× BRIT), Bredel, Predl, Pratzel, Bratzler
Brägger: ON. Bräg, Toggenburg. Brecker
Brä(h)m: s. Bramo und Brehm
Brahms: 1. s. Abraham. 2. < van Braems (ON. Bramsche)
Braig: ON. Württ. mehrf. (vgl. Brache). Breig(er)
Brainbauer: s. Brei
–brak(e): s. Brache
Brakelmann: s. Brackel
Bräle: „kleine Augenbraue"
(Brame): mhd. „Dornstrauch", nd. „Ginster", Braam, Braem, Brohm (× ON. Pram), Bram|beer, bosch, bring, (en)kamp, ekämper; im Brahm, Pramstaller, Bra(m)mann, Pramann, Brohm(e), Bromler, bach, beck, bosch, ber, bierstäudl, Bröm|er, et (vgl. ON. Pramet, Bay.), Bromme, ll(sieck). Brömmert, Brummerherm (Johann in der Bromern, Preuß.). Umgelautete Formen (s. Heide) berühren sich mit denen

unter Brehm. Weißbrem, Rehbram (KS Bram–, Brom–, Brunnen|berger, Brum|berg, bach, Brimbacher, Brommauer > Brommeuer, Bromeyer). Schwed. Bramslöw (s. löf)

Bramberger: ON. U-Frk.

Bramlage: ON. Oldenburg

Bramo (Pramolf), Bremo (Premming), Brimo: unerkl. altd. N. (Grundbedeutung „stechen"?) Braam. Bram|(m)el, sen (× ON. Bramel, Stade), Brä(h)m, Brämert(z), Brom|ert, fort, Brehm (s. d.), Brem|i, l(s), ke, iker, Bremmert, Premm(inger), Brimm(er) (s. d.), Brimke, Briehm, Briem(le), Priemer, Preim, |e, er, Primmel (× Primus)

Brammer: 1. ON. Brammen mehrf. 2. zu nd. brammen „brummen"

Bramson: s. Abraham

BRAN: Sl. Stamm zu bran „Kampf". Branislaw, Bronislaw, Bran, |eck, ig, iß, ge, ke, Brahn, Branck, Bron|(i)sch, k(e), Brun|ck(e, ow), ikowski, ing, isch, Brün|i(n)g, ich, icke, ke

Bran|at, ot: s. Brunhard

BRAND: zu ahd. brant „Feuerbrand", doch auch „Schwert" (it. brando; dazu noch FN. Brandfeger?)

*Brandhart: Brendert, Brennert

Brandold: Brand|holt, ols

Kf. Prando, Brand|ico, izo, wohl meist Kf. zu Hildebrand, Herbrant u. dgl. Die Vklf. fallen mit den Vklf. von Brand zusammen.

Brand, |t, o, es, sma, sch, l, Branning, Brans, Bran|z(l), gsch, ckmann; Brend|el, le, ing, (e)ke, gen(s), jes, Bren|tjes, ke; Brenn|e, icke, emann, ich, ig, ing, inkmeyer, Prandtl, Prankh, Prenke, Bren|t(z) (× ON. Württ. Meckl.), zel, sing, zinger, Prentzel

Auslautend: Hildebrand, Zybrandts, Robrahn, Wilbrenningk, Liebern; fries. Wippern, Dibbern, Sibbern

Brand: 1. Oft ON., in ÖN. Stelle eines Waldbrandes, in Städten Gegend einer einst abgebrannten Häusergruppe: Am, zum Brand. Brand (× BRAND) |(e)l, (n)er (ON. Branden mehrf.). Langbrandt(ner), Homprannt („am hohen Brand"); Bränd|li(n), le Brendle, Brändlinger, Brend|ili, el(er), er; Bräntner. Brandenbusch, Brandhorst, Alten–, Neu–, Kuh|brand. 2. Oft ON. Brand|statt, stetten u. dgl. Brandstöttner, Prandstätter (Bransädter KS); Satzn. Schürnbrand = nd. Stocke–, Stake|brand, zu stoken, stochern, doch vergleiche SCHAUER und sieh RAGIN (Ragiprand); Kohlbrand = Köhler. Übern.: Brand|seph, herm, (l)huber, müller, schütz. (Brindlinger, Brillinger, Brennling, Brünlinger, Brünning, Preininger KS). Brand(t)wein(er) „Schnapsbrenner"

Brandeis: 3 Orte Böhmen. Doch vgl. Eisen. Brandeis|en, er

Brandfeger: s. BRAND

Brandis: 1. ON. mehrf. > Brandißer. 2. schweiz. = Brandes, s. BRAND

Branolt(e): < Nolte Brandes (Preuß.)

Bransche: ON. Bransch|au, ow, Böhmen, Mähren mehrf.

Branz(ke), Bränzel: s. Franciscus

Brasch, Bräsch, Bräsike, Bräske: s. Ambrosius

Brasch, Brase: s. br̩aza (× nd. brās, bräsch, brēsch „Gebrüll, Lärm"): Bra|ß, sch, Bresch; jüd. Brasch, B(e)rosch < brš = Ben reb Schlomoh

Braschoß: ON. Siegkreis

Braselmann: Hofn. Brasel, Elberfeld, Hagen

Brasser(t): 1. s. Prasser. 2. ON. Brassert, Recklinghausen

Brast: mhd. 1. „Prahlen". 2. „Kummer" (vgl. Gebresten)

BRAT: slaw. Stamm, zu brat „Bruder"; Kf. Bratt|ke, je, ig, Brätsch(ke), Bratz|ke, Bratz, sch, Bratsch(ke), Brod|esch, ke, Brot(t)ke (× VRAT und vgl. Brado, Broda)

(braten): Brader, Brather, Bräter, Bräder (× Brado), Gar|brater, breder, Brat|spieß, vogel, huhn, hering, fisch; Bradenahl („gebratener Aal") > Bradinal, Braden|ald, stahl; Brodhahn, Brothuhn; Bratengeiger (Tafelmusikant, der kein Geld, nur Kost erhält) wohl > Breden–, Broden|geyer, Broten–, Protten|geier. Bredl, Hafenbrädl („Topfbraten"),

Schweine|braten (×ON., s. brod), bradl, Wildpret. Pratenknecht; Eva Sengspratlin. –brat aber < –beraht, s. BRECHT
Bratt–: s. breit
Bratzler: s. Brado
Brauch: 1. s. Bruch. Brauchmaier. 2. Brauch, |le, li < ahd. brūhh(i)o (zu (auf)brauchen) „Verschwender". Bruch(i), Brüch|le, ig
Brauer: Brauwer(s), mit Umlaut Breuer(s), Breier, Preyer, Preuherr; ältere Form: Bräu, Breu, Brey (× ON. Koblenz), Bruy, Preu, Breuel (mhd. briuwel); nd. Bruer, ndrh. Brewers, ndl. Bro(u)wer(s) > Brauwers, latinis. Braxator; sl. browar: Browarski. Zss. Bierbrauer, Mummenbrauer (Mumme, Braunschweiger Bier), Breuhaus (Brües, Breues; s. Haus), Breuhauser, Breiheiser, Prüschenk, Brau|mann, mandl, Sauerbrey (vgl. mhd. sūrbrouwer „Essigbrauer"; × Brei), Broihan, Breuhan, Bröhan, Brüha(h)n, Breyhahn (Brauerfamilie; 1650 Broyhan = Broyer [–han = Johannes]), Birnbreier, Wienbreyer (Obstwein–, Brantweinbrauer?), Breubeck (Bäcker), Bruckbräu (an der Brücke)
Brauk–, –brauk, –bräuker: s. Bruch
Braun: 1. s. BRUN. 2. Farbn. Braun, e(r), Praun, s. Abend
Braun|eck, egger: ON. Br(a)uneck
Brauneis: s. –eisen
Brauner: 1. s. Braun. 2. ON. Braunau mehrf.

Braunfels: ON. Wetzlar
Braunschweig(er): ON., × 3 ON. Brunschwig, Kottbus, ON. Brunswik, Kiel; nd. Bruns|wiek, wig, wick(er), wich. Vgl. wīk. Bronswind
Brause: s. Bruß
Braut, Bräutigam: Breitgam, nd. Brüd|(i)gam, jam. Brautferger („Vermittler")
Brautbeck: s. Brot
Brau(tz)sch: s. Prautsch
Brauweiler: ON. Köln, Kreuznach
Brauwer(s), Braxator: s. Brauer
Braxmeier: s. Präxmärer
Brebbermann: ON. Brebber, Hann.
Brech, Bröch: 1. = FN. Flachsbreche. 2. „Riß, Kluft". Brech(l)er, Brechner (Brecher s. Sch. I). Zu 1. Brech|(en)macher, schmid. Brechel(macher). Vgl. Brecho
(brechen): Brecheisen, Borkenbrecher, nd. Breker. Zahnbrecher, Steinbrecher
Breche(t)sbauer: s. BRECHT Kf.
Brecho, Brecosind: Unerkl. altd. N. Brech|el(t), ler, ling, mann
Brecht: 1. s. BERCHT. 2. ON. Trier. Zu 1. 2. Brechter (× ON. Brechte(n) und Bracht 1)
Brechtefeld: ON. Hagen in Westf.
–breck: s. Brache
Brecker: s. Brägger
Breckling: ON. Schleswig
Bredel: s. Brado
Bredenbeck: ON. Hannover
Bredl: s. braten
Bre(e)d–: s. breit
Breese: s. brjaza

Bre(g)er: 1. < sl. brĕg „Ufer". 2. rotw. „Bettler"
Bre(h)m, Bräm: 1. s. Bramo. 2. mhd. brem(e) „Bremse" (dazu tirol. Brem–, Prem|staller, Bremsteller „Stelle, Gehölz, wo das Weidevieh Schutz vor Bremsen findet"). 3. ahd. brem „sumpfiges Ufer" (vgl. engl. brim). Dazu Brem(m)enkamp. — Aber Brembreuker < Bredenbreuker (am breiten Bruch) (s. breit). 4. ON. Brehm, |e, en, Brem(en) ' oft Bre(h)mer. Vgl. Brame. Brämer
Brei: 1. s. Brauer. 2. Mus, auch enthülste Körner, Hirse, Grütze. Brei|meier, schneider. Nebenform brein (× ON. Prein, N.-Österr.): Brein, |er, huber, eder, Brainbauer. Sauerbr(e)y × Brauer. Satzn. Blasenbrei, Scheubrein, Mahlenbrey, Mahlbrei, Mallebrein „Grützmüller", Preinstampf (stampft Hirse). 3. Sumpf: Breipohl, Breywisch. (Vgl. blasen.)
Breibisch: s. PRIB
Breiden: s. Brigida
Breidert: ON. Breithardt, Taunus
Breier, –breier, Breiheiser: s. Brauer
Breig(er): s. Braig
Breiholdt: ON. Breiholz, Rendsburg
Breiler: mehrf. ON. Breil(e)
Brein–, –brein: s. Brei und Brinno
Breinessl: s. brennen
Breinig: ON. Aachen
Breisach: s. –ach
Breiser: „Schnurmacher,

(Breisgau) | Brictius

Posamentier" < mhd. brīse Schnur an Kleidern (vgl. Pasmantier), Preiser, Preiß(l)er, Bri(e)semeister, Breis–, Preis|werk (s. Werk), Preisschu|h, ch
(Breisgau): Breisger, Preußger
Breisig: 1. südd. s. Breisach. 2. ostd. s. brjaza
Breiske: s. brjaza
(breit): Breit|kopf, haupt (beides auch „Bär"), schädl, bart, zahn, nase, rück, fuß, schu, huth, schwerd, weg, wieser, scheid (7 Orte Rhld., Nassau); Breiten|groß, (breit und dick), bauch, born (ON. Hanau, Sa.), pöhler, moser (ON. Breitenmoos, Traunstein), wischer; Breidenstein, Braitländer; nd. Breedveld, Brede|höft, busch, horst; Breden|beck, dieck, breuker (s. Bruch). Zu breite, gebreite, gebratte, breitung, nd. brēde „Flur": Breit|er, hof, meier, Obernbreit, Be(r)chtenbreiter, Bredemeyer, Breit|iner, ung, Breidung (vgl. ON. Breitungen, Hessen, Thür.), Breiting(er), Breyding. Doch auch altd. PN. Braitold, Breiding. Dazu Breithardt (× ON. Nassau), Breider(t), Breitrich, Bredel. S. auch bereit
Breitgam: s. Bräutigam
Breitsameter: s. Öd
Breiz: s. brjaza
Brekau: s. Prekau
Breker: s. brechen
Brem–: s. Bramo und Brehm
Bremke: mehrf. ON., s. Bach

Brems: „Bremse" (nd. Wort, auch „Wespe"). Brömse. Falls obd. zu Bramo
Bremser: 1. bremsen „wüten". 2. ON. Brömse (Frkf.)
Brendemühl: ON. Brendemühle, Stettin
Brendle: s. Brand
Breng(s)bier: s. bringen
Breninger: ON. Bren(n)ing mehrf.
Brenk|ermann: s. Brink
Brenn–: s. BRAND. Brand
(brennen): Brenner, Prenner: der durch Feuer rodet, auch Hüttenarbeiter, Köhler und = den Zss.: Aschenbr., Kalkbr., Weinbr., Weißbr. = Silberbr. (s. d.), Steinbren(n)er. Brenn|holz, mehl (aber Brennscheidt mehrf. ON.), Breinessl = Brennessel; Satzn. Brenn(e)wald vgl. Sengewald, doch × Brandoald. Brenn|eis, eisen, eiser vgl. Eisen
Brenninger: 3 Orte O-Bay., Österr.
Brenscheidt: 6 ON. Arnsberg
Brenske: s. Franciscus
Bren(t)z: ON. Meckl., Württ. (× BRAND)
Brenzinger: ON. Waldbröl
Bresamer: s. Brosame
Bresch: s. Braß
Bres(ch)ke: s. brjaza
Breselmayer: s. Ambrosius
Bresina, Breske: s. brjaza
Breslau: ON. Breßlauer, Bresler, Preßler (× Pressel). Jüd. Brassel, Braßler, Brösler
Bresnik: ON. Wresnik, Böhmen
Brest|her, in: in altd. N. (zu Brast 1?), Brest, |el, rich, Prest|er, ing (× ON. Brest, Stade, Mähren)
Brett: Brettel u. dgl. < BRAD, BRIT, aber Sachname in Brett (d, t)|schneider, binder, (h)auer, holz, Bretheuer, Pretterhütter
Brett–: s. BRIT, BRAD
Bretting(er): ON. Bautzen
Brett(n)er: 1. ON. Baden. 2. ON. Bröthen, Hoyerswerda
Brettschlag: < sl. Prĕdislav, Preclaw < prĕdu „vorder". Bretz|laff, ke
Bretz–: s. Brezel und brjaza
Bretz: s. Brictius
Breu–: s. Brauer
Breu(e)l: s. Brauer und Brühl
Breuk–: s. Bruch
Breun–: s. BRUN
Breusch: s. Preuße
Brevis: Latinis. für Kurz
Brewer: s. Brauer
Brewitz(er): ON. Salzwedel
Brey–: s. Brauer und Brei
Breyd: ON. Breidt, Köln
Brezel: Bretz|(e)l, ler (vgl. Pretzell); schwäb. Bretzgen > Bretzger. Bretzner, vgl. Pretzell
Bricc|o, old: Unerkl. altd. N., z. T. viell. keltisch, z. T. Kf. zu BRIT. Brick|ert, l, Prigge(r), Prick(artz). Vgl. Brictius
–brich: meist < –bercht, doch auch < berg (Klebrig, Zinbrig), –burg (Hubrig = Hohburg), –werk (Forbrich)
Brich|et, ta: s. Brüchatz
Brichze: s. Brictius
Brickwedde: ON. Osnabrück
Brictius: Hl., Grab in Heiligenblut, Kärnten. Bricks,

Brichze, Brix, |ius, le, Brizius, Brigsken, Brüxkes, Prix, Bretz, Britz(ius), Britze
Bridli: s. Brigida
Briechler: s. Brücheler
Brieden: s. Brigida
Brief: 1. s. BRIT. 2. Hausn. zuo dem brief, Straßb. Briefer „Urkundenschreiber" (× Prüfer)
Brieger: ON. Brieg, Schlesien
Briegel, Briegler: s. Brühl (× Prügel)
Brie(h)m–: s. Primus
Briel: s. Brühl
Briese: s. brjaza
Briesemeister: s. Breiser
Briesen: mehrf. ON.
Briest: 5 ON. Magdeb., Brandenburg, Mecklenburg
–brig: s. Berg
Brigelius: s. Brühl
Brigida: irische Hl., kelt. Bryd, „die Hohe", † 523. Genitiv: Brieden, Breiden, Britten, schweiz. Bridli
Brigl(maier): s. Brühl (× Prügel)
Brigsken: s. Brictius
Brill: 1. mua. Fisch Elritze (Prill, Brüll, Prüll). 2. s. BRIT. 3. ON. (4)
Brille: Brillenslieper („Schleifer"). Brill|er, mann, Priller, auch zu Brühl (× ON. Brill, |e)
Brillinger: s. Brand
Brim(m): s. Bramo
Brimmer: mnd. brimmen „brummen" (× Bramo)
Brimz: ON. Brims, Böhmen
Brindlinger: s. Brand
Bring–, –bring: s. Brink
(bringen): Satzn. Bringe|wath („etwas"). Wohl vom Zutrinken gesagt. Breng(s)bier (Wirt)

Bringolf: s. BRUN, Brunolf
Brinig(er): s. Brinning
Brink: nd. „Grashügel". Massenhaft in Flurn. Brink, (von dem) Brinken, Tenbrink, Tembrinck. Brink|s, er, er(s)mann, franz, trine (s. Katharina), meyer, kötter, wirth, schulte, h(a)us, hoff, schneidt, wirth, skotten, werth, Brinkamp, Brinxter = (Brinksitter, s. sāʒe), fries. Brinkama. Bring, |s(ken), mann, hans, emeyer. Brünk|er, schulte, Brünger; Brenk|er(mann), olt; –brink: Osterbr., Sudbr., Unterbr., Sandbr., Steinbr., Heitbr., Willenbr. („zum wilden Br."), Kreienbr., Amtenbr. (s. Ente), Mesenbr. („Meise"), Finkenbr., Kobbenbr. (< kobbe „Spinne"), Lüsebr., Gosebr., Klockenbr., Michelbr., Oberbrinkmann, Beren–, Hone– (s. Hohn), Stein|brinker; –bring: Lehmbr., Kreidebr., Dannenbr., Klebr., Igelbr., Kregenbr. = Kreienbr., Hasenbr., Piepenbr. = Pfeifenbr. Brinkoch: < Brink-Kort (Preuß.)
Brinni(n)g: ON. Brinnig O-Bay. Brinig(er)
Brinno: (Tac. hist. 4, 15) keltisch (wie Brennus) oder zu ahd. brinnan „brennen". Much vermutet im Tacitus Brunio < BRUN. Brinn|er (× mhd. brünner „Harnischmacher"), Brin|z(er), sel, Prin|s(ler), ser, zen, zing, zel (vgl. Prinz). Ein ähnlicher N. mit langem i viell. in Brein|, l(ein), linger, eder, Breindl(inger). (Kaum zu BRUN und Brei)
Brinxter: s. Brink
Brischke: ON. Brischkau, Wohlau
Brisemeister: s. Breiser
Brißke: s. brjaza (× rotw. „Bruder")
Bristle: s. Brust
BRIT: zu ahd. brīdel „Zügel" und zum Volksn. Briten (Brittharius, ags. Britvald). Bei Übergang des i in e von Brado, bei Diphthongierung zu ei von breit nicht zu trennen. Volln. Pretterreich, Brettreich unsicher Briddo: Britt, |ing(er), ling. Brid(d), Pritting, Prütting, Brütting; Brett|er, ler, ig, reich, Prettenhofer, Bretz, Britz, Briede, Prieth, Priedemann. Bridilo: Brill(ke), Brilling, Prei(de)l. Vgl. Bricco
Britsch: s. Brütsch
Britsche: s. FRIEDE Kf.
Britten: s. Brigida
Britz(ke): s. brjaza, BRIT und FRIEDE Kf.
Brix–, Britzius: s. Brictius
(brjaza): wend. „Birke" (breza, brasa, Vklf. brjazka), tsch. břiza. ON. Britz, Breesen, Briesen, Prießnitz, Brösang, Brosewitz, Proschau u. dgl. Vgl. FRIESE. Oft in Flurn.
Britz, |e, ke, mann, Briske, Brischke, Brie|tz(e), se, ske, Brei|z, sig, ske; Pritz, |e(r), Prietz, |e(l), Breese, |n, mann, Bre|ske (× Brettschlag), tzke, schke, sina (brezina „Birkenwald"), Bras|e, ack, ock, Brasch|e, ing, ke, Brotz|e, ke, ki,

Protz, |e, ke, ki, Protsch, Prötzig. Brzoska > Birkner
Bro|beck, beil: s. Brot
Bröch: s. Brech
Brochenberger: „am abgebrochenen Berge"
Brocher: s. Brache
Brochwitz: ON. Brockwitz, Meißen
Brock–, Bröck–: s. Broco, Bruch und Brücke (Brocke: ON. Brockau, Vogtland, Bröcke: ON. Bröckau, Zeitz)
Brockel, Bröckel: ON. Hann. Brockelmann
Brockhagen: ON. Minden
Brockob: s. Procopius
Broco: unerkl. Zu an. brōk, ahd. bruoh „Hose"? Oder zu brogen (vgl. Brogle)? × Kf. von BROD. Först.: Bruohbraht (das mußte wie Hosenglanz klingen), Brochart > Brockard (doch vgl. Burkhard), Proculf, Bruckauf, Brock, |e(s), Brog|hammer, unger, Brox(ner), Pröck, |l, er. Aber vgl. Bruch und Brockel. Brocksch s. Procopius; Brock (Bröckel, Breckle) auch Übern. „Brocken"
BROD: Deutung unsicher. Zu ags. brord „Spitze", zu ahd. proz „ausbrechende Knospe", an. brot „angebrochenes Stück, besd. von Ringen"
*Brodbert: Proppert, Bröber, Pröpper, Kf. Propp (s. d.), |e, ing, Pröbes, Pröpping
Brothar: s. Bruder
*Brodrich: Bröderich, Broderix, Brod(t)recht
Brodulf: Brodauf
Kf. Prodo: Brod|inger, le, ke, mann, Brot(t),

Brothe, Brod(d)e, Brohdel, Prodinger, Bröd|emann, (e)l, je, Bröt|ler, je, Prott, Prötel, Brolls, Bröll, Pröls, Proll(ius). Brocke u. dgl. s. Broco.
B r o z o (× Ambrosius, ahd. proz „Knospe", bayr. brotz „Kröte"), Bro|z, sell, ß(mann), sselt, Brotz, |e, mann, Brosch, |e(ll), Pro|tz(l), singer, ssert; Brö|tz, ß(ling), sche(n), sser, Prö|tz(ig, el), scholt, ssel
Brod–, –brod: s. Brot (brod): sl. „Furt", Vklf. Brodek, Plur. Brody. Alles auch ON. Starbrod „alte Furt", Swinbrod („Schweinefurt" > Schweinebraten, Schles.). S. Bethlehem
Broda: wend. „Bart" (ON. Meckl.). Brodack = brodak „Großbart"; zu tsch. brodac „Langbart": Bradac, Bradarsch, Brodach
Brodersen, Bröder–: s. Bruder
Brodesch: s. BRAT
Brod|hahn, huhn: s. braten
Brog–: s. Broco
Bröggelhoff: s. Brühl
Brögger: s. Brücke
Brogl(e): vgl. Brogelin 1236 Socin, wohl zu mhd. brogen „prunken, prahlen". Brogli(e), Progl
Brögmann: s. Brücke
Bröhan: s. Brauer
Brohl, Bröhl: s. Brühl
Brohm: s. Brame
Bröhr: s. Bruder
Broich, –broich: s. Bruch
Broihahn: s. Brauer
–broik: s. Bruch
Broil: s. Brühl
Brok–: s. Bruch
Brokopp, Broksch: s. Procopius
Bröl(ing): s. Brühl

Brom–, Bröm–: s. Brame und BRUN
Bromeyer: s. Brame
Bromfort: s. Brunfrid
Brommer: s. brummen
Brömse(r): s. Brems
Bron(n)–: s. BRUN, Bronn–: s. Brunn. Brönner = Brunner
Bronsart: pruß. Bron|sath, sert
Bronswick: s. Braunschweig
Brooren, Brör(k)en, Bröring: s. Bruder
Bros–, Brös–, Brosch–, Brösch–: s. Ambrosius und BROD, Brosch s. auch Brasch
(Brosame): Brös–, Bröß|amle, Brösamlen, Brosam(mler), Bresele, Broßmer, Bresamer, Präsam(er), Brüssel (<brüsle), Brösel(er) (schweiz. „behaglicher Esser")
Brösan(g): ON. Brösang, Bautzen
Brösel(er): s. Brosame
Brößner: 6 ON. Brösen
Brossok: s. Preuße
Brost: 1. s. Probst. 2. sl. brost „Ulme" (ON. Brostau, Brustawe). Brust(er)
Brot: Brötli. Brod(t)|korb, sack, hag(e) (Höker, × ON. –hagen, Bielefeld, Meckl.), mann, führer, trager, beck(er), back, bacher [Brobeck(er), schwäb. Brautbeck], vrāʒ, wolf, wurm, schelm (Protsarg, Brodeufel), herr, esser („Dienstbote"; österr. Prottes, Prattes, Brates, nd. Broteter, dasselbe Brötler, Brödling), merkel, nickel, schneider, müller. Brobeil < Brotbeil („Beil"). Brot in der Deschen.
–brot: Bier(en)br. („Bier

Brothuhn (Brücke)

und Brot"), Butterbr., Win und Brot, Casembrod („Käse und Br."), Salzenbr., Schmalbr., Halbroth (vgl. Halbleib, Virdehalbbr.), Siebenbr. Roggenbr. (Ruggenbr., Ruckenbr., Rückbr.), Hirsebr., Kornbrodt, Zellbrot, Haverbr., Kleinbr. („Brötchen"), Mundbr., Pfennigbr., Schönbr. (kuchenartig), Weckebr. (falls nordd. < wēke brōt „mit Fleischbrühe begossenes Brot"), Sauerbr. (Suerbr.), Degebr. (nd. dege „derb" > Teigbr.), Weichbr., Derfbr., Hartebr., Druckenbr., Treu(ge)br. (< mnd. treuge „trocken"), Weißbr. (1. = nd. Wittebrood, Wittbr. 2. < Weizen; × ON. Weißbr. Schles.), Warmbr., Gossenbr. (warmes, mit Fett begossenes Br.), Herrenbr., Gegensatz: Eigenbr. (Einbr., Eimbr., Eichenbr.), Morgenbr., Frühbr. (Fröhbr., Freibr.); Dreibr. (bair., um 3 Uhr gegessen); Satzn. Schadebr. Vgl. Müßig. Zuweilen –brot < brat, beraht (s. BERCHT): Heimbr., Milbr., Deggenbr., Rotbr. Vgl. brod

Brothuhn: s. braten
Brot(t)ke: s. BRAT
Brotz–: s. BROD Kf.
Brotzke: s. Ambrosius u. brjaza
Brox: s. BROCO
Broxte|n, rmann: s. Bruch
Bruch (ū): 1. mhd. PN. Brucho, vgl. Brauch. 2. Sumpf (nd. brōk, brauk [×Brache], ndrh. broich). Oft ON. Bruch. 3. mhd. bruoch „kurze Hose". Bruchlos, 1367 Cunzce Bruechlos, Chemn. Urk.

B. 27, 17; vgl. Brokhase „–hose", Bruochsekel und s. Broco
Zu 2: Von dem, aus dem, zum Bruch, vor Bruch, Besenbr., Heidebr., Herzbr., Langenbr., Leimbr., Mühl(en)br., Rosenbr., Weidenbr., Weißenbr., Wildenbr., Sauerbr., Gosebr., Fahnenbr. (< van den bruch). Bruch|feld, hagen, heuser, holz, meier, müller [38 ON. Bruchmühle(n)] sitter (s. unten Broxten). Brucherseifer, Großbruchhaus, Eschenbrücher. Bruck (aber obd. s. Brücke!), mehrf. ON. Brucks, Brux, Brücker, Brucker; Bruck|mann, gen, hoff, huisen, van (den) Bruck, vom Bruck, Bruckerhoff, Hagen–, Uhlen–, Sauer|bruck, Aschenbrücker (zu Esche). Van Broek. Brauch. Brauk|hoff, müller, schütte, Griesen–, Hassel|brauk, Braukemper, Bräucker, Hütte–, Großen|bräuker; Breuk|elgen, mann. Brook(e), im Broocke, Papenbrook, Broc, Broks, Broocks, Bröckelken. Van der, Im, Zum, Tom| Brock (auch ON.), Brock|kötter, meyer, sitter (s. sāʒe), Tebro(c)ke, Brocker. In Lippe Brokmeier, Meier zu Brokhausen. –brock: Barenbr., Subr., Dasenbr. („Dachs"), Buddenbr. (mehrf., < PN. Budde), Diepenbr., Ellerbr., Lehmbr., Westbr., Wiesebr., Stutenbrok (ON. Lippe), Kohlbr., Brock|haus, hues, es, (er)hoff, mann(s), schmidt, möller; Broksiek, Brokamp,

Brokate; Bröckmann (× Brücke), Bröck|ing, er(mann, hoff), Brögger, Bredenbröcker, Roden–, See|bröker. Broch|hagen, hausen, sitter, (van den) Broch, Broxten (2 Orte Osnabr. < Brocseten, s. sāʒe), Broxtermann. Broich (31 ON.), Broich|er, mann, haus (> Brockes, Bruckes), heuser; Zumbroich.— –broich: Aschenbr. („Esche"), Elschenbr., Fußbr. („Fuchs"), Hellenbr., Kleinenbr., Roßbr., Schönbr., Buntenbr. (< PN. Bunte), Rollersbr.; Broich|sitter, haußen, heuser, gans, mann, schütz, hagen; Mühlenbroik. Breuker. Breden > Brem|breuker

Bruchard: s. Burghard
Brüch|atz, schatz: wend. brjuchac „Dickwanst". Dazu Brjuchota, Brich|et, ta; ON. Brüchau, Magdeburg > Brüche(r)
Brüch(e)ler: „Schnittwarenkleinhändler". Briechler
Bruchi, Brüch|ig, le: s. Brauch
Bruck–: obd. s. Brücke, nd. s. Bruch; ostd. < wend. bruk „Käfer"
(Brücke): obd. mit u (vgl. Innsbruck mit Osnabrück und Brügge), ndrh. auch mit ö. Auch „Knüppeldamm" (schweiz. brügi: Brügimann; vgl. Specke) und „gepflasterter Weg", daher mnd. brügger, brüggeman „Pflasterer". ON. und FN.: Bruck, (an der) Brugg, Brück(en), Brügge (mehrf.). — Bröckskes. Tebrügge, Brügging, Brück(n)er, Bruck(n)er, Pruck(n)er,

Brügger, Brugger, Bruckert (an der Brücke wohnend, aus Orten wie Bruck, Brücken usw., Brückenwärter [vgl. FN. Zahlbrückner] oder Brükkenbauer, Pflasterer). Brückmer (Meier). Ähnlich Brück–, Brüg–, Brüg(g)e–, Bruck–, (Brug(g)–, Bröck–, Brögl mann (vgl. Bruch), Brügma und Brückler. Brücklmeier, Bruckbräu, Bruglacher (KS: Prickl, Pröckl; Brucker(t) > Bröcker, Pröcker)
–brück: Bollbr. („Bohlenbr."), Kindelbr. (ON. Erfurt), Neubr., Weidenbr., Del(l)br. (s. d.), Steinbrück(ner), Hochbrückner. Brück|hoff, lmayer
–bruck: Wiedebr., Eschenbruckner, Inspruckner, Moosbrugger, Bruck|beck, lach(n)er, mair, mooser, hei (> Bruggeier; ähnliches s. Hei). Brug|graber, lach(n)er. Bruck|schlägel („Brückenschläger"), schlegel, schlögel
–brügge: Linnebr., Bolbr., Barenbr., Steinbr. — Ibrügger, Brügge(r)hoff, meyer. S. Osnabrück
BRUD: Einige FN. weisen auf einen unbezeugten altd. N. Brudo hin, der von BROD zu trennen wäre. Vgl. ags. prūt, engl. proud „stolz", ON. Prutting (< Prutinga), OB. Hierzu viell.: Brud|i, e; Prudler, Brütt|ing, mann, Prüt|er, z, l(ing), Prütting, Prüssi(n)g, Brudloff
Bruder: Schon altd. Brothar; Pruadir (× BROD). Bruder|er, s, sen, hofer, huß, hausen, müller; Brüder|s, l(e), lein, Brodersen, Broderius, Bröder(mann), zgez. Bröhr, Bröer, Brüer, Brör(k)en, Brooren, Broering
Brüd|(i)gam, jam: s. Bräutigam
Bruer, Brües: s. Brauer
Brüfer: s. Prüfer
Brügel: s. Brühl
Brug(g)–, Brüg(g)–, brügg: s. Brücke
Brüha(h)n: s. Brauer
(Brühe, brühen): Schweinbrü, Hamelbrüe, Satzn. Brühsau, Brühschwein
Brühl: „buschbewachsene Sumpfwiese", dann „Rittergutswiese"; wohl keltisch (frz. breuil „Gebüsch", it. broglio „Küchengarten"). ON. Brühl, Brögel, Bröl, Brohl, Briel, Brill, Priel; oft Flurn. Brühl, |er, meyer, Hinterbrühl, Brügel(mann), Brüel, Breuel, Bri(e)gel, Brülbeck, Brohl (ON. Ahrweiler, Kochen), Bröhl, Bröl(ing) (5 ON. Bröl, Rhld.), Brölemann, Broil, Breu(e)l, Breuler, Tombreul (s. to), Tumbrägel, Schulte vom Brühl, Brüll(er), Prüller, Briel, Bröll, Brüll, Prill, |er, inger, Ober|priller, prieler, Pryller, Priel|er, mayer, Bröggelhoff, Prüg|el, lmaier, Brügelmann, Brig|l, lmaier, elius, Brieg|l, Prieglhuber (wend. Brühl(ke), Brill(e) zu Gabriel)
Bruhn–: s. BRUN
Bruinewald: s. BRUN
Brüll–: s. Brühl und Brill
Brum–, Brüm–: s. BRUN
Brumberger: s. Brame
Brumby: ON. Calbe, Neuhaldensleben
(brummen): Brummer(t) (auch „Hummel, Brummfliege", × Brunmar), Brummhardt, Brommer, Brümmer (nach B. 1, 299 nd. = „Bräutigam"). Vgl. Brimmer. Danach wend. Brummack
Brummerloh: ON. Varel
BRUN: 1. mit nn und n zu ahd. brunja, brunna, mhd. brünne „Brustharnisch". 2. mit n zu ahd., as. brūn „braun"
Brunfrid: Bromfort
Brunger: Br(a)unger, Bräuniger, Brongers
*Brungard: Br(a)ungardt, Brun|gert, gerdes, kart
Brunhard: Brunkhardt, Braun|hardt, ert, Bräunert, Brunn|ert, at, et, Brünnert, Brune(r)t, Bronnert, Pronnet, Pron|ath, eth (> Bran|ot, at, Bronnert KS). Mit Übergang zu Brum– nach dem Muster anderer N., oder Weiterbildung zu Brumo: Brum|hard, etz, Brome(r)t, Brömmert (z. T. × brummen)
Brunheri: (× Brunnen) Brunner(er), Br(a)uner, Bräuner, Bronner, Brönner (Braunersreuther: ON. OFr.)
*Brunmar: Brum(m)er, Prummer, Prümmer(s), Brümmer(hof), Braumer, Brommer, Brümmert
Brunold: Brunold, Pronold, Braun|wald, hold, holtz, ewell, Bruinewald
Brunomund: Brum(m)und, Brom(m)und, Brommond
Kf. *Brumo, Brumilo: Brumm, |e, Brum, |(e), bauer, winkel, Prümm, Brümmel, Prumbs, Brümsi, Brom|ig, eis; Brömel, Brom-

Brunn me, Brummel, Brömm|ling, e(l), Braum

Brunrat: Brundert

Brunric (Preunricus XIII): Brummerich? Preinreich?

Brunwart: Braunwart

*Brunwig: Brunweg, Brumwey

Brunolf: Bringolf (Schaffhausen). Vgl. mhd. brün(e)ge „Brünne"; angelehnt an „bringen"

Kf. Bruno: (× Brunnen) Brun, |a, o (× 4 ON. Brunow), e(mann), (i)ke, s (nd.), gs (ndrh.), jes, (i)sch, s, z, ze(l), otte, oth, Brunk|e(n), s, Bruhn, |s, sen, Lütkebrune, Prumbach; Brün|jes, e(sholz), ell, ler, ecke, i(n)g, ing(hold), trup; Brünn (ON.) |e(r), ing(haus), inger (× Brand), ecke, el, Brühne; Braun, |e, eck (< -ing), ecke, ich, eis, eiser, leder (wohl < Braunl-eder), hofer, mühl, miller, behrens, berns, reuter, roth, schmidt; Bruins (ui = ü), Prinzl; Bräun|ing(er), le, ll, lein, dl, ling, Breun|ig(er), ung, Preindl, Präuner (× breune „Feuerrodung"), Brein|ing, ung, dle; Bron|s, sgeestsema

Brunn: Ahd. brunno, eigtl. „Quelle", erst später „künstlicher Brunnen". Die Form Brunnen erst nhd.; obd., thür. Brunn, Bronn; ndfrk., ndsächs. Born (mit Umstellung des r). Vgl. die ON. Salzbrunn, Heilbronn, Paderborn. Brunn (oft ON.), Brunne, Brünn|el, lein, Bründ(e)l (meist südd. ON.; × Bründel, Anhalt, Bründeln, Peine), Bründlmayer; Kalten–, Gsund–, Weißen–, Schön|brunn, Walbrun(n) „wallender Br.". Brunn|gässer, thaler, Brun(n)huber (Brunnenberger s. Brame); Brunnenkant s. Kandel. Bronn (oft ON.), Brönnle, Ambronn, Neubronn, Bronnen|huber, meyer; Born, Bornemann, von dem Borne, von der Born, Oppenborn, s. auch Börngen, Born|wasser, müller, kamp, kessel, scheuer (schauer, schier, schewne, schein), höft (ON. Bornhöved, Holst.), fleth, gässer, gießer, müller, kann, gräber (s. u.); –born: Heidb., Salzb., Eichb., Trimb. (Flurn. bei Grevenbroich), Ollenb.; Steinb., Trichterb.; Springb., Röhrb., Mittelb., Weißenb., Tiefenb., Sauerb., Rehb., Schmidtb.

Brunner (× Brunheri), Prun(n)er, Brünner (× ON. Brünn); –brunner: Laichb., Ernstb., Fuchsb., Oberb., Haselb., Kinzb. — Kaltenbrunner

Bronner: Neu–, Loch|bronner. Borner, Börner (md. × börnen „brennen"), Weidenb., Steinb. (Schönberner). Berufsn.: Brunngraber, Brun(en)meister, Bornheber („Brunnenbauer"), Borngräber (Bornschlegel s. Schlegel)

Brünst: < brennen „Feuerrodung", mehrf. ON. Bay., Österr. Brünst|ler, ner, Brunst, Prünster, Prinst(n)er

Bscher(er)

Bruns|wick(er), wig: s. Braunschweig

Brupbacher: < ON. Braubach (mehrf.). Bruppacher

Brusch: s. BRUD und Ambrosius. Brüsch

Bruschke: wend. brjuško „Bäuchlein, Wade"

Bruse: s. BRUD und Ambrosius

Bruß: 1. s. Ambrosius (Brüß). 2. wend. PN. Brus „Wetzstein". Bru|ske, sig, Brüske, Brause

Brusse: ON. Marienwerder

Brüssel: s. Brosame

Brüssow: mehrf. ON.

Brust: Prust, Brüstle(in), Bri(e)stle „Leibchen"; Rothbrust; nd. Bost. Schon altd. N.? Vgl. Brust|mann, inger, at (< hart), Burst|ert, inger, Bürstinghaus, Börstinghaus, Pröst|el, ler, Schweiz. Brust „Erdbruchstelle im Gebirge" (< bresten „bersten"): Brust(er). Ostd. s. brost. Brustmeyer s. Propst

Brustkern: schwäb. „geschätztes Stück von der Brust des Rindes, auch Kalbes"; Fleischern. (?)

Brütsch: mua. „mürrisch verzogener Mund", Brutsch|y, e, Brütz, Britsch (× hl. Briccius)

Brutscher: ON. Prutz, Tirol

Brütt–: s. BRUD

Brüxkes: s. Brictius

Bruy: s. Brauer.

Brychta: s. Adelbert

Bryd: s. Brigida

Brysch: s. Ambrosius und FRIEDE Kf.

Bschaid: wohl „Scheide, Grenze". Bscheid|er, l, meier

Bscher(er), Bschier|er, l,

Bschorer, Bschörnle: s. scheren

BU: wohl zu ahd. būan „wohnen"; vgl. BOND. Altd. N. Buo, Puwo (× BAV). Bumann < Bubmann. Buw|e, ing, Bühmann, Bau, |e, wens, ler, ling, hardt, Baucke, Bäu(lich), Bauart

Bubbe(l): s. Poppo

Bub(b)ert: s. BOD

(Bube): im älter. Deutsch ohne tadelnden Nebensinn, vgl. engl. boy. Schon ahd. N. Buobo. Auch Lalln. Bub, Bueb, Bubel (× sl. bubel „Dickbackiger"), Biebl, Bübel, Buberl, Kleinbub („Kleinknecht"), Gutbub, Entenbübli. Slaw. Weiterb. Bubeck. Vgl. Poppo. Bubser < mhd. bubizen „bübisch, liederlich leben" oder ON. Bubitz, Budweis

Buben|eder, -öd: Einöde Eggenfelden (NB.)

Bubenzer: ON. Buben(e)tsch, Bubenč, Böhmen

Bub(h)olz: s. Poppo

Bubmann: s. BU

Bubner, Bugner: wend. bubnar, bugnar „Trommler". Dasselbe: Bub|ni(c)k, inger

Bubser: s. Bube

Buch: Buch|drucker, binder, bender, führer (reisender Händler), kremer, feller (stellt buochvel, Pergament, her, s. d.; × „im Buchenfeld", so Buchfelder), stab = stäber („Buchstabengießer, Drucker"; aber: Joh. Buochstab, Schulmeister, Freiburg i. d. Sch. XVI); nd. Boekbinder. Bucher, Bücher „Bücherabschreiber, Gelehrter", aber meist zu Buche

Buch: sl. PN. „Knall, Schlag"; Buš, tsch. bouchač „Schläger". Buchar(tz), Busch, |an, ar(t), atz, ek, ke, Bauschatz

Buch-, Büch-: s. auch BURG

(Buche): ahd. buohha, nd. Bauk, Bäuke, Böke. Buch auch „Buchenwald". Buch, |er, ner (× Buch, ON. Buch|en), inger, erer, Büechi, Büchy, Zurbuchen, Unterbuchner, Pucher(t) (ON. Puch, OB.). Hagen-, Schön-, Stein|buch. Buch|mann, meier, schuster, müller, wald(er) (oft ON., besd. schles.), walter, walzki (× Burgwald), holz(er), hols > (h)olski, hold, loh(e), hage(n), horn (4 ON.), heit, reuter, reder, rieser, heister (u. dgl. s. Heister), baumer (> Bichbäumer KS), ebner, berger (75 ON.), dahl, staller (ON. Bay., Österr.), steiner, winkler, schachner, rucker (s. Rücken), acker (> ecker × Ecke wie -egger; nd. Bockhacker, born, graber; Moosbuchner, Buchsrucker; Buchen|au, rieder, roth. Büchl „Buchenwäldchen" (mehrfach ON. Büchel, doch meist zu Bühel), Bücheler, Büchl|er < buchel „Buchecker" [Ahnherr hatte eine Ölmühle], sberger; Seu-, Sey|büchler (< Sau). Bücher (× Buch, ON. Büche, Stettin), Maibüchen, Büch|holz, ner. Breiten-, Rothen-, Mai-, Vier|bücher, Hagenbüchner; Puchinger. Buckholz wohl < Burgwald.

Bauke, Bauk|mann, hage, loh, holt(z). Baukemühler > Bauchmüller (s. auch Bauchspieß unter Bauch). Beuk|er, mann, enberg; Bokeloh; Böke, |mann, kamp, Böken|brink, kamp, kröger, Böker, Bökert, Maiböker. Bock|enbrink, hoff, horst, holt, mann, stette, struck, winkel (in Bielefeld mit ō gesprochen). Böck|er, heber, elmann, stiegel [alles Bielefeld]. Böcken|holt, kröger. — Vgl. Bulach, Buschor, Heister

Büch(e)l-: s. Bühel und Buche

Büchse: meist „Feuerwaffe". Büchsen|schütz, mann, nd. Büsse(n)maker; Bücksenschuß, Büchsenschutz, nd. Büssenschütt. Büchsenschmidt. Büxenstein, Böschenstein („Kanonenkugel". Aber Büchs(n)er, Bixner, Bichsenmeister auch „Zunftkassenwart"

Buchstaller: s. Burgstall

(Bucht): nd. „Einfriedigung". Ter|bucht, bücht. Bucht|mann, Bücht|ing, er, (e)mann

Buchta, Puchta: Buchta Bader in Elsterberg 1438. Arzberg im Fichtelg. XVII: Buchba = Puchbach (< ON. Buchbach, Selb) = Buchka, Buchta. Von Buchka, Buchda, doch × tsch. buchta „Kuchenart", auch bair. (dazu Puchtler), ferner wend. Bucht|a, e < Boguslaw.

(Buchweizen): Buch|weiz, weitz, weit; Heidkorn

Buck: 1. Kf. zu Burghardt

Buck– (Bucki). 2. nd. Bock. 3. obd. „waldige Höhe"
Buck–, Bück–: s. BURG, BUK, buk.
–buck: s. Bauch
Buckdahn: s. BOG
Buckel: 1. Höcker. Buckli. 2. Anhöhe. 3. sl. Bukol; s. BUK. Vgl. BURG, Kf. u. Bockler
Buckenleib: Satzn. „bücke den Leib"
Buckesfeld: ON. Altena i. W.
Bucks: pruß. N. Buks
BUD: sl. Stamm, zu asl. buditi „wecken". Budi|slaw, ch, š. Buz(a). Bud|eck(e), ke, ig, ak, ach, och, ock, ich, ick(er), lich, Büdke, Butt|ig, ke, Buddeke, Pud|ey, enz, lich, Podd|ey, eck, ig; Baud|itz, is, isch, ze, Butsch, |e, ke, kow. Bausch(ke), Bau|se, ske, singer, Pau|(t)sch, tz, ske. Vgl. BOG u. BURG am Ende
Bud–, Büd–: s. BOD
Buddenbrook: ON. Pommern
Buddensieck: ON. Lippe (s. Siek)
Buddrick: pruß. N.
Büdeker: s. Bötticher
Büden|bander, bender: s. Bütte
Buden|s, z: s. Pudenz
Budinger: ON. Oberhess., Nassau, Trier. Bidinger
Budlee (u betont): < frz. Boitelet
Büdner: = Häusler (wend. Bieder, Bitter)
Bueb: s. Bube
Buer–: s. Bauer
Buf(f)–, Büf(f)–: s. Bodefrit
Buffleb: ON. Bufleben, Gotha. Buffleben, Bufleb
Bugars: s. Burghard
–bügel: s. Bühel

Büg(g)e: < frz. Bueche, Buèche
Buggele: s. BURG Kf.
Bügler: 1. macht Armbrustbügel. 2. zu Bühel
Bügling: s. BURG Kf.
Bugner: s. Bubner
(Bühel): „Hügel" (zu biegen). 1. Bühl (oft ON.), |er (× ON. Bühlau Sa. < belu, auch 2 ON. Bühler), maier, mann, am Bühl, Zumbühl, Hirschb., Niederb., Krähenbühl, Varn–, Spiel|bühler. 2. Pühl, |er, hofer, horn. 3. Biehl(er) (× ON. Biehla), Biel, |au, e, en, Bielmayr, Ambiel, Windbiel, Birkenbihl, Bihl|er, mann, Wild–, Loch|bihler. 4. Piehler. Durch s des ersten Teiles entsteht –spiel: Dinkelsp. (ON. Dinkesbühl), Waltisp., Ehrlinsp. (Erlenspiegel; wohl < Erlin, s. AR), Singlsp. (auch Singuldsbühel, Singelsbühl), desgl. Radespiel, Radspieler. Vgl. Hagspiel. 5. mit kurzem i: Millbiller (ON. Mühlbühl mehrf.), Rotenb., Steckenb.; Sandbiller; Hinterbiller KS. Nach s (wie 4): Hack–, Eggen–, Rad|spiller. 6. mnd. būl: Buhle(mann), Ambuhl. 7. Böhler (s. d.). Kleinböhler, Pöhl|er (ON. Pöhl, Vogtl.) [> Pohler > Pohl(e), Pole, s. polje], mann, Breitenpöhler. 8. Oberbeul, Birken|beul, beil. 9. Büchel(e) (vgl. Buche), Büch(e)ler, Büch(l)ein, Heid–, Kirchenbüchel, Lindbüchl. Hombücheler („am hohen B."), Püchl, Biechele. 10. bayer.-österr. Bichl, |er, inger, bauer, huber, maier. Steinbichl; –bichler: Sonnenb., Schönb., Unterb., Niederb., Strohb., Kornb., Rehb., Sandb., Wartb., Windb., Eisenb., Kirchb. Pichl, |er, huber, Pichelmann, Ober–, Rasch–, Lau|pichler. 11. biegel, bügel: Kron–, Krom–, Krum|biegel (s. Kranich), Gensebiegel, Isenbügel (ON. Kettwig < Eisen), Biegler, Wartbiegler, Leimbiegler (s. Lehm), Büglmeier. 12. Birn|bick(e)l, biggel. 13. nd. ten Hompel < Hombehl „am hohen B.", schweiz. Humbel, Hobelburger. (KS: Raß|bichler, bieler, Roßbiller, Raschpichler, Ras|piller, plicka). S. auch Guck
Buhk: s. Bauch
Buhl–: s. Bühel
(Buhle): mhd. buole „Geliebter, Verwandter"; schon ahd. Buolo. Buhl(e) (× Bühel), nd. Bäulke; dazu Buhler, falls nicht < Buchloher, vgl. ON. Buhlen, Waldeck < Buochlohon
Bühling: ON. mehrf.
Buhmeier, Bühmann: s. BU
Bühn(e): „Bretter|gerüst, boden"
Buhr, Bühr–: s. Bauer, bor und BUR
Buirgle: s. BURG Kf.
Buit–: s. buten
BUK: sl. Stamm; asl. buka „Lärm"; tsch. bukač „Rohrdommel". PN. Buk, |ol, ač. Buk, Buk|a(tz), es, oll, Buck|atz, isch
buk: sl. „Rotbuche"; Vklf. buczeg. ON. wie Buckow, Bock(w)a, Baucke,

Butschkau. FN. Bucker, Bücker, Bauke(r)(t), Bokker, Böcker, Busch|eck, ick, ing, Büsching, Buschk|e, au, ow
Bukatz: s. BUK u. Burghard
Bukofzer: < ON. Bukowi|ce, tz (mehrf.)
Bulach: „Buch(en)lache"; s. Lache 2 oder zu Loh
Bulge: „Leder|eimer, sack"
Bulgrin: 2 ON. Köslin
Bulka, Bulke: sl. bulka „Semmel"
Bull–: s. BALD
Bulla: sl. bula „Semmel, kleiner, dicker Mensch"
Bulle: „Stier". Bullenkamp (×BALD, Kf.)
Bullemer: ON. Bullenheim, Frk., Bulleheimer
Büller: mhd. büllen „bellen, brüllen". Biller
Buller|ian, jahn: s. Baldrian
Büllermann: s. Baldher
Bülles|bach: ON. Neuwied, Sieg, **–feld:** Sieg
Bullrich: s. Baldarich
Bull|wein, wien: s. Baldwin
Bülow: 4 ON. Meckl. Bülau
Bulß: s. BALD Kf. und BOL
Bulster, Pulster, Bülster: 1. „Polster(er)". 2. unerkl. Flurn.
(Bülte): nd. „Hügelchen". Bülte|r, mann, meier, Bülthoff, Tum|bült, bild, Tenbült, Heubült, Bult|mann, haup(t), Kleintombult; aber Ruß|bild, bült wohl < sl. Rostobyl
Bultje: s. BALD Kf.
Bumann: s. bauen
BUND: ablautend zu BAND, BIND, gewiß zu „binden", keinesfalls zu „bunt" (s. d.), Bundecar,

Buntesdorf, Bunzo. Bund(t), Bund|e(ls), esmann, esen, enberg, Bunt|e(n), enbroich, ke, mann, Bun|s, z(e), z(e)l (× Bunzlau), sen, Bunn|er, ies; Bünd|el, le, ert, ig(er), Bünt|e(n), gen(s), i(n)g wohl meist zu Bünd, Bunz, Pund(e), Pun|z, zel (vgl. Buno), zenhagen, Pünder
(Bünd): abgesonderter Teil der Dorfflur. Mit sehr vielen örtlichen Sonderbedeutungen u. Formen: obd. bünd, point, peunt, peint, baint, im Allgäu bunk, frk. both, hess. bünge, binge, bünde, binde, beune, baune, nd. (westf.) bonne, band, bend, bönd, beene, bein, ndrh. bang. (Die nordwestd. Formen viell. ein ganz anderes Wort). Bunk, Band, Bang(e), Bend, Bonde, Böndgen, Bainder, rhein. Peintgens, Bein, |es, hoff, Beind(er), Mühlenbein, Beinhorn, Beune, Beunder, in der Bündt, Verbünt, Bündemann, Bünt|e, iner, Pünt|i, er, Pünde(r), Point|l, inger, maier, vogl. — Meist in Ableitungen auf –ner: Pündtner, Puintner (× „Graubündner" und mhd. büntner „Kürschner"), Püntiner, Pointner (Hirschp., Lindp., Kreutzp., Kornp.), dissimil. Poitner, Beunt(n)er, Beindner, Paintner (Kohlp., Seep., Bernp., Kreuzp.), Peint|ner (Wißp.), inger; Wahlbändner, Kuhbandner, Feichtenpeutner, Tirol: Feichtenbeiner, Ochsenbein, Bernpanthner, Kühbandner.

Wallis: Bi(e)ner; KS. Penter, Pinter, Bünder(t), Benter, Binder, Bänder, Bonder, Bander, Pfunder, Fundner, Pinner, Binner, Penner
Bund|rock, schu: s. bunt
Bungartz u. dgl.: s. Garten
Bung(e): mhd. 1. „Knolle": 2. „Trommel". Bunger(s, t), Bünger (× Bünd), Büng|ner, el(er) „Trommler, Trommelmacher", Bungen|stab, stock > Bohnenstock. 3. Ostpreuß. < frz. Bongé; verlitauert Bungies
Bünger: s. Binge. **Bunk:** s. Bonk. **Bunn–:** s. BUND
Buno: ahd. PN. unerklärt. Bünning, Bünninger, Bunniger, Bünz(li), Binz (× BUND)
Bunsen: s. BUND
Bünso(w): ON. Bünsow, Stralsund. Bünzow
(bunt): junges Wort < lat. punctum; mhd. „schwarzweiß gefleckt oder gestreift". Buntebart, besd. von Pelzwerk: Bunt|fütterer, werker, nd. nl. Bontwerker. Daher Bunt–, Bund|rock wohl < binden wie sicher Bundschuh. Sieh Schuh. Die heutige Bed. bei Kleidern seit dem 14. Jh.: Buntemantellus, Ep. obsc. vir. 1, 33; Buntwebir, Görlitz 1348
Buntenbach: ON. Pfalz, Solingen. **Buntenbeck:** ON. Buntenbeck(e), Elberfeld, Hagen (× Buntenbach)
Bunz(e): s. Bonse und BUND. Bunzendahl
(Bunzlau): ON.: Bunzel, Buntzel, Ponzel
Bünzli: 1. s. Buno. 2. „Knirps"

Buob: s. Bube

BUR: ahd. būr „Wohnung, Haus", vgl. „Vogelbauer", ON. wie Buer (Westf.), Buhren, Büren, Beuron, Blaubeuren (FN. Gottesbühren < ON. Hessen), Vonbühren (Schweiz). Dazu Bührer, Bürmann, Beuermann. Aber altd. PN. Bur|o, ing viell. eher zu got. baur, an. buor, ags. byre „Sohn" (vgl. Volksn. Buri). Hierzu Bur|i (× BURG), ich, icke, ing, wig; Bühr|ich(en), mund, len, ing(er) (× ON. Biering), Bür|jes, mann, Burre, Buurma, Pühringer, Pür|ling, ner

Bur: s. Bauer

Burberg: ON. Düsseldorf, Solingen

Burdewick: ON. Bardowick, Lüneb.

Bürdimpfl: s. Bier

Büren: 4 ON. Rhld., Westf.

Buresch: < wend. bur, Vklf. burik „Bauer", tsch. Bureš. Bur|isch, icht, Baur|isch, echt, Porsche

BURG: zu ahd. burg, nd. borg „Burg", „Schutz". Das r kann ausfallen oder vor den Vokal treten; das g oder k kann in ch, sch, ss übergehen

Burghard: Burg|(h)ard, ath, ert(er), kart, harz (× ON. Burckhards, Hessen), Burghartswieser, Burgardsmaier, (Hessen), Burgertsmaier, Burkhardsmaier, Burgis (häufig in Bamberg), Burkert, Burckhardt, Purkert; Burch|ardi, artz, ert, gart, Bürkert, Borg|hard, erd, gart, Borch|(h)art, ert(s), erding, Börgerding, Porkert. — Ausfall des ersten r: Buckard(smaier), Bugars, Buck|ardt, at (vgl. BUK), Buchardt, Bückart, Pükkert, Bockardt, Bockhardt, Puchert, Boc(c)atius, Boch|ard, at, ert, Pochert, Pocka(r)t, Pökkert; Buckting, Bockting. — Übergang des g in einen Zischlaut: (× frz. Bouchard u. sl. N., s. Buch), Busch(h)ard, Buttsch|ardt, ert, Bußhart, Pussard, Borsche(r)t, Boßhard, Bossart, Bossert, Posche(r)t, Poss|art, ert, Butzert, Puschert. Mischform.: Putzen–, Bot(z)enhardt. — Umstellung des r: Bru(c)kard, Bruchhard(t); doch vgl. Broco. — Dissimiliert: Bolkart, verlitauert Borchertas

Burghar: Burger, Bürgerle, Borger, Porger, Borcher(s), Börchers, Bürker, Bücker

Burgman: Burgmann (s. d.), Borkm., Bo(r)chm., Börgm., Bor(r)m., Burrm., Purrm., Porm., Bückm., Börschm., Poschm., Pöschmann, Bußm., Buxm., Puse|mann

Burgmar: Burgmer, Burgmaier

Burgoald: Burg|(h)old, olte, Burk–, Bork|holz, Purgold, Buch|old, elt (zu Buche?), Birkhold, Büchold, Bus(ch)old, Borg|wald, olte, elt, Borchelt, Putz–, Puß–, Puse–, Pocz–, Posch|wald

Burcward: Burg–, Borg–, Borch|wardt, Pochwadt

*Burgwin: Purwin, Puchwein

Kf. Burgio: (× Burg, auch ON.): Bur|g, gy, ck, cky, ch, g(i)s, x; Bürg|i(n), el (auch 5 ON.), Bürk|el, li(n), Buirgle, Pyrgy, Bir|x, gle, Birk, |l, le, lein, Bierkle, Bor|ck(e), g(e)s, chling, Börkel, schles. Bergel. — Bucco: Buge, Bugge(le), Buck(el) (s. d.), Bucki, Puck, Pucho, Bück|(l)ing, el, le, l(e)in, Bügling, Bickl, Büch|i, e, Bock (s. d.), |s, Boch(e), Böck|h, ing, el, len, ling. Ohne Guttural: Bur(r)i. Mit Erweiterung durch –izo oder Übergang des g in einen Zischlaut (vgl. Burghard; × mlat. purcelarius „Sauhirt"; bürzel „Tiersteiß", z. B. Honpurczil „Hühnerbürzel"; burzel „kleiner, dicker Mensch" (nicht = nhd. Bursche), butze „Kerngehäuse des Obstes", Butz(e), Butzemann: Bur|tz, zeler, sche(r), schel, Pursche, Pürschel, Bürsch(el), Bürsch|gens, lein, Bürz(el), Byrczel, Bürzer, Purstl, Pürstl, Pirstl, Bor|z, sig, Bör|tzel, sel, Borschel, Börsch, |lein, inger, Boortz, Portz (s. d.), Pörtz. — Formen ohne r: Bozo, Puazo, (× BOD, BOS, ostdeutsch BOG, BUD), Butz (dies und manches folgende, auch „Knirps, Popanz"), e, ing, igl, (e)mann, Puzl, Püzl, Pitz(e)l, Bu(t)ze, Butsch, Putz (s. d.), |ig, (n)er, e(l), Putsch(ner), Busch, |(l)e, (l)ing, Buß, Busse (auch pruß. N. Busse), Buß|mann, linger, Pussig, Puß|mann, ner, Pusl, Bütz|le(r), ke, mann, Büschlen, Bü|s, se, sing(er), Büssing, Püt-

sch(el), Botzelmann, Bötzkes, Bozler, Boß, Bosse, Potz, |ler, ner (× ON. Bozen), Poschinger, Bötzmeyer, Pötz(el), Pötsch(ner), Böß, Pöß(ling), Pöss|el, inger, Pösch(e)l, Bösch, |en, king
 Auslautend häufig in weiblichen N.
Burg: „befestigter Ort, Burg", in ON. auch Bur(g)k (× bor); früher wie noch jetzt in vielen ON. „Stadt", nd. borg (vgl. –berg). Von der Burg, zur Burg, nd. Torborg, Burg|schmiet, haus, hof(f), torf, stein, winkel. Burkhausen, Borg|feld, greve, haus, hoff, horst, loh, müller, meier, merthen. –b u r g : Brandenb., Heimb. (ON. Harz), Mecklenb., Luxemb., Griepenb., Eulenb. = Ihlenb. (ON. Eilenb., Leipzig), Blankenb. (mehrfach), Naumb. = Neuerb(o)urg, Oldenb(o)urg, Marpurg. –b o r g : Kreyenb. („Krähen"), Sparenb., Klingenb. von Randenb., Tecklenbörg, schwed. Cederborg
 Ableitungen auf –er: Burger („Burg-, Stadtbewohner", × Burghar), Wasserb., Unterb., Lippb. (< Philipp), Regenspurger, Bürger, Neu–, Sieben|bürger; Poppenbürger = von der Poppenburg (ON. Gronau, Holzminden); Borger(s), Börger (auch ON. Osnabrück; Börgermann); lit. Bürgereit. — S. auch Berg; Bürger z. T. < Berger
Bürgermeister: Burgermeister > dissimiliert

Bürge–, Burge|meister, Borgemester
Burggraf: auch „Stadtvogt". Burkraf, Borg|gräfe, gräwer, tsch. Purkrabek
Burgmann: 1. s. BURG. 2. „Burg|kommandant, bewohner, Stadtrichter" (s. BURGUND)
(Burgstall): „Burgstelle", dann die Burg selbst, südd. (vgl. Borstel) Burg–, Buch|staller, Burgstahler, Büschel(berg)
Bürgstein: < Stübinger (durch Umstellung der Buchstaben)
(Burgund): Landschaft in Frankreich. Burgund(er), Purgunder, Bergunde(r), aber Purgander wohl gräc. für Purgmann (vgl. Bergander). Bargend|a, e, Bergande, Pergande: Nachkommen von im Slawentum aufgegangenen Burgundern
Burhafe: ON. Aurich, Burhave Oldenburg. Burhaver
Buri: s. BURG, Kf. **Burk|e, o:** s. bor. **Bürke:** s. Birke (× BURG)
Bürli: s. Bauer
Burlage(r): 2 ON. Hannover. Burlak
Burmeister, mester, richter: s. Bauermeister
Burmühl: s. Mühle
Burr|i, mann: s. BURG
Bursch–, Bürsch: s. BURG, Kf. u. vgl. Buresch (nicht zu Bursche!)
Burst: s. Borst 1. **Burst–, Bürst–:** s. Brust
Burtz–: s. BURG
Burucker: s. Perücke
Bürvenich: ON. Düren
Burweger: ON. Burgweg, Miesbach (nicht Stade)
Bury: < frz. Purry
Burz–, Bürz–: s. BURG,

Kf. Bürzler: schwäb. „Sauhirt"
Bürow: ON. Buro(w). Burau, Buroh
Bus–, Büs–: s. BURG, Kf.
Bus–, –bus: s. Busch
Busam: ahd. buosam „Busen"
Busback: s. Pauseback
Busch: „Gehölz", auch ON. (× BURG, auch sl. PN. Buš). Busch(le), Dat. Plur. Büschen, von (van) den Busch, v. d. Bussche, Zumbusch, Achternbusch. B u s c h | er, mann, hausen, kötter, meyer, heuer, (h)orn (4 ON.), hüter, kamp, wald > olt, beck, jost, könig; Brackeb., Erlenb., Füchtenb., Finsterb. (Fensterb.), Brandenb., Hagenb., Fohlb., Fahlb. („Vogel"), Rosenb., Weidenb., Hülseb., Kob. („Kuh"), Korteb., Kn(i)eb. („Unterholz"), Evertzb. („Eberhardsb."), Gieselb. (< Gisilo), Unterb., Nöteb. (nd. „Nüsse"), Hölterb. (s. Holunder), Riedeb., Steinb., Haarb. (s. Haar 4), Schönb. — Satzn. Rodenb. (> Rüdeb., Ritterb.) (–busch aber auch in sl. ON. wie Laubusch, Leubusch). P u s c h(mann), Puschnerus, Lagerpusch, Feldpusch. B ü s c h : eg(s), ke(n)s, ing, Büsscher, Oberbüscher. (Van der) B u ß , Buß|mann, kamp, Bus|jäger, bur, bach, Hülsebus. Büß, Büsken. Beusker; ndrh., ndl. (von den) B o s c h , Achternbosch, Bosch|bach, manns. Boscheinen (Heine). Boß, Böske(n), Hilsbos, Boskamp, Boß-

mann. — Schles. Pöschel, Peschel. Sonst s. BURG
Busch|ak, ek, atz u. dgl.: s. BOG, Buch, buk
Buschan: s. bosan
Büschel(berg): s. Burgstall
Busching, Büsching: < frz. Bouchain < Peuchin (× buk)
Büschleb: ON. Bischleben, Gotha
Buschor: Schorr (s. d.) im Buchwald
Buseck: ON. Gießen. **Busek**: s. BOG. **Busekist**: sl. (obotrit.) bozy gusst „Gottes Wald"?
Busenbecker: Hofn. Lennep
Buser: ON. Buus, Schweiz
Busin: ON. Bussen, Stralsund
Büsing: zum ON. Büsum
Buß, Buss–: s. BURG Kf. (× BOD)
Büssau: 7 ON. Büssow
Bussee: ON. Bossee, Kiel
BUSZE: zu ahd. buoza „Besserung, Nutzen"
Buozolt: Busold, Bosold, Boßholdt, Bößoldt, Böswald (× Mischf. v. Burgwald)
Kf. s. bei BURG
(büßen): „(aus)bessern": Altbüßer „Schuhflikker", Albie(t)z, Albeißer (aber Albisser s. d.), Alt|butzer, putzer. Nd. Ol|boeter, beter, peter, Oldbuter, Alböter, dasselbe Allmacher, nd. Old–, Oltmaker, Alt|lapper, lepper, plecker, Neu|büßer, bieser (beiser, beißer), Ketel|bieter, böter. S. auch Reuß. Mhd. schuoch-buoze „Schuhfleck" >

„kleines Bauerngut": Schubeis, Schubotz, Schuhbisser, Schuppisser
Büssenschütt: s. Büchse
Bußin: vgl. Busin
Bußmann: s. Boßler, BURG, Busch
But–, Büt–: s. BOD
Büteführ: s. böten
(buten): nd. „außen". Buten|diek, deich, brink, holz, hof(f) > Butterhof, andt, berg, nandt, op („auf"), ut („aus"), kemper, schön (Stutzer) > Buttenschön; ndl. Buitenkamp, van Buiten (ui sprich äu), Buytendiek, Buthmann
Bütler: s. Beutler
Butsch–: 1. s. BURG. 2. 4 ON. Böhm. Mähr. > Butscher
(Butt): Fischn. Heilbutt. Buttfanger
Butt–, Bütt–: s. BOD
Buth, Butke, Butt: pruß. N.
(Bütte): Büttner, Pütt(n)er, Bittner, Pittner (× ON. Pitten, N-Österr.), Bottner, Böttner, [Bidner, Bedner (6) He], nd. Böddener. Aber schweiz. Büttener < Hof Büttenen bei Meggen. Bütenhauer, Büden|bander, bender, Butten–, Buden|bender „Böttcher"
Büttel: 1. „Gerichtsdiener, Häscher": Bittel(mann), Bid(t)el, Bidell, Pitt(e)l > mlat. pedellus > Pedell (s. d.); mnd. mnl. nl. bodel „Büttel": Bodelle. 2. mehrf. ON.
–büttel: in ON. von

Holstein bis Wolfenbüttel (verwandt mit B(a)ude). Oldenb., Sießenb.
(Butter): Butter|mann, milch, brodt, weck(e), wegge (> Bouterwek, Butterweich, But(t)eweg; Hofn. Butterweck in Lippe nach Preuß < buten der wik („außerhalb der Stadt"), Buterfas. Frischbutter. Nd. Botter, |mann, brodt, mund; Mordebotter > Mohrbutter? Smeckebotter, Bottersupp. Butterhof s. buten. Wend. Butra > Butter
Büttig: s. ptak
Buttjer: s. Bottich
Büttricher: s. Bittrich
Buttmann: < frz. Boudemont
Butz–, Bütz–: s. BURG und BOG
Butzheimer: s. Beatrix
Butzmann: s. BURG Kf.
Buw|e, ing: s. BU
Buxhöveden: ON. Bexhövede, Wesermünde
BY: sl. Stamm, zu asl. byti „wachsen, werden, sein", tsch. byl „Pflanze", byt „dasein". PN. Byl, |an, och, Byt, |ek, om: Bylan(g), Biel|ang, and, Beul|ecke, ig, ke, Beutke?
–by: „Dorf" (auch mit Dehnungs-e) in dän. ON. Kirkby, Kiesbye, Söbye (See), Dyrbye (Tier), Melbye (Mühle), Nybye (neu)
Bydekarken: s. bei
Byk: poln. byk „Stier"
Bylgenroth: s. Bilgenroth

C

s. auch K

Ca–: ladin. casa „Haus": Ca|hannes, jöri, paul, Kapeter
Caasmann: s. Käse
Cabame: Ca(spar), Ba(lthasar), Me(lchior), Schmeller, 1, 1738
Cabbiß, Cabbisius: s. Kappus
Caecilia: Hl., 3. Jahrh. (< röm. FN. Caecilius), Genitiv Cecilien, Zillgen, Zili, Zilli (× ON. Cilli, Steierm.)
Cadel: s. KAD
Cahen, Cahn–: s. Cohn
Caietanus: < ON. Gaeta bei Neapel. Cajetan, Kaitan
Calberla: s. Kälberlach
Calender: s. kaland
Calixtus: Papst, Märt. 222 < lat. calix „Kelch". K(a)lix (Calixtus auch Latinis. von Call(i)sen; s. Karl)
Callistus: Hl., gr. „der Schönste". Galistl
Callsen: s. Karl. Calles, Callesen, Callisen
Calmus: ein gewürziges Schilfrohr
Calvör: ON. Calvörde, Braunschw.
Camehl: s. Kamel. **Camminer:** s. kamjen. **Cammerath:** s. Kamerad
Cam(m)erer: s. Kammer
Cammert: s. GAM
Campe: s. Kamp
Campler: < frz. N. Camplair
Caneppele: s. Knappe
Canis: eher ON. Kanitz (s. d.) als Latinis. von Hund
Capellan: „Kaplan"
Capesius: s. Kappus

Capito: Latinis. von Köpfle, Häuptle u. dgl.
Cappe(h)l: s. Kapelle
Cappes: s. Kappus
Carbe: s. GER und Polycarpus
Carcilius: Hl.? Corzelius, Korzilius
Carels, Carl–, Carolus: s. Karl
Carius: s. Macarius. Caries
Carmesin, Carmosin: s. Karmasin
(von) **Carnap:** ON. Wuppertal
Caro(w): 10 ON. Karow
Carolath: ON. Liegnitz
Carpp: s. Karpfen
Carpzow: span. Carpezana, aber schon seit 1282 im Besitze des Gutes C. bei Tremen, Brandenb.
Carry: s. Macarius
Carst–: s. Christianus 2c
Cart–: s. Karthaus
Caesar: röm. Feldherr. Cäsar, Zäsar (z. T. viell. Latinis. von Kaiser)
Cascorbi: s. Käse
Casella: jüd. < ON. Kassel
Caesen: s. Nicasius
Casimir: Hl. < asl. kazati „befehlen" und miru „Frieden" > Casmir, Kase|mier, meier, Käsemeyer, Gaßmeier, Katzameier, Katzmayr, Gatz|mer, emeier, Kasior, Katz|ior, y
Casjens: s. Christianus 4
Caspar–: s. Kaspar
Caspelmann: s. Kirchspiel
Casse|baum, bohm: s. Kirsche

Cassens: s. Christianus 4
Cassirer: jüd. FN.
Cassius: Märt. Patron von Bonn (röm. FN.). Casse
Cassube: s. Kaschube
Castor: Hl., Patron von Koblenz. Cast|or, er
Castulus: Hl. (Vklf. von Castus „keusch"), Rel. Moosburg b. Freising (dort auch RN. Castulus), Castl, Gastel(l)
Catrin(a): s. Katharina
Cauer: 1. s. KÜHN. 2. jüd. < Krakauer. 3. jüd. = Kober < hebr. chabēr „Rabbinatsassessor, Kollege"
Cech: s. Czech
Cecilien: s. Caecilia
Cellarius: s. Keller
Cent–: s. Zent
Chaim, Chaym: jüd. < hebr. chajim „Leben". Cheim (vgl. Keim), Kaim, Kayn, Geimchen, Heim(sohn), Heine(mann), Heimann(sohn), Heilmann, Hermann
Chalybäus: Gräz. von Stahl oder dgl. (χάλυψ)
Chamrad: s. GAM
Chämel: s. Kandel
Charisius: legendenhafter Hl. Charissie, Charitius
Chelius: s. Kiste
Chemnitz(er), Kemnitz-(er), Kamnitzer: häufiger ON. < sl. kamien „Stein"
(Cherub): Engel; mhd. (aus dem hebr. Plural entlehnt) der cherubin: Cherubim, Charubin
Chesseli: s. Kessel
Chieni: s. Kiener
Chilian: s. Kilian

Chorherr: Kohrherr, Korher(r). 1. „Kanonikus". 2. „Mitglied des im Kirchenchor tagenden Ehegerichts". 3. mnd. kōrhere < kōren „prüfen, wählen" (= Kieser; auch „Wahlbeamter")
Chorus: s. Kori
Chrest–: s. Christianus 1b
Chris: s. Zacharias
Chrisanth: s. Chrysanthus
Chrismar: < Grießmeier
Christ: „in Christi N. Getaufter". Thomas Newer Christ Bamberg 1440. Rechtchrist
Christ|gau, |kautz: s. Kraichgau
Christianus: gr.-lat. „Bekenner Christi" (noch bei Luther ein Christen). Christian, |us, i, s, sen. Meist irgendwie verkürzt: 1a. Christ, |an(n), ahn, andl, anz, iaas, a, en(n), ensen, (n)er, ern (< mlat. Christiernus), es, l(in), el(sohn), (el)mann, lein, gen, ma (fries.), inck, inger, es(bauer), essen, omann, görgl, einicke(n), meier, entstellt: Christ|all(e), adler, eller. Krist, |an(dt), lein, ner; Kriest|e, er, Chriester; Krißmann; Chriske; Krisch|an, e, l(e)n, ke; C(h)ristin, Christin|i, er; Christ|iensen, ein, heinicke; Kristin(us). — 1b., i > e Chrest|ern, ensen, [Chrestels, Krestel He], Kresken. — 2. Umspringen des r, dabei oft volksetymol. Umdeutung zu Kirsche: a) Kirst, |an(d), e(n), gen, ges, ing; Kierst, |e(i)n; Gierster; Kürsten; Kirsch, (t)en, e(n), ing, ke(n), tein, stein (doch schweiz. Kriesistein), Kirchstein. — b) i > e: Kerst, |(i)an, iens, ein, ge(n)s, el, ner; Kärst(en), Gerst|and, ing, Geisenkersting; Kersch|t, stein, ensteiner, Kerstenhann, Kersken. — c) e > a (ndd.): Karst, |ian, en(dieck), ein(ecke); Carst, |anjen, ens, ensen, engerdes; Karsjens, Grotkarst [Karst(i), Karschti He]. — d) e > o, u (ndrh.): Korst(en), Korsch, Körsch|gen, kes; Körsgen, Kurstgen (aber Co(o)rßen < Cord < Konrad). — 3. Ausstoßung des r: a) Kist, |el, ing, ein, ler. — b) i > e: Kest|e(i)n, in; Käst|ling, le; Richterkesting. — c) e > a: Kast, |an, e(n)(s), ensen, ein(ecke), (e)ning, mann. Grotkasten. — 4. Angleichung zu ss: Kasser, Cassens, Kessens, Casjens; fries. Sassen. — 5. Verlust der ersten Silbe: Stiansen. — 6. Latinisierung: Kastius; auch Christus? — 7. Wendische u. a. sl. Formen: Krista, Kerstan (auch deutsch), Christek, Krystek, Christineke, Kitt |o, an, Kastan(n) (auch deutsch), Kastanjäck, Greschke, Zieschang, viell. auch Kritz (s. d.). Oberschles. Gresch|ok, ulla. — 8. Ähnliche jüd. N. < Gerson KJ.
Christophorus: legendärer Hl., gr. „Christusträger". Christoph, |er(sen), el, ori; Christ|o(p)f, offer, over, oves; Krystop, Krischhof. Sl. Christof|fek, zig; lit. Christopeit. Im Anlaut gekürzt: Stof(f)er, Stoff, er(s, meier), el, els(haus), Stuff (KS), Stöff|el, ler, ers, Stoifel, Stoppel. Toff(e)l, Töffel. Offer(s). Wend. Stopper, |t, ich
(Christus): Westfränk. N. des 7.–9. Jhdts. Christ|omer, uin, ingaud; Christwinus RN. XV. Dazu viell. Kersthold, Kisthard, Küsthardt, Christmann. — Junge Täuflingsn.: Christ|lich, fels, treu, freund, lieb, leven, nacht. 1691 in Darmstadt ein getaufter Türke Christhold. Sieh Christianus 6
Chrocos: Alemannenkönig IV., eher Übern. „krächzender Vogel" (vgl. mhd. ruoch „Saatkrähe" und FN. Rauck) als Kf. zu HROC oder mit Heyne zu hroc „Rock"
Chrysanthus: gr. „Goldblume". Chrisanth, Crisand(t), Crysandt
Chummerer: s. Kumme
Chun: s. KÜHN Kf.
Chüng: s. König
Chyl|a, ek: s. Michael
Chyträus: < wend. chytry „schlau", doch spätmittelalterl. Chytraeus in Oppenheim < χυτρεύς „Hafner"
Cibor, Cib(o)rovius: s. Schiebuhr
CIC: sl. Stamm „Zitze", tsch. cecak, cicak, cucek „Säugling". Zitzke, Tschitschke, Zeske, Zeschke, Zessak, Tscheschke, Zuske, Zu(t)schke, Tschuschke
ciernie: poln. „Weißdorn" (ON. Tschira O.-Frk., Tschirn|a, e, Tschernitz) × czernic|a,

e „Heidelbeere". Tschirn, |e, er, itz, Tschern(er)
Cil–, Cir–: s. Cyriacus
Cirk(sena): s. SIEG, Sigurih
cis: sl. „Eibe", Vklf. cisek, obwend. ćis (ON. Tschichowa, Zeißig, Zeisholz) × wend. čiž „Zeisig", Vklf. čižek. Tschich|e, holz, Schieh|a, au, e, er, owski, holz, hold (× unerkl. N. Pschichholz), Schischke, Zeis|ig, ing, er, ke, Zeiß|e, ig, ke
Citron: jüd.
Clad(y): s. Claudius
Clais: s. Nicolaus
Clara: Hl., † 1253. Klara, Claren
(clarus): lat. „berühmt". Davon altd. PN. Clarebold, Clarmunt: Klehrmunt.
Kf. Klaar(e), Klahr(e), Klar, |e(r), mann, höfer, Klähr(e), Klär|e, ich, ing, ner, mann, Kler|e, lein, ings (vgl. Clara und Hilarius). Ostpreuß. Claer, Klär < fr. Clair
Claas, Claaßens, Clasen, Classen, Clages, Clasohm: s. Nicolaus
Clauder: s. LUT
Claudius: 1. Hl., Röm. FN. < claudus „hinkend". Claud|i(u)s, e, i, y, Klaudi(es), Clodi(us), Clad(y), Gladis, Kladen, Kleudgen. Kleuthgen. 2. Latinis. von Claus. Sieh auch LUT
Claus–, Claw(e)s: s. Nicolaus (Clausgall: pruß.)
Clemens: lat. „gütig, gnädig". Papst Clemens Romanus, Kirchenvater um 100. Clemen, |s, z, ts, tis, (s)sen, Clemm, Klemen(tz) Klem|et, t(e), ps, z, e, ke, Klemm

(s. d.), |t, e, Klehm(et), Kläm|bt, mt, Klamt, Klameth (Glatz). Wend. Kliem, |and, ann > Klee–, Glie–, Glim–, Glü(h)|mann, Klim|end (sl. Lehment), ke, ek, entz. Tsch. Klim|a, t, obschles. Kliemet, Klim|a, as, za
Cleres: s. Hilarius
Clericus: lat. „Pfaffe", auch „angehender Geistlicher, Student, Schreibkundiger" (vgl. engl. clerk), auch 2 hl. Märtyrer Clericus. Cler|ck, ke, kx, Kler|k, x, ikus
(Cleve): ON. und Herzogtum (Rhld.): van Cleve, (von) Cleef, Kleff(mann), Cle|ver, wer, visch, Kleefisch (B. 2, 243), Kleb(i)sch. Vgl. Klee, Kleef
Clew|es, ing: s. Nicolaus
Clob|es, us: s. Nicolaus
Clod–: s. Claudius und LUT
Cloes, Clossius, Clößli: s. Nicolaus. Closhen
Clot|h, ten, Cludius: s. LUT
Clusmann: s. Klause
Cocceji: Latinis. von Koch nach dem röm. N. Cocceius Nerva
Cochems: ON. Cochem, Mosel. Kochems, Kuchem
Cohn: 1. deutscher N., s. KÜHN, so auch Kohnreich. 2. jüd. N. < hebr. cohen „Priester". Cohen(stamm), Cohn, |er, feld, heim, mann, reich, stein, Kohn, |e, häuser, stamm, Konn, Kohm, Gohn, Cahn(heim), Cahen, Kahn|heimer, weiler, stadt, Kaan, Kann, Kanstein, Kaner, Kuhn (vgl. Bela Kun); russ. Kogan,

Koigen, Kahan(e), Kag|en, noff. Umwandlungen: Konried, Korn(elius), Cornfeld, Krohnheim, Kühnreich, Kunheim, Koene|n, mann, Kondor; Kahn > Hahn, Schiff(mann), s. Schiff, Hirschkau < Hirsch Kohn. Vgl. Katze
Cohrding: s. KÜHN, Chuonrad
Coldewe(y): s. Koldewey
Coldig: ON. Sa.
Colemann: s. KOL I
Colerus: Latinis. von Köhler
Collath: s. KOL I
Colla(r)tz: s. KOL II
Cöll(e)n: ON. Köln, mehrf.
Colling: < frz. Colline
Collip: s. GOTT, Goteleib
Collong: < frz. Colon
Cölnermann: s. Köln
Columbanus: Irischer Hl., wend. Ho(i)bjan
Columbus: Latinis. für Täuber, Dauber
Combecher: 3 ON. Kombach, Hessen, Rhld.
Combüchen: ON. Combuchen
Comes: Latinis. für Graf, Gräf
Commeter: „Kummetmacher"
Compas: XVI Nürnb. Als Berufsbezeichnung Compas(t)–, Compost|macher
Compes: s. Haus
Compostella: s. Kumsteller
Compter: s. Komter
Con–, Coenen: s. KÜHN
Consen|tius > cius: Hl. < lat. consentire „einer Meinung sein"
Constabel, Costabel(l): < mlat. comes stabuli „Stallmeister", dann

Bezeichnung ganz verschiedener, meist militärischer Ämter, auch „unzünftiger Gewerbetreibender" × ON. Constappel, Meißen

Constantinus: Weiterb. v. lat. constans „der Beständige"; erst. christlicher Kaiser, † 337. Constan|tin(s), d, son, Konstan|tin, din, Kunst (× KÜHN, Chunizo), Künst|el, le; Gunst(mann); Const(en), Kust(e), Köst|le, lin, Kost(mann); vorn gekürzt: Stanz(e)l? Auf dem i betont: Tindl, Tinz? Sl. u. a. Kost|uch, osch, ka

Contag: s. KÜHN

Conti: it. zu conte „Graf". Gunti

Convent: < lat. conventus „Versammlung, Kloster". Convenz, Konwentz, Coventz

Cönzler: s. KÜHN Kf. — Conzelmann

Coorßen: s. KÜHN, Chuonrad

Copernicus: s. Köppernig

Copmann: s. Kauf

Coprian: s. Cyprianus

Coqui: s. Koch(s)

Corbey: s. Corvey

Corbinianus: Hl. von Freising, † Meran 730. Körb|e(l), lein, ling (× mhd. körbelin „Körblein")

Cordel: ON. Kordel a. d. Kyll

Cord|es, i: s. KÜHN, Chuonrad

Cordon: s. Gordianus

Cordua(n): feines Ziegen- und Schafleder, nach Art von Cordova gegerbt. Kord|ewan, uan (z. T. wohl entstellt aus Gordianus, × ON. Cordebang, Thür.). Cordewener. S. Dauer

Coriand: < lat. coriandrum

Corinth: pruß. N.

Cornelius: häufiger röm. FN., nach Nied besd. Papst C. († 253). Corn|eli(us), eljes (fries.), el(s), ill, ils, ilsen, elis, elissen, Korneliussen, Gornell; Karell (He). Vorn gekürzt (×Daniel): Nel|ius, i(e)s, jes, ges, s, z, issen, so(h)n; Nel|lies, es e, en, essen; Neel|sen, meyer, Nehl, |s, ing; Nöhl|es, en, Nilius; Niel|s, tz, sch, sen, zen; Nil|gen, ges, kes, les, Nillessen, Nilius, Nylius, Neils

Cörper, Coerper: s. Korb

Corrodi: < Coradi < Konradi

Cors, Corß–: s. KÜHN, Chuonrad

Corsen: s. Christianus 2d

Corsener: s. Kürschner

Cortlever: s. Kurz

Cortum(me): s. Kort

Corvinus: Latinis. für Rab(e), < lat. corvus

(Corvey): Kloster a. d. Weser. Cor|bey, wey

Cosman: s. Kosmas und Käse 4

Cosmar, Cossard: s. GOTE

(costa): it. ladin. „Rippe, Bergvorsprung". Kostner, Gostner, Köstler, Kastlunger (c. lunga „lang"), Kußtatscher < costaccia

Costabel: s. Constabel

Coster: s. Küster

Cotta: 1. it. „Kutte". 2. mehrf. ON.

Coufal: s. kowal

Courts: s. KÜHN, Chuonrad

Covens, Covents: s. Convent

Cox: s. Koch

Crammer: s. Krämer

Cranach: („Kranichwasser"): ON. Kronach, Frk.

Cratzius, Craz: s. Pancratius

Craydt, Creite: s. GRID

Crecelius: s. Pancratius

Credè: Hugenottenn.

Credner: s. Grede

Creizenach: jüd. = ON. Kreuznach

Cremerius: s. Krämer. Cremer, s, ius

Crescentius: Hl. < lat. crescens „wachsend". Greschenz, Gresenz, Senz (× Vincens)

Cressierer: s. Gressierer

Creutziger: s. Kreuz

Crius: s. Quirinus

Crisand(t): s. Chrysanthus

Crispinus: < lat. crispus „der Krause", Hl., Patron der Schuhmacher, † 287. Crispien, Krisp, |i(e)n, Kriespin, Krisch|pin, bin

Crobath: s. Kroate

Crome: s. RUHM Kf.

Cron–: s. Kranich

Crüll: s. Kroll

Crüsemann: s. HROD Kf.

Crusius: s. Krause

Cruts: s. HROD Kf.

(crux): lat. „Kreuz". Dazu Crux, Cruci|us, uß (oder < Crusius?); mlat. cruciger „Kreuzfahrer": Cruciger. Vgl. Kreuz

Cucumer: südwestd. „Gurke"

Cujakob: s. Kuh

Cul(l)mann: s. KOL I

Cuneus: lat. Übersetzung von Keil oder Latinis. von Kuhne

Cuno: s. KÜHN Kf.

Cursiefen: ON. Mülheim (Rhld.)

Cürten: s. Kürten

Curtius: Latinis. von Kurz, Korte, Kurt, mit Anlehnung an den röm. FN. Curtius. Kurtzius
Cusaldt: s. GOTE
Cust|odis, or: s. Küster
Cyliax: s. Cyriacus
Cyprianus: gr.-lat. „Mann aus Cypern"; Märt. 258. Cyprian, Supprian, Suffrian, Zipper, |er, le, jahn, aber Kupprian, Kupfrian, Coprian, Kuberan, Kuprion wohl eher der Riese Kuperan im Gehörnten Siegfried. (Riesenname Cüprian bei Reinfried von Braunschweig, Cuppiron bei Ulrich von Türkheim)
Cyrener: s. Zerrenner
Cyriacus: gr. „dem Herrn gehörig"; Märt. 309, Nothelfer. Ciria|x, ks, c, Ziria|cus, x, Zirk, Zier, |es, iacks, jacks, Schirjack, Siriax, Cyrach, Zürks. Siebenbürg. Ziriakus wiederhergestellt aus Zelch oder Zell. — r > l: Ciliax, Cyliax, Cilliox, Siliax, Silges, Silljacks, Zil|ias, ius, gus, gas, ges, s, ske, ke, Zil|ius (× Marsilius), (i)es, essen, eken, ikens, ich; Zilch, Zilliox. Züllich [Zel(i)ch, Zillmann He]; obschles. Cyr|ol, on
Cyrlis: s. Kyrieleis
Cyrus: Märt., Rel. in München. Cyrus, Cyris, Zyr|us, iß, Zierus. Falls schlesisch < ON. Zyrus, Freystadt
C(z)ech: „Tscheche": Z. T. nach dem Attentat des Bürgermeisters Tschech (1844) in Echt verwandelt
Czerny: tsch. černy, poln. czarny, owend, corny „schwarz" (× ciernie). Tscherning, Sch(a)ernack, Scherrn, Schern, |e(k), ig, ich, y, Zern|ick(e), ack, ke, ing, isch, Zerney (Czerny von Szwarcenberg). Scharn, |ak, ke, y, Tscharn(t), ke, Zarn|ack, (e)ke, Schorn (s. d.) |ak, ing, Schörnick, Tschorn(ig), Zschorn, Zorn (s. d.), ig, Zörn|ig, itz, Schörn|i(n)g, ich, Zschörn|igk, er [< ON. Zschorna(u)]. Aber Tschornia < wend. žornaj „Mühle"
Czygan: s. Zigeuner

D

(vgl. auch T)

DA: sl. Stamm, „geben". Daslaw, Dogdan, Dalik (s. DAL), Dan (s. d.), Dar, Daža. Dasch|e, ke, inger, Daske, Dachse, Daase, Dahske, Tar|tz, tsch, Tarr|as, asch, Taschke, Tas|ke, ki. S. auch Damianus
Daab: s. TAG, Kf. Dappo
Daacke: s. DIET Kf. und TAG
Daam–, Dab–, Däb–: s. TAG
Daamms: s. Thomas
Dabeck: vgl. Einöde Dabäcker, Erding
Dabelstein: s. Dobbelen
Däb(e)ritz: ON. Däberitz, Sachsen
Dabler, Däbeler: s. Dobbeler
Dabringhausen: ON. Lennep. Dabringhaus, Daber–, Daver|k(a)usen
(Dach): Schalld. < schale „Brett", Schabd. (< schaubd. „Strohd.") > Schaptag; aber Schobdach: ON. Dorf MFrk. (Simon Dach pruß. N.)
Dach–: s. TAG
Dachgruber: < mhd. dahe „Lehm". Dach|auer (ON.), rod(t), v. Dachröden
Dachs, Tax: 1. „Dachs". 2. „Dachshund, Dackel": Gewiß schon ahd. PN. Dazu Tehsselin, Dachsel(t), Dachsold, Dächsel(t), Dax(el), Dechsel, Dechsling, Däxl(e), Dexl(er). In ON. wie Daxberger, Dachsberger (23 ON.), Dachsecker, Daxheimer, vgl. Einöde Dachshammer, Miesbach. Freilich × dechse(l) „Breitbeil", Ableitungen von TAG und besd. Baumn. Taxus (s. d.)
Dachtler: s. Dattel
Dacke, Däckel: s. TAG
Dad–: s. TAT und DIET
Däd(e)rich: s. DIET, Theudoricus
Daf(f)–: s. TAG
Daf(f)erner: s. Taferne
Dag–, Däg, Daherr: s. TAG
–dag: s. Tag
Dageförde: ON. Lüneb. Dagefför
Dahin: < Dahint, |en, er, ner
Dahl–: s. Dohle und Tal
Dahl–, Dähl–: s. DAL
Dahlem: 2 ON. Trier,

Dahlen | DÄNE

Berlin (× ON. Dahlheim)
Dahlen: ON. Düsseld. u. sonst.
Dahler: ON. Dahl, |e, en. –**dahl:** s. Tal
Dahm(en): s. Adam
Dahmer: 1. s. TAG (Dagomar, Damo). 2. ON. Dahme, mehrf.
Dahn–, Dähn–: s. DÄNE und DAN (Dahn: ON. Pfalz)
Dähnhardt: s. DÄNE und DEGEN
Dahr–, Dähr–: s. DAR
Dah|se, ske: s. DA
Dahte: s. TAT
Daib(l)er: s. Taube
Daichler: s. Deichen
Daig–: s. TAG und Teig
Daim|er, inger: s. TAG
Dakau: ON. Marienwerder
DAL I: viell. zu ags. deal „stolz, berühmt"; vgl. nord. Heimdallr
  Dalbert: Dalbert. Kf. Delp?
  Dalfuns: Da(h)lfuß, Tellefuß (vgl. Dollfuß)
  Dallomirus: Dal(l)mer (× DAL II), Delmar
  Talamot: Dellmuth
  *Dalwart: Dellwardt
  Kf. Tallo, Tello: Dal|e, ge, inghaus, Dahl|er (s. d.), ig, (k)e, Dall, |er, ing(er) (rotw. „Henker", vgl. ON. Dalingen > Deilingen, Schwaben, und Tal), Tall(er), Dähl|er, ing, Däl|k)en, Thälmann, Dellmaier, Deller, |er, mann, Telke, Tell, |e(s), ner, er(ing). Leicht Berührung mit Tal, nd. Dahl (Dahlmann, Dal|troff, trop, drup: s. Dorf) und Dalle, Delle „Vertiefung" (s. Delle),

einem Adj. dell, tell „ungeschickt" und DAL II
DAL II: sl. Stamm zu dalu „Gabe" (vgl. DA). Dalbock, Dallbogk (< bog „Gott" oder bogu „Reichtum"), Dalmer (s. DAL I), Dalibor (< borja „kämpfen"), Dalus „der Freigebige": Kf. Dal|igk, ke, itz, Tal|g, ke, os, sch, lasch, Dahlke, Dall, |ey, Dähling
Dal|a(c)ker u. dgl.: s. Tal
Dalang: s. Tag
Daler: s. Dahler und Tal
Dalling(er): s. DAL I
Dallmeyer: s. Tal
Dam–, Däm–: s. TAG und Thomas
Damb–: s. dub
Dambach: 20 Orte
Dambruch: ON. Dambroich, Siegkreis
Damelang: ON. Potsdam
Damerau: häufiger ON. (37); Damerow (22)
(Damhirsch): ahd. tam(e). Tamemann, Tamhof, Dam|berg, born; urgerm. *dā hat sich erhalten in alem. Debrunner, Deschwandi (Kluge-Mitzka 120)
Damianus: Märt. 303. Damian(i), Domian, Dohmjahn, Deman, sl. Demianczuk, Daske, Daschke
Damm: 1. Damm, |en, er(s, t), sen.: s. Dagomar, Kf., DANK; × DIET. 2. „der Damm", auch „gepflasterte Straße" (FN. Dammsetzer, fries. Damstra). 3. mehrf. ON. Damm(er). Zss. Dam|mann, meyer, köhler, hu(e)s; Damm|brück, holz, hahn, kröger, schneider, Zsr. Tendam, Vandamme. Steindamm

Damma|s, st: Stoffn. < ON. Damascus
Dammrose: s. Domräse
Damnick: s. Dominicus
Dam|rau, row: 22 ON. Damerow, 37 Damerau
DAN: sl. Stamm < dan „gegeben" (vgl. DA), Dan, |islaw, o, ik, Bogdan. Dan, |ick(e), gsch, Dahnke, Dähnicke, Tank |o, e (× Daniel)
Dan–: s. Tann
DAND: unerkl. Stamm, ablautend zu DIND, DUND: Dando, Danzo (vgl. DANK), Tantolt. Dent|e, er(lein)
*Tandulf: Tend(e)|loff (falls nicht < Tenthoff s. Teget)
  Kf. Dand|er(s), |(er); Dant|e, l, ner, Dent, Däntl, Dend(t)el (× Daniel), Tand(el), Tantinger, Tent(er) (× Teget), Tendeler, Danz, |e(l), inger, Däntz, Dantscher, Denz, |ner, el, ler, Täntzscher, Tants, Dent|scher, schel, Tanz, |er, berger, maier. S. auch Tandler und Tanz
Dändlikon: s. Hof
DÄNE: zum Volksn. d. Dänen. Berührt sich mit DANK und DEGEN, in den Kf. auch mit Tann, DA und DAN, vgl. Kluge-Mitzka 776 unter Tenne
  Danafrid: Denfert, Denffer
  Tenegar: Danniger, Deniger
  Denihart: Dähn–, Tenn–, Den(n)|hardt, Dännart, Dannat, Dan(n)ert (× ON. Dannau, Eutin), Tannert, Dähner, Dahnert, Dehner, Tannerbauer, Dahners, Denner, |l(ein)

Danarich: Dähnrich, Dehnrich
Danaold: Dehnelt, Thänelt
Kf. Dano, Tenno: Dahn (× ON. Rhpfalz), Dahne (× nd. dane „Niederung"), Dähn, Dehn (× „der Däne"), Dähndel, Dahnke, Dahn|en, z, Dan|ler, inger, Than|(n)s, isch; Dähn|el, s, st, Dänicke, Dän|st, igmann, Thän(e)s, Thenius, Den|eken, sch(e)l, st, Dehn|e(n), z, ke, Denn|ig, inghof, Tenn|iges, ius (× Antonius)
Dan|ecker, egger: ON. U.-Österr.
Danel–: s. Daniel
Dang–: s. DANK und Daniel
Dang|eleisen, ler: s. dengeln
Danicke: pruß. N.
Daniel: hebr. „Mein Richter ist Gott". Daniel, |(i)s, sohn, sen, meyer, smeier, Danuel, Daniel,| ius, sen, Dann|eel, öhl, ihl, eil, Thanegel, Taniel > Tannigel, Thanigel; Dangelmaier, Dankelmeier; [Dengjel, Dengler, Dunyel He]; wend. Dangel, Dengel, Gehl(ke), Gjelj(k)e: Giele, Gilka; obschles. Dinielik, pruß. Dangil; lit. Dangeleit (× poln. daniel „Damhirsch")
DANK: zum Stamm von „denken, Gedanke", weniger zu dem damit verwandten „Dank"
Thanchard: Danke(r)t, Denkert, Tangerding
Thancheri: Danker, |s, l, Denker
Tancmar: Tammerl(e) Kf. Tammo (vgl. Damo < TAG, Thomas und ON. T(h)amm): Thamm, Thämmig, Thams, Tamm, |e, en, ling, ing(a), s, Tam|ke, sen, son, Tamasegg (Tiral 1552 Tamersegg)
Thancrat: Dankrat (normann. Tancred). Zankrat.
Tancwart: (In der Heldensage Hagens Bruder) Dank|ward(t), wert(s), worth. Denkwirth
Thanculf: Dangloff, Dank|hoff, lef(sen), lehf Kf. Tanco (× DAN), Denchilo (Danzo bei DAND): Dank, |e, el(mann) (vgl. Daniel), emeier, esreiter, enbrink, Dang|k, l, le(r) (× ahd. tangol „Hammer". mhd. tangel „Dengelstock"), el(meier), Tank(e), Tang(l), Denk, |ner, el, ler, mann, haus (× mhd. tenk, denk „links"), Deng|(e)ler, lsberger, Tenke, Tenge, |l(mann). S. auch Daniel
–dank: s. haben
(danken): Danke|gott, nicht
Dankesreiter: ON. Danckensreuth, Passau
Dann–: s. Tann. **Dannenbüttel:** ON. Gifhorn
Dann|ert, iger: s. DÄNE
Dannöhl u. dgl.: s. Daniel
Dannreuther: ON. Thann|reuth, reit, ried (Bay.)
Dans–, Danz–, Dänz–: s. Tanz
Dansauer: ON. Thannsau, Rosenheim
Dant–, Dänt|l, z: s. DAND
Danz–: s. DAND und Tanz
Danuel: s. Daniel
(Danzig): Danz|iger, inger, scher, Dänzger
Dap–: s. TAG und DIET
Dapp: „täppisch", vgl. Dilltapp

Dappermann: s. Tapfer
Dappler: s. Dobbeler
DAR, DART: viell. zu an. darr, dörr, ags. darodh, ahd. dart „Speer". PN. Daroin, Terolf. Zu Derumgelautet (vgl. dann auch ahd. deran „schaden"), fällt es mit verbreitetem Dör– (< TEUER) zusammen, vgl. TER
*Darlaib: Darlapp?
Terrimar: Dermer, Thermer (× TER)
Tarnald, Derold: Der|wald, let
*Darwart: Derward
*Darwig: Derwig
Kf. Tarro, Derling: (× sl. Dar, s. DA). Dahrmann, Thar(inger), Dar|re, ing(er), Dähre, Thaer, Thärichen, Ther|ig, mann, Theer(s), Därr, Der|lich, sch, stroff, inger; Terz (s. d.), |e(r) (Derz ON. Königsb.).
Zu DART: Dart|mann, sch(t), Tartinger, Dertinger (mehrf. ON.). N. wie Dar|ke, gel, Dergel, Darchinger, Ter|ch, k viell. eher zu engl. dark „dunkel", ahd. tarhnen „verbergen", tarni „heimlich" (vgl. Tarnkappe), desgl. die N. mit n: Dern(er), Tern(er)
Darboven: s. Darnedde
Darge: pruß. N. Darge
Dargel: sl. N. Dargol; poln. Drogol > Drogolin; PN. Druguša, Drogoš u. ähnl.: Drogosch, ula, Drögler
Dar|gus, ies: s. Isidorus
Darnedde(n): nd. „dort unten". Dernedde, Dornedden, Dörnieden, Darnieder, Tor|ned(d)e, nette, Ternieten, Tonätt; falsch ver-

hochdeutsch: Zurnieden, zur Nedden. (× Nieder–). Gegenteil: Drawe (Hans dar aven), Darboven, Derbo|ben, ven, gen, Drobe, Thorbaben, Tobaben. Ähnlich: Tracht(e) < dar achten „dort hinten". Auch obd. Dobean < dictus da obenan NS.
Darnstedt: ON. Roßla
Darpe: ON. Rgb. Düsseldorf
(Darre): Derrer, Terrer
Darré: < pomm. N. Darge
Darsten: ON. Darstein, Pfalz
Dartsch(t): wend. Darc „Spender". Dertz (hier × Derzislaw)
Darup: ON. Münster
DAS: Deutung ganz unsicher, z. T. wohl Tazo < TAT. Taso, Tassilo sehr häufige N. Leicht Berührung mit DIET und sl. N. (s. DA und vor allem TECH). Vgl. DIS. Hierher etwa: Dase(ler), Dassel (× ON. Hildesh.), Daßler, Tasse, Dess|en, elmann, Thäsler?, Teß, Teske?, Tessensohn
Dasch: s. TAG
Däsch–, Daschner: s. Tasche
Dasch|inger, (k)e: s. DA
Daser: s. Taxus
Daske: s. DA u. Damianus
Dassau: ON. Dassow, mehrf.
Daßberger: ON. Ottobeuren
Dat–, Dät–: s. DIET und TAT
Datphäus: s. Tautphöus
Dattel: 1. Dachtler, Dattler (× Datterer; ON. Dachtel, Calw; Datteln, Westf.). 2. jüd. Datelzweig, Tattelbaum, Teitel|baum, mann

Datter(er): < dattern „schnell, albern schwatzen". Dazu Dattler (× Dattel)
Datz–: s. TAT
DAU: Zu ahd. dau „Sitte". In den Zss. von DIET nicht sicher zu scheiden
Davipert: Daub|ert, er(z)
*****Davhart:** Dawerdt, Dauert
Daumerus: Daumer Tavold: Dauwald (× DIET) Kf. Davo: Dau, |e(n), (e)l, sel(t)? Dawe, Dauw(es), Däul, Dewe
Daub–, Däub–: s. DAU und Taube (Daube auch ON. Daub|a, e)
Daubenspeck, Daupensbeck, Dowen–, Duwen|speck: Hofn. bei Mörs; Wahrsch. < Taube oder Dubo (< DIET) u. specke (s. d.). Entstellt: Tauben|beck, specht (aber schon 1497 Daubenpeckh, Kitzbühel)
Däubrecht: s. DIET, Theudobert
Dauch: 1. obd. „Moos": Daucher, Tauch|er (s. d.), mann. 2. unerkl. altd. N. Ducho, Tuche (zu TAUGEN?)
Dauchert: s. TAUGEN
Daudl: s. DIET (Theuda)
Dauer: < dauen „Corduanleder zubereiten" (× TAUGEN); Dauerdegen
Dauernheim: ON. Dauerheim, Nidda. Dauenheimer
Daufenbach: ON. Neuwied, Trier
Daufratshofen: s. Tabratshofen
Dauger: alem. „Böttcher" < mhd. düge „Daube"

Daumann: s. DIET, Teutman
(Daumen): Daum(e), nd. Duhm(e), Dumcke, Däum|ling, ichen, Deimling, Daumenlang, Daumer|lang, ling
Daumer: s. DIET
Däumer, Deumer, Theumer: < ON. Theuma, Vogtl.
Däumler: s. tummeln
Daun: ON. Trier, Kreuznach
Daurer: s. DUR
Dausch: schwäb. „Mutterschwein". Däuschle, Deuschle
Dausend: s. Tausend
Dausener: ON. Dausenau, Nassau
Daut–, Dautz–: s. DIET
Däuwel: s. Taube
Daverk(a)usen: s. Dabringhausen
Däv|es, eßen: s. Matthäus
David: hebr. „Liebling". In deutschen (z. B. Davidshäuser, Dofele, Doflein, Toft; auch ON. David) und jüd. (David|mann, heimann) N. David, |i, (e)s, sohn, sen, Davison, Davied, Davidt, Davisius. Künstlich entstellt zu Davidavis, D'Avis. Ursprüngl. auf der 2. Silbe betont; daher jüd. Veit, Beit, Feitl, Weid, Wittekind, Vidal (angelehnt an Vitalis); RN. Tewel > Teweles. Sl. Dab|o, ko(witz), lit. David|eit, at
Daw–: s. DAU
Dawartz: s. TAG
Dawill: pruß. N.
Dax–: s. Dachs und Taxus
Dazer: s. TAT
de: ndl. Artikel. De Cock, de Wolf, de Jager, de Bloom; zusammenge-

schrieben: Dehaan, Dewulff, Devries, Devrient (meist franz. ausgesprochen; doch auch De Frint), Dewilde
Dea: s. DEGEN Kf.
Deb–: s. DIET, Kf. Tiebbo
De|bes, us, usch: s. Matthäus (× Tobias und DOBR). Debbes
Debezhäuser, Debertshäuser: Hofn. Debertshausen, Römhild
Debring: sl. PN. Debr(n)ik „Talmann"
Dech: s. TECH
Debrunner: s. Damhirsch
Dechant: < mlat. decanus „Vorgesetzter von zehn Geistlichen oder Beamten". Dech|and, en(d), ant(sreiter), entreiter (s. Reute), Dichant, Dekant, Decant, nd. Decken, lat. Decani (Bistritz)
Dechau: ON. Dechow, Ratzeburg
(dechel): bair. „Schweinemast im Walde". Auch techel, deh(e)l, dehm, dihme, dom(e). Tächel, Techel, Dehler, Dehm, |er, herr, wald (nordd. × ON. Dehme, Minden), Them, Diem(er), Demleitner
Dechs–: s. Dachs
Deck–: s. Decker, DIET Kf. und TAG
Deckeler: rotw. „Falschspieler"
Decken, von der Decken: ON. Altdecken, Ostfriesl.
Decker: gelegentlich < Dietger, Daghari, meist „Dachdecker"; auch Deck, Dekker, Decker|t, s (× ON. Deck|a, en, er, ers, Thecka), Steindecker. Vgl. Lei
Deckstein: ON. Köln

Ded–: s. DIET
Dede(k): tsch. ded „Großvater"
Dedeler: ON. Dedelow, Prenzlau
Dederer: s. Duderer
Deditius: ON. Dedi|tz, ce
Deecke, Deet–: s. DIET Kf.
Deesen: 1. ON. Nassau. 2. = Desem
Deffner: ON. Deffingen, Günzburg
Defregger: aus dem Defereggental, Tirol < sl. debrecha „Schlucht"
Deg–: s. DIET Kf. und TAG
DEGEN: zu ahd. degan, as. thegan „junger Krieger, Gefolgsmann", engl. thane „Freiherr". Nicht zu Degen als Waffe, sondern mit gr. τέκνον verwandt. Von DÄNE oft nicht zu trennen
Theganbald: Dempelein, Tempel (× s. d.)
Theganbert: Dege(n)brodt, Temper(li), Tempert, Dember, Demprecht, Theinprecht > Steinbrecht (Dornbock bei Kalbe)
Deganhart: Degen–, Dein–, Deim–, Dähn–, Den(n)–, Dön–, Dien|hardt, Tienath, Tinath, Deinat, Dein–, Thein–, Dehn–, Tenn–, Dien–, Thien|ert. Demharter.
Degenher: De(e)gener, Degner, Deiner, Tägener (× teget), Theiner (× ON. Thein, Böhm. Mähr.), Dehner, Digner, Diener (s. d.), Dienersberger, Tenner (× Tanne), Dennerlein
Theganolt: Degenhold, Dien|(e)wald, elt, Thienelt
Kf. Thegan (auch

„der Degen"): Degen(meier), Dega > Deg, Degemann, Degel|e, mann, Tegen, Teg(e)necker, The(e)n, Dehmann, Tennemann, Dehn, |e, el, Denecke, Denz, Dien|el, emann, ing, Thi(e)nius, Dein, |es, inger, lein, dl, ze(r), Thein(e)
(Degen): (Waffe). Degen|kolb(e), kolp wohl „Degengriff", Teckenkolb. Satzn. (von Schwertfegern) Schabedegen > Schabedey; Dingel|dey, dein „Dengle, schärfe den Degen"
Deger: ahd. *tegar, mnd. deger „groß" (× TAG, Dagarius). Degering
Deget: s. Teget. Degethof
Degginger: ON. Deggingen mehrf. (× Döggingen, Baden)
Degreff: s. de und Graf
Dehben: s. DIET (Tiebbo)
Dehl–: s. DIET (Thietilo)
Dehm–: s. DIET (Thiemo), TAG und dechel
Dehmann: s. DIET (Teutman) (× Diamant)
Dehn–: s. DÄNE und DEGEN
Dehns: s. Matthaeus
–dei, tei: gelegentlich wohl < –dag (Alldey s. ADEL), oder < theo (zu DIEner). Hinkel|dey, they, deyn, de s. ANGIL; Bardey s. Bartholomäus; Parthey s. Bär I, Paradeo; Hathey|er, sen, Hethey s. HADER (× HAG). Venedey gewiß „Venedig", Tirtei s. d., Holtey s. –ey (s. auch Teie). Dingel|dein, dey, Schabedey s. Degen. Ein noch unerkl. Anhängsel in Mummenthey, Momendey, Mummelthey,

Mackel|dey, they, Mantey, Fackeldey, Nicodey (< Nicodemus?) = Nicketeich, Nipperdey, Dilthey, Dildey, Domdey, Kinkeldey, Tempeltey, Dauthendey, Bubendey, Schimmedey, Fideldey, Finkendey, Finkeldei, Löwedey, Kikeldei, Grundey, Dumdey, Stiefeldey

Deib–: s. DIET

Deich: halbnd. Wort für nd. dīk „Damm am Wasser": Eigentlich dasselbe Wort wie hochd. Teich. In FN. beide Bedeutungen oft nicht zu trennen; auch „Graben, Wall, Wallgraben", z. B. in Overdiek (ehemalige Wasserburg Overdyk in Bochum) u. dgl. (s. über). Deich, |mann, grefe (s. Graf), schreiber, Schwarzdeich, Deigmüller, Dieck|mann, stall, hoff, jürgen, foß, riede, wisch, Nie–, Buyten– (s. buten), Aver–, Ober– (s. über), Buller–, Papen–, Fahl– („Vogel") |dieck; Dick, |gräve, mann, (h)off, hofen, es (s. Haus), Dicke (dativisch), Möllen–, Ammer– („Goldammer"), Wüsten–, Baum–, Fisch(e)|dick, van Diek, Tendiek, Terdyck, Steindieker, Dresbeimdieke (< Andreas), Diechmann, Düsterdich. Dyk(er)hoff, Langedyk, Castendyck; ndl. als ei gesprochen: van Dyck, Dykhuis; van Deyk, van Diek; fries. Deikstra, Dykstra

(Deich|en, l), auch **Teuch|en, el:** „hölzerne Wasserleitungsröhre", mhd. tiuchel. Tüchel (Schweiz), Deichelbohrer, Daichler, Deigl(maier), Deich|l, ner, Deuch|er, ner, ler, Düchler, Teich(t)ler, Teuchner, Deil(er)

Deichsel: Deisel, Deixler, Deißler, Diessel, Diesler, Diestel, Distler, Disselmann

Deick–: s. TAG und DIET Kf.

Deid–: s. DIET

Deifel: s. Teufel

Deigen|desch, tasch: s. Tasche

Deiger: ON. Deigen, Salzburg

Deigl(maier): s. Deichen

Deigmüller, Deikstra: s. Deich

Deil–: s. DIET (Kf. Thilo)

Deim–: s. DEGEN und DIET

Deimler: s. tummeln

Deimling: s. Daumen (× ON. OB.)

Dein–: s. DEGEN

Deinböck: ON. Deinbach, OB.

Deininger: 3 Orte Deining(en), Bay.

Deip–: s. tief. **Deipenbrink:** ON. Hagen i. W.

Deir–: s. TEUER

Deis, Deiser: s. Matthias

Deisch: s. TAG Kf.

Deisel: 1. Deichsel. 2. ON. Hofgeismar. Deisler

Deisenhofer: 4 ON. Deisenhofen, Bay.

Deiß–: s. TAG Kf. und Matthias, auch Matthäus

Deißenrieder: ON. Miesbach

Deistler, Teistler: 1. < deisem „Sauerteig". 2. < deiseln „schröpfen". 3. nd. zu Deisel 1. Doch lassen Deist|ing, ung einen altd. Stamm DIST vermuten, vgl. langob. Distaldus

Deit–: s. DIET

Deixler: s. Deichsel

Dekonin: < frz. N. Du Commun. Dikomei, Dickomay, Dickomeit

Deland(er): obwend. delan „Bewohner der Niederung". Vklf. Delan|g, k

Delbrück, Dellbrügge(r): ON. Dellbrück, Paderborn, Köln („Bohlenbrücke")

Delf–: 1. s. DIET (Theudulf), 2. mnd. delf „Graben": Delven|thal (ON. Verden), dahl, Delphendahl, Delf|mann, skamp

Delius: s. DIET (Thidilo)

Delk(en)er: ON. Dalbke, Lippe

Dell–: s. DAL I

(Delle): nd. „flache Bodenvertiefung" (verwandt mit Tal). Von der Dellen. Dell|(e)mann, enbusch, grün, hoven, weg. Herkendell, Schleifdeller. Auch dalle. Vgl. DAL

Delli(e)n: ON. Lüneburg

Delling: ON. Starnberg, Wipperfürth. Dellinger

Dellwig: 6 ON. Del(l)wig

Delmar, Delp–: s. DAL I

Delvendahl: ON. Delventhal, Stade

Dem–: s. DAG (Damo), und DIET

Deman(n): s. Damianus und Diamant

Demar: ON. Themar, Römhild

Dembeck(er): s. dub

Dember: s. DEGEN

Demetrius: Märt. 306 (< N. der gr. Göttin Demeter): Dem(e)ter (× ON. Deventer, Holland), Demit(ter), Dimt(er) (× mhd. dimīt < gr. δίμιτος „doppelfädiger Stoff"), sl. Dimitri. [Demet(t)er, Maiterth,

149

Meiter(t), Metter(t): He]
Demharter: ON. Demharten, Wertingen (Schwaben)
Demke: pruß. N. Demeke
Demmer|le(in), ing: s. DIET, Theudemar
Demp(e)wolf: Satzn. < dämpfen „würgen". Auch Depewolf
Demus: s. Nicodemus
Demuth: 1. schon ahd. diomuod „Demut, Bescheidenheit", auch adjektivisch gebraucht (vgl. DIEner). 2. frz. Dumont
Den–: s. DÄNE und DEGEN
Denant: s. DIET (Theotnant)
Deng–: s. Antonius, Daniel und DANK
(dengeln): „schärfen" (vgl. DANK, Kf.), Dengler („Sensen–, Schwertschmied"; s. Degen). Dangler, Dangeleisen, Tengel(mann), Dingler, Tingler, Denkler
Dengg, Denk: bair.-österr. „links"
Denk–: s. DANK
Denis: s. Dionysius
Denkewitz: 3 ON. Denkwitz, Sa. Schles.
Denn|es, ig: s. Antonius
Denn(l)er: s. Tann, **Dennenlöhr:** s. Loh
Denot: s. DIEner
Densborn: ON. Prüm
Denstädt: ON. Weimar. Denschstädt
Denstorff: ON. Braunschweig
Dent–: s. DAND und Tandler
Dentrich: s. teget
Denz–: s. DAND und Tanz
Denzin: ON. Belgard.

Densin, Dentzin. **Denzinger:** ON. Günzburg
Dep–: s. DIET und tief
Depewolf: s. Dempewolf
Deppenhauer: s. Tippenhauer
Deppermann: s. Topf
Deppisch: „täppisch, ungeschickt" (× < Dopsch; zu DOBR. NF.)
Dep(p)ner, Deptner: s. Topf
Depser: ON. Deps, Bayreuth. Detzer, Dötzer, Deubzer, XIV Tebetz, Teybicz
Der–: s. DAR und DIET (Theodoricus)
DERB: wohl zu as. derbi „feindlich", afries. therf „heftig" (von Schlägen). Derbfuß (Nü 6), Derfuß (Nü 4)
T e r b e r t: Derfert, Terber. Kf. Derf, |e, ich, Derpsch, Derf|s, ke
Derbo|ben, gen, ven: s. Darnedde
Derchner: rotw. „Bettler". Terchener, Tarchener
Derenbach: ON. Siegkreis, Luxemb.
Dereser: s. Theres
Derf–: s. Dorf u. DERB
Derholtz: s. TEUER
Deringer: s. Thüringen
Derix: s. DIET, Theodoricus
Derkum: ON. Dericum, Neuß
Dermietzel: ON. Küstrin
Dernbecher: ON. Dernbach, mehrf.
Dernburg: ON. FN. Derenburg (Halberstadt). Derenberg, Dérenbourg
Dernedde: s. Darnedde
Dern(er), Dertinger: s. DAR
Derr: = Dürr
Derrer: s. Darre
Dersch: 1. mhd. toersch

„töricht". 2. Einöde bei Thann, N.-Bay. Deersch, Tersch
Derscheid: ON. Siegkreis (× ON. Dernscheidt)
Dertinger: ON. Baden, Württ.
Dertz: 1. ON. Derz, Allenstein. 2. s. Terz. 3. s. Dartsch. Dertsch (vgl. auch Treitschke)
Derwein: pruß. ON.
Derx: s. DIET, Theodoricus
DES: sl. Stamm „Erwerb". Des|imir, a, Deš|en, ko. Deskau, Deschan, Dessen
Deschauer: ON. Znaim
Deschinger: ON. Vilshofen
Desch|ler, ner: s. Tasche
Deschmeier: s. dreschen
Deschwanden: s. Damhirsch
Desem: 1. mnd. dēsem „Hefe, Sauerteig". Deesen. 2. ON. Siegkreis
Dess–: s. DAS
Deßloch: ON. Desloch, Rhld.
Deßmer: s. TECH
Det–: s. DIET
Detsch: „weiches Gebäck, fetter Mensch". Detsch(n)er, Dötsch(er), mann
Dett–: s. DIET
Detten|hofer, höfer, kofer: 6 Orte Bay.
Dettweiler: ON. Zabern (× Hof Dettwyl, Aargau)
Detzer: s. Depser
Detzmer: s. TECH
Deub–: s. DIET (Tiebbo)
Deubel: s. Teufel und Taube
Deub|erich, le, ner: s. Taube
Deubzer: s. Depser
Deuch–: s. Deichen
Deucker: s. DIET (Teutger)
Deuer–: s. TEUER

Deuerling: ON. OPf. Theuerling
Deufel: s. Teufel
Deuling: s. DIET (Thietilo)
Deumer: s. Daumen
Deur–: s. TEUER
Deus–: s. DIET Kf.
Deuschle: s. Dausch
Deusner: ON. Dausenau, Lahn
Deuster–: s. düster
Deut–: s. DIET
Deutelmoser: ON. Deutelmoos, Erding (OB.)
Deutinger: 3 ON. OB., Salzb.
Deutsch: Deutscher, Deutschle, Teutsch(er), Tütscher (schweiz.). Deutsch|land, länder, mann, (en)bauer, Gutdeutsch. Ndl. Duitsmann. Aber Roßdeutscher s. Roß. Wend. Dutschke, Dütschke, Tutschke, Tusche, jüd. Totsch, Totzschek. Sieh auch DIET (Ende) und Undeutsch
Deutschendorf: ON. Preuß.-Holland
Deutz, Deuzer: ON. Deutz, Rhld.
Devens: s. DIET (Tiebbo)
Deventer: ON. Holland (vgl. Demetrius)
Devermann: < Flußn. Devera
Devissen: s. Matthäus
Dew|ard, ath, (e)in: s. DIET
Dewe: s. DAU
Dewes: s. Matthäus
Dex–: s. Dachs
Dexheimer: ON. Mainz
Dey–: s. TEUER
–dey: s. –dei
Dezlaff: s. TECH
Dhreews: s. Andreas
Dial(l)er: s. Teie
Diamant, d: Diemand (× DIET, Teutman), De(a)mant, Deman(n)
Dibelius, Dibl: s. DIET (Tiebbo); vgl. Teufel
Diburtz: s. Tiburtius
DICH: wohl zu ahd. dīhan, nhd. gedeihen
*Thigfuns: Dick|foß, voos?, vgl. TAG (Tachifusus)
*Dihart: Dichart, Deichhardt, Teicher(t) (× TAG), Dieckhort, ert (Dickert, Deikert?)
Tichman: Dichmann Kf. Diho, Tiechilo: Dichelt (–walt?), Diechler, Tichel(mann), Teich|en, lein. Leicht Berührung mit Deich, Teich, Deichel. Viell. dazu auch folgende Gruppe (vgl. mnd. dichte „stark"): Dichding, Dichtl|e, elmüller, ler (× Tichter), Diechtl
–dich, –dick: s. Deich
Dichant: s. Dechant
Dichler: s. Tuch
Dichtler: s. Tichter. Dichter
Dick: meist „dick" (× Deich und Dirk = Dietrich). [Dück, Dick|minor, steffes He], Dickhaut, nd. Dickhut, Dickehuth, Dick(er)mann, Dick|opf, oph, opp, ob. Dicke „Dickicht": Dick|l(ing)er, acher (s. –ach 3), ert (s. –et)
Dick, |el, tel, ten: s. Benedictus
Dickens u. dgl.: < DIET (× DICH)
Dicke(n)scheid: ON. Dickenschied, Hunsrück
Dick|haus, hausen, häuser: ON. Dickhausen, Waldbröel
Dickomeit: s. Dekonin
Dictus: s. Benedictus
Didden(s): s. DIET (Theuda)
Didy: s. Titus
Dieb–: s. DIET
Diebitsch: s. Dionysius
Diebler: s. Dübler
Diech–, Dieck–: s. Deich und DICH (Dieck auch pruß.)
Diechtler: s. Tichter
Dieck|s, schen: s. Benedictus
Died–: s. DIET
Dief–: s. DIET (Theudofrid)
Diefholz: s. DIET (Theudobald)
Diegel: s. DIET Kf. u. Tiegel
Diegeser: s. Digiser
Diek–, diek: s. Deich
Diekena, Diel–: s. DIET Kf.
Diel|er, schneider: s. Dille
Diem–: s. dechel und DIET (Theudemar). Diehm
Diemenstein: ON. Diemantstein, Schwaben
Diemer: ON. Diehmen, Bautzen (× Dietmar)
Diemund: s. DIEner
Dien–: s. DEGEN
(dienen): Diener (× DEGEN und nd. diene „Niederung"). Frauendiener
DIEner: zu ahd. deo „Knecht", wozu auch nhd. Demut und Dirne. In N. nicht „Knecht" (wie –schalk); urspr. viell. „Kriegsmann"
Diomuod (weibl., wechselnd mit Thiomunt, also nicht nur abstrakt): Demuth (s. d.), Diemund
Dionot: Denot. Auslautend: s. –dei
Dienes: s. Dionysius
Dienst: (mhd. dienest „Diener, Dienstmann",

151

"Abgabe an den Lehensherrn, Zins"). Dienst(l). Kleindi(e)nst, Schöndienst. Dienst|fertig (jüd.), mann, huber, beck, schneider, bier. Dienz(mann)

Diep–: s. DIET und tief

Dieplinger: ON. OB. (< Diepolting)

Dier–: s. DIET (Theud|har, oricus), TEUER und Tier

Dier|ig, ing(er): s. Thüringen

Diernberger: 4 Orte Bay., Österr.

Diersch: s. turse

Dierschedt: ON. Dierscheid, Wittlich

Diertheuer: s. Teie (× Tirtei?)

Diesel–: s. DIS

Diesen–, Dießbacher: < mhd. diezen „rauschen"

Diesing, Dieß: s. Matthias (× DIS)

Diessel: s. DIET Kf. (vgl. DIS), Deichsel und Distel

Dießler: s. Deichsel

Diestel: s. Deichsel und Distel

Diester–: s. düster

DIET: Zu got. thiuda, ahd. diot, deot, mhd. diet, as. thioda später nd. thēd, det, afries. thiada „Volk", wozu auch „deutsch", Dietmarschen, Dietfurth, Diedenhofen. Dagegen sollen Teuto|bodus, meres, burgium, Deudorix nach Kluge wegen des o an der Zusammenfügungsstelle zum Volksn. Teutonen gehören, ebenso Theodmalli > Detmold. Der häufigste und verwandlungsfähigste aller N.-Stämme ie wird oft zu i gekürzt, das i in ia, io, iu oft unterdrückt, nd. erscheint e. Daher sind alle Kurzf., bei denen ein einfacher Vokal oder Umlaut zwischen zwei T-Lauten eingeschlossen ist, am wahrscheinlichsten von DIET abzuleiten. Fällt der zweite T-Laut aus, so berühren sich die Formen freilich mit anderen Stämmen (z. B. Tabbert < Thiadbert und Dagobert; vgl. auch DAU, DIL). In nd. N. könnte TOT auch ein besonderer Stamm sein. Vgl. Dodel. Oft vergrieht unter Anlehnung an ϑεός (Theo|bald, dorich).

Theudobald: Tibold, Tippel(t), Typelt, Tietböhl, Die|bold(er), pelt, Dippolter, Tiebelt, Teipel(ke), Theobald, Depold, De|bold, bel, Tobolt, Töpolt, Döbold, Dübold, Düb(b)elt, Tau|bald, fald, Deu|bold, bel (× Kf. Tiebo); > slaw. (obschles.) Duballa, Dybek

Theudobert, Thiotprecht, Thiadbert: Dieber(t), Dipper(t), Tiebermann, Diepers, Dyber, Deibert, Tepp|rich, er(mann), Teb|rich, eding, Däubrecht, Täubrig, Tjaberings, Dappert (× Dagobert u. tappert), Tappermann (× Tapfer), Tober, Dobber|t, ke, mann, Töpper, Döbber(t), Töbich; Tupper, Dubert, Dubber|t, s, ke, Dübberich, Düvert, Tauber(ech)t, Teuber(t)

Thiatbarn: Dietberner, Ditt|berner, borner, Dibbern, Dett|born, berner (× FN. Dettenborn < ON. Tettenborn, Erfurt), Dütt|bernd, brenner, Dübbern

Theudobrand: Ditt(e)brand, Tittebrand

Kf. Tiebbo, Tabo, Teupo, Tiapco (× slaw. Dobislaw): Tie|be(ck), pke, pner, Tibbe, Tipp, |en, mann (Thibus, Thiebes, Ti(e)ves eher < Matthias), Dibl, Diebels, Dibelius; Die|bs, b(e)lich, pgen, Dieveling; Dei|bicht, bel(er), Taibl, Teib|er, Teipel(ke); Teb|be(n), ling, Deb|o, e, ke, el(er), (aber Deb|us, es s. Matthäus), Dehben, Devens, Dep|ke(n), elmann, Dep|pe, ing, ich, Teh|e, ing, Tepp|e, ich, ke, ler, Tebbenjohanns, Tjabben, Tjebke|s, n; Tab|e(l), ken, Tapp|e (× nd. Zapfen), el, enbek, meier; Tob|e(n), egen, Topp(e), Dopp(ich), Dopke, Dobelke, Dobb|ling, inga; Töb|el, ke, bike, bens, Töppe, Döb|beke, ele, ich; Dub, |s, be(n), big(k), (b)elmann, Tu|be, ve, bbe(sing), Düben (ON. mehrf.); Tüb|eke, be(n), b(es)ing, Tühbo, Taupp; Taub|e, ner (× Vogel), Täubi(n)g, Teupe, Teubig, Deuble. (Bei den Formen auf –el × Theudobald)

Theudofrid, Diotfrid: Tiefert, Diefert, Tiffert, Differt, Defert, Döffert, Tuffert, Duffert, Düfert, Tüffers, Teufer(t), Dittfath, Diefer, Teffer, Täufer

Kf. Tiffe(ls), Tief(el),

DIET

Diefke, Tei|fel, ke, Theefs, Doff (Toffel, Töfle s. Christoph), Döffke, Duf|ke, fing, Düffe, |l, ls, lmeyer, Düfling, Teufen, Teufel, Deufel (× „der Teufel")

Teutger: Dit(t)ger, Theger, Teg(g)ers, Toger, Töttcher, Döttger, Deucker

Theuthard (× Theudhar): D(i)etert, Ditt|hardt, ert, De(i)terding, Dethard(ing), Dederding, Dedat, Tjarts, Tjaar(d)s, Deudert, Dautert, Deutert, Dirtinga

Theudhar (× Theuthard, z. T. Kf. von Dietrich): Diet|herr, erle(n), Died|ering, erle(n), Tiedermann, Ditter, |en, mann, Thierling, Dieringa, Dirringa; Deiters, Deider(sen); Teder(mann), Deder|er, ing, Deter, |(l)ing, meyer, Thäter, Teterling, Detter, |s, len, ing (ON. Detter, Franken), Det(t)ring; Tatter (s. d.), Dadder, Dotter, Dötter, |l, böck, Döder|lein, ling, beck; Töter, Dauter, Deuter (× ON. Deute, Melsungen, Deuten, Westf.), Teuter, Mischf. Ditscherlein

Theothelm: Diethelm. Mischf. Tilhelm, Tielhelm

Theutram: Dietram, Thedram, Mischf. Dillram?

Thedekind: Dedekind, doch eher < −king

Dietleip: Detlef(sen), Detheleven, Tellefsen, Tjadeleffs, Ditlefsen, Delf|f, s, mann, Tülf(f). Mischt sich sonst mit Theudulf

Teutman: Die(t)−, Tied(e)− (× ON. Thiede, Wolfenbüttel), Thie−, Titt−, Det(t)−, Deh−, De(e)−, The−, Dode−, Todt−, Tödt−, Thet−, Tut−, Thu−, Dau|mann, Timanus, Theman|n, s, Diemand (meist nur Erweiterung der Kf.)

Theudemar: Ditt|mar, mär, mer(s), meier (aber Dittemar: ON. Dittenheim, M.-Frk.); Die(t)|mar, mer(t), Tiedmer, |s, sma, Thiemer, |ich, mann, Di(e)mmer, Timmer, Dimmerling, Diemerling, Dimmerlein, Demmerle(in); Deitmer, Deimer(t), Theimer; Det|mar(ing), mers, Dettmer(ing), Thedmers, Themar (× ON. Thür.), Demar, Temering, Demmer(ing) (vgl. Kotten Demmerinck, Kettwig); Daumer; Teutmar, Deutmarg?, Theumer (× ON. Theuma, Vogtl., s. Däumer); Theimer (österr.); Mischf. Diptmar. Wend. > Džetmarž > Schitt|mer, meyer

Kf. Thiemo: Thiem|e, s, ich, en, cke, elt, esmann, Die(h)m, Diem|ler, ling, inger, ke, Dim|ke, igen, Thim|e, us, Thyme, Thiem|e, ens, er, Thimm(o), Timm|en, es, sen, ig, roth, Tim|ko, ke(n), ling, Diml(er), Dimm|el(meier), ey, ler, ling; De(h)mel (vgl. TAG und Thomas), Temele, Temm, |e, ing; Demme, Damm|en, sen (< Dankmar?)

Theotnant: Denant

Theudoricus, Tederich, Thiadrich: Diet|rich(s), reich, erici; Died|(e)rich, richsohn, Ditt|(e)rich, rick, Tittrich; Thier|ig, ichens, Dierich|s, x, Dierck, |e(r), e(s), (s)en, ing, Dierrcks, Meyerdierks, Direx, Dirk, |(e)s, en, mann, Dick, Türk, Dürks; Deutrich, Deitrich, Dettrich, Ded|rich, erich(s), Däderich, Tetrik, Tendrich, Therig, De|rigs, reich, r(i)x; Derk|s, sen, mann, Dörk|en, s, sen, Therkelsen, Dudrich, Tjarkes, Thyarks, Tiaarks, Tjerks; lit. Dietrichkeit; poln. Wiedrzych > Wiedersich. Mischf. Dillrich?

Theudoald: Di(e)t|−, Ditt−, Die−, Ti−, The−, De−, Do−, Du−, Thau−, Dau−, T(h)ade|wald; Diethold, Diedelt, Dedolz, Dewald, Dewold, Thutewohl; Mischf. Dietzold, Tiszold, Died−, Dietz|schold, Dütschhold

Teudoard: Deward, Dewath, Dewert

Theotwig: Dietewich, Doedwich

Teuduin: Dew(e)in

Theudulf: Diet−, Ditt−, Tit−, Deth−, Tete−, Doet−, Dute−, Taut−, Deude|loff, Teutloff, Didolff, D(i)edolph, Dett|loff, laff, Doethlaff, Döttlaff, Delfs

Kf. Theuda, Theodo, Tieto, Dudo usw., die z. T. mit alten Lalln. zusammenfallen; s. Dodel, DUDO. Formen mit −mann und −er s. auch Teutman u. Theudhar: Diet|e(nmaier), l, el(ius), le(r), lein, Died|icke, elmaier, ler, Ditlmann, Ditt|el, ler, chen, ke, ig, es, us, ing; Didden(s); Tiet|e, ig, (ge)meyer, Tied|e(s), gen(s), ke(n), je(n); Titho, Tido, Tyd, Titgemayer, Tit|(t)el, tle, ten(ds), ke, Tittes > Tittus, Tiddens; Thie (s. Tie), Thyen, Dyes. Deite(l), Teitge, Theidel, Teye(n). Ded|o, e(l), icke, ich, ing, erer, Det|h, je(n), jens, ken, Deets, Dee|teke, cke(n), Det|els, gen(s); Dett, |o, e, ke, ling; Thed|e, sen, inga, The(de)ns, Thee, Tedden, Tehen, Teesen. Dat|o, e (vgl. TAT), Tha|t, te(n), tge, d(d)en, dena, Tadd|el, icks, iken, emeier, Tjaden, Tiaden. Thät|ner, meyer. Dod (× Übern. „Tod"), |en-(hoff), el(l), egge, Doht, Doodt, Dott|en, ing, T(h)ode(n), Tod|emann, sen, Tooten, Tott, Todt, latinis. Mors. Döde, Dött|erer, l(ing), Thöde, Tödt(ens), Tötemeier, Döinck. Dud|e(n), de(n), Due, Dutt|ke, ge, le(r), T(h)ude, Tutt, Tute. Düd|e(l), den, ing, Düe, Düt|s, sch(k), Tüt|el, ken, ge(ns), emeyer, schulte. Daut, |e(l), Daudl, Taut, |e(r). Deut, |e, ges, Teute(mann)

Ausstoßung des zweiten d oder t vor l und k (g): Thietilo > Thilo (× DIL): Diel, |mann, s, ken, ing(er); Dil|z, z(n)er, ser, schmann; Dill| i(s), e, enius, ner, ing, mann (ram, rich: Mischformen?), Dyllick, Thiel|o, e, en(ius), icke, king, (e)mann, er(t), sen, scher, Zss. Thiele|pape, horn, Tielesius, Thill, Thilmany, Til|o, e(mann), ke, ch, (k)ing, se, ßner; Mischf. Tilbert, Till (× ON. Kleve), |e, ich, ner, er(t), essen, ig(er), mann(s) (höfer). S. auch Bartholomäus. Deil, |e(r), icke, mann, Dheil, Teilert, Theil|e(n), i(n)g, er, kemeier. Delius, Dehl, |e, ing, Dell, Thelo, Thele|n, mann, Telle|r, (r)mann. Thalen, Tallig, Tjalling. Dol|en, ch, ge, z, ing, Dohle, Thol|en(s), us, Tolle|ns, r. Döll, |e(r), ing, Dölz(l), Thöll|e(n), ke(n), emeyer, Thölling, Töll|er, ich. Thul|e, ke, mann, Thull, Duhl. Düll, |e(r), Thüle(cke), Tüllmann. Deul(ing)

Theodicho, Tiacco, Dyko: Diko, Dick, |e, en, el(mann), er (Dick, Dicke mehrf. ON.), Dieckmann, Diekena, Di(e)gel, Digele, Digl, Ticke(l), Tiege, |l, mann, Tieck(elmann), T(h)ieking, Tyken (Meppen), Tix, Dix, |ius, ken. Teik|e(r)t, ner, Theige, Teichs, Deigl(mayr) (× TAG). Deck|e(n), inger, el(mann), l(hofer), ner, ert, ardt, Degele, Deecke, Teck|e, s, Tegge, Tee|ge, ke. Tack, |e, mann, Tagge, Taacks, Daacke, Taken. Doogs, Doockes, Dogl, Dogge, Dockhorn, Tock, Thoke, Doch. Döck|er, es, Doege (wend. < Matthäus), Töck, Töche. Tucke, Duken. Tück|e, ing. Dän. Tyge: Thygesen, Tychsen, Tüchsen, Tücksen, Tyxen, Tüxen

Teuzo (vgl. auch halbslaw. Ditusch): Tietz, |e(n), el, schel, Titius (spr. –zius), Titz (× ON. Aachen), |e(n), er, el (vgl. TECH), Dietz (× ON. Wiesb.), |e, el-(ke), sch, mann, ius, er, hoff, Di(e)zinger (× ON. Ditzingen, Württemb.), Dietsch, |e(r), ke, Ditz|e(ll), en, (l)er, inger, Dizler, Disl, Die|s, sel, sert, sing, sch (Thies meist < Matthias), Diß, Dissen, Titsch, Ditschke, Disch-(erl), Tisch(linger). Auch > wend. Tietz, |ko, ke. Teitzel, Deitz, Theiß-(ig), Deiß, |mann, ler. Tetz|el, ke, (n)er, Detzner, Teetz. Tatzel, Taatz (eher zu TAT). Totz(ke), Dotz, |el, (ler) (doch vgl. Dotzauer), Doß, Dose, Doskens, To(t)sch, Dosch. Dötze(l), Dösel, Dössinger, Dötsch(mann). Dutz(mann), Tutzke, Duß, |ler, ling, mann, Dussel. Tütz, |el, (sch)er, Thüsing. Tautz, Dautz, |e(r). Deus(ken), Deuß-(en), Deutsch (s. d.), el, |le, mann, inger, berger, Deuschle

Dietweger: < ahd. diotweg „Volksweg, Heerstraße". Dehtweg

Dietzinger: ON. Braunau, Passau

Dieveling: s. DIET (Tiebbo)

Diewitz: s. Dionysius

Diews: s. divy

Diff(e)ler: rotw. „gründlich gelernter Dieb"

Differt: 1. s. DIET (Theudofrid). 2. nd. „Täuberich"

Dig–: s. DIET Kf.

Digiser: ON. Digisheim, Württ. Diegeser
Digner: s. Degenher
Dike: pruß. N. **Diko:** s. DIET Kf.
Diekomei: s. Dekonin
Dikreiter: < Christian Dickh gen. Schwarzreiter
DIL: viell. zu ahd. tilēn „zerstören" (lat. delere). Tilpurt, Dilegildis. Dillebrand > Dilp, Dillram, Dillrich, Dillwald (Mischf. zu DIET?). Die einstämmigen Kf. fallen völlig mit Kf. von DIET zusammen
Dil|cher, g(er), je, lier: s. OD III Ende
Dildey: s. –dei
Dille: „Diele, Brett". Dazu Dieler, Dielschneider, Dill, |bohner, schneider, enseger (Säger), Düll. Bei Diller × ON.
Dillen|berger, borger, burger: ON. Nassau
Dilley: < frz. N. Delay
Dillge(s): s. OD. III Ende
Dilling(er): ON. Dillingen, B.-Schwaben
Dilltapp: „Tölpel" (vgl. Dapp), Dyledop (dasselbe Hopperditzel; beide N. Kf. zu DIET) × N. eines Windgeistes, mua. dilldopp „Kreisel"
Dilthey: s. –dei
Dim–: s. DIET
Dimmler: s. tummeln
Dimp|el, fl: s. Tümpel
Dimroth: ON. Dimroith (Ob.-Österr.)
Dimt(er): s. Demetrius
Dindo: unerkl. einstämmiger N., ablautend zu DAND u. DUND. Vgl. ags. thindan „schwellen". Dind(l), Dint|emann, er, (z)sch, es, ner, enfelder, inger, Din|s, se, sel, sing, Dinz|(e)l, ler, inger, Tindl(er), Tint|el, er, inger, ner, emann, zmann, Tinz (× mehrf. ON. Tinz)

DING: zu as. ags. an. thing „Gerichtsverhandlung, Volksversammlung", ahd. ding „Gerichtsverhandlung, (Streit-)Gegenstand" (vgl. Ding und s. Tie)
T h i n c h e r i : Tinger, Dinger (× mhd. dingaere „Richter, Sachwalter, Makler" oder „Nichtvollbürger"), Dingerling, Dingertz
T h i n g w a r t : Ding|wert, wort (× mhd. dingwart „Gerichtsperson") Als Kf. selten: Tinca. Ding|e, els, linger, lreitel, Dingelmann, Dink(meier), Ting, |ler, ner. Auslautend beruht –ding, –dink stets auf Anfügung von –ing an N., die auf d endigen: Armerding < Irmhart, Haberding < Hadubert, Römerding < Romard, Vollbeding < Folcbert, Humperdinck < Humbert. Ding– s. auch Dionysius
(Ding): Vgl. DING. Dinkgrefe, Ding|greve, mann, meyer, Dinstühler. (Vgl. Hof Dienstühlen, Altena.) Erweitert: Dingelstedt (ON. Oschersleben); Dinkel|spiel, spühler (ON. Dinkelsbühl, MFr., s. Bühel)
Dinge(l): pruß. N. Dyngele. Vgl. Ting (× DING)
Dingel|dein, dey: s. DEGEN
Dinges: s. Dionysius
Dingler: s. dengeln
Dinies: s. Antonius, Dionysius

Dinkel: Getreideart, hochd. Wort (= Spelt, Fesen). Dinkel|er, a, berg, a(c)ker, reuter, bäcker, mann; Dünk|el(meier), ler, Tünk|l, el, ler (zu nd. Dinkel|kamp, mann vgl. Flußn. Dinkel, Westfalen). S. Fese
Dinklage: ON. Soest
Dinnier: s. Tüncher
Dins–: s. Dindo u. Dionysius. Dinnis
Dinslage: ON. Dinslaken, Wesel
Dinstühler: s. Ding
Dint-, Dinz-: s. Dindo
Dinter: 1. dintener „Tintenmacher". 2. = Dimter (s. Demetrius). 3. s. Dindo
Dintner: s. Tinte
Dionysius: gr. „dem Gott Dionysos gehörig", erster Bischof von Paris (Saint Denis), angeblich = D. Areopagita (Apostelg. 17, 34), Nothelfer. Dion|ysius, isyus, ys, is, Din(n)ies, nes, ges, genies, s, se, Dienes, Denys, Denis. Mit Zusatz von lat. sanctus: Sintenis. — Vorn gekürzt: Nisius, Nis, Nys, Nyssen, Nisse|n, ls, Niese(n), Nieß(e)l, Nißl(e), Nisle, Nüß|le, lin, Nüsgen, Nüßgen(s), Nieske, Neis, Neissen, Annies. Slaw. Die|witz, bitsch
Dip(p)–: s. DIET
Dippenheuer: s. Tippenhauer
Dipurtz: s. Tiburtius
Dir–: s. TEUER und Tür
Dir|ex, k–: s. DIET (Theodoricus)
Dirlewanger: ON. Bayr. Schwaben
Dir(n)–, Dirr: s. Dürr
Dirnberger: 14 Orte Bay., Österr.

Dirolf: s. TEUER
Dirringa: s. DIET (Theudhar)
Dirsch–: s. turse
Dirtinga: s. DIET (Theudhard)
DIS: unsicherer, aber gewiß vorhandener Stamm (vgl. langob. Aredisius); viell. zu got. filu–deisei „Schlauheit". Mengt sich mit Diez < DIET, Thies u. dgl. < Matthias. Disl? Diesing?
Disch|er, ler, ner: s. Tisch
Discherl: s. DIET, Kf. Teuzo
Dischinger: ON. Württ.
Dischreit: s. Tisch
Dismer, Dißmer: s. TECH
Dissel–: s. Deichsel, Distel
Distel: mua. noch männlich und mit altem ī (× Deichsel): Distel, |er, berger, bath, barth, kam(m) = Disselkamp, Dissel|berger, hoff, horst, Diestel|brink, horst, meier, Diesselmann, Tistel. Satzn. Baudendistel > Baurendistel. S. blühen u. vgl. Kardel
Disteli: s. Baptista
Ditscheidt: 2 ON. Koblenz
Ditschereit: s. Tisch
Ditscherlein: s. DIET (Theudhar)
Dit(t)–: s. DIET (Ditt, |ke: pruß. N.)
Ditt|es, us: s. Benedictus (× Titus)
Dittfath: s. DIET (Teudofrid)
Dittfurth: ON. Aschersleben
Dittombe: < frz. Destombes
Ditz: s. DIET Kf.

(divy): slaw. „wild". Dive, Diews, Diw|isch, itz
Dix: s. Benedictus (× DIET Kf.)
Diz–: s. DIET Kf.
Djur(k)en: s. TEUER (ostd. × Georgius)
(dlugy): asl. „lang", auch in ON. Dlug|i, os, Dolch, Dolg|e, ner, Dölg(e)ner, Dulk(e), Dülke
Dob: hebr. „Bär". Dow, Duffke, Düppke, Bär, Behrend u. dgl.
Dob(b)–, Döb(b): s. DIET
Dob(b)eler: 1. nd. „Würfler, Würfelmacher". Döbbeler, Dabler, Däbeler, Duppler, Toppeler, Dappler (s. d.). Doppel–, Dobberstein, Dabel|steen, stein, Dobelstein, Dobler, Dubberstein. Döpelheuer „Würfelmacher". 2. obd. Dobler zu Tobel (s. dort Döbeli(n) u. dgl.). Doppler auch Schneider, der Kleider füttert
Dobberahn: ON. Doberan, Meckl.
Dobean: s. Darnedde
Dobberkau: ON. Stendal (× Dobrik|au, ow, Österr., Böhm.)
Dob(b)erpuhl: 4 ON. Dobberpfuhl, Brandenburg, Pommern (vgl. DOBR u. polje)
Dobel: s. Tobel
Dobenecker: ON. Vogtl.; s. dub
Döbereiner: ON. Döberein, OPf.
Dobert: s. DIET, Theudobert
Dobianer: ON. Dobian, Ziegenrück
Doblander: s. Toblander
Döbes, Dobi|as, sch: s. Tobias
Dobl–, –dobler, Döbel,

–döbler: s. Dobbeler, Tobel
DOBR: sl. Stamm; asl. dobru „gut". Dobr|a(tz), ich, ick, ing, itz; Dob(b)er, Dobberke, Dub|ick, as, Dubbe(r)ke. FN. oft = ostd. ON. wie Doberan, Meckl., Dobra, Dobrenz, Sachs., Dob(er)schütz (4)
Dobrig: 1. zu DOBR. 2. wie Dowerg „Tagewerk im Bergbau"
Dobriner: ON. Westpr.
Dobsch: s. Tobias
Dobschal: s. Tobschal
Doch, Dock–, Döck–: s. DIET Kf.
Dochter–: s. Tochter
Doctor: eigtl. Hochschullehrer, besd. der Medizin, Do(c)k|tor, ter, Docters, Docktermann; jüd. Doctorowitsch, umgestellt Rottock
Docke: „Puppe". Dogge, Döcklein
Dod–, Död–: s. DIET
Dodel(l): 1. alter Lalln. Dod(il)o, vgl. Dudo. 2. „Pate" (dasselbe Dod, Gette, Gött(l)e, Godel). 3. Kf. von DIET
Dodenhöft: s. Tod
Doderer: s. Duderer
Doff–, Döff–: s. DIET (Theudofrid Kf.)
Doflein: s. David
Dog–, Doege: s. DIET Kf. und TAUGEN
Dogge: s. Docke
Dohl(e): Vogel, mua. auch Dahl(e) (× DIET Kf.)
Döhler(t): ON. Döhl|au, e, en
Dohmjahn: s. Damianus
Dohm|e, s: 1. s. Thomas, 2. ON. Dohma, Pirna; Dohms, Sagan
Dohmstreich: Stelle, wo Dohnen (Schlingen zum Vogelfang) angebracht

Dohn–: s. DON und Donatus

Döhner(t): 1. ON. Dohna, Pirna. 2. zu Dohne (vgl. Dohmstreich), Dön|er, hardt

Döinck: s. DIET, Kf. Theuda

Dokl: s. TAUGEN

Dol–, Döl–: s. DULT und DIET (Thietilo)

Dolbatsch: ungar. oder slaw.-österr. „Soldat", vgl. Kluge-Mitzka, 781 unter Tolpatsch

Dold(er): zu obd. dold „Baumwipfel, Zweige" (× Berchtwald; dazu Dold(e), Döldle). Dölter, Doldinger. Lindentold > Lindenthal; Tolde > T(h)oll

Dolde, Dolle: schwäb. „närrischer, plumper Mensch"

Dolder(er): schwäb. doldern „stolpern"

Dolf–, Dölf–: s. ADEL II (Athaulf)

DOLG: zu ahd. tolg, ags. dolg „Wunde", von DULT nicht zu trennen. Dolch (N. der Waffe ist zu jung), Dol|ge, ke, Tolk|e, sdorf, Tölg, Döl|ken, kner, chner (Dolg(e)ner, Dölger < ON. Dolgen, mehrf.). Vgl. dlugy und Tolk

Dölitzsch(er): ON. Dölitz 6, –tzsch 1 (× Delitzsch)

Doll: bair. „Tal". Doll|acker, hofer, (× Berchtwald und Dölle)

Doll–, Döll–: s. DULT (× DIET, Thietilo u. Dölle)

Dolle: ON. Magdeb.

Dölle: obd. „Graben", mhd. tol. Doller, Döller (NS), Döllinger; × wend. delenki „Talstellen"; Dolleng, Dölling, Delling(er)

Dollerup: ON. Dollrup, Schleswig

Dollfuß: z. T. latinis. Kf. von Adolf oder Rudolf (vgl. Rollfuß), meist aber „Fuß mit bleibender Geschwulst, Klumpfuß" [Dolevoet, Hamb. XIV; Dolenvot, Quedl. XIV; Tolinfus, Breslau XIII; Zullefuß, Straßb. XV]. Dolfus, Tholfuß. Dasselbe Pollfus (vgl. DAL I)

Doll|hausen, heiser: s. Tollhausen

Dollhopf: „Gugelhupf, Kuchen", aber Doll|höfer, nhofer wohl < DIET, Kf. Thietilo oder DULT

Dolling(er), Dölling(er): ON. Dolling(en), Dölling

Dol(l)metsch: < poln. tlumacz, tsch. tlumač; noch FN. Tollmarcz. Vgl. Tolk

Döllner: ON. Dölle, Dollna

Dollt: s. Berchtwald

Dolmer: rotw. „Henker"

Dolp: s. DULT

Dölter: s. Dolder

Dölzer: ON. Tölz, OB.

Dolzig, Dölzig: ON. mehrf.

(Dom): Domeyer, Domgörgen (s. Georgius), Thum (falls ū; × ON. Thum, Erzgeb.), Honthumb („zum hohen Dom"). Vgl. dechel

DOM I: zu got. dōms, ahd. tuom „Urteil, Gericht, Macht", nhd. noch Ableitungssilbe

Dombert: Dom|part, bart, bath, pert, Tombert, Tompert (doch vgl. dumm)

Domard: Dom|hardt, mert, Dumhart, Dühmert, Dümme(r)t, Dummet, Thum(m)ert, Thumet

Domarius: Dommer, Dummer, Thumer (× ON. Thum, Erzgeb.), Thummerer, Thäumer, Däumer (s. Daumen)

Domarich: Dom(m)rich. Auslautend: Altum Kf. Duom(el)o: Dümmen, Dummel, Dümmel, Thümmel, Tuming, Dühmig, Dümmig, Dömling

DOM II: sl. Stamm; zu asl. domu „Haus": Domizlaff, Doma(c)k

Domann u. dgl.: s. Thomas

Domenicht: s. tun

Domian: s. Damianus

Domine: ndl. „Pfarrer". Dominé

Dominicus: lat. „dem Herrn gehörig", Stifter des Dominikanerordens (13. Jhdt.). Dom|inici, (i)nick, (i)nich, nig, nicht; Dum(i)nick, Minikus, Münk, Kuß, obschles. Damnik, Minkus

Domitianus: Hl., 6. Jhdt., Domitian, Domidian

Dommes, Dömpke: s. Thomas

Dom|räse, res, röse: ON. Dumröse, Stolp. Dammrose

DON: Deutung unsicher: Zu ahd. dona, Sehne?; an. duni, Feuer? Tuoni, Dono, Dona|bert, frid. Die meisten Bildungen mit Don–, Dön–, Ton–, Tön– gehören zu Antonius, Don|hauser, ecker sicher zu Tann. Hierher viell.: Don|hardt, art, erth,

157

eth (falls nicht < Donatus), ling, icke, ig(es), ix, icht, isch, zelmann; Dön|hardt (× DEGEN), ig, Döhn|er(t), el, Dönnike, Dunke(n) (Dunz u. dgl. s. DUND), Dün|ke, ing, ninger (vergl. DUND), Thon|e(r)t, Thön|nard, ert, ig, Thun, |ert, at, ig, isch, Thüne, Tunk

Donatus: „der Geschenkte", mehrere Hl., Dona|t(h), ht, ti(n), Donatius, Dohnat, Donnate, Zss. Bleßtònat? > Donhardt u. dgl.? (s. DON). Slav. Natus, Natusch, |ka, ke, Nathusius, Thus, Thusius

(Donau): Donau(er) × Dorn

(Donaubau): ON. Passau, Dona(u)–, Donner|bauer

Donder(s): s. Donner

Donecker: s. Tüncher

Döner: zu mhd. doenen „singen, spielen"

Dönhardt: s. DEGEN

Donicht: s. tun

–donk: s. Dunk

Donkel: s. Dunkel

Donner: kaum noch der altd. N. Donner, |s, t. Tonn|ar, er, Dundr, Donder(s), Donderer. — Donner|stag, schell (< schallen), ha(c)k

Dönneweg: ON. Altena.

Donninger: ON. Donningen, Luxemb.

Donop: ON. Lippe

Donsbach: ON. Nassau

Dontewill: s. tun

Doockes, Doogs: s. DIET Kf.

Dop–: s. DIET (Tiebbo)

Dopf, Döpf(n)er: s. Topf

Dopheide: Exulantengeschlecht aus Oppède (Dep. Vaucluse), urspr. Maynier, dann d'Opede, Topheide

Dopl: s. Tobel

Doppelhammer: 2 Orte Doblham, Griesbach (N.-Bay.)

Doppelstein, Doppler: s. Dobbeler

Dops: s. Tobias

Dopser: schwäb. „Bettler, der sich als Mönch ausgibt", auch „Kreisel"

Dor–, Dör–: s. TEUER, Isidorus u. Tor. **–dor:** s. Tor. **Dör–:** s. Dürr

Dorandt: s. Thorandt

Dorau: s. Dorrong

Dorban(d): s. Urbanus

Dorbath: „Torwart" (NF)

Dorden|bach, busch: s. durch

Dördrechter: ON. Dordrecht, Holland

Dorf: Oberd. –dorf, –torf, nd. –dorp. mit Umstellung des r: nd. –drup, -trup, –trop; selten md. druff, und besd. lothr. –troff. Dorf, vom Dorff, Dörfl (in Tirol auch „Bauernhof"), Dorfl, Törfel, Dorf|mann, leitner, egger, wirth, meister (aber Dorfstecher < Torf), zaun; nd. van, vom Dorp, Dörp, |holz, feld. In vielen Zss. u. Zsr. Ollen–, Nien–, Osten–, Großmi(dde)n-|dorf; Bolstorff (×ON. Bolsdorf, Trier); Ru|droff, throf = Rudorf; Ohr|drdorf (Gotha), Wilsdorf (ON. Wilsdruff, Dresden < Wilandestorf); Oostendorp, Middelstorb; Daldrop, Brandrup, Quistorp (Eutin), Natorp (vgl. westf. ON. Na|torp, tarp, trop, trup), Suntrop, Ribbentrop (Lippe), Entrop (Westf.), Hentrop (Münster), Hiltrop (Bochum), In|torf, trop (ON. Intrup, Tecklenburg), Brönstrup zu Bentrup, Stentrup, Westrup, Nortrup (Osnabr.), Suttrup, Wilstrupp, Hostrup (Schlesw.)
Ableitungen: Dorf|(n)er, inger, Dörf|er(t), ling, ler (s. oben Dörfl und –las), Törp|el, (i)sch

Dorfinger: ON. Innkreis

Dorfner: 12 Orte Bay., Öst., Württ.

Dorfstecher: s. Torf

Dörge: s. Isidorus

Dorgerloh: s. Torgelow

Dor|ig, ing(er): s. Thüringen

Dörk–: s. DIET (Theudoricus)

Dorkenwald: s. durch

Dorl: ON. Dorl(a) mehrf.

Dorl–: s. TEUER

Dörle: s. Tor

Dormagen: ON. Düsseldorf

Dormann u. dgl.: s. Tor

Dörmer: s. Turm

Dorn: „Dornbusch", oft ON. Dorn, |ach (s. –ach 3), er, auer > hauer, berger (15), hege, hoff, blut, blüth, busch (oft ON.), quast, braak, brach, brack, bruch, seif(er), feld, (h)ecker (7 ON. Dorneck), hagen > han (× ON. Württemb.), fried (Einfriedigung), reiter (s. reuten), höfer, wirth, schneider; Dörn, |er, brach, brack, feld, Dornebusch, Dormbusch; ohne r: Donau(er). — Haged. > Had., Heid., Rosend., Maid., Mehd. („Weißd."), Stichd., Stickd. („Stechd."). Sieh auch blühen und tarn. Dorner, Dörner auch zu Turm u. ON. wie Dorna, Torna, Turnau (< Dornaw)

Dornatt: ON. Dornath, Ob.-Österr.
Dornedde, Dornieden, Dörnieden: s. Darnedde
Dorneich: s. Dotterweich
Dornick: ON. Düsseldorf
Dornseiff: ON. Dornseifen, Singen
Dörnte: ON. Hildesh.
(Dorothea): Märt., gr. „Geschenk Gottes". Dorten, Dürten, Dürtler
Dörpfeld, Dörpholz: Hofn. Lennep
Dörpinghaus: ON. Dörpinghausen, Wipperfürth
Dorpmund, Dörpmund: ON. Dortmund
Dör(r)–: s. Dürr, Isidorus und TEUER. Dörries
Dörrenberg: ON. Gummersbach
Dorrong: < frz. Doron. Dorrau, Dorra
Dorsch: 1. obd. Kohl|strunk, rübe. 2. nd. Fisch. Zu 1: Dorsch|el, ner, Dörsch|el, mann, Torsch (doch vgl. turse)
Dors(ch)t: 1. s. Durst. 2. Dorst = Droste. 3. ON. Dorst Köln, Braunschw.
Dorsel: ON. Koblenz
Dorten: s. Dorothea
Dörwand: s. durch
Dos–: s. DIET Kf.
Dosch: bair. dosch(en), duschen „Busch, buschiger Zweig". Döschner, Dusch, |(n)er, (e)l
Döscher: nd. „Drescher"
Döschner: s. Dosch und Tasche
Dose: ON. Hann. **Döse:** ON. Hamburg (× DIET Kf.)
Dosser: tirol. „Bühler" < lad. dos < lat. dorsum. Doß
Dost: wilder Thymian. Dost|(l)er, mann „Kräutersammler", Doßler. Vgl. Timian
Dotenbier: s. Bier
Doth: fränk. „Pate"
Dötloff: s. DIET
Dötsch–: s. Detsch
Dott–, Dött–: s. DIET
–dotter: schwed. „Tochter". Bengtsd., Pe(h)rsd., Svensd., Andersdotter, |son
Döttern: s. Duderer
Dotterweich: < ON. Todtenweis, Württ. (Geändert in Dorneich)
Döttling: ON. Dettlingen, Hohenzoll.
Dotz–, Dötz–: s. DIET Kf.
Dotzauer: ON. Totzau, Nordböhmen
Dötzer: s. Depser
Dotzler: ON. Dotzlar, Wittgenstein
Dove, Dowe: nd. „taub"
Dowald: s. DIET
Dowerg: s. Dobrig
Doxie: Metron. Hl. Eudoxia (gr. „die Berühmte")
DRAB: zu got. draban „hauen"?
*Traphart: Trappert, Trapat, Trap–, Trab|hardt, Drab–, Draw–, Dräb–, Dreb–, Drev–, Treb|ert, Traberth
Traber: Draber, Drebber (s. d.), Drepper, Traber, Trapper, Trepper
Trapold: Drappald, Trabold, Trappel
Kf. Drabe, Dräbig, Drawe, Dräbing, Träbing, Trabinger, Trepping (aber Drebes, Drewing < Andreas; s. auch Treppe)
Draban(d)t: s. Trabant
(Drache): Drach, nd. Drake, Draack, Drack (× DRAG u. drache, drake mua. „Enterich"), oft wohl Häusern.
Drachsel: s. Drechsler, doch vgl. ON. Draxel, Klagenfurt
Draffehn: s. Drawehn
DRAG I: zu ags. dragan „wandern", got. thragjan „laufen". Später gewiß zu tragen u. Drache gezogen
Dragbert: Trach(ten)brodt? Tragbar?
*Dragihart: Tragert, Drägert, Dregert, Dreihardt
Kf. Trago: Trag|e, l, Track, Trakner, Drack, Drag(e) (× ON. mehrf.), Drax(inger)
DRAG II: sl. Stamm; zu asl. dragi „lieb", obotritisch dargy, Dragomir, Dargoslaw. Darg|e, atz, usch, Drag|atz, osch, Drasch, Drog|atz, an(d), asch, s, Drosch. Droske, Dröske (× poln. ndwend. droga „Weg"; ON. Droskau)
Dragässer: ON. Drags, Marienwerder
Dräger: s. drehen
(Draht): Dratschmidt, Eisendraht, Siebdraht, Thraciger. Vgl. Tratt
Drais: 1. s. Andreas. 2. ON. Mainz
Drake: s. Drache
(drall): nd. „rasch, derb". Drall|e, meier
Draemann: s. Dreher
Dränle: s. Träne
Dransfeld: ON. Hildesheim
Drappeldrey: s. Trippe
Drasch: s. DRAG II
Drasch(n)er: s. dreschen
Drasse, Draßl: s. THRAS
Dratner: s. Tratt
Dratz: viell. < Drado, zu ahd. dräti „schnell", nd. dräd „bald"

Drauke: s. DRUD Kf.
Drauschke: s. DRUG
Drave: s. Darnedde
Draw–: s. DRAB
Drawe: pruß. ON.
Drawehn: Wende aus der Lüneburger Heide (polabisch Dråwën). Draffehn, Treffehn. Vgl. Wendland
Drawert: s. DRAB
Draxl–, Dräxler: s. Drechsler
Drea|s, ssen: s. Andreas
Dreb–: s. Andreas und DRAB
Drebber: ON. Hannover
Drebusch: s. TREB
Drechsler: Träxler, Dräxler, Tre(i)xler, Drögsler, Dres(s)ler (× Trißler), Drößler; ahd. drähsil, mhd. draehsel > Drechsel, Drächsle, Trechsel, Thräxl, Drex(e)l, Drexelius, Drexlmayer, Dressel, Drössel (vgl. THRAS). Bair. auch ohne Umlaut: Drachsel, Trachsel, Traxl(er), Trachsler, Troxler, Draxl|er, mair (vgl. Träger). Nd. Dre(i)sler, Dressel, Drösler
(Dreck): Dreck|sträter, meier. In Bielefeld Dreck|meier, schmidt, shage mit ē gesprochen; dort 1686 Hofn. Dreeckmann. Dreckmann „Fuhrmann" zu nd. trecken, vgl. Treckmann u. Eiche
von Dreden: Hofn. Wuppertal
Drecke: s. Andreas
Dreeke: ON. Hannover; > Dreekmann (× Eiche und Andreas)
Dree|s, ssen: s. Andreas und Driesch (Dree|s, ser auch < ON. Dreis, Drees mehrf.)
Dreetz: mehrf. ON.

Dreewsen: s. Andreas
Drefahl: ON. Meckl. Dreffahl, Drephal, Drehfal
(drehen): nd. dreien. Dre(h)kopf, Dreihaupt > Dreiheit; Driehäupl (> Drehobl?). Dreher = Drechsler, Dreer, Dreier, Dreyer (dies obd. auch < drei × ON. Dreye, |n), Traier, Treyer; nd. Dräger, Dregger = Dreh–, Drae|mann. Schöttel(n)dreyer macht Holzschüsseln. Boltendreyer, Spindeldr., Piependr., Stuhldreier. Dreh–, Dreymüller „Windmüller"
Drehn: wend. dren „Kornelkirschenbaum"
drei: nd. drī (Drei–: s. auch drehen), Drei|er, mann, Dreyer. Zsr. Drei|blatt (× mhd. trīblat „Seidenstoff"), brodt (s. Brot), korn (dreifache Abgabe, Zinsn.), kant, eicher, doppel. Dreyjahr, Dritag. Dreizehner, Dreißig, |er (auch eine Art Rosenkranz. × ON. Dreißig, Droyßig und Andreas), acker (auch ON. Meiningen). Siehe auch Drill und Drudpraht
Dreichlinger: ON. Treuchtlingen, Franken
Dreifus: jüd. < ON. Trier (Trevise). Männle Trevieß, Konstanz XV. Dreyfus, Treves, Triefus. Dt. Dreifuß „Herdgerät, Schemel"
Dreiling: s. Drill–
Dreis: 1. s. Andreas. 2. ON. Tries (s. Driesch)
Dreisbach: ON. Rhld. mehrf.
Dreisch(l), Dreißer: s. Driesch
Dreisler: s. Drechsler

Dreißig–: s. drei
Dreißing, Dreitzel: s. TRITT
Dreist: „furchtlos" < nd. Driest. Dasselbe ist Drisig
Dreiwes: s. Andreas
Dreke: s. Andreas
Drem(m)el: s. Tremel
Dren(h)ardt: s. Träne
Drensch: ON. Pommern
Drephal: s. Drefahl
Drepper: s. DRAB
Dresbach: 3 Orte Köln
Dresch(e): s. Andreas
(dreschen): Drescher, Drösch(er), Tresch(er), Trösch(er), schles. Drasch(n)er, nd. Döscher, Drösch–, Drüsch|meister, Pfarrdrescher, Deschmeier. Drischel „Dreschflegel" > Drischler (× Driesch), Dreschel, Dröschel. Satzn. Drischaus > Drishaus. Vgl. Traut
Drese: s. THRAS
Dresia: s. Theres
Dresing, Dreske(n): s. Andreas
Dresner, Dreßner: = Dresdner
Dresp: ON. Drespe, Waldbroel. Drespe
Dreß, Threß: mit e < THRAS, Dreß mit ē < Andreas
Dressel, Dreßler: s. Drechsler
Dreter: s. Tratt
Dreumel: s. Traum
Dreut(t)er: s. DRUD
Dreutler: s. Trödel
Drevermann: ON. Drewer (mehrf.) oder Drebber (Hannover)
Drevert: s. DRAB
Drew–: s. Andreas
Drewitz: sl. drēvice „kleines Gehölz", mehrf. ON.
Drex(e)l: s. Drechsler
Dreydel: s. TRITT
Dreyling: s. Drill–

Drickes: s. HAG (Haganrich)
Driebusch: s. TREB
Driedger: s. TRITT
Driehäupl: s. drehen
Drieling: s. Drill–
Dries–: s. Andreas
Driesch: unbebauter, als Viehdrift benutzter Acker. Van (Von) den Driesch. Vandrisch, Driesch(n)er, Drisch|ner, mann, berger, Meyendrisch; obd. Treisch(l), Treis(mann), Drießler, Drißl, Dreisch(l), Dreißer, Trisch, |mann. Dazu ON. Dreisa, Trai|s, sa, Treysa, Treis, Drees (FN. Dreis|e, er, Traiser)
Driesel: ON. Oldenburg
Drießen: s. Andreas
Drießler: s. Driesch
Drietchen: s. DRUD Kf.
Drie|ver, wer: s. treiben
Drifte: ON. Minden
Drill–: zu drei. Drilling, Trilling, nd. Drieling, doch mhd. drīlinc auch „Drittel", z. B. Münzn. Dreiling > Trinius
Driller > **Triller**
(Drillich): Trillig
Drindl: s. Katharina
Dringenberg: ON. Warburg
Drinhau|s, sen: 5 Orte Rhld.
Drink–: s. trinken
Dripp(e): s. Trippe
Drisch–: s. dreschen und Driesch
Drishaus: s. dreschen
Drisig: s. Dreist
Drißl: s. Drossel und Driesch
Drisler, Drißner: s. Trißler
Dristram: s. Tristram
Dritag: s. drei
Dritschel: s. Traut
Drivas: s. Andreas
Drobe: 1. s. Darnedde.

2. tschech.-wend. drob „Kleines, Brocken". Drob|e, e(c)k, ig, isch. 3. Kf. von DRUD
Drochmann: s. DROG
Drocker: < ladin. drok „Brunnentrog". Trocker
Drod–, Dröd–: s. DRUD
DROG: Ablautend zu DRAG I, doch vgl. auch ags. gidrog „Erscheinung, Trugbild" und anord. drog „Last", Truogheri, Drogo, Drugil. Drog|e, s, mann, Drogge, Drochmann, Troch(e) (s. d.), Trog|ers, emann, Trock, Trox. Bei u-Laut ×DRUD: Drü|ge, gg, ke, Trugge; Tröger s. Trog. Vgl. Trojan und Dargel
Drog–: s. DRAG II
Drög–: s. trocken
Drögsler: s. Drechsler
DROHEN: mhd. dro(uwe) „Drohung": Troolf, Trolf
Drohn: s. Throm
Drohne: ON. Minden
Droll: 1. „kugelig > drall, plump, spaßhaft". 2. s. Troll. **Dröll:** s. DRUD Kf. **Drollinger:** < Tirol
Drolshagen: Gegend b. Altena i. W.
DROM: unsicherer Stamm (Först. 1399, Stark 105), viell. Kf. zu DRUD. Dro(h)m, Throm (s. d.), Drühmel? Aber Trömel s. Tremel
Drömer(t): s. Traum
Drom(m): s. Trompeter und trumbe
Drömmer: s. trumbe
Droop, Drop–, Dröp–: s. DRUD
–drop: s. Dorf
Drosch: s. DRAG II
Drösch–: s. dreschen
Droschel: s. Drossel
Dröse–: s. DRUD

Drösel: s. THRAS und DRUD
Droske, Dröske: s. DRAG II
Dross|ard, e: s. Droste
Drossel: 1. Vogeln. (Drostel, Trostel, Droschel, Troschel, Tröschel). 2. mhd. drüʒʒel „Kehle", auch Flurn. (Trisl, Trißl, Drißl, Drüssel, Wolfsdrüssel, Trißler). 3. s. Trost
Droß: < frz. Droz. Drost. Drau
Drössel, Drößler: s. Drechsler
Drost(e): ursprüngl. „Truchseß" (s. d.), dann „Landvogt, Amtmann" (nordwestd.). In westf. Adelsn. Droste zu Hülshoff, Droste zu Vischering; Drost(en), Drosse, ndl. drossa(a)rd „Amtmann" > Drossard
Drostel: s. Drossel
Drotleff: s. DRUD
Drub–, Drüb–: s. DRUD und Traube
Druch: mhd. drūch „Falle"
Druck–: s. trocken
Drucker: „Buchdr., Tuchbedrucker"
Drucklieb: s. TRUCHT
Drucks(eis): s. Truchseß
DRUD: zu thrud– „Kraft, Stärke", an. thrudhr „göttliches Wesen, Walküre", mhd. trute „Unholdin"; schon früh als „traut" (ahd. trūt, drūt) aufgefaßt. Vgl. TRITT
Drudbald: Trutebole XV, Truppel vgl. Trubo
Drudpraht: Tru(t)–, Trau|bert, Treu|ber(t), brodt, Dreybrodt (s. drei), Trubrig, Trüber
*Drudbod: Traubold Kf. Trubo: (× „Traube" und „trüb", mnd. druwe): Drub|e(l), ig, es,

161

Dru|ve, we, Drupp, Drü|bel, ppel, Drob(b)e, Drop|e, mann, Droop, Dröpke, Tru|be, pp(el), Trüb|y, Driebe, Tri(e)be (× TREB), Trübel, Trüpel, Triepel, Trippel, Trau|b(e), pe, binger, ppel, Treubel, Treibel, Troppens, Tröb|(e)s, el
Trudhari: Dröder, Tröder, Trüter, Dreuter, Trauter(mann), Treuter
*Trudlieb: Drotleff
Trudman: Dru–, Thru–, Tr(e)ut–, Trau(t)–, Treu–, Trey|mann
Drutmar: Trum(m)er (meist zu trumbe, s. d.), Drümmer, Trümmer, Traumer, Dröhmer, Drömert (× DROM u. nd. drömer „Träumer")
Drudolt: Mischf. Trausold, Trautschold
Triutwan, Trutan: Trudhan
*Drudwig: Traut(e)wig
Drudewin: Traut(e)–, Treut|wein
Trutwind: Trudwind
Drudulf: Drodt–, Traut–, Tru–, Trü–, Trie|loff (× Tridulf; zu „treten"?), Trautloft, zgez. Trolf

Kf. Drud(il)o (Manches metron. zu Gertrud), vgl. Traut: Drud|e, ing, Drutel, Drü(d)ing, Drott, Trudel, Drull, Trull, Trulsen, Trüll, Dröll. Trute, Trau|de, th(ner), Treu|tl(e)in, Treu|th, ding, ting, tle (vgl. Treudler), Treitl, Treydte. True, Drue, Drü|e(n), ing, ner < Drudener, Drühe, Trühl (× mhd. trüel „Kelter"), Drühl, Traue, Treu (× TREU), Treu|er, ig
*Drudico: Drü|ke,

ck(e), g(g)e, Drauke, Trücks, Treuke(r), Treuge, Drückert, Trütken, Drietchen, Trietchen (Drikkel > Drückler, Triller, Drucker KS)
Truzo: Druse (× ON. Liegnitz; mnd. druus „mürrisch"), Druß, Drau(t)z, Drös, Dröse(meier), Trutzel (vgl. Trotz), Traus, Trautz|l, er, sch, Träutz, Tr(e)usch, Trietsch. S. auch Traut Auslautend weiblich: Liebe|truth, traut
Drue, Drüe–: s. DRUD
Druffel: ON. Minden
DRUG: sl. Stamm, asl. drugu „Genosse", tsch.-wend. družka „Gespielin", tsch. drušba „Brautführer". Drusch|e, ke, ki, ba, Drauschke
Drüg(g)e, Drüh|e, l, Drüke: s. DRUD (× DROG)
Drukarz: poln. drukarz „Drucker"
Drum–, Drüm–: s. DRUD, trumbe, Trumm
Drüner: s. DRUD Kf.
–drup: s. Dorf
Drupp, Drus–, Drüs–: s. DRUD
Drusch–: s. DRUG
Drüsdau: ON. Drüsedau, Magd. (× Drusedow, Meckl.)
Drusel–, Drüsel|mann: „Dolmetsch, Dragoman" (< ital. turcimanno)
Drusenbaum: druse „Gebirgserle"
Drüssel: s. Drossel
Dru|ve, we: s. Traube und DRUD Trubo
Drux–: s. Truchseß
Dryander: gräz. für „Eichmann"
Dub–: s. Taube
Dub–, Düb–: s. DIET
(dub): wend. tsch. „Eiche"

(asl. dąbu, ON. Dubrau, Dauba, Deuben, Dahme, Dambrau, Dombrow; dubič „Eichwald" > Taubitz, dubnaky „Leute bei den Eichen"> Dobeneck). FN. Dube, Dubr|au, o, Dub|isch, nack, jan, ick, ek, ke, Duzke, Damb|itsch, rau, Dem|eck(er), er (> pruß. ON. Damerau), Dombrow|e, ski
(Dübel): Pflock, Zapfen: Tubeler, Dübler; aber Dubler auch zu Taube
Dübelbeiß: s. Teufel
Düben: ON. Bitterfeld. Dübner
Dubnack: s. dub; × tsch. dubnák „Holztaube"
Duch–: 1. duhu und Tuch
Düchler: s. Deichen
Düchtig: nd. „tüchtig". Düchting
Duck–, Dück–: s. TAUGEN
Dücker(shoff), Duckstein: zu tauchen
Duck(e)s, Duckos, Ducos: rotw. „Fürst, Herzog" < lat. dux
Dud–, Düd–: s. DIET und Dudo
Dudek: poln. „Wiedehopf"
Duderer: schwäb. < dudern „stottern, undeutlich sprechen". Doderer, Dederer, Dötterer
Dudo, Dudilo: alte Lalln. (vgl. Dodel), die mit Kf. von DIET zusammenfallen. Dutel, Duttle, Tüttel (× dutt „Mutterbrust", auch ein Lallwort), Dudler; aber Dudy zu tsch. dudy „Dudelsack", Duden auch ON. Gumbinnen. Dudi(c)k: tsch. „Blutwurst", Dudrich: s. DIET
Due, Düe: s. DIET (Theuda)

Duf—, Düf—: s. DIET (Theudofrid)
Düfel(meier): s. Teufel
Düffler: bereitet den Wollstoff Düffel
Duf(f)ner: ON. Teufen, Württemb. (NS)
Dufhu(e)s, Duffhaus: öfters Flurn.
Dug—: s. taugen
Duhl: s. DIET, Kf. Thietilo
Duhm(e): s. Daumen
Dühmert: s. DOM
Duhnkrack: s. kake
Duhr, Dühr—: s. TEUER, Dühr—: auch teuer
(duhu): sl. „Atem, Geist", duša „Seele". Duch, |ale, atsch, ow; Dusch|el, ka, a, ek
Duken: s. DIET Kf.
Dulk(e), Dülke: s. dlugy
Dülk(en): ON. Dülken, Düsseld.
Dull—, Dülfert: s. DULT
Düll—: s. DIET Kf. (× DULT) (Düll s. auch Dille oder zu mhd. tülle „Zaun")
Dullinger: ON. Vilshofen, Klagenfurt
Düllmann: < ON. Dülmen, Westf.
DULT: 1. Formen mit u und o zu mhd. dult „Geduld", mhd. doln „ertragen". 2. Formen mit u auch zu got. dulths, mhd. tult „Fest" (bair. noch dult „Jahrmarkt")
*Tulperaht: Tulpracht, Tülper, Kf. Dolp
*Duldfrid: Dülfert
*Dulthart: Dulthart, Dollhardt, Tollert, Döllert
Tulthere: Dolder (s. d.), Doller(er), Duller (×ON. Dullen, Württ.), Töller
*Dultwic: Dullwig, Tüllwik?
Kf. Tuld(il)a, Dultinc: (Bei Ausfall des zweiten d × DIET Kf., DOLG

u. TOL); Duld|t, inger, Dul(t)z, Dültgen, Düll, Dold (s. d.), Doll, |e (s. d.), eng, ing(er), hofer, Döll, |e, en, inger, Toll (×Bartholomäus), |e(s), Thöldte, Töll(e), Thülicke, Tüll(ner)
Dum—: s. Thomas
Dum—, Düm—: s. DOM
Dumbach: s. Beck. Dumböck
Dumbert: s. Dumm
Dum(i)nick: s. Dominicus
Dumke: s. Daumen und Thomas
Dumm: mhd. tump „unerfahren, harmlos". Thumm (vgl. DOM), Thumb, Dümmeli, Dumper, Dümper, Timper, Dumbert, Tumbert, Dumpert (× DOM), Dummer (× ON. Westf.), Düm(m)ling, Dümmerling. Tumbgast, Tummermuot > Thummermuth(ius); Thum(b)shirn, Dümling
Dumm|ann, (e)l: s. Thomas
Dümmel: sl. PN. Dymal „Bläser"
Dümmler: s. tummeln
Dumong: < frz. Dumont
Dümpel: s. Tümpel
Dumper(t), Dümper: s. Dumm
Dummerauf, Dumrauf(f): Imperat. Pförtnern. „tu mir auf", s. tun
Düms: s. Thomas
Dünchheim: ON. Düngenheim, Kochem
DUND: unerkl. Stamm, ablautend zu DAND und Dindo. Tunti(l), Dundo, Tunzi(lo): Dun|temann, z(el), zelt, se, s(z)ing, sch; Dün|zl, zel(mann), sch(el), sing, tzer, Dunzmayer, Tünsmeyer (vgl. Antonius)

Dund(e)r: s. Donner
Dun(e)kacke, kark: s. kake
Düngen: 1. s. Antonius. 2. ON. Hildesh. Düngl|er, (e)mann
Dunger: 1. = Dunker 3. 2. < dunk „Webekeller". 3. ON. Dung(en) (>Dungemann). Vgl. Dunk
(Dunk, Donk): „Kleine Bodenerhebung" (nordwestd.; obd. tunc). Dung(er), Dunkmann, Donck(s), van der Donck, Tunger, Hermandung, Averdunk, Dinklage (ON. Oldenb.); Beren—, Wesen—, Kampen|donk, Germer—, Sieger|donck, Verdang, Verhülsdonk. Aber Ochtendung s. d.
Dunk(e)l: Tunkel, Donkel, Dunkelberg, Dunchlenberg. Vgl. Dunker 2
Dünkel: s. Dinkel
Dunkel: 1. zu Dunger 2. 2. mnd. dunker „dunkel, blind". 3. zu Dunk. 4. nd. „Tünche"
Dünn: Dünner (× ON. Dünne, Herford), Dünn|haupt, ebacke, Dynnebier, Dinneweber
Dünnes: s. Antonius
Dunyel: s. Daniel
Dunzinger: ON. OB., O.-Österr.
Dupke: sl. dupka „kleine Höhle" (× dub)
(Duppen): ndrh. „Topf". Düpper, Düppen|gießer (aus Metall), becker (aus Ton), kramer
Duppler: s. Dobbeler
DUR: urspr. wohl zum N. der Hermun—duren, doch läßt die Partizipialform Durand IX an das freilich erst später bezeugte düren „ausdauern" (< lat. durare) denken: Durant (s. auch TEUER)

163

Duro: Tauer, Daurer, Durynck
Dur–, Dür–: s. Dürr, TEUER, teuer, Tür
Durban: s. Urbanus
(durch): Durchdenwald (Johannes Durchdenwald nannte sich der Räuber Schinderhannes; vgl. Ziethen aus dem Busch), nd. Dorkenwald. Dorden|bach, busch; Dörwand (mit dem Kopfe durch die Wand), Dörrwand. Durchdenwind, nd. Dohrenwendt (vgl. Schneidewind). Durchschlag, nd. Dörschlag: 1. Verbindung zwischen zwei Schächten. 2. Grobes Sieb. Sieh auch Dürr. Durch|enstern, stecher s. Steig
Durchholz: ON. Bochum
Düren: mehrf. ON. **Dürhagen:** Hofn. Lennep.
Dürholt: ON. Münster
Dürholz: ON. Hagen i.W. (×ON. Dürholzen, Köln, Lennep)
Düring: s. Thüringen
Dürks: s. DIET (Theodoricus)
Durlach(er): ON. Baden
Dur|m, ner, Dürner: s. Turm
Dürnitzhofer: zu mhd. dürnitz „Badestube, heizbare Stube" (Österr.)
Dürr: Dürr, |e, hammer (vgl. ON. Dürrheim, Baden), heide, (en)felder, auer, ast (vgl. ON. Dürnast, Freising, zu Aust). Dür(r)baum, Dirn|berger, hofer, huber, beck (Bach), platz. Di(e)rnfellner, Dirbach, Dir(n)haber. Dörr, Dörbaum, Dörrheide, Derr, Dirr. Durch|holz (< durach „Ort mit dürrem Holz", auch ON. Westf.), halter (zu Halde). Vgl. TEUER und Tür
Dürrwanger: ON. Dinkelsbühl, Balingen. Doerwang
Dursch: s. turse
Durst: 1. = Dursch, 2. mhd. durst „Durst", besonders 3. mhd. turst „Wagemut". Dürst, |el, ling. Dursthoff. Vgl. Türstig
Dürt|en, ler: s. Dorothea
Durynck s. DUR
Durz: s. turse
DUS: wohl zu skr. tavas „Kraft", got. in thusundi „Krafthundert, Tausend". Dazu viell. die stabreimenden N. Thusnelda (zweiter Teil ganz unsicher; zu ahd. PN. Nelding?) und Thumelicus (zu gr. μαλακός mild?). *Tushart: Tuschart (Mischf. zu TAUGEN?); Tusold: Dußwald, Dusol|t; Duso: Duß, Duse (oder „dösig, dumm"?, vgl. fries. dus „still, öde, trübe"), Dusel, Dusing (s. d.), Düs|eler, ing, (× DIET Kf. und duhu)
Dusch–: s. Dosch und duhu
Düsedau: ON. Magdeburg
Dusenschön: s. Tausend
Düshop: ON. Fallingbostel
Dusing: mnd. „kostbarer Gürtel" (× DUS. Auch Düsing, Diesing, Deussing?)
Dußling: ON. Dußlingen, Tübingen
(düster): (nd. „dunkel"), Düster|hus, wald, berg, hof, dich = di(e)ck, loh, Diester, |weg, hoff, Deustermann
Dutschke, Dütschke: s. Deutsch
Dut(t)–, Düt(t)–: s. DIET und Dudo
Dütthorn: nd. „Tuthorn"
Duttlinger: ON. Tuttlingen
Duve–, Düweke: s. Taube 1
Düvel, Düwel: s. Teufel
Düvert: s. Taube
Duwald: s. DIET
Duwensee: ON. Lauenburg
Dux: latinis. „Herzog" (vgl. Duckes, × DIET, Kf.)
Düx: s. Benedictus
Dwars, Dwarz: nd. „quer"
Dwilling: nd. (dän.?) „Zwilling"
(dwor): wend. „Hof". Dwor|ack, eck, nik, schak, ski
Dybek: s. DIET, Theodobald
Dyber: s. DIET, Theodobert
Dyk–: s. Deich, Teich
Dyllick: s. DIET, Kf. Thietilo
Dynier: s. Tüncher
Dyrchs: s. TEUER
Dyroff: s. TEUER
Dyx: s. Benedictus

E

Eb–: s. Eber
Ebach: ON. M.-Frk. **Ebbefeld:** Kotten b. Altena
Ebbinghaus: 6 ON. –hausen, Westf., Rhld.
Ebbrecht: s. ECKE
(eben): Eb(e)ner: 1. Flurn. u. ON. Eben (63 im südd. Bergland) > Em(m)er;

Breit–, Gaß–, Kirch–, Lind|ebner, Lintemer. Eben|berger, Emperger (× Ent–), kofler, au(er), waldner, reiter, hauser, beck, böck, Emhofer. Ebenhoch („gleich hoch wohnend") = Eben|ho, höh, hög, höch(t), hecht (< mhd. hoehede), ähnlich Ebneth, Ebenet, Ebneter > Ebenöther. Emnet. Schweiz: Imäbnit, Imebnet, Zebnet, Ebneter, ab der Ebni, Ebiner (Ebner > Ehmert, Emmer, Ammer, Im(m)er, Eimer(t), Öhmer, Eibner KS). ON. Ebenhei|d, t, Ebn|et, it. — 2. mhd. ebenaere „Schiedsrichter"

Ebenroth: Riese in der Dietrichsage. Vgl. Abendroth und Fasold (kaum ON. Ebenrod, UFr.)

Ebenschwanger: Hofmark Ebenschwang, St. Martin (Innkreis) (< Wang)

Ebentheuer, tür(er): = Abentheuer (s. d.)

EBER: oft verkürzt zu EB, nd. EW (ER)
E b u r h a r d : Eberhar|d(inger), ter, Eb|rard, art, ert(z), erty, erding, Ephardt, Epp|art, ert, Ever|t(sbusch), ding, Evrard. Wend. H a b r a c h t : Habr|echt, ich(t)
E b u r w i n : Eber|wein, vien, Everwyn, Eberswein, Eberschwein.
Kf. E b a r o , E b o , E p p o (manches auch zu Abbo; s. ADEL II, Kf.): E b e r |(i)us, ly, l(e) lei(n), lin(g), ken, s, st, mann, maier, sbach > späcker, hagen > hahn, nickel (jüd. Ebers < Ephraim, Abraham),
E v e r |z, ken, ling, Ewers, Evers(meyer), Ever|inck, lien, Ebbers, Eb|e, ly, lein, Eb|el(l), len, ens, inger (× ON. Ebing, |en), elin(g), linger, ker, kema (ostfries.), Ebs (× ON. Tirol), Ebsen, Ebb|ers, eke, ing(haus), Epp|en(s), el(e), (e)ler, e(r)lein, i(n)g, ling, ensteiner, Áply, Äbi, Äberli, Öppling

Eber: Eberhaut. Auch Hausn. vanme Evershoiffde, Köln, zuom Eber, Straßb. — Eber|beck, bach (5 ON.), sohl, sold(t) < sole „Wälzlache"

Ebiner, Ebn–: s. eben

Ebr|ech, itsch: s. ECKE I, Agabert

Ebster: s. Austel

Eccius: s. ECKE I (Ecke I, Kf.), Kf.

Ech–: s. ECKE

Echsle: s. Ochs

Echt: < Czech s. d.

Echte: ON. Hildesh.

(echter): nd. = achter „hinter". Echter|becker (zu Bach), broch, hagen, hölter, mann, meyer; aber Echternach(t): ON. Echternach, Luxemb.

Echterhagen: Hofn. Olpe (Westf.).

Echzeller: ON. Echzell, Nidda

ECKE: zu ahd. ecka, mhd. ecke, egge, nhd. Ecke (verwandt mit lat. acer, acies), bes. wohl im Sinne von Schwert|schneide, schärfe. Aus Agi > Egi > Ei wie mhd. getragide > Getreide (× EICHE und ERKAN)
I. A g e b a l d : Eib(e)l, Eipel(t)
A g a b e r t : (RN. Ekbert). Egge|bert, bret(t), brecht, Egberts, Eckbrett, Eh(e)brecht, Ehbets, Ebrech, Ebritsch, Ebbrecht, Eppert, Eig(e)brecht, E(i)chbrett, Eiber, |t, s, le, Eipper(le), Eyperth
Kf. A g i b o , E i b o : fällt mit den Kf. von EIBE zusammen
A g a f r i d : Eif(f)ert, Eiferinger, Effert(z)
Kf. A f f o , E f f o : (× Affe und EBER) Aff, Eiff(e), Eff|en, er, ing
A g i h a r d : Ackert, Agartz, Eccard, Eck|art(er), erseder, Eg|(g)art, ertz, (g)ert(t), gerß, gerding(er), Ekert, Eherdt, Ech|erer, etsperger, Eich|hard, ert, Eickert, Eigert, Eiert, Egts, fries. Edzard(s), Edzardsna, Esders. — Zss. Randeckart. (Vgl. Egart). Sl. Jakart: Jacker(t), Jäkkert. Hugenottenn.: Achard
A g i h a r i : Aker, Acker|l, s, mann, Äcker, Ecker, |s, l, lin; Egger|s(mann), er, (l)ing, l, king; Eger (× ON.) er, mann, meier, ndorfer, sdörfer; Eicker|ling, mann, Eicher, |mann, müller, Ey|(e)r, erle, ring, Eiermann (× Ei)
E g i m a n : Ack–, Ake–, Eck–, Egge–, Eig–, Ai–, Ey|mann
A g a m a r : Ammer (s. d.), Ehmer(t), Eimer, |s, t, tenbrink
A g i m o d : Eimuth
Kf. A g i m o : Eim, |e, s, (e)cke, beck (× ON. Eimbeck), ler; Eymeß. Anderes mischt sich mit AM.
A g a r a d : Agratsberg, Ehrath
E g i r a m : Eyrand
A g a r i c h : Ährich (Ehrich wohl meist < EHRE), Eggerichs, Eyrich, Eirich (× HIR)
A g i o v a l d : Eck|(h)old, holz, gold, Egold, Ekelt,

Ecke (Ecker)

Echholz, Aichholz, Eich|hold, holtz (× Eiche), Eicheldinger, Aigeltinger
Egwart: Egeward, Ekwert
Agiulf: Eck–, Eg|wolf, Egolf
Kf. **Ago, Agio:** Aggen, Eck(e) (×Ecke), Eccius, Eckelmann, Eck|inger, es, enrieder, Eg(g)e, Eggl|inger, s, en(hofer, furtner), Ech|inger, leitner, Eick, Aiche(müller), Aichelmann, Ei, Eying, Aye, Ein|g, ck — fries. Aggena, Eggena — **Agilo:** Ecke(e)l, Ekle (× Ecke), Öggl, Eckl|e(r), maier, Eckelskämper, Eggeling, Eggl|e(r), huber, Egel, Eggelsmann, Egelser (< See), Egl|e, i(n), hofer, (s)eder (s. Öd.), seer, auer, Eggly, Ech|le, lseder, Egellmann, Ähle, Ehl|e, gen, ich (× ADEL), Aich|el(e), linger, Aickelin, Eichel, |e, ein, Eichgelein (× Eichel), Eigels(hoven), Aigelsreiter, Eigl, |maier, sperger, Eil|e, inghoff, ke, ks, ts, zer, Aeils. **Agico:** Eicke, Eix(enberger), fries. Ike, Icken, Itzen, Aissen. **Agizho:** Ack|sel, staller (<–taler), Ax|ler, tner, enrath, enroth, Ex (oder Gen. von Ago), Ex|ß (nd. Axt), ius, el, ler (s. d.), ner (× Ochsner); Eitz, |e(n) (×EID), Eis|l(er), mann, ner, Eisin(ger) (× EISEN), Eisig (× Itzig < Isaak); Eiß|ele, ner, inger, Ayßlinger; Aisch|mann, berg, fries. Eysta
II. AGIL– (Weiterb. von Agilo, × ADEL und HEIL):
Agilbert: Ehlebracht, El|brecht, bert, wers, perding, Ellbricht, Eill|ebrecht, ber
Agilburg: Elborg
Agilfrid: Elfer|t, s (× ALB)
Agilger: Ellger, Elgering (× ADEL), Eilger
Agilard: Egelhardt, Eh|lert, erding, Elard (auch zu Agilward), Eglatz, Eichelhard, Eil|erding, etz, Eylert, E(u)lhard
Agelhar: Agler, Eg(e)ler (× ON. Magdeb.), Eckler, Eigler, Eiler(s), Ehlermann
***Agilhunt:** Ecklont?
Agilman: Eil(e)mann
Agilmar: Elmer (×Elm) [Eygelmarus, Egehlmer Prö.]
Egilram: Ellram
Aclerich: Ellrich (× ON. Harz), Eilrich
Agilwald: Ellwald
Agilward: Elwert, Ellwardt
Agilwin: A(c)kelbein
Agilulf: Eglof(f), Egelhaf, Eckelhoff, Elloff, Eichloff, Eilhof, Ehelolf [Eylef Prö.]
III. Weiterbildg. AGIN.
Aganbert: Ecken|brecht, brecher (× ERKAN), Em|brecht, bers, Eigenbertz
Eginhard: A(h)nert, Eginard, Einard, Ei(ge)nhardt, Ehn|ert, et, ts, Ein(t)s
Agenar: Agner, Ahner, Egner, Aigner, Einerßon
Aginald: Ahnelt, Ähnelt, Anhold, Egenolt, Ein|wäld, old, vohldt, holz, Enold, Ein Waldt (Eymwaldt auch pruß.)
Aginulf: Egen(h)olf, Einolf
Kf. **Agino:** (RN. Egon). Aign, Eggenspiller (s. Bühel), Egen, |hofer, rieder, Ehn|i, en, es, is, inger, le, Enn|en(ga), ighorst, Ihn(k)en, Ain(miller), Ein|e, ig, tje, s(le), Eins|er, el(en), Einz|ig, inger, enberger, Enz|(l)er, ingmüller, e(n)berger (Enz auch < Engizo; NS)
Ecke: „Ecke, Winkel": Eck, südd. auch Egg. Oft ON. Viereck, Walde(c)k, van Eck, von der Ecken; An–, Ander–, Am–, Ann–, Zu|egg, Gold–, Ros–, Mühl|egg, Eggmann. –ecker (× –acker): Breid–, Stein–, Fels–, Wind–, Dann–, Ober–, Nieder–, Öl–, Hon– („hohen"), Baum–, Kahl–, Kammer–, Puch–, Laus– (Nicolaus), Arn–, Mader–, Stern– und Starr|ecker („Widder", s. Ster), Waldhecker, Rienäcker < Rieneck, UFr., Kalteneker, Müll–, Mill|öcker, Granögger (Kärnten); –egger: Hoch(en)–, Vor–, Mitter–, Haid–, Wild–, Dürn–, Kern– (s. Körner), Gras–, Dorn–, Ros(en)–, Roß–, Scheid–, Wolf(s)|egger, Hohenögger (KS: Ecker > Eger, Eckel, Ackel, Jäger, Icker; Degenecker (<DEGEN), Dogenegker, Don(n)ecker, Tegnecker; Bramecker (s. Brame), Brand–, Brunn|ecker, Born–, Braun|eck; Moderegger)
Eckenschwiller: s. Weiler
Ecken|walder, berg: 10 ON.
(Ecker): Frucht der Eiche und Buche (× ECKE, Ecke). Ecker|busch, feld, nkamp. Eck(e)rich „Waldmast". Eckermann wohl zum Flußn. Ecker, Harz

Eckerscham: ON. Eckersham, Ob. Donau
Eckert: 1. = Agihard (s. ECKE). 2. in OFr. < Ecker < Egerer < ON. Eger
Eckes: s. Haus
Ed–: s. ADEL, OD II und Öd
Eddeling: s. ADEL I Kf.
Eddix, Ede: s. ADEL II Kf.
(edel): „adlig". Edel|mann, bluth, bauer, hoff, stein, muth, Edlerherr, Halbedel
Edel–: s. ADEL I
Edelbruch: ON. Ob.-Österr. **Edenharter:** ON. Ödenhart, O.-Pfalz
Edem: s. Eidam
Eden: s. ADEL II Kf.
Eder: s. ADEL II u. OD II
–eder: s. Öd
Edigkaufer: s. Hof
Edi(n)ger: ON. Ediger, Mosel; Edigheim, Pfalz; Edingen mehrf.; Edikon, Schweiz
Edl–: s. ADEL I und edel
Edlefsen, Edmund, Eduard: s. OD II
Edzard(s)(na): s. ECKE I
Eelbo: s. ADEL I (Adalbold)
Eemstra: s. Ems
Eff–: s. ECKE (Agifrid) und OD II
Efferen: ON. Köln
Effey: s. –ey
Effgen: s. Affe
Effner: s. Ofen
Efinger: s. ECKE I
Efrem: s. Ephraim
Eg–: s. ECKE II und Egart
Egart: obd. „zur Bebauung ungeeignetes Brachland". Von Egerten, Eg(g)arten, Agert, Eh(e)gartner (öfters N. von Einöden), Ägerter, Ege(r)t|er, maier, Egent|er, enmeier, Eggert, Egetemayer, Egattenmeier
Egaß: s. Elgaß
Egel: 1. „Blutegel" > Egler (× ECKE II). 2. „Igel" > Egel = Posse, dazu bair. Egelmeier „Schwänkemacher"
Egel|kraut: s. Kraut, **seer, sehr:** s. See
Egen|olf, hofer, rieder: s. ECKE III
Eger: ON. Böhmen, Eger, |er, land (vgl. ECKE I; schwäb. Egger „der eggt"; s. auch Ecke)
Egg–: s. ECKE, Ecke, Egart. **–egg:** s. Ecke
–egger: s. Acker u. Ecke
Eggenspiller: s. ECKE III und Bühel
Eggersglüß: Hofn. –glüs, Fallingbostel
Egid|i, y: s. Aegidius
Eginard: s. ECKE III
Egle: obschwäb. „Fisch, Barsch". Egli, Egly
Egler: s. Egel
Egloff: s. ECKE II
Egner: s. ECKE III
Egts, Eg(w)olf: s. ECKE I
Eha: s. Oheim
Ehalt, Eham: s. Ehe
Ehb–: s. ECKE I
EHE: mhd. ēwe, ē. Bedeutung: 1. Ewigkeit. 2. (uraltes) Gesetz, Vertrag, Ehe. Wohl zu lat. aevum, ae(vi)ternus, nhd. echt
Eoban: noch im 16. Jahrhundert RN. Eobanus (Hessus); Ewan, Evandsen
Eubert: Eup|ert, ke, Eupper, Eub|recht, el, ler, Eh(e)brecht (vgl. ECKE, Agabert)
Euhar: Euer(er). (Ewer, Everling s. EBER)
Eoman: Ev–, Euman, Eh(e)mann
Eumund: Eumun|s, (d)ts, Emunds, Emon|(d)s, spohl (von engl. Edmund, s. OD, nicht zu trennen; nach Linnartz gehören die rh. N. zum Hl. Erimundus, Irmundus, Jülich V)
Eomuth; Emuth
Euarix: Eurig, Eurich E(h)rig, E(h)rreich (> Henrich KS) (× EHRE, ECKE, HEER)
Ewald: Ewald(t), Ewoldt, E(u)hold, Evelt, Ehebaldt, sl. Wald|a, o, Wolde
Euvart: Eward, Evard (Everding × EBER) Kf. Evo: Ew|e(n), el(e)(r), inger, Eve|n(ius), king, Eu|e, en, nike, ke, cken, ch, ß (× Auo und ewe „Mutterschaf"; vgl. Austel, Eul, |i(n)g, e(s), zer
(Ehe): vgl. EHE. Auch ON. Ehe mehrf. Ehmann, Ehe|mann (Emann), lechner (vom herkömmlichen Lehen, vgl. Ehehofstatt), E(he)halt bair. „vertragsmäßiger Hausgenosse, > Dienstbote", ähnlich: Ehbauer, Ehmüller, Ehwirt, Ehschmid, Ehbadner, Eheberg: Rechtsgebiet der Gemeinde
Ehegartner: s. Egart
Eheim: s. Oheim
Ehelolf: s. ECKE II (Ende)
Eherdt: s. ECKE I
Ehl–: s. ADEL I und ECKE II
Ehleiter: s. Eleutherius
Ehlend: s. Elend
Ehlgötz: s. ADEL, Adalgaud
Ehm: s. Ohm. **Ehm–:** s. AM, IM, IRMIN; Ehm|ke, en, er, ig. **Ehmert:** s. eben und ECKE I
Ehn–: s. ECKE III. Ehn|i, le meist „Ahn", lich s. Andreas
Ehnt–: s. AND

Ehrat: s. ECKE I u. EHRE
EHRE: zu got. aistan „achten" = lat. aestimare; ahd. ēra „Ehre". Vielfach ist auch Ableitung von HEER möglich, so gewiß bei Erwardt
*****Eraberht:** s. HEER, Haribert
Erhart: Ehr|hart, at, et, as, Erat(h), Erit(t), Err|et, as, its
*****Erman:** Ehrmann, Ermansreiter, Erdmann? (aber Ehrmanntraut s. IRMIN)
Erolt: Ehr(en)holt, Erlt Kf. Ero, Eralo (× ERL), Erico (× ERK): Ehren, |s, hauß, winkler, müller, reiter; Ehr|le(in), ing(haus) (mehrf. ON. Ehring, |en, hausen), ling(er), icke, ke, ig (× ON. Ehrich, Thür. Vgl. EHE, Euarix), icht, Erich, |s, son (nord. Erikson), sen, smeyer; Er|ig, ecke, ck(s), ling; Ehrigsen; Erizo: Ehris–, Ehres|mann, Erzli Weiterbildung mit n (× ARAN und IRMIN)
*****Erinbot:** Ehrenbot
Erinbrecht: Ehren|brecht, brod
Erindrud (weibl.): Ehrentrau(d)t, doch eher < IRMIN
Erinfrid: Ehrenfried (× HIR)
Erinhart: Ehrenhart, Ernhardt
Erenricus: Ehren(t)reich (vgl. Ehre)
Ernoin: Ernenwein
(Ehre): Ehr|ba(h)r, sam, lich(mann), licher (× Erle), reich, Ehren|fest, treu, reich (s. EHRE), wirt (< wert?), preis (ß); z. T. Täuflingsname. Aber Ehren(p)fort < mhd. ērīn "ehern", Hausn. Köln. Eh-

renkauf s. Irte. Ehrengart s. IRMIN. Vgl. Herr
Ehrenberg: 21 Orte Ehrenstein, Koblenz, Thür., Württ.
Ehrenstein: ON. Thür., Neuwied, Ulm
Ehrhorn: ON. Lüneburg
Ehringhausen: ON. Rhld., Westf. mehrf.
Ehrismann: zu Erizo; 968 Ermarius qui Erizo appellatur (B. 1, 127)
Ehritt: s. Eretge
Ehrl–: s. EHRE Kf. und Erle
Ehrminger: ON. Ermingen, Blaubeuren
(Ei): Eier|kaufer = mann (> lat.-gr. Ovander) = Eirer, Eyrer, Ayrer. Eier|danz, tänzer, stock, schmalz (s. Schmalz), esser, Eirund, Eyerrund = Eiwell (vgl. mhd. sinwel „rund"), Eyerzeler
Ei–: s. ECKE I Kf.
–ei: Häufiger Ausgang von N., jedenfalls ganz verschied. Ursprungs; z. B. < egge „Bergrücken" (ON. Hohenei, Lippe), < Au (Vogelei), Verkleinerungsanhängsel wie in bair. Hansei, Liesei, verkürzt z. B. in Horney(th) < Hartnīt, Garlei < Gairelaig; s. auch –ey und hei. Über –dei, –they s. –dei
Eibach: 13 ON. Eibach, Eybach
Eiba(n): < Iwan = Iwein
EIBE: Ahd. īwa, Baum. Nur Ivo, Ibo (× HILD). Iv|en(s), o, Iw|en, o, ig, Ihwe, Ib|e(n), ens, ing, Ibbeken, Ip|s, sen, ser.
Eib–: × Kf. bei ECKE I: Eib|e(n), s, l(huber, wieser), ecke, sohn, Eyb(e)l. Weiterb. Ivers, Iver(sen), Iwert

Eibe: Baum. Ibach, Ibendahl (ON. Württ.), Eib|a, au (ON. Lausitz), ich(t); Eibner (> Eimer; vgl. eben); Eiben|hölzl, steiner (mehrf. ON.), Iberger, Abyberg (s. ab), von Ifenthal, Ibendorf (ON. Ivendorf, Lübeck)
Eibecker: ON. Ob.-Österr.
Eibe(n)schutz, schütz: ON. Eibenschitz, Mähren. Einschütz
Eiber–: s. ECKE I
Eibisch: Heilpflanze
Eich–: s. ECKE I u. Eigen
EICHE: mhd. eich, nd. eik, eek; wohl in Eichard; in FN. von ECKE kaum zu trennen
Eiche: 1. Baum. 2. Eichwald, vgl. EICHE. Auch Eich|el(t), ert können Flurn. sein. ON. Eich, |a, au, e, en, horn, horst, wald; Eickel, |berg, Aiching, Eiching u. dgl., Eich(e), Aich, Ineichen, zur Eich, Von den Eken, van Eicken, Vandreike. Eich|feld, inger, acker, baum, apfel, blatt, hoff, höfer, bauer, horn, horn (1. Waldvorsprung, 2. 9 Orte, 3. Tier), horst, grün, mann, schmidt; Aich|er(t), ner, inger, holz, rod, walder, bichler; Eichen|laub, au(er) (ON. Fulda, Württ.), grün, brenner, müller, seher = seer (< See, ON. Eichensee, OPf.); Eichel|baum, kraut (s. Kraut), berg(er), hardt, hofer, brenner; Eick|hoff, horn, holt, Eickenjäger, Eickmeier, Eickenmeyer, Eiken|riede, roth; Eickel|berg, kamp, beck (Kotten b. Wuppertal); Ekmann, von Ekensteen. — Schön|eich, eick,

Kromm– = Krumm|eich, Breidenreichen. Ableitungen: Eich|er, ner, ler, inger, Roth|eichner, eigner, Dreieicher, Eineichner, Breiten–, Hohl(n)–, Manns–, Hinter|eicher, Schneckenaicher, Hollnaicher, nd. Holecker, fries. Ekstra, Extra; Dreieichmann = nd. Dreekmann (<Dre-Ek-Mann) vgl. Dreck, Fiefe(i)ck, Seveneik; Treek („tor Eek"). Vgl. Eigen
Eichel: ON. Baden, U.-Frk. Eichler
Eichentopf: s. Eigen
Eicher, Eichmeister: „Maßprüfer" (vgl. Sinner und Bailer). Aich|er, mann
Eichhammer: ON. Eicham (vgl. Heim), Traunstein
Eick–: s. ECKE I u. Eiche
Eickelbeck: Kotten bei Wuppertal
EID: zu ahd. eid „Eid" oder eit „Feuer" (gr. αἴθειν „brennen", lat. aedes, ursprüngl. „Herd"; s. auch ED bei OD)
Eitar: Eidher, Eiter, Eytersberger (ON. B. Schwaben)
Aitrich: Eitrich Kf. Aido: Eide(mann), ing(er), shoff, Eydner, Eyting, Eit|el, (e)le, ling(er), ig, itz, ze(r), schberger, ner, Aitl (× Agatha, ECKE, gelegentlich ID; Eitel, Aitl aber auch Abkürzung von Eitelfritz u. dgl.)
Eidam: Eid|ams, em, en, Kleineidam(m), Eden, Eydam
(Eidechse): Aydax, Eudechse, Lacerta
Eid(el)oth: Eydeloth
–eier: s. Au
Eiert, Eif(f)–: s. ECKE I

(Eifel): Gebirge. Eif(f)ler; aber Eif(f)länder s. Iffland
Eig–: s. ECKE I
Eigen: Eigenmann „Leibeigner"; das Gegenteil, der Eigenherr (Eigenheer), ist Eigen|höfer, stetter, satz, hat Eigen|feld, brodt (> Eim–, Ein|brodt), rauch, topf (Eichentopf). Aignherr. Eigen („nicht zu Lehen genommener Besitz"): vom Eigen, Aig|en, n, ner, Obereigner (oder wie Rotheigner < Eiche?). Eigen|bertz, hard s. ECKE III. Eigner > Eichner, Ahner KS. Vgl. Ein–
Eigl–: s. ECKE I, II
Eil–: s. ECKE I, II
Eiler: s. Euler
Eilitz: s. jil
Eim–: s. ECKE I (Agemar)
Eimbrodt: s. eigen
Eimer: 1. Gerät (FN. Eimer–, Emmer|macher). 2. s. ECKE I (Agemar), eben und Eibe
Ein–: s. ECKE III und eigen. Sonst: Ein|falt, hell(ig) = hellinger ("einträchtig"), horn (sagenhaftes Tier, Hausn.), siedel (27 ON.), siedler (zen Einsidelen > Neisideller), spänner, spenner (Bauer oder Söldner mit nur einem Pferde), spender, spinner. Ein|mahl, reiner, wag, weg, ax, kopf, kopp, spar. Einläufig „allein stehend, nicht zur Dorfgenossenschaft gehörig". Ein|haus, heuser eher zu eigen. Einfalt „einfach, arglos". Als „eingehegt" (vgl. Infeld): Ein|garten, gärtner, sank (zu sengen)

Ein|ck, g: s. ECKE I Kf.
Einecke: pruß. N. **Einenkel, Eineckel, Einhenkel:** s. Enkel. **Einig:** ON. Rhld.
Einigk: s. Johannes 3
Eindorf: 2 Höfe Kettwig
von Einern: Kotten b. Hagen i. W.
Eininger: „Friedensrichter"
Einnehmer: „Steuer-, Abgaben|einnehmer"
Einöde: Nicht zu öde, sondern eine Bildung wie Armut, Heimat, Kleinod, lat. senatus. Einöd|er, (s)hofer, Eineder, Ainet|er, h(smann)
Ein|olf, sel, z: s. ECKE III
Einschütz: s. Eibenschutz
Einzinger: ON. Lüneb., Thür.
Eipel(t): s. ECKE I
Eiring: s. HIR
(Eis): Eis|vogel, heuer („Hauer"), grüber, schiel (bayer. „Scholle"), Grundeis, Ijskalt. Aber Eisleitner < ahd. islaiti „Flußübergang". Eisbrecher s. AGIS
Eis–: s. AGIS und EISEN
–eis: s. –eisen
Eis|ack, eck: s. Isaak
EISEN: Zu ahd. īsan „Eisen" (vgl. AGIS)
I. Isanperaht: Isen|barth, bort, Eisen|barth, brecht, wirth, brodt
Isanprand: Eisenbrand. Isenbrand
*Isanbrun: Eisen|brunn, braun
Isandrut (weibl.): Eisentraut
Isangart (weibl.): Isengar|th, d, Eisengarten
Isangrim: Eisengrein, Isegrei, Eselgrim
Isanhart: Eisenhart(er)
Isanman: Eisenmann (s. d.)

Eisen | Eisenried

*Isanmund (Hisermund, Isimund): Eisenmund
*Isanmut: Eisenmut
Isanrich: Eisenreich
*Isanwin: Eisenwein
II. Daneben kürzere Formen, die auch zu ahd. īs „Eis" gehören können:
*Isbern: Isebarn, Isbarn, Isberner („Schmelzer")
Isbert: Is|pert, bert, brecht
Isbrand: Isbrand
Isfried: Isfor|t, ding
Ishard: Isert, Eysert
Isheri: Iser, Isser, Eisser
Isman: Iß–, Eis(e)–, Heise|mann (Isemann × Flußn. Hann.)
Ismar: Ismar, I(h)smer, Isemer, Ißmer, Ismaier
Isimund: Ischmund, Eisemuth
Isolt: Iselt, Eis|wald, holt, Eis|olt, elt
*Isrand: Isrand
*Iswig: Eisewich, Eisewicht

Kf. Iso, Islo, Isunc: Is|en, le(r) (× Insel), e(c)ke, ing, Iselin (noch jetzt RN.), Ihßen, Iß|en, le, Isse|ling, ig, ing, Isch|e, ink, ke. Eis–, Eiß– fällt mit den Kf. von ECKE und AGIS zusammen, s. ECKE. Eisele, Isele als Schmiedeübern. NS.
III. Erweiterter Stamm: Isirbert, Hisermund: Iser–, Isser–, Eiser|hardt, Ißerlin, Eiser, |le, ling, mann
Isilberht: Eiselbrecher
Eisen: (auch ON.) Eisen|berg, bichl(er), beck = bach, klamm, stein, loh(r) = lauer (ON. Eisenloh), gräber, knappel, knöppl (< Knappe oder wie Eysenknoll, Schmied in Gastein XIV Übern.), hauer, schmidtmann, träger, krätzer, blätter („Walzer"), krämer (= Händler) = Eisner. Eisen|kolbe, kölbl, stecken, draht, ring, stuck, hut („Helm, Soldat, Bramarbas"); kopf, Eißenbeiß („Prahler"); nd. Isen|flamme, bügel, ring, hut, krahe („Krähe") –eisen und kürzeres –eis soll öfters aus izo oder Genitiven auf is (vgl. Socin unter Brandis) entstanden sein. So etwa Held|eis, eisen, Har|eis, eißer. Beides ist gewiß nur ganz ausnahmsweise der Fall. Häufiger liegt ein entstellter Heiligenn. vor: Andreis, Matheisen, Romeiß (< Remigius), Gareis, Jahreis (< Gregorius), –eisen ist hierbei patronym. Genitiv (Thurneysen s. d.). Aber gerade die seltsamsten N. stellen sich als Schmiedegesellen- oder sonstige Handwerkern., auch Fechtern. heraus (vgl. Stahl und Nagel): Satzn.: Schmelzeis(en), Frischeisen, Glüheisen > Klieeisen, Hertisen, Haueis(en), Zerr–, Streck–, Danz–, Spring|eisen, Sprengs–, Swings|eysen, Billeisen (billen „schärfen"), Schleifeisen, Bückeisen („biegen"), Ringseis(en), Raiffeisen s. riefen, Fleckeisen (flecken „flach schlagen", nach B. 2, 199 eine Art spröden Eisens), Fleckeiß > Flex. Fickeisen (vicken „hin und her fahren"), Glockeisen (klocken „klopfen"); ähnlich: Feuer–, Flamm–, Funk–, Brenn– (× Einöde Landshut; > Brenneiser), Sid–, Zier–, Sing|eisen, Sengeis, Roth–, Hart|eisen, Kaltisen, Notheisen s. Nagel

Werkzeuge, Waffen u. dgl. Schurisen, Finneisen, Fineiß (< Finne „dünne Seite des Hammers"), entstellt: Finkeisen, Findeis(en) [oder doch Satzn.? vgl. Fundisen XV, Fund(e)is, Vindyseren XIV], Grund–, Gründ|eisen („Meißelart"), Kraz–, Huf|eisen; an diesem ist das Stolleisen; Gerteis(en) („Stachelstab", dazu Gartheis, Gertis), Zinkeisen (wohl < Zinke „Spitze"; Zinkeisel); Zank–(s. d.), Stech–, Rauff|eisen, Raufseysen, Murdysen.

Willkürliche Bildungen (auch Zss. mit dem ursprüngl. N., z. B. Steff–, Balz|eisen): Silber–, Gold–, Kirch–, Dom– (Thumysen), Mühl–, Hof–, Ritter–, Schenk|eisen; Wurstisen, Grytteisen (< Grütze?), Kohleisen (< Kohl od. Kohle?), Winter–, Sommer|eisen, Windeis(en) (× Findeisen?), Wild– (Willisen NS), Schleich–, Nibel–, Grimm–, Hoch–, Grün|eisen, Grüneis(l), Greineisen; Zugeisen > Zogeisen, Zocheiser KS.

Eisen|ach(er), ächer: (Rhld.) ON. Eisenach, Trier

Eisen|korb, schink, Eißenlöffel: s. oesen

Eise(n)mann, Eyßenmann: Wohl meist zu Iso, soweit jüd. < Isaak, aber auch „Eisen|händler, schmied", gelegentlich „Gefängniswärter"

Eisenried: 2 Einöden Eisenreuth, N.-Bay.

Eisenwinter: ON. Eisenwind, OFr. Eisenwinder
Eiserer: Tirol XIV Euszerer „außerhalb wohnend". Eißerer
Eis|feld(er), feller: ON. Meiningen
Eisig: s. Isaak
Eisleb(en): ON. Mansfeld
Eisner: = Eißler 1. Eußner
Eisop: Pflanze Ysop
Eissel: s. Augustinus
Eißenlöffel: s. oesen
Eißler, Ißler: badisch „Eisenwarenhändler". 2. s. Insel
Eit–, Eitel–: s. EID
-eit: litauisches Anhängsel
Eith: 1. s. EID. 2. mhd. eitz „Kohlenmeiler". Eitner
Eitz–, Eix–: s. ECKE Kf.
Ek–: s. ECKE und Eiche
Ekert: s. ECKE I. Ekle
Elb–: s. ALB, ADEL I, ECKE II, aber Elbs < mhd. elbiz „Schwan", Elbe(r) auch zum Flußn. (Thizchin von der Elbe, Meißen XIV, Elber, Meißen XV)
Elb|ert, r–: s. ADEL I u. ALB
Elbner: s. Elm
Elborg: s. ECKE II
Elch|inger, ner: ON. Elchingen mehrf. **Elchle|b, pp:** ON. Ellichleben, Thür. Elgleb, Elschlepp, Elschleb
Eld–: s. ALT
Eldagsen: ON. Hann., Minden
Elend(er): mhd. ellende „im anderen (vgl. lat. alius) Lande, fremd". ON. Elend (20), Elende, Nordhausen. FN. Ellendt, Ehlend, Elen(d)schneider
Elephant: jüd. N., desgl. Helphant, doch auch Hausn. de Elephante
Elesser: s. lassen

Eleuther(i)us: Hl. Papst, 2. Jhd. Eleuther, Ehleuter, E(h)leiter
Eley: s. Eligius
Elf–: s. ALB
Elfenbein: ahd. helphantbein „Elefantenknochen". Helfenbein
Elg–: s. ADEL, ALH, ECKE II
Elgaß: Eligast × Adalgoz. Elgas, Ellgaß
Elhard: s. ECKE II
Elias: hebr. „Jahwe ist mein Gott", Prophet. Elias, |sen, möller, Elies, Eliessen, Ellessen, Lies, Leies (× Elisabeth). Jüd. Eliaçon, Eliasberg. Sl. Elis, Helitz, Hehle, Höhle, Höl|z, ke, Hill|a, e, Hilschenz, Hüll|a, e, ing, Lison
Eligius: Hl. VII, frz. Eloi: Eley, El(l)oy, Ley, Lichius, Loi, Loy(en), G(i)loy, Gleye, Kloy, Kley
Elisabeth: hebr. „welcher Gott schwur" oder „die bei Gott schwört". Elsbeth (× ON. Elsbethen, Salzb.), Els|bett(er), peter, Elske, Liesabeths, Elsensohn, Else(nhans), Elsishans, Elsner, Elser, Ellis, Liese(l), Ell|esen, isen (vgl. Elias), Bethge, Bettke (×BERCHT Kf.)
Elk–: s. ALH
Elkan: jüd. „Gotterworben". Alkan, Elkanfurth, Elkeles
Elkenhans: s. ADEL, Adalhaid
Ell–: s. ADEL I u. ECKE II
Ell(e): Schneiderübern. Ellenstab, Allgäu 1650
Ellenbeck: ON. Wuppertal. **Ellenberger** 9 Orte
Ell(en)bogen: häufiger N. von Orten, meist von

Flußbiegungen; vgl. Katzenellenbogen
Ellendt: s. Elend
Eller: 1. md., nd. „Erle", auch ON. Eller|beck, brock, grün, holz, horst, kamm, mann, meier, sieck. 2. ON. Ell|en (3), er (5)
Ellering(hoff): s. ADEL
Ellessen: s. Elias u. Elisabeth
Ellguth: 49 ON.
Ellinger: oft ON. Elling(en), × ON. Öllingen, Ulm
Ellinghaus: 7 Orte Ellinghausen
Elloy: s. Eligius
Ellner: s. Elm
Ellscheid: ON. Daun, Elberfeld
Ellwein: s. ADEL I
Elm: „Ulme" (s. d.), häufig Orts- und Waldn. El(l)mer (× ECKE II), (Elmer, Ellner, Elbner, Ilmer, Illner KS). Elmenthaler s. Allmende
Eloesser: s. lassen
Elp–: vgl. Elb–
Elpe: ON. Brilon
Else: nd. „Erle", dazu ON. Elsen (Rhld., Westf. 3), FN. Elser, Elsener, Els|ler (× Öl), ner, Eschner, Elzner (in Glatz < Ölsner; s. d.), Els|hoff, mann, horst, bach (7 Orte). Elz|holz (ON. Belzig), emann, ner, Elsen|bach (3 Orte), brock, bast. Elsermann, Tenelsen, van Elsen (Else auch Flußn. Osnabr., Minden, aber obd. Else „Ahlbeere", Prunus padus und „Faulbaum", Rhamnus frangula: Elsenbaumer; vgl. Öls und Elisabeth)
Elspeter: s. Elisabeth
Elst(e): „der Älteste". El-

tester, Elstermann, Elstermeier
Elster: wohl fast stets Vogeln., Arnoldus Pica 1195, selten = Elste. Sieh auch Aster, Aglaster, Exter, Heister, Ätzel
Elt–: s. ALT, alt, Elste
Eltschig: s. Ölsner
Elven: s. ALB
Elwert: s. ALB u. ECKE II
Elz–: s. Else
Em–: s. EHE, IM, IRMIN
–em: s. Heim (ostd. < –im: Parchem)
Emann: s. Ehe
Emanuel: hebr. Immanuel „Gott mit uns". Emanuel (nicht nur jüd.), Manuel. Jüd. Mendel, |s, (s)sohn, Mendler (z.T. < Menachem „Tröster"), Männlein; s. Mandel
Embacher: 5 ON. Embach
Emberger: 5 ON. Emberg, s. Ent– (× eben)
Emberle: < schwäb. ember „Ingwer"
Embrecht: s. ECKE III und Emmerich
Emde: s. āmad
Emeis: s. Ameis
Emel–: s. AMAL und IM
–emer: s. Heim
Emerich: s. Emmerich u. IRMIN
Emhart: s. Irminhart
Emhofer: s. eben
Emilius: s. Ämilius
Emisch, Emke: s. AM
Emm–: s. IM, IRMIN, AMAL
Emmel: 2 Orte Trier
Emmer–: s. eben und Eimer
Em(m)erich, Emmrich: ahd. Embricus, unerkl., und Ermanarich (Gotenkönig, s. IRMIN) (× ON. Rhld.). Embrecht. Aber 1569 in Fulnek Engelbracht. Dessen Söhne Embrich(t), Em(me)rich
Emmerling: bair.-österr. „Goldammer" (× ADEL II)
Emm|ert, hardt: s. Irminhart
Emmet: s. eben
Emond: s. EHE
Empelmann: ON. Empel, Wesel
Emperger: s. eben und Ent–
Empte(r): s. āmad
Emrichs: s. IRMIN
Ems: 1. ON. mehrf. 2. Fluß: Emslander, Em(b)shoff, fries. Emsinga, Eemstra
Emsighoff: s. Siek
Emter: ON. Emden
Emund, Emuth: s. EHE
Enard: s. ECKE III
Enax: s. Riese I
Enckhaus: 3 Orte Enkhausen, Westf.
Ende, Endelein: s. AND
(Ende): „Ende des Dorfes" am, von Ende, vom Endt, Am|ende, en(d)t, eng, Ammenn, rhein. Angenendt = Aengenand (Ae = A), Omendt, Mende, Oberender, fries. Endstra, latinis. Finis. Vgl. Ent–
Ender|(e)s, lein, Endras: u. dgl. s. Andreas
End|ewald, hart: s. AND
Endl: s. HAG II Kf. und HAND
Endr|ichs, ix: = Heinrich s. HAG II. Vgl. Ente. Endtricht s. AND
Enenk(i)el: s. Enkel
Eng–: s. ING, ANG, ANGIL. In nord. N. „Wiese": Eng|dahl, holm, ström. So auch ON. England, Insel Nordstrand
Enge: „enge Stelle", Flurn. Eng, |e, mann, Engesser (< enge Gasse)
Engel: 1. s. ANGIL. 2. Engel, auch Theatern.; Hausn. Engel|haupt, horn. 3. „Winkel": Engel|bauer, mayr. 4. jüd. Metron. Engel|s, mayer, Engl(ard)
Engeland: (Eng(el)länder), Engellenner. Engländer auch < Englinger (Neumagen, Mosel). Vgl. Eng
Engeleiter: ON. Engelleithen, Simbach (N.-Bay.)
Engelskirchen: ON. Wipper|fürth. **Engelstadt, städter:** ON. Rheinhessen
Engerieser: s. Riese
Engeroff: Hofn. Engerhof, Flingern (Rhld.)
Engers: ON. Koblenz
Engesser: s. Enge
Engist: s. Angst
Engl–: s. ANGIL. Englisch
Engler: ON. Engel, Württ.
Engsten–: s. Hengst
Engstenberg: Hofn. Solingen
Engstler: s. Angst
Enhuber: s. Ent–
Enk–: 1. s. ING. 2. Enke mhd. „Knecht", besd. „Zweitknecht"
Enkel: mhd. enikel, ahd. eninchli „der kleine Ahne". Enkelche, Eineckel, Einhenkel, Enenk(i)el, Einenkel, Eniglein
Enking: s. ECKE III und ING
Enmichel–: s. Ent–
Enn–: s. ECKE III. Enne–: s. Ent–
Ennemoser: ON. Ennemoos Tirol (× Ennemoos, Bay. Württ.)
Enneper: ON. Ennepe, Westf.
Enoch: hebr. Chanokh „Geweihter"
Enrich: s. HAG II
Ens–: s. Enzi

Ensch: ON. Trier
Ensinger: ON. Württ.
Ent–: 1. s. AND. 2. schweiz. en(ne)t „jenseits". Ent|hofer, mooser, leutner = leitner, fellner, hammer, holzner, strasser, Ennemoser, wohl auch En|huber, michel, Em|bacher, perger (vgl. eben)
Ente: Enten|mann, bübli, Entynfus; aber Endrich, Ent(e)rich eher zu AND (vgl. Arpus, s. ERBE und Drache). Nd. Ante|pohl, poth (Pfote), Anten–, Amten|brink, Ahntenjäger, Ant|fänger, vogel
Entelmann, Entler: s. AND
Enter: s. AND u. Andreas
Enterlein, Entr–: s. Andreas
Entrup: 4 Orte Lippe, Westf. Entrop
Enzenbaum: bair. „Brückenbau-Langholz"
Enzenroß: bair. „Pferd, das in den Änzen, der Gabeldeichsel, geht"
Enzi: Kf. zu AND, ANG-(IL), ASEN und ING, sogar zu Ernst: Ens, |le(n), l(e)in, mann, Ensel, Enß(le), Entsch, Enz, |(el)mann, ler, imüller, ingmüller, Entz
Enzian: Pflanzenname Gentiana
Ep–: s. EBER
Ephraim: hebr. „der Fruchtbare"; jüd. Ephraim(sohn), Eber|s, ty. Nach KJ dafür auch Fisch(el), Karp(el)(es), Heilbutt u. dgl., aber Hl. Ephräm der Syrer, Kirchenvater: Ephrem, Efrem
Epimachus: griech. etwa „Kämpfer", Hl. Mach, |us, i

Epp–: s. ADEL II Kf.
Eppelbaum: s. Apfel
Epper|s, t: s. ECKE I (× OD II)
Eppler: s. Apfel
Epting: s. Ewatinger
Eptle: s. Abt
Er–: s. EHRE und HEER
–er: 1. in altd. Volln. < hari (vgl. –ert). 2. in Tätigkeitsn., z.B. Schreiber; 3. in von Substantiven abgeleiteten Berufsn., z.B. Schreiner. 4. Ableitung von ON. 5. sog. patronym. Bildung. 6. an Adjektiven, z.B. Langer, Besser, Eltester. 7. kollektiv: Schotter, vgl. –erer (Übergang zu –a)
Erasmus: Märt. 303; gr. „liebenswürdig". Erasmi, Erras, Erasimus, As(s)imus, Ras|mus, mussen, Raßmann, Rosmus, As|mus, mussen, my, Aß|muß, mann, Assam, Assum, Atzum (Rasem < Gerasimus? Bei Leipzig: Asman > G(r)asman. Hismen He. Kreß, Kressel, Gressel, Greßmann (B. 1, 35)
Erb–: s. ERBE und EHRE
ERBE: Zu ahd. arbi „Das Erbe". Bei Umlaut nicht zu trennen von einem Stamm ERP, der zu ahd. erpf „dunkelbraun" gestellt wird. Selbst Berührung mit AR(AN), HEER und IRMIN. [Socin 140: Erphert = Erphridus = Erphort, ebenda Erenfurd, Erfurdin, Erenfridin (FN. Erfert); aber ON. Nassenerfurt, Hessen < 1123 Erffrith]. Erbentraut gewiß = Irmintrud
A r b o g a s t e s : Hl. Bischof von Straßburg: Ar(bo)gast; auf alem. Gebiete auch Gast, Kast, Kästle

(Nach anderer Lesart Arvagastes; zu as. aru „schnell, bereit"?)
E r b h a r t : Arbert, Arpert, Arfert, Arvert, Erb|arth, ert(seder)
E r p h a r i : Arber, Arper, Arwers, Erb|er (s. d.), ersdobler (s. Tobel), ring
A r b r i c h : Erbreich, Erb(e)rich (× HEER, Hariberaht)
Kf. Arpus (Chattenfürst, Tac. a. 2, 7; meist als ablautend zu erpf (s. o.) oder als „Erpel" (brauner Enterich) erklärt: FN. Erpf, Erpel, Herpel). A r b i o , E r b o (auch mit selbständiger Bedeutung „der Erbe"). Arp, |s, ing, Arbs, Arf, |f(e), ken, mann, Arw|e(n), inger, Erb, |e, en, el(ing), chen, sen, lich (doch vgl. schwäb. Erbele „Erdbeere"; ON. Erp, |el, en), Erf|le, ling, Erwe, Ervens, Irps (Arbens s. d., Arf(ken), Arf–, Arbes–, Erf|mann, Arbesmeier wohl zu Erbse)
Erbelding: ON. Erbeldingen, Luxemb.
(erben): Erb|guth, stößer (eine Art Bergarbeiter. Sch. I)
Erber: < ehrbar, doch × ERBE
Erbert: s. ERBE u. HEER
Erbr|acht, echt, ich: s. HEER
Erbschloe: Hofn. Lennep; auch Erbslöh
Erbse: ahd. arweiz, nd. arwt, erwt. Erb|es (> Erbesser), is, (i)sch, t, Erbs, |mann, mehl, land, korn, Erweißer, Arbes(mann) = Arbesser; nd. Erftenbeck, Arft. Aber Erbsen ON. Göttingen. Sieh auch ERBE, Schluß

173

ERDE: Seltener Stamm (Erdolf, RN. Erd|mann, muthe). Die N. fallen jetzt fast mit denen von HART zusammen. Sieh dort
Erdberaht: Erden|brecht, brecher, berger, Erd|becher oder < ERKAN, Ercanberaht
(Erde): Auch „Ackerland": Hansz by der Erden, Hamburg XV (ein erde mhd. = drei Morgen), van der Eeerde, van Eerd, von Eeerde; s. auch Babendererde. Erd|(en)brink, brügge(r), sieck, meier, berg
Erdelen: 7 Höfe Erdel(e)n, Düsseldorf. Erdlenbruch
Erdelt: s. ORT
Erden|kauf: s. Irte
-erer: 1. von ON. auf er(n): Glotter(er), Peterer, Röderer, Schacherer < Schacher, Ort am Schachen, ebenso Boll(er) (er), Schlatt(er) (er). 2. von Sachn. auf er: Pflasterer, Riesterer, Blatterer. 3. von Verben auf -ern: Zimmerer, Besserer. 4. von PN. Schmiederer, Hoferer (Nachkommen eines Schmieder, Hofer)
Eretge: < frz. N. Heritier. Ehritt, Irri|tje, the
Erf-: s. Erbse, ERBE, HEER
(Erfurt): ON. Erfur(d)t, Erfort(h). N. Erp(h)esfurt, wohl von der Wasserfarbe, s. ERBE
Ergang: s. Irrgang
Ergel(e), Örgel(e): mhd. erkelin „Traubenkübel" < lat. arca. Mit frz. Schreibweise, aber jetzt gesprochenem t: Erggelet
Erge(n)zinger: ON. Württ.
Ergwo: s. Argwo

Erich-: s. EHRE
Eringer: ON. Ehring(en) mehrf.
Eritropel: s. Erythropel
ERKAN: Ahd. ercan „echt, rein, vollkommen", schweiz. urch|e, ig
Ercanbald, Archibald: Erkenbölling
Ercanberaht: Erken-, Ekken|brecht, brecher (× ECKE III)
Ercanheri: Herkner
Erchanoalt: Archenhol|d, tz, Archinal
Kf. Ercan: Erk, |en(s), ner (× ON. Berlin), Ergmann (vgl. ARG)
Erkelenz: ON. Aachen
Erkenzweig: s. wīk
Erkrath: ON. Düsseldorf
ERL: as. erl „freier Mann", ags. eorl, an. jarl. „Edelmann". Dazu auch der Volksn. Eruli (latinis. Heruli)
Erliwin: Erl(e)-, Erlen|wein, falls nicht dissimiliert aus Ernenwein (s. ARN)
Kf. Erlo: Erl|e, ing, ecke (vgl. HEER; Erl|er, emann s. Erle)
Erlandsen: s. HEER
Erle: Baum (vgl. Eller, Else). Oft in ON. Erl|er, inger, maier, hof, ach(er) (s. -ach 3, seltener zu -ach 2). Ehrl|acher, ich(er), y, er, Öllacher; Erle|s (s. -es), bach, mann, meier, nkämper. Schulte auf'm Erley (s. -ey), Erlen|beck, busch, maier, kötter. Ehrlen|holz, bruch, Irl, |e, weck („Bach"), Irlen|born, busch. — Kollektiv: Flurn. girlet: Görl, Gerl(inger)
Erlinghagen: ON. Köln.
Erlinghäuser: ON. Brilon
Erm-: s. IRMIN
-ermel: s. Ärmel

Ermlich: s. arm
Ern: s. ARAN und EHRE
(ern-): „ackern, Ernte": Ern|er(t), ecker, egger, Erntner, Arne-, Erne|mann
Ernst: ahd. ernust. Uralter einstämmiger N. „Ernst, Kampf". Arnst (mit Ablaut), Ernst (× ON. Koblenz), |ing, hausen, berger, Ernest, |us, o, i(e), Ernist, Erren|s, st; nd. Nernst. Wend. Aschto, Hastig, Harn|ack, asch, ath, isch, ik, ing
Ernzerhoff: Gehöft Ernzerhof, Bitburg (Rhld.)
Erp-: s. ERBE. Erpf
Erpel: 1. Enterich. Arpel (s. Kluge-Mitzka, 173). 2. ON. Neuwied
Erpelding: 2 Orte Erpeldingen, Luxemb.
Erquo: s. Argwo
Erren-s, st: s. Ernst
Ersch-: s. Esch-
Ersel(ius), Ersing(er): wohl zu unerkl. Irso, Irsing
Ersfeld: ON. Koblenz
Ersing(er): ON. Württ.
Ert-: s. HART, Ert(e)l, auch ORT
Ertinger: ON. Württ.
-ert: 1. vielfach < hart, frid (Borchert, Seifert), aber sehr oft auch nur < er und t. Die Verteilung heutiger N. auf hart und hari ist daher unsicher. 2. An anderen Wörtern auf -er ist t angehängt: Bekkert. 3. in ÖN. auf -et und Hardt, nassauisch auch < erode: ON. Huppert < Hupperode, Wingert < Winigerode (× Weingarten)
Ertz: s. Ührz
Erv-, Erw-: s. ERBE, Erwin zu HEER und AR
Erwardt, Erwig: s. HEER

Erweißer: s. Erbse
Erythropel: Gräzis. „Rothut". Eritropel
Erxleben: ON. Magdeb.
(Erz): ahd. aruz. Arzberger (mehrf. ON.), Erz|berger, gräber, mann „Bergmann"; Ertzsänger (Schmelzer). Sonst s. HART Kf.; Erzli s. EHRE
Er(t)z: s. Ührz
Erzinger: ON. Bad. Württ.
-es: 1. Genitiv von PN. Henniges. 2. In Ortsn. < aches (s. –ach 3), Erles, Steins. 3. = Haus s. d.
Esbold: s. Asen
Esch: 1. oft ON. 2. mhd. eʒʒisch „uneingehegte, angebaute Flur" (Sommer–, Winter–, Brach|esch; Gegs. Kamp, Bünd). 3. Sieh ESCHE u. Esche. Zu 1, 2, 3: Esch, |er, mann; zu 2: Esch|ler, we (westfäl.), ay, ey, meyer, Ösch, |ay, ey (s. Hey), Kirchesch, Etschmann, Imesch. Das Eschtor (im Etter; s. d.): Esdohr, Esdorn, entstellt Ester, |er, bauer
ESCHE: zu ahd. asc. „Esche", deren Holz zu Speeren und Schiffen diente
*Aschard:** Aschert, Eschert(z)
Aschari: Ascher (× ON. Asch, |au, e, en), Escher (s. Esch, auch < ON. Eschach), Ascher|mann, l, Escher|mann, haus, l(e)
Ascman: Asch–, Äsch–, Esch|mann (vgl. Esch)
Ascarich: Esch|(e)rich, (e)rig, richt (× Aschenhaufen)
Ascolt: Aschhold, Eschholz (× Esch und Esche)
Ascolf: Eschloff Kf.: (× Esch und Esche) Asch (s. o.), |e, é, inger, l, ke, en, ner; Äsch; Esch, |e, ke, el, le(r), en, lbeck, ig, inger (× ON., z. B. Donaueschingen)
Esche: Baum, mhd. asch, doch Asch auch „Eschenwald". S. auch Esch. Asch|acher (s. –ach 3), inger, bichler, berger, off (Aschoff), auer (34 ON.); Aschen|born, moor, auer, Aschner, Oberascher (z. T. auch zu Asche). Mehrdeutig ist Aschbach, Asbach (oft ON.): 1. Eschenbach. 2. Abbatis–, Abts|bach. 3. Asp–ach oder Espe. Voneschen, von Asch, Esch|er (Esch, ESCHE), ner (× Asche), bach(er) [× Äsche (Fischn.)], baum, born, hagen, horn; Eschebach, Eschen|auer, lohr (3 ON. –lohe, Bay.), brücher (Eschelbach, mehrf. ON. Eskil-(in)bach, Ezzilsbach). Äschlimann. (Eschenbrenner, Escherer s. Asche, Eschle s. Ast)
Escher: zu Asche, Esch 1, 2, 3 u. ESCHE, Esche
Eschstruth: ON. Eschenstruth, Kassel
Eschweiler: 7 Orte
Esders: s. ECKE I
Es|dohr, dorn: s. Esch
Esel: 1. = Ezzilo, Etzel. 2. Tier: wohl meist = Eselmann = mit dem ezil, Eselin, Esel|or, svot, treiber; Fromm–, Grym|esel (aber Eselgrim s. EISEN), Schinteneesel, Rühreneesel > Rienößl; Eselskopf (jüd.)
Eser: obd. „Rucksack". Öser, Neser, (s. d.) (× ASEN)
Esk–: s. ASEN
Eskenasi: s. Aschkinasy
Esmarch: ON. Esmark, Schleswig

(espan): südd. „Weideplatz". Espan(n)er, Espenner, Isbanner, Anspann, Mespan (< im espan), Eschbaum, E(r)schbaumer
Espe: Zitterpappel (vgl. Asper): Espey (s. –ey), Espen|laub, müller, hahn, hain, ried; Espig (vgl. –ach 3; ON. Mesbach, Vogtl. < im Espicht); nd. Hespe(nheide) s. d.
Espenschied: ON. Rüdesheim
Esper|ig, t: s. ASEN
Esrom: ON. Helsingör
Ess–: s. ADEL II Kf. (× ASEN)
Eß–: s. āʒ
Essel: 4 ON. Essele, Esselmann
Esselborn: ON. Alzey
(essen): Esser (× 1. ON. Essen, mehrf., so auch Eßmann; 2. ndrh. „Wagenbauer", vgl. Asse(n)macher, s. auch beißen u. fressen). Birn–, Brot–, Brei–, Fisch–, Eier–, Feuer|esser, Hundesser, Huntzesser, Gnugesser (anders Weckesser und Sägesser; s. d.); Isen–, Verken–, Mit|esser, Manesse „Mohnesser"; Rinderesse, Bonneß (zu Bohne? Doch s. Bon). Ysvmbsonst, Essigerne = Essegern, Gernaß. Essebier, Eß|kuchen, wein, Essenwein s. oesen
Essig: (auch ON. Köln), Essiger, Essinger, Saueressig, Essigkrug. Vgl. Meerrettich
Eßwein: s. oesen
Est–: s. AST
Estling: s. Falke
Ester–: s. Esch und OST
Estner: s. Astner
Estorf, Estrup: ON. Estorf, Stade, Minden

–et: < –hart oder kollektiv in ÖN. = icht, –ach 3
–eter: < –et oder < –öd
Eter(t): s. Öd
Etgen, Etienne: s. Stephanus
Ethe: s. ADEL II Kf.
Etl: s. ADEL I Kf.
Etmer: s. OD II
Etscheid: ON. Neuwied
Ett–: s. ADEL II Kf., OD I, II Kf.
Etter: 1. Adher i s. ADEL II (× OD II). 2. mhd. eter „Umzäunung des Dorfes". 3. schweiz. „Vetter". Zu 1, 2: Etterer
–etter: s. öd
Etterich: s. OD I, II
Etti, Ettl(e): Lalln. „Väterchen" (vgl. ADEL Kf., OD Kf.)
Ettingeer: 6 ON. Bad., Bay., Österr. **Ettinghaus:** ON. –hausen, Hessen
Ettwein: s. OD II
Etz–: s. āʒ u. ADEL II Kf.
Eu: 1. s. Au. 2. s. EHE
Euchler: s. Eiche
Eugster: s. Äugst
Eufinger: ON. Nassau.
Eulau: ON. Glatz, Leitmeritz, Querfurt
Eule: 1. s. EHE. 2. Meist Vogeln. Eulen|born, camp, höfer, pesch, stein, haupt, haus [aber: (von) Eulenburg < ON. Eilenburg (Ilburg X)], nd. ūl(e): Uhl, |e, horn, (e)mann, Uhlen|küken, barg, brock, bruch, bruck, winkel, baum, hut (s. Hut 2. 3) > haut, > haupt? Ullen|bruch, dahl
(eulen): nd. ūlen „reinigen". Dazu imper. Ulen|spiegel, speghel (spegel viell. podex), mehrf. wirkl. PN. (Braunschw. XIV, Attendorn XIV), s. ZDPh. 63 (1938) 235–251
Euler: 1. ON. Eul|a, au, e, en, nach Werner liegt schles. jilowa „Goldwäsche" (Eulen|gebirge, grund) zu Grunde. 2. westd. „Töpfer". Eul|ers, ner, Eiler, Aul|er, mann, Ohlen–, Ole|macher, Ohler, Ollner, Öller(s), Ul(l)ner, Üllner, Uler. Uhles sieh Haus. 3. Lindau XIV Öwler < äule „kleine Au". Daher schweiz. Äuler, Euler (z. B. Basler Mathematiker), Eulert
Eulgen: ON. Eulgem, Kochem
Eulhardt: s. ECKE II
Eulitz: s. jil
Eulrich: s. Auo
Euring: s. HIR
Eusebius: Hl., gr. „der Fromme", sl. Sebisch(ka), Sebus (× SOB), Sibus
Eußner = Eißler 1 (fränk.)
Eustachius: Hl., gr. „mit schönen Ähren". Stach, |us, e (× ON. Stach|a, au), el(huber), l, els, erl, mann, Stächelin, Stechele, Staschus, Stagg(ius). Wend. Ostaš, Wostach: Ostach, Staschke
Eustathius: Hl., gr. „der Standhafte". Statius, Stacius, Statz, Staat|s, z (s. d.)
Euwer: s. Au
Ev–: s. EBER, EHE
Eva: hebr. „Leben". Evae, Even, Efkes (× Evo, s. EHE)

Evandsen: s. EHE
Eversberg: Dorf, Meschede; Hof, Altena
Ew–: s. EBER, EHE
Ewatinger: ON. Ewattingen, Baden < Egbetingen, Ebadingen: Ebding, Epting, Hebding, Hepting, Heppding
Ewest: s. Austel
Ewig: ON. Westf. Ewich
Ewinger: ON. Waging, OB.
Ex(e): s. Axt
Ex–: s. ECKE Kf. u. Ochs
Exter: md. egester „Elster"
Extra: fries. zu Eiche
Ey–: s. Ei
–ey: westf. im Sinne von obd. –ach 3 (doch s. Jellinghaus, Die westfälischen Ortsnamen, 29 ff.): Hülsey, Stockey, Torney (zu Dorn; mehrf. Flurn.), Effey (< effe „Efeu"), Holtey (s. Hei), Hethey (zu Heide, doch × HADER). Sieh auch Au und Erle
Eybe: 1. s. EIBE. 2. pruß. N.
Eydeloth: s. Eideloth
Eyer, –eyer: s. Au
Eyerl–, Ey|ing, mann, rand, rich, fsen, sta: s. ECKE I
Eyrer: s. Ei
Eysöld: ON. Eysölden, M.-Frk.
Eyth: s. Agatha
Ezechiel, Ezekiel: s. Hesekiel
Ezell: s. ADEL Kf.

F

Faas, Faaß, Fatz: s. Facius
Fabe: s. Pfau
Faber: Latinis. für Schmied, auch < frz. Favre. Aurifaber „Goldschmied". Fabert, Fawer. Genitiv: Fab(b)ri, Fabry; Weiterb. nach dem röm. FN. Fa-

bricius: Fabr|ici(us), itius, izi(us), itz(i); dies französisiert: v. Fabrice, Fabri(e)s. Sieh Phoibos
Fabianus: Märt. 250: Fabian, |i, ke, Phabian, Vobian, Fab|ig, el, Fäbel, Fau|bel, pel, Vau|bel, pel (× Phoibos)
Fabisch: s. Phoibos
Fabr–: s. Faber
Fach–: s. FAG
Fach: 1. „Stauwehr". 2. „Lachsreuse". 3. „Vogelnetz". Vecher, Fach, |er, ler, mann (× facher, focher, focht(er) „Wetterrad zur Grubenlüftung". Dazu Focht|e, mann, auch sonst zu mhd. fochen „fauchen, die Luft bewegen"; vgl. Faucher. S. auch FAG
Fachinger: ON. Nassau
Facius: Faa|s, ß, tz < Servatius, bei Fulda auch < Bonifatius, oberrh. auch < Gervasius (Nied)
Fack–: s. FAG und Ferkel
Fa(c)kler, Fäckler: 1. rotw. „Kanzleischreiber". 2. Zu fackeln „sich hin und her bewegen", nd. auch „schmeicheln" (mlat. fachilator „Possenreißer")
FAD: zu got. faths „Mann", Fat(t)o, Fadiko: Fath(ke), Fatter, Fatig(er), Fett|y, ig, ing(er), ling, Vat|h, ge, Vette(l). Vgl. Fad, Vetter, bei Umlaut auch FEHDE
Fad: bair. „gras- oder moosbewachsene Stelle", schwäb. Faude. Fadinger, Fath, Fatsch|el, inger, Fetz, |er, ner, mann, aber Fattinger wohl zu Pfatten „Zaun", s. Pfate
Faden: Fadenmacher = Zwirner, Fedele (× FAD, FEHDE), Faden|recht (nach der Richtschnur), Seidenfaden, Spitzfaden. Fadenweg s. Pfate
Fäderholdt: s. Vetter
FAG, FAGIN: Zu ahd. fagin̄on „sich freuen", got. fagrs „passend", as. fac, ahd. fah „Zaun, Mauer" (nhd. Fach, mit Ablaut Fug, fügen)
*Faghart: Fackert, Fag|at, et, Feickert, Feichert, Fegert, Fegg, Fahnert
Fagher: Fager, Fäcker, Fegers
Fagenold: Fagehold, Fein|holtz, hals
  Kf. Facco: Fach, |e, ling, Fäge, Feg|e, l, eler, Fax
Fagg: s. Ferkel
Fago: < frz. N. Fagaux
Fäh: mhd. vēch „bunt, bunter Pelz". Feher, Fehr
Fähderich: s. Vetter
Fahl–: s. FAL und Vogel
Fähl–: s. FAL
Fa(h)land: mhd. valant „Teufel", Partiz. zu ags. faelan „zum Bösen verleiten". Pha(h)land, Fauland, Vol(l)and, Folant, Vöhland, Fehlandt, Wallant (Bolland eher zu polje)
Fahlen: nd. „Füllen, Fohlen". Fahlenbusch, Vahlen|kamp, sieck. Vgl. Vogel
Fähmel: s. FAM
Fahn(e): s. Stephanus
Fahne: Fähnle. Ahd. fan̄ari, mhd. venre „Fahnenträger", später nach Muster der N. auf –rich zu ven(d)rich „Fähnrich" erweitert. Fen(n)er (s. d.), Venner, Fender (× Pfänder), Fähnders, Fahner(t) (× ON. Fahner, Gotha). Fähndrich, Fen(d)–, Fenn–, Fan(d)–, Fann–, Van|drich; Fähnrichs. Fahnen|schmied (oder = Pfannschmied?), schreiber („Militärschr."), stich(er) („–sticker."), schild?; Fandrey(er) (nd. „träger"). Fandrey, Fandré. Rotw. Fenrich, Fähndrich „Käse" schon 1510 (Tschiersch) (Fahnenbruch s. van)
FAHR: wohl meist zu ahd. faran „fahren", auch wohl zu dem verwandten fār̄en „auflauern". Damit mischt sich ein altes Wort fara „Sippe". Zweistämmige N. scheinen jetzt zu fehlen (Ferfert < *Farifrid?, Farold s. Fahr–
  Kf. Fara: Fahr (× ON. Franken, Koblenz), |e(nson), ig; Fehr, |s, lin, le(n), (ec)ke, ens, ensen, ing(er) (ON. Feringa mehrmals), Föhrle, Fähr(e) (× die Fähre), Veer(s), Vehr, |s, es; Fer|ling(er), ns, nsen (aber Versen: ON. Osnabr.). Verinbach < Faro, jetzt Vöhrenbach, Baden: Vöhrenbach(er), Fehr(en)bach, Fernbacher. Aber Fahrenbach, Baden < varch „Ferkel": FN. Fahrbach, Fahrenbacher NF, NS
Fahr–: in nd. ÖN. vieldeutig; z. T. zu vār „vor" (so wohl auch ON. Fahrenberg, OPf.), meist aber zu Föhre, Farn oder vāre „Furche, Grenze, Weg". Fahr(n)holz, Fahren|(t)holz, thold (mehrf. ON. Fahren–, Vahrenholz), Fahren|dorf (ON. Vatrup, Münster), kamp–

Fahre (fangen)

(f), horst, bach, wald, kamm, krug, (ON. Holstein), krog. Vahrenkamp, Vahrmeyer, Tofahrn; in Fahrenkopf zu Farren. Aber ON. wie Varolteshusen lassen auch an PN. vom Stamme FAHR denken. Fahrenschon obd. „fahre sanft" (Farrenschon Frkf. 2); Fahrübel
Fahre: s. Farren
Fähre: am Far, Fehr; Fähr–, Fehr|mann, Vehrenkamp. Vgl. Ferge
Fahrland, Fahrn: s. Farnkraut
Fahrmaier: s. Farren
Fahrner: ON. Farn oder Fahrnau (Baden)
(Fahrt): Fahrtmann „Reisiger" oder wie Fahrthofer < vart „Weg, Viehtrieb". Wiesenfarth(er), Maifarth, Strohfarth
Faib|el, isch: jüd. < Phoibos
Fahsel: s. Fasel
Fahz: s. Facius
Fai: s. Sophia
Faigl: s. Veilchen
Fail(n)er: s. Feile
Faischl: s. Feischl
Faiß, Faist: s. Feist
Faitsch: schwäb. „Hündin"
Faktor: mlat. „Geschäftsvorsteher"
FAL: zum Volksn. Ost–, Westfalen; dies viell. vom selben Wortstamme wie Polen (< Poljane „Bewohner der Ebene", vgl. polje)
Valbert: Valbert, Falb|er, rich, Felbrich (Fälber s. Felber)
*Fallhart: Falle(r)t, Vahlert, Pfa(h)lert
Faleri: Fähler (vgl. Fall)
*Falmar: Fallmer(t), Fahlmer, Fellmer

Kf. Falho, Falco: Hier sicher Mischung mit ahd. falcho „Falke" (s. d.), viell. auch mit ahd. falo „fahl" (obd. Nebenform falch „hellhaarig"). Fahl, |e, isch, Vahl, |e, en, Fähle, Valing, Fal|isch, sche, se, sing, ius, Falch, Falk|en, inger, ell, mann, Fall|esen, mann, Fähl|e, ing, Fehl|i(s)ch, ings, inger, (rotw. „Quacksalber", × Felber), Feelz, Velsing, Fel|k(el), sch, sche(n), sing, ske, z (mann)
Falch–: s. FAL und Falke
Falder: s. Fallgatter
(falgen): zum zweiten oder dritten Male pflügen; Falge „Brachland". Fal|g(n)er, jer; Fal(l)ger. Vgl. Felge
Falke: (vgl. FAL Kf., ON. Großfalka, Klein–, Wüsten–falke). Falk(e), Falch, Falik, Felchlin, Gülden–, Praun–, Brein–, Boom–, Ast|falk, Heidfalkg (aber Kuhfalk s. Kuhfal). In vielen ON. Falken|stein, hagen (> –hahn) u. dgl. Falken–, Walken|horst. — Falkner, Falgner, Falchner, Fälk(n)er, Felkner (× Felgner), Folkner richtet Jagdfalken ab, holl. Valckenaer (s. WOLKE); auch Fal(i)kmann. Der Nestling wurde aus dem Nest genommen (schwäb. Neschling), ältere vom Ast: Astfal(i)k, Aß|falch, fahl, Estling, Nastvogel, Boomfalk. Der flügge Falk war ein Wildfang
Fall: 1. Windbruch im Walde (vgl. Wulz), seltener 2. Wasserfall. Auch ON. (in Tirol × ladin. val „Tal"; s. val-

lis). Fall, |er(t), Fäller, Feller (Föller, Feiler, Filler KS.). Weiterb. zu 1: obd. u. md. ON. Gfäll, Obergfäll u. dgl., dazu: Gfall, Gfell, Gfeller, Gföll(ner), Obergföll(e, ä), Oberföll, Gefäller
Fall–: s. FAL
Fallbrüg
(fallen): Fallnich. Redn.
(fällen): Satzn. Fellenwald, Fellnast, Fellbaum
Fallgatter: Dorfzaun mit Falltor (s. Etter und schlagen). Hieraus: Faltor, Falter, |mann, mayer, baum, Falderbaum, Fallbaum (Schm. II), Vallendor (× ON. Vallendar, Koblenz), Valentor, Valter, Am Falder, Amfaldern, Völter, Folter, |bauer, meier. Dasselbe Klap|hek, hecke, dor. Dazu Klapsteg
Fallmann: Lehensmann, der beim Wechsel des Gutsbesitzes den val zahlen muß, oder wie Fallner „Fallensteller". Fallmeister „Abdecker"
Fallmerayer: s. vallis
Falscheid: ON. Trier
Falschlunger: s. vallis
Falster: dän. Insel
Falt–: s. Fallgatter und Valentinus
FAM: Unerkl. Stamm. Famele. Famm, |e, ler, Fähmel, Fehm(el), Femm|er, el
Fambach: s. Farnkraut
Fand–, Fänd–: s. FANT
Fänder: s. Pfänder
Fandr|ey(er), ich, Fan(n)rich: s. Fahne
Fanes: s. Stephanus
(fangen): Bärenfänger, Wolfänger, Buttfanger; Fangauf. Fang: 1. „eingehegtes Grundstück" (Fang|meier, roth, im

Ifang, Ifanger, Infang(er), Im Fanger), auch bivanc (Biefang, am Bifang). 2. „Wildbahn, Fischfang, Falle" (Fankhähnel „Lockvogel"). 3. Grube im Bergbau (Neu|fang, fänger). Fank, Vank (× mhd. vanke „Funke"), Fanger, Fenger, von dem Fange. Wildfang: 1. Wildbahn, 2. unbändiger Mensch, 3. zum Leibeigenen gemachter Fremder, 4. s. Falke

Fangohr: van Goor, ON. Deventer, Oberijssel < mua. gōr „niedriges Land, Sumpf", mnd. goor „Schlick"

Fanöe: nordfries. Insel

Fans(e)lau: s. Vanselow

Fänsen: s. Stephanus

FANT: unerkl. Stamm. Zu an. fantr „Gaukler" (vgl. Fanz). Fanto, Fantila (westgot. Mask.). Kaum in Zss. (Fandrich usw. s. Fahne). Berührt sich mit ahd. fendo „Fußgänger", mnd. vent (s. d.), obd. fant(el) (wohl < it. fante < lat. infans). Sieh auch Fanz
 Fan|dt, ter, de(r)l, tke, Fänderl, Fantl, Fend, |(e)l, ler, auer, Fendt, Pfand(ke), Pfänd(e), Pfenne. Aber Pfänder, Fänder: „Auspfänder". Fender s. Fahne; Pfandl, Pfanzelt s. Pfanne. Daneben ein sl. Stamm in Vens|ki, ke, Fenske (vgl. Wenzel)

Fanz: „Schalk" (× Stephanus und FANT), Fansel, Fensel, Fenz, |e(l)

Färber: Ferber, nd. Verber, Verwer und Koltfärber, rhein. Fervers. Aber Farbmacher s. Farnkraut (Farber, Färber < Formauer KS.)

Farchner, Farkel: s. Ferkel

Fark: s. Vorwerk

Farmer: s. Farnkraut

(Farnkraut): Fahrn, Farni, Farn|ach, lach(n)er, leitner, lucher, bacher, stein; aus ahd. faram und ach 3. Farmacher < Farbmacher. Farmer, Fambach. Varnbüler, Fahrländer (× ON. Havelland). Sieh auch Farren

(Farren): mhd. var(re), pharre „junger Stier, Zuchtstier", Farr(e), Ferrlein, Fahr|e, enkopf, Far(r)enkopf, Farr–, Fahr|maier, Farn|bauer, trog, Varrentrap(p) „Spur" oder „trappend wie ein Stier". Varn|hagen (ON. Oldenb.), horn

Farrer: s. Föhre

(Färse): junge Kuh. Ferse, Verse, Versl

Färster: s. Forst

–fart: s. FRIEDE Schluß

Farwick: ON. Farwick, Oldenburg. Farwig. S. Vorwerk

Fäs, Fäsen–: s. Fese

(Fasan): Vasant, Phasian, Voisan. Faßhahn, Fisahn

Fasching: „Fastnacht". Fasch|ink, ingbauer, Fasking, Faschang

(Fasel): mhd. vasel „Zucht|stier, eber". Fahsel, Vasel (× Fasold, Gervasius), Faeseke, Faes, Quad|fasel, faß; Fasler

Fasen: „Fäserchen"

Faesgens: s. Servatius

Fasig: mitteld. „klein, zart"

Fäsi(n): s. Gervasius

Fasking: s. Fasching

Fasold: Riese in der Dietrichsage, überhaupt „Riese". Vasold, Fasel(t), Vahsel (× Fasel), Faß(h)old, Vas(s)oll, Vasall

Faß: dicker Mensch, doch auch Hausn. (× Servatius). Faß, nd. Vath, Fäßle, Fesl, Fessel, Fas|bind(er), bänder (Faßbender, nd. Vatebender), mann. Dasselbe: Fasser (auch Salinenarbeiter), Vasser, Faßler, Faßner, Vesseler, Fesser, Fäßler, Feß(e)ler, Feßner, Faß(h)auer, nd. Fatthauer, Vathauer, –heuer, –heier (× Pfate). Faß|heber, kessel, nagl > Fastnagl. –faß: Halbf., Litf., Butterf., Salzf., Brandf. (zum Löschen), Methfessel, Steinfatt (Fäßl > Fehsel, Fiesel KS.). Aber Faß|hahn s. Fasan, –hold s. Fasold, –labend, –nacht s. Fastabend

Faßnegger: ON. Fassenegg, N.-Öst.

Fast–: s. FEST

Fast|abend, nacht: Faßnacht, Faßlabend „Abend, Nacht vor dem Fasten"

Fastenrath: 2 Orte Wipperfürth

Fastnagel: s. Faß

Fat–: s. FAD, Fad, Pfate

Fat, |h, s, Fäth: s. Vogt

Fatsch–: s. Fad

Fatt: s. Faß

Fattinger: ON. Passau

Fatz: „Spott, Hohn". Fatzmann, Fa(t)zler, Fe(t)zer „Possenreißer"; Fätzner, Fetzmann

Fau–: s. FAVA und Fabianus

Faucher: „Blasebalg". Vgl. Fach

Faude: s. Fad

Faudel, Faudt: s. Vogt

Fauerbach: s. Feuer

Faul: Faul, |er(t), mann. ÖN. Faul|wasser, born,

baum (Frangula alnus, auch Prunus padus; halbnd. Folbaum), horn. Übern. Faul|stich, leder, draht, müller, wasser, wetter, haber, stroh, Voll|bohm, baum, Foll|stich. ND. fūl: Fuhlenriede (rīde „Graben"), Fullriede, Fuhl|brügge, rodt, rott. Fuhljahn < Johannes. Sieh auch Feile

Fauland: s. Fahland

Faupel, Faus–: s. FAVA

Faust: nd. Fust, Fuest (spr. Fūst) (< Feist KS). Faust|ner, mann; Weiterb. nach altd. Art: Hartfaust, nd. Hardefust, Fausthart. Mehrdeutig: Fäust|le, lin, Feustel(l), Feistel, Fuisting, Füsting „Fäustchen, Hammer, Fausthandschuh, sogar Knödel"

Fauth: s. Vogt. **–faut:** s. Fuß

FAVA: unerkl. Stamm (got. faiwa „wenige", vgl. Übern. Favawisa), Fav|a, ila, Fabigaud, Fauruna. Hierher etwa von *Favi|bald, bert, mund: Fab|el(mann), ig, ert, Fäber, Feber(lein), Fau|bert, brich, s, sel, ß, ser, ßner, Feu|bert, s, sse, Feib|er(t), el(mann), Vau|mund, ck, sch

Fawer: s. Faber

Fax: s. FAG

Fay: s. Sophia (× Feyh)

Fazler: s. Fatz

Fech|ler, ner: handelt mit buntem Pelzwerk. Vgl. Fäh

Fechser: 1. Rebensetzling. 2. < fechsen, fessen „ernten" (Fesser, Feßmann)

Fecht: „Berufsfechter", mhd. vehte. Fecht|er, helm, Vächter (× mhd. vächten „eichen"). Aber Fechtmann, von der Fecht < Flußn. Vechte Münsterland, ON. Vechta

Feck: s. Ferkel

Fedringhaus: ON. –hausen, Lennep

Fed–: s. FEHDE

Fed(d)erich: s. Vetter

Fed(d)eler: s. Fiedler

Fedder(sen): s. Fridehere unter FRIEDE

Fedele: s. Faden

Feder: Feder|chen, l, le(in), lin, er (Sch I), mann (beides „Händler"), bus, busch, kiel, wisch („Flügel zum Abstauben"), hofer, schmid, spiel („Falkenjagd, Jagdfalke"; vgl. Hagspiel), spieler; aber Feder|hardt, olf s. Vetter

Fedler: s. Fiedler

Feeken: s. FRIEDE Kf.

Feelz: s. FAL

Feenstra: s. Venn

Feeser: s. Fese. Feßer

Feetz: s. Servatius

Feffer: s. Pfeffer

Feg–: s. FAG

(fegen) „blank machen, säubern". Feger, |s, Veeger, Schwert–, Harnisch|feger, Feghelm. Fegebeutel, Fegebeitel (Wirtshausn.) = Wegesack (vgl. ON. Vegesack, Bremen). Fegebank („Räuber", Grimm)

FEHDE: Faido(lf). In unsicheren Spuren erhalten wie Fed|isch, inger (× Fad), Feht|isch, ner, Fet|isch, ke, ner. Vgl. FAD, FRIEDE

Feher: s. Fäh

Fehl–: s. FAL, Feile, Felber

Fehland: s. Fahland

Fehleisen: s. Felleisen

Fehl(h)aber: s. viel und Hafer

Fehling(s): aus West–, Ostfalen

Fehlner, –fehlner: s. Feld

Fehm(el): s. FAM

Fehmer(ling): Insel Fehmarn

Fehnemann: s. Venn

Fehr: s. Fäh. **Fehr–:** s. FAHR, Fähre, Ferge

Fehrein: s. Severinus

Fehr(en)bach: s. FAHR

Fehrenbacher: ON. Baden, Meiningen

Fehrer: ON. Fahr, Würzb.

Fehrler: s. Ferler

Fehse: s. Fese

Fehsel: s. Faß

Fehster: s. Silvester

Feht|isch, ner: s. FEHDE

Fehuber: s. Vieh

Feib–: s. FAVA u. Phoebus

Feicht–: s. Fichte

Feick(e): s. FRIEDE Kf.

Feid–: s. Vitus

Feidler: s. Pfeidler

Feier–: s. Feuer

Fei(e)r|tag, abend: > Feuerabend; umgekehrt Feierfeil „Feuerpfeil". Feierling „der ungern arbeitet"

Feifel: „Drüsenkrankheit der Pferde". Vifel

Feig(e): 1. mhd. veige „unglücklich, dem Tode nahe". Feigen. 2. Zerdehnung von Fey < Sophie. 3. Frucht. Feig|e, el, l, le; Feigen|bom, butz, lat. Ficus, nd. Fick|bohm, baum. — Der Feigenwinter (schweiz. < veigen „töten") hatte beim Ende des Winters die Fastnachtsfeuer anzuzünden

Feig(e)l, Feigerl: s. Veilchen

Feigen, Feih: s. Sophia

Feigt: s. Fichte

Feik–: s. FRIEDE und Vitus

Feil: ON. Pfalz
Feil–: s. Veilchen, Feile, Felge
(feil): Failmezger (Gegensatz „Hausmetzger"), Feil|träger („Hausierer"), beck; Teuerpfeil
Feiland: s. Wieland
(Feile): mhd. vī(he)le. Fei(h)l, Fey(h)l (× Veilchen; ON. Feil, Pfalz), Feil(n)er, Fail(n)er, Veiler (auch zu feil und Fall); Feil–, Veel–, Fehl–, Viel|hauer (× ON. Vehlow, Priegnitz; Vielau, Zwickau. Hierzu Vieler) = Failenschmid, nach NS zu föule „Funke". ÖN. wie Feil(en)bach, Feilnreiter zu mhd. fūl „faul"
Feilitzsch: ON. Hof i. Bay.
Feilscher: „Händler"
Feil(e)ke: s. VOJ
Feinaigle: s. Auge
Feind: Bauern–, Bour|feind, Landesfeind, Judenfeint; vgl. Mötefindt. Zu mhd. viant: Fiand, Neviandt (kaum zum ON. Noviand, Bernkastel) = Neuefeind, Neu|feind, findt = Nie|find, fünd, vindt = Neige(n)find, entstellt Neigefink
Fein|hals, holtz: s. FAG
Feischel, Faischel: rotw. „Jude". Vgl. Phoibos
Feise, Feist: mhd. veiȝ,|e(t) „fett" (s. d.), veize, veiz(e)te „Feistheit". Feiß(t), Feist, Faiß. Faist(le), Veist, Fehst (Glatz), Formfeist (vgl. vorn), Feißkohl. Auch „fruchtbar": Feistenberger, Faißbauer, Faistbauer (Feistkorn s. Fese, Feistel s. Faust)
Feit–: s. Vitus
Feitler: s. Pfeidler
Feix: s. FRIEDE Kf. und Vitus

Fekl: s. Ferkel
Felber: „Weidenbaum". Felb|el, inger, Dietzfelbinger, Fälber, Fell|inger, baum, er(mann), Fehlbaum, wohl auch Fehl|er, inger, mann. ON. Fellern. Vgl. Feld
Felbrich: s. FAL
Felchlin: s. Falke
Felchner: s. Lehen
Feld: am Feld, Zumfelde (Zufelder), thom Felde, Ingenfeld = Imfeld [Infeld(er)], Anneveldt, von der Felden = Verfelde, van der Velde(n); Vorfeld. Feld(e)le, Feltgen, Felder(er). Feld|hahn (z. T. < hagen, doch auch –huhn, dazu –hünkel, nd. Veldhone; vgl. Rebhuhn), weg, kamp, hügel, messer (nd. –meth), mann (> Feldmanowski), otto, hüt(t)er, h(a)us, hoff, husen, kötter, hofer, meier > mer, wießer, blum, ig(e)l. Feld|koch, meister, = „Henker". Feltscher s. scheren. In ÖN. und ON. oft –felde(n), in FN. –feld: Lichterfeld, Groneveld = Gruns–, Grün–, Grön|feld, Hogefeld = Hohnfeld, Bösef., Heidf., Kornf., Bauernf., Seef., Oberf., Schaf(f)eld, Tüsfeld („Zwischenf.", nd.), Schmalfeld, Langeveld = Langenfeld, Tinnefeld < nd. tinne „Abhang", Quir(s)chf. s. quer (Einfeldt, Homfeld ON. Holstein); Satzn. Frühinsfeld, Reimsfeld. Jüd. Feilchenfeld. Sieh auch Fell
ld > ll: Fell|baum (× Felber), hase, meth (s. oben), Fellechner. Ableitungen: 1. Felder, Velder (× ON. Velde, |n), Schönf., Thierf., Heuf.,

Saalf. Felder|hoff, mann. 2. Feller (× Felber und Fellhändler), Veller, Kleinf., Buchf. (s. Buch), Rockenf., Fellermann. 3. Feldner, Seefeldner. 4. Fellner, Blachf., Traunf. (Flußn.), Wildf., Wolfsf., Mühlf., Haberf., Niederf., Hochf. (> Hoffellner?), Breitenfel(l)ner. 5. Fehlner, Sefehlner, Wolfsfehlner. 6. fries. Veldstra. 7. Feldung, Veldung (wohl mnd. veldinge „Blachfeld"). Bergmännisch: Feldbauer, Neufeld, Freifeld (noch nicht gemutet)
Feldsien: s. Weltzin
Feld(t)en: s. Valentinus
(Felge): 1. Einzelteil des Radkranzes. 2. Ackerwalze. 3. Brachland, vgl. falgen; Fel(l)ger, Felg(e)ner, Felgler. Zu 1: mhd. velgenhouwer „Radmacher". Felgen–, Feilgen–, Falgen–, Fell(ing)|hauer, Vellauer, Felgenauer, Felkeneuer, Felkeneier, Felge(n)macher. Zu 2: Felgen|dreher > träger, Felckentréger (aber Felgentreu ON. Jüterbogk: Felgen|trey, treff, treft, träber, trepp)
Felix: lat. „glücklich". Patron von Zürich. Altfelix, Felixberger, Lixl
Felk–: s. FAL, Falke, VOLK
Felken–: s. Felge
Fell: Fell|er, mann, ner, „Fellhändler", Vell|er, emann (vgl. Feld, Felge; Fell auch Kf. von Valentinus u. < ON. Felda, Hessen). Wolfs–, Wild–, Schwert|fellner „Scheidenmacher" s. Buch, Kleinfell(n)er „Weißgerber". Schaffeld,

181

Bockfeld (vgl. Feld, Felge). Hasen-, Buc-, Kitz|vel
Fell–: s. FAL und VELIJ, auch Lehen
Fellbaum: s. fällen (× Felber)
Felleisen: „Reisesack" < frz. valise. Feheleisen, Felseisen?
Felleiter: Einöde Felleiten, Miesbach
Fellenwald, Fellnast: s. fällen
Fellguth: s. Vielguth
Fellhauer: s. Felge
Fellinger: ON. Felling, Bayern, Österr. mehrf.
Fellner: s. Feld und Fell
Felmeden: Hofn. Velmede, Hamm, Meschede
Fels: Fels|er, inger, l, ner, mann, Felzmann, Felsen|stein, thal; Hartenfels, Seefels, Lindenfelser, Hochfelzer. Vgl. Filz 4 und Felleisen
Felsch–: s. FAL, VELIJ, VOLK. Felschle „falscher Mensch"
Fel|sek, sing, ske: s. VELIJ
Felten: s. Valentinus. Felting
Fel(t)z–: s. VELIJ und Weltzin
Femerling: s. Fehmerling
Femmel: s. FAM
Femmer: s. FRIEDE (Fridumar), × FAM
(Fenchel): Fenchl, Fenichl, Fenickel < lat. feniculum; mnd. ven(ne)kol; Fernickel (s. d.), Fe(n)kohl, Fennekohl, Fönnekold, Venne|kohl, kold, gold
Fend–: s. Fahne, FANT; Fend-, -fend s. Vent; Fendler s. Pfendler
Fenger: s. fangen
Fenn: s. Venn
Fenn–: s. Fahne, Fenchel, Venn
Fens–: s. Fanz und Vincens (Fenske auch < Stephanus)
Fenselau: s. Vanselow
Fenster: Fenster, |l, er, mann, bank. Vgl. finster
Fen(t)z–: s. Fanz, Vincens, Wenzel
Fenwarth: s. Pfennig
Ferber: s. Färber
Ferch–: s. Forelle, Föhre, Ferg, Ferkel
Ferchland: ON. Magdeb., Stettin
Ferdinand: span., ursprüngl. westgot. N., häufiger erst seit dem 16. Jhdt., wohl < Herinand oder Fredenand. Fernand, Ferd(e)l, Fer(t)el
Ferdl: s. Ferdinand u. Fertig
Ferdt: s. Pferd
Ferfert: s. FAHR, Ferfers (Frkf.)
Ferg(g): „Fährmann". Förch, Vörg, Ferch, |(e)l (× Forelle), Verch, Fehre, Föhr. Vgl. Föhre
Ferhildema: s. Ver- 3
Ferkel: Zu mua. varch, fark(en), fack „Schwein". Farkel, Farchner, Vack, Fagg, Feck, Fekel, Fack|el, ler, Bärfacker (s. Bär); nd. Put(t)farken < put „jung" (Schambach), dazu auch Putt-, Pütt-, Pütz|schneider „Kastrierer" (vgl. Gelzer)
Ferler: 1. „Ferkelhändler". Fehrler. 2. s. Forelle
Ferling: s. FAHR
Fern–: s. Firn–
Fernand: s. Ferdinand
Fernau: ON. Fiernau, Thür.
Fernbacher: s. FAHR
Fernholz: Hof Fernholt, Olpe in Westf.
Fernickel: entweder = Fenchel oder = Barnickel (s. d.)
Fernsen: s. FAHR
Ferres: 1. „Fährhaus". 2. ON. Piesport
Ferrlein: s. Farren
Ferse: s. Färse
Ferst–: s. Forst. Ferstl
Fertig: 1. mhd. vertic „zur Fahrt bereit, tüchtig". 2. ostfränk. < mhd. vierdunc „Viertel" (Zinsn. NF). Dasselbe Fertl, Ferdl, Vierling. Sieh d. — Förtig
Fertl: s. Ferdinand u. Fertig
Fertwagner: s. Pferd
Ferver(s), Ferwer: s. Färber
(Fese): „Spelt, Dinkel", Getreideart (mhd. vëse(l) auch „Spreu"). Fees, Fehse, Fesl (× Gervasius), Vehse, Fe(e)ser, Fesenbeck, Fehsefeld, Vee|s, ser, senmeier, Feß|er, ele, Fäskorn (> Feistkorn), Fäsen|feld, staub
Fesper: s. Vesper
Fessel(er), Feßler: s. Faß und Met; **Fesser, Feßmann**: s. Fechser
FEST: ahd. fasti, festi „fest", nd. fast. Vgl. dazu auch das nhd. Adverbium fast und got. fastan „bewahren"
Fastheri: Faster(mann), Vasters, Vester(ling), Fester, |sen, lin(g) (× Silvester). > Ferster-, Förster|ling
*****Fastram**: Festram
Fastmar: Vas|mer(s), meyer
Fastrad: Fastert, Fasterding
Fastrich: Fastrich
Fastwig: Vestewig Kf. (Fasta weibl.). z. T. einfach „fest". Fast,

|je, ing, ling(er), huber; Fest, |e, l, ing, ner, meyer; Vest, |ner, erling, eling, Vöst, Föstl (× Silvester)
Fet–: s. FEHDE
Fetschele: „Wickelkind" < lat. fascia „Binde"
Fetscher: < alem. fätsche „Bergheu"
(Fett, fett): Fett, |ing, back, Vetthake, Vet|kooper, menger, Vettekoch, Vettscholder, Glichfeth, Fetcasper. Sieh lecken u. vgl. Feise
Fett–: s. FAD
Fetter: s. Vetter
Fett|ich, ke: s. FRIEDE Kf. (× Fittich, s. d.)
Fettner: s. Pfate
Fettweiß: ON. Vettweiß, Düren
Fetzer: s. Fatz u. Pfetzer
Feucht–: s. Fichte, doch Feuchtenau(er) viell. zu feucht
(Feuer): Feuer|le(in), er („Heizer"), eck(er) > ökker, reiter (s. Reute), senger, bach (ON., liefert Löschwasser, doch z. T. < Biberbach, md. Fauerbach. ON. Hessen), baum (vom Blitze getroffen), eis, eisen (s. d.), herd, stein (auch mehrf. ÖN. und ON., vgl. Flinsch), zeug, pfeil (Feierfeil), stack = stak(e) (Stange zum Wegreißen brennender Balken), hak(e), hack (Schürhaken), mann (etwa „Schmelzofenarbeiter"), riegel, rohr (Flinte), schütz. Feuerstoß, Feuerhelm. Feur|er, le, Feier|l(er), lein, feil (s. o.), singer (s. sengen), Feyerherd, Feyerle(in). Nd. Fúerhake, Fürha(a)k, Für|böter (s. böten), bacher, fang (Rauch-

fang?), eisen. Vuurstaech (s. oben –stake). Loh–, Holt|feuer, Hellfaier; Satzn. Bernevuer, Böteführ (s. d.). Vgl. wild
Feulner: ON. Feuln, Kulmbach
Feus, Feusse: s. FAWA
Feuser: s. Vincentino
Feustel: s. Faust
Feuth: s. Vogt
Feve: s. Genoveva
Fexer: s. Fechser
Fey(h): ON. Metz
Feyen: ON. Trier (vgl. Phoibos, Sophia)
Fezer: s. Fatz u. Pfetzer
Fiand: s. Feind
Fiberer: rotw. „Schreiber"
Fib|ig(er), ier: s. Viehweg
Fibranz: s. Vibrans
Fichte: ahd. fiohta, fiuhta, (schweiz. = Kiefer) (ON. Fichten, Feucht(en), Feichten, Viechtach; s. ach 3). 1. Ficht, |e, (e)l, (l)er, ner, inger, (el)mann, (en)müller, elberger, horn. 2. Fichner. 3. Ficht|l. (n)er. 4. Füchtl(l)er, bauer, enhans, enbusch. 5. Feucht, (n)er, inger, wanger (ON. Franken), wenger, müller, enberger. 6. Feicht, |enschlager, (n)er, inger, meier. Sieh auch Bünd. 7. Viechtl, Veicht, Veigt, Feigt. — Oberfichtner, Vonficht. (Aber Fichtlscherer s. Ficke; Fichtegänger: rotw. „nächtlicher Dieb"; Fich(ten)hofer s. Pflichtenhofer)
Fick–: s. FRIEDE Kf. (Ficks auch Vitus)
Fick|baum, bohm: s. Feige
(Ficke): nd. „Tasche", Vicker, Fickler? Ficke(n)–, Fieken–, Finke(n)wirth (< würhte, s. Werk). Fi(c)ken(t)scher (auf der ersten oder der zweiten

Silbe betont), Fick(e)lscherer, Fichelscher, Fichtlscherer. Finketscherer: wohl „Beutelschneider" (Vickelscherre, Gaunern. im Renner). Mildefikke
Fictoor: s. Victor
Fiddeler: s. Fiedler
Fidermutz: mit Federn besetzte Jacke (obd. mutz), slavisiert Fidrmuc
Fides: Hl. — Fidesser
Fidicin: < fidicinus < lat. fidicen „Lautenschläger"
Fieb–: s. FRIEDE. **Fieberg:** „Viehberg". **Fiebig(er), Fiebier:** s. Viehweg
Fiebranz: s. Vibrans
Fiech: s. Vieh
Fiecht–: s. Fichte
Fieck–, Fied–: s. FRIEDE
Fiedchen: s. Vitus
Fi(e)d(e)ler: Geiger. Fiddeler, Fidelmann (e betont), Fidelbogen, nd. Vedeler, Fed(d)eler. Ostd. Fiedler auch < wend. bidler „Stange"
Fiederer: 1. der Pfeile mit Federn versieht. 2. Tirol: der Vorspanndienste leistet
Fieder|lein, ling: „Akkordarbeiter". Fitterling
Fieg–: s. FRIEDE
Fi(e)gel, Figl, Fiegl(e), Viegel, latin. **Figelius:** 1. lat. viola „Veilchen". Vgl. Feigele. 2. mlat. figella, afrz. vielle „Fiedel" (dazu Fiegler, Figelist). 3. Alpen: Hl. Vigilius (s. d.) (Figlhuber). 4. Kf. zu FRIEDE (Br)
Fiekenwirth: s. Ficke
Fiel–: s. VELIJ
Fielbrand: s. FRIEDE
Fiemann: s. Vieh
Fier|er, linger: s. vier
Fiesel: mhd. visel „penis". Viesel, Fissel. Daneben

ein altd. PN.? Vgl. Fiselestorp = Veilsdorf, Thür. (× Faß)
Fieser: s. Vincentius
Fietz, |e, inger: s. Vitus und FRIEDE Kf.
Fig(g)–, Fik–: s. FRIEDE
Figeli: lat. figulus, Töpfer
Figelist, Figl–: s. Fiegel
Figener: s. Sophia
Figura: s. Stalder
Fiken(t)scher: s. Ficke
Fikuart: s. FRIEDE Anfang
Fil–: s. VIEL und VELIJ
Filb: s. Philippus
Fildebrand, Fil(l)brand: s. FRIEDE
Filip(p), Filpes: s. Philippus
(fillen): nd. „schinden, abdecken" (zu Fell; × Fall). Fill|er, ner, mann, Fillauer, Viller, Vilder, Hoffiller. S. Kafiller
Fillinger: s. Villinger
Filsmeier: Fluß Fils, O-Pfalz
Filt–: s. Filz
Filz: 1. Moorboden. 2. dichter Stoff besd. für Hüte, nd. vilt. 3. bäurischer, geiziger Mensch. 4. obd. fils „Fels" (× ON. Filsen, Filz |en, ingen, Vilz, |ing)
Zu 1, 2: Filzer, zu 1, 2, 4: Filser, Vilser, zu 1: Filz|höfer, maier (Vi[e]lsmeier?), zu 1, 4: Filsinger, zu 2. Filter, Vilter, Hutfilz, Hotfilter, Fillweber, Filz–, Filt|hut > Filthaut (mhd. vilzhuot auch „Geizhals"); doch vgl. VELIJ
Fimmel: „Bergmannskeil"
Fimm|en, er: s. FRIEDE
(finden): Finde|genand, genannt = Findling, Fünd(e)ling, Findel („Findelkind") = Finderlein (mhd. vindelīn); Holzfund (im Walde gefunden). Mhd. vindel „Findelhaus" > Findelson. Satzn. Finde|klee, (n)keller > Finkenkeller, Fintentrübel („Träublein"). Finder (findet im Bergbau einen neuen Gang. Sch I). Findeisen s. –eisen
Finger: mhd. auch „Fingerring"; dasselbe Finger|le, li, lin(g). Finger|loos („ohne F."), hut(h), (nd. Gen. Vingerhoets > Fingerholz? „Verfertiger oder Schneider"); Finkernagel. Langfinger, Sauginfinger. Aber Adlfinger, Gundelfinger < ON. < Adolf, Gundolf
Fingscheidt, Finkscheidt: 3 Höfe Elberfeld
Finis: lat. s. Ende
Fink(e): Vogel, lustiger Mensch. Finck(h), Vincke(n), Finken, Finkl(ein) (× Funke). Fink|ler, (e)ner „Vogelfänger". Fink|höfer, bein(er) (zu Bünd?), Vinkemöller, Finken|stein, auer, busch, nest, brink, flügel, Finkel|stein (z. T. jüd.), meier. Buchf. (Bof., Bauf.), Lohf. („Gimpel"), Kirschf. — Roll|fink(e), fing, Roelvinck, Rohlfing wohl: „brünstiger, singender Fink". Aber: Finken|wirth: s. Ficke, –keller: s. finden, –rath: ON. Köln, Aachen. –fink auch < fing
Finkeisen: s. –eisen
Finkensiepen: Hof bei Lennep. Finkensiep(er)
Finkeldey, Finkentey: s. –dei
Finkernagel: s. Finger
Finn: schon im Beowulf Finn „der Finne". Finn|e, er, ern (hamb. oft), ers, ing(er), mann
Finner: s. Venn
Finsler: schweiz. „Grübler"
(finster): Finster|busch, hölzl, wald(er) > walter, seifer (Fenster|busch, seifer). Finster „Tannenwald" > Finster|er,meier; Finster|le, lin(g) < –loh „Wald"
Fin|sel, (t)sch, zel: s. Vincens
Fintelmann: ON. Fintel, Verden. Von Fint(h)el
Finthammer: vgl. Findeisen unter –eisen
Fipp|el, er: s. FRIEDE (Fribo)
Fiquart: s. FRIEDE Anfang
Firderer: s. Furt
Firmbach: ON. Fürnbach, UFrk.
Firmenich: ON. Köln
(firn): „alt, vorjährig", mhd. auch „schlau". Firn, |(e)wein, haber (Hafer, × ON. Viernau, Thür., > hauer), Firn–, Fürn–, Fern(i)–, Vier(n)|korn; Fürn|eisen, haber, rohr. Verngerste, Firn–, Fürn–, Firm–, Fürm–, Virn–, Vierne|käs, Fernekes (Käse). Firn–, Fürm|rohr, Firn|holzer, stein wohl Flurn.
Firniß: mhd. auch „Schminke". Firneis, Fürniß. Vklf. Virneisel, Vierneusel. Dazu Firnsler, Förn|sler, zler
Firsching: s. Wirsing
Fisahn: s. Fasan
FISCH: in wenigen altd. N. Fiscolf. Aber der Vater des Dichters Fischart hieß Fischer, gen. Menzer. Fischinger, fries. Vissinger
Fisch: Fisch, |l(ein), li(n) (× ON. Fisch, Trier), Vischke; Backf. = Bratf.

Fischenich (doch auch „Baccalaureus"), Schönf., Maienf., Seef., Faulf., Stockf., nd. Stockvis, Bradfiß (Walfisch, Hausn., wohl auch Halfvisch), Tewrsfischel. Aber Clefisch s. Cleve. — Fisch|ach, bach(er) = beck (Visbeck), born (ON. Hanau), haber (< ON. Fischau), hof, (o)-eder > ötter, vogt, grafe, hey (s. Hei) = mann, „Aufseher über die Teiche, Fischmeister". Fisch|-kaufl, menger („Händler"), esser, ribbe, häuter > heiter, mund; Fischlmay(er). Mit PN.: Fischenebert, Fissenewert. — Jüd. Fisch statt Ephraim: (KJ.) Fisch|-mann, bein, gold, leber, leiber; Fischelsohn

Fischenich: ON. Köln. Fisenich

Fischer: Fischer(s), Vischer, nd. Visscher, ndl. de Visser, fries. Fisser, Visser(s), fries. dän. Fisker. Fischer|mayer, mann(s), Fischler, Fischinger. Bachf., Deichf. = Teichf., Hechtf. (vgl. fangen). Fischerkeller: Doppeln. Fischer-Keller

Fischnal(l)er: < ladin. vicinala „Gemeindeweide"

Fisneider: s. Fischenich

Fisneider: XV Hof Frasneyt, lad. < fraxinetum „Eschengehölz"

Fiss–: s. Fisch, Fischer

Fissel: s. Fiesel

Fister: s. pistor

Fit–: s. FRIEDE

Fitterling: s. Fiederlein

Fittig: „Flügel" (Loser Fittig = „Leichtsinniger"), auch Fettig. Satzn. Schniggenfittich < schnicken „schnell bewegen". (Fittighauer s. Pfate)

Fitzdum: s. Vitztum
Fitzi: s. Vincens
Fitz(n)er, Fitzenräuter, reiter: s. Pfütze (Fitzer auch „Weber, Schneider")
Fitz(ke), Fix: s. FRIEDE Kf. und Vitus
Fitzler: „Schneider, Weber"
Flaadt: s. Flade
Flaccus: s. FLAT
Flach: Flurn. „Ebene". Flach|meyer, enecker. Fla(c)k, Flagge (× FLAT Kf.)
Flachs: nd. vlas. Flachs|-land(er) (auch ON. Ansbach), kamm, berger, mann (Händler; auch Vlasmann, Flechsner, Fleßner), Flexler, Flackshaar (Flashar), Flaxmeier, Flaß|kamp, kämper, hoff, Flas, |barth, dieck, Blasberg, Flächsen–, Flechsen|haar < mhd. Adj. vlehsīn, Flächsel, Flechsig
Flack: s. Flach und FLAT Kf.
Flad–, Fläd–: s. FLAT
Fladausch: vgl. nd. fladuse „Schmeichelei" < frz. flûte douce „lieblich klingende Flöte"
Flad(e): Fla(a)dt: 1. Kuchen, seltener 2. obd. Sumpf(gras), Binse. Flader, |er, mann, Fladner, Fled|l, er, Gutflader, Fladen|mul, erser, schrot. Zu 2: Flater
Flag, Flagge: s. FLAT und Flach
Flaig: s. Fliege
Flak: s. FLAT und Flach
Flam: „Vlame". Flam|(m)-and, ant, ann, er, länder; Flamm|ing, iger, ang, enkamp, Fläm|ert, ig, Flämmig, Flem|er, ing(er), ig, isch, Flemm|er, ing, ig(er), Flähmi(n)g,

Flehmig [ON. Flemming(en) mehrf.]. Vgl. Flandern
Flamm(e): vgl. Funke
FLAN: zu ags. flan „keck". Flanbert; Flanhardt (zwei Einzelhäuser Flanhardt, Elberfeld), Flehnert
FLAND: zu Flandern? (s. d.) Flandebert. Flandrich, Flendrich, Flentje, Flentge
(Flandern): Flander(meier), v. Flandern, Flender, Flenter, Flam. Vgl. FLAND, Flam
Flapper, Flarich: s. FLAT
Flarer: s. vallis
Flas–: s. Flachs
Flasche: Flasch(el); alem., ndrh. Flesch. Flaschner „Blechflaschenmacher", südd. „Klempner"; Pflaschner, Flaschmann, Flesch|ner, Flöschner, Pflöschner. — Flaschendreher, Fläschendräger, „Holzflaschendrechsler?" (vgl. fleschenhauwer) > Flaschenträger (auch alter Spitzn. der Niederösterreicher)
FLAT: mhd. vlāt „Sauberkeit, Schönheit" (Gegenteil: Unflat)
Fladebert: Flapper?
*Fladrich: Fla(d)rich, Fläd(e)rich, Fled(e)rich, Flerich (falls nicht < tschech. vladarik „Befehlshaber" oder bergmännisch „zerklüftetes Gestein")
 Kf. Flado (× Flad): Flad, |e; Flath, |e, mann, Flatt (Stuttgart), |e, ich, er(s), Fledde
Flakko (Köln XIII): Fla(c)k(e), Flaccus (Saarbrücken), nach Brechenmacher auch = Fleck und macula (in der Kritik), Flag|el, ge(l), Flagge,

Fle(e)ge (× nd. Fliege), Pfleg|el (× Flegel), ing?
Flatau: ON. Flatow, Meckl., Potsdam
Flato: ON. Westpreußen
Flater: s. Flade
Flatscher: s. vallis
Flauger: s. FLOD
Flau(t)z: s. Floß
Flebbe: nd. „breites Maul"
Flechs: s. Flachs
(flechten): mhd. vlehte „Flechtwerk, Zaun". Flecht, ner (× ON. Flechtingen, Gardelegen), (en)bauer
Fleck: 1. Flurn. 2. Feuermal im Gesicht. 3. Schneiderübern. Zu 1: Fleck|(n)er, l, inger (3 ON. O.-Bay., Graz)
Fleder: s. Flade
Fled(e)rich: s. FLAT
Fledl: s. Flad
Fle(e)ge: s. FLAT, Fliege
Fleeth, Fleetjer: s. Fließ
Flegel: „Dreschflegel (vgl. dreschen), grober Mensch". Pflegel, Flegler
Flehmig: s. Flam
Flehnert: s. FLAN
Fleichaus: s. fliegen
Fleidge: s. Flöte
Fleig(e): s. Fliege
Fleiner(t): ON. Flein, Württ.
Fleisch: Fleischl(en) (vgl. Mammo), Flaischlin. Kalbfl., Rindfl., Schweinefl., Gensfl., Kopffl., Soet(e)fl. (süßes), Klop(f)fl., Gutfl., Hauptfl. > Hausfl., Kurzfl., Kortzfl. (< Kottfl. „gesottenes Fleisch aus der Wamme"), Schurzfl. (Geflügelrumpfstücke), Jungfl., Faulfl., Rohfl. — Satzn.: Hohlefl., Smeltzefl. — Fleischer (Klammerform für Fleischhauer), dasselbe: Fleisch|l, ner, mann (> gräzis. Sarkander), menger, werker, (h)acker, hecker, (h)auer, aber –hack = Höker. (Vgl. Schlächter, Metzger, Selcher, Wurster, Sulzer, Knochen-, Bein|hauer, Kuttler, Katzoff). Fleischanderl (Andreas). Fleisch|fresser, hammel > hammer (× ON. Fleißheim, Budweis), bein. Fleischundblut (Redn.)
Fle(i)schhut: unerkl. Vgl. Jakob Fleschutz zu Fleschutz, Jodocus Fleesch Utz, Kempten 1525. Fleschütz
Fleißner: 1. ON. Fleißen, Eger. 2. 3 ON. Fleiß. Fleiser. In Tirol × Fleis = Felix
Flem(m)–: s. Flam
Flend–, Flent–: s. FLAND
Flerich: s. FLAT
Flesch–: s. Flasche
Flesch|ut, ütz: s. Fleischhut
Flessa: s. Flößer
Flessau: ON. Flessau, Osterburg (Magdeb.)
Fleßner: s. Flachs
Fletschner: s. Flotz
Fleuch–, Fleug–: s. fliegen
Fleurin: s. Florinus
Flex: s. Eisen, Satzn.
Flexler, Flexner: s. Flachs
Fleut–: s. Flöte
Flichtenhöfer: s. Pflichtenhofer
(flicken): Flicker, Flickinger. Satzn. Flicken|schild, schu(h)
Flie(e)dner: 1. ON. Flieden, Fulda. 2. wie Fli(e)tner, Flittner < mhd. fliete < mlat. phlebotomum „Aderlaßmesser" (vgl. Köpfer, Schröpfer, Lesser)
Flieg(e): auch Fleig(e), Flaig(e), Fle(e)ge, Quadflieg
Fliegel: s. Flügel
(fliegen): Satzn. Fliegauf, Fluguf, Fleugimtanz, Flieg–, Fleuch|aus, Fleich(h)aus. Flieger = Pflüger
Fliehler: s. Fluh
Flier(en)baum: „Flieder", d. h. nd. Holunder
Fließ: „Bach". Schönfließ; nd. Fleeth, Stockfleth, fries. Fleetjer. Fließbach
Flieth: ON. Rhld. Mark
Flietner: s. Fliedner
Flink: „schnell"
Flinsch: mhd. vlins „Kiesel, Feuerstein". Flinspach (ON. Flinsbach, Baden, Flinzbach, N.-Österr., Flintsbach, Bay. (3)). Flin(t)zner, Flinzer; nd. vlint: Flindt, Flint|e, holm, jer
Flip–: s. Philippus
Flister: nd. „Flüsterer, Schmeichler"
Flittner: s. Fliedtner
Flitsch: „Pfeil" (Fischer)
Flöck: mhd. vlücke „lebhaft, rüstig" (B. 1, 293)
Flockenhaus: Hofn.-hausen, Hagen i. W.
FLOD: 1. Nebenform von HLOD (s. LAUT; vgl. flau neben lau, ahd. hlāo, und Flanke, ahd. hlanca) und FLAT. 2. zu as. flōd „Flut"
Flodebert: Flöper
Flodeger: Flöckher, Flügger, Flauger
Flothar: Floder(er) [Tirol, Hofn. 1446 gut ze Flad < FLAT, 1544 guot Flod; doch vgl. auch mhd. vlöder, vlüder 1. Flutgerinne. 2. Floß], Flother, Fluder, Flöder, Flöther (× Flöte)
Flodomar: Flömer
Flodoric: Florich
Kf. Flodo: Flottmann, Flude, Flöt|y, ing (vgl. auch Flöte). Flöck(ner),

Flück, |i(n)ger, Flüg|emann, gen (vgl. Flügge)
Flögel: s. Flügel
Floh: Pulex, Straßb. XIII
Flohr–: s. Florus und Flur
Flömer, Flöper, Florich: s. FLOD
Florus: lat. zu florere „blühen". Flor|us, uß, es, is. Bildet schon altd. N. wie Flor|ebert, oin. *Florhart > Florath, Floret. Flohr|er, mann. Weiterb. F l o r e n t i u s : (Hl., † 693) Floren|t, (t)z, Florenzen, Floeren. F l o r i a n u s : (Märt. 230) Florian. F l o r i n u s : Florin, Fleurin
  Kf. Flohr, |y, er, Flormann, Flur|i, y, Flöhr(ke), Flör|y, en, l, (ic)ke, ken, kemeier
Florschütz: s. Flur
Flörsheim: ON. Main. Flersheim
Flos: Latinis. von Blume
Floß: mua. „Fluß, Bach". (ON. OPf.). Flosser, Floß|bach, dorf, mann (auch „Flösser"), schwäb. Flöß, Flau(t)z, Flaitz. Vgl. Flotz
(Flößer): Auch „Schmelzer im Schmelzwerk". Flösser > Flessa, Flößner, Vlosser
Flot–, Flöt–: s. FLOD
Flöte: Flöhte (× ON. Flöthe, Goslar). Flötemann, Flöt|er, gen.; nd. Fleut|er (× ON. Fleuth, Aachen), mann, Fleidge
Floto: ON. Vlotho, Herford. Flotow, Flott|au, ow. Flothow
Flottrong: < frz. N. Flotteron
Flotz: bair. „Lache". Flotzinger, Flötz|l, inger, Fletscher (vgl. Floß). Flötzer auch „Flösser"
Fluch(er): s. Fluh und Pflug

Fluck–: s. Flügge
Fluder: s. FLOD
Flüe(ler): s. Fluh
Flug–: s. Pflug
Flügel: Flurn. oder von einer Kleidermode. Fliegel, nd. Flögel, Vlögel (ON. Flögeln, Stade), Vleugels
Flügge(r): ahd. flucchi auch „rüstig". Fluck, |e, inger, Flück, |i(n)ger. Sieh auch FLOD
Flüger: s. Pflug
(Fluh): Felswand, mhd. vluoch. Flu(h), Fluch(er), Fluher, Flüh, Flüh–, Flüh|mann, Fliehler, (von) Flüe, Flüeler (auch ON. Uri), unter der Flüe, Zur|fluh, flüeh
Flume: s. Pflaume
Flum(m): „Flaum"
Flunger: s. vallis
Flunk: obd. „Funke", nd. „Flügel"
Flur: (vgl. Fluh). Flurl, Fluhrer = Flur–, Flo(h)rschütz „Feldhüter" = Flurhey, Flohr|er, mann, Pflurer
Flur|i, y: s. Florus
Fobbe, Fock–, Föck–: s. Volk
Fochezer: s. Vochezer
Focht–: s. Fach und Vogt
Foderer: s. Futter
Fogel(s): jüd. Metron.
Fög(e)ler: s. Vogler
Foge|s, zer: s. Vochezer
Fogländer: s. Vogtland
Fogler, Fög(e)ler: s. Vogler
Fogt: s. Vogt
(Fohlen): Fohl(enmeister), Voll(en)weide, Vollenhüter. Vgl. Fahlen und Füllen
Föhl: schwäb. „Feuerfunke, glühende Asche" < lat. favilla
Fohr–: s. Föhre u. Fuhr
von der Föhr: s. Furt

(Föhre): „Kiefer". Fohr(ing)er, Föhringer (aber Föhring < Insel Föhr), Forch, |(e)r, heimer (mehrf. ON.) = (t)hammer (Furchheim), tirol. Fo(h)rer, Fahrer, Farrer. Unter–, Siben|forchner, Förchinger. (Aber Förch, Forchel, rhein. Föhre „Forelle", z. T. dazu auch Forch, |e(r). Vgl. Fuhr– u. Fahr–)
Föhrle: s. Ferg
Fohrmann: = Fuhrmann
Foige, Foik: s. VOJ
Foißner: < foissen „Ruheplatz des Viehs bei der Sennhütte"
Foit, Fojt: s. Vogt
Fökel, Föks, Fol–: s. VOLK
Fokuhl: s. vohe und Kuhle
Folant: s. Fahland
Folg–: s. VOLK
Folger, Fölger: s. Volger
Folk–, Fölk–, Foll–, Föll–: s. VOLK (Foller s. Fuller, Föller s. Fall und Fuller)
Folkner: s. Falke
Folpts: s. VOLK (Folkberath)
Föls–, Fölz–: s. VOLK Kf.
Folter–: s. Fallgatter
Foltin: s. Valentinus
Foltmar: s. VOLK (Volkmar)
Foltys: s. Valentinus
Fondermann: < nd. vunder „Steg"
Fongern: ON. Fonger, Gladbach, Kempen
Fönn(e)kold: s. Fenchel
Fons, Fönsing: s. FUNS
Fontan|e, a; la Fontäne; Fonteyne: it. fontana, frz. fontaine „Quelle, Brunnen". (Der Dichter sprach sich Fontan, ohne Nasalierung)
Foortmann: s. Furt

187

Fop–, Föppel: s. VOLK (Kf. Foppo)
Forbrich u. dgl.: s. Vorwerk
Forch–: s. Föhre und Forelle
Forchert: s. VOLK
Forcht: s. Furcht
tom Forde: s. Furt–
Forderer: „Kläger". Vorderer (× vorder)
Förder|er, reuther: s. vorder (Förderer auch Bergmannsn.)
Ford(t)ran: s. vorn
Forell(e): mhd. vorhe(l). Vgl. Föhre. Förch, Forch, |e(r), Ferch, |l (× Ferge), er, Ferlein, Ferler (× Ferkel); nd. Forkenbeck (Bach) (oder Gabelbach?)
Forer: s. Föhre
Förg: s. Ferge
Forgetzer: s. Vochenzer
Fork, |e(l): < lat. furc(ul)a „Gabel" (z. T. ÖN.) schweiz. Furgger. Fork s. auch Vorwerk
Forkenbeck: s. Forelle
Fork|er, e(r)t: s. VOLK, Fulchar(d)
Formfeist, Forne|feist, fett: s. vorn
Forneller: lad. zu furnus „Ofen"
Förnsler: s. Firniß. Förnzler
Forrer: s. Furrer
Forsbach: ON. Aachen, Köln
Forscher: s. Gelehrter
Forst: (eigtl. „Bannwald", oft ON. Forst, Förste). Von der Forst, van Vorst, Krahforst („Krähenf."), Vorst|ius, mann, er, Forst, |en, eneichner, inger, (e)mann, meister, reuter, hövel, hoff, hofer, lechner; Först, |e(r)mann, (n)er, ler, Ferster, Verster, Fürst|(n)er, enwärther, bauer; Forst-(n)er, Forschner (obd.), Förschner, Forschler, Foster, Föster, Forsmann; aber Ferster–, Förster|ling viell. zu FEST oder Silvester. — Wolf–, Wild|förster, Poingfürst (zu Bünd?), Kohlfürst (mit Meilern), Bogen|forst, fürst (Bogen „Dickicht")
Förter, Forth: s. Furt
Fort–, –fort: s. Furt und Wurte
Förtig: s. Fertig
Fortner, Förtner: s. Pforte
Fortunat: lat. „der Glückliche" (Roman „Fortunat und seine Söhne"), auch Hl.
Fortwängler: s. Furt
For|wergk, wick, wig: s. Vorwerk
Fos: obd. < mhd. voss, foss „faul, Faulpelz". Vos, Föse. Nd. Foß s. Fuchs
Föst–: s. FEST
Foster, Föster–: s. Forst
–foth: s. Fuß
Fötchenhauer: s. Pfate
Fotzler, Votzler: schwäb. fotzelen „foppen, necken"
Foyth: s. Vogt
Fox: s. VOLK Kf.
Fraas: s. fressen
Frächter: „Frachtfuhrmann"
Fräd–: s. FRIEDE
Fräfel: s. Frevel
FRAG: zu ahd. frāgēn „fragen", as. gifrāgi „berühmt". Fracho, Fragibert. Hierher Frach, Frachet, Fraks?
Frag|ler, ner: s. Pfragner
Frahm–, Frähm–: sieh FROMM
Frahnow: s. Franciscus
Fraidling, Fraitzl: s. FREIDIG
Främ–: s. FROMM
Franciscus von Assisi: < it. Francesco, eigtl. „Französchen", Hl. †1226. Franziß, Franzischgl, Franz, |e, en, l, elin, (el)ius, mann, mayr, bach, Vrantz, Frantz, |ke, er, Fran|ssen, sson, dsen, Frandsen, Fränz|-le, ke, ner, inger, Fräntz|en, (e)l, Frenz|l, elius, Fren|tze, se(l), ssen, cel (aber Frenz: mehrf. ON.), Frenschsen. — Brink–, Kamp|franz, Franzsander, Fränznick (Franz Nicolaus). Frz. François > fries. Franswa. Südtirol < it. Cesco: Zischg, Zöschg; slaw. Fran|o, iel, Frahnow, Frannek, Frontzek, Branck, Branz-(ke), Bränzel, Brenske
Frangenberg: ON. Wipperfürth
Franger: s. Pfrange
Franiel: s. Franciscus
FRANK: zum Volksn. der Franken und der sehr umstrittenen Grundbedeutung dieses Namens: 1. Francos — hoc est feros. 2. an. frakkr „mutig" (B. 1, 308). 3. an. frakka, ags. franca „Wurfspeer"; frakka aber selbst wohl erst „fränkische Waffe". Frank „frei" erst nhd. < frz. franc, eigtl. „fränkischer Edeling"
Francard: Francket
Franculf: Frankloff
Einstämmig: Franco-(lin), natürlich auch „der Franke". Franck(e), Frank, |e, sen, (l)in, Fränk|ing, (e)l, Frenk, |e, en, el, Francus, Pfrank
Franke: s. auch FRANK. Rheinfrank, Saalfrank (von der fränk. Saale) > Zahl–, Soll–, Zoll|frank. Oberfrank, Niederfrank, Oisterfranke. ON. als FN. wie Frank|furt(er), –holz (ON. Wuppertal),

Franken|bach (ON. Gießen, Heilbronn), berg (Goslar), heim (M.-Frk.), stein (10 Orte), reiter
Fran|o, nek, z–: s. Franciscus
Franz|os, us: „Franzose", jüd.
Fraß, Fräßle: s. fressen
Fraßmann: s. Rasen
Fratsch|ler, (n)er, Fratz(sch)er, Frätz(sch)er: s. Pfretschner
Frau: Übern. Fräul(e)in. Juncfrowe, Jungfer; Huysvreuken, Mägdefrau (Gesindevermittlerin? Übern.?). Frauen|schuh (> Pfreundschuh), zimmer, Frau(en)lob (mhd. Dichter Vrowenlop, Satzn.; Meistersinger Frawenzucht). Sonst in Zss., Zsr. entweder Frau(en)– = Marien- oder Frauen– = Nonnen–: Frauen|holz(er), korn, krohn, heim (ON. Steierm.), hoff. (oft ON. -hof), reuther, feld, eder, schlager, schläger; Fraun|baum (mit Muttergottesbild), gruber, dorfer, (oft ON., aber Frauend. a. d. Schmida < Frowindorf, also < PN.), Frauwallner, Frowenfeld. Frauen|dienst, diener, knecht: im Klosterdienst oder wie Jungfrowdienst vom Minnedienst. (Auch < Frohn?, z. B. Frauen|knecht, rath?) Mit Umlaut: Freun|lob, städt, stein, thaller > Freudenthaller. Vgl. Freuler u. Ver– 3.
Frau–: s. FROH
Fräubling: s. FROH
Frauböse: noch unerkl. N. mit den Nebenformen Fraubös, Fro|böse, bese, boeß, busch, Fröbus, Fruböse, Früh|bos, buß, beißer, Frie|böse, boes, bis, peß (Stifters Mutter). Vroboze Hamburg XIV. Schwerlich < Frowin
Fraude, Frautz: s. FROD
Frauscher: s. Schuh
Frech: mhd. vrech „kühn, keck" (als „üppig": Frechland? Aber Frech|em, en: ON. Frechen, Köln)
Frechenhäuser: ON.–hausen, Biedenkopf
Freck–, Fred–: s. FRIEDE
Freder: s. Gefrörer
Fredup: s. fressen
Freek, Freel(f)s, Freer–, Frehland: s. FRIEDE
Freer, Frehr: s. Gefröer
Frees–: s. FRIESE
FREI: mhd. vrī „frei" (Fri|ard, mar usw.). Hierher viell. zu *Fririch: Freirich, *Friwalt: Freyhold, Friholds, Frei|wald, holz, Früh|wald, holz, falls nicht < Fridwald (vgl. Fridumar) oder Ortsangabe. Freihart s. Frei
Frei: mhd., nd. vrī. Frei, |(h)er, Fr(e)yer „nicht leibeigen" (vgl. Frister), entsprechend (ei und ey nicht geschieden): Frei|bauer, meier, müller, mann (seltener „Scharfrichter", aber Freiknecht meist „Schinderknecht"). Ihm gehören: Frei|hoff, land, hube, wald, wies. Danach heißt er: Frei|schlager, städt(ler), stetter, hofer (> hefer). Freiherr z. T. wohl < Freier. Freimark (Markt mit besonderen Vorrechten), entsprechend: Frei|wirth (× Friduwart), ON. berg(er), heit (oft ÖN. „Freistatt, Asyl", doch auch = Freihart, s. u., viell. auch abstrakt, vgl. Swoboda). Dasselbe ist Freiung. Freiling „Freigelassener" > Freilinger (× ON. Freiling(en) mehrf.), Frielinger (aber Frieling × Frühling und Fridilo). Frei|hart, ert, heit (s. o.) „Landstreicher, Spielmann". Frei|schmidt, wagner „unzünftiger". Frei|both, bott „Gerichtsbote", doch auch = unserem Dienstmann; Freistühler „vom Fehmgericht". Frei|beuter, büt(t)er, bitter „Freibeuter". — Freyhan ON. Breslau. — Freidank: Spielmannsn. „Freien Dank!" = „Schönen D." — Frei|(er)muth, gang („frei von Abgaben" oder = Freyentrit), (e)sleben. Frei|bier, brodt s. FRIEDE (Fridubert)
Nebenformen: Fry|knecht, mark, Frie|schütz, schutz (Wilddieb), bauer, sleben, Früh|bauer, bote, mann, schütz, wirt (Frigbod, Friart, Frimunt schon altd.)
Freialdenhoven: ON. Jülich
Freiber(t): s. FRIEDE, Fridubert
Freibusch: s. Phoibos
Freid–: s. Freude und FRIEDE
Freid|hofer, höfer: vom eingefriedeten Hof, Kirchhof. FN. Friedhof(f)
Freidig: „trotzig". Freido. Zss. selten. Freid, |l, elsperger, Fraidling, Fraitzl
Freienstein: 9 ON.
Freiger: s. FRIEDE
Freiler: s. Freuler
Freinberger: wohl „vom Bergrutsch" < ladin. fragmina oder voragin–
Frein(s): s. Severinus
Freis–: s. FRIESE

Freisburger: ON. Freisburg, Steierm.
Freis(ch)en: ON. Freisen, Trier
Freißlich: < mhd. vreise „Schrecken". Freys (vgl. FRIESE)
Freist: ON. Prov. Sachsen Pommern
Freit–: s. FRIEDE
Freitag: Tag der Göttin Freyja; schon and. Frigdag. Frey|tag, dag, täger, Fridag, Karfreitag. Aber Friedack s. FRIEDE, Frithurik
Freithofer: (× Freidhofer)
Frek–: s. FRIEDE
Fremd: Fremd|t, e(r), ling, Fremter, Frömbling
Fremer(s): s. FRIEDE
Fren–: s. Franciscus und FRANK
Frendel: vgl. die unerkl. altd. N. Frendun, Frandildis. Frentel
Frengele: < it. fringuello „Fink"
Frenk–: s. FRANK
Fren(n)er: Tirol < ladin. frana „Erdrutsch" (× Verena)
Frens–, Frenz–: s. Franciscus und Laurentius
Frentrup: ON. Frentrop, Recklinghausen
Freppens: s. FRIEDE (Fribo)
Frer–: s. FRIEDE
Frera: s. Gefrörer
Frese: s. FRIESE (× tsch. vřes „Heidekraut")
(fressen): nd. vrēten. Fresser, Freter, Fleischfresser, Fresse, Fressenteufel, Fret(t)wurst, Fredup (friß auf!). — Fraa|s, ß „Fresser", Frohs, Freßel, Fräßle, Freßl(e). Manfraß (vgl. essen) > Man|frast, frost „Menschenfresser"; Wegfraß (< Wecke), Bol(l)|fras,

fraß, fraz < bolle „Gebäck"
Fret–: s. fressen
Fretsche: „Frosch"
Fretschkes: s. FRIEDE Kf.
Fretschner: s. Piretzschner
Fretter: 1. nd. „unzünftiger Handwerker". 2. ON. Westf.
Fretthold: s. Holz
(Freude): Freud, |e(mann), el, er, ing(er), enhammer (ON. Passau, München, Leitmeritz), endahl (doch vgl. –thaller bei Frau), Freutel, wohl schon von einem altd. N. (Fröudo, Nied). Jünger: Freuden|sprung, schuß, reich; Freud(e)rich: mhd. vröude(n)rīche. Freudigmann
Freuler, Freyler: „Frauenwirt" oder wie der Frauen (und Freuling?) „Höriger eines Nonnenklosters". Fräuler
Freun–: s. Frau
Freund: (vgl. Feind); schon ahd. Friunt, |ilo, helm, scaf. Freund (ON. Aachen), (e)l, gen, ling, mann, shuber, Freund|lich, lieb. — Bier–, Sieben–, Tausend|freund, Pfreundt, Friend; nd. Frün|d, t, z; Dünfründt. Allervrund. Vgl. de
Freund|schig, schuh: s. Schuh
Frevel: Adj. „verwegen". Fräfel, Fröbel, Fräefel
Frevert, Frewer: s. FRIEDE
Frewe(i)n: s. FRIEDE
Frey–: s. FREI und Frei
Freybe: s. FRIEDE (Fribo)
Freyler: s. Freuler
Freys: s. FRIESE
Friauf: s. früh
Fribolin: s. FRIEDE (Kf. Fridilo)
Frick (Friccius): s. FRIE-

DE (× ON. Frick, Aargau, Fricker auch aus dem Fricktal, Baden)
Frickenhaus: 2 Höfe, Elberfeld
Frie–: s. Frei, FRIEDE, FRIESE
Frieb–: s. FRIEDE
Frieböse u. dgl.: s. Frauböse
Friedack: s. Freitag
FRIEDE: Zu ahd. fridu, nd. vrēde „Friede". B. 1, 223: „Schutz, Sicherheit, Einfriedigung". Damit mischt sich ein zu nhd. frech gehöriger Stamm FRIK „(kampf-)gierig", so in Frick, |art, ert, Fi|kuart, quart u. dgl. — Enthält der zweite Bestandteil ein r, so wird das r der ersten Silbe oft durch Dissimilierung unterdrückt
Fridubald: Friedebold, Frieboldt, Fre(de)bold
Frithubarn: Friedeborn
Friduber: Frieber, Fieber(ling)
Fridubert: Fri(e)bert(shäuser), Fre|vert, wert, Fieber|t, ling, Frei|ber(t), bier, brodt
Frithubrand: Fiebran|d(t); r > l dissimiliert: Fildebrand(t) > Wilde–, Vil(l)–, Fil(l)–, Fiel|brand(t)
  Kf. *Fribo: Frieb, e(l), ke, Frippe, Freppens, Freybe, Fiebel
Frithuger: Friediger, Fri(c)ker (× ON. Frick, s. d.), Freiger, Fit|ger, jer, Fieger, Ficker, |s, mann, Figger, Fikrle. — Durch Zusatz eines t̓ oder aus Frickart (s. o.) entstehen: Fie|gert, kert, Fickert, Feckert, Feikert

Friduhelm: Mischf. Frickenhelm

Fridehere: (z. T. < Friedrich) Frie(de)r, Fryder (× < ON. Friede, Hessen), Freder(ling), Freer|s, ssen, mann, Freiter, Fedder(sen) (vgl. Feder; aber Fretter s. d., Freter s. fressen)

Fredeland: Frehland(t)

Fridiliuba (weibl.): Friedlieb (oder jüngerer Übern.)

Friduman: Fri(e)demann, Friedmann

Fridumar: Frim(m)er, Frymer, Fremer(s) (diese N. auch < Fri-mar, s. FREI), Fem|mer, erling, Friedmeyer

Fretmod: Friemoth (× Freimut), Friemuth
 Kf. (vgl. fries. Fimmo): Friem, |el(t) (× Pfriem), Frim(m)el, fries. Fimmen

Frithuric: Fried|(e)rich, rich(s, sen), risch, riech, (e)rix, ritz, (en)reich, Fri(e)derici, Freid|enreich, (e)rich, Fred|(d)rich, ereck, reksen, Frederking, Fräd(e)rich, Fi(e)d|rich, erici, Fydrich, Vietrich. Freer|icks, k(ing), Frerk, Frer|ich(s), ix, ks, ksen, Vierck > Viereck; tschech. Bedrich, wend. Bedrich, Bötrich, Fried|e, ak (× Gottfried), lit. Friedrichkeit

Fridwalt: Fried|(e)walt (auch ON.), ewold, Friewald (vgl. FREI); Mischf. Frischholz

Frithuward: Frei|werth, wirth, Fre|vert, wer

Friduwin: Freidwein, Frewein (× FROH, Frowin), Frewen

Fridulf: fries. Freelfs
 Kf. Frido, Fritto,
Feddo (auch zu Gottfried u. dgl. × mhd. vrīde, nd. vrēde „eingehegter Raum"): Fried (latinis. Pax), |e, inger, jung, (× ON. Frieding, |en), Friedwagner, Fre(h)de, Fräde, Vreede, Freding, Frei|d, th, Fedd|e(n), inga, Fett|e, inger, Vette(n), Fitting

Fridilo, Frillo: Fried|(e)l (× mhd. vri(e)del „Geliebter"), elt, ling, eler, le(in), li(n), lhuber; Fridolin (Hl.) > Fridolin; Mühl–, Haber|friedel; Freidel; Freit|el, ler, Freidlinger; Friel, |ing(haus) (ON. Frühlinghausen, Iserlohn), vgl. frei und Frühling; Frill, |e (× ON. Minden, Schaumburg), ing, Fredel, Freels, Fiedling

Friducho, Feddeco, Fricco (s. d. Anfang des Artikels), Ficcho: Frick, |e(l), (h)inger, latinis. Fricci(us), Frixen, Frieke, Frigge, Freck(mann), Freek, Fre|ke, king, Fitt|ica (fries.), je, ge, ing, mann, Fittich (s. d.), Fid(d)eke, Fie|ck, k, kel, ge(n), gel (s. d.), gle(r), ner (< Fügener), Fig|e(r), ge(n), gler, Vick, Fick, |inger, en, el, (l)mann, Fix, |el (× Fuchs), ler, son, Feeken, Fei|cke, ge, gl, gs, x, kema, Veik, Veeke (vgl. Feig- und Vitus)

Frithezo, Frizo: Fritz, |e(r), en, le, mann, ing(er), sch(e), ke [vgl. wend. Frycko = Friedrich; Fritzler < ON. Fritzlar, Hessen]. Zsr., Zss. Langfritz, Fritzschans (Fritzsche Hans), Fritzemeyer, Fritzmann > Friedsam
He., Fryz, Fritsch, |i, e(r), le, en, ner, Frisch (z. T.), |le, mann, Fitz(ke), Fitsch(e), Fretschkes. Wend. Fietz(e), Fitzke, Britz(e), oberschles. Fietzek, Brysch (× Ambrosius). Sieh auch Hildifrid

Auslautend: Siegfried, Seifritz, Hellfri(tz)sch. Denfert, Benfer, Sievers (× –wart), Nieferz. — er > ar: Goffarth, Hoffartz, Dittfath, Herfat, Halfar. — frt > furt: Wil|furth, fort. Beachte die hess. ON. Sterbfritz, Merkenfritz, Seiferts

(Friede): Täuflingsn. Fried|liebend, sam, enreich

Friedländer: Oft ON. Friedland

Friedsam: s. FRIEDE Kf. Frithezo, Frizo

Frieholds: s. FREI

Frieke, Friel: s. FRIEDE

Frieling(er): s. Frühling und Frei [5 ON. Frieling(en)]

Frielinghaus: 5 ON. –hau|s, sen (Westf., Lennep)

Friem–: s. FRIEDE

Friend: s. Freund

Frier: s. FRIEDE, Fridehere

Friese: zum Volksn. Friesen. Deutung des N. unsicher

Fresemer: Früsmer(s), Früß–, Früse|mers?

***Friswald:** Freysoldt
 Einstämmig: Frieso „der Friese". de Vries, Fries(l), Fries|e(n), ecke, el, ing, Friesen|hahn, egger, Frieß, |e, inger (eher < ON. Freising < Frigisingum, zu FREI), ner. Fris|ius, icke, Friske; fries. Vriesema. — Freis(ler), Freise(n), Freiß, |e

(× mhd. vreise „Schrekken"), mann, Fre(e)|s, se(mann), Fresenius. — Friesland, Vrieslander (× mhd. vriese „Kanalarbeiter", schwäb.-schweiz. fries „Graben". Dazu Friese|r, meister). — 7 ON. Friese(n) (ostd. auch < brjaza u. vřesu „Heidekraut"), Friesenhagen, Rhld. (> Friesenhahn), Friesheim (1. Köln > Friessen, Friesem. 2. OPf. > Frieshammer). Fries|land, länder

Frietschmuth: s. Frisch

Frigge, Friker, Frill–, Frimm–: s. FRIEDE

Frin–: s. Severinus

Frintrop: ON. Duisburg

Frippe: s. FRIEDE (Fribo)

Frisch: (× FRIEDE Kf.). Frisch|er, at (< *Frischhart), ing, lin(g) (junges Schwein oder Lamm), wasser, bier, butter, korn, eisen (s. -eisen; dazu Frisch|er, mann, knecht, gesell < frischen „Eisen durch Schmelzen reinigen"). Frischmut(h) (Frischgemuth, mhd. gemuot „gestimmt", Frietschmuth, Frischkemut), Frischblut. Frischholz wohl < Friedewald (s. d.), Frisch|le, mann s. FRIEDE Kf.

Frister: Bergwerkseigentümer mit dem Recht, den Betrieb zeitweise einzustellen. Dasselbe ist Freier

Fritz–, Fritzsch–: s. FRIEDE Kf.

Fritzenwanker: ON. Fritzenwang, Salzburg

Frob–, Fröb–: s. FROH

Fröba: 1. < sl. vrba „Weidenbaum". Fröbe. 2. s. FROH

Frobel: 1. FROH, Frobald, Frobbel. 2. ON. Schlesien. 3. = Wrobel

Fröbel: s. Frevel (× ON. Schlesien)

Froböse, Frobusch, Fröbus: s. Frauböse

Fröchtenicht: s. Furcht

Fröck: s. FROK

FROD: as. frōd, ahd. fruot „verständig, weise" (vgl. FROH)

Frodobert: (× FROH), Frohbart, Frubrig, Fröbrich, Frö–, Früh|brodt (doch s. früh). Kf. Frubel, Frübing

Frothar: Frodermann, Fröder, Fröter, Froedert, Frödtert

Frodrich: Fröd(e)rich, Fro(h)reich, Fruricks

Frodulf: Frohlof(f), Fruloff

Einstämmig: Fruthmann, Frutig (mhd. vruot(ic) „klug, artig, munter, frisch"; vruot „Verstand, Schönheit, Freude"), Fraude, Frautz, Frodl, Frohl, Frütel, Frö|de(l), lking, liger, ls, llje (z. T. auch Fröhl|ig, ich), Frutz(r)

Frögel: s. FROK

FROH: 1. ahd. frō, as. frāo „Herr" (vgl. Frau, Fron|leichnam, vogt). 2. ahd. frao, frō „flink, froh"; starke Form frawer. Fällt vielfach mit FROD zusammen (s. d.)

Frawibald: Fräubling, Frobel (s. d.), Fröbel

Frawiperth: Froba(r)th, Fröbrich (vgl. FROD) Kf. Fröb, |er, ing, (e)s, ius

*Frawifrid: Fraufart(h)

Freuhart: Frohardt

Frowimund: Fromm|und, ont (s. d.), Brom(m)ond, Brom(m)und

Frowin: Fro|(h)wein, bein, been, ben(ius), bin, Frühwein, fries. Fröba; vgl. FROK

Frolof: Frohloff, Fro(h)lob

Erweiterter Stamm (ahd. frōno „zum Herrn gehörig"; Fronimuth):

*Frowinhart: Frohnert, Frahnert, Fruhnert

Einstämmig: Frau|en, z, ssen, Frahn(e), Frohn(e) (meist vrōne „Büttel"), Fronius, Frohn|s, ich, hausen, Fron|ecke, le, Fröhnel. Sonst s. Frohn

(froh): Sonnen–, Schatten|-froh

Fröhl–: s. FROD

Fröhlich(er): meist „der Fröhliche", doch auch zu FROD. Fröhlichmeyer (nach dem früheren Besitzer des Hofes). Fröhlichonski (Kreis Thorn)

Frohloff: s. FROD

Frohm–, Fröhm–: s. FROMM

Frohmayer u. dgl.: s. Frohn

Frohn: ahd. frōno „zum Herrn gehörig". Frohn(e). Fronius: mhd. vrōne „Büttel". Fröhner: „Knecht, Beamter des Herrn, Bergmann" (× Verena. Vgl. ON. Frohn|a, au), dasselbe Hoffrohne, viell. auch Fro(h)ning, Fröhning, latinis. Froni(us). Ihr Aufseher: Fronvogt. Froh(n)müller „herrschaftlicher Müller", ähnlich: Fron|fischer, mann, ober (zu Au?), Frohn|-hoff, höfer, häuser, holzer, wieser, knecht, meier, Frohmayer, mann, mader. Vgl. Frau

Frohnrath: ON. Aachen

Fro(h)riep: Flurn. Vroripe, Lippe

Frohs: s. fressen

Frohse: ON. Magdeb.

FROK: zu ahd. fruohhan „entschlossen"
Fruohwin: Früh|wein, bein, auch Fro(h)wein; s. FROH und früh
Kf. Froho: Frö|ck, gel, Fru|ck, ggel, Frückmann

Fröl–: s. FROD

Frömbling: s. Fremd

FROMM: zu got. fruma „der erste" (gr. πρόμος) mhd. vrum „tüchtig, nützlich" (vgl. es frommt), noch nicht „religiös"; nd. fram. Vorwiegend jüngere Zss.
*Frumibald: Frombold
*Frumihart: Frommert (× < Frommann KS), Frömmert, Frö(h)mert, From(m)herz (oder Übern.)
Frumihar: From(m)er, Fröm(m)er, Fröhmer
Frumirih: Fröm(me)rich
Frumold: From(m)elt, Fromm(h)old, Frömmelt, Fröhmelt, Frümmelt, Frommelsberger (?), From(m)hol(t)z (× Frum(a)holz, ON., wohl „Nutzwald")
Einstämmig (vgl. Fromm): Frum(m), Fromke, Fromm, |e, en, el, Frohme, Froom, Fröm|(m)el, (e)ling, mi(n)g, chen, bgen, ke, Fröhmke, Frömbling, Pfromm. Frahm(ke), Främ|ke, ming, Frähml

Fromm: vgl. FROMM. de Fromm, Frommann „Biedermann", Frommknecht

Frommont: 1. zu FROH. 2. Nebenform zu Hrodmund (frz. Fromont)

Fron–: s. Frohn

Frorath: ON. Neuwied

Froriep: s. Frohriep

Frosch: Frösch, el, l(e), lin, Froschmuli („Mäulchen"), Guldenfrosch (< Hausn.). Froschauer: ON. Bay., Österr. — Fröscher „Froschfänger" (schwäb. froschen). Vgl. Fretsche, Höppeli, Röling. (Froschhammer < ON. Froschheim)

Fröschner: s. Pfretschner

Frost: Leidenfrost („dulde den Frost") > Leibenfrost (Manfrost s. fressen)

Fröt–: s. FROD

Frotscher: ON. Frotschau und Rotschau (< Vrotschow), Vogtl.; aber Frötsch(n)er s. Pfretzschner

Frotzler: bair. „Spötter"

Frub–, Früb–: s. FROD

Fruböse: s. Frauböse

Frucht: Frücht(e)l (s. auch Furcht). **Frücht–:** s. Furcht

Fruck, Frückmann, Früggel: s. FROK

(früh): Früh(e), Frü(h)auf (Friauf, Fruehoff) „Frühaufsteher", auch „voreheliches Kind". Früh|auß, insfeld, insholz, morgen, klug, wacht, stück, trunk, brodt, haber, wein (doch s. FROH, FROD, FROK), auch Frauböse und Frei

Frühling: Fryling, Fri(eh)ling (z. T. = vrīlinc, s. Frei, auch „frühgeboren", und wie Frühlinghaus zu FRIEDE). Fröhling auch zu FROH, FROD

Fruloff: s. FROD

Frum–, Früm–: s. FROMM

Frumath: s. āmad

Frümbes: mhd. vruo-imbiʒ „Frühstück". Fruenpiz XIV

Frün|d, t, z: s. Freund

Fruricks: s. FROD

Früs: s. FRIESE

Frut–, Frütel, Fruth(mann): s. FROD

Fryder, Frymer: s. FRIEDE

Fryer: s. Frei

Fryz: s. FRIEDE Kf.

Fubel, Fübel: s. VOLK, Kf. Foppo

Fuchs: nd. voß; auch < frz. Renard. Fux, Fuks, Fuchß, latinis. Fuxius, Vulpi(n)us, Volpius, Füchs|(e)l, le, lin, en; Doppeln. Fuchsschwartz; nd. (de) Foß (vgl. Fos), Voß(hans), Vossen, Vößgen, Vössing, Vöske; Fuchser, nd. Foßler „Fuchsjäger". Fuchs|bichler, brunner, eder, lechner, bauer, loch(er), mann, ohr, schwanz, schwar(t)z; Oberfuchs|hofer, huber. Fuß|bach, broich, winkel, höller (< Höhle), kuhlen, horn, Fusbau. Voß|winkel (7 Orte), kuhl(e) > kühler, köhler; meyer, nack(e) (ON. Voßnacken, Dortmund, Altena), Vos|kamp, hage, zal (s. Zagel), Fossenbarg, Vossenkuhl. Fuxloch, Foßhag. — Rot(h)-, Sand- („sandgelbes Pferd", Andresen), Schrecken–, Jachten|fuchs; Sand|fus, foß (Mann namens Voß auf dem Sande, vgl. Diekfoß, Feldvoß u. Henke–, Hengvoß) > faß, Rothvoß. Isernvos. — Staud|fuchs, enfuß, Stutfuchs ist ein Held der Dietrichsage, Stuotfuchs im Biterolf, Staudenfuosz im Großen Rosengarten, nach Bre. „Prahler". Viele ON., so auch Vohwinkel (Düsseldorf < voche „Füchsin")

Füch–: s. Fichte

Fuchtel: „breiter Degen, Schlag damit"

Fuck–, Fück–: s. VOLK

Fudickar: Hofn. Zu Fudikars, Elberfeld
Füer–: s. Feuer
–fues: s. Fuß
Fuge, Fügel: s. VOLK Kf.
Fugel–: s. Vogel
Fugmann, Füg(e)mann: „Anordner"
Füg(en)er, Fieger: auch < ON. Fügen, Zillertal, Füger auch zu Viebig, s. Vieh. Fügenschuh
Fugger: Schere zum Schafscheren. FN. Wollfucker, Fucker(t), Fuggerer
Fugl–: s. Vogel
Füglistaller: ON. Füglistal, Schweiz
Fuhge: s. VOLK Kf.
Fuhl–: s. Faul. **Fühl–:** s. VOLK Kf. **Fuhland:** s. VOLK (Folcnand). **Fühling:** 1. ON. Fühlingen, Köln. 2. s. Volger
Fuhl–roth, rott: s. VOLK (Fulchrad)
Fuhr: 1. mhd. vuore „Fahrt". 2. „Durchfahrt, Furt". 3. nd. vūre „Föhre". Zu 3: Vurenholt. Zu 2: Wasserfuhr, Vanderfuhr. Zu 2, 3: Fuhrer, Fuhrhoff. Zu 1: Fuhrmann(s) = Führer (s. führen), Fuhrmeister; nd. Vohrmann, Fohrmeister, mit frz. Schreibung Fourmann, polonisiert: Furmanek, Furmaniak. Fuhr|werk, berg(er) s. Vorwerk
führ: s. Feuer und führen
(führen): besd. Waren im Umherziehen mit sich führen. Korn–, Brot–, Buch–, Wein–, Butter–, Hopffen–, Saltz–, Holsken|führer, Melfurer. Aber Steinführ(er), Karrenvorer sind Fuhrleute. (Führer < Fürther KS.) Vgl. Kranz
Fuhrhop: ON. Lüneburg

Fuhs: s. FUNS
Fuhsan: s. Fusan
Fuhse: (FN. Hannover) Flußn. bei Celle (× FUNS)
Fuhst, Fuisting: s. Faust
Fuks: s. Fuchs
Fulber: s. VOLK. Fulbrecht
Fuld(a): ON. Hessen. Fulde (ON. Walsrode). Full, Fuldischmann, Altfuldisch (Nü)
Fulf: s. VOLK (Fulcuf)
Fulge: s. VOLK Kf.
Full: s. Fulda
Full–, Füll–: s. VOLK
Fülle(n): junges Pferd. Vuli(n)
(füllen): Füll|grabe, gräbe, grad, graf, kell (Hamb.). — Satzn. Füll|(e)krug = kruß, nkrus (s. Kraus), Füllenbüttel (Beutel), Fül(l)sack s. Sack. Fül(le)bier. — Fül|(e)born „reichlich fließender Born" (vgl. voll)
Fuller: Tuchwalker < lat. fullo (× ON. Fulda). Füller, Völler, Voll|er, müller. Dazu rhein. Volles („Walkhaus", s. Haus), Fülles
Füller: 1. der etwas einfüllt (z. B. Mörtel oder Erz) > 2. Schlemmer. 3. der am Damme (mhd. vülle). 4. = Fuller. 5. Fulchar s. VOLK
Füllgrabe: s. füllen und Graf
Fülling(er): s. Villinger und Volger
Fullmahn: s. Mond
Füllmer, Fullreich: s. VOLK
Fullrich: s. VOLK
Füllriede: s. Faul
Fülöp: madjar. = „Philipp"
Fuls, Fulst: s. VOLK (Schluß)
FULT: unerkl. Stamm, viell. zu ahd. fultar „trotzig" (×VOLK). Hierher viell. Volt, |e(n), Völt(es), falls nicht zu Valentinus
Fund: 1. bergmännisch „Fundgrube". Funt, Funderer. 2. s. Pfund (Fund|(n)er, ers, inger s. Bünd. — Funder „Weg über einen Graben". Fundermann)
Fünd(e)ling: s. finden
(fünf): Fünf|er, hausen (6 Orte Hann., Oldenb.), stück, schilling, geld, rock. Latinis. Quinque. Fünfzig (vgl. mnd. veftig „Rosenkranz", wegen der Kugelzahl)
Funhoff: s. von
Funke: lebhafter Mensch. Fun(c)k (< Fink KS), Funccius. Weiterb. Funk(e)l, ler, Fünkler, Funger. Vgl. Ganster, Gleim, Gneist
FUNS: ahd. funs „rasch, tätig", besd. bei den Westgoten beliebt (Alfonso s. ADEL)
 Kf. Fuso und –funs: Fuhs, Fuhse (s. d.), Fus|en, er, Fuß|inger, ner, eder (Füßle(i)n u. dgl. s. Fuß), Füser(s), Fusch(lberger)? Füssel(berger)? Fons, Fönsing
 Auslautend s. Fuß

Fuoß: s. Fuß
(für): Fürgut (Redn.), oft = vor (s. d.): Fürbringer („Angeber, Verleumder"), Fürsprech(er) „Anwalt", Für|witz, witt („Vorwitz"), sich(t) („Vorsicht"). Sonst s. Feuer. Fürkant „vierkantig, vierschrötig". Sieh auch vier

Furch: wohl „Furcht" oder „Föhre"; Furche, Forche (Glatz) „Furche". Furch|–

hardt, ert u. dgl. s. VOLK, Furchheim s. Föhre

Furcht: (nd. vorht, vruht). Schon ahd. Uurhta; Cota–, Engil|vorht, Vorchtlieb. Forcht, Furcht|bar, sam, Fröchtling, Fürchte|gott, nicht = Früchte|nich(t), ning, Fröchte|nicht, nigt (vgl. Furt; Furchtmann < mnd. vruchtman „Befrachter")

Fürderer: s. Furt

Fürfang(er): mhd. vürvanc, eine Art Gerichtsgebühr, Prozente vom wiederersetzten Gut, die der Richter erhielt

Fürholzer: ON. Fürholz(en) mehrf.

Fürkant: s. vier

Furkard: s. VOLK

Fürm–, Fürn–: s. firn

Fürniß: s. Firniß

Fur(r)er: < obd. furre „Abhang", schweiz. „Bodeneinschnitt". Forrer

Fürst: Fürste, Kurfürst. Fürstenhaupt und Dreifürst wohl Hausn. Sieh auch Forst. Unerkl. Purfürst (= Puhlfürst, Elsterberg)

Furt: mhd. „Furt, auch Flußübergangsstelle, Weg durch Moor", nd. meist vörd(e), voerde, obd. auch Furcht (> Furchtner), Furths. ON. Furth, Fürth, Forth, Frankfurt, Herford, Eckernförde (engl. Oxford, vgl. engl. Firth, dän.-norw. fjord)

1. Furth, |ner, mann, maier, Furt|müller, wängler s. Wang; Inderfurth, Ver|furden, fürden, fürth („von der F."), Furter(er), Fürt|ner, er(er), Fürderer, Firderer. Stein–, Ditt– (< diet; ON. Dit–, Diet|furth), Her–, Schwein–, Blumen|furth; Erfur(d)t (s. d.). Frank–, Heins|furter, Haß|further, fürther, forth (am Main); Eggen–, Edl–, Holz–, Glücks–, Eh(e)glücks|furtner

2. Forth (auch ON. Franken), Förter, Forther, Vort, Zumfo(h)rde, Thomfohrde, von der Föhr, Foortmann, Fordemann, Fort|müller, riede, meier, kamp, Vort(h)mann, müller; Sand–, Heller|forth, Holt–, Hilge|fort, Steinvorth, Westervoorde, Vörtmann

3. Ander–, Ante|fuhr; Aengenvoort; mit frz. Schreibung Bivour

4. Ochsenfahrt: s. Ochse

Fus–, Fuß–, Füß–: s. FUNS

Fusan, Fuhsan: ON. Fusa, Lausitz

Fusbau: s. Fuchs

Füser: s. Vincentius

Fuß: nd. voot, vaut. Fuoß, Fues, Füß|(e)l, le, li, le(i)n, Füeslin, Füsgen, nd. Foth, Voth. Fus–, Fuß|angel. Votknecht („Fußsoldat"), vgl. Tovote. Fußgänger. Breitf., Schmalf., Langf., Gugelf. = Kaulf. (s. Kugel und Kaule) = Klumpf. Dasselbe wohl Stollf., Pollf. (Polsfus, Polzfus). Krum(m)f., Danzf., Eilenf., Standf., Stolperfus, Stolterf. (s. d.), Stolte|faut, fuß, rfoth; Stampfuß, Plattfaut (> Platzfuß), Brockenfus (gebrochener), Stol(l)–, Stolz|fuß. Wackerf. (zu wackeln). Knackf., Klinckerf., Klingelf., Zierf., Geilf., Gailf. (< geil „lustig" > Gallf.), Schönf., Blauf. (eine Falkenart > Bleif.), Rothf., [Rothenfuß(er), Rottenfußer], Gehlf. = Gelbf. (oder = Geilf.), Goldf.; Witt|foht, foot, Seidenf., Schneef., Winterf. — Satzn.: Regenf., Streckf., Storzenf. — L(e)ichtf. (Leichfus). Ku(h)f., Kühf., Kalbf., Rindsf., Rindsfüßer (alles „Klumpf."), Lamsf., Hühnerf., Hennef., Ziegenf., Schweinef., Kranef., Rehfues, Be(e)rf., Pernf. (Jagdtrophäe; s. Haupt). Huntfuos, Rappenfuss, Hasenfuß. S. ogge und Barfuß.

Oft Fuß = Fuchs (Fußgang „Fuchsbau", Fußwinkel, aber Hengevoß = Hinkfoth) und nd. Berührung mit Voigt (z. B. in Holtfoth). — Dreifuß, Dollfuß, Schaufuß s. besd., Rollfuß s. HROD. In einigen Fällen < FUNS, so sicher die N. bei ADEL (Alfus), SIEG (z. B. Ziffus, Seifüßl) und TAG (Daig–, Teich|fuß). Außerdem wohl: HEIT (Heitef., Heidef.), BIL (Beilf.), DAL (Dahlf., Tellef.)

Füssenich: ON. Aachen

Füsser: ON. Füssen

Fußhöller: ON. Fußhöllen, Siegkreis

Füsting: s. Faust

(Futter): Futter(er), Fütterer, nd. Foderer. 1. = FN. Futtermenger „Viehfutterhändler". 2. = FN. Futter|knecht, häcker, hecker, schneider, sack, 3. Kürschner (s. bunt)

Futtig: s. VOJ

Fux: s. Fuchs

Fydrich: s. FRIEDE

G

Gaa: s. GAU
Gaabs, Gaap: s. GEBEN
–gaard: s. Garten
Gaar(t)z: 3 ON. Gaatz: ON. Usedom
Gab–, Gäb–, Gabbe: s. GEBEN; Gaber(t) s. auch Gauer, Gab(b)er s. Gabriel. Gabbusch: s. Gadebusch
Gabauer: s. Gebauer
Gabel: 1. landwirtschaftliches Werkzeug. 2. Flurn. 3. Wegegabelung. 4. < tsch.-wend. jablon „Apfelbaum". 5. mehrf. ON. Gabel, Gablau. 6. Übern. nach X-Beinen. 7. Kf. von GEGEN und 8. Gabriel. — Gaabel. Zu 2: Lang|gabel, habel (× Kabel). Zu 1–3: Gabelmann. Zu 1–3, 6, 7: Gäbele(in), Gebelein. Zu 1–8: Gabler, Gäbler, Gebler. Zu 4: Jabel, Gabelunke. Vgl. Forkel (Schwizgäbele s. Giebel; Gawel ·s. Gallus)
v. d. Gabelentz: ON. Crimmitschau. **v. Gablenz:** ON. Sorau; sonst noch mehrf. ON.; ebenso wie Gablonz, Böhmen < jablon (s. Gabel 4). Vgl. Jablonski
Gabelsberger: Einöde Gabelsberg, Freising
Gabor: s. Gabriel und Gauer
Gabriel: Erzengel; hebr. „Held Gottes". Gabriel, |s(ky), Gaber|el, ler, Gabiel, Kabriel, Kappr|ehl, ell. [Gab(b)er, Gabor, Gober: He]. Vgl. Gabel 6
(gach): „plötzlich, ungestüm, abschüssig". Gäch–, Gäg–, Geh|auf (ein Jähzorniger) = Gach, Gäch, Gech. — Gachot (< ahd. gachoti?), Gocht, Kecht zu ahd. gehida „steile Stelle" > Gächter
Gack(e), Gäckle: < unerkl. altd. PN., Gacco (Nied), dazu Gagg, Gekking, Göckingh
Gackstatter: s. Gagen
Gad–, Gäd–: s. GATTE und Gaden
Gadau: 2 ON. Gadow, Priegnitz
Gadatsch: sl. godač „Weissager, Zauberer"
Gadebusch: ON. Meckl. Gabbusch
Gadegast: ON. Merseb. Gategast
(Gaden): einräumiges Haus; je nach der Gegend auch Wohnung, Verkaufsstand, Milchkammer, Stall. Gader, Gademann fränk. „Krämer"
Gademer, Gadner 1. Zimmermann, 2. Kleinhändler. 3. Häusler. Bei Gademer, Gedemer × ON. Gadheim, Gädheim, Franken (Gad|amer, hammer: ON. Gadheim, Landshut)
Gaderer: s. Gatter
Gadlich: s. GATTE
Gadumer: ON. Gädheim, Haßfurt
Gaffert: ON. Köslin (× GATTE)
Gäffgen: s. GEBEN
Gaff|ran, ron: s. Gawron
Gagauf: s. gach
Gagelmann: ON. Gagel, Magdeb., Gagelow, Meckl.
(Gagen): Tirol: Sennhütte. Gag|en, er, stetter, Gack|statter, stätter (× ON. Gaggstadt, Jagstkreis)
Gagern: ON. Rügen
Gagg: s. Gacke
Gähde, Gähtgens: s. GATTE
Gahlen: ON. Duisburg. Gahlmann
Gahlenbeck: ON. Meckl.
Gahmig: ON. Gamig, Pirna
Gähr(ing): s. GER Kf.
(gaj): sl. „Hain". Gaj|ek, er, Gaier, Gey(h), Goje, Ganik („Waldhüter"), Obwend. haj, Vklf. hajk: Hey, |ek, er, Haj|ek, esch, etz, er, Hai|ke, er, Heier, Hay; hajnik „Förster, Jäger": Hain|ich, k(e)
GAID: zu langob. gaida, ags. gādu „Lanzenspitze". Sicher ist nur Gaido erhalten in Gaide, Geide, Geith, Keith (s. d.), dazu Geid|(e)l, emann (Geidel auch pruß. wie Gaidell), Geit|(e)l, se, z; Keid|ell, mann, (erling?), Keit|el, ne, Keitz(el), Kaidel; Keul|del(l), dle, tel, Jeiter. Beachte aber Geith, Geit(e)l, südd. „Ente", mhd. kī(de)l „Keil" (s. d.)
Gaidies: lit. gaidys „Hahn"
Gaier: s. Geier
Gaifas: wohl der Hohepriester Kaiphas im Passionsspiel
Gaigl, Gaiken: s. KAG
Gail–: s. GEIL, geil
Gaim: s. Keim
Gais–, Gaiß–: s. Geiß
Gaist: s. Geist
GAL zu ahd. galan „singen"
***Galbrecht:** Gallbrecht, Kahlbrecht, Kal|brecht,

pers, Galbarz?, Chalphart, Salzb. XIV
*Galfrid: Galfert
Galaman: Kallmann (s. d.), Kallhardt, Gallert wohl „Schwätzer" < mhd. kallen „schwatzen". Im übrigen vgl. Gallus. Sl. Stämme scheinen vorzuliegen in Gal|ka, ke, (l)itz, isch, Kals(ke), Kalk, |e, ni(n)g (gal = „curatio infantis", Miklosich, kalu „schwarz")
Galand: pruß. ON. Galland(i)
Galehr: „Galeere", Hausn.
Galenz: ON. Gahlenz, Sachs.
Galgan: mhd. galgan „Gewürzwurzel Galgant"
Gälhar: s. gelb
Galistl: s. Callistus
Galitzenstein: „Zinkvitriol". Glicenstein
Gall–: s. GAL und Gallus
Gallach: rotw. „Tonsurträger, Geistlicher". Galle
Gallaus, Gallautz: s. Nicolaus
Gallschütz: ON. Leipzig, Meißen
Gallus: lat. „Gallier", Hl., Gründer von St. Gallen (× Latinis. von Hahn, Händl). Kalus, Kalle(n), Call, Gall, |e (× = Gallach), i, y, ei, (er)meyer, enkamp, Gall–, Kall|mann (× GAL). Galluser, Galler < ON. St. Gallen. Sl. Galla, Galys, Gaw|el, lik (× Gabriel), Kall|is, ok, us; tschech. Havel (vgl. ON. Habelschwerdt) Habel, Hable, Hallik
Galm: „Lärm", schon ahd. N. (× ON. Magdeb.). Dazu viell. Galmert (doch vgl. thür. galmer, pfälz. golmer(t) „Goldammer")
Galster: Zaubergesang, Betrug × schwäb. „Elster". Galsterer
Galterer: Hüter des Galtviehs, Jungviehs auf der Alm
Galura: s. Katze
Galz(er), Gälzer: s. Gelzer
GAM: Vgl. ahd. gaman, gamel „Freude, Spiel", noch jetzt bair. gämel „Spaß", gampe(r)n „scherzen, springen", ablautend gumpe(l)n „lustige Sprünge machen" = mhd. gimpen. Ferner ahd. gambar „tüchtig" (> Volksn. Sugambri, Gambrivii) und Vogeln. Gimpel
Gamard: Gamm|ert(s)felder (ON. Gamersfeld, Eichstädt), at, eter, erdinger (ON. Gammertingen, Hohenzoll.), Gametz, Cammert, Gämert, Gehmert (× Gampert)
Gamer: Gamer, Gämmerl(er), Gemmer
Gamrich: Gem|rich, rig, Gemmerich (× ON. St. Goar), Jäm(m)erich
Gammolt: Gemoll? (s. d.)
Gammolf: Kam(m)uf, Kamauf, Gamauf
Gamal-heri: Gampler (oder „Springer"?), Kam(m)ler, Kämmler, Kemler
Kf. **Gamal:** Gammel, Kammel, Kämmel, Kemmel, Gemmel (× Kamel)
Gammo: Gamm (× ON. Meckl.), Gam|e, son, Kam, Kamm (s. d.), Gäme, Gehm, Gem|lein, (ec)ke, Gemm|le, el, inger (ON. Heilbronn), Kemlein
Gamatter: s. kemenate
Gambach: 6 Orte (× Gand)
Gambke: zu poln. gamba „Mund"
Gambs: s. Gemse
Gamerith: Gamuret, Held der Artussage. Kammerith. Auch Gamroth, Jam(m)rath, Kamerad?, s. d.
Gammelin: ON. Mecklenb.
Gammeter: s. kemenate
Gampert, Gampo: < Gangbert, Gandbert: Gamper(t), Gambert, Jampert, Gembert, Gemmert, Kamprecht. Gamp (× ON. Gamp, Schweiz), |p, e, l, ig, Gamb|el, le, ke, ig, Gemp|p, l, ke, Camp|s, sen; aber Gämperle, Gamp|(p)er, erl, ler, Gamber(l), Gemperl(ein) (s. d.) „Springer" (s. GAM). Vgl. ferner ON. Gamp, Schweiz; tirol. gampe(n) „Almweide" (> Gampenrieder). Gampert auch urkundlich < Gampler
Gamroth: s. Gamerith
GAN: zu an. gan „Zauber". Für ein Weiterleben des Stammes sprechen N. wie Kahnwald, Kanald, Kan(n)old. Hierher etwa: Gan|er, ig, Kan|er(t), ig, len, Kann|ich, inger, Kenn|ig, ing, doch bleibt alles unsicher. Vgl. GEGEN. Känemund offenbar = Kühnemund; daher auch Kähn|e, ert, ing zu KÜHN?
GAND: zu an. gandy „Zauber" und an. gandr „Werwolf"
Gandibert: s. Gampert
Ganthar: Ganter(t) > Ganthirt (vgl. Gans 4; Gandert s. Johannes) Genth|er, Genters(berg), Kanter, |s, t, Kander, Kenter, Jander, Jenter, Jänderke [× mhd. ganter, kanter „Faßlager" > „Küfer"; hierzu Gantner, Gent(h)ner, Kentner]

*Gandram: Gendram
Gandaricus: Gant–, Gen(de)–, Gänd(e)–, Genn(e)–, Janne–, Jen(n)|rich (vgl. Andreas, Schluß, HAG II, Haganrich)
Gandulf: Kandolf, Kantoff
*Gandalhart (wie Gandalbert): Kandel–, Kantel|hardt?

Kf. Gando: Gant, |h, e, en, ke (× mnd. gante „Gänserich"), Gand, |e, e(l), Kant (mehrf. ON.; auch schott. u. pruß. N.; Kantel auch pruß.), |e, Kand(e)l (s. Kanne), Jand, |e, l, ke, Gent, |e, en, es, gen, emann, Gend|e(l), ig, ecke. Gan|tsch, scher, Genschel. Andere Kf. fallen mit denen von GANZ zusammen.

Gand: (Alpen) „Geröll". Indergand, an der Gand, zur Gant, Gantner, Gand(n)er (× GAND)

Gandersheim(er): ON. Brschwg.

GANG: zu ahd. gangan „gehen". Auch ablautend: Gingulf

Gangbert: s. Gampert
*Gangrich: Gengerich, Jängerich
Gangulf: Gang|(w)olf, elhoff, lof(f) (× ON. Pfalz, Altenburg), luff, auf

Kf. Gango (Kanko?) auch zu Wolfgang: Gang|e, ey, el, l(er), lbauer, er, Ganke(l) (× Johannes, besd. sl. Janko, Jango, vgl. auch Ganik), Gän|ge, kler, Genk, Geng|e, ler, (× mhd. genge „rüstig"; vgl. auch Gang), Gengel, Jeng|e, ler, Kenk, |e(l), le

Ablautend: *Gingo: Gingel|e, maier, Gingl-seder (< Öd), dazu Chincho? > Kinkel

Auslautend: Rothgang(el)

(Gang): Gänge(r), Geng(l)er: „Hausierer", mhd. genge, s. GANG Kf. — Müßigg., Irr(e)g., Akkerg., Umg., Metteng., Kreutzeg.

Ganghofer: ON. Gangkofen, NBay. mehrf.
Gangien: < frz. N. Ganguin
Ganick: s. gaj
Gank–, Gänk–: s. GANG
Ganning: s. Johannes Kf. 2
Gans: 1. Gans(l), Gansel(in), Gän|sli, sel(in), hess. Ginsel; Gensichen, Genzken, Genslein, hess. Ginsel; Ganz (s. d.) (Gans auch pruß. und jüd.). Gans–, Ganz|mann = Gansner, Ganser, Gense(le)r, Gänßler, Gänzler, hess. Ginzler („Händler"); Gänswürger (Ganzwürker „Jagdfalke"); Gänsehals, blum; Gans–, Gäns|wein (schwäb. Geßwein), Gansau (Aue, dazu Gans–, Ganz|auge; ON. Gansau > Gansäuer, vgl. Ganzow), Gäns|bacher, bichler, bauer, hirt, (l)maier, Genshirt, Ziegelgänsberger, Kantsperger, Gans|biller, müller (Schwaben, aber ON. Gansgrün, Vogtl.< Johansgrun XIV, in der Nähe die Gansmühle, also vogtl. < Johannsmüller; s. Johannes 2a), Gansweid, Ganseneder, Ganzenmüller, Gens|fleisch, reffer, vras, Gense|vuoʒ, bis, Ganssmalt; aber Gansloser < ON. Württ., jetzt Auendorf; Ganswindt pruß. — Wild(e)gans = Schneegan|s, ß (dazu Schneega|ß, s) = Hagelgans (Hahlg., Heilg., Hehlganz, Hallganß); Grohganz (grau), Kropfganz; auch Krobg., Krip(f)g., K(r)öpfg., Kröpfgantz, Krüpfgantz. Meer|gans, ganz. Rhein|gans, ganz, Lippeganß, Guldingans, Snatergans, Kigganß. Bierg. s. Bier (Schafgans < Schaffganz (Satzn.). Vgl. auch GANZ und Johannes

2. nd. gōs und (auch oberd.) gaus: Gauß (ndrh. Jauß), Goos, Gös(s)el, Göseken, Gäusgen, Will-, Witt|goß, Gose|wisch (Wiese), brink, bruch, kuhl, path (Pfad); Gaus–, Goos–, Gossel|mann; Gause|pohl, beck, Gaushofer (aber Gosfeld: ON. Coesfeld, Münster).

3. nd. gante: Gante, |bein, Ganten|berg, brink

4. Gänserich: nd. ganter, obd. gander, ganser(t), gänsert, ganster (s. d. u. GAND): Ganter, Gander, Ganser(t) (auch „Gänsehändler"), Janser, Gan(t)zer(t), Gensert, Gänsrich, Genserich

5. poln. gasior „Gänserich": Gansch|ur, ior, ier, Gons|ior, er

Ganster: 1. mhd. „Funke". 2. österr. „Gänserich"
Gant–: s. GAND u. Gans 3, 4

GANZ: zu nhd. ganz (vgl. gr. Πανταινος u. dgl.) Ganso, Kan o, Gantzfrid. Viell. allerdings nur Kf. und Mischf. von GAND. Auch von Hans und Johannes nicht sicher zu trennen (s. d.)

*Gansmar: Genzmer, Gensmer (s. jedoch –mar)
*Ganzwic: Gans|wig,

Ganz–

wich (schwerlich Gänse|-wisch oder –wiese)
Kf. Ganz, |e(l), l, ke, Ganske, Gens|en, ich, iche(n), icke, iken, nig, Kenz, Kensing
Ganz–, –ganz: s. Gans (× Ganz mehrf. in ON.). Ganzer 1. ON. Ruppin. 2. wend. gjańcar „Töpfer". Hierzu Genzer
Ganzlin: ON. Mecklenb.
Ganzow: ON. Mecklenb.
Gapfinger: s. Kapf
Gapitus: s. Agapitus
Gap(p)–, Gäp–: s. GEBEN
GAR: zu ahd. garo (Stamm garw–) „bereit, fertig". Fällt im Deutschen durch Umlaut fast stets mit GER zusammen; aber auch die Formen mit Gar– stimmen so genau mit denen von GER überein, daß sie von diesen nicht zu trennen sind. Offenbar sind beide Stämme schon früh vermischt worden. Vgl. den langob. N. Berengar = dt. Beringer, ital. Garibaldi = dt. Gerbald. Durch das w von garw– verdumpft zuweilen das a zu o: Gorbert, Chornulf, dann kreuzt es sich mit asl. gorij „schlimm" (Gor, |en, el, islav) und asl. gora „Berg" (s. d.)
G a u r a l d: Gor|holt, ldt, Korholz, Gorlet > Gurlitt, Gurlt (Gör|bert, lach, mar, nand, oldt zu GER)
Gar–: s. GAR, GER, JAR, braten. Garb(er) auch „Gerber"
Garaus: s. Gregorius
Garbe: Gerstengarbe (× pruß. Garbe, zu garbis „Berg")
gard: s. Garten
Garba|r, s: s. Gerber
Gard|ein, in: < frz. N.

Desjardin. Schardin, Guardian (× Wardin)
Gar|eis, eus: s. Gregorius
Garge: ON. Lüneb.
Gärgen: s. Georgius
Garhammer: 4 Weiler Garham, NBay.
Gari: s. Macarius
Garlipp: ON. Stendal. Gar|lepp, leb, lieb, Karlipp
Garmeister: s. Garn
Garn: „Faden, Fangnetz". Garner (1424 Nickil Garner, Chemn. Urk. B. 84, 9), Gärner, Gern(l)er. Zss. Garnmeister (Aufseher über die Jagdnetze, > Gar–, Garten|meister KS), Garnjost; –garn: s. Garten
Garnies: balt. (lit. garnỹs „Storch, Reiher")
Garrecht: Redn. „ganz recht". Garbesser
Garrel(mann): ON. Oldenb.
Gärstecker: s. Gerste
GART: zu as. gard „Gehege, Gehöft" (nhd. Garten). Urspr. wohl durch einen Zaun befestigte Siedlung (wie gall. –dunum, engl. town = nhd. Zaun). Viell. auch zu ahd. garti „Stecken, Gerte"
***G a r t l i e b:** Gartlieb (oder = Garlipp?)
***G a r t w a l d:** Kartold
G a r d u l f: Kartölf, Gertloff
Kf. Gard|t, e, elmann, Gart|h(e), ig, mann (× Garten), Gärt|(h)e, i(n)g, ke, Kärt(ing), Jarding? Andere Kf. von Gert = Gerhard nicht zu trennen. (Gartheis s. –eisen). Auch sl. Jarota (s. JAR) kommt in Frage (Jartke, Gardischke)
Auslautend meist weib-

Garten

lich (hier stets = Gerte, Reis)
–gart: s. GART und Garten
Garten: so erst nhd., früher gart(e), auch „kleines Gut, Wildgehege", oft in ON. (vgl. Stuttgart) > asl. gradu „Garten, Stadt", s. GRAD II. Dazu viell. Neugart = ON. Naugard, Stettin. Gärtlein, Imgarten, Annegarn. Gart(en)|mann, maier (aber –meister s. Garn), Garten–, Gatten|löhner, auch Garschläger? Gart|ner, ler, mann, hoff; Gardeler, Gärtner (auch „Weingärtner" und „Kossät"), Gert|ner, ler, Görder, Görner (Lippe). — Rosengart(en), Schöngarth, Thiergart > Theuergarten? (vgl. Tier), Bergarten, Himmelgarn (Paradies), Würz–, Lust|garten, Baum|garte(n), garth „Obstgarten, de Pomerio". Oft ON. (Baum|gard, gart(e)l, gärt(e)l, gürtel, gartner, gärtner, gärtler; teils von ON., ÖN., teils Beamter, der die Bäume der Allmende überwachte), mhd. bām–, bān|gart: Ban|gart(er), gert(er), Banngartz. Imbaumgart, holl. van den Bongardt, Boomgaarden, nd. Boomgarn, Bohmgahren, Bon|gart(en), gert, gartz, gera; Bun|gard, gart(en), ga(r)tz; bayer. Paumgartner, Paumgarten. Neu–, Lang–, Öl–, Mohr|gärtner. Heimgärtner (Heing.) < heimgarte (heing.) „eingefriedeter Garten, gesellige Zusammenkunft" = thür. Kosegarten; schweiz. Am-

hengart, Han–, Hen|gartner, Hangärtner, Hangarter. Dän. -gaard „Hof, Gehege": Kierkegaard, Österg., Möllg., Nyeg., Heedeg. (Heide), Smedeg., Ság. (See). Aber Öllegaard s. OD III. Wingert u. dgl. s. bei Wein

Garthau|s, sen: s. Karthause

Gärt|h(e), ig, ke: s. GART und GER

Gar(t)z: 16 ON.

Garver: s. Gerber

Garwantke: sl. karwonka „Krähe"

Gasper(s): s. Kaspar

Gaspodar: s. gospodi

Gäsrich: s. Jeser

Gaßbard: s. Kaspar

Gasse: „Weg in Dorf oder Stadt" (vgl. Straße), auch Hohlweg. Auch ON. auf -gasse, -gaß. Mnd. gate. Gasse, Gaß(l); aus der, in der Gassen, zur Gathen. Gäsgen, Gessele, Geßl(ein). Gaßmann (dasselbe: Gass|er(t), inger, Gaß|ner (× Geiß), ler, Gäß|ner, ler, Geßler, Gesser, Gößner). Gassen|meier (doch s. Casimir), huber, Gaßlbauer. Stein–, Rothen–, Wendel|gaß, Windgassen, Reitgäßl. — Andergassen, Indergaß, in Gassen, Holz–, Hoch|gaßner, Stein–, Kraut|gässer, Engesser (NS.), Kirchgäßner, Stan(g)gassinger. Wend. Gas|an, ar: Gass|an, er(t). Gaßmeyer s. Casimir

GAST: zu ahd. gast „Gast", urspr. auch „fremder Krieger"

Gastart: Gastert, Kastert, Gesterding

*Gastharo: Gaster(s), Jaster, Jester, Gesterling
*Gastram: Gastram, Jes(z)tram
Castricus: Gastr(e)ich, Kasterich, Gestrich, Göstrich
*Gastolf: Gastolph

Kf. Gasto: Gast (auch „der Gast", alem. auch < Arbogast, s. ERBE). Gast|e(n), (e)l, mann, Kast, |l, ler, Gästel, Gest|el, ke, Göstel, Jest(e)l, Jästen (Gastel, Gästel auch < Hl. Castulus)

Auslautend: Arbogast (aber Rodigast sl., s. ROD)

Gast: Gast|geb(er), meister, knecht. Satzn.: Nageng. (mhd. nagen „quälen") > Nacheng., Ladeng., Schickeng., Schyrming., Schadeg. — Gudeg., Halbirg., Selteng. Sieh setzen und LEUTE, Liudegast; Rothengast s. ROD

Gasteiger, Gastiger: < mhd. gasteige „jäher Steig" > Gast|egger, eck, eier, inger KS.

Gasterstädt: Gatterstädt XVII < ON. Gatterstedt, Querfurt

Gastes: s. Haus

Gastmann: jeverländ. „auf der Geest" (s. d.). Gastmeier (× nd. gast „Gerste" und GAST)

Gategast: s. Gadegast

Gäter: s. jäten

Gäthlich: s. GATTE

Gastpar(i): s. Kaspar

(Gatte): zu mhd. gate „Genosse" (ganz selten „Ehegatte"), eigentl. „der Passende" (s. Gättling, vgl. engl. together „zusammen", to gather „sammeln, vergattern")

Gadafrid: Gaf(f)ert (× ON. Köslin), Gävert, Getfert (falls nicht = Gottfried)

Kf. Gaddo, Gato (× mhd. gate(l) „Genosse"), Ga(a)de, Gad, |(d)e, ing(er), ling (vgl. Gättling), sch, Gatsche, Gatt|el, ing(er), ung (aber –enlöhner s. Garten), Gättler, Gatz (× ON. Köslin), |en, ert, sch(e), Gäd|e(cke), ig(k), je, gens, t(jen) (× GOTT), ing, Geh|de, tgens, Geede(l), Get|he, (sch)ke, z(ke), Gett|ig, ke, el, Gehde(r), Jetel, Jett|e(r) (× jäten), inger. Zum selben Stamm: nd. gadlich „passend, stattlich": Gad–, Ged–, Gäth|lich

Gatte: auch pruß. N.

Gattenlöhner: s. Garten

Gatter: Tor am Dorfzaun, der Zaun selbst. Auch ON. Joh. zuo dem Gattern, Hausn. Speier. — Gatter, |er, mann, bauer, eder, steiger; Kirchg., Maig., Roßg., Rotheng.> Rotteng., Hochgatter(er), Kirchgatterer, Gaderer, Kattermann. Vgl. Etter, Gitter, Schling und Gattig

Gatt|ig, ke: sl. gatka „kleiner Teich", Jattke; obwend. hatk, haćik: Hatt|ke, ich, Hatnik, Hatschke, Hatz|ke, ig, inger. Gataŕ: „Teichmann": Gatter, Hatter

Gattiker: s. Hof

Gättling: mhd. get(e)linc „Verwandter, Genosse, Bursche". Gettling, Göttling (vgl. Götti)

Gattner: s. Gaden

Gatz, Gätzschmann: s. GATTE

Gatzke: s. Kaschka (oder zu Gattig)
Gatze|meier, mer: s. Casimir
GAU: zu ahd. gawi, nhd. Gau
Gaibalt: Gei|bel, pel(t), Kaibel, Keibel, Geupel, Geubels
Gawibert: Gawbrecht, Gaubatz, Kaup|ert, at, Geuppert, Käuper, Keuper (ndrh. 1. „Käufer", 2. „Küfer"), Keiper (ostpreuß. „Fischmeister" < keip „Fischreuse")
Gawihart: Gauert
Gawiman: Gau–, Kau–, Gö(h)–, Goy|mann (× Gauer)
Gavioald: Kaufhold Kf. Gawo, Gaio, Gaulo, Gawiso (vgl. Gau): Gouwe, Gaw|e(l), ens, Gew(e), Geve, Gau, |e(n), es, s (vgl. Gans), Gaa, Gaul, |er, inger, y, ke; Kau, |e, lich, (l)ke, smann, Kausch, |e, mann, Jau|s, ß, sch, ke(ns), Geu, |e, cke, king, le(n), ß, schel, Göing, Köwing
Gau: Nord. Mhd. gou, göu, mnd. gō auch „Land im Gegensatz zur Stadt". Gau|graf, land, Geymeier. Auch hier einzelnes von GAU Kf. — Gau(w)er „Landmann, Dorfhandwerker", Geuer > Geier, Geyer; Kauer, Gauert; Gau–, Kau–, Gay–, Geil|mann (Gauert < Geier KS)
Gaubitz: bair. „Kiebitz" (s. d.). Gaubitzer, Kaupitz (ostd. s. Jacobus)
Gauch: 1. Kuckuck (s. d.): Gauksteert (s. Starz). 2. Narr: Gau|ch, ck, gg
Gaud–: s. GOTE. **Gaude:** pruß. N. (ebenso v. Gaudecker, Gaudin). **G(a)udentius:** mehrere Hl. („fröhlich"). Gaud|enz, i
Gaudig: mhd. gūdec „verschwenderisch". Gaudich
Gaudian: s. gut
Gauer: 1. s. Gau. 2. < sl. PN. Gabor, Gawor, Vklf. Gaworek: Gawor, Gab|or, er, ert (× GEBEN), Gauerke
Gauf(f), Gaufmann: „Landfahrer". Geufler, Gäufler, Jaufmann
Gaugengig(e)l: „Taschenspieler, Narr" < gauken, geik(el)n „wackeln" (s. Gaukler) u. gīgel „Narr". Giegler, Gickler
Gaukler: s. Gaugengig(e)l. Gaug|ele, er, (g)el, ler; Gaukstern < Gaucksteert „Wackelschwanz". — Satzn.: Gaugen|schädel, zipfel. S. auch Gogel
Gaul: 1. s. GAU. 2. „Pferd". Gaul|rapp, weider; Satzn. Bschlag(e)ngaul. 3. ON. Potsdam, Köln (Gaulke s. Jülich)
Gaumer: beamteter Sittenrichter (vgl. Rüger) > Gaumert; Platzgummer „Aufseher"
Gause–, Gauß: s. GAU und Gans. **Gause:** pruß. N. Gause. **Gaus(ch)e:** s. hus. **Gausrapp:** s. GOTE
Gautsch: 1. schweiz. „Narr". 2. ostd. < wend. khudy „arm" (ON. Gautzsch, Leipzig)
Gautschi, y: = Kauwertz
Gauwer: s. Gau
Gävert: s. GATTE
Gaw–, Gäw–: s. Gallus u. GAU Kf.
Gawisch, Gäwisch: mhd. göuwisch „bäuerisch"
Gawor: s. Gauer
Gawron: poln. gawron „Krähe" (ON. Gaffron, Breslau), Gaffr|an, on
Gaye: s. KAG (× GAU)
Gayer: s. Geier u. Gau(er)
Gayl–: s. GEIL
Gaymann: s. Gau
Gbur–: s. Gebauer
Gebauer: meist auf dem au betont, doch auch FN. Gehbauer. „Mitbewohner, Bauer" (s. d. und Nachbar), mhd. gebūre. Gbur, Gebuhr, Gebor, Gebühr(er), bair. Gepauer, Gabauer, Kapaurer. Großg., Halbg., Neug., Junggebauer, Niegebahr. Entstellt: Geburt, Junggeburth, Hundgeburth < hundgebūr, der Hunde des Lehensherren aufziehen muß (vgl. Hundemeier); Schwertgeburth = FN. Schwertbauer, er hat sein Lehen im Mannesstamm geerbt (Swerdhub Stuttg. 1350). Gegensatz FN. Spindelbauer (hat das Weiberoder Spindellehen). Slawisiert: Gbureck, Geburt|eck, ig, sch
Gebel: 1. mhd. gëbel „Kopf, Giebel" (s. d.). 2. s. GEBEN Kf. (Gebelein s. Gabel)
GEBEN: zu ahd. geba „Gabe". Mit den ablautenden Formen: Gabuard, Geboard, Giboald
Gi(f)frid: Giebfried, Gif–, Gep–, Gef–, Göp|fert (s. auch Gottfried), Gef(f)ers, Giefer(s), Kiefat (< hard?), Kipfer, |l(er), ling, Kiffer(le)
Gebahard: Gebath, Geb|hardt(sbauer), ertshammer (< Heim) = Gebetsham(m)er, Geberzahn (< –hagen), Geb|etsberger, esmair, (b)ert, erding, Gäbert, Gehbard, Gew|ert, eth, Gewers, Geppart, Kebert, Käwert,

Jepards, Göbhardt, Göppert (vgl. GOTT, Godafried). Gab(b)ert (ON. Stettin), Gapper(t), Geppert, Gebbert, Gebetner. Giebhardt, Giebert, Kappert(z), Gippert, Gib(b)at, Kie|bert, batz, pert, wert, wat, Ki|ba(r)t, bert, bas, ppet, Kybart (Gub|hard, ert KS)
Gibahari (z. T. < Gebahard): Geb(b)er(s), Gaber, Käber, Kieper, Kibber, Kyber, Geberl, Keberl (× Gabriel), Kapper (× Kaspar)
Geberad: Gebrat(h), Giebenrath
Giperich: Gipp(e)–, Kiebe–, Kiep|rich (× ON. Gipperich, Westf.), Giebricht, Gab|(e)rich, risch, Gibbrich
Gebald: Gabold, Kap(p)elt, Gäbelt, Gebelt, Jäppelt, Ge(h)wald, Gewalt (s. d.), Kewald
Gebolf: Ge(h)wolf(f) Kf. Gabo, Gebo, Kippo (vgl. auch Gabel): Gaa|bs, p, Jaa|b, p(e), Gab|e, elin, (i)sch, Gabb, |e(l), Gape, Gapp, |e(l), isch; Jab, |s, st, ke, sen, Japp(e), Japping, Jap|sen, ing, ke, e, Jawe, Kaap, |(k)e, Kap|e, ing, ke, st (vgl. Kappus, Kapelle), Kabb|e(n), sch (Kabbe auch pruß.). — Gäb|el, el, isch, Gäpell, Geb|e(l) (l) (× GOTT, Gobbo), eke, ken, i(n)g, s(n)er, Geeb (×Geheeb), Gebbe, Gepp(el), Geps, Gewe(ke), Ge(e)ve, Gef|fe, ken, Geffke(n), Gäffgen, Jäp(el), Jeep, Jepkens, Käbelmann, Käp|s, sch, Keb, |bel, ig, Keffel, Kep|(p)ke, pich. —

Gieb|e(cke), els, son, Giebel|er, mann, Giebler, Gibs, Gibb, |e(ns), Giep|s, en, Gip|kens, p(e), s (× Gips), Jippen, Kibinger, Kibb|el(mann), ing, Kieb(e), Kiep(e), Kiew(el)ing, Kip|ke, s, Kipp, |e(s), el(s), ing
Gebets|berger, ham(m)er: s. GEBEN, Gebahard
Gebler: s. Gabel
Gebor: s. Gebauer
Gebrath: s. GEBEN (Geberat)
Gebreiter: < gebreite „breites Feld"
Gebsattel: ON. Rothenburg < Gebesedelen
Gebuhr, Gebühr(er): s. Gebauer
(Geburt): Ahlborn (adelgeboren), Neugebohren (ein Bekehrter?), Wohlgeborn. Sonst s. Gebauer
Geburzi: s. Tiburtius
Gech: s. gach
Geck, Gegg: 1. alberner Mensch. 2. s. Jacobus. Kf. 1
Gecking: s. Gack
Gedal|je, ius: jüd. (2. Kön. 25, 22). „Jahwe ist groß"
Gedel: s. GOTT Kf.
Gedemer: s. Gaden
Ged|icke, iehn, kand: pruß. FN.
Gedis: s. Aegidius
Gerlich: s. GATTE
Gedon: s. Gideon
Gedraht: s. Tratt
Gedrange: an enger Stelle
Gedrer: s. GOTT (Godehar)
Geduhn: pruß. N. Gedun(e)
Geduld(ig): Geduld auch Pflanzenn. (Kluge-Mitzka, 239)
Gedwien: s. GOTT (Godowin)
Geeb–: s. GEBEN
Geede(l): s. GATTE

Geel–: s. gelb und GEIL
Geer–: s. GER
Geese: s. GER Kf.
Geest: nd. „Sandboden". Vergeest (s. Ver–) > Bergeest; Tergast (ON. Emden), Gest|efeld, hüsen; fries. Geestra. Vgl. Geist und Gastmann
Geeve: s. GEBEN Kf.
Gef–, Geff–: s. GEBEN
G(e)fell, Gföll: s. Fall
Gefrom(m): < frz. N. Gueffroy. Geffroi, Geofra, Geffram
G(e)frörer, Gfrerer: bair. „Fieberschauer" (Freer, Freder, Frehr, Frera KS), „gefroren machen" erst im Dreißigj. Krieg bezeugt
GEGEN: zu ahd. gagan, nhd. gegen (vgl. GAN) Gaganhard: Kein|a(r)th, ert (doch s. kemenate u. KÜHN, Chuonrad). Gegenherz, Kahnert
Geginheri: Gegner, Keiner
Kf. Cagano: Kahn (soweit christlich), |e, s, ke, Kähne, Kein, |e, s, Khain (vgl. Kain)
(gegen): „gegenüber wohnend". Gegen|bauer, reiner, furtner, heimer, wart („gegenüber wohnend"), Gegner, Geinöder
Gegg: s. Geck
Geggerle: < ge-ecker, südd. „Waldmast der Schweine"
Gehardi: s. GER (×GEBEN)
Gehbauer: s. Gebauer
Gehbard: s. GEBEN
Geheeb: mhd. gehebe „festhaltend, zuverlässig". Kä(ä)b, Keeb
Gehl–: s. gelb und GEIL; Gehl(ke) auch Daniel
Gehlhaas: s. Nicolaus
Gehling: ON. Hagen

Gehm   GEISEL

Gehm: (Mainz) Hl. Geminianus, sonst s. GAM
Gehmert: s. GAM
Gehnich: s. GEN
Gehoff: s. Gerhab
Gehr–: s. GER (auch Georgius)
Gehrer: < der gere „keilförmiges Feld"
Gehwald, Gehwolt: s. GEBEN
Gehweiler: 2 ON. Trier > Gehweyer
Geibel: s. GAU. **Geibitz:** s. Kiebitz. **Geich:** ON. Aachen. **Geid–:** s. GAID.
Geidner: s. Geithner
Geier: überhaupt „großer Raubvogel", öfters Hausn. (× mhd. gīr „gierig", ON. Gey, |en, er(n), Gier), Gir, Gihr, Gier, Gyr, Gey(e)r, Gayer, Gaier, Gajer. Zss. Ha(a)sengier, Mäus–, Meis|geyer (Bussard), Meise–, Meeß–, Muß|geier; Giermann. Vgl. Gauer, Geiger, braten; Bruggeier: s. Hei
Geig–: s. GIG und Riese I
Geigant: ON. Oberpf.
(Geige): Geig(e)le, vgl. Rudi mit dem Giglin, aber tirol. Geigel < gīgal „Schaf" (Geigelstein). Geige(n)müller wohnt am Geigenbach (Vogtl., Klammerform)
Geiger: Giger, Gyger, Geigerl, Geigg, Bu(t)zengeiger, Butzegiger (im Maskenzuge oder Bützelgeiger beim Puppentheater). Aber But(t)engeiger? Bratengeiger > Brotengeier s. braten. Spottn. Giegengack
Geig|es, is: s. Riese I
Geik–: s. KAG und gaj
Geikler: s. Gaukler
GEIL: mhd. geil „üppig, mutwillig" (dazu frz. galant, orgueil)
Gelebert: Keilpart, Gell|bart, bert
Keilhart: Keilert, Gehlhardt, Geilert(sdorfer), Kehlert
   Kf. G a i l o, G e l o : Gail, |e, (l)mann, G e i l, |e (× Gertrud), ing (× mnd. geilinc „Drossel"; pruß. N. Geil, Gailemann), Geilen, Kail (× ON. Koblenz), K e i l (× der Keil), |i(n)g, mann, Gehl, |e, er, ken, sen, Jehle (s. d.), Jähler. Vgl. Michael
(geil): Vgl. GEIL. Geil|fuß, haupt; geile: „fettes Ackerland": Geil|berg(en), feld, hufe, horn, hofer, bauer, Gailer, Geiler (× Giehler 2), Gelenau (ON. Annaberg)
Geilenberg: 2 Höfe Elberfeld, Solingen
Geilhausen: ON. Köln, auch = ON. Gelnhausen (Geylnhusen)
Geim–: s. Gimo
Geinitz: ON. Geunitz, Thür.
Geinöder: s. gegen
Geipel(t): s. GAU
Geis–: s. GEISEL
Geisbach: s. Geist
GEISEL: zu ahd. geisla „Rute" (nhd. Geißel eigtl. „Stab"; hess. geisel „Deichsel") und ahd. gīsil (nhd. Geisel). Grundbedeutung etwa „Sprößling". (Langob. Glosse: giseli: id liberi homines). Verwandt sind langob. gisil „Pfeil" und an. geisl „Stock des Skiläufers" sowie die Stämme GEIL und GER. Die Gruppen Gis– und Gisil– sind nur äußerlich zu trennen (Ghiseke = Giselbert). Vgl. auch gießen

I. Der kürzere Stamm GIS:
Gisbert: Gie|s(e)brecht, ßenbier, Gies|bert(s), brich, Gis|bert, bier, Kispert, Küspert, Kisse(n)berth
Gisibrand: Gisebrandt
(Gisilhart): Geishard, G(e)isert
Gisher: Kisser (sonst s. gießen, Kieser, Geiß), Giesers
***Giseman:** Giese–, Güsse–, Gies–, Ki(e)ß–, Geß–, Geis–, Jeis|mann
Gisemar: Kismer, Geysmer (× 5 ON. Geismar), Geßmer
Gisoin: Gießwein
Gissold: Giesholdt, Keishold, Gies–, Kies–, Kiß|wald, Giesewell, Kiesewalter (kaum < ON. Kiesewald, Riesengeb.)
Gisulf: s. II. Gisalolf
   Kf. G i s o : Gies|e(n), ing(er) (ON. Bay.), eke, eking, Gieh|se, smann, Giesges, Giesgen, Gieß(e) (vgl. gießen), Giskes, Gisy, Giß, Gissinger, Kiss|e(l), ing, Kies|e, inger, Kies(gen), Kiesig, Kiessing, Kießig, Keising, Giesch, |e(n), ke, Gisch, Gysin. Geyso, Geis|e, ing(er) (× ON. Geising, |en), Geis, Kei|ssing, ß(ner). Sieh auch GER Kf. Gezo
   Auslautend: Heigis, Ortgies, Adel|geis, geist
II. Der längere Stamm GISIL
Hierzu auch die Formen von GELTEN mit Gill–, Kill–, Gell–
Gi(sa)lbrecht: Gissel–, Geis(z)el|brecht; Gesel(l)bracht, Giselbert, Gilbert; (× GELTEN)
Gisalfrid: Gilfert
Gisalhart: Geis(z)elhard

Geiß (wohl meist ON. Württemb.), Kiselat, Kill|at, et, Kielert

Gisilhar: (vgl. Gisilo) Gies(e)ler, Gieß(e)ler, Gißler, Gysler, Kieseler, Ki(e)ßler, Geiseler, Geißler, Geßler, Giehler (s. d.), Geiselhöringer (ON. NBay.)

Gi(sa)lmar: Gilmer, Kilmer

Gisalrich: Gell(e)rich

Gisalolt: Gill-, Kille|wald

Gisalolf: Geislauff, Gieloff

Kf. Gisilo: (× ON. Giesel, Kassel, gießel „Wasserfall" und mhd. kis(e)linc = Kiesel, GEI.D). Gies(e)l, Gießel(mann), Gissel(mann), Gistl, Gischel, Gysel, Kies|l(ing), lick, lich (× Kiesel 2), Gyßling, geisel, Geisl, |ing, berger, Kaißling, Geißel, |e, söder, Giel, |e, en(s), Kiel, |ing, ich, mann (× Gysling, pruß. PN. < ON.)

Geiß: obd. „Ziege" (× ON. Schweiz). Gais, ß (vgl. GEISEL, Giso), Gais|bauer, berger, Geis|bühl, biegler, weidt (ON. Siegen), Geiß|hüsler, bühler, berger, Geisen|berger, hof(er), Gaißmaier (aber jüd. Geißmayer < ON. Geismar), Gais|reuther, reiter. Geiser, Gaißer(t), Geißner, Geißhirt", schweiz. Gassner, Geßner, Gesner. (Auch Geist|ler, lehner, beck, euer, eier? Vgl. Geißauer Sch III.) Gaishörndl, Geysbart, Geiswied, Ziegengeiß > Ziegengeist. Aber Geislecker < ON. Geßlegg, Salzb. > Geißler KS.

Geißdorf: < ON. Geilsd., Vogtl.

Geißel-: s. GEISEL II

Geißelhardt: ON. Württ.

Geißenhöner: ON. Geisenhöhn, Schleusingen

Geißler: s. GEISEL II (× mhd. gīseler „Bürge", geiseler „Flagellant"; ON. Geislar, Bonn, Geisler, Beckum; ausnahmsweise „Peitschenmacher"). Vgl. Geiß

Geist: wegen ON. Geistingen, Bonn (> Geistinger), schon als altd. N. anzunehmen; urspr. Übern., aber weitergebildet zu Geist|hardt, er(t). Später auch Hausn. zum hl. G. — Gaist, latinis. Spiritus. In Nordd. auch = Geest (s. d.; z.B. ON. Geist, Westf.): van Geisten. Sieh auch Geiß. — Heilgeyst. — Geistlich „fromm". — Geist|beck, böck. Hiergeist u. dgl. s. HEER (Harigis)

Geith: südd. „Ente", Geithel „Gänserich" (× GAID)

Geit(h)ner: ON. Geithain, Sa. Geidner

Gekel: s. Jacobus

G(e)lange, Gelenge: Glank(e), Glenk „gelenkig" (× Klank)

Gelasius: Papst G. I. 492-496. Glas, Glas|ius, el, Gleß (× Nicolaus)

gelb: Nebenf. gēl. Gelb-, Gehl|fuß (falls nicht < Geilfuß, s. d.; vgl. Fuß), Gel(l)-, Geel(l)haar, Gälhar, Gehlaar, Gelharn (> Gel(l)horn?, vgl. ON. Gelnhaar, Hessen), Gelhuth, Gehl|kopf, vink „Goldammer"

Gelb-: s. GELF und GELTEN

(Geld): vgl. GELTEN. Geld|macher, schläger („Münzer"), Fünfgeld (vgl. schweiz. drīgelt „dreifache Strafe"). Geldsetzer (Glücksspieler oder „der den Preis festsetzt"). Reitegeld s. Redegeld, Geldreich: s. GELTEN; Gelder: s. Geldern und Gold

Geld-: s. Gelte, GELTEN

(Geldern): ON. Rhld.: van Gelder(n), Gelder-, Geller|mann, Geller, van Gelleren, Gellern

Gelehrter: jüd. „Talmudgelehrter". Gelernter, auch Forscher, Kenner, Kligler

G(e)leitsmann, Leitzmann: „Kriegsknecht, der Wagenzüge geleitet". Glaiter, Kleiter, Gleitzmann, Kleitzmann, Leiter, Begleiter (doch s. Gleiß)

Gelenge: s. Gelang

Gelerius: s. Hilarius

GELF: zu gelfen „schreien, prahlen", mhd. gelf, as. gelp „Hohn"

Gelfrat: einziger alter N., Held der Nibelungen- und Dietrichsage. Gelf|rat, art, ort, ert, Gölfert

Gelhuth: s. gelb

G(e)lindemann: s. glint

Gelinek: s. jelen

Gelke: s. GELTEN

(gellen): „lärmen" (vgl. GAL). Gellentin, Gellhorn (doch vgl. gelb)

Geller, |n, mann: s. Geldern

Gell(e)rich: s. GEISEL

Gellern: ON. Geldern; Gellermann (vgl. Geld)

Gellert: s. GELTEN, Gildard

Gelling, Gellinek: s. jelen-

Gelmroth: ON. Gelmeroda, Weimar

Gelpke: s. GELTEN

Gelser: s. Gelzer
(Gelte): hölzerner Schöpfeimer (nd. gilte). Geldner, Geltner, Giltner, Gellner, Geldenhauer
GELTEN: Grundbedeutung „opfern", dann „gelten, vergelten". Manche N. fallen mit den zu GEISEL gehörigen zusammen
Gilbert: Gil|brecht, brich(t) (× gilberich „Goldammer"), berg, bert, bers, Kilbert (× elsäss. kilbert „Kirchwart, Küster"), Kilp(p)er (× mhd. kilbere „Mutterlamm"), Gel|brich(t), brecht, barth, bard.
 Kf. Gilb, Kilp, Kilb(inger), Gelb|e, ing, icke, Gelpke, Kelpe, Kelb
Giltfrid: Gilfert, Gelfert, Gelfort
Gildard: Gill|hart, ard, e(r)t, at, Gell|hart, ert, Gelhard, Kill|at, et (Matthes Gelhart = Gellert XVI Probstheida b. Leipzig)
Gelther: Gelter (× gelten), Giller(ke), Geller (× ON. Gellen u. Geldern), Geller|s, sen, mann, Killermann, Killer, Jeller (vgl. Geldern)
Gildemir: Gilmer, Kil(l)mer
Geldirih: Geldreich, Gell(e)rich (× GOLD)
 Kf. Gildo, Geldo: Gill (×Aegidius), Gill|e, en, y, i(n)g, ich, mann, Kill, |e(mann), ing(er) (×ON. Württ.), ig, isch (× Kilian), Gelke, Gölke (×GOL), Kelting, Küllig (× hülwe), Kellinghaus
(gelten): Satzn. Geltenhals — **Gelter:** mhd. geltaere „Schuldner, Gläubiger"
Geltch: s. Aegidius

Gelzer: Galzer, Gölzer, Gelser, Gelzleichter, Gel(t)zenleuchter, Gölzenl(e)ichter, dissimiliert Gensenleuchter, Hofleuchter, Leicht|er, mann, Leucht|er, mann <galze, gelze „verschnittenes weibliches Schwein" (FN. Galz, Gelz), gelzen, leichten, mhd. līhten, md. lichten „kastrieren". Vgl. Kapauner, Möncher, Nonnemacher, Heiler, Reußer, Schneider, Ferkel, stechen, hamel, knüpfen, meide
Gem–: s. GAM
Gemach, Gemächlich: „bequem". Gmach(l), Gmelch; zu gmēle (vgl. allmählich), Gemähle, Gmahl, Gmall, Gmelin, Gmehling, Gmelling, Gmöhling. Gudgemak, Ungemak
Gembert: s. GAND
(Gemeinde): auch „Allmende". Gemain, Gemeindl(er), Gemein(d)er, Gmeiner, Gmainer „Gemeindevorstand", auch „Teilhaber". Gmein|wieser, eder, har(d)t „von der Gemeinde|wiese, öde, hardt (= Wald)"
Gemende: mhd. gemende „froh"
G(e)minder, Gemünd: ON. G(e)münd „Flußmündung", mehrf.
Gemlich: mhd. gemelīch „lustig, ausgelassen"
Gemmecher: s. kemenate
Gemmer(t), Gemmerich: s. GAM u. Gampert. **Gemoll:** s. GAM (Gammolt) und Gomoll. **Gemoser:** s. Moos. **Gempel:** s. GAND
Gemper|l, le, li, lein: Gimper(lein), Gamp(l)er, Gempeler „Springer(lein)" < gampen (s. GAM und Gampert); Gumbelmann (mhd. „Springer, Possenreißer"), Gompelmann, Gumpel, Kümperling. Vgl. Gaukler, Gogel
(Gemse): Gem|s, ß, sch, Gambs (ON. Gams, Alpen, mehrf.), Gems–, Gambs|jäger
GEN: unerkl. (keltischer?), früh absterbender Stamm, in unsicheren Spuren wie Gen(n)ard: Gen(n)|at, et. Andere N. wie Gen|(e)rich, richen, reich = Gandaricus oder Gundericus; Gen|ig, niges, ike, ke(l), Gehnich zu Heinrich oder Johannes
Genannt, G(e)nandt, Gnant: 1. mhd. genante (nominatus) = Ratsherr, meist 2. mhd. g(e)nanne „der gleichen Namen hat", d. h. Vater, Großvater (schon ahd. oft Gnanno, vgl. Knän in Grimmelsh. Simpl.). Zu 2.: Gnant, Gnan(n), Gnam(m), Gnehm, Knam, Kna(h)n, Knen(n)|lein, Genelin (aber Findegenand s. finden, Ungenannt „unheimliche Krankheit")
G(e)nau: „sparsam". Nau
Gend–: s. GAND
Gendebien: s. Genuinus
Genelin: s. Genannt
Genentz: s. Johannes 3
General: jung
Genest: s. Ginster
Geng–: s. GANG und Gang
(genießen): Genieser — Genieß „Genuß, Vorteil"
Genk–: s. GANG
Gennett: s. Ginster
Gennewein: s. Genuinus
Genoveva: Hl. Feve
Gens–: s. Gans u. GANZ

205

Gensch: s. Johannes
Genschmer: s. –mar
Gensenleuchter: s. Gelzer
Genster: s. Ginster
Gent–: s. GAND
Gentzsch: s. Johannes
(genug): Redn. Gutgnug, Mußgnug („Es muß genug sein"? Oder zu Mus?), Gibunsgnua
(Genuinus): tiroler Hl. Ingenuinus (lat. „echt, freimütig"). Gene-, Gönne(n)-, Jene(r)-, Jenn, |e(r)–, Jän(n)er–, Jena–, Inne|wein, Gendebien, Jenin, Jennein
Genzer: s. Ganzer 2
Genzken: s. Gans
Genzmer: s. GANZ
Geofra: s. Gefromm
Georgius: Hl. Kriegsmann aus Kappadokien, † 303, Patron der Ritter; von gr. γεωργός „Bauer". Viele Genitivformen: lat. i (y), deutsch s, en; doch –en, auch –er meist < ON. (Kirchn.) St. Georgen; –s z. T. auch Rest der lat. Endung –ius. Manche Formen stimmen mit denen von Gregorius überein. Georg, |(i)us, (i)i, y, (e)s, is, e (auch Hugenotten.), en(s), ensohn, er (Kirchgeorg), Giorges; Gorg|(e)s, eß, as(ser) (×ON. Gorgast, Küstrin), el(s), ius, en, ler; Görg, |e(n)s, is, en(sen), (e)l, ner (Domgörgen), Görk, Gör|(e)l, res; Göhr|e, ig (×Gora), Gerg|us, es, en(s), (l)er; Gärgen, Gehrig?; Gür|gen(s), ske, e(s), el; Girg, |ner, ensohn (Neugirg, Bauerngirgel), Gierge; Jorg|ius, es, as; Jor|es, is, che; Jörg, |en(s), ensen, as, er, l (Eiteljörge, Schmidjörg, Schörghuber), Jerg, |en, er, ius, ie; Jer|che(l), i(e), xen; Jorr|es, itsma (fries.), Joeres, Jöhrs; Jör|is, ns, in, (e)n, ns, ß, issen, essen, chel, ck, Jörres; Jürg|(e)s, e, aß, en(sen), ena, ens(mann), Jürgen|paschedag, ahring (s. AR), bering; Jirgensohn, Jyrgensen; Jür|issen, s, n, ß, jens; Jürr|ies, (i)ens, Jü(h)rs; Juhr|s, ig, Jurs, Jurgens, Jourges, fries. Djuren. Vgl. Jodel. — Einzelne N. darunter sind slawisch, so die auf –as, ferner: Jur|y, isch(ka), ig, k, ick, ke, ksch, a, o, as, (l)an, ack, z, ianz, enz, Jür|ich, ke, (i)schik, Jir|a, ka, sch, Irsig, Jork, Jorschik, Yorck; Gur|ich, sch, ke (s. d.), Gier|isch, schik, sig, Girtzig (<poln. Gierzyk „junger Georg"), Scherag, Schurk. Vgl. Schur|ig, icht unter Schauer. Lit. Jurg|as, eit, Jurkat, Jursch|at, eit
Gep–: s. GEBEN
Gepauer: s. Gebauer
Gepes: s. Agapitus
Geppert: s. GOTT, Godafrid
GER: Zu ahd. gēr „Wurfspeer". Urverwandt mit GEISEL, schon früh mit GAR, GERN u. GIER verwechselt. ×slaw. JAR
Geribald: Ger|bald, bel(mann)
Gerbert: Garber (×Gerber), Gar|bers, brecht, berding; Ger|bracht, brecht, bert(mann), bet (auch < Ger|ibald, bod), berding, b(e)rich, bhard, wert, vers, brodt, big, bing; Gerbertsma, Görbert, Girbardt, Gehrbrecht, Ker|prich, per
Gerbodo: Gar|bade, bod(e)n, pott; Ger|bode, both(e), pott, Garnebode (×GERN)
Gerbrand: Gerbrandt, Garbrands
Kf. *Gerbo: Garb|e, es, en(s), s, Gar|ve, fs, Karben, Carbe, Karf, Gerb, |en(s), es, ing, lich, l(inger), Ger|wes, ves, Gerpe, Kerf|f, s, Girbinger, Görbing
Gerifrid: Gerfertz, Gehrfitz
Gerhard und Gerrat: Gerhard, |us, y, es, l, inger, Gerard(s), Gerharz, Geras, Ger(r)ath, Gerad, Gerats(huber), Geretz(hauser), Gerr|i(e)ts, itzen, Geritzer, Gerressen, Gör(r)etz, Göretzlehner, Gern|hard, ert (×GERN), Gier|hard, ath(s) (×ON. Gierath, Düsseld.), Gehardi. Zgez. Gehr|(e)t, tz, Geerz, Geertjte, Gerth (mit langem e), Geertsema, Gerd|(e)s (×ON. Gerdes, Münster, dazu Gerdesmann), sen, ell, ey, ing; Gerdsmeier, Gerdhenrichsen, Gert|en, ung, ling, höffner, kämper, Gerridsen. Gier|th, den, z, tsen, Gärth, Gör|dt, th, des, tz, Kert|h, el
Gerhoh: Ger|o(c)k, och, öcke; Jer|ock, och, Gi(e)rock, Gyrock (z. T. slaw. < Gerhard und JAR)
Girannus: Gieram
Gerlach und Gerelaig: Gar|lach, lich, lei, lach(er), lack, lich(er); Gehr|lach, lich, Gör|lach, lich, Gier|lach, lich(s), Gürlich, Girlich
Gerland: Gerland, Görland(t)
Gereman: Gar–, Kar–, Gär–, Gehr–, Ger(r)–, Ke(h)r–, Jahr–, Jähr–,

Jerr–, Gier|mann, German(dt) (×Hl. Germanus) (Ge(h)rmann auch pruß.)

Geremar: Garm|er(s), esegg, Jarmer, Ger|mar, mer, meier (Germer auch Pflanze Helleborus), Germer|donk (s. Dunk), roth, Görmer (s. d.); Germert > Germhard. Vgl. Jaromir

Germuot: Jarmuth, Germotl

Germund: Germund, Geromont

Kf. **Germo:** Garm, |s, ens; Germ, |s, elmann, ing, roth, Kerms, Girmendonk (vgl. Geremar)

Gernand: Gernand(t), Görnandt, Gernen|tz, s, Gernns, Gerndt

Gernot: G(i)ernoth, Gern(o)tke, Gerntholz

Gerrich: Gerrich, Kerrich, Gierich

Gersuind weibl., **Gersind** männl.: Ger|sunde, sonde, söne. Kersandt?

Gertrud: ON. St. Gertraud(en), latinis. Gertrudis: Drude, Geesche, Geske, Gesch, |e, en, ke. Trautner, Treitner

Gerwald: Ger|wald, wolt, woll, (h)old, holz, oll, ull, Gehr|old, (e)ls, Jerrold, Garrel(t)s, Kehr|wald, ls, Kirwald, Gier|hold, elt, Ge(h)wald, zgez. Gerlt(s), Görlt

Kerwentil (<WANDALE): Karwendel

Gerwig: Andres Gerwick 1367 (Chemn. Urk.-B. 27, 18). Ger|wig, wich, weck, bi(n)g, Girwig, Karwig, Kahrweg

Gerwin: Ger|win(n), wing, wien, wen, vens, Jerwi(e)n, Ker|wi(e)n,

bein, Körwien, latinis. Gervinus (×ON. Gervin, Kolberg). Ge(h)r–, Ker|wien auch pruß. N.

Gerulf: Gar|leff, lof, Ger|wolf, wulf, l(h)off, leff, offke, Gierloff, Garleff, Kar|loff, lopp, lob, lauf (ostd. × Karlapp), Kehrholfs, Kierulf, Ge(h)wolf, zgez. Grolf

Kf. **Gero, Kero, Gerung** (×gere; die N. auf –z zugleich Genitive zu Gehrt; × sl. gora (s. d.) u. mhd. gir, ger „gierig"). Gehr, i, i(n)g (NF; × ON. Gering, Mayen), ung, Gehr|i, k(e), ken, Gerx (auch <Georg, s. d.), Gähr(ing), Geer|en, ken(s), s, ssen, ling(s), Ge(e)rking, Grotegeers, Ger|l(ing), le(in), ke(n), icke(n), um, Gerz(inger), Ger|tsch, ing(er), ung, Jhering, Jehring, Jer|ung, ling, Jähr|ig, ling, Järchel; Göhr|e, ing-(er), Gör|l, k(e), ß, tz, ung, Jöhrig; Gier (× Geier), |e(n), l, ling(er), ing(er), ig, ke, se(n), (i)sch, tz, Kier, Jirsch, Gir|l, tzig, Kirdel, Kirz|eder, inger; Kehr, Kehrle, Kerz(inger), Kahr(s), Gar|y, eis, eiß-(en), ke. Garre, Jahreisen, Jaraß (×JAR). — Gezo: Geß(mann), Gess|e, ing, Gesing (×jes), Ge(e)se (diese auch zu GEISEL I). — Slaw.: Ger|och, oš, aš; Ger|och, asch, isch(er), sch (Ger|ecke, ke, Gehrke, Gierke, Gesse auch pruß.)

Ger–: s. GER, gēre und gora

Gerad: s. GER, Gerhard

Gerasimus: Hl., gr. „alt, ehrwürdig". Rasim

Gerastorfer: Weiler Geratstorf, Mühlkreis (Ob.-Öst.)

Gerath: s. GER, Gerhard

Gerathewohl: "es oder du gerate wohl!" Grath–, Grad–, Krath–, G(e)roth–, Kratz–|wohl, Grotewohl(t), wold, Grotwahl, Gradewald, Growoll. Gutgerat

Gerb|as, es: s. Gervasius

Gerber: (×Gerbert), Gärber, Garb(er), Gerwer, Garver; Leder|gerber, gerw, Weißgerber (gerbt mit Alaun, der Rothg. mit Eichenlohe). Poln. garbarz > Garba|r, s; s. Splitt, Leder, Tauer

Gerdis: pruß. N.

(gēre): mhd. keilförmiges Flurstück. Gehr(e), Angehrn, Ingern, Ger|bauer, hofer, huber, meier

Gerecht(er): nicht nur jüdisch (<Zadek; latinis. Just, Jost). H. Gerecht, Augsb. 1311

Gereon: Märt. Irion

G(e)reute: mhd. geriute „Rodung", vgl. Reute (mehrf. ON. Greuth, Kreuth). Vom Greuth, am Grüth, Imgrüt, Greut|er(t), mann, Grüter, obd. Grüttner, Gereitemayer, Greith(er), Greit|l(er), ner, mann, er(er), Gereiter, Heimgreiter, Kreuth, Kreut|l(er), er, ner (× Kraut), Kreith, Kreit|er, (l)meier, inger, enhubert, Kreid, |l(er), (en)meier, Groitl, Unterkreuter (× GRID, grūt, Grütze)

Gerg–: s. Georgius

Gerhab: bair.-österr. gerhabe „Vormund" (> Gerhard, Gehr, Gehoff KS)

Gerhäußer: ON. Gerhausen, Blaubeuren. Ger|-

(gering) heusser, heiser, Gernheußer
(gering): Gringl, Gring|mann, huber, Geringmut, Ringermuth, Ringbeck (Bach), Ringsgwandl, Ring|guth, hoff? (Gering(er) s. GER Kf., auch ON. Mayen)
Gerl(inger): s. Erle (vgl. GER Kf.)
Gerlinghaus: ON. Gerlinghausen, Siegkreis (×Gerlingsen, Hofn. Iserlohn)
Gerlt(s): s. GER
Germ: ON. mehrf. Bay., Österr. FN. Germelmann (in Gandersheim)
Germanus: mehrere Hl. Sieh GER, Gereman
Germer: s. JAR
Germeroth, Germrod: ON. Germerode, Eschwege, Witzenhausen
Germeshausen: ON. Germershausen, Hildesheim
Germscheid: ON. Neuwied
GERN: Zu nhd. gern und begehren. Früh mit GER (s. d.) und GIER vermischt
Gernart: Gern|hard(t), e(r)t, tke (×Gernot und sl. Garnatz), Gir|nat, ndt, ent, Kernert
*Gernwin: Kernwein Kf. Gern, |s, lein, ke, Görne(mann), Kern|chen, ig, ich (vgl. Kern, Kerner, Gerner)
(gern): Gern|groß, gros > gras, reich, aß (s. essen)
Gern–: s. auch GER und gora (Gern|höfer, huber zu gēre?)
Gerner: 1. ON. Gern, Bay. mehrf. 2. gerner „Beinhaus". 3. < GERN. 4. zu Garn
Gernler: Netzflechter

Ger|och, ock: s. GER (Gerhoh und Kf. Schluß)
Gerr: s. GER
Gerresheim: ON. Düsseldorf. Gerressen
Gersch–: s. Gerste
Gerschütz: ON. Görschnitz (XV Gerschütz), Bayreuth
Gerson: hebr. „ein Fremdling dort". Gersung, Gersch|el, ensohn, Gerstels, Gersfeld, Kerschmann. Sieh Kirsche
Gerst–: s. Christianus 2b
(Gerste): (×ON. Gersten, Osnabr., Böhmen), Gerst|acker, ä(c)ker, enecker, (en)feld, bauer, hauer, mayer, enkorn (vgl. Barnickel), engarbe, enbrey (Girstenbräu, breu wohl nicht „Brauer", sondern wie Gerstbrein zu Brei); Gerst|er, ler, ner, Gersch|ler, ner, bauer; Girstl, Blattgerste; Winter–, Reif|gerst, Reif(e)gerste > Raffegerst (nd. Riepegerste), Verngerste s. Firn. Gerstenberg: mehrf. ON.
Gerst|äuer, euer: ON. Gerstau(n), Elberfeld, Remscheid
Gersthagen: ON. Gersthahn, Neuwied
Gerstung: ON. Gerstungen, Thür.
Gert–: s. GER (Gerhard) und GART (Gertler: s. Gürtler, Gertner: s. Gärtner)
Gerum: ON. Gehrum, Meckl. (× GER, Kf.)
Gerung: s. GER Kf.
Gervasius: Märt. Ger|bas, bes, Vaas, Faa|s, ß, Foos, Fasel (s. d.), Vasel (s. d.), Fäsi(n), Vässin, Fesl. Vgl. Servatius
Gerw–: s. GER (Gerbert) und Gerber

Gerz–: s. GER
Gerz(n)er: ON. Gerzen, Hildesh., N.-Bay.
Ges–: s. GER u. GEISEL
Gesang: Gsänger, G(e)senger s. sengen
Gesch, |e(n), ke: s. GER, Gertrud (× Jeschke, sieh Johannes)
Gescheit: meist < ON. G(e)schl|aid, ei(d)t (< Scheide, s. d.). Gescheider, Geschaid(t)er. Aber Gscheidle(n) schwäb. Übern. „schlau"
Gescher: ON. Westf.
Geschier: < ladin. casura „Hütte"
Geschmack: mhd. gesmac „wohlriechend". Ungesmach
Geschmutzt: mhd. gesmuz „das Küssen"
G(e)schwandtner, Gschwändler, Gschwend–: s. schwenden
G(e)schwind(t): 1. „ungestüm, kühn" (Geschwing). Gschwind(uf). 2. Geschwinde, Geschwind(ner) s. schwenden
Gesell(e): eigtl. „der mit im Saal ist" > „Genosse, Gefährte, Zunftgenosse, Bergwerksteilhaber", auch „Häuer" (der Handwerksgeselle im Mittelalter meist: Knecht). G(e)sell, Gsell|ius, er, Geseller, Xeller, Gsöll, Gsellhofer, Gesellen|setter, stetter. Frischgesel (s. frisch), Gutg., Herg. „Kriegsgefährte" (> Hierg.). Jungg., Obergsell, Lotzgeselle (lotz „läppisch"), Taggesell(e), Dag(g)esell, Lieberg(e)sell, Herzgeselle. — Gesellschaft (Übern.; Geselschap), aber Gesel(l)bracht zu GEISEL II

Gesenberg: Hofn. Altena in Westf.
Gesenger: s. sengen
Geserich: s. Jeser. Jeserick
Gesner: s. Geiß
Gess−: s. Gasse und GER
Geßenhardt: ON. Laufen (OB.)
Gessing(er): s. jes
Geßner: s. Gasse, Geiß
(Gestade): obd. auch gstädten. Gstad|er, enbauer, Gstädtner, Gstettner, Gstött|l; (n)er, (en)mayr. (Gstatt(n)er, Gstadtenbauer eher zu gstatt „Stätte")
Gest−: s. GAST u. Geest
Geswein, Geßwein: 1. Gozwin s. GOTE. 2. schwäb. Gänsewein
Get−: s. GATTE
Geter: s. gießen, jäten
Getrost: „zuversichtlich"
Gettkant: pruß. N.
Gettling: s. Gättling
Getzlaff: s. GOD
Geu−: s. GAU
Geuenich: s. Gevenich
Geuer: s. Gauer
Geufler: s. Gauf(f)
Gevatter: „Mitvater, Taufpate" (anders Gfader, s. d.)
Geve: s. GAU u. GEBEN
Geveko(h)t: < Gēve (Gebhard) Kord. **Gevenich:** ON. Erkelenz, Kochem. Geuenich
Gew−: s. GAU u. GEBEN
Gewalt: abstrakter Übern., doch auch < Gebald s. GEBEN. Gewaltig, Gwaltsleitner
Gewand(e): „Grenze". Gewend(t), Kwandner, Quandner (aber Gewender „Gewandschneider, Tuchhändler")
Gewehr: 1. mhd. gewer a) Bürge, b) Befestigungswerk. 2. < St. Gewehr = St. Goar

G(e)winner: „Erwerber, Sieger"
Gewolf: s. GEBEN
Gey(h): 1. ON. Gey, Düren. 2. s. gaj und KAG.
Geyr: s. Geier. **Geywitz:** s. Kiebitz
Gezelter: < gezelt „Zelt"
Gf−: s. Gef−
Gfader: Tirol. < ladin. cavata „Grube"
Gib(b)−: s. GEBEN
Gick: s. GIG. **Gickler:** s. Gaugengig(e)l
GID: zu ags. gidd „Spruch, Lied". Giddo, Gidfrit, Gizo. Hierher viell. Gittmar, Gidd|e, ing; Gitt, |e, i(n)g, el; Gitz, |en, ler; Kitt, |elt, ig, inger; Kitz, |e, el(e), ler, i(n)g, eder
Gideon: Richter im Alt. Test. Gidion, Gedon
Gieb−: s. GEBEN. (Giebenrath: Geberad)
Giebel: 1. Hausn. Joh. vom roden Gevel. 2. mhd. gebel „Kopf" (gr. κεφαλή), Schwitzgebel, Schwizgäbele. — Zer(r)−, Zörr−, Zir(n)−, Zorn|giebel, Zirngibel, Zerkiebel: teils zu zerren „necken, raufen", teils zu Zorn (s. d.)
Giede: pruß. N.
Giefer(s): s. GEBEN
Gieg−: s. GIG
Giegengack, Gieger: s. Geiger
Gie(h)l: 1. Flurn. „Rachen, Schlund". 2. < Gisilo s. GEISEL. 3. mhd. gīl „Bettel"
Gie(h)ler, Giler: 1. < Giehl 1. 2. mhd. gilaere „Bettler" (vgl. Lukas 11, 8 Luther). 3. < Gisilher s. GEISEL
Giehm: s. Gimo
Gieloff: s. GEISEL II (Gisalolf); × ON. Gielow, Meckl.
Gienanth: s. Wignand
Gienow: slaw. „Sohn des Jino = Heinrich" > Gien|au (auch ON. Gienow, Stettin), app, Jinapp (nicht zu gienaffe „Maulaffe"). Ähnlich Gien|ke, sch, Jienke, Jynek
Giep−: s. GEBEN
GIER: ahd. girī, kirī „Begehren". Schon früh mit GER vermischt sowie mit dem verwandten GERN. Sieh diese
Gier−, −gier: s. Geier, Hase und Georgius
Gierod: s. Giro
Giersberg: Weiler, Stade
Gierster: s. Christianus
Giertler: s. Gürtel
Gies−, Gieß−: s. GEISEL und gießen (Gie|se, s, ß auch pruß.)
Giesch−: s. GEISEL I
(gießen): Gießer, Gieser. 1. „Metallgießer", nd. Geter; Koppergieter „Rotgießer" im Gegensatz zum Gelb−, Messingg. (vgl. Kanne, Grappen, Stück). 2. < ON. Gießen, Giesen (> FN. Gießner). 3. < mhd. gieze, güsse „Gießbach, Überschwemmung" (> Gies, Giese (× GEISEL Kf.), Gissauer, Gisser, Güssemann, Gießbeck, Güßbacher, Gieße, Güßner), obd. gießel „Wasserfall, Strudel" (Giesl(er), Gießler; × GEISEL und ON. Giesel, Fulda). — Gieß(h)übel, mehrf. ON., unerkl. — Gieß−, Guß|regen (> Güß, Gußmann? NS.). — Gießwein < Gozwin s. GOTE, Gießenbier < Gisbert s. GEISEL I
−gieter: s. gießen
Gievit: s. Kiebitz

Gietmann: s. Aegidius
Giffert: s. GEBEN
Gif(f)horn, hörn: ON. Hannover
GIG: zu an. gyggr „Riese, Riesin". In unsicheren Spuren wie Giegerich, Gigar, Gick, Kick, |en (sonst s. Keck), Gieg(e)ling, Geig|(e)l (×Geige), (e)netter, erseder, enscheder (s. Öd), Giggl|inger, berger. — Aber Gi(e)ger = Geiger, Giegandt < gigant „Riese", vgl. aber Geigant. Anderes wie Gig(e)l (>Giegold?), Giggel, Gig(g)ler, Giegler, Kigelmann wohl < mhd. gi(e)gel „Narr" (vgl. Gaugengig(e)l)
Giga|s, x: s. Riese I
Gihr: s. Geier
Gilau: ON. Gielow, Meckl.
Gilb–: s. GEISEL und GELTEN
Gilch: s. Gilge und Aegidius
(Gilde): Gilde–, Gil(le)–, Gülde–, Güll|meister, Gill|h(a)us, hoff (×ON. Gildehaus, Bentheim, s. auch Gold)
Gilde: ON. Jever, Lüneb.
Gilde|kötter, meyer: haben ein Lehen von der Gilde. Gildenpfennig, Güldenpenning
Giler: s. Giehler
Gilfert: s. GEISEL II
Gilg(e): „Lilie", Hausn. oder Kosen. (aber Gilg auch < Aegidius; mit Gilgen vgl. ON. wie St. Egidien). Gilch, Gilgen|ast, ort, bach, berg
Gilka: s. Daniel
Gill–: s. GELTEN, GEISEL, Aegidius und Gilde
Gil(l): poln. gil „Gimpel"; wend. Vklf. hilka: Hilke

Gilles, Gillessen: s. Aegidius
Gilmer: s. GELTEN und GEISEL
Giloy: s. Eligius
Gilster: zu nd. gilsterig „lüstern"
Giltner: s. Gelte
Giltsch: s. Aegidius
Gim–: s. GIN
Gimbel: s. Gimpel
Gimmel: 4 ON.
Gim(m)o: zu an. gim „Feuer" oder Kf. zu GIN? Gimm, |e, i, ig, Giehm, Geim, |ke, ecke, Kiehm, Kiem, |el, le, er, Kimm(e) (×kimme „Faßdaubenrand" > Kimmer), Keim
Gimp(e)l: Der Vogeln. geht von Tirol aus, der FN. aber findet sich vor allem im Allgäu. Gimbel, Gympel
Gimperlein: s. Gemperlein
GIN: zu ags. ginne „geräumig". Andere Namen lassen sich auch von GUND ableiten Gimboldt: Gim|baldt, bel (×Gimpel), Kimbel, Kinbel
Gimbert: Gimber
Ginap: s. Gienow
Gindl(er): s. GUND
Gingkang: gestreifter Baumwollenstoff (engl. gingham).
Ginsberg: Hofn. Siegen
Ginsel: hess. „Gans". Ginzler
Ginster: Pflanze < lat. genista (vgl. Plantagenet). G(e)nest, Genster|blom, blum, (vgl. brame). Aus frz. Genet: Gennet
Gint(h)er, Ginters, Ginz–: s. GUND
Gip(p), Gipkens: s. GEBEN
Gippe: 1. mhd. gippe „Joppe". 2. ahd. gip „Anhöhe" (Flurn. Gippe). Gipp(e)ner. 3. s. GEBEN Kf.
Gips: Gyps; Gipser, Gypser, obd. Ipser „Gipsmüller", auch „Tüncher". Gypner
Gir: s. Geier. **Gir–:** s. GIER, GER
Girent: s. GERN
Girg–: s. Georgius
Girl: s. Erle
Giro, Gierod: < frz. N. Gir|aud, od
Girmendonk: s. GER (Germo) und Dunk
Girmes: ON. Girms, Wetzlar (>Kirmes)
Girn|at, dt: s. GERN
Girschner: s. Kürschner
Girstenbräu: s. Gerste
Girt–: s. Gurt, Gürtel
Girwig: s. GER
Gis–, Gissel–: s. GEISEL, Giss- auch gießen. Gisevius
Gisch–: s. GEISEL I
Gisselbach: ON. Aachen
Gissinger: ON. Gissigheim (Gissingen), Baden
Gisterer: < gisten „aufbrausen"
Gitt–, Gitz–: s. GID
Gittel: s. Aegidius
Gitterer: = Gatterer
Gittermann: ON. Gitter, Hildesheim
Gittinger: Weiler Rottenburg. Güttinger
Gitz: s. Kitz
Gjard(y): wend. gjardy „stolz"
Glaab: s. Glap
Glabun: pruß. N.
Glad–, Gläde–: s. GLANZ
Gladbach: 8 Orte Rhld.
Gladigau: ON. Magdeb.
Gladis: s. Claudius
Gladitz: ON. Weißenfels
Glahn: 1. mhd. glan „träge". 2. ON. Hannover
Glaiber: s. Kleiber

Glaie: s. GLAU
Glaiter: s. Geleitsmann
Glambeck: ON. Brandenb.
Glamp: poln. głąb „Tiefe, Grund". Glomb
Gland: s. GLANZ
Glandien: pruß. N. Glandin
Glaner(t): ON. Glann, Salzburg>Glander, Glarner, Klarner KS.
Glang, Glanke: s. Gelange
GLANZ: mhd. glanz, glanst, glenze, glins, „Glanz", glander „Glanz, glänzend". Zss. Glanduit, meist aber einstämmig Gland, |t, er, Glan|s, z(mann), t(e), Glen|de, (t)z, tzermann, Glänz, |el, (n)er, inger, Kland|t, er, Klan|t(e), st, zke (aber Klenz s. d.), Glinz, |ler (aber Glinzig, ON. Kottbus), Glintzer, Klin(t)z|ing, mann. — Der ON. Gledinge und jetzige FN. lassen vermuten, daß auch das verwandte ahd. glat („glatt, leuchtend", vgl. holl. glad „hübsch", engl. glad „fröhlich") schon in alter Zeit N. gebildet hat: Hierher etwa: Glad|-(d)es, e(n), el, Gläde, Glatt, |e, er(er), ig, ke, Glätt|e, ig, ner, Glette, Klat(ting), Kletting (doch s. Klette, Klettke). Vgl. Glatz, Gliz, Gluns
Glap: poln. głąb „Krautstrunk". Glaab (Glapp: pruß. N.)
Glar(is), Gläre: s. Hilarius
Glarner: s. Glanert
(Glas): Gläsle? Glas|brenner, mann, werter (s. Werk = (e)macher, menger), Glaser, Glasner, Glaß(n)er, Gläs(s)er (×

Nicolaus), Gleser (s. d.), Gläsner, fries. Glasstra, Glaßnapf, nd. Glasenap(p), aber v. Glasenapp < ON. Glasenaw, jetzt Wendhagen, Pomm. — Jüngere Zss. Glas|schröder, winkler, mayer (×Gelasius, Nicolaus. — Raumsglas. Wend. głażyk „Gläschen" >Glaschik, Gläsch|ig, ing
Glasewald (Halle): ON. Glaswald, Wolfach
Glashagen: 4 ON. Meckl., Pomm.
Glasenhart: Allgäu 1650. Glaßenhart
Glashauser: ON. Glashausen, Emmendingen
Glasius, Gläs|el, ing, Gläßke: <Nikolaus (× Gelasius)
Gläsmer, Gläsemer, Glesmer, Klesmer: rotw. „Musikant"
Glatt: Glatt|haar, hor, kopf, Glättli. Im übrigen s. GLANZ; Glattes < Hl. Iglatius
Glatz: 1. ON. Glazer. 2. Flurn. „baumlose Höhe". Glatz|hofer, meier. Zu 2 und Glatze: Glatz|el, l(e), Glätz|el, le. Vgl. Klatzkopf
GLAU: ahd., nd. glau „scharfsinnig, einsichtsvoll"
Glauperaht: Gl(a)ubrecht, Glauber(t), Klau|precht, bart, ber(t). Sieh klauben
Glauhart: Glauert, Clauert
Glawold: Klauhold Glau(e) (>Glaie) keine Kf., sondern Übern. (× ON. Potsdam). Sieh auch glava
Glau-: s. GLAU u. glava
Glaubitt: pruß. ON. Glaubich

Glauch(e): ON. Glauch|a, au, e
Glauning: ON. Steiermark (× ON. Gleunk, Steyr, mhd. Glunich)
Glaus: s. Nicolaus
Glauth: s. LUT Kf.
Glauwis: s. Nicolaus
(glava): sl. „Kopf". Glaw(e), Glave, Klawe (× mhd. glave, klave „Lanze(nreiter"), Gläwicke, Klaue, Glau|ke, se, sch, Glaub, |ke, ig; glawaty, glowacz „Großkopf" >Glo(w)atz, Glotz, Hlawatsch, Lawatsch; Clivate > Klie-, Kle|foth, Kleefuß; Glowka „Kleinkopf"
Gläwe: wohl Nicolaus (×Glewe)
Glebe: s. Glewe und Nicolaus
Glees: ON. Koblenz
Glehn: ON. Aachen, Düsseldorf
(gleich): Gleichauf (vgl. gach, Baldauf, Fliegauf), Gleichfeld. Gleicher „Arbeiter, der die gewalzten Bleche ausbreitet" (Gleichner: s. Gleiminger)
Gleichsner: s. Gleißner
Gleim: mhd. gleim „Glühwürmchen", zu glim „Funke"
Gleiminger: ON. Steierm., Salzb.; > Glein|ig, in, g(er), Gleichner KS.
Glein-: s. Gleiminger u. Glien
Gleisl: s. Nicolaus
Gleiß(mann), Gleitz(e): mhd. glīȝ „glänzend" (vgl. Glitz und Geleitsmann)
Gleißenring: s. Leuchse
Gleißner, Kleißner: mhd. glīsenaere „Heuchler"; älter: gelīchsenaere > Gleichsner, Gleixner
Gleitz(e): s. Gleiß

Gleitzmann: s. Geleitsmann
Gleixner: s. Gleißner
Glemser: ON. Glems, Württ.
Glend|e, Glentz–: sieh GLANZ
Glenewinkel: FN. Plauen, Nürnb., Hamburg
Glenk: s. Gelange
Glenz: s. GLANZ u. Lenz
Gleris: s. Hilarius
Gleser: 1. Glaser. Gleßner. 2. s. Glees. 3. tirol. < ecclesia „Kirche" (> Gläserer)
(glet): bair. „kleines Gut". Glett(n)er, Klett, |ner, ler, enhofer. Vgl. kleti
Glett–: s. GLANZ
Gleuel: ON. Köln
Gleumes: ON. Kempen
Gleußner: ON. Gleußen, O-Franken. Kleußner
Glewe: „Lanzenreiter" (vgl. glava). Glebe, Gläwe
Gleye: s. Eligius
Glicenstein: s. Galitzenstein
Gliemann: s. Clemens
Gliemroth: ON. Glimmerode, Witzenhausen
Glien: sl. glina „Lehm", oft in ON. wie Glien(icke), Glinka, Gleinig. Glien|(e)ke, icke; Glein, |eke, ig(er), ing(er), ich; Kleinig; Glin|k, ka, kemann, z(ig, ke). Obwend. hlina: Lin|a, ach, ack, ke
Glienkher: s. Link
Glietz: s. Glitz
Glimmann: s. glint
Glimpf: mhd. „artiges Benehmen"
Glink: s. Link
(glint): mnd. „Lattenzaun". Glindmeyer, Glintenkamp, Glindkamp, Glinder (7 ON. Glinda, Glinde > G(e)lindemann, Glimmann)
Glinz–: s. GLANZ

Glittenberg: Kotten b. Wuppertal
Glitz: mhd. gliz, glitze „Glanz", vgl. GLANZ u. Gleiß. Glitz(ner), Glismann, Gli(e)ßmann, Glietz (Glitzenhirn „Glatzkopf"?)
Glober(t): s. LUT
Globig, Glöbke: s. Klopke
Globus: s. Nicolaus
Glock(e): wohl meist Hausn., nd. Klock(e), doch auch Klocke < de Kloicke = „Der Kluge". Glogg (× LUT Kf. > Glockshuber). Glöck|el, le, len, ner, ler, Glöggle (obd.), Glock(n)er, Glockenmeyer, Danzglock, Danzeglocke, Klock(n)er, Glogg|er, ler, engießer, Klöck|ler, (n)er, Glockendon (Nürnb. bei Tucher). Nd. Glocken|töger (Zieher) > thör, thür; gether (Gießer), Klock|geter, mann, haus, Klokken|brink, busch, kemper, hoff. S. auch glog
Glöd–: s. Glöte (× Chlod–, s. LUT); Glöden s. LUT Kf.
Glodny: wend. „hungrig"
Glodschei: s. KOL II
Gloël: s. Nicolaus
(glog): sl. „Hagedorn" (ON. Glogau). Glog|au(er), e, er, ow(ski); Glöge, Glock(auer)
Glogg–, Glöggle: s. Glokke
Gloke: s. LUT Kf.
Glomb: s. Glamp
Glommert: s. LUT
Gloning: mehrf. Flußn., Bay.
Glonner: ON. Glonn, OBay.
Glootz: s. LUT Kf.
Glorian, Glorius: künstl. Bildungen zu lat. gloria „Ruhm" (Glorius Wege, Eisleben XV) oder Entstellungen von Florian, Hilarius? Glor|is, er: s. Hilarius
Glormes: s. Hieronymus
Glos, Glosch, Glöss–, Gloth: s. LUT
Glos, Glosse: s. Nicolaus
Glös(z)inger: ON. Regen (NBay.)
Glöte: ON. Glöthe, Magdeburg (× LUT)
Glott|au, ow: pruß. ON.
Glotterer: Glottertal, Schwarzwald
Glotz–, Glötzner: s. LUT Kf. (Glotz auch zu glava)
Glow|atz, ka: s. glava
Gloy: s. Eligius (× nd. gloy „glühend rot")
Gluch(e): ndwend. gluchy „taub" (Glušek > Gluschke, Glüschke, Gluske), obwend. hluchi, tsch. hluchy: Luch(e), Luschek (× Lusche)
Gluck: s. LUT Kf.
Glück: Abstr. Übern. Obd. Gluck (oder = FN. Kluckhon?). Glück|lich, auf, God–, Selten|glück. Weiterb. Glück|ert, ler, schald. Glücker obd. < gelück „Lücke"
Glüer: s. LUT
Gluf(n)er: mhd. gluve „Stecknadel". Vgl. Gufer
Glü(h)mann: s. Clemens
Glumm, |er(t): s. LUT
Glund, Glünder: s. Klunder
Glungler, Glunk–: s. Klunker
Glünicke: s. Glien
Gluns, Glunz: mhd. glunse „Funken", ablautend zu GLANZ, Glinz
Glup(e), Glupp: wend. glupy „dumm" (×LUT)
Glur: < mnd. „lauernd blickend". Gluer
Glus(ch)ke: s. Gluche

Glüsing: 8 ON. Glüsing(en)
Glut–, Glutsch: s. LUT
Gm–: s. Gem–
Gmall, Gmelin u. dgl.: s. Gemach
Gn–: s. Gen–
Gnad(e): Flurn., ahd. gināda „Neigung, Halde"; Gnadl(er), Gnädinger, Gnadt, Gnath
Gnam, Gnan(t): s. Genannt
Gnapfeus, Gnapheus: Gräz. für Walker oder Tucher
Gnatz: mhd. gnaz „Krätze, Knauserei". Gnatzkopf, Knatz, Gnaß, Gnatzig (× poln. gnać „jagen" > Gnatzy)
Gnauth: s. KNOD
Gnehm: s. Genannt
Gneisse: s. Gneist
Gneist: ahd. ganehaista, zu eit (s. EID) „Funke" (×ON. Gumbinnen); auch „Hautschorf", so FN. Gneis(s)e; vgl. Gnatz
Gnest: s. Ginster
Gnetsch: ON. Anhalt
Gnicke: mhd. genicke „Genick"
Gnieser: „Genußsüchtiger"
Gnif(f)ke: zu slaw. gniéw „Zorn". Gnifkowski, Gniffig, Gniebsch, Kniefke, Kniff|ke, ki, Niffka, Neffka (Hnêfka)
Gnodke: s. KNOD
Gnöppchen: s. Knopf
Gnörich: s. Knorr
Gnüchtel: „genügsam". Gnüge
Gnürser: schweiz. gnürzen „knausern"
(gnusu): asl. „Schmutz", tsch. hnus. Knu|ske, schke, Nuske, Nusch(k)e, Gnuschke
Gnutzmann: ON. Gnutz, Holstein

Goachime: s. Joachim
Gob–, Göb–: s. GOTT
Gobba, Gubba: > frz. N. Gobat. **Göbel:** s. GOTT, ×GEBEN (>Göpel, Gäbel, Gebel, Gie|bel, ler KS). **Gober:** s. Gabriel
Gobes, Göbes, Göbgens: s. Jacobus 2. **Göbhardt:** s. GEBEN
Goch: ON. Rhld. Göcht (Halle)
Gocht: s. gach u. Joachim
Göck–: s. GOTT Kf. und Jacobus
Gockel: „Hahn" (×Gogel und GOTT Kf.). Göcke|le, r, Gockler, schweiz. Güggel. Gocksch, Gökkelmann
Göckeritz: ON. Köckeritz, Weida
Göckingk: s. Gacke
GOD: sl. Stamm, zu god „Schönheit". Go(d)slaw: Götz–, Getz–, Gütz|laff, Götz–, Gust–, Güß|loff, Gützlag, Got(t)–, Gut(h)–, Gold|schlag, Goßlau, Kitt|laus, loff, Goschling. — Kf. Gode, Gothan, Gottanka, Guthan, Gutsch, |e, ick, ke, Gutike, Güt|ig, ke, Gutz, |e, ke, at (> Gutzeit?), Götz|ke, ky, Gossel(ck), Guschke, Kötzschke (s. d.), Kuske, Kutschke (× khudy „arm")
God–, Göd(d)–: s. GOTT und GOD. **Goday:** s. GOTT (Gotadeo). **Goddang:** s. GOTT (Godedanc). **Gode:** s. Götti u. GOD. **Göde:** ON. Göda, Bautzen. **Godebus:** ON. Gadebusch, Meckl. **Godenrath:** s. gut
Godenschweig: ON. Godenswege, Meckl. oder Gutenswegen, Magdeb. (< Wodenesweg). **Godenschw|eger, ager,**

Gotenschwäger: s. Schwager
Goder: „Gurgel, Schlund", auch Flurn. Goder, |er, bauer, Gotter(bauer), Koder(er) (×GOTT, Godehar). Roß|goderer, gotterer
Goff–: s. GOTT (Godafrid)
Gogeißl: „Tandkrämer"
Gog(e)l: mhd. gogel „lustig, ausgelassen", gogelen „Possen treiben". Gögl, Gögg(e)l, Gög(g)elein, Göckel(mann), Göggel(mann), Gogler, Gögler, Gock(e)ler, Göckerle (×GOTT Kf., Gockel, Gogoll)
Gögg–: s. GOTT u. Gogel
Goggenberger: s. gugge
Gogol(l): poln. mua. gógoła „wilder Apfelbaum" (ON. Gog(o)lau, Schles.). Gogolin, Gogl(er)
Gogrewe: „Gaugraf", s. Graf
Gogsch: s. GUG
Gohde(s), Göhdike: s. GOTT Kf. (Göhde s. Göde)
Gohl–, Göhl–: s. GOTT und GOL
Göhler: s. johlen
Göhmann: s. GAU
Göhr–: s. GER, Georgius und Gregorius
Göhrdemann: ON. (auch Wald) Lüneb.
Gohres: s. Gregorius
Gohrt: s. GOTT (Gotahard)
Gohsing: s. Gossing
Göing: s. GAU
Goike: s. gaj
Gok|e, sch: s. GUG
Göke–: s. GOTT
Gökel(er), Gökler: s. Jacobus
GOL: sl. Stamm; asl. golu tsch.-obwend. holy, ndwend.-poln. goly „nackt,

213

GOLD (gora)

kahl", dazu tsch. holek „Knabe" (Holleck), holec „Kahler, Unbärtiger" (Holletz), holka „Mädchen" (Hol|ka, ke), holič „Barbier" (Holisch); ndwend. golik „der Kahle" (Golick), gol(a)c „Knabe" (Golas, Jalaß, Golz(e), Golt(z)sch). Dazu auch gola „die Heide" (vgl. ON. Gohlis): FN. Gol(l)a; Gollmick, Gollnick „Heidewärter", Gol(l)an „von der Heide", entsprechend obwend. Holan > Hollang, Holland (ndwend. Holland u. dgl. zu Alexander), Hollaneck. Sonstige N.: Goll|asch, e(k), ing; Gollas, etz, isch, ek; Golk, |a, e; Gohl|ke, sch; Göl|z, tsch, ke, Gohlicke. Gullasch; Jol|andek, tsch, ke, isch, itz; Jölitz. — Holl|ack, as, asch, atz, uch, |utz („Glatzkopf"); Hol|atz, dsch, ik, k, isch; Holz(e), Höltzsch, Hölz, |ke, ig; Hohl|a, icke; Höl|ich, i(n)g; Höll|ig, inger; Höhl|e, ich, ke. — Guhl, |ich, ing, Gulke, Gühlich; Juhl, |e, ke, ich, s; Jühl|ke, ing; Jul|ke, ich, i(n)g; Jül|ke, g, lig, tz
GOLD: Gold|brich, hardt, Goldrich (XV Braunau) > Gellrich, Guldbrand. Kf. Goldo, Goldinc: Gold, |e, elius, ing(er), Göld|e, el, Golther, Gölt(e)l (Goltsch, Gölz s. GOL), Gulde, Gulling
Gold: in ON., Flurn.: Gold|acker, bach (22 Orte), beck (10 Orte), becher, wasser, born, brunner, berg (22 Orte), straß, weid, waser; hofer, meier. — Goldkuhle „Abtrittsgrube", dazu Gold|gruber, gräbe(r), grabe („Abtritts- und Kanalräumer"). Goldmann „Goldarbeiter", doch auch örtlich; vgl. van der Golde, Bremen (> gräzis. Crisander); Gold|schmidt, smit, schmeding, arbeiter, sticker (> stücker), scheid(er) (scheidet das G. aus dem Silbererze), schläger (schlägt Blattgold), ziher (rotw. „Taschendieb"), wascher. Gollstein (Topas oder Probierstein). Gold|finger, fuß, mund. Gold|vogel, ha(h)n, ammer (> hammer, Goltdammer, Goldtammer). Goldner, Göldner, Golderer („Vergolder, Goldwäscher"), Göll(n)er (NF.), Gelder, Guld(n)er, Güldner, Guldin (golden, Goldmünze) > Gulden, Gülden (×ON. Gülden, Hann.), Hundertgulden. Golden|baum, bogen, Goldbohm, Gulden|mann, kirch, schuh, meist mit ü: Gülden|bach = beck, berg, fuß, zopf, haupt, pfennig, stein, stern (ON. Merseb.), Güldenagel. Gold|ochs, ast > Gollnast. Dän. Guldbjerg, Gullberg. Aber: Vollgold < Volkwalt, Purgold < Burgwald, Rohgold s. HROK, Gold|schlag, schald s. GOTT. S. auch Gilde
Goldap: pruß. ON.
Gölfert: s. GELF (×KOL)
Goliath: „Riese" oder Hausn., Theatern.?
Gölitz(er): ON. Gohlis, Leipzig. Geltz
Goll-, Göll-: s. GOTT, GOL, Gold und KOL I
Gollmar, Gollmer: ON.
Golm, Gollme mehrf. (vgl. Kollen) ×KOL I
Gollschlich: s. GOTT, Godescalc
Gollub, Golob: wend. golub „Taube" (vgl. holub)
Gollwitz(er): ON. Belzig, Jerichow
Golm(e): s. KOL I und Gollmer
Golt-, Gölt-: s. GOLD, Gold
Goltermann: 2 ON. Goltern, Hann.
Goltzsch: s. GOL und Nicolaus
Golz-: s. GOL
Gölz-: s. GOL und Gelzer
Gom-: s. GUND u. GUM
Gömann: s. GAU
Gomoll: sl. gomóly „abgestumpft, hörnerlos"
Gond-, Gon(n)-, Gön(n)-: s. GUND
Gönne: mehrf. ON.
Gönnewein: s. Genuinus
Gons|ior, er: s. Gans 5
Gontard: s. Gundhart
Goos, Goosmann: s. Gans u. GOTE (obd. Goos Kf. von GOTE, GOTT)
Gooth: s. GOTT Kf.
Göpel: Fördermaschine im Bergwerk (×Göbel)
Gopf: s. GOTT
Göpf-: s. GEBEN und GOTT
Gop(p)-, Göp(p)-: s. GOTT
Göppert: s. GEBEN und GOTT
Gör-: s. GER und gora
(gora): asl.-ndwend. „Berg", gorka „Berglein" (>ON. Gork|a, au, en, Görke(n) mehrf., Guhrau, Gurkau, Gurtsch, Horitz), obwend.-tsch. hora. Gor|a, eck, k(a), ke, ich, ig, isch; Gorn|ig, ick, ich, y „Bergmann"; Gör|icke, i(g)k, ing(er), isch, itz, ke;

Görn|and, itz, ig, ik; Ger|ick(e), igk, k(e), isch(er), itz; Gern|and, etzke, ich. Gur|ke, ske, sch(e), schke, nik; Gür(n)ke, Gürsch, |er, ka. Hor|a(k), ke, ing, an(d); Horn|i(n)g, ickel; Hör|icke, ig, ing, icht, itz, isch; Hörn|i(n)g, ick(e). Jor|bahn, bandt (doch auch zu gorij „schlimmer", Gor, |en, el, islaw), Gurbandt, Juhr(bandt), Jurban
Gorath: s. GOTT (Gotrat)
Gördeler: s. Gürtel
Görder: s. Garten
Gordianus: Märt. (<ON. Gordium, Kleinasien). Kordian, Corduan (s. d.), Cordon, Gordon, Gorthan, Gurdan. Vgl. Jordan
Gorfer: < lad. corvis „Landgut"
Gorg-, Görg-: s. Georgius
Gorgonius: Märt. (<Gorgo, einem griech. Ungeheuer). Gorgon
Gorholdt: s. Gar. Gorgas
Gor|ius, ies, Göres: s. Gregorius (×Georgius)
Gork-, Görk-: s. gora, Georgius und Gregorius
Gorldt: s. GAR
Görmer: 1. ON. Görmar, Erfurt. 2. Germar
Gorn-: s. gora
Gornell: s. Cornelius
Görn(emann): s. GERN
Görner: 1. s. Körner. 2. ON. Gornau, Görn|a, e
Gorn|ich, ig: s. gora
Gorr-, Görr-: s. Gregorius
Görres: fries. = Gories < Gregorius, ndrhein. < Georgius
Gorß: s. Gregorius
Gört|el, ler: s. Gürtel

Gorte-, Görte|maker: s. Grütze
Gorthan: s. Gordianus
Gos, Gös-: s. GOTT, Kf. Godizo und Gans 2
Gosboth: s. gospodi
Gosch: wend. goch „Kerl", gošk „Kerlchen" >Goschke, Göschke (×Kf. von GOTT)
Gösch: s. GOTT Kf.
Goschling: s. GOD
Goschütz: ON. Breslau, Oppeln
Gose: 1. <Gozo, s. GOTT (Godizo). 2. Goslarer Bier. 3. Gosemann < Flußn. Gose bei Goslar. Sonst Gose-, sowie Göseken s. Gans 2
Gos|ker, lich: s. GOTE
Gosler: mehrf. ON. Gosel(n); vgl. Goßler
(gospodi): sl. „Herr" (> ON. Kos|peda, poda, puden, Kosse|ba(u)de, bau). Gosboth, Kospot, Kostbot, v. Kotzebue, Koßbu (wohl stets nach den ON.); Gospodar „Fürst", Gosbadar
Goss-, Göss-: GOD, GOTE u. GOTT, Gössel auch Gänschen; -goß: s. Gans
Gossing: frz. N. Gossin. Gohsing
Goßlau: s. GOD
Goßler: ON. Goslar; × Gosler
Gößner: s. Gasse
Goßrau: ON. Goßra, Zeitz
GOST: asl. „Fremder". PN. Gostimir, Gostilo u. dgl. (ON. Gust|au, en). Gost, |au, ek, Göstel, Gust(in), Hoste (×Host 3)
Göst|el, rich: s. GAST
Gotdang: s. GOTT (Godedanc)
GOTE: der Volksn. (got. *Gutans) erscheint in mehreren Formen, so aisl. Gautar, Bewohner von schwed. Götaland, Gotar, die von Gotland. Durch die hochd. Lautverschiebung hätte er zu ahd. *Gozzan, nhd. *Gossen werden müssen. Bedeutung ganz unsicher (Männer? vgl. an. gode „Hengst")
Gozbert: Küspert, Gos-, Gus|beth, Kusber
Gozger: Götzger, Gosker
Gozhart: Cossard, Gossert, Kuzzert
Gozheri: Kotzer (s. d.), Kosser, Kötzer, Gösser, Kutzer
Caozhram: Gausrapp
Gozleih: Goslich, Goßlich
Cozman: Gotz-, Gotts-, Goß-, Koß-, Goos-, Gus-, Kuß-, Kuse|mann
Cosmar: Cosmar, Gots-, Götz-, Gutz|mer, Guschmer
Gozmund: Kohsmund, Kotzmuth
Kozolt: Kotzold, Kusold, Cusaldt, Kussel, Gößelt
Gozwin: Goß-, Göß-, Güß|wein, Ges-, Geß|wein (s. d.). Götzfried ist Mischf. (s. GOTT, Godafrid), und auch manche anderen der obigen N. werden solche Mischf. von GOTT sein.
Kf. Gooth. Cauzo, Kaus, Kausch, Kau(t)z (s. d.). Das übrige verschwindet unter den Kf. von GOTT, s. auch Gote; manches Ähnliche gehört zu wend. khudy „arm, elend".
Auslautend: Meinkuß; s. HILD und SCHIER
Gote: obd. „Pate", mhd. got(t)e, göt(t)e. Godl,

Gödl, Göd, Göth, Gött, |e, i

Gotenschwäger: s. Schwager

Goth: s. GOTT. **Gothan:** s. GOD. **Gothe:** ON. Gotha

Goethe: Kf. von GOTE oder GOTT (×Götti)

Gothein: jüd. ON. Kojetein, Olmütz

Goether: s. GOTT (Godehar)

GOTT: zu got. guth, as. god, ahd. got „Gott", mischt sich schon früh mit got. gōths, as. gōd, ahd. guot „gut". Vgl. GOTE, Schlußbemerkung

Godabald: Gapp|old, elt, Kopp|old, elt, Kob|oldt, elt, ald (×Kobold), Göpelt, Gobbel, Göbbel(s), Göppel (auch von der Kf. Gobilo). Göbelhoff

Godaberht: Go(tt)brecht, Gob(b)ert, Gober, Göber(t), Göpper(t) (vgl. Godafrid), Godbersen, Godbarsen, Kober|t, le, Köber|t, l(e)in, Köbberling, Köbrig, Kübrich, Kobrecht, Ku|bert, beth, wert, Kü|bart, wert (doch vgl. Kuh), Kuprich, Guber(t), Jo|bert, prich, Gütebier

Kf. Gobbo, Cobbo, von Jacobus schwer zu trennen (s. d.): Göb, |e, Göpp|en, ner, el; Gob|el(ius), maier (Gob|leder u. a. eher<kobel), schles. Gebel, österr. Goebl; Kobinger, Kopp, |o, e; Job(e)lmann, Köpp|en, ens, elhofer, Köp|sel(l), Köwel, Kubel, Cubelius, Kuppel

Godafrid: Gott|fried(sen), fert, Gött–, Götz–fried (Mischf.), Godtfredsen, Godtfring, Goff|arth, rey, Gopfer, Gö(p)fert, Göpf(e)rich, Göbfardt, Göpffarth, Goverts, Göverts, schles. Geppert; Jovers, Guffer, Guffa, Juffa, Gufert (vgl. ON. Göpfersgrün < Gotefridesgrune, Geppersdorf < Gottfriedsdorf). Frz. Goudefroy, God(d)efroy Kf. Goffe, Guffe

Gotahard: Godehardt, Got(t)hard, Göd|hart, (d)ert, der(t)z, Gottert, Göttert, Güthert, Kodat; zgez. Gohrt (aber Gördt eher < Gerhardt), Guthardt > Guterding?

Godehar: Goder (s. d.), Guder, Göd|er(s), (e)rer, Götter(son), Köder, Göther, Gedrer

Goteleib: Gottlieb(sohn), Collip; fries. Jolfs, Jülfs

Godolec: Gott|lack, lick, lich; Göttlich(er)

Godeman: Godt–, Kott–, Joth–, Gut(t)–, Gött|mann, Götemann

Goderad: Gorath, Godenrath

Goderic: Gott–, Gut|reich, Güttrich

Godavald: Gott–, Gött–, Gut|wald, Godelt, Göde(l)t

Godowin, Gutwinus: Gott–, Gutt|wein, Kudwin, God–, Ged–, Jo|wien

Godulf: Kottloff, Kolloff, Gottauf

Erweiterter Stamm:

Godolfrid: Gulfert

Godalhart: Goll|hardt, ert

Godelmar: Goll, Koll|mer

In christlicher Zeit erscheint GOTT auch im Genitiv: Gotesman (Gottsmann), Goteswillo (vgl. Gott), Coteshelm; ebenso Gotesscalc „Gottesknecht". Gott|schal(c)k, schalkson, schalg, schalch, scha(c)k > schall(en), er, schol(l); > schald (vgl. OD, Udalscalc), schalt, sald, (slawisiert Gottschalski, Goczal, Kostalek). Godschalk(s), Godshalk, Gottschlich. In Rheydt um 1700 Gottschalks = Jakken (*Jottschaak mit ā < a|; Kf. wie Jupp < Josef, Jäp, Jöp < Jakob). Jetzt Jacken mit ä gesprochen. Manche ostd. Formen könnten auch vom sl. Godslaw (s. GOD) stammen; so Gott|schlich, schling, schild, schick, Gollschlich, Gutschlich.

Gleichbedeutend: Gotadeo (Cotesdiu): Godai, Kodei. — Ähnlich: Godedanc: Goddang, Gotdang (doch s. Gottanka bei GOD)

Kf. Godo (×GOD, GOTE, Gote): Go(h)de(s), Gooth, Göd|e, en(s), ing, Godde, Gödde(n), Goethe (s. d.), Joete, Jothe, Kohde, Koth(es), Köth(e), Kott, |i(n)g (vgl. Kothe), Gott, |inger, ong, meier, Götting, Kött(ing), Köd(d)ing, Gude (×wend. khudy „arm"), Gudden, Gut(t)e, Güth(s), Güt(h)inger, Küting

Godilo: Godel(mann), Göd(e)l, Göt(t)l, Ged(e)l, Göthlich, Göttel(mann), Göttli, lein, ling, lich, ler (×Göte), Köd(d)el, Kött(e)l, ler, Güth|lein, ling. — Die Scheidung von GOL u. KOL bleibt ganz unsicher: Goll, |e,

(Gott)

ing(er), mann, hofer, kofer, Göll(ing) [Kol–, Köll–: s. KOL; Gohlke, Gölke, Göhlich, Guhling u. dgl. s. GOL]

G o d i c a: Gö(h)dike, Gödeke(meyer), Gödeking, Göddeke (Gödike auch pruß.), Gödges, Göt|jen(s), ke, Gött|ig, ich, ge(n), ges, Köddig, Keddig, Jödike (Gädeke und dgl. × GATTE, s. d.). Gockel, |l, en (× Gockel „Hahn" und Gogel), Gögg(e), Göcken, Gecking, Göke, |n, meyer, Guck|el, ler (× Gugel), Gügel, Gück, |e(l), Jükke(l) (vgl. GUG).

G o d i z o: manches von GOTE und GOD nicht zu trennen. Gotz, Götz (auch ON. Belzig), Götz|e(n), enbrucker, el(mann), eler, ke, (g)er, Goehtz; Göz, |inger, (e)l; Goß, |ler, (s. d.), ling, Gos, |ling, jen, ke, Gose (s. d.); G o s s | e n(s), el(s), ing; Göß, |gen, ling, Gös(s)ing, Gös(l), Göse, (le) ke, ling; Gosch (s. d.), Gottsche, Götsche, Göttsch(e), Götsch(i); G ö s c h, en, (e)l; Kotz, |e(n), el, inger; Kötz (auch ON. Günzburg; × kötze „Tragkorb"), Kötz|le(r), ing(er), Koß, Kosse(l), Khoseli, Khoßler, Köß|l, ling(er), Köss|(e)l, inger, Khesele, Kosch(e), Kösching; Gutz, Gütz(emann) (× ON. Gütz, Halle), Guse, Güsgen, Guschel, Güschel, Kutz, |ig, Kütz(ig), Kusse, Kusel (s. d.), Kußinger, Kusch, |e(l), er, Jössel [Joske s. Joseph]

(Gott): Redn. Gott|erbarm, behüt, getreu, lob, selig, wal(t)s, walz, will, weiß, weis, (Kodweis). Helf–, Walts|gott, Liebegott (= Lebeg. < nd. lēve), Swigott („Wie G. will"; mhd. swie). Gotts|pfennig, penn (s. Pfennig); Gottesfeld gehört der Kirche. Gottesbühren: ON. Hofgeismar. Vgl. die Täuflingsn., so 1691 in Darmstadt ein getaufter Türke Gottlieb. — ON. Gottlieben, Schweiz; Gottsleben s. Kutzleb; Alter–, Vier|gott pruß. N.

Gottanka: s. GOD
Gött, |e, i: s. Gote
Gotter–: s. Goder
Gottesbühren: ON. Hofgeismar. **Götting:** ON. Ö.-Bay. **Göttinger:** auch ON. Göttingen, Hann.
Göttling: s. Gättling
Gottschaw: s. Kosche
Gottsched: ON. Göttschied, Birkenfeld, FN. Gottscheid
(Gottschee): deutsche Sprachinsel in Krain. Gott|schey, sche(b)er, schier. — Sl. Gottschewar, Kocewar
Göttsching: ON. Gozschin = Gottscheina, Leipzig
Gottschl|ich, ing: s. GOTT
Gotz–, Gö(t)z–: s. GOTT, GOTE und GOD
Goudefroy: s. GOTT, Godafrid
Goverts, Göverts: s. GOTT (Godafrid)
Gowin: ON. Westpreußen
Goy–: s. gaj und GAU
Gr–: s. auch Ger–
Graa, |ck, ge, lfs: s. Grau
Graab: s. RABE und grab
Graade: s. GRAD I
Graas: s. GRAD I

Graatz: s. Pancratius (× ON. Graz)
(grab): ndwend. „Weißbuche", obwend.-tsch. hrab. Graab, Graap, Grab. Grab|ow > au oft ON. „Buchicht" (FN. Grabowski „Mann aus Grabow"), auch ON. Grab|a, en, er, ig, itz mehrf. — Grab|a(t)sch, s, sch, ski. Rab|s, sch, Rap|s, sch. Doch × grab|an, ič „Raffer": Grab|andt, ein, isch, Gräbisch. Sieh auch Graf
Grabbe: s. Krabbe
–gräbe: s. Graf
Graben: mhd. grabe; auch flache Schlucht, Orts- u. Straßenn. (× grab). Gräble; auf dem, am, von| Graben, vom Grafen, van der Graaf, Grabl(n)er, inger, Hurgraben (s. hor), Haselgraber. Gräb(n)er, Greb(n)er. Gröb(n)er, Gramer, Graner, Grever, Greverus, Grewer, Gräwers 1. „am oder aus Graben". 2. „Gräber", besonders „Totengräber" (dies auch Grübel, Griebel, Gröbel, Grebel). 3. „Graveur". 4. = grabenmacher < mhd. grabe „Spaten" (FN. Grabmacher, Grabscheid). 5. × Grape (s. d.), so Grabengeter. — Kirchgrab(n)er, Grabenkamp, Stein|graber, gräber, gröber, (vgl. Grube). Bien|gräber = Biene, Erzgr., Borngr. (Teichgr. s. Graf). Grabmeister: Aufseher über Gräben oder grabende Arbeiter. (Grabmer, Kra(h)mer KS)
Grabert: s. Grau
Gräbing: „Dachs". Grebing, Griwing, Grawingholt
Gracht: nd. „Graben, Ka-

nal" (von der Gracht), auch ON. Rhld.

GRAD I: deutscher Stamm, zu ahd. grātag „gierig" Kf. Grado: Grad, |(e)l, (l)er, inger, Graade, Graht, Gratl, Gratt, Kratt, |inger, Kradel, Krähdle, Gred|el, ing, Greth(el), Kreth, Kredel, Kreter, Krettinger, Krahl (s. d.). Chratzo, Crezzo (× Pancratius): Gratz (× GRAD II), Gratz|(e)l, müller, Kratz, |(e)l, mann, Gretz, Graas, Graß(mann), Gras(s)emann, Grass'l (s. Graß), Gräsing, Greß, |ner, mann, Gräßling, Grasl, Grässel, Gräßle, Gräsle (doch auch „Hälmchen". Vor allem × greßling, gräßlein, gräsel, grasl, „Leinfink"), Kreß, |mann, ling, ke, Kress|e, (l)inger (×mhd. kress|e, ling „Gründling" NF.), Kreske(n), Kresch. Sieh auch Grall

GRAD II: sl. Stamm, „Burg, Stadt" (vgl. Garten); asl. gradu, tsch. hrad, obwend. hrod, nd.-wend. grod, nsl. gradiše „Burgstätte". (Vgl. Belgrad, gard „Weißenburg", Naugard = Nowgorod „Neuenburg", Stargard „Altenburg", Graz, Grätz, Greiz, Gröditz, Hradschin). FN. Gra(t)z, |ke, Gräditz, Greitsch, Greitzke, Groitzsch (s. d.), Gröt|z, sch, Roitzsch, Kröt(z)sch, Gretsch, Krietsch, wohl fast stets von ON. Vgl. auch GRAD I (Chratzo), wend. grac „Spieler", Pancratius und HROD Kf.

Grad|ewald, wohl: s. Gerathewohl

Gradhand: s. Hand
Grädler: s. grede
Gradolf: s. Kradolfer
Graf: urspr. höherer Richter, dann Hochadliger, aber auch Dorfschulze, Vorstand. Nd. mit Umlaut grēbe, grēve. Latinis. Graffius, Gräfius. — Graf, |e, en, Grab, Gräb, Greb(e), Grew(e), Greve(n), Gräf(e), Greef (> ndrh. Greiff), Greff, Gräve, Grave(n), Greeven, Grefen (× ON. Greven, Meckl., Münster), Greving (×Gräbing), Gräflin, Gräfel. Degreff. Entsprechend die Zss. Mark|(g)raf, gräfe, Marggraff, Land|graf, grebe, Pfalzgraf, Burg|graf, gräf, Borggreve, Dinkgrafe (< Thing), Zentgraf u. dgl. s. Zent, Gogrefe (< Gau), dissimiliert: Ho|grebe, greve, grewe, griebe (verhochdeutscht: Hoch|graf, grefe; dazu Hogräfer). Diekgreve (< Deich) > Dickgräwe, Diekgräber, hochd. Teichgräber, dasselbe Fluthgraf; Fischgraf, Holtgrewe (Vorsitzender im Holtding, verwaltet den Gemeindewald), Holdgrewe, halbhochd. Holz|greve, grebe, griff, griebe, kraft, grabe > Holzgräber; dasselbe Woldgrebe, Waldgraf, Wiet–, Witt|grefe (s. witu) > Wiegräfe; Kle|gräfe, grewe („Wiesenaufseher"); Tollgreve („Zoll"). Wend. Grab|ia, e, ke, itz, Groba. — Aber Fül(l)graf, Fullgraf, Voll|graff, grebe, Füll|(e)grabe, grap viell. zu Grape. — Graffmüller, Grafmüller, Grafenschäfer im Dienste eines Grafen, desgl. Grave–, Gräve|mann (Grafm. s. Grau). In Tirol auch < lad. grava „Kiesboden", z.B. Mair am Grafen (so FN. vom Grafen?). Wichgraf s. WIG, Wichraban. Sieh auch Hölle und Schuh

Grag–, Grah: s. Grau
Grager, Gräger: s. Gregorius
Grahl(mann): ON. Graal, Meckl.
Graht: s. GRAD I
Graichen: ON. Graicha, Schmölln (×Greichen)
Graiger, Grajer: s. Gregorius
Grainz: s. Quirinus
Gralapp: ON. Kralapp, Colditz
Grall: zu mhd. gral, grel „zornig", nhd. Groll gehören die ablautenden N. (× GRAD, GRID): Grall, |e, ert, mann, Grell, |e, er(t), ing, mann, wich, Grill, |e, ert, ig, mair? (×Grill(e), Tier, auch kleiner Mensch), Grüll(mayr)?, Groll, |e, mann, (hier × Kroll). Vgl. Krahl und Karl
Gralock: s. Grau
(gram): mhd. „zornig". Gramm (×ON. Schleswig), Gramlich, Gremli(ch), Grämmle, Grammann
Gram–: s. RABE
Gramann: s. Grau
Gram(e)l: s. RABE
Gramenz: ON. Köslin
Gramer, Grämer: s. Graben, Krämer und RABE
Grammer: s. RABE
(von) Grambusch: ON. Erkelenz
Gram(m)s, Gramsch: s. Hieronymus. Gramß
Gran: s. Graner

Grand: 1. „Kies". Grand|au(e)r, egger, inger, pair („Bayer"), Krandauer (ON. Miesbach), Steen–, Steingrandt. 2. obd. grant „Trog". Grand(e)l, Holzgrandel. 3. „Verdruß, Ärger, Zorn". Grandig. 4. pruß. N. Grand|e, aw: Grand(au). Zu 1–3: Grander(t), 1. 2.: Krent|el, ler

Gran(er): 1. ON. Gran, Ungarn. 2. schwäb. graner „Hausierer". 3. s. Graben

Grän(er): s. Grein, Greiner

Gran(h)old, Grannel: s. RABE

Gränitz: ON. Freiberg in Sachsen

Grans: „Schnabel", Flurn. Grantz. Granz(buhl), Gränz(er), Grenz, |ner, ing(er), Gren|s, ß, semann, sing, Grentz(el) (vgl. Kranz 2), Krenz(er). Vom Schiff: Stuergrans, Eger XIII. × PN. Grantzo (<Grand 3?). Sieh auch Grenze

Gransberger: Weiler, Mitterfels (NB.)

(Grape): nd. „Kochtopf". In Hamburg arbeitete der Groper in Ton, der Gropengeter in Metall. Grope, Gropp(e) (×dickköpfiger Fisch; dazu Groppenschedel), Gräper, Groper, ner, Groppner, Gröp(l)er, Gröpper, Grapen–, Groben–, Kropen–, Gruppengießer, Gropengießa, Grabengeter, Grapen|geter, böter (s. büßen), brade („Schmorbraten"). Vgl. Graf, s. Graben 5

Grapp: s. RABE

(Gras): Gräsle. Graser, Gräser, Grässer, Gresser, Gräsler „Weidebesitzer, Mäher"; Gras|meder (< Mahd), meh(e)r, mer = mey(er), mai < meigen „mähen", auch >me(h)l? Gras|hey, heu s. Hei, weger (am Wege zur Wiese, vgl. Holzweg), ruck, binder = pointner, hüller, hiller (s. Hüll), wald, laub, mann (× GRAD I und Erasmus), reiner, müller, hauser, hoff, Graßhof (= Baumgarten; 10 ON.), Graseck, Grassegger (6 ON. Graseck). Grasmück, Graßmuck, Grasmugg: Vogeln. (Etymologie strittig), Gras–, Grase|wurm. Gräsing, Grasl. Gräsle u. dgl. s. GRAD I am Schluß. Grasnick(el), Graßnack s. Krasne

Grassegger: s. Gras

Graß: mhd. graʒ „leidenschaftlich". Dazu Grasser(t), Grassold, Krasselt, Crassold, Grassinger, Grasulf

Grass–: s. GRAD I und Graß

Grasser: schweiz. grassen „weinerlich tun"

Grassi: it. „fett" <lat. crassus

Gräter: s. grede

Gratias: lat. Redn. Deo gratias „Gott Dank!" Gratus

Gratl: s. GRAD I

Gratopp: s. Grau

Grattner: aus dem Villgratental, Tirol

Gratz–, Grätz–: s. GRAD I, II

Gratzfeld: ON. Siegkreis

Grätz(l)er: s. Kretzer

Gratz(y): s. Pancratius

Grau: mhd. grā, Genit. grāwes, nd. grāg, grāw (×ON. Grave, Holzminden, Graue(n), Hann.). Schon ahd. Graobart „Graubart", Graman „grauer Mann" (später auch „Grauer Mönch, alter Gaul") > Gra(u)–, Grave–, Groh|mann. Grawo, Vklf. Grawilo: Graa, Grah(e), Graw(e), Grag, Gra(a)ge, Graack, Groh(e), Groer, (Krahl? s. d.), Grau, |e(l), l(ein), f, w, Gravel, Gräwel(l) (aber Graulich, Greulich „grausig" × ON. Greulich, Schles.), Greu|e, (e)l, lein, ling, bel, Greul–, Kreul|eder, Krau, |e, (e)l (s. d.), Kreul. — Weiterb. mit –hart, –ert: Gragert, Gra|wert, vert > bert; Gräuert, Gräwer(t), Grewartz, Krewerth, Grebert; mit –wald: Grauholz: Aus der älteren Bildung Gravulf: Grauf, fries. Gra(a)lfs. Zsr. Grau|vog(e)l, aug, cob, schopf (s. Schopf), peter, Gralock (Prö. 2, 14. Förstem. 667), Grolock, Gragetopf („Zopf"; Gratopp, Grautoff), Grohganz („Gans"), Grohrock

Graupner: 1. ON. Graupen, Böhmen; Kraupen, Sachsen. Dazu FN. Graupe(n) (Hans Grawben ratißkompan 1475, Chemn. Urk.-B. 224, 34 = Hanß Grauben rathmann 1479, das. 238, 10). 2. „Graupenhändler". Gräupner, Kraupner, Graubner, Graubmann. Vgl. Krupke

Graus: mhd. grūs „Schreckbild"

Grausam: mhd. grū(we)sam „Schrecken erregend"

Grausch: s. Krusche

Graustein: ON. Spremberg

Grauting: s. HROD Kf.

Grave–, Gräve|mann: s. Graf und Grau
Grav|el, ert, Grawe, Gräw|el, ert: s. Grau
Gravenhorst: 3 ON.
Grävinghoff: Hofn. Grevinghof, Münster
Grawingholt: s. Gräbing
Grawitter: s. Kranich
Grebbin: ON. Mecklb.
Greb(e), –grebe: nd. s. Graf, obd. Greb–: Kreb.
Grebenstein: ON. Hofgeismar. Grebel, Greber: s. Graben. Grebin: ON. Holst. Grebing: 1. Patron. von Grebe (s. Graf). 2. = Gräbing. Grebs: mehrf. ON.
Greckenberger: s. quer
(grede): mhd. „Warenlager, städt. Kornhaus". Gred|er, ler, ner, meister, Grädler, Kredner, Credner, Gräter, Gret-(l)er (vgl. GRAD I und grēt; bei Greter × Margaretha und ON. Grethen, Grimma, Dürkheim)
Gredel: wend. PN. Gredel „Haspel". Tsch. Hředlo, hřidel: Redel, Riedel
Greef: s. Graf
Greem: s. GRIM
–gre(e)n: in schwed. N. „Zweig". Lind–, Palmgren
Greens: < ON. Green, Ahrweiler
–grefe, Greff, Grefen: s. Graf
Greffenberg: ON. Grevenberg, Aachen. Grefrath: ON. Gräfrath, Wuppertal
Gregorius: griech. „wachsam". Gregor I., der Große, Papst 590–604. 1. Gregor|ius, i, y, Gregerius, Grigori. 2. Betonung der ersten Silbe ergibt: Gregor, Gre(e)ger, Grä-
gor, Graeger, Kregor, Kräger, Grögor, Gröger-(chen), Greg(g)ersen, Grögl, Grigar, Krigar, Krieger, Grieger, Grüger [Grager, Grajer, Graiger; He]. 3. Betonung der zweiten Silbe ergibt: Gor|ius, ies, ß, Gorr, |e, is, issen, Görr|-(i)es, issen, Jürissen, Go(h)res, Göhr|e, y, Gör(e)s, Gar|eis, eus, Jahreis, Jarres. (Berührung mit Gero, Gerhard, Georg; s. d.). 4. Slaw. u. a. Gregor|(et)z, itsch, Grogerenz, Gork, Gorgs, Grzella > Grella, Grel|ik, ka, tsch, Řehoř: Reh|or, er. 5. Lit. Grig|at, utsch, oleit
Greichen: Wend. PN. Grēch(an). Vgl. Hřich > Reichen (×Graichen)
Greidl: s. GRID
Greif: Sagenhafter Vogel < gr. lat. gryps, mlat. gryphus < assyr. k'rub (verwandt mit Charybdis, Cherub), nd. grīp. Greif(f) (ndrh. s. Graf), Greifen|stein, berg (10 Orte), hagen (ON. Mansfeld, Stettin). Hierzu schon altd. PN. Grip(p)o, Grif(f)o? Greif|er, elt, eld, inger, Greifen|eder, egg, Grief(gens), Grieff (× nordhess. „hager"), Griff, |(e)l, ler, Griep(e), Grip, Gripp, |eling, meyer, Gribbe(l). (Greifenberger < Grafenberger KS.)
(greifen): nd. grīpen. Satzn. Greifzu, Zugreif, Griffahn, Griephahn, Greifentrog, Greibentroch („in den Trog"; Griepen–, Grieper–, Grieben|trog; Gripenkerl (Häscher).
Greifenkranz; Gripenwulf < gripend wulf
Greil: s. Kraul
Greiling(er): ON. Bad Tölz
Greilsam(er): ON. Krailsheim, Württ.
Greim–: s. GRIM
Grein: 1. PN. Grino (zu GRIN). 2. ON. Bay., Österr. (dazu Greiner, Grän(er), Grehn)
Greiner: „Zänker". Greinert, Gräner (×Grein)
Greinz: s. Quirinus
Greis–: s. GRIS, Grieß und Reis 4
Greis: „grau, bejahrt". Greiser, Greißmann (×Grieß); nd. Grie|se, shaar, Grisar
Greißler: s. Grieß
Greisch: ON. Luxemburg
Greising(er): ON. Bay., Österr.
Greit–: s. Gereut und Margareta
Greit|sch,zke: s. GRAD II
Grel|ik, ka: s. Gregorius
Grell: mhd. „zornig". Grellert, Grelvink
Grell–: s. Grall
Grella: s. Gregorius
Grelle: mhd. grelle „Art Spieß". S. schleppen
(grem): obd. „Hügel". Grem(er)(×Krämer), Gremm
Gremlich: s. gram
Gremm–: s. GRIM
Gremp|e, ler, (e)l, (n)er: zu mhd. grempen „Kleinhandel treiben". Kremp, |el, ler, lsetzer, Krämpler, Krembel
Gremse: „mürrisch"
Grendel: 1. „Pflugbaum". 2. „Torriegel". Grendeler. Grind|el, ler („Torhüter")
Grennigloh: ON. Altena
Grenz: ON. Nordostdeutschland
(Grenze): Junges Lehn-

(Greppe) (Grimme)

wort < sl. granica. Grenz|er, ebach, heuser, dörfer, felder. Gränz|er, stein. Grentz|inger, er, mann
(Greppe): bair. „Hohlweg". Greppmair, Krepp,| e, (n)er, meier (× Krepp)
Gres(ch)enz: s. Crescentius
Gresch|ok, ke: s. Christianus
Grese: nd. grese „Grausen"
Greshake: mnd. „Kohlenhändler" (vgl. Gressierer)
Greß–: s. GRAD I
Gresse: ON. Mecklenb. Greßmann
Gresser: s. Gras
Gressierer, Cressierer: < frz. grésier „Steinbrecher" < mlat. gresum „Gestein"< dtsch. Grieß. Kressirer
Gressel, Greßmann: s. Erasmus
(grēt): nd. „Wiese". Grete(mann), Greth(mann). Sonst s. Margareta
Gret(l)er: s. grede
Greth(el), Gretz: s. GRAD I
Gretzinger: 3 ON. Grötzingen, Baden, Württ.
Greu–: s. Grau
Greun–: s. GRÜN, grün
Greut–: s. Gereut u. grūt
Grev–, Grewe, –greve, grewe: s. Graf
Grevel(er): ON. Dortmund
Greven(er): ON. Greven mehrf.
Gre|wald, wold: s. Krebold
Grewartz: s. Grau. Grever, Grewer: s. Graben
Grewsmühl: ON. Grevesmühlen, Meckl. ×Gremsmühlen, Lübeck
Greyer: tirol. < grei(d)e „Karren"
Gribbel: s. Greif

Gribbohm: ON. Rendsburg
Grickel: s. Agricola
GRID: Zu ags. fries. an. gridh „Friede". Critbraht, Grilieman. Hierher vielleicht Gri(e)dl, Grittl, Craydt, Creite, Greidl, Kreidl
Grieb(e): 1. ausgebratener Fettwürfel. 2. sl. grib „Pilz" (Grib|sch, sky, Grieber(t),,,Pilzsammler")
Griebel: s. Graben
Grieben(er): ON. Grieben mehrf.
Gri(e)bling: Einöde b. Prien, OB.
Griebs: Kerngehäuse des Obstes. Krips, vgl. Kri(e)bs
Griechenbaum: s. Krieche
Griedel: ON. Hessen
Gri(e)ff: s. Greif
Grie(h)l: „Großer Brachvogel, Triel oder Zwergtrappe"
(grien): mhd. „Sandboden". Grien|er, inger (vgl. GRIN)
Grienitz: s. Krienitz
Griep–: s. Greif und greifen
Gries–: s. GRIS und Grisard (Griese auch pruß. N.)
Griesbaum: s. Kirsche
Griesel(er): ON. Griesel, Frankfurt a. d. O.
Griesenbrock: ON. Griesenbrauk, Iserlohn. FN. Griesenbrauk
Grieske: s. Grüß
Grieß: 1. grober Sand, Kiesboden, oft Flurn. und ON. Gries, Grieß(en) (×Griso und mhd. as. grīs „grau"), Grieß|er, ler, mann, mayer, Gries|acker, beck = bach, bacher (> Grießler, Greiß KS.), hofer, huber, Gries(ing)er (ON. Ulm),

Grisebach, Griesehop („Haufe"), Grießmayer, Greisbach(er), Krießbach. 2. grobgemahlenes Getreide: Grießler, Greisler obd. „Kolonialwarenhändler", Grießhaber, Grüßhaber. Aber Grießhammer s. Krieg; sonst Gries– bei GRIS
Grig–: s. Gregorius
Grill–: s. Grall und Karl
Grill: 8 kleine Orte in Bay. u. Österr.
Grillparzer: ON. Grillparz, Österr. mehrf.
GRIM: zu ags. an. grīma „Maske, Helm", später als zu ahd. grimm „grimm" gehörig empfunden (vgl. den Dachs Grimbart). Damit mischt sich ein sl. Stamm [zu asl. grimati „donnern"; > ON. Grimma; FN. Grim(m), Grimme(k)]
*Grimpert: Kf. Grimpo: Grimpe(n), Krimp|ling, hoff
Grimhar: Grimmer (vgl. Grimme), Greimer, Gremmer(s)
Grimhard: Griemert, Grimmert
Crimrih: Gremmerich
Grimoald: Greimwald, Grimmelt, Crimaul > Krum(bsm)aul?
   Kf. Grimo: Griem(e), Grimm (× grimmig), |e(l), ing(er) (ON. Steierm.), Grim(sen), Krimm, |e(l), ler, Kriem|s, ler, Krimelke?, Greim(el), Greem, Gremme, |l, ls
   Auslautend: Ahlgrim(m)
Grimbauer: s. gering
Grimberg: 4 Orte, Köln, Bochum
Grimmelshausen: ON. Oberhoya, Römhild. Grimmelshäuser
(Grimme):obd.„Schlucht":

221

Grimme(r). (× GRIM, ON. Grimm|a, e, en u. Krimmer)
GRIN: zu ahd. grīnan „greinen, zanken" (s. Greiner). Grein (s. d.). Grinepert fällt mit Grimperht zusammen, die Kf. mit Grien und Quirinus
Grind|el, ler: s. Grendel
Gring–: s. gering
Gringl s. RING
Grins: pruß. N.
Grinzinger: s. krinzen
Grip–: s. Greif, greifen
GRIS: zu ahd. nd. grīs „grau" (×Grieß). Gris|o, ulf. Greis, Greise, wohl „Greis", ebenso Griesing mhd. grīsinc „Greis"; Grieser(t), Greiser(t). Weiterb. Krismer?, Grieswald, Kreiselt? Sonst viell. Gri(e)sel, Greißl, Kries|e, en, el, er, Kries(mann). Vgl. Greis, Kreis
Grisar: s. Greis
Grisard: 1. < frz. Grisard „Dachs". Griesard. 2. s. Grüß
Grittner: s. Grütze
Gritz: s. Agritius, Gritz–: s. Grütze
Griwing: s. Gräbing
(grob): Grob, |meier, sti(e)g? Gröbli, nd. Grofbecker. Grober, –gröber s. Grube. Grob auch pruß.
Groba: s. Graf
Grob–, Gröb|l, ke: HROD
Gröbel: s. HROD
Grobengießer: s. Grape
Grobla: sl. grobla „Damm". Grobler, Gröbler
Grobleben: ON. Groblewen, Stendal
Gröb(n)er: s. Graben, grobu
(grobu): sl. „Grube". (ON. Gröb|en, a, Grobau) Grob|ach, asch, e, is (× groba „Graf")

Grobshäuser: ON. Krobshausen, M.-Fr.
Groch: wend. groch „Erbse". Groch|ow, er, ert, Gruch(ke), Grosche, Roch, Ruch(etz) (×tsch. (ch)rochati „grunzen, greinen")
Grock, Gröck: s. HROK
Grod: s. Groß
Groddek: ON. Marienwerder
Grödel: ON. Riesa. Grödler (×grodeln „sich abmühen" und HROD)
Grodrian: s. Johannes Kf. 2
Groer: s. Grau. **Grofbekker**: s. grob
Grög–: s. Gregorius (× HROD; z. B. Grögeder)
Grogg: s. HROK
Groh–: s. Grau
Gröhl: s. HROD Kf.
Grohn: ON. Stade
Grohn–, Gröhn–: s. GRUN
Grois, Groißbeck: s. Krebs
Groitl: s. Gereut
Groitsch: ON. Leipzig < GRAD II
Grolf: < Gerulf, s. GER
Groll–: s. Grall, Karl, Krolle
Gröll: zu groll „Lärm" (× Krolle). Gröller, Gröli „Gröhler". Vgl. Karl Kroll–, Röling
Grolmann: ON. Grol, Gelderland
Grolmus u. dgl.: s. Hieronymus
Grolock: s. Grau
Grom: s. Hieronymus
Grom–, Gröm–: s. RUHM
Grom|baß, paß, Krompaß: „Krampus, Knecht Ruprecht"
Gromer: s. Krämer (× Hieronymus und RUHM)
Gromm: awend. „Donner" (× chromy „lahm").

Grommel(t), Gronke, Grönke
Gromm|es, us: s. Hieronymus
Grompaß: s. Grombaß
Grompe: s. RUHM
Gron–, Grön–: s. GRÜN, grün, Kranich. **Gronau**: 11 Orte. **Grond**: nd. „Grund". **Grondl**: s. Hieronymus. **Gronewaud**: s. Wald. **Gronhorst**: ON. Warendorf
Gronke, Grönke: s. Gromm
Gronymus: s. Hieronymus
Groop: s. HROD
Grop–, Gröp–: s. Grape
Groppe(l), Gröp(p)e|l, r: s. HROD
Groppweis: Koppelname aus Gropp oder Kropp u. Weiß; > Krappweiß, Grabeis, Grobeis
Grosan: s. Grosjean
(Groschen): Grosch, Gröschel (×Krischel), Letztergroschen. Wend. (aus dem Dt.) kroš, Vkl. krošk, krošik: Krosch, Grosch, |e, ek, ke (× grošk „Erbsenkorn", vgl. Groch), Gröschke, Großke, Grosse(r)
Groschopp u. dgl.: s. Schopf
Grösel(ing): s. HROD Kf.
Groser: ON. Grosen, Breslau
Grosjean: frz. „dicker Hans". Grosan, Großan
Gro|senick, snick: ON. Großig, Liegnitz
Groß: nd. grōt. Groß(e), Groos, Groth(e), de Groot(e), Grotius, Grod, Gröting, Kleingrothe, Großhardt, Grosser(t), Größ|lein, chen; kompar. Größer. Gernegroß, Gröst, Größt. In vielen Zss., Zsr. nach Körpergröße, Alter und Besitz:

Groß|mann, herr, meyer, gebauer, müller, wirt, macht (s. Magd); haus (hauser, häuser, husen), hof, glettner (<mhd. glet „Hütte"), gart(en), wieser, kämper, stück, bach, wald, holz, laub, mi(d-de)ndorf, kreu(t)z, schatz; kopf(f), schedel, schopf (s. d.), fuß, huth. — Mit PN. klaus (klaß), kurth (kort, kurz), henrich, henn(ig), karst (kaß, kasten; s. Christianus), hans (jahn, ian), nickel, lohmann, öhme, öhmig, pietsch. Große|gut, höfer, henn(e), kettler, Große-Jung, Groß-Kleffmann; Großenheider. Gros|bernd, gerge, pietsch (frz. Grosjean s. d.), Grohsklaus. Größbauer. Grot|hoff, gan = jahn („Johann"), kast (Christian), stapel (Stapel, Niederlage). Grote|fendt, vendt (Knecht, Geselle, s. FANT, Großwendt), mann, heer, hus, husen, wold, kop, kaß (Christian), ge(e)rs (Gerhard), hey, ja(h)n > gans. Groothold. Grott|huß, haus, ian. Grotensohn, Grottendieck, Grotrian („Johann")

Grosselfinger: ON. Nördlingen
Großenbräuker: s. Bruch
Grosse(r), Großke: s. Groschen
Großriether: ON. Großried, Kaufbeuren (×Großreuth, Ob.-Donau, Nürnberg)
Gröst: ON. Querfurt. Größt
Grot-, Gröting: s. Groß
Gröt|chen, eke, er: s. HROD
Grotegut: s. HROD

Grot|ewohl, wahl: s. Geratewohl
Gröt|sch, z: s. GRAD II
(Grott): bair. „Steingeröll". Grott, |auer (ON. Böhmen), enthaler; Krottler, enthaler (× krott „Kröte" und poln. grot, tsch. hrot „Pfeilspitze, Speer": Grott, Rott)
Grottke: s. HROD
Grotz: obd. 1. „Tannenwipfel, Nadelwald". 2. = Griebs. Krotz, Grotzer
Grö(t)zinger: ON. Württ. (ahd. Grezzingun)
Grötzner: s. Grütze
Grove, Growe: s. Grube
Grovert: s. HROD
GRUB: sl. Stamm „groß, dick, grob", awend. gruby, tsch. hruby. Grub,| a(n), en, el, ig, itz („Grobian"), Rub|a, an(d), el, isch (×RUB)
Grübbeling: s. HROD
Grube: künstliche oder natürliche Erdvertiefung (Erz-, Sand-, Kies-, Wildfanggrube, Dammgrube), in Norddeutschl. auch Straßen(n), z.B. in Höxter, in Lübeck Fischergrube, doch auch in Wien Leimgrube. ÖN. und ON. (in Stade, Lüneb., Hamb. auch ein unerkl. alter PN. Grube, latinis. Grubo, -onis). Grub| (auch ON.), |e, en, Grove. — Nd. Grovemann, Grover, Growe (Grober auch „Grubenmacher, Totengräber"), Stein|gröber, gröver. Vgl. Graben. — Grub|er, ert, ner, inger, hofer, müller, Grüb|el(e) (s. auch Graben), l(er), (n)er. Wild|grube, grubs, growe, Steingrube(r), Steingrüb|l(er), ner, Leim-

grübner. Gruben|mann, bauer, becher („Bach"), miller — gruber: Anzengr. (Anzo), Helletsgr. (Hildhart), Reingr. (Regino?), Ritzengr. (Rizzo), Frau(e)ngr., Fuchsgr., Schweingr., Wolfgr., Bierngr. (zu Bär), Wildgr., Voglgr., Ober(n)gr., Aigengr., Kohlgr., Sandgr., Schmidgr. — Gruberbauer

Gruch: s. Groch
(gruda): sl. „steiniger Boden". Grud|a, au, e, er, Grüder
Grud-, Grüde-, Gruel-, Grugel, Grügel, Gruhl-, Grühl-: s. HROD
Grüger: s. Gregorius
Grüll-: s. Grall und Kroll
Grulms: s. Hieronymus
Grum-, Grüm-: s. GRÜN und RUHM
Grumbach(er): 14 ON.
Grumblat(t): s. grün
Grümmer: s. Krimmer
Grummes: s. Hieronymus
(Grummet): „Nachheu". Grum|mt, eth, Grumbt(mann), Kromath? Vgl. āmat
GRÜN: zu ahd. gruoni, as. grōni „grün". Meist junge Zss. wie bei Grau und GRIS
Grombert (×Hrombrecht, s. RUHM): Grum|brecht, pert, bt (vgl. Grummet), Krumphardt Cruanhart und *Gronhari: Gro(h)ner(t), Gronarz, Grö(h)ner(t), Grön|erd, nert, Gruner(t) (×Hieronymus), Grün|er(t), hardt, herz, Krunert, Krüner, Kroner(t), Kröner(t) (s.d. und Krone), Greuner, Kreunert (×ON. wie Grun|a, au, ow, Grün|a, au, e)

(grün) Gsöll

*Gronmar: Grummer
*Gruonrik: Grönrich, Kronreich
*Gronwald: Grun–, Grün–, Grön|hold, Gronholz, Grünelt, Kronegold? Aber Grün(e)wald s. grün — Grünemund s. KÜHN

Kf. Grun: Grone, |mann (× ON. Grone, Göttingen, auch mnd. grone „begierig, lüstern"), miller, Gron|s, en, le, ke, ing. Gröne; Grön, k(e), i(n)g, inck; Krohn, |e, s, Kron|(e)s, (i)ke, ich, ing; Krön|i(n)g, ung, i(n)ger, kemeyer, Kröhn(ke); Grun|icke, ich, z, (tz)el, sch(el), ske; Krun|e, ig, Kruhn; Grün, |y, (e)s, i(n)g, ler(t), Grün|schneder (< Öd), s(eder), Krüning, Krühn(e) [× ON. Grün(a), Grun|e, a, au, Groningen, Gröningen, aber auch Gröning „Goldammer", Grünling „Grünfink", Krone und krōn, grūn „Kranich" (s. d.); mhd. daჳ gerūne = Ronach, s. Rone]

(grün): nd. grön auch „begierig, lüstern". Grü(h)n, nd. Grön, Greun (aber Grien s. d.), Grün|, e(r), Gruner. — Viele ÖN.: Grün(e)–, Grun(e)(n)–, Gron|wald (= Gröne|wald, wo(h)ld, vold, bold, Grünewahldt), Grünewaldt), Grünewälder, Grünweller, Grünerwald, Grönhagen (< Kronhagel?), Grön|dahl, eweg, gröft (dän. „Graben"), Grünheid, Grunheit („Heide"), Grün|hald, dahl, thaler, heck, schlag, scheid (ON. Solingen, Wipperfürth). — Grün|stäudl, steidl, zweig, emay, (e)baum, eklee. Grünen|dahl, dick. Grün|schläger, hofer, huber, mann > mandl, beyer, hut, vog(e)l, spahn > spann. Grönland, Gryngarten, Grumblat(t); Wernher der Grünaug (Aus –äugel entstellt > Krün|ägel, egel, ael? Doch s. Au). — Eichengrün; Von der Grün (die grüne „Wiese u. Wald", auch „dem Walde abgerungene grüne Flur", so in den ON. auf –grün). Grüninger. Auslautend in Singrün (s. d.) = Immergrün und in dän.-schwed. N. wie Dahl–, Lev–, Löwe|grün (löfgren „Laubzweig"), Humanistenn. Grynaeus

Grund: „Erdboden, tiefes Tal", auch „Landbesitz"; nd. Grond. Imgrund, Grund|(t)ner, (e)mann, er, l(er), land, scheid, hof, müller, meier, kötter, hofen; Gründ|(e)l (× Grundel, Gründel „Fisch Gründling"), (l)er, (l)inger, emann; Grünther. — Grundschöttel ON. Hagen

Gruner(t): ON. Grun, |a, au. Grünes: s. Quirinus

Grun|itz, sch, Grün|itz, sch: s. Krienitz

Grünziger: < ON. Grunzig, Posen

Grupp: s. HROD u. Kropf, schwäb. „Fisch Gründling"

Grusch|ka, ke: s. Krusche

Gruschwald: s. HROD

Gruß, Grüß: wend. Gry|s, z „Nager". Grüßer, Grieske, Gryzar, Grisar

Grüßhaber: s. Grieß

(grüt): nd. „Porst, wilder Rosmarin", dann damit gewürztes Weizenbier: Grüter(s) „Grutsammler" oder „Bierbrauer", Greuter, ndl. (de) Gruyter; Grütter(s), Grutmeister; aber Gruthoff, Gruttmann < nd. grud „Kies"

Grüterich: ON. Wipperfürth

Grüt|gen, ke, erich, Grutt|ke, e(r)t: s. HROD

Grüt(t)–: s. grüt, Grütze, Gereut

Grütze: „grob gemahlenes Getreide" (nd. gorte, grütt), in Tirol auch „Bachgeröll", „kleines Anwesen". Grütz|ler, ner, mann, (e)macher, Grötzner (Glatz), Grüttl|(n)er, ers, möller (× grüt), Grü(t)zmüller, Gritzmacher, Krüzner, Kritz|mann, ler, ner. Nd. Grittner, Gorte–, Görte|maker, Gortemöller

Gruyter: s. grüt

Gs–: s. Ges. Gsaller: lad. casale „Weiler"

Gsantner: s. Sand

Gsch–: s. Gesch. Gschaider: s. Scheide. Gschlecht: mhd. gesleht „schlicht, glatt". Gschletter: s. Schlatte. Gschlößl: s. Schloß. Gschnaller: < ladin. casinale „Landgut". Gschneidner: s. Schneid. Gschnitzer: s. Schnitz

Gschößer, Gschoßmann: „Landwirtschaftsgehilfe"

Gschrey: s. schreien

Gschwandner, Gschwent(n)er, Gschwind(t): s. schwenden. Gschwinduf: schweiz., vgl. gach

Gsedel: s. Sedel. Gsenger: s. sengen. Gsimbsl: „kleines Gesims". Gsödl: s. Gsott

Gsöll: s. Geselle (× Selde)

Gsöll|hofer, pointner: s. Selde und Bünd
Gsott: bair. „gesottenes Viehfutter". Gsödl, Gsottschneider. Gsottberger wohl jüngere Zss.
Gspan(dl), Gspohn: <gespan „Genosse"
Gstader, Gstettner u. dgl.: s. Gestade
Gstaudinger: s. Staude
Gsteiger: s. Steig
Gstrein: < Castrein < Campstein < lad. campestrino < lat. campus „Feld"
Gswandner: s. schwenden
Guardian: s. Gardein
Gub–, Güb–: s. GOTT, Godaberht
Gubatz: wend. gubac „Großmaul"
Gubba: s. Gobba
Gub|ert, hard: s. GEBEN
Gubitz: obd. s. Kiebitz, ostd. s. Jacobus
Gubler: obd. < gubel „Bergkamm". Gubelmann
Guck, Gugg: bair. „Wasserkröte". Guggi, Gugge(n)–, Guge(s)–, Guggu|moos, Guckemuß, Guckenmus, Guggimoser (Gucken–, Guchen–, Kuchen|pichler s. Bühel), (Kuchenbuch KS). Vgl. gugge(r) und Kukkuck, Guck–, Gück–: s. GOTT Kf. u. GUG
Guckelsberger: ON. Hofn.Kuckelsberg,Delitzsch, Elberfeld. **Guckenberger:** 3 ON. OB., Öst. Guggenberger
Gud–: s. gut und GOTT
Gudden: s. GOTT Kf.
Güder: „Vergeuder". Güdi
Guderian: s. Johannes Kf. 1
Gudram: s. GUND
Guer|icke, le (spr. Ger–): s. WAR

Gufer, Guffer, Gufler: „Nadler" < mhd. gufe „Stecknadel". Guffner. Vgl. Glufer (Gufert: s. Gottfried)
Gufler: 1. s. Kofel. 2. = Gufer
GUG: unerklärter Stamm: Gogo, Gochold, Guginhart: Guck(ert), Gok|e, sch; Gogsch, Göx, Gugsch, Kux; Gügel, Gück(e)l, Kuckelsberg, Kuch, |ert, heuser, enreuther; Kück|er(t), ing, Kückel|s, mann; Kügma, Küch|-(h)old, holz, er, (l)ing. Köck|hardt, e(r)t (× Keck); Kögel, Köget; Köck|ert, ers; Koch|ert, old, holz, ling, seder; Köch|ert, ling. Die einstämmigen N. könnten auch Kf. von GOTT sein
Gugel: s. Kugel
Gügel: s. GOTT Kf. und GUG
Gug(e)ler: s. Kugler
Gugg–: s. Guck
Güggel: s. Gockel
(gugge,|r): bair., schwäb., schweiz. „Kuckuck" (s. d.), auch Gug|erzer, etzer, Gugger, Gugerli, Gugenhan; Kuckertz, Guggen|berger, bichler, biller, bühl (s. Bühel). Gugl|berger, weid, Goggenberger. Bei Guglmayr, schweiz. Gugelmeier, auch × gugel, s. Kugel; sonst s. Guck
Gügler: schweiz. gügelen „Horn blasen"
Guhl–, Gühl–: s. GOZ (Guhl: s. Gaul)
Guhr: pruß. N.
Guhrt: s. KÜHN, Chuonrad
Guido: ital. RN. <Wido
Gujer: s. Jahr
Guinand: s. WIG (Wignand)

Gulb|en, in: ON. Gulben, Kottbus. Kulbin
Gülcher: ON. Gülchen, Breslau, aber Gülich, Gülker < ON. Jülich (vgl. GOL)
Guld–, Güld: s. GOLD, Gold
Gülde–, Güll|meister: s. Gilde
Guleke: pruß. N.
Gulfert: s. GOTT (Godolfrid)
Gul|ke, lasch: s. GOL
Gullberg: s. Gold
Güll–: s. hülwe (× Aegidius)
Gull|er, i: schweiz. „Hahn"
Gulling: s. GOLD
Güls: ON. Koblenz
Gül(t)zer: ON. Gül|tz, z, ze, zow, Gül(t)zau
GUM: zu mhd. gome, as. gumo „Mann" (nhd. noch in „Bräutigam"; vgl. lat. homo). Gomo: Gom, |m(el), Gum, |me, y (viell. nur „Mann", nicht Kf.)
Gumard: Kumhard, Gummert
Gumarich: Gum(m)rich. Alles andere verschwindet unter den größeren Gruppen GUND und KÜHN
Gumbinger: 7 ON. Gumping, Bay., Österr. Gumer
Gum(m)–: s. GUM und GUND
Gümmer: ON. Calenberg
Güm(m)–, Gumb–, Gumerum, Gump–, Gümp–: s. GUND. **Gumbelmann, Gumpel:** s. Gemperl
Gummerer: s. Kumme
Gumpost: s. kompost
GUND: zu ahd. gund „Krieg" (× GUM, KÜHN und GIN)
Gundobald: Gum|bold, pold, pel(t), bel,

mel, Jum|pelt, melt.
Güm|pel, bel, Gimpel, Gimbel, Gympel, Kümpel, Kömpel, Kimpel, Kombeltz
Gundobert: Gum|precht, bricht, b(e)rich, prich, pert, pert, bart, mert, Gom|brich, bart, bert, per(t)z, mert, Jumpertz, Compart, Komp|art, ert, Konprecht, Kumpert, Kümpers (Kümperling, Gümperlein eher = Gemperlein, s. d.)
Kf. Gumpo: Gump, Gumbmann, Jompen (ON. Gumping mehrf.). Manches auch jüd., so Gumpel, Kumpel, Gompelsohn, Gomperz, Kompert (KJ)
Gundfrid: Gumpfer, Kumpfert, Jumpfer, Komfort, Kf. Gompf
Gundhart: Gun(d)ert, Günt|hardt, Günth|ert (falls nicht beides < Günther), Gontard. Gonetz, Gönnert. Mischf. Gunzert
Gunthari: Gunder(mann) [doch ist auch der gleichbedeutende Pflanzenn. Gunreben (Glechoma) FN.], Gunter,|mann, smeyer, Kunter(mann), Günther(mann), Gint(h)er, Günthör, Günder, Gönner, Könder, Ginters, Kinter(ler), Kinder(ling), Gonder–, Gonner–, Gunner–, Kinder|mann, Kondring, Gondring (FN. Günterberg < ON. Potsdam)
Gundhram: Guntram(s), Gundrum, Gondrom, Gum(e)rum, Gudram
Gundalah: Gund(e)–, Kund|lach, Gundlack
Gundleif: Gundlaff
Gundeloh: Gondloch,
Gunderloch (Gundelouch XIV)
Gundemar: Gummer(t), Gümmer (×ON. Calenberg), Jumar, Jümmer (fällt sonst mit Kunimar zusammen; s. KÜHN); Kf. Gumy, Gum(m)e, Gümsch (×GUM und Gumpo)
*Gundrand: Gondrand
Gunderad: Günthrat
Gundericus: Gönrich, Güngerich; Mischf. Günzerich
Guntwachar: Gund–, Gunn–, Gonn|acker
Gundivic: Günnewich, Gönne|wig, wicht
Gundovald: Gundwaldsen
Gundulf: Gund|olf, (e)lfinger (4 ON.), Gondolf
Mit erweitertem Stamm: Gundelwein; zu GUND auch nord. Gustaf: Gust|av(us), aws, ävel, apfel, Gustavs,|son, aber Gustävel auch ON. Meckl.
Kf. Gundo, Guntulo: Gund, |(e)l, ling, Guntli, Kundt(ke), Kund(l)ing, Jundel, Günt|hel, jen, Günd|ele, ler, Künd|ig, i(n)ger (×mhd. kündic „bekannt, klug", kündigaere „Verkündiger"), Günnel, Gindl(er), Gönning, Köndgen, Köntges (×Kuono)
Gunzo: Gunz, |(l)er, elmann, Gunselmann, Gunst, Güntz(er) (×ON. Güntz, Pomm.; Günz, Bay.; Gunzen, Sa.), Gün|sel, sing, tsch(el), zel, zinger, Gin|tz, zel, Gonsch. Von Cunzo (s. KÜHN) nicht zu trennen
Gündisch: s. Jonas
Güngerich: s. GUND, Gundericus

Gun(h)old: s. KÜHN
Gunkel: s. Kunkel
Gunn–, Günn–: s. GUND
Günnemann: 4 ON. Günne, Westf., Hann.
Gunnesch: s. Jonas
Gun|reben, –rem: s. GUND (Gunthari)
Gunst, –gunst: < Constantinus und Kunz < KÜHN (× Gunzo s. GUND)
Gunt–, Günt–, Gunz–, Günz–: s. GUND
Guntau: pruß. N.
Gunti: s. Conti
Guntrum: ON. Brünn
Gur–, Gür–: s. Georgius und gora
Guratsch: s. Karaus
Gurband(t): s. gora
Gurdan: s. Gordianus
Gürg–: s. Georgius
Gurgel: „Trinker"?
Gurke: dictus Kurke, Freiberg i. Sa. XIV (tsch. okurka), vgl. Ogorek. Sonst × Georgius und gora
Gürlich: s. GER
Gurlitt, Gurlt: s. GAR
Gurr: bair. „alte Stute"
Gurrath: s. KÜHN (Chuonrad)
Gurre: pruß. N.
Gurschner, Gürschner: s. Kürschner
(Gurt): Gurtner, Girtner
(Gürtel): Gürt(e)ler, Gi(e)rtler, Görtler, Gertler, nd. Gördeler, Gürtelknopf, Hochgürt|el, ler (vgl. Hochgeschurz), Görtelmeier. Baumgürtel: s. Garten
Gü(r)terboch: ON. Jüterbog
Gürth: ON. Vogtland
Gürzenich: ON. Düren
Guschel, Güschel, Guse, Güsgen: s. GOTT Kf.
Guschke: s. GOD u. Guß

Gusdorf: ON. Grevenbroich

Guß: ndwend. gus „Gans". Guschke „Gänschen"; obwend.-tsch. hus: Huß, Huske, Husch|e, ka, ke. (Sonst vgl. gießen)

Güßloff: s. GOD

Güßregen: s. gießen

Güßwein: s. GOTE

Gust—: s. Augustus u. GUND (Gust(in) s. GOST)

Gust, Güstel: s. Jodocus

Gustävel: ON. Meckl., vgl. Gund (Gundulf)

Gusterer, Güster: s. Küster

(gut): in altd. N. s. GOTT. Guth, Guoth; oft mit tt. Gutmann (Gutmandlberger), herr, knecht, gesell, bub, wirth, mair, hanß, berlet (s. BÄR I); se(e)l, will, zeit (s. u.), jahr (auch „Neujahrsgeschenk"), reise, kelch, glück, heil, lohn, acker, sfeld, (t)korn, frucht, wasser (auch oft ON. = slaw. Dobrawoda), bier, brod, fleisch, käs (kes, kas). Guter|sohn, mann, Gutterzeit, Guderian (e betont), Juderjahn, Judrian, Gudjons („Johannes"), Gaudian, Godejohann. Guten|tag (×ON. Schlesien), morgen, Gutewort. Gutten|brunner, dobler, berg(er). Gutsmuths, Kutzmutz, vgl. ON. Gutsmuths (Gutzmutz) bei Blidschow (Böhmen). Gud|jons, (e)hus, ewill, ermuth. God|glück, knecht, ejohann. Aber Gut(t)en—, Guden|sohn wohl metonymisch „Sohn der Guta". Guden—, Gut|schwager u. dgl. s. Schwager. Gutmacher: russ.-jüd. = Hutmacher. Gutzeit viell. auch pruß. wie Gutzat. Godenrath viell. ON. Gödenroth, Simmern, vgl. GOTT (Goderad)

(Gut): Gütl(er), Klein(s)gütl, Gütlhuber, Gütt|el, ler, lbauer, Halbsgut, Halbersgott?

Gut—, Güt—: s. GOD

Gütebier: s. GOTT (Godaberht)

Güterbo|ch, ck: Ort Jüterbog

Güthert, Gutt—, Gütt—: s. GOTT (Gütt— auch Gut)

Gutscher: s. Kutscher

Gutschlicht: s. GOTT, Gotesscalc

Gutt|au, e, er: ON. Guttau, Bautzen. Gütter, Gitter (×ON. Gütter, Magdeb., und pruß. N. Gutt, |e)

Gutterer: s. Kutterer

Gutz—, Gütz—: s. GOTE, GOTT Kf., GOD

Gutzsch(e)bauch: zu schwäb. gautschen „wiegen"?, Kut(z)schbauch, Kusebauch, dazu Kutz(sch)enbach, Kutz(e)bach. Oder Hofn. Kutzbach, Siegkreis?

Gutzwiller: Wüstung Guzwiler, Sundgau

Guyer: s. Jahr

Gw—: s. Gew—

Gwiß: „zuverlässig"

Gy: s. Gi—

Gygas, Gygax: s. Riese I

Gymmich: ON. Köln

Gyrock: s. GER

Gys—: s. GEISEL

H

Haab—: s. HADER

Haack—, Haag—, Haak—: s. HAG und Hake

Haaf: s. Hafen

Haan(ke): s. HAG II

Haap—: s. HADER

Haar: 1. mhd. hahaere „Henker, Kesselhaken". 2. mhd. hār „das Haar"; dazu Här|le, lin, Flachsh. (Flashar), Ge(e)lh., Roth., Griesh., Weißh., Glatth., Pflegh., Str(a)ubh., Stoppelh., Reith. (reit „gelockt"), Siebenh., Glatthor. — Schönhärl, Schlichthärle, Haar|busch, los. 3. mhd. har „Flachs". Haar|land(er), > lang (×ON. Harlanden, Kelheim; zu 5). paintner (= Harband(er); s. Bünd), stick, stuck (< mnd. stuke „Flachsbündel"), Harstrick, Harreuther; Harrer, Härer = FN. Harbauer oder „Händler". Flachs wird in einer Lache, dem Roos (Schweizer FN.), geroʒʒet, d. h. zum Faulen gebracht; dazu harröße „Flachsgrube": Harr|e(i)s, eiß(er) (vgl. Harreiter), Haar(i)s, viell. auch Harr|as, aß, asser (× harras „Tuch nach Art von Arras" und ON. Harras, mehrf.), Haritz(kaiser), Harsbacher, Rotz|er, inger, Rötzer, Retzmaier, zen Rossen. 4. mnd. hare („Anhöhe"), de Haer, ter Haar, van der Haar, Verhaaren, Feldhaar, Haar|haus, hoff, Har|brink, kamp. 5. < hor „Sumpf"; Har|beck(e), Haarbeck (4 Orte Harbeck(e), Rhld. Westf.), lach(er), lack,

dieck. 6. Haarmann zu 4 oder ON. Harburg oder HEER. (Haarnagel: s. HART, Haar|ich, mutter: s. HEER)
Haardt: 20 ON. Haard(t). Vgl. Hardt.
von Haaren: ON. Aachen
Haarer: ON. Haar (10), Haar|a, en (9)
Haarscheidt: 3 Orte Rhld.
Haarslev: ON. Fünen
Haart|ge, je, z: s. HART
–haas: s. Hase, Haus und Hose
Haas(e): s. Hase
Haaske: s. HAS
Hab–, Häb–: s. HADER und Abel
Habakuk: Prophet. Haberkuck
Habbecke: ON. Meschede
Habecker: s. Habicht und hor
Habeder: ON. Haböd, NBay.
Habe|kost, kuß: s. Habicht
Habel: s. Gallus und HADER
(haben): in vielen Satzn. Hab(e)dank (Abdank, Hadank; lat. Gratias). Habeni(ch)t (mhd. niht „nichts"), Havenith, Habenschaden (> Haberschaden), Habring („Geringes"), Hablützel, Hablitz(el) („wenig"), Hab(e)–, Hawe–, Have|recht (aber Hawerichter, Haberichter: s. Hofrichter, Hab(e)richt s. HADER) (× wend. Habracht; s. EBER)
Habenstein: s. Hauenstein
Haber–, Häberer: s. Hafer und HADER
–haber: s. Hafer; doch auch zu ON. auf –au (< awer). Vgl. firn und Fisch

Haberding: s. HEER
Haberkuck: s. Habakuk
Häberlein: 1. s. HADER. 2. „junger Ziegenbock". Haber–, Heber|ling, Häberl|e, in
Haberschaden: s. haben
Haberstolz: s. über
Habicht: mhd. hab|ech, ich, hebich, mnd. hav|ek, ik. Habich(t), Habig, Hawich, Häbich, Abicht?, schwäb. Hack(h), Hach(l), bayer. Hacht(e)l, egerländ. Hächtl. — Maushack, Mushacke „Bussard" (× Mus). Havighorst („Habichtswald", 7 ON.), Habighorst (> Habe|kost, koß, kuß, Hafe–, Haber–, Herbe|kost). Hawich–, Hafke|meier, Hafkesbring, Hachfeld mehrf. ON., Hafkenscheid, Hacken|busch, dahl? Aber Gut Habichtshöhe bei Bielefeld 1550 im Besitze eines Hadeweck, 1721 Havik. — Hachme(i)ster, Ha–, Hache–, Hack|meister (× Hagemeister < Hag), Hach(t)mann „Jagdfalkenabrichter", Habich(t)er, Häwecker, Hevker, Habäcker, Hebäcker, Hebeke(h)r „Falkner". Sieh Hagspiel
Hable: s. Gallus
Hab|lützel, ring: s. haben
Habner: s. Hafen 1
Habscheid: 2 ON. Trier
Hach–: s. HAG I und Habicht
Hach(e), Hachl: 1. s. Habicht. 2. „Bauer, grober Mensch, Bergknappe". Schon ahd. Hahho
Hachenberg: ON. Wipperfürth
Hachler, Hächler: s. Hechel

Hach|nek, nik, Hoch(e): zu tsch. hoch „Bursche"
Hachspieler: s. Hagspiel
v. Hacht: ON. Geest–, Marsch|hacht. **Hacht–:** s. Habicht
Hachtel: ON. Württ.
Hack–: s. Habicht, HAG und Hag. **–hack** s. Hag
Hackbrett(er): „Zitherspieler"
Hackel–: s. Hag
Häckel, Heckel: schwäb. „Zuchteber", Heckeler, sonst „Hacker" (Sch I)
(Hacken): nd. Schleifhaken, Schli(e)pha(c)ke(n); s. schleifen. Hackenschuh
Hackenberg: 6 Orte. **Hakkenbro(i)ch:** ON. Hakkenbroich, Neuß. **Hakkenmüller:** zu Hackemühle
Hackemack: nd. „Gesindel"
(hacken): Hacker, Behacker, Hecker, Strohecker, Häcker(mann), Häckel, Heckel, Baum|hacker, häckel („Specht"), Hackebeil, Zimmerhackl, Radehak (zum Roden), geschmiedet vom Hakkenschmidt
Hackland: 9 Höfe Wuppertal. Hackländer
Had–, Häd–: s. HADER
Hada|m, nk: s. Adam
Hadasch: s. OD I Kf.
Had(e)ler: Landschaft Hadeln, Niederelbe, von Hadeln
HADER: zu ahd. hadu „Kampf" (Hădăwart im Waltharilied; in den N. Catu|merus, alda, an kelt. N. wie Caturix angeglichen). Sieh auch HAS
Hathubald: Hadeball, Happ|olt, el(t), Ha(a)bold, Habel, |t, mann, Hebold, Hevelke, He-

(hadern)

wel, |t, cke. Mischf. Häckelboldt

Haduperht: Hab|(e)richt(er), rich (× Eberhard), Haber|t, (d)ing, l(e), lé, s(pörger), ling, Habali, Habet(s), Habbert, Havers, Haprecht, Happ|ert, rich, Häbrich, Häber|t, le(in), len (s. Häberlein), Heb|rach, esberger, Heber|t, le(n), lin, ling(er), Heb(b)erling, Hepper|le, lin, mann, Hepprich

Kf. Habo (doch auch ein eigener, zu „haben" gehöriger Stamm), Happo, Heppo, Habbico (Heppo auch zu Herbert): Haabe, Hab, |e, erl, le, el(mann), es, ison, inger, eder, Habb|es, el, en(a), inga, Haape, Hap|s, (k)e, Happ, |e(l), le, ich, Häbe(l), Häbbel, Häp(k)e, Häpp(ing), Hep(k)e, Hepp, |e(s), el(er), ner, Hebb|s, eler, Hebel (× 1. schwäb. „Sauerteig, der das Backwerk hebt, Hefe"; Surhebel, vgl. Deesen; 2. „Hebestange"). Heb|i, ele, ler, (ec)ke, ig, gen, ner, nig(s), ing, Heep(mann), Heeb

Hadufrid: Haffer(t), Haver|s, tz, zgez. Haft? (s. d.)

*Hadheri: Hader(lein), Häder(le) (× hader „Lumpen"), Hadders, Heder(er), Hader–, Heder–, Hetter|mann

Hederamnus: Hedram

Haduleih: Had(e)lich, Hed(e)lich

Hadelindis, Mischf. Haslind (weibl.): Has-

linde (× ON. Haselünne, Osnabr.?)

Catumerus, Hadamar: Hatmaring (× Hattemer), Hammer(le) (× Hammer), Hamer(s), Kf. s. unter HAM

Hadarat: Hadrath, Haddrat, Hadert(hauer), Hattert, Hedert, Mischf. Has(s)ert, Häsert

Hadurih: Had–, He(e)d–, Hedd(e)rich, Hederich; Häd–, Hett(e)–, Hätt|rich (× Heidenreich), Hetteriks, Mischf. Haserich

Hadedeus: Hathey|er, sen, Hethey (× HAG I u. s. –ey)

Catualda: Heewald, Hädelt, Heddelt; Mischf. Haswell, Hassold, Hatschold, Hatzold, Het(z)schold

Hathuward: Hettwer

Hathuwic (auch männlich): Hadwig(er), Hade–, Häde–, Hed(d)e–, Het–, Hat(t)|wig (Hawich meist „Habicht", s. d.). Mischf. Hazewig Köln XI.

Hathowulf: Hedloff, Haleff

Kf. Hatto, Hetto: Had, |el, l, inger, Haddinga, Hat(je), Hatt, |en(kofer), ung, el, ler, Häd|eler, icke, ge, Hed|el, l(er), chen, icken, ke, inger, Hedt, Heth(ke), Hedd|e(n), elke, en, Hett|i, e, el, ler, ich, i(n)g, inga, enkofer, Hettinger (ON. Hettingen, mehrf. > Hettig, ing, ner, ling). Hätge, Hättich. Siehe auch Hettel

Hazzo (auch zu HART), Hezzo (auch zu Hermann und Heinrich; × Hesse): Hatz, |el (s.

d.), ig, (ing)er, mann, enberger, Haß, Haßl, Hass|e, inger, Hässig, Hessel, Hetz, |(e)l, (l)er, elein, enecker, Hez|ig, ner, Hätzel, Hädscher, Hätscher, Hetsch, |el, (s. d.), er, ingk

Auslautend: s. HART, Schluß

(hadern): Häderli = Hader|er, bauer, ecker

Hadler: s. Hadeler

Hadrianus: lat. < ON. Hadria. Märt. um 300. Hadrian, Adrian, |s, us, i, sky, Adryan, Adrion, Aderjahn, Adrejan, ndl. Adriaenß, Arians, sl. (obschles.) Hadrys

Haede: s. Heide

Hädscher: s. HADER Kf.

Haentjes: s. HAG II Kf. (ā)

Hafekost: s. Habicht

Häfele: s. Hafen

Hafe|mann, meister: nd. „Hof|mann, aufseher". Havemann, Havemeister

Hafen: 1. südd. „Topf", Häfel|e, i, (e)in, Häffel|e, in, Hefele, Haaf, Schmalzhaf(en), Mosthaf, Muß–, Öl|hafen; Hafenbräd(e)l „Topfbrätchen". Haf(f)ner „Töpfer", Häf(f)ner, Hef(f)ner, wend. Habner. 2. nd. „Schiffshafen". Hafen(brack, brock). Sieh auch (Haff)

Hafenecker: ON. Füssen

Hafer: obd. Haber. Hafer, |korn, lach, bier, saat, mehl, malz, stroh > strom; Haver|beck (× ON. Hamm), bier, kate, land, mann, kamp(f), Hefermehl; Haber, |feld(er), äcker, ecker, recker, saat, meyer, reiter, eder, berger,

229

(Haff)

hauff(e), maß, mas, sack, kern, mehl, mus, st(r)umpf (= Habirstuppil „stoppel"). Mit PN. –nickel, ditzl (aber Haberkost s. Habicht).
–haber: Frischh., Faulh., (Vollh.), Reschh. (trockener), Firnh., Grießh. (s. Grieß), Vielh. (Fehlh.), Oldehawer („alt") = Ohlhafer [falls nicht < nd. hāw „Hof"; wie viell. Brüßhaver, Brüs(eh)aber, Brüsehafer, Prüßhaber. Der erste Teil irgendwie zu brausen, vielleicht auch < ON. Brusow, Meckl., wie Fischhaber < Fischau (Fischow), Westpr.], Wiesenhawern (× –auer: Meerhaber, –hauer: Sponhaver; Ruckhaber s. rücken). Haber|er, mann, melwer (s. Mehl), gan (s. Johannes), hanz; Hafer-, Haver–, Häfer|mann, Häberer „Händler". See|haber, hawer, hafer: an Seen und Sümpfen wachsender wilder Hafer. Aber Haferditzl s. Hopperdietzel. Sieh auch Barnickel

(Haff): „See". Haffmann, Tenhaeff (ā)

Häfelfinger: ON. Schweiz

Häffele: s. Hafen

Haffer(t): s. HADER

Hafke–: s. Habicht

Haft: „Einfriedung". Hafter. Haftstein, Haftendorn

Haftelmacher: s. Heftel

HAG: zu ahd. hag „Einhegung, eingehegter Ort", ahd. hagan „Dornstrauch", viell. aber auch mit dem Sinne von „hegen" (schützen) und „behagen" (sich geschützt fühlen). Die N. oft von HEIM nicht zu trennen
I. Kürzerer Stamm HAG
Hagabald: Heckeboldt, Heybold, Heipt, Haibt
Hagabert: Hack|ebracht, brecht, bart, He(ge)bart, Hegenbarth, Heiber(t), Hebert (× HADER), Heppert, Heipertz
 Kf. Heib, |el, l(er), ges, Haib|el, l(e), Heip (s. auch HADER, Habo)
Hagadeus: Hatheyer; Hethey (× HADER), Hegedüs? (s. DIEner)
*Hagigis: Hahkis: Haigis, Heygis, Haygis
Hecchihard: Hagart, Hakardt, Hackert, Haakert, Hägert, Heckert, Hegerding, Hei(g)artz
Hagihari: Ha(a)ger, Ha(a)ker, Hacher, Hakker, Hägermann, Häcker(mann), Hecker, Heicker, Heyer, Hegerl (× Hag, Hecke, hacken, hegen)
*Hagiman: Hag(e)m. (ON. Hagen), Hackm., Heg(e)m., Hechm., Heckm., Hai|mann; Heimann z. T. zu Heinrich (Hochm., Hof(f)m. KS; jüd. Heimann < hebr. chajim „Leben")
*Hagimar: Heche–, Hege–, Hey|mer; Heimer, |l, s, Heimerl (× HEIM)
*Hagimut: Hagmut, Heymuth, Hachmuth, Hamuth
Hachirat: Hack–, Heck–, |rath, Haroth
Hecgirih: Hage–, Häge–, Hege–, Heil|rich
Hagoald: Hage–, He(e)ge|wald (× „Förster" zu hegen), Hägeholtz, Hackholtz, Heigold
*Hagiwart: Heckewerth, Hegwer

HAG

*Hagwin: Hegwein
Hagiwolf: Hackauf, Heckwolf
 Kf. Hago, Hecco, Heio (× Hag, Hecke). Haag(e), Hag, |(k)e, ena, Hagg(e), Hake, Hackl, Hack|e, (l)inger, hofer, Haacke, Haak(s), Hach, |e(l), Häg|e(l), ele(r), en, Heeg, Häke(l), Häckel, Hegge, Heg|i, e, el(s), eling, inger (vgl. Heg|i, elein), Hehl, |e, inger, Heck|(e)l, lé, ing, Heksch, Hecky, Hech|el (s. d.), eltjen, er, enleitner, Heige(l) (s. d.), Heiche, |l(e), Heik|e, el(s), en, ner, ing, Haicke, Heien, Hey, |e, ing, ungs, kena (oder < HUG?), Hay, |en, ßen, ungs, unga, Haj, |essen, Hak(el), Hex|el(s), ges. Heitz u. dgl. s. HEID
II. Stamm HAGIN Hagin–> Hein–
*Haginbald: Hampel, |t, mann, Hempel
Heinpreht: Ham|precht, brech, perl (× HAM), Hanperl, Hämpert, Hagen–, Hegen–, Häger|barth, Heim|brecht, bert, brodt, Hein(e)brodt, Hemprich, Hemmer|t, ding
 Kf. Hampo: Hamp, |e, el (s. d.), ele, es, ich, ke, l(er), Hampp, Hemp, |el(mann), ler, ke(n), sen, Kleinhempel, Hemb|s, sch; Heimpel
Heinfrid: Hennefahrt
Heinhard: Hanhart, Hänert, Hainard, Heynatz, Heinert, Henard, Henne(r)t
Haginher: Hagner, Heg(e)ner, Hahner (× ON. Hahn oder Hag), Hähner, Hanner(mann). Hänner, Heyner, Heinert,

Henner. Schmidthenner: eher Kf. zu Heinrich

*Haginmar: Heinmar

*Haginmut: Hennemuth

Hainarad: Ha(h)nerath, Hanrath, Heinroth

Haganrich: (Verdrängt durch Einfluß des Kaisernamens das früher häufigere Heimrich fast ganz); Hanreich, Hand|rik, reke, Hein|rich(er), richt, drichs, rigs, risch, ritz, reich; Hen|(d)rich(s), ricks, rikson, Hendriksma, En|rich, drix, Hin|rich, drich(s, sen), dercks; Hinnerichs, Drickes, Rikkes; latinis. He(i)nrici, Hein|ritzi, riezi; Lang–, Rosen|heinrich, Osthushenrich, Lockenhinnerk, Heinrichsmeyer

Sl.: Jenrich, Jindrich, Jend|ricke, erek, rach, Gend|rich, ricke, ram, Hein|isch, itz, sch(ke), atz, Wen(d)rich. Sieh auch Gienow. Lit. Hindrigkeit

*Haginwakar: Hane–, Hann(a)wacker, Heinacker, Hann|ecker, weg

*Haginwarth: Högenwarth; falls nicht < –bert

Haginold: Han(n)e–, Hanna–, Ha(h)ne–, Hane(n)–, Hegen–, Henne|wald, Hanwalter, Hahn|hold, holz, elt, Häne(l)t, Henold, Hein|(h)old, oll, elt, loth, leth

Kf. Hagano, Hanno, Heino: (Die N. mit Hein– sämtlich < Heinrich; sonst oft × Johannes, auch ein altd. N. Hanco). Hagen, (× ON.) |s, a; Haagen, Ha(a)gensen, Haan(k)e, Hann, |o, e(ke), i(n)g, Anno; Hahn, |e(cke),

el, emann, Han|el, eke, se, Haentjes; Hank, |e, l, el(e), mann, Hang|(e)l, inger; Hähn|e(l), Hän|el, dl, le(in), ichen (× ON.), icke; Hehn, |e, sen, Hen|le(in), jes, Henckel(l); Henk, |e, ing, (i)es, el, lein, ler, elking; Henz, |e, er(ling), el, ler, en, ig, Hentz|e, i, Hens|ing, el(e)(r), elt, old (lit. –eleit), (Häntschel u. dgl. eher < Johannes), Endl; Henn, |e(s), y, ing(s), er, (> schles. Hannig), ig(es), ies, ike, icker, lein, Hemmann (> Hemm), Hayn, Hain, |ck, le(in), dl(mann), lmayer, Hainz|mann, inger, Heyn(e); Hein, |o, (e)s, so(h)n, ing(er), (e)l, le(in), ich, ig(es), (ic)ke, i(c)kel, schles. Hoin. Heine, |mann, meyer, vetter, kind, Hein|y, imann, se, sohn, Heind|el, le, emaier, Heink(s)en, s, el, el(e)in, Hein(t)ze(n); Heinz|ig, gen, ke, (e)l, (el)mann (Bildung wie Konzelmann, schwerlich = Zwerg), er(ling), Heitz(mann), Haitz, Hink, Schultenhink, Hinsch(e), Hin(t)z|en, ler (Hien|tz, z, Hinzel: He); Hinnemann, Hinz|ke, mann, peter, Hi(e)ntsch, Hinsch(e). — Über Heise u. dgl. (B 1, 112) s. HEIDE

Zss., Zsr. Junghähnel, Lang|eheine(cke), heinke, hainzl, Marheineke, Wallhein(ec)ke, Hoff|henke, heinz, Hanswillemenke, Burhenne, Grodehenne, Kalbhenn, Großhennig, Schneiderheinze, Hainschwang(er) (< –wan-

gen), Heindirk (Dietrich) Wend. Kf. (nur von Heinrich): Hajeck, Hain|e, ke, sch, isch; Hein|atz, zig, zka, ar, er; Höhn|e, a, er, isch, ke; Hieske

Hag: 1. „Einzäunung" (ahd. hagan „Dornstrauch, Hecke", ndsächs. hagen). 2. mhd. hac, hain „Buschwald". 3. „Berggrat" (> Windhager). 4. ahd. hago „Stier"; hierzu Ha(a)g(e), Hägel(e), Hegel(e), Hegelmaier (vgl. aber auch HAG I Kf.), Hagstotz = „Schwanz". 1 und 2 sind schwer auseinanderzuhalten, doch gehören zu 1: Hägi, Hegi, Hägni, van der, von der Hagen, Hain; ferner Ha(g)–, Hage(n)–, Hey|dorn, Heidohrn, Hack(el)busch, Hackelberg (> Hachel–, Hachen–, Haikel|berg KS), Hagenbuch, |(n)er, Hacken|buchner, broich, berger, Ham|buch (× wend. Ham|poch, puš < Ambrosius), büchen; Heim|buch(er), büchel, Hei(n)buch, Hagen|müller, kamp, bring, reiner, locher, gruber, kötter, heinrich, kort (Hagenwarter > Hechenwaldner, Hegen|barth, wald, Höckewald KS), Ha(h)nebuth, Hambuth („Hagebutte") = Hannappel = Heybutzel (vgl. Hief, Hötschl), Hagewisch („Wiese"), Heimbach (6 Orte) = Ham|beck, böck, Heinbeck > Hambcke, Ham|brauk, brock, bruch = Heienbrock, Wild|ha(c)k, hage(n) („lebendiger Zaun"), Dornhack; zu 2: Hag(e)meister, nd.

Hamester; Hegereiter „berittener Förster". Hags|buch, bühel (> Hagspiel, Hachspieler; s. Bühel). In ON. meist zu 1. — Unbestimmt: an Haack, ten Hagen = von (der) Hagen, Vonderhagen, zum Haag, (im) Haag, z'Hag; Hag|er, ler, inger, mann, Häger, Hacher (KS), Ha(a)gner (× ON. Hagen), Hahnert (KS), Niederhagemann. Wohl zu 2: Hohage, Hag|leitner, mayr, Hagemoser, Rehaag, Rehack. Auslautend (s. auch Hake):

–hage: besd. westfäl. Nieh., Grünh., Geisterh., Dickeh., Klingelh. — Weissaag (vgl. Weißbrem)

–hack: Dornhack

–hege: Dornh., Osth.

–hagen: besd. in Niedersachsen, Holst., Brandenb., Meckl., Pommern. Kreuzh., Stavenh. (ON. Meckl. > Steffenh.), Buschenh., Bugenh., Falkenh., Greifenh. (ON. Stettin), Hundesh. (ON. Eichsfeld), Mauelsh., Bornh., Drexh. (< Hendriksh.?), Rollenh. (ON. Meckl.), Seeh., Uchtenh. (ON. Magd., Stettin). Als Gehege: Bern–, Has–, Reh–, Bock–, Wild|hagen

–hagel: Grünh.

–hager: Winterh.

–häger: Bergh.

–hain: Richtzenh., Kreh. (ON. Kreyenhagen); Wildenhayn, Tautenhayn (doch vgl. Heim)

–hainer: Falkenhayner, Geis(s)enhainer, Liebeneiner

–hahn: Dautenh., Tautenh., Kirchh., Krauth., Kräh. (s. Krähe und Hahn), Falkenh., Hirschh., Kottenh., Rosenh., Wehrh. (ON. Rhld.), Wildenh. (ON. Wildenhain, Sa), Langenh., Schmachth. (ON. Schmachtenhagen, Berlin), Probsth. (ON. Lippe), Ziegenh., Heidenh., Speckh., Hergenh. (ON. Herchenhain, Hessen; > Herchenhand), Herh. (ON. Aachen). Vgl. auch Heim

–han: Dornh., Schleh., Kreh., s. –hahn), Gräfenh., Langenh.

–heim: s. Heim

–hag: s. Hake

Hagel: (auch = Hag 4) Hagelstein „Schlosse", Steinhagell. Vgl. Gans. Grünh. s. Hag. Hagelmoser < Hagenmoser KS

Hagelaier: = Hagelauer (< Au)

Hagenau: 18 ON., meist obd., FN. wohl < ON. Hagenow, Meckl., Pommern

Hagenbeck: Hofn. Recklinghausen

Hage|mut, wald u. dgl.: s. HAG

Hagen–, hagen, Hager usw.: s. Hag

Hagios: s. Jodocus

Hagspiel: 1. ÖN. zu Bühel, vgl. Hagsbühel; auch ON. Bayr., Schwaben. 2. mhd. habechspil (vgl. Feder). Hackspiel, Hag|spihl, spül, Hachspiel(er)

(Häher): Här; Heher–, Heer–, Häger|meier; vgl. Heger. S. Jacobus und Nuß

Hahl–, Hähl–: s. HAG u. HAL; Hahl– auch hohl

Hahm(e), Hähm(ke): s. HAM

Hahn: 1. Hahn–, Hähn– Kf. von HAG u. Johannes. 2. Oft ON. Hahn, Hahn–, –hahn: s. Hag. 3. < Kahn s. Cohn. 4. Tiern.: Wernher der Han, de Haan. Hä(h)nlein (× ON. Hähnlein < hagen), Hä(h)nle, Henle, Hä(h)ndel, Hend(e)l (bair., sonst hendel „Henne"), Hähnchen. In Zss., Zsr. Hahn– oft, –hahn meist < hagen (s. Hag), nd. auch = hohen (Hahnfeld?), Hanekop(f) (auch Goslarsche Münze und Bier), Hanekrad („Krähen"; Hanenkreger), Hahne(n)kamp (Hanekamp, Eger < Kamm), Han|reich, reh („Hahnrei"). Vgl. Baum–hahn (z. T. auch –hahn): Bierh. („Pirol"), Bergh., Berkh. („Birkh., Auerh." × –hagen), v. Birkh., Kap(p)h. („Kapaun"), Feldh. = Rebh., Haush., Kuckh. = Kü(c)kelh., Kikelh., Kreh. (Krähann, Cregehane; × Krähe), Urh. („Auerh."), Seh. („Haubentaucher" × Seehagen), Weish., Swartehane, Burzh., vgl. burzelhenne „Henne ohne Schwanz" und Hansteert; Wetterhahn (Hausn.; sieh Wetter), Brodhahn = Brathahn, Satzn. Weckdenhan. — Aber: Breuh., Broyhan, nach dem Erfinder (1524) benannte Bierart; doch 1232 Hildesheim Broiehane, also eigtl. ein N. wie Brühschwein (s. brühen). Stechh. (Satzn.: „stich an"?). Faßh. s. Fasan, Struthan (Riese Strutan im Rosengarten; Schrut-

hayn). Anderes s. unter Hag und Heim
Hahnerath, Hahner, Hähner: s. HAG II
Hahnert: s. Hag
Hahnickel: s. Johannes 4
Hahnke, Hähnke: s. Johannes 5
Hähnsen: ON. Hagensen, Hann.
Hahre, Hähr|e, ich: s. HEER
Hai–: s. auch mit e–i und gaj
Haib–, Haick(e): s. HAG I
Haibach: ON. Wipperfürth
Haiber: s. Heu
Haid: s. Heide und HEIT
Haidacher: 17 ON.
Haigis: s. HAG I
Hail–: s. Hau und HEIL
Hailer: s. Heiler
Haimann, Haimerl: s. HAG I
Hain–: s. HAG II, Hag und HEIM
–hain: s. Hag
Hainbürge: s. Heimbürger
Hain|ich, k(e): s. gaj (× Hag)
Hainschwang(er): s. HAG II Kf.
Hainzler: s. Heitzler
Haisch: s. HEIT
Haiser: „heiser"
Haisl: s. HEIT
Haist: Kf. zu Heistolf, Aistulf (zu ahd. heistigo „zornig" oder zum Volksn. der Aisten, Esten)
Haistracher: s. Heister
Haitz: s. HAG II Kf.
Haitzler: s. Heitzler
Haj–: s. gaj
Haj(essen): s. HAG I Kf.
Hake: Haack 1. nd. „Höker, Kleinhändler mit Lebensmitteln". Vgl. hocke. 2. „Haken" (NF. NS.) 3. Pflugart. Zu 1: Fett–, Bier|hake, Käsehage(n), Brodhag, Lichthaak, Semmelhaak. Zu 2.: Feuer–, Kessel–, Kettel|hake, Hellhake liegt beim Ofen in der „Hölle", Kanthake „Haken zum Kistenheben", Span(n)-ha(c)ke, Sperhake, Maushake, Mooshake, Krauthakel. S. auch Band. Zu 3. Haklbauer?
Hakenberg: ON. Arnsberg, Minden, Potsdam
Hakendahl: ON. Hakedahl, Detmold
HAL: Zu an. halr „Mann", doch mag manches auch zu ADEL, HEILIG und HILD gehören
Heliperaht: Hal|brecht, bert, per(t)
Heliboto: Halboth
Halifrid, Helfrid: Hal(l)fahrt (× ADEL; sonst s. HILD)
Heliger: Halger
Haluig: Hall–, Hell|wig
Kf. Halo: Hahl (× hahel „Kesselhaken"; van Hal, ton Hale < nd. hâl „trockener Boden"), Hahling, Halang, fries. Hal(l)ama, Halke(ns), Hall, |e(r) (s. d.), en, ich, i(n)ger (× Alexander), ung, mann, Hähling, Hehl, Hälk|e, isch. (Vgl. ON. Halingen, Westf. u. s. Heller.
Hal–: s. hohl (sl. s. Alexander und Michael)
HALB: Von Halbthuring u. dgl. ausgehend, sind einige N. gebildet wie Halbing, Halbker (× Kf. von Albrecht). Halb|es, ig, ing(er), Hälbig (doch Helbig meist zu HILD, Halbe(r) zu ON. Halbau, mehrf., und Halbe, Potsdam). (Wend. Halb|a, e, in, ig s. Albinus)
(halb): nd. half. Halb|ed(e)l, herr, ritter (z. T. nach unehel. Abkunft), reiter, förster, richter, wirth, meyer. — Halbroth („Brot"), vgl. Halbleib; Halb|faß, fas, vgl. Halbe-, Half|kann und Halbscheffel, Halbquart. Halbsguth. Dessen Besitzer ist Hal(l)bau(e)r (s. Bauer; × ON. Halbau, mehrfach) = Halb–, Hall|gebauer, Hal(b)-huber, Half|er, mann. Halb(ge)wachs „halberwachsen" (Hall|wachs, wacks, wahs, waß). Half|pa(a)p, papp „angehender Pfaffe, Student" (Hallepape, Halpap(p) > Hellpap(e), Hulpap). Halbmeister „Schinder" (s. Helbling).
Halbach: 3 Höfe Rhld.
Halbarter: s. Helm
Hald–: s. HELD
Haldag: s. ADEL I
(Halde): „Abhang": an der Halden, Abderhalden, daher dativisch Hallen, Halder, Halter, Haller, Haldmeier, Sommerhalder (auf der Sonnenseite), Winter–, Buch–, Burk–, Unter–, Frei–, Durch|halter (s. Dürr). Schweiz. Haldimann, Haltiner, Studhalter (zu Staude). Auch bergmännisch: Haldemann. Vgl. Mais
Haleff: s. HADER
Halévy: s. Levy
Half: s. halb
Hal|fahrt, far: s. ADEL und HAL (–frid)
Half(f)ter: „Pferde–"; nicht „Pistolenhalfter", doch auch „Hosenträger"; wohl Flurn.

Halk–, Hälk–: s. HAL und HELLIG
Hall–: s. hohl und halb
Hallen: s. Halde
Hallensleben: ON. Haldensleben (deutscher N.)
Haller: 1. ON. Hall|e, au. 2. < Halde. 3. Sieh HAL
Hallenbarter: s. Helm
Häller: s. Heller
Hallich: s. HEILIG (× HAL)
Hallik: s. Gallus
Hallup: s. holub
Hallwachs u. dgl.: s. halb
Halm: Hälmle, Helmle (soweit nicht Kf. zu Willehalm). Gersthalm. Halmheu s. Hey
Halpap(p): s. halb
(Hals): Kurzh., Langh., Vollnh., Gänseh. (Dies auch Flurn.). Bullenh. — Kort–, Schön|halz; Halseband, Halsband. Der Halsberger macht Halsbergen (Brust- und Halsrüstung), [5 südd. ON. Halsberg]. Auch „langgestreckter Hügel" und 11 ON. > Halser
Halstenbach: Hofn. Halsteinbach, Gummersbach
Halstrup: ON. Oldenb.
HALTEN: Ein hierzu gehöriger Stamm scheint vorhanden gewesen zu sein, ist aber von ALT und HULD nicht sicher zu trennen. Hollmann, fries. Holto, Holl|en, ing > jüngeren Zss. Holjesiefken (Halt|rich, recht wohl zu ALT; Halte s. halten)
(halten): nd. hollen. 1. Halt auf der Heide (Wegelagerer) > Holz auf der Heide. Hollefreund. 2. besd. obd. „hüten, weiden" (halte „Weideplatz"), Halter „Hirt". Aber –halter eher zu Halde (s. d. und Sch III). Nd. Halter auch „Halfter" (westf. ON. Halter(n) < halahtre „heiliger Baum" > Haltermann)
Haltiner: s. Halde
Halvorsen: < nord. RN. Halvor
Halupka: s. holup
Halver, Halverscheid(t): ON. Altena
Halwas: s. halb
–halz: s. Hals
HAM: zu got. hamon „bedecken, bekleiden" (vgl. ahd. līhhamo „Leichnam"; nhd. Hemd), Hampreht: s. HAG II
Kf. Hamo, Hem(m)o: (× Ham und Kf. von Hadumar, wend. Formen von Abraham), Ham, |ke(l), kens, je, Hahm(e), Hambsch, Hamm, |e, en, el, je, ig, inger, Hähm(ke), Hämel, Hämmel(mann), Hem|lein, ig, ke(n), je, sing, Hemm|e(l), ing(er)
Ham: 1. ndsächs. fränk. „Bucht, Ufer, Weide am Ufer, Tümpel". 2. fries. „eingezäuntes Feld". van der Hamm. ON. Hamm(e), Ham|lak, kolk. Overham
–ham: s. Heim
Hamacher: s. hame
Hamann: s. Johannes (nd. „Hofmann")
Hambach: 14 Orte
Ham|bcke, beck, brauk, buch u. dgl.: s. Hag
Ham|berger, burger: s. Heimbürge
Ham|brauk, –brock, –bruch: mehrf. ON. Hann.
Hambrech: s. HAG II
Hambusch: s. Ambrosius
(ham(e)): westmd. „Kummet". Ham(m)acher, Hamecher, Hamaekers „Kummetmacher, Sattler", aber Hamschmidt zu Hamen „Angelhaken" und Hamenstricker zu Hamen „Fischnetz"
Hameder: s. hāmīt
Hameister: s. Habicht
(hamel): mhd. „abgestutzt", > 1. „Felswand". Hamel(berg), Hammel|bacher, mair? (Hamel, |mann: ON. Hameln). 2. Ham(m)el „verschnittener Schafbock". Dasselbe Hämling, Hemlein?, Caphammel u. dgl. s. kappen. Fleischhammel, Hemmelmeier, Hamelbrüe. Hemler, Hemmel|er, mann, „Schafbockverschneider". Aber Hammelzunge < nd. Hammeltung, Hammelthon, < engl. Hamilton
Hamer–: s. HADER und Hammer
–hamer: s. Heim
Hamerling: „Ammer, Emmerling"
Hamester: s. Hamster
Hämfler: s. Hanf
(hāmīt): „Umzäunung, Verhau". Hamet(n)er, inger, müller, Hammert, Hammeter, Hameder (Hamet(en): 13 N. kleiner Orte in Bay. u. Österr.)
Hämling: s. hamel
Hamm–, Hämm–: s. HAM, Ham, hame, hamel
Hamman: ON. Hamm, Westf.
Hammer: schon ahd. Hamar, sogar Hamarolf (× HADER, Catumerus und ON. Hammerwerk), Hammer (auch < ON. Hamm), |s, l(e), er, sen, mayer, Hamer, |l(e);

Hämmer|er, l(e), lein, Hemmer|le(in), ling (auch „Henker, Teufel" und = Hamerling)

Zss. Hammer, Hemmer|schmidt, Hammer|meister, müller, knecht, schlag (> Hammelschlag), stingl = stiel (aber Hammerand: Blumenn. Amaranth?). Boßh. (< bōʒen „schlagen"), Klinghammer, Nieth., Schel(l)h. (zu schallen), Schinnh. (zu Schiene), Schmidth. Aber sehr oft –hammer < Heim (s. d.), so auch ON. Schmidham, Schwingham, Boxham (OB.). Pochh. (< Buchamer, auch Buschhammer) = Buchheimer

Ham(m)erdinger: ON. Heimerdingen, Leonberg u. Memmingen

Hammerich, Hämmerich: s. Heimbürger; doch vgl. ON. Hammerich, Oldenburg; Bunder-Hammerich, Aurich

Hamm|e(r)t: s. hāmīt

Hammon: s. Ammonius

Hamp–, Hämp–: s. HAG II

Hampach: s. Hambach

Hampel: 1. „ungeschickter Mensch". FN. Hampelmann, Hampl. 2. s. HAG II und Ambrosius; dort **Hamp|ke, us, (u)sch, Hämpich**

Hampf–, Hamstengel: s. Hanf

Hamscher: s. scheren

Hamster: ahd. hamistro, daher auch Hamester (nd. = Hag–, Hofmeister), Hämster

Hamuth: s. HOCH

Han–, än–: s. Johannes

Hänchen: < frz. N. Coquerelle

HAND: zu ahd., mhd. hant „Hand"
Hantbert: Hendebett
Hantwin: Handwein (aber Handrich slaw. s. Andreas, oder wie Hanreich und Hendrich = Heinrich)
Kf. Hanto: Hand, t(e), e(l), eling, le, Hantel(mann) (× Handschuh), Antelmann, Händ|el, l(e), lmeyer; Hend|el(mann, sohn), ges, Hent|hke, ig, ies. Endl (× Kf. von Heinrich und Johannes)

Hand: van der Hand. (Hausn.? ad pendentem manum, Mainz), Händle, Handle (Tirol), Ein(er)hand, G(e)radeh., Langh., Luchterh., Mildehant, Rothender, Han(d)loser zahlt für das nicht erbliche hantlehen die hantloese; dazu Hand|los, laß, Losehand. — Hand|fest („starkhändig", „Handgriff" oder „Urkunde"); werk(er), werger, Hendewerk (ON. Handwerk OFrk.) ×mhd. antwerk „Werkzeug, Maschine"; reiter (zu hantros „Beipferd"), faß („Waschbecken"), walker. Aber Handbaum s. Baum, Handrock s. Andreas. Herchenhand: s. Hag(–hahn)

Hand–: s. HAG II und Andreas

(Handel): Händler, Handler, Handelsmann

Handr–: s. Andreas (vgl. HAND)

Handreiter: Hofn. Handreute, Bregenz

Händsch: s. Johannes 5

Handschu(h): Hand|schuh, schug, Hendeschuch, Hantsche, Handschke·(× Johannes), Stahlhantsch = Wapenhensch, Handschumacher, nd. Hansche(n)meker. Handschu(e)r, Hantschuster, Hentscher, Henschler, Handscherjan („Johannes"), Hantscherian; nd. Hantel|er, mann

Hanekop(f): s. Hahn

Häner: ON. Hener, Säkkingen

Hänert: s. HAG II

Hanf: Hanf, |bauer, stengel, stingel, land, garn., Hanffstengen, Hamstengel, Hanfeld, Hanft,|mann, wurcel; Hampf(ner), Hempf(n)er, Hämfler, Henfler. Dazu Vogeln. Hanf–, Hänf–, Henf(t)–, Hempf|ling, Hanfvogel

Hang: „Bergabhang". Hang|er, endobler, leiter (doch ist auch Entstehung aus Hagen möglich), Hangl|er, berger, Hangland

Hang: s. HAG II

Hänggi: s. Johannes 5 a

Hanhart: s. HAG II

Haniel: hebr. „Gnade Gottes" (auch nichtjüd.)

Hanisch: s. Johannes 5 (< Heinisch KS)

Hank–, Hann–, Hänn–: s. HAG II u. Johannes 5

Hankammer: ON. Hankham (Hangenheim), Salzburg

Hannappel: s. Hag

Hannibal(l): karthag. Feldherr

Hannover: Han|over, növer, öffner

Hanperl, Hanreich: s. HAG II

Hänsch(el), Hanschk(e), atz, Hanske, Hans|e, ing: s. Johannes 4. 5

Hänscheid: ON. Siegkreis

Hänseler: in Bern „Marktaufseher"
Hantel: s. HAND
Hantel|er, mann: s. Handschuh
Hant|ig, ke. Hantsch–, Häntsch–: s. Antonius
Hantsche: s. Handschuh
Häntsch(el): s. Johannes 5
Hanusch: s. Johannes 5
(v.) Hanxleden: ON. Arnsberg
Hap(p)–, Häp(p)–: s. HADER (Happ– auch Apollonius)
Hap(pen)macher: s. Heppner
Happerschoß: ON. Siegkreis
Hapt: s. Abt
Har–: s. Haar und HEER
Här: s. Häher (× HEER)
Här–: s. HEER
Harbig: s. HEER, Hariwich
Harbrücker: s. hor
Här|che, cke: s. HARUC
Hard–, Härd–: s. HART
Hardenaker: s. Nacken
Harder: s. Herter und Hardt
Hardevust: s. Faust
Hardt: 1. mhd. hart „Wald, Weidewald"; auch „Gemeinweide"; oft ON. (auch Haardt). Hart|er („Waldhüter"), maier, obd. Harder, Unterharder. Hard|egger, meier. Oberhardt, Terhardt, ter Haar, Gemeinhard > ert. 2. nd. „Hirt" in den Zss. Ku–, Lemmer–, Pagen|hart; dazu auch Schaffhardt, Schabbehard = Schafhirt (×ON. Schabbehard, Westf., zu 1)
Härer: s. Haar 3
(Harfe) mhd. harpfe, herpfe. Härpfer, Her(p)-fer, (× ON. Herpf, Meiningen), Harfner, nd. Harper, Herper. Auch N. verschiedener Geräte (Harfen|meister, steller). Aber Harf(f) ON. Köln
Harfst: s. Herbst
Häring: s. Hering und HEER
Haritzkaiser: s. Haar 3
Harkabus: Arkebuse „Hakenbüchse"
Härklotz: s. HARUC
Harkort: ON. Harkorten, Hagen. Harkert. **Harkotte:** ON. Harkotten, Warendorf
Harl–: s. HEER (Hariulf)
Harlaß: ON. Harlas, Eger
Harm: „Wiesel" (vgl. hermelin; FN. Hermelin), gelegentlich auch Harm(e)ling. Harmgardt s. IRMIN; sonst Harm– s. HEER, Hariman
Härmand: s. HEER
Harmonist: Musiker (jüd.)
Har|nack(er): (× Ernst) **necker, napp:** s. Nacken
Harnagel: s. Nagel
Harn|ath, ik, ing: s. Ernst
Harney: s. HART
Harnisch: (mhd. harnas, frühmhd. harnest, × Hanisch und Ernst). Har|nas, nasch(er), nes, nest, Harnister = Harnisch|er, macher = feger (fegen „polieren")
Harnold: s. HEER (Schluß)
Haroth: s. HAG I
Harpeng: frz. N. Harpain
Harper, Härpfer: s. Harfe
Harpfinger: ON. Harpfing, Bay.
Harr–: s. Haar 3 (Harreiter: ON. Harreith, Salzb. > Harreißer, Harrott KS.)
Harrwyn: s. HEER
Harsch: mhd. harsch, harst „Kriegsschar". Harscher, Har(e)schar, Hascher, Harster
Harsdörfer: ON. Kulmbach. **Harseim:** ON. Harsheim, Regensb.
Harslem: ON. Harsleben, Halberstadt
Harstall: s. Herstel
Harster: 1. s. Harsch. 2. ON. Harst, Meckl.; Harste, Göttingen
Harstrampf: s. Ranft
HART: ahd. hart (Grundbedeutung wohl „stark"; > frz. hardi „kühn"; mischt sich mit einem zu as. ard „Wohnort" gehörigen Stamme und mit ERDE
Hardberht: Hartbrich
Hartager: Hartgers
Hardher: Harder (s. Hardt), |s, ing; Harter(t) (× ON. Harth(a), au), Herder(ing), Erter, Hörter
Hart|leip, lib: Hardleib, Hart|leif, leb, leib, leben, lep(p), lapp, lieb, lef (vgl. Hardulf und ON. Hartlieb, Breslau)
Hartman (Volln. u. Kurzf.): Hartmann, |s, i; Hartmanns|gruber, henn, Hert–, Erd–, Ert(t)–, Art|mann, Hertmanni. Mischform: Harzmannus
Hartmar: Hartmaring, Erd–, Ert–, Art|mer
Hardmod: Hard–, Hart|muth
Hartnid: Harnei|d, t, Harney, Horney (Sagenheld Ortnit)
Hardarat: Hardrath, Hartert?
Hardaric: Hartrig, Hert(e)–, Herd(e)–, Härt–, Erd–, Hört–, Hörd|rich
Hardolt: Hartelt, Härtelt, Ardelt, Erd(t)elt, Ertelt, Erdolt
Hardulf: Hart|loff,

(hart)

lauf, laub, lapp. Hertwolf, Erdloff

Harduwich: Hart|(e)wig, wich(er, sen), wici, weg, ig, Hattwich, Hortig, Härt|wig, weg, Hertweck, Erd|wig, wey (> sl. Hartnick)

Hardwin: Hartwein Kf. Ardo, Herto: (z. T. auch Kf. von Leonhard, Reinhard u. dgl.). Auch die mythischen Hartungen, Hartingen = Hasdingi lebten in der Volkssage sicher fort. Hart, |e, en, ong, (e)l, ler, ge(n), ig, egh, je(s), lich, sen, in(g)smeier; Haart|ge, je; Hard|e(n), ung, l(l), ix, essen, tz, Hardt(ke); Härt|i(n)g, le(in), ung, eiß, Härde, Härdtl(e); Hert|(e)l, ling, (e)s, it, eis, ig(er); Herd|inck, (el), e(s), le, Herrde(lmann), Herde|jost, merten; Hört|ig, el, gens, eis; Hierteis; Art|inger, ner, lich, kamp; Ert|i, (e)l, lbauer, Erd|le, elen, ing, Ha(a)rtz; Har|zke, tsch, Horz, Her|z, (t)zig, tsch, Arzig, Artz(en), Ertz, Erz(inger). Hörz. Hazzo s. HADER

Auslautend: Libhard, Eckard, Rein|harz, artz, Luttert, Meinherz, Allerding. Nach Silben mit r fällt das r durch Dissimilation leicht aus: Burgath, Regnet, Bern|d, etz, z. (Wolferts: ON. < Hardt; in Meide(r)t Kollektivanhängsel. Vgl. Hardt)

(hart): Hart|faust, kopf (Hatkopf, kopp, Hardekop[f]), (e)brodt, käse, nuß, feil, (e)fiel („Feile"). Hart|an, rampf| schuh, reiter, korn, metz, mond (Januar). Hart|veld, rodt, länder. Hörtkorn, Hertrampf. Hard|eland, lännert vielleicht zu Haar 3. Vgl. Nacken, Ranft, Nagel (Hoertnagel), Tiegel sowie Hardt

Harten|fels: ON. Selters, **stein**: meist ON. Sachsen

Hartenhauer: ON. Hartenau, Bensheim (Hessen)

Hartog u. dgl.: s. Herzog

HARUC: ahd. haruc „Heiligtum". Hercholt: He(e)rklotz, Heerkloß, Härklotz; Hercrat: Herk(er)t, Her|ge(r)t, gt. Kf. Herk|e, le, el|mann, Herch|en, er (× ON. Herchen, Siegkreis), Härcke, Härche. Dazu viell. als latinis. Weiterb. Herkuleijus.

Harz: s. HART; aber Harzmann wohl vom Harz (oder Harzburg); Harzer, Härzer, Herzer, Harz|becher, bicher, becker „Harzsammler". Vgl. Pech

Harzke: s. HART

Harzog: s. Herzog

HAS: Schwerlich selbständige Namen, sondern Kf. und Mischf. von HADER; von Hase, Hasel, Hesse meist nicht zu trennen. Has|prich, mer, Hasert, Häsert, Heßmer und andere s. HADER und HESSE. Sonst etwa Has|ke, ner, Haselei(n, d) (doch s. Hasenei), Haselen, Hasinger, Häs(ner), Häseker

Hasch–: s. JAR

Hascher: s. Harsch. Häscher = Grieper „Büttel"

Hase: Schon ahd. Übern. Haso (vgl. immerhin HAS). de Ha(a)s, Ha(a)s, Ha(a)se, Häslein, Häselin, Häßl(e)in. (Stoffel Hase wohnt zuom Hasensprung, Wolf Hase zuom Hasenstrich, Freiburg XVI.) Hasen|bring, bruch, bank, knopf, (h)auer (< Au; > (h)eier, ei KS., vgl. HAS), kamp(f), kamm, dahl, thaler, feld, busch, pusch, strauch, eder, leder (s. lede), stein, reuter (rath, reiter, ritter; vgl. Hasel), clever (Klee, × ON. Hasenclev, Lennep); balg, rück, ohr, öhrl, kopf, fuß (NF), bein, zahl = schwanz (Haasstert), fratz = schar(t) (auch – scher? Oder Hutmacher?), maile (mhd. meile „Fleck, Mal"); gier („Geier, Steinadler", Haaßen–, Hassen|gier), fang, jäger, luser (s. Lause), moerder, feller, sperling (= ?). Hase|brink, nack, Haseidl, Haseitl („Häutchen"), Hosen|berg, feld; Hassen|feld, kamp, Haselöhr („Ohr"), aber Haasemann, < Fluß no. Haase, auch wohl Hasemeyer. Klein–, Sand–, Kohl|haas (× mhd. kölhase „Heuschrecke"), Rothas; Schel(l)haas u. dgl. (s. schellic) = Schreckhase (s. schrecken), Feld–, Dunk– („sich duckender"), Schnup– („schnuppernder"), Spör|hase („spürender), Renhas. Kühhas („Kaninchen"), Sandhaas s. Sand. S. auch stieben. — Aber: Beenhase, Bönhase, „unzünftiger Handwerker", Leinhas u. dgl. s. Hose; Weidhas s. d.; Hasen|krug, pflug s. hassen.

237

Hasel (hauen)

–haas auch zu Haus und Hose
Hasel: Hassel (22 Orte), Hasler, Hasli(n)ger, Haß-l(er), Häßler, Heßler, Hesler (ON. Hassel(t) < Hasalaha, ebenso Häßlich (ON. Bautzen) und Heßlich; Imhasly; s. -ach 3), Häsler. Hasel|au (oft ON.), bach (beck, böck), wanger, steiner (ON. N.-Bay., Fulda), brunner, horst (ON. Salzwedel), hoff (ON. Hasel(h)off, Haselow, Haseloph); Hasl|au(er), acher (s. -ach 1 und 3) > Haßloch, Hasl|wanter, berger, reiter (vgl. Hase), Hassel|bach(er) (4 Höfe Düsseldorf), kamp, berg, bruch, baum, quist, blatt. — Haselöhr: s. Hase. S. auch Hessel–
Haserich: ON. Koblenz. Haserick
Hasert, Häsert: s. HADER
Hasewalter: ON. Hasenwald, Aachen
Hasferter, Haß|fürther, furt(n)er, forther: ON. Haßfurt, UFrk.
Haslinde: s. HADER
Hasmer: HESSE
Haspel: 1. Garnwinde (auch „alberner Mensch"). Haspel|macher, math (nd. „Maß für das Garn"). 2. Förderwerk im Schacht. Hespeler
Hasper: < ON. Haspe, Hagen
Hass–, Häss–: s. 1. HADER Kf., 2. Hasel, 3. hassen, 4. HESSE. Hasse auch < Hartmann (B. 1, 112)
(hassen): Hässig. Satzn. Haßden–, Hasten–, Hasen|pflug, Hassenpflog (ein fauler Bauer), Haßden–, Hassen|teufel (s. Teufel), Hassenwein, Has(s)enkrug, Hassesang; nd. Hattenderne (Dirne), Hattebuhr = Hassenbauer; so wohl auch Hat(t)enkerl, Haß|kerl, karl, gall. S. auch Hase

Hassepaß: nd. hassepassen „hastig arbeiten"
Hassert, Hassold: < HADER
Hässig: s. HADER, hassen, Hesse
Häßl(e)in: s. Hase (× HADER Kf. und Hesse)
Häßlich: s. Hasel
HAST: Auf einen altd. Stamm (vgl. Haist und AST; ON. Hastenhusen; nicht zu nhd. Hast) weisen N. wie Hast, |ung, ing, rich. Vgl. Ernst
Hasten–: s. hassen. Hastenrath (ON. Düren, Erkelenz), Haster < ON. Haste(n) mehrf.
Hastig: s. Ernst
Hastrup: ON. Osnabrück
Hat–, Hät–: s. HADER und hassen
Hatnik: s. Gattig
Hatscher, Hätscher: s. Hetschel
Hatschke: s. Gattig
Hatt|a, as, asch, ke: s. OD I Kf.
Hattemer: ON. Hattenheim, Wiesbaden. Hett(e)mer
Hattendorf: ON. Rinteln
Hattenhauer: ON. Hattengehau, Eisenach
Hatt|er, ig, ke: s. Gattig
Hattwich: s. HART
Hatz–: s. HADER Kf.
Hatzfeld: ON. Biedenkopf, Wuppertal
Hatz(el): Hetz, |(e)l: bayer. „Elster"
Hatz|ig, inger, ke: s. Gattig

Hatzold: s. HADER
Hau: 1. alem. „Uhu". Haub, Huwe. 2. obd. „Holzschlag", Kau(er) < gehau (vgl. hauen und Heu), Oberhauer, Neuhau(er), Hau|er, mann, berg, feld, Haueter, Haile(r), Heiler (am kleinen Hau). So auch ON. Rotheul, Thür. (< roden), FN. Rotheuler, Heuberg(er), Heyberger, Heustetter, Haumann. S. Kolben. 3. nd. „hoch" (s. d.)
Hau–: s. hoch und HUG
Haub: s. Hau 1
Haub–: Hau 1 und HUG
Haube: Kopfbedeckung, besd. Helm. Häubl, Heubl(e)in (× Haupt); de Huvede, cum mitra, Köln. Hauben|macher, reißer (s. Riese IV), stricker, (retiarius), schmid = Haub(n)er (× Hube), Heub(n)er. H(a)ubensack. Hobinstock „Haubenstock, dummer Mensch". Hauben s. Hubgen
Haubitzober: „Geschützmeister"
Haubortrich: s. Hugubert
Hauch–: s. HUG
Hauchwitz: ON. Haugwitz, Königgrätz
Haude: s. HUT
Hauder: „Lohnkutscher"
(Haue): Keilhaue (× ON. Thür.) vgl. Keilhack. Haunschmidt
(hauen): vgl. Hau 2. Satzn. Hau(d)en–, Hau(n)–, Hauben–, Hauf(f)–, Heu–, Hei(de)nschild(t) > Hof(f)–, Haus–, Hoh(e)n–, Hoch|schild; dasselbe Haurand, ähnl.: Hauenhut, Hauwenkerl, Hau|druff, nit, Hau|eisen (auch ON.) > eis, Hau|

tau, to, tog, tow, Hoth ond. „Hau zu!"
Hauenstein: mehrdeutig. 1. 10 ON. 2. < hauen (Haben–, Haven|stein). 3. < hoch (Haugenstein: ON. Haslach). 4. s. Augustinus — Hauerstein
Hauer: < Hau 2 oder hauen, z. B. als Bergmann (Berghäuel) (× Hugiher). Das w von mhd. houwen ist oft noch zu erkennen, Hauwer, Heuwer. Oft „der zurechthaut, verfertigt". –hauer: Dannh., Holtzh., Baumh. (aber mnd. bōmhower verfertigt Sattelbäume), Reish., Scheith., Eisenh. (Sch I), Steinh., Kießh. > Küßh. = Großh. (mnd. gros „Schotter"). Fleischh., Knochenh. (Metzger), Feilgenh. u. dgl. s. Felge, Radh., Nabenh., Moldenh., Schopenh., Geldenh. (gelte „Kübel"), Faßh. = Vatth., Tubbenh. u. dgl. s. Tippenhauer. S. Mulde. –heuer: Bardenh., Döpelh., Bomh. (s. oben), Holzh. (× hei), Fleischh., Deppenh. s. Tippenhauer. — Stein–, Stahl|heber, Ast|höwer, höver, höfer, Holzheier. S. auch Steinhöwel unter Stein. (× Au, so wohl Wald|(h)auer, häuer, eyer, Birkenheuer, Pürkhauer, vgl. ON. Pürkau, Schwarzhauer). Pfadenh., Pfetten|hauer, Fötkenheuer s. pfate
Hauert, Hauff–, Häufle: s. HUG
(Haufen): nd. Mehlhop, Zantop (s. Sand)
–hauf(en): s. schlagen
Haugenstein: s. hoch
Haug(k), Hauk: ahd. houg „Hügel". Hauger (× HUG)
Hau|hardt, kohl u. dgl., **Haul, Haum–:** s. HUG
Haumer: s. Hube
Haun–: s. HUNNE, Haue, hauen (Hauner(t) auch: ON. Ober-, Unter|haun, Hersfeld)
Haun|berger, felder, reiter, stein: < hohin „Hohen"–
Haunstetter: 3 ON. -stätt(en), Bay.
Haup–: s. HUG
–häupel: s. Haupt
Haupt: md. höubet, nd. hoeft. 1. Kopf (oft Hausn.). 2. Gipfel. 3. Quelle (s. Wesselhoeft). Haubt, Heubt, Häup|(e)l, tler, ndd. Hövet, Höft, Höffding, Heuft, rhein. Haupts. –haupt: Breith., Dünnh., Dürrh., Schwerh., Dreih. („Drehkopf"), Wageh. („Wackelkopf"), Kraush., Woll(en)h. > Wohlh., Rauchh., Lehrh., Todtenh. — Kohlh., Müllh. Als Jagdtrophäe: Berh., Schweinsh., Wildenh. (vgl. Kopf, Haut, Fuß). Weißhäupl, Weishäupt > Weisheit. Vgl. Mohn und Kraut. –höft: Bernh. („Bärenhaupt"), Brackenh., Willh. („Wildh."), Resenh. („Riesenh."), Roth., Witth., Ruchh. („rauch"), Bredeh., Wied(en)h. (zu 2, 3). — Olhoevt, Pagenhobed (s. Page), Ploghoefft („Pflugh."), Bornhöfft („Quelle"). Haupt–, Haub|fleisch, Haupt|hoff, meier, müller, vogel, schein; Haupt|ner, enbucher (zu 2), Hövetborn; Hauptmann(l), Haubtmann: „Obmann, Söldnerführer", nd. Höftmann > wend. Hettmann, Hetmank „Gutsvogt"
Hauptstein: s. Augustinus
Hau|rand, schild: s. hauen
Hauri: 1. schweiz. „Uhu". 2. „überlauter Mensch"
HAUS: ahd. nd. hūs „Haus". Husi|grim, munt *Husbrand: Hausbrand? (s. BRAND)
*Husimar: Hüsmert
*Husirich: Hüserich
Husualdus: Hauswald, Haus|old, el(t), Husewalter

 Kf. Hus|o, icho, inc: Hau|s, ß, sig, sch(el), Häusinger, Heu|ßi, ß(i), sing(er), sinkveld, ssen, sch, Hus|ung (× mhd. hūsung „Wohnung"), ing, Huss|e, el(s), ong, Husken, Huschle, Hüsing, Huizingh, Huisinga. Vgl. Husel und hus
Haus: Auch „Burg"; z. B. Neuhaus. Nd. Hu(h)s. Van dem Husz. Häus|li, e(in), meier, aigner (Häußleigner), Heußle, Heißle, Hüsli, Häusgen, Huis|ken, kes, gen, Hüske(n), gen. Hüßgen, fries. Huizinga. –haus: (dies und –hus besd. im Gebiet der westfäl. Einzelhöfe, der FN. -haus entspricht oft einem ON. -hausen). Alth., Backh. (s. d.), Neuh. = Nie(n)h., Einh. (einsames), Frielingh. (< PN. Friling) > Frühlingh., Ebbingh., Berningh., Frickenh., Brockh., Bruckh. (s. Bruch), Bergh., Rittersh., Steinh., Osth., Sudh. („südliches"), Duffh. („Taubenh."). –hūs: Nieh., Backh., Windus. –hues (sprich hūs):

Heidh., Kamph., West-h., Osth. –huis holl., sprich häus, nd. auch hüs), Backhuys (Bachhuis, Backhaus), Oldeburhuis, Winth., Gildh. Grotenh.,Bülth., Ve(e)nh., Bäckh., Vollh., Scharph., Holth., Horsth. –haas (nordwestd.): Lochh., Wasserh. –es (ndrh.): Baues („Frucht-, Ernteschober"), Berges, Compes (s. Komp), Gastes, Oll|es, aß (Uhl|-es, haas, Ohles „Töpferhaus", vgl. Euler), Fülles (s. Fuller), Pannes („Pfannenh.") = Breues, Mehles, Lankes = Langhaus, Eckes, Kuhles, Backes, Spieles, Beekes. -häusel: Waldhäusel, Neuhäusl, Hoheisel. –hausen (ze den ... hūsen): v. Hausen, Kamph., Holth., v. Münchh., Schaffh., Steinh., Waldh. (Baußen < Bauhausen). –husen: van Husen, Feldh., Windh.; –huisen: Bruck–, Nien|huisen, Schmidthuysen; –sen besd. im Wesergebirge, doch auch in Thür. und bei Hamburg, z. T. < –sheim): v. Amelunxen (< Amelungshusen, Höxter), v. Bennigsen, Mackensen (so auch Berlebsch; s. d.); durch auslautendes g des Bestimmungswortes entstehen –kausen, –kus, s. Dabringhausen, Leverkus.; –hauser (obd.): Hauser (s. d.), Neuh., Steinh., Gibelh., Kohlh., Spechtenh., Thonh. („Tann"),Rodenh.;–häuser: Häuser, Cohnh. (zu Kuno), Rückesh. (< Ruco), Holzh., Steinh., Tannh., Leith. (s. līt), Hochheuser; –heiser. Tannh., Hof(f)h., Hochh., Dalheiser, Honheißer; –hüser (nd.): Nie(n)h., Alth., Rodeh., Steinh. Haus|hahn, balk, laden, keller, hofer, meister, knecht (auch „Rathausdiener"), gnost („Genosse"), wirth, werth, halter, hälter, herr, sohn, leutner = leitner (18 ON.), loh, stätter (Haustetter; × Hau), Hau(s)schulz. Hus|heer, kamp. (Anderes s. im folgenden besonders, Hausschild s. hauen)

Hausam: ON. Hausham, OB., Öst. (× –heim)
Hausch(el): s. HAUS
Hauschke: < sl. Houštek (zu housti „Dickicht")
Hauschting, Hausding: s. Augustinus
Hauschulz: s. Haus
Hausdörfer: 14 Orte
–hause: s. Hose
–hausen: s. Haus
Hausenblas: „Leim aus der Schwimmblase des Störs"
Hauser, Waldhauser: 1. < Balthasar. 2. < ON. Hausen, Waldhaus. Hauser auch „Haushalter" (schwäb.) und „Häusler"
Hausig, Häusig: s. Augustinus
Häusinger: ON. Häusing, Heising. Heisinger, Heusinger, Heisig
Häusler: „Tagelöhner, Söllner", besitzt kein Feld. Heusler, Heißler. Dasselbe Hausner, Häußner (× ON. Hausen), Heußner, Hüßner, Heißner, Häußling, Hüsler, Hüßling. Aber Zsr., Zss. Hoch–, Wald–, Rothen|häusler, Schmidhäußler unmittelbar zum „Häusel"
Hausmann: = Häusler, doch auch = Haus|wirt, genosse, wart, Burgwart. Hauß–, Hues–, Huis–, Huse|mann. Niehußmann
Hausruckinger: Landschaft Hausruck, Ober-Donau, Weiler Hausrucking, NB.
Hau|stein, sting: s. Augustinus
Hauster: s. Auster
Haustetter: s. Hau und Haus
Haut: Häutle, Dick–, Fisch|haut; als Jagdtrophäe (vgl. Haupt): Berenhaut (Bärbalk, Berhäuter), Schweinshaut. Häuter, Heuter = Haut(t)–, Häute|mann, nd. Hudekoper, Hütköper „Fellhändler". Vgl. Hut 1
Haut–: s. HUT
Hautz: rotw. „Bauer" (× HUG). Hautsch, Hotz
Hau(t)zinger, Hauzen|berger, eder: zu HUG Kf.
–hauwe: s. Hube. **Hauwer:** s. Hauer
Hav–, Haw–: s. Habicht, Hof (Hof|mann, meister, richter) und haben
Havenstein: s. Hauenstein
Haver–: s. Hafer
Haverbeck: ON. Oldenb.
Havers, tz: s. HADER
Hawer–, –hawer: s. Hafer
Hax–, Hay–: s. HAG I Kf.
Hay(ek): s. gaj
Haygis: s. HAG (Hagigis)
Haym–: s. HEIM
Hayung|a, s: s. HAG I Kf.
Hebäcker: s. Habicht
Heb(b)–: s. HADER (Heb|art, ert auch HAG)

Hebbinghaus: Hofn. Lennep
Hebding: s. Ewatinger
Hebeke(h)r: s. Habicht
Hebel, Hebler: s. HADER Kf. Habo
(heben): Heber (z. B. als Packknecht, Salzverlader), Höber. Satzn. Heben|stiel, stein, Hebeisen, Hebe–, Hewe|kerl; auch „anheben, beginnen": Hebe(n)tanz, danz, streit, Hebstreit (> Höbe(n)–, Eben–, Herb|streit, Herbstritt, Hepenstrick), wohl auch Hebe(n)brand; Heffendrunk. Aber Hebsacker < ON. Hebsack, Baden, Württ., Hebentheier = Abenteurer (s. d.)
–heber: s. Hauer
Hebisch: s. Heibicht
Hebsacker: 3 Hofn. Baden, 3 ON. Württ.
Hech–: s. HAG I und hoch
Hechel: Stachelwerkzeug zum Durchziehen von Flachs und Wolle, mhd. hachel, hechel. Hachler, Hechler, Hächler, Hechelmann (× ON. Hecheln, Baden)
Hechemer: s. HAG I
Hecher: Tirol < hech „Höhe". Hechen|berger, leitner. Vgl. Blaickner
Hecht: Schon ahd. hahit, hehith. Hecht|(e)l, le, bauer, fischer; Höcht(l) (×mhd. hoehede „Höhe")
Heck–: s. HAG
(Hecke): von der Hecken, Terheggen, Heck, |ler, ner, mann, hoff, Heckenkamp; Hegg|blom, blum; Heggenreiner, Schleheck(er); auch „verbotene Wildfalle": Hecken|staller, steller, lauer. Hekkenwerth „Heckenwirt, Inhaber eines Winkelschanks". Aber Hecker(s) meist „Tagelöhner" (< hacken). ×HAG und ON. Hecke(n). Vgl. Lei. Waldhecker s. Ecke
Heckel: s. Häckel
Hecker: s. hacken und Hecke
Heckhoff: ON. Heckhof, Köln, Neuß
Heckler: „Kleinhändler in Eisen und Kurzwaren"
Heckscher: s. Höxter (× hecksch „Hag"; Heckscher „Wachtelkönig")
Hector: Trojanerheld. Hektor, Heckter
Hed(d)–: s. HADER, Hed–: auch Heide
Heduschka: wend. „Heidekorn"
Heed–: s. HADER
Heede, –heede, Heeder: s. Heide
Heeg: s. HAG I Kf.
Heem|sath, soth: s. Heimsath
Heemstra: s. Heim
Heep(mann): s. HADER
HEER: Zu ahd. hari „Heer"
Haribald: Her|bold, poldt, belt (s. Hariobaudes)
Hariobaudes: Harboth, Harborth, Herboth(e). ON. Heribodesheim, Württ. > Herbol(d)s (–bolz, –belß) –heimer. (Beide Namengruppen viell. dissimiliert aus Heribord)
Hariberct: Har|p(p)recht, barth, bath, ber(s), Ha(r)berding, Herbrechter, Her|brecht(smeier), brich(t), p(r)ich, berich(s), bart, bert(z), ber(s), bermann, port, per(t)s. Kleinherbers. E(h)rbrecht, Er|bracht, brecht, brich, bert, Ehrenwirt. Heribertz, Herrbrich, Hörber, Herbig (× Herberge). Jüngere Zss. Herpich|böhm, behm
Haribrand: Ha(a)r–, Her–, Hör–, Heeresbrand(t) Kf. Herpo: Har|bele, p(k)e, p(p); Herb, |e(r), en, ig, ing(er); Herp|en, Hepp(el)
Heridag: Hertach
Heridegan: Ha(a)r–, Hart–, He(e)r–, Hör|degen, Hardege, Herdege, Heerdeger, Herden
Harifrid: Her|fa(h)rt, fert(t), fet; Herr|fardt, fort, furth (× ON. Herford, Westf.), Erfert (s. Erfurt und ERBE)
Heregod: Harguth, Herr|gut, get(t), Her|get(ius), gt, kt, Herr(e)gott (× Übern.)
Harigaoz: Her|goß, gaß
Hariger: Her|gert(t), ker(t), Hör|ger, cher
Harigis: Heer|, Herr|, Hier|geist
Herigolt: Herglotz, Herrklotsch?
Harihard u. Harirad (z. T. aber sicher = Ehrhard): Harather, Herhard, Heerhartz, Hör|ath, et, ezeder, Hiereth, Hereth (× ON. Herreth, Bamberg < Herrit)
Harilaip, Herliub: Har|leb, lepp, lieb, Her|lepp, lieb, löw
Hariland: Harland (doch eher zu Haar 3), nordisch Erland|(s)son, sen, sdotter
Charilaigus: Harlack, Herlach, Her(r)lich
Hariman: Hermann,|(e)s, i, seder. Herman|dinger, ke. Haar|, Heer|, Ehr|, Herr–, Här–, Hör–, Hier|mann, Härmand,

Hörman. Kf. Menzel (s. d.), Mannes(mann) Manes, ndrh. RN., aber als FN. jüd. < Manasse.
Harm (s. d.), |(e)s, en(ing), i(n)g, el(hofer), (e)ling, (es)sen, janz („Johannes"). Herm|(u)s, e(ns, smeyer, ke(n)s, ges, ichen, eking, ening, sen, Holtherm (zu „Holz"). S. auch Herm.– Gräzisiert Kyriander, tsch. Jerman, Jirman, Heřman > Hirschmann (auch ON. Heřman, Böhmen)
Harmar: Harmer, Hirmer, Hermerding
Harimot: Ha(a)r–, Her(r)–, Hor–, Ar|muth, Haarmutter
Heronod: Har|noth, nott, noß
Herirant: Haran|d, t Harrant(h), Herrand, Hörandner (aber Horand s. gora)
Haririh: Haarich, Harrich, Herich, Herrichen, Herrig(el), Hörichs
Chariovalda: Har|wald, (f)old, Her|wald, (h)old, let, ld, lte, los|sohn, Herr|wald, holz, Hör|(h)old(t), ldt, los, leß, Hor|rolt, elt, rele; Ehr(en)hold, Hier|old
Herifolch: Harvolk
Hariward: Har|wart, werth; Her|warth, wartz, wet
Hariwich: Har|wig, big (× Hartwig u. pruß. Harwicke > Harwig), Harweg(e); Her|wig, bi(n)g, wick, wicht, wisch, wegh, weck, weg(er) (doch vgl. am Herwege und Dietweger); He(e)rwagen, Hörwick, Hierweger, Erwig
Hariwini: Harrewyn (RN. Erwin)

Hariulf: Heerwolf, Harloff, Harlfinger > Harlfinder, Her|loff, leff; Heerauf, Hörauf
Kf. Haro, Herilo (Hezo s. bei HADER): Hahre, Haar (s. d.), |s, e(n), ich, k, ing(er), sen; Har|s, ke(n), itz, ing(s); Harr|inga, ies, gens, sen, eis; eißer; Här|ing, sel, Härry, Hähr|e, ich; Heer, |e(n), (e)s, ma, l(e)(in); Hehr, |l(ing); Her, |e(nz), l(ing), (l)er, ig, ke(ns), king, kl, kendell (s. Delle); Her|l(ein), se(n), sche, ing (lehner); Herr, |ing, e(l), l(e)(in), ig(es), chen; Hierl(ing), Hir(r)linger; Hör|ig, l(e), lin(g), sch(el), zer; Ehring, Erling
Weiterbildung durch –in: Harmolt < *Harinvalt: Harnold. Im übrigen s. AAR und EHRE
Auslautend: Luther, Dietherr, Reiner(s), Wörnhör (vgl. Schmeller, 2, 954)
Heer, –heer: s. auch Herr, Schapheer: s. Herter
Heeren: mehrf. ON.
Heerklotz: s. HARUC
Heermeier: s. Häher
Hees, Heeß: 1. schwäb. „Kleidung": 2. nd. „Buschwald"; ahd. heisi (silva Caesia bei Tacitus), auch ON. Hee|s, se. se. von Heese, van Heese(n), Heese, Hes, Hesemann, Hesenkemper
Heewald: s. HADER (× HAG I)
(Hefe): Hefen|fuerer, treger; vgl. Hebel (s. HAG, Habo)
Hefele, Hef(f)ner: s. Hafen
Hefermehl: s. Hafer

Heffendrunk: s. heben
Heftel: „Häckchen". Heftler, Heftelmacher
Heft(n)er: Spangen- oder Messergriffmacher (vgl. Haft)
Heftrig: ON. Heftrich, Wiesbaden
Heg–: s. HAG und Hag
Hegar: aus dem Hegau, Schwaben (× „Heger")
Hegel|(e), maier: s. HAG 4
Hegelein: Nürnberger N. „Gelegenheitsdichter, Vortänzer in Nürnberg"
(hegen): Hegel|holt, wisch, mann. Mischt sich mit HAG I und Hag. S. auch Heger und Hei
Heg(e)ner: 1. alem. „Angelfischer": 2. ON. Hegne, Konstanz. 3. Vogtl. wohl mhd. hökener (sonst HAG II oder = Heger 2)
Heger, Höger, Heyer: 1. Hagihari, meist 2. „Waldwärter" (Hülsheger, Hegner; vgl. Hei). 3. „Häher"
Heger|ding, l: s. HAG I
Hegereiter: s. Hag 2
Hegg–: s. Hecke
Hegi, Hägi: schweiz. „Gehege" (s. Hag), > Kägi
Hegner: s. Hegener
Hehermeier: s. Häher
Hehl–: s. HAG I und HAL
Hehn: 1. s. HAG II. 2. ON. Düsseld. > Hehner
Hehr–: s. HEER
Hei, Hey: 1. mhd. heie „Heger, Aufseher". 2. heie „Hegung, Wald". 3. nd. heie „Heide". Zu 1: Heyer, Bruck|hei, eier, Brugg|ey, eier, Torheier, Fischhei, Grashey, Kirschey, Halm|hei, heu, Holz|hei, heu, haier, heuer, Holtey, Öschey (s. Esch), Wies|-

Heiartz, Heib–: s. HAG I
Heibicht: He(u)bisch, Heu|wisch, busch: mhd. hīwische „Hausgenossenschaft" (urverwandt mit lat. civis); die FN. wohl nach ON. wie Heubisch, Sonneberg. Vgl. Schmeller
Heibuch: s. Hag
Heicapell: s. Heide
Heich–, Heicker: s. HAG I
Heichelt: s. Heigel
Heichfellner: s. hoch
HEID: zu ahd. heida „Heide" oder zu ahd. heit „Art, Wesen", das ursprgl. wie heiter den Sinn des Glanzes hatte
*Heidbreht: Heide|brecht, brecher (× ON. Heydebreck, Pomm. > Heidbrecker)
*Heitfuns: Heid(e)–, Heite|fuß
Heidkaer: Haiger? (Heitger wohl < Heide)
Heitari: Heider(mann), Heider, Heiter (× heiter)
Haidrich: Heyd(e)rich, Heitrig, Heidreich (× HEIDE)
Heidolt: Heidewald
Haidulf: Heydwolff, Heidolph, Heid(e)|loff, lauf, Haidelauff (× nd. haidelōf „Buchweizen")
Kf. Haido (Auch Kf. von Heidenreich [s. HEIDE] und vgl. Heide): Heid|el, l(er), ike, ig, chen, ingsfelder (ON. Würzburg), ensohn; Heyd, |(e)mann, e(n); Haid, |l(en): Hayd|e, n; Heit|inger, ling.

Heizo (Auch < HAG, besd. Heinrich): Heitz, |er, mann, Heitsch (× sl. hajič „Heger"), Haisch; Heißig, Heisge(n)
HEIDE: „Heidebewohner", später „Nichtchrist". Volksname Χαιδεινοί bei Ptolemaios? Heithanric: Heidenreich. Vgl. HEID, Haidrich, HADER, Hadurih. Kf. (× Heinrich u. Matthias). Heis|e, el, eke, er; Heiß(en), Heis(gen), Heyse. Heise nd. < Heinrich (B. 1,112)
Heide: mhd. heide „unbebautes Land, Buschwald" (vgl. Hei 3). Von der Heyde(n), zur Heiden, Heid; Ufferheide = auf der Haide, Heiden; an der Heiden. Haid, |e(r), en, inger, acher (s. –ach 3), egger, Heid, |(n)er, ler, Heitger („Heidebauer"), Heeder, Heier. Oberheide, Babenhauserheide, Schorfheide (Mark), Hanheide (Holst.), Gronheid, Grünheit, Westheider, Holzheede; –heide > ede: (FN. Strunkheide) ON. Strünkede (mehrf. Westf.). Auch mehrfach ON. Heed, |e(n); daher FN. Heede, Haede (spr. ē). S. halten. Haydvogel, Heid|eborn, (en)egger, enreiter, enreuther, bring, brock, bruck, land, feld, si(e)ck, enhain, e(n)blut („Blüte"), greß („Gras"), (e)krüger (oft ON. Heidekrug), hues, kamp, kämper (auch ON. Heidekamp, Holst.), (e)mann, (e)peter, schmidt; Heydenaber (ON. OPf.), Heydebreck (ON. Stettin), Heidebrim (s. Brame; Heide–, Heite|pri(e)m, Heiterprehm), Heidbreder, Heittbrede (< brēde „Breite"), Heideblek (s. Blecke), Heidel|inger, bach, mann, meier, kampf, Heit|mann, köter, schulte, hus, kam(p), land, johann, könig, Niederheidtmann, Heider, |hoff, scheidt; Heicapell; nd. He(e)de (s. o.), Hedemann, Hedtkamp
Heidebroek: ON. Heitbrock, Lüneb.
Heidekorn: „Buchweizen"
Heidester: Einöde Heidenöster, Laufen (OB.)
Heidlaß: ON. Ellbogen, Böhmen
Heidorn: s. Hag. Heidgre
Heiduck: 1. Ungar. Fußvolk (sl. > „Gesindel"). 2. ON. Beuthen. Heuduk, Heydutzki
Heien: s. HAG I Kf.
Heienbrock: s. Hag
Heier: s. HAG, Heger, Heide, gaj; auch ON. Heyer, Kempen
–heier: s. Hei und Hauer
Heifetz, Heigartz: s. HAG I
Heig(e)l, Heigelin: südd. „Zuchtstier" (vgl. Hag; × HAG Kf.) (Heigel, Heichelt, Heil KS.)
Heigen–: s. hoch
Heigold, Heik–: s. HAG I
Heikamp: s. Hei
Heikhaus: ON. Heikausen, Waldbröel
HEIL: ahd. heil „das Heil, unverletzt"; vgl. Heiler
Heilker: Heil(i)gers, Heil(l)iger (oder Übern.)
Heilman: Hailmann, Heilmann(seder)
Hailrath: Heilrath
Hailwich: Helwig, Heilweck
Kf. Heilo: Heil, |e, ing(er), Haile, Heyl(e)

(heil): nd. „ganz". Heilmayer „Vollmeier"

Heiland: Schon ahd. Heilender. Auch „Schinder"

Heilbock: s. Heiler

Heilbronn: Jüd. Heil|pron, prin, pern, fron, Hellborn, Helper, Hall|bron, per(i)n, prin, persohn, pert, Holper, Alpern, Elper(i)n, russ. Galpern, Golpern, it. Alpruni

Heiler: 1. „Viehverschneider, Tierarzt", heilen hier = urspr. lat. sanare „dem männl. Tiere die Wildheit benehmen" (Kluge-Mitzka, 298). Hailer, Hoyler, Heuler, Heile(r)mann, Heilmann gen. Schelm (Sch. III). Verheiler. Heilbock „verschnittener Bock". 2. s. Hau (× HEIL)

HEILIG: ahd. heilac, as. hēlac, hālag „heilig"

Halegdag: Heiligtag, Hilgendach (s. heilig)

Kf. Halicho: Heilig (s. heilig), Hallich, Halke (× HAL)

Heilig: „fromm". Heilg, schwäb. Helg(le), Holch, Hohlg; Heiliger (s. HEIL) (× ON. Heilingen, Altenburg); Heiligen|mann, schmidt, Heilig(en)setzer (zieht „den Heiligen", die Abgabe, Satz für den Kirchenheiligen ein); Heilig|brodt, tag (s. HEILIG); Heilgemair, Heiling (Heili(n)g auch ON. Heilingen, Kranichfeld, Orlamünde, |brunner, loh; nd. Hillig, Hilligweg, Hilge|land („Helgoland"?), meyer, Hilgen|dach („Tag"; s. HEILIG), böker (s. Buche), kamp, berg, stein, höner; Hil(li)genstock „Reliquienschrein"; Hillegeist (Übern. oder nach der Wohnstätte), Hilligweg. Helgemacher: „Heiligenbildschnitzer"

Heiling–: s. HEIL und Heilig

Heilshorn: ON. Stade

HEIM: got. haims „Dorf"; ahd. heim, as. hēm „Haus, Heim". Vor b und r von HAGIN nicht zu trennen

Haimbald: Heim|bold, pel

Haimperht: Heim|brecht, brodt

*Heimbrand: Heimbrand (s. BRAND)

Haimfrid: Heimfahrt

Haimard: Heimer, |t, s, l(e), Haymerle (× Hl. Emeranus und Heimward)

Haimerad: Heim|rath, roth

*Heimrand: Heimerant

Heimrich: durch Heinrich (s. HAG II) verdrängt, daher Heim|(e)rich, reich eher „Heimbürger". S. d.

Heimoald: Heim|wald, halt, hold (× mhd. heimholde „Dienstbote, Knecht")

Heimund nach Proempeler im 18. Jh. noch RN. im Erzbist. Köln

Heimward: Heimwarth

Kf. Heimo: Heim, |e, el, le, ke(n), ig, lich(er) (e)s, ing(er), Heym, |e(n), er; Haim, |el, eder

Heim: Heim|hofer, huber, städt („Stätte"), gärtner (s. Garten), greiter (s. Gereut); fries. Heemstra. — In Tausenden von ON.; allein in Bayern etwa 900; schon Boiohaemum im 1. Jh. (s. Böhmen). –heim: Buchh., Rosenh., Kirchh., Müllh., Stammh. (oft < „hagen"). –heimer: Niederh., Weidenh., Wertheim(b)er. –ham (besd. bair.): Kirchham, Steinam, Aicham, Westram (Osnabrück). –hahn: Krauth., Trettenh. < Trittenheim. –hamer: Rosenh. –hammer: Ahammer (ON. Aham, Bay.), Bergh., Forchh. (ON. Forchheim), Froschh., Griesh., Blindh., Langh., Moosh., Niederh., Weidenh., Herrh., Netzh. (ON. Nettesheim, Rhld.), Gebetsh. (< Gebhard), Auernh., Schwingh., Schmidh., Werth., Thalh., Holzh. (aber Schellh. wohl Werkzeug, nicht Einöde bei Erding). S. Klehammer. –amer: Holzamer, Rügamer. –kammer (urspr. bei K-Lauten): Bergk., Vol(l)k., Sachsenk. –samer (nach –s): Greils. (ON. Crailsheim), Uls., Reits., Tuffens., Ickels., Herbels., Attens., Hexamer. –hain: Heidenhain. –hem: Berghem, Kuchem (ON. Kuchen, Nördlingen). –em: Bell(e)m, Kirchem, Mühlem, Müllem, Berchem, Holzem, Bachem, Kochem, Oberem, Weinem, Wehlem, Mehlem, Liessem (Lindesheim, Bonn), Steinem, Stotzem (Stotzheim, Euskirchen), s. Ohrem. –ehmer: Bull–, Leid–, Herx–, Rein–, Rüg–, Horch–, Ast|emer. –omer: Herkom(m)er (ON. Herkheim). –im: Arnim. –um: (nd.): Westrum (a. d.

Hase), Stockum (Münster), Camerum, Bargum
Heimann: meist = Heinemann, Heinrich
Heimath: ON. OB.
Heimb–: s. HAG II
Heim|bach, beck, bucher: s. Hag
Heimbrock: ON. Heimbruch, Lüneburg
Heim|bürge(r), burger: „Dorfgemeinde-Vertrauensmann, Dorfbeamter", im Sundgau „Bannwart" (× ON. Heimburg, Braunschweig). Hainbürge, Heim|burg, berger, Heimerich, Ham|burger, berger, Hamm(e)rich, Hämmerich, Hem(me)rich
Heimendahl: Kotten b. Altena
Heimer–: s. HAG I und HEIM
Heimerdinger: ON. Leonberg
Heiming: ON. O.-Österr., Budweis
Heimsath: ON. Westf. Heim|saat, soth, söth; Heem|saht, soth
Hein: s. HAG II und Hag
Heinersdorff: 26 Orte
Heinitz: mehrf. ON., besd. Meißen. Vgl. tsch. hajnice „Gehege"
Heinsen: ON. Weser < Heginhuson
Heintzeler: s. Heitzler
Heinzeroth: ON. Heinzerath, Bernkastel, Wittlich
Heip–: s. HAG I
Heirath: ON. Daun; Großheirath, Koburg
Heis–: s. HEIDE und Matthias
(heischen): „betteln, fordern": Heischer, Heuscher
Heisch(mann): ON. Heisch, Holst.
–heiser: s. Haus

Heisig, Heisinger: s. Häusinger
Heißler: s. Häusler
Heister: junger Baum, besd. Buche (> frz. le hêtre), nd. aber he(i)ster „Elster" (× Heist(er) mehrf. ON.). Heister, |berg(k) (mehrf. ON.), hage(n); Haistracher; Hester, |berg (4 Orte Hann., Westf.), mann, meier; Hiestermann?, Kleinheisterkamp, Buch|heister, geister. Inhestern, Angenheister, Aengenheister
Heit–: s. HEID, Heide
–heit: Weisheit, Kindheit, Selicheit (aber Grünheit s. Heide)
Heite|priem, rprehm: s. Heide
Heitzler: obd. „Frachtfuhrmann". Haitzler, Hainzler, Heintzeler, Henzel|er, knecht
Heitz(mann): s. HAG II Kf. und HEID
Hektor: s. Hector
Hel–: s. HILD
Helbardt: 1. s. Helm. 2. s. HILD
Helbeck: ON. Helbecke, Altena
Helber|t, ling: s. HILD
Helbig, Hellbing: Hans Helbigk 1474 = Hans Helbing 1480 = Hanß Helwingk 1484 (Chemn. Urk.-B. 220. 240. 252). S. Helbling, HILD, HALB
Helbling: 1. halber Pfennig. 2. halber, schwacher Mann. 3. Flächenmaß, Flurn. > Helbi(n)g, Helmling
Held: Übername
–held: in Oster–, Öster|held vom weibl. N. Osterhilt (s. OST); entsprechend auch Seifer-

held (Siferheld), Rauchh., Langh., Obenh. — Die altd. N. sind nicht bekannt
Heldriegel: s. Hölle
Helebrand: s. HILD
(Helena): Hl., Mutter Konstantins d. Gr.: Heleine, Lenchen, sl. Heleniak
Helesch: wend. = Elias
Helf–: s. auch HILD
Helfant: 1. altd. N. Helfant („helfend" oder „Elefant"). 2. ON. Helfand, Saarburg
HELFEN: ahd. hëlfa, asächs. hëlpa „Hilfe" × ags. helf „Schwertgriff". Helpfrid ist (außer Hülfert?) von dem viel häufigeren Hildfrid nicht zu trennen
  Hilperic (westfränk. Chilperic): Hilf|r(e)ich, recht, Helf|(e)rich, reich, richt, recht, Ilfrich (Hilbrig, Hillbrich eher < HILD)
  Kf. Helfo: Helf, |f, inger, ig; Hilf(inger); Hülf(f), Hülbig?
(helfen): Helfer (× Hildfrid), Helfmann, nd. Helper. Redn. Helf(s)gott; nd. Helpup („hilf auf"), Spathelfer („spät"). Helflos: mhd. helfelos „hilflos"
Helfenbein: s. Elfenbein
Helg(le), Helgemacher: s. heilig
Helgoth: s. Hildegaud
Heli: hebr. Eli „Hochgestellter"
Heliosch: poln. „Elias"
Helldobler: s. Hölle und Tobler
Hellebusch: „Helmbusch"
Hell(e)(n)–: s. Hölle und HILD

Hellenbrecht: s. Helmbrecht
Hellepart: s. Helm 2
Heller: Münze aus Hall (d. h. Schwäbisch Hall), seltener „Mann aus Hall(e), Helle(r)". Häller. Drei–, Vier–, Neun–, Pfund– > Fund|heller, nd. auch Helling (×HAL)
Hellerbrand: s. HILD
Hellerich: s. Holunder
Hellermann: ON. Heller, Münster; Hellern, Osnabrück
Hellersberg: ON. Passau, Bayer. Schwab.
Hellgoth: s. HILD, Hildegaud
Hellgraf, Hellenbruch u. dgl.: s. Hölle
Hellendrung: s. Heldrungen
Helliger: s. Hildiger (× Hellinger)
Helling: s. Heller
Hellinger: ON. Hellingen, Thür., Coburg, Luxemb.
Hellmannsberger: 3 Orte OB.
Helpach: s. Hölle
Hellpap(e): s. halb
Hellrung: ON. Heldrungen, Thür. Hellendrung, Hellerung
Hellvoigt: s. Hölle
Hellweg: nd. „Heerstraße", vgl. Dietweg. Hellwege(r), Westerhellweg (ON. Hellweg, Lübbecke, Hellwege, Verden)
Hellwig: s. HAL (× Helbig)
HELM: ahd. helm „Helm": Das l zuweilen > r
Helmbald: Hel(l)mbold, Hellpoldt, Hempel
Helmperht: Helm(e)–, Hellen|brecht, Helmbrich, Hermebracht
Helmdag: Helm|dag, (n)dach, Helm(en)tag,

Helmetag (× mhd. helmdach „Helm")
Helmhart, Helmher: Helmer(t), Hellmers, Helmer|sen, ing, di(n)g, king, Harmerding (× Helmwart)
Helmot: Hel(l)muth, Hellmuthhäußer (× Helmwald, Heilmut, Hildimod)
Helmunt: Hellmund(t) (× HILD)
Helmirat: Hellmrath
Helmarich: Helm|r(e)ich, erich(s)
Helmold: Helm|old, hol(t)z, et, ts
Helmwicus: Helmich, Hellmich, Hellmig.
Kf. **Helmo:** (meist wohl < Wilhelm). Halm, Hälmle (s. d.), Helm, |o, e, le, chen, ke(n), ich, ig, is, ecke, ung, (e)s, sen, smüller, lechner. Weiterbildung Helmtrost mit dem Stamm von Trost|mar, ulf (Helmling s. Helbling)
Auslautend: Adelhelm, Wil|halm, harm, Wilm; Schied–, Schitten–, Schittel|helm; Schweiß–, Schwit–, Schwerd|helm s. SCHWIND
Helm: 1. Helmer(t) = Helmschmid = Feghelm. Helm|schrodt, schrot(t) s. schroten. Untermhelm. Vgl. schütten. 2. „Werkzeugstiel". Axthelm; helmbarte (s. Barte) „Hellebarde": Helbard, Helle|part, port, bard, bertler. Hal(len)barter. 3. < Hellen–, s. Hölle (Helmkampf, von der Helm). 4. < Willahalm (Wilhelm)
Helmann: s. Hölle
Helmick: pruß. N. Helmik. Hellwig

Helmle: < Halm oder Willahalm. 2. = Helmlinger, ON. Baden
Helmling: s. Helbling
Helmsauer: ON. Helmsau, Vilsbiburg
Helmus: s. Willahalm
Help–: s. helfen
Helphant: s. Elephant
Helten: s. HILD Kf. (× ON. Köln)
Heltscher: s. Holzschuh
Helwert: s. HILD
Helwig: s. HEIL u. HILD
Helzel: s. Holz
Hem–: s. HAM und hamel
–hem: s. Heim
Hemb–: s. HAG II
(Hemd): Hembd, × hemete
Heme|sath, soth: s. Heimsath
(hemete, himte): nd. ein Getreidemaß. Hem(m)eter, Hempter, Hemtler = Hempten–, Himpte–, Hinde|macher
Hem|lein, ler: s. hamel
Hemm–: s. HAM
Hemm(ann): s. HAG II Kf.
Hemmelgarn: s. Paradies
Hemmer: ON. Hemmen, Alsfeld; Hemmer, Münster
Hemmer–: s. Hammer
Hemmerich: ON. Bonn; × Heimbürge
Hemmer|t, ding: s. HAG II (Heinprecht); **–schmidt** s. Hammer
Hemm|leb, lep(p): ON. Hemleben, Eckartsberga
Hemp–: s. HAG II (Heinprecht, Hempo) und Helmprecht
Hempf–: s. Hanf
Hempt–, Hemtler: s. hemete
Hem(me)rich: s. Heimbürge
Hen–: s. Johannes 4
Henard: s. HAG II

Hendebett: s. HAND
Hend(e)l: s. HAND und Hahn
Hende|schuch, werk: s. Handschuh
Hendrich u. dgl.: s. HAG II
Hendrischke: wend. hendryška „Stachelbeere"
Henf|ler, (t)ling: s. Hanf
Hengartner: s. Garten
Henger: 1. „Henker". 2. < ON. Hengen, Württ.
Hengsbach: Hofn. Siegen
Hengst: Übern. Hengst(el), Hingst (> Jüngst), Hengst|mann, meyer, (e)ler, (en)berg (5 Orte Rhld.-Westf.) > Engstenberg, Engstenfeld; zum Hingst(e) (Hausn.), Hingstmann, Atzenhengst. S. kappen
Henjes, Henk–: s. HAG und Johannes
Henkhaus: ON. Henkhausen, Iserlohn
Henker: 1. „der Henker"; Henger (vgl. Angstmann, Peiniger, Strecker, Frohn, Freimann). 2. < Hönger < HUNNE. 3. Henniker
Henkeschoven: s. Hof
Henkord: < Henne Kordes
Henle: s. HAG II u. Hahn
Henn–: s. HAG II Kf. und Johannes (Burhenn(e), Baurhenne, Grodehenne)
(Henne): Sicher in Zss., Zsr.: Henn(e)vogl, Kluckhen, Gluckhenne, Wittehenne, Felthenn, Hennenfus. Henne|bauer, meier, nhofer, zinsen. Hennen. Vgl. Henn– und Huhn
Hennebach: ON. Vogtl.
Henneberg(er): mehrf. ON.
Henne|fahrt, muth: s. HAG II (Heinfrid, Haginmut)

Hennenberg: 2 Orte M.-Frk.
Henner: 1. zu HAG oder Johannes. 2. ON. Hennen, Iserlohn; Hener, Säckingen
Henne(r)t: s. HAG II
Hennig: s. Johannes 5a
Henning(er): mehrf. ON. Henning(en); nach NF auch ON. Königheim, Baden. Henniger (Henning s. auch Henn–)
Hennriegel: s. Hölle
Henoch: hebr. „der Eingeweihte", selten christl. Hen(n)och; jüd. Henochsberg, Hennig, Hönig
Henold, Henrich: s. HAG II
Hens–: s. HAG II und Johannes, Hensold s. Johannes 4
Hensberg: Hofn. Solingen
Hent–: s. HAND
Hentrich: s. HAG II (Haganrih)
Hentsch–: s. HAG II, Antonius und Handschuh
Hen(t)z–: s. HAG II
Henzel|er, knecht: s. Heitzler
Hepach: ON. Heppach, Baden
Hepfinger: ON. Höpfingen, Baden
Hep(p)–: s. HADER und HAG I
Heppe: „Ziege". Hepp|el(mann), erle, Hipp|e, el
Heppeler: „übereilter Mensch"
Hep(p)ner: 1. macht Hippen, Sicheln (mhd. heppe, happe). Hap(pen)macher. 2. = Höppner s. Hopfen. 3. ON. Heppen(heim)
Hepting: s. Ewatinger
Her–: s. HEER
(Herberge): 1. Gasthaus. 2. Mietwohnung, kleines Anwesen. 3. ON. Herberg(en) mehrf. Zu 1—3: Herberg(en), zu 1, 2: Herbe|rich, recht, Herb|icht, rig, ig, Herrig, Herber(mann)
Herbi(n)g: s. HEER, Hariwich
Herbst: nd. harwst. Seltener Jahreszeit als „Ernte, Weinlese". Herwest, Herbist, Hörbst, Harfst, Herbst|er, ler, hofer, buchner. Lobenherbst. Aber Herbst|ritt, reith s. heben
Herchen|ha(h)n, hand: < ON. Herchenhain, Hess.
Herchn–, Herckn–: s. ERKAN
(Herd): Feuerherd, Übern.
Herd–: s. HART
Herdeg, Herden: s. HEER
Herder(mann): s. HART und Herter. Herder auch ON. Herdern, Baden, Thurgau
Herdler: s. Hürde
Hereth: s. HEER (Harihard)
Herfeld: ON. Köln.
Herfen: ON. Waldbröel
Herfer: s. Harfe
Herg–: s. HARUC
Hergenha(h)n: = Herchenhahn
Herg(e)t: s. HEER, Heregot
Hering, Häring: 1. Kf. < HEER. 2. Fischn. Brat–, Sauer|hering. Härings|lake, lack (Kleinehering zu 1, 2). Volkhering s. VOLK, Fulchar. Vgl. Alexis
Heringer: 1. „Heringshändler". Heringmenger. 2. < ON. Heringen, mehrf. 3. Kf. von HEER

247

Heringhaus: ON. Heringhausen (4 Orte)
Herk–: s. HARUC
Herkner: s. ERKAN
Herkom(m)er: s. Heim
Herkt: s. HEER, Heregot
Herkuleijus: s. HARUC
Herl(e)t: s. Herold
Herlikofer: ON. Gmünd
Herling: Herilunc, nach den Harlungen der Dietrichsage
Herlinghaus: ON. Herlinghausen, Altena, Warburg
Herlitz(e): s. Hornisse
Herm: südd. „Bock", Hermle schwäb. auch „Wiesel, Eichhorn" (vgl. Hermelin unter Harm), hess. „steifer Mensch". Hermel, Hörmle. Sonst Herm– s. HEER
Hermenau: ON. Breslau, Königsb.
Hermes: gr. Gott; 27 Hl.
Hern–: s. Horn
Hernkind: s. Herr
Herold: 1. s. HEER (Chariowalda). 2. der Herold. 3. ON. Erzgeb., Nassau. Meist zu 1. Auch Herl(e)t
Herp–: s. HEER
Herpel: ON. Olpe, Westfal. **Herper:** ON. U.-Frk.
Herp(f)er: s. Harfe
Herr: s. HEER Kf., meist aber Übern. Herr, |e, (e)l, le(in), chen, genitivisch Herren (Herman der Herren, Socin); ähnlich Zherren > Herren, Zehren; Alth. (> Alder), Landh. = Grundh., Groth., Leenh. („Lehensh."), Burgh., Lieb(er)h., Freih., Hofh., Haush., nd. Heer: Liebh., Halbh., Eigenheer. Herrle(in) fränk. „Großvater". Thurn|herr, heer (Ratsherr, der Mauer und Türme beaufsichtigt). Zuweilen –herr < –er, z. B. Steinh., Stegh. — Herrgott (Redn. oder Hausn.) > Höregott, Herrschaft (Diener einer H. = FN. Herrenknecht), aber Herr(e)n–, Hern|kind, Herren|sohn, schwager viell. eher < mnd. herje „Hure" als < Herr. Nach altem hērre „Herr" viell. noch bair. Ehren|bauer, gut, hofer, müller u. dgl.
Herr–: s. HEER
Herrath: ON. Düsseld.
Herrbach: s. hor
Herres: als Henrici latinisiert
Herrig: ON. Eifel. Herriger (×HEER, Herberge, auch als Henrici latinisiert)
Herrlitz: s. Hornisse
Hers–, Hersch–: s. Hirsch und Hirse
Herscheidt: ON. Westf., Rhld.
Herschke: s. Herzog
Hersel: ON. Bonn
Herstel: ON. Herstelle, Höxter (Haristalli) (× Horst, Hörstel). Harstall
Hert–: s. HART
Hertach: s. HEER
Hertenstein: ON. Schweiz
Herter: 1. s. HART. 2. Mhd. hertaere „Hüter der Gemeindeherde". Herder, Schapherder > Schapheer; nd. auch Harder. Vgl. Hardt
Hertog: s. Herzog
Hertrampf: s. Ranft
Hertweck: „Hartweg, Steinweg" (× Hartwig)
Herwede: s. hor
Herwegh: 15 ON. Herweg(h), Herwege, Rhld., Westf.
Herwest: s. Herbst
Herz: Kosen. Herz, |(e)le, gen, ing. Zsr., Zss. Guth., Treuh., Hochh., Frischh., Lebeh. („lebenslustig" od. Lefherz = Herzlieb). Bei Frommh. × Genit. von Frommhart (s. HART Ende). Wend. FN. Herc „Spieler, Musikant", Herc > Herzsch, Herzig > Herzog (vgl. dies). Herz– meist = Hirsch– (s. d.)
Herzer: s. Harz
Herzig: s. HART und Herzog, auch ON. in Belgisch-Luxemburg (= welsch Hachy)
Herzing: ON. Saarburg. Herziger
Herzog: > Herzig, Herceg, Oberherzog. Nd. Hartog (Har|toch, tok, tig, zog; s. aber Herz), Hert|och, ig. Aus dem Dt. wend. Herčik: Herz|ig(er), ing, ink. Herschke
Hes, Hese|mann, nkemper: s. Hees 2
Hesch: mhd. (h)eisch „häßlich". Hiesch, Hi(e)tsch, Hösch, He.
Hesebeck: ON. Lüneb.
Hesekiel: hebr. „Gott ist stark", im 16. Jh. von einem theolog. Exulanten statt seines tschech. FN. gewählt. Ezechiel, Ezekiel, Zechiel, Zichel (s. d.), Zecheliel; wend. Seckel, Senkel
Hesel: wend. „Esel" (× Heseler)
Heseler: 1. ON. Hesel, Hann. 2. < Hasel. Hesler
Hesemann: s. Hees 2
Hespeler: s. Haspel
Hespe(r): ON. Hesepe, Hespe mehrf. (× Espe, wozu Hespenheide)
HESSE: Stammesn. Hassimar XII|XIII, vgl. ON. Haßmersheim. Hasmer, Heßmer, Hesmert. Hasso

noch jetzt RN., Haß, Hass|e, inger, Haßl(er) (meist < Hasel), Heß (auch „Hesse" und zu Hezzo; dies von Hermann u. and. N., s. HADER), Heß|lein, ling, Hess|el, i(n)g, Hässig, Höß(l), Höss|el, inger

Hessel|mann, meier: Flußn. Hessel, Münsterland; ON. Hesseln, Minden; Hesselnberg, nd. Heßlenberg zu Hasel (s. d.)

Hes(s)elschwerth: s. Wert

Heßmann: s. Hetzer

Heßmer: s. Hader (Catumerus) und HESSE

Hester–: s. Heister

Hethey: s. HADER (Hadedeus)

Heth(ke): s. HADER Kf.

Hetsch: südd. „Kröte"

Hetsch–: s. HADER Kf.

Hetschel: < hetscheln „watscheln", Hetscher, Hatscher, Hätscher (× HADER Kf.)

Hett–: s. HADER

(hette, hettel): südd. „Ziege" (nd. hitte). Hett,| l, ler, el(meier), fleisch. (× HADER Kf. und bair. Hettler, Hedler „Meckerer, Kicherer")

Hetze: „Elster"

Hettmann: s. Haupt

Hetz–: s. HADER (Kf. Hezzo) und Hatzel

He(t)zer: „Jagdtreiber", geändert in Hetzar, Hetzler (× Holz 1), Hetz–, Heß–, Hiß–, Hitze|mann

Hetzschold: s. HADER

Heu: Heu|er (Haiber), mader („Mäher"), schneider, rich, nickel, rech (s. Rechen), (h)gabel, schober, baum (vgl. Wiese, Schluß), wieser; aber Heubisch > busch, büschel, s. Heibicht; Heuduck s. Heyduck; Heu|er, berg(er), stetter s. hauen, Hau 2; Heuermann „Mieter" × Hugiher (Heuers); Heu|loth, wald s. HUG

–heu: s. Hei

Heub–: s. Haube und HUG

Heubach, Heubeck: 13 Orte; **Heuberg** 26 Orte

Heubt: s. Haupt

Heubült: ON. Heubult, Oldenbg.

Heuch|el, mann: s. HUG

–heuer: s. Hauer

Heuermann: nd. „Heuerling, Tagelöhner"

Heuft: s. Haupt

Heug–, Heuing, Heuk–: s. HUG

Heuler: s. Heiler

Heumann: = Heimann

Heun: „Riese". **Heun–** s. HUNNE. **–heuner** s. Hohn

Heupel: s. HUG, Hugibald

Heus–: s. HAUS und HUG Kf. **–heuser:** s. Haus

Heuscher: s. heischen

Heusinger: s. Häusinger

Heusler: s. Häusler

Heuß(er): mhd. hiuʒe „munter, frech"

Heußner: s. Häusler

Heustreu: ON. Grabfeld

Heuter: s. Haut

Heuvel: s. Hübel

Heuwer: s. Hauer

Heuwisch: s. Heibicht

Heuze: s. HUG Kf.

Hevelke, Hew–: s. HADER (Hathubald)

Hevelmann: zu nd. hevelgarn „Einschlag beim Weben"

Hevker: s. Habicht

Hewekerl: s. heben

Hex–: s. HAG I Kf.

Hexamer: s. Heim

Hey, –hey: s. HAG I Kf., gaj, Hei (Hey– sonst unter Hei–)

Heyberger: s. Hau

Heyd–: s. HEID und Heide

Heydenaber: ON. OPf.

Heydorn: s. Hag

Heyer: s. Heier

Heygis: s. HAG I

Heykena: s. HAG I

Heyl–: s. HEIL

Heym: s. HEIM

Heymann, Heymer: s. HAG I

Heyn–: s. HAG II

Heyp–, Heyrich: s. HAG I

Heyse: s. HEIDE

Hez–: s. HADER Kf.

Hibb–: s. HILD (Hilbo)

Hibbig: s. Hiob

Hibl(er): s. Hübel

Hick–: s. HILD und HUG

Hickler: s. hocke

Hid(d)–: s. HILD

Hidler: s. Hiedl

Hieb(er): s. Hildibert und Hube

Hiebel: obwend. hěbl „Hobel"; ndwend. < Hiob

Hiebl(er): s. Hübel (× HILD)

Hiebner: s. Hube

Hiebsch: s. HILD, Hilbo

Hied–: s. HILD

Hiedl: bair. „zuweilen versiegende Quelle". Hied|el, ler, Hidl(er), Hiller, Grashiller, auch Higelin

Hief: bair. „Hagebutte". Hiefinger

Hiegle: s. HUG (× Hiedl)

Hiel–: s. HILD

Hiemer: s. Hube

Hiendl, Hienerwadel: s. Huhn

Hientsch: s. HAG II Kf.

Hiep–: s. HILD

Hier–: s. HEER und HIR

Hierholzer: ON. St. Blasien

Hieronymus: gr. „heilignamig". Kirchenvater, Bibelübersetzer, † 420. Hieron|imus, emus, ymi, imy; Hyronymus, Hironim(us), Kronimus, Gronymus, Grol|mus, m(e)s, Grulm(s), Groll|miß, misch, mütz; Horlamus, Horlomus, Onimus, Ohnymus, Ohnemus, Krommes, Grommes, Grom|us, er, Ronymus, Rohn(e), Roon, Grondl, Gram(m)s, Gramsch, Grummes, Krummes, Muß(le), Mussel, Mislin, Müssel; it. Gerolamo, frz. Jérôme > Schröm(bjens), wend. Glormes, sl. Jaro|nym, lin(ek), s, sch, Jarling, Jerosch (s. JAR)

Hier|sch–, se: s. Hirse

Hierteis: s. HART

Hies, Hies–: s. Matthias

Hießmannseder: s. HILD

Hiestermann: s. Heister. Hiestrich

Hiet–: s. HILD

Hie(t)sch: s. Hesch

Higel|e, in: s. Hiedl und HUG Kf.

Higgelke, Hikl: s. HILD Kf.

Hil–: s. HILD

Hilarius: gr. „der Heitere". Hl., † 367. Hill|ar, er(s), Iller, Glar(is), Klares, Claar, Klar, es, mann, meyer, Klär, |en, s, le, Cleres, Gelerius, Gleris, Kleer, Klehr, Klersch, Lar|ius, l, mann, Lahr (× ON.), Lahr(e)s, Larres, Lähr, Lehr, |l(e), Glor|ius, is (s. d.), er, Klor, Klör|es, ß. Arius, Aries

Hilb–: s. hülwe und HILD

Hilberath: ON. Köln. Hilberoth

Hilchenbach: ON. Siegen

HILD: 1. zu ahd. hiltja, as. hild „Kampf". 2. nd. viell. auch zu ags. hilte „Schwertgriff". Vom Stamm HELD (Helidbert u. a.) nicht zu trennen, auch Berührung mit HEIL und HULD. ld oft zu ll oder tt angeglichen, H schwindet bisweilen

Hildibald: Hil|tpolt, (le)pold (Hilpoltsteiner: ON. MFrk., OPf.)

Hildibert: Hilde|brecht, bert, Hielbrecht, Hill|ebrech(t), bricht, brath (doch s. Hilberath), Hell|brecht, ebrekkers (× HELM), Hell|bart, bert, berling, Hill|precht, ber(t), bers, brig, Hilpert, Hilbring, Hüllbrecht, Hipper, |t, ling, Hilber, Hieber, Ilbertz. Mischf. Hilsbrich

Hildibrand: Hilde(n)–, Hille(n)–, Hil(er)–, Hilla–, Hielde–, Helle(n)– (× Hölle), Heller–, Hele–, Hitte–, Hülle–, Hilse|brandt, Heilbrand?, Wildebrand?, Hill|brans, berns, brink, Hildebranski Kf. Hilbo, Hib(b)o, Ibo: Hilb, |e, (× hülwe), y, le, i(n)g, Hielbig, Hilp|l, isch, mann, Hibb|e(n), eler, ing(er), Hieb(sch), Hiep|el, ler, Hipel, Hipp, |e, er, ius, ke, el (× Hippolytus), elius, eli(e), le, mann, Ippich, Ibbeken (× EIBE)

Hildidag: Hildach

Hildifrid: Hil|fert, fer(s), Hel|fer(s), fort, ferding, Hell|fahrt, fritz, frisch, Helfritzsch, Höllfritsch, (oder „Teufelskerl Fritz"?), Hülfert, Iffert

Hildigar: Hilliger, Hill|ker, cher, ger(mann), Ilker, Helliger, Hülcker

Hildigart (weibl.): Hildgard, Hilgart (× ON. Nassau, Koblenz), Hülgerth, Hill|igardt, garth, gartner, gärtner (z. T. < ON. St. Hildegard), Hell|gart, gath, kert, ge(r)t, Höll|gartner, gert, Hitgert, Hickertz

Hildegaud: Hel(l)goth, Illgut, Hillguß, Hillengaß

Childard: Hill|ar(d) (× Hilarius), erst, Hell|hardt, ert, etsgruber, Ill|hardt, ert, Höllerzeder (s. Öd)

Hildier: Hil(l)der, Hilter, Hiller, |s, ns, Heller (s. d.), |er, mann, ing, Ilter, Illers (vgl. hülwe und ON. Hilden, Hille, Hilter)

Hildeleuus: Hidleff

Hildiman: Hild(e)–, Hill(e)–, Hüll(e)–, Held–, Hilt–, Hidde–, Hiede–, Hiet–, Ille–, Il(l)mann, Hiddema (ostfries.); Mischform Hießmannseder (z. T. Kf. zu Hildebrand)

Hildimar: Hill|mar, mer(t), Hilmer|s, ing, Hellmar, Hellmer, |s, dig, Il(l)mer, Ilmers, Ilmert. Kf. Ilmings

Hildimod: Hellmuth(äuser), Helmud (× HEIL)

Hiltimund: Hei(l)mund (× HEIL)

Kf. Hilm, |e, ecke, Ilm(isch)

Hildirat: Hildreth, Hellrath

Hildiric: Hilrichs, Heldrich, Hell(e)rich, Höll(e)

Hilden

rich (× „Holunder"), Illerich, It(t)rich, Idrich. Mischf. Hisserich

Hildowald: Mischf. Hietzschold, Hiedscholt

Hildiward: Hilde-, Hille-, Hel|werth, Höllwarth (× ahd. hellewart „Höllenwächter", sieh Hölle), Helwart, Hildewirt

Hiltiwic: Hill-, Helte-, Hellwig, Helwich, Helbing, Hi(e)lbig, Hülbig, Ilbig, Hel|bi(n)g, wing

Hildiwin: Hild-, Held-wein, Hellwein. Mischf. Hilsewein

Hildulf: Ilwof, Ihloff (× jil)

Kf. Hildo: Hild, el, l, emann, Hilt, |i, l, e(l), z; Ilt|(g)en (× ON. Ilten, Lüneb.), Held, |e, mann, Helten. Hillo: Hill|, (× HEIL und Elias), e(ke), ig, (i)sch, je, ingh, ingmeier; Hil|ke(s), kinger, s, se, schens, Hiel|le, scher, Hilz|mann, ensauer (< Aue), Ille, ig(er), (i)chmann [Illies, Ilg– s. Aegidius], Il|ing(er), ke, sch, tz, sen, Ihl|e, s (s. Ihle, IL, Ilse), Hell, |e(g), ge, ich, ings, Hel|ck, ich, ken, zer, ing(er), Hölck. Hiddo: Hid, Hidd|e, ing, Hiddel, Hittel, Hüttel. Hiko: Hick|(e)l, en, isch, mann, Hikl, Hiecke(l), Higgelke, Hix(ius). Hizo: Hitz, |e(l), (l)er, ig (× Isaak), Hietz, Hizl, Hitsch, |(l)er, ke, mann, Hietsch(old), Hittscher, Hiß, His(gen), Hisch|e(n), ke, ert (vgl. ID)

Auslautend in weibl. N. Thusnelda, Grimhild, Mechthild usw.

Hilden: ON. Düsseldorf. > Hild(e)ner

Hildner: 1. obd. < hilde, hille „Dachkammer". 2. s. Hilden

Hilf–: s. HELFEN und HILD (Hildifrid)

Hilg–: s. Heilig, HEILIG, HILD und hülwe

Hilgen: ON. Solingen. Hilger s. auch HILD und Hölle

Hilgeroth: ON. Hilgenroth, Nassau × Hilkerode, Hildesh.

Hilk–: s. HILD und Hill

Hilkenbach: ON. Hilchen, Hilgenbach, Rhld., Westf.

Hill–: s. Heilig, HILD, Hülle, hülwe; auch Hiedl, Hildner und Hilarius

Hillauer: Einöde Hillau, Vilsbiburg

Hillesheim: ON. Rhld., Hessen

Hill|graf, grewe, gruber: s. Hölle

Hilmes: ON. Kassel

Hilp–: s. HILD

Hilpl: s. hülwe

Hils–: HILD und Hülse

Hilschenz: s. Elias

Hilscher: s. Holzschuh

Hilt–: s. HILD. Hilter: 1. s. HILD. 2. ON. Osnabr. Hilterman

Hiltrop: ON. Bochum

Hilverkus: Hofn. Hilveringhausen, Lennep

Hilz–: s. HILD. Hilzinger: ON. Hilzingen, Konstanz

Himb–: s. HUNNE

Him|bach, berg: s. Hinde

Himmel: Himmelein, Him(m)ely; oft Flurn.– Himmler, Himmel|brand, huber, kötter, mann, han; Himmel|heber (Balda-

Hinkel

chinträger bei Prozessionen, auch Himmelstützer), seher (vgl. der Sternseher u. nd. Hebenkieker), reich (× Flurn., z. T. wohl < Himmerich, 21 ON., Hausn.; Himmelreicher, aber der man mit dem hymelrich, Frkf. a. M. 1402, Puppenspieler?), fahrt (Festn., vgl. Auffahrt), farb (jüd.), Styg in hemil. Himmelstoß, nach Brechenmacher „Teufel", bergmännisch „Stollendecke". (Aber Himmelgeist ON. Düsseldorf, Himmelstein ON. Saaz)

Himmer(er): zu Himmerich oder HUG

Him(me)rich: 1. Flurn. „Himbeergegend". Hümmerich, Himperich. 2. ON. Aachen

Himptemacher: s. hemete

Hin–: s. HAG II

Hinckel|dey, they: < ANGIL

Hind–: s. hinten

Hindahl: nd. „hinunter"; vgl. Hin(n)über

(Hinde): „Hirschkuh". Hinden|berg, burg, Hinne|berg, burg (× hinten), Hint–, Him|berg, Himbach

Hindemacher: s. hemete

Hin(den)lang: ON. Hindelang, Bayr. Schwaben. Hinterlang

Hing–: s. hinken, hinten

Hingerl: s. Hungar

Hingst: s. Hengst

Hingsamer: ON. Hingsham, O.-Österr.

Hink–: s. HAG II Kf.

Hinkel: 1. „Hühnchen". Hink|lein, ler, Hinkelbein, Feldhünkel. 2. Kf. zu Heinrich. Hinkelmann

251

Hinkel|dey, they: s. AN-GIL
(hinken): Hinck(e)fuß, Hinckebein, Hinckfoot, Hingfus
Hinkert, Hinkforth: s. ING
Hinlang: s. Hindenlang
Hinlein: s. Huhn
Hinn–: s. Hinde und hinten
Hinnenberg: Kotten bei Hagen
Hinner|ichs, k: s. HAG II (Haganrich)
Hin(n)über: vgl. Hindahl
Hinsch(e): s. HAG II Kf. Hinsching
Hinsel: ON. Duisburg. Hinsel|er, mann
Hinske: sl. Kf. zu HAG II
Hinte: ON. Emden
(hinten): Dahinten. Hint(e)ner, Hinnen. Hintennach (vgl. Vorndran), Hinter|lach, pohl, satz, than („Tann"), thür., holzer, ofen, ofer, egger (> Hinträger), schwaiger, kopf, wirth; Hinter|hauser, hofer, kircher, mayer, meister, müller, reiter, seer, eder, wälder. Hintern|aus („Haus"), hoff, heiligen, Hinder, |er, hofer, mann, Hinden(n)ach, Hindemit (vgl. Niedenführ), Hing|mit, mann. Vgl. Hinde
Hinterberg: 47 Orte. Hinterberger
Hinterlang: s. Hindenlang
Hintsch, Hin(t)z–: s. HAG II Kf.
Hiob: hebr. Ijjob (unerkl.). Hiob, Job, |i, b(en), ke, mann, us, jes, s, sen. Joop, Jopp, sl. Jobke, Job(s)ke, Hopka, Hob|a, e, itz, Hiebel, Hibbig, Hübke, Hippke. Vgl. Jodocus

Hiort: dän. „Hirsch"
Hipp–: < Hildib– oder Hugib–
Hippe: 1. Sichel (> Hippenstiel). Vgl. Heppner. 2. Ziege. 3. Waffelgebäck. Zu 1 oder 3: Hippler, zu 2 oder 3: Hippelein, zu 3 Hüpenbecker
Hipp|auf, uff: s. hüpfen
Hippel: s. Hippolytus
Hippke: s. Hiob
Hippolytus: griech. „rosselösend". Märt. III. Jhdt. Hippolyt, Polyt, Polit, Pelit, Poltes (bei Bolt, Polt(e), Pöltl, Pöllet × BALD, bei Hippel × Hildb–, Hugib–)
Hipschle: s. Hübsch
HIR: Zu as. heru „Schwert". Von einem unerkl. Stamm IR nicht zu trennen. Hiribert, Iring (Sagenheld). Vermischt sich mit HEER (Hier|eth, geist), daher das meiste unsicher. Hiririch: Hirrich. Hierold: Hierold. Irinfrid (× Irminfried; s. auch ERBE): Ehrenfried (s. d.) Kf. Hier|ke, inger; Ihr, |ck(e), eke, ing, ig, Ir|o, l(er) (× Erle), Eiring (> Eirich), Euring
Iriling: Ir(r)ling
Hirb–: s. hor
Hirdler: s. Hirtler
Hiris: s. Hirsch
Hirler, Hirmer: s. hor
Hirn: Hirn|schal(l), schahl, schrodt, Thumbs–, Dirn|hirn („dummes, dürres"), Muckenhirn, Spinenhirn. Sonst meist zu Horn
Hirneis: s. Hornisse
Hirner: s. Horn
Hironym(us): s. Hieronymus
Hirrlinger: s. HEER

Hirsch: Schon ahd. hiruz, mhd. hirsung. Hir|is, iß, Hirtz, Hirsch, |i, (el)mann, l, le(r), ink, linger, Hirs|ing, l (× Matthias), Hirzel (× ON. Zürich), Hirzinger, Hersch|el, (el)mann, Herrscher, Hers|e, el(e), ing, Herz|eln, er, mann. Zss., Zsr. (oft ÖN. ON.), Röhrhirsch. Hirsch|weh = wald, bihl > bichler (s. Bühel) stein, land (ON. Hirschlanden, Bad., Württ.) bolz, enkrämer, bold (Allgäu 1650), häuter, fänger, we(h)r (s. Wehr), lach (ON. UFrk.), beck, ochs (Hirschhorn 3 ON.), Hirschenhauser, Hirßen–, Hirzen|berg, Herz|au, bach, stein, Hirze–, Herz|bruch (vgl. ON. Herzebrock, Westf.), Herz–, Her–, Hir|sprung (vgl. ON. Herzsprung, Potsdam; Hirschsprung, Baden, Sachsen), Herschtritt — Schönhirtz; Satzn. Beisenherz „jage den H.". Hirsch–: s. auch Hirse u. vgl. Jellinek; Hirschmann s. auch HEER, Hariman; Hirschmantel: ON. Leitmeritz < tsch. Heřmánky

(Hirse): Mnd. herse. Hiersch(e), Hirs|er, eland, Herse(meier), Hirsch|meier, er, Hürscheler = Hi(e)rsemann; Hi(e)rse–, Hirsch|korn, Hirsmüller. Jüngere Zss. Hi(e)rsemenzel, Hirsewenzel? Hirschvogel „Grünfink, Hänfling". Vgl. Brei
Hirsing: s. Hirsch
Hirsprung: s. Hirsch
Hirt: mhd. hirte. Hirth(e), Lämmerh., Schafh., Wildhirth „Heger". Täuf-

Hirtler

lingsn. Hirtentreu. Vgl. Hardt, Herter, halten
Hirtler: mhd. hurdeler „Marktbudenkrämer". Hirdler
Hirtsiefer: ON. Hirtsiefen
Hirtz, Hirz–: s. Hirsch
His, Hiß, Hisserich, Hitgert, Hitt–, Hitsch–, Hitz–: s. HILD
Hismen: s. Erasmus
Hißmann: s. Hetzer
Hitler: 1. Hitlaer XIV „Hüttler", Aufseher über Salzniederlagen an der Salzach. 2. Hiedler XVIII < huot(e) „Waldhüter"
Hitsch: s. Hesch
Hitzblech: ON. Hitzbleck, Wuppertal
Hitzegrad: ON. Hitzgerode, Hessen. Hitz|eroth, igrath
Hitzeroth: ON. Hitzerode, Eschwege
Hittinger: mehrf. ON. Hitting
Hitz|el, ler: s. Holz 1
Hitzemann: s. Hetzer
Hitzig: s. HILD und Isaak
Hix(ius), Hizl: s. HILD Kf.
Ho–: s. hoch und Hof
Hob–, Höb–: s. HOCH und HUG
–hobed: s. Haupt
Hobel: Hobelmann
Höbel: s. Hübel
Hobelburger: s. Bühel 13
Höber: s. heben
Hobinstock: s. Haube
Hobi|sch, tz: s. Opitz
Hobja(h)n: s. Columbanus
Hobohm, Hobuß: s. hoch
Hobr|acht, ack, erk: s. ADEL, Adalbrecht (× HOCH). **Hobrecker:** s. hor
HOCH: Got. hauhs, ahd., mhd. hōh. Der Volksn. Chauken ist dasselbe Wort. Von HUG kaum zu trennen
Hochbert: Ho(h)brecht (× Hobracht; s. Hofrichter), Hobert, Höberth
Hoffred: Hoffert, Höffert, Hoffart(z)
Hohard: Hochhard, Hoherz?
Homan: Ho(h)mann
Hochmuot: Ho(ch)–, Ha|muth (doch auch „hochmütig") > Hofmuth
*Hohwin: Hohewein, Hochwind
Hohulf: Hochauf, Hohoff?
Kf. Hoho: Hohe, Hoch(e) (vgl. Hache), Höch, |e, |el, li, Hooge, Höhl(ein)
(hoch): von der Höh(n). Zu mhd. hoehede „Höhe": Höcht(l), nd. ter Hogt — Winkelhoch, Unterhöher. Bei Ortsangaben meist mit dem Dativ –n (oder –m): Hoch|berg (22), Dahl (Hofn. Düsseld.), kirch (6), wald, warth, sattel, sattler („Bergsattel"), seß, singer und gesang (s. sengen) > gesand, sprung, fellner, wallner < wald > weller, baum, (en)eder, (en)leitner, reiter („Reute"), schulte, strate; wächter „Türmer", graf u. dgl. s. Graf; danz, bein, stim, mut (s. HOCH), hut, geschurz = gürtel, geladen; stuhl, uli, weber. Hoh|bach; felder, mann; Hol|birk, bohm, bucher, kamp, buß („Busch"), hage(n), waldt, (c)kamp, dam(m), hoff, thorn („Turm"), gewel („Giebel"); Odorfer, Odörfer, Öburg; vgl. Hodapp;

Höckrich(t)

Hohen|böken („Buche"), stock (Hu(h)nstock), thal, wald, zeit, ester (Ast), leutner, reuther, than(n)er, eder, egg(er) = ögger (s. Ecke), warter, garten, dahl, hinnebusch, schwert, schuh, adl, sinn; Hohnbaum, eicker (Eiche), schop (Schopf); Hon|acker, ecker, egger, Honnacker; Hom|feld, beck (vgl. ON. Homburg)
Höch|bauer, heimer, enberger; Höh|berger, busch; Höhen|leit(n)er, steiger; Heigen|moser, lechner; Heichfellner, Hechberger, Hechenblaikner; Hau|fellner, Haun|felder, stetter, Hau(g)enstein (s. Hauenstein); Hoge|bohm, weg, lücht (ON. Hogelucht, Hohelucht, Hoheluft (Oldenburg), Hohelüchter; Hoog|hoff, land, Hoogendoorn, Hooge|straat, nboom; Hoken|holz, kamp. S. auch Graf, eben und Leite
Hoch(e): s. Hachnek und HOCH, Kf.
Höchster: ON. Höchst
Höcht(l): s. Hecht und hoch
(hocke, hucke): mhd. „Verkaufsstand der Kleinhändler (urspr. „Traglast"), der Händler selbst", vgl. Hake. Hoke, Hock(e) (aber Hocken–, Hacken|jos), Hokk(n)er, Huck, (n)er, Hugger, Hückler, Hickler; Höck|(e)l, ler, (n)er, Höke(r); Hock–, Höck– auch zu HUG
Höckrich(t): ON. Schlesien u. Gut bei Chemnitz (Chemnitz 1436 Pe-

Höd–

tir vom Hoekrich = 1432 Peter Hokrich)
Höd–: s. HUT (× HADER)
Hodam: s. Adam
Hodapp: < Hochdapp im Gegensatz zu anderen Dapp
Hodel: südd. „Fuhrmann, Lumpensammler, Händler". Hodler (× Adler), Hödsel, l, li; Hudel(maier), Hudler, Huttelmaier
Hoedemakers: s. Hut 1
Ho(de)nschneider: = Gelzer
Hodes: ON. Iglau
Hoderlein, Hodermann: s. OD I
Hodis: hess. „Klöße". NF
Hoenstock: s. hoch
Hof: nd. auch hoff, haw. (ON. Hof(en)), Höf|chen, gen, el, en, er; Hofius. Imhof, Hofzumberge, (vom) Hoof, zum Hoff, Hoven (10 ON. < von hofen), Terhöven, van t'Hoff, Hoffzumahaus, von Have. Höffken, Höf|kes, le(in), ele; Höffler, Höfl|er, ing(er), maier, sauer (< Au) (Höfler auch „Hafner"; NS.); Hövener > Hö(h)ner. Vgl. in Westf. Höner zu Eißen neben Meyer zu Eissen; Höhner zu Alten-Schildesche neben Meyer zu Alten-Schildesche
Zss. häufig im Dativ: Bachhofen < Ze den bachhofen
–hof: Dieckh., North., Kirchh. (nd. Kerkh.), Mith. („mittlerer"), Nierh. = Neinh. (neu) Grünh., Boekh. („Buche"), Saath., Seelh. (1. ON. Rhld. 2. < sal. 3. Kirchh.).

Nach dem Besitzer: Beckerh., Nüningh.
–hoff: Freih., Burh., Meyerh., Königsh., Münchh., Pieperh., Marienh., Dykh., Ohlh. = Alth., Mohrh., Braukh. = Bröckerh., Streith. (aber Kriegh. < krieche), Grooth., Kreienh., Bienh. Nach dem Besitzer: Beningh., Höfinghoff (Hofn. Hagen i. W.), Dücker(s)h. (aber –hoff < wolf: Rick(h)off, Wanhoff, Gerl(h)off u. a.; Kalkhoff < –ofen). Kohlhaw, Egelhaaf < Egelhof, Nieha|ves, wes, Westhowe, Oldenhove, Henkeschowen; –hofen: v. Richth., Niederh., Freialdenh., Beethoven (s. d.), Vanhöffen; –hofer: (s. d.), Gangh. (ON. Bay.), Kirschenh., Klettenh., Wiedenh., Mitterh., Pachlh., Schachenh., Domh., May(e)rh., Winklh. Mit PN. Gailh., Gollh., Pilsh., Lenzenh., Köppelh., Edlh., Walchsh. (Annighöfer > Hannighofer; Arlhofer > Erlhoff, Ahlhoff; Eisenhofer > –huber KS). hoffer: Kirchh., Lindenh., halb sl. Dobritzhoffer; höfer: Höfer (s. d.). Fronh. = Pflichtenh., Steinh. Mühlhöver, Holthöwer, Maihöfner, Kamphöfener.

Nach g und k fällt das h oft aus: Dabei entsteht aus zen Pfaffinghovun > Pfäffinghoven weiterhin schweiz. Pfäffikon. (Vgl. bair. ON. Gangkofen, rhein. ON. Peffekoven, nordwestd. FN. Ödekoven). Hieraus

Hof

folgende schweiz. FN.: –kofer: Zollikof(f)er, Zollickofer (ON. Zollikon), Mörikofer (ON. jetzt Möriken), Oppikofer (ON. Oppikon), Puppikofer (ON. Puppikon); aus kon > ken > –ker, –ger: Dändliker (ON. Dändlikon), Kölliker (ON. Köllliken), Gattiker (ON. Gattikon), Schleininger, Schleuniger wie Schleinhofer zum ON. Schleinikon. Ferner: Messikomer (ON. Messikon), Bissikummer (ON. Bissikon). Bair. N. auf –kofer (neben ON. auf –hofen, –kofen): Pettenk., Dettenk. (und Dettenhofer), Petzk., Hattenk., Hettenk., Attenk., Radlkofer, Eklkofer, Inkofer, Intlekofer, Indlek. Schmidlk. — Schweigkoffer (sieh Schweige), Herrligkoffer; mit au: Edigkaufer. Vgl. aber Irte

Hof|bauer (einem Hofe verpflichtet), meier (ebenso oder als Richter tätig), herr (hat ein freies oder Erbzinsgut), schulte, marksrichter (Hof(e)richter), meister („Meisterknecht"), knecht, frohne, beck, gärtner, müller, schuster, fritz, heinz, editz, (Hoff|erbert, jann, kunz), reiter (< hovereite „Bauernhof"), stadt („Stätte", Huffstadt), städter, stetter, stötter (oft ON. Hofstädten u. dgl., auch „Hofarbeiter"), –steller, säß, seß (auf dem Hofe sitzender Bauer), stadler; fries. Hofstra (aber Hofmuth < Hochm.). Hofmann

254

Hofe (holen)

u. a. s. besd., auch Hoh|mann, meier, meister
Hofe: s. HUG
Höf(e)le: kleiner Hof (s. d.). Höfl|er, inger, mann, Neuhöf(f)el. Doch s. Steinhöfel und Hübel
Hofelich, Höflich: mhd. „höfisch gebildet". Höfling
Hofer: 1. „Hofbesitzer". 2. „Hofbauer" (s. d.). 3. < ON. Hof, oft. Hofer(er), Höf(n)er, Hofner, Hover (ON. Hov, |e, en), Höver (×mhd. hover „Buckel"). Zss., Zsr. unter Hof (Hofert, Hoffer(t), Höfert, Hoff, Haber, Höber KS.). Hoferdi̇tz s. Hopperdietzel
Hoff−: s. Hof
Hoff|art(z), ert: s. HOCH (Hoffart auch „Hofwart" NF)
Höffding: s. Haupt
(hoffen): Hoffingott, Hoffendrunk. Hoffnung
−hoffer: s. Hof
Hofferecht: s. Hofrichter
Hoffmann: s. Hofmann
Hoffchildt: s. hauen
Höfkes: zu Hof oder HUG
Höflich: s. Hofelich
Höfling: = Hofmann 1
Höflsauer: s. Hof und Au
Hofmaninger: Weiler Hofmanning, Hausruckkreis
Hofmann: 1. wer am Herrenhofe lebt, Höfling. 2. Bauer (Leibeigener und Pächter). 3. Mann auf dem Bauernhofe, Knecht: Hof(f)−, Hove−, Hoh−, Have|mann, Hoffmannbeck
Hofmeister: Aufseher über den Fürsten- oder Gutshof, Wirtschaftsbeamter im Frauenkloster. Hof(f)−, Ho−,

Hopf|meister, nd. Ha(ve)mester
Hofmuth: s. HOCH
Hofrichter: Richter am Hofgericht. Hoferichter, nd. Hawerichter. Oft wohl < mhd. hoverecht „bucklig" (vgl. Hofer): Hobrecht, Hofferecht
Hofschläger: nd. hofslegher „Hufschmidt". Hoff|schläger, schlag, schmidt
Höft−, höf(f)t: s. Haupt
Hog−, Hög−: s. HUG und hoch
Högenwart: s. HAG II
Höger: 1. ON. Hög, Bayr. 2. = Heger. 3. zu HUG
Ho|gr(i)ebe, greve: sieh Graf
Hoh−, Höh−: s. HOCH und hoch; Hoheisel: s. Haus
(hohl): nd. holl, hāl. Flurn. Hohl, Höhl, Holl (vgl. auch Hölle). Hohl, |e(r), Höhl. |e(r), Holl, |er(mann). Holleder(er). Hohl|baum, stein, feld(er), weg(ler), (weck), rüther (Reute), bein (Krummbein), Holbein (× holen). Auch Hollfuhs? oder < Holt−? Hohlneicher, Hollnaicher (Eiche), Hol|bom, stamm, zan, Holekamp, Holl|weg, weck; Hollen|bach, kamp, weger, Huhlweg (aber Hollwanger: bair. „Heimlichtuer, Schmeichler"), Hahl|bohm, weg, feld, stein, Hallbaum, Höhlbaum. Vgl. holen
Hohl−, Höhl−: s. hohl und GOL, HOCH (Höhl−: auch Elias)
Hohlg s. heilig
Hohn: ahd. hōni „niedrig": In ON. oft Zss., Zsr. mit PN. Wippen−, Ran-

ken−, Kellers|hohn; Wiegenhonn. — höhner: Kamph., Rappensh., Wilkenh., Nölkenh., Wehm|höhner (s. Wittum), Hilgenhöner, Kalthöner > Kaltheuner; Weid−, Diek|hö(r)ner. S. Kessel. Vonhöne. Aber Höhn(e), Höner auch zu höhnen und mhd. hoene: 1. „verachtet".2. „übermütig" (× ON. Höhn, Coburg). S. auch Höhn−. Sonst sieh hoch, HUNNE, Hunne, Huhn
Hohn−, Höhn−: s. HUNNE; Höhn− auch HAG II Schluß
Hoibjan: s. Columbanus
Hoier: s. HUG und Hoya; nd. auch „Hüter"; bair. „Ramme", hoyer „Pflasterer"
Hoin: s. HAG II Kf.
Höing: ON. Hamm; Höinger auch < ON. Höingen, Soest
Hoiste, Hoiß: s. Matthäus
Hok−, Höke: s. hocke
Hokema: s. HUG
Hoken|holz, kamp: s. hoch
Hokwin: s. HUG
Hol−, Höl−: s. GOL und hohl
Holäufer: s. Holläufer
Holb|a, e: s. ADEL, Adalbrecht
Holbeck, Hölbing: s. holub
Holch: s. heilig
Hold: „gnädig, treu"
Hold−, Höld−: s. HULD und Holunder, −hold meist < walt
Holdack: s. ADEL
Holding: s. Hölty
Holdschuer: s. Holzschuh
Holecker: s. Eiche
(holen): nd. hālen. Satzn. Holaus. Hohlefleisch > Holdefleiß, Ho(h)lwein,

255

aber Hohlbein s. hohl. Hahlweg und Hollweg eher „Hohlweg" (Hollwege ON. Oldenb.); Hallupp s. holub

Holenz: s. Alexander

Holfter: mhd. hulfter „Köcher"

Holitscher: ON. Holice, Olmütz

Holjesiefken: s. HALTEN

Holik, Holl(ex): s. Alexander

Holl–, Höll–: s. HULD und GOL, Holl- auch hohl, HALTEN und halten, Höll– auch HILD

Holland: meist wend. holan (s. GOL), aber Holland|s, er = Holl|änder, ender(s)

Hol(l)äufer: ON. Hohenlauft, Sachsen, (v.) Holleuffer

Hol(l)dack: s. ADEL

Hölle: öfters Hausn. Zss., Zsr. Hölldampf, Hellfaier, Hellen–, Heller–, Hölle(r)|brand, vgl. aber Himmelbrand. Höllen|schmidt und feger (Hellefeger) „Teufel", desgl. Höll|wart [ahd. hellewart > Höllewarth, Helwart (× HILD)], riege(e)l (er versperrt die Rückkehr aus der Hölle, mhd. hellerigel, auch Hellvo(i)gt, Höll–, Hellmeister) > Hell–, Held–, Henn|riegel, Höllrigl, Hörügl. Hell|graf, grebe, grewe, Hillgrewe „Höllengraf, Teufel" = helleboc „Höllenbock". Helbok, Höllbock
Als Flurn. ist Höll(e), Helle: 1. ein tiefes, wildes Tal < hohl, hehlen, Flurn. Höllental, Helkessel. 2. Helle aber obd. auch Bergn. (zu Halde?). 3. In Friesland „tiefes Wasserloch" (FN. ter Hell). Höll|er, mann, müller, Heller, von der Hellen, von der Helm, Zurhelle (schweiz. Hellkess|el, i, Helmann, Inhelder, Helpach) Hellen|thal, bruch, sett (mnd. sete „Sitz"), Hell|, brink, brügge, brock, broich, bruch, busch, dobler, eder, guth, hoff, kuhl (ON. Coesfeld), pointner, schuster, wage (s. Wag), mann. Westerhelle, Helle(n)kamp > Helmkampf(f), Heldenstein(er), Höllen–, Heller–, Hollen–, Hold|stein; Hill|gruber, graf, Hilger KS.). Aber Höll|fritsch, gartner, Höllerzeder u. dgl. s. HILD

Höllein: s. HULD

Holler–, holler, Hölle(e)rich, Hollinde(r): sieh Holunder

Hollien: ON. Hollin, Pilsen, Prag

Höllischer: s. Holzschuh

Hollitzer: ON. Holitz, Böhm.-Mähren. **Hollkott:** ON. Hollkotten, Lennep

Hollmann: s. Holz

Höllmick: wend. „Polizist"

Hollstein: s. Holste

Hollub: s. holub

Hollwanger: ON. Säckingen

Hollwig: s. Holtwick

Holm: nd. und nord. „kleine Insel", auch „inselartige Erhebung, Wiesenland"; 12 ON. Hollm(er). — Elmh., Lindh. (Schleswig), Engh. (s. Eng–), Graesh. (spr. gräsh.), Korsh. (dän. kors „Kreuz"), Mühlh. Beliebt in schwed. FN. Holm|gren, quist. Deutsch Zetterholm < schwed. Zederholm?

Holombek: tsch. „Trabant, Scherge"

Holop: s. holub

Holp–, Hölp–: s. HULD

Holsch–, Hölsch–: s. Holzschuh

Holschbach: ON. Koblenz

Holste: < holtsate „im Holz, Wald Ansässiger". Holst(e); aus dem Dativ Plural Holts(a)ten FN. Holsten, verhochdeutscht Hol(l)stein. Auch ON. Holsten.

Holt–: s. Holz und halten (Holtey auch Hei)

–holt, –hölter: s. Holz

Holtag: s. ADEL

Hölterhof(f): Hofn. Lennep

Höltgen: ON. Hagen. Höltken

Holtermann: s. HULD

Holtick: s. Holtwick

Höltje: nd. (besd. im Weserland) „Holzapfel", doch auch „wilder Birnbaum". Höltge(baum)

Holtkamp: ON. Bielefeld

Höltschi: s. Holzschuh

Holtwick, –wig: 4 Orte Rgb. Münster. Holt|ick, wich, Hollwig, Holtzwich

Hölty: mnd. holtding „Gericht über Waldangelegenheiten, Forstfrevel". Holding (× HULD)

Holtz–: s. Holz–

Holtzwich: s. Holtwick

(holub): tsch. „Taube". Hollub, Holop, Hallupp, Halupka, Holub|e(c)k, ars; obwend. holb: Holbeck, Hölbing. — Holubarst, Hollubarsch < holubař „Taubenzüchter". Vgl. Gollub

Holunder: Holl|under, inde(r); Holder, |le, er, baum, busch, egger; Holderith, Holderrieth, Hölder|le, lin, Hölterbusch; Holler, |bach, auer, weger; Höllerl, Wieshollen, Liebesholdermeyer. Höll(e)rich (auch ON. Unterfr.), Hellerich, Hollricher (s. –ich 2)

Holwerda: fries. < ON. Holwerd

Holz: nd. holt, holl. hout. 1. „Wald". Auch ON. Holz, Holzen. Im Holz, vom Hol(t)z, Tenholt, Vorholt, van den Hout (aber Holz auf der Heide s. halten). Hol(t)z, Hölz(e)l (> Hetz|el, ler, Hitz|el, ler KS.), Helzel, Holz|en, inger, mann. Holzer, Holter: 1. „Holz|hauer, händler". 2. „am Walde wohnend". 3. < ON.: Hol(t)z(er)–, Hölz(er)–, Holt(er)|mann, vergriecht Xyander; Holtmannspötter, Hollmann Holz|heim(er) [> –em (ON. Bonn, Rheinbach), –amer, –hammer], kämper, kam(m), hänger, heede (s. Heide), weg, löhner > leitner (s. Lehen), bach > becher, born; meister, knecht, wardt = hüter = hey; wirth (s. Werk), richter, menger, schuster, fund (s. finden), beierlein, fuß, ermer, nagel, erland. Holt|kamp, kott, mann(spötter), schneider, straete, steger, fauth, foht, foth (> Holzfuß), wart. Holt|orp > orf (Dorf). Vgl. Graf, Hauer, Hei, Igel, Lehen

–holz: Buchh., Aichh., Birkh., Niederh., Wolfsh., Mohrh., Klingh., Pfaffenh., Juffernh. („Jungfern"), Schwarzenh., Hohnh. (zem hohen H.), Dieph. (ON. Hann.; > Tiefholz); Mühlhölzl. Vgl. Fahr-

–holt: Bockh. („Buche"), Osterh., Meyerh., Kirchholtes. Fretthold (nd. „eingefriedetes Holz"; Flurn. Fretholt, Ravensberg) > Holtfreter

–holzer: Panh. („Bannh."), Bauh., Unh., (mhd. unholz „Abfallholz"), Seeh., Oberh., Obh. („oberhalb des H." > Oppolzer), Sonnenholz-(n)er, Vor-, Schwarzen|hölzer; nd. Berg|holter, Schafholter, Hölter(s), Heithölter.

2. Holz als Stoff: Holz|nagel, griff, portz (Pforte), scheiter(hauer), müller, dreger, träger = Holtdreier („Dreher"). Holzkopp („Becher"). Krumpholz = Wagner, desgl. Nabholz, Keilh., Löffelh., Kannenh., Bretth., Castenh. = Kestenh. („Kastanienh."), Nush., Kienh., Asth., Knüppelh., Stuckenh., Brennh.

–holz: Genitiv < olt < walt: Helmholtz, Leutholz, Rachholtz u. a. — < bald: Lieb–, Leibl|holz, s. LEUTE

Hölz–: s. Elias und GOL

Holzapfel, appel: (ON. Wiesb.), äpfel. Holtappel(s). Vgl. Höltje

Holzchenmacher, Holzenhauer: s. Holzschuh

Holzgang: = Wittgang „Werwolf"

Holzhau|s, se(n): ON. Holzhau|s, sen (93)

Holzschuh: Holzschuher-(us), Holtzschue, Hollschuh, nd. Hultsch, schweiz. Höltschi; Holzen|hauer, heuer; Holzschuh–, Holsche(n)–, Holzchen|macher; Holzschuster, Holdschuer = Hultscher, Hülscher, Hil(t)scher, Holscher, Hölscher, Höllischer, Heltscher > Helter. S. Klumpker, Knospe

Holzweißig: ON. Bitterfeld. Holzwei|s, ß

Homa: Kf. zu HOCH oder HUG. Hom, Hohm (× Ohm) |es, Homm(en)

Homann: s. HOCH

Hom|beck, feld: s. hoch

Homeister: s. Hofmeister

Homilius: Latinis. für Hommel

Homm–: s. HUNNE und Homa

Hommel: s. Hummel, HUNNE und Mal (× wend. homola „Hügel": Homol|la, ka)

Hommels: s. HUNNE

ten Hompel: nd. „am hohen Bühel"

Hompertz: s. HUNNE

Hompesch: s. Pesch

Homprannt: s. Brand

Homrich, Hommerich: Hofn. Siegkreis, Wipperfürth

Homrighausen: ON. Wittgenstein. Homrighaus

Homroch: wend. Homrok „Finsterblick"

Homscheid: ON. Neuwied

Homuth: s. HOCH

Hon–, Hön–: s. HUNNE, Hunne und Honig

Höng: s. Honig

Honderich: s. HUNNE

Höngen: ON. Aachen

Honheißer: s. Haus

Hönkhaus: ON. Hönnighausen, Wipperfürth

Höner–, –höner: s. Hohn, Huhn
Honf: s. Honnef
Honig: Honig|mann, menger (s. Manger), baum, mund, meste, mist, messer (städt. Beamter), Hönig(er), Häng(er), Hönncher, Hung (× ON. Honig, Hönig, Hönigern, Höngen und HUNNE)
–honn: s. Hohn
Honne: s. Hunne
Honnef: ON. Rhld. Honf
Honner: s. HUNNE
Honnetter: ON. Hohenöd, Baden, N.-Bay.
Hönniger: ON. Hönnige, Wipperfürth
Honrath: ON. Siegkreis
Honsberg: ON. Lennep
Hönscheid: ON. Siegkreis, Waldeck
Hönsch: s. Johannes 5
Honschneider: s. Hodenschneider
Honschop: s. hoch und Schopf
Honsel(l): s. hoch und Saal (Gut Honsel, Letmathe > Honselmann)
Honstock: s. hoch (doch vgl. Hobinstock bei Haube)
Hontheim: ON. Rhld.
Honthumb: s. hoch und Dom
Hoog–: s. HOCH und hoch
Hooth: s. Hut
Hop–: s. Hopfen
–hop: nd. „–haufen". Sandh., Sudh., Grieseh.
Hopeia: Kinderwort wie Heiner Susemynne, Tangermünde 1375
(Hopfen): mnd. hoppe. Hopf (fränk. = Withopf „Wiedehopf"), Hopffe, Hoppe; Hopf|(n)er, mann, Höpfner, Hopp(en)er, Höpp(n)er, Hop(p)mann („Bauer, Händler"); Hopf|inger, (en)müller, (en)gartner, stock, lechner, lohr, Hopfen|wieser, blatt, zi(t)z, sitz. Hopfen|–haubt, heidt, hoedt, Hoppenheubt; Hopp|egart, (e)stock, ensack, Hopsack. Auch ON. Hopfen, Hopf(en)–, Hoppe|garten (Hopfmeister wohl: Hofmeister)
Hopka: s. Hiob
Hopp, Höppeli, Hopp(l)er: „Hüpfer", auch „Humpler" und „Frosch". Vgl. hüpfen. Sonst Hopp–, Höpp–, s. Hopfen und HUG
Hopperdietz(el): Hoppadietz, Hoppertuzel = Dilltapp (Schmeller: Happerdidel). Haferditzel, Hoferditz
Hopsch: wend. hobuš „Schweif"
(hor): Sumpf. Ahd. horo, Genit. horawes. Hor|beck = bach (Urbach, Auerbach, s. d.), lacher (5 ON.) enkamp, lohe, wege, dorf, mayr, mann, Horl, Horb(er), Horr|er, mann, Hurgraben, Hurler, Hürler, Hürbin, Hürmer, Hir|mer, ber, blinger; Herrbach, Her|beck(e), wede (Harbrücker, Ha(r)brucker, Hobrecker, Habecker KS.); kollektiv gehorwe > Korb, |er, mann (× der Korb). S. auch Horn gegen Ende und Haar 6
Hör–: s. HEER und gora
Hor|a(k), an(d): s. gora
Hörauf: s. Hörup
Horb: wend. horb „Bukkel". Horb|ahn, and, ang, ak, Chorb, Korb, |ig, an(ek)
Horbelt: nd. horbel „Bläßhuhn, kleine Sumpfschnepfe"
Hörber: s. HEER, Hariberct
Hörbst: s. Herbst
Horchemer: ON. Horchheim, Koblenz, Worms
Hördler: obwend. Flurn. hordlo „Kehle, Hals"
Hördrich: s. HART
Höregott: s. Herr
Horelt: s. HEER
Hörenkuhl, Horkohl: s. Horn
Horger: ON. Horgen, Rottweil
Horlamus: s. Hieronymus
Horlbeck, Hurlbeck: eher zu hurdel (s. Horbelt) und Bach als zu hurlbock „Dudelsack". Zu diesem vielleicht **Horlbog(en)**
Horl(e): nd. hurrl „aufgeregt" (× ON. Horla, Mansfeld, und hor)
Horlitz: s. Hornisse
Hörmann: fränk. = Hermann
Hörmle: s. Herm
HORN: Ahd. nur im ON. Hornaresdorf, jetzt aber Horn|hardt, ath, Horn|ulf, auf, off, uff. Kf. (Horn|ung, ing) unsicher, s. Horn usw.
Horn: Horn, |e, ich, ig (doch s. gora), Hörn|le(in), dl, tlein, ecke, ich, schemeyer, Hörndlein, Hern|dl, ler, ecker. Hurnein (mit Hornhaut). 1. In Flurn. und ON. „Vorsprung": am Horn, Horn|egger, huber, emann, Hörndlhofer, Ballh. (ON. Hessen), Bargh., Beinh. (ON. Lüneb.), Fuchsh., Uhlh. (ON. Hann.), Giffh. (ON. Hann.), Mosh., Grash., Spitzh., Wegh., Windh., Buchh. (= nd. Bockh.),

Horn— (Hose)

Buschh. Oberhorner. 2. „Tierhorn": Ziegenh., Kühh., Besteh. (s. d.) (aber Hirschh. auch ON.), Einh. (Hausn. Einhirn), Ramsh. („Widder"), Boxh., Meggenhorn. 3. in Wappen: Weißenh., Schwarzenh., Blankenh., Silberh., vam Guldenhorne. 4. Gerätn.: Horn|bleser, blass. Gellh., Tuth., Löschh. (s. d.), Mehlh.? 5. mit krummer Spitze: Horn|schuh, scher („Schuster"), bogen („Bogenschütze", auch Sagenheld). 6. Eine Gruppe ist nicht sicher zu trennen: Schellh. (ON. Plön), Sellh. (ON. Lüneb.), Schöllh. (ON. Württ. mehrf.). Schellh. = Schal(l)h. — Schalksh. — Schel(ch)sh., Schelksh., Schelzh. wohl zu mhd. schelch „schief". Horn|bacher, auer zu hor; so wohl auch Hor(ren)kohl, Hörenkuhl („Kuhle"); Diekhörner s. Hohn; Mohorn s. d.; Blödhorn s. blühen
Horn—, Hörn—: s. gora
Hornack: tsch. hornak „Hochländer"; s. gora
Hornaff: Art Brezeln oder Hörnchen. Horn|äffer, eff(er), eber, uff, ivius (doch ON. Hurnaffa, Wetterau)
Hornaus: s. Hornisse
Hornberg: 12 Orte. **Hornburg**: ON. Braunschweig
Horneburg: ON. Recklinghausen, Stade
Hörndli—, Hürli|mann: von einem Berge Hörnli (Schweiz). Hörler
Horner, Hörner, Hürner, Hirner: Zu ON. oder Flurn. (auch ON. Hornau

FN. Horne) oder „Horn|arbeiter, bläser"
Horneyer: s. Au
Horn|ig, ick(e), Hörnick(e): sl. „Bergmann"; s. gora, aber Hornickel wohl < Hanikel „Johann Nicolaus"
Horning: mnd. horninc „Winkel, Bastard", aber Horninger zu Hornig oder ON. Horningen (× HORN)
(Hornisse): Schon ahd. hornaz. Horn|is, uß, aus, isch, Hörniß, Hurnaus, Ornuß, Hirneis, Horlitz, Herlitze, Herrlitz, nd. Hornke
Hornke: s. Hornisse
Hornkohl: s. Horn (Schluß)
Hornscheidt: Rotten bei Elberfeld
Hornung: 1. Bastard. 2. Februar. 3. s. HORN
Hornuß: s. Hornisse
Horrele: zu Horl oder HEER
Horrenkohl: s. Horn (Schluß)
Horrer: s. hor
Horrolt: s. HEER
Horschelt: ahd. hurscold < horsc „rasch, mutig". Horsch
Horschitz: tsch. hořcice „Senf"
Horst: obd. meist hurst. Abgeholzter Wald mit Gestrüpp, in Holstein aber sandige Stelle in oder bei Sümpfen, oft ON. Hurst, Mehrzahl Hörst, Hürst, Hirst. –Horst, |er(s), mann, huis, Hurster, Horsmann, Hörst|er, (er)mann, ge, gen(s), ing. (Host,|–: s. d.). — Imhorst, to der Horst, Terhorst, Horst|brink, kamp, kötter, hemke, enke. Borg-

h., Winikelh., Windth. (mehrf. ON.), Steinh., Mordh., Grauenh. = Gravenh. (mehrf. ON.), Breh. (< brēde „breit"), Schnath. (snāt „Grenze"), Überh., Hohe–, Langh., Scharnh. („Elsternh.", mehrf. ON.), Pan(n)h. (Hofn. Melle, Westf., wohl zu bāven = bōven „oben", vgl. im Kirchspiel Spenge die Flurn. im „Bobbensick" u. „Powensickswiese"). Walkenh. = Falkenh., Reh., Rabenh., Heyerh. („Häher"), Sandhörst, Seehors. Vgl. Habicht. Kleinophorst. Hülshörster
Hörstel: ON. Münster
Hörstgen: ON. Mörs
Horstick: s. wīk
HORT: „Schatz". Horthari, Hord|old, ward. Viell. dazu Hort, |er, i(n)g, mann. Hor|wald, warth? (oder zu HEER). Aber Hört– < Härt– < HART
Horti|an, en: s. Hürtgen
Hortig: s. HART
Hörügl: s. Hölle
Hörup: ON. Flensburg. Falsch verhochdeutscht Höräuf, Hör(r)auff. × ON. Hoirup, Hyrup, Nord-Schleswig
Horvath: madjar. „Kroate"
Horz, Hörz: s. HART Kf.
Hosang: s. Asang
Hösch: s. Hesch
(Hose): ursprgl. „Strumpf, Gamasche", × unerkl. ahd. hoso, vgl. Hosefelder. Zur Hose (vgl. Gerh. van der Hoesen, Köln Hausn.), Hos, Hößle, Hösel, Höschen, Hösl(i) (meist Flurn.), Hoser „Strumpfweber"; Hoßner, Höseler, Hosemann (halb-

griechisch Osiander). — Kurth. Radeh. („rote"), Schuh., Schlaph., Schlotterh. (Schletterhosse), Lumphose, Lotterhos = westf. Lutherbüse („Buxe"), Trill|hose, hase, haas (Drillich), Drill(h)ose. Mehl|hose, hase, hause(n), Kniehase > Kniese, Korthase, Brokhase, Leder|ha(a)s, hause(n), Ledder|hose, hus, haus, zgez. Lerse; Lein|hos(e), has(e), haas, hoß, Linnhose, Linnos. S. auch Hase und Hoseas

Hoseas: Prophet, assyr. „Retter"; wend. Hose, Hoschke, jüd. Haschke, Haskel

Hosius: griech. ὅσιος, falsche Übersetzung von Hilliger (< HILD)

Hoske: ON. O.-Lausitz „Wäldchen". Vgl. Host 3

Hösner: ON. Hosena, Hoyerswalde

Hosp(es): rotw. < lat. hospes „Wirt"; Nebensinn: „närrischer Kauz"

Höss–: s. HESSE und HUG, Kf. Höß (Tirol), Hößelbarth

Host: nd. 1. < hurst „Staude, Stengel". 2. < horst. Host, |er(bach), (er)mann, rup (Höstrup; s. Dorf). 3. asl. gvozdi, wend. hosta „Wald". Host(er), Höster (× GOST). Hoster ndrh. mit ō < Haestert „Gebüsch"

Höst(e): ON. Rhld. Westf.

Hoster: ON. Gladbach

HOT: sl. Stamm. Asl. hoti „Wille". Chot|imir, en, aš. Kot, |en, sch, Kott|an, ke, ek, usch. ON. Kottwitz

Hot–, Höt–: s. OD I, HUT und Hut 1

Hotho: s. hauen. Hotho(w), Hoto

Hotmann, –hoet: s. Hut 1

Hötschl: bair. „Hagebutte"

Hottelmann (Hamborn): < ON. Hotteln, Hildesh.

Hotten|roth, rott: ON. Hattenrod, Oberhessen, aber Hottenroder Kirche bei Friedland, Kreis Göttingen

Hottes: s. HUT

Hottinger: ON. Hottingen, Schweiz

Hotz: s. Hautz. **Hotz–** s. HUG, HUT und Hutzel. **Hötzel:** s. HADER Kf.

Houber: s. Hube

Houwald: s. HUG

Hövel–, –hövel: s. Hübel

Hovemann: s. Hofmann

Hoven, –hoven, –höven, –höver: s. Hof

Hoeven: s. Hube

Hövener: ON. Hoeven, Holst., Münster, Oldenb.

Hovenkohl, Hovers: s. HUG

Hover, Höver: s. Hofer; × **Höver:** ON. Lüneb. Höver|mann, kamp (Hamb.)

Hövet: s. Haupt

Howald: s. HUG

–howe: s. Hof

Höwel: s. Hübel

Howind(t), Howitz: s. Opitz

Howold: s. HUG

Höxbroe: ON. Jütland

Hoxhold: s. Huxol

(Höxter): ON. Westf. (ahd. Huxori), Hoxar, Heckscher (× Höchster), Hux|ard, er(man)

Hoyck: s. Hui

Hoyer: Hoja, Hoya ON. Hannover (Hoyermann); × HUG und HOCH, auch „Häuer", s. Heier

Hoyler: s. Heiler

Hoym: ON. Anhalt

Hozzel: s. Hutzel

HROD: zu got. hrotheigs „siegreich", an. hrōdher, ags. hrēd „Ruhm, Sieg", entweder = gr. κρότος „Lärm" oder ablautend zu κράτος „Stärke" (vgl. HART). Schon früh zu ahd. rōt „rot" gezogen. Altfrk. anlautend C(h)r–, noch jetzt oft Kr– oder Gr–. Oberd. meist uo > u, ü, au, eu; nd. meist o. Leicht Berührung mit HROK und RUHM. Kluge-Mitzka unter Ruhm u. Rüpel

Hrotbald: Rupp|old, elt, Rubelt, Raupold, Krüppelt, Reubold, Rothballer, Ro|bold, bels, pohl, Grobbel

Hrodobert: (Hl. Ruprecht; dessen N. ist aber durch Knecht Rupprecht und Rüpel als RN. unbeliebt geworden und auch in Südd. oft durch das nd. Robert ersetzt. Ru|p|recht, ert(us, i), Rub|er(t), art, Rupp|(e)recht, rich(t), rechter, Rubbert, Rüp|rich, Rüpprecht, Rübbert, Rutenbrod, Rau|bert, pert, prich, Reu|per(t), ber(ling), Rotbrodt, Rodbert(us), Rob|recht, ert(ini), etje, Robbert, Rop|recht, er(s), Ropp|ertz, roch, Rovers, Rö|per(t) (× Rufer), ber(t), wert, Röbber, Gro|bert, wert, Grub|ert, rich, Kruber(t), Krüp(p)er, Krautprecht, –pert XVII KS. — Sl. Rupnik. — Zu hros „Roß" Rosp(e)rich > Rosbert, Roßberg, Rusp

Rotbrand: Robra(h)n

HROD   HROD

Kf. Ruppo, Robbo: Rub|e(l), elius, ly, Rubbel, Ruopp, Ruepp, Ruep(li), Rupke, Rupp, |el, s, Rupelmeyer; Rau|b, p(p), Reupke, Reubl(e)l, ke, Rüb|en(s), el(mann), Rüp,| ing, Rü(e)pel, Rüpp,| el(e), li(n), ing, Ripp|el, l(er), Rieple, Rieble, Rob|e(l), bel(l), Röb|e(n), (e)l, ke(n, r), iger, Röblreiter, Röbbel|en, in(g), Rebling, Röp|e(ll), ke, skes, king, ling, Krupp, Grubel, Grubbe(l), Grupp, |e(n), s, Grupe, Kraubs, Krübel, Krüpe, Grübbeling, Kropp (s. d.), Gropp,|e, el, Grobbel, Groop, Krob(shofer), Kröbe, Gröb|ke, el (× Graben), Gröp(p)el, Krebling, Gröbbels

Hrotfrid: Ruffer(t), Raufer(t), Räupfer, Rüfer, Rüffer, |t, shöfer, Rüpfer, Roffers, Röfer, Ruf(f)t

Kf. Ruffo (auch zu Rudolf): Ruof(f), Ruef(f)es, Ruf(li), Ruff, |i(ng), Rühfel, Rüff|el, ler, Rüeffli, Riefle, Riffel, Reuff, Reufel(s), Roof, Roff(mann), Rauff

Hrodegang: Roth|gang(el), gängel, gänger

Hrodgaer: Rudig(i)er, Rutgerus, Rugger, Rucker, Rü|diger, tt(i)ger, tger(s) (Rütger RN. 1730 Boslar b. Jülich). Ri(e)diger, Rudigier (Vorarlberg, Tirol), Rücker,|l, t, Rüger, Rüeg(g)er, Rie|g(g)er, kert, Rog|ert, (g)er, ier, Rocker, Röd(i)ger (× ON. Rödigen bei Camburg), Röddiger,

Rötkers (Langrötger), Rött|ger, jer, scher, cher(dt) (× ON. Röttgen, Rhld. häufig, auch FN.); Rö|ger, cker(t), Kruger, Groggert(t), Kröcker, Gröger, Groger (vgl. HROK). Mischf. Rößger, Rösger. Vgl. Rüger

Hrotgard (weibl.): Rottgardt

Hrodgaud: Grotegut

Hrodhard: Ruth|ard, at, ert, Rudert, Rud(d)at, Rauter(t) (s. d.), Rothhardt, Rhotert, Rotthat, Roddert, Gruttert. Zgez. Roets. — Mischf. Ruß–, Roß|hardt, Rutsatz, Ruhsert, Rauschardt (s. d.), Raußert, Rosath (× mhd. rosat „Seidenstoff")

Rothari: Ru|thar, ther, d(d)er, dermann, Rü|der, ter(s), ttermann. Raut(t)er, Rother(ing), Roder(us) (s. d.), Rodder, Rotter (× Rotta, rotte), Röther(ing), Röder(s), Rödder, Rötter, Kroder, Kröter, Gröter (× mhd. kruden, kröten „die Reben in Bogen ziehen"). Zgez. Krüer(ke), Rühr(ke), Rohrsen, ig, Röhr, |s, eke, en(s), l(e)i (nach Förstemann eigener Stamm ROR)

Rothaid (weibl.): Rotheit (oder ON.?)

Hruadalah: Rothlach, Ro(h)lack

Rodleich: Rodley, Rödlich, Röll|ich, ig, Gruhlich

Hrodleif: Rothlieb, Mischf. Roselieb (Rodlaff, Rudlaff, Rohleff, Rolappe auch < Hrodulf)

Hrodlant: < Hruodnand (× „Rodeland"): Ru(e)land, Rü(h)land,

Rylander, Ro(h)land (× Kotten Altena, Hagen), Rolland, Rolet, Rohrand, Reuland, Mischf. Rohsland

Kf. Roel = Rolandus 1682 Wickrathberg, Düsseld. > FN. Roelen; Vklf. Roeltgen

Hrodman: Rudm., Ruth(e)m., Ruttm., Rautm., Rodem., Rhodm., Roth(e)m., Ro(h)m., Grohm., Rottmanner, Ruhmannseder

Hrotmar: Rummer, Reumer, Rodemer, Ro(h)mer, Roth|mar, mer, Rottmar (× ON. Meiningen), Römmer (vgl. Römer und RUHM, Hrumheri)

Hrodmund: Rode(r)m., Rothm., Rothe(r)m., Rott(er)m., Ro(h)m., Reum., Röhrm., Rührm., Ro(h)münder, Reumond, Frommont (s. d.)

Hrodmot: Reumuth, Romude, Rohmoder

Kf. Rumo s. unter RUHM

Hrodric: Rutrich, Ruhrich, Rüthrich, Rüdrig, Ried(e)rich, Rothreich, Röhrig, Grüterich (span. Rodrigo, Kf. Ruy)

Hrodstein: Rothste(i)n (× ON. Merseburg), Rostand

Hrodachar: Rothacker, Rodenacker

Hrodowald: Rohdew., Rod(er)w., Rothw., Ro(h)w., Ruw., Krau(t)w. — wold(t): Ruw., Rode(n)w., Rohw. (× ON. Rodew., Hann.). — Ro(h)tholz. Rud|vald, holzner, olzener, elt, Rodewohl. Zgez.: Rauld, Röltgen. Mischf.: Gruschwald, Kaußold,

261

Rodselt, Roßwald, Rüsewald

Hrodoward: Krotwart, Ruwet, Röhrd (Insel Föhr)

Hrodwig: Krud(e)w., Krutw., Kraudw., Rudew., Rod(d)ew., Riedw. — Rodewyk (× Flurn., z. B. Straße in Höxter). — Mischf. Ros-, Rose(n)-, Reuß|wig, Rosewich

Hrodowin: Rottwihn, Rothwein

Hrodulf: Rud|olf(er), olph(i), ulfi, lauf, (e)lof, lop, Rou|dolf, wolf, Rulloff(s), Ru|off, eff, Rauwolf, Rothlauf, Ro(h)loff, Rolauf, Rölofs, Roelof|sen, z(en). — Krud|ewolf, uß, op, Krudopf (1665 Krudup in Dreyen bei Herford; schwerlich < Mühle Krudopp, Mecklenb.). Zgez. Rulffs, Rülf, Raul|f(s), wes (vgl. RAT I), Rolf, |f(s), smeyr, es, Rolbes (*Rolfus > Rollfuß; Dolf s. ADEL, Athaulf), Roolfs, Rohl|f, fing(smeyer), wes, wing, wink, Rolevinck, Rollfink(e), Röhlf, Roelfsema, Rulf, Krolo|f, p. S. auch oben Hrodleif und Ruffo

Kf. Hrodo, Ruodo, Grodo: (× roden, rot). Rud, |o, i (ostd. × sl. rudy „rothaarig"), ich, Rudd(e), Ruhde, Ruth, |e, otto, Rutt|o, e, inger, Ruedin, Rüde (× „Jagdhund"), Rüd|i, en, el, Riede, Rüedisühli (Schweiz) (< Üli = Ulrich), Rü|the, Rütt, |en, jes, (l)ing, Riede, Rau|d, th, Reuding, Rod, |e, y, ing, Rohd, |e(n), Rhod|e, y, ius, Rodd, |o, e, ong, Roth, |e, ig, Rott, |e, l, ing, Röd(e), Röth(e), Rött|e, l, ing, Rödding. — Kruth, Cruths, Krütt, Kraut(h), Grutte, Grüde, Grüttgen, Grauting, Kro|hde, dinger, th(e), Krott(o)

Hruodilo, Rollo: Ru|del, thel, hl, ll(ich), les, ling, Ruedl, Rü|dling, d(e)l, ddel, ttel, thling, Ruhlmann, Rühl, | e, ich, ing (s. d.), Rüll, | cke, mann, Riedel, latinis. Gen. Rideli (Siebenb.), Riehl(e) (vgl. REICH, Kf.), Rau|del, ls, Räu|del, tel, Roil, Reul, |ein, ing, eke, mann, Rod|el, (e)ler, Rott|l(er), els, Rohl(mann), Rol|i, ke, es, inger, Roll, |e(s), ens, i, igmann, eder (s. Öd), Roels, (ō), Röd|el(ius), l(ing), lich, ler, Röthlein, Rötel(mann), Rödlings–, Redlings|höfer, Röhl,| e, er, ecke, ich, ing, k(er); Röl|z, king, ker, Röll, |e(ke), i, inghoff, Redl. — Gruel, Gruhl,| e, er, Krull(e), Grü|hl(ing), ll, Krüll(s), Krill, Graul, Gro|hl, ll(e), Kro|del, ig, ll, Krö|del, tel, hl, ll(s), Grö|del, tl, ll, Gröhl(ing) (× Kröll, Kroll). Erweiterung: Rollert, Rullert, Rellert

Hruodicho: Ru|dek, tke, Rü|dig, thig, Rütt|ig, gen, Rod|ig, eck, Rohdich, Rott|ich, ke, eck, gen, Rödig, Röth|ig, ke, Rött|ig, gen, eken. Gruttke, Kruttge, Grüttke, Grot(t)ke, Gröt|eke(n), chen. Doch mag manches hiervon sl. sein; s. ROD und GRAD; anders bei HROK

Roggo, Rugo (s. auch HROK, Kf. und rauh, Rauch): Rug|o, e, Rü|ge(l), Riegel, Rügg(e), Rüegg, Rogner, Roge(nhofer), Rogge(nstein), Rög|ele(in), lin, Krugel(er), Kruggel, Grugel, Krügel, Grügel, Krogel, Kroggel, Krögler, Grögeder

Ruzzo, Rozzo: Auch hier ist eine Scheidung von sl. N. schwer möglich. Deutsch sind wohl: Ruo|tz, ß, Ru(e)tz, Rutsch(mann) (× rutsch „Bergabhang"), Rutzinger, Ruotsch, Ruetschmann, Ruß, |ler, ner, mann, Rueß, Russel, Ruschen (Essen), Rüsch, Rüssel, Ryssel, Rüßler, Rüetz, Rütz(el), Rütschle; Ritzel(mann), Ritschl, Rietsch, |e, el, Riesch, Rauz; Räu|zel, ßel, Reuz, Reusch, |er, ler, ner, ing; Roos, Ros|e(mann), ener, i, ing, Roßner, Rossel, Rosch|e(r), mann, Rös|i(n)g, er, e(mann), Rösl|er, ing; Krusing, Gruß, Grüß, Crüsemann, Krohs, Krotz(er), Krös, Krösing, Kröhsner, Grösel(ing) (× Roso, Roß, Rausch, rösch)

Auslautend: Allroth, Bollerott, Eckruth

HROK: 1. zu got. hrukjan „krähen" (vgl. Chrocus), mhd. rōhen „brüllen", wohl vom Schlachtgeschrei (barditus). 2. zu ahd. ruoh, ruah „Bedacht, Sorgfalt" (wozu nhd. geruhen = sich angelegen sein lassen). Anlaut wie bei HROD. Rocbert u. a. N. fallen mit den beliebteren von HROD zusammen

Hrohhart und Ro-

Hub– (Huf)

charius: Ruck|art, ert, Rück|hard > ward, er(t), Rüchert, Rauchert, Rock|-a(h)r, ert, Rokahr, Rocher, Krocker(t) (z. T. wohl < mnd. rōkart „Saatkrähe", mua. ruchart „Dohle"; vgl. Ruch; × wend. krokar „Schreiter"; s. auch Roffkahr unter Rübe)
Rochold: Ro(h)–, Rohen|kohl, Roch|oll, holt, ol(t)z, elt; Rock|-ohl, holtz, Rogoll, R(a)uchholz, Rück|wald, wart, (h)old, Rohgold
Hroculf: Reukauf (doch eher zu kaufen, s. d.); Rockupf, Ruckoff (Niederwiese bei Chemnitz) seit 1700 Ropf, Rupf Kf. Rocco (von Roggo Rugo < HROD nicht sicher zu trennen): Ruckh, Ruccius, Ruch (s. d.), Rück, |mann, l(ing), |e(s), Rauch (s. d.), |el, Reuke(r), Roick (× roj), Rocco, Rook(s) (s. Raux), Röck(e), Roch, |e, s, ner (vgl. Rochus), Roche|l, meyer, Röch|ly, ling(g). — Kruck(er), Krück(el), Kroge(l), Kroggel, Krog, Krökel, Kröck, |e, el, Grökel, Grock, Grogg, Gröck. — Ruhe, Rühe, Rohe, Röhe
Auslautend: Landrock, Allerogge (aber Handrock, sl. = Andreas)
Hub–, Hüb:– s. HUG
Hubatsch: tsch. wend. hubač „Großmaul"
(Hube): nd. Hufe. Gut von meist 30 Morgen, schweiz. auch Weiler; mehrf. ON. Hub(en), Hueb. — Hueb (< huoba, daher zweisilbig), Schönhueb (4 bayer. u. böhm. Orte), Schönhub, Anderhub, in der Hub, Zurhub. Vier|hub, huf(e), Freihube. Hufe(land), Hufeld, (van der) Hoeven, Huven, Hauwe, Rott|hauwe, hauve, Middelhauwe. — Der Inhaber: Huber (besond. bair.), Houber, Huober, Hueber, Hue(b)mer, Hüb|(m)er, (e)ner, Hümmer, Hieb(n)er, Hiemer, Huf|ner, enreut(h)er, Hüf|er, ler, ner, Hüff(n)er (× ON. Hüffen, Minden), Haubner, Haumer, Hub|inger, auer, mann, Hübinger, Hufmann. –huber: Hal(b)h., Kleinh. = Gringh., Breitenh., Mittenh., Innerh., Neuh., Unterforsth., Gasslh., Priglh. = Stöcklh. = Reitelh., Blümelh., Schleeh., Oberfuchsh., Paulh., Schmidh. Ober|huber, huemer, hummer (Kornhuber < Gernhofer KS.)
Hübel: „Hügel" (seltener „Höcker") < heben; nordwestd. hövel. Hub|el, l, (er), el(mann), Hüb|(e)l, (e)ler, lbauer, Hieb|l, (e)ler, Hibl(er), (ten, vom, van den) Hövel, Hövel|-er, s, mann, haus, born, ten Heuvel, Höwel, Waldhubel, Kirch-, Gieß|hübel, Weinhöbel, Hohen–, Forst–, Sand–, Mos–, Wasser–, Geisthövel, Wind–, Rosen|höfel. Vgl. Sturm
Hubensack: s. Haube
Hübenthal: ON. Hessen, Hildesheim
Huber, Hübner: s. Hube
Hubgen: wend. hubjeny „armselig, mager". Hauben
Hubing: < frz. N. Hubin

Hübinger: ON. Hübingen, Nassau, Koblenz
Hübke: s. Hiob
Hübsch: mhd. hövesch, hübesch „hofgemäß gebildet". Hübsch, |le, li, mann. Hipschle
Hübscher: < mhd. hübeschen „sich galant unterhalten"
Huch–: s. HUG
Huchatz: wend. huchač „Hase"
Hucht: zu mnd. hochte < hogede „Höhe", westfäl. huchte, Plur. hüchte, „Strauch(werk)". Hucht|kötter, hausen, (e)mann; Wint–, Wiet–, Witt|hüchter (< witu); Huchting (ON. Bremen), Hüchting
Huchzermeyer: ON. Huchzen, Minden
Huck: nd. „Winkel, Ecke"; ndl. hoek (spr. huk), Vandenhoek, vom Huck. Huckendick („Deich"); obd. Huck– s. hocke und HUG; wend. s. Hui
Huckenbeck: Hof Hukkenbach, Lennep
Hückeswagen: ON. Wupper
Hücking: s. HUG
Hucklenbrock: ON. Hucklenbroich, Solingen
Huckner, Hückler: s. hocke
Huckshold: s. Huxol
Hud–: s. HUT und Hut 2
hud–: sl. „elend". Hud|i, y, ey, asch
Hudekoper: s. Haut
Hudel–, Hudler: s. Hodel
Hude(mann): ON. Hude, Oldenb.
Hudetz: tsch. hudec „Spielmann"
Hue: s. HUG (Kf. Hugo)
–huemer: s. Hube
–hues: s. Haus
(Huf): Huf|eisen,

263

Huf(f)–

schmi(e)d, schlag, schläger, Huf(f)nagel, Huft, Hüftle; aber Hufstadt zu Hof

Huf(f)–, Hüf(f)–: s. Hube und HUG

HUG: zu ahd. hugu „denkender Geist" (hügen „sich freuen"; bei Reuter sik hägen), auch zu den Franci Hugones (vgl. Hugdietrich) und damit zum Volksn. der Chauken. Berührt sich mit HOCH. Die Erweiterung HUGIN von HUNNE nicht zu trennen

Hugibald: Hupp|old, el(t), Hubold, Hau|bold, belt, peltshofer, Hobold, Hö|bald, bold, belt, Heubold, Heupel

Hugubert (Hl. Hubertus): Hub|recht, rich(t) (× Hubrich < Hohburg), rach, er(s), Hubert, |us, i; Hub(b)erich, ert, Hup|precht, (p)ert(z) (× –ert, s. d.), pers, rich, Houpperichs, Uber(t); Haub|(e)richs, ert, ort, Haupprich(t); Hob|recht, räck, rack, recker, bert, er; Hop|(p)ert, permann, pt, (Hop(p)rich, Höp(p)rich, Hup(p)rich: He); Hüb(b)ers, Hüp|per, er(t), Hyprath, Höbert, Höppert

Kf. Hubo, Ubo: Hub|o, e(l), Hupe, Hupp|e(l), ke, mann, Haub|e, l, s; Hobe, Hobb|je, elmann, ing, Hobbiejanssen, Hopp, |e(n), ius, mann, ke, inger, Hüb|ges, lein, Hübbe, Hüpgens, Hüpp|i, e(l), Übl, Ub|e, el (meist zu OD, × Übern.), ler, Heub|el(ing), lein, es, Heup|s, gen, ke, Höb(b)el, Höp-

ken, Höpp|li, (e)l (vgl. Hopp)

Hugifrid: Huffer(t), Hufert, Huvart, Heufer, Hoffert, Hovers, Hüffer(mann), Höffer(t)

Kf. Hufo: Hufe, Huffelmann, Hüfken, Hüff|mann, el, Hofe, Höfkes, Höfinghoff, Hauff(en), Hauf|e, ler, Häufle

Hucger: Hug(g)er, Hucker, Hog(g)er (× mhd. hoger „Buckel"), Hocker, Höcker, Hauger, Heuker, Heukershoven, Hoier, Hoyer (s. d., auch < Hugihart, Bach 1, 126), Langhojer, Heuer(s) (Heyer KS; Huger, Hauger Nachkomme eines Hug NS; vgl. auch hocke)

Hugihart: Hugart, Huchert. Huckert, Hau|hardt, ert, er(ke), Hochhardt, Hockerts, Höckert

*Hugiher von Hucger, Hugihart nicht zu trennen

*Hugilant: Huland?

*Hugiman: Hu(ge)–, Höge–, Höck–, Hau–, Heu(ch)|mann

Hugimar: Humer, Hummer, |s, t, Hüm(m)er, Himmer(er) (s. d.), Humar, Högemer, Haumersen

*Hugirich: Ugrich, Heurich

Hugold: Hu|gold, hold, wald, (g)ot, Huckold, Ho(u)wald, Heu|wald, wold, loth? Hau|wald, kohl, kold, kelt, Hauchholz, Howold, Hovenkohl, Huckenholz

Hugwin: Huckwien, Ho(c)kwin

Hugiwulf: Huckauf, Hockauf (oder Satzn.?)

Kf. Hugo: Hug, |o, i, en, (er), l, e(l)(mann),

Huhn

Huege, Hugle, Hugg|le, ler, Huhle, Hüg|li, e, li, Huh(e)le, (l)in, ing, Higelin, Hi(e)gle, Hüggelmann, Huck, |e, el(e), mann. Hück|el(s), lein, ing, Hickel, Huch, |e(l), Hue, Hoge(l), Hogge, Hock|s, el, Hokema, Hög|l(er), el(e), elsberger, Högge, Höck, |e(n), lin, Hau|g(k), ck(e)(l), ch(e), Haul, Häugl, Heu|glin, k(e)(l), chel, ken, Heuing. –Hugizo, Huzo: Hutz|e(l), ler (s. d.), Hützel, Huß (× hus); Husch, |er, mann, Hussel; Hotz, |e(l), en, Hozzel, Hötzel, Hößl, Hautsch, Hautz (s. d.); Hau|sig, zinger, Heung(a), Heuze, Heussi (× HUT)

Hügel: wohl meist < Hugo; Hügelschäffer, Hugelschaffner (Frkf.), örtlich: Feldh., Rosenh., Wolfh., Hüggelmann

Hugenbruch: 2 Höfe Elberfeld

Hug(g)le: s. HUG Kf.

Hugler: wend. s. Wugler; sonst zu hocke

Huhl(e): 1. vgl. Huelinus < HUG (Socin). 2. sl. hul „Stock, Bienenstock"

Huhlweg: s. hohl

Huhm: s. Hummo

Huhn: Auch Kf. von Hunwald (s. HUNNE). Zss., Zsr. Brath. (Brodh.), Rebh. (s. d.), Haseln., Weißh., Witthuhn, Kluck|huhn, hohn. Hühnerbein, Hünnerkopf (Hoenerkopff), Hinnerkopf, Hüner–, Hienerwadel („Schwanz"); Hün(e)emörder, Hünermund, Hühner|jäger, berger. Hüner|arsch, wolf. Der Hühner|vogt, fauth zieht die Zinshühner (FN. Siebenhühner) ein, doch auch Rebhuhnjagd-Aufseher (wie Hasenfauth. Ähnlich (oder Händler): Hühn|ler, rer, Hünermann. Hühnerfürst s. Forst. Vklf. Hühnlein, Hien|le, Hinlein, Hiendl(maier); s. auch Henne, Hinkel, Hunne

Huhn–, Hühn–: s. HUNNE

Hühner: 1. Hühnerhändler. 2. Hunher (Siebenhüner s. Huhn)

Hühner|t, mund: s. HUNNE

Huhnstock: s. hoch

Hui: wend. „Onkel": Huy, Hoy. Vklf. hujk, Hui|ck, ch, Hoyck, Hucke

Huis–, huis: s. Haus

Huland: s. HUG

Hülcker: s. Hildigar

Hulbert: s. HULD

HULD: ahd. huldi, hulda „Huld", hold „hold". Bei Umlaut Berührung mit HILD, bei o mit ADEL
Holbertus: Holper(t), Hölper, Hulbert, Hülper
*Huldfrid: Holfert
Huldger: Holger(s), Hölger, Höl(t)ker
Huldear: Holtermann, Hülter, Hülder (Holder usw. s. Holunder)
Holtman: Hold–, Hull–, Holl|mann (×ON. Holle, |n)
Hulderic: Huldrich eher < Ulrich, Höll(e)rich s. Holunder
*Huldward: Holwart? Vgl. Hölle
Kf. *Holdo: Huld(e), Hull, Hülling, Hold (× mhd. holde „Dienstmann"), Holte, Holl|o, ing, Holding (doch s. Hölty); Huldin, Höllein

Hülfert: s. HELFEN (× HILD)

Hülf(f)–: s. HELFEN

Hülgert: s. HILD

Hull, Hülling: s. HULD; Hüll– sonst HILD und hülwe; wend. Hüll|a, e s. Elias

(Hülle): mhd. „Schleier, Haube, Kopftuch, Mantel". Hüll|er (×ON. Hüll, |en), weber, enkremer, Hiller, Hull|er, mann (× hess. huller, „dicker Mensch"). Vgl. hülwe und HULD

Hullermann: ON. Hullern, Coesfeld. **Hüllhorst:** ON. Lübbecke

Hüllstrung: s. Hülse

Hulpap: s. halb

Hülper: s. HULD

Hülscher: s. Holzschuh

Hülse: „Stechpalme, Gegend, wo diese wachsen" [ON. Hüls, Hülsen|, busch, beck (4)]. Im Hülsen, Imhölsen, Op|hüls, hiels, von· (der) Hüls, Schulte am Hülse; Hüls|beck (ON. Elberf.), busch, kötter, kamp, witt, hagen, mann, heger, berg, hoff (5 ON. Hülshof), strunk (ON. Solingen) > Hüllstrung, Hülz, Hülßner, Hülß, Hülsken, Hülsink(g), Hils, Hilser, Hülsermann, Hülsei s. Hei; Hülse|bus = busch, buch, mann, weg, wede, wische, Hülsen(haus), Hilsenbeck, Hils|becher („Bach"), bos („Busch"), Ilsebusch

Hülter: s. HULD

Hultsch(er): s. Holzschuh

Hulverscheidt: Hofn. Lennep. **Hulvershorn:** Hofn. Altena

hülwe: hülbe, hü(e)l: mhd. „Sumpfläche". Hüll, |e(r), Hilb|e(r), le, mann, Hilpl, Hilg, |er, enrainer, Hill|engaß, (en)mayer, er, rainer. Kollektiv obd. gehüll > gülle „Sumpf-, Mistlache". Güll, |er, ich, Küllich. — Steinhilb(er) (ON. Hohenzollern), Unterilp, Weidenhiller. Nd. hülle „erhöhtes Grasland auf morastigem Boden": Hüll(e)mann

Hum–, Hüm–: s. HUG, Hummo, HUNNE

Humbel: s. Bühel 13

Hummel: 1. Insekt > aufgeregter Mensch; Nebenform Hommel. 2. < Hummo oder Humbold. 3. ON. Liegnitz. 4. schwäb. „Stier". Hum(m)ler, Hümmler, Hummel|mann, bauer, berger, brunner. Korhummel < Konrad H. NS.

Hümmer, –hummer: s. Hube. **Hummerich, Hümmerich:** 1. s. Himmerich. 2. ON. Neuwied

Hummes: ON. Humes, Trier

Hummi|g, tzsch: tsch. humno, obwend. huno „Scheune, Tenne". ON. Humnice, Humniště. FN. Hum|ig, ke, Hummeke, Hun|ek(e), ing. (Gumm|ig, ich?)

Hummler: 1. Mainschiffer. 2. Karrenfuhrmann

Hum(m)o: Kf. zu Hugimar oder Hunmar. Hum|(b)s, el, Huhm, Hummen, Hümme

Hump–, Hümp–, Humvartsen: s. HUNNE

Hümpler: 1. = Hummler. 2. „Pfuscher"

Hun–, Hün–: s. HUNNE

Hunasch: tsch. „zottiger Mensch"

Hund: 1. ahd. hundo, Hundpald wohl zu as.

265

hunta „Jäger". Dies viell. in N. wie Hunding(forth), Hunds|berger, eder, hammer (ON. Hundsheim, Österr.). 2. Meist aber das Tier: Hund(ius), Hünd|l(e), gen(s), Hunt, Hundsrukker, Hundsrückl, Hundesrügge, Hund|acker, eloh. Hundewadt („Schwanz"), Hunde–, Hunds|mann „Jagdhundeaufseher" = Hun(de)hege; ähnlich Hundmeier. Hundgeburth s. Gebauer. — Haush., Mauseh., Bundh., Grünh., vgl. holl. Swartenhondt. Der Vogelhund stöbert bei der Beizjagd die Vögel auf. — 3. hunde, hunne „centenarius, Unter-Richter", später auch „Gerichtsbote"; s. Hunne

Hundeborn: ON. Hundeborn, Waldbröel. **Hundemer** (Frkf. 4): ON. Hundem, Westf. **Hündersen:** Hofn. Lippe

Hundert: Zahln. Zsr. Hundert|pfund, stund, mark, schuh, ogß, Hunderkäs

Hundhausen: ON. Siegkreis. **Hundorf:** ON. Meckl., Böhm.-Liegnitz

Hundrich: s. HUNNE

Hundrieser, –rißer: ON. Hundriesen, Salzburg

Hundrup: ON. Huntorf, Oldenb.

Hun(d)salz: ON. Salzburg

Hunek(e): s. Hummig

Hungar, Hunger: „Ungar" (ausnahmsweise Hunger < HUNNE), Vklf. Hüngerl, Hingerl; aber Hungersbühler „vom dürren Hügel". Hungeregg, Hungerkasten (× ON. Hungen, Wetterau < Houngen)

Hung|elmann, linger: von einem unbekannten altd. Stamme (so auch Huncbert)

Hungerberg: ON. Wipperfürth. **Hungeröther:** Einöde Hungeröd, Mühldorf, OB.

Hunhege: s. Hund 2

Huning: s. Hummig

–hünkel: s. Hinkel

Hunker: s. HUNNE

HUNNE: meist zum Volksn. Hunnen, doch eine Gotin Hunila schon im 3. Jahrhundert. Andere Erklärungen unsicher. (2. uralter mythischer oder voridg. Volksstamm?; zu kelt. cuno „hoch"?; hüne „Riese" erst im 13. Jhdt. 3. an. hūnn „Bärenjunges", norw. mundartl. hūn „junger Bursche", ags. hūn „Tierjunges"). Daß man später an die Hunnen dachte, zeigen die N. der vier Söhne des Edlen Huninger von Haag, eines Helden aus der Lechfeldschlacht (955): Huninwe, Huninflor (flor „Vernichtung"), Huninleit, Hunintot. — Berührung mit HUGIN und UNN (s. d.); Hönni(n)ger wohl < HAGEN

Hunibald: Hunebald, Hum|boldt v. Humboldt < Hans Humpolt, Trabant in d. Leibgarde d. Kurf. Joh. Sigism. v. Brandenburg (1608 bis 1619), blot, pl, pel-(maier), Himboldt, Hummel(t) (s. d.), Hommel(s) (s. d.), Hümpel

Hunpreht: Hum|bracht, brecht, richt, bert, perdinck, Hummerich; Um|brecht, bricht, ber(t), Hümpert, Himbert, Hom|pertz

Kf. *Humpo: Humpenöder

Hunfrid: Humfert. Kf. Humpf

Hungar, Hunger: (Hung|ar, er s. Hungar). Hunker

Hunard: Hühnert, Hon(n)ert, Haunert, Heunert

Hunher: Hunner, Hühner, Hüner(s), Hon(n)er, Hohner(lein), Höner, Hauner, Heuner

Hunimund: Hü(h)nermund

Hunmar: fällt mit Hugmar zusammen, s. d.

Hunrad: Hunrath, Hon|rath, roth

Hunrich: Huhnrich, Hundrich, Honderich, Honrichs

Hunwald: Hun(h)old, Huhnholz, Unold, Hünold, Hon(n)old, Hönnold, Höhnelt, Haunold (auch ON. Breslau)

Hunward: Humvartsen

Kf. Huno: Huhn, |e, s, ke(n); Hun|e, kel, ze(lmann), ing, Hunn(e) (s. d.), Hühn, |e, (i)chen, el, Hün|i, e, (ec)ken, ing, ig(en), Hünn, |es, ekens; Hon|dl, ig(l), ings (vgl. Honig); Höhn|e(l), le(in), Hön|e, i, e, ick(e), (i)g, igsmann, ings, Kleinhönig, Haun, |gs, z; Heun, |ig, isch, e, icke

Hüning: ON. Hün(n)ingen, Rhld.

Hünninghaus: Hofn. Hünninghausen, Arolsen

Hunsalz: s. Hundsalz

Hunscheidt: ON. Altena

Hunshelm, Unshelm: = Anselm?

Hunsicker: s. Hund

Hunte: Flußn., Oldenb. Hunte|(r)mann, müller, nbrink = Hunten|burg, borg, berg: ON. Huntenburg, Osnabr.
Hüntelmann: ON. Hüntel, Meppen
Hünten: wohl „hinten"
Hun(t)ziker, Hunzi(n)ger: s. Hund
Hup–, Hüp–: s. HUG
Hupeden, Hüp(p)eden: ON. Hüpede, Hann.
Hupfau(er): ON. Hupfau, Bay., Österr.
(hüpfen): Hupf, |auf (dleut), inkeller, er; Hupp|op, ler, Hüppauf, Hüp(p)op, Hipp|auf, uff, Hüpfer. Vgl. Hopp
Huppatz: wend. hupac „Wiedehopf"
Huppenkothen, Huppertsberg: Kotten b. Elberf.
Hurban(k): s. Urbanus
Hürbin: s. hor
(Hürde): mhd. hurt „Flechtwerk"; auch „Gattertür" (s. Etter) und „Marktbude". Hurt, Hürd|le, er, ler, Hurt(er), Hürt|h, ner (ON. Hürth, Köln; Hürtgen, Aachen); Hurdelhey, Hur(de)lbrink, schles. Herdler
Hurgraben: s. hor
Hurkuck: mnd. hurkuken „gurren" (von Tauben)
Hurlebaus: „Tumult, Saus und Braus"
Hurler: 1. < hurlen „rollen". 2. s. HIR. Hürler
Hürlimann: s. Hörndlimann
Hurnaus: s. Hornisse
Hürner: s. Horner
Hürscheler: s. Hirse
Hurst(er), Hürst: s. Horst
Hurt–, Hürt–: s. Hürde
Hürtgen: 1. ON. Aachen. 2. < frz. N. Hurtien(ne). Horti|an, en (× Hürde)

Hurtig: „flink"; auch **Hurtzig** (vgl. mhd. hurzen = hurten)
(hus): tsch.-obwend. „Gans". Husse, Huske, Husch|e, ka, ke, er(t); Husar „Gänsehändler", Gause, Gausche (vgl. ON. Gaussig, Bautzen); nd.-wend. gus: Guß, Guschke (× wend. husć „Dickicht"; Husche: rotw. „Gendarm")
Hus–, Hüs–, Hues–, –hus, –husen: s. HAUS, Haus
Husadel: s. Usadel
Husch–: s. HUG, HAUS, hus
Hüschelrath: Hofn. Solingen
Huschwadel: fränk. „Pferdeschwanz". Aber Hußwedel, Hauswedel (l) < Gusewelle (Stadthagen) unerkl.
Husel, Hußl, Husserl: obd. „Kalb"
Huß–, Huss–: s. HUG und hus
(hussoki, wussoki): wend. „hoch". Huss|ock, ack, Wussack
(hūsten): mhd. „Getreide-, Heuhaufen setzen": Huste(r); aber md. mit ü: Huster von der Krankheit. Laurentius Hasse, genannt Lorenz Huster, Pöllwitz XVI
HUT: ahd. huota „Wache" (× huot „Hut, Helm"; hūt „Haut", hutta „Hütte"), Hutpald, Hod|ilo, ing
***Hodger:** Höt|(t)ger, ker
Hudamar: Mischf. Hutzmer
Hudricus: Hodrich, Hüttrich
***Hodwin:** Hodwig

***Hudolf:** Hutloff, Hudtloff, Hut(h)uff, Hutof, Hütopp, Hotopp
Kf. (vgl. Hut): Hut, |ler, mann, Hutt, Hüdig, Hoth, Hoting, Hodel, Hodske, Hott(el)mann, Höt|ke, ling, mann, Höd|e(l), ke, ler, lich, Hötte, Haut, |e(n), ke, Haude. Anderes fällt mit Huzo < Hugizo zusammen; s. auch Hut 2 und hud–
Hut: 1. mhd. auch „Helm", nd. hōt, haut, ndl. hoed (×ON. Huth(a), Sachsen). Huth, Huetlin, Ho(o)th. –hut(h): Eisenh. = Isenh., Stahlh., Kesselh., Grünh., Blauh., Rodeh., Weißh., Schönh. (s. d.), Hochhuth, Spitzh., Breithut. Rauhut s. rauh. Schaubh. > Scheibelh., Kiph., Wackenh. (siehwagen 2), Niederh. = Nedderh., Filzh. (s. Filz). Anhuth („ohne Hut"). Fingerh. Gelhoet. Wünschhütl (Wüntschühtl). — Nd. Hotop („Hutauf") > Hotopf. — Hut(t)er, Hueter = Hut|macher, welker = nd. Höter, Hod(t)walker; Hot–, Haut|mann, Hoedemakers. 2. „Hutung": Hutecker (> Huttech, Hodeck, Hedeck, Heidecker KS.); auch „Fährstelle": v. d. Hude, Hude(mann). 3. „Nachstellung, Lauer": Uhlen–, Vogelhut; s. Eule
Huthmann: 1. s. HUT. 2. Hutmacher. 3. Wächter. 4. Bergbeamter
Hütköper: s. Haut
(Hütte): 1. kleines Haus. 2. Erzhütte. 3. ON. Hütten oft (×HUT). von der Hütten, Hütt|(e)l, che,

267

(n)er, egger, mann, Hütte|bräuker, meister. Hütten|bruch (ON. Hüttenbruch, Altena), hoff, müller, mair. Schönhütte, ler, wirth, hein, Hitt|ner, Neu–, Hasen|hüttl, Seehüter. Hüttenrauch und Hüttrich „Arsenik"

Huttelmaier: s. hodel
Hüttenberger: 9 Orte

Hüttig: ON. Hüttingen, Trier. **Huttner:** ON. Hutten, Hessen-N.
Hutz–, Hütz–: s. HUG Kf. (× HUT)
Hutzel: schwäb. „gedörrte Birne". Hutz|(e)l, ler, elsiedler, Hotzel, Hozzel
Hutzmer: s. HUT (Hudamar)
Huvart, Huwald: s. HUG

Huven, Huwendiek: s. Hube
Huwe: s. Hau
Huxol: ON. Lippe, Meschede. Hux|oll, hol, Huckshold, Hoxhold (× ON. Hux|ahl, el, Hox|el, sohl)
Huy: s. Hui
–huys: s. Haus
Hynek: tsch. = Heinrich
Hyprat: s. Hugubert

I

–i: 1. Verkleinerungssilbe. 2. lat. Genitivendung. 3. it. Endung. Bei 1. u. 2. auch –y
–ian: s. Johannes
Ib–: s. EIBE, Eibe, HILD (Hilbo)
Iban: s. Johannes 3
Ib(e)l, Ibler: s. Übel
Ibrig: s. Uibrig
–ich: 1. deutsche Verkleinerungssilbe, sl. Anhängsel. 2. in ÖN. kollektiv = icht: Eibich(t). 3. in kelt. ON. im Rhld. (lat. –acum): Gymnich. Zu 2, 3 vgl. –ach
Ick–: s. Ecke und Ico
Ico: Unerkl. häufiger N. Ick, |ert, at, er, en, (e)s, ler; Ihk, Ik|e(n), er(t), ler (× ECKE und HILD)
ID: uralter Stamm (an. idh „Arbeit", Eifer?, ahd. Idisi?), Ibald, Ithar u. a. Gelegentlich × HILD
Idofred (× Hildifrid): Iffahrt, Iffarth, Iffert. Kf. Iffo: Iffinger
Kf. Ido: Id|o, e(l), en(-ius), er (× ON. Iden, Magdeb.), ing(er); Ihde(n), Ith(en), Itensohn, It(t)elsohn, Itt|ig, ing, mann, Itz|en, el, mann, Itjeshorst (Hamb.); s. auch EID. Manches wie

Itin auch < Ita. — Ita, Ida (weibl.): It(h)a. Itta(maier), Id(d)a. Hierzu auch z. T. die N. auf –en und –sohn unter Ido
Idelberger: ON. Koblenz
Idrich: s. HILD
Ifang: ndrh. „eingezäunte Wiese". Ivangs
Iff–: s. ID
Iffert: s. Hildifrid
If(f)land: dissimiliert aus Livland (in der Kudrun > Niflant). If(f)länder; diphthongiert Eif(f)länder
IG: Unerkl. Stamm. Igo, Igulf. Ig|er(t), en, gelegentlich auch Ig(e)l. Igenhardt (< Eginhard, zu ECKE?)
–ig: 1. = ich 1 (dafür auch igk), 2 u. 3. — 2. < –ing. 3. in sl. ON.
Igel: (vgl. IG. ON. Igel, Trier; Iglau, Mähren > Igler), Igl, Ig(e)lhaut, Feld–, Holz|igel, nd. Holtegel, Staudig(e)l, Steudigel („einsiedlerischer Mensch"), Schweinigel (= Igel; nach der Schnauze, ohne jeden Tadel) > Schwei(n)gel, Weinigel, nd. Swinegel (aber Tannigel < Daniel. S. auch Mundigl, Kunigl)

Igers: Igerse < ON. Igersheim, Mergentheim
Ignatius: Hl. Ignatz(i), Ignatschek, Na(a)tz, obschles. Gnatzy
Ignei: < frz. N. Hugenin. Ignée, Iggne
Ihde(n): s. ID
Ihelin: s. OD III
Ihering: s. GER Kf.
Ihk: s. Ico
Ihlbrock: ON. Diepholz
Ihle: 1. < HILD und IL. 2. schwäb. < Uli < Ulrich; s. OD III. 3. Flußn. Ihle: Ihle(mann). 4. nd. īle „Blutegel": Ihlbrock? Aber Ihl|o, ow, off s. jil
Ihlefeld: Ihlenfeld
Ihm–: s. IRMIN und IM
Ihn–: s. ING und ECKE III (Ihn: ON. Trier)
Ihr–: s. HIR
Ihrz: s. Ührz
Ihsmer, Ihßen: s. EISEN II
Ik–: s. Ico
–ikon: s. Hof
IL: 1. zu ahd. īlan „eilen". 2. zu engl. ill „schlimm". Ilo, Illinc, Ihl|e, s, emann (doch s. Ihle), Iling(er), Ill|hardt, e, ing, ig(er), (i)chmann (× nd. ilk, illink „Iltis")
Ilberg: Entstellung des ON. Ilfeld
Ilbertz, Ilbig: s. HILD

Ilfrich: s. HELFEN
Ilg(en): 1. s. Aegidius. 2. 5 ON. (St.) Ilgen > Ilgner. 3. < HILD. 4. Ilg, Illge: mhd. ilg „Lilie". Il(l)genstein (Halle)
Il|ges, ies, ius: s. Aegidius
Ilker: s. Hildigar
Ill–: s. IL, HILD und jil (Iller auch Hilarius)
Illerich: ON. Koblenz
Ill|gen, ies: s. Aegidius (vgl. Ilgen)
Illich: s. IL und jil
Illiger: ON. Illingen, mehrf.
Illitsch: s. jil
Illner: s. Elm
Illsung: s. Ilso
Ilm: 1. bair. „Ulme". Ilm, |e, auer, berger. 2. Ilm–: s. HILD und Imlauer
Ilm: 3 ON. Thür.
Ilsebusch: s. Hülse
Ilso: Unerkl. altd. N. Il(l)se, Illsung, aber Ilsemann: 1. ON. Ilse, Minden. 2. Flußn. mehrf.
Ilt(g)en: s. HILD
Iltis: Übern. (vgl. IL)
Ilwolf: s. HILD
Ilzhöfer: s. Ulzhöfer
IM: Immo, Im|ilo, izo, ico. Ganz verschiedenen Ursprungs: Lallwort, Ablaut zu AMAL, assimiliert aus IRMIN, Kf. zu Ingmar, Hincmar und Agimar; vgl. auch anord. imr „Wolf". Ihm, |e, ig, le, els, sen; Im, |(b)s, se(n), er, le, ig, ke(n); Imm, |e, el(mann), ich, ecke(nberg), ing(er) (aber eine Familie Immel urkundl. < Amella, Worms XIII); die folgenden meist zu IRMIN: Em|le, lich, (l)inger; ig; Emm|el(mann), ler, ich; Ehm|ling, isch (× sl. N. zu wend. jimac „nehmen, fassen", asl. ima „haben": Imišlav,
Imiš, Jimilin; Immling, Immisch)
Im: = „in dem", s. in
Imbrich: s. IRMIN
–im: s. Heim
Imber: s. Imlauer, Imme
Imer: schweiz. Hl. Hymerius
Imesch: s. Esch
Imgard: s. IRMIN
Imgram: s. ING
Imhausen: ON. Altena, Waldbröel. Imhäuser
Imhölsen: s. Hülse
Imlau(er): < Imlautal, Salzburg; > Umlau, Ilmau, Imber(t) KS. Imolauer
Imme: „Biene" (× IM), Imke, Imm(e)ke, Ihme. — Imm(l)er, Imker, Imber „Bienenzüchter". Immenkamp, Imkemeier?, Immeier. (Im(m)er: s. eben)
Immener: zu mhd. imīn. (ein Getreidemaß)
Immergrün: vgl. Singrün
Immerthal: s. Allmende
Immerzeder: < Immerseder; s. Öd
Imrich: s. IRMIN
in: Präposition. 1. In (z. T. < in den; s. 4; vgl. Indekamp). In|anger, fang, feld, beck = bach, boden, hülsen, öhl (s. Ohl), torf (Dorf); in Eichen. 2. Im (< in dem): Im|feld, keller, busch, esch, grüt („Gereute") äbnjt, ebnet (s. eben) boden, seng (s. sengen), stepf (s. Stapf), hagen, horst, hülsen, thurm, dorf, oberdorf, mohr = moor, sand(e), sieke, ort, scheid, bescheid (Frkf.), wolde, wall(e), bach, graben, haus, hof(f), Immhoff, Imeidhof (Frkf.), im|Ried, Winkelried, Obersteg. 3. In der|mühle, au (Intrau, Indra), bitzi(er) (s. Bitze),
furth, matten, mauer, mitte, mühle, wildi, gand, in der Beek, Interwies. 4. Inden|birken, kämpen. 5. holl. in het: Inhetveen, Int|veen, ween. 6. ndrh. nd. > ng: Inge-feld, Ingen|ohl, dörnen, haag, hoven, horst, paß, werth, beck, dahl, rat, rieth, sandt, ohl, werth, lath (s. Latte). Ingerfurth. Ingenmey (s. Mai). Ableitungen: In|gruber, hauser, hofer, huber, ofer
–in: 1. südd. Verkleinerungsanhängsel, Ulin < Ulrich, –lin: Schmidlin, Schühlin. 2. sl. Ortsnamen-anhängsel, danach –iner: Schweriner
Inauen: Zu Au oder ahd. innowa „Wohnung"
IND: Unerkl. Stamm. Indo, Indulf. Ind|en, ig, s, ulfy. Inte(l)mann
Inder–, Indra: s. in 3
Inderst(er), Indrist: „der Innerste" (vgl. Obrist)
Indlekofer: ON. Indlekofen, Baden
Indres: s. Andreas
Ineichen: schweiz. in Eichen: s. in
ING: zum Heros Ing, dem Stammvater der Ingväonen; viell. ablautend zu ANG und ANGIL (s. d.). Wenn ING zu Eng wird, fällt es mit deren umgelauteten Formen zusammen. Vgl. auch Ingwer
Ingobert: Ing|ber, wardsen, wers, wersen, werth, Eng|bart, (e)bert, bers, wer(s), berding, brecht, berg
Ingibrand: Ingebrand
Ingofrid: Ingfer, Eng|fert, fe(h)r, Hinkforth, Engefehr
Inghard: Ing–, Enckl–

hardt, Eng|(e)hardt, ert, Enkert
Inguheri: Ingerl(e), Enger, |s, er, ling, Enkerlin (aber Inger, ON. Köln)
Ingomar, Hinkmar: Immer (vgl. Irminher), latinis. Semper, Immer–, Emmer|mann. Kf. s. IM
*****Ignot:** Eng|noth, nath
Ingualde: Ing|vald, old, Eng(e)wald
Inuihc: Engwich(t), Engewicht
  Kf. **Ingo:** Ingel, Eng|e, isch, En(c)k(e) (s. Enke), Enk(l)ing
Ingelfinger: ON. Württ.
Inge(n, r): s. in 6
Ingern: s. gēre
(Ingwer): Ingiver, Gyngiber < lat. zingiber; bei Ing|ber, fer × ING
Inhestern: s. Heister
Innewein: < Ingenuinus, s. Genuinus
Insam, Insom: Tirol < in summo „auf der Höhe"
Insel: Inselmann, Iseler, Isl(ing)er, Eißler (s. d.) < mhd. īsele „Insel"
Inst, |e, en: „Insasse, Häusler" (vgl. sāze)
Insul: ON. Adenau
Intelmann: s. IND
Interwies: s. Wiese
Intorf, Introp: ON. Intrup, Tecklenburg
Int|veen, ween: s. in 5. Inveen
Ippel, Ippold: s. LEUTE (× HILD)
Ippendorf: ON. Bonn
Ippich: s. HILD (Hilbo)
Ipser: s. Gips
Ir–: s. HIR
Ircher, Irger, Irker: „Weißgerber" < mhd. irch „Bocks–, Gemsenleder"
Irion: s. Gereon
Irl–: s. Erle
IRMIN: durch Vokanausgleichung aus ERMIN. Nach Güntert, Der arische Weltkönig, zu gr. ἄρμενος „angefügt, passend", Part. zu ἀραρίσκειν „fügen", wozu auch der Volksn. Armenier, gr. ἄρμα, lat. arma, armentum, nhd. Arm gehören, weiterhin Arier, Iran (s. auch Arminius), lat. ars. Das einst oft vorgesetzte H (Herminones, Hermunduri „verbündete Duren", vgl. Thüringen) zeigt sich in neueren N. kaum je. Ahd. irmindeot „Gesamtvolk", irmingot urspr. „Stammesgott", irminsūl „Bundessäule". Weiterentwicklung zu „allgemein, groß": ags. eormengrund „Erde". Mythologische Bedeutung beim Stammheros der Herminonen (vgl. Irmines wagen „Großer Bär"; Irmin Mars dicitur, Widukind I 12; anord. Iormunr Beiname Odins), Assimilierung zu Imm–, Emm–, ablautend Arm–
Irminperath: Armbrecht
Irmindrud (weibl.): Irm–, Ermen–, Ehrmann–, Ehren–, Erben|traut, Irmgedruth (× ON. Irmtraut, Westerwald)
Irminfrid: s. HIR
Irmingar: Irminger
Irmingard (weibl.): Arm–, Harm|gardt, Irmgar|d, tz, Imgard, Ermgart, Ehrengardt
Ermenegild: Ermekeil
Irminhard: Irmert, Ermarth, Em(m)hardt, Immert, Emmert, Emetsbichler, Armending, Armerding
Irminher: Irmer, Ermer(s), Immer(mann) (vgl. Ingomar), Armherr, Ammer, Emmer|l, ing
Irminrat: Emrath
Ermanarich: Imrich, E(r)mrich, Emm(e)rich (s. d.), Em(m)erig. (Emerlich, Emrichs, Imrich, Imbrich, Ihmreich, Ihm: He)
Irminold: Ermold
  Kf. Irm(in)o: Irm|y, isch(er), scher, (sch)ler; Erm|en, el(in), eling(meyer), linger, isch, ke; Arm|ke, (e)s, Ärmes. Immo s. IM
Irps: s. ERBE
Ir(r)gang, Ihrgang: 1. Übern. eines Fahrenden (FN. Irrgeher). 2. mehrf. ON. Ergang, Ihrgang
Irri|tje, the: s. Eretge
Irsch: ON. Trier mehrf.
Irsig: s. Georgius
(Irte): „Zeche" (ürte, örte, erte). Irtenkauf, E(r)den–, Ehren–|kauf, käufer
Is–: s. EISEN, Eisen
Isaak: hebr. Jiz-chak „er wird lachen" (1. Mose 18, 12); daher jüd. > Lachmann, Gen. Lachs, Lax. Meist jüd. N. (KJ). Manches auch zu Isay. Isaake, Isak(owitz), Sack, Säkkel, Seckel(sohn), Secklmann, Siegel(berg), Sichel, Zickel, Eis|ack, eck, ig, enmann, Eisner, Isen–, Eisen–, Einstein, Itzig (> Hitzig), |el, ehl, sohn (Isak, Isachsen nicht jüd.; wend. Schack), Itzinger
Isabella: FN. < unerkl. span. Frauenn.
Isay: Vater Davids. Deutung unsicher
Isbanner: s. Esch
Isbeck: ON. Ischebecke, Hagen
Isch–: s. EISEN II
–isch: 1. an PN. < izo oder

Ischink
-ich 1; sl. Anhängsel < ici, isku. 2. örtlich s. ich 2
Ischink: s. Istel
Iseler: s. Insel
Isenberg: Häuser bei Elberfeld. **Isenbügel:** Hofn. Elberfeld
Isensee: ON. Stade
Iserlohe: ON. Iserlohn
Isidorus: gr. „Geschenk der (ägypt.) Göttin Isis". Hl. I. v. Sevilla, † 636; Märt. I. von Chios: Dörr|ies, le; Dör|y, ge; Dor|us, ias, y; Thory?, Dar|ius, ies, gus, ges
Ißleib(er): ON. Eisleben (Islevo, Isleiben) oder Eßleben (Isenleiba). Ißleb
Isl(ing)er: s. Insel
Ismael: hebr. „Gott erhört"
Israel: hebr. „Gottes Kämpfer Israels". Auch christlich. In Herrnhut einmal Österheld > Israel (mua. ähnlich klingend)
Issel: ON. Trier; Isselmann < Flußn., Westf.
Isserstedt: ON. Jena
Istel: zu sl. istu „wahr". Isting, Iske, Ischink
Ißler: s. Eißler (vgl. Insel)
Ißmann: s. āʒ
Ista: ON. Istha, Kassel
It-: s. ID
(Italien): Itali|ener, ander -itsch, -itz, -itzsch: sl. ON.-Endung
Itt-: s. ID
Itter: ON. Düsseld., Solingen. Ittermann
It(t)rich: s. HILD
Itzen: s. ECKE Kf.
Itzerortt: ON. Hitzerode, Eschwege
Itzig-: s. Isaak
Iv-, Iw-: s. EIBE. Iwan
Ivangs: s. Ifang

J

Jaab, Jaap, Jab-: s. GEBEN
Jabel: mehrf. ON. – Jabelmann
Jablonski: tsch. jablon „Apfelbaum"; oft in ON. wie Jablon|a, itz, ka, ken, owo. Jablunkau
Jach-, Jäch-: s. JAGEN und Johannes 3
Jachem: s. Joachim
Jack-, Jäck-: s. Jacobus und JAGEN
(Jacke): Wollinjack (doch s. Jacobus; Jacke, Schacke < frz. N. Jaquet)
Jacken: s. GOTT, Gotesscalc
Jäcker: s. Ecke. **Jacker(t), Jäckert:** s. ECKE I
Jäckstein: 2 ON. Gumbinnen
Jacobus: hebr. „Fersenhalter": 1. Patriarch. 2. zwei Apostel. Jacob, |us, i, y, s, er, so(h)n, sen, Jackob, Jakob(ius), Jacof. — Zss., Zsr. Jakobaufderstroht (s. Struth), Jakoberger; Jakobs|krüger, meier, kind, Jacobsnagen (3 ON.); Quade-, Schling-, Ven|jacob, zur Jakobsmühlen. Kf. 1. Jácobus > J a c k , |e, i, s, (e)l; Haisjackl < Matthias Jakob; Jak|s, sch, lin, Ja(a)g, Jax, Jäck, |h, el, le, l(e)in, Jecklin, Jägg|i, le, li, Jeggli, Jäk|el, s, Jekel (latinis. Jekeli, Jikeli), Jäg|el, le, lin. J o c k , |s, el, Jok|s, el, Jogg, Jogel, J ö c k , |el, le, Jökel, le, Geck(le). Hacke, Häckle. [Jekel|y, ius, Jekler, Gekel, Gökel(er), Göckel, Gökler He]. — Jäck, Jäggle „der Häher" > FN. Nußjäck, Schreijägg, Schrei|eck, egg, Schrey|jack, ögg. Vgl. Jodel und JAGEN. 2. Jacobus > K o b , |us, uß, (e)s, sch, i, e; Koob(s), Kobbe, Kop|s, ke, Koop, |s, ke, Kopp, |e, el, ens; K ö b , |i, es, (ic)ke, (e)le, el, Köp|cke, ken, Köpp(ch)en, G o b e s , Göbgens. — Vielfach × GOTT, Kf. Gobbo. — 3. ndrhein. Jaepgen, Joebge|n, s. — 4. Vgl. Poppo Sl. N.: Jacub, |(ow)ski, asch, Jakobiak. Kf. 1. Jack|el, isch, Jak|uß, usch, isch, Jäcksch, Jagusch, Jax|a, y, Jesko. 2. Kub|a, e, itz, isch, iczek, ien, anke, inke; Kupsch, Kübsch, Gubitz, Gaub|e, atz, isch, Kappusch, Kabus, Kuschke, Kob|usch, us, (i)sch, itzke, an, Köbis, Koppisch, Kop|sch, isch(ke), ka (× sl. kupiec „Kaufmann"), lit. Jakobeit
    Weiblich als FN. Jakoba, Jacobine
Jäde: s. GATTE
Jaepgen: s. Jacobus 4
Jaffe(e), Jaffé: jüd. Japhet, französiert
Jagd: Jagd|mann, huber, spieß; mhd. jaget > jeit: Jaide, Jaitner, Jaidler
Jagel: ON. Potsdam; wend. „Hirse"
JAGEN: ahd. jagōn „jagen". Jagobert, Jachipald
*Jachart: Jachert(z). Kf. Jache(ns), Jäch(er),

Jech(e), Jecht(l)?, Jäg|e(n), el(ing). Alles andere verschwindet unter Jacobus Kf. 1
(jagen): Jag|(e)mann, e-meister. Satzn. Jagenteufel
Jäger: Jeger, Jajer, bair. Jager, ndrh. Jägers, Jeghers, latinis. Venator. Zss., Zsr. Jäger|bauer, huber, maier, mann, Jagerspacher; Gemsj., Hasenj., Cronj. („Kranich"), Gansj., Hühnerjäger
Jägg: s. Jacobus Kf. 1
(jagoda): wend. „Beere". Jagode, Jagott. Tsch. jahoda „Erdbeere". Jahoda
Jähde: s. GATTE
Jahle: tsch. jahla „Hirse". Vgl. Jagel
Jähler: s. GEIL
Jahme: s. Jamke
Jahn–, Jähn–, –jahn: s. Johannes
Jahr: wohl meist sl. jary (s. JAR); deutsch in Zss., Zsr. Gutj. „Neujahrsgeschenk", aber auch „gute Ernte"; > schweiz. Gujer, Guyer. Neuj. Langj. („Schaltj."), Drissigjar, Elvenjar, Czeniar. — Jahr|mark(t), märker (> matter?)
Jahr–, Jähr–: s. GER
Jahr|eis, sen: s. Gregorius
Jaid|e, ler: s. Jagd
Jajer: s. Jäger
Jaik: s. Ali
Jais, Jaist: s. Jodocus
Jak–, Jäk–: s. Jacobus
Jalaß: s. GOL
Jami(e)n: s. Benjamin
Jamke, Jamm(e): wend. jama „Grube". Jammer, Jahme (ON. Ja(h)men)
Jam(m)rath: s. Gamerith
Jäm(m)rich: s. GAM
Jampert: s. Gampert

Jan–, Jän–, –jan: s. Johannes
Jandorf: jüd. < Jantoff < jomtob „Festtag". Jander, Jentof, Jontof(sohn), Jumtow, Gutentag
Jandr|ey, ich: s. Andreas
Janell(e): pruß. N. Jannell
Janker: bair. „Jacke", Joppe"
Janser: s. Gans 4
(Januar): Jänner, Jenner
Janzon: s. Johannes 2
Japp–, Jäp–: s. GEBEN
JAR: sl. Stamm, zu tsch. jary „munter, heftig" oder jar– „früh"? Vgl. Jerichow
Jaromir: Jarmer (× ON. Jarmen, Stettin), Järmer, Jermer, Germer
Jaroslaw: Jaroslaw, Jereslaw; Vklf. Jaßlauck Kf. Jahr, Jar|ick, itz, etzke, aß, os, osch, schel, och, on, Jarrasch, Jaerisch, Jer|(i)sch, ich, och, osch, atsch, utsch, ke, schke, ock, on (× Hieronymus), Gehrisch, Ger|osch, on, wend. Hasch|a, e, ig, ke
Järchel: s. GER Kf.
Jarlin(g): s. Hieronymus
Jarmatz: s. Jeremias
Jarmuth: s. GER
Jarni|ck, g: s. jawor
Jarres: s. Gregorius
Jasch–, Jäsch–: s. Johannes 3
Jaschik: wend. jažyk „Igel", vgl. Jeschek
Jaschob: wend. jatsob „Habicht", ndwend. jaśćek: Jaschek
Jasel: wend. jasla „Hürde"
Jasmund: Halbinsel, Rügen
Jasnoch: s. jes
Jason: jüd. Umstellung von Jonas
Jasper–: s. Kaspar

Jaßlauck: s. JAR
Jast–, Jäst–: s. GAST
(jäten): Jetter, Geter, Gäter
Jattke: s. Gattig
Jatho: ON. Gatow, Brandenb.
Jätsch: s. Jesch
Jauch: obd. Flurn. 1. schwäb. 1000 Quadratklafter. 2. schweiz. „Gebirgsjoch". 3. ostd. = Joachim
Jaud|as, es: s. Judas
Jaud(t): s. JUD
Jauer(nick, nig): s. jawor
Jauf|er, ner: Tirol. ON. Jaufen = it. giovo > lat. iugum „Joch". Jaufmann eher zu Gauf
Jau|ke(ns), s, sch: s. GAU
Jaur(i)sch: s. jawor
Jauslin, Jaussi: schweiz. zu jaussen, jauslen „jammern"
Jauß: s. Gans 2
Jawe: s. GEBEN Kf.
(jawor): wend., tsch. „Ahorn". Jawer, Jawor|ek, ski, Jauer (9 ON.), |nick, nig (auch 11 ON.), neck, Jabornik. Auernigg > Auringer (KS), Jarnick, Jarnig, Jaur(i)sch
Jax: s. Jacobus
Jaxt: vgl. pruß. N. Jaxe
Jebens: s. GEBEN
Jech–: s. JAGEN
Jeck: s. Jacobus, Kf. 1
Jede(c)k: < Diedek < tsch. Dědek
Jedele: s. OD III Kf.
Jedelhauser: ON. Günzburg
Jeep: s. GEBEN
Jeggli: s. Jacobus
Jeghers: s. Jäger
Jehl, |e, in: s. OD III (× GEIL)
Jehn–: s. Johannes
Jeismann: s. Geisel I
Jehring: s. GER

Jeist: s. Jodocus
Jeitter: s. GAID
Jekel u. dgl.: s. Jacobus
(jelen): sl. „Hirsch" (> nhd. „Elentier"). Jelen, Jell|en, in. — Vklf. Jel(l)inek, Jellink, Gel(l)inek, Gelling
Jelitto: wend. jelito „Wurst"
Jelerichs: s. ADEL II (Athalarich)
Jellies: s. WIG Kf.
Jeltsch: ON. Breslau
Jemor: ON. Gemor, Elsaß
Jen–: s. Johannes
Jendr–: s. HAG II (Haganrich) und Andreas
Jener: < ON. Jena
Jenett: < frz. N. Jeunet
Jeng–: s. GANG
Jenin: s. Genuinus
Jenner: „Januar"
Jen(n)erwein: s. Genuinus
Jenrich: s. GAND (× HAG II)
Jenter: s. GAND
Jenzer: „Enzianbrenner"
Jep–: s. GEBEN; fries. Jepp|e, son, Jepsen Kf. zu Eberhard
Jer–: s. GER, Georg, JAR
Jeremias: hebr. Jirjemahu „Gott schenkt". Jerem|ias, i(es), Jerm|es, is; sl. Jarmatz
Jerg–: s. Georgius
Jerich|o(w), au: ON. Magdeb.; Jerch|o(w), au, e (zu JAR)
Jer|(i)sch, och, osch: s. JAR und Hieronymus
Jer|och, ok: s. GER (Gerhoh)
Jeromin: ON. Ortelsburg
Jer(r)mann: tsch. < Hermann
Jerusalem: 11 Orte in Deutschl.
Jerwien: s. GER
(jes): tsch. jes(en) „Esche". Jessen (mehrf. ON.), Jess|e(l), ing; wend. jasen;

Jasnoch; böhm. ON. Gessing, Gässing > Gessinger
Jesaia: hebr. „des Herren Heil". Jüd. Schaja, Schay(er), Schei|er, ge, berg, Schey(er), Scheuer
Jesberger: ON. Fritzlar
Jesch, Jeschek: 1. sl. jež(ek) „Igel" (Jesch auch ON.), Jetsch, Jätsch. 2. s. Johannes 3
Jeser: wend. jezor „Teich". Jeser|ich, ig, ick, itz, Geserich, Gäsrich (ON. Jeeser, Jehser, Kirch-Jesar, Jehserigk)
Jesinghaus: 2 Orte Jesinghausen, Hagen
Jesko: s. Jacobus, sl. N.
Jesper(sen), Jeß: s. Kaspar
Jesse|l, n: s. jes
Jest–: s. GAST und Jodocus
(Jesuit): Jesuiter (s. Käse)
Jesus: hebr. Je(ho)schua „Heiland" = Josua. Jesumann
Jet–: s. GATTE
Jetsch: s. Jesch
Jetter: schwäb. s. jäten (Hamb.)
Jhering: s. GER
Jibben: s. GEBEN Kf.
Jides: s. Aegidius
Jienke: s. Gienow
(jil): tsch. wend. „Lehm". Ill|ich, itsch; Ill|off, ow (ON. Mark > Wallensteins Feldmarschall Illo); Eulitz (ON. Meißen), Eilitz
Jikeli: s. Jacobus 2
Jilg(en): s. Aegidius
Jinapp: s. Gienow
Jindrich: tsch. = Heinrich
Jiptner: s. Joppe
Jir–: s. Georgius
Jiriczek: „kleiner Hänfling" < tschech. jiřic „Hänfling"
Jirman: s. HEER

Jirsch: s. GER Kf.
Jischke: s. Juschka
Jitges: s. Aegidius
Joachim: hebr. Jehojakim „Jehova richtet auf". Joachim|sen, bauer, meier, smeyer. — Kf. (z. T. slawisch): Joch, |im(s), em, en, el, am, um, > heim, mus, imske. Jöchl, Jechel, Juch(em), Jachem, Jauch (s. d.). Goachime = Achim (s. d.). Gocht (Vogtl.), Keim
Joa(s): hebr. „Jehova stützt". Joast (s. Jodocus)
Job–, Jöb–: s. Hiob, Jodocus
Jobert: s. GOTT
(Joch): „Gebirgsjoch": Joch(n)er, Jöchl(er); s. auch Jauch, Jaufer. Tirolisch: Tschugg(mall) < iugum (malum)
Joch–, Jöch–: s. Joachim
Jock–, Jöck: s. Jacobus
Jod|eit, ies: balt. N.; vgl. lit. júodas „schwarz"
Jode: pruß. N.
Jod(e)l: 1. < Hl. Theodulus, Nebenform zu Theodorus. Ebenso **Joder** < Theodorus (Wilhelm von Sante Joder, Basel). 2. südd. Kf. zu Jodocus, Johann, Joseph, Georg. Jodl|bauer, eder, sperger, Jodt
Jödike: s. GOTT, Kf.
Jodocus: < Judocus, kelt. „Kämpfer". Hl. † 658 (s. Trier, Der Heilige Jodocus) > frz. Josso > dtsch. Joos, Jost (meist ō). Vermischung mit Hiob (Job) in Kult und N. Jobst aber nur = Jodocus. Gelegentlich Berührung mit Josias, Josua, Justus (s. d.); jüd. Jost auch < Joseph. Jodocus Koch > Justus Jonas

Job s. unter Hiob.
Jobs(t)mann, Jobsten, Jost, |en, el, es, mann, schulte, arndt. Joost, |en, ema, es, Joest(en) (oe = ō), Joist, |(g)en, Joschl, Jöst, |en, lein, er, ing(meier), Jest|l, er. Jossen, Joßbäcker, Job–, Jus|meier, Josen–, Joßen|hans, Jös|er, el, Jößlin (Jais(le), Jaist, Jeist auch < Joas), Garn–, Hacken–, Hocken|jos, Hagios (NS.), Jost auf der Stroth s. Struth. [Gu(i)st, Güstel, Jüstel He]
Jodt: s. Jodel
Joel: hebr. „Der Herr ist Gott". Joelsohn, Joh(e)lson; Freiherr von Joelson
Jogel: s. Jacobus
Johannes: hebr. Jehochānān „Gott ist gnädig"; 1. J. der Täufer (FN. Baptist, |a, e); 2. der Evangelist (FN. Evangelist[a]). Über 300 FN. Johannes, |meyer, sohn, Joann|es, i, Joans, Johann, |s(mann), en, essen, zen, son, ides, emann, meier, peter. Johanning, |s, meyer, knecht, Johänning(a), Johäntge|n, s; Gehann He. Sanctjohanser. Zss., Zsr. Berg–, Land–, wehr–, Groß–, Starck–, Korte–, Gode–, Henken–, Engel–, Schäper|johann, Tilljohanns.
Kf. 1. **John**, |s, e(n), (t)ke, son, sen (Piepenjohn), Joontjes, Jöhn|l, ke, Jon|s(s)on, ssen, (s)ke, tz, emann, Jonninger, Jön|dl, s, sson. Gohn, Juhn (He)
2. (als RN. an der Nordseeküste **Jan**, sonst Jān). Jahn, |s, z, sch, issen, en(s), el, le, ke, er. Gahn, Jaanissen; Jan|(t)z, zon, ze(n), zer, ß, (s)ke, sma, es, dl, icke, ck, ch, gs. Jansen, vertschecht Jansa (in Rheydt Jansen auch < Zerjansen < ter Gantz). Zss. Janotte. Jann(ing), Ganning, vogtl. Kahnis; Jähn, |s, ing, iger, ichen, Jän, |ch(en), chin, icke(n), ig(en), ke(l), el, Jänning; Jehn, |en, ichen, Jeenel, Jen|y, el, ig, s, dges (ndrh. |tge(n)s), iche(n), ison, s(s)en, tzen; Jenn|y, e(n), is, es(kens), essen, iches, emann, inger, Jentge(n)s. — Zss., Zsr. (meist nd.): Gaudian, Gotjahn, Gotrian, Guterjahn, Guderian; Grovejahn ("grob"), Fu(h)ljahn ("faul"), Möderjan ("müde"), Steinjann, Priesterjahn, Schaprian, Schaperjan(s) ("Schäfer"), Grotrian = Grotjan ("groß"), Rodrian = Rojahn ("rot"), Smalian ("schmal"), Strackerjan ("schlank"), Hofjänn, Habergan, Pieperjann, Mesterja(h)n, Mülle|jans, gans, Janotte = Ottenjan(n) = Hanotte, Petergan [anders zu deuten ist Mertian]. Weiterbildungen: Jähnrich, Jahnholz, Jahnert, Ganert
3. Undeutsche Formen a) frz. Jean, it. Giovanni: > Schang, Schann(e), Schan|dt, tl, Schändl, Tschan, |n, e, Tschenl(e)in, Tschon(er), Petitjean, Jennot (Hanotte s. o.)
b) sl. Formen: wend. Jan|(a)k, ař, Jenč, Ješ, |ek, ka, poln. Jaš(k), Jaš, Jach, Jaszek, russ. Iwan, tsch. Van|ek, ka, iček, da; Iwan (s. d.), Iwanitz, Iban, Jan|k(e), ik, eck, usch(ke), us, osch, asch, isch; Jän|(i)sch, itsch, Jen|(i)sch, t(z)sch, Jennek, Gen|entz, sch(ke), Einicke, Jann|a(u)sch, ak, och, Jach, |e, an, Jasch, |ke, ek. Jäschke, Jesch|k(e), ek (s. d.), Göschka
c) lit. Jonig–, Jonisch|keit, Jonat < Jonatis
4. Verlust der ersten Silbe: Hann|(e)s, esen, er, Han|s(ke, n), z, si, schl, s(e)ler, selmann (Weiterbildung Hansert), Hän|se(l), seling, s(ler), ze(l), zelmann, sgen, singer; Henz, nied.-rhein. Hennesges, Hennessen; Hen|sl(e), sel(mann), sold, sen, schen, ze, smanns, ske(n), Hennes(schen). — Zss., Zsr. a) mit Hans: Kleinh., Schwarzh., Jungh. (Jung(k)ans), Aldeh., Starkh., Lang(er)h., Schmalh., Fritzeh. (Fritschh.), Seppenh., Jos(z)enh. s. Jodocus, Schreih., Waldh., Appelh., Seeh., Pieph., Guldenh., Steinh., Bau(er)h., Meierh., Knabenh. — metonymisch: Elsenh., Ilkenh. (< Eilke, Ilke). — Mülle–, Groß–, Grot|gans, Kleinganz. — Doppeln.: Hans|jakob, girg, Peterhans, Peterhänsel; dreifach: Hanswillemenke (< Henke). — Hans|bauer, huber, müller, ohm. Hanseder
b) Andere Zss., Zsr.: Hanslmaier, Hof–, Roth|hansl, Weidhansen, Peterhensel, Oberhänsli, A(e)nishänsli, Ahneshensel, (< Ahn „Großvater")
c) Slaw.: Hans|e, ing, ke, lick, Honsig
5. Verlust der ersten und dritten Silbe (× Kf. von HAGEN):

Joh(e)lson

a) Hann, |y, e(mann), en, ing, er, Hahnemann, Hamann, Han|(e)l, ken, Handl, |er, sperger, Hänni, Hänggi, Henn, |e(n), ing, ig. [He: Hahn(er), Han(e)k, Häner, Hener, Hannert, Henel, Hen(n)eges.] — Zss., Zsr. Rodehan, Jung–, Kersten|–hann, Kuhn–, Hartmanns–, Kalb|henn, Han|peter, otte, Klein–, Schmitt–, Weber|henne, Hannemüller

b) Sl. Formen: Han|isch, sch(k)e, schik, te, otke, us, user, uschka(r), ika; Hann|usch, isch(ek), Hahnke, Hähnke, Hanschk|e, atz, Hän(t)sch(el), Hän(d)schke, Hönsch, Wan|ek, jek, jura; Wann|icke, ing(er), Wänninger (× Wenzeslaus)

Joh(e)lson: s. Joel
(johlen): mhd. goln. Johler, Jöhler, Göhler
John–, Jöhn–: s. Johannes
Jo(h)ner: ON. Jonen, Schweiz
Jöhrig: s. GER Kf.
Joist–: s. Jodocus
Jok–, Jök–: s. Jacobus (Jokel pruß. N.)
Jol–, Jöl–: s. GOL
Jolfs: s. GOTT (Goteleib)
(joli): frz. „hübsch". Jol(l)y, Joli, Jouly, Schuly
Jompen: s. GUND
Jon–, Jön–: s. Johannes
Jonas: hebr. „die Taube" (daher jüd. Taub|e, mann u. dgl. KJ); Prophet, auch Märt., † 326. Jonnas, Jon|asch, es [June|s, sch, Gunnesch, Gündisch He]
Jonat: s. Johannes 3c
Jonathan: hebr. „Gott hat's gegeben". Jonathe (vgl. Nathan)
Joner: s. Johner
Jonk(e): s. Jung

Jonker: s. Junker
Joontjes: s. Johannes 1
Joop: s. Hiob
Joost–: s. Jodocus und Justus
Jopp: s. Hiob
(Joppe): „Jacke". Tschopp(e) (× Schopp), Juppe(nlatz), Jüppner, Jiptner, Jüttner (Glatz); (× Hiob, Jodocus)
Joprich: s. GOTT (Godaberht)
Jor–, Jör–: s. Georgius
Joram: hebr. „Jehova ist erhaben"
Jor|bahn, bandt: s. gora
Jordan: Schon im 5. Jahrhdt. Ursprgl. viell. roman. Entstellung von Gordianus mit Anknüpfung an den Namen des hl. Flusses, da man seit den Kreuzzügen gern mit seinem Wasser taufte; daher beliebter Taufn. Jord|an(s), e(ns), ing, y, is, emann, Jor(r)ens, Jorns, Jörd|en(s), er, Jör(re)ns, Jörn(dt), Jörs, Jürdens (mehrf. × Georgius), Gordan, Schordan; frz. Jourdan, Jourdain > Schording
Jorg, Jörg–: s. Georgius
Jork: ON. Harburg; doch vgl. York
Jorr–, Jörr–: s. Georgius und Jordan; Jos– s. Jodocus
Josch: s. Justus
Joseph: hebr. „er fügt hinzu", Joseph, |us, s, i, er, so(h)n, Josef, Josheph, Kf. obd. Sepp, |i, el(er), elt, rhein. Jupp. Sl.: Josefiak, Josek, Schubke, lit.: Josepeit, Jozupaitis. Zss., Zsr. Brandseph, Sepmeyer, Seppen|hans, hauser
Joss–, Jöß–: s. Jodocus
Josse: ON. Josse, Kassel

Jul–

Jössel: s. GOTT, Kf. (× Jodocus)
Jost–, Jöst–, Joest–: s. Jodocus und Justus
Joete, Jothe: s. GOTT, Kf. (Joth: pruß. N. Jote)
Jouly: s. joli
Jourdan: s. Jordan
Jovers: s. GOTT (Godafrid)
Jowien: s. GOTT (Godowin)
Juch(em): s. Joachim
von Jüchen: ON. Grevenbroich
Jücke(l): s. GOTT (Kf.)
Jucker: s. Junker
Judas: hebr. Jehuda „der Gepriesene". Übern., auch Hausn. Judas, Jaud|as, es, Yahuda. (Güdel, Geitel, Jeiteles u. dgl. KJ.) Vgl. JUT
Jude: Jud, Jüde (vgl. JUT), Carlsjude, Jude(n)–, Jüde|feind, Judenhut. Juden|scholer, breter, gelt, Jodenschinder. Judenschwager s. Schwager
Jude(l): pruß. N. Jude(l)
Judenhahn: 2 Orte Judenhain, Zwickau (× Jüdenhagen, Köslin)
Juderjahn: s. gut
Judex: lat. „Richter"
Judith: hebr. „Jüdin". Altd. in Anlehnung an JUT
Judrian: s. gut und Johannes
Juffa: s. GOTT, Godafrid
Jugan: wend. „Südländer"
Jugel: ON. Erzgeb. Jugelt, Jugler; × gugel, s. Kugel
Jugendheimer: ON. Jugenheim, Rheinhessen
Juhl–, Jühl–: s. GOL
Jühr–: s. Georgius
Juhr(bandt): s. gora
Juhren: s. TEUER
Juhrs: s. Georgius
Juhst: s. Justus
Jul–, Jül–: s. GOL

275

Jülfs: s. GOTT (Goteleib)
Jülg: s. Aegidius
Julianus: lat. Weiterb. von Julius. Mehrere Hl. Juli|an, en, Schülien < frz. St. Julien
Jülich(er): ON. Aachen. Jüll|ig, ich, Jül|ch, g, ichmann, kenbeck. Jülicher > Jaulke > Gaulke, Jülscher. Gülich(er), Gülker, van Gülich. Ostd. s. GOL
Julius: röm. FN. 1. Hl. 2. Latinis. von Juhl
July: wohl Monatsn.
Jum–, Jüm–: s. GUND
JUN: älterer Stamm von JUNG? Jun|(h)old, inger (< ON. Jungingen?), Jün|cke, ke(l)
Jund: s. JUT und GUND. Jundel
Jüne(mann): ON. Jühnde (< June), Göttingen. Junemann
June|s, sch: s. Jonas
JUNG: ahd., nhd. jung
*****Junghart:** Jung|hardt, ert, Junckert (× mhd. jungit „Neubruch" und Junker)
Jungericus: Junge–, Jünge|rich
Kf. Junk, |e, ens, es, el(mann), Jünge(l), Jünke(n), Jönk. Sonst s. Jung
Jung: nd. jong. Jung, |i, |k(e), ius, er, chen; Jongk, Jonk(e), de Jonge, Jünger (> latinis. Junior), Jüngst (auch < Hingst), Yüngst, Jüngling. Sehr viele Zss., Zsr. 1. mit N.: Jung|an-dreas, claus = las, han(n)s (= (k)ans), kunz (kunst, gunst), kurth, michel, nick(e)l, nitsch(ke); vogel, teubel, mittag, engel, hähnel = händel (Hahn, Hagen, Hans?). 2. mit Berufsangabe: Jung|-(ge)bauer = geburth, beck(er) = böck, maier, meister, gesell, knecht, schläger, weber, wirth, Jungenkrüger, Jungermeier. 3. anderes: Jung|-kind, (er)mann (nd. Jongmann), blut (Jung|(e)s-blut, eblut, eblodt), verdorben (vgl. Unverdorben), Jungundalt

Jungfer (vgl. Ver– 3): Jungfermann, Jungfern|-schwager, knecht
Junginger: ON. Hohenzollern, Ulm
Junior: s. Jung
Junker: mhd. junc-herre: Junker, |s, mann, t (s. JUNG), Jung|herr, er-(mann), nd. Jonker, schweiz. Jucker, lit. Junkereit
Jünkersfeld: ON. Siegkreis. Junkersfeld
Jünteler: schweiz. „Unterrock"
Jupiter: der höchste röm. Gott
Jupp: s. Joseph
Juppe(n)latz: s. Joppe
Jur–, Jür–: s. Georgius und Gregorius. Jurati: Siebenb. < lat. iuratus „der Geschworene"
Jurban: s. gora

Jur|chen, ke: s. TEUER
Jürdens: s. Jordan
Jusch|ka, ke: < wend. juška „Süpplein" (× Justus); tsch. jiske: Jischke
Jusmeier: s. Jodocus
Justinus: Märt., Weiterb. zu Justus
Justus: lat. „der Gerechte". Mehrere Hl. Just, |h, er, i, en(hoven), inger, mann; Juhst; Jüst|en, el (× Jodocus), er (Jost–, Jöst– von Jodocus nicht zu trennen). Wend. Josch, Juschke
JUT: wohl zu den Volksn. der Jüten und Juthungen (× Jude). Judo(ald), Juzo; z. T. metron. von Jutta, Judida, Judinta (> Jundt, Jundel(s). Vgl. Judith). Jud|el, enhahn (< –hagen), hardt, Judt, Juth, Jutt, Jüd|le, el(l), es, icke, ing; Jutz |i, (e)ler, Jutsche, Juzi, Jütsch, Jutz(er), Jütz; Jütt|ke, ing, e(mann), Jüt|ges, z(e), Jüzl
Jüter|bog(k), bock: ON. Brandenb., Güterbock
Jüter|sonke, zonke: sl. jutrzenka „Morgenstern". FN. Jutrzenka, Gittersonke
Jüttner: s. Joppe
Jütsch, Jutz–, Jütz–: s. JUT
Jux: ON. Württ. (Neckarkreis)
Jynek: s. Gienow
Jyrgensen: s. Georgius

K

Sieh auch G — In Kollektiven: K– < Ge–

Kääb: s. Geheeb
Kaaden: s. Kaden
Kaaf = Käflein

Ka(a)g: obd. 1. „Kohlstrunk, Pfahl". Kaglbauer. 2. < gehāc „Zaun".

Zu 2: Kager, |er, bauer, huber; Kägi < gehegi
Kaak, Ka(a)kstein: <

Kaakschlief mnd. kāk „Pranger". Kack–, Kock|stein. Kaacksteen. Vgl. Schraut
Kaakschlief, Kackschlieff: s. Schleef
Kaan: s. Cohn
Kaap–: s. GEBEN
–kaat: s. Kote
Kaatz: s. KAD
Käb: s. Geheeb
Kab–, Käb–: s. GEBEN
Kabas: s. Kappus
Kabath: sl. kabat „Wams, Rock". Kabatt
Kabek: zu sl. chaby „matt". Chabiš. Kabisch, Käbisch
Kabel: 1. mehrf. ON. (Kabelmann). 2. „Schiffstau". Kabel–, Kawel|macher. Lang|kabel, kavel, kafel, habel, hawel, hafel, gabel
Kaben: s. Kofen
Kabes, Kabis, Kabus: s. Kappus
Kabisch, Käbisch: s. Kabek
Kaboth: ON. Kabot, Bromberg
Kabriel: s. Gabriel
Kabuth: ON. Kaput, Potsdam
Kach: mhd. kach „Dohle"
Käch: s. Keck
Kachel: „irdenes Geschirr", ofr. auch „Krähe". Kächele(in), Schwarzkachel; Kach|ler, el|mann, elbrenner. Kächler, Kechler „Töpfer, Ofensetzer". Übern. Kachelmeier
Kack–: s. Kaak und kake
–kacke: s. kake. **Kackel:** sl. N. Kak < kačiti „heben"
Käck(en)meister: s. Küche
Kackschlieff: s. Schleef
KAD: unerkl. Stamm (Volksn. Quaden?, ahd. quedan „sprechen"?) Cado: Cadel, Kad|el, er, eder, ler, isch, Katheder (×mhd. kāt „Kot"), Katt, |i, inger, ner (s. auch Kothe), Käding, Käder Cazo, Chezil (×Katze, Käse, Kessel): Ka(a)tz, Kaz, Katz, |er, (s. d.), inger, Katzl, |mann, mair, berger, Kätzel, Kätzl, |ermeier, Ketzel, Kaß, Kase, |mann, Kasmannshuber, Kaseder, Kasch, |en(reuther), Käsche, Käse, Käs (vgl. Käs 3), Kees, Keeß(mann), Kesel, Kässe, Kess|emeier, inger, Keßlin
Erweitert: Kadaloh, Kataloher
Kadelburg: ON. Baden
Kaden, Kadner: meist ON. Kaaden a. d. Eger (×ON. Luckau, Schleswig)
Kadgien: pruß. N.
Käding: s. Ke(h)ding
Kadolph: poln. kadołb „Rauchfang". Vgl. Karlapp
Kafemann: s. Kofen
–kafel: s. Kabel
Käfer: Übern. Käferle(in), Rueskäfer (bair., s. Wurm). (Käferloher: ON. OB.)
Kaff–: s. Kapf
Kafiller: rotw. „Abdecker". Caviller, Viller
Kaffine (a betont): < frz. Govinet
Kaf(f)ke: tsch. kavka „Dohle". Kafka, Koffka, Gaffga, Gafga, Kauck
Käflein: < kaf „Getreidehülse, Spreu". Kaffsack „Schwätzer"
Kafler: s. Kapf(f)
Kaft: mhd. gehaft „dienst–, zinspflichtig"
KAG: zu gagan? 1. GEGEN. Kage, Kai, Gaye, Geyh, Gaiken, Gaigl, Heiken? (×GAU). Caghar: Kager, Käger (doch auch zu Kaag)
Kag(lbauer), Käge: s. Kaag
Kagel: 1. = Kugel 2 (Kagel|macher, maker, mann). 2. ON. Potsdam. Kag(e)ler
Kahe: s. Kau
Kahl: Kahl|e, man; Kalkopf [Latinis. Calvus > Kalvus, Kal(l)fus, falsch verhochdeutscht: Kahlfuß, Kaltfus, Kalfhaus]. Vgl. Kalb und Kalbe. Kahl|baum = bom, feld, brock, brand, brecht (s. GAL), horn, enberg (11 ON. Hann.), und, weiß. Kahler(t) × Köhler, sl. kal(awa) „Sumpf", ON. wie Kahl|a, au, en
Kahland: s. kaland
Kahlich: s. Kalk
Kähler: s. Köhler
Kahlschütter: s. Kohle
Kahm: pruß. N.
Kahn–: 1. christl. s. GEGEN und GAN. 2. jüd. s. Cohn, dazu Weiterb. Kahn|heimer, feld
Kähne: s. GEGEN und GAN
Kahr–: 1. s. GER. 2. mhd. kar „Schüssel, Mulde" > Flurn. — 3. kār „Kehre, Biegung". Ka(h)rweg, Karbaum
Kahrmann: s. Karren
Kai: s. KAG und GAU
Kaib: „Aas". Vklf. Kaibel (×GAU)
Kaidel: s. GAID
Kaif|el, (l)er: s. Kauf
Kail: s. GEIL
Kailuweit: s. Kalweit
Kaim: pruß. „Dorf"
Kain–: s. GEGEN, doch auch zu KÜHN. Kain|radl, z(walder), zer (Hof Kainz, Villanders, Tirol), Kainz, |bauer, holz, inger (2 ON. OÖst.). Kain(a):s. khojna

Kairies: balt. N.; vgl. lit. kayrys „Linkshand"
Kaiser: Keyser(s), Keiser(s), Kaiser|mann, ling (Kieserling?). Vgl. Caesar, Kaser
Kaißling: s. GEISEL
Kaising: ON. MFrk.
Kaitan: s. Caietanus
(kake): nd. „Backe". Vgl. engl. cheek. Kackebart (in Kassebart geändert), Dune|ka(c)ke, kark, Dunka(c)ke < dun(e) „geschwollen"?, nach Goebel „zur Düna fahrendes Schiff" (kāge, kracke): Duhnkrack
Kakerbeck: 3 ON. Hann. Magdeb.
Käkenmeister: s. Küche
Kakstein: s. Kaak
Kal–: s. GAL und Kall
(kaland): 1. am Monatsersten (lat. ad kalendas) zusammenkommender religiöser und geselliger Verein; 2. dessen Vorstand. Kahland, Kolland (× Kogland, s. d.), Kalander, Calender (vgl. GAL), Kol|an(der), (l)ender, Kalandscher, Kalenscher; > schwed. Kålund > Kohl(h)und (× Weiler Kohlhunden, Oberdorf, Allgäu; Kolhuntz Hof, Allgäu 1398)
Kalatz: zu Kall 2
Kalb: Übern., nd. Kalff, Kalfs. Kälb|le, li, er(er). Kelber (zieht Kälber auf); Kalbskopf, Kalb|fell, fleisch, fuß (s. Kahlhenn); Kalverkämper, sieper, Kalbergartner. Sonnenkalb „Marienkäferchen". Vgl. ON. Calw, Kal|be, ve, we
Kalbe: 1. mhd. der kalwe „Kahle". 2. ON. s. Kalb
Kälber|lach, loh: ON. Kalberlah, Lüneburg.

Kalberlak, Calberla, Kalberloh
Kalbrecht: s. GAL
Kalch–: s. Kalk
Kald–: s. Kalt
Kaldaun: ON. Oberschles.
Kaldenberg: mehrf. ON. Düsseld.
Kalder: ON. Kalden, Kaldern, Kassel
Kaldewey: s. Koldewey
Kalenscher: s. kaland
Kalff: s. Kalb
Kalf|us, haus: s. Kahl
Kalich: wend. kolik, Vkl. von koł „Pfahl"
Kalin|a, e, ke: „Schneeballstrauch, Hirschholunder" (zu Kall 2). Kalienke, Kalinna (ON. Kallina, Oppeln)
Kalinowski: < ON. Kalinow, Oppeln
Kalitz: s. Kalz
Kalix: s. Calixtus
Kalk: Kalker. 1. „Kalkbrenner". 2. ON. Kalke, Frankfurt a. d. Oder; Kalkar, Kleve. — Zu 1: von der Kalk, Kahlich, Kalch(n)er, Kelker, Kalk|mann, börner = brenner, (h)ofen = of(f) (auch Flurn. ON.) > Kaltofen (dies auch Kühlofen im Hüttenwerk), (k)uhl; Kalch|ofner, gruber (Kallgruber), reuter, Kalkoffner. Satzn. Kalklösch. (Kalkhorst: ON. Meckl., Kalckstein pruß. ON.). [Kalkhoff, Kallhöfer, Kohl|hoff, höffner, of, haw, Kollhof KS]. Vgl. GAL (Schluß) und Kalt. Kalkul s. Kuhle
Kalkening (Hamb.): vgl. ON. Kalkeninken, O-Preuß.
Kalkreuter: 5 ON. Kalkreut|e, h
Kall: 1. ON. Aachen. 2. sl. kal „Sumpf". Dazu Kal|ik, us, usch(ke), nik, ning
Kall–: s. GAL und Gallus
Kallab: s. Karlapp
Kallaus: s. Nicolaus
Kallenberg: Hofn. Lennep
Kall|er, hardt, Käller: „Schwätzer" (× Gallus, GAL)
Kallfus: s. Kahl
Kall|gruber, höfer: s. Kalk
Kal(l)mann: 1. < Gallus. 2. < GAL. 3. magyar. < Kolman (Hl.)
Kalm: s. Galm
Kalonymos: gr. „schönnamig". Jüd. N. > Kalmus, Calmstein, Kall|mann, ner, Klee(mann), Kell(er)mann
Kallnein: pruß. N.
Kals(n)er: ON. Kals, Südtirol
Kalt: (auch „unfreundlich"). Zss., Zsr. Kalten|bach(er) = böck, beck, brun(n)er, wasser, schnee, ecker, (oft ON. Bay., Österr.), thaler, rainer, hauser. Kaldeborn, von Kaldenkerken. Kalthoff, Kaldenhoff (vgl. Kalk und Kohl). Kaltschmidt „Kupferschmied, Kesselflicker" > Kalkschmied. Kallenbach. — Kitz–, Kis–, Kieß|kalt: vgl. opf. kitzblau „blau vor Frost". Kaltfuß s. Kahl, vgl. Morgen
Kalter: 1. = Kelter. 2. gehalter „Behälter, Schrank"
Kaltwang: pruß. ON.
Kalus: s. Gallus
Kalvus: s. Kahl
Kalweit: lit. „Schmied". Kailweit, Kalwis, Kalweid
Kalz: wend. tkalc „Weber". Kalitz
Kam–: s. GAM und kamjen

–kam: s. Kamp
Kambach: ON. Eisenach, Lahr
Kambartel: s. Kamp
Kamber, Kambly: s. Kamm
(Kamel): Kamehl, Camehl Hausn. (zem Kemel; Kembelin), Kämmel. Vgl. Molfenter
Kamberg: Hofn. Solingen (×ON. Schleiden)
–**kamer:** s. Heim
Kamelle: s. Kamille
von Kamen: ON. Hamm
Kamerad: 1. Kamprodung? 2. vinea camerata „Weinspalier". 3. gamerate, ein Trinkgefäß = Kuttruf. 4. Soldatenn. aus dem 17. Jh. 5. vgl. Gamerith. 6. Zahnrad in der Mühle? Kampfrad, Kamp(f)rath, Kam|(m)(e)rad, ratt, Cam|(me)rath, Chamrad, Kammrad, Ka(r)mrodt, sl. Kamradek
Kamer|ling, mann: s. Kammer
(kam(j)en): sl. „Stein" (ON. Kamenz, Chemnitz, Kamin). Kamin (× mnd. kamin „Kümmel"), Camin(er), Kamenz(ki), Kamnitz(er), Camnitius, Kämnitz, v. Kamecke, Kamenik (tsch. kamenik „Steinmetz")
(Kamille): nd. Kamelle
Kamiller: „Kräutersammler" > Kammüller
Kamm: mhd. kam(p). 1. Werkzeug. 2. Gebirgskamm. Bayerisch Kamp (vgl. Kamp; × GAM; auch pruß. N. Kam). Kamb|er, ly, Kamm(l)er, Kämmle(r), Kemmler, Kemper, Kemppel. Zu 1. Kammacher, 2. Kamleiter — Kam|meier, müller? — Kämmer auch „Wollkämmer", daher verdeutlichend Kemmkemmer „Kammacher"
Kamm–, Kämm–: s. GAM
–**kamm:** s. Kamp
Kämmel: 1. ahd. kemmil, Kem(m)ulo, unerkl. 2. s. GAM. 3. s. Kamel. Vgl. auch Kamm
(Kammer): „Schatz–, Vorratskammer, Kämmerei, Verwaltungsbehörde, Gericht". Bair. auch kammet > Kammeter. Leiter: Kämmerer, Cam(m)erer, Kammermeister; dessen Gehilfe: Kammerknecht. Ihr unterstehen: Kammer|lander (Kummerlander; in Tirol kammer(land) „kleiner Hof"), bauer, lehner, lo(c)her, maier, stetter, hoff. Kam(m)ermann, Langkammerer; aber Kämmer|ling, le, Kam(m)er–, Kemmer|ling meist = Kammerdiener oder herrschaftlicher Schneider, Schuster
Kammerich: ON. Siegkreis. Vgl. Kemmerich
Kammerith: s. Gamerith
Kammeter: s. Kammer
Kam(m)lade: nd. Anbau am Hause. Kam(m)lott
Kamnitzer: s. Chemnitz
Kamp: Eingeschlossenes Grundstück eines einzelnen Bauern (Gegensatz „Esch"), vorwiegend niedersächs., fries., besd. westf. — Dagegen bair. Kamp = Kamm, z. B. österr. Hahnenkamp. Auch ON. — Ableitung von lat. campus ist unsicher. Vgl. Kampf und Kamerad
Campe, Kamps, Kämpchen, Kempgen, Kempke(s), auf'm Kampe, Uppenkamp, Ingenkamp, te Kamp, von Kamp, von dem Kampe. — Kamper, |s, mann, schröer, Kämper(mann), Kemper(ling), Kampling, Klosterkämper, Kempfer, Overkämping, fries. Kampstra
Hunderte von Zss., Zsr., Kamp|hausen (Hofn. Rhld.), hoff, werth, mann (Cammann), meier, schulte, schnieder, henkel [Kampf(h)enkel, engel < FN. Henkel], franz. Kleinekampmann, Kampfmeyer, Kambartel
–kamp: Birkenk., Füchtenk., Ellerk., Heisterk., Boomk., Holtk., Bußk., Hülsk., Bremenk., Heitk. (Heyk.), Rövek., Wikkenk., Stoppelk., Heuk. (vgl. telge). Bullenk., Ossenk., Pagenk., Uhlenk., Immenk. (aber Roßk., Rosk. eher = Roßkamm). Kreutzc., Gallenk. („Galgenk." od. < mhd. Galle = Gallus), Kulenk., Waterk., Feldk., Vehnek., Sommerk., Sudk., Schievek., Hillenk. („Heiligenk."), Hogenk., Overk., Oberpottk., Middelk., Neuk. (Niek., Nyk.), Nonnenk.
Verhochdeutscht kampf: Erlenk., Lindenk., Haverk., Rosenk., Seek., Steink., Wittk.
–kam(m): Koppelk., Gersten–, Ro(t)h|kamm (< roden); Holz–, Kreuz–, Breiten– (ON. Holzminden), Oster|kam
–kämper: Alten–, Hasen–, Pagen–, Pferde–, Kies–, Holt|kämper, Stein–, Feld–, Holznien|kemper, Heidkamper, Hankamer (Hagen), Holzenkämpfer (s. Steg)
Kämpe: s. KAMPF

Kampehl: ON. Ruppin
Kampert: s. Kempa
Kampf: Ahd. kamfio „Kämpe"; Campo noch fries. RN. Weiterb. Kamphard (Heintze) > Kampfert, Kemp(h)ert, Kämpert (× Kamp), Camp, |o, e, Kamp, |s, e(n), Kampf(l), Kämpe, Kemp, |e, s, el, Kämpf,| e, el, l, inger, Kempf(le), z. T. aber auch (wie FN. Kämpfer) Berufsn.; vgl. Fecht (× Kamp und kämp(e) „Zuchteber")
Kampf–, kampf, kämpfer: s. auch Kamp
Kamp(f)rat: s. Kamerad
Kampiller: < ladin. campill „Feldchen"
Kamswich: pruß. ON.
Kan–: s. GAN
Kan: s. KÜHN, Chunrad.
Kanal: ON. Gladbach
Kanapee: „Sofa" < gr. κωνωπεῖον „Moskitonetz"
Kanapin: Vgl. ON. Kannapinnen, Gumbinnen
Kand(e)l: 1. „Kanal, hölzerne Wasserrinne". 2. „Holzriese". 3. „Kanne" (1, 2 < lat. canalis). Kandler, Kendler, Kentler (ON. Kändler, Chemnitz); Kehler(t), Kähler(t), Köhler(t) KS. Zu 1 Kendelbacher, schweiz. Channel, Känel, Kennel; salzburg. Kind|el, ler; Kindleitner (> Kienleitner, Köhnlechner, Kuleiser, Kielreiter KS.). Zu 3 Kandlbinder, Kandelgießer, Luginskandel > Lois–, Lust|kandl. — Brunnenkant zu frühnhd. kante „Kanne"
Kander: s. Kantor
Kandert: s. KÜHN, Chunrad

Kanehl, Canehl: mhd., nd. „Zimt"
Känel: s. Kandel
Känemund: s. KÜHN (ON. Posen 3)
Kania: sl. kanja „Geier"
Kanin: ON. Belzig, Kolin
Kanitz: ON. Kanitz, Canitz, Sachsen (5), Breslau (2), Böhm. (2), Mähren (3) > Kaniß, Canis, Canisius. × tsch. kanec „Eber", Kanetzke; vogtl. Hunold > Hunt > Canis
Kankel: poln. kakol „Unkraut". Konk|ol, el (ON. Kankel, Meckl. Posen; Kankelfitz, Stettin)
Kann(e): (vgl. Kandel), Kannen|gi(e)ßer (aus Zinn), sleger (aus anderen Metallen), beck(er) (aus Ton); Kanne|gießer), bäcker, mann, Kanngießer, Kanten|macher, wein. Zinn–, Loß–, Lose–, Löse|kann, Loßkand „Zinnkanne zum Auslassen, Ausgießen"
Kannenberg: ON. Magdeburg, Stettin
Kannewurf(f): ON. Kannawurf, Merseb.
Kan(n)old: s. GAN
Kansy: s. KÜHN Kf.
Kant: oft ON. — **Kant–:** s. GAND u. Kanne. Oft in ostpreuß. (pruß.) ON. FN.: Kantein, Kantweinen, Cantele, Kantel, Kantim(m), Kanthir, Kanter(eit); auslautend Wissekant, Wiskandt
Kant|hak, hack(e): s. Hake
Kantian: Hl. Cantianus
Kantor: Latinis. von Singer? Kanter(s), vgl. CAND
Kantsperger: s. Gans
Kantz: s. KÜHN, Chunrad

Kantzog: ON. Kanzow, Meckl.
Kanzler: mhd. kenzeler. Kanzler(s), Cantzlaar, Kenzler(s), Kanzlerski; auch „Kanzlist"
Kap–: s. GEBEN
Kapaun: „verschnittener Hahn" < gr. κάπων, angelehnt an Hahn, Huhn. Capaun, Kapha(h)n, Kapan, Kappuhn, Kaphun; mhd. auch kappe: Kappe. — Der Verschneider: Kapauner. Vgl. kappen
Kapaurer: Tirol = Gebauer
Kapelle: ON. und Flurn., mhd. und als ON. auch káppel, mua. auch Neutrum. Capell |e, en, er, mann; Kapell |e, er; Kappel, |er, mann, bauer, hoff, höfer, sberger, Heicapell (< Heide); Kappler, Cappe(h)l, Käppel(e), Keppel, Hochkepp|el, ler, Immekeppel („in dem K."), Keppelstraß, Kep(pe)ler (× Kappe). Wend. Kapala, Kapall|a, e
Kaper: tsch. kapr „Karpfen"
Käpernick: s. Köppernig
Kapeter: s. Ca–
Kapfenstein: „Kragstein"
Kapf(f): südd. „Bergkuppe". Kapf|er(er), inger (× ON. Bay.), (en)berger, elsberger; Kaff|(e)l, er, Kafler, Gapfinger. × mhd. kapfer „Aufseher" < kapfen, kaffen „Umschau halten" u. ahd. N. Capho
Kapfhammer: 7 ON. Kapf|ham, heim (N.-Bay.)
Kaphun: s. Kapaun
Kapitel: geistliche Behörde > Untergebener eines Kapitels
Kapitz: ON. Breslau

Kaplan: „Hilfsgeistlicher"
Kapost: s. Kapusta
Kapp: 1. < Kaspar. 2. = Kappe (Kapp– s. Kapaun u. Kappe) (× GEBEN)
Kappe: eigtl. „Kapuze(nmantel)". Hautkappe, Rothkapp, Kapp, |e, lmacher = Kappen|macher, schneider = Keppner, Kep(pe)ler; Käppel(e), Keppi. Vgl. Kapelle und Kapaun
Kappel–: s. Kapelle, Kappe
(kappen): „zum Kapaun (s. dort kappe) machen". Danach Kapper, Kap|hammel (> Kapphammer, Kophamel), (h)ingst = Kap(p)hengst
Kapper: s. Kaspar (× GEBEN) und kappen
Kappert(z): s. GEBEN, Gebahard
Kappr|ehl, ell: s. Gabriel
Kappus: „Kopfkohl". Kapp|us, es, is. Cappes, Kaps (× Kaspar s. d., auch ON. Bay. Tirol > Kapser), Kapsch, Kapst, Kabes, Cabbuß, Cabisius, Kabus(reuther), Capesius
Kapust|a, e; Kapost: tsch. kapusta „Kohl"
Kar–: s. Kahr- u. Macarius
Karabaß: s. Karbatsch
Kar(a)biner: jung
Karau|s, sch: „Karausche" < sl. karas. Hiervon Kar|as (× Macarius), asch, isch, is. Karras, Koratsch, Guratsch, Karutz
Karb: s. Polycarpus und GER
Karbach: ON. U.-Frk., Steierm., Württ. **Karbe:** ON. Frkf. a. d. O. **Karbaum:** ON. Erding
Karbatsch: „Riemenpeitsche". Karrabasch, Karabaß

Karch: mhd. „Karren, Wagen" (× karg). Karcher (× ON. Karch|a, au, ow), Kärcher, Kercher, obd. „Kärner" (ostd. s. Korch)
Kardel: 1. „Distel". Karte. Karter „Wollkrämpler". 2. rhein. „steiler, eingeschnittener Bergweg"
Kardinal: Kardinal
Karel: s. Karl
Karell: s. Cornelius
Karenz: ON. Mecklenb.
Karf(f): ON. Karf, Oberschles.
Karfiol: jüd. „Blumenkohl" < it. cavolfiore
(karg): Karg, |e, l; Karger „der kargt", Kergl; sonst Karg– s. Macarius
Karioth: pruß. N. Carioth
Karis: pruß. N.
Karius: s. Macarius
Kark–, –kark: s. Kirche
Karl: Das Wort hieß ursprünglich „Mann, Liebhaber, vor allem Ehemann", im Altnord. bezeichnet es auch „den Freien ohne Erbgut" (B. 2, 34). „Karle" nannte man die frk. Hausmeier, vgl. Kerl. Einstämmiger N., erweitert zu Karlmann, Karletshofer. Im Mittelalter in Deutschland nicht so beliebt wie in Frankreich. Latinisiert Cárolus (× ON. Karl, Wittlich). Karl, |e, en, s, ing; Carl, |l, e, é, i, sen; Kar|el, olus, Car|els, olus, Kerl|e, er, ing; frz. Charl|es, é, et, ie. Carl|sohn, berg, ebach. Call(i)sen, latinis. Calixtus. Aber Kar|lauf, loff, lopp s. Ger, Gerulf
Wie Caesar Kaiser und Zar wurde, so der N. Karls d. Gr. in Osteuropa zum Königstitel. 1. sl. kral: Krahl(isch), Kral,

|ik, ich, isch, ing, Krälke (× tsch. kralik „Kaninchen", vgl. Kinigl), Grahl; ndwend., poln. krol: Krol(ik) (salzb. Groll, Gröll, Grell, Grill, Krell, Krill KS.). (Doch vgl. KRAL.) 2. lit. karalius: Karalus, Korallus
Karlapp: wend. kadľup „Rauchfang". Kallab, Karlob vgl. Kadolph (× GER, Gerulf)
Karlipp: s. Garlipp
Karlsdatter: s. –dotter
Karmann: s. GER und Karren
Karmasin: Unerkl. Vgl. tsch. PN. Kroměšin < krom– in skromny „bescheiden". Carmesin
Karmitt: pruß. ON.
Karn: sl. PN.
Kärn: sl. Kern
Karna(h)l: sl. PN. Krnal; > Karnagel?
Karneff(el): Im 15., 16. Jhdt. beliebtes Kartenspiel karnöffel. Korn|öffel, effel
Karner: bair. „Beinhaus auf dem Friedhofe", auch Kerner (× Karren und Gerner)
(Karosse): „Kutschenart" < frz. carosse: Karoßer „Kutschenbauer". It. carroccio „Streitwagen" > Karotsch, ähnlich Karreth < it. carreta
(Karpfen): Karpf, nd. Carpp. Auch poln., wend. karp (× ON. Karp|a, e; > Karpmann). Karpf(en), Karp(el)(es), Kerpel
Karp(us): obd. s. Polycarpus
Karrabatsch: s. Karbatsch
Karras: s. Karaus
(Karren): Karre(n)mann, rhein. Ka(h)rmann, Karr(er), Karner, Kär(r)ner,

281

Kerner, Kerler (vgl. Karner und Karch)
Karres: s. Macarius
Karreth: s. Karosse
Karsch: mnd. karsch „frisch, munter"
Karschti: s. Christianus
Karsjens: s. Christianus 2c
Karstein: Hofn. Elberf.
Karsseboom: s. Kirsche
Karst: „zweizähnige Hacke"
Karst–, Kärst–: s. Christianus 2c
Kart–: s. GART
Karte(r): s. Kardel
Kärtge: s. KÜHN (Chuonrad)
Karthaus: < Cartusia (frz. Chartreuse bei Grenoble), Kloster des Kartäuserordens, mehrf. ON. Kart|heus, häuser, us, Cart|hus, haser, Korthaus, Gart|haus, hausen
Karutz: s. Karaus
Karwath: Hofn. Karthaus (Westpr.)
Karwendel: s. GER
Kas–: s. Käse
Kasan: sl. N. Kazan < kazati „befehlen, züchtigen"
Kas|behr, bohm: s. Kirsche
Kasch–, Käsch–: s. KAD
Kasch(e): tsch. kaše „Brei"
Kaschenz: s. Lucas
Kasch|ka, ke: 1. s. Lucas. 2. poln. kacz(ka), tsch. kačka „Ente" (ON. Kasch|ka, kau), Kaczke, Katsch, Katschk|a, e, er
Kaschmieder: ON. Koschmieder, Oppeln
Kaschub(e): sl. Volk in Westpreußen. Cassube, Kassube(k), Kasube, Kaschupski, Kazubek
(Käse): 1. Die einfachen Formen wohl meist < ahd. caso s. KAD (doch Ka(e)s, Käsgen auch < Nicasius). Nach B. 1, 26 ist Käßporer die überkorrekte Form für Kasparer, da man im Bairischen Kās für Käse sagt. 2. „der Käse", vgl. Quark, Zieger, Zwahr. 3. obd. s. āʒ. 4. rhein. zu kās, kōs „junge Eiche, Niedergehölz" (Käse|berg, kamp, mann, Cosmann). — Käs, |gen, bauer, mann, beitzer (bringt Milch durch Kälbermagen zum Gerinnen), model („Käseform"), bohrer („Käsestecher", prüft die Käselaibe = Satzn. Prüfenchäs oder eher < käsebor „Käse-Tragkorb"). Käse|macher, bi(e)ter (nd. = FN. Beißenkäs; > Käse|wieter, wieder, witter > FN. Jesuiter?), hage(n) (s. Höker) = menger. Kees, Keeß(mann). Kas|bauer, pei(t)zer, Caasmann, Cascorbi (< Käß–, Kese|korb; rhein. auch Flurn. zu 4). — Der K(h)äser, Keser, Kaser macht Käse. — Käsler, Käßler eher = Keßler (Käseling, Kesling s. Kiesel; Käshöfer: ON. Pfalz). Schöne–, Sieben|käs, Schoenkaes (Warburg), Hartkäse, Gut|käs, kas; Fernekes, Fürnkas u. dgl. s. firn. Käsebier (vgl. Grimm „Bierkäse: Bier und Milch dick gekocht"). — Keseundbrot, Keze in der taschen, Kesbütel, Kesekast, Chleubenches. Sieh auch Nicasius
Käselau: ON. Käselow, Meckl.
Kase|meier, mier, Käsemeyer: s. Casimir
Kaser: 1. s. Käse. 2. (Tirol) < lad. casura „Sennhütte". Kaser|er, bacher, Steinkaserer. Entstellt: Kaiser|feld, eder, lehner
Käshammer: ON. Lennep
Kasior: s. Casimir
Kaske, Käske: s. Lucas
Kaspar: (pers. Kansbar „Schatzmeister"?) einer der sog. hl. drei Könige. Kasper, |s, l, meier; Käsperlein; Casp|ar, ari(us), ersohn; Gasper(s); Gastpar(i); Gaßbard; Jasper, |s, sen, t, möller; Jesper(sen), Jeß; Kesper. Kapp(er), Kaps (Kepp, Kosper He). Sl. Caspr|zig, ich, ick, Kasparek, Kapke, Kapp, |a, e, er(t); lit. Kaspereit
Kaß, Kasse: ostd. s. kos
Kass–: s. Christianus 4, KAD und Kirsche
Kässe: s. KAD
Kassebart: s. kake
Kassebaum: s. Kirsche
Kasser: < PN. Kaß < Hl. Casianus oder = Kaser 2
Kasseroler: Tirol 1228 Casiral < casa „Hütte"
Kaßner: s. Kasten
Kassow: s. Kassau. **Kassube:** s. Kaschube
Kast–: s. Christianus 3c, 5 und 7, Käst–: 3b (alem. Kast, Kästle s. ERBE, Arbogastes)
(Kastanie): s. Quast
Kastell: < lat. castellum „Burg" (mehrf. ON. Kastell, Kastl). Kast(e)ler, Gastell. Kastelan „Burgvogt"
Kasten: 1. s. Christianus. Grotkasten. 2. Kasten für die Kornzinsen > Geldkasten, Amtskasse (mhd. kaste). 3. obd. „Schrank". 4. jede Kiste. Zu 2, 3, 4 Kaster, Kastner (schles. < Kestener; < Gaßner KS.), Kaßner, Käst(n)er, Kestner, Khöstner, Keß-

Kastendieck

ner (bei 2 „Rentmeister", bei 3, 4 = Kestler „Schreiner"). Zinspflichtig zu 2 sind Kasten|maier, bauer, huber, müller; Kasten–, Casten|holz zu 3, 4 (vgl. Kastenbein mit Tischbein) oder eher zu Kastanie, vgl. FN. Kestenholz. Zu 4 Kastenmaker, Röhrkasten. Sieh räumen

Kastendieck: ON. Syke (Hannover)
Kastert: s. GAST
Kastl: s. Castulus
Kastrop(p): ON. Bochum. Kastrup
Kastlunger: s. costa
Kasube: s. Kaschube
Kat–, Kater, Kath–: s. Kote
Kätel–: s. Kessel
Katerbaum: ON. Gadderbaum, Bielefeld. **Katerbow:** ON. Ruppin
(Katharina): griech. „Die Reine" mit lat. Anhängsel. Märt. 307. 1. Metronymisch. 2. < ON. St. Kathrein (mehrf.). Katharine(r), Kathrein(er), Catharinus, Catrin, Katherl, Ketter, |l(inus), er, mann, Käthe (× bair. kätter „Fruchtkasten", nd. ketter „Ketzer"). Tri(e)ndl, Thrin, Trinnes, Trien(en), Trieneken(s), Triner, Trein(en), Drindl. (Vgl. aber Trendel und Trint). Zss. Brinktrine
Katheder: s. KAD
Käther: s. Kote
Katsch: poln. tkacz „Weber"
Kätsch: ON. Ketsch, Pfalz
Katscher: s. Katzer
Katt–: s. KAD und Katze
Kattan: < it. cattano < mlat. capitaneus „Hauptmann". Kathan(i)

Katterer: s. Gatter
Kattner: s. Kote
Kattwinkel: 1. < kāt „Kot". 2. ON. Katwinkel, Hofn. Gummersbach (Rhld.)
(Katze): nd. katte (× KAD, Cazo). Katz(l), Katz|bichler, fuß, wedel, winkel (3 ON. Rhld.), Katzen|fuß, meyer, schläger, schwanz (auch „Schachtelhalm") = wadel (gräz. Galura), Kätz(e)l, Ketzel, Kaz, Katten|busch, horn, tidt („Zitze"); Seekatz („Meerkatze"); Maikath. Katzmayr, Katzameier s. Casimir; Hanschkatz s. Johannes 5b. Weiterb. Katz|mann, auer, enstein, doch auch ON. FN. Katzenstein
Katzenellenbogen: ON. Wiesbaden < lat. Cattimelibocus
Katzer: wend. kacor „Enterich" (× KAD, Cazo); tsch. kačer: Katscher. Vgl. Ketzer
Katzhammer: ON. Katzham, N.-Bay. (× –heim, OPf.)
Katz|ior, y: s. Casimir
Katzoff: jüd.-dtsch. „Fleischer"
Kau: obd. s. Hau (vgl. mhd. kaw, kouwe „Bergmannshütte": Kau|e, mann, Kahe)
Kau–, Käu–: s. GAU, Gau, Kuh
Kaucher: s. Keicher
Kauck: s. Kaffke
Kauder(er): s. Kuder. Kauders
Kauenhowen: ndl. Name, zu koud „kalt" (3 Höfe Kouwenhoven bei Amersfoort)
Kauer: 1. < Konrad, s. KÜHN. 2. < Kau (s. d.)
Kauerauf: s. Kuttruff

(Kaul–)

Kauert: s. KÜHN, Chunrad
Kauer(t)z: 1. < Kauert. 2. Kauwertz
(Kauf, kaufen): nd. kōpen. Schon ahd. c(h)oufman als PN., doch bedeutet schon koufo allein „Kaufmann" (FN. Kauf, Koop), Vkl. mhd. köufel „Händler" > FN. Käuf|(e)l, elin, ler, Keuf(f)el, Kaif|el, (l)er, Keyfel (mua. „Klein–, Unterhändler, Trödler"). Weiterb. auf –er, mhd. koufer, käufer auch „Verkäufer" (FN. Kaufer, Käufer, Keufer(t), Pfennigkaufer, Eierkaufer); auf –mann: Kauf(f)m., Copm., Kaupm., Koopmann(s). — Kaufnicht. — Ehrenkauf s. irte; Ley–, Lai–, Lei(n)kauf < līt (s. d.): „Trunk beim Geschäftsabschluß". Reukauf: „Entschädigung beim Rücktritt vom Kaufvertrag" (falls nicht Umdeutung von Ruckauf). Thürkauf u. dgl. s. teuer. — Weiterb. von ahd. kouf: Kaufung (viell. auch ON. Kaufungen, Kassel und sonst < Cofunga), Kauf|hold, holz, feld < –wald (ähnlich wie Smidhart)
–kaufer: s. Hof; Eierkaufer: s. Kauf
Kauhaus, Kauhausen: Hofn. Düsseld.
Kauke: s. Kuchen
Kaul, Kaulen: je 3 Orte Rhld.
(Kaul–): Kaul,|e(n), mann: s. Kuhle (Kaule: ON. Frft. a. d. O.), aber Kaul|barsch (Fischn.) (Kaul|fars, fers, fersch, bersch, Kuhl|bars, persch) < kūle „Kugel", ebenso Kaul-

283

fuß „Klumpfuß"; Kaulich, Keilich (käulig „rund")
–kaul(en), –käuler: s. Kuhle
Kaum: mhd. kūme „schwach"
Kaumann: s. Kau
Kaun|ath, ert: s. KÜHN (Chunihard)
Kaupert: ON. Kaupe, Görlitz
Kaupitz: s. Gaubitz
Kaupke: s. kupa
Kaupmann: s. Kauf
Kauruff: s. Kuttruff
Kaus: s. (Kues), **Kausch(mann)** auch < ahd. Cauzo s. GOTE oder Chuzo s. KUD, Kauz (× Vogel), Kautz(mann)
Kausche: ON. Frft. a.d.O.
Käuschler: s. Keusche
Kaußen: ON. Kausen, Koblenz
Kaute: 1. mhd. kūte „Wildtäuberich" (Kaut, Kautter, Keutner). 2. s. Kote. Kautner. 3. s. KUD
Kautzsch: ON. Dresden × Gautzsch, Leipzig
Kauven: nd. „Koben"
Kauwertz: Geldwechsler aus Cahors, Frkr., mhd. kawerzīn. Kauertz, Kawerz, schweiz. Gautsch|i, y
Kauz, Kautz(mann): s. Kaus
Kaven, Kawen: s. Kofen
Kawal|d, l: pruß. N. Cawald (× KÜHN, Kuniald)
Käwert: s. GEBEN
Kay: ON. Frft. a.d.O.
Kayroth: pruß. N.
Kayser–: s. Kaiser, Kayserling, auch Kiesel
–ke: 1. nd. Vkl.silbe. 2. s. Bach. 3. < sl. Anhängsel
Keb–: s. GEBE
Kechler: s. Kachel

Kecht: s. gach
Keck: „lebensfrisch, mutig", obd. = queck (s. d.): Kick, |ner, inger, (eder), el, ert (× GIG, u. vgl. kicke „Quelle"; ON. Kick|en, er). Köck (× GUG), österr. Kwiech, schweiz. Käch. Weiterb. Köckhardt, Keck|er(t), ermann, Ke(c)keisen, Köckeis (s. Eisen)
Keddig: s. GOTT Kf.
Keeb(e): s. Geheeb
Keerl: s. Kerl
Kees–: s. KAD und Käse
Kefel: mnd. kevel „Käfer, Raupe, Wurm"
Keffel: s. GEBEN Kf.
Kegel: „Bastard, ungeschliffener Mensch". Kögel, Kegelmann; aber Kegler, Kögler: 1. „Kegelspieler"; FN. Schubkegel. 2. = Kogler (ioculator d.h. Gaukler). Sieh auch Kugel
Ke(h)ding: Landschaft Kehdingen, Niederelbe. Käding
Kehl: ON. Baden (vgl. GEIL)
Kehlenbach: ON. Siegkreis
Kehler(t): s. Köhler
Kehne: pruß. N.
Kehr–: s. GER u. Quirinus
(kehren): 1. kēre „Wegbiegung" (mehrf. Hofn. Tirol; vgl. Kahrweg): Kehr (auch ON.), schweiz. Cher(li); Ke(h)rer. Satzn. Kehrewieder. 2. Keruth (nd. „–aus"), Kehrwisch; Kehrer „Straßenfeger". Aber Kehr|ein, y s. Quirinus; Kehrwald s. GER
Kehrl|e, i: s. Kerl
Keib, Keiber: 1. zu mhd. kīp „zänkisches Wesen", alem. Kib(l)i; Keib(er),

Keiff(er), Keifer(t) „Keifer". 2. = Kaib. Zu 1. 2. Keibel
Keibel: s. GAU und Keib
Keicher: 1. „Keucher, Asthmatiker" < mhd. kūchen. Kaucher, Keuchel (ostpreuß. × „Küchlein"), Keichel. 2. ON. Kaichen, Hessen
Keid–: s. GAID
Keidel, Keitel: mhd. kīdel „Keil, Grobian"
Keie: mnd. keie „Wurfspieß"
Keifel: s. Kauf
Keifer(t), Keiff(er): s. Keib
Keil: „Holzpflock, Grobian" (vgl. Keidel, × GEIL), Keyhl, latinis. Cuneus. Hartenkeil, Keil|hack (auch N. des großen Brachvogels), acker, holz, hau(er), hauber, häuber (× ON. Keilhau, Thür.), pflug, wagen. **Keilberg:** „keilartig liegendes Gestein im Bergbau" (= Sohlberg), auch ON.
Keil–: s. GEIL
Keilich: s. Kaul
Keim: 1. schon ahd. kimo = kīmo „Keim, Sprößling", s. auch Gim(m)o. Kiem, |(e)le, len. 2. s. Joachim
Keimreucher: s. Kienbaum
Kein–: s. GEGEN und kemenate. **Keine:** s. khojna
Keinrath, Keintzel s. KÜHN
Keip: s. Keib
Keiper: s. GAU
Keis–: s. GEISEL
Keischer: s. Keusche
Keiser: s. Kaiser
Keishold: s. GEISEL I
Keißler: s. Kessel
Keit–: s. GAID

Keitel: 1. s. Keidel. 2. pruß. N. Keytel
Keith: mhd. kīt „Sprößling, Schößling"
Keizer: s. Kaiser
Kek: s. Keck
Kela(u)s: s. Nicolaus
Kelb: s. GELTEN
Kelber: s. Kalb und Kolben
Kelch: 1. mhd. kelch „Doppelkinn, Kropf". 2. „Becher". Kelcher
Keldenich: ON. Aachen, Köln. Keltenich
Kelderer: s. Keller
Kelker: s. Kalk
Kell: mehrf. ON. **Kell(e):** auch pruß. N. **Kell–:** s. Quelle
Keller: 1. lat. cellarium „unterirdische Vorratskammer" (FN. Weinkeller) > „Rentamt (vgl. Kasten), Kaufladen". Aus dem Keller, Zumkeller, Feldt–, Vor–, Unter–, Wieden– (schweizer.), Weiden|keller (zu „weit", vgl. zem wīten Chelre); Keller|haus, hoff, meier, wessel, mann (rhein. Kelderer, Steinkelderer); Kellerhals (vorspringender Kellereingang). Satzn. Findekeller. — 2. < lat. cellarius „Kellermeister (Hauskeller), Schaffner, Rentmeister, Inhaber eines Kellerhofes mit dem herrschaftlichen Keller". Keller|hof(f), hoven, bauer, mair. Oberkell(n)er (vgl. Kellner). Die „Keller" wurden gelegentlich wie die Meier Ministerialen: Keller von Schleitheim, von Schwamendingen. Keller|s, er, t; wieder latinis. Cellarius (× ON. Kell, |a, en, er)
Kelleter: s. GELTEN

Kel(l)hammer: ON. Kelheim, Regensburg
Kellmereit: s. Kollm
Kellner: < cellenarius = Keller 2, besd. „Rentmeister"; > lit. Kellnereit. Oberkellner, vgl. Keller
Kelm–: s. Galm; Kelm(er): poln. chełm „Gipfel". Vgl. Kollm
Keltenich: s. Kaldenich
Kelter: „Weinkeller". Kelterer. Vgl. Torkel, Trotte
Kel(t)sch: s. Költsch
Kelz: 1. ON. Aachen. 2. mhd. kelz „Prahlen, Schelten". 3. zu Gelzer
Kem–: s. GAM u. kemenate
(kemenate): < mlat. camera caminata „Zimmer mit Kamin", dann „Wohnhaus, heizbare Herberge"; häufiger ON. (z. B. Kemnade, Kemnath). Kem|enater, nah, eder, eth, etmüller, K(h)emeter, Kemm|ather, et(t)er; Kemter, Kemeth, Kemmetmüller; schwäb. Kein|a(r)th, er(t) (Kemmet(er), Kem(p)ter, Gammeter, Gamatter, Kenneter, Köneter, Gemmecher KS.) × GEGEN
Kemker: s. Kimker
Kemlein: s. GAM
Kemmerich: 3 Orte Wipperfürth × ON. Cambrai; Kameryk, Utrecht; Wüstung Kamerik, Arendsee; Hof Kemerick, Werben; Kemerickshof, Gransee. Vgl. Kammerich
Kemmer|er, ling: s. Kammer
Kemmkemmer: s. Kamm
Kemnitz(er): s. Chemnitz
Kemp–, –kemper, Kempf–: s. Kamp und KAMPF
Kempa: 13 ON.; poln.

kępa „bewaldete Insel, Waldstück". ON. Kampen, Breslau, Kemp|er(t), in(ski), Kampert
Kempner: ON. Kempno, Posen; Kempen, Düsseld. (> Thomas a Kempis); Kemptau, Zschopau). Sieh auch kemenate.
Kempt(n)er: Kemt(n)er: ON. Kempten, Allgäu, Worms. Vgl. kemenate
Kemp|en, er: 12 Orte, besd. Geldern. van Kempen
Kend|ler: elbacher: s. Kandel
Kengeter: s. KÜHN, Kunigund
Kenk–: s. GANG
Kenn–: s. GAN
Kennel: s. Kandel
Kenner: 1. ON. Kenn, Trier (FN. Kenn). 2. < mhd. kener „Wasserröhre, Kanal". Zu 2: Kenner|er, knecht
Kenneter: s. kemenate
Kenngott: 1. schmerzlicher Ausruf Kennigótt (bair.). 2. schwäb. s. KÜHN (Kunigunde). Könngott
Kensing: s. GANZ
Kent–: s. GAND
Kentenich: ON. Kendenich, Köln. — **Kentler:** Kandel
Kentopf: s. Köntopf
Kentrup: ON. Warendorf
Ken(t)z: 1. s. GANZ. 2. ON. Kenz, Stralsund. Kenzer
Kenzel: s. KÜHN, Chunrad
Kenzler(s): s. Kanzler
Kenzlin: ON. Stettin
Kep(p)–: s. GEBEN. Kf., Kapelle, Kappe, Kaspar
Ker–: s. GER
Kerb–: s. Korb
Kercher: s. Karch
Kergl: s. karg

Kerich: ON. Kehrig, Mayen
Kerinnes: s. Quirinus
Kerk–: s. Kirche, nd. Kerker(l)ing, Kerkeling = kerkener „Kirchner", Kerkenberg (× Kotten b. Hagen), Kerkmann [obd. Kerker „Gefängnis"; wend. kerk „Strauch": Kerk|a, au (ON. Magdeb.), o, ow, ovius, er]
Kerkwitz: ON. Guben
Kerl: (vgl. Karl) auch kerl(e)s. Kerl, |l, e, s, Keerl, Kehrl|e, i; Schön(e)kerl; Kerling wohl < Karl; Kerler s. Karren
Kerletter: s. GER, Gerwald
Kermeß: s. Kirche (Kerms × GER, Germo)
Kern, Kärn: 1. s. GERN. 2. Übern. „der Kern". Kernchen, Kerndl, |er, maier. 3. ON. mehrf. 4. mua. kerne, karne „Butterfaß" (s. Milch). 5. alem. „Dinkel". — Zu 4. Kornmacher, Kernstock, Karnstaff. Aber steier. Kernstock < Kienstock. Wohl oft zu mhd. kürne „Mühle" (vgl. Körner): Kern(en)bach = Kernebeck
Kerner: 1. „Kärrner". 2. = Körner. 3. alem. „der mit Kernenmehl oder Dinkel bäckt oder handelt". 4. = Karner (meist wohl 2)
Kernert: s. GERN
Kern|ich, icke, ing: s. Kirn 2
Kern|topf, topp: s. Köntopf
Kerpen: ON. Ostpr., Rhld., Schles. Kerp(n)er
Kerprich: ON. Körperich, Bittburg, Saarlouis
Kers: pruß. N. — **Kers–:** s. Kirsche

Kersch|–: s. Christianus 2b und Kirsche
Kerschner: obsächs. = Kürschner
Kersenbrock: ON. Kersenbrock, Osnabr.
Kerspe: Hofn. Wipperfürth
Kerst–: s. Christianus 2b
Kersthold: s. Christus
Kerstupp: vgl. ON. Kerstup|öhnen, pen, Gumbinnen
Kerting: s. KÜHN (Chuonrad)
Kertzsch(er): ON. Zwickau
Keruth: s. kehren
Kerwel: Pflanze Kerbel
Kerwer: s. Korb
Kerz: poln. kerź „kleiner Strauch". Kerzinger
Kerze: Hausn. Trier. Kerzen|dacht, docht, Kertzel, Kerzenmacher, Kerzner („Lichtgießer"), aber Kerzel: 1. ON. Kerzell, Fulda. 2. s. Kurz
Keseberg: s. Käse 4
Kespelher: s. Kirche
Kesper: s. Kaspar und Kirsche
Kess–: s. KAD
Kessebuhr: ON. Kessebühren, Hamm
Kessel: nd. kettel. Schon ahd. chezil als Übern., doch s. auch KAD. 1. Kochgerät, Schaumkessel. 2. Bodenvertiefung, Flurn. Kasselkaul (s. Kuhle), 18 ON. Kessel. Keßl, Kesseli, Chesseli (schweiz.), Kettel. Zu 1. Kessel|ring, hake, Kettel|hak(e), hack, Bornkessel „Brennk."; zu 2. van Kessel, Kessel|kaul (s. Kuhle), höhns, Kettelhöhn, Kesselboth, Rosenkessel, Ketel|hohn, heun, Kätel|hön, hohns („Kesselboden", s. Hohn). — Meist zu 1: Kesseler, Keßler, Kößler „Kesselschmied, Pfannenflicker" (dies nd. Ketel|bieter, böter; s. büßen). Ketteler (obd. zu Kette), Kesselschläger (Käßler, Kaßler, Keißler, Kösler KS.); Kessel(hut), Ketelh(a)ut, Kätelhodt „Topfhelm"; aber von Kessel < ON. Keßlar, Thür., wohl = Keßlern „bei den Keßlern". Kessels: ON. Kesseles, Aachen. Ketel|s, sen (Schleswig) < Hl. Ketillus

Kessemeier: s. Kirsche
Kessenich: ON. Bonn
Kessens: s. Christianus 4
Keßner: s. Kasten
Kest–: s. Christianus 3b
Kestel: ON. Oberfranken; dazu Kestler (× „Kastenmacher")
Kestenbaum: „Kastanienbaum"; vgl. Kasten
Kestenholz: ON. Schlettstadt
Kesternich: ON. Aachen
Kestner: s. Kasten
Ketel–: s. Kessel
Kett: bair. „Wasserleitung, Quell". Kettmann (× KAD, Ketto)
Kette: Kettner (× ON. Ketten mehrf. u. Köttner, s. Kote), Ketten|macher, maker = Kettenmann, obd. Kett(e)ler (nd. s. Kessel), Kittner (kidden|er, mecher)
Kett(e)nacker: ON. Hohenzoll.
Ketten|iß, eis: ON. Kettenis, Eupen
Ketter: 1. Katharina (Ketter|l, er, mann). 2. nd. „Ketzer". 3. österr. s. Kote
Kettinger: s. Kote
Ketzel: s. KAD u. Katze
Ketzer: nd. Ketter, schles. Katzer
Keu–: s. GAID, GAU

Keubler: s. Kübel
Keuchel: s. Keicher
Keuf|el, er(t): s. Kauf
Keul(e): Schimpfn. wie Bengel; Keuler = Kölber (s. Kolben)
Keun–: s. KÜHN
Keuper(t): s. GAU
Keusch: auch „mäßig, sanftmütig" u. dgl., schon ahd. chusc
Keusche: „kleines Bauernhaus" (österr. Alpen). Keusch|el, l, ler, Käuschler, Keuschner, Keisch|er, ler
Keuter: 1. s. Kaute 1. 2. s. Keuth. 3. pruß. ON.
Keuth: ndrhein., westf. Weißbier. Keuther = Keutenbräuer
Kewald: s. GEBEN, Gebald. **Kevelaer:** ON. Geldern. **Kevenhörster:** Gelsenk. öfters. **Keweloh:** Gelsenk. mehrf.
Keyfel: s. Kauf
Keyse: pruß. N.
Khain: s. GEBEN
Khäser: s. Käse
Khesele: s. GOTT Kf.
Khistler: s. Kiste
(khojna): sl. „Nadelholzbaum". Koin, |g, ke. Oft in ÖN., ON., so Kynau (Schlesien), Kühn|au(er), er(t), Kuhna(u), mehrf. ON., ähnl. Kain(a), Keine; ON. Kienitz mehrf.; Flurn. Kunz < khoinca; Koinzer < wend. ON. Koinze = Kunnersdorf, Görlitz; Koitzsch: ON. Königsbrück; ON. Kynast < chojnasti „nadelholzreich": Kühn|ast, as, bast, Kie(h)nast, Kin|ast, as(berger), Kühast, Chojnacki, Kiehnaß
Khoseli, Khoßler: s. GOTT Kf.
Khöstner: s. Kasten

Khuenzl: s. KÜHN, Chunizo
Kiaer: s. Kjär
Kian: s. Killat
Kib–: s. GEBEN und Kübel
Kib(l)i: s. Keib 1. **Kibler:** s. Kübel
Kicher(er): „Kichererbsenbauer"
Kichler: s. Kuchen
Kick–: s. GIG, Keck, kieken
Kie: sl. kij „Keule, Stock"
Kieb–: s. GEBEN
Kiebitz: nd. kievit, süd. d. auch geibitz, gubitz, gaubitz. Kie|witt, |wi(e)t, Ki|wit(t), witz, Gievit, Geywitz [aber ON. Kiebitz, Sa. < wend. kij; s. Kie; vgl. FN. Kiewetz(ki)], Geibitz, Gubitz (doch vgl. Gubatz, s. d.). Nd. auch Pivitt (auch Ort, wo Kiebitze nisten)
Kiebler: s. Kübel
Kiechle(r): s. Kuchen
Kieck: ON. Potsdam. Kiecker. — Kieck–: sieh kieken
Kieck(e)busch: 4 ON. (auch ein alter Tanz). Kick(e)–, Kücke|busch, Kekbusch
Kiedaich: s. Kuh
Kiederich: ON. Kiedrich, Eltville
Ki(e)derle: s. Kuder
Kiefat: s. GEBEN
Kiefé: jüd. < Akiba
Kiefer, Kiefner: s. Küfer (Baumn. nicht volkstümlich; s. Kienbaum, Föhre, Mantel)
Kiehlmann: s. Kilian
(kieken): nd. „sehen". Ki(e)kuth „Schau aus" (ON.). Kickum, Kiküm, ähnlich wohl aus kiek äwer („hinüber"): Kieck|över, häfer, höfer, höber,

höfel, Kick|häfer, häfen, heben, höber, hefel, Ki(e)keben, Kiekeber u. dgl. (oder < hewen „Himmel"?, vgl. FN. Sternekieker und Himmelseher). Kiekenap „Napfgucker"
Kiel–: s. kühl, Kilian, GEISEL II
Kielbasser: s. Kolbas
Kieling: ON. Rosenheim
Kielkopf: < kielkropf „Wechselbalg". Kühlkopf
Kieltsch: s. Aegidius
Kielwasser: s. KOL II
Kiem–: s. Keim 1
Kien–: s. KÜHN u. Kienbaum
Kienbaum: „Kiefer", auch ON. Dazu Kienappel = Kühnapfel („Zapfen"), Kien|moser, höfer, inger; Kühn|ruß, hackl (s. hakken), leitner, Ken|appel, bom, ast. Kienreucher gewinnt Kienruß aus Harz > Keimreucher. Kie(h)nast: 1. „Kiefernast". 2. meist zu khojna. Sieh d. 3. (Tirol) s. Ast
Kiener: schweiz. zu chienen „kleinlich jammern". Chieni
Kien|topf, topp: s. Köntopf
Kienz–: s. KÜHN Kf.
Kiep–: s. GEBEN
Kiepacher: s. Kuh
Kier: Tirol < Chüyger „Kuhhirt"
Kier–: s. GIER, GER, Kirche
Kierner: s. Körner
Kiersch: sl. kierz „Busch". Kier|ski, schke, Kirsch|ke, nik, nek
Kierschmacher: s. Kürschner
Kiers(ch)pel: s. Kirche
Kierspe: ON. Altena
Kierst–: s. Christianus
Kies: „grober Sand, min-

287

Kies–

derwertiges Erz": Kieß–, Küß|hauer (Kiesau = Kiesow ON. Stralsund), Kies|bauer, müller, wimmer

Kies–: s. GEISEL

Kieschnick: wend. khěžnik „Häusler" < khěža „Haus"

Kiesel: 1. Gisilo, sieh GEISEL. 2. Stein (mhd. kiselinc „Kiesel–, Hagelstein"). Kies(s)el, Kiesler. Zu 2. Kiesel|stein, bach, horst, Ki(e)ßling(er) (öfters Flurn., ON. Reuß), Kiese(r)ling, Kieslich, Küselich, Küßling, ostd. vgl. Kieselack; nd. Kese–, Kes, Käse|ling, v. Keyserlingk

Kieselack: tsch. kyselak „Sauerampfer". Kysselig (Glatz)

(kiesen): „prüfen, wählen". Kieser, Kyser „beamteter Lebensmittelprüfer". Weinkieser (vgl. Prüfer). Dasselbe Kies–, Kiese|mann, Kur|er, mann, meister. Kies(s)ewetter (Kießw., Giesew., Kisse(n)w. > Kiesevetter, Küß|wieder, wetter) wohl „Wetterbeobachter" vgl. Himmelseher. Gleichsetzung mit Käsebieter bleibt trotz Jürgen Kesewedder, Braunschw. 1508 = J. Kesemann 1519 nicht glaublich

Kieserling: s. Kiesel

Kieß–: s. GEISEL, Kies, Kiesel

Kietz: oft ON. < wend. kyza „Hütte". Kietz, |er, ke, ki, mann. Westd. Kietzmann < kieze „Tragkorb". Dazu auch md. Kietz (× GID, Kitz)

Kievitz, Kiewitt: s. Kiebitz

Kiew–, Kiffer(le): s. GEBEN

Kigelmann: GIG

Kihntopf: s. Köntopf

Kiküm: s. kieken

Kilcher(t): s. Kirche

(kilde): dän. „Quelle". Kildahl, Kildentoft (toft „Anger")

Kilian: Schotte, Apostel der Ostfranken (kelt. „Kirchenmann"). Kili(any), Kiel|ian, gan, Kylian, Kill, |ian, ion, e(r) (× ON. Kill, Eifel), Chilian; viell. auch Kiehlmann, Kill|i(n)g, mann, meyer (oder Kirchm.) (× GELTEN, GEISEL II, Killat)

Kill–: s. GELTEN, GEISEL II, Kilian

Killat: < frz. N. Cuillat; > Kilian, Kian, Kion

Killer: 1. s. Kilian. 2. ON. Hechingen. 3. < Keller KS. 4. = Kindler 1680 bis 1716, Egern am Tegernsee

Killinger: ON. Ellwangen

Kilmer: s. GELTEN, GEISEL II

Kilp: s. GELTEN. **Kilper:** ON. Kilpen, Baden

Kiltsch: s. Aegidius

Kimbel: s. GIN, GUND

Kimker: nd. „der Kimken (Holzeimer) macht". Kemker

Kimm(e): s. Gimo

Kimm|el, ich: s. Kümmel

Kimmer(ich): s. KÜHN

Kimmerle: s. Kummer

Kimpel: s. GIN, GUND

Kimpfler: s. Kumpf

Kinader, Kinateder: Weiler Kinatöd, Haugenberg, N.-Bay. (< Chunihard)

Kina|s, ast: s. khojna

Kind: Kind|(e)l, le(in), gen. Kintlein. Weiterb. Kind|mann, ling, Kintling, Kinninger; der Kindere, Kynderer = Puerorum: Genit. partitivus „der Knappen", Socin 478f.; aber Kinter viell. „Günther". — Kinder–, Kinds|vater: „Geburtshelfer", Kinderfreund; Jungk., Jakobsk., Kleink., Liebesk., Herr(e)nk.; Kindler „der kindelt, sich kindisch benimmt". Auslautend in altd. PN.: Wittekind, aber auch sonst: Petrikind; aus –kīn oder –king: Schmiedekind, Dedekind. Kinthait, Stilleskint

Kinder, |ling, mann: s. GUND (Kinder auch pruß. N. Kinder)

Kindleben: ON. Gotha

Kin(d)scher, Kintscher: 1. ON. Kindisch, Kyhnitzsch (Kyntzsch), Lausitz. 2. z. Schuh

Kinezle: s. KÜHN Kf.

King: s. König

Kinge(r)ter: s. KÜHN, Kunigund

Kinigl: Künigl, Königl, Kunigl: 1. mhd. künichin „kleiner König, Zaunkönig". 2. Kaninchen < lat. cuniculus. Desgl. Kühnlein (vgl. Karl)

Kink(el): s. GANG (nd. kinkel „Fettwürfel, Brotstück")

Kinmann: s. KÜHN, Kf. Kuno

Kinn–: s. Kind

Kinnert, Kinreich: s. KÜHN

Kint–: s. Kind

Kinter(ler): s. GUND

Kin|tsch–, (t)z: s. KÜHN Kf.

Kintscher: s. Kindscher

Kinttof: s. Köntopf

Kion: s. Killat

Kip–, Kipf–, Kipp–: s. GEBEN

Kipf: 1. „Spitze" (Flurn.). Kipf|er, müller. 2. obd. Gebäck. Kipf|el, erl(er), le(r)
Kipferling: s. Kupfer
Kipp: „Spitze", auch Flurn.; Kiphut, Kipping, aber Kipper: 1. ON. Hagen. 2. wend. kipry „schwach" (tsch. kupry „elastisch, rasch"). FN. Kipry
Kirbach, Kirberg, Kirrbach: s. Kirche
Kirb(i)s: s. Kürbis
Kirche: alem. kilche, nd. kerke, karke < gr. κυριακ ́ν „dem Herrn gehöriges (Haus)". S. Kerk–. Auf altd. PN. weisen: Kirch|hardt, harz, artz, ert, ertz; Kilchert < –hart, Kirchloff < –wolf. Über Kirch|eis, eisen s. Eisen. — Kirch(l), Vonkilch, Andekerke, zur Kilchen. Byderkerken, Bikark, Bowenkerk. Kirch|haim, heimer, ham (ON. Kirchham [N.Bay., Ob.Österr.], Kirchheim mehrf.), em, hammer, hoff (off, höfer, hefer, heber; am Kirchhof „Hof an der Kirche" oder ON. Kirchhofen), land, esch, hübel, weger, gesser, gasser (> –gatter KS.), stätter, bach(er), graber, schläger, huber, leitner, lechner, georg, wehm, wehn (s. Wittum), tag, pfennig (aber –baum s. Kirsche, –stein s. Christianus 2). — Kirchen|thurn, knopf, fauth, bauer, maier; (Neu)kirchinger. Kier|gaßner, maier, feld. Kir|mai(e)r > mer|,berg (Hofn. Elberf., Solingen), gasser, holz. Kirk, |ing, skothen. Kerk|ing, |hei, emayer, mann, hoff(s), loh, siek; van den Kerkhoff, fries. Kerkstra (Tjerkstra). Kark|hoff, meyer, enholz; Kollenkark (ON. Kaltenkirchen, Holst.).
Einzelnes: Kircher: 1. Küster < kirchaere (vgl. Kerk–). 2. Pfarrer < kirchherre. 3. der bei der Kirche. Kilcher, Kilchör (schweiz.). — Kirchmann: „Pfarrkind" oder „Dienstmann einer Kirche, Kirchendiener". Kerkmann. – Kirchmesse: Kirm|(e)s (s. Girmes), |se, st, iß, (a)ß, Kerm(e)s. — Kirchner: 1. Küster < kirchenaere. 2. = Kircher 3 (Kirchler). — Kirchspiel: „Gemeinde". Kirspel, Kiers(ch)pel, nd. Caspelmann, Kespelher („Herr").
Auslautend: Alten–, Ober|kirch; Hoch–, Neuen– > Neun|kirchen, Niekerke; –kircher: Beik., Obk., Oberk., Unterk., Feldk. — Neu–, Westen|kirchner. Kirchbaum: s. Kirsche
Kirchweiher: ON. Kirchweyhe, Hann.
Kirdel: s. GER Kf.
Kirholz: s. Kirche
Kir(ie)leis: s. Kyrieleis
Kirm|air, er, (e)s, se: s. Kirche
Kirn: 1. ON. Kreuznach (s. Körner); 2. tsch. krn „Einschnitt", krne „Wasserrinne" (FN. Kern|ich, ke, ing); Kirn– s. Körner
Kirsch(e): mhd. kerse, kirse, schweiz. chriesi (FN. Kriesi), (ON. Kirsch, Bunzlau, Trier, Lothr.), Kirsch, |berg(er), garten, (e)nbauer, mann, ey (s. Hei), Kirsch|sieper (Hofn. Lennep), heide (Hofn. –heidt, Solingen); Kersch|er, ba(u)mer, enlohr (s. Loh), reiter; Kerskamp; –baum: Kirsch(en)b., Kirseb., Kirchb., Kriesb., Griesb., Kerseb., Kerßelb., Casb., Casseb. — Karsseboom, Kerse(n)–, Kas|bohm. Kassebeer, Kasbehr, Kesper „Kirschbeere"; Kessemeier; aber Kirsch(en)stein meist „Christian" (s. überhaupt Christianus 2). Kirsinfrasz, Kyrskerne. — Kirschberger < Kirchb. KS. — Jüd. Gerschen–, Kerczen|baum (wohl < Gerson), Kirsch|el, mann. — Kirsch– s. auch Kiersch und Kürschner. Kirschbein s. Crispinus
Kirspel: s. Kirche
Kirst–: s. Christianus 2a
Kirveß: s. Kurfeß
Kirwald: s. GER
Kirz–: s. GER Kf.
Kisker: ON. Westf.
Kisp–, Kiss–: s. GEISEL
Kißling(er): s. Kiesel
Kißmehl: s. kosma
Kist: 1. ON. Würzb. (> Kister). 2. s. Christian 3a (Kist–)
Kiste: „Truhe". Kistner = K(h)istler = Kist(en)–, Küsten|macher, nd. Kistemaker, gräzis. Chelius (χηλός „Kasten"). — Kistenfeger „Abtrittsräumer" (Kistenpfennig s. küssen)
Kisten|bröcker, brügge(r): ON. Kissenbrück, Wolfenbüttel, < Chirsenbruege, Kersenbroke
Kisthard: s. Christus
Kitt–: s. GID
Kitta: sl. kyta „Zweig, Busch". PN. Kit(t)a, Kitla, Kita, Kitt|e, ke,

el(t), aber Kitt-an, o; s. Christianus 7
Kittel: Kitt|ler, elmann, Kütt|el, ler. Weißkittel. Sieh Lohe
Kittlaus: s. GOD. Kittloff
Kittner: s. Kette und Kuttner
Kitto: s. Christianus 7
Kitz: 1. Schon ahd. junge Ziege, Gemse, Reh: Kitz|vel, horn. 2. < GID. — Kitz, |e, ner, (el)mann, ele, ler, hofer, eder, müller, enberger, Gitz. Kitzbichler, vgl. ON. Kitzbühel, Tirol. — Vgl. kalt (Kitzkatz < Kitze „Katze") und KUD
Kiwit(t): s. Kiebitz
Kjär: dän. „Sumpf". Kiaer, Kjeer; Kjaergaard „Sumpfhof". Tranekjer < trane „Kranich"
Klaar(e): s. clarus
Klaas: s. Nicolaus
Klaashoff: < Klatzkopf
Kläber: s. Kleber
Klabe(s), Klaf–: s. Nicolaus
Kladen: s. Claudius
(klaffen): Klaffenböck „Schluchtbach", Klaffenbach (ON. Württ.), Klaffert „Schwätzer"
Kläfiger: < mlat. claviger „Schlüsselführer, Beschließer"
Klaf(f)ke: s. Nicolaus Sl.
Klag–: s. Nicolaus
Kläger: „öffentlicher Ankläger", schweiz. Klägimann
Klähammer: s. Klehammer
Klähe: s. Nicolaus
Klaholt, Klahölter: ON. Klaholz, Unterhoya. Klaholz, Klagholz
Klahr(e), Klähr(e): s. clarus
Klaiber: s. Kleber
Klais: s. Nicolaus

Klämbt, Klamet(h), Klamt: s. Clemens
Klamm: „Schlucht". Aufderklamm, Klammer (× „Klammer"). Auch adjektivisch = klemm (s. d.). Klamp (Klamm, |er(t), a, Klampfer, Klemmer KS.), Klam|foth, fuß, Klanfuß
Klampfl, Klämpfl: „Klammer, Haken, Ränzel". Klampfer „Klammer" und = Klampf|erer, ner „Klempner"
Klan|d, t, zke: s. GLANZ
Kläner: ON. Kläne, Posen
Klanke, Klap–: s. Nicolaus
Klap|dor, heck(e), steg: s. Fallgatter
Klapfer: < mhd. klapf „Fels"
Klapper: der klappt, klappert; nd. „Schwätzer", auch „Nachtwächter" wegen dessen Ratsche oder Schnurre. Klappermann. Klappert, Klapp|ach, holz, oth, uth, stein
Klap(p)s, Klapsing: s. Nicolaus
Klar–, Klär–: s. Clara, clarus; **Klär:** < frz. Clair
Klarner: s. Glanert
Klas–, Klaß–, Gläs–: s. Nicolaus (× Klos)
Klat–: s. GLANZ
Klatte: obd. „Kralle", nd. „verwirrtes Haar", schles. < Klette
Klatz: „Glatzkopf" (vgl. Klaashoff)
Klau–: s. GLAU und glava
(klauben): „kleine Dinge einzeln auflesen", auch „stehlen". Klaubauf; nd. Kluvetasch „Taschendieb"; Klauber: 1. „Erzsortierer". 2. „Spalter" Steinklauber. Vgl. klie-

ben. (Klaube(r), Glauber(t) KS)
Klauder: s. LUT
Klaudi(es): s. Claudius
Klauer: 1. ON. Klauen, Hildesh. 2. md., nd. „Stier"
Klauk–: s. Klug (sl. Klauk– s. Nicolaus; Klaucke auch pruß. N.)
Kläukens: s. Klug
Klaus–, Kläus–, Klausch–: s. Nicolaus
Klause: mhd. klūse, klōse: 1. „Einsiedelei (nd. auch „Kloster"): der hof ze den Klusen den buwt Haintz Klusner (Allgäu 1398). 2. Schlucht (nd. auch < klunse „Kluft"). 3. „Schleuse". (ON. Klau|s, se, sen, Klu|s, ß, se). Klaus|en, er, Klausner; nd. Klüs(e)ner „Einsiedel". Stockklausner, Kluß, Klus(meyer), Klüser; –mann: Kl(a)usm., Clausm., Klußm., Klüsem. Zu 2. schweiz. von Kluse, z' Klus, Kluser, Zenklusen, nd. Terklus (Klauser(t), Kleuser KS). (× Nicolaus)
Klaust: s. Nicolaus
Klaut: s. LUT Kf.
Klautsch: ON. Glogau
Klaw–: s. glava und Nicolaus (Klawicke pruß. N.)
Klayla: s. Kleilein
Klayner: s. Klein
Kleb: wend. khleb „Brot": Kleban(ski), Klieb, |e, han, isch
Klebe(r): 1. ON. Kleb|a, e, ow, Cleben. 2. Kleber(t): „Maurer, der Lehmwände klebt, abputzt"; vgl. Pliesterer; Kleiber (s. d.), Klaiber, Kläber, Glaiber. Sonst Kleb– s. Nicolaus
Kleb(i)sch: s. Cleve

Klebrig: s. -berg
Klebring: = Kleebrink
Klebzig: s. Klepzig
Klee: mhd. klē, klēwes (auch Neutrum) „Klee, Kleewiese". Klee|mann (schwäb. „Wasenmeister, Schinder"; × Clemens, vgl. auch Nicolaus), schulte, bauer, feld, brink, kamm, blatt, haas, Kle|gräfe, grewe („Wiesenaufseher"), bring, kamp, kamm (× Klei); nd. Klever(saat), Klewer (vgl. Cleve, Kleef, Sattel). Grün(e)-, Schöner|klee; Satzn. Spring(in)sklee, Findeklee
Kleef: nd. klēf, klē(b), kleff, klif „steiler Hügel" zu „Klippe" (> ON. Cleve, s. d. und vgl. Klee), Kleff, |mann, ken, ner; Kliffmüller, vom Cleff
Kleefuß, Klefoth: s. glava
Kleen: s. Klein
Kleer, Klehr: s. Hilarius
Klees: s. Nicolaus
Klehammer: 5 ON. Kleham, Bay. Klä(n)hammer
Klehm(et): s. Clemens
(Klei) nd. „toniger Boden" (mehrf. ON. Klei, Kley), Klei|kamp(er), kemper, böhmer, feld, mann, meier, dierk; Kley (fränk. zu Eligius, rhein. zu Nicolaus), |brink, bolt, bold (zu Bülte), meyer, dierck (Dietrich)
Kleiber: 1. = Kleber (schwäb. auch Tüncher). 2. bayer. < klieben (s. d.), Kleibscheidel
(Kleie): Klei(e)nstäuber, Kleyen-, Klein|stüber (< stauben, stieben, Spottn. des Müllers).
Kleilein: mhd. kliuwel „Knäuel, Kügelchen".

Kleyle(in), ofr. Klayla, Kleyla
Klein: nd. Kleen. Weiterb. 1. nach Art altd. Volln.: Klein|brecht, brecher; Kleinhardt (> ert, ertz), loff (< wolf). 2. Klein|e(r), en, le(in), dl, ig, ke(n), tjes, ing(er); Klayner, Klen(n)er (schles., böhm.), verlitauert Kleinat. Zss., Zsr. mit RN. und FN. (klein = jung, Sohn): Klein|(e)budde, he(i)nz, jans, johann, hanz, kort, herbers, grothe, grothaus, tombult, Kleine|hering, kampmann. — Personen: Klein|bub, jung = gung, (er)mann, herr, di(e)nst = knecht, eidam, wächter. — Flurn.: Klein|(es)gütl, holz, böhl, feller, ekuhle, enbroich, paß, ort, sang (Klensang), stück, (e)horst. — Verschiedenes: Klein|sorg(e)(n), topf, schmidt (Nagler u. dgl., Gegens. Grobschmied), hammer, schnitz = schrod(t) (doch × Kleie), Kleinod („Schmuckstück"), aber -eder, -öder zu Öde. Sieh Legel
Kleinau: s. klein
Kleinig: s. Glien
Kleis(l): s. Nicolaus
Kleißner: Gleisner
Kleit|er, mann: s. Geleitsmann
Klem-: s. Clemens
Klemm: soweit nicht < Clemens (s. d.) < mhd. Adj. klem „eng, beengt, bedrängt" (vgl. Pfrang), meist von Menschen, doch auch ÖN. wie Klamm
Klemmer: 1. zu Klemm. 2. „steiler Abhang" (Klimmer)

Klem(m)ig: s. Michael
(klen, klon): sl. „Ahorn". Klen|ike, k(e) (s. d.), tze, z; Klon|icke, ck, n, z; Cleinow, Kleinau (ON. Klein|au, ow, Klenau), Klenner (ON. Clennen, Leisnig)
Klencher: ON. Cleinich, Bernkastel
Klengel: 1. ON. Altenburg. 2. „Glockenklöppel"
Klenk, Klenke: 1. mhd. gelenke „gelenkig". 2. sl., s. klen. Nach Nied „Schelle" > „Schwätzbase". **Klenkler:** „Klingler"
Klenner: s. klen und Klein
Klensang: s. Klein u. sengen
Klen(t)ze: s. klen
Klenz, Klenz|e, mann: ON. Klenz, Meckl., Köslin; Klenzau, Oldenb.
Kleophas(ß), Klepha: Bruder Josefs, Oheim Christi
Kleppel: s. klopfen
Klepper: „Klapperer". Sieh auch klopfen. Klepperbein (vgl. Knackfuß)
Klepzig: ON. Anhalt, Belzig, Delitzsch. Kleb|zig, sig, Klöpzig
Kler-: s. clarus
Kler|ikus, k, x: s. clericus
Klersch: s. Hilarius
Kles|el, inger: s. Nicolaus
Klesmer: s. Gläsmer
Klesse: s. Nicolaus
Klessen: ON. Rathenow
Kleß|inger, l: s. Nicolaus
(kleti): asl. „Haus"; poln. kleć, obwend. kletka „elendes Haus, Klitsche". ON. Klitten, Klitsch, Kletzke. FN. Klet|a, ke; Kletz, |ki, ke, sch; Klitsch, |e, er, ka, ke, müller; Klitzsch;

Klett(e) (klopfen)

Klisch, |e, ke. Vgl. glet. Kletsch auch pruß. N. Clecz, Clesch
Klett(e): 1. Pflanze (vgl. Klatte). 2. s. glet
Kletting: s. GLANZ
Klettnig: Gutsn. Neiße
Kleu: s. Nicolaus
Kleudgen: s. Claudius u. LUT
Kleusch: ON. Kleutsch, Dessau, Breslau
Kleuß(er): s. Nicolaus
Kleußner: s. Gleußner
Kleuver: s. klieben
Klevenow: Hofn. Grimmen (Pom.)
Klever, Klewe(r): s. Klee, Cleve (× mhd. klewen „winseln")
Kley: 1. ON. Westf. (< Klei, s. d.). 2. s. Eligius, Nicolaus
Kleyle: s. Kleilein
Klick: nd. „Tonerde". Klick(er)mann, Klicsbur
Klieb–: s. Kleb
(klieben): spalten, bsd. Holz. Vgl. klauben. Klieber(t) (× ON. Clieben, Meißen), Kloiber, Klöver, Kleuver, Kleiber, Klüber (×LUT, vgl. Klüver). Satzn. Kliebenstein, Klubescheit, Klübescheidt, Kluspies; Klü(be)n–, Klüh(en)–, Klein–, Klee|spieß; Kliebenschedel, Kluibenschädel, Kleibscheidel; nd. Klöf–, Klöve|korn („Geizhals"?), Klöwhammer
Kliefoth: s. glava
Kliegel: s. Klug
Kliem–: s. Clemens
Kliffmüller: s. Kleef
Kligler: s. Gelehrter
Klim–: s. Clemens
Klimmer: s. Klemmer
(klin): sl. „Winkel, Keil". Vklf. klink. Klien, Klin|ik(e), ow; Klink, |e, er(t), ow

Klind–: s. klint
Klingelhöller: ON. Klingelholl, Wuppertal. **Klingelstein:** ON. Klingen|stein: Steierm., dorf: Württemb.
(klingen): Klinge „rauschender Bach > Schlucht"; nd. auch „Furt, feuchter Heidegrund", mehrf. ON. Kling|a, e, en (× klinke „Schlagbaum", glink „link"). Kling, |e(l), elhage (Hag), elhöfer, ner, e-biehl, (e)mann, holz, Klingen|feld, brunn, beck; Klin(c)k, |e, müller, sie(c)k, sick, enbuß (Busch), Klinkspohr, Klingspor(n), Klinspor(t), Klingen–, Klinken|spor (zu spōr „Weg") > Klingspaar, aber Klingsohr (Kling|sohr, söhr): Zauberer aus der Wartburgsage. Kling(n)er aber auch = Klingenschmidt (> Klingelschmidt?). Klingler: südwestd. „städt. Almosensammler". Klinckhardt, Kling|hardt, ert, Klinkert: Weiterb. zu ahd. PN. Clingo (Musikantenn. wie Klingauf, Klin(g)kauf, Klingling?), aber auch alte burgund. Goldmünze. – Kling(en)fuß (Klinkerfuß) und Klingelhut: Modenarren mit Klingeln an der Kleidung. – Kling(e)beil: Handwerkerübern. (wie Kling|hammer, eis; s. Eisen), Klinkbeil, nd. Kling(e)biel
Klink–: s. klin und klingen
Klinsport: s. klingen
(klint): „Klippe, steiles Ufer":Klint(5ON. Hann., Holst.), Klind|er, worth (s. Wurte). Klindtberg,

Klintwor(d)t, Klingforth
Klipfel: „Klöppel (s. d.), Schlegel". Klüpfel, Klüppel, Klippel. Vgl. Klengel
Klipp(e): vgl. Kleef. Klipp|stein, hahn („Hag"), mann
Klipper: macht Klippen (nd. „Holzschuhe")
Klisch–, Klitsch–: s. kleti
Klix: 1. < Calixtus. 2. ON. Klix, Bautzen; Klüx, Lauban. Klüx (vgl. Klick)
(Kloben): Klobe, Klöble. Auch zangenartiges Werkzeug. Klober „Vogelsteller"
Klöber: ON. Cleben, Weißenfels (× klieben). Vgl. Kleb
Klobke: s. Klopke
Klobuch: tsch. klobouk „Hut"
Klock–, Klöck–: s. Glocke und LUT
Klockau: ON. Klockow mehrf.
Klocksinn, zinn: ON. Klock–, Glock|in, Meckl.
Klod–: s. LUT (× Klode: poln. kłoda „Baumstamm, Block, Steg")
Kloë, |l, s: s. Nicolaus
Klöfer: s. LUT
Klöfkorn: s. klieben
Klohe: s. LUT und Nicolaus
Kloiber: s. klieben
Kloke: s. LUT
Klomfuß, Klomp, Klom(p)faß: s. Klump
Klon–: s. klen
Kloop: s. LUT (Loppo)
Kloos: s. Nicolaus und Kloß
(klopfen): nd. kloppen. Klopfer (z. B. „Hanfklopfer", auch Bergmann, der mit der Klopfe, einem freihängenden Brett, Schichtwechsel anzeigt), Klöpf(f)er, Klöp-

per, Klepper; Klopf(f)leisch, Klopstock = Klopp|steck, stech, stein dient zum Sensendengeln. Klöpfel, Klöp(p)el, Kleppel, Klepl: „Knüttel, Glockenklöppel, Flegel", s. Klipfel (× LUT)

Klophaus: 2 Hofn. Klophausen Elberf. (× ON. Kloppes, Düsseld.)

Klopke: sl. chlopik „Bäuerlein". Klobke, Glob:g, Glöbke, Klopsch

Klopot: poln. klopot „Geklapper". Klopoter

Klopp–, Klöpp–: s. LUT und klopfen

Klöpper: s. klopfen

Klöppig: s. Kleppig

Klor, Klör|s, es, ß: s. Hilarius und LUT

Klos, Kloß: 1. Nicolaus. 2. wend. klos, tsch. klas „Halm, lang aufgeschossenes Kind": Klöske, Klossek, Klaß(ke)

Klose: Klause, mhd. klos(e) (× LUT Kf. und Nicolaus)

Klöß(ler): s. Nicolaus

Kloster: Kloster, |ius, mann: 1. Mönch; öfter 2. Höriger des Kl., so stets Kloster|huber, mann, mair, kamp, knecht; Closter, Klooster, Klösterlein

Klot–, Klöt–: s. LUT

Klöter(s): ndrh. < klueter < mlat. claustrarius „Schlosser" (× klutern, s. d.)

Kloth: s. Schnee

Klotsche: s. Klutsche

Klotz: meist Schimpfn. wie Bengel, Klöppel, Flegel, doch Hausn. im gulden Klotz, Köln. Klötz(e)l; aber Klötzer, Klotzer: ON. Klötze, Magdeburg; Klotzen, Köslin; s. auch LUT Kf.

Klotzsch(e): s. Klutsche

Kloubert: s. LUT

Klöve|korn, r: s. klieben

Kloy: s. Eligius

Klub–, Klüb–: s. klieben und LUT

Kluchert: s. Klug

Kluck: tsch. kluk „Bube"

Klües: s. LUT Kf.

Klug: nd. klauk, klōk. Weiterb. nach Art altd. PN.: Klug|hardt, ert, herz, Kluchert. — Klug|e(r), (er)mann, kist (Christian), Klüg|er, lein, el, Kliegel, Kluxen (< *Klugsohn), Klook, Klocke (s. Glocke), Klauck(e), Klauker, Kläukens

Klugewitz: ON. Klukowitz, Beuthen, Böhmen

Klüh(en)spieß, Kluibenschädel: s. klieben

Kluiters: s. klutern

Klump(p): „dicker Mensch". Klum|b, pe, Klümper; nd. Klomp(s), hochd. Klumpf. Weiterb. Klump|art, ian. Zss. Klump|arndt, jahn, jan, Klomfuß, Klom(p)faß

Klum(p)ker: (ostfries.) „Holzschuhmacher"

Klunck: s. Klunker

Klunder: < mnd. klunderen „poltern". Klünder (auch Klunde, Klünner, Glund, Glünder?)

Klunker: „Troddel". Klun|kert, g(l)er, Klünker, Glunk (NS). Glungler: 1. = glunkener „Troddelmacher". 2. glungeler „Troddel". Klunck

Klünner: s. Klunder

Klüpfel, Klüppel: s. Klipfel

Klupp: s. LUT

Kluppe: „Art Zange"

Klus–, Klüs–: s. Klause und LUT Kf.

Klusak: tsch. „Läufer"

Klusch, Klutsch: s. Nicolaus

Kluschke: sl. „Schlüsselchen"

Klusen: s. Nicolaus

Klußmann: s. Klause, LUT Kf. (× Nicolaus). Klusemann

Klut–: s. LUT

(klute): nd. „Erdklumpen" > „plumper Mensch". Klut|e, h, mann (Bergn. und Flurn. Klüt). Kluten|treter, dret(t)er „Bauer"

(klutern): mhd. „unnütze Arbeit tun, tändeln, gaukeln". Klüter, Klöter, Kluiters

Klütsch: s. LUT Kf.

Klutsche: tsch. kluče „Rodung". Klotsch(e) (ON. Klotzsche, Dresden)

Klüttermann: s. LUT

Klutz: wend. kluc „Sprudel"

Klüver, Klüwer(t): 1. „Büttel", der in den Block sperrt. FN. Kluwe (nd. „Kloben, Block" < klieben). 2. zu kluven „spalten"

Kluvetasch: s. klauben

Klüwig: s. LUT

Klüx: s. Klix 2

Kluxen: s. Klug

Kmoch: sl. kmoch „Pate"

Knaack: s. Knochen

Knabe: auch „Geselle", vgl. Knappe. Knäb|el, le(in), chen; Knebel, Knab, |(e)l, enhans, Knap, |e(n), nd. Knaf(f), ndrh. Knabben. Lehrknabe, Knabenschuh. (Knäbe(l), Kneb(el), Knöbel, Knobel KS.). Vgl. Knebel

(knacken): Knack|fuß, nuß, sterdt (> steck, stadt?), endöffel, erügge; Knacker eher < Nacken

293

Knaf(f) (s. d.); aber mua. auch „dürres Pferd"; Knakkert. Knackmuß s. Knochen

Knaf(f): s. Knabe

Knam, Knan: s. Genannt

Knapp(e): Nebenform von Knabe (s. d.), bsd. „Bergknappe". Knappke, Knappik, Knappel, verwelscht Caneppele (× nd. knap „Abhang": Knap|mann, meier; fränk. knapp = gewandt, tüchtig)

Knappertsbusch: Kotten b. Elberf.

Knast: nd. „Knorren" > Knaster „grober Kerl"

Knatz: s. Gnatz

Knauber: nach Werner rhein. „Bastler"

Knauder: s. KNOD

Knauel: „Knäuel" (vgl. Kleilein), Kneile, Kneule, Knäulein

Knau(e)r: 1. mhd. knūr(e) „Knorren, Fels, Grobian". Knurr. 2. ON. Knau, Thür. 3. < genau „Geizhals". Knauher

Knauf(f): „Knopf". Knauft, Knäuf|ler (rhein. Kneupler), el. Vgl. Knopf

Knaup(p): „Knorren, Klotz"

Knaus: 1. mhd. knūʒ „keck, hochfahrend", bair. „klein, aber schmuck". Schon ahd. PN. Chnuz (= dän. K(a)nut, hierzu Knudsen, Knutzen). 2. = Knust. 3. „Knauser", Knus, Knußmann, Knau|ß(mann), seder, tz, Kneuß(l), Knaust, Kneustchen, Knüsli, Kneusgen; Knäu|sel, ßle(r), Kneis, Kneisel, Kneisl, Kneißl(er). Weiterb. Knaushart, Knusert

Knauser: „Geizhals" (vgl. Knaus)

Knaust: s. Knust

Knaut–: s. KNOD (Knaut auch pruß. N.)

Knebel: mhd. knebel. 1. „Pflock" (auch „Knöchel, dicker Mensch"), Knöbel, Knebel|er, kamp; nd. Knevel, |s, er, kamp; Knewel, Knefel, |s, kamp. 2. s. Knabe

Knecht: „junger Mann, Geselle". Knecht, |(e)l, le, li. Zss., Zsr. Frischk. (s. frisch), Schmiedek., Schuk. (nd. Schok.). Körnerk., Mahlk., Meisterk. („Obergeselle"), Futterk., Rinderk., Bauk. = Ackerk., Hausk. („Hausverwalter"), Rebk., Weink., Herrenk., Frauenk., Reitk., Klosterk., Stadtk. („Soldat"), Schildk. (Lieberk., nd. Lewk.), Schönk., Reink., Johannk.; s. Barbknecht

Kneer, Knehr: s. KNOD

Knees, Kneese: s. Knez

Knefel: s. Knebel. Knefel

Kneid(e)l: Stock als Stütze zum Gehen

Kneile: s. Knauel

Kneip(p): Messer, bsd. Schustermesser (nd. knīf, engl. knife), Kneib, Kniep, Knieps, Knief(s), Kneiff

Kneis–: s. Knaus

Knen(n)lein: s. Genannt

Knepler: s. Knopf

Knepper: uckermärk. „Storch". Knepperges

Knerr: s. KNOD

Knes(ch): s. knez

Knespel: sl. knežepole „Fürstenfeld" (vgl. knez und Knispel; doch s. Knospe)

Knettel: „Knüttel" (Glatz)

Kneucker: < knauken „nicken"

Kneuples: s. Knauf

Kneus–: s. Knaus

Knevel, Knewel: s. Knebel

Knez: sl. knjäs „Fürst, Herr", tsch. kniže; knež „Priester" (< ahd. kuning), knezik „Junker". Kne|ser, tsch.; Knee|s, sch, ser, tz; Kne(e)se, Knesel, Kneß, Knesch|e, k(e), Knö|sch, sche, sel, tzke, t(z)sch, ß, Knisel, Knitzke, Knie|ß, se (× Hose), si(n)g, tsch, sch(k)e, Kni(e)sche (× nd. knīsig „mürrig", ob.-sächs. knietsch „weinerlicher Mensch")

Knick: 1. „Heckenzaun". 2. „Abhang". Knick|er, hauer, mann, meier, rehm (zu nd. rīm „Einfassung"), Knigge. 3. sl. PN. Knick. Knickwitz (Wüstung bei Dresden)

Knie: Knyschibe. Kny. Meist Flurn.: Knie|meyer, wasser, han (Hag). Kniebiser < knieboʒ = kniebreche „steiler Bergpfad". — Knie|ri(e)m, Kniem, Knyri(e)m, Cnyrim: 1. Riemen am Hosenende (vgl. FN. Kniepändl. 2. Schustergerät. — Knieling, mhd. kniewelinc „Knieharnisch". Satzn. Kni(e)nider

Kniebes: 4 ON. Knieb|is, es

Knief, Kniep: s. Kneip

Kniefke: s. Gniffke

Knieke: zu sl. knieja „Dickicht"

Knieling: ON. Knielingen, Karlsruhe

Knies–, Kniesch–: s. knez

Kniewasser: ON. Kniewas, O-Öst.

Kniff|ki, ke: s. Gniffke

Knigge: s. Knick

Kniller: s. Knüll

Knipfer: s. knüpfen
Knippen: Hofn. Mülheim (Köln). Knipper, Knipers
Knisel: s. knez
Knispel: ON. Oberschles. (vgl. Knespel)
Knit(t)el: s. Knüttel
Knobel: s. Knabe u. Knoblauch
Knöbel: s. Knabe u. Knebel
Knoblauch: dissimiliert aus mhd. clobelouch (< klieben); mehrf. ON. Knob(e)loch, lock, lach, lich, elau; Kob–, Knöb–, Knub|lauch, Knobel
Knochen: auch „Knorren, Grobian". Knoch, |e, en, el; Knöch|el(mann), lein, Knöckel, Knockl; Hartknoch; nd. Kno(c)ke, Knaak(e). Knochenhauer: nordd. „Metzger" (vgl. Küter). Sculderknoke, Knochenmus, Knackmuß
Knock(e): 1. obd. „Hügel". Knöcklein. 2. nd. s. Knochen
KNOD: ahd. chnōt „Geschlecht, Stamm"
***Knodbert:** Knubbert, Knupperts, Knüpling
***Knodher:** Knauder, Knütter (oder nd. „Stricker")
Chnodomar: Nömer
***Knoderich:** Gnörich, Knörrich, Knör|ig, k, Knürk, dazu Cnoero, ON. Knöringen, FN. Knöhr, Knör, |ing, Knörri, Kneer, Knehr, Kner(r), Knürr
Kf. (ahd. Knuto) gewiß vorhanden, aber unter der Menge von Übern. (Knaus, Knopf, Knock, Knöbel, Knoll, Knötgen, Knödel) kaum zu erkennen. Etwa: Knau|th(e), dt, Gnauth, Knautz;

Knod(e)l, Gnodke, Knötig, Knuths (vgl. Knaus), Knüttgen
Knode, Knödel: s. Knoten
Knöfler: s. Knopf
Knogl(er): s. Nock
Knöhr: s. KNOD
Knoke: s. Knochen
Knoll. 1. „Klumpen, Grobian". 2. Bergspitze. Knoll, |e, er, mann, meier, Knöll, |er, ner
Knöllinger: ON. Knölling, Nabburg
Knoop, Knop–: s. Knopf
Knopf: auch „Hügel, Knospe, Knoten". Knopp(e), Kno(o)p, Knoops, Knopfe, Knöpfel („Knirps"), Knöp(f)ke, Knöpfle, Knöpken (Knopka: sl. < ?), Gnöppchen. Knöpfle: schwäb. „Kloß". Knö(p)fler, Knepler = Knopf–, Knöpfl|macher. Vgl. Knauf.
Knorr: „Knorren". Knorr,| e, n; Knor|n, s. Dazu Knorke, Knörle(in), Knörndl, Knörrchen. — Zss. Knorrbein, Knorrscheidt
Knör(ing), Knörri: s. KNOD
Knorz: = Knorr. Knortz
Knörzer: südd. „Jammerer"
Knösche: s. knez
Knosp(e): urspr. = Knorren; mua. knospen „Holzschuh". Knespel (s. d.). Knöspler, Knespler „Holzschuhmacher"
Knot: wend. „Maulwurf"; Knöschke „Maulwurfshügel" (Flurn. Knösken)
Knote: 1. „Knoten", > „Knorren, Grobian". Knoth(e), Knöt|el, gen. > bayer. Knödel „Kloß" > Knödler. 2. < nd. genote „Genosse"
Knotek: tsch. „Knirps"

Knötig: s. KNOD (× Knotek)
Knott: einzelner aufragender Fels: Knottner(us)
Knotz: = Knorr, Knorz: Knötzele
Knubbe(n): nd. „Knorren"
Knubbert: s. KNOD
Knublauch: s. Knoblauch
Knudsen: s. Knaus
Knüll. 1. mhd. „Unkraut". Knüll(e), Knühl. 2. „Hügel" (vgl. Knoll). Knull, Knüller, Kniller
(knüpfen): Knupfer, Knüpfer, Knüpper (der durch Unterbinden kastriert? Vgl. Gelzer)
Knupfer: schweiz. knupfen „leicht hinken"
Knüppel(holz): = Knüttel
Knüpling, Knupperts, Knür|k, r: s. KNOD
Knurr: s. Knauer
Knürr: s. KNOD
Knus, Knusert u. dgl.: s. Knaus
Knuschke, Knuske: s. gnusu
Knust: 1. „Knorren" > 2. „Brotranft" (vgl. Knast). Kneustchen. 3. obd. = Knaus (s. d.). Knaust „stämmiger Mensch"
Knüttel: Knitt|el(meier), ler, Knettel, Knittl
Knuths, Knütter: s. KNOD
Knütter: nd. „Stricker"
Knüttgen: s. KNOD u. Knote
Knutzen: s. Knaus
Kny–: s. Knie
Kob–, Köb–: s. GOTT u. Jacobus
Kobarg: s. Kuh
Kobel. 1. Fels, Felshöhle. 2. Tagelöhnerhaus, Stall. Kobel|jus, t, huber, hirt; Köb|el(e), le, Kebel(mann), Kobler (× ON.

Kobeln, Meißen), Köbler, Köppler, Reichkobler (vgl. Kob–, Kofel, Kübel)
Kobelt: s. Kobel, Kobold
Kober: 1. „Korb". Schubhardt, der Kober (Elsterberg 1639). Köber|l, le, lein, lin. Satzn.: Stürzkober. 2. tsch. kovar „Schmied". Kofer
Köber: ON. Köben, Breslau
Kobern|e, us: s. Kowarna
Kobes: rhein.-Jacobus
Köber|ni(c)k: s. Köppernig
Kobilke: tsch. kobylka „Heuschrecke"
Koblenz: oft ON. 1. < lat. confluentes „Zusammenfluß". 2. wend. koblenc „Stutenstall", mehrf. ON. u. Flurn. Kobelentz
Koblischke: tsch. kobližka „schleckerhaft"
Köbner: ON. Köben, Breslau
Kobold: „Haus-, Berggeist". Kop(p)old, Kobald, Kobelt (× GOTT, Godabald, vgl. Schrat)
Köbrich: s. GOTT. Kobrecht
Kobrock: zu Kuh u. Bruch
Kobs, Kobus: s. Jacobus
Kobsa: tsch. kobza „Fidel"
Koch: < lat. coquus; z.B. Inhaber einer Garküche (Peter Garkoch), der stede koch, der Prediger koch. — Soldatenkoch. — Koch(s), Coch, Köch|l(e), ly, li(n), el(e), Köchling (schweiz.); Cöchel; nd. Kock(s), Koock, Kox, Cox; latinis. Cocc|ius, eji, Coqui; Koch|löff(e)l, rübe, Hünerkoch (× obd. köchl „Erhöhung im Moor und Hütte" > Köcheler; GUG). Vgl.

Schleef. Kochdumper
Koch–, Köch–: s. GUG, Koch, Kochold
(kochanek): wend.-tsch. „Liebling, Liebhaber". Koch|an(ek), hahn, (h)ann, anke, enke, Kohane, Kuchinke
Kochems: s. Cochems
Kochendörfer: ON. Kochendorf, Neckarsulm
Kocher, Kochher: 1. mhd. kochaere „Köcher". Köcher. 2. = FN. Kocherthaler (Fluß, Schwaben)
Kocherscheid: ON. Siegkreis, Hofn. Elberf.
Kochold: obwend. khochoł „Kuppe". Kochel, Köchele
Kochott: s. Kokoth
Kocht|a, e: wend. „Distelstachel"
Kock–: s. Koch und GUG
Köck–: s. Keck und GUG
Köcker: Hofn. Bielefeld
Kockstein: s. Kaak
Kodat: s. GOTT (Gotahard)
Köd(d)|el, i(n)g: s. GOTT Kf.
Koddenberg: Hofn. Wipperfürth. **Ködderitz(sch):** ON. Roßla (Thür.) (× Kötteritz). Koderisch
Kodei: s. GOTT (Gotadeo)
Köder: s. Gott (Godehar)
Koder(er): s. Goder
Kodweiß: Redn. „Gott weiß". Kotweiß
Koefo(e)d: s. Kuh
Kofalk: s. kowal
Kofel: = Kobel 1: Kof(f)ler, Gufler, Köf(f)ler, Unterkofler, Koflegger (× bair. kofler „Schinder")
(Kofen): nd. auch kaben, küfe „Hütte, Stall". Kaben, Kawe, Kaven, Kafemann, Koff|ke, mann, Köfer, Kuffner, Küff|

(n)er, mann
–kofen, –kof(f)er: s. Hof
Kofer: s. Kober 2
Kofferath: ON. Kufferath, Düren
Koffern: ON. Aachen
Koffka: s. Kaffka
Kofoet: s. Kuh
Kögeböhn: s. Bein
Kogel, Kögel: s. Kugel
Koger, Köger: obd. „Abdecker" < koge „Aas"
Köget: s. GUG
Koggel: s. Kugel
Kogland: pruß. PN. Kolandt, Kug(e)land
Kögler: s. Kegel u. Kugel
Koh–: s. Kuh und kowal
Kohane: s. kochan
Kohaut: s. Kokoth
Kohorst u. dgl.: s. Kuh
Kohde: s. GOTT Kf.
Kohl: Köhl. Feißkohl = Vettekohl; Magerkol, Surkol, Zaltenkoel, Stippekohl < stippen „eintauchen". Mertin Rotkol, Chemnitz 1924. Kohl|haupt, struck = strunk. Kohlmu|s, ß. Kholblat, Kohl|mus, löffel = leppel, haw = hoff, hofer, gardt (Gemüsegarten), meier, bauer, peintner (s. Bünd), saat, hopf = (h)epp, epe „Heuschrekke"; dasselbe: Kohl|haas, hase, Kolasius, Collasius; doch s. Nicolaus u. vgl. ON. wie Collase im hann. Wendland (zu KOL II); zu diesen Kolasse(r). — Vgl. KOL und Kohle und beachte nd. koll „kalt", köl „kühl". Kolhaves = Koldehaves Hamb. XIII; so Kohlborn, Kolewindt, Kolbrink, Kohlbrei „Breite"; Kühlbrey, Kolweihe („Weide"; × Koldewey); Buskohl s. Kuhle. S. auch Kappus u. Kraut

–kohl: 1. s. Kohl. 2. s. Kugel 2. 3. Flurn. = Kuhle: Sangkohl s. Sand. 4. Flurn. zu Kohle. 5. < –walt: s. HUG (Hugold); Rokohl u. dgl. s. HROK. Fenne–, Verne|kohl s. Fenchel

Köhl: obd. = Kohl. Köhly (×KOL I Kf.)

Kohle: Kohl|hauer, grüber (< ON. Kohlgrub(e)(n), 12 Orte), meister, schreiber, messer, wage, graf (Aufseher über den Kohlenhandel), brandt, brenner, baum („Schürbaum"), wage, stetter (×ON. Kohl|stadt, statt, städt, stätten), schmidt, (h)auf, ruß (viell. < nd. ruse „Röste"), r(a)usch, rost, doch vgl. Kol(l)ros: 1. Pfingstrose. 2. Klatschmohn: Kohlrose(r). Van der Kohle: s. Kuhle

Kohleppel: nd. vgl. badischen ON. Kohllöffel

Köhler: Köhlert, obd. Kohler(t), Koller (×KOL II), nd. Kahler, Kähler(t), Kehler(t), Köller (×koller, köller „Lederharnisch, Wams"). Köhlerschmidt, Dammköhler. (Auch ON. Köhl|en, er) (Koller, Koll KS.) Sieh auch Kuhle

Kohles: s. KOL II. **Kohlhage:** ON. Kohlhagen, Olpe (Westf.). **Kohlhammer:** ON. Kalham, Ob.-Österr. (×Kalheim, Vilshofen)

Kohlhardt: s. KOL I

Kohl(h)und: s. kaland

Kohlmann: 1. < Kohl, Kohle. 2. s. KOL

Kohlmorgen: s. kühl

Kohlstock: wohl ON. wie Kohlstöcken, Rhön

Kohlwey(er): s. Koldewey

Köhm: s. Kümmel

Köhnholt: < ON. Köhnholz, Schlesw.-Holst.

Köhmeier: s. Kuh

Kohn–: s. Cohn und KÜHN

Köhn–: s. KÜHN

Kohouth: s. Kokoth

Kohr–, Köhr–: s. KÜHN (Chuonrad)

Kohrherr: s. GOTE

Koin–: s. khojna

Koisch: sl. PN. Koijš < koj „Ruhe"

Koithan: nd. keut „stark munter", westf. kuythaen „starker Zecher"

Koitzsch: s. khojna. ON. Bautzen

Koke(n): s. Kuchen

Kokot(h): wend. „Hahn", kokutsko „Hähnchen". Kock|ert (Frkf. a. d. O. um 1800), ott. Koko|tzka, schke; tsch. Kohout > Kohaut

KOL I: viell. zu an. kollir „Helm"

Colobert: Kol|bert, batz, Kuhlbrodt, Kulbrich, Kullrich, Kohlbrecher. Die Kf. fallen mit Cholbo (s. Kolben) zusammen

*Colofrid: Kolfertz, Gölfert, Kölver (×GELF)

*Colohart: Kohlhardt, Kollert(z), Kollet, Kollath, Colla|th, tz, Gol(l)hardt, Gollert, Göllert

Coloman: (×irischer Hl. N.). Kohlmann(slehner), Kollmann(thaler), Cole–, Kull–, Kühl|mann. Bair. Kolbmann, Kölbel

*Colmar: (×ON. Elsaß > Kolmerer) Kol(l)mar, Kol(l)mer, Köllmayr, Colmeier? Gollmer(t) s. d.

Kf. Cholmo: Kolm, |s, sperger, Colmen, Kulms, Golm(e). Vgl. Kolm

Kf. Colo: Kohl, |i, e, es, ig; Köhl, |i, e, en, s, ke, ing, Kölke; Koll, |e, es, igs; Köll, |e, en, (×ON. Köln), ein, gen, ing, Kölke. Kuhl(e) (s. d.); Kühl, |er, ing, ich; Kul|s, sch, ing, z(ing)er; Kuhlaß, Kuhles; Kull, |e, i(n)g, Külsen; (Gols, Golling, Gölling ×GOL)

KOL II: sl. Stamm, zu asl. kolo „rund". Kol|at(a), ek; wend.-tsch. kolar „Wagner": Colla(r)tz, Kol(l)ar (Kohler?), Kollars (Graz), Kollatsch. Kolasse(r): s. Kohl; wend. kolas „Rad": Kolas (vgl. Kohl, Kohlhas); wend. kolodzej „Radmacher": Kolodz|ei, i(e), ig, Kolloscheh, Glodschei; poln. kolko „Rädchen"; Kolke

Koland: s. kaland

Kolba|s, tz: sl. PN. Kolbasa „Wurst", Kilbassa. Kielbass|a, er > Kielwasser

(Kolben): schon ahd. cholbo „Keule" (vgl. KOL, Colobert und Coloman). Kolb, |y, e, ig, mann; Kolp(ing), Kolf, Kölb, |l, el, le, li, ing, Kölping; Kölwel, Kölmel, Kulbe, Kulp, |e, er, Külb, |el, s, Külp, |s, e, mann (×nd. kulpen, külpen „glotzen" > Külper; hess. külp „Mohnkopf"; wend. kolp „Schwan"; ON. Kolbingen, Württ., Kölbingen, Nassau). Kolbenschlag. Kölber, Kelber „Waffenschmied", aber Kolben|schlag(er), häuer, heyer nach dem Hau, der Rodung. — Kolbe aber auch „kurz geschnittenes Haar" und „Haarschopf"

Kolbitz: ON. Greifenhagen, Hoyerswerda

Koldewey: ON. Olden-

burg oder Kaldewey, Lippstadt: Coldewe, Kaldewey, Kohlwey(er), Kolweihe (× Kohl), Kählwei
Kolding: ON. Veile, Dänemark
Koleffel: s. Löffel
Kolender: s. kaland
Kolf: s. Kolben
Kolfhaus: Hof Kolfhausen, Lennep
Kolik: wend. kolik „Pfahl"
Kolk: nd. „Wasserloch", vom Kolke, van der Kolk, Aufenkolk; Kolk, |s, sma, en, horst, mann, meyer (Kolke s. KOL II)
Koll–, Köll–: s. GOTT; KOL, Köln
Kolland(er), Kollender: s. kaland
Kollbach: ON. Württ.
Kölle: s. KOL u. Nicolaus
Kollen|berg(er): Hof bei Lennep; kark (< Koldenkirchen, ON. Düsseld.), karn (Hambg.)
Koll|eng, in: < frz. N. Coli|er, é
Koller, Köller: s. Köhler
Kölliker: s. Hof
Kölling: s. Köln und KOL I Kf.
Kol(l)m, Kulm, Golm (s. d.): sl. kholm, hlumu „kleiner Hügel". Kolm|etz, s < cholmec. Aber Kulm (häufiger ON.) auch < lat. culmen „Gipfel" > Küllmer. Dazu ostpreuß. Köl(l)mer: Freibauer nach Kulmer Recht > lit. Kellmereit
Kollmar: ON. Kolmar, Els. Kollmer
Kol(l)ros: s. Kohle
Kol(l)on: ndsächs. Art Erbzinsbauer
Kollwitz: pruß. N.
Kölmel: s. Kolben
Köln: ON. Cöll(e)n. von Cölln, Köll|ner, isch, Kölsch, Cölnermann. In Lippe Kölling < van Collen
Kolpien: ON. Kolpin, Teltow; Colpien, Merseburg (× ON. Culpin, Lauenburg)
Kolp(ing): s. Kolben
Kolrep: ON. Priegnitz. Collrep
Kolshorn: ON. Lüneb., Stade
Kolter: „Steppdecke" < lat. culcitra. Kolter(mann)
Költsch: ON. Liegnitz. Költzsch, Kel(t)sch ON. Kolditz)
Kolvenbach: ON. Schleiden
Kolweihe: s. Kohl
Kölwel: s. Kolben
Kölzer: 1. macht kolzen „Halbstiefel als Gesellschaftsschuhe" < lat. calceus. 2. ON. Kölzen, Merseb.; Hofn. Kölzen, Koblenz
Kombeltz: s. GUND
Kombst, Kommbosch: s. kompost
Komfort: s. GUND, Gundfrid
Kommdür: Henrich Commendeurs 1666 Broich, Jülich
(kommen): schon ahd. coman „Ankömmling" > FN. Kommen. Satzn. Kommallein, Kommerein; aber Herkom(m)er: s. Heim; Kommtnich < Komnick (s. d.)
Kommer(s): s. Kumpf
Komnick: tsch. komnik „Kaminfeger". Kommtnich
Komoll: sl. chomol „Wirbelwind, Rauferei" (× Gomoll)
Komor: wend. „Mücke", Komarek: tsch. „Mücklein"
Komoß: sl. PN. Komoš „Pate"
Komp–: s. GUND
Komp: nd. „Napf"; vgl. Kumpf. Compes „Färberhaus" (s. Haus), ndrh. Kommer(s) „Färber". Kompenhans
Kömpel: s. GUND, Gundobald
(kompost, kumpost): mhd. „Eingemachtes", besd. „Sauerkraut" < lat. compositum. Komp|st, osch, asch, isch; Kombst, Kommbosch, Gumpost, Kumst
Komstell: s. Kumsteller
Komter: mlat. commendator „Beamter der Ritterorden". Kompter, Compter
Kon–, Kön–: s. KÜHN
–kon: s. Hof
(kon): asl. „Pferd", wend. konik „Pferdchen" > Kanig. PN. Konj, Koňata. Kon|ath, ietzki. koňař „Pferdeknecht", Kona|sch, rske
Könder, Köndgen, Kondring: s. GUND
Kondert: s. KÜHN, Chunrad
Konditt: pruß. ON.
Konegen: ON. Ostpreußen
Köneter: s. kemenate
Kongsbak: ON. Kungsbacka, Göteborg
König: (auch ON. Hessen); ahd. kuning, mhd. künic, kün(e)c, ndl. koning. Schon ahd. N.? (langob. Cunincpert); gelegentlich < Cono s. KÜHN. König, |es, s, er; Königs|mann, bauer, eder < –öd (4 ON.), wert, berger (21 ON.) > lat. Regiomontanus (ON. Franken); Koning, Coninx, Köning, |s, er; (Königl s. Kinigl). Zss., Zsr. Mohrenk., Buschk., Waßk.

(„Wachs"), Steink., Heitk. (aber Warnk. < Warneking, s. WAR II). Himmelischerküngk. Latinis. Rex (s. d.). Sieh auch Scheme
Königer: s. KÜHN, Chuniger
Königsdörfer, Künigsdörfer: aus Kunigesdorf, Kunsdorf, Vogtl.
Konkel: s. Kunkel
Konken: s. KÜHN Kf.
Könker: s. KÜHN, Chuniger
Konnert: s. KÜHN, Chunrad
Könngott: s. Kenngott und KÜHN
Konprecht: s. GUND
Konried: s. Cohn
Konschak: s. Konz 2
Konschel: tsch. konšel „Schöffe"
Kons|emüller, en, t: s. KÜHN Kf.
Konstabel: s. Constabel
Konstan|din, tin: s. Constantinus
Köntges: s. GUND Kf.
Köntopf: ON. Köslin. Köntop(p), Kentop(f), Kien|topp, topf, Kühntopf, Kihntopf, Kern|topf, topf, Kinttof
Kontor: mhd. „Schreibtisch". Kontormacher
Konwentz: s. Convent
Konz–: 1. s. KÜHN Kf. (Konz, ON. Trier; Konzen, ON. Aachen). 2. sl. konc „Enden, Ausläufer", Vklf. končk: Konzer, Konski, Kunzke, Kunschke, Künske. Wend. koncak „eckig": Konschak, Konz|ack, og, Kunz|ach, ag, ig(er); × sl. Kf. von Konrad
Koob(s): s. Jacobus 2
Koock: s. Koch
Koop–: s. Kauf u. Jacobus 2

Koort(z): s. KÜHN (Chuonrad)
Kop–, Köp–: s. Jacobus 2 u. 4
(kopač): tsch. „Gräber, Roder". Kop|as, aß, atz, etsch, atsch(ek), Kopp|atz (ON. Kottbus), itz, itsch
Koper: sl. kopr „Dill, Fenchel". Kopper, Köpper, Kupper, Küpper (ON. Köppernig, s. d.; Küpper, Lauban)
Köper: s. Küfer
Kopf: nd. Kopp (× Jacobus und altd. Lalln. Cobbo); wohl < lat. cuppa „Becher". 1. Becher u. dgl. 2. Berg. 3. Menschenkopf. 4. Tierkopf. — Zu 1: Glask., Steink.?, Weink., Sturzk. („Deckelbecher"), Maserk., Kopfmann. Zu 2: Kopf|inger, mann, Berkenk., Koppenberger. Zu 1—3: Köpfli. Zu 3: Schwarzk., Weißk. = Witt(e)k., Rothk., Kr(a)usk., Wollk., Rauchk. = Ruhk., Schork.?, Langk., Breitk., Dickk. = Hardek., Stahlk., Stoßk. („halsstarrig"), Drehk. (> Drögekopp?), Schüttenk. = Wakop „Wackelkopf" (vgl. Wegehaupt). Weißköppel. Zu 4: (Übern., Hausn., Flurn.): Bocksk., Rehk., Farrenk., Ochsenk. = Mollenk., Ramsk. = Ro(h)mk. = Sternk. = Widderk., Pagenk. = Roßk. (Roskop), Hühnerk. Jagdtrophäen (vgl. Haupt): Bärenk., Schweinsk., Willk. — Übertragen: Mahnk. = Mohnk. (× mhd. man „Mähne"). Kopfnagel. (Aber Dürkop(f): s. teuer). Sieh hart. Schildk. s. Schell
Köpfer: Zu Kopf 1 („Be-

chermacher" oder „Schröpfkopfansetzer"). Köpfler, Kupper, Küpfer, Köpper
Kophal: s. kowal
Kopisch: s. Jacobus (Schluß)
Köpke: 1. „Jakobchen". 2. „Köpfchen"
Koplin: ON. Teltow (× ON. Kopplin, Cammin)
Kopmann: nd. „Kaufmann"
Kopp: 1. s. Jacobus Kf. 2. 2. nd. „Kopf". 3. südd. „junger Hahn, Kapaun". 4. ON. Eifel
Kopp–, Köpp–: s. GOTT, kopač, Koper, Kopf
–kopp, –köppel: s. Kopf
(Koppel): 1. „eingezäunte Weide" (urspr. Eigentum mehrerer, vgl. Kuppel). Koppel|mann, wieser, meier. 2. s. Ruhr
Koppen: ON. mehrf.
Koppenberger: s. Kopf
Kopper–: s. GOTT, Koper, Kupfer (× ON. Koppen)
Köpper: s. Köpfer
(Köppernig): ON. Neiße. Köberni(c)k, Coppernicus, Kopernik, Köper|nick, nich, Käpernick
Köppler: s. Kobel
Koppold: s. Kobold
Kopsch: s. Jacobus (Ende)
Köpsel: s. GOTT (Kf. Gobbo)
Koptein: nd. „Kapitän"
Korallus: s. Karl (Ende)
Koratsch: s. Karaus
Korb: nd. korf. 1. Gerät. 2. Als ÖN. wohl meist < gehorwe (s. hor); 10 ON. 3. bair. auch „Tagelöhnerhaus" (aus Flechtwerk) [× Horb und Korbinian. Vgl. Benne, mande, Kratte, Kretze, krinzen, Kreb, Wanne, Zein], Korb, |er, mann = flech-

ter; Körb|el, ler, lin(g), (chen jüd.), er, mann, Körp|el, er, Coerper, Kerb|l, ler, er, Korf|f, mann, macher = Körfer. Zss. Korflühr (s. LUT), Körf|er(s), gen, Körver(s), Kerwer. Strokorb, Hängek., Brodkorb, Cascorbi (s. Käse). — Körber < Körver, Körfer in Edesheim bei Northeim < Corverhaus 1599, später Corverlehnshaus, Coruerhof, viell. < Kloster Corvey. — Rumkorf u. dgl. s. räumen und stürn

Korbinian: Hl., erster Bischof von Freising; unerkl. N. Körb|e, lein, ling
Korch: tsch. krch, wend. korch „linkisch". Karch (s. d.)
Kord−, Körd−: s. KÜHN (Chuonrad)
Kord|ewan, uan: s. Corduan
Kordian: s. Gordianus
Kordmann: ostfränk. „Schnurmacher"
Kordul(l)a: Meton. < lat. cor „Herz"
Korell: tsch. kořil „demütig"
Korf−, Körf−: s. Korb
Korher(r): s. Chor
Korholz: s. GAR
Kori: sl. chory „siech, mager". Choruš, Chorus, Korus
Korinth: pruß. N.
Körle: ON. Kassel
Korleis: s. Kyrieleis
Korn: Korn|er = (e)mann (> Konmann), ke (vgl. Cohn); Körn|lein, dl, ecke. Zss. Korn|acker = ecker, feld(er) (rhein. > fels), blum(e)(aber−rad gewiß = Konrad), dörfer (× kürne, s. Körner), huber, müller, heisl, pointner, heyer (Flurschütz), schreiber, messer (Marktbeamter, nd. −mäter) = streicher (< strīchen „streichend messen"), brust (s. Probst), rumpf (Mahltrichter, eher − kürne, s. Körner), reiter (s. Reiter 4), weibel („Wiebelkäfer" > −giebel; vgl. Wewel) = wurm, bausch (< bauschen „dreschen"), theuer. — Piepk., Haberk., Gerstenk., Waizenk. = Weitk.; Hirsek. = Hirschk., Fäsk. (s. Fese; Feißk., Feistk.), Klöfk., Klöv(e)k. (eine Roggenart oder durch Aufklauben, Ährenlesen gewonnenes Korn), Malzk., Pfefferk., Salzk., Sommerk., Winterk., Osterk. (Zinsn.), Hertk. (hart), Fürnk., Vierk. (s. firn) = Altk., Theuerk., Kuckelk. = Kockelk. (< lat. cocculi Indici „Giftsamen zum Fisch- und Vogelbetäuben"), Fiebelk. (vgl. oben Kornweibel)
Kornageli: „Kornnägele, Rade"
Kornatz: sl. kornac „Hornbläser". Karnatz
Korn|effel, öffel: s. Karneffel
Kornelius: s. Cornelius und Cohn
Körner: 1. Ableitung von mhd. kürne „Mühle". Der Kürnberger, der v. Kürenberg (vgl. ON. wie Kirn (s. d.), Quirn−, Kürn−, Korn−, Kar(re)n−, Kehren|berg; Querfurt, Moselkern, Kehren−, Quirren|bach, Kürnach, Quarnebeck, auch Kürzung von Kürnacher u. dgl. — Körne(r). Seltener 2. „Kornhändler, Speicherverwalter". 3. < Konrad oder Cornelius. — Zu 1.: Kürner, Kirn(stetter), Ki(e)rner, Kerner (s. Kern), Querner, Quirnbach, Quirner, Görner (s. d.; vgl. Malz und quer)
Kornett: „Fähnrich"
Kornmacher: s. Kern
Körp|el, er: s. Korb
Körperich: ON. Trier
Korpjuhn: lit. „Schuhmacher". Kurpiun, Kurpius
Korsch: 1. mhd. korse „Pelzrock" > Körschner (vgl. Kürschner). 2. Christianus 2d und KÜHN (Chuonrad)
Körsch−, Körsgen: wie Korsch 2
Korst(en): s. Christianus 2d
Kort: 1. = Kurt, Konrad, s. KÜHN (s. d.). Zu 2. nd. „kurz" (s. d.). Zu 2. Kort|e(n)kamp = kampf, engräber, länder, hauer, häuer = höwer (hauen) = schlag, hals, ebein, hase (> hose), legel, lang, um (Kortüm, Cortum, Cortnum(me) „kurz um" = „flink" oder Redn.). Korthleben; Korthaus wohl = Karthaus (s. d.). 3. wend. khort „Jagdhund" (ON. Khortnica)
Kört−, Kortz: s. KÜHN (Chuonrad)
Kortenhaus: 2 Höfe Elberf.
Kortleitner: < ladin. corteletto „Höfchen"
Korus: s. Kori
Körver(s): s. Korb
Körwien: s. GER
Körzel: s. KÜHN (Chuonrad)
Korzilius: s. Carcilius
(kos): sl. „Amsel" (tsch. auch „Schlaukopf"). Kos, Koß, Kosse, Kaß, Kasse,

Kos|ka, ke, Kuse(l) < kosula (× wend. kósa „Sichel", Vklf. kóska; s. Kossack). Vgl. Kosel

Kos–: s. GOTT

Kosack: s. Kossack

Kosch: 1. wend. koš „Korb" (Vklf. Koschke). 2. Kf. von GOTT (Kosche, Kösching)

Kosche: sl. koža „Fell"; > kóžnik „Kürschner": Koschnick(e); koškar „Gerber": Koschker; kožař „Lederhändler": Gottschar; kožuch „Pelz": Koschuch

Koschmann: s. Kosmas

Koschmieder: ON. Oppeln. Ko(h)|smiter, schnieder

Kosel: 1. = Kusel 1. 2. sl. kozel „Ziegenbock": Koselke; poln. kozieł > Koz(i)el. 3. sl. kósla(wy) „krummbeinig": Kosla|b. 4. s. kos. 5. mehrf. ON. Kosel, Koslau: Koseler, Kösler

(kosma): tsch. „Haarzotte", kosmač „Strobelkopf, Waldteufel" (> Kuhschmerz?). Dazu wohl: Kos|ma(e)l, mol(l), mö(h)l, meller, Koß|mahl, mehl, Kuß|mehl, mähly (südd. Kußmaul s. küssen)

Kosmas (und Damian): Märt. 303. Kos–, Koß–, Kost|mann; poln. Koźman, Kuźma: Kuzma, Kuschma, Kosch–, Ku(t)sch–, Kuß–, Kutz|mann

Kosney: < frz. N. de Coeusnai

Kosper: s. Kaspar

Kospot: s. gospodi

Koss–, Köss–: s. GOTT (Kf.), Koß– auch GOTE, kosma, Kosmas

Kossack, ag: < wend. kosa „schräge Lage des Grundstücks". Kosack, Ku(h)sack. Ähnlich zu kosny „schräg": Koßnick. Nach Mucke, Wörterbuch, zu kósa „Sense": Kossatz, Kuss|atz, ˈack „Sensenmann, Bauer"

Kossat: s. Kote

Koßbu: s. gospodi

Kosser: s. GOTE

Kossin: s. Kussin

Koßlow, Koßler: ON. Koslar, Jülich

Koßlitz: ON. Liegnitz

Kößler: 1. s. Keßler. 2. wend. kózleŕ „Ziegenhirt". Kötzler

Kost: 1. tsch. kost „Knochen"; Kostka „Würfel". Kösting. 2. s. Constantinus (Kostmann auch < Kosmas)

–kost: s. Habicht, aber in Anekost, Rokost „Nahrung"

Kostbar: s. quasen

Kostboth: s. gospodi

Kost(e, en): „Badeschürze". Vgl. Quaß

Kostenzer, Kostezzer: < ON. Konstanz

Koster, Köster: s. Küster (obd. = Prüfer; s. d. u. kiesen. Weinkoster)

Kosthorst: s. Kote

Köst|le, lin: s. Constantinus

Köstler, ner, Kostner: s. costa und Küster (ofr. Köstner < ON. Köstenberg)

Köstring: s. Küster

Kot: wend.-tsch. kot „Kater, Katze"

Kot–: s. HOT und Kote

(Kote): „kleines Haus, Tagelöhnergut". Vgl. Häusler. Köttgen (mehrf. ON.), von der Kohten, ten Kotten; Kot|ler, bauer, lechner, Kott|mayr, bauer, hoff, (en)kamp, meyer, sieper (Hof bei Lennep), müller (vgl. Kotter); Kött|er(l), ler, ner; österr. Köther, Köttner, Ketter (× ketter „Fruchtkasten"), Kettinger; Kutt|ner, mann. Ofr. Kaut|ter, ner (× kaute „Grube"). Sonst meist nd. (kote, kate, kotten; ON. Köthen): Kothe, Köttgen, ten Cate, Tekaat, Köth|er(s), ner, Katter, Kath|mann, ner, Kattner, Kätner, Neukäter. Kott|haus, hoff, sieper, meyer, (en)kamp, Kothsieper; Katen|brink, kamp (ON. Unterhoya); Kath|meier, mann, Catenhusen, Katt|mann, hofer, Kattermann, Katofius

–kott: Holtk., Oldenk., Wolfk., Westk., Wisk.

–kotte: Horstk., Waterk., Lüttgeschöttelkotte

–kotten: Wiesk., Holtk., Vierk. (ON. Köln)

–kothen: Roßk., Farrenk., Schrödersk., Huppenk.

–kaat: ten Dornkaat, Haverkate. Kleinekathöfer

–köter: Schönk., Leimk., Fettk. (Fettkotter)

–kötter (westf.): Waldk., Birkenk., Erlenk., Füchtenk., Rosenk., Hagenk., Strathk., Winkelk., Oberk., Jakobsk., Ulrichsk., Schäferk., Schäperk.

Dazu kotsate „der in der Kote sitzt, Tagelöhner": Kossat, Cossaeth, Kußäther, Kosse, Kotz(d)e, Kosthorst

Kotelmann: < ON. Kotelow, M.-Strelitz

Köth(e), Koth(es): s. GOTT (Kf.)

Kötschau: ON. Jena

Kotschen|reiter, reuther: s. Reute

Kotschke: tsch. kočka „Katze"
Kott–, Kött–: s. GOTT und Kote; Kott–: sl. s. HOT
Kott: poln. „Katze"
–kott(en), –kötter: s. Kote
Kottenhahn: Gut Kottenhain, Blankenhain (Thür.)
Kotter: bair. „Schuppen, Gefängnis" (zu Kote). Kotter|er, mayr (× ON. Kotten, Cotta)
Kötteritz: ON. Kötteritzsch, Rochlitz (< Kokeritz). Kotterisch (× Ködderitzsch)
Kottisch: ON. Danzig
Kottler: wend. kotlar „Kesselschmied"
Kottsiepen: Haus bei Elberf. Kott|ziepen, sieper, zieper
Kotweiß: s. Kodweiß
Kotz–, Kötz–: s. GOTT und GOTE
Kotzde: s. Kote
Kotze: 1. Kleid aus grober Wolle. Kutze, Kotzer. 2. s. Kote
Kotzebue: s. gospody
Kotzer: 1. wend. kocor „Kater", tsch. kocour (Kotz|or, ur). 2. wend. tsch. kozar „Ziegenhirt". 3. ON. Kotzen, Mark; Kotzow, Meckl. 4 s. Kotze (× GOTE)
Kotzerke: ON. Breslau
Kotzke, Kötzing,
Kötz(sch)ke: Vklf. zu wend. koza „Ziege" oder kocka „Kätzchen" (× GOD); Kotzlik „Böcklein"
Kötzschau: ON. Bautzen, Merseburg
Kötzler: s. Kößler 2
Kountz: s. KÜHN Kf.
Kovermann: (< nd. kover) „der nur eine kove (Koben = Kote) hat"
(kowal): wend. „Schmied" (Vklf. kowalik). Kowal(ik) (× ON. Kow|ahl(en), alk(en), all, ald), Ko(h)|wahl, fahl, wald, Kophal, Kufahl, Coufahl, Kuh|fall, (p)fahl, phal, wald, bald, Kofalk (Kuh–, Koh|feld?), Kubal; tsch. kovař: Kowarz, Kowarch
Kowarna: ON. Kowarren, Darkehmen (zu lit. kóvian „schmieden"). Kobern|e, us
Köwel: s. GOTT (Kf. Gobbo), × GAU
Köwing: s. GAU
Kox: s. Koch
Koz(i)el: s. Kosel
Kozak: s. Kossak, Kote
Kra–: s. Krähe
Kraa(c)k: ON. Mecklenb.
Kraatz: ON. Potsdam (s. GRAD)
Krab–: s. RABE
Krab|at, ot: s. Kroate
Krabbe: (Friesl.) „lebhafter Seekrebs". Grabbe; nd. auch „Schrulle, Mucke" > Krab(b)enhöft („Haupt")
Kräber: s. Kreb
Krach: „Lärm". Kracher: 1. „Lärmer". 2. „Altersschwacher"
Kräch: s. Krug
Kracht: s. Kraft
Krack: 1. (auch krackel, kreckel) „Unterholz". Kra(c)k|lauer (s. Loh), ler, Krag(lauer), Kräckel, Kreck|(e)l, (e)ler. 2. poln. PN. Krak „Krächzer"; > poln. ON. Krakow, oblaus. Krackau. FN. Krack, |ow, au, e, er (auch pruß. PN. Kracke)
Krack(e): 1. „schlechtes Pferd". 2. „Rabe, Krähe"
Kradel: s. GRAD I
Kradolfer: < ON. Kradolf < Kradorf, Thurgau. Gradolf, Kreidolf. Chreindhorf
Kraft: schon ahd. craft; Weiterb. crefting, craftheri; nd. kracht (PN. Craht). Kraf(f)t, Kräft(ing), Krefting, Kreft(er), Kracht(en), Krechtlel, ing. Zss. Kraftmeyer, Schönkrecht
Krag–: s. Krack
Krag–, Kräg–: s. Krähe
Kräger: stellt Kragen, Panzerkragen her (× Gregorius)
Kragler: 1. (zu mhd. kragelen „gackern") „Schwätzer". 2. zu Krack
Krah–: s. Krähe
Krähdle: s. GRAD I
Krähe: mhd. krā(we), krō(we), krei(g)e, krēge; mnd. krei(g)e. Kra|vogl, biel = bigell (s. Bühel), kamp, winkler (Krapohl s. Kröte); Kran|poth, ast(er); Krah, |e, é, nest, berg, forst; Krage(nbrink), (Krage auch dän.), Kraggge; Kräh, |e, müller, kamp, (zu Krähahn, Kre|han, hain, hein < hagen vgl. ON. Kreyenhagen, Hessen; doch × Hahn); Krehbiel, Krehwisch, Kre|baum, winkel, Krege, |nbring, loh, Krägeloh, Kray, Krai|bühler, fänger, Krayvanger, Kraywinkel, Krawinkel, Kräwinkel, Krei, |e, bohm, Kreien|hoff, siek, bring, Krein|acker > (h)acke, ecker, berg, Krey, |e, biel, meyer, enbrock, mborg (vgl. aber Kreier), Kreien–, Cre|bis; Kromayer, Kron|ast, ester (× Kranich)
Krahl: < ahd. graloh, cralo (< GRAD? GRAU?),

Kral, |ert, ing; Krahl(heer), Krall|inger, mann, Krä(h)ling, Krälke?, Krehl(ing), Krell, |e, ig, ert, mann (× sl. kral „König", s. Karl (Ende) und vgl. Grall und Krauel)

Krahn–: s. Kranich

Krai–: s. Krähe und Krei–

(Kraichgau in Nordbaden): Kraich–, Kreich|gauer (entstellt Kritschgau, Christ|gau, kautz), vgl. den dortigen Kriegbach. Greichgauer

Kraig: schweiz. „steile Anhöhe, Felswand"

Krail: = Kreil. (Sieh GRID)

Krainer(t): ON. Krain(e), Krayn, Kreina, aber in den Ostalpen Kreiner, Crainer „Slowene"

Krainisch, ik: sl. krainnik „von der Grenzwache". Krajnik

Krainz: s. Quirinus

Kraitz: s. Krauts

Krajan: wend. „Landsmann, Inländer"

Krak: s. Krack 2

Kräkeler: s. Krekeler

Kral–, Kräl–, Krall–: s. Krahl

Krall: Hofn. Meppen (FN. Plauen). **Krallinger:** ON. Kreiling, Deggendorf

Kram: „Kramladen". Kram|schneider, schuster haben einen Laden

Kramb: s. Krampe

Krämer: „Kleinhändler" (vgl. Winkler, Pfretzschner, Höker). Schon ahd. Cramar. Kramer (Krammer, Crammer viell. eher zu RABE), Gramer, Grämer, Kremer(s), rhein. Kri(e)mer, schweiz. Kriemler; Kro(h)mer, Krömer, Gromer, latinis. Cremerius, Mercator, Institor. Kramhöller, heller („Kramhalter"). — Zsr. Kramers|hofen, koten; Krautkrämer. Tsch. Kramski (kramsky), Kramarz (kramař); ndwend. Kschammer, Schammer, Tschammer

Kramm(e)(r): s. RABE u. Kramer

Kramp(e): Flurn. „Rand" (mehrf. ON.). Krampholz, Kram|b, p(l)

Krampfert: s. RABE

Krampf(f): ON. Liegnitz

Krämpler: s. Grempler, Krempel

Kramswitter: s. Kranich

Kran–: s. Kranich und RABE

Krandauer: s. Grand

Kranich: mnd. auch krān(e), krōn (ablautend wie Hahn: Huhn). Krahn|ich, (en)dieck; Kran|ig, ichfeld (ON. Thür.), cher; Krane|fuß, feld, puhl = buhl („Pfuhl"), foer („Furche"); Krann|ich, hals, Krenig, Krohn (von obd. krōn „Krähe" (s. d.) nicht sicher zu trennen; Kron|sbein, fuß, schnabel, eder, staller, fellner, jäger, biegel („Bühel") = bügel, bichler (Krumbiegel), auge („Aue"), Kron(n)jäger; Crons|hage, nest, Kronemeyer. — Krancher „zur Kranichjagd dienender Beizvogel": Kraniger, Krencker. Hiermit berührt sich ein altes Wort für Wacholder: mhd. kranewite (< witu „Holz"): Kranenwett, awitter, (e)witter, Kramswitter, Kron|ewitter, e(n)bitter > Kronabetsvogel, „Krammetsvogel, Wacholderdrossel", Kronenwett, Grawitter (KS) Kron(a)witt(en) (ON. Bay.), Kronawittleithner. Krambeer, Gramsbier s. Beere

Krank: „kraftlos" (× mhd. kranc „Kreis" und Kranich). Krank, |e, mann, Kränk|el, ler, Krenkl(er)

Kranz: 1. „der Kranz". 2. mhd. grans „Schnabel" (s. d.). 3. PN. Chranzo (ON. Chrenzing). 4. ON. Kranz mehrf. Krantz. — Zu 1, 3 Kränz|(e)l, le; Krenzlin, Krensel; zu 1 Kranzlbinder, Krentztrage; zu 3 Kranzen; zu 2, 3 Kranz|hoff, lmayer. Zu 1 Blumen–, Mai–, Rosen– (vgl. Better, Paternoster), Rauten–, Roth|kranz, Rosenkränzer; Satzn. Tragen–, Fürn–, Firn|kranz (führe d. K.). In Flurn. eher zu 2 (× krān „Kranich"): Kranz|berger, bühler, Kranseder. — Kränzler „Bergwerksmakler". S. auch schapel

Kraepelin: ON. Kräplin, Greifswald

Krapf: 1. „Haken > verwachsener Mensch". 2. Gebäck. Krapfl

Krapohl: s. Kröte

Krapoth: s. Kroate

Krapp: 1. obd. „Rabe". 2. tsch. chrap „Schnarcher" (Krapp|ig, ek < chrapek „Räusperer"); (k)rap „Ruf des Raben": Krapat, Rapek, Rapp

Krappe: ON. Bautzen

Krappmann: „Krapphändler"

Krasemann: ON. Kraase, Meckl.

Krask|a, e: poln. kraska „Häher"

Krasne: sl. krasne „schön". Krasnich, Kraß–

nick, Grasni|k, ck(el), Graßnack
Krasper: < kratzbeere „Brombeere"
Kräß: s. Kresch
Krasselt: s. Graß
Krathwohl: s. Gerathewohl
Krätke: sl. kratky „kurz"; obwend. krotky: Krotk|i, e, Krötke (obwend. Femin. Krotka als Männern.)
Kratofil: tsch. kratochvile „Kurzweil"
Kratschmann, mer: s. Kretschmar
Kratt–: s. GRAD I
Kratt: obd. „Rücken–, Wagenkorb". Krattenmacher
Kratz–, Krätz–: 1. Pancratius. 2. < ahd. Chrazo (< GRAD? s. d.)
(kratzen): besd. Wolle kratzen. Kra(t)zer (× Pancratius u. ON. Kratzau, Böhmen), Krazeisen, Krezdorn. Kratzert < mhd. kratzhart „Wucherer, Geizhals". — Krätzig, Kretzig „Zusammengekratztes, Edelmetallabfall im Hüttenwerk". Vgl. Krasper, Kretze, Kretzer. Kratzwohl: s. Geratewohl
Kratzenstein: vgl. Hofn. Kratzensteinhof, Düsseld.
Kratzmüller: vgl. Kratmühle, Eschwege, Beilngries
Krau–: s. Grau
Kraubs, Kraudwig: s. HROD
Krauch: Weiler Krauchen, Überlingen
Krau(e)l: mhd. kröwel „Haken, Kralle". Kreul, Krewell, Krahl, Krähl, Krell, Kreil, Grell, Greil
Kraume: s. RUHM
Kraupner: s. Graupner
Kraus: Krause, Krauß(e), Kruß–, Kruse(n)–, Krüs–, Kraus(e) |mann, Krusenotto, latinis. Crusius, mhd. nd. krūs, ndl. kroes. 1. „Krug", Steinkraus, Füllkrus; Krusbecker, Lehrenkrauß. Kroes, Kroos, Krohß, Krus, vgl. Warnekros und schwenken. 2. „kraushaarig" (mua. auch „jähzornig"). Zu 2: schweiz. Krus, Krüsi, mhd. kriusel „kraus" > Kräu|sel, ßle, Kreisel(maier). Zsr. Kraus|haar, kopf, Krusekopf, Kruskop(p), Krusenbart. — Kräuseler, Kreuseler auch < mhd. kriuseler „Schleier"
Krausch–: s. Krusche
Kraußold: s. HROD
Kraußpe: s. Kruspe
Kraust, Chroust: tschech. chroust „Maikäfer"
Kraut: nd. Kruth. 1. „Blattpflanze, besd. Kohl". 2. „Heilkraut, Gewürz". 3. „Schießpulver". Zu 1: Kreutel, Kräutle(in), Krütli, Krütgen, Kraut|kopf (Kruthaup, Kraut|haut > heit, hans, heinze), hau|s, se(r) (5 ON. –hausen), hoff (vgl. Kohlhoff), gartner, schneider, worst = wurst vgl. Crwt und vleysch Breslau XIII|XIV, wasser (Sauerkrautbrühe mit Kienruß galt als Heilmittel). Zu 2: Kraut–, Kräuter|mann, nd. Krudener, Krüdener („Kräutersammler, Apotheker", vgl. Wurz), Krautkrämer, gremer, hakel (s. Hake); Krüdewagen zieht mit dem Wagen durchs Land. Kräutter, Kräut|ler, ner, Kreutner, Kreuder, Kreitner [aber auch wie Kreiter < geriute (s. Gereut) = Reuter]. Krauter, Kräuterer auch „alter od. jähzorniger Mann" (vgl. auch grut). Zu 3: wohl Krautmacher. — Kraut|wald, wig, s. HROD. — Egel–, Eigel–, Eichel|kraut: 1. Centimorbia. 2. Lysimachia nummularia. 3. Ranunculus flammula. Wormkrut
Krautheim: ON. Bad., Bay., Weimar, Luxemb. Kraut|hahn, hammer.
Kraut|s, z(ig), Krautsch(ik): wend. krawc „Schneider"; Vklf. krawcik > Krautstück (Krautzinger?). Auch krajc: Kraiz, Kreitz, Kreisch
Krautscheid(t): ON. Neuwied, Prüm
Krauwald: s. HROD
Krawath: s. Kroate
Kray–: s. Krähe und Krei (Kray ON. Essen)
Kre–: s. Krähe
Kreb: ofr. „Korb". Kreber, Greb, |e, ner, Kräber
Krebolt: unerkl. altd. N. Kre|bold, polt, bel, wald(t), Kriewald, Gre|wald, woldt
Krebs: mnd. krēvet, krēft: Krebs (× ON. Krebes, Plauen, Pirna), |bach, fänger = Krebser, Kriwett, Krewett, Krevet, Kreft (Kreeft, Krehft); bair. Kroi|s, ß, Kroißmayr, Groißböck (Bach). Als „Mauerbrecher" in Spannenkrebs
Krech: 1. s. Krug. 2. sl. PN. Krech „schwach"
Krecht: s. Kraft
Kreck: pruß. N.
Kreckel(er): s. Krack
Kreckenbaum: s. Krieche
Krecker: ON. Kreckow, Meckl., Stettin
Kreckwitz: ON. Bautzen

Kredel

Kredel: s. GRAD I
Kredner: s. grede
Kreeter: s. Kreter
Kreft–: s. Kraft und Krebs
Krege–: s. Krähe
Kregel(er): „munter"
Kreha(i)n, Krehbiel: s. Krähe
Krehft: s. Krebs
Krehl–: s. Krahl
Krei–: 1. s. Krähe, aber 2. Kreier, Kreyer, Kraier zu Krey (mhd. krai < frz. cri) „Wachtposten", wo man durch Schreien Signale gibt. Kraier, Krayer auch < ON. Hohenkrähen NS.
Kreichauf: s. kriechen
Kreichgauer: s. Kraichgau
Kreid–: s. Gereut und GRID; Kreidler auch „Kreidehändler" (= Kriedemann, Kreidemann, Kreidemacher). Zu Kreide: Kreideweiß
Kreidolf: s. Kradolfer
Kreik–: s. Krieche
Kreil: s. Krauel
Krein–: s. Krainert, Quirinus. Bei Kreiner × Greiner
Kreis: 1. kreisförmige Flur. 2. < ge–reis, s. Reis. 3. s. Krauts. Zu 1, 2 Kraiß, zu 2 Kreising, Kreisig (auch Kreiselt? × GRIS), zu 3 Kreitz, Kreisch
Kreisch: s. Krauts
Kreischer: ON. Kreisch|a, au, e
Kreisel: s. Kraus
Kreiser, Kraiser: zu Kreis 1, 2 oder „Feldhüter" (vgl. Zirkler); × ON. Kreyßa, Kreisau
Kreising: s. Kreis, Reis 4
Kreisler: s. Kraus
Kreit–: s. Kraut und Gereut (Kreiter s. auch Kreter)

Kreitz–: s. Kreis 3, Kreuz, Krauts
Krek–: s. Krieche
Krek(e)ler: 1. ON. Krekel, Aachen (Krekel, |s). 2. Flurname bei Höxter (zu Krieche? Vgl. Krack). 3. < nd. kräkeln „rechthaberisch zanken". Kräkeler
Kreling: zu nd. kraal „Gehege"
Krell–: s. Karl, Krahl, Krauel
Krembel: s. Krempel
Krembs: s. Krems
Kremer: s. Krämer, Krems. Kremershoff: Hofn. Wipperfürth
Kremmer: ON. Kremmen, Neuruppin
Kremp(e)l: 1. „Wollkamm". Krembel. 2. 4 ON. 3. s. Grempel
Krem(p)ker: s. RUHM
Krems: 1. Holzgitter am Hause. 2. mehrf. ON. Krem(p)s. Krembs, Krem(t)z, Krems(n)er (> Kremer KS.)
(Kren): „Meerrettich" < tsch. hren. Krenbauer, Krön, Krien
Krencker: s. Kranich
Krengel: s. Kringel
Krenig: s. Kranich
Krenkl(er): s. krank
Krenn(er): < krenn „Gerinne zum Ableiten von Wasser"
Krensel: s. Kranz
Krentel: s. Grand. Krentler
Krenz–: s. Grans und Kranz
Kreplin: s. Kröpelin
Krepolt: s. Krebolt
Krepp–: s. Greppe
Krepp: sl. PN. Krěp „fest". Kripp. Krěpky: Kreppke, Kripke; Krěpimir: Kreppmeier

Kreuch–

Kresch: 1. s. GRAD I. 2. tsch. PN. Křes, Kreč: Kreß, Kräß, Kretsch
Kresch|mann, mer, Kresmer: s. Kretschmar
Kresken: s. Christianus
Krespach: mehrf. ON., besd. Neckarsulm
Kress–: s. GRAD I u. Kresch
Kreß, Kressel: s. Erasmus. **Kressirer:** s. Gressierer. **Kreßler:** < ON. Kressel, Südbaden
Krest: sl. Chřest „Plauderer"
Krestel: s. Christianus
Kreter: 1. s. GRAD I. 2. < mnd. kreter, kreiter „Haderer". Kreiter, Krieter, Kret(te)ler
Kreth: wend. kret „Maulwurf", obwend. krót, škrot: Krötke
Kretsch: s. Kresch 2
Kretschmar: wend. kja(r)cmar, korlmar, tsch. krčmař „Dorfschenkwirt". 1. –mar: Kret(z)schm., Kratschm.; Karzmarek, Katschmarek, Katzmar(t)zik. 2. –mer: Kratschm., Krätschm., Kre(t)schm., Gretschm., Kretzm., Kresm. 3. Kretzmähr, Kretschmeier, Kre(t)schmann, Kretzmann, Krätschmann
Kret(te)ler: s. Kreter
Krettinger: s. GRAD I
Kretz: 1. < ahd. Crezzo. GRAD I. 2. < Pancratius. 3. ON. Mayen
Kretzer: 1. Schöffe und Strafgeldeinzieher in Raufereiprozessen. 2. < kretze „Korb" = Kretzmacher, Krätzler, Grätz(l)er. 3. < Kretz 3
Kretzig, Krezdorn: s. kratzen
Kretzmähr, mann: s. Kretschmar
Kreuch–: s. kriechen

305

Kreuger: s. Krug
Kreul: s. Krauel und Grau
Kreut–: s. Gereut; Kreutel auch zu Kraut
Kreuz: Haus-, Flur- und ON., als christl. Zeichen und als Grenzmarke. Kreitz (× Kreis 3), Kreuzlin, Breitkreuz, nd. Steenkrütz; Kreuz|camp, kam, hof, eder, Krützfeld, Kreuzer (Kreu(t)zer, Kreitzer), wohl meist 1. „am Kreuz" = Creuz|inger, bauer, eder, pointner, seltener 2. „Kreuzfahrer" = Kreutziger (mhd. kriuzigaere, vgl. crux. 3. Münzen (südd. krüzer > FN. Kritzer). — Kreuz–, Krütz–, Kritzmann 1. „am Kreuz", 2. „Cruzifixhändler", dies wohl auch Kreutzträger (hausiert mit Kreuzen). Kreizritter rotw. „Schutzmann". Vgl. crux (Kreuz|saler, (z)ahler, adler KS.)
Krewaldt: s. Krebold
Krewell: s. Krauel
Krewett: s. Krebs, Krevet
Krey–: s. Krähe und Krei–
Krezdorn: s. kratzen
Kribbeler: „ein Zappeliger"
Kribbe(n): 1. nd. „Turmfalke". 2. ON. Kribbe, Priegnitz
Krich: s. Krug
Krich–: s. Krieche
Kricker: ON. Krickau, Namslau, Krickow, Meckl.
Krick(l): s. Kruck
Kri(e)bs, Kribs: „Obstkerngehäuse, Unbedeutender"
Kriebich: ON. Kriebitsch, Altenburg
(Krieche): nd. krike, kreke, kreike, Pflaumenart Prunus insiticia. Kriechbaum(er), Kriechen|baum, bauer, Krieg–, Griechen|baum, Krich|el, ler, baum, muß; Krike, Kreik|e(n)bohm, emeyer, mann, Kreke|nbohm, meyer, Kreckenbaum, Krek|e, er, (e)ler (s. d.)
(kriechen): Kreuch|er, auff, Kreichauf
Kriedemann: s. Kreidler
Krieg: „Anstrengung, Streit, Prozeß, Einzelkampf" (× Krug s. u.); doch Krieger schon wie nhd. (× Gregorius u. Krug); Krieg(e)smann; aber: Kriegshammer = Grießhammer < Kriacesheim < PN. Criecholf oder dgl., heute Griesheim (mehrf.) und Kriegs|ham, heim; ähnlich FN. Kriegs–, Kriegbaum, s. Krieche. Krieg|(e)l, ler zu Krug
Kriele: ON. Rathenow
Kriem–: s. GRIM u. Krämer
Krien: ON. Anklam. **Kriening:** ON. Frkf. a. d. O.
Krienke: ON. Usedom; sonst Krien– s. Quirinus (× kren)
Kri(e)nitz: „Kreuzschnabel" (sl.), Krünitz, Grienitz, Grün|itz, sch, Grun|itz, sch, Kriwitz (× awend. kryniĉ „Springquell"; hierzu Krintz)
Kries–: s. GRIS
Krie|sbaum, si; s. Kirsche
Kriespien: s. Crispinus
Krieß: 1. s. Zacharias. 2. sl. PN. Křis: Kries(ke)
Krießbach: s. Grieß
Kriest|en, er: s. Christianus
Krieter: s. Kreter
Krietsch: s. Krischke u. GRAD II
Kriewald s. Krebold
Krigar: s. Gregorius
Krike: s. Krieche
Krill: s. Karl
Krim–: s. GRIM u. RUHM
Krimer: s. Krämer
Krimmel: s. Krumm
Krimmer: „Krimvogel, Falke, Habicht". Krümmer, Grimmer, Grümmer
Krimmler: ON. Württ.
Krimper(t): ON. Krimpe, Mansfeld
Krimtz: zum sl. PN. Krim
Krin–: s. Quirinus (vgl. Krien)
Kring–: s. Quirinus
Kring(el): 1. rundes Grundstück. 2. ringförmiges Gebäck. Kring|els, ler, Krengel
Krin(i)tz: s. Krienitz
Krinne: 1. „Kerbe, Grenzzeichen". 2. „Gerinne". Krinn|er, inger
(krinzen): obd. „Wagenkorb", auch Flurn. Krinzinger, Grinzinger
Kripfgans: s. Gans
Kripp: 1. ON. Ahrweiler. 2. s. Krepp
(Krippe): Krippen|macher, stapel
Krips: s. Kriebs
Krisam: ahd. chrisamo „geweihtes Salböl"
Krisch–: s. Christianus und Krischke
Krisch|bin, pin: s. Crispinus
Krischel: moselfrk. „Stachelbeere" < lat. grossularia. Gröschel
Krischhof: s. Christophorus
Krisch(ke): < sl. krič „Schreier" oder kříž „Kreuz", hierzu ON. Krischlau, Jauer (× kriwc „krummbeinig"), Kri(e)tsch, Kri(t)z. Vgl. Christianus 7
Krismer: s. GRIS
Krisp–: s. Crispinus, Kruspe

Krißmann, Krist–: s. Christianus
Kristall: wohl < Christianus
Kritschgau: s. Kraichgau
Kritz–: s. Grütze und Krischke
Kritz|er, mann: s. Kreuz
Kritzinger: ON. Kritzing, O.-Österr. **Kriwer:** ON. Kriewen, Angermünde
Kriwett: s. Krebs
Kriwitz: s. Krienitz
Kriz: s. Krischke
(Kroate): Kra|b(b)at, wath, bot, poth, Crobath, madj. Horvath
Krob–, Kröbe: s. HROD
Kröber: 1. ON. Kröben, Posen. 2. ON. Cröv, Mosel. 3. poln. chrobry „kühn" (= wend. khrobly, FN. Kröbel)
Kroch: s. Groch
Krochmann: s. Krug
Krock–, Kröck–: s. HROD, HROK
Krod–, Krödel: s. HROD
Krog, Krög–: s. Krug und HROD (Kf. Roggo)
Krögis: ON. Meißen
Krogul: zu poln. krogulec „Sperber". Krog|oll, url
Krohde, Kröhl: s. HROD Kf.
Krohn–, Kröhn: s. GRÜN, Kranich, Krähe
Krohß: s. Kraus
Krois: s. Krebs
Krökel: s. HROK
Krol(ik): s. Karl Krollik
(Krolle): „Haarlocke", krülle, nd. krul(l)e; mhd. krol „kraus, lockig" (auch „Gestrüpp"). Kroll(mann), Krull(e), Krüll, Kröll, Groll(mann), Gröll, Crüll, Grüll (× HROD Kf.). Vgl. Schlicht
Krol(l)pfeifer: < südd. krol „Lustbarkeit". Grollpfeifer s. Gröll

Kröll(s): s. HROD Kf.
Krolo|f, p: s. Hrodulf
Krom–, Kröm–: s. RUHM. Krämer, Krumm
Kromath: s. Grummet
Kromayer: s. Krähe
Krombach: ON. Siegen
Krombholz: s. Krumm
Kromp–: s. RUHM
Krompaß: s. Grombaß
Kron–: s. Krone, Kranich, Krähe, auch GRÜN, grün (Krone(n)berger) u. Krumm
Krön: s. Kren
Krone: 1. Hausn. Kron,|er, reif, Krönlein. 2. Wappenn. (–kron besd. schwedisch). 3. schles. Kruner (vgl. Landiskroner). 4. wend. krona, Vklf. kronka: Kron|icke, ig, ker, Krön|ing, ig(er), ke, Krunig, Krüning. Flurn. Krunica: Krunske, Krünzig
Kronenberg(er): ON. Wuppertal
Kröner: 1. s. GRÜN. 2. rotw. „Ehemann". 3. zu mnd. kronen „murren, brummen"
Kröniger: ON. Kröning, NBay.
Kronimus: s. Hieronymus
Kronisch: < sl. PN. Chronislaw
Kroos: s. Kraus
Kröpelin: ON. Meckl. Kröp(pe)lin, Kreplin, Kröplien
Kropf: nd. krop. Kropff, Kröpfl, |i(n), Kropp (× HROD und ON. Kropp, Schleswig); obd. Kropp(e), Grupp(e): Fischn. Grundel. Vergl. Gans und Kelch
Kroppenstedt: ON. Halberstadt
Krös, Krösing: s. HROD Kf.
Kroes: s. Kraus

Krosch: s. Groschen
Krosi(g)k: ON. Krosigk, Halle
Krospe: s. Kruspe
Krost: wend. khrost „Gesträuch, Reisig"
Kröster: ON. Kröstau, Crost, |a, au, Sachsen
(Kröte): Krott; Krötenheerdt (Flurname), Krott(e)nthaler; nd. Krapohl < krādepōl „Krötensumpf"
Kröt|el, er, Kroth(e), Krott(o): s. HROD
Krötke: s. Krätke
Krott–: s. Grott und Kröte. Krottner, Krottenmüller
Krotwart: s. HROD
Krotz: s. HROD und Grotz
Kröt(z)sch: s. GRAD II
Krowarz: poln. krowiarz „Kuhhirt"
Krübel, Krubert: s. HROD
Kruck: 1. Krücke, auch Bischofsstab, Ofenkrücke u. dgl., auch Flurn. (× HROK Kf.). Krück|e, mann, Kruck(er), Krück(l), Krükler, Krick(l), Krükkels. 2. sl. kruk „Rabe". Kruk, |au, ow, Kruckow; Doppeln.: Kruck-Rabe. Vgl. Kruke
Krückberg: ON. Krückeberg, Herford, Rinteln
Krücken: pruß. ON.
Krud–: s. HROD
Krüdener, Krüdewagen: s. Kraut
Krüer(ke): s. HROD
Kruft: ON. Koblenz
Krug: 1. obd. und ostd. „Kanne, Trinkgefäß". 2. nd. krōg „Wirtshaus". Zu 1. Krugmann, Krüg|(e)l, (e)le, er (obd. „Krughändler", auch „Zecher"); Krieg|(e)l, (l)er, Ölkrug. (Mehrz. Krich, Krieg, Krech, Kräch He). Satzn.: Füllkrug. Zu 2. Krugjohann, Krüger, |ke,

307

(Kruke)

mann, meyer, Krieger; Hasen-, Stein-, Heide|krüger (mehrf. ON. Heidekrug); Kroog, Krog|er, meier, Krochmann, Kröger, Böken- ("Buchen-"), Hövel|kröger, Kreuger. Fahren|krug, krog, krüger s. Fahr- (Krüg-: s. auch HROD)
(Kruke): 1. nd. krucke "Dohle". Kruken|berg, baum, meyer (vgl. Kruck). 2. Krukenmacher "Krugmacher"
Krühne: s. GRÜN
Krull, Krüll: s. Krolle
Krülls: wend. krylc "Dachdecker"
Krum–, Krüm–: s. RUHM
Krumenacker: ON. Krummenacker, Eßlingen
Krumm: mhd. krump. Krum(ke), Krumml, Krimmel (auch "Krümmung"), Krump, |er, en, mann, Crumb, Krümmling, Krümpchen, Kromm. Zsr.: Krum|bein, bach(er) (ON. Schwaben oder Bachname) = beck = pöck, siek, scheid(t) ("Grenze") = rein, eich, wiede ("Weide"), hans, schmidt; Krumm|fuß, lauf, acker, hauer (> Aaue wie Krummau), schmidt; Krumphaar, Krumb|haar, müller, Kromschröder.—Krummacher: < Ache (Bach) oder alem. zu Acker (s. d.) wie Krum(m)acker, Krumpack. Krumm–, Krumb–, Kromb|holz, nd. Krumpolt: Übern. des Wagners. Krum(m)biegel wohl zu Kranich (s. d.). Vgl. auch RUHM
Krummenauer: ON. Neuwied
Krümmel: mehrf. ON.
Krümmer: s. Krimmer

Krummes: s. Hyronimus
Krummlauf: s. RUHM (Romulf)
Krump–: s. RUHM und Krumm
Krumphardt: s. GRÜN
Krun–, Krün–: s. GRÜN
Krün|ägel, ael: s. grün
Krunig, Krüning: s. Krone
Krünitz: s. Krienitz
Krupar: sl. "Graupner"
Krüper: s. HROD
Krupke, Krupp|a, e, ke, Krüpke: zu tsch. krup(n)y "grob, ungeschlacht" (dazu Graupe, Krupar)
Krupp (schwäb. = Grupp), **Krüpp|elt, er:** s. HROD
Krus–, –krus: s. Kraus
Krusch(e): wend. kruša "Birnbaum", Vklf. kruška, tsch. hruška, poln. gruszka, "Birne". Krusch|ka, ke (Krusenbaum?), Grus|ka, ke; Gruschka, ke, Krausch, |e, ke, ner, Grausch; Rusch, |ka, ke × wend. ruška "Karausche" (auch ON. Krausche, Kruschl, ke)
Kruschel: wend. "Kreisel"
Krüsel: ostd. "Kreisel"
Krusemarck: ON. Magdebg.
Krusenbaum: ON. Schl.-Holst.
Krüsi: s. Kraus
Krusing: s. HROD Kf.
Krüs–, Kruß|mann: s. Kraus
Kruspe(r): mhd. krusp, krisp "kraus". Kraußpe, Krospe, Krisp
Krut–: s. Kraut und HROD
Krutein: pruß. N.
Krütli: s. Kraut
Krutsch: tsch. křz "Klotz, Rodeacker"
Kruttge: s. HROD Kf.
Krütz–: s. Kreuz
Krüzner: s. Grütze

(Kuchen)

Krypehne: ON. Krippehna, Delitzsch
Krystek: s. Christianus 7
Krystop: s. Christophorus
Kschammer: s. Krämer
Kschiwan: wend. ksiwan "krumm, schief"
Kub–: s. Jacobus 4
Kubal: s. kowal
Kubald: s. KÜHN, Kuniald
Kübel: Kübele, Kibele, Kubli, Kubel. — Kübler, Ki(e)bler, Keubler "Böttcher" (× bair. frk. "Häusler", zu Kobel 2) > lit. Kubilius "Böttcher". Vgl. Kubler
Kuberan: s. Cyprianus
Kuber(t), Kübart: s. Kuh
Kubeth: s. GOTT, Godaberht
Kubiczek: s. Jacobus, sl. N. Kf. 2
Kubler: < wend. kublo "Bauerngut". Kübler
Kübrich: s. GOTT
Kubsch: s. Kupsch
Kuch–, Küch–: s. GUG
Kuchar(z): sl. kucharz "Koch". Kucher
(Küche): nd. koke, köke, käke, Kuchner (mhd. kuchenaere). Küch(e)–, Kuchen|mann; Küch(en)–, Kuchel, Kuchen–, Kuchi–, Kä(c)ken|meister (bei einem Fürsten, Kloster), Käckenmester, Käckmeister. Kuchenbrand = Kuchenrauch. — Giskuche "Münzstätte"
Kuchem: s. Cochems
(Kuchen): Kuch(el), Küch|el, le, li; Kiechl(e); nd. Koke(n), Kauke, Kucher (× Kucharz), Küchler, Kuchler, Ki(e)chler = Kuchenbacker = Kuchen–, Küchel|becker = Kuchelbacher = Kuchenbeißer = Stopfkuchen = Eßkuchen, Eskuche.

Pfannkuch(e), nd. Pankoke = Euerkuchen (Eierk., nicht „Krapfen"); Pustkuchen (in der Asche gebackener K., Windbeutel?), Lebkuchen (s. d.), Schmalkuche, Ölkuch, Spänkuch („Spahnk.", nach Schmeller „bayer. Kuchenart"), Opferkuch („Hostie") = Gotteskuoke. Kuchenbrod. — Sieh gugge

Kuchheuser: ON. Kuchhausen, Siegkr., Wuppertal
Kuchinke: s. Kochanek
Kuchs: s. Kux
Kuck–, Kück–: s. GUG und Kukol
Kuckartz: s. Kuckuck
Kückebusch: s. Kieckebusch
Kuckein: pruß. ON.
Kückelhaus: ON. –hausen, Altena, Hagen
Kuckelsberg: ON. Elberfeld
Kuckenburg: ON. Querfurt
Kuckert: PN. Kuckau, Bautzen. Kücker, Kuke
Kuck|lich, loch: s. Kukol
Kuckuck: Vogel, ON., Flurn. Gu(c)kuk, Guggumaier, dazu sl. Kuk|a, atz, awka; Kuck|artz, ertz. Vgl. Gauch, Guck, gugger, Kukatz
KUD: unerkl. altd. Stamm. Chudo, Chuzo, Chud|pert, erat. Kuder (s. d.), Kuth, Kaut, Küt|ing, gens; Kutz, Kützle, Kautz, Kutsch(e), Kausch, Kitz(el)
Kude: wend. khudy „elend, arm". Kud|eck, icke, isch, lich
Kudelka: wend. „Locke". Vgl. Kutscher. Auch Kudschel < kudžela
Kuder: 1. „Werg". Kuder|er, mann; Küder|le,

ling, Ki(e)derle; Kauder(er) (× kudern „lachen", kaudern „Zwischenhandel treiben"). 2. Wildkater. 3. Tauber. Vgl. KUD, Kutterer und Kaute
Kudschel: s. Kudelka
Kudwin: s. GOTT (Godowin)
Küenzler: schweiz. chüenzlen „schmeicheln"
Kueres: s. Macarius
(Kues): ON. Mosel > hess. Kaus; bad. Kuß(ū)
Kuf–, Küff–: s. Kofen
Kufahl: s. kowal
Küfer: 1. „Böttcher" (s. d.). 2. „Weinkelleraufseher" (× schwäb. kiefer, küfer „grober Sand"). Kufer, Kuff(n)er, Küff|ner, ler, Kief(n)er; nd. Kuper, Küper(s), Küpper(s); ndrh. Kuipers (engl. Cooper)
Kuffs: s. Kuh. Kufß
Kugel: 1. runder Körper > Gugelfuß; Boßk., Bosk. < mhd. bōzkugel „Kegelk.". 2. Kapuzenmantel. 3. Bergkuppe. Kügele. Zu 2, 3: auch Kog(g)el (× mehrf. ON. Kogel), Kögel(meier) (× Kegel) und Kagel (s. d.). Zu 2: Gugel > Jugel(t). –kugel: Leine(n)k., Linne(n)k. > Lindek. (Lindekuh), Herrenk., Reifenk. = Riefk. (mit Querstreifen?), Rothk., Wittk. –kogel: Blakogel, Lin(n)ek. > –kohl: Linnenk. > Lindenk.; Hor(en)k. („spitze K.") > Herrenk., Riefk., Ro(den)k., Rohenkohl, Wittk., S(ch)lapk.; Stippekohl = Stipkugel (zu steppen). –kuhl: Linnek., Hörenk. — Rothkögel, Rohtkegel, Rothkehl, Gugelziph, auch Kugelhopf (bair.

Kuchen). — Zu 3: Kogler, Kögler (mit ö, e, a, ä, u KS.), Stein|kohl, kogler, kugler; Oberkugler, Gugel|bauer, meier (× gugge). Leimkugel s. Kuhle
Kug(e)land: s. Kogland
Kugler, Kügler: Verfertiger, Träger von Kugel 2 (Gug(e)ler), Anwohner von Kugel 3; seltener „Kegelspieler". Kögler
Kügma: s. GUG
Kuh: nd. kō, kau. Kuwe, Koh, Kau, Küh|chen, lein; Kuh|bauch, bein, fuß (auch „Brechstange" und „Feigling"; > Kuhfs, Kufß, Kuffs; nd. Kofoet), haupt, hirt (Kuhardt, × ON. Pfalz, Kuhert, Kohardt), weide, busch, wald, sieck, weg, müller, lechner, räuber (röber, rüber), fittig (eher < nd. fittich „Mist auf dem Acker" als < mhd. vitich „Art Schutzwehr"), teufel (Schelte? Kühteibel, Kutifel), reich, Kuhemaul, Ku|fus, haupt, hagen > hahn, hoff, bandner (s. Bünd), Cujacob, Kuh–, Küh|michel (Hofn. Biberach); Küh|treiber, leitner, bandner (s. Bünd), has („Kaninchen"), horn, bauch, efuß; Küstahler, Kürick s. rick; Kie|pacher, daich, schwäb. daisch (Mist); Kau, Kau-, Köh|meier; Koh|brock, stall (Kuhstahler), Ko|haupt, horn, foth, horst, barg. — Kühler: frühnhd. kuwer „Kuhhirt", Ku|wert, ber(t), Kü|wert, bart. — Aber Kuh|stoß = Custos, Latinisierung von Küster oder Wächter; schmerz s. kosma; blank: ON.

(kühl)

Stettin; fall, pfahl, wald, Kofalk: s. kowal; bier: ON. Pritzwalk; sack: s. Kossack; Kühnast: s. Kienbaum; Kühemund: s. KÜHN. Chue|stinkh, wolf: Kudreg. — Lindekuh: s. Kugel. S. Koschmieder

(kühl): Kühl|(e)wein, trunk, wetter, ewind, morgen, beck, böck, born, eisen (× Kühneisen, beides Stuttg.); Kohlmorgen, Kuhl|morgen, wein, ewind, bach; Kühlenthal, Kühlbrey, Kohlbrei „kalte Breite" (Flurn.). Kiel|trunk, wein

Kuhl–, Kühl–: s. KOL I

Kuhl|barsch, bars, persch: s. Kaul–

(Kuhle): nd. kūle, kaule „Grube" (auch im Bergbau: Kuhlenschmidt). Torkuhl = zur Kuhl, Zerkaulen, Anderkuhl; dativisch auch Kuhlen, Koulen, Kaulen; Kühler, Kuhl(e)mann (s. Prö III 6), Kuhlen|kamp(f), dahl, henke, Culemeyer, Culencord. Goldkuhle (s. Gold); Lehm|kuhl(e), kühl = obd. Leim|kuhl, kugel; Lehmkohl > kühler, küller; Sand|kuhl, kaul(en); Sparkuhle (zu sparkalk „Gips"); Kalkul (zu „Kalk"), Steinkuhle = Stehnkuhl („Steinbruch"), Stein|kauler, käuler, kühler, kohl (× Kugel 3), köhler; Buschkühle(n) > Buskohl; Voßköhler (zu Fuchs) = Fußkuhlen; Kesselkaul. Andere –kuhl s. Kugel

Kühler, –kühl(e): s. Kuhle

Kuhles: s. Haus

Kühlwey: s. Koldewey

KÜHN: zu ahd. kuoni „kühn" (urgerman. „weise, erfahren"). Nicht mehr zu trennen vom Stamm von ahd. chunni, mhd. künne „Geschlecht" (= lat. genus; dazu „König"; s. d.)

Chunibald: Kümpel (× Gundobald)

Cunibert: Kumbier, Kimmerich

***Condag:** Contag

Chuninger: Kunger, Kön|iger, ker, Keuncker

Kunigund (weibl.): Könn–, Kenn|gott (s. d.), Kön–, Ken|geter, Kinge(r)ter. (Vgl. ON. Köngetried, Mindelheim < Chounigunderietl)

Chunihard: Kun|hardt, ad, ater, th, Kuhn|ert, (a)t, Kunnert; Kohnert, Con|ard, erding, Konath, Connert, Köhnert; Kaun|ath, ert, Kühn|hard, e(r)t, Künnet(h), Küntgen; Kienert, Kinnert, Kin|ader (z. T. auch < Chunrad). S. auch Kinadeter. Mischf. Kunczart, Konz|ert, ett, Künzert

Chunihari: (× khojna) Kuhner(s), Kühner, Kiener, Koner(smann), Köhner, Con|ers, ring. Bei Ko(h)ner × wend. konar „Pferdehirt", vgl. Konarski

Khunemar: Kummer (s. d.)

Cunimund: Kühn(e)–, Kühe–, Kiene–, Köne–, Käne–, Grüne|mund, Kühnemut(h), Kumeth (XVI), Kümmet

Chu(o)nrad: Kunrath, Kun(d)ert, Konrad, |es, er, ini, Conrad, |us, y, i(s), sen, Kornrad, Conrardy, Conräder, Kainrad, Keinrath, Kuratl|i, e. — Kuhnt, Kuhr, |ing, t(s), ke, Kuërt, Curt(ius), Kühr, |t, er, Kürt|sen, zel, Gurrath, Guhrt, Courts, Kur|t(s), s; Kohr, |dt, (t)s, (e)n, ns, sen, ing, Koort(z), Korsch, Cors, Cord|i, es, Cohrding, Coor|des, ßen, Kort(h) (s. d.), Kor|te, ten(g), dts, tz, ting; Coerd(d)s, Köhring, Kört|s, ge, er, ling, Körd|el, ing, Kör|zel, sgen, Kerting, Kärtge, Kauer(t) (s. d.). Vgl. auch Chunihard (Konnert, Kondrad, Kondert, Kandert, Kan, Kantz, Keintzel, Kenzel: He). — Zss., Zsr.: Kurt–, Kordt|mann, Kordvahr (< Kord Vader). Ackerkurth, Groskurd, Gretenkord, Cortlütgert (Magerkurt und Markonrad s. MARK); Kosten|bach, haus. Kohr–, Kors–, Cords–,Korde–,Kort(e)|meyer, Meyerkordt

Cunirih: Kühnrich, Ki(e)nreich, Konrich

Kuniald: Kun|wald, old, ott, Kühn|(h)old, holz, elt, Kienholz, Gun(h)old, Konold. Mischf. Kunstwald (Kawald, Kubald KS)

Kf. **Kuno** (fast stets zu Chunrad), Chun|ulo, ico: Cuno, Chun, Kuohn, Kuonle, Kuoni, Kun|icke, tges, le, Kunk|e(r), el, e-mann, Kuhn, |e(n), henn(e), Beierkuhnlein, Kuhn|imhof, amberger, münch, Kunnemann; Kühn, |el(l), le, del, i, henrich, lenz (Kühnlein s. Kinigl), Kie(h)ne; Kien|d(e)l, l(e)in, len, inger (aber Kientopf s.

Köntopf), Kinmann; Künne(mann), Kinn|e, l, Kohn, |e(n), ;e, ke, Coning, Co(e)nen, Kon|ken, egen, lé; Köhn|e(mann), (ec)ke, le(in), sen, enkamp, lechner, Kön|sen, ke(n), tges, Könn|ecke, ing(er); Kaindl, Keun, |e(ke), s. — Slaw. Kun|ad, ath, ack, aschk; Kun|is, isch, schke, itz (× mehrf. ON. Kunitz); obschles. Kan|sy, zy; pruß. Kuhn(o), Kund|t, e, igk. — Kun-, Kön-, Kün|igl u. Kühnlein s. Kinigl, Küng s. König

Chunizo (vgl. Gunzo < GUND): Kountz, Kun|tzmann, ße, schmann, schner; Kunz (× khojna), |e, er, feld(er), Kuntsch|en, er; Kuen|tz, zer, zi, Küntzel (× ON. Küntzell, Fulda), Khüenzl; Künz|li(ng), (l)er, mann; Kin|z(ler), ezle, tze(l), tscher, tschi, sch(ell), Kienz|ner, l, le(r); Conz, |en, mann, (× ON. Conz, Trier), Cönzler, Konse|müller, n, Konst, Kunst, Gunst(mann); Künst|le, el, er, ing, Const(en) × Constantinus, Kainz. — Zss., Zsr. Reinkunz, Ecker-, Hof|kunst, Gute(n)kunst, Jung-, Schmied|gunst

Kuhn–: s. KÜHN
Kühn|apfel, ast, bast, ruß: s. Kienbaum und khojna
Kuhn|a, au, Kühn|au(er): s. khojna
Kuhr: 1. s. KÜHN, Chunrad. 2. mnd. kur(e) „Wächter, Turmbläser", Kurwechter. 3. < tsch. kujir „Schmied". 4. sl. kur „Hahn". Zu 1, 2: Kuhrmann; 1, 4: Kuhrke; 3: Kühr; 4: Kurk, Kürske (< kurzyk „Hähnchen")
Kühr–: s. KÜHN (Chunrad)
Kuhse: nd. „Knorren, Keule"
Kuiper: s. Küfer
Kujahn: ON. Kujan, Flatow
Kujaw|a, sky: sl. Volksstamm
Kuk|atz, atsch, utsch: < wend. kuk|ač, uč „Taubenschlag" (× Kuckuck)
Kuke: s. Kuckert
Kukol: sl. kukol „Unkraut", Kuckel(insky), Kuck|lick, loch
Kul–: s. KOL I und Nicolaus
Kula: wend. „Kugel". Vklf. Kulk|a, e. Kulicke
Kulbe, Külb–: s. Kolben
Kulbin: s. Gulben
Kull–: s. KOL
Küllenberg: Hof bei Solingen
Küller: s. Kuhle
Küllich: s. hülwe
Kulm, Küllmer: s. Kolm
Kulms: s. KOL I
Kulp–, Külp–: s. Kolben
Külsen: s. KOL I
Külz: ON. Koblenz, Stettin
Kümbel: s. GUND und KÜHN
Kumber–: s. Kumme und Kummer
Kumbier: s. KÜHN
Kumdervon: schweiz. Redn. „I chom (gut) dervon"
Kumhardt: s. GUM
Kümin: s. Kümmel
Kumme: 1. nd. „tiefe Schale, Wasserbehälter". 2. schweiz. „Schlucht". In der Kummen, Kummer, Gummer, Kumber, Chummerer
Kümmel: nd. Köhm; mhd. auch kumin < lat. cuminum. Küm(m)in. Kimmel, |e, mann, Kimmler, Kimm|ig, ich, Kummi, Köhmel
Kummer: vieldeutig; 1. Gundomar. 2. Khunemar (s. KÜHN). 3. „Schutt" > 4. „Gram" und „Gefängnis" (s. Löwe). 5. < nd. kumper = Kümper. 6. mehrf. ON. Kummer (× Komor). Zu 1, 2, 4: Kümmer|le, len, li, Kimmerle. Zu 3, 6: Kummerer. Zu 4: Huskumber, Kumber–, Kummer|nuß
(Kummet): Kummeter, Neukummeter
Kümmet: s. KÜHN, Kunimund
Kummi, Kümmin: s. Kümmel
Kump–, Kümp–: s. GUND, KÜHN und Kumpf
Kumpan: „Genosse"
Kumpf: „tiefe Schale", besd. „Färberkessel" (Kümpflein), hergestellt vom Kumpfer, Kümpfler, Kimpfler; nd. Kump(e) (ON. Kump Westf., Düsseld.), Kümper (× ON. Münster), Kummer, Komp, |e, er, mann; ndrh. Kommer(l), Compes (s. Haus). — Kumpfmüller hat Schöpfeimer am Mühlrad (× mhd. kumpf „stumpf"; Kumpffert, Kümpel zu GUND u. KÜHN)
Kumst: s. kompost
Kumsteller: zum span. Wallfahrtsort Santiago di Compostella (vgl. Henricus Jacopesvar, Rostock XIII); doch in Frkf. a. M. Kompostell Her-

berge der Jakobspilger. Compostella, Komstell
Kun–, Kün–: s. KÜHN
Kuna: tsch.-wend. kuna „Marder". Kunke
Kunath: wend. „Konrad"; desgl. wohl Kun|isch, itz, ix, Kuhnis, Kun|is, iß
Künd–, Kundlach: s. GUND
Kundenreich: Gundericus?
Kunder: bair. „Kleinvieh" (auch „Ungeheuer")
Kündiger: „Ausrufer"
Kundinger: ON. Kunding, O.-Bay.
Küng: s. König
Kunger: s. KÜHN, Chuniger
Kunigl, Künigl: s. Kinigl
Kun|isch, itz, ix: s. Kunath
Kunk–: s. KÜHN Kf. Kunke auch < Kuna
Kunkel: 1. „Spinnrocken". Kunkelmacher. 2. nd. „tiefe Stelle im Wasser, Erdloch". 3. zu KÜHN Kf. Künkel(e), Gunkel, Konkel, Kunkelmann. — Kunkler, Künkler auch „Schwätzer", vgl. Künkel
Künkel: Hofn. Eisenach, Erkelenz. Künk(e)ler
Künn|e, ing: s. KÜHN Kf.
Kunst: 1. = Kunz (s. KÜHN); so auch Künst, |ing, ling; Kunstwald. 2. s. Constantinus. 3. Zu nhd. „Kunst", z. B. als Fahr–, Wasserkunst. Dazu Kunstmann „Techniker, Kunststückemacher". Künst(l)er, Kinstler, Kunstreich, Künstner
Kunt–, Küntgen: s. GUND und KÜHN

Kun(t)z–, Kün(t)z–: s. KÜHN (× GUND) und Konz 2
Kuoni: s. KÜHN Kf.
(kupa): wend. „Insel, Erhöhung". Kupp|e(r), ke, Kaup|ert, ke, Kaupper (ON. Kauppa, Bautzen)
Kuper, Küper(s): s. Küfer
Kupfer: Kupfer|er, mann, schmidt, schläger, nagel; nd. Kupperschlag, Kopper, |s, mann, gieter, schmidt, Kopfermann (vgl. Köpfer). Küpferle (NF), Kipferling „Kupfermünze, Mörser"
Kupfal, Kuphal: s. kowal
Kupffender: s. Pfänder
Kupfrian: s. Cyprianus
Kupietz: poln. kupiec „Kaufmann"
Kup|litz, ke: s. Jakobus
(Kuppel): obd. „gemeinsame Wiese". Kuppel|wieser, mayr, Kuppler. Vgl. Koppel (Kuppel × GOTT, Kf. Gobbo)
Kupper–: s. Kupfer, Koper, Köpfer
Küpper(s): s. Koper, Küfer
Küppersbusch: Haus bei Wuppertal
Kuppinger: ON. Tübingen
Kup|prian, rion: s. Cyprianus
Kuprich: s. GOTT (Godaberht)
Kupsch, Kupz, Kubsch: wend. kupc „Kaufmann", tsch. kupec (× Jacobus 4). Kuptz
Kur–: s. kiesen
Kuratl|e, i: s. KÜHN
Kürbis: Kürbs, Kirb(i)s
Kurbisch: s. Kurpisch
Kurf|eß, iß: „Schorf im Gesicht". Kur|fies, fuß, Kirveß (× Kürbis, mnd. korvese)
Kuri, Küri: s. Quirinus
Kurk: s. Kuhr 4

Kurli: schweiz. „spaßhaft", Kurlimutz
Kürner: s. Körner
Kurnik: sl. „Hühnerstall"
Kurp|isch, iß, itz(ki), s; Kurbisch: zu poln. kurp „Bastschuh" (tsch. krbec, krpec). Kurpik. Lit. Kurpius. Vgl. Korpjuhn
Kurrus: Latinis. für „Wagen"
Kürschner: < mhd. kürsen „Pelzmantel" = Ki(e)rschmacher (vgl. Fechler). Kürsner, Kirsner, Kirsch|ner, mer (vgl. Meßner), Körschner, obsächs. Kerschner, Gürschner, Gurschner, Girschner, Corsener. Lit. Kuschnereit
Kursiefen: ON. Korseifen, Köln
Kürske: s. Kuhr 4
Kürsten: s. Christianus 2a, **Kurstgen** 2d
Kurt–, Kürt–: s. KÜHN (Chunrad)
Kürten: ON. Köln (Cürten)
Kurtzig: ON. Posen
Kurtscheidt: ON. Neuwied
Kurz: nd. Kort(h) (s. d.) (× KÜHN, Chunrad: Kurts). Kurtz(e), Kurzius, Kortz, Korzer, Kürz(e)l > Kerzel (Glatz). Zsr. Kurz|rock, mantel, bein, bart, halz > holz, weg, bach, weil, bernhard, e-zunge, enknabe. Sieh Walther. Satzn. Kurzenwort. Vgl. Kort. Kurtzius s. Curtius. Aber Kurzleben wohl untergegangener Ort: Cortlever. Doch vgl. Kutzleben
Kus: sl. „Bißchen"
Kusber: s. GOTE
Kusch–: s. GOTT Kf.
Kusch|ig, ke: wend. kušk „Klotz" (ON. Kuschkow,

Kuschma(nn) Frkf. a. d. O.; vgl. GOD u. Kuske)
Kuschma(nn): s. Kosmas
Kuscholke: obwend. kuzal(k) „Strudel"
Kusel: 1. nd. „Wirbelwind" > „Haarwirbel, Kreisel, dicker, flinker Mensch". 2. obd. „Kalb". 3. Kf. zu GOTT. 4. ostd. s. kos. 5. ON. Pfalz. Kuseler
Küsel: 1. = Kusel 1. 2. ON. Magdeb.
Küselich: s. Kiesel
Kuske, Kuschke: s. Marcus und Kuschig
Kuskopf: ON. Kuskop, Holstein
Kusoldt: s. GOTE
Küspert: s. GEISEL
Kuß: 1. s. Dominicus. 2. pruß. N. 3. s. NS, mit ū s. Kues
Kussa|k, tz: s. Kossack
Kussek: s. Marus
Kussel: s. GOTE
(küssen): Satzn. Küssen–, Küsten|pfennig. Kistenpfenni(n)g „Geizhals". Kußmaul (aber Kußmehl s. kosma). Vgl. Letzguß. Aber: Küßwieder s. kiesen; Küßhauer s. Kies; Kußtatscher s. costa
Kussin: frz. N. Cousin. Kossin
Küstahler: „vom Kuhstalle"
Kust(e): s. Constantinus
Küstenbrück: ON. Kissenbrück, Wolfenbüttel
Küsten|macher: s. Kiste; **–pfennig:** s. küssen
Küster: Küster, |s, mann, Küstner; obd. Küsterle, schweiz. Kuster (aber Kusterer < kusteren „kosten" s. Koster), nd. Coster, Kost(n)er, Köster, |s, ke, mann, beck (× ON. Kösten, Bamberg), Köst|ring, ner, Köste-ring; latinis. Custor, Custodis. Zsr. Hesseküster, Alteköster, Küsterjans. Vgl. Schomerus
Küsthardt: s. Christus
(kut): obwend. „Winkel". Vklf. kutk, kučik: Kuth|nick, ning, Kutsch|ek, ke, Kuttke (× Kude)
Küt–: s. GOTT Kf. und KUD
(Kute): nd. „Grube" (obd. kaute). Kutner (× Kuttner), Küther (vgl. Küter), Küthmann, Kütemeyer
Küter: „Schlächter, besd. Hausschlächter, Kaldaunenverkäufer, auch Wurstmacher" < kut „Eingeweide, Kutteln". Kuter
Kuth, Küt|ing, gens, Kutsch: s. KUD
Kutifel: s. Kuh
Kutsche: ON. Kutschau, Liegnitz
Kutsch|ek, ke: s. kut
Kutscher: Gutscher, dazu Kutschenreiter (ON. Katschenreuth, Kulmbach), Kotschen|reiter, reuther; nd. Kutzer (× ON. Stettin), holl. Kutzeer (koetsier), aber obd. Kutzer „Huster" (× GOTE). Kutsch|bauch, (en)bach s. Gutzschebauch. – Ob.-wend. kudzer „Locke" Kutscher; tsch. Kutschera, Kutzera
Kutschmann: s. Kosmas
(Kutte): spöttisch „weiter Rock". Kuttendreier (nd. „Träger"). Kuttner (s. d.), Küttner
Kütt|el, ler: s. Kittel; vgl. Kutteln
(Kutteln): „Eingeweide". Kuttelwascher = Küttelwesch, Kuttler (× ON. Kuttel, Glatz, Krossen), Küttler „Wurstmacher"
(kutten): im Bergbau Halden durchwühlen. Kutter, Gutter, Gütter
Küttenbaum: s. Quitte
Kuttenkeuler: Hof Kuttenkaul, Siegkreis
Kutterer = Gutterer: 1. lacht wie ein Täuberich (mhd. kuter; vgl. Kuder). 2. Hersteller von Kuttruff (s d.)
Kuttke: s. kut
Kuttmann: s. Kote
Kuttner: 1. ON. Kutten, mehrf. Küttner, Kittner. 2. s. Kutte. 3. s. Kote
Kuttruf: Flaschenart. Kut(e)rof, Guthruf, Guttropf (auch Kauruff, Kauerauf?); verfertigt vom Kutterer, Gutterer
Kutz, Kützle: s. KUD
Kutze: s. Kotze
Kutz(e)bach: u. dgl.: s. Gutschebauch
Kutz|er, eer: s. Kutscher
Kutz(ig), Kütz(ig): s. GOTT Kf. und KUD
Kutzleb(en): ON. Erfurt < Gozzenleba; Gott(e)sleben. Vgl. Kurz
Kutzmann: s. Kosmas
Kutzmutz: s. gut
Kutzy: schweiz. „Käuzchen"
Kuus: ON. Kuhs, Mecklenb.
Kuwer(t), Küwert: s. Kuh
Kux: „Grubenanteil". Kuchs
Kuzma: s. Kosmas
Kwast: s. Quast
Kweerfeld: s. quer
Kweller: s. Quelle
(kwiad): sl. „Blume", obwend. kwet. Kwi|at, et, Quiatkowsky, Quetschke, Quetting, Quitt, |ek, schau
Kwiech: s. Keck
Kwintmeyer: s. Quintinus
Kwirini: s. Quirinus
Kybart, Kyber: s. GEBEN (× Küwert; s. Kuh)

Kylian: s. Kilian
Kyll: ON. Rhld.
Kynast: s. Kienbaum
Kyrein: s. Quirinus

Kyrieleis: < gr. „Herr, erbarme dich". Kirieleis, Cürlis, Korleis

Kyriß: „Küraß"; mhd. küriჳ
Kyser: s. kiesen

L

–la: 1. s. –lah. 2. ofr. < –lein: Klayla, Ströhla, Ühla
Laackmann: ON. Laack(e), Hannover, Minden
Laager: < mhd. lagen „auflauern"
Laak–: s. Lache und Laken
(Laan): holl. „Baumgang". von (van) der Laan
–laar: s. Lahr
Laarmann: ON. Laar mehrf.
Laas: 1. s. Nicolaus. 2. mehrf. ON. (Sieh laz, les)
Laaser: 1. s. Lazarus. 2. ON. Laa|s, se, sen; > Laasmann (vgl. Lahser)
Laatsch: s. Letsch
Laban: jüd. N., hebr. „der Weiße", doch vgl. ON. Laband (Oberschles.), Laband(tner). Labahn
Laber(er): ON. Laab(er), Bayern, Böhm., Österr.; von der Laber, Labermair < Flußn. Laber, Bayern mehrf. (× laber, bair. Plural von lab = Laub; s. d.)
Laberenz: s. Laurentius
Labes: 1. s. Nicolaus. 2. poln. łabedz „Schwan". Lab|isch, itzke, Läbisch
Lablank: pruß. ON.
Labonte (a betont): < frz. La Bonté u. Labonté
Labor: s. Mühe
Lab(o)renz: s. Laurentius
Laborius: s. Liborius
lach: 1. in altd. PN. s. LEICH. 2. s. Lache
Lachatz: s. LAG

Lache: 1. mhd. lache „Tümpel, kleiner See", obd. und nd. la(c)ke. ON. Lachen häufig; vgl. –lah. 2. mhd. lāche „Einhieb in einen Grenzbaum" [FN. Lochbaum, obd. auch lauche (Lauchner) und lack, g(e)läck]. 3. × lach, bair. = loh „Wald". — Zu 1: (van) Laack, Biedenlack = Anlach, Anlage; Telak, Imlach, von der Lake, Rincklake, Hinterlach, Oberlack, Horlach, Rohrlack; Laak–, Lacke(e)|mann, Lack|e, (n)er, meyer, enbacher, enbauer, inger. Überlacher, Mit(te)lacher (× ache), Lagger. Zu 1, 2: Lacher (× der lacht), Lacherer (aber Haslach(er) < Hasel und –ach 3), Lachner [< mhd. lāchenaere „Besprecher" (vgl. engl. horseleech „Roßarzt", dän. laege, tsch. lekar, poln. lekarz „Arzt", auch × mhd. lachen „Laken"?], Lacher–, Lacker|bauer, Lackner, Lackerschmid, Lachemaier, Lachmann (Brucklacher: s. Lehen)
(lachen): Lacher (× Lache und ON. Lache, |n), Lächler, Lechler, Lach|enich(t), nit(t), mund. –lacher, Lacherer: s. Lache. Vgl. Isaak
Lachs: Fisch. Lachsgang, Lax(gang)
Lack–, –lack: s. Lache

Lackenmacher, Läckemäker: s. Laken
Lacum: Hofn. Duisburg. Lakum
Lad|a, o: sl. = lede 2 „Heide": Lad|e, er, ing, isch, Laedke
Lade: 1. „Kasten, Truhe". Ladner, Ledner = FN. Lademacher oder Bewahrer der Zunftlade; von der Laden. 2. Lade(mann) s. LUT Kf. 3. s. Lada
–lade: s. Latte
LADEN: „auffordern". Nur in wenigen altd. N. wie Ladipert, Lademar, Ladrat. Hierher viell. Ledrat, Lattolf. Sonst s. LEUTE und LUT
(laden): 1. „einladen". Lade(n)gast (oder < LUT?). 2. „beladen". Lader. Der Ladstetter wohnt, wo Schiffe beladen werden
Ladentin: ON. Ladenthin, Stettin
Lad(e)wig: s. LUT
Ladislaus: Lassel He. Latzel
Ladurner, Laturner: < la torre „der Turm", vgl. Hofn. Ladurns, Südtirol
Ladwein: s. LUT
Laf(e)renz: s. Laurentius
–laf(f): 1. nd. s. LEIB, z. B. Gundlaff (mlat. –lavus). 2. sl. < s–law (s. SLAVA) z. B. Mätz– = Mitzlaff (< MIĆI), Wenzlaff (mlat. –laus)
Laffert: s. LUT
LAG: sl. Stamm; zu asl.

lagoda „Anmut". Lag|oda, otz, utz, Lachatz
Lage: 1. In Schlesw.-Holst. Kf. von Laurentius. 2. mehrf. ON.; –lage oft in ON. (besd. östl. Westf., Osnabr., südl. Oldenburg). Bedeutung unsicher (von Holz entblößte Fläche? zu mnd. lege „niedrig"?, s. d.). Berl., Barl., Bentl., Forsl., Hartl., Rothl. — Niederlag, Burlager, Lage|mann, hüsemann. 3. obd. < mhd. lāge „Hinterhalt". Lager; Hirschlag (ON. Bay.), Lagenpusch
–lagel, Läg(e)l(er): s. Legel
Lagemann: ON. Laage, Meckl.
Lages: s. Nicolaus
Laggai: „Lakai"
Lagger: s. Lache 1
Lagler: s. Legel
Lah–, –lah: in ON. 1. Lache 1. 2. loh „Wald". 3. Lage (s. d.): Kälber|la(h), loh, Calberla(h) (ON. Lüneb.), Haber|lah, lach, loch; Kammla; Lah|mann, meier; Steinla (ON. Hildesh.), Wawerla („wabernde Sumpfwiese")
Lahm(er), Lamer: 1. „Gelähmter". 2. ON. La(h)m, mehrf. 3. bair. lamer „Geröllhaufen". Zu 3: Lamm|erer, inger (La(h)mers s. LAND)
Lahn: 1. „Lawine". 2. Lahner „Stelle, wo eine Lawine oder ein Erdrutsch niedergegangen ist". Lahner, Lan(n)er, Len(n)er. Lan|thaler, hofer, bichler = pichler (s. Bühel), Lehnerer
Lahni: s. Lanius
Lahr: 1. ON. wohl zu ahd. (h)lār „Weideplatz": Lahr|busch, mann,

Telaar, Breukelaar; auch Lohr, |er, inger, mann; Lehr|feld, hof. ON. auf –lar aber z. T. nur Bildungen nach dem Muster von N. wie Winklarn, Keßlarn, Heßlar, indem –lar wie –ler auf Stämme ohne l übertragen wurde: Goslar (an der Gose), Lindlahr, Berglar. 2. Lahr,| s, es, Lähr: s. Hilarius
Lahr|s, sen: s. Laurentius
Lah|s, se(r): zu les
Lahusen: ON. Lahausen, Hann. Laauser
Lai, Lay: 1. Leu = „Löwe". 2. lai = loh „Wald". Laih, Layh(er) (mehrf. ON. Lay × Lei und lē)
Laib–: s. LEIB und Leib
Laiber: s. Laube
Laicher, Leich|er, mann: 1. mhd. leichaere „Spielmann" (vgl. LEICH). 2. bair. laich = loh „Wald" (s. d.)
Laikh: s. LEICH
Lail–: s. Loh
Laim|er, gruber: s. Lehm
Laiminger: 4 ON. O.-Bay.
Lainer: bair. < leinen „lehnen". 1. an der Berglehne. 2. träger Mensch
Lais: ON. Hessen, aber tirol. Laiser < leis „Wagengleise" (× Nicolaus)
Laisterer: s. Lausterer
Laiwin: s. LIEB, Liubwin
–lake: s. Lache
(Laken): nd., urspr. überhaupt „Tuch". La(c)kenmacher = Läcke, Läk(e)|mäker, Laaker
Lakomi: sl. łakomy „geizig"
Läll: s. Lell (> Lälius?)
Lam–: s. LAND
Lamb: s. Lamm und LAND

Lambach(er): ON. Österr., Bay. (< Lampersbacher KS.)
Lambeck: aus der Lambeck bei Hückeswagen
Lambricker: < Langbrücker KS.)
Lamer: s. Lahmer; Lamerding: s. LAND (Landebert)
Lametz: s. LAND (Landebert)
Lamfermann: s. Land
Lam(h)inet: s. lassen
Lamm: mhd. lamp. Lamm,| el, fromm; Lamsfuß (ON. Wipperfürth), Lamp, |(e)l, Lamb, |l; Lemppl, Lempelmann, Lem(b)gen, Lemmchen (geändert in Lemcke), Lämle, Lemmle(r); Lämm|l(e)in, chen, Lämmer|mann, meyer; Lemmer|hardt = hirt, zahl (s. Zagel); Osterlamm (Hausn. Nürnb.), Hausn. zum Lämmlein. Aber jüd. Lamm, Lämmle < Lamech; Lämmchen auch hebr. Lemuel
Lammer–: s. LAND (Landobert)
Lamm|erer, inger: s. Lahm
Lam|oth, otte: pruß. N.
Lamp, Lamp(e)l: s. Lamm
Lampart: „Lombarde", auch „Banquier" (× LAND, Landebert). Lam|pa(r)ter, pe(r)ter, Lombard, pert, Lumpert (vgl. ON. Lampaden, Trier)
Lampe: 1. Lampo, s. LAND. 2. Gerät (Hausn. Trier). Lampenscherf „Lampenölbehälter", s. Scherb
LAND: ahd. lant „Land" (× LANG)
Lantbald: Lampelzamer (< –heimer)
Landebert (Lambert, 27 Heilige dieses N.s), Landbrecht, Lam|bracht,

315

brecht(s), bardt; prich, bers, wers, Lambert, |s, z, sen, us, ini; Lam|precht, prich(s), parth (s. d.), persberger, Lampert,| i, ius, Lamerding (ON. Lamerdingen, Augsb.), Lametz, Lamerz, Lammerich, Lammer|t, (t)z, s, La(h)mers, Meier|lambers, lammers, Lämmer(t), Lem|partt, bert, pert(seder), per(le), Lemmertz

Kf. Lampo (× Lamm, Lampe): Lamp, |p, e, el, ing, son, mann, us, ke; Lamm, |e, el, ing(a) (aber Lamminger s. Lahm 2); Lemm, |e, en(s), ing, el, Lem|p(en), ke(n), bke, pelius, ling, gen

Landfrid: Land–, Lam–, Lemp|fried, Lempfert, Land|fahrt, fadt, fritz, Lenfer|s, ding

Lantger: Länger (× Komp. von Lang), Lenker

Landohard: Landert, Lann|hardt, ert; Mischf. Lanzet?

Langsam

Lanthar: Lander, |l, s, berthold; Landherr, Lantermann, Länders, Lender

Lantroch: Landrock

Landamar: Lammer (× Landebert), |ing, Lendemer

Lantarat: Land–, Lend|rath > Langrath; Mischf. Landsrath, Lanz(e)rath; polonis. Landratkiewicz

Landerich: Lendrich, Lenderking

Lantwalt: Landolt, Landahl

Landwart: Land(t)werth, Langwerths

Landwig: Landwig

Landulf: Landolph

Kf. Lando: Land,| e(l), ig, smann, Lantema; Lend|i, l, el, ecke(l), ig, er; Lent|ge, je, mann, Ländlsberger; Lanzo: Lanz (× Lanze, s. d.), |ig, ke, er, hammer, endorf(er) (13 ON.), Lansing; Lant|zsch, schke, zius. Lenz–, Lens– von Laurentius nicht zu trennen (s. d.)

Land: 1. Erde, Boden, Acker. 2. polit. Gebiet. 3. „Feldmark". Zu 1: Harl. = Flachsl., Erbsl., Niel. = Neul., Legel. (s. leg), Hufel. Zu 2: Holland (s. d.), Iffl. (s. d.) = Lievl., Egerl., Wendl. (in Hannover), Friesl. Zu 3: Landscheid (auch ON. Trier), Ausland (vgl. Ausfeld, Ussfelder, auch „von Fronden befreites Land"). –länder: Niederl. (1. = Unterl. vgl. Oberl. 2. = Holländer), Deutschl., Vogtl., Kurl., Rheinl., Sauerl., Uchtl. (< Uechtland, Schweiz), Schottl., Niel., Rosenl., Stadtl. („Stadtgutpächter"). Ausland s. oben 3. – Überlender (< Überland, zu einem anderen Gute gekommenes Feld). Achterlander. –land in altd. PN. (Uhland, Roland) gewiß meist dissimiliert aus –nand. Vgl. auch Wieland, Fahland

Land in Zss., Zsr. Lands|hut, kron (ON.), knecht, Land|graf (–grebe, Langgraf), vogt, schreiber, schulz(e), knecht („Landpolizist"), reiter (desgl. beritten), schütz („Flurschütz"), messer = scheider, tag, siedel (hat ein Lehengut; auch ON. Österr.), –sittel, setzer, zettel; mnd. lantsedel („Landsasse") = mann („Dörfler, Nichtbürger"), fahrer („Pilger, Landstreicher"), wehr (Grenzbefestigung, mehrf. ON), dazu Landwehrkamp, Landwerlin, Lan(n)wermeyer, Landwer–, ver–, fer|mann, Lamfermann, Land|wirt, werth wohl „Dorfgastwirt"

Landefeld: ON. Melsungen

Landenhammer: ON. Landenheim, O.-Bay.

Lander: mhd. lander „Stangenzaun" (vgl. nhd. „Geländer"; schweiz. „Gabeldeichsel"). Landerer (× LAND, Lanthar). Auch Landgitter?

Landes, Landis: mhd. landoese „Landverwüster" = Lantschade. Langöse, schweiz. Landös (vgl. oesen)

Landherr: s. LAND (Lanthar)

Landrath: s. LAND (Lantarat)

Landscheid: 4 ON. Rhld., Luxemb.

Landsinger: 9 ON. Lanzing(en)

Laner: s. Lahn

Lanfermann: s. Land

LANG: zu nhd. lang. Lancpert viell. nur Entstellung von Landbert. Nach alter Art sind gebildet, z. T. wohl aus Land– mua. entstellt: Langhardt, Lengert, Lenkert, Long|ard, ert; Lang|wald?, wich, werths, Lang|olf, loff, auf. — Auch pruß. N. Lange. Dazu Lang|anke, keit, kusch, schies

Lang: schon ahd. lango. Lang, |e, er (fränk.

„Handlanger"), el(s) (Langel mehrf. ON.), l, le. s, en, ner (× ON. Langen, häufig), Lanck, Läng, |e, el; Leng, |e, el(ing), le, ning, Lenk, |e, ner. — Steigerung: Läng|er, st (Lang|e, osch, s: s. lonka). — Viele Zss., Zsr. (z. T. × Land–): Lang|bartels, hein(eke), hans, jürgen, lotz, mack, nickel, thimm, hojer, rötger, mair, reuter, wieser, pa(a)p, neff, schied, weg, berg, horst, feld(er), egger (> –acker KS, ha(m)er (ON. Langheim, Bay. mehrf.), zeiner, zenner, zeuner, wost (Wurst), messer, wagen (Hinterdeichsel), kavel (hafel, gabel u. dgl. s. Kabel), mandel = mantel, rock, hals, kopf, nas, nese, ohr (× Langecowerd d. h. Kurt), finger, haar, Langsam, Langgut (Hofn. Königsberg, Württemb.). Lank|feld, haar, ant, and, als (Hand, Hals). Lange|matz, bartels, lott, henke, lotz, lütje = lüddeke (Ludwig), beckmann, thal, wand, wiesche, wisch (s. Wiese), dyk, wort, fort (s. Wurte). Langer|buch(er), faß, haan = ha(h)n = hagen, ohl (Hofn. Olpe in Westf.), holz, see, scheid (ON. Nassau), siepen (ON. Elberf.), walter = walder (Wald), ströer (s. Struth), mantel, mair. Langer|mantel, wich, wisch (Wiese), feld, mann. Läng|efeld(er), feldt. Lenk|efeld, piel. Leng|feld(n)er, lacher, teller = thaler (aber Lengrießer: ON. Lenggries, O.-

Bay.; Lengricht, Längericht: ON. Lengerich, Münster)
Langeel: frz. N. Langel. Langschell
Langela: ON. Langelage, Osnabr.
Längerich: s. Lengerich
Langgraf: s. Land
Langkutsch: s. lonka
Langlois: frz. = l'Anglais
Langnes: fries. Insel Langeneß
Langöse: s. Landes
Langrath: s. LAND (Lantarat)
Langrehr: ON. Langreder, Hannover
Langschell: s. Langeel
Langwald: s. Löckenwalder
Lanio: < frz. L'Agneau
Lanius: Latinis. für Fleischer. La(h)ni
Lank–: s. Lang und lonka
Lankes: s. Haus
Länkheit: s. Lenkeit
Lankisch: s. lonka
Lann–: s. LAND
Lanner: s. Lahn
Lans–, Lant–: s. LAND, Land
Lantermann: Hof Lanter, Elberfeld
Lantschner: s. Lanze
Lanwermeyer: s. Land
Lanz–: s. LAND
(Lanze): Lanz (× mehrf. ON.), Lanzen|stiel, enhauer, ner > Lantschner
Lanzerath: ON. Malmedy
Lanzet: s. LAND (Landohard)
Lanz|loth, lott: Lanzelot, Held der Artussage
Lapp(e): 1. „Laffe, läppischer Mensch". Leppig. 2. pruß. N. Lapp(e)
(Lappen): Läpple, Lepple (Übern.). Lapper, Lepper, Altlapper (vgl. Altbüßer) „Flickschuster". Leppers, Sterlepper (s. Stö-

rer), Pottlepper „Kesselflicker" (aber Lepp|erhoff, ing < LEIB?, Leppert < Liudbert s. LEUTE)
Lar–: s. Hilarius und Laurentius
–lar: s. Lahr
(Lärche): mhd. larche. Larch, |l, er; Larger, Lerch, |l, er, baumer, müller, enthal; Kleinlercher; bair. lerget: Lerget|bohrer, (s)pohrer (Pechsammler), Lergenmüller; Lehrbaumer (österr.); Lerchenschwamm s. Schwamm
Lardong: frz. N. Lardon
Lardschneider: lad. < laricionetum „Lärchengehölz"
Lärner: s. Lerner
Larres: s. Hilarius
Lars, Larsen: s. Laurentius
Lärsch: s. Lerse
–las: besd. in obfrk. ON. < –leins (Dörflas, doch auch Dörfles in Österr., Böhmen, Mähren, Coburg > FN. Dörfler)
Las(ch)ar: s. Lazarus
Lasitz: tsch. lasice „Wiesel"
Lask–: s. laz, les
Laspe: ON. Lasphe, Westfalen. Lasphe
Laß: 1. < Nicolaus. 2. < Lars < Laurentius. Zu 1, 2: Lasse(n). 3. „träge", nd. Lat; dazu Lässig. 4. s. laz
Laß–, Lass–: s. les
Lassalle: jüd. < Lassel < ON. Loßlau, Oberschlesien
Lassan: ON. Greifswald
Lassar: s. Lazarus
Lassek: s. VLAD
(lassen): Lasser, Lässer, Läßer, Lausser, Löser; nd. Later, Latter(mann) „Aderlasser". Dazu wohl

Elesser, Elösser wie Ehbadner (s. Ehe). Vgl. Ablaß. — Lat|wesen, wäs, nd. Redn. „laß sein"; Laßleben, Lam(h)inet „laß mich nicht"; Lategahn, nd. „laß gehen"
Lassig, Läßker: s. les
Lässig: s. Laß und les
Lat–: s. lassen, Laß 3, VLAD
Laterner: „Laternenmacher"
Lätsch: s. Letsch (× VLAD)
Latte: 1. schmales Brett (auch latter). 2. jung aufgeschossener Baum (lode, lotte). Zu 1: Latter(mann) (× lassen); Lattenhauer, fries. Latsma. Zu 2: Sommer|latte, lade; Lode, Lott; Latten|bauer, kamp; Latt–, Lode–, Lot(t)mann, Lattner (× ON. Latten, Ravensburg), Ingenlath s. in 6
Latteck: s. Leiderecker u. VLAD
Lattich: Pflanzenn. (× VLAD)
Lättig, Latt|ka, ke: s. VLAD
Lattolf: s. LADEN
Lattwig: s. LUT
Laturner: s. Ladurner
Latz–, Lätzel: s. VLAD
Lau–, –lau: s. Loh; Laus– auch Löwe; Rosel., Roschl. s. Laub. — Hühnerl., Käsel.
Laub: in Flurn. „Wald", bair. lab (vgl. Laber u. Laub–), Laupp, Läuble, Laub|er (× ON. Laub, | a, en), inger, mann, meier, meister, stein. Schönlaub, Lindenlaub > Lindenlauf, Eichenl., Espenl., Graßl., Sengel., Senn(e)l.; Huzenl., 1398 Huzlinlob „Wald des Huzilo". Laubmeister „Aufseher". Aber Röschlaub, ON. Bay. (Roßl., Roschlau(b), Roselau)
Laub–, Läub–: s. LIEB, LEUTE, LJUB, Laub, Laube
Laube: „Laubengang an der Straße". Zurlauben, Lauber, Laiber, Leiber (× Laub, Laub–, Lohe)
Laubender: ON. Laubend, Bamberg
Laubenstein: 3 ON. Lauenstein
Laubner: ON. Lauban, Schles.
Laubrinus: s. Laurin
Laubusch: ON. Hoyerswerda, < sl. Lubiš. Laubsch(er)
Lauch: 1. Pflanzenn. Vgl. Knoblauch. 2. = loh „Wald". Lauch(n)er. 3. Lauch, |e, ert s. Lusche
Lauchardt: vgl. Lauckhardt
Läuchli: s. Loh
Lauck(e): wend. lawk „Löwe" (× Laurentius)
Lauckhardt, Lauk|art, ert: s. LEUTE (Liutgard) oder Mischf. zu Liuthard wie Lauckhuff zu Liudulf
Laud–: s. laut, LUT, LEUTE
Laue: 1. md.-nd. „Löwe". 2. wend. lawa „Brett, Steg". 3. ON. Laue(n) mehrf. (× Nicolaus)
Lauer: 1. mhd. lower „Lohgerber". Lauermeister. 2. mhd. lūre „Lauer, Hinterhalt" und „Lauerer". 3. ON. Lau|e, en, er. 4. seltener = Leier (Honigluer). 5. s. Laurentius. Zu 2: Lurer, Lauer|haas, haß
–lauer: s. Loh
Laufeld: ON. Wittlich
(laufen): Lauff, Krummlauff, Lauf(f)er, Läuf(f)er, Leifer, nd. Löper (auch „Bote"), Wett|laufer, läufer (× ON. Lauf, Lauf(f)en und LEUTE, Liudulf: Lauffs). — Nachlauf XIV St. Pölten
Laufholz: s. LIEB
Laufs: s. LUT, Chlodulf
Laug(g)es, Lauk|es, isch: s. Lucas (× lonka)
Laukart: s. Lauckhardt
Laumann: s. Loh
Laumeister: s. Lohe
Laumer: s. LEUTE (Leudomar)
Laun–: s. LEO
Laupenmühlen: Mühle b. Elberf.
Laupp: s. Laub
Laupus: s. Lupus
Laur: s. Lauer
Laurentius: lat. < ON. Laurentum bei Rom. Märt. III. Jhdt. Lauren|t, ti, tius, tz, s, ze; Law|errenz, renz(i), ritz, Laf(e)renz, Frenssen, Lab|(e)renz, orenz, Laworenz, Larenz, Lobrentz, Lev(e)renz, Leverentz, Läverenz, Löwrenz, Leferentz (verhochdeutscht Lieb(e)renz), Lief(e)renz; Lörenz, Lierenz He; Lorenz, |er, en; Lor|ing, ent, Lohrenz, Lor|se, son, Löhr, Lochrenz, Lorz, Lortz(ing), Lörtz,| er, ing; Lorn|son, sen, Lahr|s, son, sen, Lars, Larsen, Laß (s. d.), Lassen; Lenz, |e, en, ing [× LAND und ON. Lenz(en)], Renz |l, el. – Slaw. Lauer, Laur|entsch, ich, ischk, in (tsch. Lawrin); Lawko: Lauck(e); Lor|ek, itz, isch, k(a), a(t)sch, ath; Lohr|ang, eng(el), ing, Löhrengel (aber rhein. Lorang < frz. Laurent); Wauer, Waur|ik, ich, enschk, isch; Wawrin; Vavřik > Wawersig, Wa-

bersich, Weber|sinke, schock; Wawra > Wabra > Waber > Weber. Rjenjc: Rent(z)sch, Rentschka, Rensch(ka); Rjenka, Rinka: Rink, |a, e. Lit. Loratis. It. Lorenzi

Laurich: s. Laurentius u. LEUTE

Laurin: 1. Zwergenkönig Laurin. 2. s. Laurentius. 3. pruß. N., so auch Laubrinus, Laur|inat, oneit, uhn

Laurus: lat. „Lorbeer"

Laus: s. Nicolaus (× Lause)

Lausberg: Hofn. Altena

Lausch, |k(e): s. Lusche

Lause: mhd. lūʒ(e) „Versteck, Lauer", lūʒen „lauern". Luser, Hasenluser, Lauser (× ON. Laus, Lausa; dies < luźa; s. Lusche), Laußer (× lassen), Läuser, Leuser; schweiz. Lussy, Lüssi. Laus|mann, berg, ecker. Aber Lausmohr, Lausenmeyer s. lūs (Hausn. zur Läusbürste, Zürich)

Lauske: ON. Bautzen

Lauster(er): „Horcher", auch „Schiedsrichter, Gerichtsbeisitzer"; fränk. Laisterer, Leisterer; Luster(mann)

Laut–: s. Lut und LEUTE

(Laute): Lautner = Laute|(n)schläger, nschlager. Lauten|sack, sach wohl Flurn. wie Flurn. Piepensack (> Ladensack?). Vgl. Quintern Lautenschläger > frz. Marschall Lyautey

Lauter: 1. oft ON. (Lauta: Erzgeb. Kalau). 2. s. LUT

(lauter): „rein, klar", nd. lutter. Lauterbach (52 ON.) = Lutterbeck. Lauter|born, wasser, wein

–läuter: s. Leite

Läuter, Lautner: „Glöckner"

Lautsch, Lautz: s. LUT u. LEUTE Kf.

Lauwartz: s. LEUTE, Liudwart

Lauwenberg: Haus Lauvenberg bei Düren

Lauwer: s. Lohe

Lauwerth: s. LEUTE

Laux(mann): s. Lucas

Lauz(e): s. LEUTE, LUT Kf.

Lavater: < lat. lavator „Wäscher" (Zürcher Aussprache Láfater)

Läverenz: s. Laurentius

Laves: s. Nicolaus

Lavorenz: s. Laurentius

Law–: s. Laurentius, Nicolaus, Lawo

Lawatsch: s. glava

Lawendel: Pflanze. Lewendel

Läwert: s. LIEB (Liubhart)

Lawo: ON. Ostpr.; Lawe

Lax–: s. Lachs

Lay(h): s. Lai, Lay(h)er zu Lai 2; Laymann zu Lei

(laz, łaz): sl. „unbestelltes Feld, Rodung" (× les). ON. Laas, Laske, Lohsa. FN. Laß, Lask|a, e, er; Wasch|k, ke, ek, kau, Waser, Lohse

Lazarus: lat. Form für hebr. Elieser, Eleazar. Auch christlich (Hl. Lazarus von Bethanien; zum Laz. des Gleichnisses FN. Lazareth). Jüd. Übersetzung ins Deutsche: Gott|hilf, helf(t), heil. — Lazar, |us(sohn), ius, y, Lazzar, Lazer, Latzar, Las(s)ar, Laaser, Laschar, Lesar, Leser, Lesser(sohn) [× 1. Lässer, s. lassen (deutsch und jüd.). 2. ON. Less|a, e, en, Lösen], Löser, Leiser(mann) (s. d.), Leyser

(lē): Genit. lēwes, mhd. „Hügel"; auch lēwer, schwäb. auch laih (s. Lai). Leh, Lee (Leemann), Leber(er), Lewerer, Leh|mayr, rieder, Leher(maier), Lehrmann (× Lehen s. d.), Leh|brink, feld

Leander: Gräzis. von Volkmann

Learner: s. Lehen

Leb–: s. lē, LIEB, LEUTE, Levi

–leb: s. LEIB, leben, –leben

Lebbin: 5 ON. Meckl., Pom., 7 ON. Leppin

Lebed|a, e: tsch. „Melde"; wend. Loboda > Lobe|dam, dan(k). (ON. Lob|oda, e(n), dau)

(leben): Satzn. Leb|sanft, wohl, (e)recht; Lebe|fromm, gern, lang. Gutleben, Keuerleber (< mhd. gehiure „geheuer") = Schönleber, Wohlleb(er). — Lebender < mhd. lebende = lebendig. Vgl. frei, sanft und lassen

–leben: in ON. Thüringens, der Provinz Sachsen und Schleswigs (dän. –lev, wohl zu „bleiben"; Sinn: Überbleibsel, Erbe; vgl. LEIB). Wandersleb und Wandersleben (Erfurt), Witzleb = von Witzleben (Arnstadt), Tottleben (Erfurt), Erxleben (mehrf.), von Alvensleben (bei Eisleben), Memleb, Feuchtersleben, Kutzleben (s. d.; Gottsleber), Bufflleb(en), Fallersleber, Hirschleber. S. Ißleib

Lebensberg: s. Löwe

Lebensohn: jüd. s. Levi

Lebentrau: s. LIEB

(Leber): Leberwurst, Quappenlever. Hirschleber: s. –leben

Leber(er): s. lē (× LEUTE)

Leberfing(er): Einöde Landau (N.-Bay.)

Lebert: „Leopard". NF. (× LEUTE, Liudberct)

Leberzammer, Lebetshammer, Lebherz: s. LEUTE (Liudberct) und Heim

Lebkuchen: Leb–, Leib|küchler = Leb|küchner, zelter

Lebold: s. LEUTE

Lebus: Bistum a. d. Oder

Lech–, –lechner: s. Lehen

Lech: tsch. „Edelmann". Lechke, Lesch, |ge, ig, ke

Lechbauer: Flußn. Lech

Lech(e)ler: s. Legel u. lachen

Lechenich: ON. Köln

Lecht–: s. Licht

Lechtenberg: Hofn. Oberhoya

Leck: ON. Schleswig

(lecken): Leck(l)er „Fresser, Feinschmecker, Schmarotzer". Licker. Satzn. Lickteig, Lick(e)–, Lücke|fett, geändert in Lückefeld; Lückebart = Leckenpart, Lexmaul, Leckintwirl (Quirl), Leckerhennslin

Leckler: < frz. Leclair

Led: s. LEITEN

Leda: Flußn. Friesland

Ledder–: s. Leder und Hose

(lede): In nd. ON. Unsichere Bedeutung: 1. = hochd. leite „Weg, Kanal". 2. „wüstes Land". Van der Leeden. Ledebuhr: Wüstung bei Tecklenburg

Leder: nd. ledder, Lederle, Leder|er = mann = gerber = gerw, Ledder (× ledder „Leiter"; so Led(d)erbaum „lang wie ein Leiterbaum"). Rohleder(er), Weisl., Schwarzl., Braunl., Frischl., Faull., Hasenl., Soll. („Sohlenl."), Sporl., Steigl., Arml. (Arnl.; hatte einen Lederarm. NS.), Vesperl. (wohl Gesellenn.), Schrindl. (< schrinden „rissig werden"), Lickl. (Lückl.; wohl < mnd. liken „gleich machen, glätten"), Zerrl. (Spottn. der Schuster, die das L. mit den Zähnen zerren. Dehenl.) Wendl.; Ledertheil. Sieh auch Corduan, Hose und Lerse (Lederfeind jüd.). –leder sehr oft < l–öder (s. ÖD), z.B. Riedleder, Schüßleder

Ledner: s. Lade

Lednig: s. LEUTE

Ledolt: s. LEUTE

Ledrat: s. LADEN

Ledrich: s. LEUTE

Ledwig: s. LUT und LADEN

Lee: s. lē

Leeb: s. Levi

Leef–: s. LIEB

Leefsma: s. Levi

Leemann, Leenherr: s. Lehen

Leen(inga): s. LEO Kf.

(leeren): Satzn. Le(h)rnbecher = Lehrenkrauß (s. Kraus); Leerüt („aus")

Leesch: s. Liesch

Leese(mann): ON. Leese (Lippe, Hann.)

Leest: ON. Potsdam

Leeuwen: s. Löwe

Lef–: s. LEUTE (Liutfrid); × LIEB

–lef: 1. < –olf s. WOLF. 2. < –leib s. LEIB

Lefeldt: s. lē

Leferentz: s. Laurentius

Leff|el, ler: s. Löffel

Leffer: s. LEUTE

Leffert: s. LIEB, Liebhart

Lefke(n): s. lieb, LIEB

Lef(f)ringhausen: ON. Leferinghausen, Waldeck; Leveringhausen b. Recklinghausen u. Hofn. Hagen i. W. Vgl. Leverkus

(leg): nd. „niedrig". Legeland, Leger(mann), Legemann, Leegstra. Dazu und zu Weide: Legewin, Leggewi|g, ch? Vgl. Lage

Legat(h): lat. „(päpstlicher) Gesandter"

Legde: ON. Priegnitz (× ON. Legden)

Leg(e)l: „Fäßchen", auch „kleines Grundstück", s. auch Siel 2; mhd. lagel, lægel. Lagler, Lägel, Leg(e)ler, Läg(e)ler, Lech(e)ler (× ON. Legel, Sorau; lachen), Lögler, Klein|legel, logel

Legewie, Leggewich: s. leg

Legien: pruß. (ON.)

Legner: s. Lehen

Leh: 1. s. lē. 2. sl. PN. Leh; Lheyš: Leheis, Ly(h)eis; Lhen: Lehen

Lehahn: Zss. aus Levi und Hahn

(Lehen): „Lehens|gut, auch –feld", auch ON. (× Leh 2). Sicher hierzu die N. mit Lech– und Leh(e)n–, sonst × mit lē (s. d.), seltener zu Lehne (s. d.). Amlehn. Lechner, Le(h)ner (× Lahn), Leiner, tirol. auch Learner. Le(n)mann, Lehmann < lēhenmann, wend. Liman, Lenick, Lehn|itz(k), i(n)ger, Leinert; s. auch Weidhaas; vgl. Argelander, vom Lehn, Lehne–, Lee–, Löh|mann; Lehnhoff, Lehn(e)hof, Le(h)enherr, Lehen–, Lech(en)bauer,

Lechenmeier, Lehmeier, Lechleder (zu öd), Lechleitner, leutner, Lehleiter, Lehmaier, Leleitner. — -lehner: Königsl., Bergl., Hegerl., Pfaffenl., Winkl., Grundl., Oberl., Schmidtl., Mitl. („Mittell."), Mühlener (z. T. zu Lehne). Battl., Stiebel. s. Badstüber. -lechner: Mühll. = Mill. (> Milchegner KS), Pfaffenl. = Kirchl., Niederl., Steinl., Holzl., Salzl., Schreibl., Ehel. (s. Ehe), Rabenl. -löhner: Niederl., Unterl., Mitl., Wegl. (KS; lechet > Leichtle(r); Löchel, Lehnert, Lemert, Legner, Lengner, Leichner, Lerchner; Burglehner > Bruglachner, Brucklachner; Fellechner = Fell|nechner, inger, ert, eckner, Felcner, Völck(n)er; Holzlöhner > Holzleitner, Holzenleiter). Batliener s. Badstüber

Lehle: s. LEO, Leonard
Leher(maier): s. lē
Lehm: 1. md. und nd. für obd. leim(en): Lehm|bach = beck, acher, p(f)uhl = ful, sieck (s. Siek), brock, grübler, grübner, haus. Sieh Kuhle. Leemhuis, Lem|bach = beck, höfer. Leim|er, inger, bach = böck (vgl. ON. Leim|en, bach), kugel (kohl u. dgl. s. Kuhle), gruber, gärtner, stätter, bruch = brock. Laim|er, inger, gruber
Lehmann u. dgl.: s. Lehen
Lehmeier: s. Lehen
Lehmmt: s. Clemens
Le(h)muth: s. LEUTE (Liutmod)
Lehn-: s. LEO und Lehen

Lehn(a): s. Magdalena, Helena und Lehne
Lehne: 1. „Berglehne", vgl. Lehen. 2. „Grubenfeld im Bergbau". Lehne(r); × ON. Lehn(a)
Lehnerer: s. Lahn
Lehn|ert, hardt: s. LEO
Lehn|i(n)ger, itz: s. Lehen
Lehr-: s. Hilarius und leeren
Lehr: schwäb. = Löser
Lehrbach: ON. Alsfeld
Lehrbaumer: s. Lärche
Lehrer (Nürnb.): ON. Lehr, |e, en
Lehr|feld, hof: s. Lahr
Lehrmann: ON. Leer, Aurich oder Lehre, Braunschw.
Lehsten: 8 ON. Leh(e)sten
Lehwing: s. LIEB (Liubwin)
(Lei): „Felsen, Stein, Schiefer", besd. rhein. Wort (ON. Lay mehrf.). Ley, |e, en, ers; van der Leye, von der Leyen, von Ley. Leier (s. d.); Leifels, Spitz-, Ober|ley; Lay(mann), Lei|acker, bauer. Leigen-, Lei(e)n-, Lei|decker, Leyensetter „Dachdecker"; aber Leidhecker wohl < ON. Leidhecken, Hessen (× Leiderecker. Dazu auch Leideck). Leienseiffer = Leysieffer < Seifen. Vgl. auch Löwe
LEIB: Zu ahd. līb. Urspr. „Leben", nicht „Körper" (vgl. nhd. beileibe, sich entleiben), auch zu nhd. bleiben (ahd. bilīban) im Sinne von „Erbe sein" (vgl. -leben)
L e i b h e r : Laiber, Leiber (× Laube)
Kf. Laybo, Laiping: Leib|-mann, ing (vgl. Leib)
Wichtiger als zweiter Bestandteil. Ortleb, Garlepp, Garlieb, Wieglipp; nd. außer in Wulfleff von -wolf schwer zu scheiden: Radleff, Redlefs, Herlöw, Gundlaff, Ohl|ev, ew
Leib: 1. Laybo: s. LEIB; 2. mhd. leip „Brotleib". Laib, |le, lin, Laipple, Hauslaib, Halbleib. 3. südd. leib „lieb". Leib,| le(in), l(in), el, ling, × 4. mhd. līp „Leib" (FN. Leibrock, Leible = Weste): Leybe und Sele Schmalkalden 1495. — Redn. Leibundgut (Leib = „Leben", s. LEIB)
Leib-: s. LEIB, LEUTE, LIEB; Leibe(cke) s. lipa
Leibküchler: s. Lebkuchen
Leibnitz: ON. Leubniz, Dresden, Plauen, Werdau
LEICH: ahd. leih „Tanz, Kampfspiel" (nhd. entstellt in Wetterleuchten), ags. lac „Opfer"
L e c a r d : Leich|ardt, ert; Leick|ardt, er(t), Leukart, Licharz. Vgl. LEUTE (Liutgard)
Kf. L a i c o: Leich, Leick, Laikh, Lich(ius). Vgl. aber Laicher und Lich, ON. Gießen, Aachen
Wichtiger als zweiter Bestandteil: Hadlich, Gottlick, Berlach, Gerlach, Voley (s. VOLK)
Leichauer: Weiler Tirschenreuth
Leich|er, mann: s. Laicher
Leichnamschneide: Anatom XVIII
Leichner: s. Lehen
Leichse(n)ring: s. Leuchse
Leicht: 1. „leicht, leichtfertig", nd. licht. Leicht-, Licht|fuß, Leichfus, Lei-

chentritt, Licht|foth, herz, Lichtsinn („Frohsinn"). 2. Leicht– zu hochd. licht „leuchtend". Leichtweiß, Leichten|berger, schlag, stern. Sieh auch Leucht. Leicht|er, mann s. Gelzer, Leichtle(r) s. Lehen

Leid–: s. LEITEN, LEUTE, Frost

(Leid): mnd. lēd. Satzn. Macheleid („füge Schaden zu"; Mach|aledt, e-let, litt, Makeleit), Schürsledt

Leiderecker: ON. Laideregg, Salzburg. Leideck(er), Leydicke, Latteck (KS.)

Leideritz: s. Leuteritz

Leid|häuser: s. līt, (h)old s. LEUTE

Leien–: s. Lei

Leier, Leyer: 1. Musikinstrument: Hans mit der Lyren, Leirman, Lyrer. 2. „Nachwein, Tresterwein" < lat. lora (vgl. Lauer). Leierzapf. — Leier(er), Leyrer, Leyerle, Leierlin (× LEUTE, Liuthari und Lei)

Leies: s. Elias

Leif–: s. LEUTE und LIEB

Leifer: s. laufen

Leigendecker: s. Lei

Leigsnering: s. Leuchse

Leihbecker: s. lipa

Leikeb: s. lit

Leikert: s. LEICH u. LEUTE (Luitgard)

Leiking: s. LEUTE (Kf. Liuto)

Leikop: s. līt

Leim–: meist zu Lehm (s. d.); aber zu leimen Satzn. Leimenstoll (Tischlern., stolle „Gestell, Fuß"), Leimwieder und Leinpinsel

Leiman: s. Lei

Leimhuth: s. LEUTE (Liutmod)

Leimroth: ON. Leimrieth, Hildburghausen

Leinemann: Flußn. Leine, Hann.

(Leinen): Lein|(e)weber, veber, hos, hose > hase, haas, garten, gartner, ecker, felder, fellner, wand, wather, wetter, Linne|weber, kogel

Leiner(t): s. Lehen

Leininger: 1. ON. mehrf. 2. rotw. „Reiter"

Leinpinsel: s. Leim

Leinreiter: berittener Schiffzieher auf dem Leinpfad

Leins: südd. „leise"

Leip–: s. LEUTE und lipa

Leipart: s. Leopard

Leipner: ON. Leipen, Sachsen

Leis: s. leise, Leiser 2, LEITEN

Leisching: s. LEUTE

(leise): Leis, nd. Liese, alemann. Leins. –gang: Leisg., Leiseg., Liesg., Liese(n)g., Ließeg., Lüseg., Lesig. — Leisebein, Leisemann = Leistritt „Leisetreter" = Liesemann (hier × Flußn. Liese, Westf.?, dazu Liesemeyer, Lieshoff?)

Leiser: meist 1. jüd. s. Lazarus > Leisering. 2. < leis „Geleise" (vgl. Leist 3). 3. s. Lause. 4. ON. Leisa, Hessen

Leis|ing(er), ke: s. Lyßi; südd. Leisinger < ON. Leising, Steierm., Leißing, MFr.

Leisler: ON. Leislau, Camburg

Leisner, Leißner: ON. Leißen, Ostpreuß., Leitmeritz u. Leißenau, Colditz

Leisring: s. Leuchse

Leiß–: s. LEITEN, LEUTE Kf. und Leuchse

Leist: Leist|en, er, ner: 1. ON. Leist, Stralsund; Leisten, Mecklenb. 2. = FN. Leistenschneider, Schuhenleyst. 3. leist „Gleis, Wagenspur", vgl. Leiser. S. auch Liester.

Leisterer: s. Lausterer

Leistikow: ON. Naugard

Leit–: s. LEUTE und līt

(Leite): „Bergabhang" (× lait „Weg, Leitung"). Anderleit, Leit|er (× leiten), ner, inger, enbauer, reiter. Leuthner (× ON. Leuthen, mehrf.). Nd. auch „Bodensenkung": ter Liethen, v. d. Lieth, Li(e)tmeyer. –leiter: Oberl., Unterl., Holzl., Schönl., Sonn(en)l. –läuter: Oberl. –leitner: Hoch(en)l., Niederl., Hinterl., Ob(er)l., Buchl., Hagl., Sohnl. (< Sonne), Achl., Seel., Kirchl., Müll., Schöpfl., Bernl., Voitenl., Narnl. (Naarn, Fluß in Oberösterr.), Deml. (s. dechel). (Hoch|leit(n)er, löchter, Hechenleit(n)er KS.). –leutner: Achl., Hinterl., Schönl., Schmidtl., Hausl., s. Ent–. Niederleithinger

LEITEN: ahd. leitan „leiten" (× ahd. leid „verhaßt, feindlich")

Ledarich: Ledrich
Letveus: Ledwig

Alles übrige von LEUTE nicht zu trennen

Kf. Leit|o, ing, Leiso: Lethe, Leyde, Leitl, Leithel, Led|l, ing, Lettl, Lais, Lei|s, se, (t)sch (× Leis, Leise, LEUTE)

(leiten): Leiter (× Leite); Ehleiter = Gaumer; Leitzmann s. Geleitsmann

Leit|geb, haus, kauf u. dgl.: s. līt

Leitsch: s. LEUTE und LEITEN
Leitz–: s. Geleitsmann, LEITEN, LEUTE Kf.
Leix–: s. Leuchse und Lucas
Lejeune dit Jung: Hugenottenn.
Lele: s. LEO, Leonard
Lelke: poln. lelk „Nachtrabe, Tolpatsch". Leleck, Lellnick
Lell, Läll: schwäb. „schiefer Mund". Lelle
Lelm: ON. Braunschweig
Lem–: s. Lehm und Land
Lemberg(er): 1. nach Buckbair. < Lamm. 2. ON. Polen. 3. (Glatz) < ON. Löwenberg
Lem(b)gen: s. Lamm
Lemert: s. Lehen
Lemeter: < frz. N. Le Maitre. Meter
Lemke: 1. ON. Hannover, Bentheim. Lembke, Lemkemann. 2. sl. = Wilhelm. 3. s. Lamm
Lemmer–: s. Lamm und LAND
Lemmler, Lemppl: s. Lamm
Lemuth: s. LEUTE (Liutmod)
Len–: s. LEO
Lenau: Pseudonym für Nicolaus Niembsch von Strehlenau; auch ON. OPf.: Lenauer
Lenchen: s. Magdalena (× Helena)
Lend–: s. LAND
Lendner: „Lendenschurz am Harnisch" (vgl. Lentner)
Lenel: s. LEO Kf.
Lener: s. Lahn und Lehen
Lenfer|s, ding: s. LAND
Leng–: s. LANG, Lang
Lengerich: ON. Münster
Lenger|leichner, leicher: s. Loh

Lengner: s. Lehen
Lengnick: pruß. ON.
Lenick: s. Lehen
Lenior: s. MILD
Lenk: s. Link
Lenk–: s. Lang und lonka
Lenkeit: lit. < Lenkas „Pole". Länkheit
Lenker: s. LAND (Lantger)
Lenn|artz, ert: s. LEO
Lenné: 1665 aus Lüttich eingewandert (le Neu)
Lenne(mann): ON. Lenne, Westf. u. Braunschw.
Lenneps: ON. Lennep, Düsseldorf
Lenner: südd. s. Lahn, nordd. s. Lennemann
Lennik: tsch. „Lehensmann". Lenni(n)g
Lenor(t): s. LEO
Lens–: s. Laurentius (× LAND)
Lenssen: s. Lenzen
Lent|ge, je, mann, sch: s. LAND Kf.
Lentner: Tirol < lent „Landungsplatz der Holzflößer". Lentmaier. Vgl. Lendner
Lentzke: ON. Fehrbellin
Lenz: s. Laurentius. Seltener „Frühling", mhd. gelenz; Glänz, Glenz; lenzen „im Lenz das Feld bestellen": Lenz|bauer, feld
Lenzen: ON. Priegnitz, Danzig; Lenz|(n)er, mann, Lensen (× ON. Lenz mehrf.)
LEO: urspr. wohl zu ahd. lewēn „gnädig, günstig sein", aber schon früh zu lat. leo „Löwe" gezogen
Levald: Leo–, Le(h)–, Lö|wald, Lewalter (× Leodvald, s. LEUTE)
Leonard: besd. in Bayern viel verehrter Hl. (44 ON. St. Leonhard). Löwenhardt, Leon|hardt,

artz, Lo(h)nhardt, Lohnert, Löhnert, Lön|hard, artz, Launhardt, Lehn|hard, art, ert(z), Lehnderts. Len|–, art(owicz), ardic (slaw.), at, erz, ort (Lenor?); Lenn|arz, ert; Lien|(h)ard, aerts, ert, Lin|arz, dert, er, Linn|ar(t)z, ert
   Kf. Li(e)ndl, Lindel, Lintl, Lindlein, Lindlbauer (× LIND u. Wendelin), Le(h)nel, Leen(inga), Le(h)le, Löhle(in). Sieh auch Löwe
Leo: lat. leo „Löwe". Mehrere hl. Päpste. Leh, Lee (× lē); sl. Lew
Leo–: s. auch LEUTE
Leopard: (Hausn.), Lebert, Leppert, Lepartz, Lepatz, Lippart, Leipart (× LIEB, LEUTE)
Lepel: 1. s. LEUTE, Lepold. 2. s. Löffel: Lepeler, –lepel
Lepold: s. LEUTE
Lepp–: s. Lappe, Lappen
–lepp: s. LEIB und –leben
Leppelmann: s. Löffel
Leppelt: s. LEUTE
Lepperhoff: ON. Waldbröel
Leplatoni: < frz. N. Leplatenier. Plettner
Leppla: < frz. N. Le Plat. Leplav
Lepsin: Hofn. Lepzyn, Schlochau
Lepsius: wend. ljepšy „der Beste"
–ler: 1. < –lar: Fritzler: ON. Fritzlar, Kassel. 2. von ÖN. wie Bergler. 3. bei Berufsn. wie Tischler. 4. besd. südostd. auch an Taufn. (= –er): Hartler
Lerbscher: zu lorbsen „mit der Zunge anstoßen". Lerpscher, Lerps

323

Lerche: (× ON. Lerch|a, e). Lerch, Lerchengsang, Lercher „Fänger". Nd. Lew|ark, eck(e), ek(e), aber jüd. Lewek < Levi. Sonst s. Lärche; Lerchner s. Lehen
Lerg–: s. Lärche
Lernbecher: s. leeren
Lerner: 1. ON. Lern, Freising. 2. „Schüler". Lärner
Lerps, Lerpscher: s. Lerbscher
Lerse: Art Ledergamasche und -strumpf < lederse. Auch Lersch. Lersner = Lerschmacher
Lerytäsch: s. Tasche
Lerzer: < mhd. lerzen „stottern"
(les): wend. tsch. les, poln. las „Laubwald, Busch" (× laz), tsch. lesnik „Förster", wend. lěsnik „Waldbewohner". ON. Lässig, Lahse, Laasen, Läsgen, Laßwitz, Leske (× tsch. dlesko „Kernbeißer"; PN. Lesko, Lesz|ko, ek < Alexander), Lößnitz, Löschney, Lösen, Leisnig, Lissa(u),Ließke. — FN. Laß,|nack, ke; Lass|ig, ek; Lässig, Läßker, Laa|ß, ser, s(mann), Lah|s, se(r). — Les|ki, ke; Less|a, au, ing(er) < lesnik; Leß,|ka, ke, ig, nick; Lesch|ke, nik, nitzer; Lösch|ke, nig(g); Loske, Löske, Loß. Lissak „Waldmann". Vgl. Lieske
Lesar: s. Lazarus
Lesch–: s. lech, les, Lösch, Löschbor, löschen
Lesemann: s. Leese
Lesigang: s. Leise
Lesmeister: „Aufseher bei der Weinlese". Leßmeister
Less–: s. les

Lessek: s. Alexander
Lessenich: ON. Köln
Lesser: s. Fliedner und Lazarus
Leßwing: < frz. N. Lesoigne „der Schwan"; verdeutscht Schwan
Lethe: s. LEITEN
Letmathe: ON. Westf.
Letsch(e), Lätsch: „schlapper Mensch", Letzsch; nd. Laatsch (oder „mit latschendem Gange"). Vgl. LEUTE, Kf. Liuzo
Lettau: pruß. ON.
Letten: „Tonerde". Lett|ner, inger. Letten|bichler, bauer; Löttenmeier; Letter 1. „Acker am Lett(en)" > Letterer. 2. 18 ON. Letten; mhd. lieteme > Littmann. 3. auch = Lattner, s. Latte. Lettl: s. LEITEN
Letz: 1. „links, verkehrt" (vgl. Letsch). Letz(e)l. 2. mhd. letze „Schutzwehr". Letz|er, feld, mann. 3. < Ladislaus; s. VLAD (Letzel). Letzing s. LEUTE Kf.
Letzgus, Lezkus: < letzekuß „Abschiedskuß"
Letzsch: s. Letsche
Leu–: s. Löwe
Leub|er(t), ner: ON. Leub|a, en, er
Leubusch(er): ON. Leubu|s, sch, Schles.
Leuchauer: s. Leichauer
(Leuchse): „Runge, mit einem Ring über der Radnabe befestigt" (leichsel, leissel), Leißl(e), Leux(ner), Leuschner, Leixner („Wagner"), -ring: Leu(ch)senr., Leichse(n)r., Leigsner, Leisr., Leiser., Gleißenring, Liesering
Leucht: = licht „leuchtend". Leucht, |e, weiß, enstern; Leicht(weiß), Leichten|schlag, stern. Vgl. Leicht, Licht, Lucht. — Leuchten–, Leichten–, Luchten|berg (aber Leuchtenberg Opf. < Liukinberg < PN. Liuko)
Leucht|er, mann, –leuchter: s. Gelzer
Leucke, Leuers, Leuf–: s. LEUTE
Leufken: s. LIEB
Leukert: s. LEUTE
Leule: s. Loh
Leum–, Leup–, Leus, Leusch–: s. LEUTE
Leuser: s. Lause
Leusering: s. Leuchse
Leutbecher: zu līt (× ON. Leutbach, Glogau)
LEUTE: zu ahd. mhd. liut „Volk" (ags. leod „Mann, Fürst") und ahd. liotan „wachsen". Fällt z. T. mit LIEB, LUT und sl. LJUD zusammen. Vokale ie, i, e, ei, eu, meist auch ü, zu LEUTE, o, ö, a zu LUT, u und au unsicherer Herkunft
Liutbald: (× Liupald < LIEB): Lie|baldt, b-(h)old, bel(t), poldt, pelt, Lip(p)old, Lippel(t), dissimiliert: Ippold|, el (wie bei Iffland), Lüppoldt, Leopold, |s(eder), Le|pold, pel, bold, Leppelt, Leip|old(inger), holz, elt, Leib|(h)old, holz, el(ing), Leybold, Lubold, Luipold, Laubholdt, Leu|pold, pelt; Kf. Pold
Liudberct: (× Liub|hart, rich): Lie|brecht, berich, ber(t), b(h)erz, Lipp|ert, ers, Lib|herz, bert(z); Lei|precht, b(e)rich, ber(t) (vgl. Leopard), Leoprecht (aber v. Leoprechting), Leb|(e)recht, ert, Leppert (×

Lappen), Leber (× lē), Lebherz, Leb|erzammer, etshammer < –heim; Leuprecht, bert, Loipersberger; Lub|er, (b)ert, recht, rich(t); Lup|erti, prich; Lübb|recht, ersjohanns, ars, ers; Lau|brecht, precht, bert, per(t) (× Laube)

Liutpot: Lip(p)ot

Liutbrand: Li(e)–, Lui–, Leib|brand(t), Lip–, Le:p|prand, Liebern, Lübbern Kf. Luppo: Lupp(e), Lub|be, ke, Lüpp|e(s), ken, Lüp|kes, s, ges, sch(en), Lübb|e(n), es(meyer), ing, Lüb|s, ke(mann), ker, king, Libbe, Loipfinger, Leupi. (Lipp < Philippus; vgl. auch LIEB, Liubo)

Liutfrid (× Liupfrid): Lieffer|t, ing, Liefer(z), Liff|art, ers, Lifer, Leifer,|t, mann, Leifrit (vgl. auch ON. Leiffarth, Aachen), Leyfried, Lefarth, Leffer, Lefering, Lefers, Lefherz, Lefringhausen (ON. Waldeck. FN. Levringhaus s. Lefringhausen), Leufert, zgez. Luf(f)t, Lüft, Liftl

Kf. Liuffo: Luff, Lüffe, Lieff, Lief|ing, ke (× Liubo), Leuf|en, gen(s), sen, Leifel

Liutgard (weibl.): Lüt|garths, gerding, Certlütgert, Littgardt, Luck–, Lück–, Luik–, Lauck|hardt, Lauchardt; Luck–, Lug–, Lück–, Lick–, Ligg–, Lieg–, Leuk–, Lauck–, Leik|ert, Leitgert

Leodegar: Lüd|ger(ing), ecker, Lüt(t)ger, Leutiger, Leidiger, Leihger, Lucker, Lück(g)er, Lügering, Licker, Lieker,

Läuger, Leugermann (vgl. Liutgard)

Liudegast: Leid–, Leit|gast

Liuthard: Lu(i)t–, Lu(i)d–, Lüt–, Lit–, Leit|hardt, Lutt–, Lud–, Laud–, Leut–, Leit–, Lieth–, Lied|ert, Lutherdt, Leiterding

Liuthari (× ON. wie Luttjau, en, er, Lüth, Lütter, Lüder, Lauter): Lieder(s), Luder, Ludders, Luther(er), Lütter, Lüter(s), Lüder, |s, sen, ing, Lieder|s, er, Lauter, Leuther, Leuterer, Leiders. Zgez. Lühr|s, i(n)g, ßen, mann, Lür|gen, k(ens), ssen, mann, Luers, Luirs, Lüer(s) [Reinkelürs, Schwarzelühr, Korflür], Lier(s), Lyrmann, Leuers, Leier

Leudochramnus: Luttrap, Leutrum

Luithrod: Lutteroth (falls nicht ON.)

Liudman: Lied(e)–, Lie–, Litt–, Lud–, Lutt–, Lüd(e)–, Lütt–, Lüh–, Leu–, Leit|mann

Leudomar: Luth–, Lutt–, Luh–, Lüh–, Ludo–, Lum–, Lau|mer, Lüttmers, Liemer

Liutmod: Le(h)muth, Leimhuth

Kf. *Lummo: Lumm(e), Luhme, Lumler, Lümmen, Liehm(e), Leum

Liudrat: Lier|ath, et

Liuderich: Lutterig, Luttrich, Lührig, Lude–, Liede–, Led–, Lau–, Ley|rich, Lirk

Leudovald: (vgl. LEO). Lied|e(r)wald, holz, oll, Leut|hold, holz, elt, Leit|(h)old, elt, Leidold, Loidolt

Liudwart: Lewert, Lauwerth, Lauwartz

Liutwin: Leut–, Leit–, Laut|wein, Leidwin, Lietwin? (vgl. aber Littwin)

Liudulf: Lied–, Leit–, Leut–, Lud–, Lü|loff; Lit–, Lüt–, Leid|olf; Ludolph(i), Lüd|olph, elfs, Leidolph, Leithoff, Littof, Lülofs, Lülwes, Lülf, |f, ing, Lulfs, Lauff(s). Weiterb. Lülfert. Zss. Mehrlülf

Kf. L(i)uto, Liudiko, Liutilo: (die folgenden N. gutenteils auch < Ludwig, s. LUT. Vgl. auch LJUT). Lud, |y, in(g), e(n), l, ke (aber pruß. N. Luthe, Ludi|cke, gkeit), Ludde, Lut|e, h(s). Lutt, Lull(e), Lu|(c)ke, gge, Luy. Lüd|y, e(cke), icke, ecking, eling, Lüdde(n), Lühte, Lüth|ens, i, l, Lüt|y, ke(n)(s), je(n)(s), Lütt|y, in, ig, (i)ke, ge, eken, en; Lük|e(n), ing, sen, ermann, Lück, |ensmeyer, Lück|e, en(haus), gen, ing, er. Lui|tjens, thle(n), kh, Luyken, Luikenga. Lied|e, ing, gens, (t)ke, ker, l, meier, Liet(h)e, Lieke, Litti, Lidke; Leid|e(l), i(n)g, icke, Leitl, Leiking, Leyde(l); Leuth|e, i, Leut|ke, je, emann, Leiting, Leucke, Leding, Loidl; Laut|h, en, s, Laudi(g), Lauck, Zsr. Lange|lüddike, lüd(ec)ky, lütje, lütke

Luizo: meist wohl < Ludwig. Luz, Lutz, |en, ke, mayer, Lucius (s. d.), Luitz, Lu|ß, sch (s. d.), tsch(e), Lütz, |e(l)(er), mann, Lütsch|g, en, Lüss|i, e, Lüschke; Litz,| ke, el, ler, mann (vgl.

Litz), Litsch, Liß, Lissel, Ließmann; Lietz, |e, ke, mann, Liesch|e, ing, ke, Liese, Lieske (s. d.); Leitz, |e, ke, Lei|ß, tsch, sching; Leutz(e), Leusch|el, ke, Leus, Letzing, Letsche (vgl. Letz, Letsch), Lau|s, z(e), tz, (t)sch

Leut|haus, geb u. dgl.: s. līt

Leutnant: Lieutenant (× Liutnand s. LEUTE)

Leutner–,–leutner: s. Leite

Leutrum: s. LEUTE (Leudochramnus)

Leutsch: s. LJUT

Leutz(e): s. LEUTE Kf.

Leuwer: s. Lohe

Leux: s. Lucas

Leux(ner): s. Leuchse

Lev–: s. LIEB und Levi

Levejohann: s. lieb

Levenhagen: s. Löwe

Leverentz: s. Laurentius

Leverkus: nach einem Hofn. Leverkus, Wermelskirchen. Vgl. Leffringhausen. Danach erst ON. Leverkusen, Solingen. Lieverkus

Levi: hebr. „Anhänglichkeit". Durch Berührung mit hebr. leb „Herz" (vgl. jüd. RN. Leib u. Itzigleben) u. deutsch Löwe, das wegen 1. Mos. 49, 9 bei den Juden beliebt ist, entstehen eine Unmenge jüd. N. Mit hebr. Artikel Halévy, Holevy = Levit(a), Löwit(us). Umstellungen: Weil, Vely, Niwel. Holl.-friesl. Leefsma

Lew: pruß. N. Lewe; sl. s. Leo

Lew–: s. LIEB u. Levi

Lewald: s. LEO

Lew|ark, ecke, eck: s. Lerche

Lewe: ON. Goslar. Lewe|r, mann

Lewedag: s. lieb

Lewendel: s. Lawendel

Lewerentz: s. Laurentius

Lewerer: s. lē

Lewert: s. LEUTE (× LIEB)

Lewicke: sl. lewik „Linkshand"

Lewin: Nicht nur jüd. < Levi; auch dt. FN.: 1. s. LIEB, Liubwin. 2. mehrf. ON. Lewin, Levin. 3. pruß. N. (ON.)

Lewite: pruß. N.

Lewrenz: s. Laurentius

Lex–: s. Alexius und lekken

Lexzau: ON. Lexow, Mecklbg.

Ley(–): vieldeutig. 1. s. Lei. 2. s. Eligius. 3. lei, lē „Laube, Oberstock". 4. nd. leu, loi, lei „träge, lässig"

–ley: < –lein z.B. Österley

Leyck: s. LEUTE (Kf. Liuto)

Leyd–: s. LEITEN u. LEUTE

Leydicke: s. Leiderecker

Leygeb(er): s. līt

Leygraaf, mann: < mnd. lei– (leit–, le–) schap „Flurgenossenschaft"

Leykauff: s. līt

Leyrer: s. Leier

Leyrich: s. LEUTE

Leyser: s. Lazarus

Lezkus: s. Letzgus

Lib–: s. LEUTE und LIEB

Libas–: s. LJUB

Liborius: Hl. Patron v. Paderborn; wohl kelt. N. Laborius, Libor, Bohr, Börris, Bor|ius, (r)is, gas, ges(meyer), Börr(i)es, Ber(r)es, Bö(h)res (× sl. BOR); sl. (obschles.) Libera

Libschütz: s. LJUB

Lich–: s. LEICH

Lich: 1. ON. Hessen, Aachen. 2. obwend. lichi „kahl": Lich|au, o, e, ey

Licht: „hell, baumfrei", vgl. Leucht. Liecht, Licht|i, l, scheidel; Licht(e)blau, Schön–, Nacht|licht, Lichten|berger, hain, hahn, wald, wallner, walter, egger = Lichtneger; nd. Lecht|ken, enböhmer (Baum). Lecht|enfeld, macher. Licht(n)er < ON. Lichte(n). Licht|werk, wark, wer(t) = gießer (s. Werk), haak (s. Hake), Lichthorn s. löschen. (Sieh auch leicht)

Lichtenscheid: ON. Elberf.

Lichtinger: ON. Lichting, Straubing

Lichtinghagen: ON. Wipperfürth

Lick–: s. lecken, Leder, LEUTE

Lidke: s. LEUTE Kf.

LIEB: zu ahd. liob = nhd. „lieb". Berührt sich mit LEUTE und LUT, ist aber seltener. Vgl. lieb

Liopdag: Liebdag, Lewe|dag, tag; doch eher Redn., vgl. lieb

Liubdrut (weibl.): Liebe|truth, trutt, trau(t), treu (s. lieb), Lebentrau, Löwentraut

Liupfrit: Lipfert, Liebfried, Leib|fried, fri(t)z, fahrt; Kf. Lipf (s. auch LEUTE, Liutfrid)

Liupger: Liebcher, Lubiger, Lübker(t), (auch < Kf. Lübken)

Liepgot: Lieb(e)gott, Liebeguth

Liubhart: (× frühnhd. liebhart „Liebling") Lieb–, Le(i)b–, Laub–, Lip(p)|hardt > Philippart, Leffert, Lewert, Lä-

(lieb) wert. Vgl. LEUTE, Liudberct und Leopard

Liebheid (weibl.): Lieb-, Leif(h)eit, Liefeith, Leibheid

*Liefhelm: Leef-, Leif|helm; Lefhalm (Hof bei Engern, Bielefeld)

Liupheri: Lieber (× ON. Liebau mehrf. u. „Schmeichler"), Liebering, Liepermann, Lippersohn, Lever|s, mann, Lev(e)ring, Luber (Leophar(lechen) > Lo|höffer, hoff KS.; × Liudberct und lieb)

Liupram: Lieb(e)ram, Lieberum

Liubman: Lieb-, Lief-, Li(e)p-, Leif-, Lef(f)mann

Leobmar: Lippmer

Liubirih (vgl. Liudberct): Lieb|reich, rich(t), Lewerich

Liupald (vgl. Liutbald und Levald bei LEO): Lief|hold, eldt, Leif|hold, el(d)s, Laubhold, Laufholz, Lebwald, Liewald

Liubwart: Lieb(er)wert

Liubwin: Lieb(en)wein; ags. Hl. Leofwine (Leobuinus, Levinus): Lewin, Lehwing, Lieven(s); Laiwin (KS)

Kf. Liubo: Lieb, |o, e(s), (e)l, lein, ich, i(n)g, ke, che(n); Libich, Liep,|e (× ON. Liep,|e mehrf.), Liewig, Lipke, Lipp|ich, inghof; Leib|ig, ecke, l(e)(in), Leifke, Loibl|l(e), negger, Luibl(e), Lübke, Lauble, Läuble (× Laub), Lefke(n); vgl. Luppo, (LEUTE) und lieb

(lieb): nd. lief, lêf, leif. Hierher auch manche Kf. von LIEB wie Lieb|chen, ling, Lefke(n) und die Zss. mit –mann. Superl. Liebster. Zsr. Liebe|hansel, henschel, henze; Lieber|mann, meister, gesell; Lieb|(e)herr, (e)knecht, tag (× Liopdag, s. Tag, nd. Lewedag, Liewendag), schwager, eskind, (e)zeit (Liebenstund), Liebengut („l. und gut"). Satzn. Lieb|lang, etanz, etreu > Liepstreu, Lip(p)streu, streich, falls nicht sl. ON. (vgl. Mildenstrey). Lieb|isch, scher, schütz s. LJUB, Lieb(e)ler „Buhler" (Lippler) × ON. Liebel, Schlesien; ON. Liblar, Köln

Lieb–: s. LIEB, LEUTE, LJUB, lipa

Liebau: 7 Orte

Liebeneiner: s. Hag

Lieber: < graubünd. de Livers

Lieb(e)renz: s. Laurentius

Liebern: s. LEUTE (Liutbrand)

Lieb|ich, igt, iger: ON. Liebich, Böhmen; Liebichau, Schles. (× thür. „Dompfaff, Gimpel"); vgl. LIEB u. lipa

Liebisch: ON. Böhmen, Mähren. Liebischer

Liebner: ON. Lieben(au) oft

Liecht: s. Licht

Lieck: pruß. N.

Lied–: s. LEUTE (Lied|e(r)wald, holz: s. Leutovald; Liedke auch pruß. N.)

Lief–: s. LEUTE, LIEB

Liefrenz: s. Laurentius

Liegert: s. LEUTE, Liutgart

Liehm(e): s. LEUTE (Lummo)

Lieke: s. LEUTE Kf. (Lieker < Leodegar)

Liel: 1. ON. Baden. 2. moselfränk. = Legel „Traubenkorb"

Lielge: s. Lilie

Liemann: s. LEUTE

Liemert: s. LIN

Lien–: s. LEO und LIN

Lienau: ON. Linow, Köslin, Ruppin

Lienen: ON. Lienen, Oldenb., Münster. Lienemann, (von) Liehnen

Liep–: s. LEUTE, LIEB, LJUB

(lier): „Sumpfgegend"; rhein. Lier|feld, mann, van Lier

Lier–: s. LEUTE (Liuthari)

Lierack: wend. lirak „Leiermann", Luirack, Lierlack (× Lěrak = Leonhard)

Lierath: s. LEUTE (Liudrat)

Lierenz: s. Laurentius

Lies–: s. Elias

Liesabeths: s. Elisabeth

(Liesch): „Riedgras, Schilf"; nd. leesch, lūs(ch). Lüssen|heide, hoff, Lüsenhop, Ließfeldt (× ON. Schwaz), Liesebach, Leesch

Liesch–: s. LEUTE (Liuzo) und lis

Liese–: s. leise und LEUTE (Liuzo) und Liesch

Liese(l): s. Elisabeth

Liesendahl: Hof b. Solingen

Lieser: ON. Bernkastel

Liesering: s. Leuchse

Lieske: 1. = Lischka (s. lis). 2. ON. Lies|ke, kau = Liescow < les

Liessem: ON. Rhld. < Liudesheim. Lüssem, Lussem, Liesem

Liester, Leister: „Singdrossel"

Lietfien: s. Litauen

Lieth–: s. Leite, LEUTE

Lietz: s. LEUTE
Lieutenant: s. Leutnant
Lieven(s): s. LIEB, Liubwin
Lieverkus: s. Leverkus
Liever(tz): s. Oliva
Liévin: s. Levi
Liew|ald, ig: s. LIEB
Liewendag: s. lieb
Liewer: s. Oliva
Lif–: s. LEUTE (Lultfrid)
Liggert: s. LEUTE (Liutgard)
Ligibel: s. līt
Lilachen: „Leilach, Betttuch"
Lilie: Lilie(n), Li(e)lge, Lilje, Lill, |i(e), ge, ich, ig; Ilg und Gilg × Aegidius. Lilienthal 5 Orte. Lilien|weiß, kamp, v. Liliencron, Lilgenau. Lelghenblat. Dän. Lilje(son), schwed. Lilje|blad, berg; jüd. Lilien|blum, feld
Lill|popp, pob: dän. lille popp „kleine Puppe". Lilpop, Lüllpopp, Lillbob
Lim–: s. LIND, Linde
Liman: s. Lehen
Limmer: 1. ON. Hannover. 2. < limmen „brummen" (× LIND, Lintbrecht)
LIN: wohl zu ahd. līn „Lein, Flachs" (oder an. linr „sanft"), Lino, weibl. Lina, Linheit. Mischf. Lins–, Lys–, Liss|heit Erfurter Matrikel XV. Selten
L y n m a r : Liemer(t) oder zu LEUTE, Leudomar
*L i n w a l d : Lienholz
Kf. Lien, |ke, i(n)g; Lihn; Linung
Lin|a, ach, ack: s. Glien
Linarz: s. LEO; × poln. mlinarz „Müller"
LIND: 1. zu ahd. lint „Schlange" (vgl. „Lindwurm"). 2. ahd. linta „Linde", die den Lindenschild (ebenfalls linta) und Bastgürtel liefert. 3. auch wohl ahd. lind(i) „weich" u. anord. lind „Quelle". Sehr häufig als zweiter Teil von Frauennamen
*L i n t b r e c h t : Lim|precht, prich(t), per, pert(z), bert(s), pardt, ba(rd)t, Limmer(t) (s. d.). Mischf. Linsenbart (oder jüngere Zsr.?). Kf. Limb, Limp
L i n d f r i d : Linfert
L i n t h a r t : Lind|art (× ON. N.-Bayern, Liegnitz, Sachsen), ert. Linders. Mischf. Linsert
L i n d o a l d : Lind|old, ahl, wall, holz
L i n d o l f : Lind|(e)loff, e(n)lauf, aber wahrscheinlicher < Lindenlaub
Kf. Linto: Lind, |e, en(a), el, ing, ken, ecke(n), gens, isch [× der Linde (NS); ON. s. Linde; LEO Kf.], Linthe(n), Lintl (× LEO), Lintz, |e, el, Linzen, Lins, Lins|i(n), e(l), l, ig, Linn, |e
Linda: 1. tsch. „Weißpappel". 2. mehrf. ON.
Lindau: jüd. < ON. Lindow, Mark. FN. Lindow
Linde: (vgl. LIND). Terlinden, Beiderlinden, zur = von der Linde(n), Vonderlinn. Linde, Linne, Lind|(n)er (× ON. Lind,| a, au, e, en), inger, Lint|(n)er, inger, Oberlintner, linner. Lindig < –ich 2 (ON. Altenburg; vgl. Lindacher zu –ach 3)
Zss., Zsr. Lind|acker, lau = loge, lohr (< loh „Wald"), lahr (s. Lahr), horst, ebner, holm (auch ON. Lind|holm, horst, büchl, lar, loh, müller, vogt (schwed. N. Lind|blad, blom, gre(e)n, equist, ström); Linde|mann, meyer, wirth; Linden|baum, blatt, laub (vgl. Lindolf), grün, zweig, strauß, hahn = ha(y)n, thal (× Dold), hoven, kreutz, beck (Höfe Düsseld. Elberf.), born, struth, mann, schmidt; Linder|baum, mann, bauer, meier; Lintermann; Linnhoff, Linne|mann, weh (s. wede), Linnen|kamp, brügger; Linbrunn(er), Lim|bach(er) = beck, bäcker, brunner, berg (22), (kohl, kuh(l) s. Kugel). Sieh auch –auer (Schluß)
Lindemer: ON. Lindham, Ob.-Österr., Lindheim, Oberhessen. Lintemer (× eben). Lindhammer
Lindfort: ON. Lintfort, Mörs
Lindl–: s. LEO
Lindmager: < Lindemage = Limmat, Schweiz
Lindscheid: 3 ON. Rhld.
Lindwurm: wend. Lintwora (angeblich „linde Ware") > Lindwurm
Lineal: Schreiber-Übern.
Linfert: s. LIND
LING: zu ahd. galingan „gelingen". Lingulf
Kf. Ling, |e, el(mann), sch, l(ing), Lingg (soweit nicht wie Link = linkisch)
Lingauer: ON. Pilsen
Lingenfelder: ON. Germersheim
Lingnau: ON. Lingenau, Anhalt
Ling(n)er: Lingmann: ON. Lingen, Osnabr.
Link: Lingk(e), Link, |e, hand, ohr, meier, Lingohr, Links, Linker, (Freiherr v.) Lyncker. (Vgl. Lenk, Lörz, Lurk, Lurz,

Lucht, Winster u. LING). Zu mhd. g(e)linc „link" Glink, Glienkher. Sieh auch Glien u. vgl. pruß. N. Linko, Lyncke
Linkner: ON. Linken(au)
Linn–: s. LIND, Linde, Leinen
Linn: sl. lin „Schleie"
Linnar(t)z: 1. s. LEO (Linnert). 2. sl. mlinarz „Müller"
Linnenkamp: ON. Holzminden
(v.d.)Linnepe: ON. Arnsberg, mehrf. (× ON. Linnep, Düsseld.)
Linnewe: ON. Lindwendel, Lüneb.
Linnich: ON. Jülich
Linninger: ON. Neuß
Linos: s. Hose
Lins–: s. LIND
Linse: Linse|(n)meier, nmann, Lins|ler, ner
Linsenbart: s. LIND, Lintbrecht
Linser: s. Linz
v. Linsingen, Linsinger: ON. Kassel. Linsner
Lint–: s. LIND und Linde
Lintemer: 1. = Lindemer. 2. s. eben
Lintz, Linzen: s. LIND Kf.
Linx: < Glintz, s. GLANZ
Linz: ON. mehrf. > Linzer, Linser
Linzenich: ON. Aachen
Lion: s. Levi
Lip–: s. Philippus, LEUTE, LIEB, lipa, LJUB
(lipa): tsch.-wend. „Linde" (lipina „Lindenwald" > Lipinsky), Lip|ka, ke (ON. Frkf.a.d.O.), Lippe, Lipp|ka, ke (auch pruß. N.), ik, ich, ock, i(t)sch; Leipzig(er), Leibniz. Libke, Lieb|i(n)g, ke, ick, kow, Leip, |p, nick, Leib(ecke), Leihbecker. Lipian < ON. Leipe (wend.

Lipje), Lippner < ON. Lippen mehrf.
Lipf(ert): s. LIEB
Lipick: pruß. N.
Lipmann: s. Levi u. Lippe
Lipp–: s. Philippus, LEUTE, LIEB, lipa, LJUB
Lippe: Fluß und Land. (von der) Lippe, Lip|per, (e)mann, meier. Vgl. aber auch ON. Lipp, |a, e, en und Thodoricus mit der lyebin, Erfurt XIV. Vgl. lipa
Lippert: 1. s. LEUTE. 2. wend. < lěpeŕ „Lehm u. Stroh zu Wandfüllungen" (zu lěpic „kleben"). 3. jüd. < Herz Loeb, Levi
Lipp|ig, ke: pruß. N. Lippike
Lip(p)ot: s. LEUTE
Lippstock: die Pflanze Liebstöckel
Lips, |koch, meier: s. Philippus
Liptau: ON. Oberungarn
Lirk: 1. s. LEUTE (Liuderich). 2. mhd. lirken „stottern"; vgl. Lork 2
(lis): tsch.-wend. „Fuchs", Lis, Liß, Liesche, Vklf. Lißke, Lisch|ka, ke (× lěska „Haselstaude"), Liesch|ke, ing, Lieske (× LEUTE Kf.). Doppeln. Fuchs-Liska
Lisa: tsch. lisa „Zaun"
Lischeid: ON. Ziegenhain
Lismer: alem. „Stricker"
Lissak: s. les u. Lyßi
Lisser: ON. Liss|a, en mehrf.
Lißner: < liezen „verlosen". Er bearbeitet das erloste Grubenfeld
List: mhd. list „Klugheit, Kunst". Schon ahd. Listhard: List|hart, ing. List, |l, le, (n)er (Listmann,

z.T. auch Lister < ON. Liste Hann., Schleswig). Siebenlist (s. Sieben), Nünlist (neun)
(līt): „Obstwein", da haltbarer als Bier, auf den Dörfern viel getrunken. Viele Dörfer hatten ein līthus. Litfaß (Leutbecher?), Leit|häusl, häuser, Leidhäuser, Leuthaus, Leidhäusl. Zu lītgebe „Schenkwirt": Leit|geb(er), gebel, göb, gab; Lei(h)–, Ley|geb(er), Leikeb, Ligibel; Leut|gäb, göb, geb, häuser. lītkouf „Trunk beim Handelsabschluß": Leitkauf, Leykauff
(Litauen): Litt(h)auer, sl. Lit(t)|win, fin; Lietfin
Litsch: s. LEUTE
Litsch(ke): s. LJUT
Litten: ON. Bautzen
Litterscheidt: ON. Siegkreis
Littgardt: s. LEUTE
Litti: s. LEUTE Kf.
Littmann: s. Letten
Littschwager: s. lütt
Litz: 1. Kf. von LEUTE. 2. mhd. litze „Zaun" (auch Lix). Dazu Litzner (Litzer s. lörz)
Litz|el, lfelder: s. lützel
Lix: s. Litz 2. Lixl s. Felix
Lixenfeld: ON. Lixfeld, Biedenkopf
LJUB: sl. Stamm, tsch. liby, wend. luby „lieb" (PN. Ljubogost > ON. Laubegast, Dresden), Lubomer > Lummer(t)
Kf. Lib|as, uda; Lieb|an, ach, s, (u)sch, isch; Lub|ach, a(h)n, a(r)sch, ascher, atsch, etz, ich, i(c)ke, ig(er), ing, i(t)sch, itz, jahn, ke, osch (ON. Posen), otta, s, sch; Lup|itz, ke; Laub|ach (× ON.), usch, sch; Leu-

be; Lüb|ke, eck (× ON.); Lüp(p)ke; Lob|ach, atz, eck(e) (× deutsch lohbach, beke), ig, isch, itz; Lop|aß, itzsch; Löb|ecke, ig; Löbb|ig, icke; Löp(p)ke; Low|ak, atsch, atz. — Mehrf. ON. Lieb–, Lüb–, Löb|schütz > FN. Lipp|schütz, schitz, Liebschütz; ON. Löbau > Löber

LJUD: sl. Stamm, zu asl. ljudu „Volk" (vgl. LEUTE): Luda, Laudan (× LJUT)

(ljung): schwed. „Heidekraut": Ljung|mann, berg, gren, ström

LJUT: sl. Stamm, zu asl. ljutu „wild" (× LJUD): Lut|a, sch(e), schk(e)r; Lutt|asch, ig, osch(ke); Lüt(h)ke, Lütt|ig, y, Lutzk|e, i, Lützke, Lit|sch, schk(e); Leutke, Leut(z)sch (× ON. Leipzig < lonka)

Lob–, Löb–: s. LJUB und LUT; Löb–, Levi und Löwe

Löbach: ON. Siegkreis

Lob|edan, oda: s. Lebeda

(loben): Lobedanz „Ehrentanz" (ON. Lobentanz, Leitmeritz), Lobe(n)wein, Lob|gott, preis, den frumen; Löb|le, lein, sack, ner. Lobusch(er), Lobmeyer; Loben|sommer, wein, tanzer (Lobedank eher zu Lebeda). Sieh Lohe

Lobenhofer: Hofn. Sulzbach, OPf.

Löbensberg: s. Löwe

Löber: 1. „Lohgerber". Löbermann. 2. < ON. Löb|au, en. 3. zu LUT (Chlodobert)

Lober(maier): Flußn. Oberbayern (× Laber)

Lobes, Lobigs: s. LUT, Chlodowech

Lobien: pruß. ON.

Lobinger: Weiler Tittmoning (OB.).

Lobmuller, müller: s. Lohe

Lobrentz: s. Laurentius

Lobrich: 1. s. LUT. 2. ON. Lobberich, Düsseld.

Lobsinger: ON. Lobsing, OPf. Löpsinger

Loch: „Erdvertiefung, Höhle". Loch|er(er), inger, ner, mann, müller. Lochbaum. Von dem häufigeren lōch = loh kaum zu trennen: Bärlocher = Pernlochner kann zu beiden gehören; × auch ON. Loch, |au, en, ow

Löchel: s. Loh und Lehen

Löcherbach: Hofn. Altenkirchen, Rhld.

Lochrenz: s. Laurentius

Loch|müller, stampfer: s. Lohe

Lochte: s. Lucht

Löchter: ON. Löchte, Gelsenkirchen

Lock(e): Löckle, Weißlock. Morlock, Mahrlock „Weichselzopf" (× LUT Kf., so Löck, Locke|mann, meier)

Löckenhoff: Hof b. Wuppertal

Löckenwalder: ON. Salzburg > Lock–, Luck(en)–, Lang|wald, Lokowandt (KS)

Locker: (Glatz) < Lukkauer

Lockl|air, er: frz. N. L'eauclair

Löcks: s. Alexius

Lod–, Löd–: s. LUT

Lodder: 1. ON. Köslin. 2. nd. = Lotter. 3. < LUT

Lode–: s. Latte

Loder(er): 1. „Lodenweber". 2. = Lotter. 3. < LUT

Löderle, Löding: s. LUT

Lodny: wend. lodny „aus Eis"

Löf: ON. Koblenz

Loferer: ON. Lofer, Salzburg

Löffart: s. LUT (Lotfrid)

Löffel: Löffl, Löffel|holz, bein, mann = Löffler; Kohllöffel (Koleffel), Koch–, Schaumlöffel; Leff|(e)l, (e)lmann, ler; nd. Lepeler, Kortlepel. Löffelsender „Hausierer", Löffelmeier, Lep(p)elmann. Eißenlöffel sieh oesen

Loffeld: ON. Staffelstein

Loga: ON. Bautzen (× Logau)

Logemann: s. Loh

Lögler: s. Legel

Loh: ahd. lōh, mhd. lōch „Buschwald", auch „Ort, wo früher Wald war" (vgl. lat. lucus). Oft ON. Loh(e). Nebenformen lo(o), lohn, löhn, lehn, loch, lage (s. d.), la(h) (s. d.), loy, lau, lei (s. d.), laich, –le(n); Plural löher. Vgl. Lai und Loch. In Bayern und Holstein ist loh „Sumpf". — In altd. PN. Loch|o, ard; hierzu viell. Löchel, Löhle(i)n (× Leonhardt), Läuchli u. dgl. (s. u.). Terloh, Vandelo, Van Loo, v. Loë, von der Lohe, Uppenlo, Zumloh, Imlau, schweiz. Lohli. Loh|e, er, r, inger, lein, meier, bauer, bach, beck (× LJUB), alm, seher („See"); Lohans, Lohoff (ON. Lohofmehrf. s. u.); Lo|hagen, höfer, haus, hausen, bach; Loch– (s. d.) |bihler, büchler (Bühel), Löh|le(in), (l)er (aber Löhr, Köln < Laurentius); Laich, |(n)er, inger, brunner, Laile,

Laillinger, Leule. Lach–, Loh–, Lah–, Lau|mann. –loh; Düsterl., Lutterl., Kregel. (s. Krähe). Nordl. (ON. Oldenburg), Eversl., Wilkenl.; Osterloo, Bracklo, Hohloch, Buschlohn, Weglau; s. auch –lah. –lohr: Eschenl. (ON. OB.), Kirschenl., Lindl., Meierl., Hinterl. — Eisenloher, Eisenlauer. Schmaloer, Werringloer, Dennenlöhr. –locher: s. Loch. Rosenlöcher, Bernlacher (× Lache). Lenger|laichner, leicher (zu lang). Lo|hoff, höffer s. LIEB, Liupheri

Lohbert, Löhde: s. LUT
Lohagen: Hofn. Lippstadt
Lohausen: ON. Düsseld.
Lohborn: Hofn. Lennep
Lohe: "Gerberlohe", mhd. lō, Genit. lōwes; mnd. lo(we). Loh|kittel ("Gerber", vgl. Loerbroks), gerber, müller (Lob–, Loch|müller), scheller = schelder (s. Schäler); Lochstampfer = Loh|stößer, stöter; Lo(h)–, Lob|wasser, Loher, Löher(meister), Lö(h)r (schwäb. Lehr), Lührmann), Lau(w)er, Lauber, Leuwer, Löber(mann) (s. d.), Löwer, Loher
Lohfert: s. LUT
Lohl: wend. = Ludwig
Löh|le(in), ler: s. Loh
Löhmann: s. Lehen (× Loh)
Lohmar: ON. Siegkreis
Loh|mar, mer, Löhmer: s. LUT; × ON. Lohm(a), Löhm(a)
(Lohn): Wochenlohn, Lohner "Tagelöhner" (× ON. Lohn, |au, e). FN. Lohn < ON. Lohn, Jülich

Löhnberg: ON. Nassau. Löhninger
–löhner: s. Lehen
Löhnert, Lohnhardt: s. LEO
Lohn|es, y: s. Apollonius
Loholz: s. LUT
Lohr–: s. Loh und LUT, **–lohr:** s. Loh; Lohr(er) auch < mehrf. ON. Lohr; Löhr auch < Loh und Lohe; Lohr|ang, eng(el) (Löhrengel), enz, inger: s. Laurentius
Lohrbacher, Lorbach: ON. Baden
Löhr|ig, ke: s. LUT
Loh|se, ß, Loo|s, sen: 1. LUT Kf. 2. Nicolaus. 3. ON. Lohsa, Loose(n), Loos; dazu Looser (× los "mutwillig", lose "Mutterschwein")
Lohrenbeck: Hof b. Elberfeld
Loi: s. Eligius
Loib(e)le: s. LIEB
Loid–: s. LEUTE Kf. und Leudovald
Loiksch: s. Lucas
Loip–: s. LEUTE
Lökenhoff: Hofn. Löckenhof, Elberfeld
Lokowandt: s. Löckenwalder
Loitz: mehrf. ostd. ON.
Lölf: s. LUT, Chlodulf
Lolk: wend. Vklf. von Ludwig
Loll–, Löllgen, Löloff: s. LUT
Lombard: s. Lampart
Lomberg: Hofn. Elberfeld
Lommatz(sch): ON. Sachsen "Stein–, Wind|bruch" < asl. lomu "Bruch". Hierzu: Lom|ax, etsch, Lomm|e(t)z, nitz
Lommer: s. LUT

Lommersum: ON. Köln; dazu Lommerzheim (Lomundesheim XI)
Lompert: s. Lampart
Lon–, Lön–: s. Apollonius
Long|art, ert: s. LANG
Longerich: ON. Köln
Longin: < Longinus (der Soldat, der Jesu Seite durchstach)
Lon–, Lön|hardt: s. LEO
Lonius: s. Apollonius
(lonka): sl. "Wiese, Aue, Sumpf", poln. łąka, Vklf. łączka, obwend. łuka, łučka. ON. Lenkau, Lonken, Lockwitz, Lunke, Lucka(u). FN. Lon|k, ge, ski, singer, Lönge, Locker; Lenke(rt); Lanck (× ON. Lank, Rhld.); Lanck|e, ow, Lank|ant, au, e, es, isch, Lang|e, osch, s; Lauk|ant, e, isch, Laug, |e, isch, k, ow(-ski); Luck, |e, an, au, er, ert, (e)sch, o, ow; Luschke, Lücker; Wuck|e, nitz, ow, Wuke, Wusch|ke, ak, ick. (Lang|i(t)sch, ki(t)sch, ku(t)sch, kutt, Lanksch KS.)
Lön(nie)s: s. Apollonius. Lönser
Loo–: s. Loh
Looden–, Loof–: s. LUT
Loos, Loos|en, er: s. Lohse
Loot: s. LUT
Lopart, Löpelt, Loppe: s. LUT
Lopatt|a, e: sl. łopata "Spaten"
Löper: s. laufen
Lopian: poln. łopian "Klette"
Lopitzsch: ON. Lobitzsch, Weißenfels
Löp(p)ke: s. LJUB
Loppuch: sl. "Klette"

Lor–: s. Laurentius, LUT (Chloderich) u. Lorinser
Lorbeer: Lorber(baum)
Lorch: ON. Nassau, Württemb.
Lörenz: s. Laurentius
Lorger: s. Lork 2
Lorinser, Lorünser: ON. Lorüns, Vorarlberg > Lorenzer, Lorenser
Lork: 1. nd. „Kröte" (× LUT, Chloderich; dazu Lörkens); obd. < mhd. lorken „stottern". Lorger. 2. sl. Lork(a) s. Laurentius
Lorn–: s. Laurentius
Lörner: s. Lerner
Lorrey: s. LUT
Lorsbächer: ON. Lorsbach, Taunus
Lörsch: s. lörz
Lorscheid(er): ON. Koblenz, Trier. Lorscheiter, Lorenscheid
Lortz: 1. s. Laurentius (Lortzing). 2. s. lörz
Lorünser: s. Lorinser
(lörz): ndrh. lorz, lurz; mhd. lërz; ofrk. lorz „links". Lörsch, Lörzel, Lörtscher, Lörtzer (Lutz(n)er, Litzer, Luxa KS). Vgl. lurz
Los–, Lös–: s. LUT Kf., Nicolaus und Lohse
–los: Huselos, Heiloß. Vaterloß, Mutterlose
Lösch: „feines Wildleder", meist rot. Rothlöscher, Lesch (NF.). Lösch(n)er, Löschmann = loschmecher
(löschen): Lösche–, Lesch|brand = Löschfür, Löschenkohl (mhd. der kol „Kohlenhaufen"); Lösch–, Lesch–, Licht|horn (an einer Stange, zum Kerzenauslöschen; auch große Nase), s. Kluge-Mitzka, 447
Löschbor: obwend. PN. Ledzbor „starklendig". Lesch|bor, ber
Löscher: ON. Leschen, Döbeln (< Lozzen); Löschau, Bautzen. Löschner (× Lösch)
Lösch|ke, nig: s. les (doch vgl. LUT Kf.)
Löseker: ON. Löseck, Göttingen
Lösel: s. Nicolaus
Löser: 1. ON. Lösau, Merseb. 2. s. Lazarus. 3. s. lassen
Lösgen: s. LUT
Loske, Löske: s. les
Losos: tsch. losos „Lachs"
Loß: s. Luchs, ostd. s. les; Loß(l): s. LUT
Lossak: wend. włosak „Langhaar". Wussak
Lossen: 5 Orte. Loßner
Löster: ON. Lösten, OFr., Meißen
Lötsch, Lotsche, Lotz–: s. LUT Kf.
Lotichius, Lottich: s. LUT Kf.
Lott–, Löt(t)–: s. LUT, Lott, Lot(t)mann auch Latte
Lottenburger: ON. Lothenberg, Göppingen
Löttenmeier: s. Letten
Lotter: 1. Chlothari, s. LUT. 2. „Taugenichts, Gaukler" (Lotterer, Lötterle; nd. Lodder, Loder, |er). 3. hess. „Latte"; Lotte(r)moser s. LUT und Moos; auch KS.
Lotterbach: ON. Ostpreußen
Lotzemer: ON. Kempen
Lotzer: ON. Lotzen, Dresden, Landsberg
Lövin: s. Levi
Low–: s. LJUB
Löwald, Löwenhardt: s. LEO
Löwe: 1. mhd. lewe, leuwe > leu; md. mnd. auch lauwe. Vgl. Levi. Löw|e, el; Leu(e); Ley, Lau (× Loh), |e, ly; Brumleve, Guldenlewe, zum Steinlawen; Löwens–, Löbens–, Lebens|berg; Levenhagen; ndl. Leeuwen. 2. löwe „Gefängniswärter" viell. in Stock|löw(e), leb, Kummerlöw(e). Sieh Kummer. (× sl. Löw|a, e, ka „Linkshand")
Löwenich: ON. Lövenich, Aachen, Köln
Löwentraut: s. LIEB
Löwer: s. Lohe
Lowick: s. wīk
Löwrenz: s. Laurentius
Löxkes: s. Alexius
Loy: 1. ON. Oldenb. (Vgl. Loh). 2. s. Eligius
Lözius: s. LUT Kf.
Lub(b)–, Lüb(b): s. LEUTE, LIEB, LJUB (pruß. N. Lub, |e, be, an, ert)
Lüb|en, er: ON. Lüben, mehrf.
Lübke: ON. Lübbecke, Minden
Lubosch: ON. Posen
Lübs: ON. Magdeb., Stettin
Lübz: ON. Mecklenb.
Lucanus: Röm. Beiname (vgl. Lucas), Latinis. von Lucke oder dgl.
Lucas: Evangelist. Luc|as, ä, e (Genitiv), Lucca|s, seder (s. Öd.); Lu(c)ks, Lux(en), Luk|aß, assen, asser, Luggisser, Lugser, Lauk|es, isch, Laug(g)es, Laux(mann), Loiksch, Leux, Leix. Slaw. Lukassek, Kaske, Käske, Kaschke, Kačenjc > Kaschenz, Senjc > Schenz; Wukasch. Aber ostpreuß. Lauks < pruß. lauks „Feld"
Luch(e): s. Gluche
Luchs: Tiern. Lux (× Lucas); nd. Loß
Lucht, Lugt: nd. 1. „links"; Luchting (Luchter|hand

> hann, band). 2. „licht", „lichter Platz" (vgl. Leucht). van de Locht, Lucht(e)mann, Luchtenberg (ON. Aachen, Lennep, Ostfriesl.). Dazu Luchte, Lochte, Lücht, Leuchte „Laterne, Leuchter". Lüchtmaker, Luchtenmacher; Hausn. tor Luchten. 3. = Luft

Lucia: Hl. Lutz|ei, eyer

Lucius: 1. Zwei Hl. 2. Latinis. von Lutz(e) und Hecht. Genit. Lucy, Luzi

Luck–, Lück–: s. LEUTE, lonka, LUT; Lück– auch lecken

Lück: Rhld. = Lüttich (1719 Herr von Lück, Erkelenz, Jülich)

(Lücke): Durchgang, besd. im Dorfzaun; auch enge Gasse. Obd. lucke. Luck|e (vgl. Luck–, besd. die Kf. von Ludwig; auch sl. PN. Hluk), inger, er-(bauer), ner, meier; aber Lucke(r) auch < ON. Luck|a, au, ow

Lückenbach: ON. Köln

Lückenhaus: Hofn. Elberf.

Luck(en)wald: s. Löckenwalder

Lückerath: 6 Orte Lükker|rath, roth (Rhld.).

Luckhaus: Hof Luckhausen, Lennep

Lud–, Lüd–: s. LUT, LEUTE

Luda: s. LJUD

Luderer: = Lotter 2

Lüderitz: ON. Stendal

Ludescher: ON. Ludesch, Vorarlberg (< roman. lutasco „lehmig")

Ludorf: ON. Meckl.

Lüdorf: Hofn. Lennep

Lueg–: s. lugen

Lüers: s. LEUTE (Liuthari)

Luff, Lüffe: s. LEUTE (Liutfrid)

Luft: nd. Lucht (s. d.). Zeisluft (mhd. zeiʒ „angenehm"), Luftzeysenn (Leipz. Matrikel). Luft(ig) „leichtsinnig". Sieh auch LEUTE (Liutfrid) und LUT (Lotfrid), Merzluft s. Marcellus

Lug–: s. Lusche

(lugen): auch luëgen „spähen" (obd.). Luëg oft ÖN. „Warte", aber auch „Lauer- und Lagerstätte des Wildes", vgl. FN. Saulueger. Lug|e, (n)er, inger, bauer, scheider, ebiehl („Bühel" = enbühl, enbill), insland („Wartturm"); Lugger, Lueg|er, inger (uë)

Lügering: s. LEUTE (Leodegar)

Lugge: s. LEUTE Kf.

Lugger: s. lugen

Luggiser, Lugser: s. Lucas

Lugt: s. Lucht

Luhmann: Flußn. Luhe, Hann.

Lühmann: s. LEUTE

Luhme(r): s. LEUTE (Leudomar, Lummo)

Luhn: Flußn. Ostfriesl.

Lühr–: s. LEUTE (Liuthari, Liuderich); Lühr(mann) s. auch Lohe

Lühte: s. LEUTE Kf.

Lui–: s. LEUTE, LIEB

Luirack: s. Lierack

Lük–: s. LEUTE

Luk(a)s–: s. Lucas

Luke|s, sch: sl. PN. Lukeš (zu luk „Bogen")

Lül–: s. LEUTE (Liudulf und Kf.)

Lule|i, y: „Faulenzer". Lulach, Luleich

Lülf–, Lulfs–: s. LEUTE (Liudulf)

Lüling, Lüning: nd. „Sperling", vgl. Lunk

Lull–: s. LEUTE Kf.

Lullemann: ON. Lullenhusen

Lülle,|(e)mann: ON. Lüllau, Harburg

Lüllepop: s. Lillpopp

Lüllwitz: ON. Lüllfitz, Belgard

Lül|ofs, ves, wes: s. LEUTE (Liudulf)

Lumbe: s. LUND

Lumm–, Lümmen: s. LEUTE (Leudomar, Lummo), LUT, LUND; Lummert auch LJUB

Lumpert: eher = Lampart als zu LUND

Lump(p): Schimpfwort. Lumpe (s. auch LUND). Lumphose; Lumper „Lumpensammler"

Lunau: mehrf. pruß. ON.

LUND: zu an. lundr „Wald"

Luntbert: Lumm|er(t), erding; Kf. Lumbe (Lumpelecker < *Lundbald?)

***Lundfrid:** Lundfried

***Lundher:** Lunder(shausen). Kf. Lund, |t, (t)e, ius, mann, Lündike, Lunz(enauer) (ON. Rochlitz), Lüntzel, Lüns. Luntz Barlier Sonnefeld (Coburg) 1383

(lund): nord. „Wald". Lundberg, Rosenlund, Krag(e)l. (dän. krage „Krähe"), Högl. (dän. høg „Habicht", Brönl. (dän. brønd „Brunnen"). Schwed. Lund|holm, quist

LUNE: mhd. lūne „Mond". Lunfried, Lüning(hausen), doch vgl. Lüling

Lune–, Lüne|mann: < ON. Lünen, Westf. (Lune XIII) oder Lüne, Lüneburg, Hann.

Lünert: s. LEO

Lung | LUT

Lung: „Lunge"; de Pulmone, Köln; Lunglmayr
Lung(en)straß: Hofn. Lungstraße, Solingen
Lüning: s. Lüling und LUNE
Lunk: 1. nd. „Sperling" (vgl. Lüling). 2. pruß. N.
Lunkenbein: < lunkend (nd. „hinkend") Bein
Lüns: s. LUND
Lünser: ON. Lunsen, Braunschweig
Lunz-, Lüntzel: s. LUND
Lunze: Vorort von Görlitz
Lünzmann: ON. Lünzen, Lüneb.
Lupp-, Lüpp-: s. LEUTE und LJUB
Lupus: 1. Latinis. von Wolf. Weiterb. Lupini (Siebenb.). 2. Hl. IV. Jhdt. Zu 2. Laupus
Lür-: s. LEUTE (Liuthari)
Lürbke: Hofn. Iserlohn
Lurer: s. Lauer 2
Lurk, Lur|tsch, (t)z: „links" (vgl. Link)
Lürzer: < lürzen „betrügen"
(lūs): nd. „Schilf, Riedgras". Lüsenhop, Lusebrink, Lüse|bring, brink, Lausmohr („Moor"), Lausemeyer
Lusch(e): obwend. łuh, łuža, Vklf. lužk, poln. ług, łuza „Sumpf, Bruch" (× lonka). ON. Lugau, Laus|a, igk. FN. Lug|au, e, er(t), Lusch|er(t), ka, ke, mann, nig, witz; Lüscher, Lüschke (× Lissak), Lutsche, Lauch, |e, ert (× ON. Laucha, Thür.); Wusch, |ek, ick (× tsch.-wend. lusk „Knall", poln. polusk „Gepolter" > Polus). Luschek s. Gluch
Lüsegang: s. Leise
Luser: s. Lause

Luß-, Lüss-: s. LEUTE Kf.
Lussem, Lüssem: s. Ließem
Lüs(s)en-: s. Liesch
Lussy, Lüssi: s. Lause
LUST: Lust|rat, rih, Lusto. Lust, |ing, enberger; Lüst(enöder)
Lust: (auch ON.) Lustig
Luster(mann): s. Lausterer
Lustnauer: ON. Lust(e)nau, Vorarlberg, Württ.
LUT: germ. *hluda-, ahd. (h)lūt „klar, deutlich", nhd. „laut"; urspr. Bedeutung in N. „berühmt". Vom Stamm LEUTE schwer zu trennen. Hierher sicher die mit G und K anlautenden N. und die mit den Vokalen o, ö, nd. a. Die unter LEUTE mit u, au verzeichneten N., sowie viele mit ü gehören auch zu LUT
Chlodbald: Löpelt, Löbel(ing)
Chlodobert: Klopper(t), Kloubert, Klubert(z), Klüber(t), Glober(t), Lohbert, Lo|brecht, part, b(b)ert, Lö|brecht, b(b)ert, pert, ber(ing), Löffart
Kf. Loppo: Kloop, Klopp, |e, mann (s. aber klopfen), Klupp, Glup(e) (s. d.), Loppe, Löbbe, Löbke(r)
Lotfrid: Klöfer, Lohfert, Laffert, Lufft (× Liutfrid). Kf. Loff|e, ing (× Chlodulf)
Lothger: Lötker, Löger
Chlodochar: Kloders, Klörs, Glüders, Glüer, Clauder, Loth|ary, er, Loder (s. d.), Lodder(s), Lotter, Luther, Lutter, Lohr, Löter, Löderle, Löt-

ter|le, s, Lauter, Klüttermann, Klauder < Cluder, (Lotte(r)-, Lutter|moser KS.)
Chlodhart: s. LEUTE, Liuthard. Kluterz
Hlodmar: Lohmar (s. d.), Glommert, Glummer(t), Lothmar, Luthmer, Lommer, Lö(h)mer, Lottmers. Kf. Glumm
Chloderich: Gluttrig, Lor|ich, ey, Lohr|y, ke, Lork (s. d.), Löhr|ig, ke, Lörkens
Chlodowald: Lothal, Lodholz, Löltgen, Löllgen
Chlodo|wech, veus < –wig und –wih; s. bei WIG): Klodwig, Kluwig, Lud|owieg, (o)wigs, ewig, wig(er), Lutwig, Luwich, Lod|owicks, wig, Lobigs, Lobes (Rheydt), nd. Lad(e)wig, Lattwig. Ledwig. Wend. Lohl, Lolk; lit. Ludwigkeit; frz. Louis
Chlodulf: Löloff, Lölf, Loof, |f, s, verhochdeutscht Laufs; Loff|e, ing. Löf, Loeffs, Löff(ke); vgl. Lotfrid
Kf. Chlodio, Lotto, Lollo, Claodicus: Hierher auch viele Kf. von Luto (s. LEUTE): Klo|d(e), t(h), he, ke, ner, Clo|th, tten, di(us); Glo|th, de, ke, Glock|e (s. d.), shuber; Glöl-den, g(e); Klu|te, tt, tmann, ck, Cludius, Clouth, Glu|th(e), ck; Klau|t, dies, Claud|e, i(u)s, Glauth, Kleudgen, Kleuthgen, Lod|y, e(mann), Lodtmann; Lott, |o, e(s), ich, ner, mann, Loth, Lot|ge, ichius, inga; Loo|t, den, Lolling, Lock(e) s. d.,

Lö|hde, del, di(n)g, decke, ttge, Löck, Lade(mann) Hludizo, Lozo: Hierher auch manches von LEUTE, Luizo. Klo|se, tz(mann, sch, ke) (× Klotz u. ON. Klotzsche), Klö|ß, tsch, Glo|(o)tz, tzel, s, sch, s(s)e, ßner; Glö|ssing, ßlein, tzner; Klü|es, ß, sse, tsch, tz, Glutz, Glutsch, Lo|tz(e), tzing, tsche, schen, (h)ß, se, sse, sig, hsing, Lö|tsch (× 2 ON. Rhld. > Lötschert), se(ke), ssel, ze, zius, Langlotz

Lut–, Lüt–: s. LEUTE, LUT und LJUT

Luthe: ON. Hannover

Luther: s. LEUTE, LUT

Lutherbüse: s. Hose

Lütsch: s. LEUTE

Lutsche: s. Lusche

(lütt, lüttje): nd. „klein" (engl. little); mhd. lütze(l). Lüttge; Lützel|mann, schwab; Lütt|johann, mann, Littschwager, Lütjemüller (vgl. ON. Lütjemühle, Lüneb.). Lütke|stratköter, haus, nhaus, nhorst. Anderes Kf. von LEUTE, LUT (besd. Ludwig), so Lüdje (ü), Langelütje, Lütge|meier, harm (Hermann), hetmann, Lütken–, Lütge|haus (vgl. ON. Lütgenhausen, Northeim). Sieh Lütz

Lutter–: –beck, bach = Lauterbach; mann < ON. Lutter, mehrf. (auch Fluß-n., Bielefeld); –moser (Lottermoser), wohl < LUT; –kord: Zss. von Luther (s. d.) und Kort = Konrad

Lutterloh: Hof Lutterlohe, Hermannsburg (Hann.)

Luttrap: s. LEUTE, Leudochramnus

Lüttringhaus: ON. –hausen, Lennep, Olpe

Lutz–: s. LEUTE, LJUT, Lucia

Lütz–: s. lütt, LEUTE, LJUT, Kf. (Lütz: ON. Koblenz; Lützeler < ON. Lützel, Siegen)

Lützenkirchen: ON. Solingen

Lützkendorf: ON. Querfurt

Lutz(n)er: s. lörz

Luwich: s. LUT, Chlodowech

Luyer: schweiz. lüejen „brüllen"

Lux: s. Lucas und Luchs

Luxa: s. lörz

Luxem: ON. Koblenz, Trier

Luy(ken), Luz: s. LEUTE Kf.

Luzi: s. Lucius

Ly(h)eis: s. Leh

Lyncker: s. Link

Lynen: ON. Lünen (Westfal.)

Lyrer: s. Leier

Lyrmann: s. LEUTE (Liuthari)

Lyßi: sl. łysi „kahl" (ON. Lissa, Leisenau), Lyß, Liß, Liss|a, e, er, eck, i; Leiske, Leising(er)

M

–ma: s. Mann

Maack: s. MAG Kf. und MARK Kf.

Maader: s. mähen

Maag(e): s. MAG Kf.

Maal: s. MAHL

Maa|s, ß: s. Thomas und Mais (doch auch unerkl. altd. N. Maso und Abstraktum māʒe „Sittsamkeit"; unmāʒe „unmäßig"). Vgl. messen

Maasch: s. Marsch

Maaser: 1. ON. Maasen, Hann. 2. s. Moos

Maax: s. Marsch

Macarius: gr. „selig". Hl. Makarius, rhein. Macherei; Macherius, Karius, gus, ges, chs, jes, is, es (obhess. RN. Karges < Zacharias, nachweislich auch < Eccarius < Eucharius), Carry, Gari (Karas, Karres, Kueres He), Carius, Kari (Kärnten), Caries

Mach–, Mäch–: 1. s. MAG. 2. sl. N. zu mach „schwingen": Mach|eck, er (Machař), arski, oll (s. d.), Maš(ek), Masch(ke), Mäschke

Mach, |us, i: s. Epimachus

Mach|an(n), and(er): nd. machandel „Wacholder"

Mächel(s): s. Michael

(machen): nd. maken. Mach|(e)mehl, emalz, etanz. Ma(c)keprang mnd. „Unruhestifter". Makebrand wie Macherauch (oder < MAG?). Sieh Leid. –macher: Brechenmacher, Grutm., Grützm., Radem. (s. d.), Schirrm., Stellm., Schum., Metzenm. (s. Messer), Krautm., Geldm. — Schomaker(s), Tripmaker

Machenschalk: s. MAGAN

Macher: s. Mach– u. MAG

Macherey: 1. < ON. Machern, Leipzig (Macherye XIV). 2. s. Macarius

Machirus: s. Magirus

Machler, Mächler: s. Makler
Mach|leb, mar, mer(t) u. dgl.: s. MAG
Machner: s. MAGAN
Machol(l): 1. zu Mach– 2: Mach|olla, olski, ull, Makulla, Magulski. 2. jüd. < hebr. Mahol „Tänzer". Mach|old, ull, Tanzer, Tänzer, Tenzerles Vgl. MAG, Magvald
MACHT: zu nhd. „Macht". Am beliebtesten weibl. N. Machtildis (RN. Mathilde, Mechthild)
Mahtfrid: s. MAG
Mahtleip: Machtleb
*Mahtwald: Machthold, Mechtold; Mischf. Metzoldt
Mahtulf: Macht(h)olf, Magdolf
 Kf. Maht: Macht, |s, müller; Mächt|el, le, linger. Zu Machthild: Vermette, Mette, Metje, Metzen|er, haus; Mettge, Metz, |e, el, i(n)g, ge(n). RN. Mettel > Mettelen. Vgl. MAHL, Kf. Matto und Matz
Mack–, Mäck–: s. MAG (× sl. N. Mak, |al, ar: Mack, |el, er; auch pruß. N. Mack, |e)
Mack|art, ert: s. MARK
Mäckelburg: s. Mecklenburg
Mackenbach: ON. Pfalz, Siegkreis
Mackenbrock: ON. Makkenbruch, Lippe
Mack(en)er: ON. Macken, Koblenz
Mack(en)rodt, roth: ON. Mackenrodt, Birkenfeld (× 4 ON. –rode). Makrot
Mackensen: ON. Hildesheim < Mackanhusen
Mackenthun: ON. Lüneburg
Mackeprang: s. machen
Macrinus: Röm. Beiname, latinis. von Mager oder dgl. (macer „mager")
Mad–, Mäd–: s. MAHL
Mädefe|ßel, sser: s. Met
Madeia: s. Matthias
Mad(e)lung, long: ON. Eisenach. Magd(e)lung, Marlung
Mader, Mäder: s. mähen
Maderner: s. Maternus
Mades: s. Matthäus
Mäd(i)ger: s. Mediger
Madlener, in: s. Magdalena
Maffer|ding, t: s. MAG
MAG: 1. Zu ahd. magan „vermögen". 2. zu ahd. māg „Blutsverwandter", soweit die N. nicht durch Ausstoßung oder Schwächung der Mittelsilbe auf MAGAN zurückgehen
Magbald: Mebold
Magipert: Me(y)bert, Meiber(t), Mepert, Mägebier
Magubrant: Makebrand (vgl. machen)
 Kf. Mappes, Meppen (× ON. Friesl., aber Meppe fries. RN.)
Magafrid (u. Mahtfrid): Makafreh, Maffert, Maffert, Mäwers, Maifart(h), Mei|fert, vers, wers, Maferding. Kf. Meff(le) (× meffen „stinken"), Meffke
Megihart: Makart, Mack|hardt, ert (auch < Markwart), Mach|art(z), ert, Mag|ath, gatz, Maigatter, Majert, Meyer|t, ding, Meckert
Magher: Mager, s, er, l(e) (× mager). Maaker, Macher, Majer, Mäger–, Mächer|lein, Megger, Meger, |le, lin, Meiger (× „Mäher")
Maghildis (weibl.): Mag|ilde, ill
*Machleip: Machleb
Magimar: Mach|mar, mer(t)
*Magimunt: Meymund
Megiran: Magaram
Magrih: Mairich, Meirich
Magvald: Magold, Ma(c)klot, Makot, Mach|old(t), (h)olz, alz, hals, Maiwald, Mei|hold, chelt, Mächold, Mechold, Me(h)wald
*Magwart: Machwart, Magewirth, Mach|wirth, würth, Mechwart (vgl. MAGAN)
 Kf. Mago, Macco, Megilo, Megizo: Maa|g(e), ck, k(e) (× Markwart, mhd. māc, „Verwandter", mage „Magen", māge „Mohn"; auch sl. mak „Mohn", > ON. Mackau: Macker, Mäcker), Maax, Magg, Mack, |e(l), ing, Langmack; Mach,| e(l), ler, mann, Mäg(e)le, Meeg, Mäck|el(er), le, Meck|e(l) [× ON. Meckel, Trier], e(s), Mex, Mäch|e, ler, ling; Mech, |s, (e)l, Quademechels (Düren); May(e) (× Monat), Mail|o, e, Meyel; Meil|i, e, i(n)g, lick(e) [mhd. meil(e) „Muttermal"; Hl. Majolus > Majoli], Mei|x(l), tz, zer, sing (sonst s. Meißl)

MAGAN: zu ahd. magan „Kraft". Hierher auch manche bei MANN verzeichnete N. mit Mann–
Maginbald: Mempel
Maganperht: Magenbrod, Mam|bar, ber, Membart, Memm|ert > hardt
 Kf. Membo, Memmo: Mampe(l), Mamm|en, el(e) [doch auch Lalln.], Mämpel, Meemken, Memm|en, el, ler (× ein sl. Stamm: Mam|at)ke, Mammach,

(Magd)

Mam(mit)sch zu tsch. mamic, Gaukler?)
Meginger: Menger, | t, s, sen [wohl < –hausen, vgl. FN. Mengering(hausen)]
Meingoz: Meingast, Mein–, Mai|kuß, Mink|oß, us, Mings, Minks, Men|gis, g(e)s; Kf. Menge, Ming(e)
Maginhard: Magnatz, Mahnert, Megenhart, Megnet, Maynarc(y), Mein|hard(i), ard(us) [Hl. N.], erding, ert(z), herz, aß, t(s), s, der(t)s [ON. Mainhardt, Württ.; Meinhardt, Westf.], Mähnert, Mehnert, Minarts, Mieniets (fries.), Meinetsberger
Maganhar: Mage–, Mach–, Mey–, Mäh–, Meh–, Mei|ner (× ON. Meine, Lüneb.), Mäners
Magenhildis (weibl.): Menhild
Maginrannus: Mingram(m)
Maganrad: Meinrad, Menra|d, th
Meginrich: Menn(e)–, Mein|rich
*Maganskalk: Machenschalk
Maginold: Mein|wald, (h)old, holz, Menold (vgl. Magnus); Mischf. Meinzolt
Maginward: Magenwirth
Maginolf: Me(i)nolf
Kf. Magino, Meino, Men(n)o, Menko, Minco, Meinzo: Magen, Mahn(ke) [× Mahn], Man|igk, k, ke(l), z(en) [× MANN], Mähnicke, Mä(h)nz, Meenken, Men|k(e), cken, Mehn|e(n), ig, Menn|o, e(n), y, eke,

ing(a), ung [× ON. Menne, Minden], Men|s(e), sing, Mensch|l, ig; Mein, ck, |s, e(n), eck(e), ig, ikmann, (k)ing, ong, (t)el Zss. Mein|(d)lschmidt, ahlers: Meyn, |(e)s, ell, Mayn|k, c; Min|ck, (t)z, zel, s(s)en, kema. Sieh auch MAND Kf. (pruß. Meyniko, Meinikke, Men(n)icke; lit. Meinekat)

(Magd): Magdt, Mägdefrau (Gesindevermieterin?), Maget, Meid, Kleinmagd, Großmagd. Dazu Latinisierung Anzill. Vgl. zur Megede

(Magdalene): „Maria von Magdala", Hl. Magda(len), Madlin, Lehn(a). Von ON. St. Magdalena > Magda, Mad–, Matt|lener (Lenchen viell. < ON. Lehnchen, Hessen < loh)

Magdelung: s. Madelung
Magdolf: s. MACHT
Mägebier: s. MAG
Magen–: s. MAGAN
Magenhaus: ON. Württ.
Mager–: Mager|er, hans, kordt (> Meier|hans, kordt? Vgl. aber Markward), suppe. Mägerle (× MAG, Magher; bei Socin aber Megerli = Meierlein). Mager: Dürr = Köln 3: 1, München 1: 13, Stuttgart 1: 24
Magerbein: ON. bayer. Schwaben
Maget: s. Magd
Maggauer: ON. Graz
Maggi: it. N. Maggi. (In der Schweiz mit dsch gesprochen.)
Magiar: „Madjare, Ungar"
Magirus: Koch, vergriecht; > Machirus, Maihirus

MAHL

Magister: Latinisierung für Meister
Mägle: s. MAG
Magnatz: s. MAGAN
Magnus: lat. „groß". 1. Hl. Magnus von Füssen, latinis. aus Magnoald (< MAGAN). 2. (nordd.) Schwedenkönig, Sohn Olafs, nach Carolus Magnus benannt. Magn|us, es, usson, ussen, Mang(nus), Meng, |e(s), Mangel(sen)
Magsamen: s. Mohn
(mähen): Mahder, Mähder, mhd. mādaere. Ma(a)der (× MAHL und ON. Maden, Kassel). Mäder, Meder(us), Mater, Mäter, Heumader, Frohmader (s. Frohn), Schermeider; aber Meder, Meider auch „Metbrauer". Wismath. Vgl. Meier III, Meiger, amat, Grummet, Gras
MAHL: zu ahd. mahal „Gerichtsstätte, Versammlung" (dazu auch Gemahl, vermählen und ÖN. Mahlstede, FN. Mahlstedt, Malberg). Zugrunde liegt urgerm. *mathla, madhla
Madalperht: Mal|brecht, pricht, Melbert (s. d.)
***Madalbrand**: Mal(l)brand
Madelgard (männl.): Mehlgarten
Madalhart: Malert, Mählert, Me(h)lhart, Mellert
Madalher: Mad(a)ler, Mattler (× Matte), Mädler, Mähler, Maller (Mahler s. d.)
Madalleich: Mahley
Madalrich: Mallrich
Madalveus: Mellwig Kf. Ma(da)lo [s. aber

MAL!]: Madel(meyer), Mahl, |e(s), ich, ing, Maal, Mähl, |ke, ich, ing, Mell. Dazu Mallinckrodt (ON. Mallingrodt, Hagen) Durch Ausstoßung der zweiten Silbe entstehen kürzere Formen:
Medardus (Hl.): Madert, Medert
Matheri: Mad(e)r, Mäder (für beides s. Mahder), Meder, |le(in), Mater(son), Matter (× Matte), Mäter, Mether, Metter(lein) (vgl. Met)
Madoland: Mahland
Madolt: Mat(t)−, Mart−, Met|hold; Made−, Meden|wald
Medovikus: Matt|wich, wig, Ma(r)thwig, Mart−, Mard|wich, Mischf. Maßwig
Madulf: Medloff

Kf. Matto (auch zu MACHT): durch l verkleinerte Formen fallen mit denen von Madalher, Madalo usw. zusammen, andere mit denen von MACHT, besd. Machthild.− Math(mann); Matt, |ho, e, cke; Mat|je, ke, gen; Mad,| e, l, le, lin, inger; Mät|je, ke, Mättig, Mäd|l(e), eke, ge, chen, ing; Met|je(n), chen, Mett, |e(n), enius, ke, ing, Med|en, ele, chen, ing(er) (ON. Medingen mehrf.). Vgl. Matz

Mahl−, Mähl−: s. MAHL, Mahl auch MAL

Mahla: Gutn. Torgau

Mahlau: ON. Marienwerder

(Mähle): s. Mühle

(mahlen): Mahl|(e)meister, mann × MAHL, enbrey (s. Brei) (Bre), Mal(l)knecht, Mallmann

Mahler, Mähler: 1. „der Maler" (s. d.). 2. Madalher (s. MAHL). 3. ON. Mahl|au, en

Mahley: s. MAHL (Madalleich)

Mählke: s. MAHL, Kf.

Mahlstedt: s. MAHL

Mahn−: 1. s. MAGAN u. MANCH. 2. s. Mohn −**mahn** s. Mond (Mahnke auch pruß. N. Man(e)ke)

Mähn−: s. MAGAN

Mahninger: s. Meiningen

(Mahr): 1. „Alp", Ma(h)rlocke, Morlo|cke, g „Weichselzopf". 2. „Sumpf, See". Andermahr

Mahr−, Mähr−: s. MAR I

Mahr|aun, on, un: s. Maraun

Mähre: Mahrhaupt, Mehrkopf. Sieh Marschall, Marstaller

(Mähren): Mähr−, Me(h)r−, Meer|länder, Märlender; sl. Morawe(tz)

Mai: Monat × MAG Kf. und Magwald. Ndrh. Flurn. Mai < nl. hamei „Landwehrsperre"; FN. Ingenmey. s. in. Auch sonst wohl Flurn., so in Mayweg, Meiendriesch u. a. — Grünemay. Mai|baum = bohm (1. Pfingst|birke, tanne. 2. Flieder), busch, kranz, dorn, blüh, bücher (nd. −böker < Maibuche „Rotb. Fagus silvatica"), hack (Hag), wald (× MAG 1), holzer, hof = hav, (en)schein, zier, enthau, worm (nd. „Maikäfer"), renke (Karpfenart), kath (Katze); May|blum, roos = rose, danz, weg, kemper, bücher (Buche), schneider, enknecht; Mei|bauer = buhr, nzweig = enreis; Meyl-

bring = brink, borg = (en)burg, bier, luste

Maichle: s. Mauche

Mai(en)borg: ON. Meyenburg, Hann., Potsdam, mehrf. (× Magdeburg). Meyenberg

Mai|fahrth, gatter, rich: s. MAG

Maihirus: s. Magirus

Maikuß: s. MAGAN

Mail|o, e: s. MAG Kf.

(Mailand): (× ON. Moyland, Kleve u. vgl. Melang) Maylahn, Meylan, Mailänder (XVII rhein. Mailänder, auch Berufsangabe für den Steinmaurer)

(Main): Fluß. Mainbauer

Mair−: s. Meier

Mais: „Holzschlag" (vgl. MAIT), besd. bair. (Tirol. auch Maas < moas?). Mai|ß(l), singer, Mei|ß(l), ser > Mäuser. Dazu Urmetzer (ahd. urmeizo „Aushau") > Orbes (Buck)

Maisch: s. Morsch 2

Maisenhälder: ON. Maisenhälden, Neckarsulm. Maisenhölder, Meisen|helder, helter, hölder, Mesenhöller

Maisold: s. MAIT

Maißl: s. Meißl und Mais. Vgl. Maus

Maister: s. Meister

MAIT: zu got. maitan, ahd. meizan „schneiden" (vgl. Mais, Meißel, Steinmetz)

Meizolt: Maisold, Meis|olle, ohle > Meier Solle; Masolle(s), Massold, Mas|holl, holz, Mehsolle

Maiterth: s. Demetrius.

Maith: s. Magd

Majer: s. Meier und MAG

Majert: s. MAG (Megihart)

Majoli: s. MAG Kf.

Major: s. Meier

Majora(n): Pflanzenn. Meijoran, Mey|rahn, eram

Mak–: s. MAG und machen

Mäk–: s. MAG

Makarius: s. Macarius

Make: s. MAG (×MARK) Kf.

–maker: s. machen

Makler: hochd. Machler, Mächler, Mech(e)ler

MAL: slaw. Stamm, zu asl. malu „klein". Ma-l|y, ek, ich, ech, ick, k, etz, itz, isch; Mal-l|ach, asch, uschke, y; Mahl|ich, ke, ing, itz; Melk(e), Mauk, e, (i)sch (Małkš), Mausch

(Mal): „Grenzmal". Hommel < hochmal, Steimel(s) < steinmal (ON. Steimel, öfters)

Mal–: s. MAHL und MAL

Malberg: s. MAHL

Malcher(ek): s. Melchior

Malchow: 8 ON.

Malchin: ON. Mecklenburg

Maleike: pruß. N. Maleyke

Malenz: s. Malina

Maler: Mahler (s. d.); md. Mähler, Mehler (× Mehl), Mohler, Möhler. Zss. Rothmaler (s. rot)

Malina: sl. „Himbeere". Malin|ka, (ow)ski. Malenz „Himbeerort" (vgl. Himmerich). Malenzki

Malk: s. MAL

Malk(e)mus: ON. FN.

Malkomes: Malkomesius (Hessen), Malmes

Mall–: s. MAHL, MAL

Mall: schwäb. „Kater", fränk. „verdreht, verschroben"

Mallebrein: s. Brei

Mallien: pruß. N.

Mallinckrodt: Hofn. Mallingrodt, Hagen

Malling: 7 ON. Bay., Österr.

Mallknecht, mann: s. mahlen

Malsch: 1. mhd. (ndrh.) malsch „kühn, verwegen". 2. ON. Ettlingen, Wiesloch > Malschinger

(Malter): Getreidemaß. Malterer („Böttcher") × ON. Malter, Dippoldiswalde

Malz: Malz(n)er, Mälz-(n)er, Mel(t)zer (× ON. Meltz = Miltiz, Leipzig), Melz|l, (n)er, Mölzer; nd. Molt|er, mann, Mölter, Melter; fr.-opf., vogtl. Mulzer: 1. „Brauer", meist 2. = Malzmüller. Dieser auch Malz|korn, körn (vgl. Körner). Satzn. Quellmalz

Malzbenden(er): < ON. Malsbenden, Aachen

Mam–, Mäm–: s. MAGAN

(Mama): „Mutter". Wend. Mammach, Mam|ke, sch „Muttersöhnchen"

Mambrey: < frz. N. Mambru. Monbrey, Mumbrey

Mamertus: Hl. Mammertz

Man–: s. MAGAN und MANN

Man: sl. PN. Man(uš). Man|us, tz; Mannsch. Neman, Nemann

Manasse: hebr. Menasseh „der vergessen macht"; jüd. Man(n)es

MANCH: zu ahd. manag „viel"

Managolt (vgl. Πολυκράτης): Man(n)-Mon–, Men|gold, Mangl-holz, el(s), Mängel, Mengel(e). Kf. Mahn, |cke; s. auch MAND. Vgl. Kluge-Mitzka unter Mangold

MAND: zu ahd. mand-jan „sich freuen". Mand|hilt, uin, Mandelfred

Hierher viell. Mand|-rich, elt (< –walt), elartz (< –elhart?), Mandat (< –hart oder = Menath)

Kf. Manto: Mant(e) (soweit nicht < Hermann; vgl. Menzel); Mand(l) (× mande), Mänt, |el(l), Mändl, |e(n); Mend|e, el (jüd. = Emanuel), l, le(r); Ment, |e(l), en, ges (Ment, |e auch pruß. N.). Manzo (auch zu MAGAN, MANCH, MANN): Mantzel, Manz,|e, inger, ius; Mentz-(en); Menz, |e, (e)l, (l)er, ke, ing(er) (ON. München), mann; Mens|e, ing, sen; Menschl

(mande): ein breiter Korb. > Mandewirth (vgl. Werk)

Manderer: ON. Mandern, Trier, Waldeck

Manderfeld: ON. Malmedy

Mandl: s. MANN, Mann und MAND. –mandl: s. Mann

Mandler: 1. ON. Mandeln, Wiesb.; Mantel mehrf. > Mantler. 2. < mandel „Mangel, Tuchpresse". Vgl. Mantel u. Mangler

Mandry: poln. madry „klug". Mandr|ey, eck, ich; Mondr|y, e

Manegold: s. MANCH

Mäners: s. MAGAN

Manes: s. Manasse (nicht rhein. Kf. von Hermann)

Man|fraß, frost: s. Mannfraß und fressen

Mang–: s. Magnus und MANCH

Mängel: s. MANCH

Manger: ahd. mangāri <

lat. mango „Händler". Menge(r) (× ON. Mengen, Württ.). Zigermang (s. Ziger). –menger: Haferm., Eierm., Birnm., Essigm., Flachsm., Ferdm., Glasm., Wurzm., Fettm., Fischm., Strohm. (Strommenger), Pferdem., Ziegenm., Eisenm., (engl. ironmonger), Wadm. (s. wat). Genitiv: Mengers, Pferd(e)menges. Unerkl. Erdmenger. Mengehaber = Habermenge: Meng(l)haber
Mangler, Meng(e)ler, Mangmeister: s. Mandler 2
Manigk, Mank, |e(l): s. MAGAN und MANN. Manick: pruß. N.
Maninger: s. Meiningen
Mankenberg: ON. Mangenberg, Düsseld. mehrf.
MANN: zu ahd. man „Mann". Berührt sich mit MAGAN und MAND
Manifred: Manfred
*Manhart: Man(n)hardt, Mahnhardt, Mann|er(t), et, herz, Manetter, Mannetstätter, Manatzeder; Mischf. Man(n)shardt, Mank|art, atz
Manricus: Mannerich
*Mantheo: Manth|ei, ey, ai?
Manowald: Mann(e)wald, Man(n)hold (Mansholt: ON. Oldenburg)
Manaulf: Mischf. Mansolf
Kf. Manno (z. T. auch Übern. „der Mann", aber RN. Menlein Schalle, Bamberg 1337): Mann, | o, el, ich, chen, igel, ygel, s, sen; Man|dl (× MAND), eli, k, ig; Mändl|y, e, Mendel; Männ|(l)ing,

(e)l, lein, ichen, che(n), ingel, Mennle (doch vgl. Mann– bei MAGAN, Manz– bei MAND u. s. Man)
Mann: als Übern. s. MANN Kf.; auch „Dienst–, Lehensmann". – mann (ostfries. –ma): 1. in altd. Namen wie Herm., Volkm., Siegm. (Andresen, AStNSpL. 42, 1868, 409 ff.); 2. an Namen Lürm., Gennerm., Ölberm., Gerbelm. (fries. Halbertsma, Rainetsma); 3. an Kurzf. Kunzm., Ludm., Heinem., Ritzm., Klaßm., Bartelm. (Petermandl); 4. Orts- und Herkunftsangabe: Vorderm., Hinterm., Pfützm., Brinkm., Pommerm., Friesm., Prüßm.; 5. Berufsangabe: Bäckerm., Semmelm., Fuhrm., Pechm., Gleitsm.; 6. Übern. mit Eigenschaftsangabe: Süßm., Zartm., Biederm., Listm., Fromm., Nasem., Neum. (Grünmandl); 7. verschiedene Beziehungen: Lehm., Klosterm., Königsm., Tochterm., Süsterm.; 8. überflüssiger Zusatz (wie bei 2, 3 und oft –er): Papstm.; 9. Entstellungen: Kretschm., Thom.; s. besd. Simon
Mannem: ON. Mannheim
Männer: s. Menath
Mannesmann: < Mannes < Hermann
Mannewitz: ON. Sachsen
Mannfraß: „Menschenfresser"; > frast, frost. Vgl. fressen
Mann|haupt, kopf: s. Mohn
Manninger: s. Meiningen
Mannmeusel: jung
Mannschatz: ON. Oschatz

Manschke: tsch. mansky „Lehensmann"
Mansholt, Mansolf: s. MANN
Mansuetus: lat. „mild". Hl. (Toul) > Mositus: Most, Möst, Moest, Möstl
Mant–, Mänt–: s. MAND
Mantau: vgl. pruß. N. Mantawte
Mantel: 1. Kleidungsstück. Mäntele, Mantler, Mäntler (× MAND und Mandler), Menteler, Langenm., Winterm.; 2. bair. „Kiefer". Mandl, | er, inger; Mantl, |er, inger; Scheide|mantel, mandel (Grenzbaum). Vgl. Zuckmantel; 3. ON. OPf.
Manthey: ON. Mantey, Neumark (jetzt Mantel)
Mantwill: s. Teufel
Manuel: s. Emanuel
Manz(en), Mänz: s. MAGAN, MAND, MANN
Mappes: s. MAG (Magubrant)
MAR I: 1. zu ahd. marah „Pferd" (nhd. „Mähre"). 2. ahd. mari „Meer". 3. (im zweiten Teile wohl stets) got. mērs, ahd. māri „groß, herrlich, berühmt" (vgl. nhd. „Märe"). Schon im 1. Jhdt. Segimerus (ē > ā). Auch keltisch: Indutiomarus, aber sl. (Vladi)meru wohl aus dem Germ.
Marabalt: Merbold(t), Marpelt
Marabert: Marbert, Mer|beth, bt (oder < Meriboto)
Maroboduus (viell. kelt.), Meriboto: Meer|both(e), bott (vgl. Marabert)
Martac: Martag, Mortag, Murtagh

Marafrid: Me(h)rfort, Merfert, Marferding
Merigarda (weibl.): Mergard
*Maragot: Margotte (vgl. MARK, Marcoald)
Marachar: Mar|herr, er, Mehrer (× < Mähren), Märers
Merhart: Marihart, Ma(h)ret
Maroald: Mahr|hold, ol(d), (en)holz; Mar|(h)old, ohl, lott, litt, Meer(h)olz (× ON. Hanau), Me(h)rwald, Merold, Mohrholz (KS)
Meroveus (< WIH), **Merwig** (< WIG): Mar|weg, wey
Maruin: Meerwein Kf. Mar(r)o, Merlus, Mariza (vgl. MAR II): Mar|e(ll), ing, ung, (e)z, tz, s, sing; Mahr, Marr(e), Mär|ell, ez, Mähr, Mährlein; Mer|l(o), ling, lein, z(el) (vgl. Merl; Merz auch Monatsn. u. mehrf. ON.), Meer; Mehr|l, le(in), en, ke (auch pruß. N.), ing(s) (× mehrf. ON.) Auslautend: Volkmar, Garmer(s), Sigmair

MAR II: sl. Stamm, zu mar „verderben"; wend. mar „Tod" (FN. Mar); Maroslaw. Mar|s(ke), sal, sek, osch, otz, sard, Marz, |ahn, ander, usch, Martz, |(an)ke [vgl. ON. Marzahn(a)], Marr|ach, och, Marsch|ke, atz; Mora|s, š: Mor|as, atz (ON. Cammin), atschke, Morsch(ek)

—**mar:** 1. in altd. PN. s. MAR I. 2. in ON. zu Meer, Mahr „stehendes Gewässer", versumpfte Quelle": Geismar. Beides zu —mer geschwächt

(1. Germer; 2. Görmer, ON. Erfurt; Genschmer < ON. Genschmar, Frkf. a. d. O.). Vgl. Weimar. 3. < —meier: Feldmar

Maraun: pruß. N.; vgl. PN. Merun und ON. Maraunen < Merunen. Mahr|aun, on, un, uhn, Maro(h)n, Maruhn, Merone

Marb: 1. mhd. mar, marwes „mürbe, zart"; vgl. Morsch. 2. < ON. Marbach (29 Orte); Marber „Marbacher". 3. < frz. Marbois (Freib. i. Br.)

Marcellus: lat. N., Vklf. zu Marcus. Hl., Papst M. IV. Marzell (× ON. Konstanz), Marcelli; entstellt zu Marzolf: Marz|loff, luf(f) > Merzluft, Mertzlufft

March—: s. MARK und Mark
Marchan: s. Marschang
Marchthaler: ON. Württ., Marthaler
Marcilius: s. Marsilius
Marcus: röm. RN.; als Hln. viell. < hebr. Mar Chusi „Herr Schwarz", wofür die jüd. Form Marcuse spricht. Mar— ist in hebr. N. nicht selten. Evangelist. Marc, |us, i; Marzi, Marzy; Mark|s, es, ussen, xen; Marx, |(s)en, er, (en)bauer, müller (× ON. Marx, Hannover; Kf. von Markwart), Hansmarx; Merk; Merx. Sl. Mark|el, usch, uski, Merkel, Kuschke; obschles. Kussek, Kuzka, Makiola, Mar|zinek, zok, zyk. Merkanton < Marcus Antonius

Märdel: s. Martinus
Marder: Tiern. Marder (aber Marder|steig, steck s. Marter)
Mardin: s. Martinus

Mardwich: s. MAHL
Mar|ein, ey: s. Maria
Marferding: s. MAR I (Marafrid)
Marg—: s. MARK und Mark
Margalit: hebr. „Perle". Frauenn. Marguli; Metr. Marg|ulies, osches (KJ)
(Margareta): gr. „Perle". Hl. Margreth, Morgreth; Genit. Margarethä; Gret|e, en, ener, chen, hlein, enkord (Kurt), Greth|-(l)er, lein, Greite, fries. latinis. Gretus. Auch mehrf. ON. Margareth(en).
Marg|ath, eth: s. MARK (Marchart)
Margetand: s. Marketend
Margies: pruß. N. Margis
Margotte: s. MAR (Maragot) und MARK (Marcoald)
Margreiter: wohl < markreute
(Maria): hebr. Mirjam; Deutung unsicher. Marey; Gen. Marien, Marein; Mariel? Marianne. Oft in ON. Marien|wald, thal, feld; Mergen|hagen, thal (ON. Böhmen, Sachsen), Sammereyer (Kärnten), Sommereier < Sanct Marien. Weiterb. Marianus: Marian
Maritz: s. Mauritius
MARK: zu ahd. marka „Grenze". Mischt sich mit marh „Pferd". Vgl. MAR I
Marcbert: Markbert
Marchart: Mark|hard, e(r)t, Marchart, Mack|art, ert, Marg|ath, eth, Märkert, Merk|hardt, (er)t, Merget; Mischf. Marxardt, Matza(r)t, Mass|a(r)t, et, falls nicht alles < Marcward

Marchari: Marker, Märker, Merker (× Mark)
Marcoald: (Marcoldus XIV) Markwald auch Flurn.), Markott? (vgl. MAR, Maragot)
Marcward: Mark|war(d)t, wat, wor(d)t, quard, kurt (> Markonrad, Magerkurt, Mahrkordes), Marquard, |t (ON. Potsd.), sen, ing; Marqu|ad, et, aß, ering, Margwardh, Morquardt, Muquardt, Mergert, Merk|wart, ord, wirth; dazu die N. bei Marchart. Vgl. Mark 1
Marculf: Markloff, Marg|olf, off. Mischf. Marzolf (vgl. Marcellus) Kf. Marcho: Marc|o, us (s. d.); Mark, |(e)l, eli, lein, lin, t, (e)s, mann, Marckhl, Marche(l), Maak, Mack, Make(ns); Märk|i, el, tl, Märcklin; Merk,|e(l), li, le(in), in, en, linghaus; Merg|e(le), lin, Merch|e, l, lschwaiger (s. Schwaige), Mekkel; Marx, |(s)en, er (vgl. Marcus), Märx, Merx. Zsr., Zss. Daubenmerkl, Rosen–, Neu|merkel
Mark: 1. „Grenze" (s. MARK), mehrf. ON. Von der Mark, Marchner, Mark|stein(er), tanner; Bismarck, Markmann. Marcwart auch wörtlich „Grenzwart". 2. „Grenzland" (Brandenburg, Grafschaft Mark). 3. „Feldmark, Gemeindegrundbesitz". Zu 1—3: Marker, Märker, Merker (× Marchari). Zu 3. Mark|hof, feld(er), Margner, Märgner. 4. in ON. auch < Markt: Neu|mark,

märker (auch zu 2); Nieder–, Ober|mark. 4. Geld (B. 1, 298): Hunder(t)–, Sieben|mark. Achtmark(t)
Markel: s. Marcus und MARK Kf.
Marketend, Margetand: „Marketender"
Markgraf: zu Mark 2. Mark|raf, gräfe; Marggraf(f), Margraf
Markstahler u. dgl.: s. Marstaller
Markt: vgl. Mark 4. Märkt, Merkt; Jahrmarkt. Mark(t)meister
Mark(t)scheffel: s. Schaff
Marku|s, se: s. Marcus
Marl|ecke, icke: s. Merl
Märlender: s. Mähren
Marmagen: ON. Aachen
Marner: mhd. marnaere „Bodensee-Matrose" < lat. marinarius
Marnitz: ON. Mecklenb.
Maroder: < lad. casa murata, also „Steinhäuser"
Maro(h)n: s. Maraun
Marpelt: s. MAR I
Marqu–: s. MARK
Marr(e): s. MAR I Kf.
Marrettick: s. Meerrettich
Marsch: fruchtbares Land am Wasser (nicht nur an der Küste). Auf der (v. d.) Marsch; Marsch,|ner, hofer, meier (× pruß. ON. Marsch; auch Marscheide), Märsch; Masch,|e, (n)er, mann (× ON. Masch mehrf.; Maschen, Lüneb.), meyer; Maasch. Mersch (mehrf. ON.), |en, (n)er, (h)eim, meyer, hemke; Mers|mann, kämper; Mesch(mann); Morsch(häuser) (vgl. Moor), Mörsch(ner), Mösch
Marschall: ahd. marahscalh „Pferdeknecht", später kaiserl. Hofbeamter (ON. Marschall,

OB., Salzb. > Marschler), Marsch|all, alk, lich; sl. Mar|zall, szalek
Marschang: frz. Marchand. Marchan
Marsch|atz, ke: s. MAR II
Marschler: s. Marschall
Marsilius: unerkl. Kölner Hl. Mar|sil, cilius, Zillessen (Cellissen)
Marstaller: < „Marstall" (s. MAR I, auch ON.), „Pferdeknecht, Roßarzt". Marsteller, Mark|staller, steller, stahler
Mart–: s. Martinus
Martag: s. MAR I
(Marter): bair. „am Wege errichtetes Kruzifix, Denkmal für einen Unglücksfall". Auch Marter–, Matter|stock; Mehrz. Marter–, Marder|steck > Martinsteg. Der Weg dazu: Marter–, Matter|steig; ndrh. von der Mortel
Marth–, Märth–: s. Martinus
Marthaler: s. Marchthaler
Marthold, Marthwig: s. MAHL
Martinus: lat. „dem Gotte Mars gehörig". Hl., Bischof von Tours, † um 400, Patron von Mainz und Erfurt. Martin,|(i)us, i, ke, s(mann), sohn, er, steller; Martle, en(smeyer), ienßen, y, ig (wohl < –ing), l(reither), ner, ein (diphthongiertes ī; Mathein), Marth (× ON. Pfalz, Eichsfeld), Marthen, Mardin; Märt|in(s), ens, gen, lhuber; Märthiens, Märdel; Mertin, |i, s, z, sen, ke; Mert|e, en(s), enz, es, el, a (NF), ig, ke, gens, ner (× ON. Merten,

Köln); Merdens, Mehrten(s); Mortensen, Mört|l, el, enhuber, Mördelmeyer (Mordt, Morth He); T(h)innes. Zss. Schmittmarte, Märtlhuber, Mertelmeier. Herdemerten(s), Borgmerthen. Balt. Martineit, slaw. Martsch(ke), Mjertyn, Mjet|ko, ašk, Meta|ck, g, Mett|ausch, ig, ing, ke; Miet|as, chen, ge, ig, ing(er), Mit(t)|as, asch, Mittag, Midas, Mith|ke, ing. (Ursprgl. wohl ein alter sl. PN.; vgl. tsch. Mitec, russ. Mitka, wend. FN. Měto > Miethe, Müthe. Zu asl. myto „Lohn"?)

Martinsteg: s. Marter
Martius: junge Latinis. für Merz
Martsch(ke): s. Martinus
Martwich: s. MAHL
Martz: s. MAR I
Mahruhn: s. Maraun
Marwede(l): ON. Lüneburg
Marx–, Märx: s. Marcus, MARK
Marz–, März–: s. MAR, MARK (März auch Monatsn., mehrf. ON., auch ON. Mertitz, Meißen; Merzluft s. Marcellus). Vgl. Martius u. Merzler
Marzall: s. Marschall
Marzell: s. Marcellus
Marzi: s. Marcus
Märzler: s. Merzler
Marz|loff, luff, olf: s. Marcellus
Mas–, Maes: s. Thomas
Masch–: s. Marsch; Maschke, Mäschke s. Matthäus, Thomas, Musch; Mäschle s. Mast
Maser: 1. Knorren. 2. Holzbecher. 3. wend. „Tüncher". Zu 2: Maserkopf. Vgl. Moos

Masholz, Masolle u. dgl.: s. MAIT
Maske: s. Thomas
Masloff: s. MIĆI
Maß: s. Thomas (vgl. Maas)
Mäß: s. Bartholomaeus
Mass|a(r)t, et: s. MARK
Maßberger: ON. Rinteln
Maßfelder: ON. Meiningen
Massek: s. Moos
Masselter: s. Maßholder
Maßholder: „Ahorn". Masselter
Massing(er): ON. Bay., Steierm.
Mäßner: s. Meßner
Mastboom: „Buche, Eiche, die Schweinemast liefert". Mastbaum
Maßwig: s. MAHL
Mast: schwäb. Adjektiv „fett". Mästle, Mäschle, Meschle
Masu|ch, ck: pruß. N. zu apreuß. massais „klein". Masseit, Masuth, Massute, Massoth
(Masuren): Masu(h)r, Masurke, Mazur(ke)
Mat–: s. Matthäus, Matthias, MAHL (Ter Maten: s. Matte)
Mät–: s. MAHL
Mater, Mäter: s. mähen
Maternus: lat. „der Mütterliche"; Hl., Jünger des Petrus. Matern(e), Mathern(e), Mattern(e), Maderner; Ternus, T(h)ernes. Wendisch Materna (auch die N. auf –e?)
Math–: s. Matthäus, Matthias, MAHL
–math: s. Matte
Mathein: s. Martinus
Mather: s. Matte
Mathy: < frz. N. Mathy
Mating: = Matting
Matrose: jung
Matsch: s. Matthäus und Matz
Matscholl: s. Motschall

Matt–: s. Matthäus, Matthias, MAHL
(Matte): „Wiese", nd. made, mate, mede. Ter Maten, Ter–, Over|math, Vermaaten (Köln); Zumatten, Andermatt (ON. Schweiz) > Odermatt; Matt, |li, er, ner, ler, linger, mann, stetter, müller, enmeyer; Mather, Strittmatter (vgl. Streitwieser)
Mattenklott: „Quarkkloß"
Matter(n)(e): s. Maternus
Matter|steig, stock: sieh Marter
Matthäus: hebr. „Geschenk Jahwes". Apostel u. Evangelist. Von Matthias und in den Kf. von altd. Matto (s. MAHL) nicht sicher zu trennen. Matth|äus, ae, ai(s), eih, aiwe, äsius, äser, esen; Math|ä(u)s, äi, ei (zweisilbig), eus (zweisilbig), ebus, ew(e)s, ees, eß, es, esius, eisl, auser (wohl sl.), Franzmathes, Mattes(sohn), Mades, Mothe(u)s, Mottes, Modes, Motz. — Kf. 1. Matt|le, ke; s. auch Matz. 2. Theu|s, ßen; Thees, Theeßen (× ON. Theesen, Bielefeld; Theeßen, Jerichow), Teesing, Thessenga, Thesmann, Teves, Tew(e)s, Thev|en, issen, Teuwsen, Dew|eß, es; Devissen; Deb|(e)s, us(mann), usch, Theebusch; Däv|es, eßen, Dehus, Deus(s)en (× ON. Dortmund); bair. Hoiß, Hoisle. — Slaw. Matus: Matt|usch(ke), ausch, (h)auch, ig, Matousek, Mättig; Matth|e, eck, us, Math|o, e, ing; Matsch|ke, enz; Matzke, Mätzig;

Maschke (× Thomas), Mäschke; Teiko, Teike; obschles. Maskus, Matzik, Mazeus. — Frz. Matthey > Matt|he, ee

Matthias: Dasselbe wie Matthäus (s. d.). Apostel (Apg. 1, 23). Matth|ia(s), ea(s), äas, iä, ie, iasen, i(e)s, eisen, ison, iesing, ix (< –iges); Math|(e)is, ießen, iebe, iewe, Mattis, |ke, son; Mat|ies, iebel; Madeia. — Kf. 1. = Matthäus, Kf. 1.—2. Thias, Thie (vgl. Tie); Thie|ß(en) (× ON. Thießen, Anhalt, Merseb.), sen, sing, ser, bes, ges; Thi|bus, ssen, sius, gges; Tie|be, gs; Ti(e)ves (ndrhein. < Thevis < Matthäus); Tissen, Thya, Thy(wi)ssen, Thys; Thei|sel, ssen, ßig; Theyson, Thays(s)en; Die|ß, sing; Dissel, Dei|s, ser (× TAG); Hiese(l), Hiesl > Hirsl; Hies|bauer, |maier, Haisjackl; dazu manche Kf. bei HEIT. — Sl. Maty(sia)k, Mathiaschk, Matz|ek, inger, Mätz|ing, ig, ke, Mittag × Martinus

Mättig: s. MAHL
Matting: ON. Regensburg
Mattlener: s. Magdalena
Mattusch(ke): s. Matthäus
Matull: pruß. N. Matulle
Mat(t)|wald, wig: s. MAHL

Matz: meist dt. oder sl. Kf. von Matthäus, Matthias; doch auch zu den verbreitetsten N. von MAG, MACHT, MAHL, MAR, MARK
Matz, |el, inger, eder; Mätz, |e, chen, ig, ing. Metz(el): s. Metz; Matz(n)er, Mätzner „Mattenflechter" < ahd. matze; Matz|ek, ki, ke, Matschke auch zu tsch. macek „Kater"; vgl. auch sl. PN. Mazilo „Männchen", Mazal „Schmierer", Matzuk. S. Messing

Matzenbach: ON. Pfalz, Württ.
Mätzler: s. Metzler und Matz
Matzner: s. Metzner
Matznick: sl. macznik „Mehlhändler, Bäcker"
Maubach: 5 Orte Rhld., Württ.
Mauch(e): Deutung unsicher; s. NS., Bre. — Maucher, Meucher: ON. Maucha, Bomst; Mauchen, Baden. — Mauchle, Maichle, Müchle: „furchtsamer Mensch" (zu müchen „sich ducken")
Mauder(er): zu maudern „mürrisch sein"
Maudt: s. MUT I Kf.
Maue, Mauf(f), Mauve(r): < mhd. mouve „Ärmel" (vgl. Muff; × ON. Maua, Jena und unerkl. häufigem ahd. PN. Mauwo, wozu Meuwly; nd. Maue < Bartholomäus)
Mauer: auf der M., Inderm., Oberm., Maurer auch örtlich „an der M."; Mauer, |er, mann, hof, stetter; Maur|(er)meyer, eder = öder, ach (zu –ach 3), hoff. — Schweiz. Murer (auch dän.), Zermur, Schwarzmurer, Gmür („Gemäuer"), nd. Muhr(mann), Muermann; oft mit Umlaut: Mäurer, Meu(e)rer, Meurer(s), Mührer, moselfränk. Mayrisch. In diesen Gegenden, aber auch sonst, Mau(e)r vom häufigen ON. Mauer(n). Dazu auch Maurer
Maueritius: s. Mauritius

Mauff: s. Maue
Mauk–: s. MAL
Maul: nd. Muhl. Vklf. Mäule, Meyle (doch s. MAG Kf.). Kußm. (südd., doch vgl. kosma); Schmutzm. < mhd. smutzen „schmunzeln" oder smuz „Kuß", Schmi(e)rm. < smiren „lächeln". Froschm. — Krimaul, Krum(bs)maul: s. GRIM, Grimoald
Maulhardt: s. MUT II
Maulshagen: s. Mauelsh.
Maulwurf: < ahd. multwurf „Müllwerfer"; schles. Mondwurf (> Mondwolf); obd. Mauroff; dazu nd. multhāp „M.shaufe", Mult|hauf, hoff, haup(t), hop, vgl. ON. Multhöpen, Hameln; Mül(l)haupt, Müloft, Mühlenhöft
Maune: ON. Mauna, Meißen
Maur, Mauracher: s. Mauer und –ach 3
Maurelius: Hl. Morel(l), Moril(l); vgl. Mohr
Maurenbrecher: Sturmbock bei Belagerungen
Maurer, Mäurer: s. Mauer
Maurinus: Hl. Meurin, Morin, Mory, Maury
Mauritius: Weiterb. von Maurus. Hl. Märt. Seine Lanze war Reichskleinod. Maurit|ius, i, zius, z, ze; Mauritius; Mori|(t)z, tzer; Maritz, Möritz, Meritz; Ritz, |i, mann. Morritzen, Mertzen. Moritz auch < frz. Maurice und mehrf. ON. — Wend. Moreitz, Morko
Mauroff: s. Maulwurf
Maurus: lat. „der Maure", Hl., Maur|us, en
Maus: Mauß, Mausli (schweiz.), Mäusl, |e(in) (× Bartholomäus); Meus-

lin, Meusel (s. d.), Müßle, Maisel, latinis. Musculus, Muskulus. — Zss. Mauskopf, Mauseküttel (Dreck); Mäußnest, Meisnest. Vgl. Geier. Nd. Mu(u)s, Musebrink, Musedot. — M(a)user, Mäußer (× Mais), Meuser, Müser „Mäusefänger", besd. „Schermausf." = „Maulwurfsfänger", doch auch < mhd. mūʒaere = mūʒervalke „Falke, der sich gemausert hat"

Mausbach: 4 Orte Rhld., Westf.
Mausch: s. MAL
Mäusezahl: s. zagel
Mausha(c)ke: s. Mus
Maushammer: ON. Mausham, N.-Bayr.
Maushart, Mauseholz, Mausbel: s. MUT
Maut–: s. MUT
Maut(n)er: < mlat. mut(on)arius „Zöllner". Meuter(s) (× MUT)
Mautz: s. MUT Kf.
Mauve(r): s. Maue
Mäw(s): s. Bartholomäus
Maximilianus: Märt. Maximilian. Max, |l, bauer, reiter (B. 2, 41)
Maximinus: Weiterb. von Maximus. Hl. Maximini
Maximus: lat. „der Größte". Hl. Maxim
Maxsein: ON. Maxsain, Selters. Maxeiner
May–: s. Mai und MAG
May(e)r: s. Meier
Maylahn: s. Mailand
Mayn|ard, k: s. MAGAN
Mayreder: s. Öd–
Mayrisch: s. Mauer
Mebert, Meboldt: s. MAG
Meb|(e)s, (es)ius, us: s. Bartholomäus
Mech–: s. MAG und Mesche (× sl. mech „Moos"; Mechauke „Moosbeere")
Mechelburg: s. Mecklenb.

Mechel(k): s. Michael
Mech(e)ler: s. Makler
Mechsner: s. Meißner
Mechtold: s. MACHT
Mechwart, Meck–: s. MAG
Meck, |el(in): wohl „Ziege"
Mecklenburg: Mä(c)kel–, Mechel|burg, Meckelburg(er)
Med–: s. MAHL
Medau: ON. Medow, Anklam
Medefindt: s. möten
von der Meden: s. Mitte
Meder: s. mähen und MAHL (Matheri). Mederer
Medest: s. Modestus
Medicus: studierter Arzt; it. u. schweiz. Medici
Mediger, Mäd(i)ger: ON. Medingen, Radeburg < Medigaw
Meding: mnd. medink „Mietling"
Meeg: s. MAG Kf.
Meelfs: s. MUT (Modulf)
Meemken: s. MAGAN, Kf. Membo
Meen(c)ken: s. MAGAN Kf.
Meer: „Größeres stehendes Gewässer" (vgl. Mahr und Steinhuder Meer). Van der Mehr = Vermeer, von Meer, ter Meer. Meer|mann, kamp, beck, katz („Affe"). Aber Meer, |bothe, bott, holz: s. Mar I; Meerländer s. Mähren
(Meerrettich): Me(e)rrettig, Mered(d)ig, Marretti(c)k; falsch verhochdeutscht: Meer–, Merr|essig
Mee|s, ß: s. Bartholomäus
Meester(s): s. Meister
Meeter: s. Messer 1 und Met

Meeuwsen: s. Bartholomaeus
Meff, |ert, le: s. MAG
zur Megede: Hausn. zuo der M. = „Magd, Jungfrau Maria" = zur Frauen (nach Jellinghaus, Die westfälischen Ortsnamen, < Mengede, mit Anhängsel –ede)
Megenhart: s. MAGAN
Megerle: s. Mager
Megnet: s. MAGAN
Mehl–: s. MIL
Mehl: mhd. mēl, Genit. melwes. Kornm., Haberm., Erbsm., Sagem., Segm., Stoffm. s. stieben. — Satzn. Kaufm. (spöttisch etwa „ein Bauer, der M. kaufen mußte"). — Mehlmann (× MAHL) = Melfürer = Mehler (× Maler und ON. Mehl|e, en mehrf.), bair. Melber, Melwer, Milber, Meller, Mölber(t), Habermelwer, Musmelber (aber Mehlbeer zu Mehlbaum „Weißdorn"). Mehl(h)ose (dass. Mehl|haus, hase); Mehl|staub, stäubler (Einöde Pfarrkirchen), hop (Haufen); Mehlsack schon Augsb. XIV, also wohl nicht ON. Preußen. Mehltrit(t)er bedient die Tretmühle. Aber Mehl|garten, hart: s. MAHL.
Mehltau: s. Meldau. Pappmehl: s. Mühle
Mehlau: ON. Mehla, Greiz > Mehlei
Mehlem (Mellem): ON. Bonn
Mehlen: ON. Guben, Prüm, Waldeck
Mehles: s. Haus
Mehlin: ON. Möhlin, Rheinfelden
Mehlis, Mehliß: ON. Thür. Mehls, Möhliß
Mehmke: ON. Salzwedel

Mehn–: s. MAGAN
Mehr–: s. Meer u. MAR I
Mehr: s. Meier
Mehrkopf: s. Mähre
Mehrlülf: s. LEUTE (Liudulf)
Mehrten(s): s. Martinus
Mehsolle: s. MAIT
Mehwald: s. MAG
Mei–: s. Mai
Meibert: s. MAG
Meiche: s. Meuche
Meichell: s. MAG u. Mauch
Meichsner: s. Meißner
Meid: s. Magd
(meide, |m, n): mhd. „Hengst, Wallach". Meid|hof, enbauer; meidenen „kastrieren": Meid(n)er, Meitmann
Meider: s. Mahder, meidem
Meiel: s. MAG Kf.
Meier: I. < mlat. maior (villae), daher gleicher Herkunft wie nhd. Majór, engl. mayor, frz. maire. Ursprünglich Verwalter des herrschaftlichen Haupthofes, erhielt im XI.|XII. Jhdt. oft den Hof als Lehen, trat gelegentlich in den niederen Adel über (schweiz. Meyer von Knonau, Siggingen, Mörsburg, Hochfelden, im Wörth). Die Haupthöfe wurden oft geteilt (Gegensatz: Vollmai(e)r), neue Meierhöfe begründet; der Meier wurde zum Erbpächter, aber nur ausnahmsweise „abgemeiert". Schließlich wurde M. vielfach überhaupt = Großbauer u. Pächter. In Lippe wurde M. noch in den letzten Jahrhunderten Zusatz: Auf derselben Stätte 1571 Lüdeke Peter, 1600 Peters Joest, jetzt Petringsmeier; 1590 Hans Bertram, jetzt Tramsmeier; 1590 Bussenkurt, jetzt Bussemeier; 1507 Goschak under den Eken, jetzt Eikmeier. Das Meiertum fehlt in Mitteldeutschland; es gibt Neu- und Niemeier, aber keine Naumeier (ostfrk.-hess. dafür Hofmann)

Der Schreibweise nach sind die N. mit e meist nord- und südwestdeutsch, die mit a bairisch

Einzeln: Mei(e)r, Mey(e)r, Me(i)jer, Mai(e)r, May(e)r, Maiyr, Majer, Mehr (Glatz), Maiers, Mayer|s, n, l, Megger, Meyer|s, n, le, lin, lein, ing(h) (alles: Sohn des M.s), mann, Meiring, Meyri, Mägerle (vgl. Mager). Bergisch Meiger; latinis. Major, Majerus Zss., Zsr. Meier|hoff, kamp, ecker, eder, kord, drees, ewert, hans, jost, ginter, seidl (s. auch Mager), Meiertoberens. Meyer|siek, straße, dirks, Meyr(s)hofer, Maierhofer (oft ON.; Meierhöfer > Meyhöfer u. dgl. KS.), Mayer|böck, otto, Mayr|öder, eder, gschwentner, hörmann, Mairandres = Mairendraß. Meyer v. Bremen, Meyer zu Eißen, Mayeramgraben, Mairanderlahn. –meier (–maier usw.) 1. mit altd. PN.: Appenm., Arensm., Brenninkm., Burkhardsm., Cordlm., Dierksm., Engelm., Friedrichsm., Gangelm., Godelm., Hart(ings)m., Hartlm., Heinzelm., Herbrechtsm., Hilkem., Hinzm., Luckem., Noltem., Ott(o)m., Peppm., Seitzm., Thulem., Ullem., Weindlm., Werndlm., Wolfm. — Mayrginter (1315 Maierhoff ze nider Olang, den Günther baut, 1389 Mayrgüntherhof [Tirol])

2. mit kirchlichen N.: Clausm., Gallm., Hanslm., Hießm., Jürgensm., Peterm., Stofferm., Stienkem. (Christine)

3. Angabe des Berufes, der Waren usw.: Schäferm., Schmidm., Schneiderm., Krugm., Eisenm., Glasm., Hippenm., Pfeilm., Schürzm., Stiefelm., Schuhm., Zwilgm., Bierm., Grützem., Milchm.

4. Eigenschaften: Altm. = Oldem., Neum. = Neim. = Niem., Jungm., Kleinm., Breitm., Dir(r)m., Lang(e)m., Blaßm., Weißm., Schwarzm., Gram., Kahlm., Reichm., Fröhlichm., Heulm. (oder < Heilm. Nr. 9), Grobm., Zierm. = Schmukerm., Schuldm.

5. Wohnort: M. zu Osterhausen, zu Spelbrink u. dgl. (s. oben), zum Vorwalde, zum Vordenfelde (s. auch vor, Vorwerk), zu Ratmerinkhausen > Rattenmeier, zur Capellen; Krukem. < ON. Kruckum, Timmerm. < Vorwerk Timmern bei Iburg, Gildem. < Gilten a. d. Aller

6. Flüsse und Berge: Weserm., Eckerm. (Harz), Hackem. (Hannover), Hasem. (Osnabrück), Loberm. (NBay.), Schmutterm. (Augsburg), Vilsm. (OPf.), Nettem. (Osnabrück), Harzm.

7. Lage des Hofes: Ost(er)m., Westerm.,

Hochm., Nedderm. = Niederm., Oberniederm., Fo(r)derm., Mitterm., Wegm., Stegm., Burgkm., Bruckm., Thorm. = Dorm., Mühlm., Schulm., Freudhofm. (freithof „Friedhof"), Lanwerm. („Landwehr"), Bergm., Höwelm. = Hüvelm. = Bühlm. = Bielm. = Pichelm., Steinm., Brinkm., Kamp(f)m., Doblm., Klingenm., Eckm., Kniem., Kne(e)m., Oberholtm., Waldmeier > Wallmeier, Heid(el)m., Schachenm., Ohlm., Wehm. (s. Wede), Schwendm., Staudenm., Stockm., Rothm. = Reitm., Siglreitm., Riedm., Rittm., Ödem., Aum., Angerm., Wasenm., Ma(r)schm., Brühlm. = Brielm., Pfitzenm. = Lachenm., Bekem. = Bachm. = Riem., Moosmair, Sumpm., Ablaßm., Pump(en)m., Galgm. (nach einem galgbrunnen, Ziehbrunnen)

8. Bodenbeschaffenheit: Sandm., Kiesm. = Grießm. (> Chrismar), Modderm. = Dreckm. = Kothm.; Kalkm.

9. Art des Hofs und Einzelgebäude: Vollm. = Heilm., Halbm., Doppelm., Kottm., Heuselm., Stadelm., Schürm., Schindlm.

10. Bodenerzeugnisse u. dgl.: Gerste(n)m., Hi(e)rsem., Kornm., Lins(en)m., Fesenm., Weinm., Eierm., Käsem., Brotm., Stro(h)m., Heum., Salatm., Birchm. = Pyrkm. = Birk(en)m., Elsem. = Erlem., W(e)idenm., Linde(n)m., Piltzm., Ziegelm.

11. Tiere: Viehm., Hengstm., Stutenm., Ossenm., Kaum., Lampelm. = Lämmerm., Gaism., Hasenm., Kaz(en)m., Guggum., Drosselm., Vinkem., Kreym. = Kre(h)m., He(h)rm., Krönkem. (Kranich), Grillenm., Imkem. = Bienm. = Beinkem., Hummelm., Froschm. = Poggem.

12. Verpflichtungen und Abhängigkeit: Lem., Lech(en)m. („Lehen"), Frohnm. (Gegensatz Freim.), Centm. = Zehendm. = Techtm. = Teckem. (s. teget), Zinsm., Kammerm., Closterm., Kl(a)usm., Absm. = Abbetm., Pap(e)m., Mönnekenm. = Münchm., Kirchm., Do(h)mm. („Dom") = Thom. > Daum., Da(h)m., Deschm. (zu dreschen), Plogm., Hundem. (vgl. Gebauer), Johannsm., Martensm., Osterm. (nach Terminen?)

13. Berechtigungen: Amtm., Diekm. = Grichtm., Richterm., Schultem., Grafm. (als Unter–, Holzgraf) = Grevem., E(he)m.

14. Verschiedenes: Buerm. (1574 Bernt van Buer), Himmelm., Weltm., Düvel(s)m., Stiefelm., Müssem. (Mütze), Kugelm., Görtelm., Kollerm., Eisenm., Ledderm., Tischm., Leppelm., Löfelm. — Weiterb. Meyerding nach dem Muster von Meinerding. — Gehmeyer

II. Ausnahmsweise noch anderen Ursprungs: 1. < Magher s. MAG. 2. ON. Mayen, Koblenz; Meigen, Solingen. 3. < meien „mähen", vgl. Meiger; so fries. Vormeier (Vormeier < Formauer KS). 4. Meiermann < Flußn. Meier, Hannover. 5. Meier Solle s. MAIT. 6. < sl. -mir: Gaßm., Gatzem. (Casimir), Zollm. (Sulimir), Ratm. (Ratimir), ähnlich Postm. (Pozdimir), Prostm. (vgl. Prostibor), Trippm. (vgl. Trebeslaus). Sieh auch Schittm. bei DIET, Theudemar. 7. In Nowawes Meier < sl. N. Mirowo Auslautend auch < mer < mar: Geißmeier < ON. Geismar. Germaier, Wiemeyer, Dit(t)meyer, Kretschmeier, wohl auch Wollmeier; umgekehrt –meier > mer: Stromer, Zellm(ei)er, Schmidtmer, Wehmer; > mar: Feldmar. Auch Wechsel mit –meister und –mann kommt vor

Meiert, Meifert: s. MAG
Meigen: s. Meiger
Meiger: 1. ON. Meigen, Siegen. 2. mhd. meiger „Meier". 3. < meigen „mähen", vgl. Mahder
Meihold: s. MAG (Magvald)
Meijoran: s. Majoran
Meil–: s. MAG Kf.
Mein–: s. MAGAN (Mein|gast, kuß; dort Meingoz)
Meimbresse, Meinbresse: ON. Meimbressen, Hofgeismar
Meinbrecke: ON. Meinbrexen, Holzminden
(Meiningen): Meini(n)ger, Meini(n)g (× MAGAN Kf.), Mennong, Ma(h)ninger, Manninger, Men-

347

ninger, Möninger, Meinung(er)
Meininghaus: Hofn. Meinighausen, Hagen
Meir–: s. MAG und Meier I
Meischner: s. Meißner
Meise: Vogeln. (× ahd. unerkl. ahd. PN. Mizo, Kf. von MAG und meise „Tragkorb"; nd. mēse: Mesen|hol(l), brink, brok, Mes(e)kendahl. — Meiser, Meisler (Fänger)
Meisel: Vieldeutig. Vgl. Maus, Meise, Meißl
Meisen: s. Bartholomäus 3
Meisenhelder, hölder: s. Maisenhälder
Meisezahl: s. zagel
Meising: s. MAG Kf.
Meisinger: ON. Starnberg; × Moos
Meisner: s. Meißner
Meisnest: s. Maus
Mei|sohle, solle: s. MAIT I
Meisrimmel: Meisremel unerkl. (s. Schmeller, I 1671)
Meister: < lat. magister; nd. mēster; im Mittelalter auch Gelehrter, Künstler, Arzt, städt. Beamter, nicht nur Handwerksmeister (vgl. die Zss.). Meister, |s, hans, bernd, mann („Zunftmeister"), Meist(e)ring, Maister, Meester(s), Mester, |jahn, mann, knecht; Meist. — Bac(k)m., Käckem., Käkenmester (s. Küche), Baum., Bleim. (s. blide), Bruggm., Brunn(en)m., Bütem. („Büttner"), Fischm., Fuhrm., Ha(ge)m., Halbm. („Schinder"), Hinterm. (örtlich), Hof(f)m. (s. d.), Mühlm., Münzm., Rentm., Rittm., Schulm., Schützenm., Wachtm., Wehrm., Warckm. = Werckm. = Werckm., Weinm., Zang(e)m. („Schmied"), Zechm., Zeigm. (wohl zu zeug „Gerät"), Orgilm., Grutm. — Buhrm., Beierm. (s. Bauerm.) = Dorfm.

Meißl, Maißl, Meisl, Meisel: 1. (Holz–, Stein–) hauer. Meißler. 2. Werkzeug. 3. s. Mais. 4. s. MAIT, Meizolt. 5. Sieh MAG Kf. (1—4 zu mhd. meiʒen „hauen"; davon Meiser, Meißner, Meixner KS) (vgl. Schindel u. Stein)
Meißner: aus Land und Stadt Meißen: Mei|sner, chsner, chßner, xner, (t)zner, schner, Mechsner, schles. Meßner; wend. Mšnar: Miesner, Mischner. Vgl. Meißl
Meiswinkel: 5 Orte Rhld., Westf.
Meiter(t): s. Demetrius
Meitmann: s. meidem
Meitz–: s. MAG Kf.
Meitzner: s. Meißner
Mei|vers, wers: s. MAG
Meix(l): s. MAG Kf.
Meixner, Meizner: sieh Meißner
Meiz–: s. MAG Kf.
Mejer: s. Meier
Mekelburg(er): s. Mecklenburg
Mekschwart: s. Messer 2
Melan: s. MIL
Melang(e): < frz. N. Melan. Meyland, Miland
Melas: Gräzis. f. Schwarz
Melaun: 1. ON. Brixen. 2. ON. Melaune, Liegnitz
Melber: s. Mehl
Melbert: s. MAHL (oder Melber–t)
Melbye: s. –by
Melchior: hebr. „König d. Lichtes", einer der sog. hl. drei Könige. Melch, Melch|ior(s), er(t) (× schweiz. melcher „Melker") > art, ier, ner, iar, o(e)r, ing, Mölcher; sl. Malcher(ek) (aber Melchinger < ON. Hohenzollern < Mulichingen; Schneemelcher: s. Milch)
Meldau: 1. ON. Amberg? (Meldaer = Melder XIV) 2. unerkl. Meld|ow, aw, Prov. Hann. XV|XVI. Melldau, Mehl|dau, tau, Melder
Melf–: s. MUT (Modulf)
Melfürer: s. Mehl und führen
Melhart: s. MAHL
–melk: s. Milch
Melk(e): s. MAL u. MIL
Melke(r): ON. Mölkau, Leipzig
Melker(s): = FN. Kuhmelker (vgl. Melchior)
Mell–: s. MAHL u. Mehl
Melle: ON. Osnabr. Mell|er, mann, auch zum ON. Mellen, mehrf. (× Mehl)
Mellenthin: ON. Marienwerder, Soldin
Mellies: s. Aemilius
Mellin: Dreimal ON.
Melling|haus: ON. –hausen, Hannover, **hoff:** ON. –hofen, Duisburg
Melloh: ON. Oberhoya
Mellwig: s. MAHL
Melt(z)er, Melz–: s. Malz
Melwer: s. Mehl
Melzwig: ON. Wittenberg
Mem–, Memm–: s. MAGAN
Men–: s. MAGAN, MAND, Menath
Menacher: Flußn. Menach, N.-Bay. Mennacher
Menat(h): bair. „Zugvieh"; auch Gemende, Menter (< menen „treiben, führen"). Men|halter, eder, hofer, auer, feld, horn, Menner, Männer, Menterschwaige (ON. München)

Mench: s. Mönch
Mendat: s. MAND
Mende: 1. < MAND. 2. = Menath. 3. < am Ende. 4. ON. Rhld., Westf.
Mendel: 1. s. MANN. 2. jüd. s. Emanuel
Menden: ON. Rhld.,Westf.
Meng–: s. Magnus, MAGAN und Manger
(mengen): „mischen" × mnd. mengel „kleines Flüssigkeitsmaß". Mengel–, Meng(e)|bier, Menge(n)wein, Mengwasser
Meng|el(e), old: s. MANCH
–meng|er, es: s. Manger
Mengeringhausen: ON. Waldeck. Mengringhaus
Mengler: s. Mangler
Menhild, Menk(e): s. MAGAN
Menn–: s. MAGAN und MANN
Mennacher: s. Menacher
Menne: ON. Warburg
Mennenöh: ON. Mennenöhde, Hagen
Menner: s. Menath
Menninger, Mennong: s. Meiningen u. vgl. ON. Menning, Ingolst.
Menrad, Mens–: s. MAGAN
Mensching: slaw. „Deutscher"
Mensch: Übern.; Menschl viell. wie Menschig zu MAGAN
Mensendieck: < friesisch Mense (Kf. zu Meinhard) u. diek „Deich"
Mensing: s. B. 1, 249
Ment–: s. MAND
Menteler: s. Mantel
Menterschwaige: s. Menath
Men(t)zer: 1. ON. Mentz = Mainz. 2. ON. Menz, Magdeb., Ruppin
Menz–: s. MAND

Menzel: 1. Manzo s. MAND, auch Mangold, meist aber wohl < Hermann (Hermenczil). 2. ON. Menzel, Lippstadt
Menzenbach: ON. OB.
Menzler: zu Menzel 2 u. ON. Menzelen, Xanten
Mepert: s. MAG
Meppen: 1. s. MAG. 2. ON. Hannover
–mer: s. –mar und Meier (Ende); –emer s. Heim (vgl. Meßner)
Merbecks: ON. Merbeck, Erkelenz
Mer|beth, bt: s. MAR I
Merbitz: ON. Saalkreis
Mercator: Latinis. v. Kaufmann, Krämer. Merkator
Merche(l): s. MARK
Merdens: s. Martinus
Merdian: = Mertian
Mered(d)ig: s. Meerrettich
Merfeld: ON. Münster
Mer|fert, fort, gart: s. MAR I
Merg–: s. MARK
Mergel: „fette, düngende Erdart". Mergell (× MARK Kf.). Mergel|kuhl > –kuhr (s. Kuhle). Mergler auch „Abtrittsreiniger" (dies auch Mergner); ndrh. Mirgel(er)
Mergen–: s. Maria
Mergenthal(er): 3 ON. Böhmen, Sachsen
Merheim: Vorort von Köln > Merrem
Merian: < de Muriano, ON. Schweizer Jura
Meridies: s. Mitte
Meritz: s. Mauritius
Merk–: s. MARK und Marcus (× MIR)
Merkator: s. Mercator
Merkenich: ON. Köln
Merker: 1. „Aufpasser". Merkert (NF.). 2. „Märker" (s. Mark). 3. ON. Merk|a, e, en

Merkord: < Kord Merk; > Merkötter (Lippe)
Merkswohl: Satzn.
Merkt: s. Markt
Merkwitz: ON. Leipzig; > FN. Merx, Merksch
Merländer: s. Mähren
Merl: 1. ON. Rhld. 2. mhd. merl(in) „Amsel" < lat. merula. Merl, |e, y, in(g) [Merlecker, Marl|ecke, icke, KS.] (× Schmerl, vgl. Merlin, Zauberer in der Artussage. 3. s. MAR I Kf.
Merlau: ON. Ob.-Hessen
Mermelstein: s. Marmor
Mermet: ON. Mermett, Danzig (× ON. Mermuth, St. Goar)
Merode: ON. Aachen (< vamme Rode). Meroth
Merold: s. MAR I
Merone: s. Maraun
Merrem: s. Merheim
Mers, Mersch: s. Marsch
Merschen: ON. Jülich
Mert–: s. Martinus
Mertian: s. Merdian
Mertsching: s. Martinus
Mertzen: s. Mauritius
Mertznich: s. Merzenich
Merwald: s. MAR I
Merx: s. Marcus, MARK und Merkwitz
Merz: s. MAR, MARK, März (von Mertz: ON. Aachen). Merzi(n)g
Merzenich: ON. Aachen. Mertznich
Merzler: „Krämer" < lat. mercellarius. Merzmann. Märzler
Merzluft: s. Marcellus
Mes–: s. MICI
Mesch: 1. nd. s. Marsch. 2. obd. s. Mösch. Meschard
Mesche: wend. mech „Sack, Bauch", měšk „Säckchen"; tsch. měchac „Dickbauch". Mech, Meschke (× Thomas, Matthäus)

Meschede(r): ON. Westf.
Meschenich: ON. Köln
Meschle: s. Mast
Meschler: s. Metzler
Meschzan: wend. měscan „Städter"
Mesdag: s. Tag
Mese, Mesenbring, Meskendahl: s. Meise; sonst Mes- zu MICI
Mesenhöller: s. Maisenhälder
Mesmer: s. Meßnar
Mespan: s. Esch
Messchaert: s. Messer
Messe: ON. Messa, Meißen (× MICI)
Messe|dat, tat: „Missetat"
Messe(l): s. MICI
Messel: ON. Darmstadt; > Meßler (× MICI)
(messen): Habermas, Messer 1. Missmirsbas
Messer: 1. Städt. Beamter, der abmißt, nd. Meeter. Korn|messer, meter, mäter; Land|messer, meter, Salzmesser, Brei-, Preimesser (Brei = Hirse); vgl. Mutter 3. — 2. Werkzeug: mhd. meʒ-(ʒ)er, nd. metz, mest, mes. Messer|li(n), er = schmidt, knecht, klinger. Mest, |macher, mäcker, emaker = warb, werdt (s. Werk) = Mes-, Meß|-warb, Mekschwart; Meßmacher, Metz(macher). Messchaert „zerbrochenes M.". Brot-, Wiegel-, Hacker-, Hau-, Schneide-, Stech(e)|messer = Steck(e)metz, Stekemest > Stegmeß („Dolch")
Messert, Messeth: s. Messing
Messetat: s. Messedat
Messikomer: ON. Messikon, Schweiz. < Magisinchova (s. Hof)
Messing: (Metall). Messing|er, schlager. Aber Messing(er), auch wie Meß, |ling(er), Thalmessinger zu Matz (vgl. Messikomer, × ON. Messingen, Mössingen); ebenso Meß|ert, eth Mischf. zu Maghart, Marquard oder dgl. Vgl. auch Thomas, MICI, Moos
Meßler: s. Messel
Meßmacher: s. Messer
Meßmann: s. Mist
Meßner: nicht zu Messe, sondern < mlat. mansionarius „Türhüter" zu mansio „Bleibe, Haus". Meß|ner, nar, (e)mer, Mesmer (ähnlich Kirschmer), Mäßner, Möß|ner, mer (-mer badisch nach dem Vorbilde der N. auf -emer = -heimer). S. auch Meißner
Meßtorf: ON. Meßdorf, Stendal
Meßwarb, Mest-: s. Messer
Mester(jahn): s. Meister
(Met): Meth, Methsieder (Metzieder) = Meter, Metter (× MAHL). Methfessel (Fäßchen), Mäde|feßel, ferser, Mägd(e)-, Mit|fessel. Metsaft, Methschnabel
Met-: s. MAHL
Meta|ck, g: s. Martinus
Metelmann: ON. Alt-Meteln, Mecklenb.
Meter: s. Lemeter, Messer Met
-met(h): = mahd; s. Empter
Methe: ON. Methau, Grimma
Metschke: s. MICI
Mett-: s. MAHL u. Martinus
Mett: pruß. N.
Mettelsiefen: s. Mitte und Seife II
Mettenleiter: „läutet zur Mette"
Metter(t): s. Demetrius
Mettge: s. MACHT; Mettgenberg: ON. Meinerzhagen
Metter: s. Met u. MAHL
Metternich, Mettmann: beides ON. Rhld.
Mettgenberg: Hofn. Altena
Mettler: ON. Mettlen, Lörrach
Mettlach, Mettlich: ON. Trier
Mettmann: ON. Düsseld.
Metz: 1. ON. Lothr. (Metzer). 2. s. Matz (Metzel). 3. Metz-: s. MACHT. 4. s. Messer (Metz(e)macher, Steckmetz). 5. bair. s. Mais
Metzdorf: 5 Orte
Metzelthin: ON. Ruppin, Templin
Me(t)zger: „Fleischer" < mlat. matiarius. Matzerer, Metzker, obd., frk. Metzjer. Metzig, Matzig (schweiz.). Neumetzger, Failmezger s. feil. Vgl. Stein
Metzieder: s. Met
Metzing: ON. Regensb., Mezig
Metzler: südd. „Fleischer" < mlat. macellarius. Mätzler, Schönmetzler; Meschler (Wallis)
Metzmacher: s. Messer 2
Metzner: „Mühlknappe", schles. Matzner
Meuche(n), Meiche: ON. Meuch|a, en. Meuchner
Meul-: s. Mühle
Meurer(s): s. Mauer
Meurin: s. Maurinus
Meusch: 1. s. Morsch. 2. Meusch(ke): sl. PN. Myš „Maus", Vklf. Myška
Meusel, Meußel: meist „Mäuschen", doch vgl. mysli

Meuß: s. Bartholomäus (Meußel s. Meusel)
Meuter(s): s. Mautner
Meuwly: s. Maue
Meuwsen, Mev–, Mew–: s. Bartholomäus
Mewald, Mex: s. MAG
Mewe: ON. Marienwerder
Mexner: „Metzger"
Mey–: s. MAG und Mai
Meyer: s. Meier (× MAG, z. B. in Meyer|ding, t)
Meyland: s. Melang
Meyn: ON. Schleswig
Meyn–: s. MAGAN
Meyra(h)n u. dgl.: s. Majoran
Meyrinck: s. Meier II
Mezger: s. Metzger
Mich: s. Mischke (× sl. PN. Měch)
Michael: hebr. „Wer (ist) wie Gott?" Erzengel. Michael, |i(e)s, i, so(h)n; Michl, |er, ig; Mich|ehl, iels, ahelles (ndrh. Jiel > Gehl, Giel > Geelen, Gehlen, Gielen); Michel, |e(r), s, sen, mann; Kuhm., Langm., Klem(m)ig < Kleinmich(el), Paulm., Peterm., Michelmichel, Michelzöbelin, Miggler; ndrh. Gehlen, Gielen; Tirol: Much(mayer); [Mächel(s), Mechel He]; Gottschee: Mi(c)hitsch, Muchitsch, Müchütsch, Migutsch, Miklitsch; dän. Mickel(sen); sl. Mich|al, aw: Mich|ligk, ling, lenz, liß; Michal|(e)k, ski, tseck, Mechelk, Michau(k), Moch|aelis, alski; obwend. Miš(k)o, Hal|ank, enjc: Misch|e, er, ke, ok, Halan|g, k, Halentz; nd.-wend. Chylj(k)a: Chyl|(l)a, ek; frz. Michel > Misché, Micheel; span. Miguel, Miquel; it. Mikkel|ozzo, azzi

Michovius: < wend. michow, Adj. zu mich „Mönch"
MIĆI: sl. Stamm, zu meč „Schwert". Obwend. Mjećisław, ndwend. Mjacsław (× asl. mesiti, tsch. mišeti „mischen" und mysli), Miets–, Mützlaff, Mitz–, Mas|loff (vgl. ON. Maßlow, Meckl.). Kf. Metschke, Mes|e(c)k(e), ik, ing, ke; Messe(l); Mie|tz(e), tsch(ke), chitsch, ska, ske, sch(el); Misch|e(k), el, ka, ke (s. d.), ing; Mis|ke, l; Miss|ach, el, ing; Mitzling. Vgl. Mießnick und Nicolaus
Mick, Mick(e)l: 1. zu Mücke. 2. wie Mickertz < altd. Micca, Michard (wohl zu ahd. michil „groß"). 3. pruß. N. Mick
Mick|a, e, en: s. Nicolaus
Mickel: pruß. N. Micol
Mickel–: s. Michael
Midas: s. Martinus
Middel–, Midden: s. Mitte
Mie: s. Mühe
Mieb–: s. Bartholomäus
Miebach: 4 Orte Rhld.
Mieck: pruß. N.
Mied|eke, r(e)ich, ing: s. MUT
Mieder: 1. poln. miedar „Metsieder". 2. ON. Miedar, Oppeln
Mieg: s. Remigius
Miehe, Miehl|e, ich: s. Mühe
Miehm: s. MIM
Miel–: s. MIL und MUT II
Miel|brecht, hardt: s. MUT II
Mieles: s. Aemilius
Mielitzer: s. Militzer
Miemelt: s. MIM
Mieniets: s. MAGAN
Mier–: s. MIR
Mies: bair. „Moos", auch ON. Miß|bach, feld.

Miesbauer, Schloßmies; schweiz. Miescher, Mischbühler
Miesamer: s. Mühe
Miesch, Mieske: s. Mies. Mieske: s. MIĆI
Miescher: s. Mies
Mieser: ON. Mies, Böhmen; Miesau, Pfalz, Budweis
Miesner: s. Meißner
Mießen: s. Bartholomäus Kf. 1
Mießnick: zu poln. mieznik „Schwertfeger" (vgl. MIĆI). Misnig
Miet–: s. Martinus
Mietling: 1. „gemieteter Knecht". 2. „Vikar"
Miet|slaff, sch(ke), ze: s. MIĆI
Mieves, Miewes: s. Bartholomaeus
Miggler, Migutsch, Mihitsch: s. Michael
Mihl|an, e, is: s. MIL
Mihm: s. MIM
Mik–: s. Nicolaus
Miklitsch: s. Michael
MIL: sl. Stamm, zu asl. milu „lieb". Auch Mild–. Vgl. MILD
Milbog: Mühlbock (auch ON.); ndwend. Niel(e)bock (× ON. Jerichow)
Milobrat: Mil|bra(d)t, bratz, brod; Mill|brath, brod, brandt; Milde|braed, brat, Mühl|brat, brodt, brett (× MUT, Modalbert und Mildbreht)
Miloslaw und Kf.: Mil|an, k(a), ke, a, (e)ch, ich, (i)sch, o(s)ch, ost, s, Mill(h)ahn, utz, ing(er), eck, ack; Miel|and, ach, ack, atz, enz, ich, ke, sch; Mihl|an, is, e; Mühl(en)schlag, Mühlan (oder wie Mühlhan, Möhlhan „Mühl-Johannes"), Mühl|ot, ich,

(i)sch, ke; Mild|slaff, an, es, ecke; Miltz,| laff, sch, ing; ndwend. Mel|an, is, ke, Mehl,| an, isch, itz. — Mil(den)strey: entw. ON. (< ostrog „Schanze") oder milstroj „ordnungsliebend": Millstrei(ch), Milztrey, Mü(h)lstroh (vgl. ON. Milstrich, Bautzen)

Milb–: s. MILD und MIL (Milobrad); Milber s. Mehl

Milch: (× Milech s. MIL), nd. melk. Milch|meier, gießer, speiser, sack („Bauch"? Nach Bre. mhd. milchsac „Gefäß, in dem die Milch über Weg mitgenommen wird"), Butterm. = Schlegelm. = Schla(ge)m. = Kernm., Kornm. (vgl. Kern), Kernemelk, Fettm., Sau(e)rm., Süßm., Lauterm. — Milchegner: s. Lehen; Milchhöfer s. Mühe

MILD: zu ahd. milti „mild", d. h. „gütig, freigebig"; verwandt mit sl. MIL. Altd. keine Zss., wohl aber ags. und an. Die folgenden N. gehören daher viell. teils zu MIL (besd. Milobrad), teils zu MUT II. Vgl. auch ON. Milberzhofen < Muniperteshofen

*Mildbreht: Mil|brecht, bers, bert, Mül|bert, brecht
*Mildbrand: Mild(e)–, Mil(l)–, Mühl|brand
*Mildhart: Millard
*Mildher: Milder (latinis. Lenior), Milter
*Mildrat: Milrat, Mühl|rath, ratzer

Kf. *Mildo, Miltunc (weibl. RN. Milda): Mild,| e(n), Mülde, Milt, |i, ing; Mildizo: Mil|se, (t)z, smann (× ON. u. FN. Milda, Thür., ON. Milse, Bielefeld; Milz, Thür. > FN. Milzer; Mild(e), Milz auch < pruß. N. Milde, Milcze). Sonst s. MIL
(mild): „freigebig". Milde|hovet, fikke; Milt(i), Milting
Mildenstrey: s. MIL
Mildner: s. Müller
Miles: s. Ämilius
Militzer: ON. M(n)ielitz, Chrudin, Böhmen. Mielitzer, Millitzer
Milke(r): ON. Milkau, Sachsen, Schlesien (× MIL und Millke)
Mill: pruß. N.
Millard: s. MILD
Millbiller: ON. u. ÖN. Mühlbüh(e)l
Mill|brath, brod: s. MIL
Miller: s. Müller
Milli|as, es: s. Ämilius
Millich: ON. Aachen
Milling: ON. Millingen, Mörs, Rees
Millitzer: s. Militzer
Millke: pruß. N. Mileke
Millöcker: „Mühlecker"
Millprett: s. MUT II (× MIL)
Millstreich: s. MIL
Milner: s. Müller
Milnickel: s. Mühle
Milrat: s. MILD
Mils–, Milz–: s. MIL, MILD
Milstrey, Milztrey: s. MIL
Milter: ON. Milte, Münster
Milt(i): s. MILD Kf.
Milting: s. mild
Miltner: s. Müller
MIM: zum N. des Halbgottes Mime. Miehm, Miemelt, Mimm|el (auch Lalln.), rich
Min–: s. MAGAN
Minch: s. Mönch

Minde: ON. Minden. Auch Mindemann
Mindel: s. MUNT
Minder: 1. ON. Minden. 2. schweiz. der jüngere Sohn. Minger, Münger, Mindermann (Gelsenk.)
Minge: frz. N. Munier. Múnier
Min(i)ch: s. Mönch
Minikus: s. Dominicus
Mink: obwend. młynk „Müller". Mlink
Minkner: s. München
Mink|oß, us: s. MAGAN, Meingoz
Minkwitz: ON. Zeitz. Minkfitz
Min(n)ameier: Unerkl. Vgl. Minibauer, Minehuber (< minner „minder"?)
(Minne): Minniglich
Minnich, g: s. Mönch
Min(n)wegen: Redn. „meinetwegen"
Minor: latinis. < Klein(er)
Minsinger: s. Münsing
Minßen: ON. Minsen, Jever
Minus: latinis. < Weniger
Minuth: pruß. N. Mynothe, Minaute
Minz: pruß. N. Mincze
Minzer: s. Münze
Miquel: s. Michael
MIR: sl. Stamm, Bedeutung unsicher (asl. miru, wend. mer „Friede" oder < germ. MAR (< mēr) (s. MĀR). Mir|a(ß), eck, i(t)sch, sch(ing) (× Martinus), ich, (i)ke, ko, os, us (Mirke auch pruß.); Mier, |icke, ke, itz, s, (s)ke, tsch, uch, Mirring; Měrk (vgl. ON. Merkwitz): Merk(e)
Mirbach: ON. Daun
Mirgel(er): s. Mergel
Mirus: eher zu MIR als Latinis. von Wunderlich

Misch: ON. Müsch, Rhld. mehrf.
Misch–: s. Michael
Misch(ke), M(n)ich: wend. mnich, mich „Mönch", mišk Mönchlein" (× myš „Maus", myška „Mäuschen" u. MIĆI), auch ON. Westpr.
Mischler: s. Mutze
Mischling: s. mysli u. MIĆI
Mischner: s. Meißner
Misl: s. mysli und MIĆI
Mislin: s. Hieronymus
Mismahl: „häßliches Mal"
Misnig: s. Mießnick
Miß: pruß. N.
Miss–: s. MIĆI
Mißbach: s. Mies
Misselwitz: s. mysli
Missenharter: ON. Württ.
Missigbrodt: s. Müßig
Miß|lich, ling: s. mysli
Mist: 1. ON. Lippstadt. 2. „Dünger". Mistleitner; nd. Meßmann. Mist|heuffel, wagen; Mache|mist, mess
(Mistel): Mistel|e, bauer, Mistler
Mitas, Mithke u. dgl.: s. Martinus
Mitlacher: s. Mitte
Mitsch: poln. miedz „Kupfer"
Mitschele(r): s. Mutze
Mitscher|lich, ling: s. Scherling
Mitta–: s. Matthias
(Mitte): 1. örtlich: nd. von der Meden; Mitter(er) (mhd. mitter „in der Mitte befindlich", Mitter × = Mütter, s. Mutter 3), Mittlerer, Mitter|egger, kofer, mair, reiter, mülter, lechner, wurzer (Hofn. Mitterwurzen, Vilgraten, Tirol). — Nd. Midder|mann, hoff. — Mittel|bach, städt; Mittl|meier, straßer; Middel, |er, schulte, dorf, hauwe, feld, hoff, mann, kamp; Mitt(e)lacher, Mitlacher (eher < lache als ach); Mettelsiefen, Mittelstenscheidt, Mitteneder, Middendorf, Mittemeyer. 2. Sonstiges: Mittler, Mettler (örtlich oder „Vermittler"; vgl. Goethes Wahlverw.) = Mittel–, Middel–, Metell–mann. Mittenzwey < Mittenentzwey (Mittenzweyg, Mittelzweig), Mitten|dickh, drein. — Mitt(er)nacht, Mittag (Lat. Meridies). Jungmittag (doch s. Matthias)
Mitteis: wohl Schmiedename, s. –eisen
Mitter: s. Mutter 3
Mittwede: ON. Mittweida
Mitze: wend. „Rain, Grenze"
Mitzel: s. Mutze
Mitz|loff, ling: s. MIĆI
Mitzschke: s. Nicolaus sl.
Mlink: s. Mink
Mlosch: wend. mlosc „Drescher"
Mnich: s. Mischke
Möb–: s. Bartholomäus
Möbert: s. MUT
(moch): wend. „Moos". ON. Moch|au, ow. FN. Moch, |a, er(t), o, ow (Moch auch < Machoslav; s. Mach–)
Mock: mhd. mockl „Klumpen, Brocken" > „plumper Mensch". Möckel (× MUT Kf.). Vgl. mok
Mocke: pruß. N.
Mod–, Möd–: s. MUT Kf.
Moddermann: s. Mutter 2
Möde: pruß. N.
Moder: s. Mutter. Modersohn
Mod(e)regger: oft Flurn. Salzburg. Modrücker, Moder(h)ack (KS)
Möderl: s. MUT
Modes: s. Matthäus
Modestus: lat. „bescheiden". Hl. Modest, Medest
Modrach: s. Mudrach
Modrücker: s. Moderegger
Modschiedler: ON. OFr.
Möffert: s. MUT
Mogk: sl. PN. Mogek < moj „mein". Westd. Mog, |k, ius zu māge „Blutsverwandter"
Mögling: ON. Möglingen, Württ. (× 3 ON. Bay.)
Mo(h)haupt: s. Mohn
Mohel: jüd. „Beschneider". Mohl, Moll(er), Möller
Moherndl: s. Mohorn
Mohl, Möhle, MUT Kf.: s. Moll und MUT Kf.
Möhl–: s. Mühle, Müller
Möhler: s. Maler, Müller
Möhm|el, king: < nd. me „Muhme"
Mohn–: s. MUN
Mohn: mhd. mān, māge, māhen, fränk. Moog; nd. mān. Mohn|kop(f), haupt (> Monheit), sam, kern; Mo(h)haupt, Monsam, Magsam(en), Mahn(kopp), Mannhaupt. (S. auch Mond und MUN)
Möhn: ON. Trier
Mohn(ic)ke: pruß. N.
Möhning: ON. Möning, OPf., Ingolstadt
Mohorn: s. Ahorn. Auch ein Gebäck; so Moherndl
Mohr–: 1. s. MOR (Möhr–). 2. Moor (s. d.). 3. „der Mohr, Neger"; Häusern. und Übern. = Schwarz. > Möhrle, Mörli; Morian (dasselbe Morell < span. Morillo, Murillo „kleiner Maure" × Maurelius), Morjan < im Morian (Häusern. M.-Gladbach). Mohrenkönig. (× mhd. mōre 1. Zuchtsau. 2. Reisepferd; Mohren-

353

stecher „Schweine|metzger, kastrierer")
Möhrer: ON. Möhra, Th.
Mohrenweis: ON. OBay. Mohr|weiß, enweißer
Mohrenz: s. Morandus
Möhring: 1. s. MOR. 2. ON. Muhringen, Baden, Stendal, Stettin, Württ. (× ON. Mehring)
Mohrt: s. MOR (Morhart)
Möhwald: s. MUT
Mois: ON. Mois, Moys, Schlesien
Moises: s. Moses
(mok): sl. „Naß", tsch. mokry „naß", wend. mokar „Sumpfbewohner". ON. Mock|au, ritz. PN. Mok, |la, rouš. FN. Mock, |er, roß; Mock,|ry, er, Möcke|l, r (× Mock, MUT, Muotger)
Mölber: s. Mehl
Molch: vgl. Moll
Moldehn(ke): pruß. N.
Moldenhauer: s. Mulde
Möldener, Mölder(s): s. Müller
Molen–, Mölen–: s. Mühle
Mollen|aar, aer: s. Müller
Molitor: s. Müller
(Molke): nd. Satzn. Schedemolk (zu scheiden); aber Molkenbuhr nach Preuß < molle, mölleken „Maulwurf"; Molkenhauer s. Mulde
Mölken: s. Mühle
Moll: 1. schwäb. „Stier". Moll|hof, weide, e(n)kopf. 2. mhd. mol(le) „Eidechse"; dazu Molle, Mohl, Möhle, auch Molch. 3. Moll(e) auch „Maulwurf". 4. s. MUT Kf.
Moll(en)hauer: s. Mulde
Mollenkott: s. Mühle
Moller, Möller: s. Müller
Moll|ert, ett: s. MUT II

Mollidor, Molner: s. Müller
Molsen: s. MUT I Kf.
Molt|er, mann, Mölter: s. Malz und Müller
Molter, |er, mann: zu Malter „Mahllohn"
Moltner, Möltner: s. Mulde
v. Moltke: sl. moltek „Hämmerchen"
Momber: rhein. „Vormund"; ahd. muntbor; vgl. MUNT und ndl. momboor „Vormund". Mom|bert (× MUN), per, mer(s, tz), bour, pour, bau(e)r, burg; Mummer(s)
Momme: fries. N. (Lalln. oder zu MUN?), Momm(sen), Mömkes, Mommensen
Mon–, Mön–, Monat(sberger): s. MUN
Monbrey: s. Mambrey
Mönch: 1. mhd. münich, mnd. monik. Mönch, |er, s; Mench; Münch, |hausen, hof(f), e(n)berg, berg, gesang (s. sengen = Munnichreiter); Bachmünch, Schlegelmünig (Koppeln.), Mün(n)ich, Münnig, Mönnig, Minni|ch, g, Min(i)ch; nd. Mön(c)k, Mönkemöller, Mön(e)kemeyer, Münk. 2. < Menning, < Meinhard
Möncher: = Gelzer
Mond: mhd. mōn(e), mnd. mān(e): Mond, |t, l, Mohn (s. d.), Vollmond = nd. Vul(l)mahn, Fullmahn; Halfman, Neumond, Gutermonth, Kleinmond; Mond(en)–, Mon(en)schein. Sonst s. MUNT (Mond|wurf, wolf s. Maulwurf)
Mondorf: ON. Siegkreis, Trier, Luxemb.
Mondr|e, y: s. Mandry

Mone: Insel Mön bei Seeland
Mönekemeyer: s. Mönch
Moneta: s. Münze
Mongenast: s. Munkenast
Mongold: s. MANCH
Möninger: s. Meiningen
Monjau: s. Monschau
Mönk–: s. Mönch
Monn–, Monradt: s. MUN
Monsam: s. Mohn
Monschau, Monjau: ON. Aachen (< Montjoie), Monsch|auer, euer
Mönster: s. Münster
Mont, |e(l): s. MUNT
Montanus: < Berger
Montau: frz. N. Montoys, Montua
Montien: pruß. N.
Montig|(e)l: ON. Montiggl, Bozen, Montigel, Bludenz < monticulus „Berglein"; ebenso ON. Muntigl, Salzburg: Mun(d)tiegel, Muntigel, Mundigl(er)
Möntmann: s. Münze
Montua: s. Montau
Monzel: ON. Trier
Monz(er): s. MUNT Kf.
Moog: s. Mohn
Mook: pruß. N.
Moor: (vgl. Mohr). Mehrf. ON. Immoor, Upmoor, Moor|lüder, loher, mann, Mohr|hoff, diek; Morhäuser. Weiterb. Morsch, Mörsch (wie Marsch zu Meer). Vgl. Muhr. Aber Moorhardt s. MOR. Vgl. Moos u. Muhr.
Moos: „Moor, Sumpf, Moosboden". Die Pflanze bair. mies (s. d.), nd. måss. Oft ON. Besd. südd. N., doch auch nd.: Mo(o)s, am, im, von, zum Moos, Mösli, Mößle, Müslein. — Zss. s. Guck. Moos|brugger, hammer (11 ON. — ham), mair; Moß|egger (> Massek

Möpert

KS.), graber; Mos|lechner, reiner; Mo(o)s–, Moß–, Mosi|mann. — Mo(o)ser (auch von ON. Moo|s, sen, Mosa), Mosherr (> Moosler, Ma(a)ser KS.); Möser (Mosinger, Messing(er), Meis(s)ing(er), Mösing KS.). — –moser: Bruggm., Tiefenm., Wildm., Todtenm., Paßm., Lotterm., Lutterm. (s. LUT). Rohr|mose(r), mosser. (Amoser > Ameiser, Hammoser, Altmauser, Almos. Niedermoser > –meiser. Rohr–, Ra(m)|moser > Ro|moser, meiser, meiß. Türmoser > Timus KS.). Kollektiv Gemoser (aber Mooshake, Moshagen s. Mus)

Möpert: s. MUT
Mor–: s. MAR II
MOR: Bedeutung fraglich
  Maurbert: Mörber
  Morfrid: Mörvers
  Morhart: Mo(or)–, Mohr(en)|hardt; Moreth, Mora|ht, th (× Moras 3), Mörrath, Mohrt
  Maurwald: Moralt, Mohrhol(t)z
  Morolf: Morof(f), Morf, Mörfel
  Kf. Moro: Mohr, |en, s, ig, ing; Morr(e); Mor|y, le, ing, unga, Möhr|y, le(in), cken, (l)ing; Mör|(i)ke, l, lins; Mörre. Vgl. Mohr, Moor
Morandus: Hl. (< Moderandus). Morand, Mor(r)ent, Mohrenz (vgl. MCR)
Moras, Morasch: 1. „Morast". 2. wend. moras „Schmutzbartel". 3. mhd. mōraʒ, mōrat „Maulbeerwein"
Morawe(tz): s. Mähren
Mörber: s. MOR
Mörbitz: ON. Merbitz, Dresden

Morsche: „Möhre"
Mord: meist wohl < zem Ort, vgl. Updemorde (ähnliche ÖN. Markeich > Mordeiche, Marktfleck > Mordfleck; im Ardacker > Mordacker), doch auch zu „Mordtat". Vgl. FN. Mord–, Mort|stein (kaum zu Ortstein) (Murdysen, Pfaffenmort). — Mord|horst, eck, müller, siepen, siefer (s. Seife II), z. T. < nd. mord, moert „Moor", mord „Marder", s. auch Martinus. Mörder: Übern. (doch in Baden auch Flurn. < im Orden), Hasenm., Hühnerm., Hunnenm., Roßm., Bierm., Brotmörder („Verschlinger")
Mord|an, eck: zu tsch. mrdny „flink", awend. Mord, Mrdak
Morda|s, ß: s. beizen
Mördelmeyer: s. Martinus
Moreitz: s. Mauritius
Morel(l): s. Maurelius u. Mohr
Morenstern: s. Morgen
Morf, Mörfel: s. MOR
Morgen: Morgen|roth, rotter, stern (× Waffe, die aber erst seit dem 16. Jh. bezeugt ist, u. ON. Köslin; Morenstern), thau, schein, schweis (christlich. Köln XIII Morgensweys), brod (Morghendrunk), länder (ON. Oldenb.). Kalde–, Kall–, Koll–, Kohlmorgen, Colmorgen. Vgl. kalt, kühl. Morgner wohl vom Ackermaß, vgl. Siebenmorgen; Leipzig XV/XVI Morgner = Morchner = Murchner. Redn.: Mornhimweg, Mornenweg, Morgen|weg, weck (ein Fahrender)
Morgeneyer: < ON. Mor-

genau, Breslau (= Marienau)
Mörgenthaler: s. Maria
Morgreth: s. Margareta
Morian: s. Mohr
Morike: pruß. N.
Mörike: s. MOR
Mörikofer: s. Hof und MOR
Morill: s. Maurelius (× Mohr)
Morin: s. Mauritius
Moritz, Möritz, Morko: s. Mauritius
Mörler: ON. Mörlen, Westerwald
Morlock: s. Mahr
Morn–: s. Morgen
Morning: < lit. Murininkaitis (1789), Murening (1861)
Morof(f): s. MOR
Morquardt: s. MARK
Morr–, Mörr–: s. MOR
Morrent: s. Morandus
Morris: s. Mauritius und Moses
Mors: wohl latinis. von Todt < DIET
Mörs: ON. Düsseldorf
Morsbach: ON. Pfalz, Tirol, Rhld. (4), Württ. > Morschbach; × Mörsbach, M.-Frk.
Morsch: 1. s. Marsch u. Moor. 2. „morsch". Zu 2 Meusch, Maisch. 3. s. MAR II. 4. Hofn. Kempen
Mörsch: 1. ON. Karlsruhe, Pfalz. 2. Mörsch(ner) s. Moor
Mörser: 1. Gerät, mhd. auch mörsel > Mörs(ch)el. 2. ON. Mör|s, se, sen
Mort–, Mört–: s. Martinus und Mord (Mortag: s. MAR I; Mortel: s. Marter)
Mörvers: s. MOR
Mory: s. Maurinus und MOR
Mos–: s. Moos und Mus

Mosantz: pruß. ON.
Mosch–: s. Mutsche
Mösch: 1. = Messing. 2. geringes Pelzwerk (Möschle, Mesch). 3. westf. „Sperling". Müsch, Musch, Möske, Möschen. 4. auch = Marsch
Moschall: s. Motschall
Mosch|é, eles: s. Moses
Moschek: s. Amos
Moscherosch: span. ON. Museros (Bre). Moschenroß
Möschke: s. Thomas
Möschter: s. Most
Mosel(er), Möseler, Mosler: 1. zum Flußn. 2. seltener ON. Mosel, Mösel(e). Auch pruß. N. Mosel(eit), Mosselith
Moser: 1. s. Moos. 2. s. Mus. 3. jüd. < Moses
Möser: 1. s. Moos. 2. ON. Möse, |n, r
Mosert: s. MUT
Moses: hebr. Moschēh, wohl ägypt. „Sohn", nicht hebr. „der aus dem Wasser Gezogene". In der Vulgata Moyses. Meist jüdisch (christl. etwa Moises, Moyses, Mosis). Moses, |mann, sohn; in Sehlis bei Leipzig Moses > Moyse, Moysig, Mosig. Mosen-(thal), Moser, Mosse, Moßner, Mosch|é, eles, Mothes, Moritz, Morris u. dgl. (K J)
Mösges: s. Thomas
Mosi|mann, nger, Mösing: s. Moos
Möske: s. Mösch 3
Mosler: s. Moseler
Mösli, Moß–, Mößle: s. Moos
Mosse, Moßner: s. Moses
Mösse, Moßholf: s. MUT
Mossenberg: < tom Ossenberge
Mössinger: ON. Württ.

Mößlinger: ON. OBay.
Möß|mer, ner: s. Meßner
Moßnick: pruß. N.
Most: 1. „Weinmost, auch Obstwein". Sauermost, Most|beck, haf. Hersteller: Most(l)er. Dazu auch Most|art, ert „(Most–)-Senf, Mostrich", Mustert (auch Moster, |s?). 2. s. Mansuetus (Möst). 3. sl. most „Brücke". FN. Mostik, Moster, Muster, Muschter, Möschter „Brückner"
Mot–, Möt–: s. MUT (möten): nd. „begegnen, abwehren" (engl. to meet). Satzn. Mötefiendt (den Feind), Medefindt
Mothes: s. Matthäus, Timotheus, Moses
Motheus: s. Matthäus, Timotheus
Mothwurf: s. Maulwurf
Motsch: schweiz. „Dickkopf"
Motschall: tsch. močal „Sumpf". Mutschal(l); Muschall, |a, e; Matscholl; Moschall
Mott–: s. MUT Kf.
Mottek: wend. moteka „Hacke"
Motteler: schwäb. „Scheffelmacher" (vgl. Mutter 3)
van de Mötter: s. Mutter 2
Mottes: s. Matthäus (× Timotheus)
Motz: südd. „Hammel" (× MUT Kf.)
Motz(e)k: tsch. moz(e)k „Hirn", Motzkus
Motzl: tsch. mozol „Schwiele, Bauernlümmel"
Möwe: Vogeln.
Möw|s, es, us: s. Bartholomäus
Moyses: s. Moses
Moz|art, elt, et: s. MUT I

Mrochen: < wend. mroki „dunkle Wolken"
Mro|s, se: s. Ambrosius, Mrotz
Mros(s)ak: 1. s. Ambrosius, Mrosik, Murusek. 2. wend. mrózak „Grauschimmel"
Much: 1. tirol. „Michael" (s. d., ebenso Muchitsch, Müchütsch). 2. sl. mucha „Fliege" (Much, |a, e). 3. ON. Siegkreis
Mucke: 1. s. Nepomuk. 2. wend. muka „Mehl"
Mücke: (auch „Fliege"). Mück(l), Mickl, Mucken|-haupt, schnabel, hirn; Muck(le), Muckel, Mügge, aber Muggendobler < obd. mugge „Frosch". Vgl. MUT Kf., Nicolaus, Nepomuk. Mücke auch ON. Mücka, Liegnitz; Muck(e) auch pruß. N. — Muggenthal(er) × 8 ON. Mucken–, Muggenthal
Mückenberger: ON. Guben, Liebenwerda
Muckensturm: ON. Maulbronn
Mucker: tsch. mukař „Mehlhändler", Muckert (× ON. Muckern, Leipzig); mua. munkar > ON. Munker, Leitmeritz > FN. Munker
Muckwar: ON. Kalau. Muckwer; sl. eigtl. „Breikocher"
Mud–: s. MUT
Mudder, Müdder: s. Mutter 3
Müden: ON. Kochem, Lüneburg
Mudra: zu wend. mudry „klug". Tsch.-wend. mudrak „Klügling, Besserwisser". Mudr|ich (× MUT I), ing. Dazu Modrach (oder „Blaufärber")

(Muff): Müf(f)ke, Muffel, Muffler; vgl. Maue und Muffert bei MUT I
Mugdan: hebr. „Macedonier", für Alexander
Mugg–: s. Mücke
Mügge: s. MUT I Kf. u. Mücke
Muggli: zu schweiz. mugglen „ächzen"
Müh(e): Mie(he), Miehle; latinis. Labor. Mühsal, Mühl|ich, ig, ing, Mielich = Mühsam, Miesamer (Milch–, Mühl|höfer < Muleich KS) (× MIL)
Muhl: s. Maul
Muhl–, Mühl–: s. MUT; Mühl– auch MIL u. Mühe
Mühl(e): nd. mäl, möl, meul, mole. Vgl. Körner. Möhl, Mühlens, Mühlena (Varel), Mölleken > Mölken. Von der Mühl, von der Dovenmühle, Indermühle, Austermühl(e) = nd. Utermöhl(en), Zormöhle, Zurmöllen, Vermeulen (spr. ö). Von der Mülbe; Bock(e)mühl („Wind- od. Stampfmühle"), Sagemühl, Windmölle, Pappmehl, Burmähl. Mühl|holm, stegh, (e)stein, eisen (Achse des oberen Mühlsteins), mann, meister, künstler (vgl. Wasserkunst = „–leitung"), steiger (in Erzpochwerken), steff = steph (Stephan), fenzl (Wenzel), franz, friedel (× MUT II), michl, feit, nickel (Milnikel), meier. Mühl|enpfort, pfort(e) (Zwickauer N.; aber Mühlfort auch ON. Mülfort, M.-Gladbach). — Mülholtzer von Mühlholtz auf Kirchenreinbach. Müllender (< Land oder Andreas);

Mühlen|weg, schlag, schulte; Mylenbusch, Müllen|brok, meister; Müll|egger, heim; Mühlener s. Lehen, Mählenbrook = Möhlenbrook, Niemöhlmann (s. Neu), Möhlheinrich, Möhlen|page, pah (s. Page), Mölenbeck, Möllen|hoff, bernd („Bernhard" > benne); Mühlen|bein, wein (viell. = Mühlpointner; s. Bünd), Molenkamp, Mollenkott, Meulenberg. — Aber Mühl|brecht, brett: s. MUT II und MIL, Mühl|brand, rath, ratzer: s. MILD, Mühl|brat, brodt, stroh: s. MIL; Mühlenhöft s. Maulwurf; Mühlhöfer s. Mühe
Mühlan: s. MIL
Mühler: s. Müller
Mühlich: s. MIL u. Mühe
Mühling: s. MUT
Mühlner: s. Müller
Muhm(e): „Tante, Base"
Muhn(e): s. MUN
Muhr: 1. Alpen: „Erdrutsch". 2. bair. muer „Moor". Muhrbeck = Murböck = Morbach; Murhauser. 3. nd. und schweiz. „Mauer" (s. d.); dazu Mührer
Mühsam: s. Mühe
Mühwald: s. MUT I
Mülbe: s. Mühle
Mülbert: ON. Mülben, Baden (× MILD wie Mülbrecht).
(Mulde): „Backtrog". Müld|(e)ner, er; Mülter, Moltner, Möltner, Multerer, Mülterer = Molden|hauer, hawer; Mollenhau(er), Moll–, Molken|hauer
Mülde: s. MILD
Mülder(s): s. Müller
Muler(t): s. MUT II

Mulfinger: ON. Württ.
von Mulinen: „von der Mühle" (vgl. Müller 2)
Mulk|a, e: wend. mulka „Küßchen"
Müllart: s. MUT II
Mülle: s. MUT I Kf.
Müll|egger, ender: s. Mühle
Müllener: s. Müller
Müller: viele Formen. 1. < Mühle: Mühler, Möhler (× möler „Maler"; ndrh. Müllers auch Malers). 2. < mlat. molinarius: Müll(e)ner, Mühlner, Milner, Molner, holl. Molen|aer, aar, Obermülner. Assimiliert: Müller, |s, chen, ke, bauer, beck, schön, klein, leili (schweiz.), Müllermeister = Mühlmeister, Miller; nd. Moller(us), Möller, |s, ing (× ON. Möllen, oft. Auch abn. N. Moeller). Viele Doppeln.: M.-Heine, M.-Matthies, M.-Cassel, M.-Mühlenau. 3. < mlat. molitor: Mollidor, Molter, Molder(ings), Moller, Mölter (× Malz), Mölder(s), Mülter, Mülder(s). Wieder latinis.: Molitor(is), Molitor von Mühlfeld. 4. < mlat. molendinarius: Müllender, Mildner, Müldner, Möldener, Miltner

Zss., Zsr. mit –müller: 1. Art der Mühle:Bock(e)m. (s. Mühle), Hammerm., Sagem. = Segm. = Holzm. (doch dies auch „am Walde") = Schneid(e)m., Lohm., Ockerm., Ölm. = Schlagm., Braum. („Malzm."), Grützm., Weitzm., Mahlm.(„Kornm."), Puchm. („Stampfm."), Roßm. (mit Pferdebetrieb), Dru-(c)kenm. = nd. Drög(e)-

möller („Trockenm.") Flachmüller, Vollm. (moselfränk. „Walkm." < lat. fullo), Schreibm. (zu schreien). Windmöller
2. Art der Lage: Angerm., Bergm., Werthm., Zaunm., Grubm., Bor(n)m., Stadtm., (oder zu 3), Dorpm. nd. = Dorfm., Bruchm., Furtm., Spitzm., Heitm., Hinterm., Hochm., Rittm. = Riethm., Springmüller; Rosenm. (am Rosenbach), Geigenm. (am Geigenbach, Vogtl.)
3. Zugehörigkeit: Fro(h)m. = Frohnm. Gegensatz: Freym., Hof(f)m., Mönkemöller
4. Mit PN.: Heinm., Bernsm., Kunzem. — Ainmiller (< Agino?), Anmem. = Hannem. (wohl < Anno), Ottem.
5. Sonstiges: Neum., Schwarzm. (–mühler), Graum., Tretzm. (< tretzen „necken"), Stein|müller, möller < ON. Steinmühl, mehrf., Hopf(en)m. (Hopfenmühle bei Naila), Partheym. (Parteimühle, Thurnau, OFr.), Haßm. (< Hasenmühle). Amüller, Pemöller, Wemüller

Müllhaupt, Müloft: s. Maulwurf

Müllner, Mült: s. Müller

Mult–, Mült–: s. Mulde und Maulwurf. Mülter auch Müller

Mulzer: s. Malz

Mumm(e): 1. fries. N., vgl. Momme, Lalln., Mumsen, Mummen|hoff, they. Vgl. –dei. 2. Maske, Gespenst: dictus Mumme. 3. Braunschweiger Bier: Mum(men)brauer (doch s. Mambrey)

Mümpfer: s. MUN
Mummer(s): s. Momber
MUN: zu got. munan „denken", an. munr „Verlangen"
Munibert: Mombert(t) (× Momber), Mummert
Munifrid: Mümpfer
*Munihart: Monard, Monat(sberger), Mo(h)nert, Monn|ard, et; Mönert
Monrad: Monradt
  Kf. Muno, Monno: (× MUNT), Muhne, Mun|o, ck, cke(l), kelt, z(er) (s. d.); Mün|(ic)kel, kle, sch, Münz, Mohn (s. d.), |ke, s, sen; Mon|ecke, ks, ssen, z(er), ing, Monnig; Mön|ikes, en; Mönn|ekes, ing (Münk × Dominicus und Mönch; Münkel: hess. „Kalb")
Münch–: s. Mönch
(München): Münchner, Mün(c)kner, Minkner
Mund: Mündlein. Lach(er)mund, Rosenm., Rothm., Roterm., Kosem., Süßm. (mnd. Soetemunt; × SIEG), Botterm., Rebbelm. = Schladerm., Schlaterm. (vgl. holl. rabbeln, nd. sladeren „schwatzen"). Mundbrod. Schweiz. Müntschi „Kuß". Sonst s. MUNT und Montigel; Mund|haß, o, us (s. SIEG Sigimund); Mundstock s. Münze
–münde: „Mündung". Angermund, Orlamunder
Mündel: s. MUNT Kf. 2. vgl. anord. N. Myndill. 3. „Vormund" (spätmhd. mündelinc „Mündel" u. „Vormund"; vgl. Momber)
Munderloh: ON. Oldenburg
Mundwiler: s. Muntwyler

Munding(er): ON. Baden-Württ.
Münger: s. Minder
Mungg, Munk: 1. schweiz. „Murmeltier". 2. frühnhd. „finster, mürrisch"
Münk, |el, le: s. MUN
Münkemer: ON. Münkheim, Württ.
Munkenast: tirol. Satzn. < ital. moncare „verstümmeln". Mungen–, Mongenast
Munker: s. Mucker, vgl. ON. Munker, Leitmeritz
Münkner: s. München
Münn|ich, ig: s. Mönch
Munsch, Münsch: s. MUN, MUNT
Münsing: ON. Passau. Münzing; Minsinger, Mynsinger auch < ON. Münsingen bei Ulm (< Munigisingen); rhein. Münsinger: ON. Münzingen, Trier × 5 ON. Munzing(en)
Münster: < lat. monasterium. 1. Klosterkirche. Vom Münster. 2. oft ON. Münster, |er, mann (auch „Kirchendiener"); Mönster
MUNT: zu ahd. mhd. munt „Schutz, Bevormundung" oder got. gamunds „Andenken" (vgl. MUN)
*Mundhart: Mundhart, Mundert (Mischf. Munzert, Münzert)
*Mundher: Munder, Munter(mann) (× 1. „munter". 2. Tirol. Munter < Hofn. Mont < lat. mons), Münderlein, Münter (× Münze u. ON. Münder, Hannover)
Munderich: Mund|erich, ry
Mundoald: Mondhold Kf. Mundo: (× MUN) Mund (s. d.), |i, es, l, le, el(sen), el(ius); Munt|e,

Munti(e)gel

inga (oder < Sigismund), ner, sch, z(el) (× ON. Munzel, Hann.); Münd|ke, elein, l(er); Mindel; Münt|el, en, jes; Münz, Mond, |t, en, s; Mont,| e, el, Mönting, Monz(er) (pruß. sind Mundt, Muntau)

Auslautend: Adelmund, Hartmond, Geromont (wechselt mit –mut)

Munti(e)gel: s. Montigl
Müntscher: s. Münze
Mündschi: s. Mund
Muntwyler: Flurn. Muntwil bei Fislisbach. Schweiz. Mundwiler
Münz(e): (× ON. Müntz, Jülich; Kf. von MUN, MUNT), nd. monte, munt. Latinis. Moneta. Münz(n)er („Geldschläger, Geldwechsler"), Minzer, Müntscher, Munter, Münter, Möntmann. Mundstock „Prägestock". Montmeyster, zuo der alten Muncze. Vgl. Quetscher
Munz(er)(t): Kf. zu MUN oder MUNT. Münzel
Münzing: s. Münsing
Muquart: s. MARK
Mur–: s. Muhr
Mürb: Baden < ON. Mür(ren)bach, Offenburg
Mürdel: s. MURT
Murer, Mürer: s. Mauer
Murk, Mürkens: zu ahd. Murc|o, rat (unerkl.)
Murke: wend. murka „Mäuerchen"
Mürmann: s. Mauer
Murner: ON. Murnau
Murr: 1. ON. Württemb. 2. „Mürrischer". Mürrle, Murri
Mürriger: ON. Mürringen, Malmedy
MURT: zu nhd. „Mord". Murtuuin, Murdung XV. Mürdel, Mürtter
Murtagh: s. MAR I

Murtfeld: ON. Martfeld, Hoya (Hann.) (< mnd. mart „Marder", 1179 Mertvelde)
Murt(h)um: < Thomas Murr (Echterdingen)
(Mus): „Brei" > „Gemüse". Muß, Kachelmus (Topfbrei), Lungmuß, Musmacher („Grützmüller"), Mußmächer, Muß|hafe, mann (Mu(e)s–, Müs|m.) „Händler" = M(a)ushacke (s. Hake, doch × Habicht, s. d.) = Muß|hack, heck = Mu(e)ser, Müser (× ON. Müsen, Siegen und „Mäusefänger") = nd. Mooshake, Moshage(n), Moeshak, Moser. Mus|feldt, hoff. Aber Mus|topf, toph auch ≠ türk. Mustafa; so Mustapha, Mustrop(h) (s. d.). Sonst s. Maus, Moos, Geier. Ohnemus (auch schweiz. Muß, Müssi) s. Hieronymus
Mus–, Muß|höfel: vgl. Mußhof, Oberviechtach
Musch: 1. Mutsche. Muschel. 2. Musch, Müsch: s. Mösch. 3. sl. muš „Maus". 4. wend. tsch. muž „Mann". Vklf. Musch|ik, k, ke, Musik; poln. mąż: Masch, |ek, ke, Mäschke (× Mach 2)
Muschall–: s. Motschall
Muschard: s. MUT
Musch(a)weck: s. Mutze
Muscheid: ON. Neuwied
Müschen: ON. Kottbus, Osnabrück
Muschler, Müschler: s. Mutze
Muschter: s. Most
Musculus, Musebrink: s. Maus
Musehold: s. MUT
Muselmann: „Mohammedaner, Türke"
Muser, Müser: s. Maus

MUT

Musewald: s. MUT (Modowald)
Musik: s. Musch 4 (× pruß. N. Musick)
Muskat: Muscat(e), Muschott: iüd. Muschkatblatt
Musklus: s. Maus, Muskulus
Musoldt, Musolf: s. MUT
Musper: schwäb. „munter"
Musquetier: jung
Muß: 1. Mus. 2. ON. Neuwied
Muß–: s. Mus, Müßig, Mussel
Müß: poln. mysz „Maus"
–müß: s. Mütze
Mußart: s. MUT
Mussel, Muß|le): s. Hieronymus (doch × MUT, wozu Mußling)
Müssener: ON. Müssen, Lippe
Müßig: „Rentier". Müßig|mann, gang, brodt; Mußgang, Missigbrodt. Unmüßig (geschäftig, unruhig)
Müßle: s. Maus
Mußlich: s. mysli
Muster(t): s. Most
Mustrop(h): s. Mus. Mußtopf, Muß|picker, otter, giller (Stuttg.)
MUT: s. ahd. mhd. muot „Begehren, Geist", erst seit dem XIII. Jhdt. „Wagemut"; got. moths „Zorn"

I. Kürzerer Stamm:

Modobert: Möpert, Möbert

Muotfrid: Möffert, Muffert × muffe(l)n „das Gesicht verziehen" (Muffler) und meffen „stinken"

Muotger: Möcker (falls nicht = Mocker)

Muothart: Motard, Mutert; Mischf. Mußart, Muschard, M(a)ushardt, Moz|art, et, Motz|ard, erdt, et, Mosert, Mutsaerts

Mothar: Muther, Muthherr (vgl. muten und Mutter), Muder, Müther, Müters, Müder, Möder(l), Meuter(s)

Moderich: Mudrich (× Mudrach), Muthreich, Muttray, Müttrich, Miedr(e)ich, Mautrich, Maudrich

Modowald: Möhwald, Mühwald; Mischf. Muse|wald, hold, Musoldt, Mauseholz, Mozelt

Modulf: Mischf. M(a)usolf, Moßholf (Mußhoff × Mus). — Zsgez. Melf, Meelfs

Kf. Muato, Motilo, Muozo: Muth, |el, mann, Mudel, Muttl, Mußling, Müßgens (schweiz.), Muhle, Müth, Müthing, Müttel, Mied|eke, ing, Mühling, Mülle, Mücke (s. d.), Mügge, Mutz, Mützell (Muodzelman, doch vgl. Mutze, Mütze); Mott|(e)l, ig, Mod|ing, el(l), l(ich), Motschi, Moll (s. d.), |s, ing; Mohl, |e, s, Molsen, Mock (s. d.), Möt|hs, je, Mödl, Mötteli. Mö|sse, tz(el), tje; Mau|dt, te(n), tz, tsch (vgl. Mothes, Motz, Motzl)

Auslautend: männlich u. weiblich: Allmuth, Hellmuth, Sigmeth (wechselt mit –mund)

II. Erweiterter Stamm:

Modalbert: Mühl|brecht, brett, Mielbercht, Millprett (von sl. Milobrad, s. MIL, schwer zu trennen)

Mulhardus: Muhl–, Mühl(en)–, Miel–, Maul|hardt, Muler(t), Müllart, Moll|ath, ert, ett, Mielert

Mut: Gutermut; sonst meist –muth: Freim., Freyerm., Frischm., Thummerm., Hochm. (s. HOCH), Schönm., Wohlgem. (> Wolkenmut), Wankelm., Wilderm. Guthsmuths, Gutmut, Irremut. Sieh gering

(muten): „nach Erz graben". Mut|her, mann, Muder, Müder

Müthe: s. Martinus

Mutke: vgl. poln. mutek „Wiedehopf". Muthke

Mutsch–, Mütsch–: s. Mutze

Mutsche: Kosename für Rinder und Kälber (musche, mosche; × Mutze 1). Mutsch|el, (l)er (× Mutzscher), Musch(el), Mosch, |el, mann

Mutschal(l): s. Motschall

Müttel: s. MUT Kf.

Mutter: 1. „die Mutter", nd. moder. Muttersohn 1412 Chemn. Urk.-B. 70, 23, Moder(sohn) (auch „unehelicher Sohn"), Moeder, Moderke, Mutterkint, Altmutter, Mütterlein. 2. obd. Morast: Mutterer; nd. modder: Moddermann, van de Mötter. 3. zu mutt „Scheffel" (< lat. modius) = Messer 1 oder = Motteler. Mudder, Müdder, Muttner, Mütter, Mitter (auch „Sackträger"), Salzmutter

Muttl: s. Mut Kf.

Mutzberg: Kotten bei Elberfeld

Mutze: 1. mhd. mutze, mutsche(l) „Brötchen". Mutzen|bach(er), becher („Bäcker"), Mitzel, Mitschele(r), Mu(t)schler, Mützner; Müschler, Mischler, Mutschelbeck, Mutschmann, Muschwerk, Muschel|klaus > knaus. Bei Mutscheller aber × Muntscheller Ulm XIV < lad. monticello „Hügel" (oder mottesella < motta „Hügel". Bre.). Vgl. Mütze. 2. wend. muca „Katze". Mutz|e(ck). 3. Mutz(e): obd. „kleiner Mantel"

Mütze: nd. Witt|mütz, müß; Wintermütz; Mützner; Mützel(l) (× Mutze 1, 3 und s. MUT I Kf.; auch ON. Jerichow)

Mützenich: ON. Aachen

Mutzk|a, e: s. Nepomuk

Mützlaff: s. MICI

Mutzscher: ON. Mutzschau, Weißenfels, Mutzschen, Leipzig

Muus: s. Maus

Muxel: bair. „Teufel"

Mylau: ON. Vogtland

Mylius: latinis. f. Müller

Myrthe: Pflanzenn.

(mysli): asl. „Gedanke". Vgl. die ON. Myslo–, Missel–, Meusel|witz u. Przemysl. FN. Missel–, Meusel|witz; Misl, Mi(e)ßling, Mischling, Mißlich, Mußlick (× MICI)

N

Naab: Flußn. Bay. (Heydenaber: ON. OPf.; Naaber: s. Nachbar)
Naack(e): s. Nowack
Naar: s. NES
Naas(ner): s. Nase
Naatz: s. Ignatius
Näbauer: s. Nachbar
Nabbe: s. NAD
(Nabe): nd. name. Nabholz „Wagner"; Naben–, Nahn–, Namen|hauer, Nahmmacher. Dazu mhd. nabeger „spitzes Eisen (Ger.) zum Bohren der Nabe", nhd. entstellt „Nagelbohrer": Näbi(n)ger, Nebinger, Näwiger, New(i)ger, mit Umstellung Negwer (Glatz); Ne(h)ber, Neiber, Nepper(schmied)
Nabel: s. NAD
Naber: s. Nabor u. Nachbar
–naber: s. Naab u. Nachbar
Näber|s, le: s. Nabor
Näbi(n)ger: s. Nabe
Nabold: s. NAD
Nabor: rhein.-lothr. Hl. Naber, Näber|s, le, Nober
Näbrich: s. NAD
Nabur: s. Nachbar
Nachbar: mhd. nāch(ge)būre „der nahe Wohnende" (s. Bauer): Nach|bau(e)r, bur, bar(schulte); Nä–, Ne(h)|bauer; Nabur, Naaber; Neunachbar, Neu–, Ney–, Ne(e)–, Nie–, Nigge|naber, Naunapper, Nabe|rt, ing, mann; Navermann; ähnlich: Nach|rainer, reiner
Nacholtz: Lienhardt Nacholtz, Ratsmann, Döbeln 1516. Chemn. Urkb. 410, 27

Nacht: Kalden., Finstern., Weihn., Mitt(er)n., s. Fastn.; Nacht|schatt, rab(e); Nachti|gal(l), gäller (< galan „singen"). Zu Nachtweide (nd. –weih, –wey, –weh), Nachtmann, Nachtrieb, tripp vgl. uchte. Nachtmeister fuhr nachts den Unrat ab (vgl. Gold, Goldgruber). Aber Seilnacht < ON. Seelach, Baden wie Ruffenach(t) < ON. Rufach, Elsaß. Nachtsheim(er): ON. Koblenz < Natesheim. — Katharina Nachtfarerin, Eger XIV „Hexe"
Nachum: hebr. „trostreich" > Nachemstein, Nach|bar, ner, Naumann. Vgl. Fromm
Näck: s. Neck
Näcke: s. NAD
(Nacken): Hartnack(e) (Harde|nack(e), naker; Har|nack(er), necker, napp, Ha(a)rnacke). Örtlich „Scheitel, Spitze": Nackenhorst, dazu kollektiv bair. G(e)nack: Knacker. Vgl. Nau
NAD: zu as. nadha „Huld", nhd. „Gnade". Fällt nd. mit NAND zusammen (s. d.)
Natuperach: Nap(p)ert, Näbrich, Nebert
***Nadbold:** Nabold, Nabholz (eher zu Nabe), Nabel, Näpel
  Kf. **Nappo:** Napp(e), Nabel, Nabbe
Nadhere: Nat(h)er, Näder, Nader–, Natter|mann (vgl. nähen u. Natter). Naddersen wohl ON. Nathireshusen (jetzt Naensen, Einbeck)
***Nadold:** Nadold(i). Mischf. Nasolt, Naschold,

Nätz|old, oll, Nötzold, falls nicht sl.
  Kf. **Nato:** Nat|h, he, t, je; Nad|ge, ke; Näth(ling); Nädke, Nedl(ich), Näckel, Nax. — Nazo (× NES): Naß, Nasse (auch „Trinker"), Netz|el, le. Na(a)tz s. Ignatius
Nadapp: pruß. N. Nadopp
Nadebor(n): sl. PN. Nadbor „Überkampf" (auch ein Vorwerk im Kreis Schlawe)
Nadel: md. nālde, nōlde: Nädel|e, i, in; Nadler „Nadelmacher" = Nedler, Nädeller, Näteler, Neld(e)ner, Nold(e)ner, Nöld(e)ner, Nöl(l)ner, Nell(n)er, Nedelmann; Knöpnadel, Knopnatel, Nehnadel, Noldenfesser „Nadelbüchsenmacher"
Nader–, Näder: s. NAD und nähen; –nader: s. nähen
Nadoll: sl. nadol „im Grunde". Nadolny
Nadolph: s. NAND
Näf: s. Neff
(nafzen): „schlafen". Nafz|er, (in)ger; Nefzger
NAGEL: zu nhd. Nagel
Nagalhard: Nagalhard
*Nagalrich: Neilreich
Nagal: s. Nagel
Nagel: schon ahd. nagal (Vklf. auch „Nelke, Gewürznelke"; × wend. FN. Nagli „jähzornig"; auch ON.). Nagel, |s, e; Nahl; Nägel, |i(n), e, sbach?; Nägerl, Negelein, Negel(e), Nail, Neil. Dazu Nagler, Nägler, Nahler, Nehler, Neller (s. d.), Neiler = Nagelschmidt = Nagel–, Negel–, Neill|mann, nl. Nagelmaekers. — Zss., Zsr. meist

(nagen) Schmiedenamen (vgl. –eisen). So ist Thorn., Dör(r)n., Thürn., Dürn., Dirn. = Thor-, Tür|schmidt, Saaln. = Sahlschmidt (s. Saal u. vgl. Not), Hufn. = Roßn.; Bindern., Pintern. (s. binden oder =) Faßn. (Fastn.) = Kivern. (zu Küfer). Schloßn. = Velln. (velslo3 „Türklinke"), Span(n). (Sponagel; an Deichsel und Pflug. Bre.), Drun. (nd. druwe „Griff"; N. zum Befestigen des Griffes am Bootshaken), Runkn. (an der Runge, > Rundn.?), Timpern. (s. Zimmer), Scharn., Schorn. (zu schardach „Schindeldach"); Schi(e)n. (Schin(n), Schönn., Zinn.) vieldeutig (zu Schiene und Schindel; bair.-österr. schinagl „Kahn" < madj. czónak; rotw. schinagoll „Sträflingskarren"), Steinn. (für Schieferdächer), Sarn. (an der Rüstung; > Sauern.?), Baschn. (mhd. bastn.; zu basteln; Holzn. f. Brandsohlen), Har(t)n. (schon ahd. Hartnagal; Hertn., Hörtn.), Silbern., Goldn., Güldn., Kupfern., Holzn., Kopfn., Scharfn., Spitzn., Stumpfern.,Blank(e)n. — Steuern. („Steuerruder"; Stirn., Stern.), Kornagel, Kornnägele = „Kornrade". Satzn. Stenften. (< stämpfen „mit hohlem Kopf stempeln", vgl. Stülpn., Wen(d)n.), Schmittnägel. Nageleisen, schweiz. Nagelisen = penis: Reckn., Wackern. (Wackernell)

(nagen): Nager „Geiziger" (schweiz. auch < in agro)

Nagolt: ON. Nagold, Tübingen
Nagor(k)a: wend. „auf dem Berge". Nagorski
(nähen): Näh(e)r, Neh(e)r, Naier, Neier, Neyer, Neiger, Neger, Nather (vgl. NAD), Näther, Näder, Neder, Neeter (nicht „Schneider", sondern „Posamenter"). — Seiden|näher, nader, nath. (Mhd. war naejen das gewöhnl. Wort für stikken)
Nahl(er), Nähler: s. Nagel
Nähle|n, s: s. Cornelius
Nah(m)macher: s. Nabe
von der Nahmer: Fluß Nahmer, Sauerland; Kotten bei Hagen; Vorstadt v. Hohenlimburg i. W.
Nahning: s. NAND
Nahr: s. NES
Nähr: s. nähen
Nahrhaft: zu nd. narhaftich „närrisch"
Nahrstedt: ON. Stendal
Nahr|wald, wold: s. NES
Nahser: s. Nase
Nähser: s. Neser
Naier: s. nähen
Nail: s. Nagel
Najdl: s. NEID
Nakel: mehrf. ON.; Nakler
Nakonz(er): < wend. FN. Nakonc „am Ende"
Namenhauer: s. Nabe
Nammert: s. NAND
Namslau(er): ON. Breslau. Namsler
Nan–, Nän–: s. NAND
NAND: zu got. nanthjan, mhd. nenden „wagen"; as. nādhjan, daher nd. Berührung mit NAD
Nandbrecht: Nammert, Nembhardt, Nemmert
Nandhari: Nanders
Nandhart: Nendert, Netert; Mischf. Na(t)zet

Nantharicus: Ned(de)rich
Nandwic: Nent|wich, wig; Nedtwich; Mischf. Nonswich
Nandulph: Nadolph
  Kf. Nando, Nanno, Nonno (fries. Nomme, Num|ke, sen, falls nicht Lalln.). Nani(nga), Nan|e, ken, z, tjes, lin, eder; Nann, |i, e, en (horn), enga, sen; Nahning; Nen|del, tz, sel; Nenn|e, ing(er) (doch vgl. Nennig), None, Nonni, |e, emann, en, ig; Nönnig, Nom(m)sen, Nommensen, Nommel(s), Nomms
  Auslautend: Wienand, Gernantz, Folknant (dissimiliert: Volland), Ottnad. Vgl. Ferdinand
(nank): wend. „Väterchen", Nank|o, e; Nänn|cke, ig
Nämi: schweiz. „Großmutter"
Nanzig: ON. Nancy, Frankreich
Näpel: s. NAD
Napert: s. NAD
(Napf): Näpfle(in); Napfer; nd. Napp; Kiekenap; Maknapp
Naphtali: hebr. zu pathal „ringen". S. auch Hirsch
Napp: s. NAD und Napf
Napra|hl, ll: wend. „Anstifter"
Narath: s. Naurath
Narbe: vgl. Schramm
Narcissus: gr. Pflanzenn. Hl. Narciß
NARD: unerkl. altdt. Stamm. Nardulph. Hierher Nardel, Nerder
Narjes: s. Apollinaris
Narnleitner: s. Leite
Narr: vgl. Nahrhaft (aber Narres < Apollinaris)
Narr|at, eter: s. NES
Naruhn: pruß. N. Narune

Nasch: sl. PN. Gnaš, Hnaš; Nasch|ke, old, Näschke
Nasdal: wend. nazdala „in der Ferne". Nastoll. Nasdalak: nazdalak „der sich fern hält"
Nase: Übern. Naas, Nase-, Näse|mann. Spitznaß, Bick|nase, nese (< bicken „stechen"); Lang|nas, näse, nes (× fries. Insel Langeneß). Vgl. Nees. Naslos. — Flurn. Na(a)sner, Naßner, Na(h)ser (KS); Nashorn jüd.
Näser: s. Neser
Naß, Nasse: s. NAD und NES, doch auch „Zecher"
Nast: obd. „Ast". Nest|er, le (× Nestel). S. Falke
Nat–, Nät–: s. NAD
Natalis: lat. N. „zur Geburt (besd. Christi = Weihnachten) gehörig"
Natau: pruß. N.
Natebus, Nätebusch, Natenbruk: nd. „Nuß|busch, bruch"
Nathan: hebr. „Geschenk". Abkürzung von Jonathan = Nathanael „Geschenk Gottes". Nathan|s, sohn, sen, blut. Nadenheim, Noteles
Näthbom: nd. „Nußbaum"
Nather, Näther: s. NAD und nähen
Natho: ON. Anhalt
Nathusius: s. Donatus
Natorp: < ON. Natrup oder Natrop (vgl. Dorf)
Natsch(ke): sl. PN. Nacek
Natter: „Schlange". Natter|mann, er „Schlangenfänger" (× NAD). Natterer auch < ON. Natters, Tirol
Natt|kemper, land: zu nd. natt „naß", natte „sumpfige Wiese". Natmann
Natu|s, sch: s. Donatus

Natz: s. Ignatius
Natzek: tsch. nacek „Bauch" (× Natschke)
Natzer: s. Nazarius
Na(t)zet: s. NAND
Nätz|old, oll: s. NAD
Nau–: s. NEU, neu, Neubauer
Nau|ber(t), buhr: s. Bauer
Naucke: ON. Öls
Nauditt: pruß. ON.
Nau(e): 1. schwäb. „Nakken". 2. naue < lat. navis „Schiff", besd. schweiz. 3. ON. Nauen. Zu 2 und 3: Nauer. 4. = Genau (s. d.)
Naujo|ch, ck: lit. „Neuling". Nauj|ok(at, s), eck
Naul: s. NEU Kf. Nauland s. neu
Naumer: ON. Nauheim mehrf.
Naun–: s. neu
Naunapper: s. neu und Nachbar
Naurath: 2 ON. Trier (× ON. Nauro|d, th)
Nautz, Nauze: s. Nowack
Nauwald: ON. Nauwalde, Sachsen
Nave: s. Neffe
Navermann: s. Nachbar
Näwiger: s. Nabe
Nazarius: Hl. < ON. Nazareth? Natzer, Netzer (s. d.); Zar(ge)s; Zer|ges, le; Zerr, |i, ies
Neander: gräz. für Neumann
Nebauer: s. Nachbar
Nebbeling: s. Nebel
Nebe: < unerkl. altd. N. Nebo? Neben? Neeb, Nehb
Nebel: schon ahd. nebul. Neb(e)l, elseder, ler; Nieb(e)l (× NEID), Nübel (s. d.). Nevel; z. T. viell. nur Kf. des durch die Nibelungensage verbreiteten N. Nibelung: Nieb|elung, (e)ling, lich; Nibbeling; Nübling (× NOT); Neb|elin(g), (e)lung, elo; Nebbeling, Neweling, Nevelin(g), Nehling, Niveling, Niefeling. Unmittelbar zu Nebel: Nebel|sieck, thau; Nachtnebel
Neber: s. Nabe und Bauer
Nebert: s. NAD
Nebinger: s. Nabe
Neckel: s. Nicolaus
Neck: „Wassergeist". Näck
Necker: 1. Flußn. Neckar (FN. Neckar). 2. s. Nock
Neckles: s. Nicolaus
–nedden, Nedder: s. nieder
Neddenriep: Hof Neddenriepe, Fallingbostel. Nettenriep
Nedele: soweit ostd. < tsch. nedele „Sonntag"
Nedelmann, Nedler: s. Nadel
Nedl(ich): s. NAD
Nedrich, Nedtwich: s. NAND
Nee: frz. N. Née. Neh
Neeb: s. Nebe
Needon: zu slaw. hnědy „braun". Niedan
Neef–: s. Neff
Neekötter: s. neu
Neelsen: s. Cornelius. Neels
Neermann: s. nieder
Nee|s(ke), se: 1. s. Agnes (× NES). 2. Neese(mann): ON. Neese, Meckl. (× ON. Neesen, Minden). 3. nd. „Nase". Langnese
Neffe: „der Neffe" (auch „Enkel"), ndl. neef. Neff(gen), Nef(en), Neef(f) (× ON. Neef, Koblenz), Neefken, Näf, Newe, Newjahn (Johannes), Nave (Glatz)
Neffka: s. Gniffke
Nefzger: s. nafzen
Negel–: s. Nagel
Negenborn: mehrf. ON.

Negentid: s. Zeit
Neger: s. nähen
Negwer: s. Nabe
Neh: s. Nee
Nehb: s. Nebe
Nehbauer: s. Nachbar
Nehber: s. Nabe u. Bauer
Neher: „Fährmann", zu Neh < lat. navis (B. 1, 277)
Nehl, |s, sen: s. Cornelius
Nehler: s. Nagel
Nehling: s. Nebel
Nehmann: s. neu
Nehmer: ON. Köslin
Nehm|isch, i(t)z, s: s. Niemetz
Nehr–: s. NES
Nehus: s. neu
Nei–: s. NEU, neu
Neiber: s. NEID u. Nabe
NEID: zu ahd. nīt, urspr. „Eifer, Haß"
Nithbald: Nie|dball, pold, bel, pel(t); Nipp|old, el; Neipold. Mischf. Nisibald IX: Nispel (doch vgl. Nespler und Nispli)
Nidperht: Nieber, |t, le(in), ding; Nieper (× Hofn. Elberfeld), Nippert; Nei|ber, pert, ppertz, Neutbard
Nidaboto: Niepoth Kf. Nippo: Nipp|e(l), gen; Nibbe(s), Niepmann
Nidgar: Nie(d)ger
Nidhart: Nied|hart, ert (× ON. Koblenz); Niet|-(h)hardt, (t)ert; Neid|(t)-hard(t), ert; Neu|thard, dert, Neitzert
Nither: Nieder, |le(in), lich, ringhaus; Nieter(s), Nitter, Neid|herr, er (s. Neiden); Nier, |e(n), le, ling, lich (z. T. wohl auch < Nidhart, z. T. zu nieder)
Nidmar: Niemer (s. d.), Nimmer(t)
Nidmuot: Nie|mud, muth
Nidrih: Nie(d)rich, Nittrey, Nidrei, Niedhold
*Nidolt: Neidhold; Neu|dolt, Mischf. N(i)ezold, Nietzel (soweit nicht zu Nicolaus); > Nittschalk?
*Nitwic: Neutwig
Nidolf: Niedoff Kf. Nitho: Niet|e, mann; Nied|l(e), ling, ke (aber Niedlich s. d.); Nitt|el (× ON. Trier), mann; Neit, |e, eler; Neid, |e, el, l, lein (doch vgl. bair. n(e)idl „Milchrahm" > Neidlinger); österr. Najdl; Neud(e)l, Niecke, Niekel, Nigg(l), Nick(ing), Nikh, Nück (doch vgl. Nicolaus).
Nizo: Kaum zu trennen von sl. Formen für Nicolaus und von NET. Nietz,|e(l); Nitz(e); Nietzsch,|e, mann; Nitsch, |e, mann; Nei|tz(e)l, sel; Nißl. – Nies u. dgl. s. Antonius und Dionysius
Neiden: ON. Torgau. Neider
Neie: s. NEU Kf.
Neier, Neiger: s. nähen
Neiffert, Neihold: s. NEU
Neige(n)fin|d, k: s. Feind
Neil: s. NAGEL u. Nagel
Neils: s. Cornelius
Neinert: s. NEU II
Neininger: ON. Neidingen, Baden (NS.)
Neip–: s. NEID
Neis–: s. Dionysius und NEID Kf. (Neise: pruß. N.)
Neisideller: s. Ein-
Neit–, Neitz–: s. NEID
Neitsch: s. Nicolaus sl.
Neitzert: ON. Neizert, Neuwied
Nel–: s. Cornelius
Neld(e)ner: s. Nadel
Neldo: unerkl. altd. N. > Nelding: Nelde, Nel(l)te, Neldert (vgl. Neller und Thusnelda bei DUS)
Nelep: ON. Köslin
Nelke: < nägelke (vgl. Nagel) „Nelke" (Dianthus) u. ähnl. Blumen, sogar Goldlack und Flieder. Nelkenstock, Nelcke(nbrecher)
Nell–: s. Cornelius
Nellenbogen: jüd. s. Katzenellenbogen
Neller: 1. = Nadler oder Nagler. 2. < mhd. nel(le) „Spitze, Scheitel" (ÖN.). 3. < altd. PN. Nello = Neldo (s. d.). Zu 2, 3: Nelle. Zu 3: viell. Nelling
Nellinger: ON. Nellingen, Württ.
Nellner: s. Nadel
Nellte: s. Neldo
Nelson: jüd. wohl < Katzenellenbogensohn (s. d.) (engl. < Cornelius). Nelz
Nembhardt, Nemmert: s. NAND
Nem|eth(y), etz, itz: s. Niemetz
Nemnich: ON. Nemmenich, Köln
Nemuth: wend. PN. Njemót; auch ON. Nemt, Wurzen (Nemuth XV)
Nen–: s. NAND
Nendsa: sl. nedza „Elend". Nendza. Auch ON. Ratibor
Nennig: ON. Saarburg
Neo–: s. NEU
Nepomuk: ON. Böhmen. Der Kult des hl. Johann von Nepomuk erst seit dem 18. Jhdt. häufiger; nach dem Hl. aber wend. Mucke, Mutzk|a, e
Nepper(schmied): s. Nabe
Nepper(t): s. NEU
Ner–: s. NES
Nerder: s. NARD
Neres: s. Raginhari
Nerfries: s. Nieder–

Nerger: 1. < nd. nerge „schmaler Flurstreifen". Ner|gert, king. 2. mnd. nerger „Hintersasse"
Nerius: s. Raginhari
Nerling, |en, er: ON. Nördlingen. Nerlich s. NES
Nernst: s. Ernst
Nerreter: ON. Nerret, Schwabach
NES: zu ahd. ginesan „genesen" und nerjan „heilen, am Leben erhalten" (> nhd. „nähren")
*Narhart: Narath (vgl. Naurath), Narrat, Narret(er), Nerret(er)
*Narwald: Nahr|wald, wold. Kf. Nasua: Nasse: Naß (s. d.), Ne(e)se (× Agnes), Nahr, Naar, Near,|en, i(n)g (× ON. Nehren, Kochem, Tübingen); Nern (aber Nehrlich, Ner(r)lich: mhd. naerlich „kümmerlich")
–nes, –nese: s. Nase
Neschling: s. Falke
Nesel, Nesensohn: s. Agnes
Neser: mhd. neser „Speisebeutel" (vgl. Eser). Nä(h)ser, Nesner
Nespler: < nespel „Mispel"
(Nessel): Nessel|bosch, hauf, roth (ÖN.), rath (Hofn. Solingen); mann = Neßler (auch „Nesseltuchweber"); nd. Nettlenbusch, Nettel|beck (ÖN., ON. Priegnitz), horst, rott, bladt, mann; Neßling(er) (KS.). Vgl. Nestel
Nessensohn: s. Agnes
Nest: 1. Mäus–, Tauben–, Finken|nest. Nestvogel, Nestling „flügger Jungvogel" (s. Falke). 2. ON. Köslin. 3. kleiner Ort: Nest|mann, meier, lechner. Aber ON. Hagenest (Lucka) wohl < sl. ogniště „Brandstätte" trotz Hogenist = de alto nido, vgl. Hagenest = Hochnest = Hoganist (Leipzig). Sonst vgl. Nast, Nestel
Nestel: „Schnur". Nestler = Neßler = Nestel–, Nessel|mann (× Nessel). Neßhold, Neßwetter; Haubennestel
Nestri(e)pke: unerkl. 1650. Niestrybke, Militsch. Schles. Nistripke
NET: sl. Stamm, zu asl. netŭ „Brand". Nět(ka). Netsch, Nett(ing), Netke, Nitt, |ka, ke (vgl. NEID Kf.)
Netert: s. NAND (× NEID)
Nething: s. NAD
Netsch(er): ON. Netsche, Öls
Nett–: s. Nessel u. NET; aber Nette, |r, mann, meier < Nette: 1. ON. mehrf. 2. Flußn. Osnabr. (zu 2 auch Nethövel, Nettebeck?)
Nettekoven: ON. Bonn
Nettenriep: s. Neddenriep
Netz(e)band: ON. Mecklenb., Pommern
Netz|el, le: zu NAD oder Netz
Netzer: ON. Netzen, Brandenb. Netzner
Netzhammer: s. –heim
Netzker: wend. njacker „Muldenmacher"
NEU: zu ahd. niuwi, nhd. neu (z. T. verhochdeutscht < Ni– < Nit–; s. NEID)
I. *Niwibald: Nau|bold, pold, Neu|bold, belt
Neufred: Neu|fert, fahrt, wert; Nie|fert, ffer, vers, werth (× Wirt), Neiffert
Niviard: Neu|hardt, ert; Nau|hart, hards, ert, erz
*Niwalt: Neu|wald, wahl, hold; Niehold, Neihold, Nauwald
  Kf. Nivo: Neue(lmann), Neul, Neie, Neye(n), Naue, Naul
II. Mit erweitertem Stamm: Neunher(t)z, Neinert, Ninn|hardt, hold, Nienhold. Kf. Niens, Neunsinger?
(neu): md. nau, mnd. ni(g)e, nigge. In Zss., Zsr. auch = jung: Neu, Nei, Ney (× ON. Koblenz), neu Neubauer (s. d.). Ähnlich: –mann: Neum., Näum., Neim., Naim., Naum., Nehm., Nig(ge)m., Nieg(e)m., Nüm., Niem. (> Niemand, gräzis. Neander; vgl. Nowack). Neu|komm („Ankömmling"), kum, kam(m), Naukamm (> Neukamp, Neikamm, Nie|kamp, kammer KS.); doch auch ÖN. Neukamp; Neu–, Nie|meyer, Neu|bürger [wohl < Neuburg], burger, schulz. Die neue Siedlung bezeichnen: Neu|brand, garten, schlag, rath, roth, fang (s. d.), haus (Nie–, Ne|hus, Neyenhaus), hof (Niehawes), feld, bau, Nichstätt, Nieland (Nauland), Nieschlag, Nykamp; den Siedler: Neu|reuther = reiter, rauter, singer, (en)schwender, huber, länder, satz = sesser (ON. Neu|satz, ses, mehrf.; > fränk. Neußer), häuser; Nie|wöhner („Bewohner"), husman, länder, Ni(gg)enaber (s. Nachbar), Niehörster, Neekötter; die neue Ortschaft: Neu|hahn = enhagen,

stadt, kirch(en) = Nie|kerke, karken, Nienburg, Naundorf, mit anderer Deklinat.: Neuerburg, Nürburg; einzelne Örtlichkeiten: Neu|dahl, damm, brück, gaß, brand, rohr, weger; Nie|stradt, werder, Niendieker, Nienkämper; mit Berufsn.: Neu|meister, bäcker, becker (× ON. Niebek), wirth, bieser, beiser (s. büßen), neier („Näher"), metzger, schäfer, schröer, kummeter, Nie|möller, müller; mit PN.: Nauwerck, Neu|merkel, girg, jean. — Sonstiges: Neu|jahr, mond, enzeit (s. Zeit), gebo(h)ren (Proselytenn.); Neufindt u. dgl. s. Feind. — Nier|bauer, meier u. dgl. < nieder
Neubauer: Neu|ber(t), per(t), barth, brecht, Neu–, Nei–, Nie|gebauer, Niegebahr, Nie|buhr, bauer, ber(th), Nyboer, Nigbur, Nau|bur, baur, ber(t), Nu|bäuer, ber
Neudert: s. NEID, Nithart
Neufang: mhd. niuvanc. 1. „Neuling". 2. „Neuland". 3. mehrf. ON.: FN. Niefang, Neufanger
Neuffer: ON. Neuffen, Württemberg, Neufner
Neul: s. NEU Kf.
Neun: Neuner, Neunzig(er); Neunübel. Vgl. List
Neuneier: s. neu
Neun|herz, linger: s. NEU II
Neusch(e)ler: Hofn. Neuschel, Ravensburg
Neuß: ON. Düsseld. Neu|ser, ßer, ssert, Nuis, von Nuys, van Nüß (× ON. Neußen, Torgau und s. Neu), aber nrh. Neuß (mua. Nöös) = × Nöües „Neuhaus"
Neut–, Neuwald: s. NEID
Neutzsch: s. Nicolaus sl.
Nevel–, Neweling: s. Nebel
Neviandt: s. Feind
New|e, jahn: s. Neffe
Newi(n)ger: s. Nabe
Ney: s. NEU und neu
Neyer: s. nähen (× ON. Ney, Koblenz)
Neycke: pruß. N.
Nezolt: s. NEID
Nibbeling: s. Nebel
Nibbe(s): s. NEID
Nicasius: Hl., gr. < „Sieg". Nickees, Ka(e)s, Käsgen, Caesen
Nicholl: s. Nicolaus
Nichstätt: s. neu
Nichterlein: s. Nüchtern
Nick–: s. NEID und Nicolaus
Nickees: s. Nicasius
Nickel: 1. s. Nicolaus. 2. = Nückel 1
Nickenig: ON. Nickenich, Koblenz
Nickse: s. Nixe
Nicodem(us): gr. „Volkssieger". Hl. Nikodem, Niecetemus, Demus
Nicolaus: gr. „Volkssieger". Bischof v. Myra in Kleinasien, IV. In der zweiten Hälfte des Mittelalters der volkstümlichste Hl. nächst Johannes, daher unzählige Formen. Die deutschen von den sl. Formen nicht sicher zu trennen, auch viele deutsche Kreuzungen (besd. mit NEID, KOL, LUT, Klause)

Nicola, |us, i, ysen; Nicol|e, ei, in; Niko(l), Altnikol, (s. aber Barnickel u. Hornickel), Großniklaus, Nicholl; Nück|laus, el; Niegl-las, el; Nick, |les, lisch, lasch (sl.?), e, el(s), chen, ing, Nickeleisen (Sohn oder wie Steffeisen Schmiedename; s. Eisen); Fränznick, Kunz–, Mühl|nickel; Nigg, |el(er), l, le, enson; Neckel (Nekles He), Nitz, Jungnitz, schlesw. Nissen. — Kallaus, Gall|aus, autz. Colas, Kolhas (× Kohl, KOL II), Kohlhaus, Kela(u)s, Gehlhaas (× Gelasius), Köhlhas, Kölle; Klaus (Brun–, Eitel–, Öhl–, Groß–, Jung–, Schäper|klaus); Klauß, |mann, maier; Claus|ius, ung, Claushans; Claus > Claudius; Chlaus, Klaus|en, el, ing; Klaust, Glau|s, ser; Kläusli, Kläuser, Kleuß(er), Klais, Kleis(li); Klaas (Langklas), Klasing, Klaßen, Klaes, Glasmayer (s. Glas!); Clas|haus, ohm, Classe(n), Glas|ius, el; Claes(ges), Clais; Cläs, |ge(n)s; Kles|el, inger, Kläs|i, ele, Kleß|l, ing(er); Klees, Klesse, Kleser (Siegen) > Gläser Rheydt XVIII, mit anlautendem J gesprochen; Gläs|el, inger, Gläßke; Klos(ke), Groß–, Lauten|klos; Cloes, Kloßmann, Clossius, Kloser, Glos, Glosse, Klös(gen), Clößli, [Klöß(ler) He], Closius, [Klu(t)sch He]; Kluß(mann), Klus, Klusen

Zerdehnt: Clawe(e)s, Klawe(mann), Klauer, Kläui, Kleu, Kleih, Kley, Glauwis, Klaf|(f)s, gen; Klabe(s), Klap(p)s, Klapsing, Glab|us, sch, Globus, Clob|us, es. — Klage,|

s, mann; Klag, Klagge (s), Grotklags. Klew|es, ing, Gläwe, Klähe, Kleeb, Kleb, |s, es, l, ser; Glebe, Klee (Klein|klee, klewin). Klo(h)e, Kloë|, s, l, Gloël
Ohne Gutturanlaut: Laus(mann), Jung(e)laus, Heydenlauß, Lauser (s. d.), Lais, Laas, Junglas, Laß|ke (s. d.), Lasse(`n), Lo(o)s, Losson, Lohse, Loßl, Lösel, Lösgen. — Zerdehnt: Law(e), Labes, Laue, Lages, Laves Schwedisch-dänisch: Niels, Nilsdotter („–tochter")
Frz. Nicolet > Nicolai
Sl.: Nik|olitsch, utta, ita, usch, isch, sch; Nicke, Nitz(e), Nitzky, Niezold(i), Nietzel (vgl. NEID, Nizo), Nitzsch(ke), Nitschmann, Nietzsch|e, mann, Nisch, Neitsch, Neutzsch, Mik|las, les, ulle, sch, us, usch, es, esch, itta, Mick|a, an, e; Mück|ausch, lisch, e, Mitzschke; Colatzsch, Goltzsch, Kulessa; Klowas, Klo|ß, s(ke), ssek, Klawe, Klaf(f)ke, Klausch,|ke, enz; Klauk, |a, e; Quaia, Kul|a(ck), as, (i)ke, ig, isch, itz; Klanck > Klan|k(e), ecki, Klang

Nida: ON. Nidda, Hessen
Nidergall: s. Nievergelt
Nidrei: s. NEID
Nie–: s. NEU, neu
Nieb(e)l: s. Nebel (Niebel: ON. Belzig; Niebelschütz: ON. Nebelschütz, Kamenz)
Nieber–: s. NEID
Niebergall: s. Nievergelt
Nieblich: s. Nebel
Nie|bour, buhr: s. Neubauer
Niebusch: ON. Liegnitz

Niecetemus: s. Nicodemus
Nieche: ON. Niecha, Görlitz
Niecke: s. NEID Kf.
Nied: ON. Nied a. d. Nidda. Nieth
Nied–: s. NEID u. Nieder–
Niedan: vgl. Needon
Niedenführ: unerkl. schles. Präpositionsn., wörtl. „unten hervor" („der mit tiefliegenden Augen hervorblickt"?) 1478 Nedinfur. (Aber der vornfür (vorrenvor) war eine vorn getragene Waffe. Ähnlich Nieden zu, Hindenach, Hindemit („hinten mit"), Mittendrein
Nieder: ON. Nieda, Görlitz
Nieder–: 1. s. NEID (Nither); 2. nieder: Nieder|er, mann, gasteiger, holzer, schlag („Holzschlag"), leitner, dellmann (s. Delle), lag, quell, lohmann, schulte, franke (FN. Franke, vgl. ober); Niedernhuber („von der unteren Hube"); Nied(e)rist, Znidrist („Unterster") = Ni(e)deröst, Niederst, |e(mann), ebruch. Zsgez. Nier|bauer, hoff, ste(nhöfer), mann. Vgl. neu, Ende. Nd. Nedder|meyer, hut (Niederhuth), Neermann, Nerfries. — Dazu substantivisch: zur Nieden, ter Nedden („Niederung"; × Darnedde). Niedner, Nieden|hoff, hof(en), thal
Ni(e)derehe: ON. Eifel
Niedlich: mhd. nītlich „boshaft" oder niedlich „eifrig"
Niedringhaus: ON. –hausen, Lübbeke (Westf.)
Niefang: s. Neufang

Niefeling: s. Nebel
Nief(f)er: s. Nuffer (Niefer(t): ON. Niese, Namslau)
Nieg(e): s. neu
Nieg|el, las: s. Nicolaus
Nieger: s. NEID
Nieha|ves, wes: s. neu
Nieholt: s. NEU
Niekel: s. NEID
Niekerke: nd. „neue Kirche"
Niekrenz: ON. Mecklenb., Niekrantz
Niel: ON. Niehl, Köln; Niels u. dgl.: meist zu Nicolaus, doch auch zu Cornelius
Nielebock: s. MIL
Niemack: wend. „stumm"
Niemand: = Neumann; aber Niemans|chnecht wohl Redn. „Niemandes Knecht"
Niemer: ON. Niehmen, Breslau (× NEID)
Niemetz: asl. nemici „der Deutsche" < nemu „stumm", d. h. nicht slawisch sprechend. Niem|ietz, iec, es. Oft ON. Niem|(e)itz, es; Nim|ptsch, bs, z, tz; Nimm|ig, ich; Nehm|itz, s, sch; Nem|etz, i(t)z, sch; > madjar. Nemeth(y). Vgl. Lenau
Niemu|d, th: s. NEID
Nien–: s. neu
Niens: s. NEU II
Nientimp: s. Timpe
Niep–: s. NEID
Niepenberg: Hofn. Elberf.
Niephaus: ON. Nippes, Köln
Nier–: s. NEID und Nieder– (Socin: Nier „Niere")
Nierenberg(er): ON. Nürnberg
Nier|(e)s, ius: s. Raginhari
Niering: ON. Münster

367

Niers: Flußn. Rhld. Nierz (ON. an der Niers)
Nies–, Nieß–: s. Antonius, Dionysius; aber Nieß(er) auch „Genießer"
Nieske: ON. Nieska, Dresden oder Niesky, Liegnitz
Nieswand: vgl. ON. Niesewanz, Schlochau
Niet–: s. NEID (Nieth s. Nied)
Nietz–: s. NEID u. Nicolaus
Niever|galt, gelt: „der nie vergilt = bezahlt". Niewer–, Nieber–, Nider|gall
Nievers, Niewerth: s. NEU
Niezold: s. NEID und Nicolaus
Niffka: s. Gniffke
Nig–: s. neu
Niger: latinis. von Schwarz
Nigg–: s. neu und Nicolaus (× NEID Kf.)
Nik–: s. Nicolaus und NEID Kf.
Nil|gen, ges, les: Cornelius
Nille: obd. „Geschwür"
Nimbs: s. Niemetz
Nimke: ON. Nimkau, Breslau
Nimmer(t): s. NEID; anders Nimmer|gut, voll, satt (× ON. mehrf.)
Nimm|ich, ig, Nim|ptsch, tz: s. Niemetz
Nim(me)sgern, Nim(m)sgarn: Redn. eines Almosen- oder Trinkgeldempfängers
Ninnelt, Ninni(n)g, Nink: vgl. altd. N. Ninnilo, Niona (Lalln.)
Nipp–: s. NEID
Nippe: ON. Fulda (× NEID)
Nis–: s. Dionysius und Nicolaus

Nisch: 1. s. Nicolaus. 2. wend. „der Untere". Nisch|an, ke
Nispel s. NEID und (× Nespler)
Nispli: schweiz. „Flüsterer". Nüsperli(ng)
Nistripke: s. Nestriepke
Nißl: s. Nuß; Nißl– zu Dionysius, Nicolaus, NEID Kf.
Nitsch–: s. NEID Kf. und Nicolaus
Nitt–: s. NEID und NET
Nitz(e): s. NEID Kf. und Nicolaus
Nitz|inger, l: s. Nuß
Niveling: s. Nebel
Nixe: Nix(el), Nickse (× Nicolaus)
Noach, Noack: s. Nowack
Noah: hebr. „Ruhe". Noa(h), Noha (× Noga), Noä, No(h)e, Noé (lat. Noe Nominativ < Νῶε; frz. Noë)
Nob–, Nöb–: s. NOT
Noba(c)k: s. Nowack
Nöbel: ON. Nöbeln, Sa.
Nober: s. Nabor
Nock: obd. „Hügel, Gipfel, Fels" (× NOT Kf.). Nock(h)er, Nöcker, Nöck, |el, ler, Nögg(l)er (vgl. ON. Noggsl, Tirol), Nöggler, Neck|el, er. Kollektiv (vgl. Nacken): Knogl(er)
Nocke: s. Nowack
Nod–, Nöd–: s. NOT
Nodurft: s. Not
Noe: s. Noah
Noël: frz. noël „Weihnachten"
Nöfer, Noffert: s. NOT
Noffke: s. Nowack
Noga: asl., poln. noga „Fuß, Bein"; tsch.-wend. noha. Nog|a, e, atz „Großfuß". Noha (× Noah) wend. nóžka „Füßchen": Nosch|ka, ke. Vgl. nos.
Nogg–, Nöggler: s. Nock

Noh|a, e: s. Noah und Noga
Nohl: schweiz. „einfältiger, plumper Mensch"
Nohle(n): s. NOT
Nohn: ON. Koblenz, Trier
Nohr: 1. s. NOT. 2. ON. Nohra (Nordhausen, Weimar). 3. < frz. N. Noir „Schwarz". 4. pruß. N. 5. Nohr, Nöhren. 6. auch × Apollinaris
Nöhrenberg: s. Nörenberg
Nok–, Nök–: s. NOT (vgl. Nock)
Nold–, Nöld–: s. AR (Arnold) und Nadel
Nolda: ON. Nolda, Namslau
Nolde: ON. Nordschleswig
Nölken: s. AR (Arnold)
Noll: 1. = Nohl. 2. mhd. nol, nulle „Bergspitze", FN. Nolle, Nulle > Noller, Nöller (× nollen „saugen, trinken"). 3. Noll(e) auch zu AR (Arnold) und NOT. 4. ON. Neuwied
Nollet: s. NOT
Nöll(n)er: s. Nadel
Nohlohf: s. NOT
Nolt–, Nölt–: s. AR (Arnold)
Nommel(s), Nom(m)sen: s. NAND Kf.
Non–, Nön–: s. NAND
Nonne: 1. Nonne(nbroich), Nonne(n)mann („Höriger"), Nunn(e) (s. d.), Nunenkamp. 2. Aber zu mhd. nonne „verschnittenes weibliches Schwein": Nonne(n)macher = Nonner, Nunner (vgl. Gelzer). — Nonne(n)mann auch zu NAND und = Nonner zu 2
Nonnefei: nach Werner „Ninive"
Nonswich: s. NAND

Noob|ath, ert, Noodt, Nook(e): s. NOT
Nooms: s. NAND
Nooren: s. NORD
Nootz: s. NOT
Nop–, Nöp–: s. NOT
Nopper: „der das Tuch von den Noppen (Wollknötchen) reinigt" (vgl. Schorer) (× NOT)
NOR: vgl. sabinisch Nero „Held", gr. ἀνήρ „Mann".
Norbert: Norbert, Nörper. Kf. Norinc: Noring, Nöring (Nuhr, Nühring?). Vgl. Norke
NORD: zu ahd. nord „Norden"
Nordhari: Nordhardt, Nörder
Nordeman: wohl wörtlich „Nordmann" (s. Nord). Nordm., Nor(r)m., Nör(te)m.
Nordoalt: Nord|wall, hold, ahl
Norwich: Nord|wich, wig
Kf. **Nordo:** Nord(t), Norda, North(e), Nörd|inger, then, Nor(t)z, Nörz(el)
(Nord): Nord|au, egg, loh, sieck, meyer; Nor-d(er)–, Nort(h)–, Nor(r)|mann (vgl. NORD), Nortwest (Reval); Nordenholz, Norloch (= Loh), Nordgauer, Nor|gauer, kauer < Nordgau „Oberpfalz"; von Noor(d)en. — In schwed. N. Nord|quist, lund; Nortström
Nörenberg: ON. Pommern. Norrenberg (× Nürnberg)
Nores, Nöres: s. Apollinaris
Nor|gauer, kauer: s. Nord
Nork(e): Nor|ka, ek, tsch. norek, poln. nurek „Taucher" (Vogel). Hierzu die bei NOR als Kf. verzeichneten N.?
Norkus: pruß. N. (Norko, Norkeweit)
Norloch: s. Nord
Nörper: s. NOR
Nor(r)–, Nör(te)mann: s. NORD und Nord
Nörr: s. Apollinaris
North(e), Nor(t)z, Nörz(el): s. NORD
(nos): sl. „Nase". Noß (vgl. Notz), Vklf. Noska, Nöske, Nössig, Noss|ig, ing; Nossack „Großnase", Noske, Noss|ek, ack
Nosch|ka, ke: s. Noga
Nössel: 1. mhd. noeʒʒelin „kleines Flüssigkeitsmaß". 2. s. Notz. Nößler. Bei Nösselt × NOT
Nösser: s. Notz
Nössing: s. NOT
Noßmann: s. Notz
Nosterer: s. Paternoster
Nostitz: ON. Bautzen
NOT: 1. zu ahd. nōt „Not, Gewalt". 2. zu ahd. hnōton, nuoton „schwingen"
Nodobert: Noo|bert, bath; No|ber(t), bars; Nopper(s) (s. d.); Nobber(s), Nöb|rich, ert
Kf. **Noppo, Nopelo:** Nopp, |el, en(berger); Nopel, Nöpel, Nobbe(meyer), Nob|el(ing), iling; Nöb(e)l, Nöbbe, Nube, Nubbemeyer, Nüb|el, ling
Notburga (weibl.): (Hl.) > Purgler (Tirol)
Notfred: Noffert, Nöfer (Nuffert? s. Nuffer)
Notger: Notker, Nöt(t)ger (× ON. Nöttingen, Karlsruhe), Nocker (× Nock)
*****Nothac?:** Nothack|er, sberger (ON. Deggendorf); Nuthack
Nothart: Nothardt, Nottar, Nudert
Nothar: Noter, Notter(mann), Noder(er), Nöther (× mhd. noder „Notar"; ON. Nöthen, Eifel)
Notstein: Nothstein (Socin)
Nodolt: No(de)wald, Noth|olt, olz (× ÖN. zu Nuß); Mischf. Nötzold, Nösselt (doch vgl. Nössel), Nusselt
Nodulf: Nolohf
Kf. **Noto, Notilo, Nute:** Noth, |en, (e)mann; Noodt, Not|e, ing, Nott(i), Nöth, |e(n) (× ON. Nöthen, Aachen), Nötting, Nötel, Nod(e)lbichler, Nudlbichler (s. Bühel), Nöd|ing, gen, el; Nuthmann, Nohle(n) (vgl. Nohl, Noll); Nook(e), Nokel, Nöke, Nock,| el, en (vgl. Nock); Nootz, Notz, |e, ing (ON. Freising), Noz, Nötz|l, el(mann), li(n)ler (vgl. Notz), Nössing, Nüssing, Nü(t)zel, Nutzinger

Mit erweitertem Stamm:

Nodalhart: Nollet
Auslautend: Gernoth (s. d.)

(Not): Not(t)haft, Nothafft „notleidend" = Nöthlich(s) = Nothdurf(t), Nohturft, Nodurft. — Nothelfer „Aushilfsarbeiter". Auch Übern. nach den vierzehn Nothelfern. Als „dürftig": Noth|acker, fellner, wang, hofer. — Mhd. nōtstal „Zwangsgestell", frühnhd. nöte, diente zur Behandlung von Pferden bei Hufbeschlag und Operation; daher die Schmiedeübern. Noth–, Nott|nagel (vgl. Nagel), Noth|eisen, eis

Notbohm, Noteboom: s. Nuß
Nothnick: s. Nowack
Nott–: s. Nuß und NOT
Nöttger: s. NOT
Notz: mhd. noʒ, Vklf. noeʒel „Nutzvieh". Nötzel(mann) (× NOT Kf.), Noß, |mann, bach, Nössel (s. d.) > Nößler. Nösser, Nutz, |elblume („Weide"), Nütz|el, ler. Notz auch pruß. N. Nocze
Notz–, Nötz–: s. NOT Kf.
Novalis: Pseudonym für Friedrich v. Hardenberg, nach dem Familiengute Großenrode > mlat. novalis (ager) „Rodung"
Növer: s. Ufer
Nowack: sl. „Neumann" < novy „neu" (Now|ak, aŕ, ik, iš, ka, otny, otnik, ula, uš). Now|y, (u)sch, el, Nowa|g, tzki; Noa(c)k, Noach, Noba(c)k, Nocke, Noffke, Nohka, Noi|ke, tz, Nawacky, Naack(e); Nowotny, Nothnick
Nowald: s. NOT (Nodolt)
Noz: s. NOT Kf.
Nub–: s. NOT (Noppo)
Nubäuer: s. Neubauer
Nübel: 1. ON. Schleswig. 2. s. Nebel (Nübling s. Nebel)
Nuber: s. Neubauer
Nüchtern: Judenn.; deutsch Nüchter(lein), Nichterlein
Nuck: s. Wnuck
Nück–: s. NEID Kf. und Nicolaus

Nückel: 1. steiler Abhang. 2. ON. Geestemünde (> Nückelmann). 3. = Nücklaus < Nicolaus
Nuckel(t): pruß. N. Nukayl. Nucklies
Nud–, Nudlbichler: s. NOT
Nuffer: obd. „munter" (× Onuphrius, ägypt. Hl.), Nufer, Nuffert (× NOT), Nuoffer, Nüffer, Nüferli, Nief(f)er
Nug(g)el: wend. nugel „Winkel"; Nuglisch: „Winkelmann"
Nuhr, Nühring: s. NOR und Norke
Nuis: s. Neuß
(Null): nd. „Hügel, Abhang". Flörke auf dem Nulle (Lippe), Nullmeier
Nulle: s. Noll
Nummer: < ON. Naumen = Neumagen, Mosel. Nummrich (< Naumburg?)
Nümann: s. neu
Nungasser: < Nonnengasse
Nungesser: ON. Nunkas, OPf., Nung|eß, es
Nunn–: s. Nonne, aber Nunn(e) auch < ahd. Nunno (Lalln.)
Nuoffer: s. Nuffer
Nürburg: s. neu
Nusche(l): mhd. nusche, nüschel(in) „Mantelspange". Nuscheler (wohl nicht zu nuscheln „näseln". Nüscheler
Nuschenpickel: s. Nuß

Nuscher, Nüscher: < mhd. nuosch „Wasserrinne, Trog"
Nuske: s. gnusu
Nüsperli(ng): s. Nispli
Nuß: mhd. nuʒ, nd. not: Nüßli(n) (aber auch wie Nüßgens u. dgl. zu Dionysius), Nißl, |e(in), Nitzl; Erd–, Hart|nuß; Knacknuß. Nuß|baum(er) (oft ON.), müller, mann (Händler), biegel (s. Bühel), loch, picker, pickel (1. Spechtmeise. 2. schweiz. Tannenhäher; Nuschenpickel; Nothvogel (?), Nuß|schal, kern, stein; hart („Wald" oder < Nusser(t) „Häher" × Nutzhart, Mischf. von Nothart). Nd. Not(te)bohm (verhochdeutscht: Nuttebaum), Nott|e(n)baum, (e)brock (s.Bruch), busch („Haselbusch"); Naethbohm, Na(e)tebus; Nusser, Nüßner, Nüsseler, Nißler (aber nd. Nüßler „der beim Arbeiten trödelt" zu nusse „energieloser Mensch"
van Nüß: s. Neuß
Nusselt, Nüssing: s. NOT
Nusterer: s. Paternoster
Nut–: s. NOT
Nuttelmann: ON. Nuttel(n), Mecklenb., Oldenburg
Nutz–, Nütz–, Nütz(e)l: s. Notz (× NOT Kf.)
Ny–: s. neu (Nyboer „Neubauer")

O

–o: 1. Endung deutscher (Kuno) und sl. (Ranko) Kf. 2. Endung sl. ON. < –ow
(ob) „oben, über": Obbacher (Oppacher, Obach ×ON. Obbach, UFr., nicht Oppach, OLaus.), Obbrugger, Ob|auer, länder, holzer, kirch(ner), hof, weger, gartel. Obex(er) < obwegs
Ob–, Öb–: s. OD I
(oben): Oben|land, haus, auer, hofer, bigler. Oben|-

Öbel

auf, aus, „der obenhinaus will" (vgl. Hyntenaus)
Öbel: ON. Kempen. Öbels
Obentraut: s. Abend
Ober: 1. < Odbert. 2. tsch. obr „Riese" (eigtl. „Avare"); wend. Hober. Oberding s. OD I

(ober): vgl. nieder. Ober|er, mann; Ob(e)rist (wohl fast stets örtlich; > Apriß KS.) = Oberst(e), Zobrist („zu oberst"), Oberste-Kleinbeck. Ober|drewermann, kaneller, lack, lick, schewen, tüschen. Ober|länder, über („oben drüber"), heuser, eigener (> –heim KS.), seider, seithner (s. Seite), (g)föll (s. Fall), gaßner, bach(er), hummer (s. Hube), meier (Oberniedermaier), reuter, kötter, ender (s. Ende), ley, lindober (s. Au), schmidt, könig, frank, jürge(n), conz, paul, heinrich); vgl. Oberpetz, Niederpetz in Marktgreiz OFr. 1348. Oberbeck, dieck, kampf, beckmann, penning. Obern|dorfe(r), berg(er), eder, huber (vgl. über). — Van Overstraeten, Overnstrath. Vom Range: Ober|kellner, schreiber. Oberwinter: ON. Koblenz

–ober: s. Au
Ober|le, lin: s. ADEL II
Ober|recht, reich: s. OD (Odbert)
Obersiebrasse: s. SIEG
Obeßer: s. Obst
Obex(er): s. ob
Obitsch, Obitz: s. ADEL II Kf.
Obladen: s. Oplanden

Obletter: < ladin. oveletta „kleiner Schafstall". Offleter
Oboda: s. Lebeda
Obrist: s. ober
Obst: mhd. obeʒ. Obs, Obst|meier, felders; Obser. „Händler" = Öbs|er, (l)e, Obst(n)er, Obstler, Obeßer
Obwegser: Hofn. Obweges, Brunneck (Tirol), od. Hofn. Obwexer (< Ob Weges), Brixen
Ochmann: s. Aachen
Ochner: s. Ach
Ochs: nd. os(se): Ochse (nius), Ochße, Oxé, Och|se, gen. Ohse. Öchs|le(n), l(e)in, Echsle, Exl, Exeli, Osse. Ochsner = Ochsenhirt, hüter, knecht, Oschenknecht (Gegs. Roßner, aber auch Oxpaur) = Öchsner, Exner, Ossner, Öchßler, Öxler. Ochsenmeier, Ochse(n)mann, Osse|dryver (Treiber), vorth, worth (Furt). Ochsen|bein, kopf, maul, saal (s. Zagel), wabel (wadel s. Wadel), wald, fort, fahrt (vgl. ON. Ochsenfurt, UFr.), reiter = reuther = schläger (oder „Schlächter"), dorf, kühn (Kuno), kiel (Kilian?); Ossen|brink, kop(p). — Bröllochs, Hundertogß
Ochtendung: ON. Koblenz < Oftemoding < PN. Oftemod
Ochtum: ON. Oldenburg
Ochwatt: nd. Redn. „Ach was!"
Ock–, Öck–: s. OD I u. III
Ockenfuß: s. ogge
Ocker: s. woko
OD: I. zu ahd. ōt, as. ōd „Besitz" (vgl. Allod „was ganz zu eigen ist"). Mischt sich mit ADEL

Audobald: Oppold, Op(p)elt, Opet, Aubel(e). Sieh auch Kf. Oppo
Audoberht: Audebert, Au|bricht, barth, bert, berlin, pperle; Ode|brecht, (n)brett; Oberrecht, reich, Odenbreit, Obrecht, Obricht, Obrig, Öbrig, Oppri, Ober|t, s, sohn, ding, l(e)in; Oppermann (vgl. Opfer), Obbermann, Uber(ich), Über|l, le(in), Ubrich
  Kf. Op(p)o, Ubo, Uppo: (× III ODAL) Aupke? Opp|i, e(n), (e)l, ler, itz; mann, Op(el) Opitz (s. d.), Opp, |en(s), Ob|en, (s), el(e), itz; Öb|e, en, i(c)ke; Öbbeke; Ubl, Ubben, Up|ken, meyer; Üb|el, ele(n), elin, l(er) (s. d.), ing; Übbinck, Üpping (s. auch HUG)
Autfrid: Auf(f)er–, Ufer–, Of(f)er|mann (× Opfer, Christophorus), Offer(s), Ofer(s), Uf(f)ert, Ufer, Uftring
  Kf. Offo: Off, |e(n), ler, ling, el(smeyer); Of, Ohf(en); Uff(el)mann, Ufke|n, s
Audagar und Odovacar: Audiger, Otti|ker, Öt(t)ker (doch s. Kf.); Ocker(mann) (× Flußn. Hann.), Oker, Ogger, Öcker, Ucker, Ücker (vgl. woko)
Autgart: Ock|(h)ardt, ert; Ökert, U(c)kert, Ü(c)kert
Authari (Hothar): Auders, Autermann, Otter,| so(h)n, mann, ling; Oter|sen, meier; Oder, Ohters, Hotter, Hodermann, Öters, Ötterling, Öther, Uder (× ON. Eichsfeld), Utters

371

Authart: Ud|art, e(r)t; Mischf. Usard, Usat
Autman: Aut-, Ode-, Ott(e)|mann
Audomar: Othmar (Hl.) Odemar. -mer: Othm., Ottm., Ohtm., Odem., Omm. (s. d.), Ohmer (s. d.), Utm. — Ömering, Umar

Kf. Om(m)o (auch Lalln.): Omlin, Ohm (s. d.),| e, en, es, s, ßen, cke; Öhm, |e, ig(ke), (i)chen, isch, ing, Großöhmig; Ommen, |g(a), Ompteda (fries.), Omta, Ömmels, Umm|en(hofer), inger; Umt, Umbsen

Otnand: Ottnad
Audericus: Od(e)-, Ött(e)-, Ette|rich, Otrey (vgl. II ED)
Audowald: Ode-, U(h)de-, Ut|wald; Autholz, Otholt, Ettelt
Audoard: Auwers, Owert
Audoin: s. II
Audulf: Uhdolph, O(h)loff, Ohlef, Oleff, zsgez. Ohlf, Olf|e, en, s, sen, Ölfke(n); dän. Oluf(sen)

Kf. Aud(il)o, Odo, Hotto: Von III ODAL nicht sicher zu trennen; fries. Olko, Ocko zu Ulrich. Auth, Audt, Aude. Od|e, en(s), (en)ing; Ohde, Ott, |o(mann), sen, i, e, en(s), es, ena, el, ing(er), ink (×ON. Otting, |en). — Zss., Zsr. Meier-, Feld|otto; Arn-, Brun-, Jan|otte; Schwarzott, Ottofülling, Ottemeyer, Otten|jan, lips, kötter; Ot-, Ott|linghaus. Othling; Öd|e, er, ing (×Öd), Öing, Öinck, Öddel, Ött|e, el, l, li(ng). Öt|ker, ling, Hoth(o), Hott|o, e (z. T. sl. wie Otta, Ot|ko, ka, schik, Hot(t)ap, Hatt|a, as, asch, ke, Hadasch, Wott(g)e, Wotschke), Hotter, Öhlke, Öhl, |e, ke. — Oticho: Otke, Ötken, Oetjen (oe = ō), Öthzen, Ottjes. Occo: Ock|el, le, ler, Öckel. Sonst s. ODAL. — Auzo: Autze(n) (×Weitze), Ausken, Ausch, O(u)tzen, Ötz, |el, mann

II. ED. Fries., ags. Form; (vgl. ags. ead „Besitz", die engl. N. Edmund, Edgar, Editha, Edward > frz. Edouard > Eduard(sen), Edwin
Edebert: Eppers
*Edfrid: Effer|t, tz, z
Ether: Eder, Etter (s. d. und ADEL)
Edilef: Edlef|son, sen
Etamar: Etmer
Edrich: Etterich (s. I Audericus)
*Edwin (oder zu I: Audoin): E(t)wein

Kf. Edo: Ed, |e, en, ing; Ett|e, ig (auch zu I)

III. ODAL: zu ahd. uodal „Erbgut, Heimat" (< OD), ablautend zu ADEL, mit dem es sich auch mischt

Odalbert: O(h)lbrecht, Olbrich(t), Olbrisch, Olber|ich, g, s, ter; Ölbermann, Ölpers, Uhlbrich, Ul|precht, bricht, briech, mrich, bich, big, brisch, bri(e)g, bring, ber(t) (ostmitteld. aber zu ADEL I), Ulber, Ubber, Ulpts. Kf. Olpp
Odalbrand: Ulbrand
Kf. Oppo, Ubo: s. I
Odalfrid: Olfermann, Ulfert(s), Ulf(f)ers, Uf(f)ert (×Wulfhart)
Odal|gar, ger: Öl|kar, ker(s); Öhlcker(s)

Odalgart (weibl.): Ohl-, Öhl|gart; Ölgart, |e(n), Öllgaard (<dän. Øllegaard)
Odalhard: Ohlert (× ON. Köln), Ollert, Öhlhardt, Ö(h)lert, Öllert, Ullert, Ulhart
Odalhari: Uhler, Ul(l)herr, Öhler(s), Öller, |s, er
Odolchramnus (zu RABE): Ull(e)ram, Ullraum
Odollant: < *Odolnant: Ohland, Uhland, Ulland
Uodalman: O(h)l-, Oll-, Uhl(e)-, Ul(l)|mann (× ALT, Altman)
Odolmar: Ullmar, O(h)lmer, Ollmer(t), Ul(l)mer (×ON. Ulm)

Kf. Ohlm(s), Olm(e)s, Ulm, i, o (Schweiz), |eke, s (s. auch I Ommo)
Udalrath: Ul(l)rath
Udalscalc: XV/XVI Uschalk, XVII Uschaldt, Uscholdt, Etzenrieht, OPf.: Usch|old, ald
Uodalrich: Oler|ich, king (vgl. nd. Ölerk), Ol(e)rich, Ohlrich, Olerich, Ohl|rich(s), erking; Öll(e)rich, Uhlrich, Ul|rich, reich, rici; Ull|rig, (e)rich; Ul(l)drich (RN. Huldr(e)rich). Ur|ich, ech; Uhrig (× UR); mit Umstellung: Urlich, Ürlich(s), Orl|ich, ik, ings; Öhrlich (z. T.<PN. „Orlog, Krieg")
Odalwin: Ohlwein, Ö(h)lwein

Kf. Udilo, Udo: Ohl,| y, e, sen; Oll|k, sen, st; Öll|ig, es; Öl(i)ke, ker, lig; Öhl(k)ing, Ölling; Ul|e, ig, isch, tsch, sch(t), ke, Ulsamer (s. Heim), Ultzhöffer, Ulshöfer, Hochuli; Uhl (obd., nd.

s. Eule), |e(n), er, ich (< –ing); Ull|i, ius, ein; Üh|l|e, ein, (> –a), in(g); Üeli, Yelin > Jhelin, Jehl|e, in; Jhl|e, in, Jlle, Uihlein, Ultschi, Uz(elmeier), Uzelmann, Utz, |t, ing, el, mann, schneider, Hermannutz, Hermanuz, Ue(t)z, Ütz|e, mann, U(h)de, Uth(e), Ud|e, en, ing, elsmann; U(d)tke, Utike, Üding, Uitting, Jedele. — Occo, Ucko: Uck|o, el'(e), Uken, Ock|e(n), inga, elmann, Oken, Uck'(e), Öck. — Odilia (weibl.): Elsäss. Hl.; romanis. N. Ottil|i(g)e, inger; Odilia(e), Uttilie (×ON. Otilia, St. Ottilien), Ottilinger, Tillier, Dillier, Tilg(n)er, Dill|je, g, cher, Dilger (×ON. Dillingen NS.); Dillge(s), Tilk

(Öd): zu mhd. oede „unangebaut". Viele südd. ÖN. hierzu oder zu and. ōt „Besitz" (s. OD). Öd|er, inger, Edert|(t)(> Eter,|t, KS.), Ed(t)bauer, Eden|feld(er), meier. Aber Öderer < ON. Öderan, Sachsen. Zss., Zsr. oft mit PN. gebildet: -öder: Ameis–, Klein–, Mühl–, Schuster|öder; –eder (massenhaft): Alten–, Neu(n)–, Obern–, Hoch(en)–, Schmid(s)–, Mayr–, Otten–, Leopolds–, Hauzen–, Alban–, Riedl–, Schüßl–, Engl–, Kreuz–, Korn–, Fuchs–, Rab–, Spitz–, Weiden|eder; (s + eder: Nebelseder, Reichertseder, Immerzeh-der, Höllerzeder); –eter: Breitsameder (< Breitsameten < *Brechtsheim-öden); –etter: Oberra–, Weihr–, Scharf– =

(Schaff–), Panz–, Mos|etter (s. auch AM); –ieder: Geißelsieder (vgl. Ohmsieder)

Ganz anders Schlageter (< ON. Schlageten, Schwarzw.; erste Silbe betont) und Segeter (< ON. Segeten, Baden); Einöder, Aineter u. dgl. s. Einöde; Hemeter s. hemete, Hameter s. hāmit, Kemeter s. kemenate
Ödekoven: s. Hof
Oden|bach: ON. Pfalz; **dahl:** ON. Mülheim, Solingen; **kirchen:** ON. Gladbach; **saß:** ON. Odensachsen, Fulda
Ode(n)wald: z. T. Audowald s. OD I. Zum Gebirgsn. Oden|wälder, weller, Ottenwälder (Bre)
Öderlin: „Äderchen" (Socin)
Ödhamer: ON. Ödheim, Württ.
Odiliae: s. OD III Kf.
Ofen: 1. mhd. oven, Öfele(in), Ofenloch, Kachelofen, vom Aben. Ofen|hitzer, schießer, schießl („Bäckerknecht, der das Brot einschießt"), meister (in Hüttenwerk), loch, s. auch Backofen und Kalk. 2. ON. Ofen mehrf. 3. in den Alpen: zerklüfteter Fels. FN. Ofenstein. Zu 1–3: Of(f)ner, Öf(f)ner, Effner (schles.) < mhd. ovenaere „Ofensetzer, Bäcker"; zu 1, 3 Ofenhuber
Of(f): s. OD I
Offen|berg, sand: s. auf
Offer–: s. Opfer, ODI und Christophorus
Offizier: im 16. Jhdt. noch „höherer Beamter"
Offleter: s. Obletter
Offner, Öffner: s. Ofen
OFT: wohl zu nhd. „oft"

(< „reichlich"?, vgl. lat. ops). Oft|a, heri. Öft,|ger, ering, wohl auch Of(f)terdinger (ON. Schwarzw.). Vgl. Ochtendung und Ufitahari
Oftring: ON. Oftering, Ob.-Öst.; Ofteringen, Baden
(ogge): „Gans" < lat. auca, vgl. frz. oie. Ogge|l, nfuß; aus Oggenfuß wohl entstellt nd. Ockenfoht, –fuß. Ockenfuß > Oken (Naturforscher, geb. 1779). — Ogge s. OD I
Ogger: s. OD I
–ögger: s. –ecker
Öggl: s. ECKE I Kf.
Ögler: s. Auge (× woko)
Ogon: sl. „Ende, Ausläufer" (ON. Ogen, Oppeln); nd.-wend. wogon (FN. Wogon), Ok|on, anek (× woko)
Ogorek, Ogurek: poln. „Gurke"
Ogorsell: poln. ogorzała „sonnenverbrannt"
Ohage: s. Ohe
Ohde: s. OD I Kf.
Ohe: 1. ON. Celle. 2. nd. „Aue": aus der Ohe, Ohmann, Ohage
Oheim: Oheimb, Öh(ei)m; schwäb. Eheim, Eha; schweiz. Öhen; Hasenoheim Sangerhausen XVI. Vgl. Ohm
Ohf–: s. OD I
Ohl: nordwestd. „feuchtes Land". Totenohl „zu dem Ohl". Ingen– (s. in), Langen|ohl; Br(a)unöhler; Ohl|hoff, meyer; (Ohler wohl zu Öl oder Euler)
Ohl–, Öhl–: s. ALT, alt, OD I, auch ADEL, Öl; besd. OD III
Öhlckers: s. OD III
Ohleff: ON. Oleff, Aachen. Ohle|v, w. Olleffs, Olief

Ohlenmacher: s. Euler
Ohlemutz: ON. Olmütz, Mähren
Ohler: s. Euler u. Öl; × ON. Ohlert(t)
Ohles: s. Haus
Ohm: (vgl. Oheim und OD I, Ommo); auch Ehrenanrede. Clas-, Glas|ohm (Nicolaus), Hansohm. Ohms, Om, Öhm(kes), Ehm
Ohm-, Öhm-: s. OD I
Ohmacht: s. ohne
Ohmann: s. Ohe
Öhmann: s. Ehe
Ohmeis: s. Ameis
O(h)mer: „Eicher" < mhd. ōmen, āmen (> nachahmen), „visieren" (× OD I, Audomar) (Öhmer s. eben)
Ohm(e)s: s. Ameis. Ohms (Frkf.) < ON. Ohmes, Hessen
Ohmsieder: < mhd. om „Spreu" als Viehfutter (vgl. Gsottschneider)
Ohmstede: ON. Oldenburg
Ohmt: s. āmat
(ohne): Ohn|acker, sorg(e) (n), esorg(e); Doppeln. Ohnefalsch–Richter. Von mhd. āne: Ahnesorg(e), Ahnfeldt, An|sorge, sin(n), rath, helm, (auch –halm), huth, huht, (n)acker, schmalz. Vgl. Ungefehr, Un|sinn, sorg. — An ohne angelehnt: Ohmacht, O(h)nmacht: mhd. āmahd < ā- = un- und Macht (× Ohngemach < mhd. ungemach „unfreundlich"). Aber Ohnemus (Ohnymus) s. Hieronymus
Ohnhaus: > Ohneiser; vgl. Hauslos
Ohn|mais, meiß: s. Ameis
Ohnsmann: s. ASEN
Ohorn: s. Ahorn

Ohr: Öri, Öhrle(in); Lang-, Schmal-, Hang-, Hasen|ohr; Rothöhrl, Gutöhrlein, Langöhr(ig). (Vgl. AUS; Ohr: ON. Hameln; Ohre: Fluß Magdeburg > Ohremann. Klingsohr und klingen); Weibelohr s. Weibler
Ohr-, Öhr-: s. OR
Ohr|em, heim: ON. O(h)rum, Wolfenbüttel
Ohrenschall: s. UR
Ohrenstein: s. Aron
Ohrlepp: s. ORT
Öhrlich: s. OD III (Uodalrich)
Ohrlopp: s. orilu
Ohrner: ON. Ohren, Ohrnau mehrf.
Ohrt-: s. ORT und Ort
Ohry: s. Aureus
Ohst: s. OST
Ohters: s. OD I
Öin|ck, g: s. OD I Kf.
Ojemann: s. Au
Okatz: s. woko
Okel: sl. okol „eingezäunter Platz"
Oken: s. ogge
Oker, Ökert: s. OD I
Okon: s. woko
Okun: poln. okun „Barsch"
(ÖL): mhd. öl(e), ol(e)i, andfrk. olig, mnd. olie. Öl(h)ey, Ohly, Ohli(g); Öl|krug, haf(e)n, kuch, baum (wohl Häusern.), Öhl|gaß, claus; Öhlmann = Öhler (auch Seifensieder), Ohler, Ohleyer, Öllerer, Ölliger (× rhein. öllich „Zwiebel" < lat. allium) = Ölstöter („Stößer, Stampfer") = Ohlenschlager, Oljeschlager; Öhl(en)-, Olee-, Ohlig-, Öhlig-, Oll(ig)schläger; Ölsleher > Elsler (Glatz); Ohl|schlägel, schleggel) = Ohle-, Ohlig|müller (dazu holl. Oleimeulen) =

Ohl|wärter, werter (s. Werk). Öhlgart u. dgl. zu OD III; Odalgart, Ölgötz: s. Adalgaud
Öl-, Öl-: s. ADEL, ALT, OD I und Öl, besonders OD III
Olb-, Ölb-: s. OD III u. ALT
Olberg: s. OD III, Odalbert
Ol|beter, böter: s. büßen
Olbr|icht, isch: schles. s. ADEL I, vgl. ALB und OD III
Old-: s. ALT, alt
Oldbuter, maker: s. büßen
Oldach: s. ADEL I
Olemacher: s. Euler
Olepp: s. Otlepp
Olf-, Ölf-: s. ALB, OD I und III und WOLF Kf.
Olfenbüttel: < ON. Wolfenbüttel?
Olief: s. Ohleff
Olig-: s. Öl
Oliva: ON. Danzig
Olivia, Oliverius: Hl. der Ursulalegende. Oliv|en, er (× Olivier, Held der Sage von Karl d. Gr.: Ol(l)ivier), Lie|ver(tz), wer
Ölk|ar, er(s): s. OD III
Oll-, Öll-: s. ALT, alt, OD III und Öl
Öllacher: s. Erle
Öller(s): s. Euler
Oll|aß, es: s. Haus
Ollefs: s. Ohleff
Ollgermissen: ON. Allgermissen, Hildesh.
Ollig-, Ölliger: s. Öl
Ollivier: s. Oliva
Ollner: s. Euler
Ollroch u. dgl.: s. –rogge
Olmesdahl: Konen bei Elberfeld
Olpe: mehrf. ON. Westf., Rhld.
Ölpers, Olpp: s. OD III
Olpeter: s. büßen

Öls(ner): Zu tsch. olše, wend. wolša „Erle, Else" (tsch. olšina, olešnice „Erlicht"; ON. Öls, Ölsa, Ölze, Ölzschau, Ölsnitz u. dgl.), FN. v. d. Ölsnitz, Ol(t)zsch|a, er, ouk (Wolschack), Olscha, Öl(t)schner, Ölschig, Elssner, Elschner, Eltschig, Wolsch,|e, ka, ke (< mhd. olslaher), nick; Wols, |ke, ner; Wol|z, tze, sch, scht, st; Wölzke, Wulschke
Olt–: s. ALT, alt, büßen
Olwig, Olze: s. ALT
Ölze: ON. Thür. (× ALT)
Om: s. Ohm
Omade: s. āmad
Omar: s. OD I
Omas–, Omeis: s. Ameis
Omendt: s. Ende
Omer: s. Ohmer
Omering, Omm–, Ömm–, Ompteda, Omta: s. OD I
Ommer: 1. s. OD I. 2. ON. Waldbröel, Wupperfurth, Köln
ON: wohl zu unnan „gönnen" und AN: Unno: On|(c)ken, Onneken, kes, tjes; Onnen(ga), Önike. Auch Öntrich, Ohning? Onnema
Ondra: s. Andreas
Onimus: s. Hieronymus
Ontrup: ON. Coesfeld
Ontyd: s. Unzeit
Oorth: s. Ort
Oos: ON. Baden, Trier
Oost: s. Ost
Op–: s. auf
Opalke: zu sl. opal „Brand"
Opel: s. ADEL II u. OD I
(Opfer): nd. opper, ndrh. offer. Opfergelt, Offergeld (auch „Trinkgeld"), Opper (hess.); Opfer–, Opper|mann, Offermann(s) „Küster" (doch auch zu OD), Opferkuch („Hostie"?)

Öpfler: s. Apfel
Opgen–: s. auf
Opitz: I. ostmd. 1. = Albrecht (s. ADEL). 2. zu tsch. obec „Gemeinde". (Vgl. ON. Op(p)itz, Oppitzsch und FN. Opätz, Hob|itz, isch; Howitz). 3. zu sl. opica „Affe". II. südd. < Otbrecht (s. OD)
Öpke, Opp–, Öpp–: s. OD
Opladen: ON. Solingen
Opp–: s. auf und OD
Oppacher: s. ob
Oppenheimer: ON. Rheinhessen
Opper(mann): s. OD u. Opfer
Oppikofer: s. Hof
Öppling: s. EBER Kf.
Oppolzer: s. Holz
Opwi(e)s: s. Wiese
OR: < AUR < AUS, verwandt mit gr. ἠώς, lat. aurora, aurum; Grundbedeutung „Glanz". Ausprand, Auriprand, Orlebh. Manche Deutung unsicher, da offenbar schon früh mit ORT vermischt
*Aurifrid: Or|fert, furt, (f)
Auremund: Ohrmundt, Ortmund
*Auriwart: Orwart Kf. Orilo: Ohrens (= Ahrens?); Öhr|ich, ing, Örke
Orb: ON. Gelnhausen
Orban(i): s. Urbanus. Orben
Orbes: s. Mais
Orbig: (Gießen) ON. Urbach, Neuwied
Ord–, Örd–: s. ORT
Ording: ON. Schlesw.
Ordnung: abstr. Übern. oder < Ortunc
Orelli: s. Aurelius
Orf–: s. OR, Aurifrid
Orfgen: ON. Koblenz

Orgel: Orgler = Orgel|meister = macher. Orgler viell. auch „Spieler" = sl. Organistka
Örgel(e): s. Ergele
Orient: Maler, geb. 1677 in Burbach, Ungarn
(orilu): sl. „Adler" (ON. Orlau). Orl|ik, ig, ich, ing, ow, ovius; Ohrlopp, Worlich, Wurlich; poln. orzel: Orsel
Orl: s. OD III, OR, orilu
Ornus: s. Hornisse
Orschall: s. UR
Orsch|el, ler: s. Ursel
Orsel: s. orilu
Orschiedt: s. Ortscheid
ORT: zu ahd. ort „Spitze", ags. ord „stechende, schneidende Waffe". Vgl. Ort und OR
Ortgis: Ort|gies, giese(n)
Ortahar: Örder, Orterer (oder örtlich zu Ort)
Ortlaip: Ort|leb, lepp, löpp; Ohrlepp
Ortliub: Ortli(e)b
*Ortman: Ort(h)–, Ohrt–, Ord(e)–, Ört|mann (doch meist örtlich < Ort; auch < mhd. ortman „Schiedsrichter")
Ortmuot: Ortmund (oder zu OR)
Ortolt: Ortelt, Örtel(t), Erdelt
Ordwig: Ortwig (vgl. Ortwich)
Ortwin: Ort(h)wein
Ordulf: Ort|olph, loph, loff, lauf, lob; Ordolff Kf. Ort: (vgl. Ort) Ort,| el, ung, ius; Orth(s), Ohrt(en), Ord|el, ig, ung (> nung? s. d.), Ört|el, le, li, ling, ge(n); Ert(e)l
Ort: (vgl. ORT 1. mua. „Pfriemen". Ort, Örtel. 2. örtlich „Spitze, Ende, Ecke"; ON. Ort(h). Imort, Amort (vgl. Mord),

Ortscheid

am Orte, vom Orde, Auffm Ordt, Aufmorde = op Gen Oorth; Teroerde, Orth, Ohrt, Ortel, Oertli, Ort|ner, ler, mann (vgl. ORT), meier, huber, seifen (Hofn. Siegkreis), siefer, kämpe, j(oh)ann

Ort|scheid, scheit: „Bewegliches Holz, an dem die Stränge der Zugtiere befestigt werden". Orschiedt>Ortzschig (Triebes, Greiz)

Ortwich: ON. Ortwig, Frkf. a. d. O. (viell. nach PN. Ordwig). Örtwig

Ory: s. Aureus

Orzech: ON. Oppeln, zu poln. orzech „Nußbaum". Orzgowski

Os–, Ös–: s. ASEN (× AUS, s. OR)

Osang: s. Asang

Osann: 1. hebr. hos(i)annah „Herr, hilf ihm". Vgl. Kyrieleis. 2. < Susanna. 3. ON. Trier

Ösau: Bach und Krug bei Itzehoe. Oesaw

Osbäck: ON. Osbeck, Insel Alsen. Usbeck

Osch–: s. ASEN

Ösch–: s. Esch, Öschey s. auch Hei

Oschatz: ON. Sachsen (s. Ossig)

Oschätzchen: ON. Liebenwerda

Oschenknecht: s. Ochs

Oschin: ON. Oppeln, Westpr.

Osel: tsch. osel „Esel"

Osenberg: Hofn. Lennep

(oesen): mhd. „leeren, erschöpfen, aufbrauchen". Aisenbrey, Eisenschink (s. Schink), Eßkuchen, Eskuche, Öß–, Eß–, Es(s)en|wein, Eisenkorb. Vgl. Landes

Oser: ON. Oos, mehrf. (×āʒer „Gefangenenwärter")

Öser: 1. ON. Oes, Hessen; Öse, Hann. 2. s. Eser (×Li)

Osiander: Oßiander

Osik, Oske: s. Ossig und ASEN

Ösinghaus: ON. Ösinghausen, Solingen, Gummersbach

Oslender: < Oslinger < Oesling, Luxemburg

(Osnabrück): Osna–, Ossen–, Osten|brügge, Osenbrüg(gen)

Ospelkaus: ON. Gummersbach, Osbellinghus, Osberghaus

Oß–: s. ASEN und Ochs

Ossa: ON. Leipzig (< wend. wosa „Espe")

Osse–: s. Ochs

Ossenbach: ON. Koblenz, Wipperfürth

Ossig: ON. mehrf., wie Oschatz < sl. osēku „Verhau, Aushau". Osik, Osicke, Oske

OST: ahd. ōstan „Sonnenaufgangsgegend"; dazu Adverb ahd. ōstar „im Osten" (vgl. Österreich, Osterland). Weiterb. aus AUS (s. OR). (Vgl. „gestern" mit lat. heri, hesternus). Die Grundbedeutung „Glanz" wohl noch im N. der Ostgoten (Austrogoti „glänzende Goten"; Wisigoti wohl zu gr. εὖ „gut"). Dieser wurde aber schon früh als „östlich" empfunden (vgl. ags. Eastgota). In den PN. daher ganz verschiedene Bedeutungen: 1. „glänzend". 2. mythologische Bedeutung: „Sonnenaufgang, Frühling" (bei den Angelsachsen eine Frühlingsgöttin

Ost(er)

Eostre). 3. Das mit dem altheidnischen Worte bezeichnete christl. Osterfest. 4. rein örtlich, am wahrscheinlichsten in Ost(er)mann

Ostlef: Ostleb

Ostold: Ost|wald, wahl (×ASEN, Answald)

Kf. **Osta, Aostilo:** O(h)st, Öst(e), Ost, |ler, mann; Öst|ing, mann; Estel (×AST); vgl. Aust(el)

Ostirhilt (weibl.): Oster–, Öster|held (vgl. Israel)

*****Austarman:** Auster–, Oster–, Öster–, Ester|mann

Austericus: Ost|reich, ry; Östreich, Ustrich

Austrouald: Oster|wald (×ON.>–walder), hold

Ostrevin (Ostwind): Oster–, Öster|wind

Austrulf: Osterloff

Kf. **Austro:** Auster,|ling, mayer; Doppeln. Äustergerling; Öster,|er, le(in) > ley, len, lin(g) (× „von der Ostsee gekommen"); Ester(le)

Ostach: s. Eustachius

Ost(er): 1. rein örtlich: von Osten, Ost|lender, heider, hoff, höver, hushenrich, hof, holt (×Ostold), winkel; Ostenkötter; Oostendorp; Ost(er)mann s. OST. Oster|auer, heide, loh(er), brink (ON. Diepholz), holzer, kamp, wiesch (ON. Osterwisch, Stade), huber, lehner, sehlt(e) (s. Selde; Hof bei Oberhoya), tun (s. Zaun), Ooster|beck, loo; Oesterhaus (oe=ō). — 2. Zum Festnamen: Oster|tag (besd. schwäb.; B. 2, 35), lamm, christ

Öst(er)reich(er): (×OST)
Östrick: s. wīk
Ostroch: sl. ostrog „Wall, Gefängnis"
(ostrow): sl. „Insel", obwend. wotrow (ON. u. a. Ostrow, Wustrow). Ostrower, Wostr|ach, ack, Wustr|au, ow, ack (×Ostroch)
Ot(h)–, Ott–, Ött–: s. OD I
Otlep(p): ON. Ottleben, Oschersleben. Olepp
Ottenbruch: ON. Wuppertal
Ottensooser: Jüd. <Ottensoos (Ganerbschaft Rothenberg), Zufluchtsort der 1499 aus Nürnberg vertriebenen Juden
Otter: 1. Authari (s. OD I). 2. „Fischotter". Heinrich der Otter. Otter|jeger, bach. Otter|bein, busch, mann (Gelsenk.). 3. = Natter. 4. ON. Lüneburg (Ottermann)
Ottiliä u. dgl.: s. OD III Kf.
Ötz–: s. OD I Kf.
Oudegeest: s. alt
Oury: s. Aureus
Outzen: s. OD I Kf.
Ouw: s. Au
Ovander: s. Ei
Övel–: nd. vgl. Übel–. Övelacker
Ovelgönne: oft ON.
Over–, Över–: s. ober, über u. Ufer. Over|koff, thun, winn (Gelsenk.), lack (Rhld.)
Overham: s. Abraham
Overrath: ON. Overath (Köln)
–ow: über sl. –ow (a, o), ovici
Ower: s. Au
Owert: s. OD I
Owieß: tsch. owies „Hafer". Owitz, Öwitz
Oxé, Öxler, Oxpaur, Oxenius: s. Ochs
Oy(en): s. Au

P

Paal–: s. Pahl
Paalzow: ON. Pahlzow, Ruppin
Paap–: s. Babo
Paape: s. Pfaffe
Paar: 1. s. BÄR Kf. 2. ON. OBay.
Paasch–: s. Paschalis und Paulus
Paashaus: Hofn. Solingen
Pab–: s. Paulus und BA
Pacem: lat. „den Frieden", besd. Friedenskuß bei der Messe (pacem dare), doch auch Reliquientäfelchen und Münzn.
Pach–, pach(er): bair. s. Bach
Päch: s. Petrus sl.
Pachali: sl. pachol, Vklf. pachole „Knabe, Bursch". Pachal, |e, i, ie; Pachhally; Pachol|d, ak, ek, ski; Pachulke, Pach(e)l (×BAG)
Pache: s. Bartholomaeus
Pachert: s. BAG
Päder: s. BADU
Pachten: ON. Saarlautern. Pachter, Pachtner, Pächter (× „Pächter", wie Pachtmann)
Pachwaldt: s. BAG
Pack(e)busch: ON. Magdeburg
Packert: s. BAG u. BADU
Packheiser: ON. Packhausen, Ostpreußen
Packmohr: pruß. packamor „Amtsdiener, Kämmerer"
Packrainer: ON. Pöchrain, Pegrain, Salzb.; Bechreiner, Pechbrenner KS.
Pad(e)berg: Kotten bei Altena
Pader: s. BADU u. Bader
Päder: s. BADU
Paepke, Paff, Päffgen: s. Pfaffe
Paff: poln. paw „Pfau"
Paffrath: ON. Köln
Page: nd. „Pferd". Pagen|brok, kemper (s. Kamp), foht, stert („Schwanz"), darm (Flurn.?), kopf (× ON. Stargard; auch –koff, Pagelkopf) = hobed („Haupt"), –stecker, –stecher (B. 1, 293 f), „Stechfliege, Hornisse" oder „Pferdewärter, der die stake, den Zaun, in Ordnung hält"; Möllenpage. Blindepage. Pagen|hardt = hirt, kötter, meier, Pagemeyer, Pameier, Pajenkamp. Rönpage u. dgl. s. rennen
Pagel: s. Paulus; Pagelkopf s. Page
Pägel: s. Pegel
Pägelow: s. Pegelow
Pagelun: s. Pfau
Pag|ener, ler: s. BAG
Pagenhardt: ON. MFr.
Pahde: s. BADU
Pahl–: 1. s. BALD. 2. s. Paulus. 3. < tsch.-wend. pal „Brand". Zu 1–3: Pahl,|e, ke; Paal; zu 3. Palis
Pahland: wohl zu Pahl 3 (vgl. Baland)
Pähl|chen, ich: s. BALD u. Paulus
Pahms: s. Bamsch
Pahn–: s. pan
Pahren: ON. Schleiz
Pahsedag: s. Paschedag
Paintner: s. Bünd
Pajatz: jüd. „Bajazzo"
Pajenkamp: s. Page
Pajer: s. Bayer
Palatz: s. Pallas
Paldrian: s. Baldrian
Paleduhn: s. Pfau

Pälegrimm: s. Pilgrim
Paleit: pruß. N. Paleyde
Palenberg: ON. Aachen
Palfner: < palfen „überhängender Fels". KS.
Palikan: s. Pelikan
Paling: sl. palnik „Brenner" (s. Pahl 3), ebenso Paler
Palis: s. Pahl
Pallas: 1. sl. palac „Daumen, Däumling". Palla|s, sch(ke), ske, st; Pal(l)atz; Palluch, Pallu|tz, s(ch)ek; Balas, Ballaske. 2. mhd. palas(t) „großes Wohnhaus, Schloß" < lat. palatium. van deme Pallas. Auch Flurn. 3. Taufn. Pallas
Pallauf: s. BALD u. Baldauf
Palleske: 1. < sl. po „an" und lesu „Wald" > polesie > Adjekt. poleski. 2. Freiherrn v. P. < it. Pallesco < palle „Kügelchen" (im Wappen wie bei den Medici)
Pallester: s. Ballester
Pallier: s. Polier
Pallmag(en): s. Balmach
Pallmert, Palmar: s. BALD (Baldomar), Palma s. BALD Kf.
Pällot: s. Baldhard
Pallu|s(ch)ek, tz: s. Pallas
Palm(e): Pallme, 1. Häusern. 2. s. balme (×BALD, Baldomar)
Palmer: s. balme
Palmtag: „Palmsonntag"
Pameier: s. Page
Pamer: bair. zu Baum. Pirpamer „am Birnbaum"
Pammo: alter Lalln. (vgl. BAD, Padmar). Pam|mer, (m)ler; Bamm|e, el, es (reiter), (l)er; Bam|ing(er), mann; Pem|(m)erl, mers; Bemm, |e, er(t)
Pamp|e, usch: pruß. N.

Pampel: mua. „schlaffer Mensch, Hanswurst, Brei". Pampels (doch × Hl. Pamphilius)
(Pamplona): ON. Spanien. Pamplun, Pomplu(h)n, Pump|lun, lün
(pan): sl. „Herr", pan|ik, (e)k, ic „Herrchen, Junker" (> ON. Panitz, Sachsen), Pan|itsch, itz (sch, ke), tz(ke), (ic)ke, k(e); Pahnke, Pann|ach, aschke; Pänisch, Penschke
Pancratius: Weiterbildung von gr. Pankrates „allmächtig, sehr stark". Hl. Pan|kra(t)z (mehrf. ON., kraht, kratt, karz, katz, gratz, kritius, gritz (×ON. Elbing); Ban|kradz, gratz, krath, krodz, kroth; Baum|kratz, gratz; Pon|kratz, gracz; Bon|g(r)atz, graß, grad — Kf. Cra|z, tzius; Kra(a)tz, Graatz, Gratz(y); rhein. Kratzel, Krätz(el), Kretz, Crecelius; nd. Kratzke. Vgl. auch ahd. chratzo (s. GRAD) und GRAD II
Panck: s. Stephanus
Pander: s. Pfänder
Panet: s. Benedictus
Pand–: s. BAND
Paner|ke, l: s. BAN
Pänisch, Panitzsch, Pank(e): s. pan
Panisch, Panitz, Pansch: ON. Panitzsch (Leipzig)
Pankok(e): s. Pfanne
Pann–: s. BAN, BAND, Pfanne; Pannes s. Haus
Pann|ach, aschke: s. pan
Pan(n)horst: s. Horst
Panse: s. BAND und Pantsch 2
Pansegrau: unerkl.; < Parzgroch, Pansygroch (Rudak bei Thorn)
Pantaleon: gr. „Ganz-Löwe". Märt. Pant|(a)leon, alion, le(n), (h)el;

Pantli; Bant|alion, le(on), el; Bandel; Ben|tel(e), del, teli
Panten: ON. Ratzeburg, Pilsen. Pantenius, Panter
Pant(h)er: 1. s. Panten. 2. Vgl. Häusern. zuom Panther und de Leopardo. 3. s. BAND. 4. nd. „Pfandherr". Dazu Panter|möller, mühl, mehl (nd. mäle)
Pantsch, Pantz: 1. < Panzo (s. BAND). 2. mhd. panze „Wanst"
Panzer: mhd. panzier (zu panze s. Pantsch). Pantzier. –bieter s. büßen
Panzke: ON. Panzkau, Striegau
Pap–: s. Babo und Pfaffe (Halpap u. dgl. s. halb)
(Papagei): s. Babian und Sittich
Papendell: Hofn. Düsseld.
Papenzien: ON. Köslin
Päper: s. Pfeffer
Päperer: s. Popiersch
Papert: s. BADU
Papesch: tsch. papež „Papst"
Papeß: s. Papst
Papp–: s. Babo
Papp(en)berger: ON. Pappenberg OPf.
Pappelbaum: (nicht jüd.), Poppelb., Pöppelb.
Paprosch: wend. paproš. tsch. paprat „Farnkraut". Paprot, |zki, ta; Papproth (ON. Spremberg). Polabisch: parpart (auch ON. Parpar, |t, mehrf.). Parp|art, at(t), ert
Papst: (mhd. bābes) Pap|s, stmann; Päpst; Pab|st, sch; Parbst (ā), Papeß (sl.?), Babst, Bobst; nd. Pau|s, st, sch. Vgl. Papesch, Bamsch. Unerkl. Papsthart (Bamberg)
Paradies: mehrf. ÖN. u. ON. Paradei|s, ser. Ver-

Parbst: deutscht nd. Hemmelgarn; jüd. Lustgarten
Parbst: s. Papst
Parchen: ON. Magdeb.
Parchim: ON. Mecklenb., Parchem
Parchmann: ON. Parch|en, im
Pard|atscher, eller, iller: s. pratum
Pardemann: <nd. pard „Pferd"
Pardon: „Betglocke". Partun. Bardonner wohl „Küster" (×Bardohn)
Pareike: pruß. ON. Pareicken
Paret: s. Barett
Parey: ON. Magdeb., Potsdam. Parei
Paris: ON. Frankr. Pariser. Par|ies ieß, ys, isius, Parrhysius vgl. Bareis. Doch auch ma. RN. Paris aus der Trojanersage und pruß. ON.
Parisol: s. Baresel
Parmenter: s. Pergament
Parp|art, att, ert: s. Paprosch
Parr: s. Pfarrer
Parreuter: s. Bayreuther
Pa(r)schalk: „freier, nur zu wenigen Diensten verpflichteter Bauer" (bair.)
Parseval: ma. Sagenheld. Par|zival, zefall, sewald; Paßfal, Percival, Barzefal
Partenheimer: ON. Rheinhessen
Parthe: s. BARD
Parthey, Parthie: s. BÄR
Partikel: Hofn. Danzig
Partsch: s. Bartsch (auch ON. Ostpreußen; > Partscher)
Partschefeld: ON. Altenburg
Partun: s. Pardon
Parucker: s. Perücke
Parzer: <ON. Parz, Österr. mehrf.; ÖN. <sl. poreke „am Flusse". Parz|er, l, inger, huber. Vgl. Grillparzer
Pas: s. Paß
Pasch: „Osterspielwiese" (westfäl.). Paschmann, Eikelpasch (×Paschalis)
Pasch–: s. BADU u. Paulus
Pascha: türk. General od. <Sebastianus, Paschalis?
Paschalis: „der Österliche". Hl. Papst. Pasch (s. d.), e(n), mann, ke(× sl. Pašek „Paulchen"); Paasch, e(n) (× nd. paschen = Paschedag)
Paschalk: s. Parschalk
Paschedag: nd. „Ostertag". Jürgenpaschedag; Pase|dag, dach; Pahsedag, Pasdach, Paschenda
Pascher: vom Pascherhof bei Xanten (ter pasch, ad pasculum: dort in Sumpfgegend das einzige Weideland). Vgl. Pesch
Pasch|ing, ke, old: s. Paulus
Pasemann: s. Baso
Pasenow: ON. Meckl.
Paske: ON. Paska, Thür. (vgl. Passek und Baso)
Päske: s. Petrus, sl.
Pasmantier: „Bortenwirker". < mhd. pasment „Borte". Posamentier, Pusmentierer
Pasold: s. Paulus
Paß: „Durchgang" (auch nd.), te Pas; Stein–, Els–, Kron– (> Krom–)|paß, Rohrpasser, Paßmann (×wend. pas „Hund". Pas)
Passarge: ON. Ostpreußen
Paßberger: ON. Passau, Ob.-Österr.
Passek: zu tsch. paseka „Verhau, Holzschlag". Passig
Passeyer: aus dem Passeyertal, Tirol
Paßfal: s. Parseval
Passian: s. Sebastianus
Paßlack: ON. Ostpreußen
Paßler: s. BADU Kf. u. Baso
Päßler: „Gelegenheitshandwerker" (zu basteln), Pastler, Peßler, Pestler, Beßler. Vgl. Boßler (zu mhd. bōzen „schlagen"), Possel(t), Post|el; ler
Passold: zu Paulus
Passow: ON. Meckl., Potsd., Stralsund
(Pastinake): mohrrübenähnliche Pflanze. Pastinack, Pastenaci; poln. pasternak: Pasterna|ck, kowski
Pästle: s. Sebastianus
Pastor: „Pfarrer" oder Latinis. von Hirt, Schäfer; auch 7 Hl. Past|or(s), oor(s), orn, öhr, er, urn
Pät–: s. BAD
Patek: tsch. „Freitag". Patecky
Pater: 1. „Mönch". 2. latin. von Vater
Paternoster: 1. Gebet; lat. „Vaterunser". 2. Rosenkranz; z. B. Matthias paternoster paternosterer, Breslau = Paternostermaker. (Vgl. FN. Rosenkranz). Paternoß, Nosterer, Nusterer
Pathe: 1. der Pate (vgl. Götti und Petter). 2. s. BADU Kf.
Päthe: s. Pettau
Patist: s. Baptista
Patroclus: gr. Hl. (Rel. Soest), Trockels
Patsch: s. BADU
Pätsch: s. Bezzo u. Petrus
Patschdieber: s. Badstüber
Patschke: s. Paulus
Patt–: s. BADU
Pattke: wend. patka „Glucke"
Patz: wend. paz „Backofen"

Patz–: s. BADU, Balthasar, Paulus (Patzelt s. Petrus sl.)
Patzenhofer: ON. Batzenhofen, Göggingen
Patzig: ON. Rügen
Pätz|old, holz: s. Petrus, sl.
Pauderer: s. BAUD
Paudler: ostpreuß. „Kurzwarenhändler, Hausierer"
Paue: s. Pfau
Pauel–: s. Paulus
Pauer: s. Bauer
Paufler: „Tannenzapfensammler"
Paug–, Pauk–: s. BAUGE
Pauk: wend. Pawuk „Spinne"
Pauker: „Paukenschläger", Baucker (×BAUGE). Peucker(t) (×ON. Peucker und Peuke, Breslau), Bäugger, Payker, Peikert, Baiker(t)
Paulinus: Weiterb. von Paulus; besd. hl. Bischof von Trier IV, doch auch P. von Nola. Paulin, |ius, chen; Paul(l)ini, Peulen
Paulu(h)n: s. Pfau
Paulus: lat. „der Kleine". Apostel
Paul|us, i, y, e, s(meyer), chen, ing (>–ig), so(h)n, sen, ussen, üssen, essen, zen, ke, er (>herr; ×ON. Paulau, Pawelau, Schles.); Päuler, Baul|er, ing (×BU). Ober–, Klein–, Hans|paul (Mutterpaul); Paul|mann (×nd. paul „Pfuhl"), huber, eder, mich(e)l, steiner, sieg = sieck; Pauel|s, sen; Pauwels, Pohl,|e, ing, mann; Pahl (s. d. und NF.), |e, s; Paal(en), Pähl, Pähl|ig, chen (×BALD Kf.). — Zerdehnt nd.: Pagel, |s, sohn, sen; Pawel(s); Pavel(l); Pow|els, ils. — Altd. Paulhart: Paulhart(inger). —

Dän. Poulsen. Sl. Pawol, Poljenick, Pašek (nach Mucke aber Paš(a), Pach, Paška < Pakosław): Paw|lack, lick, lig, el(ke), letta, olka, Pab(e)lick, Babel, Pabsch, Paul|ick, ich, isch, ke, enz, us, usch (auch pruß. Paul|ick, usch; lit. Paul|at, eweit), Pol|icke, ink, ich; Patschke, Paaschke; Patz|ki, ig, old, elt; Pasch|el, old, ke, ing; Pasold, Passold; Päschke (berührt sich mit Petrus)
Paumann: s. Baumann
Paur: s. Bauer
Paus, Pausch: s. Papst
Pausche|l, r, Päuschel: s. Bäuschel
Pauscher(t): ON. Pauscha, Weißenfels
Pause: s. BAUD, Pauselius
Pauseback: „mit aufgeblasenen Backen" = Pause|pack, wang; Bausback (>–bach), Bausenbach, Busback, Pusbak, Pußback
Pauske: s. BUD
Paust: s. Papst
Paustian: s. Sebastianus
Pauth(ner): s. BAUD
Pautz–: s. BAUD u. BUD
Pauwels, Pavel: s. Paulus
Pavese: großer Schild des Fußvolks (<ON. Pavia)
Pavian: s. Babian (auch jüd.)
Paw–: s. Paulus
Pax: Latinis. von Friede. Pax(mann): s. BAG
Pay(e)r: s. Bayer
Payker: s. Pauker
Pebben: s. Babo
Peccatel: ON. Peckatel, Schwerin
Pech: Pechlöffel, Bech: Schusterübern. oder = Pecher (×ON. Pech, Köln; Pechau, Magdeb.; Pechern, Liegnitz) = Pech|ler, ner, mann, brenner (×Pack-

rainer), Pich|er, mann; Bich|er, mann, bäumer, erzgeb. auch Bacher. Nd. Peck, |mann, brenner, Pick, |mann, lapp, Peker. Pechöl (Wagenschmiere u. zu Einreibungen). — × Petrus sl. Vgl. Harz und Lärche
Pecherer: s. Becher
Pechhold, Pecht–: s. BRECHT
Pechuel: zu sl. begula „Läufer"
Peck–: s. Beck und Pech
Peckert: s. Beckardt und Pickert
Pedell: „Gerichtsbote, Universitätsdiener" (s. Büttel). Bedel
Peder: s. BADU u. Petrus
Peege(r): s. Pegau
Peer, Peeschke: s. Petrus
Peer(en)bohm: s. Beerbohm
Peest: ON. Köslin
Peffer(mann): s. Pfeffer
Peffgen: s. Pfaffe
Pegau: ON. Leipzig. Peger, Peege(r), Pöge(r), Bege(r)
Pegel: 1. „Maßstab". 2. „kleines Gefäß". Pägel. Pegler „Eichmeister". Peiler, Bei(g)ler, Bayler, Beikler
Pegelow: ON. Stettin
Pegenau: ON. Meißen
Peham: s. Böhmen
Pehamberger: Weiler, Stein (NÖst.)
Pehl(e): pruß. N.
Pehlgrimm: s. Pilger
Peidtler: s. Beutel
Peif(f)er: s. Pfeifer
Peifuß: s. Beifuß
Peik–: s. BAUGE, BICK, Pauke
Peil–: s. BIL und Pfeil
Peiler: 1. ON. Peilau, Breslau < biala, s. belu; ähnlich Pieler(t). 2. s. Pegel

Peine: ON. Hannover. Peinemann, Peimann
Peiniger: „Folterer, Henker"
Peint|inger, ner: s. Bünd
Peip–: s. Pfeife, Pfeifer
Peischan: s. Peissan
Peischl: „Bäuschel, Eingeweide"
Peiser: Peyser, Beiser. 1. rotw. „Herbergsvater". 2. s. beizen (Peißner). 3. s. Pisarz. 4. ON. Peise, Königsberg
Peisker: Fisch<sl. piskorz. Beisker, Pisk|er, ors, Peißger, Peitzker (×Peske), Pietzker
Peiß–: s. BIS
Peissau: frz. N. Paysan. Peischom, Peysahn, Pischang, Pijan (×frz. N. Pingeon)
Peißel: s. Beißel
Peitsche: Peitscher „Peitschenmacher". Vgl. Schwepe
Peitz: ON. Kottbus. Peitzer; wend. Picno > Pi(e)tzner
Peitzold: s. Petrus, sl.
Peker: s. Pech
Pelagius: < gr. πέλαγος „Meer". Märt. (Konstanz Pelay > Bolay). Bol|ay, (l)ey; Pol(l)ey, Puley, Bolleyer, Blei. Vgl. Poley
Pelargus: Gräzis. f. Storch
Pelchrzim: tsch. Pelhřim < hl. Peregrinus (s. Pilger)
Peldram: s. BALD
Pelger: s. BIL
Peliehe: pruß. (ON.)
Pelikan: Häusern. Pel(i)kahn, Pelikann, Palikan (aber Pellicanus „Kürschner"). Vgl. Gans
Pelit: s. Hippolytus
Pell–: s. BIL
Pellenz: Gegend bei Andernach
Peller: s. Baldher. Pellerich: s. Baldarich (BALD)

Pell|et, oth: s. Baldhart (vgl. Billet)
Pel(l)ionis: < lat. pellio „Kürschner"
Pelm: ON. Trier
Pelster: s. Ballester
Pelz: Pel(t)zer „Kürschner", Pelzner; Belz, |(n)er, Belschner (×ON. Pelsen, Sa.; Peltz mit ē < ON. Pelitz). Waschenpelz. Nd. Pil|s, z, tzer, ster. Sieh schütten und Pilz
Pelzl: s. BALD
Penet: s. Benedictus
Penn: wend. pien „Baumstamm, –stumpf". Vklf. Pen(c)k, Pink (×Penk(e): pruß. N. Penke)
Pennekamp: ON. Hagen (Westf.)
Penner: 1. ON. Penna, Leipzig. 2. s. BÄR II (Pennersdorfer). 3. nd. „Pfänner". 4. × Bünd und Li
Penni(n)g: s. BAN, BÄR Kf. und Pfennig (×ON. Penning, öfters)
Pensberger, Pensel: s. Benzo
Penschke: s. pan
Pensel(er): s. Pinsel
Penter: s. Bünd
Pentz: 1. s. Benzo. 2. ON. Stettin
Penz(e)l: s. Benzo
Penzig: ON. Liegnitz
Penzoldt: s. BÄR II
Pepel: s. Babo
Peper, –peper, Pepper: s. Pfeffer (×Babo)
Peperl, Pepperl(e): obd. „Pustel, Finne" u. dgl.
Peplau: ON. Pepelow, Meckl.
Pepp–: s. Babo
Per–: s. BÄR
Perathoner: Hofn. Peratogn, Grödner Tal
Perband(t): pruß. N. Perbande; vgl. ON. Perbanden Ostpr.
Perchermaier: s. BERCHT

te **Perdt:** s. Pferd
Pereira: portug. „Birnbaum"
Perfall: ON. OB.
Perg–: s. Berg u. BERGEN
Pergament: Pergamenter; Ber|(ga)menter, minter; Parmenter; Berm(it)ter = Buchfeller (s. Buch)
Pergande: s. Burgund
–perg(er): s. Berg
Peritz: ON. Großenhain
Perizonius: gräzis. für holl. Vorbroek „Hosenlatz"
Perk–: s. Berg
Perku(h)n: pruß. N. (< Donnergott Perkunos). Perkuß
Perl: 1. ON. Saarburg. 2. Perle < frz. N. Perlet. 3. jüd. (RN. Berel, doch auch metron.) Perl|(e)s, mann, Pereles, Perlmutter, Ulanperl < RN. Ulam?
Perlauck: pruß. (ON.)
Perlunger: s. Berlunger
Permaneder: Weiler Permanöd, Wasserburg (O.-Bay.)
Permer: s. BÄR I
Pernau: 1. <frz. N. Pernaud; 2. mehrf. ON. Österr.
Perner: ON. Pern, |a, au, e
Pernickel: s. Barnickel
Perr|et, ey: < frz. N. Perrin
Persch: s. BERCHT Kf. u. Pfirsich (×Petrus)
Perschall: s. BÄR I
Perscheid, Berscheid: ON. St. Goar, Prüm
Perschke: wend. pjersk „Barsch" (Fisch). Perske, Persike
Pers|ich, ing: s. Pfirsich
Per|so(h)n, suhn, Persdotter: s. Petrus
Pert–: s. Petrus
Pertiller: s. pratum
Pertsch, Pertz: < Perzo <BÄR und BERCHT

(×poln. perz „Quecke": Per|sch, z)
Pertuch: s. BERCHT
(Perücke): < it. parucca. Ba–, Pa–, Bu–, Pu(r)|rukker, Puruckherr
Pesch: rhein. „Weide", auch „Waldweide, Gehölz", < lat. pascuum; mehrf. ON. Pesch, |er, ges, ke(s) (aber ostd. Peschke < Petrus). Hompesch („am hohen P."), Eulen–, Weiden|pesch
Pesch–: s. Petrus, sl.; Peschel auch zu Busch
Pesen–: s. böse
Peske: wend. pesk „Sand" (tsch. pisek), ON. Pies|ke, kow. FN. Piske, Pisig, Pieske, |r, rt, Peißker, Pisch|ka, ke; Bies|ecke, ike, ke
Pess|elt, olth: s. Petrus, sl.
Peßler: s. Päßler
Pest: ostd. zu tsch. pest „Faust"
Pestel(mann), Pestler: s. Päßler und Sebastianus
Pet|ach, ag: s. ptak, ×Petrus
Petasch, Peter: s. Petrus
Petau: ON. Pethau, Zittau (>FN. Peter); aber Pettau, Peto, Päthe < frz. N. Peteu
Peternell: s. Petronilla
Peterolf: s. Biterolf
Petersilie: Petersil(l)ge. Latinis. Petrosilius
Pethe: s. BERCHT (×Petau)
Petiscus: s. Petrus, sl.
Petronilla: Hl., Schülerin des Petrus (ON. Petronell, Niederdonau), Peternell
Petronius: röm. FN. Petron(sch)
Petrosilius: s. Petersilie
Petrus: gr. „Fels", Übersetzung von hebr. Kephas. Apostel. Peter (×

Petau), Peter|s, so(h)n, (s)sen, (d)ing, lin, kes, er (wohl < ON. St. Peter; aber Peterolf < Biterolf). Peter, |s, sch, le (×mua. petter „Pate", s. Pathe), Petter(le); Petr|i, y (Henricpetri), Petrig, Pitter(s), Pieters, Pyterke. — Zss., Zsr. Peter|(s)mann, mandl, gan = hänsel, hans, anderl, melcher, kord, lechner, bauer, knecht, möller, schmitt, reins, schütz, Peder(sen); Petringsmeier, Pietermanndl. -peter: Altp. > Allp., Krump., Rop. (< rot), Schonp., Johannp., Hinzp., Heidenp. Beetschenp. Nd. oft zsgez. Peer > Persch (ē), Per|so(h)n, soon, suhn; Pier|son, antoni; schwed. Metron. Persdotter. Sl.: Petr|usch(ka), asch, ausch, eschke, ick (Pettrich), ek, anz, enz, us, usch; Pietrus(ka); Pittrich, Bittrich (s. d.), Pirus, Pyr(rh)us, Birus, Piersig, Bierig, Piotr, Piterek, Pet|(t)asch, iscus, Petsch|e, i(c)k, ke, el|ler, ner; Pesch|ek, ke, ick, ko, el; Pötsch|ke, el; Pösch(e)l; Pä(t)schke (vgl. Paulus), Peeschke, Päske, Peschel(t), Petz, |ke, (h)old, ohl; Pätz|old, holz; Pezoldt>schles. Patzelt; Bätzoldt, Betz|hold, elt; Bethsold; Bezzelt; Pess|olth, elt; Bies|old, el(t); Bißhold; Piesold; Pietz|sch(ke), old; Peitzold; Pietschmann; Piesche(l), Püschel, Pisch(el) (× „kleiner Busch"), Pitsch|el, ke, Patack, Petack; Pich(a), Pinch, Päch, Pechan. — Petrikowski < ON. Petrikau, Polen; desgl.

Pietrowski. Balt.: Petruschat; Petschat (>Pettschaft?); Peter|at, eit; pruß.: Petr|all, uck, Petsch, Petz
Petsch–, Petter, Pettrich, Petz–: s. Petrus (Petz– auch < Bezzo, Petter auch zu Pott)
Pettau: s. Petau
Petzet: s. BÄR I
Peuerle: s. Bauer
Peug–, Peuk–: s. BAUGE
Peuker(t): s. Pauker
Peulen: s. Paulinus, in Luxemb. < ON. Peulendorf
Peut–: s. BEUT u. Beutel
Pevian: s. Babian
Peyer: s. Bayer
Peyfuß: s. Beifuß
Pfab–: s. Pfau
Pfabian: zu Fabianus oder wie Pfabigan zu Babian
Pfadenhauer: s. pfate. Pfadler
Pfaffe: nd. pape, ndrh. paffe „Geistlicher", früher ohne verächtlichen Sinn. Pfaff, |e, l, elhuber, (l)inger, ner, mann; Pfäff|l(e)in, el, er; Pfeff|el(in), chen; Paff(en); Päffgen, Peffgen; Paape, Pap|e, ke (×BAB), Paepke (ā). — Halpap u. dgl. s. halb. — Zsr. Pfaffenroth „Rodung eines Klosters" = Paffrath, Pfafferott (aber Papproth s. Paprosch); Pfaffen|schläger (ON. Böhmen, Österr.), ritter (<Ried, Reut?), lehner, zeller, Pfaffenberger > Pfeiffenberger(KS.); Pfeffekoven. — Phaphenchint. Nd. Papen|di(e)k („Teich"), dorf, brock (ON. Priegnitz), fuß (s. Vogt); Pappen–, Pop(p)en|diecker. Papenbur „Höriger"; Pap|meier, möhl; Pappguth

Pfahl: 1. Übern. wie Klotz u. dgl. 2. „Grenzpfahl". Pfohl. Zu 2: Pfahler, Heupfahl (Kuhpfahl s. kowal, Pfähler s. Pfeller)
Pfa(h)land: s. Fahland
Pfahlbusch: s. Vogel
Pfahlert: s. FAL
Pfahrer: s. Pfarrer
Pfadler: s. Pfeidler
Pfalz: Pfalz|graf, mann = Pfalzer, Pfälz(n)er
Pfand–, Pfänd–: s. FANT
Pfänder: 1. Flurwächter mit Pfändungsrecht. 2. „Pfandleiher". Pfänder, Pfändner, Pfender, Fänder, nd. Pander. Kupffender („Kuhpfänder")
Pfandl, Pfändler: s. Pfanne
(Pfanne): (nd. panne) Pfann, Vklf. Pfandl. Auch „Salz–, Braupfanne"; dazu Pfannenmeister. Pfann(en)schmidt = Pfannen|schlag, schläger, hauer (Van(n)hauer) = Pfannemeker, Pfanner (×pfanne „Bodensenkung"; >Pfannerer; auch Pfann|möller, enmüller?), Pfänner, Pfändler, nd. Penner. Pfann(en)stiel (7 ON.; × „Schwanzmeise"). Pfannenschwarz: Übern. eines Kochs. Pfann|ekuchen, kuch, kuche(n), nd. Pankok(e): nordd. „Eierkuchen", sonst „kleines Hefengebäck, Krapfen" = Pfan(n)zelter (>Pfannzelter) = Pfanzl (>Pfanzler). — Pannhas: rhein.-westf. Gericht (d. h. Pfannenharsch, vgl. Potthast). — Nd. auch „Dachziegel". Dazu Pann|(e)backer, enbekker(s), Pfannebecker
Pfanzag(e)l: s. Pfau
Pfarrer: Pfahrer; gekürzt Pfarr(e), > Pfarrius, nd. Pfarr. Pfarrherr

(pfate): „Balken", pfette „waagrechter Dachbalken". Fath, Pfattner, Pfet(t)ner, Fettner, Fattler. — Zss. mit –hauer: Pfadenh., Pfatenh., Pfettenh., Vetchenh., Pfätgenh., Pfotenh., Pfodenh., Fötchenh., Feidkenh., Fetkenh. (>Fittichh.); –heuer: Fätgenh., Fetchenh., Fötkenh., Fättkenh., Fätkinh. — × pfatte, vade „Zaunpfahl", wozu Fadenweg, Spitzfaden, Fattinger
Pfau: mhd. pfawe. Pfaue, Pfauw, Pfab, |e, ler; Fabe; Pfob, Pfoh, pfälzisch Poh; Pfanzagel = FN. Pfauenschwanz. Pfabentrit. Mnd. pawe: Paue, jetzt nd. Paegelon (ae = ā), Pagelun, Paulu(h)n, Paleduhn
Pfaus: zu mhd. phusen „schnauben". Pfau|(t)zsch, z, ser; Pfusner
Pfaut: s. Vogt
Pfeff–: s. Pfaffe
Pfeffer: nd. peper, rhein. peffer, Pfeffer, |mann („Händler"), korn, ling, Pfifferling „Pilz", dasselbe wohl Pfeffer|l, le(n), lein. Siebenpfeffer, Feffer, Pföffer(l), Päper, Päffer(mann), Peper, |ko(c)k „Kuchen", sack, Pepper,| ling, möller, sack; Schell|(p)feffer, peper (in Schalen). Wend. Piep|er, rich. Sieh schmecken. Päperer s. Popiersch. — Piferment, Pfieferment „Pfefferminze"
Pfeidler: österr. „Kleidungshändler" < pfaid „Hemd". Feidler, Feitler, Pfaidler
(Pfeife): nd. pipe. 1. Röhre, besd. Wasserröhre, dann auch Graben. 2. Musikinstrument. Zu 1: Pfeifen|schneider, brink, brück; Piepen|schneider, dreyer („Drechsler"), stock, Piepen|born, brink(er), brock, bruck (zu Bruch 2), hagen; Krumpiepen; Piepmeier, Peipmann. Zu 2: Pfeifle(n), Pfiffner („Verfertiger"). Wendisch pipa, Vklf. pipka: Pipk|a, e, Piepke, Piepanz
Pfeifer: nd. pīper. Pfeifer(t), Pfeuf(f)er, Pfiffer, Pfyffer, rhein. Piefer, Pfiffer, Peif(f)er (Nassau), Pi(e)per (< Bieber KS.), Peiper(s); Pieper|johann, –gerdes. Wend. pipar > Pi(e)per (s. auch Pfeffer); lit. Piepereit; Krollpfeifer s. Kroll. Vgl. Schwegler
Pfeil: nd. pīl. Pheil(er), Pfeiler, halbnd. Peilmeker; Pfeil|sticker, stäcker, stöcker, schneider („macht die Pfeilstecken oder Schäfte" oder zu sticken in allgemeinerer Bed. als „spitzmachen, anfertigen"); Piel|sticker, stekker; Peilstücker, Pillstikker, Vielstick(er) = Pfeilschifter, Schifter; Pfeilschmidt („macht die Spitzen"), Feierfeil („Brandpfeil") = nd. Senkpiel (zu sengen). Satzn.: Spitzenpf., Wagenpf. (s. wagen 2), Schnellenpf., Schnorrenpf., Schnurpf. („lasse schnurren"). Aber Teuerpfeil < feilhalten. S. Zehschnetzler
Pfeitler: = Pfeidler
Pfell(er): mhd. phell(er) „kostbarer Kleiderstoff". Pfähler
Pfender: s. Pfänder
Pfendler: ON. Pfindl, Salzb. Fendler KS.
Pfen(i)g: s. Pfennig

Pfenne: s. FANT

Pfennig: mhd. pfenninc, auch Flurn. nach der Abgabe; in Lippe < Bening, Bernhard; alter Taufn. auch in ON. Pennigsdorf, Jerichow, Penningsfeld, Rhld.; × fennich „Hirse". Pfennig, |s, er, Pfenninger (wohl = pfennigman „Geldwechsler" oder = P(f)ennigbüttel „Büttel, der Strafgelder einzieht"), schmidt (jüngere Zss.). Pfenn(ig)werth, Pfenwert, Fenwart (KS.; „Kleinware") = Pfennigkäufer, Pfen(i)g; nd. Pennin|g, ck. — **-pfennig:** Zweipf., Zehnpf., Weißpf. (Wittpenn(ing), vgl. Albus), Güldenpf., Gottspf. >Gottespenn „für Kirche u. Arme bestimmtes Haftgeld beim Geschäftsabschluß", Kirchpfennig, Redepf. (Rehpenning u. dgl. s. Redegeld); Schmeltzepf., Zehrnpf. (Zöhrpf., Zörrenpf.), Wucherpf., Wehren(p)f. („schütze den Pf."), Schimmel|pfen(nin)g, fennig, penning („läßt ihn schimmeln"), Kerpfennig („dreht ihn um"), Sulcepenninc („salzt ihn ein"). Vgl. küssen, reiben

Pferd: nd. pērd. Pferd(s). Pferde|hirt (vgl. Page), kämper, menges (s. Manger), Ferdt, Fertwagner. Te Perdt (Tepferdt, Tefert), nd. „zu Pferde", vgl. Tovote und Uppenperde. Schimmelpferd. Aber Rennpferd: s. RAGIN II, Raganfrid

Pfer|sching, sich: s. Pfirsich

Pfertner: s. Pforte

Pfett|enhauer, ner: s. pfate

Pfetterer: mhd. pheteraere < mlat. petraria „Steinschleudermaschine", vgl. Bliede

Pfetzer: zu obd. pfetzen „zwicken, henken". Fetzer, Fezer (vgl. Zwicker)

Pfeuffer: s. Pfeifer

Pfiebig: s. Vieh

Pfieferment: s. Pfeffer

Pfiehler: s. Pfühl

Pfifferling: s. Pfeffer

Pfiff(n)er: s. Pfeife(r)

Pfiliph: s. Philippus

Pfingst(en): Pfingstag, Pfingst|l, mann, Pfingstlümmel, „zu Pfingsten umhergetragene Strohpuppe", Pfingstner, inger, horn

Pfirrmann: s. Pirminius

(Pfirsich): < lat. (malum) Persicum „persischer Apfel". P(f)ersich, Persch, Persing, Pirsich, Pfersching, Pfirsch, |ing(er), ke

Pfister-: s. pistor

Pfitz-: s. Pfütze

Pfitzinger: ON. Odenwald

Pflanz(e): „Pflanzung". Pflanz|l, er („Pflanzungsbesitzer"), Pflenzel. Rosen|plänter, plenter

Pflaschner: s. Flasche

Pflaster: „Heil-, Straßenpfl.". Pflaster, Pflästerer, Pflastermacher

Pflaume: < lat. prūnus, daher nd. prūme, tirol. pfraum. Obd. × pflaum „Fluß" < lat. flumen (vgl. ON. St. Veit am Flaume = Fiume) und „Flaumfeder". Dazu z. T. Pfl(a)um|, er (aber auch wie Pfleumer, Pfraummer, Pfrummer, Pfrommer „Pflaumenhändler"), ferner Pflaumlacher, vgl. Loh. Pflaumloch: ON. Jagstkreis. Pflume, Flume, Pflumm, Pflomm, Pfromm, Pl(o)um; nd. Vklf. Plümeke. Pflaum-, Prum(men)|baum, Plum(en)bohm. Plum|hoff, meier

(pflegen): Pfleger „Verwalter, Statthalter", südwestd. „Vormund". Pleger. Satzn. Pfleghaar (> -hardt). Aber Pfleging viell. zu FLAT, Pflegel zu FLAT oder Flegel

Pfleiderer: wohl zu mhd. vlöudern „flattern", schwäb. pflittern „weichlich sein" oder flittern „unstet sein". Pfleuderer, Pfletterer, Pflederer, Pflitterer, Pflütterer

Pfletschinger: s. Flotz

Pfleumer: s. Pflaume

Pflichtenhöfer: vom Flüchtelhof, Abtenau, Salzb. Flichtenhöfer, Ficht(en)hofer KS.

Pflieg(l)er: s. Pflug

Pflip-: s. Philippus

Pflitterer: s. Pfleiderer

Pflock: 1. Übern. wie Klotz. 2. = Pflug

Pfloderer: 1. rotw. „Barbier". 2. < obd. pflodern „flattern"

Pflomm: s. Pflaume

Pflöschner: s. Flasche

(pflücken): nd. Plücker (× ON. Plügge, Holst.); Plückhahn, Plückebaum

Pflug: nd. Plog, von der Ploeg (Bielefeld), Pflug,| k, (n)er; Pflüg(n)er = macher, rad (×ON. Pflugrade, Stettin), haupt (Balken, an dem das Eisen ist; nd. -höft), beil (hängt für alle Fälle am Pflug; s. Beil); Flug, |macher, rath; Fluch(er), Plügelmacher; Plog|maker, meier, höft (s. o. Pflughaupt),ste(e)rt („Schwanz, Griff"). Pflüg(l)er, Flüger, Pflügner, Pflieg(l)er,

Pflugfelder

P(f)löger, Ploger, Plügler, Pleuger eher Pflugmacher als Ackermann. — Keil–, Stell|pflug (beides verstellbarer Pflug), Stelzpflug. Satzn. Hassen– (s. d.), Scheuchen– (Scheins. scheuen), Zwicken|pflug („pack ihn")
Pflugfelder: ON. Pflugfelden, Neckarkreis
Plum: s. Pflaume
Pflurer: s. Flur
Pflütterer: s. Pfleiderer
Pfnorr: < pfnurren „brummen"
(Pfnüsel): südwestd., tirol. „Schnupfen": Pfnesl, Pfniß; mhd. phnüsen „schnauben" > Pfnausch, Pfnautsch
Pfob, Pfoh: s. Pfau
Pfodenhauer: s. pfate
Pföffer(l): s. Pfeffer
Pfohl: s. Pfahl
Pfolz: s. VOLK, Kf. Folzo
Pforr: s. Porree
Pforte: Pfordt(e), v. d. Pfordten, Verpoorten, Pfortmüller (vgl. Mühle); ndrh. Pört|ke, je, (z)gen. – Pfört(n)er: 1. Türhüter. 2. an der Pf. wohnend (× ON. Pforten, Gera; Pförten, Sorau), P(f)ortner, Pörtner, Pfertner, Förtner, Fortner, Porz(n)er, nd. Po(o)rtmann, fries. Poort|inga, stra. Sieh Mühle. — Pförtner von der Hölle: schles. Adel < ON. Höllau, Höllen. Vgl. Ehre
Pfost: „Pfosten, stämmiger Mann"
Pfoten–, Pfötken|hauer: s. pfate
Pfragner: bair. „Kleinhändler". Pfrogner, Fragner, Fragler, Vragner, Pfregner
Pfrang: obd. „Enge" örtl. und übertragen, vgl. Klamm, Klemm. Pfrenger: 1. Pferch, 2. Anwohner einer Pfrange. Pfrang, e(r), Franger, Pfrengle, Pfränger, Pfrenger(s)
Pfraum–: s. Pflaume
Pfregner: s. Pfragner
Pfreim(t)er: ON. Pfreimd, OPf.
Pfreng|er, le: s. Pfrang
Pfretzsch|ner, mer: bair. „Trödler, Lebensmittelzwischenhändler", Pfröt(z)schner, Fratsch(l)er, ner, Fratz(sch)er, Frätz(sch)er, Fretschner, Frötsch(n)er, Fröschner
Pfreundt: s. Freund
Pfreundschuh: s. Schuh
Pfriem: 1. Schusterwerkzeug. 2. Ginster
Pfriender: s. Pfründer
Pfrogner: s. Pfragner
Pfromm(er): s. Pflaume
Pfropfe: = FN. Pfropfreis; Pfröpfer, nd. Propp(er) (vgl. Keith und Sommerlatte)
Pfrötzschner: s. Pfretzschner
Pfrummer: s. Pflaume
Pfründer: „wer aus einer Stiftung Unterhalt bekommt, besd. Armenhäusler". Pfrund(tn)er, Pfriender, Pfrün(n)er
Pfuhl: „Sumpf, Teich", nd. pōl, pūl. (v.) Pfuhl, v. Pfuel, Pohl (doch meist Pole oder Paul), te Poel, Puhl, Poll (× ON. Köln), Pöll. — Pfuhler, Pfuller, Pfuhl–, Pfull–, Poll–, Puhl(e)–, Paul|mann; Po(h)lhaus, Puhlschneider, Pohlschröder. — Lehmpfuhl; –pohl: Langp., Gausep. (s. Gans), Kranep. (s. Kranich), Kradep. („Kröte"), Ammerp.; Otterp. — Watenphul s. waten

Pfühl: „Federkissen", mhd. pfülwe. Pfulb, Pfülb, Pfülf. Hersteller Pfühler, Pfiehler, Phieler (× Pfuhl)
Pfund: (Gewicht und Münzwert), nd. pond, pund. Zehn– (nd. Tienpund), Hundert–, Tausend–, Drittehalb–, Sechzehn|pfund, Pfund|heller, stein (Gewicht); Punt, Pund(sack). Pfund(tn)er „Waagebeamter" = Pfünd(n)er
Pfurr: s. Porree
P(f)urtscheller: < Pfurtschell, Stubai < ladin. furcella „Gäbelchen, Wegscheide"
Pfusner: s. Pfaus
Pfütze: „Lache", auch „Zisterne, Brunnen"; nd. püt. Van Pütten. Pfütz|(n)er, enreuter; Pfitz|er (Sch. I), ner, mann; Pfizemaier, Fitzner, Pütt|er, mann, gens, hoff, kamp; Put–, Püt|manns
Pfyffer: s. Pfeifer
Phalert: s. FAL
Phieler: s. Pfühl
Philbert: s. VIEL
Philippus: gr. „Pferdefreund". 1. Apostel. 2. Almosenpfleger (Apostelgesch. 6, 5; 8, 26 ff.). 3. Vater Alexanders d. Gr. Philipp (× ON. Villip, Godesberg), |e(n), s, i; Dephilipp (Elberf.); Philip, |s, sen; Pfiliph, Filip(p), Pilip(p), Pylipp, Bilipp, Billep(p). Zsgez. Filb, Pflip|(p)s, sen, ser; Flip|s, sen [Filf, Filp(es), Fleps He.|
Kf. Lipp, |e, l, us (Sturmlippe, Baierlipp); Lip|us, s(meier), sen, sius, ke. Dazu weibl. Philippine (auch FN.). — Philippart: s. Liebhart. Vgl. Viellieb.

(Phoibos Apollon)

Slaw.: Filipiak.
Wend: Pie(h)l, Pilan, Piel|enz, ke, lisch, sch, Piepho, Pippo(w)
(Phoibos Apollon): gr. Gott. In den jüd. N. Phöbus, Feibischoff, Feibusch, Feibelsohn, Benfey (s. Ben–), Feib|el, isch, Feubus, Beifuß, Feischel, Fabisch, Freibusch (KJ.), latinisiert Fab|er, ius, ian
Pholey: s. Poley
Phoenix: sagenhafter Vogel, wohl Häusern.
Piater: s. Petrus, sl.
Picard: „aus der Picardie". Pick|art, e(r)t; ×BICK, Pickert, Pikart
Pich: s. Pech (Pichmann) und Petrus, sl.
Pichert: s. BICK
Pichel, Pichl–, –pichler: s. Bühel
Pick–: s. BICK und Pech
Pickel: 1. „Hacke". Bick(el); Picker. 2. ON. Kalau
Picker(t): 1. ON. Picka(u), Bautzen, Kosel. 2. wend. pjekar „Bäcker"; Pekker(t), Piekert; poln. piekarz, Pi(e)karski, Pickas, Piekatz, Pigorsch, Biegorsch. 3. s. Picard
Pickroth: ON. Bickerath, Aachen
Piderit: s. BIT
Piebes, Piedemann: s. BIT
Pie, Pieck: <frz. N. Py, Pic. Pick, Pisch, Pietsch
Piech: s. Petrus, sl.
Piefer: s. Pfeifer
Piegler: ON. Piegel, Leipzig (×Bühel)
Piek–: s. BICK u. Pickert
Piekatz: s. Pickert 2
Pieknik: zu sl. piekny „schön"
Piel–: s. BIL, Pfeil, Philippus
–piel: s. Bühel, Pfeil
Pieland: s. belu u. Philippus

Pi(e)lentz: wend. pilenc „der Fleißige" (×Philippus)
Pientz: ON. Pientzenau, Tirol
Piep: s. BIT
Piep–, –piepen: s. Pfeife, Pfeifer
Piepho: s. Philippus
Pier: ON. Düren. Pierer
Pier–: s. Petrus
Pierenz: s. BÄR II Berinhard
Piering: ON. Piering, Biering, Bay. mehrf. (×ON. Pyhra, Österr.), Pieringer, Bieringer, Unterpieringer
Pierling: s. BÄR I Kf.
Piermann: s. Pirminius
Pies: 1. s. Pius. 2. poln. pies „Hund"
Pieske: s. Pius und Peske
Pießenecker: s. Pösnecker
Piesner (Lauscha): ON. Piesau, Thür.
Piesold: s. Petrus
Piet–: s. Petrus
Pietler: s. BIT
Pietz: poln. piec „(Kalk–, Teer–) Ofen"
Pietzker: s. Peisker
Pietzner: s. Peitz
Piet(z)sch: s. Petrus
Pievenkämper: s. BIT
Piewatz: s. piwař „Brauer"
Piffer: s. Pfeifer
Pifferment: s. Pfeffer
Pigler: s. Bühel
Pigorsch: s. Picker
Pijan: s. Peissan
Pikart: pruß N. (ON.)
Pil–: s. BIL
Pilar(tz): sl. pilař „Sägenschmied, Brettschneider". Pill|asch, er, Pilarczyk, Billasch
Pilbert: s. VIEL
Pilch: sl. „Bilch, Haselmaus". Pilchowski
Pilentz: s. Pielenz
Pilf: s. BIL

Pin(ke)pank

Pilger: < spätlat. pelegrinus, dissimiliert < peregrinus; ahd. piligrīm, mhd. bilgerīn, frühnhd. auch bilgram. Auch „Wanderfalke" und Hl. N. Peregrinus. Fällt schon früh mit den N. Biligrim und Biliram (s. BIL) zusammen. Pil|grim(m), gram(m) (×ON. Pillgram, Frkf. a. d. O.), ger(mann); Päle–, Pehl|grimm; Bilger(i), Belgerin, Billgram. Vgl. Pelchrzim
Pilip(p): s. Philippus
Pill–: s. BIL
Pill|asch, er: s. Pilartz
Pill|hofer, höfer: ON. Pillhofen, Moosburg (O.-Bay.), (×3 Einöden Pühlhof, Bay.), Pilhofer, Bielhofer, Pühlhofer
Pillig: ON. Koblenz
Pillsticker: s. Pfeil
Pilz: 1. „der Pilz" (vgl. FN. Pfifferling, Bobist, Lerchenschwamm), Bilz (Pülz, Peltz, Pils, Puls, Belz, Pelzner; Pilz–, Peltz–, Beltz|ecker KS.). 2. Kf. von BIL. 3. ON. Breslau. 4. s. Pelz
Pimpel: „Schwächling"
Pimpernell: s. Bibernell
Pind–: s. BIND
Pindar: s. Binder
Pineiter: < lad. pinetum „Kiefernwald", Bineter, Binöder
Ping–: s. Binge
Pink: s. Penn
Pinkas: 1. wend. pinkac „der die Augen schließt". Pink(e)s. 2. < Pincus
Pin(ke)pank: Arbeitsgeräusch des Schmiedes. Pink, Pank; Pinkgang; Pinkenpack; Binckenbanck. Auch wohl Pinkvoß. Pinke(r)nell zu Nagel

Pinn–: s. BIND
Pinnau: pruß. ON.
Pinner: ON. Pinn|au, e mehrf. (× Bünd)
Pinnick(e): sl. piwnik "Trinker". Pinnig
Pinsdorf: s. Binse
Pinsel: L(e)inpinsel (Tischlerübern.), Pensel(er), Bensel(er), Benzler
Pint–: s. BIND u. Binder
Pintrich: s. BIND
Pinzger: "Pinzgauer"
Piontek: poln. piątek "Freitag"
Piper: s. Pfeifer
Pipin: pruß. N. Pippin
Piplak: tsch. "Tändler"
Pipp–: s. BIT
Pippo(w): s. Philippus
Pir–: s. BÄR I
Pirch–, Pirk–: s. Birke
Pirkel: s. BÄR u. BURG
Pirl: ON. Liegnitz (Pirlmaier: s. BÄR I Kf.)
Pirminius: Hl., kelt.? Pir(r)–, Pier–, Pfirr|mann
Pirn–: s. BÄR II
Pirner: ON. Pirna
Pirnkofer: Weiler Birnkofen, Landshut (NB.)
Pirrenz: s. BÄR II
Pirsch(e)l: s. BÄR I Kf. und BURG Kf.
(pirschen): Pirsch(er), Pürsch(er)
Pirschling: Fischn. "Barsch"
Pirsich: s. Pfirsich
Pirsing: s. BÄR I Kf. und BURG Kf. × Pfirsich
Pirstl: s. BURG Kf.
Pirus: s. Petrus, sl.
Pirz(e)l: s. BÄR I Kf. und BURG Kf.
Pisarz: tsch. pisař "Schreiber". Pei|ser (s. d.), ßer
Pische(c)k: 1. tsch. pišek "Bauer". 2. poln. piszeek "Pfeifer"
Pisch(el): s. Petrus, sl.; aber Pischelsrieder: ON. Würmsee
Pischke: s. Peske

Pischof: s. Bischof
Pischotta: tsch. pychota "Aufgeblasener"
Piser: s. Biese
Pisig, Piske: s. Peske, × Pius
Pisker: s. Peisker
Pißl, |e(in): s. BIS
Pisto(h)l: jung
Pistor: lat. "Bäcker". Pistor, |i(us), y; Pist|er(s), ner. Als Lehnwort südd. Pfister, |er, meister
Pit–: s. BIT
Pit|ack, ag: s. ptak
Pitsch–: s. BIT
Pitscheider: < lad. picetum "Fichtenwald"
Pitt|ach, ack, ig: s. ptak
Pitt(e)l: s. Büttel
Pitter(s): s. Petrus
Pittner: s. Büttner
Pittrich: s. Petrus, sl.
Pitz(e)l: 1. obd. "das Kribbeln des Zornigen, Nervösen". 2. s. BURG Kf.
Pitzler: 1. zu Pitzel. 2. wer schnippelt, schnitzelt; besd. Holzschnitzer
Pitzner: s. Peitz
Pitzsch: s. Petrus, sl.
Pius: lat. "fromm". Märt. Pies(ke)
Pivitt: s. Kiebitz
Pixberg: Hofn. Lennep
Plaack: s. BLAD
Plache: tsch. plachy "schüchtern"; poln. płochy: Ploch
Plachner: s. Planer
Placht, |a, e: sl. płachto "Tuch"
Placidius: zu lat. placidus "sanft". Placidus
Plack: obd. "Fleck". Plackn(er), Plecker, Altplecker. Vgl. Bletz 2 u. Altbüßer. (KS. Plackner < Blaike)
Pladwig: s. BLAD
Plage(mann): s. Plauen
Pläg|er, ing: s. BLAD

Plagge: "Rasenstück, dünne Moorscholle". Plaggemeyer
Plaghoff: s. Blei
Plaichner: s. Blaike und Bleich
Plaim: s. Blume
Planck: s. BLANK
Planding: s. BLAND
Planer: 1. < plan "eben" (auch ON.). Ploner (vgl. Plohn), Plahnert. 2. zu Wagenplane; obd. Blache > Plachner (×Blaike)
(Planet): Planet|a, er. × Hugenottenn. Planet; > Plan|eth, net
Plangger: s. BLANK
Planitz, Plänitz: s. płony
Plank–, Plänk–: s. BLANK. Plank–, Blanck|meister viell. zu "Plankenzaun"; vgl. schīge. Doch s. blank
–plänter: s. Pflanz(e)
Pläp: pruß. N. Pleppo. Ple(e)p
Plappart: eine Art Groschen. Plapper(t) (×BLAD)
Plasch|ek, ke: s. Platschek, Plaschke, Pläschke; s. Ploschka
Plaß: s. Blasius u. BLAD
Plaster: s. Pflaster
v. Platen, Platner: s. Platte
Plath, Plätke: s. Blott
Plat(h)e: öfters nordostd. ON. Dazu Plato(w)?
Plätrich, Platt–, Plätt–: s. BLAD
Pla(t)schek: tsch. plaček "Weiner" = plačky > Plaschke (×Ploschke)
Platte: mhd. blate. 1. "Plattenharnisch", seit dem 14. Jhdt. 2. "Tonsur, Glatze". 3. "Felsplatte". Zu 1: Blattmacher, v. Platen (cum plata), Rauschenplat (mit klirrendem Harnisch; > Rosenblatt). Zu 3: ab (auf) der Blatten, an, (ab, zer)

Blatten, z'Blatten; Platt|e(n), l, maier. Zu 1-3: (KS.) Plat(n)er, Platt(n)er, Blatt|ner, mann, Plättner, Plettner, Blät(t)ner, Blettner, Blottner; aber Plöt(t)ner meist < ON. **Plothen**, Schleiz; Plotha, Merseburg (vgl. plot)

Platz: 1. Amplatz = Pla(t)zer, Plätzer (vgl. Bletz); Platzgummer s. Gaumer. 2. platz, ploctz, bletze „grober Keil zum Gesteinsprengen" (Plotz, Plötz(er), Pletz). 3. „Kuchen" < lat. placenta (NF.). Platzbecker, freß, Platzenteig. 4. asl. plazu „Sandlehne": Platz, |ek, ke (×BLAD)

Platzhoff: Hofn. Solingen
Plaubel: s. Bleile
(Plauen): ON. Vogtl. (× Plau, |e, en mehrf.). Plaw(n)er, Plawius, Plauer(t), Plobner > Plomer, Blomer, Blauner, Blobner. [Zum ON. Plau Meckl. Plaumann, Plage(mann)]
Plaut(e): nd. kurzer, breiter Degen
Plaw-: s. BLAU u. Plauen
Playel: s. Bleile
Pleban: mlat. plebanus „Pfarrer"
Plecher: ON. Plech, OFr.
Pleck: s. BLEK
Plecker, Altplecker: s. Plack
Pledl: s. BLAD
Pleep: s. Pläp
Pleger: s. pflegen
Plehm: s. Blume
Plei-: s. Blei
Pleibel: s. Bleile
Pleichl: s. BLEIK
Pleidner: s. Bliede
Plein: ON. Böhmen. Pleiner
Pleines: s. Apollonius
Pleininger: s. BLEN
Pleißner: zum Flußn. Pleiße. Pleisner, Bleißner

Pleister: s. Pliester
Pleitner: s. Bliede
Plen-: s. BLEN u. BLAND
Plenagl: s. Auge
Plenge, Plenk: s. BLANK
Plep: pruß. N.; s. Pläp
Pleß: ON. Bay., Böhm., Oppeln
Plessing: s. Blaß
Pletsch|er, ert: ON. Aachen
Plett-: s. plot
Plettenberg: ON. Altena
Plett(ig): s. BLAD
Plettner: s. Platte u. Leplatoni
Pletz-, -pletz: s. Bletz
Pleuer, Pleul: s. Bleile
Pleugner: s. Pflug
Plickert: < frz. N. Pluquet. Plikett, Plügütt. 2. s. Blaike
Plieml: s. Blume
Plien-: s. BLEN
Plister(mann): < nd. pliestern „mit Kalk verputzen" (vgl. Kleber). Plisterer, Pleister
Pliet(z), Plitsch, Plitt: s. BLIDE
Plikett: s. Plickert
Plinnes, Plinsch: s. Apollonius
Plieninger: ON. Pliening (en), OBay., Stuttg.
Pliska: poln. pliszka „Bachstelze". Plis|hka, ke, Plisch|ka, ke
Plobner: s. Plauen
Ploch-, Plöch-: s. Block (ostd. Ploch: s. Plache)
Plock-, Plöck-: s. Block und plowy
Ploder: 1. „Schwätzer". 2. „Wasserstrudel". Bloder. Zu 2: Plöder|l, eder
Plog-, Plög-: s. Pflug
Ploh: s. plowy
Plo(h)n: 1. ON. Zwickau. 2. s. Apollonius
Plö(h)n: 1. ON. Holstein. 2. s. Apollonius

Plöhner: zu Plohn 1, Plöhn 1
Plon-, Plön-: s. Apollonius
Ploner: s. Planer
(plony): obwend. płony „eben", tsch. plany (poln. płonny „dürr, unfruchtbar"). Oft in ON., FN. Plonka, Plönnig (×wend. płonych „Holzapfelbaum"), Plons, |ka, ker, Plön|tzig, zke, Planitz(er) (mehrf. ON.), Plänitzer, Plohn, Plöhn (s. d.)
Ploschke: ndwend. plosk „Fläche", tsch. plasky. Plaschke, Pläschke
Plonz: wend. plonc „Wildapfelbaum". Plunz
Plöse(l): s. Blozo
(plot): sl. „Zaun". Ploth(ka), Plott, Plotke (× Blott); obwend. pletwa: Plett|au, ig, ke. Vgl. Platte
Plöt(t)ner: s. Platte
Plotz: 1. s. Platz 2. 2. poln. płoz „Kriecher". 3. Plotz- s. Blozo
Plötz: 1. s. Platz 2. 2. ON. Bitterfeld, Stettin. 3. Plötz- s. Blozo. Zu 1, 2: Plötzer
Ploum: s. Pflaume
plowy: sl. płowy „fahl". Plow|a, e, Ploh; Vklf. Plo(c)k(e)
Plück-: s. pflücken
Plügler: s. Pflug
Plügütt: s. Plickert
Plum-, Plümeke: s. Pflaume
Plüm-: s. BLUME
Plund-: s. BLUND
Plun|s, tz(e): s. Bluns u. Plonz
Pluschke, Plüschke, Plüß, Plütz: s. Blozo
Pniower: ON. Pniow, Oberschlesien
Pob-: s. Poppo
Poban(t)z: s. Popanz

(pochen)

(pochen): Poch|mann, er(t), Pucher (×ON. Pochra, Oschatz [Pucker XIII]; Pocher(t) < Bacher KS.); Pochhammer s. Hammer
Pochwadt: s. BURG
Pocke: PN. Pockau, Böhm., Sa.
Pöckl: s. Bock
(pod): sl. Präpos. „bei"; Pod|gora, hora (s. gora), Podleski (s. les)
Podang, Podehl: pruß. N.
Podbielski: zu tsch. podběl „Huflattich"
Podd|eck, ey, ig: s. BUD
Podelt, Pödje: s. BOD
Podeyn: sl. potajny „der Geheimnisvolle"
Pöf-: s. Bodefrit
Pogan: wend. „der Heide"
Pögel(t): s. BOGEN
Pöge(r): s. Pegau
Pogge: nd. „Frosch". Poggemeyer, Poggen|dorf, dick, see, wisch, pohl, krug, hans, klas; v. Poggwisch, Pogenwisch, Poggenhaus
Pogner, Pögner: s. Bogen
Poh: s. Pfau
Pohl-: s. Pfuhl, BALD, Paulus, polje
-pohl: s. Pfuhl
Pohle: auch ON. Pohla, Bautzen
Pohler: ON. Pohl(a)
Pöhl: s. Bühel
Pöhl(mann): Insel Pöl, Mecklenb.
Pohlan(d): s. polje
Pöhland: s. belu
Po(h)lenz: ON. Dresden, Leipzig (× Apollonius)
Pohley: s. Poley
Pohlhaus: ON. Pohlhausen Lennep, Siegkreis
Pöhn-: s. BON
Pohontsch: wend. pohonč „Kutscher" (< pohonić „antreiben")
Poiger: s. BAUGE
Point-: s. Bünd

Pojar: s. Bojahr
Poje: s. Boio
Pokorny: tsch. „demütig". Bockhorn|i, y
te Poel: s. Pfuhl
Pol-: 1. polje und BOL
Polch: tsch. plch „Ratte". Pulch
Pold: s. LEUTE (Liutbald)
Poldrack: obwend. połdrak „Anderthalbhufner" (< połdra 1½); Poltrock FN. am Lebasee, Pommern. Polturak, Pultorak, Polterok
Polex: s. Pollex
Poley: 1. Pflanzenn. 2. ON. Anhalt, Frkf. a. d. O. 3. zu polje (×BOL). 4. = Pelagius (s. d.). Scheidung kaum möglich. Pohley, Pollei, Pholey, Boley, Bollay, Boeley
Polhaus: s. Pfuhl
Pol(l)ich: Martin Pollichius XVI Wittenb.; soll auf gr. πολίκνη „Kleinstadt" zurückgehen, als Humanistenname
Polit: s. Hippolytus
Politz: 1. mehrf. ON. 2. s. Apollonius
(polje, poljana): sl. „Ebene" (> Polska „Polen"; ON. Polenz, Pölitz mehrf.). Boljahn, Polle(h)n, Polenske. Polnik „Feldmann". Aus poljane > mhd. Polan „Polen" > Poland; dazu Poll|änder, ender, Bohländer, Bolend|er, a. Aber Pohlan(d) (Poland, Pollan(d), Bolland, Pöhland, Böland) meist < sl. polan „Feldbewohner". Auch Poley u. dgl. (s. d.) wohl oft zu polje. — Poll|ko, ke: 1. wend. polko „Feldchen". 2. Kf. von Boleslaw (s. BOL). — Zum Ländern. Polen: Pohl(e) (ausnahmsweise zu Bühel, s. d.),

(Pommern)

Polla|ck, g, ch; Polacke, Bollack, Bol(l)ag
Polier: „Werkführer bei Bauten", eigtl. „Sprecher" < frz. parler. Pallier, Ballier, Bollier
Polkein: pruß. ON. Polk|ehn, itt
Poll: ON. Köln
Poll-: s. Pfuhl, BALD, polje, BOL
Pöll: s. Pfuhl und BALD Kf.
Pollei: s. Poley
Poller: s. Boll
Pol(l)ex: pruß. N. Pol(l)ex
Pollfus: s. Dollfuß
Pollinger: ON. OB.
Poll|macher, mech(er): s. Balmach
Pöllmann: s. BALD
Pölloth: Flußn. OB. (× Baldhard; Pollot, Breslau: sl. „Schneeflocke")
Pol(l)trock: s. BALD
Polmer: ON. Münster
Polster: „Polsterer". Bolster, Pulster. Bölsterli „Kissen"
Polt-, Pölt: s. BALD Kf. (aber Poltes: s. Hippolytus)
Poltrock: s. Poldrak
Polus: s. Lusche
Polycarpus: gr. „früchtereich", Märt. Karpus, Karp (obd., sonst s. Karpfen), Karb
Polyt: s. Hippolytus
Polz: 1. ON. Mecklenb. 2. BALD Kf. 3. „Bolzen" (s. d.). Polzer
Pölzig: ON. Altenb.
Polzin: ON. Belgard
Pölzl: s. BALD Kf.
Pom-: s. BOD (Kf. Bommo)
Pomarius: Siebenb. (zu lat. pomum „Apfel")
Pommerich: s. Bohmrich
(Pommern): Pommer, |er, mann; Pomeranus. Das-

Pompejus / Poss–

selbe Pommer|änke, ehn(k)e, enck(e), henke, eni(n)g, (n)ing, in, esch; Pommr|änke, önke, inke, ich
Pompejus: Hl. (röm. FN.), Pompei
Pomper(t): s. Pumpe
Pomplu(h)n: s. Pamplona
Pomsel: wend. Pomysl „bedächtig"
Pon–, Pön–: s. BON
Pongratz: s. Pancratius
Pongs: ON. Düsseldorf
Ponholzer: s. Bannholz
Pönitz: ON. Holstein, Leipzig. Pönit(z)sch
Pönning(er): ON. Straubing
Pönsch: s. Benedictus. Pönisch
Ponschab: Ingolstadt 1566 Paumschab, 1568 Pämbschab, 1577, 80, 83, 87, 96 Baumschab, 1597 Hans Baumschab zu Mailing, 1609 Stephan Ponschab, 1611, 36 Paumschab. Von 1670–1702: 17 Ponschab. Lexer hat nur boumschabe F. „Messer zum Ebnen des Holzes", also mittelb. Berufsn. d. Bäume entrindenden Waldarbeiters. So auch Baumschab(e)l (Wien) bei Brechenmacher, vgl. Baunschabel
Pönsgen: s. Potentinus
Ponten: < ponte „Fähre", rhein.
Pontifeser: Hof Pontifes, Grödner Tal (lad. „Eibenbrücke")
Pontz(en): s. Potentinus
Ponzel: s. Bunzlau
Poo(c)k: ON. Stettin
Poort|inga, mann: s. Pforte
Poot: s. Pōt
Pop–: s. BOD und Poppo
Popall: pruß. N.

Popanz: „vermummte Schreckgestalt". Poban(t)z, Popelmann
Pophal: s. Puvogel
Popiersch: wend. popier „Pfeffer"; Popper. Päperer
Pöppelbaum: s. Pappelb.
Poppitz: 10 ON. Popp|ich, isch (Poppitz in Sa. > Babs, Bobs)
Poppo: häufiger altd. N., selten < Bodobert u. Jakob, meist Lalln., bezeugt für Folcmar (B. 1, 102). Schon mit Lautverschiebung Bopf. Berührt sich leicht mit Bube, das auch Lallwort ist. Bob, |e, el, ell(e), ing(er), (–ingen ON. Schwaben), ig; Bobbe, |e; Bopp, |o, el(er); Bop|st, sler, Böb|e; el, er, s; Böpple; Pop|ig, el, ke(n), ma; Pobel, Popp, |o, e, en(berger), enius, inga, el(reuter), ey; Pöpel, Poepens; Pöpp|er(ling), ing(a), lein, el(mann); Bub|inger, eneder, endey; Bubbe(l); Pup|ke, ers; Pupp, |e, el, ich, ke, meyer, Püpke, Püppche (×wend.-tsch. pop „Pfaffe", Vklf. popk: Popp,| ke, ek, Popuz) Weiterb. Bubholds, Bobolz, Bobrich, viell. auch Bobardt usw.
Populorum: s. VOLK, Fulchar
Por–, Pörschke: s. BOR
Porada: sl. „Ratmann". Porath
Pord–: s. BORD
Porger, Porkert: s. BURG
Por|ges, jes: jüd. Metron. < Poria
Poritz: sl. ON. häufig, auch Poritsch. FN. Porisch, Pöritzsch

Pormann: s. BURG
Pörn|er, ich: s. BORAN
Porree: Pflanzenn. Porrey, Pforr, Pfurr
Porsch: = Borsch u. Porst; < Busch KS. Auch wend. FN. Por|ch, š < Borislaw. Porsch(k)e, Pörsch, |el, ke
Porst: 1. wilder Rosmarin, Bierwürze (vgl. grüt). 2. ON. Anhalt, Köslin. Porstmann
Port–, Pört–: s. Pforte
Portenlänger: Einöde Portenläng, OBay.
Portig: s. BORD
Portius: s. Tiburtius
Portofee: < frz. N. Portefaix
Portugall: pruß. (ON. Portigall). Portu|galler, geller (Kirchschlag, N-Öst. XVII)
Por(t)z–, Pör(t)z–: s. BORD und BURG. Porzelius, Porzelt, Porzig
Pörtzgen, Porz(n)er: s. Pforte
Posa: ON. Zeitz, Altenb.
Posamentier: s. Pasmantier
(Posaune): mhd. basūne, brasūne (hier × frz. prison). Posauner, Bas(s)üner, Brassaun, Bosuner, Prasuh|n, m, Presuhn
Posch–: s. BOG u. BURG
Pösch–: s. Petrus, BURG, BOG
Pöschel: s. Pösch–, auch zu Busch
Poscher: sl. PN. Požer „Fresser"
Posch|er(t), wald; Pöschmann: s. BURG
Posen|ing, ecker: s. Pößnecker
Poserich: s. Boserich
Posern (e betont): ON. Poserna, Weißenfels. Posern
Posilge: ON. Marienwerder
Poss–: s. BOG

Poss|art, ert: s. Burghard
Posseck: ON. mehrf.; Poßecker(t), Posekardt, Boßecker, Boseckert
Possel(t): 1. mhd. possolt „Bastelei" (vgl. Päßler). 2. < BOG oder BURG
Pößl: Kf. zu BURG, BOG
Pößler: s. Boßler
Pößnecker: < ON. Pößneck, Thür.; Pösneck, Sa.; Böseneck OFrk. (× Pießenegg, Ybbs). Bösneck(er), Bössenecker, Bisnekker, Biesenecker, Pießenecker. (Aber Possenick, Posen|ing, ecker, Bösenecker, Bößneck, Pusecker KS. Alles zu sl. pašnik „Weide")
Post: zu sl. Pozdimir und dgl. < asl. pozdu „spät". Post|ius, meyer, Poßtag
Postel, Postler: 1. zu Poselt 1. 2. mehrf. ON. Postel. 3. sl. PN. Postol (× Sebastianus)
Poster: 1. wend. Postar „Faster". 2. ON. Post, |a, au
Posthaus: viell. ON. Posthausen, Aurich (× Stade)
Posthumus: lat. postumus „der letzte", „nachgeborener Sohn", als posthumus „nach der Beerdigung" gedeutet
Post(man): Ulricus Postman 1291 Brechenm., wohl < Sebastian; sonst auch × „Papst" und „Apostel" so Kilian Post (Heintze-Cascorbi, Die deutschen Familiennamen, 388b) 1509. Philippus Post de Mussel Mog. dioec. 1516
Postweiler: ON. Bütswil, St. Gallen (774 Puzinwilari, 779 Bucineswilari. Vgl. ON. Postmünster (NBay.): 1038, 1150 Possinmunsteri. Bestim-

mungswort altd. Männernamen verschiedenen Ursprungs
(Pōt) nd. „Pfütze, Pfuhl", Poot. Poth(mann). Fosche–, Nor–, Kran|poth (zu Frosch, Nord, Kranich). Aber Hasen–, Kra|poth: < pōt „Pfote"
Pot–, Pöt–: s. BOD
Potentinus: rhein. Hl. < lat. potens „mächtig". Potent(e), Pontz(en), Pönsgen
Potritt: ON. Potritten, Ostpreußen
Pötsch|el, ke: s. Petrus und BOG
Potscher: sl. požar „Brand"
Pott: nd. „Topf". Pott|er, mann („Töpfer"), Pött|er, ker, Petter, Pütt|jer, cher, ker. Pott|gieter, güter fertigt eiserne, Pottbacker irdene Töpfe, Pottlepper flickt sie s. Lappen. Pott|ha(r)st, (h)as, ast: Art Gulasch (vgl. Pfanne und Hafenbrädel, nach Preuß < Patthorst); auch Flurn. Pottharst bei Spenge, Herford
Pott–, Pött–: s. BOD
Pottkomor: s. Puttkammer
Pottstüber: s. Badstüber
Pötz(el): s. BURG Kf.
Pötzsche: ON. Pötzscha, Pirna
Poulsen: s. Paulus
Powels, Powils: s. Paulus
Prabst: s. Probst
Pracher: „Bettler". Prachervogel; obd. mit ā zu Brache
Pracht–, Prächt–: s. BERCHT (Pracht ON. Koblenz)
Prack, Präckel: s. Brack
Prad–: s. pratum
Pradelwarter: Hof Pradelwart, Eisacktal
Präger: „Münzer"
Prägler: s. Pregler

Prahm: „breites Boot auf Flüssen". Prahm|führer, schiefer, schüfer („schiebt ihn mit der Stange vorwärts"), Pramann, Prammschiefer
Pram–, Pramstaller: s. brame
Pramstraller: s. pratum
Prand–, Prändl: s. BRAND und Brand
Pranger: „Prahler, Stutzer"
Prankh: s. BRAND
Prantl, Präntl: s. BRAND und Brand
Praschl: s. Ambrosius
Prassek: sl. „Ferkel"
Prasser: „Schwelger". Brasser(t), Brasler
Prast(l): s. Probst
Prasuhn: s. Posaune
Prätor(ius): latinis. von Schulze oder Richter
Pratsch: tsch. prač „Raufbold"
(pratum): lat. „Wiese", > ladin. prado, Vklf. pardill. Prad|e, er, ler; Pard|eller, iller (Pertiller KS.); Pardatscher < prataccio „schlechte Wiese"; Pram|strahler, straller: Hof Pramstral, Vilnöß b. Klausen < pratum monasteriale „Klosterwiese"
Praun: s. BRUN u. Braun
Präuscher: s. Preußen
Prauß: ON. Breslau
Praust: ON. Danzig
Prautsch: asl. pravici „rechtlich". Prawitz, Brau(tz)sch
Pra|vida, weda: wend. prawda „Recht"
Prawitz: s. Prautsch
Präxmärer: ON. Praxmar. Tirol. Praxmair, Braxmeier
Precht: s. BERCHT. Prechtl
Predel: ON. Zeitz

Prediger: „Dominikanermönch" oder „der predigt"
Predöhl: ON. Lüneburg (×ON. Perdö(h)l, Holst., Meckl.)
Pregenzer: ON. Bregenz, Bodensee
Pregler, Prägler: obd. „Murrkopf"
Preib(i)sch: s. PRIB
Preick: pruß. N.
Prei(de)l: s. BRIT
Preier: s. Prior, ×Brauer
Preilipper: ON. Preilipp, Thür.
Preime(r): s. Bramo und Primus
Prein: ON. Niederdonau
Preindl: s. BRUN Kf.
Preininger: s. Brand
Preinstampf: s. Brei
Preis, Preiß–: s. Preuße (Preis auch „preiswürdig")
(preisen): Satzn. Preißen–, Preußendanz; Preisenhammer
Preiser, Preiß(l)er, Preis|schuh, werk: s. Breiser u. Werk
Preister: s. Priester
Prek|au, ow: < frz. N. Precoz. Brekau
Prell(er): „Lärmer" × Prelle „steile Stelle"
PREM: sl. Stamm, zu prēmu „recht": Prēm(om)ysl. Prem|(m)el, ke, inger; Priem|el, ke, sch(e), us; Prim|bs, (p)ke, us, uth, (o)sch; Primm, |el(ke)
Prem: ON. OB., Steierm.
Prem–: s. Brehm u. PREM
Premauer: untergegangener Ort Bremau, OB. am Lech. Bremauer
Premstaller: s. Brehm
Prengel: pruß. N. (ON.)
Prenke: s. BRAND
Prenner: s. brennen

Prenzlau: ON.; Prenz|lauer, ler, low, Pren(t)zel, Prinz|lau, ler, Prinsler
Preschen: ON. Sorau. Prescher (Preschang < ON. Preschen, Leitmeritz < Bresczan)
Preske: ON. Bautzen (×ON. Presak, Meckl.)
Pressel: ON. Torgau. Preßler (×ON. Breslau)
Prest|er, ing: s. Bresther
Presuhn: s. Posaune
Prett–: s. BRIT
Pretze(l): ON. Prezelle, Lüneb. Prätzel
Pret(z)sch: ON. Merseburg; auch = ON. Prabschütz, Dresden. Pretscher, Prätsch. Pretschker: ON. Pretzschkau, Iglau
Preu–: s. Brauer
Preuck: pruß. N.
(Preußen): das Ordensland. Preuß, |e, (n)er, inger; Preusch, |e, er; Präuscher, Breusch; Preiß,|(n)er, Preis (× „stolzer Mensch"; s. auch Breiser); nd. Prüß(mann); sl. Pruski, Brossok, Borusiak
Preußendanz: s. preisen
Preußger: s. Breisgau
Prex: ON. OFr.
Prey–: s. Brauer und Brei
PRIB: sl. Stamm, zu priby „wachsen". Přibislaw. Pritzlaff. Prieb|atsch, a, e, (i)sch, ke, s, st, us, usch (× ON. Priebus, Liegnitz). Priebke; Prib|il, is, oth; Preib(i)sch, Breibisch
Prick(artz): s. Bricco
Prickler: s. Brücke
Priechler: bair. brüchler „Leinwandhändler"
Priedemann: s. BRIT
Priefer, Prieffert: s. Prüfer
Prieglhuber: s. Brühl
Priel–: s. Prior (×Brühl u. holl. priel „Kanal")

Pri(e)lipp: öfters ON.
Priem–: s. PREM
Priem(er): s. Bramo
Prien: ON. Chiemsee
Priepke: s. PRIB
Prierer: s. Prior
Prießen: ON. Priesen mehrf.
Prießnitz: s. brjaza
Priester: Priester, |s, jahn; nd. Preister (Priester auch mehrf. ON.)
Priesterroth: ON. Priesterrath, Grevenbroich
Prieth: s. BRIT
Prietsch: wend. prěčny „übellaunig"
Prietz–: s. brjaza. Prievert
Prigge(r): s. Bricco
Prilack: pruß. (ON.)
Prill(er): s. Brille u. Brühl
Prim(m)–: s. PREM
Primmel: s. Bramo
Primus: 1. lat. „der erste", 42 Hl. Briem(ke), Preime(r), doch viell. eher zu Brimo, s. Bramo. 2. s. PREM
Pringnitz: Landschaft Priegnitz (Brandenburg)
Prinst(n)er: s. Brünst
Prinz: „Fürst", anderes scheint eher zu Brinno oder Brünst zu gehören (s. d.); doch auch „Prinzipal, Meister", z. B. „Lehrprinz der Jäger"
Prinzler: s. Prenzlau
Prior: „Abt". Mhd. priol. Priol, Priel, Prion, Preier < Prierer (×ON. Priort, Potsd. > Priot)
Pristaff: sl. „Meier"
Pritz–: s. brjaza
Pritzlaff: s. PRIB
Pritzner: < wend. Flurn. prěčny „Querstück"
Prix: s. Brictius
Proband(t): mnd. „Proviant, Lebensmittel"
Probe: s. Profe
Proch: wend. „Staub"

Prob|os, st, Pröbst–: s. Probst

Probst: < mlat. propositus „Vorgesetzter"; kirchlicher, doch auch weltlicher Aufsichtsbeamter. Probst|eder, meier = Pröbster; hain (ON.). Pröbst, |l(e), ing; Weltprobst, Korn|probst > –brust. Prost, Brost (× Ambrosius), rhein. Proff(en), in Tirol Prabst, Prast(l), sl. Proposch, Probos. Domprost

Pröck–: s. Broco u. Brücke

Procopius: < gr. προκοπή „Fortschritt". Zwei Hl.: Prokop(h), Prokob, Prukop, Brokop(p), Brockob, Brookob, Brokoff. Von den Slawen an asl. proku „übrig" angelehnt: Prok|osch, esch, (i)sch; Broksch, Prockl, Bröckl, Proschko

Prodinger: s. BROD

Profe: ON. Profen, Zeitz, Liegnitz. Pro|ve, we, be, fius

Profet: s. Prophet

Proff(en): s. Propf

Profitlich: im Nd. „sparsam"

Progl: s. Brogle

Proll–, Pröls: s. BROD

Prömp(l)er: s. Prümpeler

Pron–: s. BRUN

Pronobis: <(ora)pronobis „(bitte) für uns". Redn.

Prophet: „Wahrsager". Profet. Vgl. Weissaag

Propp: 1. s. BROD. 2. nd. „kleiner, dicker Mensch". Vgl. Pfropfe

Pröpp–: s. BROD

PROS: sl. Stamm, zu asl. prosu „das Bitten". Pros|imir, ek; Proš (× Ambrosius). Proß(ke), Proske, Prosse, Prosch(ke), Prösch(el)

Pröse, Prosenius: s. Ambrosius. Prösl, Prößl

Prösam(er), Prösler: s. Brosame (NF.)

Proß: s. Ambrosius, BROD Kf. und PROS

Prost: 1. vgl. tsch. prosty „gerade, schlicht", prostak „einfältig". Prost|ak, ke. 2. s. Propst

Pröst|el, ler: s. Brust

Prot–, Pröt–: s. BROD

Protsch, Protz–, Prötzig: s. brjaza (Protsch ON. Breslau)

Prötzel: ON. Oberbarnim

Protzen: ON. Ruppin. Protzer

Prove, Prowe: s. Profe

Pruck–, Prück–: s. Brücke

Prudentius: Hl. < lat. prudentia „Klugheit". Pruden|t, z

Prudler: s. BRUD

Prüfer(t): beamteter Münzpr., Waidpr. u. dgl. (×ON. Prüfen, Meißen; vgl. Kieser, Kurer, Messer, Schauer, Stahl 3). Priefer, Prieffert, Brüfer

Prüfling(er): ON. Groß-, Prüfening, Regensb.

Prügel: s. Brühl

Prukop: s. Procopius

Prull: s. Brill

Prum–: s. BRUN u. Pflaume

Prümm–: 1. s. BRUN. 2. ON. Prüm, Trier: Prümer(s), Prümm(er), Prym

Prümpeler: zu prümpelen „schmollen" (Aachener Mua.). Prömpeler, wohl auch Prümper, Prömper

Prunn–: s. BRUN u. Brunn –prunn: s. Brunn

Prünster: s. Brünst

Prüschenk: s. Brauer

Prüß(mann): s. Preuße

Prust: s. Brust

Prüt–: s. BRUD

Pruwe: sl. PN. Pruvij „der Erste"

Pryller: s. Brühl

Prym: s. Prümm–

Psaar: sl. (Pommern) = Hund|geburth, meier

Pscher|a, er, Pschorn, Pschorr: s. scheren. Pschörer

(ptak): sl. „Vogel". Pta(c)k, Ptach, Pit|ack, ag; Pitt|ack, ach, ig; Bitt|ag, ig; Büttig; Peta(ch), g; (×Petak = Petrus), Bett|ach, ax; ptáček „Vöglein": Taschke, Tatschek. Vgl. Bedack

Puch–: s. BURG

Püchert: ON. Püchau, Wurzen

Püchl–: s. Bühel

Puch(n)er: s. Buche und pochen, doch auch wend. N. Pucheř

Pucht|a, ler: s. Buchta

Puchwein: s. Burgwin

Puck: s. BURG Kf.

Pückler: s. Bockler

Pud–: s. BOD und BUD

Pudens: lat. „schamhaft" Hl. Pudenz, Buden|s, z (×BUD)

Pudey: s. BUD

Pudor: s. BOD (Botthar)

Pufa(h)l: s. Puvogel

Puff–: s. BOD

Puf(f)paff: schallnachahmender Übern.

Pufleb: ON. Bufleben, Thür.

Puhl, –puhl: s. Pfuhl

Pühl–: s. Bühel

Pühringer: s. BUR

Puin: ndl. puin „Schutthaufen, Ruine". Puyn

Puintner: s. Bünd

Pul–: s. BALD

Pulch: s. Polch

Pulcher: Latinis. für schön

Puley: s. Pelagius

Pulfrich: s. Bald

Pulger, Pulkert: ON. Pulgar, Leipzig

393

Pull–: s. BOL (×BALD)
Puls, Pulß, Pulst: 1. ON. Puls, Schleswig. 2. s. BOL (×BALD)
Pulsfort: ON. Pulspforde, Anhalt
Pulster: s. Polster
Pulver: Pulvermüller, Pulvermacher. Vgl. Kraut u. ON. Pulversheim
Pump(e): (besd. im Bergwerk). Pumper, Pomper(t)
Pump|lun, lün: s. Pamplona
Pund–: s. Pfund
Pund(e),Pünd–:s.BUND und Bünd
Punt: s. Pfund
Pündtner, Püntiner: s. Bünd
Püngel: s. Binge
Pun|tschuh, schuk: s. Schuh
Punz–: s. BUND
Puphal: s. Puvogel
Pup(p)–, Püp(p)–: s. Poppo
Pupperschlag: Schmieden.?
Puppikofer: s. Hof
Pur, Pürli: s. Bauer
Pürch–, Pürk–: s. Birke
Purg–, –purg: s. BURG, Burg, Burgund
Purgler: s. NOT
Purk–: s. BURG
Pürk–:s.BURG und Birke
Pür|ling, ner: s. BUR
Purrmann: s. BURG

Pur(r)ucker,Puruckherr: s. Perücke
Pursche, Pürschel, Purstl, Pürstl: s. BURG Kf.
Pürscher: s. pirschen
Purtscheller:s. Pfurtscheller
Purwin: s. Burgwin
Pusback: s. Pauseback
Pusch–: s. Busch, BOG, BURG
Puschacher: s. Schach
Püsch|el, ke: s. BOG u. Bur Kf., Püschel auch Petrus
Puschert, Pussard: s. Burghard
Puschnerus: s. Busch
Puse–, Puß|wald: s. Burgwald
Pusemann: s. Burg
Pusmentierer: s. Pasmentier
Pust: 1. = Pfaus. 2. wend. pusty „wüst". 3. unerkl. altd. N. Pusto
Pustau: ON. Pustow, Stralsund
Pustlauck: pruß. (ON.)
Put–: s. BOD und Pfütze
Putkam(m)er: poln. podkomorzy: „Unterkämmerer". Pottkomor
Putsch–, Pütsch–, Putz–: PN. Puzo <BOD, BURG; sl. Bozo <BOG

Put(t)schneider: Hofn. Putschenheidt, Elberfeld
Putt–, Pütt–: s. Pfütze und BOD
Püttbach: Hof b. Elberfeld
Püttcher, jer, ker: s. Pott (obd: Pütter = Büttner)
Put(t)farken: s. Ferkel
Pütz: ON. Kr. Bergheim, in Luxemburg < ON. Pützdorf
Putzar: ON. Stettin. Putzer
Putz(er): 1. ladin. poz < lat. puteus „Brunnen". 2. ON. Putz, Danzig; Putzar, Stettin. 3. s. Putsch
Putzig(er): ON. Westpreußen
(Putzkau): ON. Sa. Putz|ke, (i)ger, schke(r)
Puvogel: an der Waterkant „Wiedehopf" (nach dem Ruf; vgl. lat. upupa). Rein nd. Pu|fa(h)l, phal. Da einige sl. N. (Puwalla, Powalski) ähnlich klingen, bleiben N. wie Pufall, Pophal u. dgl. unsicher
Puzl, Püzl: s. BURG Kf.
Pylipp: s. Philippus
Pyrker: s. Birke
Pyrrhus, Pyrus: s. Petrus, sl.
Pyterke: s. Petrus

Q
(Vgl. K und W)

Quaas: s. quasen
Quabberdieker: s. Quappe
Quabach: Hofn. Wipperfürth
Quab|eck: Hofn. Quabecke, Altena, Hagen
Quäbicker, Quäckber: s. quer
(quad): 1. nd. „böse". 2. = mhd. quāt „Kot".

Qua(a)dt, Quadtmann, Quad|e(jakob), flieg („Fliege"), beck, faß (s. Fasel), fuß. Quat|fasel, tländer, Quodbach
Quadratstein: „Quader". Quadrans
Quägwer: s. quer
Quaia: s. Nicolaus, sl.
Quakatz: wend. kwakac „Plauderer"

Qual: 1. sl. chvala „Ruhm". Qual|isch, itz, Quolke. 2. ON. Quaal, Qualen mehrf.: Qualmann
Qualbert: = Walbert, s. WALTEN
Quand–, Quant–: s. WAND und Gewande; doch vgl. nd. quant „pfiffig". Quan(d)t, Quantmeyer

Quanz|ler: s. WAND
Quapp(e): „Döbel" (Karpfenart). Quabbendieker, Quappenlever
Quard|er, t: s. WART
Quardocus: sl. Twardocus = hl. Firminius. Quardux, Quordocus
Quaritsch: ON. Quaritz, Glogau
Quark: Quar|ch, g. Quer|cher, ker
Quart: „ein Viertel". Sebinquart, Siebengart(ner), Triquart („drei Viertel")
(quasen): nd. „schlemmen". Quaas, Quase(barth), Quosbarth (Weiterb. wie „Dummbart"? Daraus Kostbar?) (× sl. kwas „Sauerteig, gegorenes Getränk")
Quast: (nd. quast, quest, vgl. quist). 1. „Zweigbüschel, Gebüsch" > „Pinsel" (auch sl., so Quost). 2. > „Narr". 3. „Frottierwedel d. Bader" (Kostenbader). 4. < quasen (s. d.). — Zu 1. Quasten—, Questen|berg (nach Först. II,1, 1668 zu Kastanie), Dornquast, Rosenquast, Quester. Vgl. quist
Quat—: s. quad
Quatember: < lat. quattuor tempora „Vierteljahrsfasten". Quatuortempel, Bautzen
Quatuor: s. vier
(queck,quick): nd. „lebendig" (vgl. Keck; ON. Queck, Hessen; × mhd. gewicke < Weg: „Wegscheide"). Quick, |en, er(t); Quik(en); Que(c)kbörner (ON. Oberhessen), Queckmeier (Queckenberger s. quer); Quecksteert s. Bachstelze
Quedenbaum: s. Quitte
Quehenberger: s. quer

Quehl: < md. quēle „Handtuch"; >„schmales Feld"?
Queiser, Queißer, Queist: 1. ON. Queis, Merseb. 2. ON. Queißen, Breslau (Queisner)
Queitsch: ON. Breslau
Quell(e): Niederquell; Brunn—, Prin|quel; Quell|horst, mann; Kweller; Kell, |e, enbach, benz (vgl. Welle)
Quenkert: s. WAHN
Quenstedt, —städt: ON. Halberstadt, Mansfeld
Quensel(l): s. Quenzel
Quentel: 1. ON. Kassel. 2. s. WANDALE. 3. Pflanze Quendel
Quent(h)er: s. WAND
Quentin: s. Quintinus
Quenzel: quensel „bauchiges Geschirr" (×WAND). Quensel(l), Quentzel
Quenzer: „Kartenspieler"
(quer): mhd. twerch, querch, nhd. zwerch: Quer(ch)—, Kweer—, Quir(s)ch|feld, Quer|über, (r)engässer; (von der) Tweer. (ON. Gwechenberg, Salzb.: Quekken—, Quehen—, Grecken|berger, Quäbiker, Quäckberger, Quägwer KS.). Doch beachte mhd. kürn „Mühle" (s. Körner); dazu Quern|er, bach, heim; v. Querfurth (ON. Merseb.), Quirner
Quer—: s. quer, WAR Kf. und Quirinus. Querling
Quer|cher, ker: s. Quark
Querde: s. WART
Quermann: s. WAR
Quessel: s. WAR II
Quester, —quest: s. Quast
Quet—: s. kwiat
Quetsch: 1. mua. „Zwetschge, Pflaume". 2. ON. Quetz, Bitterfeld

Quetscher: mhd. quetzer „Münzer" und „Schänder, Ketzer"
Quetting: ON. Quettingen, Solingen
Quibert: s. Wigberht
Quick: 1. s. queck. 2. der Quick|er(t), mann „verquickt" Edelerze, mengt sie mit Quecksilber
QUID zu ahd. quedan „sprechen"; von WID nicht zu trennen. Quito: Quidde (×Quitte); Quidila; Quitt(el)
Quilitz: ON. Usedom, Glogau
Quill|ing, mann: s. WILLE
Quin—: s. WIN
Quind|el, ers: s. WENDE
Quinque: s. fünf
Quintern: Laute mit fünf Saiten
Quintinus: Märt.; Apostel von Amiens < lat. quintus „der fünfte", Quinten(z), Quentin; wohl auch Quint|us, es, e, en, ing; Quin(d)t, Quintilius, Kwintmeyer (× ON. Quint, Trier < ad quintum lapidem)
Quirinus: mehrere Märt. < röm. Göttern.: Quir|in(g), ling, ein, i, Querl, Kwirini; Kür|i, y; Kyrein, Kur|i, y, Quer|i, nes, Kehr|y, ein, Kerinnes; Krin|es, g(s) (>Rings?); Krien(e)s, en, er, Cries; Krein, |dl, er, z, Krainz, Greinz, Grünes (Kirr, Renges He.)
(Quirl): Satzn. Leckintwirl
Quirner: s. Körner u. quer
Quirrenbach: ON. Siegkreis
Quir(s)chfeld: s. quer

(quist): schwed. „Zweig". Vgl. Quast. Palm–, Nord–, Ros–, Torn–, Sand|quist
v. Quistorp: ON. Quisdorf, Eutin
Quithauer s. Küter
Quitsch–: s. Quitz, Quitzau
Quit(t)–: s. kwiat, QUID, WID (Widulf)

(Quitte): Quitten|baum, feld, blut („Blüte"); nd. Quedenbaum
Quittel: s. QUID
Quitz: 1. s. Wizo (Quitsch, Quitzmann). 2. wend. kwic „Mantel", Vklf. kwick (Quitsch, Quitzke)
Quitzau: ON. Quitzow, Perleberg. Quitschau, Quittschau

Quodbach: s. quad
Quolke: s. Qual
Quoos: ON. Bautzen. Quo(o)ß
Quosdorf: ON. Quoosd., Kamenz
Quordocus: s. Quardocus
Quosbarth: s. quasen
Quost: s. Quast
Quwandt: s. WAND Kf.

R

Raab–, Raabel: s. RABE, Rabe
Raabgrund: jung
Raach: s. RAGIN I und RACHE
Raade: s. RAT I
Raaf: s. RABE
Raak–: s. RAGIN I u. Rak
Raalt: s. RAT I
Raap–: s. RABE
Rääs: s. Räß
Raase, Raatke, Raatz: s. Rat I
(rab, rob): tsch. „Knecht" (vgl. ROB), wend. rob; rob|ich, uch „Knäblein". Rab|an(d), usch, uske, user (× tsch. rabuše „Kerbholz"); Rabb|ach, ack; Rob|ek, itzsch. Gottschee: Rabuse, Rebusse, Ratboße
Rabatscher: s. Rubatscher
Rab–, Räb–: s. auch RAT I
Rabb–: s. RAT I und rab
RABE: ahd. hraban, hrabo, hram „Rabe". Bei Wegfall des h, das jetzt noch oft als G oder K erscheint, Berührung mit RAM (s. d.). auch mit RAG, RAN und RAND
Ramfrid: Krampfert
Hramhart: Ramhardt
Hramher: Krammer, Gram(m)er, Ramert (× RAM)
Ramunt: Rap(p)mund

Hrabanolt: Kran|hold, ats; Krannhols, Gran|-(h)old, nel; Raben|holt, alt; Rabewald, Rammelt (z. T. viell. ÖN. „Raben–, Kranich|holz")
Kf. Hrabano: Meist wohl Übern. „der Rabe" (× auch RAT), Rabanus, Rab, |e, en(s), elin(g), l, ling, ig, ius; Raab, |l, el; Raap(ke); Rapp, |e, l, el, ich; Raps, Rabbe(n); Raaf, Rave; Räppel, Räpp|e, li; Räbel (× ON. Magdeb.), Reb|el, l, ling; Rebbeling; Repp|el, le; Raym(s), Ramm (× „Widder" und RAG),| e, el, ing; Ram|ke, ich, sch; Graab, Grapp, Gram(e)l; Krapp, Kramm|(e), el, ling, Krabbes
Auslautend: Wallrabe, Bert|rab, ram; Wulfgramm (s. WOLF), Wolfrum, Gausrapp, Allraun, Ullraum

Rabe: Übern. s. RABE Kf. Zsr. Raben|horst, stein (21 ON., nicht „Richtstätte"), eck, schlag, bauer; Raven–, Ram|steiner. Ram|feld, horst, fort („Furt"), sbrock; Rappenkopf. — Wasser|rab(e), (r)am „Kormoran" (vgl. Scharb). Nachtrab
Rabener: 5 ON. Raben(au)
Raber: < mhd. rabe „Rübe" < lat. rapa. Räbe, Reb|er, samen (vgl. RAT I u. Samen)
Rabis: ON. Altenb.
Rab|itsch, itz: < awend. rjabiš „gesprenkelt, sommersprossig" (× ON. Rabitz, Bautzen). Rjebiš: Reb|sch, eschke, ischke, Riebisch
Rab|s, sch: s. grab
Rabuschin: < graubündn. N. Ravascini
Rabuse: s. rab
Rach–: s. RACHE, RAD, Raphael; Rachner: s. RAGIN II oder örtlich (vgl. RACHE)
RACHE: ahd. rāhha, as. wrāka „Verfolgung, Rache" (vgl. Recke, Warg)
Rahawin: Rachawin, Rehbein (NF.)
Rachold: Rach|old, (h)als, holz, holß
Kf. Rach (Raco s. RAGIN, × mhd. rach „rauh, steil", Flurn. Rachel): Raach, Rach, |el(mann), inger, ner; Rech, Rächl (Rach(el) auch sl. PN. Rach(ula), Rachelsohn jüd. Meton. < Rahel)

Racheter: < racholter „Wacholder"
Rachow: ON. Meckl.
Rack–, Räck–: s. RAGIN, rak, RAT
Rack(e): 1. < RAGIN, RAT. 2. „Blaukrähe". 3. s. Rak
Rackel(er): ON. Bautzen
Racker: 1. s. RAGIN, RAT. 2. „Flachsracker, Hechler". 3. „Schinder". Rackmeister. 4. = Rack 2. Zu 1: Räcker
RAD: sl. Stamm; asl. radu „gern". Rad|ibor, (o)slaw, ogast. Von RAT II kaum zu trennen. — Rad|au, ach, atz, egast (5 ON.), etzki, ich, i(c)ke, ig, ke, och, on. — Raduchla: Rad|üchel, üge. — Raduš: Radusch. — Rad(u)la; Radl|e, ach, ik. Radd|ach, atz (s. d.); Redschuß, Ratz. — Rasek: Rassek, Raske. — Raš(ek): Rasch,|ig, ik, ke (× wend. ražik „Ratsmann", poln. raszka „Rotkehlchen"); Reschke. Radslaw s. RAT II (Ratislav)
Rad: Rädle. Rader(er) (× Rader < Ratheri) = Rade|(r)macher, rhein. mechers, Radmacher, nd. Rademaker, Rahmacher, Rammacher, Ramakers, Rade(c)ker, Rede(c)ker. Spinnraeker. — Bei Radler, Rädler × ON. Radel, häufig; Rädel, Potsdam. — Zss., Zsr. Glücksrad. Rad|eisen, hauer, ewagen < ewahn (> fan?). Ostmd. Radber „Schiebkarre", auch Radwer. Radebörner. Sieh auch roden
Rad–, Räd–: s. RAD, RAT I, RAT II
Radau: mehrf. ON.; Rader (auch pruß. N.)

Radbruch: ON. Lüneburg. Radbrock
Raddatz: 1. sl. radac „Ratgeber". Raddas = wend. ražc: Ratz, Ratsch. 2. ON. Köslin
Radder: s. RAT I
Rad(d)ey: s. rataj
Rade: mehrf. ON., besd. Hann., Holst. > Rademann
–rade: vgl. roden
Radegast: s. RAD
Rädel: mehrf. ON.
Radenberg: Hof b. Wuppertal-Elberfeld
Räder: 1. „grobes Sieb". Räder|er, macher, mann. 2. s. RAT I
Radhauer: < Radehaue „Rodehacke"
Radler: ON. Radl(au), Radel(au)
Radlo: poln. radło „Hackpflug"; dazu ON. Rad(e)lau, schles. > Radlauer
Radlspöck: s. Bach
Radnick: wend. radnik „Ratsherr"
Radspieler u. dgl.: s. Bühel
Rafael: s. Raphael
Rafeldt: ON. Rafeld, Lippe
Raf(f)einer: < ladin. roniva „Erdrutsch"
(raffen): Satzn. Raff|sack, auf; nd. Rapp–, Rab–, Rep|silber
Raffenberg: Hofn. Hamm
Räffler: < mhd. revelen „nähen, flicken"
Raffo, Raffolt: Unerkl. N. Raff, |alt, elt, l, el, (sieper, sberger); Refle, Reff,|ke, ling(haus)
Raffreiter: < ladin. roburetum „Eichwald". Vgl. ON. Roveredo. Rafreider
Rag–: s. Ragin I
Rage: 1. < frz. N. Rayguel. Regge. 2. pruß. N. wie Regl|e, ier, uth
Ragg–, Rahardt: s. RAGIN I

RAGIN: zu got. ragin „Rat", an. regin „Götter", z. T. nur begriffssteigernd. Oft zu Rag– verkürzt und dann von RACHE nicht zu trennen. Auch Berührung mit RABE und REICH.
 I. Verkürzter Stamm RAG:
Ragibald: Rei|bold, bel; Reu|bold, belt (× HROD)
Ragibert: Reipert, Regl|bar, ber
Ragiprand: Rako–, Ra(c)kebrandt (× nd. raken „schüren"; s. Brand)
Reguhart: Rahardt, Rehart, Ra(c)ket, Regett, Reck|hard, ert(s) (× Ricward)
Raghar: Rager, Raker, Re(e)ger (× Reiher), Räkkers, Recker(mann), Reyger, Rayermann, Reuer
Ragemunt: Ragmund (vgl. II)
Ragolf: Rackuff
 Kf. Rag|o, io, ilo, Regizo: Ragg, |e, l, Rack,|el(mann), seder, Raak(e) (× Rak), Rage(l), Räcke, Reck, |e(l), eling, Räggl, Rägeling, Reeg(lin), Regg, R e g|e(le), el(mann), [> latinis. Regula, vgl. auch Reiher], lin(g), Reihle(n), Raile, Reil, |e(r), ing(er), Re(h)ling (Bre.), Relling (× „Kater, unsittlicher Mensch"). Rey. — Rei|ß, sch, s(le), tz(e)(l), zler (× Rizo < REICH)
 II. Voller Stamm RAGIN (vgl. RAN)
Raganbald: Ram|bold, pelt, melt, Rheinboldt, Rein|bolz, mold, ebolte, Reim|bold, pell, olt, elt, Rem|bold, pel, hold, olt, Remmel

Reimbern: Kf. Rehm|s, ke

Raganbert: Regenbrecht, Rein|precht, barth, bert, Rainprechter, Renn|bart, ebart, Rönnebarth, Ren|pert, vers, Reimerdes, Rem|bart, pt, Remm|er, (s, sen), ets, Remether, Reemt|s(ma), sen

Ragimbod: Rein|bod, both(e), bott, eboth, pott (s. Rhamboth), Rempt

Reginbrand: Rembrandt

Reginpure (weibl.): Regenburg?
Kf. **Rampo:** Ramb|o, l, ke, Ramp(e), Ramm (s. RABE), Remp(e) (× südd. remp „Stier"), Rembs

Raganfrid: Reinfrid, Renfer(t), Refer(t), Rempf(er), Renf, Rein(e)-, Renne-, Rön(n)e-, Rehn|farth; Rennpferd, Ranfft, Renff

Ragingar: Ran(ni)ger, Rein(i)ger (KS.), Renger(s, t), Re(i)nker (doch s. Kf.)

Raingard (weibl.): Reingar(d)t, Renngarten

Raginhart: Rahnert, Ranhard (vgl. RAND), Regenhardt, Regn|art, ath, et, Reichenhart, Rein|hard, harter, at, atz, harz, (h)erz, e(r)t, etsna, narth. Reinhartstöttner (ON. Ranhartstetten, Rosenheim, 1580 Reinhartstetten). Reinders, Reint|jes, sema, Rhein|art, arz, Rehnert, Reents, Renetshofer, Renn|ert, etseder, Rien|-hardt, iets

Raginhari: Ragner, Rachner, Rackner, Reg(e)ner, Reckner, Reiner,| le, s, mann, Reinehr, Rainer, Riener(mann), Renner (s. d. und Rain). Reinerius > Ner|ius, es, Nier|ius, es

Raginman: Ra(i)-, Rein(e)-, Rei-, Ren(n)e-, Rege-, Re(h)-, Reu|mann (Reimann auch < frz. N. Reimon)

Raginmar: Rei|nemer, mar(us), Reimer, |s, t, ing(er) (× Ricmar < REICH), Rem(m)er(s)

Reginmot: Rein(e)-, Rei-, Reu|muth (ON. Reumtengrün < Reymotengrune 1467)

Raginmund: Rein(e)-, Rei-, Reh-, Reu|mund
Kf. **Raimo:** Reim,| e, s, sch; Rehm, Rem|ele, me, us, Reum (Ramo s. RABE)

Raganrich: Rhenrich

*****Raginscalc:** Rein-, Renn|schall

Raginald: Regen(h)old, Regnault, Ranalder, Rhein|wald(t), hold(t), Rein|(w)old, el(t), alter, Raynal, Renn|ewald, oll, Ren(n)elt, Rönelt, Rienwold

Raginward: Rein|warth, werth

Raganwin: Reinwein

Raginulf: Renouf
Kf. **Ragino:** (vgl. RAN und RANG), Rahn(e) (× mhd. rān „schlank"), Rank(e). Regen, Rein, |s, emann, el, le(in), d(e)l, dke, ecke, ike, ig, k(e), kens, ker, ken(a), (k)ing, tgen, tjes, z, isch, Reintsema (Reinick, |e auch pruß. N.; Reini|sch, s, KS.); Rhein(e), Ränicke, Rehn(ig), Reen |ts, sen, Rhien, Riehn, Riens, Rinsch, Rinckens; Renn,| e, ig, Renk|e(n), el, Renzmann [aber Renz meist < Laurentius; vgl. RAN II], Rensing, Rentzing. — Zss. Reinkunz, Reinkelürs, Kohlrenken

III. Stamm RAGIL: Ragilhart: Reilard, Rählert, Rehlert

Ragnit: pruß. ON.
Rahde, Rahl–: s. RAT I
Rahl: s. RAT I Kf.
Rählert: s. RAGIN III
Rahm–: s. RABE, RAGIN I, RAT I (Rahm 6 ON.)
Rahmacher: s. Rad
Rahmer: fertigt Rahmen, besd. Webrahmen an (= RAT I und ON. Rahm mehrf.)
Rahmes: ON. Rahms, Neuwied
Rahmig: mhd. rāmic „schmutzig". Rammig
Rahmlow: ON. Ramelow, Mecklb., Kolberg
Rahms: ON. Neuwied (× RABE Kf.)
Rahn: mhd. rān „schlank, schmächtig" (× Rone, RAGIN II Kf.)
Rahner: 1. < Rahn (oder räne „lange Rübe"). 2. ON. Rahn, OPf. 3. s. Reiner
Rähse, Rählser: s. RAT I Kf.
Raht–: s. RAT I
Rai–: Zu sl. PN. Raj, |ko, ič u. dgl. Rai|ck, sch, Rajs
Raiber: s. Räuber
Raich: ON. Baden (× Reich)
Raichle: s. Rauch
Raidel: s. Reitel
Raidt: s. reit
Raiffeisen: s. riefen
Rail–, Raim–, Rain–: s. RAGIN
Raile: s. Reh
Rain: „Feldrand, Abhang", Rein; nd. Rehn, Am|rain, r(h)ein, rehn; Rainer, Reiner; Hochrain, Krumrein, Über(r)(h)ein; Wur-

zenrainer, Seerainer; Buch-, Unter-, Achen|reiner. Rein|hofer, stadler, staller; Rhein|feld, weg, stein. Bechreiner s. Packrainer
Rainfilen: s. Ranft
Rais–: s. Reis–
Raischle: s. Rausch
Rais|er, ig, Raißer: s. reisen
Rait–: s. Reit–
Rak: sl. rak „Krebs"; auch in ON. wie Rackau, Raaka, Rack|ow, au, e, witz; Raak, |e, ow; Rakel (ON. Bautzen), Rackel
Rak–: s. RAGIN
Rakuschan: sl. Rakusane „Österreicher"
Rall: schwäb. „Kater"
RAM: zu an. ramr „stark", ahd. ram(mo) „Widder". Von RABE nicht mehr zu scheiden, auch Berührung mit Rampo (s. RAGIN). Hierher Ram|harter, eis, isch. Ramm s. d.
Ram–: s. RAGIN u. RAM
Ramakers: s. Rad
Ramann: s. RAGIN II
Rambo(w): 5 ON. Rambow
Ramft(ler): s. Ranft
Rämi: s. Remigius
Ramien: ON. Ramin, Potsdam, Stettin
Ramm: „Widder" (selten < RABE, RAM). Ram|bock, sahl (s. Zagel); Rams|horn, kopf; Rem(m)ele. Aber Ram|feld, fort, brock, horst s. Rabe
Rammacher: s. Rad
Rammelkammer: ON. Ramelkam, Dachau
Rammelt: s. RABE
Rammig: s. Rahmig
Ramming(er): 1. sl. PN. Ramjenk „starkschultrig". 2. ON. Rammingen, Ulm

Rammler: = Ramm, doch auch männl. Hase, Kaninchen; Remmler „Stier"
Ramner: ON. Rammenau, Bautzen. Rammer
Ramoth: pruß. N. Ramotis
–ramp(f): s. Ranft
Ramrath: ON. Grevenbroich. Ramroth
(Rams): 1. obd. „Geröll". 2. (seltener) „Pflanze Bärlauch". Ramsthaler; Rams|auer (ON. Ramsau OBay. Österr.), aier, ayer, eyer (s. Au). — Balt. N. Rams zu rams „sittig"
Ramsahl: s. Ramm
Ramsbrock: Hofn. Bielefeld
Ramsl: „mutwilliger Mensch". Schmidramsl
Ramspeck: ON. Ramsbeck, Westf.
Ramstedt: s. Romstadt
RAN I: 1. zu an. rani „Eberschnauze", auch keilförmige Schlachtordnung". 2. zu an. ran „Raub". Ranimir > span. Ramiro. Kf. Rano von Ragino nicht zu trennen
RAN II: sl. Stamm, zu asl. ranu „früh". Ran|islaw, ko, is, Rank|o, e; Ran|itz(sch), tzsch, z(e), usch; Rengsch, Räni|ke, sch; Rentzsch
Ran–, Rän–: s. RAGIN, RAN
Ranacher, Rancher: s. Rone, Ranacher auch Reinecker
Ranalder: s. RAGAN II
RAND: ahd. rant „Rand, Schildesrand, Schild"
***Randhart**: Rand|art, at, et(sberger); Rannets|hauser, perger (vgl. RAGIN II)
Ranthar: Rander(s)mann, sen; Ranter, Renther, Rondermann

Randoald: Randolt; ON. Randlkofen, Abensberg(NBay.)< Randolteshoven > FN. Rand|(e)lshofer, (e)lz(h)ofer
Rantowic: Rand|wig, ewich, Rannewich
Randulf: Rand|olph, oll; Rondolf
 Kf. Rando: Rand, |t, s, ig, el, lkofer, Rantke; Rend|chen, igs, l(e) [Rendel(mann): ON. Hessen]; Rent, |e, he, el, ke; Ranz(inger). Vgl. RAN II Auslautend: Bertrand
Rande(n)rath: ON. Randerath, Aachen
Ranf(f)t, Ramft: 1. „Brotlaibende" (vgl. Knust). Rampf, Rau(n)ft, Ronft, Ranftl, Renftler, Reinftlein, Rainftlen, Ramftler. Hart|ranft, rampf, rumpf; Hertrampf, Hardtramp, Harstrampf. — Satzn. Sparn|ranft, ronft (Geizhals), Span(n)ru(n)ft, Spornraft (bair. raft); 2. Flurn. ON. = Rand. 3. < Raganfrid
RANG: Ablautend zu (w)ringen (vgl. renken, Ränke und nd. rank „biegsam, schlank"; auch Rang; viell. auch zu RING)
Ranghar: Rang(g)er (vgl. Rang), Ranker, Rencker, Renger(s)
Renchard: Rengert (Rangott?), Rangarz
Rangwic: Rangwich (oder < Randwic?)
 Kf. Renco: Rang,| e(ns) (× Rang), Rank (s. d.), |e, el(e), heli; Ranck, Ränke(l); Renk,| e, en, el; Renge, |l, ling
Rang, Rank: als obd. Flurname „Abhang, Wegkrümmung" (vgl. „den Rang ablaufen"), Rang-

399

Rangediner: s. Rungger
Ranglack: pruß. (ON.)
Ranhart: s. RAGIN II
Ranis: ON. Thüringen
Rank: 1. nd. „schlank". 2. < RAN, RANG, RAGIN. 3. = Rang. Ranke zu 2 (× ON. Rankau, Böhm., Schles.)
Rann–: s. RAGIN II und Rone
Rannets–, Rannewich: s. RAND
Ransenberg: ON. Ransberg, Kempen
Rant–: s. RAND
Ranz: 1. Ranzo, Kf. von RAN II, RAND. Ranze. 2. mhd. ranz „Streit". 3. mhd. ranz(e) „Sau". Ranz, |e, meier, hofer
Ranzinger: ON. Ranzing, Bay., Österr. mehrf.
Ranzler: ON. Ranzel, Köln
Ränzler: „Felleisenmacher"
Rap–: s. RABE u. RAT I
Rapaport: span. Judenn. („Arzt aus dem Hafen"; hebr. rapa „Arzt")
Raphael: hebr. „Heilender Gottes", Erzengel. Raphael(sohn), Rafael; schles. Rach|fahl, voll, walski, Rafalski
Rapländer: ON. Rabland, Tirol
Rapp–, Räpp–: s. RABE u. RAT I
Rappenkopf: s. Rabe
Rapp|han, –hohn: s. Rebhuhn
Rappich: mhd. reppic „räudig". Reppi|ch, g
Rappin: ON. Rügen
v. Rappard: < Rappard von Rappertswyl (in der Schweiz)
Rap|s, sch: s. grab; Raps auch RABE Kf. und Pflanzenn. wie süddt. Reps

(g)er, Ranker (× RANG, RAGIN II)

Ras–: s. RAT
Rasch: 1. „rasch", d. h. „hitzig, kriegstüchtig". Rasch, |e, le, er(t), Risch(e), (s. d.), Rusch(e) (s. d.), Resch, Rösch, schwäb. Raisch, Rosch, verlitauert Roschat. 2. Rasch, Raß: „Lodenstoff nach Art von Arras" (s. Arras), Raßler (s. d.). 3. Zu Rasche(r), vgl. ON. Rasch, Franken; Rascha(u) mehrf. 4. Rasch, |ig, ke: s. RAD
Raschack: s. Rathsack
Raschbichler, –pichler: s. Bühel
Raschel: s. RAT I
Rasem, Rasim: s. Gerasimus
Raske: s. RAD
Rasmers: s. RAT I
Rasmu|s, ssen: s. Erasmus
Rasor: s. scheren
Rasp(e), Raßpe: 1. Feile, Rasp(e)l. 2. Mischf. zu Ratpot. 3. ahd. hraspa „Gebüsch"
Rasper: 1. „Zusammenraffer". 2. s. Raspe 3
Ras|piller, plikka: s. Bühel
Raß: s. Rasch 2
Räß: obd. „scharf, keck", mhd. raeʒe. Rees, Rääs
Raß|bichler, bieler: s. Bühel
Rassek: s. RAD
Rassel: „Rasselinstrument" (z. B. Klapper der Jagdtreiber) (vgl. Retsch). Raßler, Räßler (× RAT I Kf. und Rasch 2)
Rasser < raʒʒen „rasseln, toben"
Raßfeld: ON. Raesfeld, Münster
Raßloff: s. RAT II
Raßmann: s. Erasmus (× RAT I)
Raßpe: s. Raspe

RAST: ahd. rasta „Rast" (auf einem Kriegszuge). Rastepert, Restwin Kf. Rast, |en; Rest(le)
Rast: „Rastort"; mehrf. ON.; zer Restin (schweiz.); Rast|bucher, hofer
Rastatt: ON. Baden. Rastatter, Rastetter
RAT I: 1. meist zu ahd. rāt „Rat" (doch auch, „Vorrat"). 2. seltener zu ahd. hrād „schnell"
Radbald: Radebold, Rapp|alt, old, ohl, el: Rapold(er), Rab|ald, e(h)l, Rabbel, Rappelt, Räbell, Rehbold, Reb|el, ling (× RABE)
Radobert: Radebrecht, Rapp|ard, ert, Rabbertz, Raber(t), Raper, Räber, Reber (vgl. Raber), Rettbrecht, Reperich, Rebbermann, Rebbert
Radbod: altd. sehr häufig; jetzt ausgestorben? Nur fries. PN. Radbod|us, a. Mischf. Raspe (s. d.)
  Kf. Rappo s. unter RABE
Radiger: Rädiger, Rediger, Ret(t)ger, Racker (s. d.), Räcker, Rehker
Rathard: Rahtert, Redhart, Redd|ert, at; Mischf. Retzar
Radheri: Rader(s), Radder, Rater(ing), Redder(sen), Räder (s. d.), Räther (× ON. Räthe(r)n mehrf.), Reeter, Rehder (× ON. Rehden mehrf.), Reeder, Rether, Retter, Reder(er)
Ratland: Radland
Ratleif: Radleff (× Radulf), Rahtlev, Redlef|s, sen, Redelfs, Reelfs
Radleic: Radlach (Redlich?)

RAT (rauh)

Radman: Rad(e)–, Red(d)e–, Red(e)mann; Rathmann (× „Ratsherr")
Ratamar: Radmer, Rahmer, Re(d)mer, Rettmer; Mischf. Rasmers
Radmund: Redemund, Rettenmund
Raderich: Rade|rick, recht, Red–, Ret|rich
Radoald: Rad|ewald, oll, elt, Rawald, Raalt, Re|wald, woldt, wohl (× REICH)
Ratward: mischt sich mit Rathard und Ratheri
Ratwig: Reddewig, Rettwig
Radulf: Rad(e)–, Rath–, Red|loff [doch Redlow(ski) sl.]; zgez. Ral|ph, f(s), Rahl|f(s), ves, wes, Rauls. Vgl. Ratleif und Hrodulf
Kf. **Rado, Radach, Ratilo** (z. T. auch zu Kuonrat; vgl. auch RAD, RAT II und Rad): Raade, Raatke, Rahde, Raht|s, jen, Rad, |e(s), i, el, ler, ill, ach(er), ig, ke, ge, ix (× Latinis. für Rettig), ing; Radt, Radd|e, ig, Rath, |e, s, ge(n)s, je, ke(ns), Ratt, |e, ich; Räd|e(l), eke, iger, Räth(ling), Redde, Reth, Reding, Reed|e, ig(h), ing, Rett, |ler, ke, ich, ig (× Pflanze); Red|en, eke (> Reck), ing, ling(haus), Rall(e), Rahl. Räting > Röthig (schles.)
Razo, Razili, Rezo: Raaz (Raatz, ON. Breslau), Ratsch, Raschel, Ratz(el), Rassel (s. d.), Ratz–, Raß–, Rase|mann, Rätz, |e(l), ke, Retz|el (× südd. „Obstbrei, Schmarren"), ke, ma(nn), Redzma, Res|e, el, ing, Ressel, Reß, Räh|se, sler, Rätsch (s. d.)
Auslautend: (männl. u. weibl., vgl. „der Vorrat", „die Heirat"), Alrath, Konrad, Heinroth; mit Umstellung: Hartert, Brundert, Fastert
RAT II: sl. Stamm, zu rati „Krieg" (× RAD). Rati|bor, mer, slav. Racimer: Rat|ke, sch (vgl. Raddatz), Ratz|laff, loff, löff, Raßloff, Retzlaff, Rat(t)schlag, Retslag, Retzlag, Red|schlag, slob [alles auch zu Radoslaw und Wratislaw, ebenso Ratmeyer zu Ratimir oder Vratimir], Ratzke, Rätzke
–rat: s. roden und RAT I
(rataj): wend.-tsch. „Pflüger" (× RAT II); Vklf. ratajk. Ratai, Rad(d)ey, Rathey, Ratt|ay, ey, i; Rateike (× ON. Ratay, Ratt|ai, ey, eick). Dasselbe ratar: Rattarius
Ratboße: s. rab
Rath: 1. ON. Rhld. oft. 2. s. RAT I Kf. 3. = Rat(h)geb(er) (fries. auch „Richter") = Rat(s)mann („Ratsherr"), hess. „Henker"). Rothgeb, Gutrater, Schaffrath. — Ratsam „sparsam, haushälterisch"
–rath: s. roden und RAT I
Rathenau: = Rathenow, ON.
Rathsack: sl. radzak „Ratgeber". Raschack
Rating: ON. Ratingen, Rhld.
Ratmeyer: s. RAT II
Ratsch: 1. s. Raddatz. 2. mua. = Rätsch „Ente". 3. s. RAT I Kf. (vgl. Retsch)
Ratscher: 1. „Klapperer" (vgl. Rassel). 2. „Schwätzer". 3. „Enterich". 4. ON. Ratsch, |au, er
Ratt–: s. RAT und rataj

Ratz–, Rätz–: s. RAD, RAT I und II, Raddatz; Ratz auch „Ratte, Marder, Iltis". Ratzkopf
Rätzer: ON. Ratzen, Liegnitz
Ratzinger: ON. Ratzing, Bay., Österr.
Rau–: s. rauh
Raub–: s. HROD u. Räuber
Räuber: Reuber, Raiber; obd. Rauber; nd. Reuver; Röwer, Roever, Röber. Kuh|räuber, röber; Strasrouber
Rauch: Stuben–, Thür|rauch. Chuchirouch („Küchenr."). Vgl. eigen, Hütte, Hausruckinger, Weihrauch. Vklf. meister Röuchli, Schmied, Freiburg XV, also hierher: Räuchlin, Räuchle, Reuchle; Raichle, Reichle. Sieh auch rauh und Schmauch
Rauchalles: < Rauch-Ales = Alois XIX
Rauch|ert, holz: s. HROK
Raudel, Räudel: s. HROD Kf.
Raudenbusch: s. Raute
Rauer: s. Rauner
(raufen): Raufeisen > Raufeiser; Raufer(t) auch zu HROD
Rauffus: s. rauh
Rauft: s. Ranft
(rauh): auch rauch 1. „haarig" (Gegs. „schlicht"). 2. In ÖN. auch „rauh, uneben, bewaldet". Nd. rū(ge). Rau(h), her, ch, en; Rauch, |e, er; nd. Ruge, Ruh(e), schweiz. Ruh. Zss., Zsr. Rau(ch)–, Ru(ch)|mann; Rauch|fuß (Rauffus, vergrieht Dasypodius), bein, haupt [= Rauhöf(t)], bart, schoff (Schopf), maul, wetter; Rau(ch)–, Ruh|kopf;

Rau(c)hut, nd. Rauhaut („Hut", vgl. Rauchemuecze). Rauch|bauer, berg, ecker; Rauchen|berger, egger, lechner, steiner, zauner. Rau|schopf, schoff, kamp, haus, hofer, (en)busch; Rauhtäschlein; Ruh|strat("Straße"), meier, bein, faut > fus; Ruhenstroth (s. Struth); Ru|wisch („Wiese"), mo(h)r („Moor"; ON. Kiel); Ru(g)bart, Rughase.
Sieh auch roh
Rauhaus: Hofn. Saarburg
Rauk: nd. „Rabe" (vgl. HROK Kf. und Chrocus). Rook
Raukamp: Hofn. Elberf.
Raul–: s. RAT I (Radulf) und HROD (Hrodulf), RUHM
Raum: s. RUHM Kf.
Raumann: s. rauh
(räumen): Satzn. Raum–, Räum–, Reum–, Reim–, Ru(h)m–, Ra(h)mschüssel = nd. Rein–, Ru(h)m|schöttel, Rum|schottel, schössel; Rüme|napf, nap(p); Reim–, Rieme|kasten; Rühmstall; Rühm(e)|korb, korf; Ru(h)m|korff; Rühm–, Rum(me)|land, Ruhmland (Wanderlustiger, doch auch Flurn.: „ein Ort ungerumeten Landes" (Lippe); vgl. ON. Raumland a. d. Eder, Westf.); Reimsfeld, Raumensattel. Raumsfeld
Raum: ON. Sa. mehrf. Raumer
Raumhardt: s. RUHM
Rauner: 1. s. RUNE (> Rauer KS.). 2. ON. Raun, Vogtl.
Raunft: s. Ranft
Raun|ig, ik: < sl. rowny „gerade"

Raup–: s. HROD
Raupach: 1. ON. Raubach, Hessen, Neuwied. 2. s. RUB
Raupenstrauch: s. Raute
Räupfter: s. HROD
Raupp: Spottname der Nachtwächter und Weingärtner (× Kf. von Ruprecht, auch zu Reuple)
Rau|s, ß: mhd. rūʒ „Lärm", rūʒen „aufgeregt sein". Rauser, Raußer
Rausch: 1. vgl. schweiz. rūsch „aufgeregt" (als „Trunkenheit" junges Wort). Räusch|el, l, le; Reuschle(n), Raischle, Reischle; vgl. Raus und Rauscher. 2. mhd. rusch(e) „Binse". Flurn. Rausch, Risch (s. d.), Rusch (s. d., × rasch). Vgl. Reischach. Hierzu wohl Rausch|berg(er), e(n)busch, (e)kolb, enstaud, mayr, (e)schach; s. Rauscher
Rausch|art, ert: 1. mhd. ruschart „uneheliches Kind". Rauschhardt. 2. = Rauscher 1
Rauschenbach: ON. Dresden, Pilsen
Rauschenplat: s. Platte
Rauscher: 1. „Polterer"; vgl. Raus. 2. < Rausch 2. 3. ON. Rausch, Bay.; Rauscha, Görlitz
Rauschke, Räusike: s. Rose
Rauschning: pruß. ON.
Rauschoff: s. Schopf
Rauß–, Räußel: s. HROD und Rauscher (Rauß(er) auch zu Rusch)
Raußmüller: Rausmühle, Lennep
Raut–: s. HROD und Reute
(Raute): 1. N. mehrerer Pflanzen. Rauten|berg (5 ON.), bach (Hofn. Lennep) (nd. Rutenbach, 4 ON. Elberfeld, Hagen).

Rauten|kranz (ON. Sachsen erst im XVII. Jh.), stengel, gart(en), strauch < Raupenstrauch; Raudenbusch. Vgl. Weihraute
Räutel, Rauz, Räuzel: s. HROD Kf.
Rav–: s. RABE
Ravenschlag: Hofn. Hagen
Rawald: s. RAT I
Rayber: s. ryba
Rayher: s. Reiher
Raym–, Rayn–: s. RAGIN
Reb–: s. RÄB und RAT I
Rebbe: s. REICH (Socin: zur Rebben „Rebhuhn")
Rebbeling: s. RABE
Rebbelmund: vgl. holl. rabbeln „schwatzen"
Rebbermann: s. RAT I
Rebbig(er): s. REICH (Ribo)
(Rebe): Reeb, Reb|er = mann, knecht, meister, holz, (e)stock. Weinreber. — Aber Steinreber < ON. Steinreib, Steierm.; Rebstein: ON. St. Gallen; Reber auch = Raber, dort s. Rebsamen
Rebennack: s. Rübenach
Rebenter: mhd. „Refectorium". Remter
Rebhuhn: vgl. Rebhan(n), Repp|huhn, hu(e)n, ha(h)n, Rapp|hohn, han (vgl. Feld)
Reb|ischke, sch: s. Rabitsch
Rebl(ing): RABE
Rebschläger: s. Repschläger
Rebusse: s. rab
Rech: 1. ON. Koblenz. 2. „Reh"
Rech–: s. RAGIN, REICH u. Reh; zu obd. rech „rauh, trocken": Rechen|auer (2 ON.), berger (3)
Rechelmann: s. REICH

(Rechen), Recher: 1. „Harker". Heu|rech, rich. 2. „Rechenmacher". 3. ON. Rech, |au, e
Rechlin: ON. Mecklenb.
Rechling, Röchling: mua. Fischn. Barsch
Rechner: 1. < ON. Bochum. 2. = Rechenmeister „Rechnungsbeamter" (vgl. Reiter 3). 3. = FN. Rechenmacher
Recht: 1. ON. Malmedy. 2. Adj. „gerade"
Rechtsteiner: ON. Rechtenstein, Ehingen
Reck–: s. RAGIN I und REICH
Reck(e): 1. „Verbannter (vgl. Warg), Landstreicher". 2. nd. „Hecke", Reck|emeier, sieck, (e)weg
(recken): Satzn. Recke|fuß (vgl. regen), zeh (Reczeh, Rexzeh), nagel (s. Nagel), Recker(mann) schweiz. „Schiffszieher". Sieh Zein
Reckmann: ON. Recken, Westf.
Recktenwald: ON. Saarbrücken
Reclam: Unerkl. Die Leipziger Buchhändlerfamilie stammt aus Machilly in Savoyen. (1532 in Genf noch Reclan; Reclam seit XVII. s.)
Rector: „Schul–, Hochschulleiter". Rector (jüd.), Rekter, Rectorowsky
Red–, Redd–: s. RAT I u. II
Redantz: s. regen
Rede(c)ker: s. Rad
Redegeld: nd. „bereites = bares Geld". Breet–, Reit(e)–, Reide|geld. Ebenso Rede–, Re(h)|pfenning, Re(de)pfennig, Repenning, Rehpenn(ings)
Redel: s. Gedel und Reitel
Redemund: s. RAT I

Reder(er): s. Reitterer (nd. Reder „Ausrüster") × RAT I
Redermacher: s. Rad
Rediger: s. RAT I (Radiger)
Reddehase: ON. Reddehausen, Marburg
Redlbacher: Einöde Retlbach, Traunstein
Redlich: „beredt, rechtschaffen"
Redl, Redling: zu HROD oder RAT I Kf.
Red|schlag, slob: s. RAT II
Redschuß: s. RAT II
Redschuß: s. RAD
Redwitz: 3 Orte OFr.
Redzma: s. RAT I
Reeb(s): s. REICH (Ribo)
Reede(r): s. RAT I. Sieh auch Reder und Ried
Reefschlaeger: s. Repschläger
Reeg–: s. RAGIN I
Reeg: Hofn. Neuwied
Reelfs: s. RAT I
Reemts–: s. RAGIN II (Raginbert)
Reen–: s. RAGIN II
Reepen: ON. Kempen, Oldenburg, Stade
Reeper: s. Repschläger
Reeps: vgl. sl. repište „Rübenfeld"
Reepsholt: ON. Aurich. Repsold
Rees: 1. s. Andreas. 2. ON. Ndrh.
Reeter, Reetz–: s. RAT I
Reez, Reetz: 15 Orte
Reewald, Ref|ardt, er(t): s. REICH und RAGIN II
Reff: obd. 1. „Traggestell, Kraxe". Refftträger. 2. „Sense mit Rechen zum Raffen". — Reff|ke, el, ling(haus). Refle s. Raffo
Refrath: ON. Köln
Reffschläger: s. Repschläger

Reg–: s. RAGIN I. Reg|bar, ber: s. REICH (Ricward). Regl(g)e, ier, uth: s. Rage
Regauer: ON. Bay.
Regen: Gießr., Güßr., Stoffr. (Stuffrein; mnd. stōfregen, „Wolkenbruch" zu stōven „schnell jagen" oder „Staubregen"); Regen|trop, bogen > Iris (× ON. Regen, Bay. > Reg(e)ner). Sonst Regen– s. RAGIN II
(regen): Satzn. Regenfuß (vgl. recken), Regendanz („rege an"; Reh|tanz, dans)
Reger: s. Reiher und RAGIN
Regis: ON. Sachsen, Re|gs, x
Regn–: s. RAGIN II
Regula: Hl. Zürich. Regli, Rigli
Reh: mhd. rē(ch), Reeh, Rech; Reeh, Re|kopp, horn, horst; Reh|bock, kuh, kind = kalf, fleisch, kopf (Rheekopp, auch ÖN.), aug, wagen, fuß = fues (ist schlank; Refusyl) = bein (nd. –been; × Rachewin, s. RACHE, schu(c)h; fell, or, born, bronn, berg (25 ON.), feld (10 ON.), bann (Forst), winkel (4 ON.). Re|hage(n), hayn (ON. Luckau) > hahn, hagel. Rechberg (13 ON.) (× rech), thaler. Vklf. Reweli > Reul(e), schwäb. Raile. Rehtanz s. regen
Rehart: s. RAGIN I
Rehbinder: < mnd. bunt rēt „Bund Riedgras" oder = rebwynder (Köln XV) = Repschläger (s. d.)
Rehboldt: s. RAT I
Rehder: s. RAT I
Rehe: ON. Wiesbaden × Rehau, OFr.

Reher: 1. ON. Hameln, Itzehoe (× Rehr, Stade) > Reh(e)rmann. 2. s. Gregorius
Rehfisch: s. Ried
Rehkate: s. REICH (Ricward)
Rehlert: s. RAGIN III
Rehling: s. RAGIN I
Rehm–: s. RAGIN, RIM. Rehmes, Rehmsmeyer (Gels.), Römer
Rehme(r): s. Riemen; × ON. Rehm, |e, en
Rehn–: s. RAGIN II, nd. auch Rain
Rehrmann: s. Reher
Rehpfennig u. dgl.: s. Redegeld
Rehsack: s. Resech
Rehse: s. Riese
Rehwoldt: s. REICH
Reib–: s. RAGIN u. REICH
Reiband: s. ryba
(reiben): urspr. „hin- und herbewegen". Reibel-tanz, nspieß; Reiber „Badeknecht, Masseur" (× Räuber und REICH, Rigobert). Mnd. wrīven: Satzn. Wrief(f)penning („drehe ihn hin und her")
Reibestahl: s. riefen
Reibke: s. ryba
Reibschläger: s. Repschläger
REICH: zu ahd. rīhhi „mächtig", erst später „wohlhabend". Keltischen Ursprungs
Ricbald: Rie|bold, pold, pel, beth; Ri|bet, polz, Ripp|old, holz, el(mann), Rei|bold, bel
Rigobert: Rig|bert, bers, Reigber(t), Rie|-precht, prich, per(t), ber, Ripp|rich, hart, ert(s), erd(a), Ribbert; Rei|-precht, prich, pert, ber(t) (vgl. reiben und RAGIN)

Ricbodo: Rei(ch)both; Mischf. Rischbode
Kf. Ribo, Rippo: Rieb|e(n), le, eling, isch, Riepl(ing); Rib|o, e, inger, Ribbe, Riep|e, ke (vgl. REIF), Rip|e, ke(n), chen, Ripp|e(n), (e)l, le, ing, mann, Rypkema; Reip|en, ke, s, sch, Reibe(l); Rebb|e, ig(er), Reeb(s)

Ricfrid: Riefer(t), Rievers, Rieft, Riff|er(t), arth, Reichfert, Reif|arth, (f)er(t), ers, Ref|ardt, ert
Kf. Rifo, Rifinc: Rief, |ke, ling, Rieff|el, lin, Riff, Rie|ve, we, Reif,|en, ke

Rihhaid (weibl.): Rick-(h)eit, Richey

Ricohard: (z. T. Mischf.) Richard, |i, sen; Rich|arz, erd, e(r)t, t(en), ts, Rie|-chard, ckert, gert, Rigart, Rickert(sen), Ritsch|ard, er, Rischar(t), Ritsert, Ritzert, Rissart; Riggardt; Reich|ardt, erz, (h)erzer, ert (seder; vgl. auch Richari), Rei|hart, gart, ßert

Richari und Ricger: Rieck|er(s), ermann, her, ehr, eheer, Rieg(g)er, Riecher(s), Rick|her, er(s), Richer(s), Reicher, |seder (vgl. Ricohard), samer (< Heim), Rei|her (s. d.), ger(s)

Richhelm: Reichhelm; Mischf. Ritzhelm

Rihlant: Rieland(t)

Richleib: Ricklef|f, s, sen (× Riculf)

Ricman: Rieckm., Riek(e)m., Riegm., Rie(ch)m., R(e)ichm.; Ri(e)m., Rei|mann

Ricmar: Rickmers, Riemers. Mischt sich mit Raginmar

Rihmuot: Reichmuth

Richrat: Reichrat, Richrath (s. d.)

Ricoald: Rich|wald, olt, el(s), e(l)t, Rig|al, oll, Rick|old, el(t), els, Riegels, Rie|(ge)wald, kewald, wolt, woll, wel; Reich|(h)old, eld, holz, waldt (× ON. Breslau), Reiwald; Reck|wald, ewell, tenwald, Rechhol(t)z, Rehwoldt, Re(e)wald, Rewohl, Rhewald, (× RAT I und RAGIN)

Richwar: Reichwehr, Requer

Ricward: Rickward, Rückwart, Riewert, Riquards, Requa, |r(dt), rds, te, Reck|hard (× RAGIN), (e)werth, ort, Re(h)kate, Rekotte, Reg|bar, ber?

Richowin: Rich|wien, wein, Reichwein

Riculf: Ri(c)koff, Riekhof, Rickelfs, Rieloff (s. auch Richleib)

Erweiterung: Richilman: Ri(e)chel–, Riegel–, Re(i)chel|mann

Kf. Rico (× rēka, mhd. ric „Gehege, Latte, Engpaß" > Rickinger; und Rido s. REITEN). Riek,|en(a), e(s), smeier, Rykena, Rieck, |e, s, Ri(e)ge; Rick, |e, en(s), s(mann), sen, l, (e)len; Rix, |s, en, gens, mann, Riexinger, Riegel (s. d.), Riech,|el, ling, Riehe, Rigg; Rich, |ey, en, li, els, eling, Riehl (× ON. Köln und vgl. HROD Kf.),| e(in); Reig|(e)l, elin (× Reiher), Reicke; Reich (meist Übern.), |(l)ing, (e)l (× ON. Merseb. >

(reich)

Reichler), le (s. d.), en (s. d.), Reil, |e, ing, Reyll Richizo, Rizo (× HROD, sl. Stämme, vgl. rēka; Rizek zu ryzy „fuchsrot"? Ritze oft Heinritz, auch Moritz). Risch (s. d.), |e(l), Rietzke; Ritz, |e(l), ler, ke, chen, ing, mann; Riß,| ling, ler, mann, Risse(l), Rießler, Reitz (× ON. Köslin und Reizo < RAGIN, auch zu nhd. „bereit"), Reizele, Reitsch (× ON. OFr.), Reiß, Reismann

Auslautend: Dietrich, Genrichen, Allrecht, Rothreich, Hein|richt, risch, ritz, Sierig, Handrick, Hendrix, Otrev, Muttrav, Krum|ry, rey

(reich): Reich (× ON. Koblenz). Oft in ON. Reich|hof, huber, eder; Reichen|bach (> becher), eder; stetter, wallner

–reich: Seltnr. s. d., nicht < saelde „Glück"), Haubenr. (< hube), Yberreich (vgl. Uibrig)

Reichen: mehrf. ON. (> Reichner); × Greichen

Reichenhardt: s. RAGIN II

Reicher: s. REICH (Richari), × REICH Kf. und ON. Reich, |au, en

Reichle: s. Rauch u. REICH Kf.

Reichler: s. REICH Kf.

Reichow: ON. Köslin

Reich|rat, wehr, wein: s. REICH

Reichstein: ON. Pirna

Reidath: s. REITEN

Reidegeld: s. Redegeld

Reidel: 1. s. REITEN. 2. s. Reitel

Reidemeister, Reider: s. Reiter

Reidhar: s. reit

Reidt: s. reit und Reute

Reier: s. Reiher

REIF: zu ahd. rīfi, as. rīp(i) „reif" u. zu ahd. (h)rīfo, an. hrīpo „Reif". Rifwin, Ripher, Hriffo, Hripo. In den Kf. von REICH (Ribo, Ricfrid, Rifo) nicht zu unterscheiden. Hierher wohl Reifold, Riefeld; aber Reifarth u. dgl. zu REICH

(reif): Reif(e)gerste, nd. Riepegerste; Riepekohl

(Reifen): Reif(fli). Ein Reif diente als Ausschank- oder Marktzeichen, auch zum Leinwandmessen; danach Reif|er, ner, ler. Mhd. reifer auch „Weinschenk". Reif|schneider, steck („Faßreifenholz"), Becherreif. Satzn. Treibenreif. Reifschläger s. Repschl.

Reif(f)enrath: Hofn. Altenkirchen (Rhld.)

Reifer: Tirol < ON. Riva

Reifferscheidt: 4 ON. Rhld. Reifenscheid

Reifold: s. REIF

Reig–: s. REICH u. Reiher

Reihardt: s. REICH

Reiher: Vogeln. Nebenformen reig|er, el; rēg|er, el; schwäb. ragel. Rei(h)er, Rayher, Reiger, Reger; doch vgl. REICH, Richari

Reihl–, Reil–: s. RAGIN I und REICH Kf.

Reilard: s. RAGIN III

Reim–: s. RAGIN II, REICH, RIM u. räumen, Reimann auch Rheim

Reimer: s. Raginmar, Reiner, Riemen

Reimschneider: s. Riemen

Rein–: s. RAGIN II, Rain

Reinach: ON. Basel

Reinard: < frz. N. Renard

Reinders: s. RAGIN II

Reischach

Reineck: 4 Orte > Reinecker

Reinecker: Rein|iger, leck(n)er, lechner, Ranacher KS.

Reiner: s. Rain und Raginhari (Ra(h)ner, Reinert, Reimer, Romer, Römer KS.)

Reinfand(t): mhd. reinvan „Rainfarn"

Reinftlein: s. Ranft

Reinganum, Reingenheim, Reingemum: ON. Rheingönheim, Speyer

Reiniger: s. Ragingar und Reinecker

Reininghaus: Hofn.–hausen, Altena, Gummersbach

Reink–, Reint–: s. RAGIN II

Rein|leck(n)er, lechner: s. Reinecker

Reinschöttel: s. räumen

Reinshagen: 5 Orte (Meckl., Rhld.)

Reinthaler: 15 Orte Bay., Österr.

Reip–: s. RAGIN und REICH, Reiprecht auch REITEN

Reis: 1. s. RIESE. 2. s. Reuße. 3. s. Zacharias. 4. „Zweig" > „Buschhald". Reisle, Mandelreiss. Reisig, Reisach(er) < mhd. rīsach „Gebüsch" (vgl. –ach 3 und die ON. Reißig, Reisach; doch s. Reischach). Risch < rīsich. Reis|ig(er) (× reisen), ing(er), erhaufer; Reisbacher. Kollektiv ist gereis: Greis (z. T.); Grei|sel, inger; Kreising

Reis–: s. RAGIN I, REICH, RIESE

Reischach: ahd. riscah zu mhd. rusche „Binse" (s. Rausch 2; mehrf. ON.); ähnlich Reisch|er, beck = enböck, auer, mann

405

Reischer: 1. s. Reischach. 2. wend. ryšar „Ritter, Held" (Reuscher)
Reischle: s. Rausch
Reisdorf: 8 Orte (Bay., Österr., Rhld., Königsbg., Weimar)
Reiseck: s. Reschke
Reiseler: „Fuhrmann"
(reisen): ahd. reisōn „aufbrechen, in den Krieg ziehen", vgl. engl. to rise. Gudereise. Mhd. reis(en)aere „Krieger, Reisläufer": Reiser (× ON. Reiser, Erfurt; Reisen, Freising), Raiser, Raißer = Reißmann = Reisig(er), Reißig, Raisig (doch s. Reis), Reißner (s. d.)
Reisewitz: ON. Dresden, Oppeln
Reiße(n)weber: s. Riese
Reißert: s. REICH (Ricohard)
Reiß|ig, mann: s. reisen und Reis
Reißing: 3 ON. Bay.
Reißland: aus dem Rīslant, dem Ries bei Nördlingen
Reißler: s. Reitzl
Reißner: 1. ON. Reißen, Reisen mehrf. 2. zu Riese IV. 3. s. reisen
(reit): mhd. „lockig". Reidt, Raidt, Raith; Reit|haar, hard, Reidhar (doch vgl. Reite, Ried, Reute, Redegeld)
(Reite): „Hofraum". Von der Reith; Reithmeier (× Ried u. Reute), Raith(e)l (× Reitel)
Reitel: „Stab, Knüttel" (raidel, rēdel, rödel, rüdel, riedel, rattel). Rai|t(h)el, del; Reid(e)l, Reutel, Reudel, Rödel, Redel(meier) (vgl. Reite und REITEN)
REITEN: zu ahd. rītan, mnd. rīden „reiten", urspr. auch „fahren"

Ridperht: Reiprecht (× REICH)
***Ridhart:** Reidath
***Ridher:** Riether(er)
Ridirich: Ried|rich, reich; Ri(e)trich, Ritt(e)rich
Kf. **Rido:** Ried, |e(n), e(l)mann, el, l, ing(er), ig vgl. Riedel; Ridiger = Rüdiger; Riethling, Ritgen, Ritt, |ensig, ge, mann(sperger), elmeyer, ler, inghaus; Ril(c)ke, Rill, |e, ing (diese auch zu REICH). Vgl. auch Reitel
Reiter: 1. zu nhd. reiten: Reiter, halbnd. Reider; s. auch Reuter. Ber(r)eit(t)er „berittener Beamter"; Ritknecht. 2. s. Reute, dazu auch wohl Senftenreiter nach einem ähnlichen ÖN, wie Senftenhof. 3. seltener zu reiten „rechnen" (vgl. Rechner). Reit(e)-, Reide|meister, Hüttenreiter. 4. reiter „Sieb" vgl. Reitterer. Vgl. auch RAT (Radheri). Agreiter s. d.
Reitinger: 4 ON. Bay., Österr.
Reitsamer: 2 ON. Österr. Einöde Reitsamer, Reichenhall. Reitzam(m)er
Reit|sch, z-: s. REICH Kf. (× RAGIN I Kf.)
Reitterer: 1. ON. Reitern, Passau. 2. „Siebmacher" (s. Reiter 4), dies auch Reder(er)
Reitz: ON. Stolpe
Reitzenstein: ON., besonders OFrk.
Reiwald, Reizele: s. REICH
Rei(t)zl: mhd. reizel „Lockspeise beim Vogelfang". Reiz|ler, ner, Reißler

Rek–: s. REICH (Richward)
(rēka): sl. „Fluß", Vklf. rēčika: Riek|e, er, owski; Rietz|e, ke, kow, ker, Rietzsch, Rietsch(e)
Rekopp: s. Reh
(relle): „Schrotmühle", rellen „schroten": Reller, z'Röllen (schweiz.)
Rellert: s. HROD Kf.
Relling: s. RAGIN I Kf. (× ON. Rellingen, Holstein)
Rem–: s. RAGIN II
Remberg: Hofn. Düsseld.
Remde: ON. Remda (Thür., Halberstadt)
Remele: s. Ramm (× RAGIN)
Remer: s. Rehmer
Remigius: Bischof v. Reims (< lat. remex „Ruderer"). Alte Nebenf. Romey, Romeias (× Hl. Remedius, Trient), Rommeiß. Röhmigh, Rem|us, ig, mes, Rem(m)y(z.T. frz.), Rämi. Mieg; sl. Remiš (× remiš „Meise"); Rem|ig, us, mes, Röm|isch, mich
Remm|ele, ler: s. Ramm(ler)
Remm|es, y: s. Remigius
Remmlinger: ON. UFrk., Wolfenbüttel
Remp–: s. RAGIN II
Remp(p)is: südd. „saurer Wein"
Rempt: s. RAGIN II Ragimbod
Remsa: ON. Remse, Glauchau
Remshardt: ON. Günzburg
Remter: s. Rebenter
Rem|us, y: s. Remigius
Rend–: s. RAND
Rendant: „Rechnungsführer"
Rendler: ON. Rendel, Hessen

Ren|elt, etshofer, Renf–: s. RAGIN II
Renftle: s. Ranft
Renger–: s. RAGIN II, RANG, RINGEN
Renges: s. Quirinus
Rengsch: s. RAN II
Renk–: s. RAGIN II, RANG, RINGEN (Renke auch südd. Fischn.; vgl. Mai)
Ren(ne)fort: Hofn. Renfort, Altena
Renn-: s. RAGIN II (rennen): Renner „Reitknecht, reitender Bote, Rennpferd"(×Raginher). Rönner, Renne|baum, bo(h)m, Rennbaum „Schlagbaum" (×„Grenzpfahl" zu Rain; in Holstein × dän. rendebom „Weberbaum"); Rennspieß „Turnerspieß" (Rönn(e)spieß, Rönnspieß); Rennstich „Rennsteig", Thür. Wald. – Anderes unsicher. Rennpferd wie Rennefort(h), Rönnfort zu Raginfrid od. „Pferd" wie Rönn|paag, page (vgl. Page); Roempage(l), Rempage. Aber Rompage weist auf mnd. runepage „Wallach". – Renn|efanz, (e)wanz, franz; Rönfanz; Reno|vanz, wanz: Bildung wie Firlefanz „unruhiger Mensch" oder < *Renovantius?
Renouf, Renpert: s. RAGIN II
Rent–: s. RAND
Rentner: = FN. Rentmeister
Rentrop: Hofn. Altena
Ren(tz)sch: s. RAN II und Laurentius
Renvers: s. RAGIN II
Renz–: s. Laurentius (× RAGIN, RAN II)

Repa: sl. „Rübe". Vklf. Rep|ka, ke, chen (× tsch. PN. Rep und ON. Repke, Oldenb.)
Repenning: s. Redegeld
Reperich, Reppert: s. RAT I (Radobert)
Reppe: ON. Reppen, Oschatz
Repphahn: s. Rebhuhn
Reppig: s. Rappich
Reps: s. Raps (× ON. Repsch, Schles.; Reppis, Dresden)
Repschläger: „Seiler", zu mhd. reif, nd. rēp „Schiffstau". Reep-, Repp–, Reb–, Reib-, Reip–, Reif–, Reef–, Reff–, Röp–, Ri(e)b–, Ripp–, Rüb|schläger, Reeper. Vgl. Rehbinder
Repsold: s. Reepsholt
Requ–: s. REICH
Resa: s. Rhäsa
Resa|g, k: s. Resech
Resch: s. Rasch
Reschke: obwend. trosk, ndwend. reš(k) „Spitzmaus" (× RAD). Roschke, Röschke (× rožk „Horn, Winkel"; dazu Rötzschke), Reske; tsch. rejsek: Reiseck
Res|e, enhöft, ing: s. RAT Kf., RIESE, Riese, Rhäsa
Res|ech, eg, ek(e): sl. režek „Schneidemüller, Fleischer" < rěz–„schneiden"; auch rězak: Resa|g, k; Rehsack, Riesack (vgl. Rhesakmühle, Hoyerswerda)
Reske: s. Reschke
Resle: s. Andreas
Resler: „Schuhflicker". Rösler
Ressel: s. RAT I Kf.
Reß: bair. „Abhang, Ableitungsgraben" (× RAT I Kf.). Reßler
Rest–: s. RAST, Rast
Reth–: s. Ried und RAT I

Retsch: „Klapper". Retscher = Ratscher 1, 2. (Sieh auch Rasch und Ratsch)
Retschlag, Retslag: s. RAT II
Ret(t): s. RAT
Rettenbacher: Oft ON. Vom Salzburger ON. > Rothenbach(er), Ritterbach KS.
Rettenmund: s. RAT I
Retter: s. RAT I
Retterath: ON. Koblenz
Rett|ig, ich, Rättich: „Pflanze" (× Kf. < RAT I, II). Vgl. Meerrettich
Retz–: s. RAT I
Retzlaff: s. RAT II
Retzmaier: s. Haar 3
Reub–: s. HROD und RAGIN
Reuber: s. Räuber
Reuch|el, lin: s. Rauch
Reudl: s. Reitel
Reuer: mhd. riuwaere „Büßer" (× RAGIN I)
Reuf–: s. HROD (Hrotfrid, Ruffo)
Reuke(r): s. HROK
Reuland: s. Hrodlant
Reul(e): s. Reh u. HROD
Reuling: s. HROD
Reum–: s. RUHM, RAGIN II, räumen
Reumann: s. RAGIN II
Reu|mund, muth: s. HROD und RAGIN II
Reunert: s. RUNE
Reuper(t), Reupke: s. HROD
Reuple: ostfränk. „junges Rind"
Reusch–: s. HROD
Reusch: ON. Franken. Reusch|el, le(n) s. auch Rausch
Reuschenbach: ON. Rhld.
Reuscher: s. Reischer
(Reuse): Reuser = Rüse|r, (n)macher; s. Riese III

407

Reuß(e): 1. meist mhd. (alt)riuʒe „Schuhflicker". Reis, Ruse, Ruß, Altreis. 2. Russe
Reuß|er, mann: 1. zu reußen „kastrieren"; vgl. Gelzer. 2. wie Reußner zum ON. Reußen, mehrf.
Reußwig: s. Hrodwig
Reustner: ON. Reusten, Württ.
(Reute): ahd. riuti „Rodung". Nebenformen riet und rod; der Reuter reutet oder wohnt an der Reute. In vielen ON. z. B. Hutschl(en)reuther, (en)reiter (ON. Heutschenreuth, OFr.); Frauen|reuter, reiter; Kotschenreuther, s. u., vgl. Reiter 2 1. reute: v. Kalkreuth (ON. Schlesien), Reut|er (s. d.), ener; Reuth|ner, emann; Reuthuber. –reut(h)er: Hochr., Mitr., Oberr., Niederr., Hinterr., Förderr., Neur., Kotschenr.(> Kutschen-, Gutsch|reiter; ON. Katschenreuth, Kulmbach). 2. roit: Roiter, Roith,|(n)er, inger, maier. 3. raut (besd. Tirol: Rauth, Rauter, Neurauter). 4. rüti (Schweiz; Flurn. Rütli mit langem ü), ab, an, in, von der, von Rüti, Rüt(t)i–, Rütte|mann; Rietli, Rütiner, Hochreutiner < ON. Hochrüti. 5. riet, ritt: Ritt(e)mann, Ritteler. Holderrieth. Von Ried (s. d.) schwer zu scheiden. Hierher Neu–, Frau|rieder. 6. reit(e): Reidt, Reith (×reit „lockig", reit „Schilf" u. Reite), Oberreit. Reit|(t)er, ner, inger, stätter; Reith|er, meier, wies(n)er; Unterreit|er, meier; –reiter: Anr., Auffr., Vorr., Dankesr., Mittr., Hinterr., Niederr., Herrenr., Altenr., Breitenr., Haslr., Mühlr., Geisr. (mehrf. ON.), Ochsenr. (ON. Ochsenreuth, NBay.), Stuhlr. (ON. Stollnried, NBay.), Poppelr.; s. auch Abstreiter. Geißlreither, Über|reiter, rüter; Winterreitner Kollektiv: s. Gereut
Reutel: s. Reitel
Reuter: 1. s. Reute. 2. < HROD (vgl. ON. Rüdersdorf, Reutershain), seltener 3. < mndl. ruyter „Räuber" < mlat. rutarius < ru(p)ta „Rotte"; später „berittener Krieger". Reuthers; nd. Rüder, Rüt(h)er, (×ON. Rüth, |en), Ruyter
Reuver: s. Räuber
Reuwsaat: s. Rübe
Reuz: s. HROD
Rewald, Rewohl: s. RAT I und REICH
Rex: 1. ON. Hessen. 2. v. Rex < ON. Rekis = Rökken bei Lützen. 3. Latinis. von König. 4. pruß. N. Rex(a)
Rex|er, inger: < RAGIN oder REICH (Rexer auch zu Rex 1)
Rexzeh: s. recken
Rey: s. RAGIN I Kf.
Reydt: s. Ried
Reyger: s. RAGIN I und Reiher
Reynen: ON. Rheinen, Iserlohn
Rhamboth: pruß. N. Ramboth
Rhäsa: ON. Nossen. Res|a, e
Rheekopp: s. Reh
(Rhein): Rhein|länder, frank, strom; am Rhyn; Rhyner, Rinländer, zu Rhein, Rein(i)sch, Ri(e)nsch (×RAGIN Kf.); Rynman 1329 Glatz, Riemann, Reimann. Aber Rhein, Rhein|hold, boldt, fahrt, wein u. dgl. s. RAGIN II. Vgl. Rain (Rhein auch pruß. ON.)
Rheinen: ON. Iserlohn
Rheinfeld: ON. Danzig, Neuß, UFrk.
Rhenrich: s. RAGIN II
Rhewald: s. RAT I und REICH
Rhiem: s. RIM
Rhien: s. RAGIN II
Rhiza: s. Wurz
Rhod–, Rhotert: s. HROD, Rhod–, auch roden
Rhone: s. RUNE (×Rone)
Rhyn: s. Rhein
Rib–: s. REICH (Anfang) und ryba
Ribbentrop: ON. Ribbentrup, Lippe
Rich–: s. REICH
Richau: ON. Königsberg
Richly: tsch. rychly „rasch"
Richrat: ON. Düsseldorf
Richt, |en, s: s. REICH (Ricohard)
(richten): Richtscheid. Richt|berg, steig(er) viell. zu richtstatt „zugerichteter Jagdplatz" (Sch. II). Richtzu. Richt den tisch. (Mit dem) Ri(e)chthammer (wird auf dem) Richtstein (geradegeklopft). (× 2 Orten Richtheim, Oberpfalz)
Richter: Rychter, Richters, Rigterink. –richter: Landr., Altr., Unterr. (untersteht einem anderen R.). Bauerr. = Burr., Hofr., Hofmarksr.
Rick–: s. REICH
(rick): südd. „Einfriedigung, Zaun". Knackrick, Kürick (> Kuhreich?)
Rickes: s. HAG II Haganrich
Ridder–: s. Ritter

(Ride): nd. „kleiner Bach". Riethmöller, Riet|fort (Furt), kötter; meyer; Fuhlenriede („faul"), Bleckr. (Bleiche), Steinr. Vgl. Schlick. Auch rīe: Rie|meyer, mann
Rideli: s. HROD, Kf. Hruodilo
Ridger: s. HROD
Rieb–: s. REICH, Rübe, ryba
Riebele: schwäb. „Endstück des Brotes, Ranft, Knust"
Rieber: 1. s. REICH, Rigobert. 2. zu Rübe
Riebesehl: ON. Riepensell (Ripensel), Lüdinghausen. Riebe–, Riewe|sel(l), Riwesel, Riefesel, Rivsel
Riebisch: s. Rabitsch
Riech–: s. REICH
Riechthammer: s. richten
Rieck–: s. REICH
Ried: „Schilf". Von ried „Reute" (s. d.) nur durch örtliche Untersuchung zu trennen; mnd. rēt, reit (daher nd. Fuhlenriede, Riethmöller u. dgl. zu Ride). ON. Rheydt, Rh.d.; Rheidt, Siegen; Rhede(n) (> FN. Reede), Ried|a, er(n), Rieth häufig. — Ried, von Riedmatten, Rieth, im Ried, Zried (s. zu), Ried|l, el (s. d.), ler (s. d.), er, ner, inger, matter, müller, weg, ebusch; Riet|er, mann, brock, kötter, Rihtmöller; Ritt|mann, müller. Reth|feld, meyer, wisch („Wiese", mehrf. ON.), Reedwisch > Rehfisch. -rieder: Seer., Voglr., Westenr., Hochenr.; –ritter: Osterr., Bernr., Voigtr. (auch zu Reute)
Ried–: s. REITEN, HROD und Ried

Ried(e)l: 1. Kf. zu HROD (vgl. Riedel(s)heimer und ON. Riedlkam, Salzb.). 2. vgl. Riedler 1–3. 3. s. Gredel
Riederer: oft ON. Riedern
Riedhammer: ON. Riedheim, OBay., NBay.
Riediger: s. HROD
Riedinger: ON. Rieding, Bay.
Riedisser: ON. Riedis, Sonthofen. Riedesser
Riedle: 1. = Riedel 1. 2. s. Riedler 1
Riedler: 1. < rietlin = rütli „kleine Reute", ried „Schilf" und ON. Riedle, mehrf. 2. bair. rīdel „Wulst, Flechtwerk". 3. bair. rīdel = Riegel „Anhöhe". Dazu wohl Riedl|bauer, inger, (× ON. Riedling, Baden, Württ.), oder –ling, Baden, Württ.), cder
Riedling: 1. zu HROD Kf. 2. Fischn. „junger Salm". Riedlinger s. Riedler 3
Riedner: ON. Rieden häufig
Rief–: s. REICH (× HROD), Riefeld: s. REIF
(riefen): „mit Riefen (Rinnen) versehen". Satzn. Rief(en)–, Riewe–, Rieben–, Rübe(n)–, Reibe–, Reif(f)enstahl; Rief–, Raiff|eisen
Riefesel: s. Riebesehl
Rieg–: s. REICH
Ri(e)gel: 1. „Türriegel, Querbalken", z. B. am Dorfzaun (riegeler „Riegelmacher"). 2. in Flurn. a) Ackerstreifen, b) abriegelnder Berg (vgl. Riedler), Wasserscheide, Steinwall. 3. ON. mehrf. 4. Tirol: Gemeindeabteilung (2a und 4 < lat. regula). 5. bair. auch Strohbund. 6. Kf. zu REICH oder Ricoald (z. B. Riegels) oder < Rügel

(s. HROD, Roggo). Zu 1–4: Ri(e)gler. Zu 1: Satzn. Zuckrigl = Ruckenriegel; s. auch Hölle. Zu 2: Riegel|bauer, mann. Zu 6: Riegel|sberger, negg?
Rieger: s. Rüger
Riegert, Riehe, Riehl: s. REICH
Riehm: s. RIM
Riehn: s. RAGIN II Kf.
Riek–, Riel–: s. REICH u. HROD
Riekdahl: ON. Rostock
Rieländer: s. Rhein
Rieloff: s. REICH (Riculf)
Riem–: s. RIM
Riemann: s. REICH, Rhein, Ride
Riem(n)kasten: s. räumen
(Riemen): Riem, Binteriem „Bindriemen", nd. Sciltreme. Riemer (fertigt Riemen an), Rymer (× ON. Riem, München), Reimers, nd. Re(h)mer = Ri(e)m–, Reim|schneider, Riemen|schneider, schnitter. Der Riemerschmid (Riemenschläger) liefert ihm Schnallen u. dgl.
Riemeyer: s. Ride
Rien–: s. RAGIN II. Rienäcker: ON. Rieneck, UFr. (FN. Rinneck)
Rienößl: s. Esel
Riensch: s. Rhein
Riep: s. REICH, Reif, reif; auch HROD. Riepe(r): ON. Riepe, Hann., mehrf.
Riermeier: < Riedermeier (zum Riedhof, Poigham Griesbach, NBay.; volkstüml. Rerner)
Riesack: s. Resech
Riesbeck: ON. Riesbach, Erding (OBay.)
RIESE: Ris|iulf, o, ing. Riesel(s)berger, Reis(hardt), Reis|e, ing; Resing. Sieh auch Riese
Riese: I. „der Riese", nd. rēs, reuse. Riese(nsohn),

Ri(e)s, de Riese, Re(h)se, Riesenkönig, Resenhöft („Haupt"). Gräzisiert: Gigas > Gyga|s, x, Geig|es, is; hebraisiert: Enax (4. Mose 13, 23). II. nd. „Bodenerhebung". Riese(meier), Riesenkamp(f), van Riesen. III. obd. „Rutschbahn für gefällte Baumstämme, Wasserrinne". Riesle, Rieser (alem. × Rüsser „Reusenfischer"), Ries|enhuber, inger; Rieß(ner), Buchrieser, Engeriser. IV. mhd., mnd. rīse „Schleier". Riesner, Reisner, Reißner (s. d.), Riese–, Reisen–, Reiße(n)weber, Haubenreißer

Riesebieter: s. Rischbieter
Riesenbeck: ON. Tecklenburg. van Rissenbeck
Riesner: s. Rose
Rieß: 1. zu Riese I, III. 2. ON. bei Passau und Landschaft Bay.: Rieser, Rießer. (Vgl. Reißland). 3. s. Zacharias
Rießler: s. REICH Kf. (× ON. Riesel, Höxter)
Riestenbieter: s. Rischbieter
Riester: nd., frk. „Schuhflicker" (bair. = Rist). Riesterer = Altbüßer (s. büßen)
Riet–: s. Ride, Ried, REITEN
–rieth, Rietli: s. Reute
Rietmacher: < riet „Kamm am Webstuhl"
Rietsch–, Rietz–: s. HROD, REICH Kf., rēka; Rietz(e) auch oft ON.
Rieve: s. REICH Kf. Rifo
Rie|wald, wert, xinger: s. REICH
Riewesel(l): s. Riebesehl
Riezler: ON. Riezlern, Allgäu
Riff–: s. REICH

Riffel: „Kamm zum Durchziehen des Flachses". Riffel|er, macher, mann; Rüffelmacher; nd. Rippler
Rig–: s. REICH (Rig|al, oll: Ricoald)
Rigler: s. Riegel
Rigterink: s. Richter
Rihm: s. RIM
Rikoff: s. REICH (Riculf)
Ril(c)ke, Rill–: s. REITEN
Rilich: (schweiz.) mhd. rīchelich „reich, freigebig"
RIM: zu an. hrīmr „Reif", doch vgl. auch ahd. rīm „Zahl, Reihe" wegen ags. rīmstafas „Zaubergesänge" sowie got. rimis „Ruhe"
Rim|bald, berht: Kf. Rimp|el, l, ler, Riempp (× RUHM)
*Rimhart: Reim|hard, ert, erdes, et(z)
Rimher: Reim|her(r), er
*Rimrat: Rimrod?
*Rimrich: Riemrich
Rimolt: Riem|helt, held; Reim|old, elt
  Kf. Rimo: Riem, |e, el, s, ing, ke (× ON. Riem, München; Riemke, Bochum); Rihm, Rhiem; Rim|sl, ke; Riml, Reim,| e, ß, ke, ling; Rheim
Riman: s. REICH
Rim|bach, beck, böck: s. Rind
Rimmele: s. RUHM
Rimp–: s. RUHM und RIM
Rinck–: s. RING und RAGIN II Kf.
RIND: Unerkl. Stamm; vielleicht ablautend zu RAND. Rindolt. Hierzu viell. Rind|ert, erspacher; Rind, |i, els, elmann, ke. Rinde > Rinne (Lippe)
Rind: Rint; Rinderle „kleines Rind" = Rindl(e) (× rinnen. Rinder|er = mann,

(„Händler"), knecht, esse = Rindfraß. Rindfleisch, Rindfuß. Rinds|fuß (auch altes hessisches Gebäck), füßer, füsser, fös(s)er, maul. Ritz|kopf, haupt. ON. Rimpach mehrf. (< Rintpach) > Rim|beck, böck. Aber Rind|ler, sland s. Rinne, rinnen
Rinecker: s. Rien–
Ring–: s. auch gering
RING: zu ahd. hring „Ring" (1. Schmuck. 2. Volksversammlung). Vgl. auch RANG. Vgl. ags. rinc „junger Mann, Held"
*Hringhart: Ringhardt, ert, at, eting; Rinckart. Weiterb. Ringel|hardt, oth
Rincar: Rinker (× rink, rinke), Ring(g)er (× ringen)
Ringolt: Ring|(e)wald, old, holz
Ringulf: Ring|hof?, leff; Rinkleff (doch s. Ringleb)
  Kf. Ring (s. d.), |e, s, (s. Quirinus), ens, li, (e)le, lein, (e)ling; Rin(c)k, |e, el, s, ens. Ringel auch pruß. N.
Ring: Vklf. Ring|(e)le, lein, (e)ler, (e)ling, li; Ringler = Ring(l)macher. Ringhand. Golden–, Eisen|ring. Vgl. RING Kf., rinke, gering
(ringen): nd. wringen „kreisend bewegen, ringen, wringen". Ringer. Satzn. Ring|(s)eisen, > seis, Rings|maul, mäulein, gewentell
Ringfeil: s. Rinkefeil
Ringleb|e(n): ON. Ringleben, Erfurt und Kyffhäuser. Rinklebe(n), Ringklib
(rink): obd. Flurn. „runder Hügel". Rinker

Rink—: s. RING und Laurentius
Rinke: „Spange, Schnalle". Rinker = Rinke(n)macher
Rinkefeil, Ringfeil: 1. Rinkenfyler macht Rinken (s. Rinke). 2. nd. rinke fīlen „Ränke schmieden"
(Rinne): „Wasserrinne". Rinner; tirol. Vklf. rindl: Rindler (s. auch RIND)
Rinneck: s. Rien—
(rinnen): ahd. rinnan „laufen". Rinnebach. Satzn. Rinn|ab, insland, ensland > Rin(d)sland
Rinsch—: s. RAGIN II Kf. (× Rhein)
Rinser: s. Runse
Rinsland: s. rinnen
Rint—: s. RIND und Rind
Rintel|en, mann: ON. Rinteln, Weser
Rip—: s. REICH, auch HROD (Ruppo). Rip|chen, kens, Ripp, |el, er, es, s
Ripperger: ON. Ripperg, Walldürn
Rippich: vgl. ON. Rippicha, Zeitz
Rippler: s. Riffel
Ripske: wend. řepsko: „Rübenfeld"
Riquards: s. REICH (Ricward)
Ris: s. Riese
Risch: 1. „Abhang, Gefälle". Rischmüller. 2. nd. rische „Binse, Schilf" (vgl. Rausch). 3. obd. s. Rasch. 4. s. REICH Kf. (Rischer zu 1, 3 und Rischar). 5. s. Reis
Rischar: wend. ryśaŕ „Ritter, Held". Rischer
Rischard: s. REICH
Rischbi(e)ter: mnd. rīsebīter „junges Rind, das Reiser abbeißen kann" (Nach Bre. „bevorzugtes Stück des geschlachteten Rindes"). Riese(n)—, Ri(e)sten|bieter, Rischbieth, Ri(e)speter
Rischbode: s. REICH
Rispler: < rispel „Reisig"
Riß: 1. „Schlucht". Risser, Rißbacher. 2. Riß—, Risse(l): s. REICH Kf.
van Rissenbeck: s. Riesenbeck
Rißleben: ON. Ritzleben, Salzwedel
Rist: „Pflugsterz". Rist(el)huber
Rist—: s. Rusto
Rist|au, o(w): = ON. Ristow, Köslin. FN. Rüstau
(Riste): „Flachssträhne"; nd. bāte: „Flachsbündel". Ristenpart
Ritsch—: s. HROD und REICH
Ritscher: wend. ryčer „Ritter"
Rit(t)—: s. REITEN, reiten und Ried
(Ritten): bair. „steiler Abhang". Ritt|ner, inger, steiger (3 ON. NBay.)
Ritter: Ritter|s, lin; Rytter; nd. Ridder, |s, ing, sma, hoff (Ritterbach s. Rettenbacher)
—ritter: s. Ried
Rittinghaus: Hofn. —haus, Altena
Rittmeister: jung
Ritz—: s. REICH. Ritz, |i, mann s. Mauritius; Ritzel(mann) s. HROD Kf.; Ritz|haupt, kopf s. Rind
Ritzau: ON. Ritzow, Köslin
Ritzer: ON. Ritze, Salzwedel
Riwesel: s. Riebesehl
Rix—: s. REICH Kf.
ROB. sl. Stamm, zu robiti „arbeiten" (vgl. Robot = Frondienst), tsch. rab, rob „Knecht" (s. auch rab). Rob|oslaw, ač, Robicsek, e, eck, itsch; Röbke, Röpke, Rop|atz, itzsch (Rob(b)e auch pruß. N.)

Rob—, Röb—: s. HROD
Robatscher: s. Rubatscher
Rob(e)l: 1. s. Wrobel. 2. s. HROD
Röbbenack: s. Rübenach
Röbel: ON. Meckl.
Röber: 1. s. HROD. 2. nd. s. Räuber. 3. ON. Roben, Thür.
Robisch: ON. Rodewisch, Vogtl. (1726 Robisch)
Roblick, Röbling: s. Wrobel
Robra(h)n: s. HROD
Roch: s. HROK, Rochus u. Groch (Ollroch: s. —rogge)
Röchling: s. Rechling
Röchser: ON. Rockhausen, Thür. (mua. Rochsen)
Röchte: ON. Recht, Malmedy
Rochus: Hl., † 1327. Rochussen. Ist Latinis. von Rocho. Deutsche u. wend. Kf. von Rochus, daher von HROK oft nicht zu trennen; wend. Roch|a, er(t), Rokus. Dazu auch ON. Rochow
Rochwitz: ON. Dresden
(Rock): Röckle, Rockmacher. —rock: Bundr., > Buntr., Kurzr., Langr., Schwarzr., Wittr. (nd.), Blaur., Beutelr., Sandr. („Sammetr."), Fünfr., Siebenr. > Simr. (vgl. Sybenmantlin), Schobenr. (< schobe „Joppe"). Aber < HROK: Poltr. (s. BALD); Altrock: s. —rogge. Sonst s. Roggen
Rock—, Röck—: s. HROK, HROD und Rücken
Rockel(mann): ON. Rokkel, Münster
Rockenfeller: ON. Rokkenfeld, Neuwied
Rockenstein: ON. Roggenstein, OPf.
Rocken|schuh, stuhl: s. rucken

Rocktäschel u. dgl.: s. Rücken
ROD: sl. Stamm. Zu asl. roditi „sich kümmern" oder rodu „Geburt". Rodislav: Rotzlaff, Rott|schlag, schalk; Rod(d)eck, i(e)s, atz, ig, us, ust; Rodigast (auch ON. Jena), Rodegast, Rothen|gast, gaß
Rod-, Röd-: s. HROD, ROD, roden, rot; Rödel s. auch Reitel
Rodammer: ON. Rodheim, MFrk.
Rodeike: pruß. N. Rudayko
Rod(e)ler: färbt Tuch rot; schweiz. Rodeller „Urkundsbeamter"
Rodemer: 4 ON. Rodheim, Hessen, MFrk.
(roden): besonders in vielen ON. auf -rod(a, e), nd. -rade, -rath (Flurn. Rott, Roth, Rötter, Röttchen). Roda, Roth(a), Rötha, Rott(a) häufig; Röthlein, Franken. Doch scheint rad, rod gelegentlich auch eine Sumpfgegend zu bedeuten (Rodau auch pruß. ON. wie Rudau). Vgl. Reute und Stock (× RAT, HROD, rot). Ro(h)de, Rhod|a, e; von Roden, Terrodde, Terröde, Achterrath. Röd(d)er, Rohmeier, Roth-, Rott|länder; Roth-, Rott-, Rod(e)|mann (s. auch rot; so ON. Rottmann, Erding < Rotanmannum „bei den roten Leuten")
Die Formen der FN. entsprechen oft nicht denen der jetzigen ON. (z. B. Herchenröder, Hergenröther, Herkerat < ON. Hergenrath, Aachen; Bleichroth, Blechrod,

Bleichröder < ON. Bleicherode, Nordhausen) -roth: Kirchr., Schönr., Winterr., Eickenr. (zu „Eiche"; Eckenr.), Eichelr., Lindenr., Gelmr. (ON. Weimar), Billr. (ON. Billrode, Merseb.), Hottenr., Oldenr. (auch Oldroihd, vgl. -rode, Hildesh.); Wildenrother; aber jüd. Backenroth; -rodt: Eichr.; -rott: Pfaffer., Rüttjer., Steinrötter. -rade: Schönr.; -rath: Neur., Hofr., Frauenr., Fror. (zu Frohn), Herzogenr., Kirchr., Bankr. (ON. Rhld.), Becker., Honr. = Hochr. = Ho(h)r., Paffr., Gerkr., Gillr., Hastenr. (ON. Aachen); besd. rheinisch, doch auch tirolisch; dort Anrather < Hofn. Anruth. Vgl. Kamerad und schaffen
Rodenkirchen: ON. Köln, Oldenb.
Roder: zu roden oder = Rothmaler (s. rot) oder = Rodeler; rhein. „der mit der Maßrute den Inhalt der Weinfässer prüft"
-röder: s. roden
Röderer: ON. Rödern, mehrf.
Rod(er)wald, Rodfelt: s. Hrodowald
Röderstein: Hofn. Altenkirchen (Rhld.)
Rödhammer: ON. Rödham, ODonau
Rödiger: ON. Rödi|gen, Jülich
Roding: ON. OPf. × ON. Rodingen, Luxemb.
Roedler: ON. Rödel mehrf.
-rodt: s. roden
Rof-, Röf-: s. HROD, Roff- auch Rübe
Roffler: schweiz. rofflen „polternd gehen"

(rog): poln.-ndwend. „Horn", tsch.-obwend. roh. Rog|ahn, all(a), at, (u)sch; Roggan; wend. rogač „am Ortsende wohnend". Roga|tz, ß, sch (aber Rogo|s, sch zu wend. rogoscha „Binse"), ebenso ON. Rogau, Rux > FN. Rog|e, er(t), owski, Röger, Rux
Rog-, Rög-: s. HROD
Röger: s. rog und Rüger
-rogge: westf. Hofn. Alt-, Hot-, Morderogge zu asächs. hrōk, ndl. fries. rook „Haufen, Erdaufschüttung, Malstätte". Altrogge, Altrock(en), Alteroggius; Ol(t)-, Olt-, Ohl|rogge; Ol(de)rog, Ollroch
Roggen: 1. s. < HROD (Roggenstein). 2. Getreide: Roggen|hofer (< 1?), kamp, kemper, sack, bauch (> bau, bach, boch, buch, nd. buck, buhk); Rucken-, Rücken|bauer; Rogenschneider = Rokkinmader, Rogmad; Ruggenbrodt (Ruckenbrod, Rückbrodt); Rock(en)stroh, Schön-, Semmel|rogge, rock; Sommer-, Winter|rock, Lobrockner. Vgl. Rücken, rucken
Rögner: ON. Rögen, Coburg × mhd. rockener „Roggenbrotbäcker". Regner
Rogoll: s. HROK (Rochold)
(roh): Roh|fleisch, leder(er), sonst wohl < nd. rū „rauh": Roh|wed(d)er („Wetter" > wer, werder), kam(m), kämper, kopf(oder < rot, vgl. Ro|jan, peter). Aber Rohgold, Rokohl s. HROK (Rochold). Rohmeder s.

Roh– / Röp(e)nack

RUHM, Rohmeier s. roden
Roh–: s. HROD
Rohdenwald: s. HROD
Rohe, Röhe: s. HROK Kf.
Rohk: nd. „Kolkrabe"
Rohl–, Röhl–: s. HROD Kf. und Röling (Röhl ON. Trier)
Rohm–, Röhm–: s. HROD, Römer, RUHM
Röhmigh: s. Remigius
Rohn–: s. Rone, RUNE, Hieronymus
Röhn–: s. RUNE
Rohne(r): ON. Rohn, |a, au (× Rone)
Röhner(t): Gebirge Rhön
Rohr: 1. „Schilfrohr", besd. kollektiv „Röhricht". 2. „Röhre", besd. „Brunnen, Wasserleitung". 3. oft ON. u. Flurn.: von Rohr; Rohr, |er, mann, bach(er) (76 ON.) = beck (5 ON.), böck, born, schach (vgl. ON. Rorschach, Schweiz), hurst, lach (ON. Liegnitz), lack (ON. Ruppin), moser, wedel, müller, schmied, schneider, huber, hofer, seitz (Nürnb. auch Ruhrseitz), dommel (Vogel); Röhr|l(ein), ig (4 ON.), icht, er, inger, mann, born, enbacher. (Rohr,| er, a, Rahr KS.)
Rohr–, Röhr–: s. HROD (Rothari, Hrodoward) u. rühren
Röhr|hirsch, hund: < röhren „schreien"
Rohrsen: ON. Hannover
Rohsland, Roh|wald, wold: s. HROD
Roil: s. HROD Kf.
Roith–: s. Reute
Roitzsch: s. GRAD II
(roj): asl. „Bienenschwarm". Roick, Roigk, Rojek (doch auch HROK Kf.); Roy (ON. Rvbnik; > Roy, |er)

Roja(h)n: nd. „roter Johannes"
Rokenhäuser: ON. Rokkenhausen, Pfalz
Rokitt|a, e: poln. rokita „Zwergweide"
Rokus: s. Rochus
Rol–, Röl–: s. HROD
(rola): wend. „Acker". Rol|a, a(c)k, Roll|a, e, and, ka, ke, nik („Ackermann"), ing, Rölling
Roelen, Roeltgen: s. HROD, Hrodlant
Röling, Rühling: 1. „Teichfrosch" (in mehreren Mua.). 2. s. HROD Kf.
Rölk|er, ing, Roll–, Röll–: s. HROD und rola (Roll,| e auch pruß.)
Rollenhagen: ON. Meckl.-Strelitz
Roller: „Rollfuhrmann". FN. Rollwag, |e(n) (× mua. roller „Kater")
Rollfetzer: rotw. „Müller"
Rollfink: s. Hrodulf
Röllinghoff: Hofn. Borken, Hagen (Westf.)
Rolnik: s. Rolka
Rom–, Röm–: s. RUHM u. HROD
Romanus: lat. „Römer". Hl. Roman, |n, g; Rohman, Romen, Ruhmann (Roman auch ON. Kolberg, Österr.)
Rombacher: s. Rone
Romberg: ON. Bay. Schles. Rhld. Westf.
Romeicke: pruß. N. Romeyke
Romeiser, Romeiß: s. Moos
Römer: < ON. Rom. Romer (× RUHM, HROD, Reiner), Römermann. Vgl. auch ON. Röhmen, Württ. > FN. Röhmer; in der Leipziger Gegend Römer > Rehm. In Schlesien Römer auch = „Vlame"

Römhild: ON. Thür. Römheld (× RUHM, Romuald)
Rommerskirchen: ON. Neuß
Rommeiß, Römmich: s. Remigius
Romp–, Römpler: s. RUHM
Romstedt: ON. Apolda; > Ramstedt
Römstedt: ON. Lüneburg
Ro|mund, münder: s. HROD
Ron–, Rön–: s. RUNE und Rone
Rön–: s. RAGIN II, rennen
Rondorf: ON. Köln
Rond|ermann, olf: s. RAND
(Rone): „abgestorbener Baum"; Ronach „Dürrwald". Rohner; Ron|acher = iger, enhoff; Ronn|efeld, inger, Rohn|er (× RUNE), felder; Ranacher = Ranchner, Rann|acher, er, i(n)ger, efeld. Vgl. GRÜN (Ende)
Ronft: s. Ranft
Rönnack: s. Rübenach
Rönne–: s. RAGIN II
Rönnburg: ON. Rönneburg, Harburg
Rönnebeck: ON. Magdeb., Ruppin, Stade
Ronneberger: ON. Trier (4mal Plauen)
Ronneburg: ON. Hessen, Altenburg
Ronn|efeld, inger: s. Rone
Ronsdorf: ON. Lennep
Ronshausen: s. RUND
Ronymus: s. Hieronymus
Roof: s. HROD (Ruffo)
Rook(s): s. HROK u. Rauk
Roolfs: s. Hrodulf
Roos: s. HROD Kf., Haar 3
Rop–, Röp–: s. HROD; sl. s. ROB, Röper s. auch Rufer
Röp(e)nack: s. Rübenach

413

Ropeter: nd. „roter Peter"
Roerts: s. Hrodhart
Rorup: ON. Münster
Ros-, Rös-: s. HROD Kf.
Rosa: ON. Thüringen, auch Metron.
Rösa: ON. Bitterfeld
Rosath: s. Hrodhart
Rosberth: s. Hrodobert
Rosch, Rösch: „lebhaft" (vgl. Rasch). Röscheise(n) vgl. -eisen; s. auch Rasch, Rusch
Rosch-, Rösch-: s. HROD
Roschat: s. Rasch
Roschke, Röschke: s. Reschke
Röschlaub: ON. O.Frk. FN. Röschlau, Roschlauer, Rosch-, Roß|laub; Rosch-, Rose|lau
Roschtäuscher: s. Roß
Rose: meist Blumenn. (auch Hausn. NF.), doch auch < Rozo (s. HROD Kf.) und Muttern. wie Rose(n)mund(× ON. Rosemont, Elsaß). Sieh Rosa. Roos, Rösgen. Riesner (Glatz). Rosen|blatt, blum, blüth [Rosenplüt (Dichter XV) = Roßner, Rosner], schein, zweig = quest, kranz (× „Gebetsschnur", vgl. Better u. Paternoster; > Rosenkränzer; auch mehrf. ON.) bund, band, zopf, stengel (s. d.), stiel, dorn, strauch (auch Findlingsn.), busch, baum (Rossenbaum, ndl. Rozeboem). Vgl. Pflanze und treten: Rosentritt, Rosentreter. In ON.: Rosen|-wald = hagen, hahn = hain(er), thal(er) (81 ON.), dahl (4), bach(er) (8) (dazu -müller), ham(m)er (ON. OPfalz × -heim OBay.), eder, au (26 ON.) > hauer, löcher (< Loh), berger, gart(en), kampf, kötter (bei älteren ON. × Roß). Mit PN.: Rosen|-heinrich, merkel > mekkel. — Wappen: Rosen|-stern > stirn, schild; schwed. Rosenlund, Rosquist. – Jüd. z. T. metronym.: Roses; Rosen|farb, fels, fried, heck, rauch, tober, wasser. — Aber Rosenträger, Rosemann „Rosinenhändler" (rosindrager, roseman); Ko(h)lros s. Kohle; Rose|lieb, (n)wig: s. HROD. Rosegger: s. Ecke; Rosenhaupt(er): s. Roß. — Slaw. Ruske, Roske, Rauschke, Räusike, Röske, Rösike
Roselau: s. Röschlaub
Rosell: < frz. N. Roussel
Röseneder: ON. Rösenöd, Erding
Rosenkilde: dän. ON. Roskilde
Rösgen: s. Rose
Rösger: s. Hrodgaer
Rosin: 1. ON. Rosien, Bentheim. 2. wend. Rohsin(ka), Rosin(chen). 3. pruß. N. — Rosina auch Metron. (> jüd. Rosiner)
Rösler: = Resler oder < Roß (auch Häusern. Rose? FN.; ON. Roßla(u), Röslau)
Rosmarin: Pflanzenn.
Rosmus: s. Erasmus
Rosp(e)rich: s. Hrodobert
Rösrath: ON. Köln
Roß: Rößl(i), Rössel. — Rosser, Rösser, Roßner (× HROD Kf.), Röß|-(n)er, ler „Pferde|knecht, händler, Fuhrmann"; vgl. Rösler = Roßmann = Roßhändler = Roß|täuscher (< tauschen), teu(t)scher, deutsch(er), Roschtäuscher > Roth(d)auscher, z. T. wohl auch Tauscher, Täuscher. Dasselbe Roßkam (-kamp(f), Roskam, Rothkamm. Mittelb. Berufsn.: roskam „Pferdestriegel"). – Roß|-hirt, gotterer (s. Goder), kopf, nagel, wog („Schwemme"; s. Wag), brig (s.-berg); Rößlhuber. — Roßhaupter, häupter < ON. Roßhaupt(en), mehrf.; > Rosenhaupt(er). Roßlaub s. Röschlaub. Roß|hart, wald, Rossel: s. HROD. Roßbiller s. Bühel
Rossau: 1. ON. Magdeburg. 2. < frz. N. Roseaux. Rossian
Rossel: ON. Köln
zen Rossen: s. Haar 3
Rossenbach: ON. Steierm., Köln
Rossenbaum: s. Rose
Rößger: s. Hrodgar
Roßlau: ON. Anhalt. Roslau
Ros(s)ignol: frz. „Nachtigall". Rossingoll
Roßmeisl: sl. PN. Rozmysl und ON. Graslitz (Böhmen). Dazu Roßmäßler?
Roßner, Rößner: s. HROD Kf. und Roß (× ON. Rosna, Rossen, Rössen)
Rost: 1. s. Rusto. 2. „Gitter" z. B. zum Erz-, Kalkrösten (dazu Röster, Rostmann; Röster auch = Rotzer; s. Haar 3). Häusern. ze deme Ruste, Freiburg. 3. ON. Luxemburg
Rost-, Röst-: s. Rusto; Rostand s. Hrodstein; Röstel: sl. PN. Roztyl „Feist"
Rostig: ON. Sa. < Rostock
Roswig: s. HROD
(rot): Roth(e) (× ON. Roth, häufig), Röteli, Rotter (Glatz) meist nach der Haarfarbe, vgl. Roth|-

(rot) haar, kopf, haupt = höft, barth; Rothender s. Hand. Rothaug (auch Fischr.), Roth(er)mund („ruhmreicher Schwätzer"), Rodemund (× HROD). Kleidung: Roth|ermel, mantel, pletz (s. Bletz), kugel, kögel (> kehl; s. Kugel), schu(h). Mit PN.: Rodian = Roja(h)n, Rodehan, Rodrian; Rode|gerdts, kurth, Ropeter. Örtlich: Roth|bucher, eichner (eigner, Rothenaichner), sonst eher < roden, z. B. Roth|auer, acker, winkler, hofer, lehner, kamp, kamm (vgl. ON. Rotenkamp, Helmstedt), kath, lage. Tiern.: Rodochs, Roth|fuchs (> fuß, nd. fos), haas, ham(m)el, hänel. Roth|fahl, pfahl nd. = vogel? (dies in Tirol „Rotschwänzchen", in Straßburg „Dompfaff"). — Berufe: Rothgies(z)er „Kupferschmied" = Roth|schmied, euler, öhler (s. Euler, × Hau). Der Rothmaler malt die Anfangsbuchstaben rot aus (lat. rubeator) = mnd. Roder. — Rothschild: Häusern. Frkf. a. M. — Anders: Rothweil(er): ON. Rottweil; Rothländer zu roden. Roth|(d)auscher, kamm s. Roß. Roth– oft < HROD, z. B. Roth|baller, gänger, ste(i)n, holz, wein, lauf. Rötel(mann), Rothen|gast, gaß: s. ROD. Rothenbach(er): s. Rettenbacher

Rot–, Röt–: s. HROD, rot u. roden

–roth: s. roden

Rotheiler: ON. Rotheul, Thür.

Roth|geb,–sprach: s. Rath

Röthig: s. RAT Kf.

Rotsch–, Rötsch–: s. HROD Kf. (× ROD)
Rötsche: wend. Rötschka < ročka „Rotkelchen"
Rott–, Rött–: s. HROD und roden
–rott, rötter: s. roden
Rott(a): ON. mehrf. Rott (× Grott), |e, er. Rötter
Rottbaum: Flußn. Rott, NBay.
(rotte): 1. Mannschaft. Rottmeister. 2. Art Harfe. Rotter (mhd. rottaere, × rot) = Rottenschlager
Rottenfußer: ON. Bruck (OBay.). **Röttgen:** oft ON. Rhld. Röttger (× HROD, Hrodgaer). **Rotthaus:** ON. Rotthausen Bremen, Altena, Duisburg
Rotthauwe: s. Hube
Rottler: „Büttel"
Rottluff: ON. Chemnitz. Rottloff (× Hrodulf)
Rottmeister: „Korporal"
Rott|schalk, schlag: s. ROD
Rottwinkel: ON. Ampfing
Rotz–, Rötz–: s. HROD Kf. u. Haar 3; Rötzer × ON. Rötz, mehrf., Rotzler < Rotzel, Baden (ō; „rote Suhle"). Rotzlaff: s. ROD
Rötzsch: ON. Oschatz
Rötzschke: s. Reschke
Röve–: s. Rübe
Röver: s. Räuber
Rovers: s. Hrodobert
Rowald: s. Hrodowald
Rowan: ON. Rouen, Frkr.
Röwer: s. Räuber
Rozeboem: s. Rose
RUB sl. Stamm, zu tsch. rubati „hauen". Rub|ach, an(d), isch, usch; ON. Rubyn (Ruben, Kottbus): Rub|en, in(er), ner (× GRUB)
Rub–, Rüb–: s. HROD
Rübartsch: s. ryba

Rubatscher: lad. rubaccio „Brombeergebüsch". Robatscher, Rabatsch, Großrubatscher
Rübatt: < frz. N. Rubattel
Rübe: Rube, Riebe. Kochrübe, Scherrüble, Scherrieble (Stuttg. 8 mal), (Scherübl, Scherup; wird nur abgeschabt, bair.). Rüben|acker, kamp > kamm, strunk = struck („Stengel"), zahl, sa(h)l < zagel (s. d.) „schmaler Acker". Rubezagel Würzb. 1230; der N. des schles. Berggeistes ist noch nicht sicher erklärt. Rübekohl, Rüb|(e)sam(en), esame. Riebensahm (vgl. Raber und Samen). Riebensaat. Rube(n)dunst. Riebenfeld. Rieber, Rubner, Rumbauer „Rübenpflanzer". Jüngere Zsr. Rübenkamm, Rübenkönig. Nd. Röwe, |sath („Saat"), Reuwsaat, Röve|kamp, nstrunk; Roff|hack, ka(h)r (kar mnd. „Gefäß, Korb")
Rubel: s. HROD (Kf. Ruppo) und Wrobel
Ruben: 1. hebr. „Sehet, ein Sohn"; Rubensohn > Robinson, Rubenfeld > Rübenfeld, Rubinfeld, Rubinger. 2. s. RUB
Rübenach: ON. Koblenz. Rübe–, Reben–, Röbte–, Rön|nack; Röp(e)nack; × nd. Satzn. Ropenacke „Rauf den Nacken"
Rübenstahl: s. riefen
Rübhausen: ON. Siegkreis
Rubi: „Knecht Rubin", eine Figur der alten Osterspiele < frz. Robin
Rubin: 1. jüd. „Edelstein" < Ruben 1 (s. d.); Rubin|stein, feuer. 2. s. RUB u. Rubi
Rublack: s. Wrobel

Rübner: ON. Rüben, Leipzig
Ruch: 1. Saatkrähe, Häher. 2. rauh (s. d.)
Ruch–, Rüch–: s. HROK u. rauh
Ruch(atz): s. Groch
Ruck–, Rück–: s. HROK, HROD, Roggen, rucken, Rücken
(rucken, rücken): Satzn. Ruck|auf, für, aber („herab" > aberle, haber(len), häberle, gaber, Ruggaber), riegel, riem, beil, emesser; Rück|forth, für, riem; Rockenschuh; Ruck(en)–, Rokken|stuhl (bei Fischart ein Spiel: Rebecca, ruck den stul)
(Rücken): Ruck, Rugg, Rück(le), auch „Bergrücken". Steinr.; Buch–, Gras–, Sau|ruck; Baum–, Roßrucker, Steinrück(e), Breitrück, Mittrücker. Ruck|täschel, deschel („Ranzen"); Rock|täschel, tasch, häschel
Ruckenbrodt: s. Roggen
Rückwart: s. REICH (Ricward)
Ruck|wi(e)d, witt: < obd. FN. Ruogkwid, unerkl.
Rud–, Rüd–, Rued–: s. HROD. Rud|at, dies, kat, lat: zu lit. rùdas „rotbraun"; Rud|au, ow, nick: pruß. (ON.) Vgl. rud(n)y
Rüd(e): „Jagdhund" (× HROD Kf.). Rüdt, Schweinrüde, Rüdemann
Rüdebusch: ON. Unterhoya
Rüder: s. Reuter u. rudny
Ruderisch: ON. Ruderitz, Vogtl.
Rüedisühli, Rüetschi, Rueß: s. HROD Kf.
(rud(n)y): sl. „rot", ruda „rote Erde, Eisenstein". Ruhde, Rud|a, au, e, er(t),

eck, Rüder; Rudnick „Erzort"
Ruf–, Rüf–, Ruef–: s. HROD (Hrotfrid, Ruffo)
Rufer, Rüf(f)er: „Ausrufer, Nachtwächter". Rueffer; nd. Röper
Rüffelmacher: s. Riffel
(Rufine): schweiz. „Erdrutsch, Geröllhalde". Ruffiner, Rufener, Zenrufenen, am Rufibort
Rug–, Rüg–: s. HROD, HROK und rauh
Rüger: 1. s. Hrodgaer. 2. „Beamter, der rügt". Rüeger, Rieger, nd. Röger. Vgl. Besserer, Gaumer
Rüggeberg: ON. Hagen (Westf.)
Rüghammer: ON. Rügheim, UFr.: Rugamer, Rüg|amer, emer. Schubertrügmer
Rugg: s. Rücken
Ruggaber: s. rucken
Ruggenbrodt: s. Roggen
Ruh–, Rüh–: s. HROK und rauh
Ruhde: s. rudny
Rühfel: s. HROD (Ruffo)
Ruhl: 1. ON. Ruhl, Waldbröel. 2. ON. Ruhla, Thür. 3. < Rudel < Rudolf
Ruhland, Rühland: s. Hrodlant
Rühle: ON. Hannover. Rühl|er, emann
Rühling: s. Röling
RUHM: zu ahd. hruom, as. hrōm „Ruhm", z. T. aber auch zum N. der Stadt Rom (ahd. Rūma). Zum Anlaut vgl. HROD
Ruombald: Rum|pholz, pold; Rum|bold, bolz, p(o)l, pel(t), pler (s. d.), pelmeyer; Rüm|pel, pler (s. d.), Rim|pel, pler (× RIM), Rombold, pel, Römpler; Grumpelt,

Grümpel, Krumpel, Krümpel(mann)
Rumpraht: Grum|brecht, mert, pert (vgl. GRÜN), Rummert, Rommer(d)t, Römmert, Kromp|hardt, ers, aß Kf. *Rumpo: Rump,| el, us, en, Rumpf(f), Rumb|eli, ke, Rümbeli, Rümp|en, ing, Romp, |e, f, Krump, |e, f(e), Grümpe, Grimpe (× GRIM), Kromp, Grompe (× Rumpf und krumm)
Ruumker: Rümker, Kromker, Kröm(p)ker, Krem(p)ker
Romard: Rummert, Raumhardt, Rommert, Rohmert, Röm|(m)ert, eth, erding, Grummert
Hrumheri: Ru(h)mer, Rühmer (× ON. Rühme, Braunschweig, u. mhd. ruo–, rüemaere „Prahler"), Reumer, Ro(h)mer, Kromer (× „Krämer"), Krömer, Gromer (s. d.), Grömer [von Hrotmar kaum zu trennen]
Rumerich: Rumrich, Rommrich, Romrig, Krum|mrich, (m)reich, rey, ry, rei, Krom|rey, rein
Romuald: Rum|melt, helt, Reumelt, Rö(h)m|hold, held, Röm(m)elt, Grumeld
Romulf: Rumwolf, Krummlauf
Kf. **Hruam:** Ruhm(ke), Rumm, |el, ler (× „Lärmer"), ling, Rumeli; Rüm|elin, ke(ns), Rühm(ling), Rümmele(in). Rim|(m)ele, ler, Raum, Reum; Rohm, |ing, eder, Rom|en, ig, isch, eis, Rommel(mann); Röm|(p)ke, isch, Röhmeling, Römmele, ing; Krum|me,

Ruhm–

el, Grum, |me (vgl. Hieronymus); Krümling, Krimmling; Krom|e, m(e), minga, Crome, Grom, |ke, (m)el, Kröm(e)ke, Gröm|ig, ke, (l)ing
Ruhm–, Rühm–: s. räumen
Ruhmann: HROD und Romanus; Ruhmannseder s. HROD
Ruhn–: s. Rune
Ruhnau: pruß. (ON.)
Ruhr–, Rühr–: s. HROD (Rothari, Hrodōc)
Ruhr: mhd. ruor „Hundekoppel, Meute". Ruhrmann = Koppelmann (oder zum Flußn. Ruhr?)
(rühren): mnd. rūren, rōren, nd. rören. Satzn. Rührnschopf, Rürup („auf"), Ruhrauf, Rohrdantz, Röhr|bein, up, üm, danß
Ru(h)sam: < Ruesamer aus Ruhsam bei Gmunden, Ob. Donau (nicht NBay.)
Ruhstrat: s. rauh
Ruitt: RN. XVII Lövenich b. Jülich
Rul–, Rül–: s. HROD
Rulf: s. HROD, Hrodulf
Rullmann: ON. Rulle, Osnabrück
Rülz(e): „grober Bauer"
Rum–, Rüm–: s. RUHM, HROD, räumen
Rumbauer: s. Rübe
Rummenhöller: Hofn. –hohl, Hagen
Rum(m)ler, Rumpler: „Lärmer" (× RUHM Kf.)
Rumo(h)r: s. rauh
Rump, Rump–: s. RUHM
Rumpen: ON. Aachen
Rumpf: nd. Rump „große Schüssel" u. dgl., „Korntrichter in der Mühle". Kornrumpf, Schüttrumpf (kein Raabescher Leichenkarren!), Schietrumpf.

Vgl. RUHM, Rumpo. Hartrumpf: s. Ranfft
Rumpler: s. Rummler
Rümpler: ON. Rümpel, Schleswig
Rumz: ON. Rums, Tirol
RUND: Nicht zu nhd. rund < lat. rotundus; ablautend zu RAND, RIND? FN. Ronshausen < ON. Hessen < Runteshausen XI. Rund, |e, el, mann; Runt|e, en, ner. Anderes fällt mit RUNE zusammen
Rundspaden: s. Spaten
RUNE: „geheimnisvolle Zauberschrift", dazu nhd. raunen
Runger: Ron(n)iger, Rönger
Runhard: Reunert, Rohnert
Runheri: Rauner (× Raun, ON. Vogtl.), Reuner
Runuald: Rö(h)nelt
 Kf. Run|o, ila, Ronic (vgl. Rohne und RUND): Ruhn, |ke(n); Run|ik(e), k, ke, g(e) (s. d.), ck, ze(l), zler; Runne(cke), Rün|z, zi, tz(el); Rohn, |e, s, ig, ke; Rohne; Ronnig, Röhn,|ke, sch, ing; Rön|ik, tgen, tjen, (i)sch, z; Rönni(n)g, Reun(ing)
 Auslautend in weiblichen Taufn.: Siegrun, Friederun, Gu(n)drun, Waldrun
Runft: < rumphet „runzlig"
Runge: vgl. Leuchse (× RUNE). Rungler
Rungg(er): < ladin. runc „Rodung", Rungatscher < runcaccia „schlechte R.", Rangediner < runcatina „Rütli"
Runkel: ON. Nassau

Runne: nach Werner nd. rune „Wallach"
(Runs): obd. „kleiner Bach"; schweiz. Runsi. Runser, Rinser, Rünscher
Runt–: s. RUND
Ruof(f), Ruopp: s. HROD
Ruoesch: s. Rusch
Ruot|sch, z: s. HROD (× Rusch)
Rup–, Rüp–, Rüpfer: s. HROD
Rupf: s. HROD (Rupp auch pruß. N.)
Rupp(e)rath: ON. Köln
RUS: sl. Stamm; zu asl. rusu „rötlich, blond". Ruß, Russak, Ruske (soweit nicht „Russe"); Rusaly, Russel
Rus: s. Rausch, Reuße, Rusch
(Rusch): 1. schweiz. s. Rausch. 2. obd. „Abhang, an dem Steine herabrollen", mhd. ru(o)ʒʒe: Ruoesch, Rueß, Ruß(egger), Rauß(er). 3. sl. rusch „Ulme, Rüster". 4. nd. „Binse, Schilf" (vgl. Rausch). Rusch, |en, (en)kamp, ebusch, meier. Rüsch|er, kamp; Rüskamp, Rosch, ebenso schweiz. Rüsch. 5. s. Rasch. 6. Rusche: tsch. ruže „Rose". Rusch|ig, ing (Rusch|ka, ke s. Krusche)
Rüsch–: s. Ruschu. HROD Kf.
Ruscheweyh: tsch. rušiwy „störend"
Ruschbler: „Räusperer". Ruschpler, Rüschpler
Rüscher: 1. s. Rusch. 2. nd. „Altwarenhändler". Rüser
Ruse: s. Reuße
Rüsemacher: s. Reuse. Rüser
Rüskamp: s. Rusch
Rus|ke, mich: s. Rose
Rusp: s. Hrodobert

Ruß: 1. s. HROD Kf. 2. s. RUS. 3. s. Rusch 2. 4. der Russe (Rußmann; sl. Russack). 5. = Reuße 1
(Ruß): „Kohlenruß". Rußwurm, Rueßkäfer: Übern. des Schmiedes (oder = „Küchenschabe"?)
(Rüssel): Saw–, Schant|rüʒʒel. Sieh schaben
Rußhardt: s. Hrodhart
Rüßler: s. HROD Kf.
Rust: 1. ON. Saaz. 2. „Ulme" (vgl. Rusch 3). Rüster, Rusterholz(×Rusto)
Rusto: ahd. PN. (wohl zu rüsten). Rust|ler, mann; Rüst, |mann, i(n)g, Rist,|el, er, ig; Rost(ig); Röst|en, el (× sl. N. wie Roztyl „Feist" u. Rostisław „Wachsruhm"), Rost|ig, el; Rüst|i(n)g, ow, Ristitsch; auch pruß. N. Rust
Rut–, Rüt–: s. HROD
(Rute): Birkenruth. Ruten|beck, kolk; aus den Ruthen
Rüter: s. Reuter
Ruthel: pruß. N. Rutil
Ruthemann: ON. Ruthe, Hildesheim
Rüt(l)i: s. Reute
Rutsch(mann), Rütschle, Rutt–, Rütt–: s. HROD
Rüttemann, Rüttjer: s. Reute und roden
Rutz–, Rütz–: s. HROD; Rutz auch pruß. N.
Rutzka: wend. rucka „Händchen". Rutzke (tsch. ručka)
Ruw|ald, old: s. Hrodowald
Ruwett: s. Hrodoward

Ruwisch: s. rauh
Rux: ON. Breslau (vgl. rog)
(ryba): sl. „Fisch", Riba, Riebe, Ri(e)p|ka, ke, Rib(be)ke, Riebicke, Reib|e, ke; ryban „Fischer": Rieban(d), Reiband = rybak: Ryba(c)k, Ribach, Ribback = rybař: Ribarz, Riebartsch. Rübartsch, Raiber. Dazu auch ON. wie Riepke, Ribbeck, Rybnik, Reibnitz, Rybna, nach ON. auch FN. Rieb|au, ner, niger
Rylander: s. Hrodlant
Rymer: s. Riemen
Rypkema: s. REICH (Kf. Ribo)
Ryssel: s. HROD Kf.
Rytter: s. Ritter

S

Saabor: s. za–
Saad: s. Sod
Saag–: s. SACHE u. Säge
Saal: ahd. der sal „Haus, Herrenhaus, Wohnung", Bruchsal, ON. Baden; ON. Honsel, Westf. > FN. Honsell; Saal mehrf. ON. > Saaler, von Saal, mehrf. ON. Saehlhoff. Salhof „Herrenhof"; Sahlof, Seel|hof, off = aus, h(a)usen, es, s = Sel|s, sen; Saalmüller = Frohnmüller (oder zum Flusse?), ähnl. Sahlschmidt = Saalnagel (vgl. Nagel), Seele–, Sehl|meyer (doch Selehof auch = Sadelhof, zu Sattel; × Sedel). Saal|breiter, wächter. — Das Sal(l)and, Seeland (mhd. sallant „Herrengut") konnte verliehen werden an den Salander (erste Silbe betont), Sahlender, Seeländer, Salheiser. Vgl. SAL, selde
Saalau: pruß. ON.
Saal|bach, baum: s. Salweide
Saalborn: ON. Kalbe, Weimar
Saaling: s. Salomon
Saalwirt: s. Sarwürker
Saar–: s. SAR u. Sacher 4
Saarbeck: ON. Rinteln
Saaß–: s. sāze
(Saat): Saat|hoff, kampp, mann; Hafersaat, Blomensath. Vgl. Same
Saatz(er): ON. Saaz mehrf.
Sab–, Säb–: s. SACHE
Sabathiel: hebr. Zabdiel „Geschenk Gottes". Sabadil(l); > jüd. Scheftel(owitz)
Sabbath: Sabat(h); vgl. SACHE und bes. Sobotta

Sabbert: s. SACHE
Sabel: 1. s. Zabel. 2. nd. „Zobel". 3. ON. Meckl., Liegnitz > Sabler
Saberni(a)ck: pruß. ON.
Sabin: ON. Sabin, Pommern; Sabine, Oppeln (× pruß. ON. Sabien)
Sabor: s. za–
Sachau: ON. Wittenberg, Gardelegen. Sacher
SACHE: Zu ahd. sacha, as. saca „Rechtshandel"
Sacbert: Sägebrecht, Sackebier, Sapper(t), Sabbert, Sab|ert, arth, bas (vgl. Saabath); Säbert
  Kf. Sabbe: Sapp, Sap(p)el (× tirol. sappel „Spitzhacke der Flößer"), Säbe, |l, le, ns
*Saghart: Sag(g)ert, Sag|at, et (× Säge), Sachert

Kf. Sacco: Saa|ge (auch pruß. N.) k, ke(l); Sakel(s); Sack (s. d.), |el, sen; Sagel, Säg|(e)ling, el(ken), ler
Sacher: 1. < Zacharias. 2. „Prozeßbeteiligter". 3. rotw. (< hebr.) „umherziehender Händler". Socher. 4. ahd. saher „Riedgras", auch andere hohe Gräser und deren Ort. 5. s. Sachau. — Zu 1: Sacherl, Sächerl, zu 4: Sacherbacher, Sager(er), Saher, Sahr(bacher, hage), Sarr(kamp), Sar|kamm, ach; Se(e)ger(er), Seer, Sehrbunt (zu Bünd)
Sachisthal: < ON. Zagitta (Böhmen)
SACHSEN: Volksn., nd. Sasse. Vgl. Sachse. Sax|o, bert, rich. Sachsinger, Sax, |e, en, l, inger, er(t); Saexinger, Saß, e, mann (auch < ON. wie Sassen(hagen); Sasse(l), Seßle; Sosse (Gottschee); jüd. Sach|sel, smann
Sachse: (vgl. SACHSE), Sach|s, se, ße. Sax(e), fries. Sassema. Zsr. Bauersachs; s. d. — ON. Sachsen, Sassen mehrf. > Sasser. Sonst in ON. < Volksn. oder < PN. Saxo: Sachsen|weger, röder (ON. S.-roda, Altenburg); Saxen|hauser, hammer, kammer (< heim, vgl. ON. Sachsenheim, UFr.; Sachsenkam, Rosenheim), Saxtorf, Sassen|feld, hoff, roth, Sasserath (ON. Düsseldorf). Sl. Sasin > Sassin (ON. Lauenburg). Waldsachs s. sāʒe
Sachser: 1. ON. Sachsa, Harz und Sachsen, mehrf. > Sachsner. 2. schweiz.

Sachser, Saxer zu lat. saxum „Fels"
Sacht: nd. „sanft" (s. d.)
Sachtschal: s. Schach
Sack: 1. < Sacco s. SACHE; 2. s. Isaak > Säckel. 3. Sachname, oft auch als Flurn. verwendet: Sack|hoff, meier, reuter (ON. Sack, Hildesh., MFrk.). Bodens., Bots. („Botentasche"), Roggens., Boh(nen)s., Bo(h)ns. (ON. Bohns., Danzig < preuß. Malcekuke; doch vgl. Erweizs.), Habers., Hop(fen)s. (× mnd. hopsack „Sackleinen"), Straus. = Strohs., Brods., Mads. („Speises."), Zers. (zum Zehren), Wads. („Mantels.") > Wards., Watts., Volls. = Wollens. Als Fangnetz: Bärs. Aber Rehs. s. Resech. — Übertragen = Bauch: Biers., Milchs. (s. d.), Butters., Weinsackh. — Satzn. Stops., Fül(l)s., Fil(l)s., Viels. (Vielsäcker) = Lades. (belade den Bauch), Fendes. (pfänden), Laudens., Lautens. wohl zu mnd. lūden „plündern"; Weges. s. fegen. Schers.? (Schersach). — Sa(c)kmann „Troßknecht". Aber Sackstetter s. Säge; Wod|sack, zack s. Woitscheck
Sack–: s. SACHE
Sackenheim: Sackenheimer Höfe, Koblenz
Sackenreuther: ON. Kulmbach
Sackermann: zu mhd. sacker(valke), ein Falkner
Säckler: „Schatzmeister"
Sackreiter: s. Schach
(sad): sl. „Obstgarten"; tsch. sadek. ON. Sadow, Sodow. FN. Sad|au, e,

er, ek, Sode(r). Aber Sadewater s. Sod
Sadebaum: Wacholderart Juniperus Sabina; auch Sagebaum. Vgl. Sevin
Sadel(er), Sädler, –sadel: s. Sattel
Sadelkow: ON. Meckl. Sattelkau
Sadewasser u. dgl.: s. Sod
(säen): mhd. auch saien: Sä|er, mann, Saier, Sei|er, mann (vgl. See)
Saff–: s. Saffo
Saffier: s. Saphir
Saffke: s. Zaffke und Saffo
Saffo: unerkl. altd. N. (< *Sabafrid?, dazu dann Saffer|t, ling?), Saff|e, ke; auch Saft, Säftle?
Safran: Saffra(h)n
Safrein: s. Severinus
Saf(f)t, Säftle: s. Saffo
Sag–, Säg–: s. SACHE, Sacher 4 und Säge
Sagasser: ON. Sagas, Kärnten
(Säge): Säg|er, (e)müller, e(n)schnitter; Seege|r, mann; Seg|er, miller, schneider, mehl. Saget, Sageter, Sageder, Segeter; Sag–, Sack|stetter; Sag|er (er, mann), meister, eder (Gottschee: Sagar, Schager). Sagen|schnieder, schnitter, schneider. Säg|enser, esser: s. Sense
Sägebarth: s. SIEG, Sigiberht
Sagebaum: s. Sadebaum
Sagel: s. SACHE Kf. und Zacco
Sager: 1. s. Säge. 2. „Sprecher" (nd. Segger). 3. ON. Sage, Oldenb.; Sager, Pommern
Sägert: < Sigihard oder Säger
Saggau: ON. Sagau, Eutin
Sagitz: s. Zajac
Sagner: ON. Sagan

Sagorski: s. za–
Saher: s. Sacher 4
Sahl–: s. Saal, SAL, Salomon. Salweide
–sahl: s. Sattel
Sahm, Sähm–: s. SAM (Sahm, |e auch pruß. N.)
Sähn: s. Sohn
Sahnwald: s. San
Sahrenhusen: s. Zahrenhusen
Sahr: s. SAR u. Sacher 4
Saidler: s. SIEG (Kf. Sitto)
Saier: s. säen
Saif–: s. SIEG (Sigifrith)
Saiger: ON. Saig, Baden
Sailer: s. Seiler
(Saite): Saitenmacher
Saitz: s. SIEG, Kf. Sizzo
Saiwert: s. SIEG (Sigiwart, × Sigifrith)
Sajitz: s. Zajac
Sak–: s. SACHE
Sal–: s. Salomon und Salweide
SAL: zu ahd. sal „Saal", doch auch zu ahd. salo „schwarz, schmutzig" (Stamm salv–)
Seliperth: Salpert, Salber (× Salb)
*Selibrand: Seelenbrandt
Salafrid: vgl. Salvard
Salager: Salger, Sellger, Selker (s. die Kf.), Se(e)liger
Salvard: Salfert, Salver(moser), Sallet, Seelert, Sellert, Sel|wert, vers (z. T. auch < Salafrid)
Salaher: Saller(mann)
Salaman: s. Salman
Salamar: Sel(l)|mar, mer, mayr
Salemod: Sallmuth
 Kf. Salo, Sello (× Salb): Saal (auch pruß. N.), Sahle, Sal|g, (i)ch, ching; Sall(g)e, Sel|ig, igo, ge, king, ke (× ON. Selka, Altenburg > Sel-

ker; wend. PN. Zelka; aber Selkmann < Flußn. Selke, Harz; × Sigilo, s. SIEG Kf.); Se(h)ling, Sel|e, eke, cke, ig; Sell, |o, e, ing; Zelk
Saladin: ägypt. Sultan im MA. Salatin, Salent|ijn, iny; jüd. < ON. Soldin
Salamander: < Salomon
(Salbe): Salb, |er, (mhd. auch „Schmierer, Schmeichler"), nd. Salver
Salb|ei, ey: Pflanzenn.
Salch–, Saler, Salg(er), Sall|acher, enbach: s. Salweide
Salder: ON. Wolfenbüttel
Salecker: ON. Saaleck, Naumburg
Salent|ijn, iny: s. Saladin
Sal|eschke, is, isch: s. za–
Sälhof: s. Sedel
Salinger: < Salomon
Sallett: < lit. Salleyda
Salliter: s. Salpeter und Salweide
Sallmann: s. Saal und Salomon
Sall|weck, werk, würk: s. Sarwürker
Salm: Fischn. (Häusern.; × ON. Trier, Marienwerder)
Salman: 1. „Grundstücksvermittler, Treuhänder, Vormund", zu mhd. sal(e) „Übergabe eines Gutes". Sall–, Seel–, Sell|mann. 2. Nordd. zum ON. Saal, Stralsund oder Flußn. Saale (× SAL und Salomon)
Salnig: s. Salomon
Salomon: hebr. „der Friedfertige". Nicht nur jüd. Salo|mo, mon(sohn), monis, m, man(n); Sahl|mon, mann; Sal|mon(y, sen), emon(n), mang. [Sallmann, Salmen, Solman He.] Christl. > Salzmann, Aleman, wend.

Salman|n, Sulman > Solm. S. auch Friede
Salpeter: Sal|veder, veter; Sal(l)iter, Saniter < mhd. sal(n)iter
Saltner: tirol. „Flurschütz"
(Salvator): lat. „Erlöser". Salwadori
Salver: s. SAL und Salbe
Salweck: s. Sarwürker
(Salweide): mhd. salhe. Kollektiv salach (s. –ach 3). Saal–, Zahl|baum; Sahlbach, enbeck, Sallenbach, schweiz. Sahli, Salch, |(n)er, inger, egger; Saler, Sallacher, Salg(er), Selg, Selch (Seligmüller?), Silch|, er, inger, müller; Silkenbäumer (Sal|ecker, ocker, eiker, eika, Soleck, Salit(t)er KS.)
Salz: nd. solt. Mehrf. ON. Salz (a, e). — Salts, Sälzle(n), Selzle, Salzer („Einsalzer, Salzhändler"), Sälz(l)er, Selzer (× ON. Selz, Elsaß), nd. Solter, Sölter (× ON. Solt, Soltau). Salz|faß, korn, brun(n), weger (ON. Passau), mann, brenner < börner, brunner, stöße|r, l („Kleinhändler"), enbrodt („Salz und Brot"), brot, lechner, bauer, wimmer (sind von einem Salzwerk abhängig; Bre). Saldsieder. Solt|mann, menger, kahn, enborn. — Aber Salzig, ON. Koblenz > Salz(i)ger. Solt–, Sollwedel = Salzwede(l): ON. Magdeburg
SAM I: Unerklärter deutscher Stamm. Sam|o, olf. Geringe Reste wie: Saam, |e, en, Same(n)s, Sem|le?, ken, Semmer
SAM II: sl. Stamm. Zu asl. samu „selbst". Samobor.

Sam–

Sam|ek, osch, m(irg); Zam|ek, jahn (× sl. zamek „Schloß"), Sä(h)misch, Sehmisch, Sem|(m)ig (× Simon), isch, Zehmisch (× asl. seme „Same"; s. auch Zehme)
Sam–: s. auch Saum
Samariter: „der barmherzige S." Häusern.?
Samberger: s. Saum
Sambeth: s. Sammet
Sambol: s. SAND
Sameit: pruß. N.
Samel(sohn): s. Samuel
(Samen): s. Mohn, Rübe, Raber; mhd. same auch „Saatfeld". Sämer
–samer: s. Heim
Samm–: s. SAM u. SAND
Sämel: s. Semmel
Sammereier: s. Maria
Sam(m)et: Sambeth, Semmet, Samweber. Aber bair. × samd „Sand": Sammetreuther (Einöde Sammetsreit, Moosburg). Breitsameter s. Öd
Samm|ler, ner: „Steuereinnehmer", auch „Sparer"
Samorra: span. ON. Zamorra
Samosch: s. za–
Sampels: s. Sand
Sampleben: s. Sanft
Sam|sel, s(ch)on: s. Simson
Samst: ON. Posen
Samtlebe(n): s. Sanft
Samuel: hebr. Schemuēl „von Gott erbeten". Samuel, |s, is, sohn, sen; Samel(sohn); Za(h)mel; z. T. jüd., so Schamuel, Samul, Schmul(ewitz), Schmoll(er), Schmuller, Semuel > Semmel(mann); christl. z. B. Schmuel, Schmo(h)el (Glatz), wend. Sam(m)el, Som(b)jelj(ck), Schombel > Bjelj(k)a, Mjelj(k)a, Biel|ick, eck,

aß, ig, ing, itz, ß, Bill|lig, ik, Bilz(er), Miel|ich, ke, sch; lit. Samuleit
Samweber: s. Sammet
SAN: Deutung ganz unsicher (× SAND)
Seniofred: Senfert
Senhart: San(n)ert, Sehnert, Sennert
Senuald: Sahn–, San(n)–, Senne|wald (× mnd. senewalt „kugel–, walzenförmig"), Senhold, Sennholz
Kf. **San(n)o:** Sann, | e, es, ig, ing, Sans; Sehne, Senn|e, ig, ing(er). Sancho s. d.
Sancho: Kf. zu SAN oder SAND? San|(c)ke, g, ge(l); Sänke; Sen|g, k, ke, king
SAND: zu an. sannr, sadhr; as. und ags. sodh „wahr"
Sandebold: Sambol
Sandebert: Sammert
Sandheri: Sand|er(s) (s. d.), herr, ring, Santer, Zan|der, ter (× Fischn.), nd. Söder
*****Sandmar:** Sandmer, Sammer
Sandarat: Sandrat
Sandrih: Sandrich
Sandolt: Sand|ol, holz, el(mann), Sant|l, elmann
Erweiterter Stamm:
*****Sandrahart:** Sandrart?
Kf. **Sando:** Sand, |o, e(n), ig, el, l(er); Sant, o|, (e)l, e(n); Sendel, Senteck, Sans, San(t)z (× ON. Stralsund). (Sandruchek und Senska weisen auch für Santroch, Sen|ske, zig auf einen sl. Stamm hin)
Sand: Oft in Flurn.; vgl. Sammet. Auch ON. Sand,| e(n). van de Sand, von

der Sandt, zum Sande, Sand|ner, fries. jer, stra, mann („Anwohner" oder wie Sandführer „Händler", Bre), bichler, biller, bühler, hofer (32 ON.), grund, fort (4 ON.), horst, hop (nd. „Haufe"; Santopp, Zantop), weger, gathe („Gasse"), bank, scholten, kaulen = kuhl (> Sankuhl, Sangkohl), kühler, gruber, ritter = reuther (ON. Kulmbach, Nürnbg.). Zand|bergen, er. Kollektiv: Gsantner. Sandha(a)s Spottn. der Nürnberger und der Bewohner der badischen Haardt wegen des Sandbodens. Hess. sampel „Sandbühel" > Sampels. Sieh auch Fuchs, Sammet, Staub und streuen; Sand– s. auch Alexander
Sander: 1. meist Alexander (Sanders). 2. Sandheri (s. SAND). 3. < Sand (auch ON. Sand, |e oft). 4. Fischbez. (Zander). 5. pruß. N. Sand|ar, er, ir
Sandrock: = Sammetrock
Sanert: s. SAN
Sanft: Sempft, Senft (mhd. senfte; × Senf), Sanftl, Senf(t)li, Senftinger, Senfle; Lebsanft, Sanft–, Sam(m)t–, Samp(t)–, Sand|leben; Senftlebe|n, r; Senfleben (× ON. Sambleben, Wolfenbüttel; kaum Senftleben, Mähren). Nd. Sacht,| (e)leben, lebe(r)
Sang–, –sang; Sänger, –sänger: s. sengen und singen
Sangal: pruß. N. Sangal
(sange): mhd. „Ährenbüschel". Sang|e, er(mann), korn

Sangkohl, Sankuhl: s. Sand
Saniter: s. Salpeter
Sanke, Sänke: s. Sancho
Sann–: s. SAN
Sanne: 1. s. SAN. 2. ON. Magdeb. Sann|er (× Alexander), emann
Sant–, Sanz–: s. SAND
Santen, Santner: s. Xanten
Santopp: s. Sand
Saphir: nicht nur jüd. Saffier
Sap(p)–: s. SACHE
Sapun: pruß. ON.
SAR: zu ahd. saro „Rüstung" (vgl. Sarwürker)
Saraberct: Serbat. Kf. Sarpe?
*****Sarafrid:** Sar|fert, farth
Saraman: Saar–, Sahr–, Se(h)r|mann
Saramund: Ser|mund, mond
Serald: Sehrwald
Sarwart (auch „Rüstungswärter"): Serwert
*****Sarwig:** Sarwey
  Kf. Saro: Sar, |o, ius, ke, geli, sch, l(ing); Sahr, Saar(e), Sarre, Seringhaus) (ON. Seringhausen, Lippstadt, Lennep), Sehr|ig, ke; Seer (× sl. žar „Brandstätte"); dazu ON. Sohra, Särka, FN. Sar|ing, ich, Sär|ink, ich)
Sar–: s. Sacher
(Sarah): hebr. „Fürstin". Sarason
Sarasch: ON. Saras, Saaz (tsch. Zahražany)
Sarf: s. Scharf
Sarkander: Gräzis. für Fleischmann
Sarodnik: wend. zahrodnik „Gärtner"
Sar(r)azin: mhd. Sarrazīn, meist frz. ausgesprochen, „Sarazene, Morgenländer"
Sartezon: s. Zarth

Sartor(ius): Latinis. für Schneider; im Gen. Sartoris
Sarwürker: zu sar „Rüstung". Sieh Werk. Sar|werter, wetter. Dissimiliert Sall|werk, würk, Salweck, Salwirt
Sas–, Sass–: s. SACHSE und Sachse; Sassen auch zu Christianus 4 u. mehrfach ON.
–saß, –säß: s. sāʒe
Sassenhausen: ON. Wittgenstein
Saterdag: ndl. „Sonnabend"
–sath: s. sāʒe
Sattel: mhd. satel, sättele, settele, nd. sadel. Übertragen in Flurn. „Geländeeinsenkung" (× mhd. sātel, ein Ackermaß). Vomsattel (schweiz.). Sattel|berg(er), knecht, mair; Sattlegger. Hochs. (Husadel, Holzs. Strohsahl. Klebsattel doch wohl „sitzt fest im Sattel". Hauptmann Clebesattel, Vogtl. 1455. Gleb–, Klepp|sattel, nd. Klevesahl. Doch Clepesole, Lüneburg 1292 wohl zu sōl „Pfuhl, Lache". Klee–, Clee|sattel „Kleeacker"? Sieh auch Sedel. — Sattler: 1. < Flurn. > Hochsattler. 2. Handwerker: Sättler, Sad(e)ler, Sädler, Saddelmacher
Sattelkau: s. Sadelkow
–satz, –sätz: s. sāʒe
Satzinger: < satzung („verpfändetes Gut") > Satzger
(Sau): Seible, Wildsau, Sau|hirt, mann, treiber, meier, lacher, schneider (s. Gelzer), häuptel > häutl, heitl, kopp; Sawrüssel. Saumagen (jüd.)

Sauber: Saubert (× Zuber 3), Säuberli(ch) (auch „anständig, zierlich, bedächtig"), Süberli, Seuberlich, Seyberlich, der Unsuber
Säubert: s. SIEG, Sigiberht
Sauer: 1. mhd. nd. sūr „sauer", auch „grimmig, mürrisch". Saur, Su(h)r, Suur, Sürly, Säuerle, Säurig; Saur|le, ing, Sauertz, Surke. Sauer|apfel, birn, bier, wein, zapf(e) > zopf, eßig, schell, brey (s. Brei), milch, teig, beck, hering, jüd. brunn, born, Suermuss, (schweiz. Surenpferli „Sauerampferchen"). Vom Boden: –acker, bruch (Kotten bei Hagen), feld, Surenbrock, Suhrenkamp. — 2. in Zsr. < nd. sūder „Süder–, südlich": Sauer|berg, land, hoff, dieck, holt, wald, Surland.— 3. × soor „trocken": — 4. < ON. Sauen, Potsdam.– Sauer–, Suhr|mann auch < Flußn. Sauer, Westf.; Sauer|baum: ON. Ostpreußen, –lacher: ON. Sauerlach OB. S. auch Schur
–(s)auer: s. Au
(saufen): Säufer (jüd., aber wohl < saufer, sofer „Schreiber"); Sauff, nd. Süper. Satzn. Sauf|aus, > haus, nd. Sup, Suppus, Subthut (< sup et ut), Supguth. Säuferl(e)in: s. Siegfried
(saugen): Säugling, Satzn. Saugspier, Saugenfinger. Sauger: Wettermaschine im Bergwerk
Saukel: Hofn. Altena
Saul: 1. hebr. „der Erbetene". Saul|mann, sohn, Schaul, wend. Sawall(a),

Saul|e, ich (×ON. Saule, Posen). 2. ON. Breslau

Saum: 1. „Grenze", wohl auch „Pfad"; bair. sam: Sam, |land, berg(er), bauer, hofer, huber, müller, Samm, |feld, miller. 2. Alpen: „Traglast eines Tieres, Saumtier". Zu 1. 2: Saum(er), Säumer, Seumer, Samer, Sohm(er), Suhm

(säumen): „zögern". Satzn. Seumnich, Seumenich(t); nd. Süm|nich(t), nick, Sumnich

Sauper: tsch. PN. Soupeř „Gegner". Dazu auch Saup(p)e, Saupp? (nach anderen zu Supan)

Saur–: s. Sauer

Saurenbach: ON. Siegkreis

Saurenhaus: Höfe bei Elberfeld

von Saurma: < Sauermann

Sause: < ahd. Suso (zu „sausen"?, Ablaut zu SIS?)

Sausel: vgl. pruß. N. Sause

(sausen): Sausewind. Schweiz. Sauser „brausender Most". Sausner

Saußenthaler: Einöde Roggenburg (B. Schwab.)

Saust: s. Soest

Saut(n)er: s. suter

Sawade: s. zawada

Sawall(a): s. Saul

Sawallisch: ON. Sawallich, Schlochau (Westpr.)

Sawusch: s. za–

Sax–: s. SACHSE u. Sachse

Saxenhammer: ON. Sachsenham, NBay.

Sayda: 3 ON. Sachsen

Saynisch: Grafschaft Sayn (Ort bei Koblenz). Sainisch, Seyn|isch, sch(e), Seinsche

(säʒe): mhd. „Wohnsitz", auch gesaeʒe und seʒ (sa(e)ʒe „der Sasse, Siedler"). Sa(a)ß, Sesser, Säzler, Sitzler. Nieder|saß, sätz, gesäß, gäsäß; Hochseß, Hinder–, Eigen|satz; Hof|säs, säß; Neu|satz, sitzer, sesser (ON. Neuseß Franken oft), Winkelsesser, Waldsach|s, se (ON. Waldsachsen, mehrfach). Nd. (vgl. Holste u. Kote) Brokseten > Broxtermann, Bruchsitter; von Velsen < Velseten, Brinxter (zu Brink)

Scacca: Zu ags. scacan „schütteln" (vgl. Shakespeare; s. SKOG) oder afries. shāk „Raub" (vgl. nhd. „Schächer"). Die meisten N. wenig sicher; vgl. Schach, Schack(e), Schecke

Schack, |o, e; Schaak(e), Schakel, Schach(e), Schäck, |e, l; Schä|ke, ch(e), g(e); Scheck, |e, er, s; Schegger

Weiterb. auf hart: Schakat, Schack|at, ert; Schachert

Scatto: Zu „schaden" oder „Schatten", Scatolf. Schäd|e, le, ing, erl; Schädd|rich, el; Schatt, |e, en, ke, ing, mann; Schäth, Schätt|i, el, ling, gen; Schetge, Schett|i, y, el, ke, ling(er); Sched|e(r)t, er, erecker. Aber Schatt|ner, inger „auf der Schattenseite wohnend"

Schaab: s. schaben

Schaad(e): s. Schade

Schaak(e): s. Zschache

Schaal(e): s. Schale und skala

Schaap: s. Schaf

Schaar: s. SCHAR, scheren

Schabatsberger: Weiler Schabetsberg, Hausruckkreis (OÖst.). FN. Schabesberger

Schabbehard: ON. Westf. Schappard; falsch verhochdeutscht Schaffhart (×hart „Hirt"; vgl. Schaf)

(schaben): Schaber (Abdecker, Barbier); ebenso Schäble, Schabenrüssel, doch Scha(a)b auch < mhd. schabe „Schabeisen, Hobel"

Schabe: s. Zabe u. schaben

Schäbler: s. schapel

Schach: 1. obd. schach(e)n „einzelnes Waldstück" (vgl. Schacht); Schach,| (e)l, er(l), enmann, ner, (en)hofer, inger; Schächer, Schech|inger, ner; Weidschacher, Puschacher (< Buche), Danschacher; ON. Schachen mehrfach. (Schach(t)ner, Schechner, auch rheinisch Schagen. Scheckenreuter, Sackreiter KS.). 2. „Spiel"; mhd. schāchzabel, d. h. „Tafel": Schacht|zabel, schabe(l); Schartschabel, Schackschahl, Tschachtschal, Sachtschal. 3. s. Scacca: Schäch(e), Schachert. 4. sl. s. Zschacke (jüd. Schacher(er) wohl zu schochet „Schächter")

Schacht: 1. „Bergwerksschacht". Schachtmeister. 2. nd. auch „Brunnensch." 3. nd. „Schaft" (dictus Schacht = hastifex, Anklam XIII). Schachtschneider, aber auch Schattschneider. 4. obd. = Schach 1. — Schacht|mann, el, l(meier), ner, eler (nach Socin zu mhd. schahtelān „Kastellan"), Tschachtler; Schächt|l, ele (NS.), ler, ner, er(le), Schechterle (Stuttg.), alles meist zu 3. Zu 2: Schachtsiek. —

423

Schacht|schabe(l), zabel s. Schach 2
Schachter, Schächter: jüd. s. Schochet
Schachtner: s. Schach
Schack–, Schäck–: s. Scacca und Zschacke
Schack(e): 1. nd. „Erdzunge". Schackimar (mar „Teich"). 2. Schacke nd. „Wacholderdrossel" (× Scacca, Zschacke)
Schackschahl: s. Schach
Schad–: s. Schade
Schäd–: s. Scatto
Schade: ahd. scado ist auch „Schädiger, Feind"; × tsch. skoda: Skoda, wend. Schkade. Schetge (vgl. Scatto), Schaad(e), Schad, |t, e(r), el; Schäd|le, el(in), iger; Schädlich, Schetelich, Landschade = Schadeland. Schadenfroh, Schade|brodt, wald. Aber Schaderer: südd. „Büttel"; Schad|ack, ock, eck < sl. šady „alt" (poln. dziad „Greis, Bettler"; Dziadek); Schadlock < Szadołk „alt"
Schädel: 1. Schedl(meier); Breit–, Groß–, Bock–, Dirschedl; Rotschädel, Mannschedel, Weischedel („weiß"); 2. = Schertel 4
Schädler: „Küfer". Schedler, Schädla, Bindschädler
Schadow: ON. Brandenb.
Schaf: Schaaf(f); Schäf|li, le(in), Schefle, Schoof, Schöfche, Schiefgen, nd. Scha(a)p, Schäpke, Schoop; Schaf(f)hirt, meister, knecht, stall(er), steller, stadler, Schaffland, Schefberger; Schaaphaus, Schap|herder, heer („Hirt" s. Herter und vgl. Schabbehard), dick („Teich"), schroer (sieh Schröter); Schaf(f)eld, Schapfeld (viell. < Fell). Mit PN. Schap|hans, jans > Schafgans, Schaffganz. Schaf|litzel, nitz(el) s. Schafhäutl und schaffen; Schafhauser < ON. Schaffhausen, mehrf.; Schafdoht s. SCHAFT; Schafarsch s. Schindelarsch; s. auch Schafhäutle
Schaduz: (Schad + Utz)
Schäf–: s. schefe
Schäfer: Schäfer, |s, lein, bartold, henrich, kötter, töns (Anton), skord, ling; Schäffermeier, Neu–, Bauer|schäfer; Sche(e)fer, Scheferlin; nd. Schaper (× ON. Schapen, Braunschweig), Buerschaper, Schäper, |s, klaus; Thiesschaeper < Matthias, Schaperja(h)n, Schap(p)rian, Scheperjan(s), Scheep|er(s), ker; rhein. Schippers, Schiffer(s), ndrhein. Schie|fer(s), pers. Nassau: Schöfer, fries. Scheepker, Scheepstra. Scheping. Wend. Sapař, Schapper (Schäffer, Scheffer, Schöffer KS.)
Schaff: „Kübel". Wasserschaff. Vklf. Schäffl(e), Scheffel, Schöffel, Schapf(e)l. — Dazu Schäf(f)ler (gelegentlich = Schäffer); Scheff|ler, ner, macher, Schöffler „Böttcher"; nordd. Scheffel auch Maß: FN. Mark(t)scheffel; Scheffel–, Schep(p)el|mann; Schep(e)ler (× schapel)
Schaff–: s. auch Schafhäutle
Schäffauer: s. Scheffauer
(schaffen): Imp. Schaff|enicht (s. Seltenreich) > ernicht; nit, wol, rath > enrath, (en)roth, rott (s. Schaffert; × Rodung als Schafweide wie Hammelrath, Ochsenreuth), Schaffenlitzel („wenig"), Schaf|nizl, nitzel (× Schafhäutl). Aber Schaffganz s. Schaf
Schaffer: „der schafft" (im Sinne von bair. „anschaffen = befehlen"), „Verwalter, Zunftvorsteher". Schaff|er(er), ner; Schäffler(s), erer, (er)le (vgl. Schaff), ner; Neuschäffer, Scheff(n)er, Schoffer, Schöffer (doch s. Schäfer)
Schaffert: ON. Thurgau; schles. < Schaffrot „schaffe Rat"
Schaffgotsch: Graf S. < Gotsche (= Gottfried) Schoff, d. h. Schaf
Schaffhart: s. Schabbehard
Schafhäutl(e): < tirol. tschaffit zu it. civetta, mundartl. ciovetta „Käuzchen", dies < provenzalisch chau (frz. chouette) zu dtsch. Schuhu (vgl. Schaufuß): Schaf|itel, heutle, heitlin, eytlin. Schaff|eit, (l)itzel, itz; Schoffizel, Schafhütlin
SCHAFT: zu ahd. scaft „Schaft, Speer". Hierher Schef(f)old (vgl. ON. Scaftolteshaim, Schäffolsheim, Elsaß) > Scheffeldt, Schafdoht, ferner Schäftlein, Scheftlein u. sicher oft Scheffel
Schäfter: „Schäftemacher": Schaffter, Schaftner, Schefter. S. auch Pfeil
Schagen: s. Schach 1
Schäge: s. Scacca
Schager: s. Säge
Schaib–: s. Schaub
Schaich: s. Scheu
Schaid(en): Fischn. „Wels", bair.

Schaika, Schaitza: s. Scheika
Schaja u. dgl.: s. Jesaia
Schakel: s. Scacca
(schal,|e): 1. mhd. „Fleischbank". 2. „Steinplatte". Schaal(mann), Schal(er), Scholer (× ON. Schaala, Rudolst. u. Schale, Münster). Zu 2: Schall, |inger, moser (vgl. Schaller). Vgl. scala
Schalaster: Vogelbez. „Elster"
Schal|ch(er), ck, ge, ich, ing: s. Schalk u. skala
Schaler, Schäler: „Eichenschäler"; vgl. Borkenbrecher, Lohe u. schinden. Schällebaum (schweiz.)
Schäl|icke, ing: s. skala
SCHALK: zu ahd. scalc „Knecht". Gottschal|k, d. Engelscha|ck, ll, Uschold (s. OD), Trautschold
Schalk: ahd. scalc, scalc „Knecht", doch schon mhd. mit Nebenbedeutung: „boshaft"; ahd. scalco: Schal|ck, ch(er); Schalk, |e, hauser (ON. Ansbach); Schälk|e, Schall(y), Schelk, |e(n), er, le; vgl. Seneschall
Schalk|au, er: s. skala
Schalkau: ON. Breslau, Meiningen
Schalke: ON. Bochum
Schallbruch: Hofn. Elberf.
Schallenberg: Hofn. Eupen
Schalkhammer: ON. Schalk|ham, heim, NB. Schal(le)nkammer, Schall(en)hammer
Schall–: s. schale, Schalk, Schalkhammer, Schalmei
Schaller: „Ausrufer, Marktschreier, Schwätzer, Prahler" (× schale). Scheller
(Schalmei): Schalmyer, Schallmair, Schallamayr
Schaltenbrand: Satzn. „Trenne den Brand"

Schalun: ON. Chalons, Stoff aus Chalons; vgl. Arras. Schall|on,aun
SCHAM: zu ahd. scemmi „kurz" (auch zu mhd. scham(e), schem(e) „Scham"?). Scam|bert, mar; vgl. SCHANDE. Hierher viell. Scham,| (m)el, p(e)l(l), Schemenauer; Schemm, |el, erer, inger (vgl. ON. Langenschemmern, Baden)
Schambach(er): < ahd. scamm „kurz"; 7 ON.; ebenso Schamberg(er); Scham|beck, böck
Schamber: mhd. schambaere „schamhaft"
Schamer: s. Krämer
Schamper: obd. „Wams"
Schamuel: s. Samuel
Schan, |l: Schan|dl, g, n(e); Schän|dl, le: < frz. Jean, s. Johannes 3
Schanbacher: ON. Cannstadt
SCHANDE: scheint altd. N. gebildet zu haben (vgl. SCHAM und westfrk. N. auf –scand). Hierher viell. Schand|el(meier), ing, er (s. d.), erl, ri, ry; Schantl, Schänderlein, Schend|el, ler, erlein; Schent|el, n, ke
Schander: ON. Schandau, Dresden. Schandert
Schändl: 1. „Kerze" < frz. chandelle. 2. s. Schan und SCHANDE
Schan|g, l, Schänle, Schann(e): s. Schan
Schanold: junge Mischf. zu frz. Jean
Schan(t)z: mhd. schanz „Arbeitskittel". Tschanz, Schänz|(e)l, le, Schenz|el, li. Anderes wie Schanz|er, gräber, mann zu Schanze als „Befestigung, Erzhaufen, Halde". Mehrfach ON. Schanz(e)

Schap–: s. Schaf
Schäpan: s. Stephanus
Schäpe: ON. Belzig
(schapel): „Brautkranz". Tschappel, Schap(p)eler, Scheppler, Tschäppeler, Schäbler, Schebler, Schöppler (× Schaube), Schap(p)elmacher; × poln. czapla „Reiher" (ON. Tschapel, Kreuzburg: Schapp|el, ler)
Schaper, Schäper: s. Schäfer
Schapf(e)l: s. Schaff
Schapke: s. Zabe
Schapp: tsch. čáp „Storch". Tschap(p), Tschappe
Schappach: 1. ON. Schapbach, Baden. 2. wend. čapak „Hocker, Kauerer" > ON. Zschoppach, Sa.
Schappan: s. Stephanus
Schappard: s. Schabbehard
Schapper: nd. zu schapp: 1. „Kübel". 2. „Schrank". wend. čap|or, er „Geröll, Schutt" oder šapař „Schäfer"
Schäpperle: schwäb. schäpper „Schaffell". Schepperle (s. d.)
Scha(p)prian: s. Schäfer
Schaptag: s. Dach
SCHAR: zu ahd. scara „Heerschar" oder ahd. scar „schneidende Waffe" (vgl. „Pflugschar"). (Im Walthari Scaramund). Hierher vielleicht:
*Scaribert: Scharber(t), Schär–, Scheerbarth
*Scaramar: Scharmer, Schermer(s).(s. d.)
*Scarhart: Scharrath, Scharak
*Scarold: Scharold
Kf. Scarius, Skerilo: Schaar(e), Schar,| en, l(emann); Scharr, |e (s. d.), inghausen; Schär,|

(Schar)

l, ing; Scheer, |s, le; Scher|ens, ell, z; Scherl,| e(in), ing; Scherr, |lein, er, mann (× schēr(e), süddeutsch „Maulwurf"; scharre „Misteldrossel", schēre „scherenförmiges Grundstück"; vgl. scheren u. Scherling); (Scharz, Schärzel × Schart).— Anderes ganz unsicher: mit Scharloff vgl. Scharlo(w)ski. Zu sl. žarek „der Glänzende": Schar|ge, ke, ing; Schär|icke, ich, eke

(Schar): 1. Reihenleistung: FN. Scharwächter „Patrouille". 2. Menge: Scharvogel. 3. mnd. schare „Anteil an der Feldmark": Scharer, Schärer, Scharmann „Gehilfe des Holtgreben". 4. „Einschnitt, steiles Gelände", mnd. „Ufer, Schneise": Schar|loh, hag, waller, meier; Scharn|bach, beck. 5. „Pflugschar". Schar|schmidt, macher, Scharfschmidt

Scharb(e): Vogeln. „Kormoran" (vgl. Rabe und Scholber)

Schard–, Schärd–: s. Schart

Schardin: s. Gardein

Scharding: ON. Schardingen, Osnabr.

Schärdinger: ON. Schärding, Innkreis, OÖst.

Schäreke: s. SCHAR

Schär(er): s. scheren und schar

Scharf: Gelegentlich in alten Zss. (Sherf|olt, hilt), wohl urspr. eingliedriger N.; mhd. schar(p)f, scher(p)fe, sarf „scharf, rauh". Schar|(p)f, fetter (s. öd; > –hütter KS.). Scherpf, Schärf, |f(e), ling; Scherf, |f, el, ig, ling (× Scharf, Scherf(chen) „kleinste Münze"; tsch. červ „Wurm"). Sarf, Serf|f, ling; nd. Scharp|ing, ke, Schärping, Scherp|e(nkötter), ing (aber Scherper, Scherffer: nd. „Messer–, Waffen|schmied"). Scharp|egge, winkel. Scharpen|berg (Hofn. Hagen), seel, nack (ON. Scharpenacker, Lennep). Scherpenborg. — In ON. Scharfen|ort (4), stein (5), hang

Scharfbillig: ON. bei Wasserbillig, Trier

Schar|ge, ke, Schär|ich, icke: s. SCHAR

Scharioth: „Judas Isch.". Schorioth, Schieriot(h)

Scharlibbe: ON. Jerichow

Scharlott: = Charlotte

Scharn–, Schärn–: s. Czerny und schar 3

Scharnick: pruß. ON.

Scharp–, Schärp–: s. Scharf

Scharre: 1. „Geizhals". 2. „Verkaufsstand, Fleischbank u. dgl.". Schar(r)n. Auch scherre: Scher(re), Scherner (× SCHAR, schar; vgl. schranne). 3. ON. Schare, Bautzen. Scharrer

Scharrenberg: 4 Orte Rhld.

Scharrenbro(i)ch: ON. Scharrenbroch, Köln, Mülheim (Rhld.)

Scharrnbeck: 2 ON. Scharmbeck, Hann.

Schart: ahd. scart „zerhauen" (vgl. nhd. Scharte. PN. Scartilo, Scarzo; × SCHAR; Weiterb. Scartolf. Doch vgl. auch mhd. schart „Röstpfanne" und poln. czart „Teufel", wozu Schart|au, ow). Schardt, Schart, |e, l, iger; Schard|t, ing; Scharz, Schärzel, Schär-

Schaub

d|el, inger (ON. Passau). Schert|(e)l (s. d.), es, ling; Scherz, |er, l (× scherz „Spaß", scherzer „Spaßmacher"; vgl. FN. Denkscherz, Tollscherz, scherze(l) „Abschnitt", bair. auch „Ranft" < it. scorza „Rinde"?). Schart|ner, mann zu Scharte „schmaler Paß". Langschartner (Schartner, Schat(t)ner, Schöttner KS.). Sieh auch Schattau

Schartschnabel: s. Schach

Scharz–, Schärz–: s. Schart

Schasch: sl. šaš „Riedgras"

Schat|ell, olla: s. Schultheiß

Schäth, Schatt–, Schätt–: s. Scatto und Schade

Schattau(er): 4 Orte; von dem Salzburger N.: Schartau, Schartane (KS.).

Schatter: 1. s. Schatzer. 2. ON. Schatt|en (4), au (4) (s. d.). 3. in Weißenfels < Schader (s. Schade)

Schattner: 4 ON. Schatten

Schatz: Übern. Schon ahd. Scaz(el)o. Schatz, |e, l, (el) meyer, eder; Schazmann, Schätz, |l, le(in), ell, chen, ke, i(n)g; Oberschätzl; Schäzle(r), Schetzke. Satzn. Mehrnschatz

Schatzer: Schätzer, Schetzer, nd. Schatter, Schätter, Schetter „Abschätzer, Taxator", auch „Steuereinnehmer". × ON. Schätz, Breslau

Schau–: s. Schuh(macher, mann), Schubert

Schaub: „Strohbündel" > „dürrer Mensch". Schaub,|el; Schaupp, Schäuble, Scheub|el, le(n), lin; Scheuplein, Scheibel,

Schaub|el, le, lin; nd. Schoop, Schoof(s). Auch Abzeichen wie Hegewisch: Schaub|er, eder, meier; vgl. wīfe, Dach, schauen, schieben

Schaube: „langes Überkleid". Schaub|e, (n)er („Hersteller"), Schaupner, Scheubner, Schube, Schobenrock. Schoop, Tschoop, Schopp(e), Schöpp|li, lein, ner

Schauber: s. Schaube, schauen

Schaubert: s. Schubert, Zuber

Schaue: wend. sčawa „Kiebitz". Zschau(er), Schauer

(schauen): Satzn., ON. u. ÖN. Schau(i)ns–, Schau|land. Schau|er, mann, meister, Schauber (< schouwer) = Prüfer (s. d.). = Schawsichselber. Aber nd. Schaumann = Schuhmann

Schauer 1: „Unwetter". Alter eingliedriger N. Scuro, schwerlich in der erst übertragenen Bedeutung „Kampfessturm". Erweitert zu Scuriprant XII (s. u.). Die Formen sind nur durch Spezialuntersuchung von ON u. sl. N. (wohl verschiedener Stämme) zu trennen (< šuru „Schwager" oder zu Georg (s. d.), doch vgl. auch žur „sauer, Sauerteig", šur „Hamster" und Schirock). Slawisch z. B. Schur|gast (ON. Oberschlesien), ad, ath, ach, ek, ic, itz (vgl. ON. Žuricy = Säuritz, OLaus.), izek, zky; Tschur, Schuhrke, Schaur|at, is, Schoradt (s. d.); auch Schur|ig, icht (diese in Köln 3-, München 2-, Dresden 119mal), icke, ecke sind wohl fast stets sl. — Schur|ig, icht nach B. 1,275 < schuochwürhte, auch Schurcht [s. Georg, slaw.]. Vgl. Scheuer, Schur, schürritze

Scuro: Schur, |er, y, inga; Schurr, |er, mann; Schaur(er), Schauer (s. d. 2); Schür, |le(in), ch, ken(s), ks, ings, er. Schürr, |er, le(in); Scheur|l(en), ich, ig, ing; Scheuer|lein, ich, Schoi(e)rer, Scheyer, |er, l; Schauerhammer < ON. Scurheim, mehrf.

Scuriprant: früh mißdeutet: Scheuer–, Scheuren–, Schirm–, Schür|brand (vgl. jedoch Brand; mhd. schürbrant auch ein Kleiderstoff)

Schauer 2: „Prüfer" (s. schauen). 3: s. Schaue. 4. ON. Schauen

Schau(e)rte: bad. schurtag: „Aschermittwoch". Schörtag

Schaufel: Schäufele, Schaifele, Scheifele; Schaufler, Schäufler, Scheufler, Scheifler „Schaufelschmied"; schwäbisch auch „Saumtiertreiber"; aber nd. Schüff|elgen, ler

Schaufert: s. Schubert

Schaufuß (vgl. Schafhäutl): < nd. schufūt: „Uhu". Schufut, Schaufaut; aber Schouwenfusze Alsfeld XIV zu Fuß

Schaukal: s. sokol

Schaulin: zu ahd. PN. Scauwo?

Schaum: Schaum|kell, kessel, löffel: Übern. „Koch" oder „Schwätzer". Nd. Schum; oschwäb. Schumm

Schaumann: s. schauen u. Schuhmann

Schaup–: s. Schaub, Schaube, Schubert

Schaur–: s. Schauer

Schaurte: s. Schauerte

Schaus: ndrh. Vgl. luxemburg. schaus „einfältiger Mensch, Faselhans"

Schauseil: s. Schuh

Schauster: s. Schuster

Schaxel: zu mhd. schacks, schecks (Getreidemaß), Schex

Schaz–, Schäz–: s. Schatz

Schebel: < Czebol < poln. szybal „Schalk". Schebeler

Scheberli(n): s. Schober

Schebler: s. schapel

Schech–: s. Schach

Schechinger: ON. Jaxtkreis

Scheck–: s. Scacca

Scheck(e), Schegg: 1. mhd. schecke, schegge, „gesteppter Leibrock", Scheck(el)er, dessen Hersteller. 2. „scheckig". Scheckenhoupt. 3. Scheck: obwend. šěk „Linse". Schesk|a, e, Schick; ndwend. šok: Schock

Scheckenbach: ON. Tauberscheckenbach, Rothenburg

Scheckenreuter: s. Schach 1

Scheckhuber: s. Scherkhofer

Sched–: s. Scatto

Scheda: ON. Hamm; > Schede(r)

Schedel, –schedl, Schedler: s. Schädel, Schädler, Scheide

Scheder: nd. und siebenbürg. = Scheider

Scheefer: s. Schäfer

Scheel(e): nd. „schief, krumm" (× ON. Scheel,

Scheelhaß (Scheit)

Köln; vgl. Schiele). Scheeler auch = Scheler
Scheelhaß: s. schellic
Scheep–: s. Schäfer und Schiff
Scheer = Sche(e)rer = Bartscheer u. Tuchscheer [×SCHAR u. ON. Scheer, Württ.; Scheeren (auch FN.) Stendal]
Scheer: = Sche(e)rer = SCHAR
Scheewe: s. schief
(schefe): obd. „Schote, Erbse". Scheef(f), Schäf; Schäf–, Schef|bauer, Schäfen|acker, ecker
Schefer–: s. Schäfer
Scheff–: s. Schiff
Scheffauer: 1. mehrf. ON.; auch zu Scheffach, Württ. (< Scefowe); Schäffauer. 2. = Schiff|hauer, macher, Scheffmacher < mhd. schef „Schiff"
Scheffe: s. Schöffe
Scheff|el(dt), ler: s. Schaff und SCHAFT
Scheffer: s. Schäfer, Schaffer
Scheffner: s. Schaffer
Schef(f)old: s. SCHAFT
Schefle: s. Schaf
Scheftel: jüd. s. Sabathiel
Schefter: s. Schäfter
Scheftlein: s. SCHAFT
Schegg(er): s. Scacca und Schecke
Schehl: s. schielen
Schei–: s. schige
Scheib: s. Schief
Scheibe: oft Flurn. „runde Fläche", mehrf. ON. (×Schiebe, Scheiber(t). — Scheib|äck, eck, öck, ecker, auer, mair. Scheiben|ecker, graber (> Scheingräber), gruber, reiter, Scheimbauer. Scheib|(n)er, ler auch „Fensterscheibenmacher" und „Fuhrmann für die großen Salzscheiben".

Scheibl, |e, (e)in (×Schaub(e)). — Scheiben|lechner, ecker > Scheid–, Schett|linger KS. Sieh auch Schiebe
Scheibel: s. Schaub
Scheiben|reif, zuber: Satzn. < scheiben „schieben, rollen"
Scheibrein: s. scheuen
Scheicher: s. Scheu
Scheichnast: s. scheuen
Scheide: 1. „Wasserscheide, polit. Grenze, auch Wegscheide". (vom) Scheidt, Imscheid, Scheid (ON. Scheid(t) oft), Scheid|(e)l, l(e)in, ler (s. Scheideler), (n)er, gen, weiler (ON. Trier), bach, huber, wimmer, meier, acker, ecker, egger (ON. Scheid|eck, egg). Scheiderei|t(er)(KS.). — G(e)scheit > Gschaider, Gscheidl. Mittelsten–, Ober–, Hinter–, Lang(en)|scheid(t). Niederscheider. -Tirol. Kanitscheider < ladin. cannacetum „Röhricht" (vgl. auch Mantel u. Scheit). — Scheidl(er), Schedel KS. 2. Gerät (vgl. Schleuder): Scheid|emacher, ler, ner, er (×mhd. scheidaere = Scheidemann)
Scheideler: ON. Scheidel, Luxemb.
Scheidelwig: ON. Brieg
Scheidemann: mhd. „Schiedsrichter"
(scheiden): 1. Scheider; Schied|er, mann = Scheidemann (s. d.). 2. „Goldscheider": (Scheder, Schöder He)
Scheidi(n)g: nd. schēdinge „Grenze". Schiedung
Scheidlinger: s. Scheibe
Scheidtweiler: 2 Dörfer Trier

Scheif|el(e), ler: s. Schaufel
Scheiff(gen), Scheifhake: s. schief
Schei|ka, ke: tsch. čejka „Kiebitz" (wend. ščejca, ščawica > Scheitz, Scheitza, vgl. Scheitz
Scheile: s. Scheu
Scheiler: s. Zscheile
Scheil(ke): s. Schiele
Scheily: schweiz. „Zaunlatte"
Scheimbauer: s. Scheibe
Scheimer: s. SCHEIN
SCHEIN: zu ahd. skīnan „glänzen"; altd. nur Scinus; mit gleicher Bedeutung scimo „Glanz". Beides eingliedrige N. Später erweitert Schinhart > FN. Schein|hart, er(t), ähnlich Schimmer(t), Schim|per, pl, kar? Eingliedrig: Schin|er, se; Schinz, |e(l), i(n)g. Wegen Schin|gen, gs wohl auch mancher Schink,|e(l) hierher (s. d.). Schien|erl, erer; Schinn|erl, erer, er (×„Schinder"); Schein|s, er, ecker, d(e)l, ichen, ig, inger, mann (vgl. auch Scheune und SCHÖN). Schiemer, Schim|s, z; Scheimer. Schim × mhd. scheme (s. d.), auch ein Augenübel
(Schein): Mai(en)sch., Morgensch., Abendsch., Sonnensch., Mondsch., Durchsch., Rosensch., Blumensch.
Scheiner: s. SCHEIN, Schien–
Scheingräber: s. Scheibe
Scheinhütte: FN. Halle
(Scheit): Scheitlin, Schittli, Scheuthle. Brenn–, Bohl|scheidt; Holzscheider = Scheiter, Scheit(t)erer (Schitterer „Spalter") = Scheithauer (doch auch

Hersteller von Scheidewänden im Bergwerk; × ON. Scheithau, Adlergebirge) (vgl. Scheide)
Scheitz: 1. s. Scheika. 2. wend. šejc „Schuster". Dazu Schetzke, Schötz|ig, ke, Schew|itz, z, ski
Scheiwein: s. scheuen
Schel–, Schelb–: s. SCHILD und Schiele
Schelberg: Hofn. Neuwied, Siegkreis, Solingen
Schelch–: s. Schiele
Schelder: s. Schild
Schelderer: s. Scholder
Schelenhaus: Hofn. Elberf.
Scheler: 1. „Eichenschäler". 2. Schieler
Scheletter: wend. šeleter „Kälberhirt"
Schel|has, hasse: s. schellic
Schelk–: s. Schalk
Schelkshorn: s. schiele u. Horn
Schell: mhd. schel(e) „Hengst". Schell(e), Schöll(e) (× schellic und Schiele); Schel(l)–, Schöl(l)–, Schild|kopf (Schell– s. auch SCHILD)
Schell|ack, ach: s. Schillack
(schel, |lic): mhd. „zornig oder ängstlich aufspringend": Schell(ig), Schöll(ig), Schell|, Schöll|auf, Unschell. Schell|hase („Hase"), haß, hoß; Schel|hasse, has > Scheelhaß
(Schelle): Schellen|schlager, schmidt
(schellen): „erschallen lassen" (vgl. Schaller), Schelle(r), Schöller, Schell|hammer (× Einöde Schöllham, Erding), schläger, schmidt, knecht, Schöllhammer. Schellenschläger

Schellenbeck: ON. Hagen i. W.
Schelling: nach Kluge-Mitzka, 649 = ndl. „Schilling", s. SCHILD
Schelm: „Aas". Kühschelm, Schelmbauer. Dann erst Schimpfwort
Schelp: nd. „Schilf" (× Schiele)
Schelp(er)t, Schelt–: s. SCHILD
Schelz: wend. „Bogenschütze". Schelz|e, ius, ke, ig, Schels, |ke, ki × wend. šelc, Vklf. šelcyk „Bulle(nkalb)"
Schelzel: s. Schultheiß
(Schem): nd. „Steg". Schem|mann, berg (doch wend. Schemann s. Simon)
Schem–: vgl. SCHAM
(scheme): mhd. „Maske"; dasselbe: Schemm, |e(l), Schim(m)–, Schein|könig; vgl. Schön
Schemel: Schemmel
(Schemme): bair. „Herbstzeitlose". Schemmer|er, ich (s. –ich 2)
Schemp|f, p: s. Schimpf
Schend–: s. SCHANDE
Schenherr: s. SCHÖN
Schenk(e): 1. „Mundschenk, Wirt". Als Hofamt in Adelsn. wie Schenck zu |Schweinsberg, Tautenburg. — Mund–, Wein|schen(c)k. Weiterb.: Schenkhold. Schenk|ner, mann „Schankwirt". 2. Wend. Schenk(a) „Heiratslustiger". – Vgl. Schink
Schenk(e)l: „Körperteil", > Flurn. Kurz–, Lang–, Faul–, Bären–, Klaffensch. (vgl. FN. Klepperbein; klaffen = klappern); vgl. Schink
Schenkelberger: ON. Nassau

(schenken): „ausschenken". Schenker, Imp. Schen(c)k|bier, becher, ein, huth (wohl < nd. ut „aus"), hauß
Schenkendorf: ostd. häufig ON.
Schent–: s. SCHANDE
Schenz: s. Lucas
Schenzel: s. Schantz
Schepel, Schep(e)ler: s. Schaff
Scheper: 1. Schäfer. 2. Schiffer
Schepke: s. Stephanus
Schepmann: s. Schiff
Schepp: 1. s. Schief. 2. tsch. čep „Zapfen, dummer Mensch"
Schepp|an(g), ig: s. Stephanus
Schepp|el(mann), ler: s. Schaff und schapel
Schepperle(n): „Kinderlätzchen" (× Schäpperle). Schöpperle
Scheps: s. Schöps
Scher–: s. SCHAR
Scherach: s. Schierach
Scherag: s. Georgius
Scherb: südd. „Topf". Scherbel; vgl. Schirbel
Scherber: s. Scherper
Scherbius: (Lehrer Goethes) Sohn eines Türken Pery Cherbi
(scheren): Sche(e)r = Sche(e)rer, schles. Schaar = Bartsche(e)r(er) (Partscher) (doch bair. auch „Maulwurffänger"; vgl. SCHAR und ON. Scheer, Württ.; Scheeren (auch FN.) ON. Stendal), Grete Bartscherinck XV Bielefeld; Schär(er), Scheerle, Schererlin, Schörer, Scherr(er); latinis. Rasor. Scher–, Schir|bart; Scheer|messer, schmidt. — Feltscher. Hasenscher („Hutmacher"), Wollscher, Tuchscher(er). Scheren

(Schere)

auch „mähen": Scher|huber, meider (s. mähen). — Bscher(er), Pscher|er > a, Bschier|er, l, wohl „Schafscherer"; Beschor|en, (n)er, Bschorer, Bescherer, Pschörer, Pschor, Pschorn, Pschörli, Bschörnle „Mönch" = Schorkopf, Schorn(er) (nach Eberl: bschorn „umgegrabenes Land"). Schorling (Schörling, Scherling, Schirling) „geschorenes Schaf" oder wie schürling „Mönch". Vgl. auch Scheer, Schur, Ficke, Rübe, Wand
(Schere): Knippscher
Scherf—: s. Scharf
Scherg: „Gerichtsdiener" (vgl. Scherk)
Schergant: s. Sergant
Scheringer: ON. Baden
Scherk: ostd. < wend. scerk „Kies", sonst = Scherg
Scherkhofer: ON. Schörkhof, Salzburg; > Scheck—, Schöck|huber, Schiekofer, Schick|elhofer, hoff (KS.)
Scherl—: s. SCHAR
Scherler: südd. „Aufseher bei der Salzschiffahrt"
Scherling: 1. s. SCHAR. 2. = Pflanzenn. Schierling, auch Schörling, Scherlig; obsächs. Mitscher|lich, ling < „Wutschierling". 3. s. scheren
Scherlitz: wend. žerlica „Waldmeister"
Scherm—: s. Schirmer
Schermeider: s. mähen, scheren
Schermer: 1. s. SCHAR. 2. ON. Schermen, Magdeb. 3. s. Schirmer
Schern—, Scherrn: s. Czerny
Scherner: 1. s. Scharre. 2. Schern ON. Bayern

Schernhammer: ON. Schernham, OÖsterr. Schernkammer
Scherp—: s. Scharf
Scherper: „Bergmannsmesser". Zscherper, Zschörper, Scherber
Scherr—: s. SCHAR, Scharre, scheren
Scher|sach, sack: s. Sack
Schersandt: s. Sergant
Schert—: s. Schart
Schert(e)l: vieldeutig; obd. 1. s. Schart. 2. kleine Scharte. 3. „Pflanze Färberscharte" (Serratula tinctorum). 4. Schwertlilie (Gladiolus). 5. kleiner Tiegel. 6. südwestd. = Schetter. Dazu Schert|l(e), lin, ler
Scher|übl, up: s. Rübe
Scheruch: s. Schirocki
Scherwinke: tsch. červenka „Rotkehlchen"
Scherz—, —scherz: 1. s. Schart. 2. Scherz, Schierz: wend. „grauhaarig" < šery „grau" (Scherzinger: ON. Scherzingen, Baden)
Scheschonk: < frz. N. Sougeon. Schuscheng, Schusseng
Schesk|a, e: s. Schecke
Schesning: sl. cześnik „Schenk": Zeschnigk. Vgl. ON. Zeschnig, Sa.
Schetelich, Schetge: s. Schade
Schetge, Schett—: s. Scatto
Schetter: 1. „Glanzleinwand", um 1400 modischer Kleiderstoff. 2. nd. Schätzer
Schettler: s. Schüssel. Gregor Schettler, Chemnitz 1470, Ratmann (Ch. Urk.-B. 190, 15) = Gregor Scheitler 1472. 1474. 1479
Schettlinger: s. Scheibe
Schetz—: s. Schatz
Schetzke: s. Scheitz
Scheu—: s. schīge

Scheuplein

Scheu: Auch „schüchtern"; mhd. schiech, schie(ke). Scheuch(er), Scheicher, Schaich, Scheu, |le, (h)ing; Schey, |(h)ing; Schoy; Scheile (×schiele). Sieh schīge
Scheub—: s. Schaub und Schaube
Scheuchzer: s. Schuster
Scheuder: ON. Dessau
(scheuen): mhd. schiuwen, schiu(c)hen: Satzn. Scheu(e)npflug „fauler Bauer"; Scheuchen—, Scheugen—, Scheicken—, Scheuben—, Schei(b)en—, Schön—, Scheum—, Scheuer—, Scheunen—, Scheim|pflug; Schei—, Schuh|wein, Scheibrein („Breī"), Scheichnast; Scheungrab, Scheuben—, Scheiben|zuber (Jauchezuber?)
Scheuer: „Scheune"; auch schauer, alem. schier, nwestd. schür (vgl. Schauer). Schaier, Schuier. Scheuerlein, Scheurl, |e(n), Schürle(in), Schier, |le(in), Scheyer(l). Schauer—, Scheu(e)r—, Schür—, Schuir—, Schi(e)r|mann: Verwalter der herrschaftlichen Scheuer sowie der Kornzehnten. [Aber Schür(r)meister s. schirren]. Scheurer (× ON. Scheuern, mehrf.), Scheyerer, Schairer, Schoi(e)rer, Schui(e)rer, Schürer (× ON. Schüren, Westf.), westf. Schüring. Scheuer|ecker, mayer, Oberschuir; Schür|hoff, kötter, feld, meier. Verschuren (s. Ver—)
Scheufler: s. Schaufel
(Scheune): Scheune—, nd. Schü(ne)—, Schün|mann. Vgl. Scheuermann
Scheunert: s. SCHÖN
Scheuplein: s. Schaub

Scheuring: 3 ON. Bay. Auch Scheuering
Scheurl–: s. Scheuer
Scheuthle: s. Scheit
Scheuzger: s. Schuster
Scheveling: s. Schief, auch ON. Wipperfürth
(von) Scheven: 4 Orte Rhld. Westf. (vgl. schief)
Schewe: s. schief
Schew|itz, ski, z: s. Scheitz
Schex: s. Schaxel
Schey–: s. Scheu
Scheyer: s. Schauer und Scheuer
Schibbe: s. Schiebe
Schiblin: s. schieben
Schiborr: s. Schiebuhr
Schich–: s. SCHICK und cis
Schicht: bergmännisch: „Gesteinslage, Arbeits|zeit, ende". Schichter
Schichtel, Schichtl: s. Schüchtle
SCHICK: noch ndl. „Ordnung", mhd. schicken „(an)ordnen" (fehlt ahd.). Alles wohl nur junge Weiterbildungen von Schiko: Schick |s, hart, ert, helm, er(ling, mann), e, l, el(gruber), ke(r)s (Schick s. auch Schecke 3); Schich, |ardt, ler, ner (Schickgram(m) wirklich < *Skikhraban?)
(schickelen): südwestd. „Handel treiben" (NS.). Schickele(r)
Schick|elhofer, hoff: s. Scherkhofer
(schicken): „anordnen" s. SCHICK. Schicker. Satzn. Schick|e(n)dantz, tanz, tansky, Schücktanz
Schickenberg: mehrere Höfe bei Elberfeld
Schickerra: s. Schickorr, Sykora
Schie: s. schīge
Schieb(e): wend. šib(a) „Rute, Gesträuch". Schie-

b|an, ig, usch, Schibbe, Scheibe
Schiebelbusch: s. Schievelbusch
(schieben): mhd. schübel, schubel „was zum Verstopfen dient" (z. B. Heubüschel, s. Schaub), Schub|el, le, Schiebler, Schübler; mhd. schübelinc „Wurst", noch jetzt schwäb. schiebel, schübelin „Bratwurst": Schiebel, Schübel(in), Schiblin. Schubkegel
Schieber: 1. ON. Schieben, mehrf. 2. Berufs- oder Gerätename
Schiebuhr: < poln. N. Przyborowski. Auch Cib(o)rovius, Cibor, Zybor, Schiborr
Schiech(t)l: s. Schuh
Schieck: mhd. „schief", Schiegg; aber Schiecker s. schige
Schied: vgl. tsch. PN. Žid
Schiedel: mehrf. ON. Schiedler
Schied|er, mann: s. scheiden
Schiedewitz: ON. Schi(e)dowitz, Böhmen
Schiedrich: s. Ziederich
Schiedung: 1. s. Scheiding. 2. ON. Schiedingen, Nordhausen
Schief: nd. scheef, scheif. Schief, |el, ke, Schiefeling, Schievink, Sche(e)we (ON. Scheweling, Scheveling), Scheiff(gen), hess. Scheib, Schepp. — Scheifhake „mit schiefen Füßen", Schiefenhövel: s. Hübel
Schiefbahn: ON. Gladbach
Schiefelbein: ON. Schievelbein, Köslin, Schieferbein
Schiefelbusch: s. Schievelbusch

Schiefer: Schiefer |er = decker; stein, höfer. Schiffer|decker, stein (vgl. Ley); doch vgl. Schäfer (ON. Schiefer, Liegnitz und sonst)
Schiefgen: s. Schaf
Schiefhauer: s. Schiff
Schiegg: s. Schieck
Schiegl: s. Schuh
Schiekofer: s. Scherkhofer
Schiele: „schielend", seltener „einäugig"; mhd. schiel, schel, schilch, schelch, schelwe; vgl. Scheele: Schiel, |i, er [× Schuh; ON. Schiele, Anhalt > Schielmann; frz. N. Gille, wend. dželo „Flachs": Schilo, |wski]. Schil(ch)er, Schilhansl, Scheel, |e(r), ke, Schele(r), Schehl, Scheil(ke), Schölch, Schelch(er) [× schelch „Flußkahn", schelcher „Flußschiffer"]. Schilber (< mhd. schilwen; × SCHILD), Schill|er, i, Schelb(le) (Schilp, Schelp, Scholpp, Schulp, Schell KS.). Übertragen auf schillernden Stoff (schilcher); auch FN. Schillerwein. Sieh auch Horn
Schieli: s. Schiele u. Schuh
Schiem: s. SCHEIN
Schiemank: s. Simon
Schiemann: „Seemann"
Schien–: 1. s. SCHÖN und SCHEIN. 2. mhd. schīner „Markscheider": Schien|er, emann, Scheiner
Schiepan: s. Stephanus
Schieper(s): s. Schäfer
SCHIER: zu got. skeirs, mnd. schīr „rein, klar" (Volksn. der Skiren); das Folgende unsicher: Scirbald: Schierbel
***Skirgaud:** Schier|gott, jott, ott

Kf. Sciri: Schier(ing), Schirr. Vgl. Schierling
Schier, |ach, ack: s. Schirach. Sieh auch schüren
(schiere): nd. „Grenze". Schier|e(n), ing, er, mann (× ON. Schieren, Holstein, und Schürer), sand, horn (ON. Lüneb.), holz (mehrf. ON.), hölter, loh (ON. Münster, Osnabr.) = lau, kolk, water > vater, meyer; Schir|lo, lau, Schürholz. Obd. schier zu SCHIER oder mhd. schier „schnell"
Schier|icke, itz, ke, ing, sch(ke): sl. N. zu asl. žiru „Leben"
Schieriot(h): s. Scharioth
Schierisch: s. Ziederich
Schier|itz, ßner: s. schürritze
Schierle(in): 1. < Scheuer. 2. SCHIER
Schi(e)rling: 1. Pflanzenn. (vgl. Scherling). 2. 4 Orte Bayern, Österr.; Schierlingen, Württ. (ON. Skirilinge zu SCHIER). Schierlinger
Schiermann: s. Scheuer u. schiere
(Schieß): in Flurn. „spitzer Winkel": Schies(ling), Schieß|er, el, le (× ON. Schieß|en), l(eder), inger (×ahd. PN. Shiezo „Sperrschleuderer"). Schießer auch = Ofenschießl (s. Ofen) u. Pochwerkarbeiter
(schießen): nd. schīten: Schieter. Imp. Schießinwald, Schietendüwel („den Teufel"). Wohlschieß wohl Satzn. wie Weitschieß (sl. s. Waitz). Schiessnit, Schoissengeier, Schoißengaier
Schiest(er)l: s. Schuster
Schieter: s. schießen (vgl. Schieß)

Schievelbusch: Kotten bei Hagen. Schiebel-, Schiefelbusch
Schievink: s. Schief
Schiew–: s. ZIV
Schiff: Schiff|(e)l, ner, mann, knecht, schweiz. macher; s. auch Scheffauer. Schiefhauer, Scheff(mann), Schöff(mann); nd. Schepper, s. aber Schäfer. Schip(p)–, Schep|mann, nordwestd. Scheep|er, macher, fries. Schypma, Scheepstra. — Schiffers, nd. Schipper(s). — Vgl. Schäfer, Schiefer, Bahn und Bein
Schif(f)erli: „Span"
Schifter: s. Pfeil
(schīge): „Zaunpfahl, Lattenzaun"; schie, scheie. Schie|gg, ck(er), Schie,|busch, hart; Schei,|e, er, mann, meister; Scheu,|er, mann, meister
Schik|erra, ora, ore: s. Sykora
Schilbach: ON. Vogtland, Reuß
Schilber, Schilcher: s. Schiele

SCHILD: altd. selten. Die N. mit e z. T. zu schellen oder schell(ic)
*Scildberaht: Schill|bert, ber(s), p(p); Schell|bert, pert, pt, Schölpert (Glatz)
*Scildfrid: Schil(f)fahrt, Schilfert
*Scildger: Schildger
*Scildhart: Schill|dert, tert, lert, hart; Schell|hardt, ert (× ON. Schellert, MFr.)
*Scildheri: Schill|ter(l), der(ing), ler; Schell|ter, ler (vgl. Schilder u. schellen)
*Scildrich: Schild–, Schell(e)rich

*Scildwald: Schell(e)wald
*Scildwart: Schell|warth, worth
*Scildwin: Schellwien
  Kf. Scilt|o, ung, Schello: Schild, |e (× ON. Schild|a, au, e), en, ge(n), sen; Schill,| ing (s, er; × Münze), ig, ich, eder [Schil|ke(n), g(en), s, z, tzer (viell. meist zu ZIV, vgl. auch Schulke)], Schell|ing (s. d.), ens, mann; Schel|tle, s, z
Schild: vgl. SCHILD, Kf. auch Münzn. wie Schilling und Flurn. (Schild|kamp, berg, meyer, Schillmöller, Windschild). Schild|(n)er (Schil|ter, Schiller, rhein. Schelder) = hauer „Schild|macher, maler" (× ON. Schilda, au, e), wächter, wach, wart, knecht, krot. Grün–, Roth–, Schwarz|schild. Satzn. s. hauen: Hödensch. („hüte"), Flickensch., Blonsch. (zu bleuen), Knippschild, Firnsch. (zu führen, nd. vören: Fehrensch., Fernsch.), Knör(re)nsch., Knornsch., Knierensch. (zu mhd. kniuren „puffen, drükken"), Vadtschildt (zu nd. vaten „fassen") = Schildfatt
Schilder: 1. s. Schild. 2. s. SCHILD. 3. < ON., s. SCHILD Kf.
Schiler: s. schiele
Schilf–: s. SCHILD, Scildfrid
Schilf(f): 1. „das Schilf". 2. ON. Schilfa, Erfurt
Schilgen: s. Ägidius
Schilhan: tsch. šilhan „Schieler"
Schilhansl: s. schiele

Schilke(n), l–: s. SCHILD. Schilke: s. auch Schillo

Schill: 1. s. SCHILD Kf. 2. Fischn. = Zander. 3. Flurn. „Schild": Schill|möller, müller

Schill|ack, ock, Schell|ack, ach: < sl. schilog, szelag „Schilling". Doch vgl. tsch. čelak „breitstirnig" und s. Telle

Schilleder: Einöde Schillöd, Pfarrkirchen (NBay.)

Schiller: 1. = Schilder (s. SCHILD und Schild). 2. s. Schiele

Schilli: s. Schiele

Schill|ich, ig: zu Schillack

Schilling: 1. Münzn. (Zween–, Drei–, Fünf|schilling). 2. s. SCHILD Kf. u. Schelling. Schillinger

Schillmöller: s. Schild

Schillo: wend. šylo „Pfriem", Vklf. šylko: Schil(l)ke

Schillock: s. Schillack

Schilp: s. Schiele. Schilpp

Schil|s, t, z: s. SCHILD u. Schild; Schilz(ke): s. Telle

Schilvester: s. Silvester

Schim–: s. SCHEIN

Schim|ang, che, ke: s. Simon

Schimmel: Schimmel, |e, s; nd. Schimm|ing, ig, ick. 1. „grauhaarig", vgl. de Schemmelge (Lippe). Schimmel|haupt, schädel. 2. „Pferd": Schimm|ler, elmann; Schimmelpferd, Eisenschimmel. Jüngere Zss. Schimmelschmidt. Wend. Schummel. 3. ON. Merseburg

Schimmer(t): 1. ON. Schimm, Meckl. 2. s. SCHEIN

Schimmi(n)g: s. Schimmel

Schimon: s. Simon

Schimpf: mhd. „Scherz", erst später „Schmach". Schon ahd. PN. Scemphio „Spaßmacher". Schimpf,|le, ke, hauser, Schimp,|p, ke; Schemp|f, p. Vom Ztw.: Schimper, Schimpfermann

Schin–: s. SCHEIN

Schindel: „Dachschindel": Schindel(e); Rauchschindel. Schind(e)ler = elhauer = elmeiser (vgl. Meißl) und Schindeldekker. Schindelarsch wohl tschechisierter Schindeler (wie Kramarč < Kramer und Schafarsch < Schaffer) oder Flurn. wie Zerrarsch und Schindelhengst

(schinden): Schinder, Schinner, rhein. Schinger, Todtschinder, Huntschinder „Abdecker". Baum–, Bonschinder = Schäler. Satzn. früher häufig: Schindekerl, Schinten|buben, esel; Schintten|wirt, man; Schindhelm s. Wolf

Schinegg: s. Schön

Schineller: Musikantenn. < it. cinelle „Becken"

Schiner: s. Schien–

Schinger: s. schinden

Schink: mhd. schinke „Schenkel, Schinken"

Schinke(l): auch Flurn.; mehrf. ON. Schinkel (× SCHEIN; Schinke auch sl. < Simon; ebenso Schink|a, o?); Schingken, Tschinkel. — Ruckenschingk, Schynkenblos. Obd. Schunk(e). Unerklärt: Eiden–, Eigen|schink: vgl. Eitenbenz. Eisen|schink, schenk: viell. zu oesen, s. d.

Schinkewitz: ON. Schinkowitz, Klattau (Böhmen)

Schinn–, Schinz–: s. SCHEIN

Schinner: s. Schinder

Schinober: s. Au

Schipek: tsch. šipek „Hagebuttenstrauch"; Schypek; vgl. wend. šypa „Pfeil", Vklf. šypka. Schippa, Schip|ka, ke

Schipp–: s. Schiff und Schipek

Schippan(g): s. Stephanus

Schippel: 1. = schübel (s. schieben). 2. tsch. šibal „Schalk"

Schippenhauer: macht Schippen, Schaufeln

Schipp|er, mann: s. Schiff

Schirach, Scherach, Schierack: wend. šerak „grauer Ochse" (< šery „grau") × šeračk „Grasmücke". Vgl. Schirocki

Schirbart: s. scheren

Schirbel: „Scherbe", besd. „Stück Frischeisens". Schierbel, Schürbel

Schirdewahn: s. schirren

Schirjack: s. Cyriacus

Schir|lau, lo: s. schiere

Schirling: s. scheren, Schierling

Schirlitz: mhd. schürliz, ein Kleiderstoff, Schürlezer (schweiz.)

Schirmbrand: s. Schauer

Schirmer: mhd. schirmaere „Fechter" (auch „Scharwächter"; × Klein–, Großschirma, Sa.). Schirmers, Schürmer, Schermer; dazu Schirm|eisen; Scherm|ele, ely

Schirnding: ON. Fichtelgeb.

Schirner: ON. Tschirn, OFrk.

Schirock(i): < tsch. široky, široky „breit, weit" (širak „breitkrämpiger Hut"). Schier, |ak, ok; Schiroky. Wend. šeroki: Scheruch; šurok: Schurrock

Schirp, |ig, ke: s. Serbe
Schirr: s. SCHIER
Schirra: ndrh. < fr. Gérard (schirren): Schir(r)meister „Aufseher über das Geschirr", z. B. im Fuhrwesen, soweit nicht < Schirmmeister „Fechtmeister". Schirr|schmidt, macher, mann (Schirmann mit ī s. Scheuer). Satzn. ist Schirdewa(h)n, Schirr|wagen, wang, Schierwagen „schirre den Wagen"
Schischke: wend. šyška „Tannenzapfen" oder zu cis
Schitke: s. ZIV
Schitt–: s. schütten und ZIV
Schitt|erer, li: s. Scheit
Schittler: s. Schutt
Schitt|mer, meyer: < wend. Džětmarž < dt. Dietmar
–schitz: in sl. ON. z. B. Lüb–, Liebeschitz: ON. Liebschütz, Thür. und Schles.; Gallschütz, ON. Leipzig. Vgl. Schütz
Schitzig: tsch. čižek „Zeisig"
Schiw–: s. ZIV
Schkade: f. Schade
Schkopp: s. Schöps
Schlaadt: ON. Schlaat, Oldenburg
Schlaaf: s. Schlaf u. SLAVA
Schlächer: s. schlagen
Schlacht: „Pfahlwerk am Ufer": Schlacht, |l, er, bauer, meier, mann
Schlächter: „Fleischer". Schlachter, Schlecht|er, ing (mhd. vleischslakter)
Schlachtgewandter: bair. „Feintuchweber"
Schla(c)k: nachlässig, träge
Schlackenwerth: ON. Karlsbad (< PN. Slávek)

> Schlock–, Schluck|werder
Schladen: mehrf. ON.
Schladenhauffen: s. schlagen
Schlader: < Schlade mehrf. ON. und ÖN. (westf. slade „Schlucht", ndhess. „Sumpf", s. schlot), Slademan, Schlattmann, Sledinc vgl. schlatte
Schladot(h): s. schlagen
Schlaf: 1. Schlaaf, Schläfli = Schläfer, Schlefers, nd. Schleper; dazu Schlafmunter. 2. seltener „Slave"; Schlaf–, Schläf– s. SLAVA (Schlaf|horst, bichl = Stall 1)
Schlag: „Holzschlag, Rodung". Schlag|er, bauer, kamp, hecker, berger, eder, hofer, huber. Schlagheck. Vgl. schlagen. Schlageter: ON. Schlageten, Schwarzwald; erste Silbe betont. In vielen ON. ÖN.: Vormschl., Niederschl., Durchschl., Nieschl., Diepschl., Holtschl., Waldschl., Eckschl., Hof|schlag, schläger. Sonst –er: Weiden–, Kirch–, Ger–, Gey|schlager (< Gero?, Gaio < GAU), Grün–, Hannesschläger [< –slaw, SLAVA; z. B. Goldschlag, Gutschlag s. GOD]. Vgl. Beyschlag
Schlägel: s. Schlegel
(schlagen): (vgl. Schlag): 1. Saiten–, Rott– (s. rotte), Hammer–, Huf–, Selten|schlag. 2. (NF.) Schlager, Schläger, Schlaher, Schlächer, Schle(e)ger, Schlayer, Schleier, Schleh(e)r, Schlär, Schle(e)r, Schlöger, Schlör, Schloer (besd. „Holzhauer", FN. Waldschläg|er, el). 3. Lauten–,

Wollen–, Öhl|schläger. Platen–, Kannen|slegere, Bardten–, Batzen– (Berner Münze) |schlager, Bardtenschläger, Trommenslaker. Vgl. Öl–, Repschläger. 4. Oft Satzn.: Schlaginhaufen, Schlagen|hauff, hof(f), haft; Schlagnhaufer, Schladenhaufen, Schlee–, Schlei|hauf, Schlangenhaufen, Schlagenhaufer; Schlagenteufel; vgl. Gaul. Schlageisen; Schlag|intweit, entweit (nd. „in das Weite"), Schlagnitweit; nd. Schladot(h), Schladaudt („Schlagetot"; nach Goebel < pruß. Sclawdoth, lit. Sklandatis). Schlagbaum; Schlagheck („Hecke mit Falltor, s. Fallgatter, Etter), Schlagehan („Hag")
Schlageter: s. Schlag
Schlaher: s. schlagen
Schlaich(le): s. Schleich
Schlaifer: s. schleifen
Schlaitz: ON. Schladitz, Delitzsch
Schlak: s. Schlack
Schla|melcher, milch: s. Schlegel
Schlamm: 1. „Morast". Schlamm|er(l), inger, berger (× Schlamp), Schlem|bach, minger. 2. „gewaschenes Erz" (Sch I; vgl. Schlemmer)
Schlamp(p): 1. „Fetzen, nachlässiger Mensch". 2. „Gelage". Schlam|ber, per; Schlem|m(e), mlein, pp (× bair. schlemm „schief, krummbeinig"). Schlem|per, mer
Schlange: Schlang; aber ON. Schlangen, Lippe: Schlang|gen, er
Schlangenhaufen: s. schlagen

Schlanker: jüd. < Schönlanker, ON.; > Schlenker, ger
Schlapp: 1. md., nd. „schlaff". Schlapper, Schlapphose. 2. nd. < slape „Mützenzipfel"; dazu Schlapkohl (Kugel 2)
Schlär: s. schlagen
Schlarb, Schlarp: „mit schlürfendem Gange"
Schlat|au, ow: ON. Schlatau, Danzig
Schlathölter: s. Schlot
(Schlatte): mhd. slāte „Schilfrohr" (> ÖN., ON. Schlatt, Schletta(u), mehrf.) ×schlaget „Holzschlag". Schlatt, |e, l, er(er), mann; Schletter (s. d.), kollektiv Gschletter; schweiz. Schlätti, Schletti. Auch mit o: Schlott(er), dann × Schlot; Schlattmann s. Schlader; Schlathölter s. Schlot. Schlattner: mehrf. ON. Schlatten auch sl. slatina „Moorgrund"
Schlau: 1. bair. „Wiese" (slāwe). 2. „schlau". Schlaumann; nd. slū, FN. Schlu(e), Schlüer (dies bair. schlauch)
Schlauch: 1. = Schlau 2. 2. mhd. slūch „Gurgel, Säufer" (slūchen, schlukken). Schleucher, Schlauch(k) (× altd. PN. Slaugo). 3. mehrf. ON. Schlauch
Schlauder: mhd. slūder „Schleuder"; aber Schlauderer „nachlässig arbeitend"; hierzu Schlaud|(e)raff, erof („Faulenzer, Schlaraffe"); ähnlich Schl(a)uraff, Schlurof; mhd. slūr „Faulenzer"
Schlaug(k): s. Schlauch
Schlaupe: mehrf. ON. Schlaup(e)
Schlauraff: s. Schlauder

Schlau|s, sch, witz: s. SLAVA
Schlaw-, Schläw-: s. SLAVA
Schlawack: „Slowake". Schlabatschke
Schlayer: s. Schleier
Schle-: s. Schlehe
Schlechl: s. Schlegel
Schlecht: „glatthaarig" oder „schlicht"
Schlecht-: s. Schlächter
Schleck: mhd. slec „Näscher, Fresser". Schlekk|er, ing (× ndrh. slek „Schnecke")
Schlee: s. Schlehe
Schleef: nd. „Kochlöffel, Tölpel". Schleif, Kaakschlief, Kackschlief
Schlee|hauf, r: s. schlagen
Schlefers: s. Schlaf
Schlegel: „Schlagwerkzeug" (auch „Gefangenenwärter"; als ÖN.: Schmiede, Schlachthaus, mehrf. ON.). Schlägel, Schlegl, Schlög(e)l, Schlechl, schon ahd. slegil. Eisenschlegel; Schlägler (österr. „Steinbrucharbeiter"). — Aber Schlegler auch < schlegeln „zappeln, hinken". — Bornschlegl(l) „Abdecker" (Po(r)n, Bohnschlegel), Porenslegel 1398 U-Strinach (U-Frk.). Aber südwestd. vgl. borschlegeln „galoppieren, die Füße emporheben; von Pferden" (Schweiz. Id. 9, 270); schwäb. borschläg Adv. „rasch, im Galopp"(Fischer, 1, 1298). — Schlegelmilch „geschlagene M., Butterm." (Schle(e)-, Schlö-, Schnee|milch; Schla|milch, melcher, Schneemelcher)
Schleger: s. schlagen
(Schlehe): Schleh, Schlee, Schle(e)lein; Schlee|-

baum, dorn, nstein; Schle(h)busch, Chlebosch, Schle(n)han („Hag") = Schleheck, Schlehnbeck („Bach") > Schleenbäkker; Schlöndorn (dän. Slaatorn), Schle|haider, berger, pütz, huber, müller. Nd. Schlo(e)bohm (oe = ō, vgl. schlohweiß); schles. Schliemann. ON. Schleerieth, UFr. > Schleret(h), Schlörit. Sieh auch Vogt
Schleiblinger: ON. Erding
Schleh(e)r: s. schlagen
Schlei: s. Schleie
Schleich: s. mhd. slīche = FN. Blindschleiche, Schlaich(le). 2. ON. Schleich, Mosel. 3. frk. mhd. slich, slīch „Schlick, Schlamm". Schleicher(t), Schleichardt. Da im Rhld. nicht häufiger als sonst, meist zu slīchen „schleichen", vgl. nd. Schliecker. Slicher frk. auch zu 3, desgl. Schlicher (Schlich, |er auch < ON. Schlich, Aachen), vgl. Schlick
Schleid: 1. s. Schlitte. 2. ON. Thür., Trier. Schleider (auch ON. Aachen). Schleiden (auch FN.) ON. Eifel
(Schleie): Fisch: bair. schleien, nd. slī(g)e. Schlei, |n(dl); Schley(en), Schlie(he), Schlig, schweiz. Schlyg; doch auch ahd. PN. Sliu. Schliemann (× Schlehe), Schlienkamp [Schlei|hagen, ha(h)n wohl zu einem nd. Gewässernamen (vgl. Schley, Schleswig < Slia)]
Schleier: Schleyer, Schlayer (× schlagen), Schleiermacher, wend. šlejernik,

Schleiernick (vgl. Riese IV)
Schleif: 1. s. Schleef. 2. obd. Polierwerk; Weg, auf dem Holz zu Tale geschleift wird
(schleifen): Schlei(p)fer, Schleifert, Schlaifer (× ON. Schleife, Liegnitz); Schloifer, nd. Slieper, Schliep(p)er, Schlipper, Schliffer; Schliepmann, kötter (hat eine Schleifmühle); Schliephake, Schlippha(c)ke „mit schleifendem Gang". Schleifenbaum: schleift ihn zu Tal, Holzfäller. Aber Schliepstein wie Flurn. Schliepkamp, Schlippenheide zu nd. slep „schräg"
Schleihauf: s. schlagen
Schleim(er): mhd. mnd. slīm „Schlamm"
Schlein(dl): s. Schleie
Schleini(n)ger, Schleinkofer: s. Hof
Schleipfer: s. schleifen
Schleising, Schleißinger: s. Schleusner
Schleitzer: ON. Schleiz, Thür.
Schlelein: s. Schlehe
Schlem–: s. Schlamm, Schlamp. Bei Schlemmer × ON. Schlema, Erzgeb., tirol. Hofn. Schlemm
Schlemihl: rotw. „Pechvogel"
Schlemm: zu mhd. slimp „schief"
Schleng: 1. obd. Flurn. „vorgeschlenkert" (vgl. mhd. slenger „Schleuder"), Schleng(er), Schlenk, |er(mann). 2. mnd. slenge, slink „Gatter", auch „sich schlingende Fläche"; ndrh. slenge „Rinne". Schlenk|, e, hoff, mann; Schleng|er, emann, vgl. Schling

Schlenhan: s. Schlehe
Schlenk(ert): „mit schleppendem Gange, schlotternd". Schlenkrich (× Schleng)
Schlens|ger, ker, Schlen|sack, sog: s. Schlesier, Schlenzger
Schlenz: ON. Breslau
Schlenzig: 1. mhd. slenzic „träge". 2. ON. Köslin
Schleper: s. Schlaf
(schleppen): Schlepper (besd. im Bergwerk); Schleppenthau, Schleppegrell < nd. grelle „Spieß der Bürger und Bauern". Schlepergrelle, Schneppekrell
Schlep(p)s: wend. slepz „Bettler"
Schler: s. schlagen
Schlereth: s. Schlehe
Schlesier: Schles|ing(er), iger, Schleß|inger, mann. Aus sl. Szlezak wend. Schletz(k)e, ferner Schlen|sog, sa(c)k, sger, sker; Schlesok; Schlon|sak, zak, ski
Schlesser: s. Schloß
Schlett–: s. Schlatte
Schletter: zu Schloß (Kluge-Mitzka, 659 unter Schlosser)
Schletterer: „Lästerer, Näscher"
Schletz(k)e: s. Schlesier
Schleucher: s. Schlauch
Schleuder: (wohl < mhd. sl(i)ude „Schwertscheide") „Scheidenmacher". Schlöder, Schloder, Schluder
Schleuniger: s. Hof
Schleun|ing, ung: „eilig"; Schlünz
Schleupen: Kotten Ober- u. Unter-Schleup, Elberf.
(Schleuse): nd. van Schleuß, Schlusen (dativisch), Schlüß, Schlusemann

Schleusner: ON. Schleusingen, Thür. Wald. Schleußing(er), Schleißinger, Schleising
Schleuter: s. schließen
Schley–: s. Schlei– und schlagen
Schlich–: s. Schleich und Schlick
Schlicht: „glatt": Schlicht|ha(a)r, härle, herle, hörle. Sligt
Schlichte: „Ebene". Schlich(t)enmaier; Schlicht|mann, er(brede), i(n)g, holz, horn. ON. Schlicht(e) mehrf., ON. Schlichting, Holstein
(schlichten): Schlicht|krul(l), egroll: Satzn. zu krol, krul „Locke"
Schlichter: 1. schlichtet Wolltuch. 2. Schiedsrichter. 3. s. Schlichte
Schlichting: 1. = Schlichter 2 (Schlichtig. 2. s. Schlichte. 3. ON. Dithmarschen
Schlick–: nd. „Schlamm" vgl. Schleich): Schlick|, er(t) (× ON. Schlicken, Solingen), häuser, eiser, mann, riede, enrieder (s. Ride); Schlieck|mann, möller, verhochdeutscht Schlichmöller. Schlickum: Hofn. Wuppertal (× ON. Schlieckum, Kalenberg). Anderes s. schlucken
Schlie–: s. Schleie
Schlieben: ON. Merseburg. Schliebner
Schlieck–: s. Schleich
Schlieckau: ON. Lüneburg
Schliep: s. schleifen
Schlier–: „Lehm" (vgl. „Schliersee", auch ON. Württ.). Schlier|er, holz, mann; Schli(e)rf: ON. Alten– und Salzschlirf < Slirapha, Fulda

(schließen): nd. Satzn. Schlietuppe.— Schließ|er, mann „Türschließer, Gefängnisschließer" oder „Verwahrer von Geräten, Vorräten", nd. Schlieter, S(ch)lüter (×ON. Schlüte, Oldenb., Bre), S(ch)leuter
Schliewa: sl. sliva „Pflaume"; ON. Schlie|w, ven. FN. Schliew|en, in, er
Schliffer: s. schleifen
Schlifter: s. Schlucht
Schlig: s. Schleie
Schlimm: mhd. slim(p) „schief", auch Flurn. (vgl. Schlamp). Schlim|mer, per(t). Slim
Schling: 1. Flurn. „Schlinge", auch „Drehkreuz am Zaun"; mnd. slink a) „Gatter", b) „Rand, Ufer". Schling, |er, mann, keider; Schlingen|siepen, sief (s. Seife 2). Schlinx,| er(t), mann; vgl. Schleng. 2. mhd. slinc „Schlund". Schlink. 3. obwend. slink „Schnecke". Slinke
Schlinghoff: < Schlinghoven, Ackergüter in einer Altrheinschlinge, Kreis Mülheim, Reg.-Bez. Köln
Schlipf: ÖN. „schlüpfrige Stelle"
Schlipköter: Hofn. Schlpkothen, Elberf.
Schlippha(c)ke: s. schleifen
Schlirf: s. Schlier
Schlitt(e): mhd. slīte „Abhang": Schlitt|gen, er, inger, mann, meier, Schlitten|lacher, bauer, vgl. Schleid
Schlitz: ON. Hessen, Schlitzer
Schlobig: wend. złobig „Tälchen". Schlobach?
Schlockwerder: s. Schlakkenwerth
Schlod(d)er: s. Schröter

Schlöder: s. Schleuder
Schlo(e)bohm: s. Schlehe
Schlöffel: „Schlingel". Schlüffel, vgl. Schleef
Schlöfke: wend. slowka „Pflaume". Schöfke
Schlög(e)l: s. Schlegel
Schlöger: s. schlagen
Schloifer: s. schleifen
Schlom: s. Salomo
Schlömann: < nd. sloi, sloeg „morastiger Graben". Schloer
Schlömer: ndrh. „Verschwender" (× ON. Schlöhm, Köln; Schlömen, Kulmbach)
Schlömilch: s. Schlegel
Schlomm: wend. sloma „Stroh" > Schlomann; Schlomk|a, e „Strohhalm"
Schloms: schles. „schlampiger Mensch"
Schlöndorn: s. Schlehe
Schlon|sak, zak: s. Schlesier
Schloots: s. Schlot
Schloer: nd. s. Schlömann, obd. s. schlagen
Schlörit: s. Schlehe
Schloß: 1. „Herrenhaus". Schlöß|l, inger; Gschlößl. Schloßberger. 2. „Türschloß"; nd. slot. Schlotz, Schloßnagel; Schloß|macher, mann, (h)auer (Schlos–, Schlotz–, Schlot(t)|hauer, Schlotthauber, Schlothaber) alles = Schlosser (Schlossar, Schlösser, Schlesser, Schlöt(z)er, Schletter (s. d.). Ndrh. Schlössel s. Schlüssel
(Schlot): nd. slōt „Graben, Morast" (seltener slāt: Schlathölter; nd. hess. schlade; × nd. slodde „Lump"); obd. schlotte(r), schlutt „Schlamm", vgl. Schlader und Schlatte.— Slot, Schlot|e(n), mann,

hage, junker; Schlott, |e, er, beck, mann; Schlötter. Schloots; Schlutt, |er (× ON. Oldenburg), enhofer (nd. Schlutte „Krug")
Schlötel: s. Schlüssel
Schlotfeldt: ON. Itzehoe
Schlott–, Schlött–: s. Schloß und Schlot
Schlotterbeck: zu Schlotter „saure Milch" und Beck „Bäcker" oder doch, wie Schlottermühl, –hof, –thal „Schlammbach"
Schlotterer, Schlöterer: mhd. sloteraere „Schwätzer" (vgl. Schletterer).
Schlötterlein: mhd. sloterlīn „Klapperschelle"
(schlottern): Schlotterhose
Schlötzer, Schlotz: s. Schloß
Schlotzhauer: ON. Schlotzau, Hünfeld (Fulda)
(Schlucht): Schluchter, Schlüchter, aber Schlüchterer, Schlüchtermann < ON. Schlüchtern, Hanau; obd. Schluft(er), Schlüfter, Schlifter; schweiz.: in der Schlucht, Schlucher, Schluechter, Schlüechter, Schliechter
(schlucken): Schluck, Schlück, Schlücker. Obd. Schlick („Fresser") (s. Schlick), Satzn. Schlick|eisen < eiser, supp; Schlickenbrei, Slikkenpfeil, vgl. Bier
Schluckwerder: s. Schlakkenwerth
Schluder: s. Schleuder
Schluderspeer: Satzn. < schleudern
Schlue, Schlüer: s. Schlau
Schlüffel: s. Schlöffel, Schlüfter
Schluft(er): s. Schlucht
Schlump: mhd. slump „schlumpig". Schlumpf

437

Schlund: „Kehle, Schlemmer"
Schlunk: = Schlund
Schluntz(ig): „unordentlich" (× ON. Schlunzig, Glauchau; früh. Schluntz); Schlün|tz(en), z, ß (× Schleunig)
Schlupfinger: wohnt an einer Schlupfstelle
Schlup,|p, Schlupperski: s. Stolp
Schlupkot(h)en: 3 Kotten Elberfeld
Schlur|aff, of: s. Schlauder
Schlurick, Schlürike: s. Schröter
Schlusemann, Schlüß–: s. Schleuse
(Schlüssel): auch Flurn. „rechtwinkliger Ausschnitt aus dem Acker". Schlüßl, |er, brunner. Schlüsselhuber; nd. Schlötel, ndrh. Schlössel(berger)
Schlüter: s. schließen
Schlutt–: s. Schlot
Schlyg: s. Schleie
Schmacht: „hungrig, schmächtig"
Schmachtenberg(er): 2 Hofn. Elberfeld, Dorfn. UFrk.
Schmachthahn: ON. Schmachthagen, Holstein, Meckl.
Schmädicke: s. SCHMIED
Schmage: wend. smaga, smaha „Brachfeld". Schma|h, ger; Vklform. smažka: Schmatzke, Schmätzke, Schmäschke
Schmägel: sl. smagly „dunkel" oder poln. smagły „schmächtig"
Schmäh: „klein, verachtet", mhd. smaehe. Schme|h, ch. Vgl. Schmechel. Schmahbauer. Aber ostd. Schmah s. Schmage
Schmäing: s. SCHMIED

Schmakpfeffer: s. schmecken
Schmal: „klein, schlank, kärglich", Komp. Schmäler. Schmäling(er), Schmeling (× Schmel; rotw. „Zigeuner"); Smal(ian) < Jahn; Schmal|fuß, bein, acker, schläger; nach ÖN. (en)bach > bauch?, hofer, holz, wieser, wasser; kuche, rieme, brock, bruch, Schmahl|feldt, horst, stieg, stich (oder doch = Stich wie Faulstich?)
Schmaler: s. Schmoler
Schmalz: „geschmolzenes Fett, auch = Butter". Schmolz, Schmölz. Schmalz|er, haf(en) (auch Flurn.), napf. Anschmalz („ohne S."); Eier–, Eiren–, Ayren|schmalz („Eier in Sch., Rührei"), Ganssmalt. Affensmalz.— Schmalz|gruber (schmalz „fruchtbares Land", Schmalz ist auch Hofn., FN. von der Schmalz), bauer, (n)eder, berger, hofer, ried (Reute).— Schmalzl, Schmälzle(in), Schmelzle „Liebling". Nd. Schmalt, Schmol(d) (× ON. Schmolde, Prignitz; Schmolte, Diepholz)
Schmand(t): nd. „Rahm, Sahne" > sl. smetana? Smend, Schmette
Schmarbeck: ON. Lüneburg
Schmarje: ON. Schmarrie, Hann.
Schmarr: vgl. Schramm
Schmartz: poln. smardz „Pilz" (ON. Schmar|tsch, se), Schmar|s, se, sow
Schmatz: eher obd. „Baumstumpf, Holzschlag" als „Kuß", aber Nickel Smacztenteig, Chemnitz

1395. 1399. (Ch. Urk. B. 53, 20. 58, 18)
Schmatzke, Schmätzke: s. Schmage
Schmauch: „Rauch"; nd. Schmoo(c)k
Schmaus: „Jude", Schmausser, |(t)z
Schmechel: PN. Smechil, zu ahd. smāhi „klein, gering". Vgl. Schmäh
Schmeck: wend. Smějk „Lächler". Schmegg, Schmieg(e)
(schmecken): Satzn. Schmeckpeper = Schmakpfeffer; Schmekkenbecher, Smeckeworst
Schmed–: s. Schmied, Schmiede und SCHMIED
Schmedeshagen: ON. Stralsund
Schme(e)r: mhd. smer, smerwes. Schmerber (× ON. Schmerb, OFr.), Schmeer|er, schneider („Apotheker" u. „Spießbürger" Grimm, 9, 1036), bauch, dazu vielleicht Schmer|laib, mund. Schon ahd. smaro in ON. Smarinchova (= Schmerikon, Zürich) > Schmerold
Schmeetz: s. Schmied
Schmegg: s. Schmeck
(schmeicheln): Schmeichler
Schmeid–, Schmein|g, k, Schmëing: s. SCHMIED
Schmeiß(er): mhd. smīʒen „streichen, schmieren, schlagen", auch „Bergwerkshäuer". Schmeißner
Schmel: wend. smel „kühn": Schmel|ke, i(n)g (× Schmal), Schmehl, Schmell (× sl. chmel „Hopfen")
(Schmelche): „Grasart Schmiele"; bair. schmel-

Schmeli(n)g

chen. Schmelch|en, er, opfälz. Schmeller, Schmelmer „Wiesen–, Waldgrund": Schmelle(n)kamp (Schmeller sieh Schmoller; rotw. „Knecht")

Schmeli(n)g: s. Schmal, Schmel

Schmeller: s. Schmelche u. Schmoller

Schmelmer: s. Schmelche

(schmelzen): Schmelz „Schmelzwerk", mehrf. ON. Schmelzer, Schmölzer, nd. Schmelt(er), Schmölder; Satzn. Schmelz|eisen, eis; Schmelzfennig (Münzarbeiter). Schmelzle s. Schmalz

Schmer(ber): s. Schmeer

Schmer(e)l: jüd. < schemarel „Gott beschützt" oder < Schemarja

Schmerl: „Lerchenfalke", mhd. smerle, smirl(e), Merlin. Schmirl(er), Schmerl, |e, er; Schmer|lein, lin(g), Merl, |e, y, in(g). Vgl. Merl

Schmerold: s. Schmeer

Schmersau: ON. Magdeb. > Schmerse

Schmeske: wend. směšk „Lächeln" (Flurn. Směški)

Schmetje: s. SCHMIED

Schmette: s. Schmand

Schmettig: s. SCHMIED

Schmetz: 1. s. Schmied 2. „Geschwätz"; Schme(t)zer „Grasmücke", „Steinschmätzer"

Schmeyer: ON. Schmeihe (Schmieh), Calw

Schmich: zu tsch. smich „Lachen". Schmich|en, otta

SCHMIED: vgl. Schmied Smidhart: Schmittat *Smidoalt: Smital, Schmithals

Kf. Smido: Hierher viell. Schmitson, fries. Genit. Schmeda und die Kf. auf –ing; andere N. vom Berufsn. nicht zu trennen. Schmidding, Schmitting, Schmietl, Schmiedel, Schmieding, Schmidig(er) (schweiz.); Schmedding(hoff), Schmeding, (> Schmäing, Schmëing, Schmein|g, k); Schmettig; Schmid|ge, chen, le; Schmidtler; Schmitgen, Schmied|ig(en), ecke, ekind (< eking), Schmädecke, Schmedicke, friesisch Schmedje, Schmetje, Schmedtje; Schmei|d(e)l, tz; in ON.: Schmidinger, Schmittinger, Schmidlkofer < Smidilinchovum, NBay., Schmidhammer (s. Heim), Schmitzberger, dorf. Bei Schmideke vgl. tsch. PN. Smědek (zu smědý „dunkelbraun"). Schmidetz

Schmied: vgl. SCHMIED und Schmiede. Meist Schmidt, sonst auch Schmid, Schmit(t), Schmith, Schmied(t), Smi(d)t; de Smet. — Genit. Schmi(d)ts, Schmitz(ius), Sme(e)ts, Schmedes, Schme(e)tz, Smits, Schmies. Vklf.: Schmittgen, Schmied(e)l, lin, le(r). Schmi(d)tlein, Schmittler, Schmidler, nd. Schmedicke, Schmädecke, fries. Schmetje, sieh SCHMIED. Zss. mit –mann: Schmidtmann, Schmedem.– Schmitt(n)er, Smitmans. Andere Zss., Zsr. I. (stets –schmidt, wo nichts anderes verzeichnet ist). 1. Blech–, Eisen– (Isenschmid), Gold–, Kupfer–, Stahlschmidt. 2.

Schmiede

Draht–, Hacken–, Hammer–, Huf(f)–, Kalt– (> Kalchschmied) = Kessel–, Klein– („Schlosser"), Messer–, Nagel–, Pfann(en)–, Scha(a)r– (macht Pflüge), Schellen–, Schellschmid, Segensschmid = Sensenschmid (Sengstschmid, nd. Seissenschmidt), Scheerschmidt, Waffen–, nd. Wappenschmidt, Fahnenschmid(t) bei der Reiterei. Holtschmidt „Zimmermann". Sieh Tür und Hölle. 3. Bach–, Baur–, Berg–, Hütten–, Dorf–, Ober–, Brok–, Wald–, Thorschmidt, Braunschmidt, Herrenschmied, mit Taufn. Wolfschmitt.

II. Oft auch erster Bestandteil, z. T. zu Schmiede. 1. Schmidmeister, Schmiede|knecht. 2. Schmid|bau(e)r, berger, eder, hofer, huber, leitner, maier > Schmidtmer, Schmittbühl; Schmidt|kamp, haus; Schmiede(s)–, Schmet|kamp > Schmiedekampf, Schmidthammer (doch eher < ON. Schmidham). Der Schmidschneider und der Schmidtmüller wohnen nahe beim Schmied oder sind seine Söhne. 3. Mit RN.: Schmid|konz > gunst, utz, peter, till; Schmitt|lutz, gall, heiner, diel, deil (< Thilo), Schmidt|franz, kunz, Schmedkord. 4. Schmitt|roth, zeh(e), Schmidtpot Schmittpott), Schmitdorsch, Schmidramsl

Schmiede: > 16 ON. im Dat. Schmitten, ON. Schmidt, Aachen, Eisenschmitt, Trier. — Schmied|en, er >

(schmieden) Schmier, Schmitt|en, (n)er, Schmiderer, Schmeder-(er), Vonderschmidt. Schmiedehaus (s. auch Schmied, Zss.)

(schmieden): Satzn. Schmittnägel

Schmieg(e): 1. Flurn. „Krümmung". 2. sieh Schmeck

Schmiegel: 1. wend. šmigly „schmächtig". 2. ON. Posen. Schmiege-l|er, ski

Schmiehl: zu sl. smilny „liebreich". Schmiel, |e(wski), Schmil(l)

Schmieja: poln. zmija „Schlange"

Schmi(e)lau: ON. Ratzeburg

Schmier: s. Schmiede

Schmier–: 1. mhd. smieren „lächeln". Schmi(e)r|er, maul, mund > Schmiermut. 2. mhd. smirn „schmieren, schmeicheln". Schmierer. 3. Schmierer „Sämischgerber" (gerbt mit Tran Fenster–, Handschuhleder). Schmiereck

Schmies: s. Schmied

Schmill: s. Schmiehl

Schminke: urkundlich < Schmink(e)sen, Wolfhagen; dies < PN. *Smink, wohl < *Smithink (zu SCHMIED). Vgl. ON. Schminkenburg, Deister und Schmintrup < Smithinkthorp

Schmirl: s. Schmerl

Schmitt–: s. SCHMIED, Schmied(e)

Schmitz: s. Schmied; ostd. < wend. šmic „Mücke"; Vklf. Schmitzek

Schmitzer: < schmitzen „Felle färben"

Schmock, Schmö(c)kel, er: s. Schmuck

Schmöger: ostd. < wend. smogor „Torf"; obd. wohl zu schmiegen

Schmo(h)el: s. Samuel

Schmohl: schwäb. „Molch"

Schmola: wend. smoła „Pech"

Schmoldt: s. Schmalz

Schmölder: auch zu schmelzen

Schmoler: wend. tsch. smolař „Pechsieder". S(ch)molarz, verdeutscht Schmaler

Schmolka: 1. wend. smol(k)a „Pech". Schmol(l)ke, Schmolck; tsch. smula: Schmuhl (s. d.), Smola. 2. jüd. Schmolka < Samuel

Schmoll: „das Weiche im Brot"

Schmoller: 1. ON. Schmollen, Öls. 2. < schmollen „das Gesicht (zum Lächeln) verziehen": Schmöller; auch schmellen: Schmeller

Schmolz, Schmölz: s. Schmalz

Schmölzer: s. schmelzen

Schmook: s. Schmauch

Schmorck: 1. sl. PN. Smork „Schnarcher". 2. poln. smrok, sm(e)rek, obwend. šmrěk „Fichte". Smreker, Schmöring, Schmirk

Schmor(r)de: wend. smord „Leibeigener". Schmortte (× ON. Schmorda, Tetschen, Ziegenrück). (< smrd „Schmutz, Gestank")

Schmuck: Kaum zu mnd. smuck „zierlich", sondern alter unerkl. PN. Smucho, Smokke, erweitert zu *Smuchart: Schmuck|at, er(t). Schmucker(meier); Schmukler, Schmück, |le, ing, (l)er, Schmickler; Schmücker, Schmock,

Schmö(c)k|el, er. (Aber schweiz. Schmuck(l)i „Mensch mit eingezogenem Hals" zu schmiegen)

Schmu(h)l: 1. s. Schmolka. 2. s. Samuel (Schmuel)

Schmutter|er, maier: < Flußn. Schmutter, Augsburg

Schmutz: obd. 1. „Schmalz"; Schmutzhofer. 2. „Kuß" zu bair. schmutze(l)n „lächeln, schmunzeln". Hierzu Schmutz(l)er, Schmutzerer (< mhd. smutzern); aber Schmutziger < ON. Schmitzingen, Baden

Schnaar: s. Schnering

Schnaase: s. Snato

Schnaater: s. Schneid

Schnabel: Auch Flurn. Schnab|l, elius, elrauch; Schnäbele, Schnewlin, Schneebeli (× Schnee), Schnappel, Dür(r)–, Rau(ch)|schnabel

Schnack–: s. Schnake

Schnad–: s. Schnath und Snato

Schnaderböck: ON. Schnatterbach, Pfaffenhofen (OBay.)

Schnägelberger: s. Schnecke

Schnagge: s. Schnake

Schnaib–: s. Schnee

Schnaidt, Schnait–: s. Schneid

Schnak(e): 1. nd. „lustiger Mensch". Schnacker(t)z. 2. nd. „Schlange": Schnagge; Schnakenbeck, Schnakewinkel. 3. obd. „Stechmücke". — Zu 2 oder 3: Schnacken|berg, burg (mehrf. ON.)

(schnalzen): Schnalzer, Schnellzer

Schnapp: wend. šnapa „Maul"; Vklf. Schnapka

Schnappel: s. Schnabel

(schnappen): mhd. auch „schwatzen". Schnapper. Satzn. Schnapp, Schnap(p)|(a)uf, up

Schnark(e): Vogeln. „Wiesenknarrer, Wachtelkönig". Schnarz, Schnerzel, Schnarr (vgl. Schreck), Schnerk, Schnerpel

Schnarr: frühnhd. „mürrisch"; aber Schnarrenberger zu schnarre „Misteldrossel"; doch vgl. Schnarke und Schnurr 3

Schnarz: s. Schnarke

Schna|ß, tz: s. Snato. Schnaz

Schnat–: s. Schneid

Schnatler: s. Schneitler

Schnatterer: „Schwätzer"

Schnätz: s. Schnetz

Schnau–: s. SNOT

Schnauck: wend. znawk „Kenner"

Schnauder: mhd. snūden „schnaufen". Schnau|er, huber

Schnauf(f)er: < schnaufen, vgl. Schnauder, Keichel, Schnieber, Schniefer

Schnauhuber: s. Schnauder

Schnebbe: nd. „Schnabel"

Schnebel, Schneble: s. Schnee (× Schnabel)

Schneck(e): 1. „Schnecke"; 2. in Hausn. „Wendeltreppe", seltener 3. „Schildkröte". Schnegg, Schnecken|haus, berger, aichner; Schnegelsberg(er), nd. Schnück(e), Schnigge, Schnigenberg

Schneckenburger: ON. Konstanz

Schnedermann: s. Schneid

Schnee: Wohl vom greisen Haar; obd. oft verkleinert: Schnee|li(n), le, beli; Schneble, Schne(a)-wly, Schneilin, Schneibel, Schnaib|el, le (auch wend. sněh). — Kalt(en)schnee. Schnee|klut(h), gluth, kloth (nd. „Kloß, Ball"), mann (nd. Schneimann; × nd. schnēde „Grenze", ON. Groß-Schneen, Göttingen), weis, weiß, wiß, loch, feld, könig; berg(er) (mehrf. ON.), wolf, vo(e)l (mua. N. verschiedener Vögel), gans (ganz, Schnegas, Schnögaß), könig. Schnehardt. — Schneemilch: s. Schlegel. Schneevoigt: s. Vogt. Sieh auch Schneid und Schneidewind

Schneede: s. Schneid

Schnegas: s. Schnee

Schnegelsberger: s. Schnecke

Schneg(g)–: s. Schnecke

Schnei–: s. Schnee

Schneid: ahd. sneita „ausgehauener Waldweg, Schneise", > „Grenzweg, Grenze", obd. auch schna(i)s, schleis; nd. schnede, schnāt (dies Mask. und Fem.). ON. Schneit, Schweiz.

Schneid|er, l(er), t(berger), inger, huber; Schneit|(t)er, l(er); Schnaidt, Schnait|er, l, mann, Hinter|schneiter (kollektiv Gschneidner, Gschnaidinger), schnaitter. Schnaith, Schnath, Schnadt (vgl. Snato), Schnaater, Schnat|mann, enberg, horst, (s)meier; Schnatter, Schnedermann, Schnede, Schneede

SCHNEIDEN: hierzu die altd. N. Snizolf, Snizzo; (Snittel bei Socin?) und viell. die FN. Schnitzinger, Schnitt|ke, le, Schnipp|er(t), ering, el

Schneider: „Kleidermacher" (< „Zuschneider"), mhd. auch „Tuchverkäufer" (FN. Wandschn.), doch auch „Schnitzer, Pflüger, Mäher" (× Schneid). Schneider|s, lin, ling, chen, mann, schweiz. Schneiderli; lit.: Schneider|eit, eiter, at; nd. Snyder(s), Schnieder|s, kötter, meyer, mann; zsgz. Schnier, |s, ing, er, schweiz. Schnidrig. Zss. Ulmschn. < ON. Ulm, Domschn., Puhlschn. — Schneiderwirth, Nagelschn. („Nagel, olim Schneider" bei Preuß), Schmidschn. s. Schmied. Bret(t)schn., Dillschn. (< „Diele"), Futterschn., Strohschn., Riem(en)schn., Schachtschn. = Schatzschn. (nd. scha(ch)tsnīder „Drechsler"), Rohrschn., Pfeifenschn. — Als Kastrierer (s. Gelzer): Stier–, Bär– (Ber(n)–, Bier–, Bock–) schneider. Hofschn. (wie Hofleuchter oder „Schnitter" oder wie Hofschuster). Chirurgen sind Bruch–, Ho(de)n– (dies auch Kastrierer), Stein– (dies auch Graveur) |schneider. — Mit PN. Utzschn., Werneckenschnieder. Schneider|heinze, bernd, han; Schnieder|jost, tüns (Anton). S. Sartor

Schneidewind: Satzn. „durchschneide den W." (vgl. frz. taillevent „Landfahrer"). Schneider–, Schne(d)e–, Schnöde–, Schnie(de)|wind, Schneidawin(d), Schneid|(e)-

Schneier

wendt, ew(e)in. Vgl. durch
Schneier: ON. Schney, OFrk.
Schneitler, Schneidler: entastet die Bäume u. Reben. Schnatler (× Schneid)
Schnell: mhd. snel „schnell, tatkräftig". Snello: Snel(l), Schnel|(l)e, n; Schnöll. — Schnelldorfer. Schon in altd. Zeit erweitert zu Snelhart: Schnellhardt, Schnellert; Snelman: S(ch)nellmann; Snelrat: Schnell|redt, reth
(schnell): Schnell|hase, bach, bächer, enbach, rieder
(schnellen): Schnell|er (Bre.), a (KS.); Satzn. Schnellenpfeil, Schnell|bögl, bolz
Schnellzer: s. schnalzen
(Schnepfe): Schnepf; nd. Schnepp(e), Schneppen|-horst, siefen, sieper
Schneppenheim: Hofn. Euskirchen
Schneppekrell: s. schleppen
Schnepper: 4 ON. Schneppe(n), Rhld.
Schnepper(li): „Aderlaßmesser"
Schnepp|le, el: obd. < unbekanntem altd. PN. (Schneppekin Socin 165, etwa < Snato s. d. (nd. Schnepp– s. Schnepfe; × snip „Zipfel")
Schnering: 1. vgl. Snar|ing, ung bei Först., Snerlin bei Socin (unerkl.), Schner|ling, zinger, Schnaar? 2. nd. Schnering „Pächter"
Schnerk, Schnerpel, Schnerzel: s. Schnark
Schnerzinger: s. Schnering

Schnet|ger, ker: s. Schnittger
Schne(t)z: 1. mhd. „Hecht". 2. = Schnetz(l)er (schon ahd. Snezo), Schnätz; s. Schnitzer. 3. tsch. ženc „Schnitter" (Schnetzke)
Schnetzing(er): < Snezo (s. Schnetz) oder Snazi (s. Snato), desgl. Schnötzinger (× SNOT)
Schne(u)wly: s. Schnee
(schneuzen): Schneuzer
Schnibbe: s. SNOT
Schnick(e): s. Schnecke
Schnidrig: s. Schneider
Schniefer: = Schnaufer (s. d.)
Schnieder: s. Schneider
Schniefer: = Schnaufer (s. d.)
Schnieper: s. Schnupper
Schnier: s. Schneider
Schnierle: s. Schnur
Schnigge: s. Schnecke
Schnipp: s. SCHNEIDEN
Schnipper|ing, t: s. SCHNEIDEN
Schnirring: Vogeln. „Flußseeschwalbe" (× Schnorr)
Schnitter: „Erntearbeiter"; Schniter, Schnyter
Schnittger: nd. „Tischler, Schnitzer". Kleinschnittger, Schnitzker, Schnittjer, Snitker, Schnit(t)ker, Schnet(t)ker, Schnetger
Schnittke, Schnittle: s. SCHNEIDEN
Schnitz: 1. „abgeschnittenes Stück, besd. Apfelschnitz": Schnizlein. 2. = Schnitzer (< das geschnitzt = die Schnitzel) (vgl. SCHNEIDEN, Schnitzinger)
Schnitzer: „Bildschnitzer, Armbrustmacher": Schnitz (s. d.), |er, ler; Schnizer, Schnitzius, Schnetz(s. d.),| er, ler. Sieh Span
Schnitzspahn: s. Span

Schno–, Schnö–: s. SNOT
Schnock: nd. „Hecht"; aber obd. Schnock, Schnöckel weisen auf einen altd. N., s. SNOT
Schnöde: mhd. snoede „ärmlich". Schnödt
Schnödewind: s. Schneidewind
Schnögaß: s. Schnee
Schnöll: s. Schnell
Schnoor: s. Schnur
Schnöring: ON. Schnöringer, Waldshut
Schnorr: wohl zu schnurren, etwa „Sauser" (viell. schon altd. N., vgl. ON. Schnörringen < Snurringen und Schnurr)
Schnorrenberg: mehrf. Hofn. Rhld.
Schnorrer: rotw. „Bettler" (= Schnurrer; s. d.)
Schnötzinger: s. Snato u. SNOT
Schnu–, Schnü–: s. SNOT
Schnück(e): s. Schnecke
Schnupper: schweiz. schnueper, schnüeper „lebenskräftig, munter", auch „schnippisch". Schnüeper, Schnieper, Schnuepperli
Schnur: Seiden–, Sieden|-schnur, Schnür|le(in), er = Schnur|er, dreher, macher; Schnurpfeil, Schnürpel, Schnierle; nd. Schnoor. Schnurstein „Grenzstein in der Grube"
Schnurr(er): 1. mhd. snurraere „Possenreißer". 2. Vgl. häufigen ON. Windschnur(r)e „wo der Wind schnurrt". Schnurrenberger (vgl. Schnarr). 3. Nachtwächter; s. Klapper(mann), Schnarr(er). Sieh Schnorr
Schnut(e): nd. „Schnauze": Schnütgen, Schnuth, Swartesnud

(schobant): nd. „Abdecker, Henker". Schoban (Schubandt?)
Schobbenhaus: Hofn. Düsseldorf
Schob(b)ert: s. Schubert
Schobenrock: s. Schaube
Schober: „Heuhaufen" (< schieben, vgl. Schaub), Grumatschober (×sl. PN. šobor; dazu Schobring). Schober|er, let, meier, lechner; Schöber, |l(e), lin; Scheberli(n) (Schober, Schuber(t), Schauber KS)
Schobe|s, ß, Schöbs: s. Schöps
Schoch: „Heuhaufen", schwäb. „ausgelassener Mensch": Schöch, |le, lin; Schoch(mann), Tschochner. Nd. Schock(e) (× SKOG); ostd. Schoch–, Schöch– u. Zschacke
Schocherer: s. Socher
Schocher(t), Schöchert: s. SKOG
Schochet: hebr. „Metzger". Schach|et, ter, Schächter
Schochterus: s. Schubert
Schock–: s. Schecke 3, Schoch und Zschacke (KS: Schock, Schok, Schück, Schack, Schöck, Scheck).
Schöck–: s. SKOG und Zschacke
Schockel: bair. „übereilt Handelnder": Schog(g)el
Schöckhuber: s. Scheckhofer
Schoder, Schodorf: s. Schottroff
Schöder: s. scheiden
Schöfche: s. Schaf
Schöfer: s. Schäfer
Schöff: meist = Schöffe (× Schiff), dazu Schöfbänker; mhd. scepfe > Schöpf(lin); md., nd. Schöpp(e)
Schöff|el, ler: s. Schaff

Schoffer, Schöffer: s. Schaffer
Schoffizel: s. Schafhäutle
Schöff(mann): s. Schiff
Schöfke: s. Schlöfke
Schog(g)el: s. Schockel
Schögl: s. SKOG
Schoh–: s. Schuh
Schoi(e)rer: s. Schauer u. Scheuer
Schol–: s. Schule
Scholand: vgl. altd. PN. Scolant (unerkl.)
Scholber: mnd. scholver, schulver Vogeln. „Kormoran": Schollwer, Schulver vgl. Scharb; doch vgl. westf. scholven „Rasenerzstein". Herm uff den Scholven 1574
Schölch: s. schiele
Scholder: „Vorrichtung für Glücksspiele". Scholter, Scholler (×ON. Schollen, Luckau). Deren Veranstalter Scholderer, Schelderer
Schol|ich, ke, Schöl|isch, ke: s. skala
Scholl: 1. mhd. schol(aere) „Schuldner". Scholler (vgl. Scholder), Schuller, Schulder. 2. „Erdscholle, plumper Mensch": Ackerscholl, Schollentreter
Schöll–: s. Schell, schellic und schiele
Schollwer: s. Scholber
Schölpert: s. Schild
Scholpp: s. Schiele
Scholter: s. Scholder
Scholwin: ON. Stettin. Scholvien
Schom–, Schöm–: s. SCHÖN
Schomaker: s. Schuhmacher
Schomann: s. Schuhmann
Schömann: < schwed. Sjöman „Seemann" (vgl. Sjöström)

Schombel: s. Samuel
Schomerus: hebr. schomer „Wächter" mit lat. Endung = „Küster" (B. 2, 118)
SCHÖN: zu ahd. scōni „schön", urspr. eingliedriger N., später Übern.
1. *Scono „der Schöne": Schoon; Schon,| en, icke, emann; Schön, |i, e(mann), en, i(n)g (× ON. Schöningen mehrf.), chen(s), (ec)ke, gen, ges, ell, l, le, ling, l(e)in. Schönn|emann, i(n)ger; Schöninger, Schonunger. Schön|er, herr auch < häufigem ON. Schöna(u); vgl. auch Flurnamen diu schöne „Schöne"; bair. auch Schien|er, dl; Schiner, Scheiner (× SCHEIN)
2. Weiterbildungen:
Sconibald: Schönball, Schombel
*Sconibert: Schom|bart, ber(t), Schomm|artz, ertz, er(s), Schömperle(n)
*Sconhart: Schon|hardt, ath, ert; Schön|hard (auch ON.), e(r)th, ith; Scheunert?
Sconhari: Schoner, Schön|her(r), s. o.; auch Übern.,er(er), ers(hoven); Schenherr, Schönner
*Sconrich: Schönr(e)ich
Sconolf: Schön(e)wolf
Schön–: 1. ON. und ÖN.: (× ahd. scam „kurz, klein", vgl. Schambach) –ach(er) = (e)beck = bach = flies, wasser, au(er), angerer, leiter, gut, hueb, feld, fellner, gart, hütte, born, e(n)berg(e)r, hammer = heim(er), heit(er) („Heide"), eick = eich, buch, thoner (s.

Tann), bohm, wald, wälder = laub > lauf, lau (s. Loh), holz, horst, radt, rath („Rodung"), egge = eck (Schinegg KS.), stein, wies = wang, waser, ofen = hof(er). Schone|bohn, weg. 2. Mit PN. –heinz, fritz, ian(n) = i(j)ahn, berend, peter, nickel; ähnlich: maier, müller, kerl, knecht (aber Schoenknecht s. Schuh), herr. 3. Anderes: haber, weitz, weiß (×„Weizen"), mehl, korn, fleisch, käs (ekeß), brod („Weißbrot"), thier. Schön|ro(c)k, ewand („feines Tuch oder Leinen"), werk (mhd. „feines Pelzwerk"), huth, mund, hals, fuß, bein, kopf, härl, bart (×schemebart „(bärtige) Maske" und Sconibert), licht, tag, (s)wetter, dube (s. Taube), vogel, thier, blom (Kosen.). –schön: Tawsintschon, Siebenbürgen XIV. Sieh buten

Schönfeßl: < mhd. schintveʒʒel < schiltveʒʒel „Schildknecht, Troßbube"

Schongar: < ON. Scongawa (1. Schongau, Lech. 2. Schongen, Luzern). Schonger

Schönhuth: „aus Spänen (mhd. schine) geflochtener Hut". Sch(e)inhut (NF., Bre.)

Schönig: ON. Schöningen. Schöni(n)ger

Schönn–: s. SCHÖN

Schonnop(p): wend. žonop „Senf"

Schoof(s): s. Schaub, × Schaf

Schook: s. Zschacke

School–: s. Schule

Schoon: s. SCHÖN

Schoop: s. Schaub, Schaube

Schoor: nd. „Ufer", van Schoor, Scho(o)rmann

Schopenhauer: nd. „fertigt Schopen, Schöpftröge und –kellen"; (ō), doch auch Schoppenh., Schuppenh., Schüppenh., hochd. Schuffenh. Ähnlich Schopendreyer > Schoppelrey

Schopf: 1. „Kopfhaar": Schöpf|le, lin, Breitschopf. Groß|schopf, schupf. Gro|schop͜p, schoff, Groschu|ff, p, Rauschoff, Honschop („mit hohem Sch."). 2. obd. „Schuppen, Vordach". Schopfer

Schöpf: s. Schöff; dazu Schöpflin oder zu Schopf 1, 2

Schöpfer: südd. „Salinenarbeiter"

Schopfloch: mehrf. südd. ON. (jüd. Schopf(lich), Schöpflich)

Schopp(e): 1. obd. s. Schaube. Schöpp|l, lein, li. 2. nd. „Schuppen" und „Füllkelle". Schopp|mann, meier. 3. ON. Schopp, Pfalz. 4. ostd. Schopp < wend. čop „Zapfen" oder zu Schöps

Schoppan: s. Supan

Schöpp(e): s. Schöff

Schoppelrey, Schoppenhauer: s. Schopenhauer

Schopper: 1. zu Schopp 3. 2. bair. „Schiffszimmermann"

Schöpperle: s. Schepperle

Schöppler: s. schapel

Schöpp|li, lein, ner: s. Schaube

Schöps: ostd. „Hammel"; tsch. skopec (×ON. Görlitz, Kahla): Schöpß, Schöpser, Schöbs, Schobe|s, ß, Scheps; dazu auch Skop, Schopp, Tschoppe, ofr. Schötz(el)

Schor: s. Schorr

Schoradt: altwend. PN. Wšorad „All-lieb". Schurade

Schorch(t): s. Schubert

Schord|an, ing: s. Jordan

Schördling: s. Schorle

Schorer: ON. Schor|a, en. 2. s. scheren. 3. zu Schorr 1. 2

Schörer: s. scheren

Schörger: s. Schubert

Schörghuber: s. Georgius

Schorioth: s. Scharioth

Schork, Schörk: s. Schubert

Schörke: s. Schorr

Schorkopf: s. scheren

Schorle: wend. žor(d)lo „Quelle". Schorler, Schördling, Zschorlich

Schorlem(m)er: frühere Bauernschaft Schorlem, Kreis Sendenhorst, Westfalen < Scurilingesmiri „Schierlingssumpf"

Schor–, Schör|ling: s. scheren. Schörling s. auch Scherling

Schormann: s. Schoor

Schorn: 1. ON. Schorn (Bay., Salzbg.). Schorner, Schörner. 2. „Erdklumpen". 3. s. Czerny (Schornack). 4. s. scheren

Schorn, Schörn: s. Czerny

Schornstein: „Rauchfang"

Schorp(p): mhd. schorpe „Skorpion, Schildkröte"

Schor(r): 1. „Felszacke". 2. „Spaten". 3. = Schorer. 4. zu sl. skory „behende, eifrig". Schorr(ig), Schörke

Schor|ß, z: 1. „Baumbast". 2. Schorz: wend. N. Skořc

Schörtag: s. Schauerte

Schosser, Schösser: 1. „Steuereinzieher". 2. = Gschößer

Schößler: s. Schüssel

Schoßnick: s. sosna

Schoster: s. Schuster
Schott: nd. „Verschluß, Schleuse". Schottmüller (doch auch Schott + Müller)
Schott(e): mhd. „Hausierer": Schott, |el; Schött|le, li. Doch auch unerkl. altd. PN. Schotto
Schöttel–, –schottel, –schöttel: s. Schüssel und räumen
Schotte(n): 1. obd. „Quark". 2. ON. Gießen. Schotter zu 2 oder zu Schutt
Schottenhammer: ON. Naila, aber Schottenhaml?
Schottin: < frz. N. Chaudin
(Schottland): Schottländer
Schöttler: s. Schüssel
Schöttner: ON. Schöten, Weimar, oder Schotten, Gießen (× Schart)
Schottroff: Unerkl. N. Schoderolf (Elizabet Schoderolfin, Schoderolfes tohter, Würzburg 1336; vgl. ostfr. ON. Scoderolfesberc). Schudroff, Scho(tt)dorf, Schottropf, Schoder
Schötz: s. Schöps und Scheitz
Schouby: ON. Schuby, Schleswig-Holstein
Schrab(b)ach, back: wend. PN. Škrabak „Schaber"
Schrabbek: poln. žrabek „Fohlen"
Schrade: nd. „mager, kümmerlich"; auch Schrag(e); sonst Schrad|, e, in; s. Schrat
Schra(d)er: s. Schröter. Schrading: ON. Ravensburg
Schraf–, Schräf–: s. Schroff

Schrage(n): „schräge Pfähle, Holzgestell, Grubenzimmerung" (× Schrade). Schra(a)g. Schragmüller. Hergestellt vom Schrager, Schragmann, Schräger, Schreger
Schrägle: „Holzgestell, Zaun". Schreg, |el, le, lmann, er, Schröger; vgl. Schrei
Schrai: s. Schrei
Schräm: nd. schreem „schräg". Schremm
Schram(m): 1. „mit der Schramme". Schramme(n). Schram(m)(e)l, Schrämli, Schrem(me)l. 2. „Felsspalt". Im Bergbau haut diese der Schrämhauer, Schrammer, Schremmer. 3. „schief" = Schremm. (Schrammbö(h)mer: s. Schrank)
Schrander: s. Scharre
Schrank: „Zaun, Schranke": Schrank|l, er, enmüller. Schräncker, Schrenker; mhd. schrancboum > Schrankpaumer > Schrammbö(h)mer (aus der Gegd. v. Werdau XVII: Schrampamper)
(schranne): 1. s. Scharre 2. 2. „Schlucht" (s. Schramm 2), in der Schrannen, Schran|ner, der
Schranz: 1. „geschlitztes Kleid" > „Geck". Schrenzel. 2. „Felsspalt": Schranzhofer
Schrap(p)e: „Kratzeisen": Schräppel, Schrapers (Rhld.). — Hennig Schrape heißt 1508 so nach seinem Braunschweiger Haus To der Schrapen „Zum Roßkamm" (B 2, 105)
Schräpfer: s. Schröpfer
(Schrat): obd. „Waldgeist, Kobold, unbesonnener Mensch", in PN. u. ÖN.; schon ahd. Scratinpach; doch auch „Kluft" (nd. vgl. schrat „schräg"). Schratt(bauer), Schratten|ecker, holz; Schrad|e, in; Schratz(enstaller) (× tsch. žrac „Fresser"), Schrätz(meier), Schretz|mann, enmayer; Schred|l, inger, Schredel|secker, seher (zu „See"), wohl auch Schrottmeier, Schröttinger, Schrötz(lmeier). S. Schrittenloher

Schraub(e): „Schraube", obd. Schrauf, |l, nagel, nd. Schrub
Schraud(n)er: s. Schröter
Schraudolph: s. SCHROTEN
Schrauf–: s. Schraube
Schraufstätter: ON. Schraufstätten, Erding
Schraut(h): bair. < schreiat „Pranger" (vgl. Kaakstein; × SCHROTEN)
Schreck: 1. schon altd. *Screggi „Springer" (vgl. „Heuschrecke"). 2. auch „Felsspalt" (mhd. schric) und „Wachtelkönig" (vgl. Schnark). Schreck, |e(r), ling, eneder (zu 2); Schröck, |er, el; Schrock (s. d.), Schrick, |el, er (× ON. Schröck, Schrick, |e)
(schrecken): 1. „springen lassen, scheuchen": Satzn. Schreck|enfuchs (auch Einöde Berchtesgaden, vgl. Weiler Schröckenfux, Graz), egast (das letzte aufgetragene Gericht). Jagdtreiber (vgl. Rassel) sind Schreck|er, mann. 2. „springen, erschrecken". Schreck–, Schröck|haas
Schrecken|bach, berg: ON. Siegkreis, auch alter N. von Annaberg, Sa. Schreckenberger

Schreder: s. Schröter
Schred|inger, l: s. Schrat
Schreg–: s. Schrägle
Schreger s. Schrage und Schrägle
Schrei: 1. „Schreier" < schreien (s. d., vgl. Scharfschreie), meist wohl 2. < schraie obd. < schrege „Zaun" (vgl. Schrägle). Schra|i, y; Schrei, |l, er, (er)öder, egg, mayer. Schrey. Sieh Jacobus Kf. 1
Schreib–: s. schreien
Schreiber: auch „Notar, Sekretär", mhd. schrībe, aere. Schreib, |er, mann. Land–, Quitt|schreiber, Amptschryver, Feinschreiber. Nd. Schrie|ber, ver(s), wer(smann), fer(s) (vgl. Schroff). Latinis. Scriba. Polonis. Szraiber
(schreien): Schreier: besd. „Ausrufer", Schreyenbrandt „Feuerwächter"; doch vgl. Kreier. Schrey(g)er. Vgl. auch Schrei. Schrei(b)–, Schrai|vogel, Schreibmüller (nach seiner kreischenden Mühle); Wildschrei, Hirschgeschrei, Gschrey; Schreijack u. dgl. s. Jacobus
Schreiner: „Tischler". Schrein|emacher(s), ert; Schrein(dl), nd. Schrie– < nert
Schreit|er, müller: = Schröter, Schrotmüller. Schreiterer
Schrem–: s. Schramm, Schräm
Schremp|f, p: s. Schrimpe
Schrems: ON. N.-Österr., Graz. Schrem|bs, ser
Schrenk: ahd. screnc „schlau", wohl schon altd. PN. > Schrenkhamer (ostd. × wend. srjenk „Mittelknecht")

Schrenker: s. Schrank
Schrenzel: s. Schranz
Schrepfer(mann): s. Schröpfer
Schrettl, Schretz–: s. Schrat
Schreu|(d)er, rs: s. Schröter
Schrey(g)er: s. schreien
Schrick–: s. Schreck
Schrie|ber, fer(s), wer: s. Schreiber, Schriefer s. auch Schroff
Schrieder: < ON. Herrischried, Baden
Schrienert: s. Schreiner
Schrimpe: mhd. schrimpf(e) „Schramme, leichte Wunde", Schrimpf, Schrümpf, Schremp|f, p, aber Schrimper, Schremper < schrimpen „einer, der einschrumpft" = FN. Schrumpf
Schrittenloher: Einöde Schrittenlohe, Mainberg, NBay. (1358 Schretenloch, wohl zu Schrat). Schritten|lach(n)er, loch(n)er; Schlitten|lacher, lochner, loh(e)r
Schröck: s. Schreck und schrecken
Schrock(e): 1. s. Straka. 2. s. Schreck. 3. wend. šrok „Fichte" (Skro|ch, ck)
Schrod–, Schröd–: s. SCHROTEN, Schröter
Schröer: s. Schröter
Schröfelbauer: zu bair. schröfeln „Kraut schneiden"
Schrof(f): „Felsenwand". Schroffner, Schrofer (× ON. Schrofen, mehrf.), Schrofen–, Schruoffen|egger. Schröfel(e), Schröf(f)l, Schruff, Schrufer, Schrüf(f)er, Schriefer, Schraff, Schraft, Schrafstetter, Schräfle

(das Adjektiv schroff erst nhd.)
Schrokosch: wend. srokoš „Neuntöter, Würger"
Schroll: 1. „Klumpen". 2. bair. „Brauknecht". Schroller (Breslau)
Schröm(bjens): s. Hieronymus
Schröpfer: „Aderlasser" (vgl. Lesser). Schrepfer, Schräpfer, Schröpf(ler). bair. „Brauknecht". Schrepfermann: aus Schrepfer-Monioannes, Manjohannes Schrepfer genand (wohl Hermann-Johannes). Vgl. Stucher
Schropp: bair. „Erdhügel". Schröppel (× SCHROTEN, Kf.)
Schroer, Schrörs: s. Schröter
(Schrot): „grob gemahlenes Getreide". Schrot(t)–, Schreitmüller
SCHROTEN: ahd. scrōtan, „hauen, schneiden" Scrutolf: Schraudolph Kf. Scroto: Schrod(t), Schrot(h), Schrott, Schroot(en) (× schrot: 1. abgehauenes Stück, Klotz. 2. Eimer, Faß). Schrauth (NF.), vertschecht Schrutek, Schrot|berger, (t)ke; Schröd|(e)l, ler, inger, ecke; Schrötel(er)
*Scroppo könnte Kf. von *Scrotbert (> Schrubbert? oder nd. „Striegler"?), Scrotbald sein, viell. aber eingliedriger N., mit Schropp zusammenhängend: Schropp, Schrö(p)pel, Schrupp(e)l
(schroten): Sieh Schröter und Helm. Hirnschrodt
Schröter: zu schroten (mnd. schraden, ndwestd., holländ. schrōen „schneiden":

Vor allem 1. „Schneider" (vgl. dän. skraedder; dazu Skröder), südd. selten. 2. „der Lasten, Fässer auf der Schrotleiter fortwälzt". Selten. 3. = Schrotmüller und 4. „Münzer". — Schröter, Schrötter, Schrödter, Schroder, Schroter, Schrader, Schräder, Schreder, Schraer, Schroer, Schrö(e)rs, Schraud(n)er, Schrea|(d)er, rs. — Zss. Bier-, Wein|schroder (Wienskroer), Brink-, Pohlschröder, Kampschröer, Schapschroer (Schildeschroter, Zunschrotter). — Wend. šlodar „Schneider": Schlod|ar, er, Schlodd|arick, er(ig), Schludderenz, Schlurikk(e), Schlürike

Schröttinger, Schrottmeier, Schrötz: s. Schrat
Schrub: 1. s. Schraube. 2. tsch. srub „Schuppen, Speicher"; mehrf. ON. Sruby
Schruff, Schrufer, Schrüf(f)er, Schriefer, Schruoffenegger: s. Schroff
Schrul(l): „launischer Mensch"
Schrumpf, Schrümpf: s. Schrimpe
(Schrunde): „Riß, Spalte". Schrunder, Schründer
Schrupp: nd. „Sperling", sonst s. SCHROTEN
Schrutek: s. SCHROTEN
-schu: s. Schuh
Schuart: s. Schubert
Schub-, Schüb-: s. schieben. Schubach
Schuband(t): s. Supan
Schube: 1. s. Schaube. 2. wend. šuba „Pelz": Hierzu Schub|ack, ach, Schupp|e, ich
Schubert: mhd. schuchwürhte „Schuh|wirker, macher" (vgl. Werk). Nebenf.: schuch|worte, werte, wirt, art, er(t), ter, schowart (doch s. SKOG). Schuch|wort, t(er), Schuhardt, art, er(t); Schuh|werk, wirt, wicht; Schu|wert, b(b)ert, ppert (× Fischn. Karpfenart Döbel; vgl. Alse), ffert, wardt, (a)rt, ba(e)rt, bath, both, berg; Schuckert, Schuchter, Schi(e)chtl, Schob(b)ert, Schör|ger, k, Schork, Schorcht, Schochterus, Schowart(e), Schau|bert, pert, fert, wecker, wacker, wachter; Scubert. Bauerschubert. Einzelne N. könnten auch zu SKOG gehören (s. d.). Sieh auch Zuber 3

Schuch-: s. Schubert, Schuh, Schuhmann
Schüchen, -schuch: s. Schuh
Schüching: s. SKOG
Schüchtle: < obd. schuchteln „übereilt handeln" oder = Schi(e)chtl „Schuster"
Schüchzer: s. Schuster
Schuck-: s. Schubert, Schuh, Schuhmann, SKOG
-schuck: f. Schuh
Schück-: s. SKOG
Schaudack: s. Schultheiß
Schüd(d)e-: s. schütten
Schuder: obwend. šcudr „Gestrüpp". Schutter
Schuderoff: s. Schottroff
Schudi: pruß. N.
Schuechter: s. Schuster
Schüeli: s. Schuh
Schuer: s. Schur
Schüff|elgen, ler: s. Schaufel
Schuffenhauer: s. Schopenhauer
Schuffert: s. Schubert
Schuft: wohl < ahd. scuft „Schopf" oder < Schufut (s. Schaufuß). (Bedeutung „Halunke" erst XVII)
Schug(t): s. Schuh
Schu(h): mhd. schuoch, nd. schō, schau: Schuch(t), Schug(t), Schuck, Scho, Schü|le, y, Schulin, Schoe. Vklf. Schüchen, Schü|eli, hlin, (h)lein, Schiele, Schiegl, Schiech(t)l, Schichtl. — Zss., Zsr. Breit–, Sommer–, Preis|schuch (s. Breiser), Hackenschuh, Nieder|schuh, schuch, schuck; Gulden–, Roth–, Weiß–, Hohen–, Frauen– (> Pfreund–, Freund|schuh, schig NF.), Knaben–, Hart–, Holz– (s. d. und vgl. Schuh(h)olz), Trapp–, Kapp–, Schlipp–, Trepp|schuh u. dgl. s. Trippe; Hornschu(h) vgl. Spitzschuh. Bund|schu(h), schow,Bunschu(c)h, Pun|tschuh, schuk, Gen. Buntschen. Sieh Handschuh. — Hersteller sind Schucker, Schüchner, Frauscher, Kintscher, Hölscher, Hentscher, Schu–, Schoh–, Schoen|knecht („Geselle"). Satzn. Wendschuch > Winschu, Windschuh, Windschügl = Schuhwendt (s. wenden) = Schuender? Flickschu, Fügen– > Fiegen|schuh. — Schuhnag(e)l. Schuhbisser, Schuhbüßer s. büßen. Jüngere Zss. Schuh|bauer, kraft (Schuegraf). Schuhwerk u. dgl. s. Schubert (Sch(a)useil < frz. N. Choiseul)

Schuhl: s. schūle
Schuhmacher: meist Schumacher; Schumach; nd. Schomaker(s), Schoemaeker(s), Schaumäker, Schomecker

Schuhmann: „Schuster", meist Schumann, verkürzt Schumm, ostd. auch < poln. Szumon = Simon; auch Schuchm., Schuckm.; nd. Schom., Schaum. (× schauen); polonis. Szuman
Schuhrke: s. Schauer
Schuhwein: s. SKOG
Schui(e)r–, –schuir: s. Scheuer
Schuk–, Schük|ram: s. SKOG
Schul–, Schül–: s. Schuh
Schular: s. Schuler
SCHULD: zu ahd. sculd „Schuld", vgl. ags. Scyldinga
Sculd: Schuld (× 1. ON. Koblenz > Schulder. 2. mhd. schult „schuldig". FN. Schuld|ig, er; vgl. auch Scholl 1); Schult|mayer, inger. Weiterb. Schuldrich, Schullrich
(Schuld): Schuldlos, Jüd. Schuldenfrei. S. auch Schultheiß (Schuld: ON. Adenau)
(Schule): Schul|lehrer, meister, mann (nd. Scho(o)lmann, dirk. Scholhölter: mnd. schölholder „Privatschulmeister". — Jüd. (Synagoge) Neuschul. Schul|lehrer, haus, hof, höfer, (en)klopfer, mann, meister, vater
(schüle): nd. „Versteck, Hütte": Schuhl; Schulenberg (5 · Orte Hann., Meckl.); Schuler, Schüler: „Flüchtling, Laurer, verstohlen blickend"
Schüle(in): s. Schuh
Schuler: latinis. Schuleri, Schuller|us, i. 1. s. schüle und Schüler. 2. Lehrer. 3. bewirtschaftet das zum Unterhalt der Schule bestimmte Gütchen. 4.

wend. šular „Schulmeister". Schular. Schuller
Schüler: Schuler, auch „Lehrer", so noch heute in Siebenb., dort FN. Schuller(us). Jüd. Jodenschuler, Alt- und Neu|schüler, Schüller, Schiller (vgl. Schule und schüle)
Schülien: s. Julianus
Schulin: s. Schuh
Schulke: poln. czulty „lebhaft, munter", wend. čily: Schülk(e), Schulisch, Schilk(e)
Schüll: Schimpfwort „grober Mensch"
Schuller: 1. s. Schuler. 2. = Scholler (s. Scholl)
Schüller: 1. = Schüler. 2. ON. Prüm
Schullrich: s. SCHULD
Schulp: s. Schiele
Schult–: s. SCHULD und Schultheiß
Schulter: vgl. Häusern. Vetschoulder Köln; Schulther
Schultheiß: ahd. scultheiʒ- ʒo: „der Verpflichtungen und Leistungen heißt, d. h. befiehlt"; Dorf–, Stadtvorstand, auch Richter, weiterhin als „Hofschulte" Besitzer eines großen Hofes. Hof|schulte, schulze

Schult|heis, heiß > (h)eß, (e)s; Schuld|heiß, is, es; > Schultz(e), Schulz,| e(n)(sohn), er. Mitteld. Scholtz(e), Scholz|e(n), gen, mann; Rothscholz. Schölz|ke, gen (rhein.), el (ostd.); Schelzel; nd. Schult, |e, en(s), ge, Schuld(e), Schülting; nl. Scholt|is, en; Schöltgen. Fries. Scholtinga. Latinis. Scultetus, Scoltetus, Prätorius. Sl. Formen: (šolta): Scholt|(k)a, ke, issek; Schult|a, ke, chen; wend.

Kf. Schudack, Schatolla, Schatell; slavisiert: Schulc, Schulz|ki, ke, ig; Schül(t)z|ki, ke. Zss., Zsr. Borg–, Neu–, Nie–, Schwarz–, Carl|schulz; Schultenhink (Heinrich); besd. westf. Brink–, Klee–, Nieder–, Mühlen|schulte; Neuschulten, Kampfschulte = Schultenkämper; dort massenhaft Schulte-Hiltrop; Sch.-Östrich; Sch.-Brünninghausen u. dgl., seltener Schulte|zur Hausen, auf dem Hofe, im Hofe; Schultz-Niborn, Schulze-Vellinghausen, Schulze-Eckel
Schulther: s. Schulter
Schulver: s. Scholber
Schulwitz: ON. Schullwitz, Dresden
Schuly: s. joli
Schüly: s. Schuh
Schulz, Schülzke: s. Schultheiß
Schu|macher, mann: s. Schuhmacher, mann
Schum(m): s. Schaum und Schuhmann
Schummel: s. Schimmel
Schum(m)rick: wend. zmrik „Blinzler". Zemmrich
Schund: sl. PN. Skąd, Skud
Schü(ne)mann: s. Scheune
Schunke: 1. s. Schink (Schunk). 2. tsch. čunka „Ferkel" (Sch.unk|a, er; Zschunke, Tschunke, čunče: Schün|schke, zel
Schuntermann: Flußn. Schunter, Braunschweig
Schuochtzer: s. Schuster
Schüpf: ON. Unterschüpf, Baden
Schup(h)an, Schuppen u. dgl.: s. Supan
Schupp(e): 1. Fischern.: piscator cognomento

Schuoppo Schwarzw. XIII. 2. mhd. schupe „gesteppte Jacke": 3. mhd. schuppe „Schüppe": 4. zu Schube 2. — Schupp|ert, ling = Fischn. Döbel (s. Alse). Schuppler: mhd. schuoplaere „Schuppenpanzermacher" — aber: Schuppert: s. auch Schubert. Schuppiser: s. büßen; Schupper–, Schüppen|hauer s. Schopenh.

Schüppelz: s. schütten
Schuppig: s. Skupp
Schur: mehrdeutig. 1. s. Schauer. 2. mnd. schūr „schlau". 3. zu scheren: > „Mahd, Holzschlag": Schuer, Schur(er), Schurr(er), Schürr, |er, le. Bei Schürle(in), Schierl(e) × Scheuer. 4. wend. zur „Hamster" (vgl. Schauer). Schur|an, la, le
Schur–, Schür–: s. Schauer, Scheuer, schüren
Schürbel: s. Schirbel
Schürbusch: 2 Orte Minden (× ON. Schürenbusch, Oldenburg)
(schüren): Schürer (> Schier(er); auch zu Schur 3; Schürmann (× Scheuer). Schurbaum, bohm = Schierbaum; Schürstab. Satzn. Schür|rauch, slicht, Schürnbrand, so 1374 ein Schlossergeselle in Marburg (s. Schauer und Brand), Schürsledt (s. Leid)
Schürf: „Erzschürfer" (Greger Schurff Freberg 1546)
Schürfeld: ON. Schürfelde, Altena
Schürholz: s. schiere, auch ON. (Olpe in Westf.)
Schurian: wend. žuran „Pförtner"

Schur|icht, ig, inga u. dgl.: s. Schauer
Schürlezer: < mhd. schürliz, ein Kleiderstoff
Schürmer: s. Schirmer
Schurr–, Schürr–: s. Schauer und Schur
(schürritze): mhd. „Geröll". Schürz(inger). Schierßner?
Schurrock: s. Schirocki
Schurt: s. Schubert
Schurter: schweiz. schurten „Schulden eintreiben"
Schurz: 1. „der Schurz" (× mhd. schurz „kurz")
Schuscheng: frz. N. Sougeon. Schusseng
Schuß: = Schütz(e) 2. Schuß|er, mann, müller
Schüssel(e): nd. Schöttel. 1. „Holzschüssel". Schötteldreier. 2. Flurn. Grundschöttel, Lüthkeschöttelkotte, Schöttelkamp. Verfertiger (seltener Anwohner): Schüsseler, Schüßler, Schießler, Schößler; nd. Schüttler (obd. s. Schutt), Schöttler, Schettler, Schisselbaur. Sieh räumen
Schuster: mhd. scuochsūtar (s. Sutor), schuochs(u)taere > schweiz. Schuechter, Schuochtzer, Scheuchzer, Schüchzer, Scheuzger; nd. Schauster; sonst: Schuester, Schuster, ||, ius, mann, junge, baur, eder; Schustehrus (lit. Schustereit, tsch. Sustersic > Schusterschütz); Kram–, Kleinschuster. Schoster, Schüster(l), Schiesterl, Schust, Schiestl
Schutt, Schütt: obd. „Anschwemmung, Damm". Schütt, |e, el, er, ler (nd. vgl. Schüssel); Schittler, Schutt, |er, mann; Schot-

ter. × 1. Schütte „Strohbündel". 2. Schütte nd. „Schütze" (s. d.). 3. Schütte, nd. auch schutte: „Schleuse". 4. Schütter, nd. schutter „Zitterer": Schüttenkötter, Schütter(le)
(schütten, schütteln): Satzn. Schüttauf(f); Schüttel–, Schüddekopf. Schüd(d)e–, Schüte–, Schütte(r)–, Schittel|kop; vgl. Wegehaupt; Schütt(en)–, Schitt(en)|helm (> Schickhelm); Schüttespeer (vgl. engl. Shakespeare), Schütt–, Schutt–, Schüp|pelz; Schuttensamen; Schüttlöffel, Schüt(t)rumpf (s. Rumpf). — Aber Schuttwolf, Schüttenwolf < nd. schutten „abwehren"; ähnlich Schützen|dübel, diebel, döbbel „den Teufel" (falsch verhochdeutscht), –schütter: s. Kohle
Schutter: 1. s. Schuder. 2. ON. Münster. 3. < Schütter KS.
Schütter(le): s. Schutt
Schütt(h)of: ON. Schüttorf, Bentheim
Schüttig: verwittertes Gestein
Schüttler: s. Schüssel (× Schutt)
Schutz: ON. Trier
Schütz(e): mhd. schütze. 1. „Schießender, Söldner". 2. „Schützer, Wächter". 3. schütz(e) auch „Schleuse" (s. Schütt 3) und ein zu „Schoß" gehöriger ahd. Flurname scuʒʒi; z. B. in ON. Vorschütz, Wolfenschießen [so Unterschütz, Schütz|inger, le(r), (n)er]. Schütz(en)meister, Schüz. Büchsen–, Feuer–, Flur–(Flo(h)r–), Wald–, Wolf–,

Wild|schütz, Wildschutz (×ON. Wildschütz, mehrf. < Wilsch(e)witz < sl. wjelk „Wolf"), Jagdschitz. Nd. Schütt, |e(n); Wildschütte. Wend. Schutz|ka, Schütz|ke, sack. — Schützen|dübel, diebel: s. schütten. — Rollsch. (rotw. „Müller"), Löbensch. (rotw. „Bäkker"). Liebsch., Löbsch. u. dgl. s. LJUB. Gallsch. ON. Sa.

Schuurs(ma): s. Schauer
Schu|wardt, wert: s. Schubert
Schwabe: Schon altd. Swabo (Swab|ilo, peraht u. a.). Swabrich > Schwäbrig; Schwab, |e, (e)l, l-maier, eneder; Schwaab, Schwaf(f), Schwoob, Schwob, |thaler; Schwöb|el, le, mann; Schwäb|le, ig, (i)sch, ke, l(e). Schweb|le, el, sch, ke, ig. Lützelschwab. Schwabe(n)land, nländer.— Schwabacher: ON. Nürnb. Schwabe–, Suabe|dissen < Svevedeshusun, ON. Lippe
Schwab|(e)row, roh, erau: ON. Schwaberow, Meckl.
Schwäbler: s. Schwefel
Schwade: obd. „Sumpfgegend": Schwadt, Schwäde, Schwadtke
Schwaderer: < schwadern „schwatzen"
Schwaf(f): s. Schwabe
Schwaf(f)erts: Hofn. Schwaffert, Elberfeld
Schwagenscheidt: Hof bei Elberf.
Schwager: früher auch = Schwiegervater u. -sohn. Schwager, l, |mann, us; Schwäger, |l(e), mann; Schwäg(e)richen, Schwegerle (vgl. Schweher). Zss., Zsr. Lütt– (Litt–), Lang–, Old–, Krank–, Lieb–, Herrn|schwager. Aber Goden–, Guden–, Gut–, Juden|schwager < ON. Godenswegen, Meckl., oder Gutenswegen, Wolmirstedt. Gotenschwäger. Sieh auch Schwaige
Schwägler: s. Schwegel
Schwa(h)r: < wend. swar „Schwager"; Vklf. Schwarik, Schwär|ig, ike
(Schwaige): obd. „Weideplatz, Viehhof, Sennerei"; häufig ON. Schwaig,|en, hausen, hof; Schweig|en, hausen, hof(en); Schweikhof. — FN. Schwaigert, Schwaig|er, (er)haus, Schwai(e)r, Schweig|(g)er, ert, mann, huber, reiter, häuser, hof(er) > koffer, kofler; Schwei|hofer, gle, kle (×Schweiggl). Artschwager (< art „Ackerland"). Merchlschweiger s. MARK. Menterschwaige: ON. München; Schwaigerer: ON. Schwaigern, Württ. (Burgschweiger > Bergschw., Schwager, Schwinghoff KS.). Nd. –schweig zu wīk
Schwai(e)r: s. Schwaige
Schwalbe: mhd. swal|e, we, be, schwäb. und schweiz. schwalm (×ahd. swalm „Wasserschlund"), nd. swalke. Schwal|b(e), e(n), wen, m(e), er, k(e); Schwalfenberg; Rauchschwalbe
Schwald: < Oswald s. ASEN
Schwalger: < frz. Chevalier
Schwall: 1. = Schwald. 2. „reißende Strömung". Schwell(n)er. Schwalbach (mehrf.). 3. ON. Nassau, Rhld.: Schwaller

Schwal|m(e), wen: s. Schwalbe
Schwamb–: s. Schwan
Schwamm: „Pilz". Schwammel, Schwemmler, Schwämmle(in), Schwemmle(in). Lerchenschwamm < Lärchenschw. (Polyporus officinalis)
SCHWAN: Zu ahd. swana „Schwan"
Suanehard: Schwan|er(t), herz
*Swanold: Schwanold, Schwenoldt, Schwanholz
Svan|o, ucho (Kf. oder „der Schwan"). (×ein sl. Stamm; vgl. Schwan|itz, kowski, tus). Schwan,| k(e) (vgl. Schwank), tje, tge, tke, z (s. d.), engel; Schwahn, Schwann(ecke), Swaans, Swane, Schwen|-(e)cke, kel (× „Glockenschwengel"). — ON. Suaningun: 1. Schweningen, Württemberg. 2. Schwaningen, Eichstädt; Schwanger (× ON. Schwangen < Schwanden, vgl. schwenden), Schweniger. [Schwan–oft < Svain s. Schween, z. B. ON. Schwandorf, Regensb., und Schwaningen, Schaffhausen < Sve(i)ninga: Schwani(n)ger]
Schwan: nd. Schwon (ON. Schwaan, Meckl.). Vgl. Leßwing. Schwan|au, (e)beck („Bach"), enberg (ON. Rhld.), ekamp, häuser. Schwam|bach, beck, born; v. Schwanenflügel (Göttinger Patrizierfamilie)
Schwan(n)born: Hofn. Mülheim (Rhld.)
Schwand–: s. schwenden
Schwanger: s. SCHWAN

–schwanger: s. schwenden u. Wang

Schwank: mhd. svanc, swankel „leicht beweglich, schlank". Viell. schon altd. PN. (× Kf. von SCHWAN). Schwankl, Schwenk(el), Schwank(h)art, Schwang(h)art, Schwenkert

Schwanz: oft in Flurn., auch Kleideranhängsel (Sidenschwänzli); vgl. Zagel, Wadel, Stert. × Schwan. Schwänz(e)l; Schwenzle, Katzen–, Fuchs|schwanz. Schwenzer: obd. „Schaf mit gestutztem Schwanz, auch Jungschaf" (× ON. Schwenz, Schweidnitz = Swencz). Wachen|-, Wagenschwanz s. Bachstelze

Schwäpenheuer: s. Schweppe

Schwappach: ON. UFrk.

Schwär: s. Schweher

Schwar–, Schwär–: s. Schwahr

Schwark: mhd. svarc „finster"; dazu svere „finsteres Gewölk" (× Schwahr und pruß. N. Swarge). Schwerk, |(h)olt (alter Taufname wie Wolchanhart?)

Schwarte: s. Schwarz (× Schwartau, Lübeck; Schwartow Pomm.)

Schwarz: nd. swart „dunkelhaarig" (vgl. ON. Schwarz, |a oft). Schon ahd. Schwartz, |l, e(r); Schwarz, |(e)l, lmüller, mann, ig; Schwärz|(e`)l, ler; Schwertz, Schwerzel, Swart(s), Schwardt(mann), Schwart|e, ing (vgl. Czerny). Weiterb. Schwarzen|bold, bolz. Verlitauert Schwarzat

(schwarz): Zss., Zsr. Schwarzbeck, bach, enbacher, deich, moser, necker, burg, wald, wälder > weller (8 ON. Schwarzwald), hoff, bard, kopf, haupt, rock, (en)bauer, huber, maier, fischer, müller, könig, elühr, ott, schulz, weber (zur Unterscheidung so benannt); nd. Schwart|hof(f), (e)kopp, hann = Schwarzhans. Jüd. Schwarz|baum, brand, leder, stein, weiß

Schwärzer: (vgl. Rodler) = FN. Schwarzfärber

Schwarz–, Schwärz|firm: s. Schwert

Schwarzlose: ON. Schwarzlosen, Stendal

Schwaßmann: ON. Schwaß, Rostock

Schwat(t)e: wend. swat „Schwager". Vklf. swatk. Schwat(t)ke, Schwätke (× SVET)

Schwätzke: s. SVET

Schwazer: < ON. Schwaz, Tirol. Ostd. > Schwotzer (ō): Tiroler Holzknechte erschlossen im 16. Jahrh. das Riesengebirge

Schweb–: s. Schwabe und Schwefel

Schwebs: ON. Schwiebus (Schwebiss)

Schwechten: ON. Stendal

Schwed–: s. SCHWIND

Schwede: Peter ufm Poel oder der Schwede (Rheydt 1644), auch der Post genannt; also Übername, wohl „Postschwede, Postreiter"

Schwedler: s. Schweidler

Schween: nd. „Knabe > Knecht, Schweinehirt". Sween (ahd. PN. Swein, vgl. SCHWAN; nord. RN. Sven), Schwen,|ecke, ke, ichen. Vgl. Schwein

Schweer: s. Schweher

Schwefel: mhd. swebel: Schwebel, Schwef(f)el, Schwefler (vgl. Schwabe)

Schweflinghaus: ON. Schweflinghausen, Hagen i. W.

Schwegel: „Querpfeife". Schweg|ler, elbauer, Schwägler, Schwögler, Schweigl(er)

Schwegerle: s. Schwager

Schweh(e)r: „Schwiegervater, Schwager" (s. d.). Schwer, Schweer, Schwär, Schwör, Schwier

Schweibold: s. Schwind

Schweich: ON. Trier, Luxemburg, Schweicher

Schweichel: ON. Schweicheln, Herford. Schweichler

Schweicher(t): s. SCHWIND

Schweida: ON. Königsberg

Schweidler: „Mantelsack"; nd. Schwedler (× altd. PN. wie in Suedlersdorph, Schles. XIII)

Schweier, Schweifer: s. SCHWIND

Schweig–: s. SCHWIND u. Schwaige

(schweigen): Satzn. Schweigstill, Stillschweig

Schweig(g)l: alt. N. Sueiko: Schweig|el, mann; Schweik (×Kf. von Switger, s. SCHWIND; vgl. Igel, Schwaige u. Schwegel)

Schweihofer u. dgl.: s. Schwaige

Schweik–: s. Schwaige, SCHWIND u. Schweiggl

(schweimen): „schwanken". Schweim|er, ert, ler. Auch „schweben"; daher „Jagdfalke"? Ebenso Schwimmer, Schwem(m)er mhd. „Mausadler". (Schweim: mhd. swīme „Schwindel, Ohnmacht")

451

Schwein: 1. Meist wohl < PN. Swein (s. Schween). Schwein, le |s, inger, zer, hardt; Schwenn, |en, sen; so auch viele ON. wie Schwein|berg, heim, s-büchler, hage(n). 2. Das Tier: mhd. u. nd. swīn in: Schwein|shaupt (auch ON.), shaut, skopf, efuß (nd. Schwienefoet, Schwiensfoth), efleisch, ebraten (doch auch ON. Schles. < Swinbrod, sl. „Schweinefurt"), stieger, steiger (mhd. stīge „Stall"), huber, meier. — Swinestert („Schwanz"), auch Hofn. in der Senne. Swinevient. Merswin, Brühschwein Cleynsweynel (vgl. FN. Schweinle × Swein s. Schween). Schweinebart s. SCHWIND. 3. Schweinichen, ON. Schlesien (× Swinchin). Auch ON. Schwein, a, au, e, ern, ert; vgl. FN. Schwein|er(t), hauer. ON. Schweinshaupten, UFrk. > Schweinshau(p)t. Schweinberger (6 Orte) > Schwemberger, Schwengberg

Schweinem: mehrf. ON. Schweinheim, Köln, Düsseld.

Schweingel: s. Igel

Schweiß: „Schweiß, Blut": Todt–, Morgen|schw. Sieh Morgen

Schweißfurth: Hofn. Siegen

Schweißguth: Satzn. Schmiedename? Schweisgut

Schweißinger: ON. Pilsen

Schweißhelm: s. SCHWIND

Schweitl. s. SCHWIND Kf.

Schweizer: Volksn. Schweitzer, Schwyzer, Schwitzer. Schweizer|bart, hof

Schwelg: „Schwelger"

Schwelgengräber: vgl. Satzn. Swellengrübel bei Hugo v. Trimberg, „schwelle [hemme] den Teufel"

Schwel(l)e: „Schwiele, Geschwulst". Schwill, Schwulst

Schwellenbach: Hofn. Siegkreis

Schwell(n)er: s. Schwall

Schwelm: ON. Westf.

Schwemberger: s. Schwein

Schwem(m)er: 1. schwemmt Holz oder wohnt an der Schwemme. 2. s. schweimen

Schwemmle(in): s. Schwamm

Schwend–: s. SCHWIND **(schwenden):** ahd. swandjan „schwinden machen, durch Feuer ausroden". In vielen ON. und Flurn. Schwand, |er, (t)ner; Ober–, Neu(en)–, Eppen|schwander; Neuschwanger, Schwanninger (s. SCHWAN), Schwend|, (e)ner, el, (e)ler, ling, inger, imann, emann, bauer, mayr, Schwender(KS.). [Schweiz: schwendi „Rodung": (in der) Schwendi]. Erb–, Rinden–, Rindi|schwender, Schwent(n)er (×ON.; Busch–, Bürken|schwenter), Schwenner. Koll. (KS.): G(e)schwandtner, Gswandner, Straßgschwandtner, Gschwändler, Gschwend, |er, (t)ner (ON. G(e)schwend(t)), oft Hochgeschwender, Geschwind(ner) (s. d.). In anderem Sinne: Gold-schwend, Gschwendtenwein

Schwenderling: frühnhd. „Ohrfeige"

Schwen|ecke, iger: s. SCHWAN

Schwengberg: s. Schwein

Schweninger: ON. Schweningen, Baden > Schwenger

Schwenk|el, ert: s. SCHWAN und Schwank **(schwenken):** Satznamen: Schwenk|bier, hammer; Schwenken|becher, beger, Schwengenbecher (wohl nicht < ON. Schwennikenbach, Jena, sondern = nd. Schwen|kros, kraus; s. Kraus 1)

Schwenn–: s. SCHWIND und Schwein 1

Schwennen: s. Schwein 1

Schwenner: s. schwenden

Schwenninger: 3 ON. Bayr., Schwab., Württ.

Schwenoldt s. SCHWAN

Schwennicke: FN. Halle

Schwenteck: balt. zu pruß. swenta „heilig"

–schwenter: s. schwenden

Schwenz|er, le: s. Schwanz

Schwepfinger: ON. Altötting

Schwep(p)e: nd. „Peitsche", Schwepenstehl („Stiel"); aber der Schwepenhäuer, Schwäpenheuer haut die schwep(p)en zu, „unter die Dachsparren genagelte lange Bretter"

Schweppenhäuser: ON. -hausen, Kreuznach

Schwer: 1. s. Scheher. 2. „schwerfällig". Schwer|fuß, haupt. 3. nd. s. SCHWIND

Schwerk–: s. Schwark

Schwersenz: ON. Posen

(Schwert): Breit–, Scharf|schwerdt. Schwert(n)er = Schwerdtmann = Schwertfeger > –finger?

= Schwert–, Schwärz–, Schwarz|fürber, firm < vürben „putzen" (> –führer). Schwertfechter. Schwert|bauer, gebur s. Gebauer. Schwerter auch < ON. Schwerta, Liegnitz; Schwerte, Dortmund. Schwerdhelm s. SCHWIND
Vklf. Schwerd|tel, tle (auch „Schwertlilie"), Schwertgen, Zwerdin, Swertlin. Doch auch and. PN. Suerid. Dazu Weiterb. Swerdloff, wohl auch Schwertling(er)
Schwerz: 1. wend. šwjerc „Heimchen", Schwir|sch, z (× ON. Schwirz, Namslau), tzke, Schwierzle. 2. Schwerz(er) zu ON. Schwerz, |au, en
Schwe|sich, ske, tas, tasch: s. SVET. Schwetter
Schwethelm, Schwetje: s. SCHWIND
Schwetz: 1. tsch. švec „Schuster". 2. ON. Böhmen, Westpreußen. 3. Schwetz(ke) s. SVET. Schwetschke
Schwibb: nd. swipp „pfiffig, geschickt". Schwippke
Schwich–, Schwick–, Schwid–, Schwie–, Schwigk: s. SCHWIND
Schwickerath: Hofn. Wittlich
Schwieda: tsch. svida „Hartriegel"
Schwiegel|sohn, shohn: „Schwiegersohn"
Schwien–: s. Schwein
Schwienert: s. swina
Schwier–: s. Schweher u. SCHWIND
Schwi(e)ßelmann: ON. Schwießel, Meckl.

Schwiewagner: Einöde Schwiewegen (Voglarn b. Griesbach, NBay.)
Schwill(e): 1. s. Schwelle. 2. Schwiele. 3. pruß. N. Swille
Schwimmer: s. schweimen
SCHWIND: zu ahd. swind, as. swīdh „stark, kräftig, geschwind", vgl. SVET. Formen ohne n auch oberd., falls diese nicht zu ahd. swīd „Verderben" gehören; nd. Namen mit ē viell. zu swēdan „verbrennen"; bei fehlendem t-Laut dagegen Berührung mit Swein (s. Schwein 1) und Sueiko (s. Schweiggl)
Suidebold: Schweibold, Schwiebel
Swindberct: Hl. Suitbertus, † 713; Rel. Kaiserswerth. (Kf. Sieb: Sieben. S. auch Swindheri.) — Schwiebert, Schwipper(t), umgedeutet Schweinebart (nach Preuß)
Suintfried: Schwiefert, Schweifer
Swidiger: (× Suidkart, weibl.) Schwie|cker, ger(t), gerling; Schweik|er(t) > (h)art, her; Schweig|er(t), (g)art (× Schwaige), Schweichert, Schwick|er(t), art, ardi, ath; Zwigart, Zwei|gard, gerth, Zschweigert, Zwick|er, ert, hardt (vgl. Zweig, Zwicker)
*Swindhelm: Schwindhelm, Schwit–, Schwet–, Schwed–, Schweiß–, Schwerd|helm
Swindheri: Schwie|der(ke), ters, t(e)ring; zsgz. Schwier(en) (× Swindberct, Swidiger) |s, ing; > Schweier, Schweyers, Schwider, Schwitters,

Zwitters, Schweter, Schweder > Schwer (s. d.), |en, ing, igen; Sweer(s)
Suinderad: Schwindratzheim (ON. Straßburg)
Kf. Suint (auch wörtlich „stark" usw.): Schwing, Schwincke, Schwind, |t, (e)l, ing, Schwinke(s.d.), Schwend,| ig, el, icke; Schwind|e, ing; Suitner, Schwigk, Schweitl, Schwitte, Schwidde(n), S(ch)wetje **(schwingen):** Satzn. Schwingen|schlögel = schlegel, stein; Schwing|- ham(m)er (Schwinkammer), shackl („Äxtlein"), sack
Schwinghoff: s. Schwaige
Schwinke: 1. s. swina. 2. s. SCHWIND Kf. Zu 1, 2: Schwintke
Schwintzer: s. swina
Schwinum: ON. Schweinheim, Köln
Schwipper(t): s. SCHWIND
Schwippke: s. Schwibb
Schwirke: poln. swierk „Tanne"
Schwirmann: mhd. swir „Uferpfahl"
Schwir|sch, tzke, z: s. Schwerz
Schwit–: s. SCHWIND
Schwitzer: 1. s. Schweizer. 2. sl. mehrdeutig: swierzy „feucht", ON. Swieza: Schwitz|er, ki, ke (× wend. šwick „Pfeifer, Rotschwänzchen", auch SVET Kf.), šicař „Pfeifer"
Schwitzgebel: s. Giebel
Schwitzke: s. Schwitzer
Schwob–, Schwöbel: s. Schwabe
Schwo|beda, bentha: s. Swoboda

Schwoch(e): zu asl. svoj „eigen". Schwo|y, ß
Schwögler: s. Schwegel
Scholow: ON. Stolpe
Schwonder: s. schwenden
Schwoob: s. Schwabe
Schwo(o)n: s. SCHWAN
Schwör: s. Schweher
Schwörer: 1. „Flucher". 2. obrhein. < Schwör „Schwager"
Schwoß: s. Schwoche
Schwotzer: s. Schwazer
Schwoboda: s. Swoboda
Schwoy: s. Schwoche
Schwulst: s. Schwelle
Schymon: s. Simon
Schypma: s. Schiff
Scipio: 1. Latinis. von Stock oder dgl. 2. < Sipke. Scipion
Scoltetus: s. Schultheiß
Scriba: s. Schreiber
Scubert: s. Schubert
Scultetus: s. Schultheiß
Seb–, Sebald: s. SIEG
Seba: wend. zeba „Fink". Seebe, Ze(e)be, Zaebe
Sebastianus: < gr. Sebastós, Übersetzung von Augustus „der Ehrwürdige". Märt. Sebast,|ian(i), Seebaß; Bast,|ian(sen), yans, aens, ion, ien, in(g), e(e)n, e, l, gen, ges, elberger; Past, Passian, Baust|ian, mann; Paustian, Basch, |ting, ian, ang, e; Pascha (s. d.), Bäsch|le, lin; Besch(le), Bösch, Bästl(e)in, Pästle, Postel (s. d.), Pestel, Best, |ian, l, el, gen, ges; Wast|ian, l, lhuber, lbauer, ler, Bader|wastel, waschel (ist Bader); Woster. Tsch. Scheb|esta, ek, Schöpke; wend. Bast, |o, ko, in, Basch, |k, ke, in, Bost
Seber, –seber: s. See
Seberin(g): s. Severinus

Seb|isch(ka), us: s. Eusebius und SOB
Sech: „Pflugeisen". Secher
Sechser, Sechzig: Zahln.
Sechtem: ON. Bonn. Sechten
Sechtenbeck: Kotten b. Altena
Sechter: kleiner Kübel, Trockenmaß, vgl. Sester
Seck: zu tsch. sek, seč „Hau". ON. Ossig, Oschatz
Seckel: obd. Schelte (von Sack), wend. zu Hesekiel. Jüd. Seck|el(sohn), lmann
Seckelmann: vom Seckelhof, Altena, Westf.
Se(c)kler: macht Ledertaschen; auch „Rentmeister" wie Seckelmeister. Säckler (× mnd. sekele „Sichel")
Secundus: lat. „glücklich". Mehrere Hl. Secund
SED: sl. Stamm, zu asl. sedeti „sitzen". Sed|oslaw, elko (asl. se(d)lo „Sitz" > Selo). Sedelke; Setzlaff (ON. Sedlitz, Zedlitz)
Sedat: s. SIND
(Sedel): mhd. 1. Erbsitz. 2. Edelhof, besd. bair. fränk. (> –sattel: Gebsattel < Gebesedelen, ON. Rotenb. ob d. T.). Sedl|er, bauer; Sedl–, Settel|maier, Zettelmeyer (s. Zettel); Gsedl (Sedelhofer, Seelhöfer, Seel–, Säl|hof KS.)
–seder: < s–öder, s. Öd
Sedlak: tsch. sedlak „Bauer". Sedlag, Selack, Zed|lach, lich. Vgl. Zettel
SEE: ahd., as. sēo „See, Meer" bildete viele N., die aber schon früh mit den zu SIEG gehörigen zusammenfielen; s. dort Se(e)|bald, fried, mann, wald

See: mhd. sē, Genit. sēwes. Vgl. SEE. (Dazu ON. Seon, Seewen, Seeben, Soyen < ze den sēwon oder am, im sēwen; FN. Soyer), Seeh, Weißensee. Niernsee < nider (unterhalb) dem S. — See|bach, böck, kamp, hors (s. Horst, aber –wald wohl meist < SIEG), hof(er), bröker, huber, rieder, holzer, matter, fisch, hase, Semiller; Seh(e)r, Sey(e)r „Anwohner" = Se(e)ber (×Sigiberth) = Seewer < mhd. sēwaere „Seeanwohner", Sewler; Hinter|e(e)ber. –seher; Unters., Wolfs., Wurms., Würms., Eichen|seher, Engelsehr, (37 ON. Egelsee). — Sei–, Seon|buchner. Duwensee = Taubens., Pockens. = Poggens. (s. Pogge), Lüttens. < ON. Lütjens, Holstein. Vgl. Triebsel. Seemann (× SEE, Simon, Sigiman, Sämann)
Seeb–: s. SIEG
Seebaß: s. Sebastianus
Seebe: s. Seba
Seeber, –seeber: s. See
Seeckt, See|farth, fing, fri(e)d: s. SIEG
Seeg–: s. SIEG und Säge
Seegel–: s. SIEG Kf.
Seger: 1. s. Säge (Seegemann). 2. s. SIEG, Sigiheri. 3. < ON. Seeg, |a, er. 4. s. Sacher
Seeg|ert, ets: s. SIEG (Sigihart)
Seegis: s. Sense
Seehrich: s. SIEG (Siurih)
Seek|el, er: s. SIEG Kf.
Seel–: s. SAL, SIEG (Sigil–). Seel|land, aus, mann, hof: s. Saal, Salmann, Sedel. Aber Seelhorst < nd. sēle „Niederung, Wiese". — Seel, |er,

(Seele)

(en)binder, mäcker, strang s. Seil
(Seele): Seel? (Seola, weibl. Först. Vgl. Sehler). Seele. Modersele, Strals. XV. Seelentag: „Allerseelentag". Seelfried, Täuflingsn.
Seel(l)os: mhd. seleloſ „gottlos". Sellos
Seeloff: 1. = Seelhof s. Saal. 2. s. SIEG (Sigiwolf)
Seemke, Seemund: s. SIEG
Seepolt: s. SIEG (Sigibald)
Seer: s. SAR, See und Sacher 4
See|s, se, ße(n), tzer: s. SIEG Kf. Sigizo
Seeth(mann): mehrf. ON. Seth(e). Sehter
Seew–: s. SIEG (Sig|ivalt, wart), Seewer s. See
Seez–: s. SIEG, Kf. Sigizo
Seff–: s. SIEG (Sigifrid, Sigiwin) und Severinus
Sefirien: s. Severinus
Seg–: s. SIEG und Säge
Segenit: pruß. ON.
Sege|nser, sser: s. Sense
Seger: s. Seeger. Seger–: s. SIEG
Segestes: sicher zu SIEG, viell. Kurzn. mit altem –st– Anhängsel wie Heinastus IX, Brunist X [B. 1, 114] (vgl. ahd. dionost, angust; lat. scelestus, funestus) „der Siegreiche". Oder < *Sigigastes?
Segeter: s. Säge
(Segge): „Sumpfgras": Sege|meier, bruch (ON. Bückeburg), wisch
Seggel(ke): sl. žegula „der Feurige". Seggeling
Segger: s. Sager (×SIEG, Sigheri und Segge)
Segisser: s. Sense

Segner: obd. „Fischer, der mit Segen, d. h. Zugnetzen fischt"
Segting: s. Süchting
Sehbel: s. SIEG
Seh(e)r, –seher: s. See
Sehl–: vgl. Saal und Seel–
Sehler: 1. ON. Sehl, |em, en mehrf. 2. s. Seil. Sehlmacher
–sehlte: s. Selde
Sehm–: s. SIEG
Sehmisch: s. SAM II und Zehme
Sehne(r)t: s. SAN
Sehr–: s. SAR und See
Sehrbunt: s. Sacher 4
Sehsing: s. SIEG (Sigizo)
Sehter: s. Seeth
Seib–: s. SIEG
Seible: s. Sau
Sei|büchler, buchner: s. See
Seich(e): s. Seigen
Seichert: s. SIEG (Sigihart)
(Seichte): „seichte Stelle". Seicht|er, inger
Seick–: s. SIEG Kf.
Seid–: s. SIEG, Kf. Sitto
Seidat: s. SIND
(Seide): nd. sīde. Seidner; Seiden|fad(en), schnur, wand (Gewand), glanz, kranz, fuß, fus, schwan(t)z (mhd. sīdenswanz „der in Seidenkleidern stolziert" > schwan(d), schwann, schwarz, schwang) = zahl (s. Zagel), biedel (Beutel?), topf, toff (zu nd. top „Zopf"), spinner, weber, sticker (> stücker, stecher), stricker, (n)ader (Näher), nather, binder (macht Bänder); auch Seid|(e)mann, (n)er ist Berufsn., doch × Seite, Seidenadel. — Siedenbiedel, schnur, strang, top(f) („Zopf"); Syden|wewer, hemde; Siden|stefel, hefter

(Seigen)

Seid|el, ler: 1. s. SIEG, Kf. Sitto. 2. ON. Seidel, Köslin
Seidenberg: ON. Liegnitz
Seidewitz: ON. Camburg (Saale)
Seidlitz: ON. Landsberg
Seier–: s. säen, See und SIEG (Sigihar)
Seif–: s. SIEG (Sigifrid)
(Seife): 1. „Waschmittel". Seifensieder (vgl. Öl, doch wurde S. meist im Haushalt hergestellt). 2. Im Westen „Bach, durchflossene Wiese", nd. sīpe; ostd. „erzführendes Wasser, Gebirgstal" (Seifner auch „Erzwäscher"). Mehrf. ON. Seif(f)en. Van der Zypen, (aus dem) Siepen, von der Seipen. Seifer, Siep|er, (er)mann, enkötter, enkort; Seifloh, Seipenbusch (Hofn. Elberfeld). Sehr viele ON. und ÖN.: Wollseif (en, er) ON. Aachen; Dornseif(fen) ON. Lennep; Schöneseiff|en, er; Steinseiffer (Steinziffer Rheydt XVIII). Müllen–, Kirsch–, Kurt|siefen, Kottziep|en, er; Born–, Möllen–, Webel–, Wevel|siep (webeln „schwanken"); Lang–, Buch|sieb; Steinsieper; Boven–, Langen–, Mühlen|siepen, Brock–, Feld|sieper, Grügelsiepe (Hof b. Aplerbeck) < grugeln „grausen"
Seifloh: s. Seife 2 und Loh
Seifüßl: s. SIEG (Sigifuns)
Seigel: s. SIEG Kf.
(Seigen): obd. „tiefe, feuchte Stelle" (zu „versiegen"). Seig|n(er), e-wasser, enbusch. Auch Seich(e)? Vgl. Sieger und Siek

Seiger: 1. „Waage, Uhr". Seigerschmidt. 2. zu seigern „Silber vom Kupfer scheiden"
Seike(l); Seil–: s. SIEG Kf.
(Seil): mnd. sēl. Seel, Seiler, Sailer, Seyler, Sayler = Seeler, Seelmäcker, Selmäker = Sehl–, Sell–, Seil|macher (oder wie Zeilmacher „Segelmacher"?) = Seel(en)binder, Seelenwinter, Seilwind (zu „winden") = Seeldreier (zu drehen). Seelstrang. Wagenseil > Wahrenseil, Zaumseil. Vgl. Repschläger
Seilacher, Seilnacht: < ON. Seelach (7)
Seim: „langsam, nachlässig": Seimel (sonst Seim–, s. SIEG und Simon)
(seine): mhd. „klein, kurz". Sein|berger, hofer, feld, emeier
Sein|er, ecke: = Seim
Seinsche: s. Saynisch
Seip–: s. SIEG. Seipenbusch: s. Seife 2
Seir–: s. SIEG
Seis, Seiser, Seiß–: s. SIS und SIEG Kf. und Sense
Seit–: s. SIEG, Kf. Sitto
(Seite): „seitlich gelegene Gegend". Seit(h)er, Seit|her, enberger; Seitenschlag; Ober|seider, seithner. Seit(t)er auch zu sutor
Seitz–: s. SIEG, Kf. Sigizo
Seiw–: s. SIEG (Sigiwald)
Sekler: s. Seckler
Sel–: s. SAL
Selack: s. Sedlack
SELB: zu nhd. „selbst". Selb|erada, eramus, o. Selb(er), soweit nicht < ON. Selb, OFr. oder = FN. Selbst(herr). Nd. Self. Selbmann s. Selde

Selbach: 11 ON. **Selbeck:** 6 Dörfer u. Höfe Selbeck (e), Elberfeld, Westf., Lippe
Selch, Selg: 1. „Räucherkammer". 2. Sieh Salweide
Selcher: „Fleischräucherer", bair.-öst. „Fleischer". Silcher
(Selde): „Tagelöhnerhaus". Obersehlt(e), Seld|mann, (n)er „Häusler", Sellner, Söldner (seltener „Soldat"), Söltner, Söll(n)er, Hackensellner, Seldenmayer, Söldenwang(n)er, Selt|(n)er, mann, enhofer. Sell–, Söll|huber, Gsöll|hofer, pointner (s. Bünd)
Selenka: wend. „Salzbrot"
Self: s. SELB
Selig(er): 1. s. SAL. 2. mhd. saelec „glücklich". 3. ON. Seelig, OFr. 4. sl. PN. S(i)edlik (so Seel|icke, ing(er), isch, Zeelke). 5. jüd. < Salomo, auch Übersetzung von Ascher und Baruch. Seligmüller s. Salweide
Selk–: s. SAL
Selka: ON. Altenburg. Selke
Sell–: s. Saal, SAL, Selde
Sell|eng, ing: wend. zelenk „Grünling, Pilz"
Sellentin: Hof auf Rügen
Sell|er, mann: ON. Sellen, mehrf.
Selle(r): ON. Sella, Kamenz
Seller(er): „Kleinhändler"
Sellerie: Pflanzenn.
Selli(e)n: mehrf. nordd. ON.
Sellinger: s. Söllinger
Sellmacher: s. Seil
Sel(l)ner,–sellner: s. Selde
Sellnick: pruß. ON.
Sellos: s. Seellos
Sellschloh: ON. < Seligeslo, Vilsen

Sellschop: nd. Vorstand einer Gesellschaft, Teilhaber, Kamerad
Sel|mann, meister: viell. zu selhūs „Frauen-Spital"
Selmar: s. SAL. Selmer
Selo: s. SED
Selohff: s. SIEG (Sigiwolf)
Sels: s. Selz
Selske: tsch. selsky „bäuerisch"
Selt–: s. Selde
(selten): Seltenglück; Seltenheim (Seltenanheim XVI)
Seltenreich: s. reich. Nicht < mhd. saelden rīch „reich an Glück", sondern „selten r." Vgl. Unrāt (s. d.) unt her Schaffeniht ... und einer, heizet Selten rīch ... her Schade und ouch her Un bereit
Selt|er, mann: s. Selde
(seltsam): „wunderlich, grämlich". Sel(tz)sam, Selz(s)am, Selzan, Seltzen
Selwert: s. SAL
Selz(er): 1. = Salzer. 2. ON. Sel|tz, z(en), mehrf. 3. wend. selc „Stierkalb". Sels (Selzle s. Salz)
Sem–: s. SAM I u. Zehme (Sem|ank, ig: s. Simon.
Sembol: s. SIND
Semf–: s. Senf
Semm: ON. Semd, Gr. Umstadt. Sem|met, et(h)
Semmel: mhd. semel „Weizen|mehl, brot". Sämmel, Semle, Simmel, Sem(m)ler = Sim(m)eler = Semmel|mann, haak, hack (s. Hake), weis („Weizen"), becker. Aber Semmel|rogge, rock, nach Schröder = Simrock
Semp–: s. Senf und SIND
Semper: 1. s. Sindperht. 2. schweiz. „wählerisch". 3. bair. „Knecht Ruprecht,

Sempft | Seth(e)

Kobold". Zu 1. 3. Zemper(t).
Sempft: s. Senf
–sen: 1. meist < –sohn. 2. In ON. < husen (s. Haus). 3. Selten < s–heim, z. B. Heimbodesheim > Heimsen
Semrau: ON. Semmerow, Köslin
Send–: s. SIND
Send: mhd. sen(en)de „ein sich Sehnender, Verliebter"
Sender: ON. Sende(n), Westf.
Seneca: ein Humanistenname, urspr. röm. Philosoph
Seneschall: urspr. „Altknecht" (vgl. Schalk), später hoher Hofbeamter. Sene|chal, gal
Senf: Sen|pf, ff, ft, f(n)er, Sem|f(f), fke, pf; nd. Semp, Senp; latinis. Sinapius. Sauersenf(t), Senneptop. — Senf|(t)leben, tinger, le s. Sanft
Senfert: s. SAN
Senftleben: ON. Mähren
Seng: s. Sancho
(sengen): „verbrennen lassen, durch Feuer roden". Senger, Sänger (× „Singer"), Absenger, Absinger, Absanger. Auch Flurn.: Seng(i), Imseng, Sang|li, er. Seng|feld(n)er, leitner. Kollektiv: Gesang (Hoch–, Hof–, Münchges.), Gsänger, Gsenger. Feuer–, Unter–, Klein|sänger. Satzn. Senglaub. (> Senn(e)l). Senge|busch, wald, holz. Senge|speck, speick. Sin(n)gewald, Singer (s. d.); Feuer–, Feier–, Wald–, Hoch–, Neu|singer. Vgl. Asang. Aber: Seng|stake, stack(e), Senkstock „Schürstange";

Sengsbratl (Kochsübern.); Seng–, Senk|piel „Feuerpfeil" (vgl. Pfeil; verhochdeutscht Senkpeil?). Aber Senk|paul, pohl < frz. N. Saint Paul
Sengstmann: s. Sense
Senhold: s. SAN
Senk–: s. Sancho u. sengen
Senkel: 1. „Schnur, Nestel". Senckler. 2. s. Hesekiel
Senn: 1. „Alpenhirt, Almbesitzer": Senn|er, hofer. 2. sl. PN. Sen (Sen|ig, k; Sinn, |ack)
Senn–: s. SAN und SIN
Senp(f): s. Senf
Sense: mhd. segense, seinse, alem. säges, nd. seise, nl. zeis. Sen|ß, z (× Vincens), ser, senschmidt, zer, Seegis, Säg|enser, esser, Seg|enser, isser, Sengstmann, Seiß(enschmidt), Seis, Seysser
Senst: ON. Anhalt
Sent–: s. SAND
Sentrup: ON. Osnabrück
Senz–: s. Sense
Seon: s. See
Sep|old, pelt: s. SIEG (Sigibald)
Sepp, –seph: s. Joseph
Seppelt: s. SIEG, Sigibald
Ser–: s. SAR
Seraphim: (Plural von hebr. seraph) „die Brennenden". Als Singular gebraucht (vgl. Cherub). Sera|fin, phin
Serbe: 1. „Sorbe, Wende" (Syrbe, Zerbe, Schirp, |ig, ke); 2. ON. Serba, Altenburg. Vgl. Zerbe u. Servatius
Serck: s. SIEG (Sigurih)
Serfling: „Kränkling" < mhd. serben, serwen „kränkeln" (× bair. „Pantoffel" und Scharf)

Sergant: „Sergeant". Scher|sandt, gant (schon mhd. sergant „Knappe" < lat. serviens; > Surgant)
(Serge): Wollstoff mit Leinen– oder Seidenfäden. Serger
Sergius: röm. FN. Märt. Serg|l, el, er (×ON. Sergen, Kottbus); Sörg|el, er; Sörries
Serick: s. SIEG (Sigurih)
Sernau: ON. Sernow, Jüterbog
Seringhaus: ON. Seringhausen, Lippstadt
Serno: ON. Anhalt
Serpenthin: vgl. ON. Serpenten, Westpreußen
Serr(e): obd. „Riegel, Zaun" (< lat. sera). Serrer
Servatius: < lat. servare „retten". Hl. Bischof von Tongern IV. Serva|t(ius), tz, zi, (e)s; Ser|watius, vos, vus, we, be (s. d.); Zer|vas, faß, vos, fuß, wetz, ves, be(s); Zir|was, fas, bes, Zierfuß. — Kf. meist ndrh., oberrh. auch < Gervasius, fuldaisch < Bonifatius: Facius, Fa(a)tz, Fa(a)ß, Fahz, Feetz, Fasen, Faesgens, Va(a)sen, Vahsen, Vassen, Vaske, Vaes, Vaeßkens, Vosen, Vooßen
Serv|os, us, Serwe u. dgl.: s. Servatius
–seß, –sesse: s. sāʒe
(Sessel): Seßler, Sessel|mann = macher
Seßle: s. SACHSE
Sester: = Sechter (s. d.). Sester|er (Art Böttcher), henn, heun (Hans oder Heinrich); Sister|er, mann
Sestrich: Kf. zu sl. PN. Sestrimil oder dgl.
Seth(e): s. Seeth

457

(sett): bair. „Zaun" (< lat. saeptum, ×mhd. sete „Korb, Satte"). Seth(e), Seth–, Sett|macher, ner, erer, vgl. Sette
Sette: nd. „Holznapf, in dem man die Milch säuern läßt". Seth–, Sett|macher
Set(t)e: s. setzen (Sette‑l|e: s. Sattel, –maier: s. Sedel, –s: s. SIND)
Setterich: ON. Aachen
(setzen): nd. setten. Setzer „Taxator"; Habersetzer, Setzkorn, Setekorn, Settekorn, Sett(e)gast setzen amtlich den Preis für Hafer, Roggen, Gerste fest. Setznagel (Böttcherzeichen, Bre.); Setze|pfandt, fand
Setzinger: ON. Ulm
Setzlaff: s. SED
Seub–: s. SIEG
Seuberlich: s. Sauber
Seuf–: s. SIEG (Sigifrith), aber Seufer auch „Säufer". Seuferling
Seugling: „Säugling"
Seul: 1. s. SIEG Kf. 2. Seul(e): „Ahle, Pfriemen". Seuler
Seume(l): s. SIEG (Simo)
Seumer: s. Saum
Seup(el)t, Seur|ich, ing: s. SIEG
Seutemann: s. Süß
Seuter–: s. sutor
Sevecke: s. SIEG (Sibo)
Sevelis: s. sieben
Sevenbohm: s. Sevin
Seveneck: s. Eiche
Sevenstern: s. sieben
Sevenich: ON. Koblenz. Sevenig, Sewen|ich, ing
Sever: s. Severus
Severinus: < lat. N. Severus. Mehrere Hl. 1. Bischof von Köln (N. meist ndrh.). 2. Apostel Norikums, Patron von Bayern und Österr. 3. Humanistenname von Sievers, Seifert, Seivert u. dgl., s. Siegfried. — Sever|in, ing, ins, ain; Sevrin; Sefirien; Seff|rin(g), er(i)n; Safrein, Zeverain, Seberin(g), Sif(f)rin, Zep(h)rin, Ziehfreund; Schleswig: Sören(sen). Kf. Fehrein, Frein(s), Freyni, Frin, |gs(k), s, x, ken, Vrin|gs, en
Severit: s. SIEG (Sigifrith)
Severus: lat. „streng". Hl. Rel. in Erfurt. Siweris, Sever. Kf. Vehres, Verres, Wehres, Werres
Sevin: < an der sevin, zem Seviboume, Sevenbohm (> Siebenbaum) = Sadebaum (s. d.)
Sew–: s. SIEG u. Sevenich
Sewell: < ladin. sepile „Zaun". Sewler (×See)
Sexau(er): ON. Breisgau
Sey–: s. SIEG
Seyberlich: s. Sauber
Seyd–: s. SIEG (Kf. Sitto)
Seyda: s. Seyda
Sey(e)r: s. See und SIEG (Sigiheri) (×ON. Seyen, Rhld.)
Seyerle(n): Siuerlin < mhd. siure „Hautausschlag, Krätze"
Seyger: s. SIEG (Sigiheri). Vgl. Seig–
Seynisch, Seynsch(e): s. Saynisch
Seyr|inger, l: s. SIEG (Sigiheri) Seyrich
Seysser: s. Sense
Siats: s. SIND
Sib–: s. SIEG
Sib(r)er: s. Sieb
Sibus: s. Eusebius
(Sibylla): griech.-lat. „Prophetin" (wohl aus einer oriental. Sprache). Sibil(la), Sibilsky
Sich–: s. SIEG
Sichel: Sich|ler, mann; Sichel|schmid, stiel, korn; Sichling: abgesichelte Handvoll Getreide. Vgl. Seckler
Sicher: mhd. „sorgenfrei"
Sich(e)rer: „Vormund, Bürge"
Sichte: nd. „Sichel". Sichtenhauer (Schmied)
Sichter: westf. „Wasserrinne". Sichtermann (Li.)
Sick–: s. SIEG und Siek; Sicker(t) × Sykora
Sidden: s. SIND
Sid(e)ler: schweiz. „Sesselmacher"
Sieb: Sibrer = Si(e)b|erer, macher (Simmacher) = Sieb(l)er = Si(e)ber (auch „Erzsieber"; ×ON. Sieber, Harz". Siebdra(h)t, Sieptraht
–sieb: s. Seife 2
Sieb–: s. SIEG
Siebein: s. SIEG (Sigiwin)
(sieben): Sieben|aich, eich(er, ner, le*r*; oft ON.), baum, born (4 Orte Rhld., Luxemb.), thal (von Siebenthal < Simmenthal, Schweiz), eck; bürger; heller, mark (> macher), gart(ner) (s. Quart), beutel, morgen, haar (ndrh. < ON. Zevenaar < Sevenharen), hörl, schu(c)h, rock (> Sim(me)rock, Semmelrogge); weiber, sohn, freund; hüner, käs, kees, brodt, wurst (Zinsn.); list (Siebe|list, lis; nd. Sevelis, „siebenschlau, neunmalklug"; vgl. List); tritt, pfeifer, wirth. Nd. Sevenstern. — Siebzehnrübel, riebel (< Rüblerbatzen? alte Münze; oder Rüben?). Siebziger (Zahln.). — Siebenbaum < Sevenbohm (s. Sevin)
Sieben: s. SCHWIND, Swindbert
(siech): nd. Ziekenoppasser „Krankenwärter" > Zickenoppasser

Siechen: s. Siegen
Siecheneder: Einöde Siechenöd, Landau (NBay.)
Sieck–: SIEG und Siek
–sieck: s. Siek
(siedeln): Si(e)dler, Sydler (× sidel „Sessel", poln. siodlarz „Sattler"), Siedelbauer, Landsiedel (s. Land)
(sieden): Sieder (× ON. Siede, |n); Saldsieder s. Salz. Aber Geißelsieder s. Öd
Sieden–: s. Seide. In ÖN. nd. „niedrig". Siedenkampf
Siedersberger: s. SIND (Weiler bei Deggendorf)
Sief–: s. SIEG (Sigifrith)
–sief(en): s. Seife 2
SIEG: zu got. sigis, ahd. sigu „Sieg"; altgerman. Segi|merus, mundus, Segestes (s. d.); mnd. Sege > Sē, dann Berührung mit SEE; Sie > Sei, Seu; ostgerm. Sigis hält sich in Burgund (dort hl. König Sigismund, † 523), durch Kaiser Sigismund neu belebt. Nächst DIET der häufigste Stamm. Sieh auch SEE
Sigibald, Zippoldus (vgl. Kf. Sibo): Sie|bald, bold(s), bhold, bel(t)s, pelt, Sibeth, Sibelmeyer, Sybel, Sipp|old, el, Sibbel, Ziebol|d, z (×Zwiebel); Sei|pold(y), bolter, ble, Sey|bel(d), p(p)el; Seu|bel(t), pel(t), Selbald (Hl. Nürnb. > Bald|us, es), pold, ppelt, See|bald, boldt, Sehbel, Seppelt (Glatz)
Sigiband: See–, Sei|band
Sigiberht: Sie|brecht, bert(z), ber(s), berling, barth, bard, braß, Obersiebrasse (Zwei Höfe Siebrasse bei Bielefeld < Sibrachtessen), Siphardt, Sybertz, Sipperling, Zy|barth, p(p)recht; Zie|barth, bert, precht, prich, Siphardt, Sibbert; See(ge)brecht, Sägebarth, Segebath, Se(g)bert, Se(e)ber(t) (× See), Zebart, Seiber|t(z), l, Seibriger, Seybert, Seubert, Säubert
Sigibodo „Siegesbote": Sie|both, bott, Sege|bade, bath, See|bade, bode, Sepott, Sei|both, bt, pt, beter, Seupt, Seyboden (aber v. Seepothen pruß., nach ON.)
Sigibrand: Si(e)brand, Sybrandsna, Sieberns, Sibbern (s. BÄR II Schluß; in Schleswig × nord. Sigbjörn), Zybrandt(s), Seebrandt, Sebrantke

Kf. Sibo (× Sibja, zu ahd. sibbi „Verwandter", nhd. Sippe). Sieb, |e, en(a), el(ing) (×Sigibald), le, eler (× Sieb), s, inger, ken, ig, ich, je, ecke, Zieb, Sipp, |el, l(y), Sibbe, Siep, |ke(s), gens, Süpke, Sips, Seib|le, el, ick(e), ner, Seipp(el), Seyb, Seub, Seb|e(s), ens, ig, Seebe, fries. Genitiv Seeba, Sew|i(n)g, e(ning), ina, Sevecke
Sigifrith, Sefrit. Sieg|fried(t), farth, Sief|art, ert, er(s), er, mann, Siever|s (s. Severinus), (d)nie, tsen, itts, Ziefer, Sifard, Siffer|t, s, mann, Ziffer(t), Syffert, Syfrig, Süverling, Süferling, Seifer(t); Sei|fried, fri(t)z, f(h)art, Seifer, |t, s, (s)mann (× ON. Seiferts, Fulda), lein, ling; Brucherseifert, Schmidtseifert, Sai|fried, fert, Seufl|(f)ert, er(le)(in). [Säuferlein < Syferlin, Siferlin Würzburg XV.] Zegfart, See|fri(e)d, farth, Seffer, –t, s, Sever|idt, it(t); tsch. Zibr(i)d

Kf. Sief, |ke(n), kes, ing, Syff, Seif, |fe, ge, ke, Seuf, |en, s, Seefing, Seff. (Sifft He.) Seidel s. Kf. Sitto
Sigifuns: Siefus, Z(i)ehfuß, Zyfuß, Ziffus, Seifüßl, Zeich|füßl, fieß
Sigihard: Sieg|(h)art, hardtner, ert, Siekert, Siehardt, Sichert, Sich|(h)art, ert, Sickert, Zick|hardt, ert, Ziegert, Ziechert, Seichert, Seeg|ert, ts, etz, Seg|eth, atz, Sägert
Sigiheri: Sieger, |s, dank (s. Dunk), Zieger, Sicker(mann), Zickermann, Sigger, Sicher, |er, mann, Seger(×„Säger")|, s, mann, er, (l)ing, barthold, Segger, Seeger, Seeker, Sey(g)er, Seier, |len, ling, Seir|er, ing. Seyr|ing(er), l, Seuring, Syring, Sir(ing), Sirringhaus, Sieh(e)r, Sier|l, ck, (k)e, mann, ssen, sch
Sigileip: Sie|lipp, laff (vgl. Sigiwolf)
Sigilant, Siginant: Sie(g)land, Sigand, Siekant
Sigiloh: Si(e)gloch
Sigiman: Si(g)gm. (× ON. Siegen), Si(e)ckm., Siggem., Siem. (×Simon), Ziem., See(g)m.
Sigimar: Siegmayer, Sigmair, Sichmeier, Simar, Siemer, |s, (l)ing, Ziemer(t), Zimmerling (Tirol), Simmer(t), Seymer(t), Zeymer, Sehmer (×Seim „Honig"; nd. sēm; dann „Metsieder")

Sigi(s)mund: Si(e)gism. (> Sigismann, Süß|mund, muth × Süß), Siege(s)m., Si(e)gm., Zig(e)m., Zi(c)km., Zygm., Siem., Si(m)m., Se(g)em., Sedem., Sei|mund. Simond, Simmonds (× Simon), rhein. Siemon(s); Zsigmondy. (Sigmitt, Sigmeth: He.). Fries. Munt|e, inga. Sl. (oberschles.) Siegosch, Si(e)gusch, Syg|a, ulla, usch, Sykusch, Sykulla; wend. Zymo, Mundo: Ziem, |er, ke, Mund|o, us, haß

Sigimuot: Sigmeth, Simm|et, edinger, Simetz (vgl. Simo)

Kf. Simo (× Simon): Siem, |(e)s, en(s), el(ink), sen, Ziem|s, (s)sen, Simm(sen), Zimmel(s), Sehm (auch pruß.), Seemke, Seim, |e(l), Seume(l). Weiterbildung *Simhart: Simmat, Simader, Symader (vgl. Sigimuot)

Sigenot: Siegnoth

Sigurih: Sier|ich, ck(e), ksena (fries.), Zirig, Zierck; fries. Sierksena, Cirk(sena). Siricus > Cyriacus. Seerig, Seehrich, Ser(i)ck, Seurig

Sigivald: Siegwald, Sich|wald, olt, Sychhold, Se(e)|wald, wohl, Ziegold, Sewalder; Seywald

Sywan: Si(e)gwanz

Sigiwart (nord. Sigurdhr): Sie|gwart, wer(d)t, werts, wets (Siever–: aber meist < Siegfried), Sigwort, Sewardt, Seewert, Seiwert, Saiwert, Süver|n, k; fries. Siurds, Siuts, Ziuden, Zioken

Sigiwin: Si(e)gwein, Siebein, Seffen, Sewen(ing), Sobbe (s. d.), Söbbe

Sigiwolf: Sieg|wolf, (e)loff, Sie|laff, lof(f), lohf, lopp, Silaf, Seeloff, Sehlohff, Solf(f) (vgl. Sigileip)

Kf. Sig(il)o, Sicco, Segilo: Sieg, |e(s), el (e, s, ing), lbauer, len, lin, (e)ler, Sigl, |huber, lechner, reitmeier, Sig|(e)len, ler, Sikl(er), Sigg, |e(l), es; Sick, |e, ama, ema, enga, el, ing(er); Sich|e, ling, Siekke(l), Sieh(e), Sy, Sytsema (fries. ts < k); Zick,|en, el, Six, Sing (< Siging, × SINGEN); Sei|ck, ke(l), gel, Seil, |s, ing, Seul, Siehl; Siel|ken, ing; Seg|l, chen, Seege, Seegel, |er, ke(n), Seekel, Seeck(t), Zeeck (< fries. Zegevrit oder dgl.); Siewli(n)g, es, (ec)ke, Buschsiewecke, Sieve|n, kan, ler. Seel– × SAL; s. d. Vgl. Siek, Seigen, Sieger, Siegler, auch den Pflanzenn. ahd. sigilinc „Seidelbast", obd. sigel, siglander

Sit(t)o = Sigebert, vgl. Sydil = Syffrid, Breslau. Sitt, |e(l), ig, ich (s. d.), Seid,|e (s. d.), emann, el(in, mann), lein, ler, l(huber), ig, (l)ich, er(er), Seith(er) (× Seite), Seit|el(e), ler, Saider, Seyd,| l(meyer). — Sittinger, Seidinger: ON. Seitingen, Württ.

Sigizo (Sizzo auch < SIND): Sie|tz(e), tsch, ß (s. Süß), sing, sler, Syz, Sizzo, Sitz, |ius, ke, Sizmann; See|s, se, tzer, ßle(n), Sehsing; Seitz,| er, inger, Rohrseitz, Seiz|(ing)er, mair, Sei|s, sel, ßl, ßer, Seyser (× ON.

See|se(n), tz, Sei|tz, ßen)

Erweiterter Stamm SIGIL

Sigilbert: Silber, |t, storff, Sülber (doch auch unerkl. N. Silibert); dazu Silb|e, iger?

*Sigilbrant: Sülbrandt

*Sigilwalt: Süllwolt

Siegen: i. W. > FN. Siechen

Sieger: 1. ON. Siegen (Westf., Elsaß). 2. < Siegen = Seigen (s. d.). Siegner

Sieg(e)ri|s, st: s. Sigrist

Sieg|grön, grün: s. Singrün

Siegler: 1. = FN. Sieglar = ON. Köln. 2. „Siegelbeamter". 3. „Graveur". 4. < Sigilo, Kf. zu SIEG. Sieglerschmidt wohl zu 3

Sieg|osch: s. SIEG, Sigismund

Sieh, Siehardt: s. SIEG (Kf. und Sigihard)

Siehdichum: Satzn. (ÖN. tres montes, qui Circumspicite sive Se thic umme nominantur. Först.); nd. Sydekum, Südekum, Siticum

Siehe: s. SIEG, Kf.

Sieh(e)r: s. SIEG (Sigiheri)

(Siek): „feuchte Niederung" (vgl. Seigen). Sieck, |e, en, (er)mann, meyer; Sick|er(mann), smeier; Sieg(en)feld; Ziegfeld, Imsieke, Andersick; Emsighoff < im Siechen; sie(c)k: Bracks., Brocks., Heids., Nebels., Stocks., Klincks., Nords., Pauls., Meyers., Brüns., Oberschachtsiek; Lehm(en)–, Leimensie(c)k: Hofn. Rintelen. Budden–, Krum|sieg

Siek|ant, ert: s. SIEG

Siel|aff, and, opp u. dgl.: s. SIEG
Sieler: 1. ON. Siel, |e, en mehrf. 2. fertigt den sīl, das sill „Sielen für Zugvieh". 3. Si(gi)lo, Kf. von SIEG. 1, 2: Siehler, 2: Sill(er) × Hofn. Sill, Tirol u. ON. Sillen, Opf. (wozu Sillner)
Sielipp: s. SIEG (Sigileip)
Siem–: 1. s. SIEG. 2. s. Simon (Siemantel)
Sien–: s. SIND
Sienhold: 1. SIN
Siep–: s. SIEG (Anfang) und Seife 2
–siep(en, er): s. Seife 2
Sieptraht: s. Sieb
Sier–: s. SIEG (Sigiheri, Sigurih)
Sies–, Sieß–: s. SIEG (Kf. Sigizo) und Süß 2
Sießengut: ON. Naila, OFr.
Sieslack: s. Sitz 2
Sietholz: s. SIND
Sie|tsch, tz(e): s. SIEG (Kf. Sigizo)
Siev–, Siew–: s. SIEG
Sieweck(e): 1. s. SIEG (Sibo). 2. sl. siwek „kleiner Graukopf". Sivek
Sif(f)rin: s. Severinus
Sig–: s. SIEG (Sigand: Siginant, Sigger: Sigiheri)
Sigrist: < mlat. sacrista „Küster". Sieg|(e)rist, eris, riß, Sig|erist, riz
Sigrüner: s. Singrün
Sikora: s. Sykora
Silaf: s. SIEG (Sigileib, Sigiwolf)
Silb–: s. SIEG (Schluß)
Silber: 1. mehrf. ON. 2. s. SIEG (Schluß). 3. Metall: Silber, |er, mann = schmidt, nag(e)l, schlag, brenner (reinigt es durch Feuer), borth, sack (Klumpsulver), horn, pfennig, bach (5 ON.), berg(er) (19 ON.), gasser, leitner, kuhl (Hofn. Silberkuhle Hagen × Silberkuhl, Greifswald), bauer. Nd. Silver|kuhl, thorne (Gut Silberthurm, Holst.), smit. — Sieh raffen
Silch|er, inger, müller: s. Salweide (× außer bei –müller: mhd. sūl(a)ch „Saulache"; vgl. Suhle) oder Silcher = Selcher (B. 1, 274)
Silesius: latinis. für Schlesier
Silex: latinis. für Kiesel
Silfang: s. Silvanus
Silganer: ON. Sillian, Südtirol
Sil|ges, iax: s. Cyriacus
Silkenbäumer: s. Salweide
Sillack: tsch. silak „starker Mensch"
Sill, |er, ner: s. Sieler
Silljacks: s. Cyriacus
(Silvanus): lat. „Waldmann". Sil|vany, fang
Silver: s. Silber
Silvester: lat. „Waldmann". Hl. Papst S. I. 314 bis 335. Silvest, Syl|vest(er), wester; Schilvester; Vest|er(ling), ner; Väster, Vehster, Vöst; Fest|er, e(r)ling, or; Fehster; Wester(ling) (× WEST)
Silz: mehrf. ON. Silz(e) (vgl. Sulze)
Sim–: s. SIEG und Simon
Simbol: s. SIND
Simmacher: s. Sieb
Simmel: s. Simon, SIND, Semmel; Simmeler s. Semmel
Simmer–: s. sumber (× SIND und SIEG (Sigimar); Simmerock s. sieben)
Simmhandl: s. Simon
Simon: < hebr. Schimeōn „Erhörung", in Anlehnung an gr. Σίμων < σιμός „stumpfnäsig". Haupttheiliger Simon Cananaeus „der Eiferer" (seltener hl. Simeon: FN. Simeon, |i), ausnahmsweise × deutsch Simo (s. SIEG, rhein. zu Siegmund). Schimon, Schymon, Simon, |s, is, sen, smeier, seder, er, mathes; Kleinsimon; Siem|on, (e)s, ens, ensen, ssen; Simmon; Kf. Simm(el), Sims, Ziems (Simetz, Seim|a, ann, en, es He). Appellativ: bair. Simandl „Pantoffelheld", d. h. Sie (ist der) Mann (St. Simon und Erweib): Sie|mann, mandel, mantel; Siman, Simmhandl > Siebenhandl (doch vgl. sieben), Zimander. Wend.: Sim|and, mank; Symank, Schimang, Schiemank, Schimming, Schemann, Semank > Seemann, Zimmank; Kf. Simm, Symme, Semig. Sieh auch Schumann. Tschech. Schiemann, Schim|ak, ke, Schinke; obschles. Schim|anski, etzki, Sym|ietz, ossek, Sylla
Simp–, Simram: s. SIND
Simrock: s. sieben
Sims: s. Sind Kf. u. Simon
Simson: hebr. schimschōn „Sönnchen" (daher > jüd. Sonnemann); Nebenform Samson. Simpson, Samsel; jüd. Samschon, Schamsel
SIN: zu got. sins „alt" (vgl. Seneschall); nhd. noch in Singrün (s. d.), Sintflut, Pflanzenn. Sinau, Sonnentau
*****Sinleif:** Sinleif
Sinold: Synwoldt, Synold, Sienhold, Sinnhold, Sennholdt. Sonst s. SIND
Sinapius: s. Senf
SIND: zu ahd. sind; as., ags. sīdh „Fahrt" (dazu

Sindel nhd. „Gesinde"); mischt sich je nach Ausfall des n oder d mit SID (ahd. situ, as. sidu „Sitte") und SIN. Auch Berührung mit SCHWIND

Sindpald: Sim|bol, pel; Simmel (× Simon); Sem|bol, pel; Zimpelmann, Zimbel(ius)

Sindperht: Sim|precht, per; Sem|precht, prich, per(t), perl, pt
Kf. *Simpo: Simp|ig, ke; Sempke

Sinthar: Sint(h)er (s. d.), Sinder(s); Sinner (s. d.); Sender, Sieder(sberger). Aber Sindern: ON. Sinthern, Köln

Sīdhard: Sittart(z) (× ON. Sittard, Düsseldorf), Sitterding, Se(i)dat?, Zindath, Zendath

Sindram: Sindra(h)m; Sin–, Sim–, Zin(d)–, Sün(d)–, Synd–, Zinn–, Zün|ram

Sindmar: Simmer(lein)

Sindirich: Sinnreich (nicht jüd.)

Sindualt: Sietholz?

Sindulf: Sindloff
Kf. Sindo, Sido: Sin|dt, dts, dele, tjen, ke, z (× ON. Sinz, Trier; Sins, Aargau; > Sims), tzen; Sind–, Sinne|mann; Sinn (s. d.); Sien, |de, Sidden, Zidden, Settel(s)

Sindel: s. Sinter

Sindel(e): s. SIND und SUND

Sindelfinger: ON. Württ.

Singelmann: s. Zingel

SINGEN: Sing|erich, ulf *Singwald: Singuldsbühel > Singelsbühl > Singlspiel
Kf. Sing, |e, ert, erl, erhoff?, le(r), l, li. Vgl. SIEG Kf. Sig(il)o

(singen): Singer „Dichter"; Sänger, Sangmeister; s. auch SINGEN Kf. u. vgl. ON. Singen mehrf. Singer und Sänger freilich meist zu sengen (s. d.)

Singldinger: ON. OBay. < Sindolting(en)

Singrün: Pflanze Immergrün (vgl. SIN). Singgrün; Sügrün, Sigrüner, Sieg|grön, grün. See|grön, grün (× ON. Seegrehna, Wittenberg). Vgl. Bärwinkel

Sinker: besorgt das Absinken der Schächte, die Teufe

Sinleif: s. SIN

Sinn(ack): s. Senn

Sinn(er): 1. mehrf. ON. Sinn > Sinner. 2. mhd. sinner „Eichmeister". 3. s. Sinter

Sinngewald: s. sengen

Sinnhuber: > –hofer, Singhofen KS.

Sinnig: „verständig"

Sinning(er): ON. Sinning(en) mehrf.

Sinnwel(l): mhd. „rund"

Sinram: s. SIND

Sintenis: s. Dionysius

Sinter: „Schlacke"; mhd. sinter, sindel. Sindel, Zint(e)l (× Zindel), Sünder–, Synder|hauf, Sinterhauff, Sünderhaft, Sinner (Synn|er, enberg Freiberg i. S. XV). Vgl. SIND

Sintz, Sinzinger: s. SIND Kf.

Sinx: pruß. N.

Sinzenich: ON. Köln

Sinzig: ON. Koblenz

Sior: < frz. sieur „Herr"

Sippach: ON. Sipbach OÖsterr.

Sipp–: s. SIEG (Anfang)

Sipple: s. Suppe

Sippli(e): frz. N. Suppli. Süppli; verlitauert Supplies, Zipplies

Sirach: 1. hebr. (Bedeutung unklar; nur gr. überliefert). Siracher. 2. zu asl. siru „verwaist". Sir|y, ach, ack, oks, otich, otsch. Vgl. Zierslaff

Sirch: vgl. ON. Sirchenried, Augsb. 1270 Sunchenriede, 1538 Sinchenriedt < PN. *Sunicho. Vgl. SUN. — Surch Nürnb. 1527

Siriaks: s. Cyriakus

Siricus: s. Sieg (Sigurih)

Siring, Sirringhaus: s. SIEG (Sigiheri) (× ZIR)

Sir|oks, otsch, y: s. Sirach

Sirup: s. Syrup

SIS: Geringe Reste; viell. Sisenop (Lippe); obd. Seis, Seiser eher Kf. zu SIEG oder < ON.

Sischke: wend. syčk „Mäher"

Sister: s. Sester

Sistig: ON. Aachen > Sisting

Sit|as, asch: s. ZIV

Siticum: s. Siehdichum

Sitt–: s. SIEG (Kf. Sitto), SIND und Zittau

Sitterle: s. sutor

Sitt|ich, ig: 1. mhd. sitec „sittsam", vgl. Sittelosz. 2. „Papagei" < mlat. psiticus. Sit(t)kust. 3. s. SIEG, Kf. Sitto. Vgl. das Vorwort und Babian

Sittler: ON. Sittel, Merseburg

Sittner: 1. < ON. Sitten, Sa., Schweiz. 2. = Suttner 1

Sitz: 1. s. SIEG (Kf. Sizzo). 2. wend. sic „Binse" (Sitz|ke, ki, lack; Sieslack)

–sitzer: s. sāʒe

Sitzler: s. sāʒe (× Seßler)

Siurds, Siuts: s. SIEG (Sigiwart)
Siweris: s. Severus, doch vgl. Sieveritts < SIEG, Sigifrith
Sixtus: Papst S. II. März. 258. Six, |t, l (×SIEG, Kf.)
Sizzo: s. SIEG (Kf. Sizzo). Sizmann
Sjakes: < frz. Jacques
(skala): sl. „Fels, Steinbruch": ON. Skala, Schaala, Schalkau, Skohl. FN. Skal|a, an, er, nick, Skall|a, er, Schalk|au, o, owski; S c h a a l(̓e), Schal|a, er, ge, ich, ing; Schäl|ick, ing; S k o l|a, ik, Skolle, Schol|k, ke, ich; S c h ö l|k, ich (×poln. ziolki „der Grüne")
Skibb|a, e: wend. skiba „Brotschnitte"
Sklarz: tsch. sklař „Glasmacher", poln. Sklarek
Skobel: tsch. skoble „Klammer"
Skock: wend. skock „Heuschrecke"; Skotz
Skoda: s. Schade
SKOG: zu an. skōgr „Wald" (vgl. Schach 1) oder zu ahd. scocan „schwingen" (vgl. Scacca). Sco|hilt, lant. Hierher viell. Schuberl (< –bert); anderes von Schubert und dessen Nebenformen nicht zu scheiden: –hart: Schul|kar(dt), kat; Schuckert, Schoch|ar(dt), ert; Schöchert (z. T. = Schubert); –hram: Schukram
Kf. Scugo: Schuck, Schöck, Schögl, Schück|er, ing; Schüching
(skov): dän. „Wald, Holz" (zu SKOG). Sko|v, w; Björn–, Nör|skow („Bär, Nord")
Skro|ch, ck: s. Schrock

Skupp: wend. skupy „karg". Skup|ke, sch; Schuppig
Slaatorn: s. Schlehe
Slaby: tsch. slaby „schwach"
Sladek: tsch. sladek „Bauer"
SLAVA: sl. Stamm; asl. slava „Ruhm, Ehre, Name" [verwandt: gr. kleos, urgerm. HlevagastiR und LUT]. Slavata. Besd. auslautend: Doma–, Bogi|slaw
Slaw|e, ig, isch; Schlaw|e (ON.), eck, ick (× tsch. slavik „Nachtigall"), ig, itz, i(e)n, ing; Schlaaf(f), Schlafke, Schlaff|ge, ke, Schläfke, Schläw|e, icke; Schlau|s, ske, sch, ß, witz
Auslautend: z. B. Mitzlaff s. MICI; latinis. –laus: Stanislaus; > schlag: Darf–, Dör|schlag (vgl. Dersloff); Brettschlag < Bratoslaw, Gutschlag < Godislaw, Rottschlag, Rotzlaff (s. ROD); Wendschlag = Wenzlaff = Watzlau; Vklf. Jaßlauck, Jatzwauk (Jaroslaw)
Sleuter: s. schließen
Slevoigt: s. Vogt
Slicher: s. Schleich
Slieper: s. schleifen
Sligt: s. Schlicht
Slim: s. Schlimm
Slinke: s. Schling
Sliwa: slaw. sliva „Pflaume"
Slot: s. Schlot
Slüter: s. schließen
–sma: fries.; s. Mann
Smal(ian): s. Schmal und Johannes
Sme(e)ts, Smi(d)t u. dgl.: s. Schmied
Smend, Smetana: s. Schmand

Smital: s. SCHMIED
Smol|a, ar(z): s. Schmoll|er, ka
Snato, Snazi: unerkl. altd. PN. (zu mhd. snate 1. „junges Reis". 2. „Wundmal"?). Hierher vielleicht Schnattinger, obd. Schnader (sonst s. Schneid; vgl. Schnepp und Schnetzinger); Schnaase, Schnaß, Schnatz
Snell–: s. Schnell
Snethlage: ON. Schnetlage, Oldenburg
Snetker, Snitker: s. Schnittger
SNOT: zu ahd. snottar „weise" gehören Angilsnot, Snuba (< *Snotbert?), Snuppo, ON. Snozindorf, Snudinga.
Schno|brich, tz, g, ck (s. d.), pp, b(b)el; S c h n ö|dt, tke, ter, s, cke(l), tzinger (vgl. Schnetzinger), bbe, bel; Snöter; Schnu|g, gg, ck, ch, pp(e) („Dochtschnuppe"?), Schnü|dderich, ge, ppe, bbe, Schnütgen, Schnibbe. Auch Schnau|belt, bert, tz, s, se
Snyder(s): s. Schneider
SOB: sl. Reflexivstamm; asl. sobé „für sich", Sobieslaw „Ruhm für sich". Sob|ek, iš. Sob|e, eck, ick, ke, isch, oll, el, ieski; Sobbe; Zob|eck, us. Zöbisch, Zebisch; Seb|us, isch(ka) × Eusebius, Sebastian
Sobbe: 1. nd. „Säufer". 2. s. SIEG, Sigiwin. 3. s. SOB. 4. rhein. Sobbe auch < unerkl. N. Zobbo
Sobot(t)a: sl. 1. „Sabbath". 2. „Wochenmarkt" (×ON. Zobten; daher schles. häufig). Sobo|da, the, tka, tke, ttker; Sab|otta,

Soch(a)

othe, ottge, Sab(b)ath, arth, as
Soch(a): wend. socha „Pfahl"
Socher: 1. < sochen „kränkeln". 2. wend. sochor „Stange". 3. rotw. „Hausierer" (vgl. schachern; > Schocherer). — Zocher(t)
Söchti(n)g: s. Sücht(ing)
Socin: < it. Sozzini
Sock: ahd. PN. Sogo, Socco (Lalln. „Säugling"?), Sogel, Sögling; aber ostd. sl. PN. Sock, pruß. N. Sock; Sockel s. Sokol
(Sod): mhd., jetzt noch nd. sōt „Brunnen", afries. sād. Sood, Soth, Saad. Sode|wasser, enkamp, Sade|water, wader, vater, wasser; Soth–, Sott–, Sood–, Söd(e)–, Söder|mann; nd. Söder „Sumpf"; obd. sutt(en) „Lache". ON. Soden mehrf. Sott|er, ung; Sutt(n)er (s. d.), Söd|el, ing
Sode(r): s. sad und Sod
Söder: s. SAND und Sod
Söder–": schwed. „Süder–": Söder|holm, ström
Soest: s. nach Sosse
Soff(el): s. Suppe und Sophia
Sof(f)ke: s. sowa
Sogel, Sögling s. Sock
Sögting: s. Süchting
Sohl|berg, brig: s. Keilberg. Solbr|ig, ich
Sohler: 1. sōlenmecher „Pantoffelmacher". Solsneyder. 2. zu Suhle (11 ON. Sohl)
–sohler, Sohlich: s. Suhle
Söhlmann: < nd. sőle „Salzquelle"
Sohm(er): s. Saum, Sommer
Sohn: nd. Sähn. Sohn|ius, emann (× SUN); Söhnchen, Söhn|(e)l, lin,

le(i)n, (i)gen, chen = Sohnekind (< nd. Vklf. sonekin); Söngen. Stiefsohn. Zss., Zsr. Traut–, Guter|sohn. Söhner „Schwiegersohn"; –sohn > son > sen
Sohn|rey, s, ke; Söhn|holz, s: s. SUN
Sohr: 1. mnd. md. sōr „dürr, kraftlos". So(h)rmann, Sor|hagen, weide, aber Sör(s), Söhrmann, österr. Sor weisen auf ein altes *Soro hin. 2. Sl. zu žar „Brand", zoraw „Kranich" gehören ON. Sora, Sohrau, Soor, FN. Sohr(e), So(o)rer
Soier: s. See
Sökeland: s. suchen
(sokol): sl. „Falke". Sokol(l), Sockel; Schaukal?
Solbri|ch, g: s. Sohlberg
Sol–, Solcher: s. Suhle
Soldan: s. Sultan
Soldat: sl.? Vgl. Soldat|ow, zki
Soldner: „Söldner"; Söld|ner, enwagner: s. Selde
Sol|eck, ick, isch: s. SUL
Solenter: ON. Solothurn
Solf(f): s. SIEG (Sigiwolf)
Solfronk, Sollfrank: s. Franke
Solger, Söllig: s. Suhle
Soll–: s. Suhle und SUL (Soller: ON. Aachen)
Söll–: s. Selde
Söllinger: ON. Sölling(en), mehrf. — Sellinger
Sol(l)mann, Solmeier: s. Suhle
Soltans: s. Sultan
Söltner: s. Selde
Solt–, Sölter: s. Salz
Sombart: s. SUN
Somborn: ON. Hanau, Bochum
Somfleth: nd. „am Fleet" (vgl. zu)
Sömisch: s. Zehme
Sommer: schon ahd. su-

Sonk(e)

mar VIII, Sumerwip XI (ags. N. Sumerlida „Sommerschiffer"), schwäb. auch Sohmer. Als PN. in Sommers, |hoff, berg(er); örtlich („auf der Sonnenseite"): Sommer|kamp, halder > halter, eder, lechner, ei (= Sommrey), Summerauer, vgl. Au (19 ON. Sommerau). Anderes: –eis = eisen (s. Eisen), korn, rock (wohl Roggen), weiß, hafer, brodt, schuh, latt(e) („einen Sommer altes Bäumchen"), –lath, lad(e). Sumer|zit, weter, win, hazelin. Sommerer, Summerer „Knecht für Sommerzeit"; ähnlich Sommerwerk
Sömmer–, Somm|ert: s. SUN
Sommersell: ON. Lippe, Minden, Münster
Sonard: s. SUN
Sond–, Sönd–: s. SUND und sund. Sondhauß
Sonder–: meist < (ab)sondern. Ahd. suntar–, mhd. sunderman „Höriger, in keiner Genossenschaft stehend": Sonder, |mann, land („eigenes Land"), hof(f), egger, holzer, schäfer. Oft von ahd. sundar– „südlich" nur durch Einzeluntersuchung zu trennen (Sondermaier, Sünder|hof, mann); vgl. sund. Sonder|sorg, ssorgen, geld, Sundergeld („ohne"), Sunder|mann, meier
Söndgerath: ON. Söntgerath, Köln
Söngen: s. Sohn
Sonholz, Sönholz: s. SUN
Sonk: wend. sonk „Schwänchen"
Sonk(e), Sönksen: s. SUN

Sonn–, Sönn–: s. SUN
Sonn(e): 1. „die Sonne", danach Übern. (× SUN). 2. Flurn. „sonnige Stelle". Zss., Zsr. Sonn|schein, enstrahl, enschein, enblick, wend, abend, (en)tag (nd. Sondag, verwelscht Sontacchi; moselfrk. auch RN. für Leute, die Dominicus getauft sind nach dies dominica Sonntag), auer, (en)wald, leitner (Sonleiter), enmayer, enschmidt. Sonnenleiter, Sonnenwirth, Sonnekalb. Sonhüter („Hutung"). Sonner „Bleicher" (× SUN, SUND), Zonne|r, veld
Sonneborn: ON. Lippe, Gotha, Altena
Sonn(e)mäker: s. Sundmacher
Sonnemann: mnd. soneman „Schiedsrichter"
Sonnenborn: mehrf. ON.
Sonnenstuhl: Hofn. Heiligenbeil (Ostpr.)
Sönnert: s. SUN
Sons: ON. Zons, Neuß. > jüd. Zuntz (× SUND)
Söntgen: s. SUND
Söntgerath: ON. Söntgeroth, Siegkreis
Soodmann: s. Sod
Soor: s. Sohr
Soost(mann): s. Soest
Sophia: gr. „Weisheit". Märtyrerin unter Hadrian. Sophia, Soff(el), Söffge, Fai, Veie, Fei(h), Fey (s. d.), Fay, Vay, Fige(ner), Feigen
Sopp(e): s. Suppe
Sor–, Sör(s): s. Sohr
Sorb: bair. sorbe, surbe „Rasen, Sumpf, Riedboden". Surb|er, au, Sorber
Sören, |s, sen: s. Severinus
Sorgatte: mnd. sorkote „langes Oberkleid mit Schlitzärmeln". Sorgatz (Halle)
Sorge: Sorgo, Übern. Sorg,|e (× häufige ON. Sorg|a, e, au), enfrey = Sonder|sorg, ssorgen. Vgl. ohne. Kleinsorg, |e, en (sorgt um Kleinigkeiten)
Sörg|el, er, Sörries: s. Sergius
Sorger: 1. zu den ON. 2. „sorgenvoll". 3. „Vormund, Makler"
(sosna): sl. „Kiefer". Sosn|a, ick; Soßn|a, er, Schoßnick, Zosgornik (vgl. gora)
Sosse: s. SACHSE. Soßmann
Soest: ON. Westf.: Soest,|meyer; Soster, Soost(mann), Sustmann, Saust
Soet|beer, ebier: s. süß und Bier
Sothmann, Sott|: s. Sod
Sotterbach: ON. Waldbröel
Söven: ON. Siegkreis
Sowa: sl. „Eule". Schobba, Vklf. Sowka, Sof(f)ke
Sowade: s. zawada
Soyka: tsch. „Häher". Soyke
Spaan: s. Span
Spaar–: s. spar u. SPAREN
Spaa|s, ß: s. Spaß
Spach: mhd. „dürr", „Stecken" (opf. spachten „Zaun"). Spach|(t)holz (> Spattholz), mann, el, ert, müller, Spachtler
Spache: „Reisig, Holzspan"
Spächer: „Aufseher" (zu spähen). Specher. (Spehr, Späher, Speer(s), Spör, Spei(ch)er KS.)
Spack, Späck: s. Speck
Spade: s. Späthe
Spader: s. Spaten
Spagat: „Bindfaden" (jüd.)
Späh: mhd. spaehe „schlau, spöttisch". Speh, Spemann, Spei, Spey (× ON. Spay, Koblenz)
Spahn, Spähn(i): s. Span
Spahr: s. spar
Spähr: s. Spächer
Spaich: s. Speich
(spale): wend. „Brandstätte". ON. Spohla. FN. Spal|k, ke, inger, lek
(spalk): nd. „Brettchen". Spalk, |hawer („Hauer")
Spalt: ON. MFr. Spalatinus
(spalten): Spalt|er, mann (spaltet Holz oder Schiefer). Spaller, Speller. Satzn. Spalte|holz, nstein (auch ON. Württ.). ÖN. Spalte „an der Felsspalte" > Spelt|hoff, mann, eneder. (Hierzu Spalding, Speldrich?)
SPAN: in altd. N. (Spanhart) zu Spahn oder zu ahd. spanan „locken" (vgl. „Gespenst"). Hierzu viell. Spann|inger, enberg
Span: auch „dürrer Mensch" und „Kerbholz" (× ON. Spahn, Osnabr.). Spans, Spahn(s), Spaan, Spandl, Spähn(i), Spän|del, dl, le; Spenli, Spo(h)n, Spöndli; (vgl. Speidel, Speil, Splinder, Splitt, Sprießel). Span–, Spon|holz „Kienspan" (× ON. Spohnholz, Meckl.). Damit handelt der Spe(h)ner, Spohner = Spanmacher = Schnitzspahn = Spenlehauer, Sponheuer (auch „Zimmermann"), Spöhnemann. Spän–, Spen|kuch: bayr. Kuchenart (die Form Spenkoch läßt freilich an spen „Milch"— vgl. Spanferkel — und obd. koch „Brei" denken). — Span ist auch ins Wend. ge-

Span– | Spelling

drungen: Spenc > Spen|z, itz „von der Sippe der špjena „Späne". Dazu viell. auch Spanke als Vklf.
Span–: s. Span, Spanien, spannen
Spänd(e)l: s. Span
Spange: Spang, |e(macher), enmacher, Spenger. Speng|el, le. Schon ahd. Spango > Spangen|berg(er) (ON. Kassel), thal. Spängler s. Spengler
(Spanien): Span|ier, jer, iol (< Español), iel, (ih)el, ne(h)l, inger, Spangier
Spanlang: „eine Spanne lang"
Spänle: s. Spahn
Spanne(h)l: s. Spanien
(spannen): Spannbauer hält Gespanne bereit. Satzn.: Spann|haken (Hakenbüchse), ring, sail. Span|(n)an, aus = nd. Span|(n)uth, (n)hut. Spannekrebs < mhd. krebs (Belagerungsmaschine)
Spannruft: s. Ranft
(spar): 1. mhd. „Sperling": Spahr, Spaar, Sparr(e), Spark(e) (× nd. sparke „Funken"), Spärke, Sperk(e); Speer, Spervogel, Sperl(e) (× bair. „Stecknadel"); Sperrle, Sper|(r)ling, lich; Spirling, Sperb, Spirk, |l, eneder; Spatz (vgl. Lüning). 2. nd. „Sporn". Spar|macher = wirth (s. Werk), schuh
SPAREN: ahd. sparen „erhalten". Sparulf. Spaar|mann, wald? Spari(n)g (× spar)
(sparen): Satzn. Spar|nicht (necht), bier, brodt, wasser, käse. Sparsam. Sieh Ranft. Spar|er, wirth s. spor, Spar|feld, wald s. spör

Sparmberg: ON. Sparenberg, Ziegenrück
Spaß: erst nhd. (< it. spàsso), daher nicht sicher = „Scherz". Aber jüd. FN. Spaßmacher. Auch Spaa|s, ß
(Spaten): Spader („Gräber"), Späder; Speder > Späth. Rund|spaden, spaten
Späth(e): „der zu spät kommt" (× Spaten). Spät|hmann, er, ing; Spöth, Spede, Spoth; nd. Spade (daher nd. Speth = Spieß). Vertschecht: Spata
Spathelf(er): „der zu spät hilft". Spothelfer
Spattholz: s. Spach
Spatto: unerkl. altd. N. Spatt, Spätt; Spettel (× rhfränk. „Fetzen")
Spatz: 1. Vogel (s. spar). 2. altd. N. *Spazzo (< Spatto oder *Sparo). Spazman. Spatze, Spe(t)zinger, Spatzek, Spatschke
Specher: s. Spächer
Specht: 1. Spech, |t, tl [mhd. spech(t), mundartl. auch speck]; Grün|specht, speck, Speicht; vgl. Daubenspeck u. s. hacken. Spechtenhauser. 2. mhd. speht(er) „Schwätzer". Spechter
Specier: mlat. speciarius „Spezereihändler, Apotheker". Spezier, Spe(t)zinger
Speck: (Späck, Spack He). Speck|esser, nd. –äter (> Speckter), hals, beutel. Ehren–, Senge–, Franz–, Süß–, Blanken–, Sieden–, speck (s. Specke, Daubenspeck und Specht)
(Specke): nd. „Knüppel|damm, brücke", obd. „Fahrdamm". Speck (14

ON. ÖN.), |le, er(t) > hardt, ing, mann (in Tirol aber vom speckigen Boden), bacher, ha(h)n (< hagen), maier. Specken|bach, brink, heier; Spekkamp, Spekmann, Winterspecke; Spöck (12 ON.), | er, meier; Spick|er(t), ler, ner, bichler, enreuther
Speckhahn: sl. Spěchan „Eiliger, Fleißiger"
Speckter: s. Speck
Spede: s. Späthe
Speer: Schon ahd. Sperus. Spehrer; Speerschneider (macht Schäfte); Speer–, Sperr|brecher. Satzn. Schütte–, Schluder|speer (vgl. Shakespeare). Sieh auch Spächer, spar, Sperber
Speh, Spei: s. Späh
Spehner: s. Span
Speich: „Radspeiche". Spaich, Speicke
Speicher: Speicher(mann) (ON. Trier); schweiz. Spicher|er, mann. Vgl. Spiecker
Speidel: bair. „Splitter, Span". Speil
(speien): Speiben|wein, hals
Speier: ON. Spei(e)rer, Speyer. Jüd. Spir|a, o, e, Sprai, Saphir, Sapira, Schapiro, russ. Baron Schaffirow, vgl. Spächer und Spyr
Speigl: opfälz. s. Spiegel
Speil: s. Speidel
Speiser: „Speisemeister" am Bischofshofe, doch auch Speisenausteiler u. Pfründner. Speißer
Speith: nd. s. Spieß
Speldrich: s. spalten
Speller: ON. Spelle(n). 2. s. spalten. 3. s. spenel
Spelling: nd. s. Spilling

Spelmann: s. Spiel, Spellmann
Spelsberg: ON. Lennep
Spelt: „Getreideart Dinkel": Spelt|acher = acker, er, mann, Spel(t)z. Vgl. auch spalten
Spelter: mhd. spelter „Splitter"
Spemann: s. Späh
(spen(d)el): „Stecknadel" (westmd. spengel, spelle: Speller), Spend(e)lin, Spenlen, Spengel. Verfertiger: Spener (×Span), Spenne|mann? S. Spindler
Speng–: s. Spange u. spenel
Spengler: obd. „Klempner" (< Spange). Spängler
Spen|itz, kuch, lehauer, li, z: s. Span
Spenrath: ON. Düsseldorf
Sperb, Sperl–: s. spar
Sperber: meist Vogeln. Sperwer > lat. Nisius; Sperwering (sperwarius „Speermacher" = Spehrer)
Sper|berg, feld: s. spör
Sperk: 1. s. spar. 2. wend. sperak „Streiter"
Sperrbrecher: s. Speer
(sperren): Sper|hake(n) = hack, nagel; zu sperren stellt Fischer, 5, 1519: Sperr(le), Spör(r)le
Spervogel: s. spar
Sperwer: s. Sperber
Sperwien: pruß. ON.
Spessart: Gebirgsn. „Spessart" („Spechtswald")
Spet(h): s. Späthe u. Spieß
Spettel: s. Spatto
Spe(t)zinger: s. Spatz 2 u. Specier
Spey: s. Späh
Spicher|er, mann: s. Speicher
Spicht|i, ig, ing(er): schweiz. „mager"

(spick): nd. „trocken". Spickenbom („Baum")
Spick–: s. Specke u. Spiekker
Spiecker: nd. 1. „Speicher": Spie(c)ker, |s, mann, kötter. 2. „Nagel": Spie(c)ker. Spick|(e)nagel, er(nagel)
Spiegel: 1. Gerät; nd. Spegel, obpfälz. Speigl; nach Grimm auch übertr. als Kose- und Schimpfwort. 2. < lat. specula „Wartturm", oft in ÖN., 4 ON. 3. pruß. N.— Zu 1. Spiegelmacher; 1, 2: Spiegel|e, mann; Spiegl(er). Zu 2: Spiegel|berg(er) (9 ON.), stein, halder > halter, meier; oft > Spiel (doch vgl. Bühel); Erlenspiegel. Spiel, |er, au, hagen, bauer, meyer, eder, bühler, büchler, bichler, berg(er) (27 ON.). (Deutung freilich sehr umstritten; in nd. Flurn. Spiel– auch < spellen „spalten"); Spiehl(er), Spiegelhauer < ON. Spiegel(h)au. S. auch eulen
Spieker: s. Spiecker
Spiel: meist < Spiegel 2, jedoch Spielmann(s), Spillmann; nd. Speeler, Spel(l)mann meist „Spielmann, fahrender Sänger". Spieles: ndrh. „Spielhaus, Dorf-, Gemeindehaus" (vgl. Haus). Spielgraf „Vorgesetzter der Fahrenden". Blatterspiel: mhd. blaterspil „Dudelsackspiel". Sonst –spiel s. Bühel 4. Vgl. Feder u. Hagspiel
Spier: s. Spyr. Spiering
Spi(e)rling: 1. Ebereschenart. 2. Fischn. Stint. 3. = spar
Spieser: 1. ON. Spies, OFr.; Spiesen, Trier. 2.

„Spieß|macher, träger". 3. = Speiser
Spieß: Spie|s, ßl; nd. Spet(h), Speith (vgl. Spieser und Spißmann). Satzn. Reitenspieß < reiden „drehen, wenden" (d. h. den Bratspieß), Raitenspieß, Reibenspieß, Wendensp. — Sieh klieben, rennen
Spieth: mnd. spīt „Torf"
Spilger, Spilker: s. Spindel
Spill–: s. Spiel und Spindel; zu Spille „Winde" (z. B. im Bergwerk): Spill|er (×ON. Riesengeb.), mann
–spiller: s. Bühel 5
Spilling: „gelbe Pflaume"; Spelling
Spillmann: wohl „Spielmann" (s. d.) (×Spill- u. Spillner, s. Spindel
Spindel: mhd. spinele, spille (nd. Spilleke). Spindeldreher, dreyer, („Verfertiger") = Spind|(e)ler, Spintler, Spinn(e)ler, Spiller (×ON. Spiller, Liegnitz), Spil(l)ner, ger, (le)ker, lemäcker. Spindelbauer s. Gebauer. Westfäl. spi(e)ndel, spinnel = spendel, s. d.
Spinka: tsch. „Heftel, Schnalle". Spinke
Spinkel: nd. „Sommersprosse"
(spinnen): Spinn|er, rad, raeker (s. Rad); Seidenspinner
Spinn(e)ler: s. Spindel
Spirk: s. spar
Spirling: s. Spierling
Spisser: < lad. spissa „Dikkicht"
Spißmann: < mhd. spiʒ „Rute" (früh mit Spieß — mhd. spieʒ — vermengt, so in „Spießrute", „Bratspieß") ahd. spiʒahi „Ge-

sträuch". Hierher viell. mancher N. mit Spieß oder Spitz; s. z. B. Bauchspieß

Spital: > Spittel. Beides auch mehrf. ON. — Spitaler = Spittler: 1. vom ON. 2. Spitalpfleger. 3. –bewohner. Vgl. Selmann. Spitta < frz. de l'Hôpital

Spitta: 1. s. Spital. 2. zu asl. spyt „schnell". PN. Spitimir, Spyt|a, ek. Spitt|ang, ka

Spittgerber: s. Splitt

Spitz: „Berg–, Seespitze". Spitz(n)er (× ON. Spitz,| en). Spitz|ler, i(n)g, hofer, hoff, eder, müller. Sieh auch Spißmann. Scharfspitz

(spitz): Spitz|berg, eck, lay = ley, horn; bart, nas, schuh, faden, hirn, messer, nagel, weg = weck („Wecke")

(spitzen): Satzn. Spitz|enpfeil, nagel, faden (s. pfate)

Spleiß, Splett–, Spletzer, Spließ–, Spliet–: s. Splitt

Splinder: nd. „Splitter, Span". Splinter

Splitt: nd. „Span", besd. „Lichtspan", doch auch „Dachschindel", auch Splett (zu spleißen). Spleiß. Verkauf und Herstellung durch den Splitter, Spletter (vgl. Span), Spletzer, Split(t)–, Splett–, Spli–, Spließ|stößer, Splöstetter und Splitt|gerber, egarb (zu gerben „bereiten"), Spittgerber, Spließgart. Satzn. Spliet|op, uff „spleiß auf" (vgl. Spalteholz) > Spliethoff, Spliethof?

Splöstetter: s. Splitt

Spöck–: s. Specke

Spoddig: nd. „eilig"

Spohler: ON. Spohla, Lausitz

Spo(h)n–, Spöndli: s. Span

(spor): 1. mhd. „Sporn". Spor|er, leder (> Spurleder), rädle, reiter (> reuter); Spohr(mann), Sporr|er, Spoor(er), Sporn,| er = hauer; Spör|i, in, el, ll, le, lein, ndle, (n)er; Spörr|i, y; Spöhr|le, er (z. T. zu spör). Nd. spar: Spar|er, wirth (s. Werk). 2. mhd. „Spur". Sporer, Spo(h)rmann, Spormaier (vgl. klingen). 3. sl. PN. Spor > ON. Spohr, Spora, FN. Sporer

(spör): mhd. „trocken, ärmlich". Spö|r, ing, Sper|berg, feld, Spor(en)berg, Sporing, Spörl(e), Spar|feld, wald (vgl. Spächer und spor)

Spork: nd. „Wacholder". Mehrf. ON. Westf. Spörkmann, Sporkert

Spornraft: s. Ranft

Sporrer: s. spor

Sporwitt: pruß. ON.

Sporwien: ON. Sporwienen, Königsberg

Spoth, Spöthe: s. Späthe; **Spothelfer:** s. Spathelf

Spott: Spött|er, el, l, ele, lich (mhd. spotlich 1. „verspottet". 2. „verspottend"), Spötl

Sprachmann: s. sprechen

Spranco: Eingliedriger N. (zu springen). Sprang (s. d.), |e; Sprank, Spreng|e, ell (vgl. Spreng–)

Sprang: „Quelle" (vgl. Spring und Spranco). Sprank, Spranger (vgl. springen)

Spranz: 1. mhd. spranz „Spalt". 2. obd. spranz, sprenze(l) „zersplitterter Baumstamm". 3. mhd. spranz(e), sprenze(l) „Stutzer": Zu 1, 2: Sprenzinger, zu 2, 3: Spren|(t)z, zel

Sprauer: s. Spreu

Sprebitz: s. Spreitzer

(sprechen): Sprecher(t) („Reimsprecher, Fürsprech") = Sprachmann, Sprich

Spree: 1. „Star". Spreen, Sprehn. 2. ON. Liegnitz

Spreit(h)er: < mhd. spreide „Strauch, Busch"

Spreitz(er): wend. FN. Sprejc zum ON. Spreewitz, dt. NF. Sprebitz

Spreng–: s. Spranco. Spreng obd. „abschüssige Stelle": Spreng|nöder (s. öd), (e)ler (× ON. Sprengel, Lüneburg), Sprenger („Gesteinsprenger" × 1. springen, so auch Spreng|art, ert. 2. ON. Sprenge,| n)

Sprengeisen: Satzn. „laß das E. springen"

Sprenz–: s. Spranz, Sprintz

Spreu: Spreuer(mann), Sprey (× ON. Liegnitz); ostthür. Sprauer

Sprich: s. sprechen

Sprick: nd. „Reisig, dürre Zweige". Sprick(el)mann. Vgl. Sprock

Spriegel: „Rutenbügel" (z. B. für Wagenplanen; vgl. Sprögel). Sprygel, Sprügel

(Sprießel): mhd. sprīzel „Spreißel, Anfeuerholz" (vgl. Span). Spreysl, Sprießler

(springen): 1. mhd. sprinc „Quelle" (vgl. Sprang, Sprung; ON. Lippspringe). Spring|l, born, brunn, wasser, mühl, müller, meier, wald, horn, stein; Sprinck, |möller, mann; Rehspringer. 2. Springer: a) zu 1. b) ON. Spring, |e, en, mehrf. c) „springen-

Sprin(t)z (Stadel)

der, lebhafter Mensch" (Springhard, Sprinkard) und „Gaukler", dasselbe Spranger (mhd. sprangen „springen"), Spreng|er(t), art. 3. Satzn. Spring|inklee, sklee, enzaun, (in)sgut, ensguth (vgl. Tyl platzindazgwt, Siebenbürgen XV), sfeld, (e)feld, auf, nd. op, ob, up, ub, uth „aus". Alle diese = „lebhafter Mensch". Springindschmitten > Springenschmied (Schmiedegesellenübern.), Spring|in|sattel, schnee.— Springstub(b)e, Sprinckstub (zu stubbe „Baumstumpf") „Holzhacker". 4. Freudensprung
Sprin(t)z: 1. „Jungholz". 2. „schnell gewachsener Jüngling". 3. „kleiner Falke, Sperber". 4. „Sommersprosse". Zu 1., 3: Sprinzing, 3: Spren|z, tzel, 3, 4: Sprinzel
Sprock: nd. = Sprick. Sprockhoff, Spruck. Vgl. Spürk(el)
Spröde: s. SPROSSEN
Srögel: nd. „Marktbude" (vgl. Spriegel)
Sproll: schwäb. „junger Karpfen". Sprollfischer
Sprömberg: ON. Spremberg
SPROSSEN: Sprutho, Sprozwart. Spru|th, t(k)e (× nd. sprute „Sprosse"), Sproß, |e, mann; Srössel, Sprott(e) (auch Übern. „Sprosse, Sprößling" u.ON. Sprottau,Liegnitz, Merseb.), Spröte, Sprötn, Spröd(e), (nhd. spröde erst im 16. Jahrhundert, nicht von Menschen gebraucht). Vgl. auch sl. N. Zbroslaw (< izbr „auswählen"): Sproß(e), Spröss|el, ig, Sborowitz

Spröth, Sprotte: s. SPROSSEN
Spruck: s. Sprock
Sprügel: s. Spriegel
Spruht: s. SPROSSEN (× pruß. N. Sprot, Sprude, Spru|dt, th)
Sprung: mhd. (ur)sprunc „Quelle" (vgl. springen 1). Ursprung (mehrf. ON.), Ursprunger (Ursprinc, mehrf. ON.); Sprun(c)k, Sprung|k, er, mann; Sprüngli. Freudensprung
Sprunkel: „Hautflecken"
Sprut–: s. SPROSSEN
Sprütz: „Feuerwehrmann"
Sprygel: s. Spriegel
Sprysl: s. Sprießel
Spudich: = Spoddig
Spuhler, Spühler,
Spüeler: 1. „Spulenmacher". 2. „der spult". Spulmann. Auch Spuel, Spüeli
Spülbeck: Hofn. Spielbeck, Elbingerode
(spüren): Spörhase; Spurmann = Suchmann „Jagdgehilfe"
Spürk(el): zu nd. spörkel „Faulbaum", ahd. spurcka „Wacholder" (vgl. Sprick und Sprock)
Spurleder: s. spor
Spurtzem: Hof Spurzem, Mayen. Spurzen
Spyr: mhd. spīre „Mauersegler, verschiedene Schwalbenarten". Spyri, Spier, Speier (s. d.), Spiring, Spiry, Spirig (schweiz.)
von Staa: s. stade
Staak–: s. Stake
Staar: s. Star
Staaßen: s. Anastasius
Staats, Sta(a)tz: s. Eustathius. Doch ON. Staats, Magdeb. (dazu Sta(a)tsmann; s. aber STARK, Starcman)

Stab: Übern., vgl. mhd. stebeler „stabführender Beamter oder Diener", stebaere „der die Eidesformel (auf den Richterstab) vorsagt". Joh. mit dem Stave. Staab, Stabler, Stäb, |li, le, ler, er; Steb|el, (l)er. Der Rödel–, Rell|stab beseitigt die am Pflugbrett hängende Erde (Bre). Buchstab: Schreiberübern. In altd. PN. Vgl. Stapel
Stäb: s. Stephanus. Stäbe
–stabel: s. Constabel und Stapel
Stabenau: ON. Stabenow, Stettin
Stach–, Stäch–: s. Eustachius (× STAN)
Stache: ON. Stacha, Bautzen; Stachau, Nimptsch: Stach|ow, er
Stachelhaus: ON. Stachelhausen, Lennep
Stack|e, l, Stäcker: s. Stake
(stade): mhd. 1. „Gestade". Amstaad, von Staa. 2. mhd. nd. „bequemer Platz". Stad|e(r), e(r)mann (× ON. Stad, |e, en)
(Stadel): bair. „Scheune" (doch auch mnd.). Städele. Anwohner: Stadler > auch „Aufseher über die Stadel" oder < mhd. stadelhof „Herrenhof" u. ON. Stad(e)l, Stadelhofen, (obd. oft). Stad(e)lmann, Stadel|bauer, huber, mayer, meister, Stadlwieser, Statt|elmann, ler. (Städler, Stedler KS.), Vonstadl; Ober–, Schaf–, Kalten|stadler. — Entsprechend sl. stodola (FN. Stodolka), tsch. stadlo, obwend. stadło „Herde": FN. Stad|lik,

(Stadt) (stampfen)

lich, linger, Stadtlich, Stattler
(Stadt): mhd. stat noch „Statt, Stätte, Siedlung", seltener „Stadt" im Gegensatz zum Dorf (so aber Stadtmüller). Nd. Stede. Stett(n)er (61 ON. Stetten), Stettmeier, Stött(n)er, Stattmann. Zss., Zsr. 1. -stadt: Oberst., Schönst., Karst. (ON. Brandenb.). 2. -städt: v. Eichst., v. Eickst. (ON. Stendal), Dingelst. (Finkenstedt). 3. -stede: Hagenst., Mahlst. (s. MAHL), Hust. (< hus „Haus"); dazu Hofstee; Bu(e)r–, Hof|stedde. 4. -städter: Hofst., Brandst. 5. -stätter: Achtelst., Ladst., Oberladst., Lagst., Lackst. („Ablagestätte"). Rast. (ON. Rastatt, Baden; Rastedt, Oldenb.). 6. -stetter: Brandst., Oberst., Niederst., Sakst. (s. Säge), Achtelst. („Kleinbauer"). 7. -stötter: Höch–, Reit–, Ober|stötter. 8. Hoch|statter, stättler
Stadtlich: s. Stadel
Staff–: s. STAV
Staffel: 1. „Stufe, Bergstufe" (auch staffe). 2. = nd. „Stapel, Niederlage". 3. viermal ON. Zu 1, 2, 3: Staffler, 1. Staffel|bach, stein, berger; Staff(l)inger, Staffhorst, Stafner (Ostd. Staffel s. STAV)
Staffen(d), Stäffen: s. Stephanus
Stäger: s. Steg
Stagg(ius): s. Eustachius
Stagl: s. Stake
Stahfast: s. stehen
Stagnitt: pruß. ON.
STAHL: zu ahd. stahal „Stahl", Stahalolf >

Stalf. Dazu Stollereut bei München (ā > ō), anderes eher zu Stahl
Stahl: 1. „gehärtetes Eisen". Stah(e)l, Stahl|kopf, hut, knecht, schmidt, mann, hauer (heuer, heber); Stahler (auch = Armbruster), Stohler (schweizer.), Stehler, Stehling; mhd. stehelin „stählern": Stäh(e)lin, Stähl|i, e, ing; Stehely, Stelli, Stehl|in, e. Sieh auch Bauch und riefen. 2. ahd. stal „Stelle, Wohnort": Stahl|er, berg, ecker, müller (ON. Stahle, Weser; Steele, Ruhr, FN. Stehl(e)). 3. mnd. stal „Prüfstätte". Stahlhaus. Vgl. Stall, Stallbaum
Stahmer: s. stammeln
Stahn(ke): s. STAN
Stahr: s. Star
Stahsen: s. Anastasius
Staib–: s. Staub u. stieben
Staiger: s. Steig
Staimer, Stain–: s. STEIN
(Stake) nd. „Stange, Zaunstecken" (vgl. nhd. Stekken und Stachel). Schon altd. Stac|co, her (Stä(c)ker), ulf. Staak(s), Sta(a)cke, Sta(a)kmann (× STARK und ON. Sta(a)ken); obd. Stackl, Stagl, Steckl, Galghenstake. Vgl. Brand und Feuer
Stalder: mhd. stalde „steiler Weg". Amstalden. Stalt|(n)er, mayr; Stel(l)dinger, Stelt(n)er; Gstaltmeyer, Gstaltner. Aus *Gstalt ist viell. Figura latinisiert
Stalf: s. STAHL
Stalfort: ON. Stalförden (–vorden), Oldenb.
Stall: 1. wie nhd.: Schafstall(er), Stallknecht. 2. Ort, wo das Vieh zusammengetrieben wird, z. B.

während der heißen Tageszeit. Vgl. Schlaf. Bremstaller, Stall|ecker, busch, waeger. Schm. III. 3. = Stahl 2. 4. mhd. bogestal „Bogenschußweite, Anstand". Bockstall(er), Stallschuß. — Meist zu 1, 2: Stall|er (mehrf. ON. Stall), inger, forth („Furt"), eder, berg, mann, meyer, johann; Stallechner; Hecken–, Ober–, Pirg– („Birke"), Mark–, See|staller; Obersteller, Stahl|feld, berg, bauer, knecht
Stal(l)baum: „starker Waldbaum" (mnd. stalbōm „Gerüststange"). Stallbohm, Stolbom, Stahlbaum
Stallmeister: Zu Stahl 3 (vgl. Rembrandts Staalmeesters) oder junger militär. N.
Stalt–: s. Stalder
STAMM: Scheint in jüngerer Zeit N. nach altd. Art gebildet zu haben: Stamm|el, inger, Stammmann, Stemm|e(r), inger, erich. (Vgl. ON. Stammheim und Stemm|en, er(n), ersgrün)
–stamm: in schwed. N. „Abstammung". Adelstamm, Jägerstam
(stammeln): nd. stamern. Stammler, Stäm(m)ler, Stemler, Stemmle(r), Stahmer, Stam(m)er (× ON. Stammen, Kassel), Stam(m)erjohann
(stampfen): stampfe, nd. stampe „Stampfmühle" (vgl. Bleile). Dazu Stampf(er), Stamp, |e(r) (× ON. Stampe, Holst.; Stampen, Öls), Stemp(f)er. Der Stempel der Mühle: Stemp|fel, fl, fle, el; Stämpel, Stembel (auch „kleiner, dicker

STAN: sl. Stamm, zu asl. stani „stehen". Stanislav (Hl., Patron von Polen) > Stensloff

Kf. Stan|jeck, ek, ing, ies, itz, z, zig, ze, zel; Stank, |a, e, o, us; Stan(ik); Stahn(ke); Stän|icke, zig, Sten|sch(ke), tz, z, ze, zel (s. d.), zl (i, er), zinger (× sl. PN. Stenec „Stöhner"), Stach, |e, u|ek (× Eustachius), Staschik. Vgl. auch die pruß. N. Stan|dt, eke, ge, ko, kuhn, Staenke, Stein(icke); apreuß. N. Stange, lit. Stangys

Stand–: Satzn. Standfest, nd. –op (alter Imperativ stant; vgl. stehen). Ständner, Standke. Stand|haft, fuß. Nach altd. Art gebildet: Stand|ar(t), hardt, (hart)inger, l, lmaier, er; Stendel. Zu Standt vgl. STAN

STANGE: ahd. stanga „Stange". Stan|art, clf. Weiterb. eines eingliedrigen Ns. Stenge(r)t? Sieh STAN (Schluß)

Stange: „lang aufgeschossener Mensch": Stang, |e, el, l, lmaier, er (vgl. Stengel). Bohnenstange. Stengler „Stangenschmied" (Socin). Stanger, Stängler, Stengler „Grießwart", der beim Turnier die Stange hält. — Mehrf. ON. Stang. (Stanglberger: ON. Stanglberg, Steierm.)

Stank–, Stänzig: s. STAN

Stankewitz: ON. Stankowitz, Böhmen

Stanner: ON. Stann(en), auch Stans, Schweiz

Stanzl: s. Constantinus

Stapel: 1. nd. „Niederlage" (vgl. Staffel). Grotstapel. 2. mehrf. ON. — Stapelmann. Stap(e)ler, Stappler; Stabler aber auch rotw. „Bettler"

Stapf: 1. „Stufe, Staffel", z. B. übersteigbare Stelle des Dorfzauns. 2. „Furt, Pfad" (nd. stappe). Stapfer, Terstappen (s. te), Stapp|en, er (× ON. Stapp, |en), Stepfer, Imstepf

Stappler: s. Stapel

Star: Vogeln. Staar, Stahr; Staer, Starfänger

Starflinger: Weiler Starfling, Trostberg, OBay.

STARK: zu ahd. starah, mhd. starc „stark"

Starkhar: Starker (× ON. Stark|en, ow), Sterker

Starcman: Starkmann. Mischf. Stazman

Starculf: Stark|lof(f), loph, lufft, lauf

Kf. Starco (meist aber wohl Übern.), Starizo: Star|(c)k(e), kel, kl; Starch; Stärk, |e (nd. „junge Kuh"), le; Ster|ck, cke, kel, le. Sieh auch staru, Starz, Sterchi. Stärken, Stercken: bair. „Stengel, Strunk"

Stark: Übern. (s. STARK) Kf.). Zss., Zsr. Baumstark, Stark|ebaum, hans. Vgl. staru

Starost: sl. „Vorgesetzter, Vogt". Starost, |a, e; Star|ras, atzke; Storost, Star(r)uß

(staru): asl. „alt". Star,| ek, ick, itz; Stärk(e), z. T. auch Stark(e) (München 93, Köln 41, Dresden 280). Hierzu ON. Stargard (mehrf.). „Altenburg"

Starz: obd. starz, sterz, nd. stert. 1. „Schwanz", übertragen: 2. „Pflugsterz". 3. „Baumstumpf" (sterzel „Knirps"). 4. Flurname: Starz. Ster(t)z. Zu 3, 4: Storz|acher, engruber, (n)er, mann; Stärzl, Sterz|el, l, er, Störz (auch „Kohlstrunk"), Störz|el, er (s. d.), Stotz, (s. d. und vgl. Stutz), Stirzel. Nd. Steert, Sterdt; zu 1: Gauckstert (s. Gauch); zu 2: Plogsterdt; zu 4: Stertenbrink, Stertkamp. Vgl. auch Bachstelz

Stas, Staschen, Stasen, Staß(en): s. Anastasius

Staschke, Staschus: s. Eustachius

Statius, Statz: s. Eustathius

Statsmann: s. Staats

Statt–, stätt(l)er: s. Stadt

Statt|elmann, ler: s. Stadel

Staub: 1. „Staubbach, Wasserfall". 2. Übern. „Staubaufwirbler", oft wohl Müller. Staub, |er, wasser; Stäub|li, el, le, er; Steub, |e, er, Steub(l)ing („Bovist"?). Steup, Steubi, Staib, Stoib(er), Stuiber, Steib, |e, l, le, elt, er; Steyb, |e, el; Staib, |le, er; nd. Stob, Stoof. Staubesandt s. stieben. Stob–, Stoh– (s. d.), Stroh|wasser. Zu 2: Mehlstaub (vgl. Kleie), Steufmehl 1730 Hottorf, Jülich. Sieh stieben

Stauch(e): Frauenkopftuch, weiter Frauenärmel (× ON. Staucha, Meißen). Steichele

Staud|ack, i, ke: s. Studo

Staude: Staud|ach [s. –ach 3; mhd. stūdach „Gebüsch"], acher, ach, er, inger (Kollektiv: Gstaudinger), enmaier; Stautner, Stäuder, Steudt(n)er (× ON.

471

Staud|a, e, t, Steud(t)en), Steidtner, Studer(us). Stäudle, Steud|el, ler; Steid|(e)le, inger, Stüdle(in), Grünstäudl, Griensteidl. Vgl. Halde, Steidel. Staudenfuß und Fuchs
Staudhammer: ON. Staud|ham, -heim, Bay.
Stauf: „Becher", in N. wohl stets übertragen „Bergkuppe, Fels"; ×ON. Stauf(en). Stauf|f(er) > fert, inger; Staufen|berg, buhl, biel > beil (s. Bühel)
Staupitz: ON. Luckau, Torgau. Staubitzer
Stau|sch, ß: s. STAV
Stausberg: ON. Altenkirchen (Rhld.) > Stoßberg
Stausebach: ON. Marburg (> Steusbeck?)
Stautner: s. Staude
STAV: sl. Stamm, zu staviti „stehen": Staw|omir, o, el: Staff, |e, ehl, el (s. d.); Stawatsch, Stausch. (Aber Stauß zu md. stouʒ „Steiß"; s. d.)
Stave(mann): s. Stube
Steb|el, (l)er: s. Stab
Stebener: ON. Steben, Frankenwald
Stebriger: s. Stein
Stechele: 1. < Steccho (s. stechen) oder Eustachius. 2. = Steckel
(stechen): Stecher, Sticher, nd. Ste(e)ker: vieldeutig; u. a. „Viehkastrierer" (vgl. Bär 2 und Gelzer), so in Mohren|stecher (mōre = „Zuchtsau"), Berstecher, Schwanstecher (< Schwein; nach Klenz 1577 „Senkgrubenräumer"). Sper(r)stecher, Nadelstecher. Kehlenstecher. Vgl. Stich. Doch auch alter Name Steccho um 1200 Württ. (> Stech, |e, ardt, ert). Stecheisen. Vgl. Messer (×ON. Stech|au, ow)
Steck(el): „steile Anhöhe"; vgl. mhd. stechel „steil". Steckbauer, Steckel–, Stecklen|berg; Stecken|bihler, biller < Bühel. Aber Steckel|macher, mann zu Steckel „Stekken". Zu Stecken|reiter, reuter vgl. ON. –ried, –roth. Vgl. Stich, Stickel, Stake
Stecke|mest, metz: s. Messer
Steckerling: Fischn. „Stichling"
Steckroth: ON. Steckenroth, Nassau
Sted–, sted(d)e, –stedt: s. Stadt
Stedefeder: wohl nd. stedevadder „Gevatter"
Steding: Landschaft Stedingen, Unterweser
–stee: s. Stadt
Steeker: s. stechen
Steen–: s. STEIN u. Stein
Steer: s. Stehr
Steert: s. Starz
Stef–, Steff–: s. Stephanus
Steg: „schmaler Weg, schmale Brücke" (nd. auch zu Steig(e) 2, 3; mehrf. ON. Steeg(en), Stegen), am Steg, Zumsteg, vom Steg, Terstee g(en), Klapsteg, Mühlstegh. Steg, |l(e), ler, er(er) > herr, (e)mann, bauer, huber, höfer, miller, beck, schuster, hafner; Steg– > Steh|kämper (sieh Kamp), Steeg|er, manns; Stäger, Stög|er, müller; Unterstöger, Imobersteg (aber Stegelmann < nd. stegel „Stufengang")
Stegmeß: s. Messer
Stehely: s. Stahl
(stehen): Satzn. Stehfest, nd. Stahfast, Steihfest (vgl. Stand); aber Stehkämper s. Steg
Stehling: s. Stahl
Stehl–: s. Stahl
Stehl|ich, ick, ig, ik: tsch. stehlik „Stieglitz"
Stehn–: s. STEIN u. Stohn
Stehr: s. Ster und Störer
Steiauf–: s. steigen
Steib–: s. Staub
Steichele: s. Stauche
Steid–: s. Staude u. STIDE
Steidel: nd. „steil, aufrecht" (vgl. STIDE), Steidelfest (Steifest?); obd. s. Staude
–steidl, Steidtner: s. Staude
Steier: Steiger im Bergbau, mitteld. wie Reiher < reiger, Laie < leige
Steiff: mhd. stīf „aufrecht, wacker, stattlich", nd. Stief(f), Sti(e)we. Weiterb. Stiefbold(t)
(Steig, Steige): 1. mhd. steige, Femin. „steile Stelle". 2. mhd. stīc, Mask. „Pfad". 3. mhd. stīge, Fem. „Kleintierstall" (FN. Schweinsteiger) (×ON. Staig, Steig,| er, ra). Steig|l, el, en, er(t), ler, Steyger, Staiger (auch Aufseher im Berg- u. Hüttenwesen u. Seiltänzer), Steig|lehner, meier, müller, enhöfer; Gsteiger (schweiz.). Richtsteig, stieg, Kirch–, Lichten|steiger; Rittsteiger (ON. NBay.), Dürnsteiger > Durch|enstern, stecher KS. Gasteiger s. d. — Satzn. Suchensteig. Vgl. Marter und Stiege
(steigen): Satzn. Steig|auf (Stei|auf, off), über; Stiginsfaß. Steigleder „Steigbügelriemen"
Steichfest: s. stehen
(steil): nd. Wort. van der

Steil. Steil, |en, er, mann, berg(er) (mnd. steil „trotzig, stolz") (obd. ist gach, s. d.)
Steim–: s. STEIN (Steinmar)
Steimke: s. Bach (ON. Lüneburg)
Steimwolf: s. STEIN
STEIN: zu ahd. stein, as. stēn „Stein"
*Steinbreht: Stein|precht (Kirchberg, Jagst XVII, sonst s. DEGEN), bardt, badt
Stainfrid: Steinfried
Stainhard: Stein|hart(er), at, ert, hirt; Steenhardt, Stennert, Steenaerts, × ON. Steinhar(d)t
Steinher: Stein|er(s), herr, (× ON., ÖN. Stein,| e, au); Stenner
Steinmar: Stei|(n)mar, mer, Staimer Kf. Steim,| el (× Mal), l, le
Steinrich: Steinrich
Stainold: Stein|olt, ull
*Stenulf: Steinwolf, Steenlauf, Stenuf, Steinhauf

Kf. *Staino (z. T. aber gewiß Flurn.): Stein, |el, le(in), len, (ec)ke, icke(-), isch, igen, (i)chen, gens, z(en), sohn (aber Steini(n)ger: ON. mehrf.); Steind|el, l, ler; Stainl(ein), Steen, |ken, sen; Stehn(ke). Sieh auch Stenz(el)

Auslautend: Adelstein, Rostand (s. HROT)
Stein: vgl. STEIN. 1. In vielen Flur- und ON. (Stein, |a, e). Vomst., Amst., Zumst. Von der Stein(en), von den Steinen, vorm Stein. Stein|ach (s. –ach 3), grand(t) (nd. „Geröllė, Kies"), au(er) (12 ON.) (> Steiner), egger = ecker, (× äcker,

s. u.), ebach = beck (25) = böck, bach(er) (153), born = ebronn > brönner, siepe (ON. –siepen; Hofn. Meschede, Solingen), thal (vgl. ON. Stendal), büchel = bichl(er) (s. Bühel), wand, wanter (aber –wender < ON. Steinwenden, Pfalz), kamp(f), kamm, kemper, rück(e), ruck (ON. UFrk., > rock), fels (feltz), ort (ohrt), brück (8, –brücken 7), damm (4), brück(ner) (8), dor (Tor), weh = weg(s), feld(er), acker, äcker, haus (29), häuslin (heiser, häusser, Steynes), brugger, straß, weg, kellner, kirchner, heimer (10), am, emer (s. Heim), wall(n)er (Wald), busch, buch, hagen (7). Steen|beck, holdt, ebrügge; Stenkamp, Stentrup (ON. Hamm). Sieh auch Kugel, Kuhle, Hülwe. 2. Anwohner: Stein|emann (auch „Steinarbeiter"), bauer, huber(er), jan, möller, sailer, wagner, preuß, preiß, leger = lechner (KS.), fries, Steenstra. 3. Berufsn.: Stein|brech(er), brich, brüchel (Stebriger He), hauer, heuer, heber, höwel, mhd. steinhöwel > heil, öl, höf(f)el × ON. Steinhöfel (6, bes. Brandenb., Pomm.), metz, metz(g)er, metzler, messe, maßl (s. Meißl), schläger, klauber (s. Kleiber 2), bick(er) (< bicken „hauen"), gruber (auch ON.; grüb(n)er; nd. gröwer, gröber: „Steinbruch|arbeiter, anwohner"), wirker, würk = warb(er) (s. Werk), brenner (= FN. Kalkbrenner), leger, decker, wart(z)

(Aufseher über die Steinführer); schneider (1. operiert Steinkranke, 2. Graveur). 4. Verschiedenes: Stein|nagel („Dachschiefernagel"), krütz, kopf, krug, krüger, fatt; adler. Stein–, Steen|bock, Steinbeiß(er) eher „Vogel Kernbeißer" als Fischname

–stein: In ON. meist „Burg". 1. ON. Hartenst. (fast stets H. an der Mulde, selten in MFrk.), Falkenst., Goldenst., Rabenst., Wolkenst., Schönst., Klappst. (Westpr.), Klemst. (Oppeln). 2. Verschiedenes: Du(c)kst. („Kalktuff"), Eckst., Wandst. („Grenzst."), Kaakst. (s. d.), Mühlest., Wetzst. (Wet(t)st., Wetze(n)st.), Schornst., Flintst. = Feuerst., Büchsenst. („Kanonenkugel"). Satzn. (von Steinmetzgesellen?): Haust. (× Augustinus), Kratzenst., Riefenst. (s. riefen). — Holstein s. Holste. Sieh auch STEIN, auslautend und Hölle
–steiner: Breitenst., Langenst., Rabenst., Weißenst., Schwarzenst., Eibenst. (< Eibe). Sieh auch Hölle

Steinhilb(er), –hilper: (s. hülwe); ON. Steinhülben, Hohenz.
Steinraths: ON. –rath, Krefeld
Steinringer: ON. Siegkreis
Steinwand: 11 ON., bes. UFrk., dazu Steinwender oder ON. Steimwenden, Pfalz
Steioff: s. steigen
Steisinger: s. STIDE
Steiß: „Hinterer". Steus(le), Steißle, Stoiß, Stois. Vgl. STAV

Steitz (Stītz): zu mhd. stiussen „stoßen" = Walker
Stei|t(er), tz(ke): s. STIDE
Stejskal: < tsch. styskal „Jammerer, Klager"
Stekemest: s. Messer
Steker: s. stechen
STELL: auf eine altd., zu stellen gehörige N.-Gruppe (nicht bei Först.) scheinen zu führen: Stell|ert, ke, jes, i(n)g (×ON. Stelling, Altona), Stelkens
Stellbaum: mnd. stelboum „Gerüststange"
Stelle: ÖN., mehrf. ON. (vgl. Stall, Stahl 2), Stell,|er, mann
-steller: s. Stall
Stelli: s. Stahl
Stellmacher: nd. Stell|maker, mecke(r) „Wagner". Stel(l)mach > poln. stelmach
Stelze: „Stelzfuß" (vgl. Krücke), nd. stelte. Ablautend Stulz. Stelz, |er, ener (× ON. Stelzen, mehrf.), el, le, lein, mann, in Flurn. „schmaler Akker" > Stelzeneder; Stelt-(n)er (× Stalder), Steltenkamp, Stilz (mhd. stülze, s. STILL)
Stelzhammer: ON. Stelz|ham, heim, Bay., Öst.
Stembel: s. stampfen
Stember: < Steinberg
Stemke: = Steimke
Stemm-: s. STAMM
Stemmle(r): s. stammeln
Stemp|el, er, fer, fel, fle: s. stampfen
Stengel: Vklf. zu Stange (s. d.; Stengler). Steng|l, el, lin, lmair; verwelscht Stengheli; Stäng|el, l, len; Sting|l, el(e, in). Hanf-, Rosen|stengl, stingl; Behrenstengel, Blumenstingel. Hammerstingl (aber Stinglhamer:

ON. Stingel|ham, heim, NBay.)
Stengert: s. STANGE
Stenker: ON. Stenker, Görlitz
Stenke(witz): sl. PN. Zdenko (ON. Stenkowitz, Königsgrätz)
Stenner, Stenulf: s. STEIN
Stennes: s. Augustinus
Sten|sch(ke), sloff u. dgl.: s. STAN
Stenz: 1. ON. Dresden. 2. Stenz(el) in Ostd. meist < Stanislaus (s. STAN), sonst viell. Kf. zu STEIN
Step-: s. Stephanus
Stepfer: s. Stapf
Stephanus: gr. „Kranz" Erzmärtyrer (Apgesch. 6 f.), Stephan(us), Stephan|i, ie (auf dem a betont). [Stepfen (RN. XVIII Koslar, Jülich.] Kehrstephan, Mühlsteph(an), Stepfan, Stefan, |er, i; Steffa(h)n, Steph|en(s), l, inger; Steff,|e, es, i(n), l, elin, erle, gen, ler, mann. Steffen,|s, sen, hagen, Steffenauseweh (Wiedenbrück), Stefl, Bach|steffen, steffel; Steffel|bauer, mayer; Stöffen, Stev|en(s), es, Stäffen, Stewens, Staffen, S t e p|ahn, p, ge, ken, s; Stepp, Ste(e)b, Stäb; S t i e|ve, we, f? [Steff|end, es, Staffend He]. Fan|es, z; Fahn(e), Fänsen, Fenske. Frz. Etienne, Etgen, sl. v. Stephanitz, Stepan(ek), Zschepang, Schepp|an(g), ig, Schäpan, Schappan, Schiepan, Schippan (g), Zschipp|an(g), en; Schoppan(g), Tschöpe, Vklf. Tschöke, Panck. Lit. Patron. Steputat
Steppuhn: pruß. N. Steppon(e), Stapon(e)
Ster: mhd. ster „Widder". Stehr(meier), Steer, Sterly, Stähr, Sterr, Störr-(lein); Stern|kopf, beck, bauer, huber, bihl, hagen, vgl. Ecke
Sterchi: schweiz. „Zuchtstier", sonst südd. Sterch „Zuchteber, Schafbock" (vgl. Ster) > Sterchele; Sterki
Sterdt: s. Sterz
Sterger: s. Storcher
Sterk-: s. STARK
Sterlepper: s. Störer
Sterley: ON. Lauenburg
Stern: als erster Teil von ON. meist < Ster (s. d.), so auch Sternkopf. × „Stirn". Stern|eki(e)ker, kicker, kücker, kuker (Köln), (nd. kiken „schauen") „Astrolog, Kalendermacher" oder Spottn. (vgl. Planet|a, er; Cometh). Sonst meist Häuser- oder Kosen. Abendst., Morgenst., Hellst. (× Hölle), Sevenst. („Siebengestirn"), Lichtenst., Leuchtenst. Schwed. Rosenstirn. Auf altd. N. weisen Sternatz, Sternetseder, Stirnat < Sternhart, wozu Hartstern die Umkehrung wäre
Sternickel: scheint sl. Vgl. Stern|ick, ike, itzky
Ster(t)z-, -stert: s. Starz und Störzel
Stett(n)er, -stetter: s. Stadt
Steub-: s. Staub u. stieben
Steuckart: s. Stucchus
Steud-: s. Staude
Steuerle: s. Stuhr
Steuer(mann): 1. „Steuereinnehmer". Steurer. 2. s. Stü(h)rmann
Steuerwald: ON. Hildesheim
Steufmehl: s. stieben
Steugert: s. Stucchus
Steuk(e): s. Stoy
Steup, Steyl-: s. Staub
Steupert: s. Stucchus

Steur|ich, inger: s. Stuhr
Steus(le): s. Steiß
Steusloff: s. Stoy
Stev–, Stew–: s. Stephanus
Steyb–: s. Staub
Steyer: aus Steiermark. Stey(e)rer
Steynes: „Steinhaus" (s. Haus)
Steyreiff: „Stegreif"
Stib–: s. STIDE
Stibbe: ON. Westpreußen
Stich: 1. Faul– (Foll–), Viel–, Grob–, Alen|stich: mittelb. Berufsn., Wurmstich. Vgl. stechen. — Stichling (Fischname). 2. Hofn. Düsseld., Mülheim. 3. Mhd. stich „steile Anhöhe": Stich|el, le, elmann, l(mair), leitner. Sticherlang
Stichnoth(e) u. dgl.: s. Stift
Sticht: ofränk. „hohe Tanne", sonst s. Stift
Sticke: nd. „Spitze, Stekken, Pfahl". Stickebrock
Stickel: 1. „Pfahl > dummer Mensch". 2. „steile Anhöhe" (vgl. Stich, Steckel). Zu 2: Stickel|mann, bruck, berger
(sticken): Seiden|sticker, stücker; Goldstücker, Jackensticker; aber Pillsticker, Vielstick s. Pfeil. Vgl. Fahne u. nähen
STIDE: zu mnd. stīde „steif, fest, hart", fries. stīth, ags. stīdh (vgl. Steidel); im Hochdeutschen früh ausgestorben, aber Stinding (Fulda) spricht für sein Weiterleben in N., vgl. auch ON. Stinzendorf, Bayern
*Stidbald: Stibolt, Stie|bel, pel(mann), bahl, ball; Steibelt
Stidberth (ags.): Stie|bert, per(t); Stibber Kf. Stibo: Stipp,| l(er), er, ich; Stipke; Stieb, |e, i(n)g, eling; Stibich (× Stübig)
*Stidfrid: Stiffarth
Stithardus: Stiedert, Stütert
*Stidrih: Stitt(e)rich
Stidolphus: (fries. RN. Stielf): Stielfs Kf. Stido, Stinding: Stidel, Stid|l, le; Stied|el, er, ing; Stind|t (× Fischn.),l,e, er > Stinner; Steid|e, l, el (s. d.), e(l)müller, ing(er); Steit(er), Steitmann. Stie|tz(el), s, ßberger; Stizer, Stei|singer, tz, ke. Stiz
Stieb: s. STIDE
Stiebein: pruß. ON.
Stiebel: s. Stube
Stibelehner: s. Badstüber
(stieben): „Staub aufwirbeln, rennen"; dazu Bewirkungswort stöuben, stöbern. Stieber (× Stube), Stiebing, Stauber, Steuber, Stoiber, Stuiber, Stöber (der wohl Müller, vgl. Kleie, auch stöbernder Hund, vgl. Vogelhund). Staub–, Stobe–, Steuf–, Stoff|mehl; Staube(n)sand, Steubes., Stowes., Stöw(e)s., Stöb(e)s.; Steifensand. — Stovhase (Stöfhase, Stöffhaas, Stöwahse, Stöphasius), wohl auch Hasenstab
Stieberitz: ON. Stiebritz, Weimar
Sti(e)bitz: ON. Bautzen
Stiebler: s. Stube
Stief: 1. mhd., mnd. stīf „steil". Stief|enhofer, ke (vgl. ON. Stief|ges, kes, Elberfeld, Stephanus und mhd. stüef „fest, tapfer"; hierzu Weiterb. Stiefboldt). 2. Stief|sohn, vater
Stiefel: Krummstiefel, Stiefler, Stiefel|e, meyer (× mhd. stīvel „Gestell zum Heutrocknen, Stange")
(Stiege): mhd. stieg(e) „Treppe", stigel „Tritt zum Übersteigen des Dorfzauns" (× mhd. stīc, mnd. stīg „Steig"; hierzu Terstiege; ON. Stieg, |e, el, l, en). Schmalsti(e)g, Stieg, |(n)er, mann, nmaier; Stiegel|e(r), schmitt; Stiegl|bauer, mair; Sti|gl|er, loher, auer, hofer
Stieglitz: Vogeln. (vgl. Stehlick)
Stiel: Übern. Sti(e)hl. In Zss., Zsr. mittelbarer Berufsn., Flurn. und Kosen. (vgl. Stengel). Lanzenst., Hammerst., Pfann(en)st., Roggenst. („Spinnrokken"), Rosenst., Birnst. (viell. < ON. Birenstiel, Thurgau)
Stieldorf: ON. Siegkreis
Stiel(e): s. STILL
Stie(h)ler: s. Stuhl
Stielfs: s. STIDE
Stien–: s. Augustinus
Stiepel: ON. Arnsberg, Bochum
Stier: Stier|li, lin, le, len, mann, hof; Styrle, Stirius; Stierschneider (vgl. Gelzer) (× Stuhr; ON. Sdier, Bautzen)
Stier–: s. Stuhr, Stürewold, stürn
Stiern: s. Stirn
Stierstorfer: Einöde Stiersdorf, NBay.
Stie|s, ßberger, tz(el): s. STIDE
Stietenroth: ON. Stiedenrode, Witzenhausen
Stieve, Stiewe: s. Stephanus (× Stauf, Stief)
Stiffarth: s. STIDE
Stift: „kirchliche Gründung" (auch ON.), klevisch stichte „Bistum". Stifft, Stifter (bei Oberplan, dem Geburtsort des

Dichters, liegen die Orte Neustift und Vorderstift; × mhd. stiften „bewirtschaften", stifter „Pächter"), Neustift(er), Sticht(er); Stichtenoth „Stiftsgenosse", Stichnoth(e), Stichter|noth, nath
Stigl–: s. Stiege
Stikel: s. Stickel
Stilkerich: s. stillen
STILL: zu ahd. as. stilli „still, ruhig, sanft" (auch zu ahd. stil „Stiel")
*Stilfrid (Stilfrede XV): Stillfried (auch ON. Bay., Öst.)
*Stilliger: Stillger
*Stilihart: Stillert
Stillihere: Stiller
Stillirih: Still|reich, (n)rich
Kf. *Stillo, Stilico (Vandale): Still, |e, i(n)g, i(s)ch; Still|k(e), ch, Stie(h)l, |e, (Stil|s, tz, z(er) eher zu Stelze)
(stillen): Satzn. Stillenkrieg, Frkf. XV, Breslau XIV. Still–, Stiel|krieg, Stilkerich
Stilli: ON. Aargau
Stimmfeld: s. Sumpf
Stimper: mhd. stümper „Schwächling"
Stimp(f)–: s. Stumpf
Stimpler: „Pfuscher"
Stind–: s. STIDE
Stingl–, –stingl: s. Stenge
Stings: s. Augustinus
Stinka: tsch. „Wanze"
Stinner: s. STIDE Kf.
Stint: Fischn. (Stintzing hierzu oder zu Stuntz 1)
Stintz: ON. Stünz, Leipzig
Stip–: s. STIDE Kf.
Stiren: s. Stirn
Stir|ing, ius: s. Stuhr (bei Stirius × Stier)
Stirm(linger): s. Sturm
Stirn: Stiern, Stiren (×ON. Stirn(au) > Stirner). Stirnenstößel: rotw. „Bettler, Hausierer"; Stirnat s. Stern
Stirnberg: Einöde b. Deggendorf (NBay.)
Stirn|korb: s. stürn
Stirzel: s. Starz
Stittrich: s. STIDE
Stitzel: s. Stotz
Stitzinger: ON. Stitzing, Stützing, OBay. (2)
Stix: s. Styx
Stizer: s. STIDE
Stob–, Stöb–: s. Staub, stieben, Stube, Badstüber
Stober: wend. Stobor „Kämpfer"
Stobitzer: s. Stohwaser
Stoboy: pruß. ON.
Stock: 1. „Baumstumpf". 2. „Holzklotz > unhöflicher Mensch". 3. „Pfahl, Bildstock", FN. Hilgenstock („Heiligenbild"). 4. „Gefängnis". 5. mehrf. ON. — Stock, |i, l(in); Stöggl, Stöck|el, l, le(in), li(n)g, (e)ler, erl; (Stöckle u. dgl. auch „ein Lahmer"); zu 1. Stock|wald, horst, enreiter, (h)inger, fleth (s. Fließ); Stöck|icht, ig, inger, holzer. — 19 ON. Stockheim > Stock|um (7) und –hammer. Der ON. Rodenst. (< roden, Rad(e)–, Roht–, Rohn–) berührt sich mit sl. Rostock, Rostig. Auf altd. N. weisen Stoclef, Stock|ardt, ert, mar, mer; Stöck|hardt, (h)ert. Stocker, Stöcker: zu 1. „Ausroder, Rodungsbewohner" < ON. Stocken, Stöcken (mehrf., FN. Stockner) oder zu 4: FN. Stockwärter, meister; ähnlich Stockmann. –Verschiedenes: Birkenst., Rosenst., Reb(en)st., Weinst. — Klopst. s. klopfen. Nd. Jück–, Gück|st. „Joch zum Tragen von Eimern u. dgl.". — Stockar „Raubvogel". Stockfisch, nd. Stockvis. Unerkl. Eier–, Ayer|stock
STOD: unerkl. altd. Stamm Stod|do, ilo, Stoto. Hierzu viell. Stod|e(n), den; Stöttgen
Stodt: nd. „Pferdekoppel". Stodtmann, Stottmei(st)er
Stoff–, Stöff–: s. Christophorus (aber Stöffen: s. Stephanus; Stoffler, Stöffler < Hofn. Stoffeln mehrf.)
Stöffhaas, Stöfhase: s. stieben
Stög–, stöger: s. Steg
Stöggl: s. Stock
Stohl–: s. Stahl
Stöhl–: s. Stuhl
Stohn: sl. PN. Zdoň, Stöhning. Zu den Stehn, |ing, ke
Ströhr: Fischn. (× Ster)
Stohwasser: 1. s. Staub. 2. ON. Stobitzhof, Egerld., früher Stowassen, Stobitzen (XVI Wolf Stobasser). Stobitzer
Stök: s. Stoy
Stoib(er): s. Staub, stieben
Stoick(e): s. Stoy
Stoifel: s. Christophorus
Stois: s. Steiß
Stoj|an, ek, Stök: s. Stoy
Stolber: „Stolberer"
Stolbom: s. Stallbaum
Stold(mann): s. Stolz
(Stolle, |n): 1. „Pfahl, Pfosten, Gestell" (vgl. Stollo). 2. „Gebäck". 3. „Bergwerksgang". Stoll(e), Stoller (auch wie Stollarz, Stohlarz < poln. stolarz „Tischler" < stoł „Tisch", dazu jüd. patron. Stolkind), Stöllner. Stoll(en)werk zu 3 oder mnd. stolwerk „Kürschnerarbeit". Stollmann s. Stuhl
Stol(l)fuß: s. Stolterfoth

Stoll|o, ing: zu ahd. stollo „Stütze", ablautend zu STELL. Stoll(e) (×Übern.„Stollenbäcker"), Stolk, Stöl|le, k(e)

Stolp(e): wend. stolp „Säule, Pfahl". ON. Stolpe(n), mehrf. Stolp|er, ner, mann, Stopp, Stulpe; poln. słup: Schlupp(er) (mehrf. ON.), Schlup(ski); Stülp(n)er < ON. Stülpe, Potsd.

Stolt: s. Stolz

Stoltenberg: ON. Altena, Kiel, Köslin

Stolterfoth: mnd. stoltern (assimiliert aus stolpern) und fōt „Fuß". Stoltefaut(h)

Stolz: mhd. „stattlich, stolz", nd. stolt (Stolting, Stölting) mnd. stoltink: „Held"). Stoltz, Stolz(e), Stolt(e), Stold(mann), Stölt, Stölz|l, el, le. Haberstolz < Overst. < über. Aber Stolzer, Stölzer, Stolzfuß < mhd. stolzen „hinken", vgl. Stelze; × ON. Stolz, Breslau < sl. stolec „Niederlassung, Sitz"; dazu Stolz|ke, ki

Stolzhauser: ON. Stolzhausen, Melsungen

Stommel: nd. Stummel

Stommelen: ON. Stommeln, Köln

Stoof: s. Staub

Stope: wend. stopa „Fußsohle, Spur". Stoppe

(stopfen): nd. stoppen. Stopfer (vgl. Wiffler), Stopper. Satzn. Stopf|sack, kuchen. Stöpfel, nd. Stöpel („Stöpsel")

Stöphasius: s. stieben

Stopp–: s. Stolp, Stope, stopfen

Stoppel: Stoppel|kamp, bein (vgl. Bünd), mann, haar, obd. Stupfel, md. Stuppel (× Christophorus). Stupelfuß

Stopper, ich, t: s. Christophorus

Storbeck: ON. Magdeburg, Ruppin

Storch: mhd. storch, storc, nd. stork. Storch|nest, meier; Storkmann, Stor(c)k, rhein. auch Storx, Stör|ckle, chlin; gräzis. Pelargus, vgl. Knepper (×sl. PN. Stork; vgl. ON. Stork|ow, witz)

Storcher: 1. „Landstreicher, Quacksalber". Storger, Störcher, Störger, Stercher. Vgl. Störzel. 2. ON. Storcha, mehrf.

Störer: bair. „tagelöhnernder Handwerker", auch „unzünftiger Handwerker, Böhnhase". Störmann. Schweiz. Störi, schles. Stehr. Sterlepper (vgl. Lappen)

Storm, Störm–: s. Sturm

Storost: s. Starost

Störr: s. Ster

Storr(e): obd. „Baumstumpf, Klotz". Storr auch „steif, starrköpfig, hartnäckig"

Störr(lein): s. stürzen

Storz, Störz–: s. Starz

Störz|el, er: „Landstreicher". Sterz|el, er. Vgl. Storcher

Stosch: s. Stoy

(stoßen): nd. stöten: Stoß, Stöß(el), Stoßer, Stößer, Stöter „irgendein Arbeiter, der etwas stößt" (Lohstöter), doch auch Verkürzung für Stirnstoßer (s. Stirn) und Salzstößel „Kleinhändler". Krämpelstötter. Stößel, Stössel auch 1. „Sperber, Habicht" und „Mörserkolben", Übern. eines Apothekers, vgl. Strempel. 2. „großer Raubvogel"(dazu Stößer, Wildstoßer). Satzn. Stoß–, Stos–, nach, nd. Stotuth („stoß aus!"). — Stöß(n)er < ON. Stößen, Weißenfels

Stoßberg: s. Stausberg

Stot–, Stöt–: s. stoßen

Stottele: „Stotterer"

Stöttgen: s. STOD

Stottmeister: s. Stodt

Stött(n)er, –stötter: s. Stadt

Sto(t)z: bair. „Stamm, Klotz, Milchkübel". Stotz|el, ner, Stötz(e)l, Stötz(n)er. (Stötzel, Stützel, Stitzel KS.)

Stov–, Stöv–, Stow–, Stöw–: s. Badstübner, Staub, stieben. (Stowe: ON. Stove, Meckl.)

Stöv(e)ken, Stöffgen, Stübcken: 1. „Flüssigkeitsmaß" (vgl. Stübig). 2. „Kohlenbecken"

Stoy(e): sl. < asl. stojati „stehen". Stojoslaw. Stoyhe, Stoj|an, ek, Stoick(e), Steuk(e), Steusloff, Stök, Stosch

Straas, Straate: s. Straße

Strach(e): zu tsch. strach „Furcht", asl. strahu „Schreck". Strach, |o(mer), Strachwitz (ON. Schles.); owend.: trach: Tracht(e); nwend. tšach: Tschach(e)

Strack: mhd. strac „straff, gerade". Strack|bein, erja(h)n, Strakeljahn („Johann"). Altd. N.-bildung zeigt: Strackhardt. Stracke(r): s. Straka

STRAD: zu an. stredha „niederwerfen"?; Strato. Strad|inger, en, t(n)er, Strademann; Stred|e, l, icke

Stragholz: Gut bei Mülheim, Köln

STRAHL: zu ahd. strāla „Pfeil" (donarstrāla

Sträh(h)mel

"Blitz"), ndl. straal. Stralhelm. Strahl, |e(r), ich, huber; Straller, Strähl, e, ein, er; Strehl, |e, i(n); Streli(n), Strell(er). × 1. mhd. strael „Kamm", daher Strähler, Strehler „Kammacher". 2. ON. Straelen, Geldern. Urverwandt asl. strela „Pfeil" (ON. Strelow, Strehl|a, en; Strelitz, vgl. russ. strelec „Schütze"), dazu Strehlka, Strehlock, Strelo, Strehlau, Strehl(e). Deutsch oder sl. Strehlke; Streleke eher sl.; Strehler ostd. von den ON.
Sträh(h)mel, Stre(h)mel, Stremmel: nd. „schmaler (Flur)streifen"
Strahm(er): vgl. altd. PN. Stram; eher ablautende Form zu Strieme als zu ahd. strām „Strom". Dazu Stramer, Stremm, |e, er, ig?
Strähuber: zu bair. strä „Streu, Reisig"
Straka: tsch. „Elster". Stracke, Strak|e, on, osch; wend. sroka: Schrock(e), altwend. stroka: Strocka. Stronke
Straller: s. STRAHL
van Straelen (spr. Strahlen): ON. Geldern
Strämel: s. Strähmel
Strampelmeier: s. trampeln
Strangemann: ON. Strang(e), Hannover, Lippe
(Strand): in nord. N. wie Ekstr. („Eiche"), Blomstr.
Strang−, Strank−, Strän|cker, ger: s. Streng
Stranz: auffällig die ablautenden N. Stranz, Strinzo (N. eines Sklaven), Struntz. Hans Strenczil XV (Chemn. Urkb. 83, 91, 210, 25. 224, 33).

Viell. zu stranzen, strunzen „großtun, faulenzen", strenz „stolze, faule Dirne". Strantz (×ON. Stranz, Westpreußen), Stranz|en, inger; Stränze(r), Strentz(el), Stenz(le) (ON. Strenz mehrf.), Stri(e)nz, Streinz, Strun(t)z. Doch auch mhd. strunze „Stumpf"
Stranzenbach: ON. Gummersbach, Siegkreis
(Straße): nd. strāte: „Landstraße", nicht „städtische Gasse". Straas, Straß,| (n)er, l(er) (Straßler auch „Landstreicher"), mann, inger; Sträß|ner, le(r), inger; Strate(r), Strät(n)er; auf der Straße, zur Straßen, verkürzt Straate. Straßegger, Straßen|bach, reiter, reuter; Strat|haus, (e)meyer, (e)mann, enschulte, esteffen. Langenstraße(n), Waterstradt, Niestrath, Kausträter. Unter−, Hoch−, End−, Mühl|straßer, Winkel|strater, ströter
Straß−, Stras|burg(er): meist nach dem Straßberg (Stroßberg), einer Gegend bei Freiberg in Sa.
Straß|gütl, gürtel: s. streuen
Straßhammer: ON. Straßham, OBay.
Strat−, Strät−: s. Straße
Stratz: „großtuerisch". Strotz
Strau−, Sträu−: s. Stroh
Straub(e): 1. „mit gesträubtem, struppigem Haar" (FN. Straubhaar). 2. „Spritzkuchen". 3. ahd. N. Strubo, Strupo (viell. schon zu 1; > ON. Straubing). 4. ON. Straube(n) > FN. Strauber. Zu 2 viell. Sträuble und Strüber,

STREG

Strüver, Streuber (×ON. Grimma), Streiber („Bäkker"), zu 1 und 2: nd. Stru|ve, we, fe; zu 1 u. 3: Strau|bel, ben, bmeier, ven; Stru|b(en), bel(t), pp(e) (s. d.); Strüb|i, e(l), ing; Strüw|e, ing; Strüwy; Strüfing, Strübich („struppig"; × Strubeck; Streibi|sch, g), Striebel, Striby, Streubel(t), Streibel, (ein), Strobe(l) > Strobolt, Strobelhans, Stropel, Ströb|l, el(i, e) (× Ströbel, Breslau). Vgl. auch STREIT (Stribo) und Strubeck
Strauch: „Busch, Gebüsch" (mehrf. ON., auch Strauchau, Zobten). Strauch,|er, mann; Rosenstrauch. Slihenstuch, Glatz. Streichle. Nd. Struck, |meier, hoff, Nettelstruck. Wied−, Wiet|struck („Weidenstr.")
Straumer: < straum „Strom"
Strauß: 1. Vogel > Häusern. 2. = Strauch. 3. ahd. PN. Struz < STRUD. Zu 2: Lindenstrauß. Strauß|wald, ig; zu 2. 3: Sträuß(l)er, Streußel, Streißle
Strautz: s. STRUD
Strauve: s. Straube
(strecken): Satzn. Streck|eisen, (e)bein, (e)fuß (× ON. Elbing). Streck|enpart, denfinger. − Strecker(t) (> −hardt), mann, Streker „Folterer, Henker", doch auch < Flurn., vgl. Streckenbach, ON. Streckau, Weißenfels [> Streck(e), Streccius?]. Streckewald: ON. Streckewalde, Erzgeb.
Stred−: s. STRAD
STREG: sl. Stamm zu asl. strēgu „Obhut, Schutz", PN. Strēgus, Strzegomir,

Strasław, Strihan, Stroz; ON. Strega, Stries|a, en (dazu FN. Striese), Stresendorf; FN. Strege, Stren|ch, ge, ke, se, tz; Strie|gan, k, sche, tzke; Streich, |an, ha(h)n (× STROJ); Stro|ß, sche, ßik, tzack, Strösick. Strehse, Stresemann (nach einem ON.)

Strehl–: s. STRAHL
Strehlau: ON. Strehla Sachsen; Stre(h)low (Brandb., Pomm.)
Strehmel: s. Strähmel
Streichle: s. Strauch
Streik–: s. Straube und STREIT
Streich|an, ha(h)n: s. STREG
(streichen): Streichert(t), nd. Strieker, mehrdeutig: beamteter Kornmesser oder Tuchprüfer; doch auch Tuchglätter; Wohlstreicher. Landstreicher (× mhd. strîche „Ebene" und ON. Streich, |en). Streichardt (auch –ert): Weiterb. zu strīch „Hieb" wie Striculfus. Dazu dann Strieck, Strickling, Strixner. Streichholz eher „Holz, mit dem der Kornmesser das Maß streicht" als < Strychwold
Streidl: s. STREIT
(Streim): „Landstreifen": Streim|el, er
Strein(er): s. Streuner
Streinz: s. Stranz
Streipardt: s. STREIT
Streisgut: s. streuen
Streißle: s. Strauß
STREIT: zu ahd. strīt „Streit", urspr. wohl „Streben"
Stridbert: Strei|bart, bhardt, ber, Strieber Kf. Stribo: Strieb|e(l), en, ing; Streip, |en, e(cke), ke, ling, Strippel; Streib, |(e)l, elein, ing (z. T. viell. < Strüb s. Straube)
Striter: Strie|der, ter, Stritter, Streiter, × ON. Streit(au)
*Stritmar: Strimmer, Striemer (× mhd. strīm(e) „Landstreifen")
*Stridolf: Streitwolf Kf. Strito, Stridel: Streit (oder Übern. wie Zorn, auch Flurn. und ON.), Streidl, Strid|de, eke; Stried, |t, l, elmeier, inger; Stritzinger, Strie|ße, se(l), ßl, Strietzel, Stritz(e)l (doch eher südd. Gebäck; × STREG)
(streiten): Streit|berg(er), hoff, horst, wieser, börger, Strittmatter (ON. Baden): Anwohner strittiger Grundstücke (auch ON. Streit|berg, hof(en), wies, wiesen), Striethorst. Sieh auch heben
Streitz: ON. Köslin, mehrf.
Streker: s. strecken
Strel–: s. STRAHL
Strelow: s. Strehlau
Strem–: s. Strahm, Strähmel
Strempel: Instrument zum Stoßen (strempen, strümp(f)en, z. B. Butterstrempel, danach „kleiner, dicker Mann"). Strempl|er, fer; Strümp|fler, el(l)
Streng: mhd. „stark, tapfer", as. strang (dazu fuldisch Strangolf = ags. Strangoulf). × Flurn. strang „Landstreifen", FN. Strang|feld, meier. Streng, |e, er(t). Strän|ck, ger; Strang, |e, er, (e)-mann; Strank(mann) (× ON. Strang, |e)
Stren(t)z–: s. Stranz
Stren|z, tzsch: ON. Mansfeld, Wohlau
Stresemann: s. STREG

Streßenreuther: Wüstung Streßenreuth, Frankenwald. Strößenreuther
Streu–: s. STROJ
Streub–: s. Straube
(streuen): Streisand = Strevesandt, beides jüd.; Satzn. Streisgut (verstreuen = verschwenden) > Straßgütl, Straßgürtel (bair. ai > a)
Streuli: s. Stroh
Streuner: „Landstreicher". Strein(er)
Streußel: s. Strauß
Striby: s. Straube
Strick: Übern. des Seilers (× sl. stry(i)k „Vetter"), ebenso Stricker (auch „Schlingenleger, Wilddieb", dies besd. FN. Strickler, Hasenstricker) oder < stricken wie Seiden–, Jacken–, Huben|stricker. (Vgl. auch streichen)
Strickling: s. streichen
Strücklinger: (ON. Oldenburg)
Strick|strack, strock: Scherzn.
Strieb–: s. STREIT und Straube
Stri(e)d–: s. STREIT
Striegan: s. STREG
Strieg(e)l: Baderübern. Doch auch „Landstreifen" und „penis". Strigl, Stri(e)gler (× „Pferdestriegler")
Striemer: s. STREIT
Strien: ON. Breslau
Strienz: s. Stranz
Striep–: s. STREIT
Stries(ch)–, Strietz–: s. STREG und STREIT
Strigl: s. Striegel
Strimmer: s. STREIT
Strinz: s. Stranz
Strippel: s. STREIT
Stritter, Stritz–: s. STREIT
Strittmatter: s. streiten
Strixner: s. streichen

479

Strob–, Ströb–: s. Straube
Ströch–: s. STROJ
Strocka: s. Straka
Strod–, Ströd–: s. STRUD und Struth
Stroh: mua. auch strau. Ströher, Stroh(lein), Strohl = Ströh|le, lin, lein(er), Ströle, Sträuli, Streuli. Sehr viele Zss., Zsr. Haber–, Roggen–, Rock|stroh, Faulstroh. Stro–, Stro(h)–, Stroo–, Ströh–, Strau|mann; Stro(h)|häcker, e(c)ker, hauer, schneider (alles „Häckselschneider"), menger (Strommenger; s. Manger), halm, band (bender), mandl („Garbengruppe"), wisch = zahl (s. Zagel), auf („Haufen"), korb, säcker (Strausack), dach, kirch, feld, teich, nd. dieck (ON. Strohdeich, Holstein), busch, wald, höfer, johann, pagel, pahl (s. Paulus). Der Strohmeier (> Stromeiger, Stro(h)mer; × Strom, Straumer) erhebt den Strohzehnten. Stro|bart, lock. Aber Stroh|kirch(en), kark: ON. –kirchen, Meckl.; –wald: ON. –walde, Bitterfeld; Stroh|been, be(h)n, bein: ON. Strobehnen, Pr.-Eylau. Strohwasser: s. Staub; Strohschein u. dgl. s. Stronk
Ströhmke: s. Strom
Strohn(er): ON. Trier
Strohrmann, Stroink: s. Struth
STROJ: sl. Stamm „Ordnung, Zier". Stroj, |islaw, an, ek, el. ON. Stroischen, Troischen, Streu (> FN. Streuer). FN. Stroi|tz, sch, ß, Streu(sch), Streich(an) (× STREG), Strö|ch, sch, se, sicke, Troisch. Sieh auch MIL am Ende
Ströle: s. Stroh
Ströll: s. STRUD
Strom: nicht nur = „Strömung", sd. auch ein alter N. wie Strahm. Dazu Stromer (× „Landstreicher" u. s. Stroh, auch ON. Strohm, Bremen), Strom|(m)er,eder; Ström,|el, ing, er; Ströhmke. Strommenger: s. Stroh
–ström: in schwed. N. wie Ehrnström (zu Aar), Lindström
Stroner: zu sl. strona „Seite"
Stronk: poln. pstrag „Forelle". Stronzeck. Zum Adj. pstrązny: Stroschenski, Strozynski, Proschinski, Stroh|schänk, schen(k), schön, schein
Stronke: s. Straka
Stropel: s. Straube
Strop(p): mnd. „Strick"
Strörmann: s. Struth
Strös–, Strösch–, Stro|ß-(ick), schke, tzack: s. STREG und STROJ
Strößenreuther: s. Streßenreuther
Strot–: s. Struth
Ströter, –ströter: s. Straße und Struth
Strotz: s. Stratz
Strötz(el): zu STRUD oder Stratz
Strowig: wend. strowy „gesund"
Strub–, Strüb–: s. Straube
Strub|eck, ig: sl. PN. Strupek. Strü|bich, ing (× Straube)
Struck–, –struck: s. Strauch u. Strunk. Struckmann < ON. Struckhausen, Friesl.
Strücker, Strycker: ON. Strücken, Elberf., Hagen, Rinteln
STRUD: zu ahd. strudian „verwüsten, zerstören" oder zu Struth. Zss. nur Strudolf
*Strudmar: Strummer
Strudolf: Strutwolf(f)
Kf. Strut, Strodo, Struz: Stro|odte, tt, d(e)l > ll, tz. Ströd|er, ecke, icke, (e)l > Strö|ll, tz(el); Strutz, Struzl, Strütz|ing, (e)l (× mhd. strutzel, strützel, ein Gebäck) (s. auch Strauß und Struth)
Struder, Strüder: < struden „rauben"
Strufe, Strüfing: s. Straube
Strummer: s. STRUD
Strümpel(l): nd. „traurig" (× Strempel)
Strumpf: mhd. „Strumpf", auch „Stummel, Stumpf", nd. strump. Strumpfmaier. Strümpf|el, ler, Strump(er), Strümper (× Strempel)
Strunden: ON. Köln
Strunk: „kurzer, dicker Stengel". Strung, Strünker, nd. Kohl–, Röv–, Röve(n)|strunk („Rübenstrunk"), aber lippisch Strunk(mann) < Struck. Kohlstruck, Krautstruuk. Vgl. Heide
Strun(t)z: 1. s. Stranz. 2. ON. Glogau
Strupp: 1. mhd. struppe „Gebüsch". Struppe. 2. Strupo s. Straube, aber Struppler: bair. „Zänker". 3. asl. strupu „Wunde". Struppeck
Struth: „(sumpfiger) Laubwald". ON. mehrf. Nd. ströte, auch „Niederung, Schlucht". In der Stroth, Jost auf der Stroth. Testro(e)te, Testrut, von Eschstruth. Ruhenstroth (dativisch; vgl. rauh). Strudt–, Strut(t)–, Stroet–, Stroth|mann; Strodtmei-

er, Strodtkötter; Strut-, Strodt|hoff, beck, holz; Strotkamp; Ströder, Ströter(hoff) > Strohr-, Strör|mann (ströder auch „Buschräuber"). Mit PN. Strothenke, Strothotto (×STRUD Kf. u. Straße)
Strutz, Strütz-: s. STRUD
Strutzer: bregenzisch „Metzger"
Stru|ve, we; Strüver, Strüw-: s. Straube
Strycker: s. Strücker
Stubbe: nd. „Baumstumpf". Stubb|endiek, baum (> Stummbaum), (e)mann. Stub(b)enhagen. Stuppen-, Stubenhauer (s. Stubo)
(Stube): „heizbarer Raum", besd. Badestube (s. d.), früher auch „Wohnstelle"; nd. staven, stove, stobbe. ON. Stuben, Staven, Stove, Stobben. Nd. Stobbe, Stave(mann), obd. Stübel, Stiebel. Stüber (Stuber(er), Stieb(l)er, Stöb(n)er, Stover, Stöwer) meist = Badstüber (s. d.), aber nordostd. Stübler < ON. Stüblau. Westpr. Stüb. Dringstobe. — Stuben|rauch (NF., Bre.), ruß, frost. Stubenvoll, einst häufige Bezeichnung einer großen Menge, bes. „ein St. voll Kinder", aber auch „ein Stuben voll Goldes". (Stummvoll, Stum|fohl, fol, fall). Schwerlich von der Einöde Stumvoll, OBay. Stumbool Passau XV. Vgl. Stubbe
Stübe: s. Stauf und Stubo
Stübig: 1. „Packfaß". 2. mhd. stubick „Reisig". 3. ON. OFrk. Stübiger
Stübing: mehrf. ON. Steiermark (zu Stubo)

Stubo: unerkl. PN. (ON. Stupinga, Stubichovun), Stüb, |e(n), be(n), ling (Hofn. Ravensbg.); Stuppe, Stüpp
Stucch|us, ilo: unerkl. eingliedriger N., viell. zu Stock (s. d.). Stucki. Von Stück, Stucke nicht zu trennen. Weiterb. Stuck|hardt, ert, falls nicht < stuotgarte „Gestüt", vgl. ON. Stuttgart; auch Steuckart, Steupert?
Stucher: = Schröpfer (mhd. stuchen „schröpfen"); nd. Stüger (mnd. stuger „Bader")
Stück: bair. u. nd. Stuck (× ON. Meckl.). 1. Flurn. (Groß-, Klein|stück). 2. Übern. 3. Geschütz (Stückgießer, Stuckknecht). Stugk, Stugg, Stück|le(n), lin, el, ler, gen. Vgl. Stucchus, Stucke
Stucke: nd. „Baumstumpf". Stuke, Stuck(e)mann, Stucken|stedde, schmidt, bruch, bröker (ON. -brock, Paderborn); Stücker (× sticken)
-stücker: s. sticken und Seide
Student: sl. Weiterb. Studentkowsky. Studens XIV
Studnitz: tsch. studnice „Brunnen" (ON. Stud-, Stüd(e)nitz); Vklf. Studniczka; obwend. sturnja: Sturn
Studo: unerkl. altd. N. Staudi, Stud, |y, e, t, Stuht, Stut|ing, e (s. d.), Stüde, Studer, Städle(in) s. Staude; × asl. studu „Kälte, Schamhaftigkeit": Staud|ke, ak. Aber Stüde(mann): ON. Gifhorn
Studpöck: s. Bach

(Stufe): Flurn. „Geländestufe". Stufler
Stuff: s. Christophorus
Stuffrein: s. Regen
Stug|g, k: s. Stück
Stuhl: 1. „Sitzgestell". 2. „Webstuhl". 3. „Richterstuhl". 4. Hochgelegener Ort. Stühlein. Zu 1, 2: Stuhl|mann, er, macher = Stü(h)ler, Stie(h)ler, auch „Stuhlflechter" oder = Stuhl|dreer, dreier, träger („Drechsler"), nd. Stohl|er, mann, dreyer, Stöhlmak(er). Zu 3: Stuhl|satz, seß, sitz („Beisitzer, Schöffe"), fauth („Vogt"). — Schüppstuhl: nd. „Wippe, mit der der Verbrecher ins Wasser geschnellt wird". Zu 4: Hochstuhl, Sonnenstuhl, Stuhlebmer (< Ebene), Stu(h)l|emmer, hammer, Stollmann. — Stuhler(t), Stü(h)ler, Stuller (KS.). Rockenst. s. rucken
Stuhr: nd. stūr „stämmig, störrisch", ahd. stiuri, mhd. stiur „groß, tapfer". Schon ahd. Stiuri. Stuhr (auch ON. Stuhr, Stuer),| mann; Stü(h)r, Stühring, Stur(ke), Stürke, Stürcken, Sturcken, Stührk, Stier, |s, en, i(n)g, len, ling; Styrle, Stir|ius, ing; Steur|ich, inger. Steuerle. Weiterb. Sturolf > Stierhof, viell. auch Sturber (< bert), Sturath (< hart), Stierholz (< walt oder zu Stürewold)
Stü(h)rmann: 1. nd. „Steuermann". 2. ON. Stühren, Hann.
Stuiber: s. stieben
Stuke-: s. Stucke
Stuller: s. Stuhl
Stulpe, Stülp(n)er: s. Stolp
Stulz: s. Stelze
Stumm: 1. Stum, Stumme.

481

Stummel 2. ON. Tirol (Stumm|baum s. Stubbe; –voll s. Stube)

Stummel: „Knirps"

Stumpf: „Baumstumpf; kleiner, dicker Mensch". Stumpo, Stumpf, |erll, egger; Stümpf|el(t), l, le(r). Stimpf|l(e), elt > Stimmfeld. (Aber Stümpfig, Stimpfig: bair. „spöttisch"). Nd. Stump,| p, (e)ner, meier, enhorst; Stumpart, Stümp|el, ke, Stimpl, ndrh. Stomps

Stun(t)z: 1. „kurz". 2. „kleiner Zuber"

Stup|fel, pel: s. Stoppel

Stuppe, Stüpp: s. Stubo

Stuppöck: s. Bach

Stur|ath, chen, Stür: s. Stuhr

Stürewold: nd. balstürig „gewalttätig". Stührwohldt, Stierwald (–holz?), Stürholt (×Steuerwald). Doch vgl. Stuhr, Schluß

Stürk(e): s. Stuhr

Sturm: schon ahd. Sturmi, nd. Storm, Sturmb, Stürm,| inger; Stirn(linger), Weiterb. Sturmat (< hart) „Stürmer, Kämpfer". Sturmer, Stormer, Störmer. In ON. Sturm|berger, fels, höbel, hövel, höfel (s. Hübel), höfer, heit

Sturn: s. Studnitz

(stürn): mhd. „stören, wühlen". Stirn–, Stier|korb. Stirnbrand

Stursberg: ON. Lennep

Sturz: Wohl Flurn. („steile Stelle"), doch viell. schon altd. PN. Sturzen|berger, hofecker, Stürzenacker, Stürzl, |mayer, inger (× mhd. stürzel „Pflanzenstrunk")

Stürze: ON. Stürza, Pirna

(stürzen): nd. störten, Satzn. Stürz|kober (= Störtekorf), ekarn („Karren", doch auch Sachn. Stürzkarren „Kippwagen"), Stortzentrogk. Weiterb. mit –er: Stürzenbaum(er). Mehrdeutig ist Störtebeker (Stürz–, Stürzen|becher, Sturz|(e)becher, ebecker). 1. Satzn. „stürze den Becher" (Weinbecher? So Stortewin. Würfelbecher?). 2. Becher mit einer Stürze („Deckel"). Wie 1,2 auch Sturzkopf (Kopf = Becher). 3. Stürzenbach

Stute: 1. häufiger Hofn. Westfalen (zu Staude oder Stutz). 2. nd. „Stuten, Weißbrot" (Stutenbecker, Studebacker, Stutner). 3. mhd. stuote „Gestüt" (später „Stute"; vgl. Stodt und Studo). Stuht, Stüttchen

Stütert: s. STIDE

Stutterheim: ON. Stotternheim, Erfurt

Stutz: „steiler Abhang"; am Stutz. Stutz|mann, er, inger, enberger; Stütz|er, el, le(in). Stutz × ON. Studitz, Zerbst (jetzt Steutz), obd. stutz „Trotz"; auch = Stotz und Starz 3

Stuve: nd. „Stumpf; kurzer, dicker Mensch". Stü|ve, we

Styrle: s. Stuhr und Stier

Styx: wohl vergriecht aus Hölle von Sixt. Stix

Suabedissen: s. Schwabe

Sube: < unerkl. ahd. ON. Subo

Subel: schweiz. „Pfriem"

Süberli: s. Sauber

Such: zu sl. suchy „trokken", oft in ON. Suchan „der Magere". Such, |e, i, y, an(dke); Zuschke; Zuch, |e, (ant)ke, old; Zauch(e) (Zauche: Landschaft bei Belzig; ON. Zauch, |a, e), Zau|g, k, ke; Züske (Zauch–, Zachlechner KS.)

(suchen): Satzn. Such(s)land (> Zugland, Susland), Suchen|wirt, trunk, weck, steig; nd. Sökeland. Such|er(t), mann s. spüren und Besuch

Sücht(ing): zu mnd. süht „krank". Söchti(n)g, Sögting, Sechting

Suck: 1. sl. PN. Zuk „Käfer". Zuck. 2. obd. sucke „Mutterschwein"

Sucker(t): ON. Suck|au, ow, mehrf.

Sud–, Süd–: s. SUND, sund

Sud|au, eck, en: pruß. N.

Südekum: s. Siehdichum

Suder, Sudor: s. Sutor

Suder–: s. sund

Sudler: schlechter Soldatenkoch

Suerick: s. wīk

Süersen: s. SUND

Sufath, Suffa, Suffert: s. SUND

Süferling: s. SIEG (Sigifrith)

Suffrian: s. Cyprianus

Sügrin: s. Singrün

(Suhle): „Wälzlache der Wildschweine". Dat. Plur. mhd. in den sulgen, solgen: Suhl, Sulger (× ON. Suhl(e), Sul|ch, ge) Sol|ger, cher(t); Soll|acher, eder (Sullederin, Regensb. XIII), inger; Eber–, Äbersold; Sölch, Söllig, Söhlich (vgl. Silcher), dazu nd. Soll „Teich", Wiedensohler, Solmeier

Suhm: s. Saum

Suhn, Sühn–: s. SUN

Suhr–: s. Sauer

Suhter: s. sutor

Suitner: s. SCHWIND

SUL: sl. Stamm; zu asl.

sulu „besser". Sul|ek, ke; Sol|eck, ick, isch; Soll|ich, och; Zoll|and, itsch; Zöll|ich, ig; Zuleck, Züll|ke, (i)ch, lig, ske; Sulimir > Zoll|mer, meyer, Zöllmer, Zillmer (s. d.). Vgl. Zolle

Sül|ber, brandt, Süllwolt: s. SIEG, Schluß

Sulger: s. Suhle

Sülpke: vgl. ON. Sülbeck, Hann., Schaumburg

Sulser: s. Sulzer

Sült–: s. Sulze, Sulzer

Sultan: Suldan, sl. Soldans(ski), Soltans, Zol|da(h)n, dann, tan; × mhd. soldān „Söldner" und einem sl. Stamm (vgl. Zolt|ak, ek). Unerkl. ostfr., egerl. RN. Soldan XVI (Loy)

Sülting: ON. Sültingen, Lüneb.

Sulz(e): 1. „Salzquelle", auch „Salz|lecke, werk", mnd. sulte; oft ON. Sulz(a), Sülze und Flurn. 2. „Fleischspeise". — Sülz, Silze. Zu 1: Sulz|bach(er) = beck, inger, mann, maier; Sült|mann (auch < ON. Sülte, Hildesh. oder Sülten, Meckl.), meyer. Zu 2: Sülzle, Sülten–, Sülzen|fuß (mnd. sultevōt „eingelegter Schweinsfuß") und Satzn. Sulcepenninc. Vgl. Sulzer

Sülzenbrück: ON. Gotha

Sulzer: 1. zu Sulz 1, örtlich oder „Salzsieder". Nd. Sulter, Sült|er, mann (s. Sulze). 2. „Gefängniswärter". 3. in Augsburg: „Sülzenmacher, Kuttler". Sulser, Sülzer. Zu 1, 3: Sultzner

(sumber): mhd. 1. „Korb". 2. „Getreidemaß". 3. „Trommel, Pauke". 1, 2. auch simmer. Summermacher = Simmer|er, macher (× ON. Simmern, Hunsrück). Zu 1–3: Sumper(l), Simmerle(in) (wohl 1), Sum(m)er(er), Sümmerer (mhd. sumberer besd. „Trommel–, Paukenschläger")

Süm|nich(t), nick: s. säumen

Summ: sl. „Wels". Zumm

Sumpf: nd. Sump(mann), Sumpfort („Furt")

Sümser: wohl zu sumse, obd. „Simse, Binse". Sumpser

SUN: zu got. sunja „Wahrheit" (Sunjaifrithas); mischt sich mit zu ahd. suona „Urteil, Sühne, Versöhnung" (Suonbert) und zu ahd. sunna „Sonne" gehörigen Namen (nach Schröder Nebenform von SCHWAN; × auch SUND). Nur geringe Reste: Etwa –bert: Sombart (Sommert, Sömmer, |s, ing?), Sonnfriede: Quedlinburg XVII; –hart: Sonard, Sonnet, Sönnert; –her: Sünner (× ON. Sünna. Rhön), Sönner; Sonericus: Sohnrey; –wald: Sün|wald, woldt; Sühn|hold, holz; Son–, Sö(h)nholz (falls nicht ON.)

Kf. Sunja, Sunno, Sonica, sicher mit kelt. N. gemischt (× Sohn): Suhn, Sunke(n), Zunken, Sünn(emann), Sonn, |en, er, sen, ekes; Sonk(e), Sohn|s, ke; Söhns; Sönksen, Sönn|ing, ichsen, eken. S. auch Sirch

SUND: zu ahd. sund „Südwind", sundar „südlich" (vgl. Sundgau); nd. ist sūd — (ON. Suderode); süd wohl aus d. Ndl., doch auch schon mhd. sūd „Süden". N. mit dem alten obd. n berühren sich mit dem Stamm von sonder (viell. schon langob. Sundrarius)

*Sudfrid: Suffert, Sufath?

Sundhari: Sunder, Sünder(mann) (× Sünder „abgesondert", s. sund), Sonner, Süersen

*Sudmar: Sudmar, Südmersen

Kf. Sundo: Sund, |t, elin, Sünde|le, mann; Sindele (× SIND), Sönd|ling, gen? Söntgen, Sondinger, Sud|en, ing, Südel

(sund): vgl. SUND. Nd. sūder > sūr > sauer, vgl. „Sauerland" u. s. Sauer. 2. Hierher auch ON. Sandhofen, Mannheim. Von mhd. sunder „abgesondert" (vgl. Sonder–) oft nicht zu trennen. Sundheimer. Sud|hof(f), bring, heim, meyer, Suthold (aber Sud–, Sut|haus zu sieden). Suderburg (ON. Süderburg, Lüneburg; auch Su(er)–, Sürburg), hahn. Suerborg, johann, Suhrhans; Suhr|hoff, kamp, Sürbostel (ON. Suerbostel, Verden). Süd|haus, hölter; Sondhaus, tom Suden, Tumsuden. Vgl. Sonder–. — Sudermann (Bremen) < Nd. wie Suderode u. dgl. (Sudermann Bremen 1372)

Sunderer: ON. Sunder(n)

Sundergeld: s. Sonder–

Sünderhauf: s. Sinter

Sünderhof: s. Sonder–

Sündermann: s. SUND und Sonder–

Sundmacher: < mnd. sunt „gesund". Sund–, Sonne(e)–, Sönne|mäker

Sün(d)ram: s. SIND

Sünn–, Sün|wald, woldt: s. SUN

(sup): tsch. wend. „Geier". Supp, |ik, ek, us; Supke

Sup–: s. saufen

Supan: wend. tsch. župan „Bezirksvorstand". Sup|(h)an, pan; Schup|han, (p)an, pen; Schoppan; Zuban; Zupan (× schoband)

Süper, Supguth: s. saufen

Süpfle: s. Suppe

Süpke: s. SIEG (Sibo) (× sup)

Supp–: s. sup

Suppe: 1. „Brühe". 2. „Jauche". 3. „Moor". Supp(ius), Sopp(e), obd. Soff. Zu 1: Süpp|el, le; Sipple, Süpfle, Magersupp(e), Bottersupp. Aber Supp|er, enmoser, mann, mair, eher < altd. PN. Suppo (Kf. < SUND?). Vgl. Sobbe

Supper(t): s. Zuber 3

Süppli, Supplies: s. Sipplie

Supplieth: pruß. (ON.)

Supprian: s. Cyprianus

Sur–, (Suer–): s. Sauer und sund

Surb|au, er: s. Sorb

Surgant: s. Sergant

Suerick: s. wīk

Surkau: pruß. (ON.)

Sürth: ON. Köln

Sürtl: ON. Klein-Sürtel, Hann.

(Susanna): hebr. „Lilie". Susan(n), Sußann, Susel

Suscher: ON. Suschen, Breslau

Susemihl: nach Witte sl. Cuzomil < obotritisch cuzy „fremd" und milu „lieb". Sussemiehl, Susemichel

Susland: s. suchen

Süß: 1. Geschmack, nd. söt, seut. Söht, fries. Sötje. Söth(e). – Süßmuß (Glatz), 1653 Sießmuet. Süß(er)–, Seute|mann. Süßkind, Süßl(en); Unsote, Susse|mundt, fleisch. Zuckersuezz. Süß|trunk, emilch = nd. Soet|melk, beer, Soete|bier, fleisch. Süßnapp. 2. ahd. siaʒa, sioʒa „Weidegut". Vgl. ON. Süß, Süßen|bach, berg, gut, rode. FN. Süß, |er, bauer, berger, egger, meier, engut (ON. Naila), Süssen|rot, beck = bacher; Sieß(er), Sies(mair), Neusüß, Rockensüß (ON. Kassel)

Süß|mund, muth: s. SIEG

(süster): nd. „Schwester". Süster|mann, henn, Systermans

Sustmann: s. Soest

Sut|haus, hold: s. sund

Sutor: lat. „Schuster" > mhd. sutaere „Schuster, Schneider" (vgl. Schuster): Sutori(u)s, Suter(er), Suder, Suhter, bad. Sutter (s. d.), Sutter|er, meister, lüt(t)i („Ludwig") > Vklf. Sütter|le, lin; Sitterle; Halbsuter (im Nebenberuf); Zuther, Zuttermeister; Sauter(meister), Sautner, Sauder, Seuter, |lin, mann, Seit(t)er; wieder latinis. Sutor(ius), Sudor, Suttor

Sutt–, Sütt–: s. sutar

Sutt(n)er: 1. < sutte „Pfütze", vgl. Sod und ON. Sutten. 2. < sutor (s. d.)

Suur: s. Sauer

Süver: s. SIEG (Sigifrith, Sigiwart)

SVĔT: 1. Stamm, verwandt mit SCHWIND; asl. svetu „stark", ndwend. swety, obwend. swjaty „heilig". Swieto|slaw, połk = Swantopolk, Swatobor, Zwantos. ON. u. a. Schwe|ta, nte. FN. Schwet|as, asch, Schwe|ske, sich, tz(ke). Schwittal(la), Schwie|thal, teck, tz, zke, Schwitz, |ka, ke, ky; Swietosch, Zwi(e)tasch, Zwantusch, Zwaß, Schwat(t)ke, Schwätzke

Swa|ans, ne: s. SCHWAN

Swart(s): s. Schwarz

Swerdloff: s. Schwert

Sweer(s): s. SCHWIND

Swiegott: Redn. „so wie Gott (mir helfe)"

(swina): sl. „Schwein" Vklf. swinka. Zwink(a), Schwin(t)ke, swinař „Schweinehirt": Schwienert; swińcar „Schweinezüchter": Schwinzer(t), Zwintscher

Swinegel: s. Igel

Swinestert: s. Schwein

Switak: s. SVĔT

Swithal: s. SVĔT

Swoboda: tsch. „Freiheit" > „zinsfreie Niederlassung", ON. < Schwo|beda, bentha, wode

Sy: s. Sieg Kf.

Syb–: s. SIEG

Sydekum: s. Siehdichum

Syff, Syfrig: s. SIEG (Sigifrith)

Syg|a, ulla, usch: s. Sigismund

Sykora: wend. šykora, tsch. sýkora „Meise". Sikora, Schik|ora, ore, erra, Sicker(t), Sigor, Schikorr

Sykusch: s. SIEG (Sigismund)

Sylvander: lat.-griech. < FN. Waldmann

Syl|vest(er), wester: s. Silvester

Symank, Symme, Symons: s. Simon

Symphorianus: Märt. < griech. σύμφορος „zuträglich". Sympher, Zimpher, Zimpfer

Synack: s. Zink 3

Synderhauf: s. Sinter

Syndicus: „Rechtsbeistand". Zindikus, Zinnikus

Synnwoldt: s. SIN

Syrau: ON. Plauen, Sorau. Sierau
Syring: s. SIEG (Sigiheri)
Syrup: < Südrup „Süddorf". Sirup

Systermans: s. Süster
Sytsema, Syz: s. SIEG Kf.
(Szekler): Zekeli, Zi(c)keli, Ziekel, Za(c)kel He.
Szepter: s. Zeptor

T

Taacks, Taatz: s. DIET Kf.
Tab(b)-, Täb-: s. DIET u. TAG; Tabatt, Tabbert s. tappert
Tab|or, er: < mhd. tab|or, er < sl. tabori „Wagenburg"
Tabratshofen: Wüstung bei Kaufbeuren. Taufrats-, Daufrats|hofer
Tach-: s. TAG
Tachau(er): ON. Pilsen
Tächel: s. dechel
Tack-, Täck-: s. TAG u. DIET Kf.
Tacke: 1. nd. „Ast, tüchtiger Kerl". 2. „Strohmatte", > Täck(n)er „Mattenflechter". 3. fries. Kf. zu DIET
Tadrenberg: Hofn. Elberfeld
Tadd-: s. DIET, TAT, TAG
Tadd|ay, ey: s. Thaddaeus
Tafel: „Heiligenbild". Tafel|mair, reiter; Tafler
(Taferne): „Schenkwirtschaft" (< lat. taberna; × ON. Tafern, Baden). Tofern, Thofehrn, Taferner, Daf(f)erner, Zutavern; frz. Tafernier
Tafertshofer, Taff-, Täff-: s. TAG
TAG: zu ahd. tac „Tag" (× TAT und Thiad- bei DIET).
Dagobald: Tabold
Dagobert: Daber(t), Tab|bert, att, ertshofer; Tappert (× tappert);

Tapper, |tz, mann (× tapfer und Zapfer); Daber (× mehrf. ON.), Täpper, Teibert, Tebarth, Tebartz, wohl auch Daf(f)ert, Tafertshofer
Tagibod: Taboth Kf. *Dappo: Dapke, Dapp, |e(n), ner, ing; Daab, Dab(e)l, Däbel, Däbecke, Täb|el, er, (l)ing (vgl. auch DIET, Thiebbo)
Tachifusus: Daig-, Deich-, Teich|fuß Kf. Daf(f)inger, Taff|e, ner; Täffner
Tagahard: Tagart, Tägert, Tackermann, Dachert, Deckert, Deggert, Deickert, Teichert (× DICH)
Dagarius, Daiker: Täger, Täcker (vgl. Tacke), Daherr, Däger, Deger(ing)
Dagaleich: Tallich
Dagaleif: Tagliebe(er)
Dagomar: (wechselt mit Dankmar; × Kf. Damo s. d.). Dammer, |s, t, ing; Dahmer, Daimer
Kf. Damo (falls nicht selbständiger unerkl. N., Weiterb. mit hart und rich, × Adam): Dam|e, es, ke, hardt, rat; Dahm|ß, en, ke; Daam|s, en; Damm (s. d.), |e, s, ing, ert(z), erich; Daiminger; Däm|ig, el(t), ert; Dämm|ich, (e)rich; Dehm|el, lein,

er; Dem|chen, l, ler, hart(n)er; Demel|ius, bauer, meier; Demm|ler, rich, ring. Vgl. DIET (Theudemar, Thiemo)
Dagarich: Teirich
Dagold: Dagott
Dagwart: Dawartz, Deg|wart, wer; Deck|ward, wer(t), wirth. Erweiterung durch n:
Dagimpald: Damboldt Kf. Dago, Tacco (× Tiacco < DIET): Daake, Dacke, Dagg, T(h)ake, Tack, |e (s. d.), mann; Dagner, Tach, Dach, Tag,|ler, linger; Dahl (s. DAL I), Daig(l), Deicke, Deycks, Däg|e, ele, ler, ner; Täge(n); Täck, Däckel, Teeg, Deg|e, el, ling; Tegge; Decke, |l, lmann. Tagizo, Tayso: Dasch, Thayß, Deiß,|inger, mann (× Matthias), Deisch

Auslautend: Heiligtag, Hildach, Aldag, Alltag < ADEL (als RN. Aldach Wrede, Hamburg XVI)
TAG: in Zss., Zsr. Mittag s. Mitte. Andag, Amtage; vgl. Ludekin vor deme Daghe; Gegens. Daghesclap. — Redn. Taglang (nd. Dalang), Schöntag, Gutentag (× 1. ON. Schles., 2. Übersetzung von hebr. Jomtof); Lebtag, Lewedag, Liewendag, Liebtag. — Wei(h)tag (> Weida) = Wedag (nd.

485

Tägder (tarn)

"Schmerz"), Festag, Heiligtag (Hilgedag, Hildach). Feiertag, Martag ("Markt"), Mesdag ("Messe"). Alltag s. TAG (Ende); Schörtag s. Schauerte; Schaptag s. Dach. — Tag|mann, werker. Täglichsbeck (Tagsbeck) "der ein Tägliches bäckt"
Tägder: s. teget
Tägener: s. DEGEN
Tagge: s. DIET Kf.
Taiber: s. Taube
Taig: "Teig" (Bäckerübern.)
Tal: allein, zges., zger. häufig ON. und ÖN.; österr. -thall, nd. dāl. Vgl. dalle (> Dall|er, inger) bei DAL I und delle. Thal(e), Dahl(e), aus dem Dahl. Thal|au, guter, hofer, heim(er) (> Thalhamer, Thal(le)mer), mann, er, reiter, messinger; Tal(l)acker; Thall|er, inger, maier; Dahler (× ON. Dahlen, oft; mhd. dāler "Tagelöhner" und dalen "kindisch plappern"), Dahl|berg, heim (> em), hoff, (e)mann; Dal|a(c)ker, möller, häuser; Dall–, Daal|meyer. -thal: v. Blumenth., Rosenth. (sehr oft ON.). Jüd. N. wie Aronth., Veilchenth., häufig. -dahl: Rosend., Lichtend., Neud., Wischend. = Wiesend., Schwarzend. Hellendall s. Hölle. -thaler (besd. bair.): Apfelth., Brunnth., Eggenth., Wiesth., Steuernth. (ON. Steurenthal, Breisgau). -thäler: Lichtenth., Diefenth. -thaller: Kirchth., Freunth. (s. Frau) > Freudenth.
Tal–: s. DAL I, II

Tall–: s. DAL I und DIET (Thietilo)
Tallich: s. TAG
Tam–: s. Damhirsch, DANK, Thomas, vgl. B. 1, 136
Tambur: jung
Tamm–: s. DANK (× TAG, Kf. Damo), Tammam s. Tann
Tamsel: ON. Köslin
Tandler: südd. "Trödler". Tändler, Tendler, Tandmann; Dentler (Tand,| el s. DAND)
Tange: s. Zange
Tanger: ON. Tangen, Köslin; Tangermann; < Flußn. Tanger oder < ON. Tangermünde (× nd. tanger "rüstig")
Tang(l): s. DANK
Tank–: s. Antonius, DAN, DANK
Tann: mhd. diu tanne, "Baum"; der, daʒ tan "Wald"; nd., aber auch obd. dann(e), oft ON. Tann, |a, e. — (Von der) Tann, Zurthannen; Tann|ig, e(n)baum, apfel, hof, hauser, ebauer; Tannen|bring, reuther, hauer (jüd. -blatt, zapf); Dann|icht, inger, appel, hauer > auer (× ON. Tannau, Württ.), häuser > heiser, eberg, horn, egger, roth, leitner; Dan|apfel, zapf, schacher, hauer; Dannebaum; Dannen|hauer, felzer = felser; Dannmann (Tammann), Tonne–, Tennen|baum, Dennappel, Tonnhofer, Donhauser. T(h)anner; Ober|tanner, danner; Wehdanner (s. Wede); Grün–, Weiß|thaner; Hohen–, Westen|thanner; Danner, Tenner, Tännler, Dennler, Schönthoner

Tann–: s. DÄNE
Tannigel: s. Daniel
Tansen: ON. Thansen, Lüneburg
Tantinger, Tants: s. DAND
Tanz: (× ON. Glatz; Tanzs. auch DAND) nd. dans; Tenczleyn. Tänzer, Dänzer, Tenzer, Denzer (auch "Gaukler", × ON. Denzen, Hunsrück), Täntzler (× ON. Tenzel, Böhmen), Tanzius, Tantz. Dan|ser, smann, Tanzmeister. Danz|(e)glock'(e), fuß; Abendanz, Hochdanz, Veitsdans (Krankheit), Eiertanz. Sewtantz. Viele Satzn.: –tanz: Reyent., Reint., Reht. (s. regen); Machet. (Macke–, Ma(g)–, Mage(n)–, Machen|danz), Reibet. (s. reiben), Fleugimt. –danz: Weid. ("wage"), Lobed. > Löwend., Preußend. (s. preisen), Schicked. (s. schicken), Wegerd. ("weigern"). — Röhrdanß (s. rühren). Dantzhuff
Tanzen: = Tansen (s. d.)
Tapfer: mhd. auch "fest, gedrungen, ansehnlich"; nd. Tapper–, Dapper|mann
Tapp–, Täpp–: s. DIET, TAG und Zapfe
Tappeiner: < ON. Tapein (Vintschgau) < de pino "Forchhof"
Tappe|n, r: nd. 1. s. Zapfe. 2. s. Tapfer
(tappert): Mantelart, auch daphart < frz. tabard (× TAG). Tappert, Tabbert, Tabatt, Tawartmann
Tar–: s. DA
Tarchener: s. Derchner
(targ): poln. "Markt". Targ|atsch, osch
(tarn): sl. "Schlehdorn" (oft in ON. wie Tarno-

Tartinger

witz, Torna, Dorna, Dörnikau, Trenkau). Tarn|i(c)k, ow; Torn|au (s. d.), ow, ack; Dorn|ick, ig, inger; Trenker, Ternik
Tartinger: s. DAR
Tasch(e): mua. tesch(e); auch Flurn. Tesch(e), Täschlein, Däschle(in); Ruckdeschel s. Rücken. Rauhtäschlein, schweiz. Lerytäsch. Aber Zwietasch u. dgl. s. SVET. — Satzn. Steigindtaschen > Deigendesch? Tesch(e)-macher = Tasch|ner, ler; Daschner, Täschl-(n)er, ler; Tesch|ner (× ON. Teschen), ler; Däsch-, Desch|ner, ler; Döschner; tessner > Teß|ner, ler, Thäsler
Taschke: s. ptak
Tas|ke, ki: s. DA
Tasse, Tassilo: s. DAS
Taßer: s. Taxus, Tassius
TAT: zu ahd. tāt „Tat, Werk". Von TAG und DIET kaum zu trennen
Tadebert: s. das häufigere Dagobert bei TAG
Theter: Thäter, Däther (× Diether)
Tedald: Thadewald (× Theudoald)
Kf. Dado: in neueren N. von Thiado (s. DIET) kaum zu trennen. Hierher etwa: Dad|e, elsen, lhuber; Dadd, Dakte, Datz(ert), Dazer, Tatz(e)l
Tatschek: s. ptak
Tatschner: ON. Tetschen, Böhmen
Tatter: „Tatar, Zigeuner" (× Diether)
Tatz–: s. DIET Kf. und TAT
Tätzner: s. TECH
Tau: jeverländ. Schiffern. Taumacher
(Der Tau): Morgen–, Silber|thau (beide jüd.).

Maienthau, Nebelthau, Tagthou (Wiesenthau, ON. Franken < Au)
Taub–, Täub–: s. DIET
(taub): Daub, Taub-(mann); nd. Do|ve, we. In ÖN. „unfruchtbar": Tauben|au, feld, roth
Taube: Daube, nd. Duve. Als Häusern. „Hl. Geist", meist aber Übern. (× taub), Kosen. Däuble, Deubel, Däuwel, Düwecke. (Auch jüd. Metron. Taub, |e, er, eles.) Ringeltaube, Schön|-taube, duve, dube. Tauben|huber, berger, beck (Einöde Taubenböck, Simbach, NBay.), Duwensee (ON. Holst.). Duben|kropp, kroff
Taubert: 1. = Deuberich (aber Täubrig × DIET, Theudebert; nd. Düvert). 2. „Tauben|züchter, händler (dies schweiz. Dubler). Ebenso Täubler, Taiber, Teub(n)er (> Theiner, Theimer, Glatz), Dauber, Däuber, Daiber, Deubner (× ON. Deuben, Sa. mehrf.; × mhd. töuber „Pfeifer")
Taubitz: ON. Taubitz, Daubitz, mehrf. Tautz
Tauche, r, rt: 1. 3 ON. Tauch|a, e. — 2. obd. zu Dauch (× TAUGEN). Tauchmann, Tauchnitz
Tauer: 1. ON. T(h)auer mehrf. 2. nd. „Gerber". Ledertauer, Tauerschmidt. 3. s. TAUGEN
Taufald: s. DIET (Theudobald)
Täufer: Täufling, Taufkirch, s. DIET (Theudofrid)
Taufratshofer: s. Tabratshofen
TAUGEN: zu ahd. tugan

„taugen". Tuco, Tug|ilo, olf; Doc|co, fred
*****Tuchard:** Tuck|hardt, ert, ermann; Tückhardt, Duckart, Duggert, Tuchhardt, Taukert, Dauchert, Teukert, Teuchet (Taucher(t), Tauer, Dauer KS.) Kf. (× Theodicho, s. DIET): Tucke, Tück|ing, s; Tuge(mann), Tügele, Tügge, Duge, Dugge(n), Dugs (× Duckes), Ducke, Dück(e), Dog|el, ler; Dokl, Döge
Taupp: s. DIET (Tiebbo)
Taurer: s. DUR
Tausch: 1. mhd. tūsch „Spaß, Gespött" > Tauscher (× ON. Tausch, |a), Teuscher, nd. Tüscher „Spötter", doch auch „Betrüger". 2. s. Roß. 3. sl. s. Tusch 2
Tauschlag: s. Zuschlag
Tausend: Dausend, Tausend|freund, freude, schön (nd. Dusenschön), pfund; teufel (Redn.)
Tauß: ON. Böhmen. Dauß, Tausk, Taussig
Taut(e): pruß. N.
Tautphöns: < ON. Dautphe, Ob.Hess. Datphäus
Tautz: s. Taubitz
Tavernier: s. Taferne
Tawartmann: s. tappert
Tax: s. Dachs
(Taxus): bair. dacksen, überh. „Nadelholz". Tax|er (× ON. Taxa, Bay., Österr.), bacher, acher (s. –ach 3), het (–ed), Dachser, Dax(en)berger, Daxenbichler; tirolisch Daser, Taßer
Tchurz: poln. tchorz „Iltis" (wend. Tkotz)
(te): nd. < to „zu"; tem, ten < tom „zum"; ter < tor „zur" (s. d.). Te Poel (s. Pfuhl), Te Perdt (s. Pferd), Te|lak (s.

Lache), loh(e), brügge, bro(c)ke, kath, riet, riede, strut; The|dieck, loo; Theegarten, Thenhaus, Tem|brock, postel (s. Borstel), busch; ten Hompel (< Honepoel), Winkel, Holder, Hövel, Elsen, Klooster, Cate; Ten|brink, busch, dick, hagen, dam, ha(e)f = hof(f), hafen (= haven), brück, holte(r), nessel; Then Bergh; ter Beck, Bekke, Terbäk („Bach"), Hell, Lunen (zu Loh); Ter Nedden, Ter|boven, bowen, brak, bucht, bücht, glane, haar, hard, heggen, horst, hürne, jung, kamp, laak, loh, rey, stiege, överst, bäck, borg, brügge(n), heyden, rödde („Rodung"), heggen, linden, weg, stiege, ste(e)gen, steggen, wede, wey („Weide"), wort(h), schüren, möhlen (> Tremöhlen), vo(o)rt („Furt"), meer (mier), fehn, vehn (s. Venn); Treek < tor Eck („Eiche"). Ther|stappen (s. Stapf), haag. Aber Ter|nette, nedde s. Darnedde

Tebart(z): s. TAG (Dagobert) und Tiburtius
Teb(b): s. DIET (Kf. Tiebbo)
Teb|eding, rich: s. DIET (Theudobert)
TECH: sl. Stamm, zu asl. (u)těcha „Trost", těsiti „trösten". Tech|omer, orad, an; Te(cho)slaw, Teš|imer, an, ko, Uteske. Tech, |mer, meier, an, en, ert, le, ler; Dech; Tesch, |ang, e, ke; Teske, Tesenfitz; Teß|mar, mer, mann, ner, an, ko; Tetz, |law, laff, loff, leff, (n)er, ke, Tett|schlag, schaft; Tätzner, Detzmer, Deßmer, Tessen, Tis|mer, mar, Dismer, Dißmer; Tisch,| ak, ke, el; Titz|laff, ke, Tschischke, Tschitschmann. — Ut|ech(t), esch(er), asch, hes, eck, eich, ig, > ing(er). Uttech(t) z. T. viell. zu mnd. ütechtisch „fremd", der nicht zur acht („Genossenschaft") gehört, so auch die aus Holland stammenden Danziger Mennoniten Utasch, Utesch (× Utecht, ON. Lübeck). Aber Uttig, ON. Bunzlau < otok „Kreis"
Techel: s. dechel
Techtermann: s. Tochter
Techt-, Tecke|meier: s. Teget
Teck: sl. PN. Těk. Tick
Ted-: s. DIET
Tedesco: ital. „deutsch", nordital. todesco (jüd. Todesko). Dazu Weiterb. Todeskino, Rückwandererfamilie; etwa „Deutschländer" (erste Silbe betont)
Teeg: s. TAG
Teesen: s. DIET (Theuda) (× Matthäus; so Teesing)
Teetz(mann): 1. s. DIET Kf. 2. ON. Priegnitz
Tefert: s. Pferd
Teffer: s. DIET (Theudofrid)
Teg(e)l: Ziegel
Tegen(ecker): s. DEGEN
Tegener: s. Teget
Teg(g)ers: s. DIET (Teutger)
(teget): nd. „der Zehnte". Deget. Zss. Tegethof(f) (Hofn. Paderborn) = Tenthoff; Teg(e)t-, Techt|meier; Täget-, Tecke|meyer; Tegt|mann, bauer > bühring. Den Zehnten erhebt der Tegeder, Tägder, Teydere, Thier, Teinder, Tender, |ich, ing. Dentrich, Tegener (< DEGEN). Vgl. Zehender
Tegge: s. TAG
Tehen: s. DIET (Theuda) -tei: s. -dei
Teiber(t): s. DIET (Theudobert und Tiebbo) und TAG (× Täuber, s. Taube)
Teib|l, ler: s. DIET (Kf. Tiebbo) (× Täubl(er) s. Taube)
Teich: mhd. tīch; vgl. Deich; österr. teicht, bair. teuch „Bodenvertiefung". Teich, |er, lein, mann, müller, fischer (ON. Teich, |a, au mehrf.). Teichtweier, Teich-, Teuch|gräber (Schlammreiniger, aber Teichgraf zu Deich). Teuchtler (vgl. Deichen). Schönteich
Teich-: s. DICH und TAG
Teichler: 1. ON. Teichel, Rudolstadt. 2. s. Deichen (× Teich)
(Teie): „Sennhütte" < lat. attegia. Di(e)rtheuer (österr.). Auch Batteiger? Dial(l)er < ladin. tegale
Teifel: s. DIET und Teufel
Teifke: s. DIET
Teig: Taig, Semel-, Sauer-, Smatczen|teig. Teiger, Daig|er, l
Teigel-: s. Ziegel
Teik-: s. Matthäus und DIET Kf. (Teick, Teike auch pruß. N. Tayko)
(Teil): Theilmann = Teilhaber; ähnlich Teilacker (oder nd. zu Ziegel?)
Teimer: s. DIET (Theudomar)
Teinder: s. Teget
Teipel(ke): s. DIET (Theudobald und Kf. Tiebbo)
Teirich: s. TAG
Teistler: s. Deisler
Teit-: s. DIET

Telge: nd. 1. „Pflänzling, junger Baum". 2. „Zweig". Telke, Telg|e, ener, hausen, heder (< |ede), mann; Telgen|hauer, büscher; Tellkamp(f), Tellenbach, Telgermann; Tilg(n)er, Tilgen–, Till(en)kamp

Tell–: s. DAL I, DIET Kf., Telge (Telleffen s. DIET, Theudulf)

Telle: 1. zu Delle. 2. tsch. tele „Kalb". Tel|ske, tz (telec, telček; Tellschick); obwend. čelc: Schilz(ke); poln. cielak „großes Kalb": Schellack. 3. pruß. N.

Tellermann: < Teller < Thele, Kf. zu Dietrich; aber Tellermacher „Holztellerschnitzer"

Telto(w): ON. Berlin

Teltscher: < ON. Teltsch, Mähren

Tel(t)z: 1. ON. Teltow. 2. s. Telle

Tem–: s. DIET (Kf. Thiemo) und te

Tempel: 15 ON.; Hausn. Köln. Tirolisch: „abgegrenztes Grundstück" (Templ, Tempelmayer), westf. „runder Hügel". Tempel|hagen, hahn, hain, hof(f) (9 ON.), mann. Templer. Vgl. DEGEN

Temper–: s. DEGEN

Ten–, ten–: s. te

Tender|ich, ing: s. Teget

Tendler: s. Tandler u. DAND

Tend(e)loff: s. DAND

Tenelsen: s. te und Else

Teng–: s. Antonius und DANK

Teng|elmann, ler: s. dengeln

Tenke: s. DANK Kf.

Tenn–: s. DANE, DEGEN, Tanne (Tenner × „Tenne")

Ten(n)ius: s. Antonius.

Tent–: s. DAND und teget

Tenzer: s. Tanz

Tepaß: nd. „gesund, genau"

Tep|e, ing: s. DIET, Tiebbo

Tep(f)er: s. Topf

Tepfert: s. Pferd

Tepl–: s. toplu

Tepp–: s. DIET (Tepper s. Zapf)

TER: sl. Stamm, zu asl. terati „vertreiben". Ter|o(slaw), omer, an, ik. Ter|mer (× DAR), ne(r), ch, k, ske, (t)sch

Ter–, ter: s. te und Darnedde

Terber: s. DERB

Terchener: s. Derchner

Termer, Terner: s. Turm

Ternes: s. Maternus

Ternieten: s. Darnedde

Ternik: s. tarn

Terp: zu tsch. trepeti „dulden"?

Terpe: ON. Frkf. a. d. O.

Terrer: s. Darre

Ter|rodde, röde: s. te und roden

Tertel: nd. „zart, zierlich". Terling

Tertey: s. Tirtei

Terz: 1. „Jagdfalke". Dertz, Terze(r). 2. bair. „dreijähriger Stier". Tertzenbach

Tes–: s. DAS und TECH

Tesch–, Teß–: s. Tasche und TECH

Tessin: mehrf. ON. Mecklenb., Pommern

Tester: bair. test: 1. „Topf". 2. „Kopf" > Flurn. (< lat. testa). 3. Herd zum Feinbrennen des Silbers. Testmann

Tett–: s. DIET

Tet(t)meyer: s. Tegel

Tetz: ON. Jülich

Tetz–: s. DIET und TECH

Teub–: s. DIET, Taube, Teufel

Teuch–: s. Teich u. TAUGEN

Teucher(t): ON. Teuchern, Naumburg. Teicher(t)

Teuch(t)ler: s. Deichen (× Teich)

TEUER: zu ahd. tiuri „wertvoll, lieb", as. diuri (× dem Stamm d. Volksn. Thüringer und DUR; auch ahd. tior „Tier"?)

Diurard: Thyret, Thieret, Dieret

Diurleic: Thurley, Thierley, Theuerlich, Deuerlich

Deorovald: Dör–, Dor–, Dür(r)|wald; Dürrwold, Dürrwell; Dür–, Der| holtz; Dir|hold, oll; Dur(h)old; Thierold, Tyrolt, Dürholdt, holz, Duerlt, Dorll, Dorls. Doch vgl. ON. wie Dörrwalde, Lausitz, Dürrholz

Tiurolf: Di(e)r–, Thi(e)r–, Thyr|olf; Thier–, Dor|loff; Tür–, Tyr–, Ti(e)r–, Dier|off; Thier(h)off, auf; Diruf(f), Dyroff, Türloff, Thyrauff, Thürauf, Dirauf Kf. Dioro: Diehr; Dier|er, s, ig, l, ling, lmeier; Dirlinger; Dür|er, ge(n), ich, (i)chen, mann, le, lich; Dühr(ß)en, Dyrssen; Dürr, |ich; Dyrchs, Deur|er, ing(er), Deuer|lein. Dey|ringer, erl; Deier|l(ein), ler, ling; Duhr, Durichen; Dörr, |er, mann, ing; Thier, |ichens; Tirr|e, ing; Thürling(s), Theur|ich, ing, Theierl; Thur|l, inger; Tuhrig, Turß; fries. Juhren, Djur(k)en, Jur|ke, chen. Vgl. Thüringer und turse

489

(teuer): nd. dür. Teuerkauf = nd. Dührko(o)p, Düerkob, p, Dürckob, Dür|ko(o)p, kopp, kopf > Thürkauf („verkauft teuer"). Teuer|garten, korn, Corntewr (vgl. Theurer); Theuer|jahr, zeit (Redn.)
Teuf–: s. DIET (Theudofrid)
Teufel: z. T. gewiß < DIET (Theudo|bald, frid; Kf.); gelegentlich auch Theatern., meist aber Übern., sicher mehr „Teufelskerl" als „teuflisch"; nd. düwel. Teuf(e)l, Teuffel, Toif(e)l, Teifel, Deufel, Deifel, Tiefel (mhd. tievel), Deubel, Düwel, Düfel, Dywel (Deubel, Teufel > Dibelius, Mainz 1740). — Weiterb. Tuifelhart, Teufelhar(d)t. — Zsr. (Redn. Satzn.): Jagen–, Schlagen|teufel; Bietendüwel = Deubel–, Dübel|beiß (s. beißen). Tausendteufel, Neun|teufel, deubel, Neinteifel; Schietendüwel. — Manteuffel (Hanns Man gen. Teufel NS.; aber pomm. Adel < Manduvel < ON. Mandeville, Normandie, FN. Mantwill). — Teufel|berger, s-bauer; Düwelshaupt, Düfelmeier; Tüfelsnase. Kuhteufel s. Kuh
Teukert: s. TAUGEN
Teumer: s. Theumer
Teupe: s. DIET, Kf. Tiebbo
Teuscher: s. Tausch
Teut–: s. DIET
Teutsch–: s. Deutsch
Teuwsen: s. Matthäus
Teves: s. Matthäus
Teweles: s. David
Tew(e)s: s. Matthäus

Textor: Latinis. für Weber. Text|or(is, ius), er
Teye(n): 1. DIET (Theuda)
Thad–, Thäd–: s. TAT und DIET
Thaddeus: Hl. (Judas) Th.; chaldäisch „der Beherzte". T(h)add|ey, ay, Dadday
Thaidigsmann: mhd. teidincman „Schiedsrichter, Schöffe"
Thaiß: s. TAG Kf. (× Matthias)
Thal–, –thal(l)er: s. Tal
Thalau: pruß. N. Talaw
Thalen: s. DIET (Thietilo)
Thalweiser: s. Wiese
Thalwitzer: ON. Dalwitz Böhmen, Meckl.
Tham–: s. Thomas
Thamm: mehrf. ON. — Thämmig s. DANK
Than–, Thän–: s. DÄNE
Thanigel: s. Daniel
Thar–, Thär–: s. DAR
Tharan|dt, n: s. Thorandt
Tharau: ON. Ostpreußen
Thäsler: s. DAS u. Tasche
That–, Thät–: s. DIET und TAT
Thauer: s. Tauer
Thäumer: s. DOM (vgl. Theumer)
Thauwald: s. DIET
Thays(s)en: s. Matthias (× TAG und DIET Kf.)
The–: s. te
Theb|es, us, usch: s. Matthäus
Thed–: s. DIET
Theefs: s. DIET (Theudofrid)
Theegarten: s. te
The(e)n: s. DEGEN
Theer(s): s. DAR
Thees, Theeßen: s. Matthäus
Theger: s. DIET (Teutger)
Theierl: s. TEUER
Theige: s. DIET Kf.
Theil–: 1. s. DIET Kf. Thilo. 2. s. Teil

Theilenberg: ON. M.-Frk.
Theilkuhl: s. Ziegel, Kuhle
Theimer: s. Taube
Thein–: s. DEGEN und Taube
Theis–: s. Matthias (× TAG und DIET Kf.)
Thel–: s. DIET (Kf. Thilo)
Them–: s. dechel u. DIET (Teutmann). Them, |el, l
Them|ar, er: 1. ON. Thür. 2. s. DIET (Theudemar)
Theo–: s. DIET
Theodoros: gr. „Gottesgabe". Hl. Bischof von Sitten. Theodor, Joder (s. Jodel)
Theophilos: gr. „Gottesfreund". Theophil, |us, ius; Theo|phiel, fiel
(Theres): ON. UFrk.: Threß, Thris, Dereser. Die hl. Theresa († 1582) erst 1622 heilig gesprochen; dazu viell. Dres(s)ia
Therig, Therkelsen: s. DIET (Theudoricus)
Thermer: s. DAR
Thernes: s. Maternus
Thes–: s. Matthäus
Thesenvitz: ON. Rügen. Thesen|fitz, witz
Thet–: s. DIET
Theuerling: s. Deuerling
Theuer–: s. TEUER und teuer
Theumer: ON. Theuma, Vogtl. Däumer (× ON. Deuben)
Theun–: s. Antonius
Theurer: zu mhd. tiuren „abschätzen" (× ON. Theuern)
Theus, Theußen, Theve–: s. Matthäus
Thewald: s. DIET
Thewes: s. Matthäus
–they: s. –dei
Theyson, Thias: s. Matthias
Thibus: s. Matthias (× DIET)

Thie: s. Matthias und Tie
Thiebes: s. Matthias
Thied–: s. DIET
Thieges: s. Matthias
Thiel–: s. DIET (Kf. Thilo) und Bartholomaeus
Thiel|ba(h)r, beer, (e)bier: nd. tīlebēr „Zeidel–, Bienenbär > Grobian" (× ON. Thielbeer, Magdeburg)
Thielenhaus: Hofn. Elberfeld
T(h)ielitz: ON. Liegnitz
Thiem–: s. DIET (Theudomar) und Timotheus
Thiemann: s. Tie und Timotheus
Thiemeyer: s. Tie
Thiemig: ON. Liebenwerda. Thimmig (× Timotheus)
Thien–: s. DEGEN
Thienemann: ON. Thiene, Hann.
Thier–: s. Tier, TEUER, DIET (Theudhar, Theudoricus)
Thierack: viell. Hofn. Thierach b. Rothenhof, Coburg (vgl. Baunach)
Thier|sch, se: s. turse
Thies, Thießen, Thigges: s. Matthias; Thies auch < frz. N. Ti(e)s
Thiesbürger: Hofn. Thiesburg, Trier
Thilo: s. DIET (Kf. Thilo)
Thim–: s. DIET (Kf. Thiemo)
Thimmig: s. Thiemig
Thinnes: s. Antonius (× Martinus)
Thisius, Thissen: s. Matthias
Thöb|us, y: s. Matthäus
Thode, Thöde: s. DIET (Kf. Theuda)
Thofall: s. Zufall
Thofehrn: s. Taferne
Thoholte: s. to und Holz
Thoime: s. Thomas

Thoke, Thol–, Thöl–: s. DIET
Thöldte: s. DULT
Tholfuß: s. Dollfuß
T(h)oll: s. Dolder
Thomälen: s. to u. Mühle
Thomas: hebr. „Zwilling"; Apostel. Thomas|en, er, ius; Thomaßin, Thom,| a(müller), ae, e, ee, es(sen), s(s)on, sen, s, is, sche, ser, erl, ke; Tonke; Thom(m)|es, en; Thoime; Thöm|(m)e, ke. Dom|-ke, sch, ser, sgen; Dohm|e, s (× ON. Dohms, Schles.), Dhomsen, Döm|-kes, ken. Tham|as, s, sen; Tam|s, bler; Dam|e, (m)es, sch; Daams, Dahmtz, Dämgen, Dömpke. Thum, |mel, ser. Dumm(el), Dumke, Thümm|es, el, Düms
Nebenformen: Thomann > Thombansen; Domann, Domandl, Thommen, Dom|han, mes, mann; Dummann. — Vorn gekürzt: Maaß, |en, mann; Maa|s, ser; Maes, Mas|ius, emann, Maßel; Messing, Mösges (nd.-rhein.), Kleinemas. — Sl. Formen: Thom|(a)schke, aschek, ek, any, andl, eischel, alla; Tommek, Tuma, Thum; Domasch|k, ewsky; Domschke; Dam|asch(ke), asta, (m)ast; Maske, Masch|ik, ek, ke; Mäschke (× Matthäus), Meschke, Möschke; lit. Tomuschat
Thomfohrde: s. Furt
Thone(r)t: s. DON
Thon(n)–, Thön(n)–: s. Antonius und DON
Thor–: „zu der" s. tor
Thorade: s. to
Thorand(t): sl. PN. Torant. Toran, Dorandt,

Thuran, Tharan, |dt (× Dresden)
Thorbaben: s. Darnedde
Thorbecke: < tor Beke (s. Bach)
Thorey: ON. Thörey, Erfurt
Thöri(n)g: s. Thüringen
Thormann u. dgl.: s. Tor
Thörmer, Thörner: s. Turm
Thory: s. Isidorus
Thowes: s. Tobias
Thrän: s. Träne
THRAS: dunkler Stamm; zu an. thrasa „streiten"? Thrasamundus
Thrasolt od. *Thrasilo: Draßl, Dreßl, Dressel, Tressel(t), Drösel, Dresel (bei allen × „Drechsler")
Kf. Thraso: Drasse, Dreß, Threß (× Theres), Drese
Thräxler: s. Drechsler
Thren: mhd. tren „Drohne, Hummel"
Threnike: sl. PN. Třeň
Threß, Thris: s. Theres, THRAS
Throm: obd. trum „Bruchstück, Klotz". Thrum
Thron: ON. Naila, Usingen, Herford, Bernkastel
Thu–: in Satzn. s. tun
Thul–, Thül–: s. DIET (Kf. Thilo), Thülicke auch DULT
Thul|in, ke: pruß. N.
Thum–, Thüm–: s. DOM, Dom, Thomas (× ON. Thum, Erzgeb., Aachen)
Thumb: mhd. tump „einfältig". S. Dumm
Thum|bach, beck: ON. Kirchenthumbach, OPf.
Thumelicus: s. DUS
Thumm: s. Dumm
Thummel, Thümmel: s. Thomas (Socin: Tuemel „Prahler"; × DOM I, ostd. auch sl. PN. Dymal; vgl.

ON. Thümlitz < Dymlytz)
Thümmler: s. tummeln
Thumser: 1. s. Thomas. 2. ON. Tumitz, Bautzen
Thun(emann), von Thun: ON. Thun, Stade; Thune (Braunschw., Lüneb., Paderb.). S. auch Zaun
Thun−, −thun: s. Zaun
Thun−, Thün−: s. Antonius und DON (Thun auch pruß.)
Thunstrom: s. tum
Thur−: s. TEUER und tur
Thuran: s. Thorandt
Thür−: s. Tür, TEUER, teuer
(Thüringen): 1. zen Th. „bei den Thüringen", wie Hermunduri zu mhd. turren „wagen"; Thurau (das Th ist gelehrte Schreibung statt des volkstümlichen D), nach B. 1, 202 zu an. thori „Menge, Masse"; 1, 308 zu an. thōra „wagen". 2. Taufn. Durinc. Thüring(er), Düring(er), Dyhring(er), Thöring, Döring(er), Doerin(c)kel, Deringer, Thürig, Dörig, Dierig (hier Mischung mit DUR, TEUER), Thurein
Thurley: s. TEUER
Thurn−, −thurn, Thürner: s. Turm
Thurneysen: < Thurneiser (auch Münzname) < frz. Tournois < ON. Tours. (Doch vgl. Leonhard Thurneiser, Thurmhauser, zum Thurm, Astrolog † 1596)
Thursch: s. turse
Thu|s, sius: s. Donatus. Thuß
Thüsing: s. DUS und DIET Kf.
Thusnelda: s. DUS
Thuspaß, Thußnit: s. tun

Thut−: s. DIET (Kf. Theuda)
Thutewohl: Theudoald
Thya: s. Matthias
Thye, auf dem: s. Tie
Thyggesen: s. DIET, Theodicho
Thyme: s. DIET (Kf. Thiemo)
Thymian: Pflanze (vgl. Dost). Tim|ian, jan (× sl. PN. Dymjan; vgl. ON. Dymjany = Diemen, Bautzen)
Thyr−: s. TEUER
Thy|s, wissen: s. Matthias
Tib−: s. DIET
Tiburtius: lat. < ON. Tibur; Hl.: Tibur|tz, ski; Tyborski; Diburtz, Dipurtz, Tebartz, Geburzi, Burtius, Porcius, Portius
Tichel(mann): s. DICH
Tichter: mhd. tiehter „Enkel". Ti(e)chtler, Di(e)chtler NS.
Tick: s. DIET (Kf. Theodicho)
Tid(d)−: s. DIET
Tiddelfitz: s. Trittelfiz
(Tie): nd. „Gemeindeversammlungsplatz im Dorfe"; auf dem Thye; T(h)ie|mann, (× DIET), meyer; Thi(e)kötter, Timeyer (× Tye < Tide = Dietrich)
Tieb−: s. DIET (Theudo|bald, bert; Tiebbo) und Matthias
Tiechtler: s. Tichter
Tieck: s. DIET (Kf. Theodicho)
Tied−: s. DIET
(tief): Tiefen|bacher, bronn, see; Tief−, Dief|holz; Diefen|thal, thäler; nd. Diep|schlag, holtz (ON. Hann.), Diepen|brock, beck, seifen, Deipenbrock, Deipenau, Depenbusch, Diepeveen

Tief−: s. DIET (Theudofrid)
Tiefel: s. Teufel
Tieg−: s. DIET (Kf. Theodicho)
(Tiegel): Diegel, Hartiegel, Raumentegl. S. auch Ziegel
Tiegs: s. Matthias
Tiek−: s. DIET (Kf. Theodicho)
Tiel−: s. DIET (Kf. Thielo)
Tiem−: 1. DIET (Theudomar, Thiemo) und Tie
Tien−: s. DEGEN
Tienpunt: s. Pfund
(Tier): „wildlebendes Tier". Thier|garten (53 ON.), gärtner, berg, feld(er). Dier|bach, gardt. Schönthier? (sonst s. TEUER)
Tiet−: s. DIET (Tietböhl: Theudobald)
Tietz: s. DIET Kf.
Tieves: s. Matthias
Tiff−: s. DIET (Theudofrid)
Tig(ge)ler: s. Ziegel
Tigges: s. Matthias
Til−: s. DIET (Kf. Thilo) und Bartholomaeus
Til|bert, gert: s. ZIEL
Tilg−: s. Telge
Tilg(n)er: s. OD III Kf.
Tilhelm: s. DIET (Theothelm)
Tili(g)ant: ON. Santillana, Spanien (< de Santilian)
Tilk: s. OD III Kf. Ende und Bartholomaeus
Till(en)kamp: s. Telge
Tillier: s. OD III Kf.
Tillmannshöfer: Hofn. −höfen, Elberfeld
Tilsner: ON. Tilsen, Salzwedel
Tiltz: s. Bartholomäus
Tim−: s. DIET (besd. Theudemar, Tiemo) u. Timotheus
Timäus: gr. Timaios. Timey

Timeyer: s. Tie
Timian: s. Thymian
Timmer–: s. DIET (Theudemar) und Zimmer
Timmler: s. tummeln
Timotheus: gr. „Ehregott". Wend. Tim|ke, mich; Timann, Thiem|ann, ig, icke
Timpe: nd. „Zipfel, Landspitze". Tympe, Timpner, Timpenfeld. Nientimp („am neuen T.")
Timp|el, fler: s. Tümpel
Timper: s. Dumm
Timpernagel: s. Zimmer
Timus: s. Moos
Tind–, Tint–, Tinz–: s. Dindo (× Constantinus)
Ting–: s. DING
Ting: balt. N., apreuß. Tynge, zu lit. tingùs „träge"
Tingler: s. dengeln
Tinnes: s. Martinus und Antonius
(Tinte): Tint(l)er, Dint(n)er: „Tintenmacher" (vgl. Dindo und Dinter). Tintner
Tintrup: ON. Lippe
Tipp–: s. DIET
Tipp|enhauer, ner: zu nd. tippe, tubbe „Kübel". Tubbe(nhauer), Dippen–, Dep(p)en|heuer
Tir–: s. TEUER
(Tirol): Tyrol, |(l)er, Drollinger, Diroll
Tirtei: vgl. mhd. dirdendei „grobes Tuch" < frz. tiretaine. Tertey
Tisch: mittelb. Berufsn. = Tischmacher = Tisch|er, ler, ner, Disch|er, ler, ner (> lit. diszere > Dischreit, Ditschereit). Tisch|bein, brett. Satzn.: Richtentisch, Deckendysch (aber Tisch|bier, per wohl sl. wie Tischbirek. Tischlinger: s. DIET Kf. Teuzo und DIS). Vgl.

Bett, Kiste, Schreiner, TECH
Tischendorf: ON. Weimar
Tismer: s. TECH
Tissen: s. Matthias
Tissold: s. DIET und DIS
Tistel: s. Distel
Tit–: s. DIET
Tittelfitz, Tittelwitz: s. Tittelfiz
Titus: röm. RN., Hl.: Titt|us, es; Ditt|us, es; Didy (× Benedictus; Titus s. DIET Kf. Teuzo)
Titz–: s. DIET (Kf. Teuzo) und TECH
Titz|ka, ke: wend. tycka „Bohnenstange"
Tives: s. Matthias
Tix: s. DIET, Kf. Theodicho
Tiwald: Theudoald
Tjaar(d)s: Theuthard
Tjabbens: Kf. Tiebbo
Tjaberings: Theudobert
Tjadeleffs: Theudulf
Tjaden: Kf. Theuda
Tjalling: Thietilo
Tjarks: Theudoricus
Tjarts: Theuthard
Tjeb: Tiebbo
Tjerks: Teudoricus
Tkotz: s. Tchurz
to: nd. „zu" (vgl. te, tom, tor). To|Holte, Velde, Overdyk; To|aspern, baben (vgl. Darnedde), beck, bring (ON. Tobringen, Lüneb.), brüggen, borg, busch, fohr; Tho|holte, mälen, rade („Rodung"); Tode|busch, nhagen; Totenohl (s. Ohl), Tombreul (s.Brühl). Tuchenhagen: < to oder te und ON. Uchtenhagen, Pommern.
Tob–, Töb–: s. DIET
(Tobel): „Wald-, Bergschlucht". Zum Tobel, Vontobel, Döbel|t, in, e; Töbeli; Dopl, Dobl|inger, hofer, Döbler (× ON. Dö-

beln, Sa.), Intopler; Dobler (× ON. Dobeln, Württ.), Dobel(mann); Debler; Hölldobler, Lengd.;mit PN.: Guttend., Erbersd., Brund. —Hein–, Hugen|tobler (< huw „Uhu"), Helldoppler. Doch vgl. Tobolla
Tobergte: to und bergete (–ede) „am Berg"
Tobias: hebr. „Güte Jahwes". Tob|iassen, i(e)s, ie(sen), i, ius, (i)em, ei, ye, ys; Thowes, Töben, Dobias, Dops, Döbes; sl. Tob|is, usch, Topsch, Dobl|iasch, (i)sch
Toblander: lad. < tabulatum „Stockwerk". Doblander (Toblandhof, Mieming, Tirol 1288 ze Tabelat)
Tobring: s. to und Brink
Toboll(a): wend.-tsch. „Ranzen, Tasche"; Tobel(a)
Tobschal: ON. Töppschädel (Tobschal), Nossen, Sa. — Dobschal
Tobusch: s. Tobias
Toch: s. DIET (Kf. Theodicho)
Tochter: Tochter–, Dochter–, Techter|mann; Töchterl(e). Vgl. –dotter
Tock, Töck: s. DIET (Kf. Theodicho)
Tod: 1. DIET (Kf. Theuda). 2. Übern. Todtenkopf, haupt, Todthaupt, nd. Dodenhöft. Vgl. Schinder, Mors. 3. schwäb. Todt „Pate". Todtenbier
Tode–: s. to
Todeskino: s. Tedesco
Todtmann, Tödtmann: s. DIET (Teutmann)
Tofahrn: s. to u. Fahr–
Tofall: s. Zufall
Tofaute: s. Tovote
Tofern: s. Taberne

493

Toffel, Töffel: s. Christophorus
Tofote: s. Tovote
Toger: s. DIET (Teutger)
Tohl: pruß. N.
Tohmfohr: s. tom
Toifel: s. Teufel
Toischer: s. Tausch
Toitz: ON. Stralsund
TOL: sl. Stamm, zu asl. toliti „besänftigen". Toli|slaw, š(ek). Tol|k(e) (s. d.), kz, usch; Toll (s. d.), |as, e; Tulk(e), Tull,| a, ick; Töl|k(e), sch; Töll(e), Tüll
Told: s. Berchtwald
Tolk: 1. s. TOL. 2. ON. Schleswig. 3. sl. > mhd., pruß. tolke „Dolmetscher"; pruß. sind ON. u. FN. Tolkemit, Elbing (Tolkmitt); Tolks, Bartenstein
Tolksdorf: ON. Königsberg
Toll–, Töll–: s. Berchtwald, Barhtolomäus, DIET (Thietilo), DULT und TOL (× mhd. tol). 1. „unsinnig". 2. „stattlich-schön"
Toll|er, greve, knäpper, Töller: s. Zöllner
Tollhausen: ON. Köln. Doll|hausen, heiser, Dolthaus
Toll|kiehn, kühn: wohl pruß. ON.
Tollmacz: s. Dolmetsch
Töllner: s. Zöllner
Toltz: ON. Tolz, Stettin
(tom): nd. „zum" (d. h. „am", vgl. te); tom Dieck, Felde, Tom|bach, bergs, brink, brock, forde. To(h)mfohr, Tonberge. Redn. Tomgoden („zum Guten")
Tombert: s. DOM, Tompert
Tonack: zu wend. ton „Tümpel"

Tonätt: s. Darnedde
Tonberge: s. tom
Ton(n)–, Tön(n)–, Tonch, Tonk–, Tont(s)ch: s. Antonius
Tonke: s. Thomas
Tonn|ar, er: s. Donner
Tonne: Tonn|er, emacher
Tonn|ebaum, hofer: s. Tann
Tonscheidt: Hofn. Elberf.
Tonsor: Latinis. f. Scherer
Tooten: s. DIET, Theuda
(Topf): Topff, Dopf. Dazu mitteld. Töpf|er(t), ner; Töpper, Dopfer, Döpf(n)er, Tepfer, Deppermann [Töper, Teper, Dep(p)ner, Deptner He]. Vgl. Euler, Haffner, Pötter, Grape. Siedentopf s. Seide; Kerntopf, Kientopp u. dgl. s. Köntopf. Töpferwein s. Wein
(toplu): sl. „warm", tsch. teply, poln. ciepły, oft in ON. (× sl. topol „Pappel"). Tepl|ik, itz, y; Topel, Toppel(l), Töppel, Töpl|i, er, Tep(p)ler, Scheppler, Tschepel (× wend. čepl „Teufel")
Topheide: s. Dopheide
Töpold: s. DIET (Theudobald)
Toppe, Töppe: s. DIET, Kf. Tiebbo
Top(p)el, Töppel: s. toplu
Toppeler: s. Dobbeler
Topper: 1. ON. Krossen. 2. wend. topař „Heizer" oder topor „Axtstiel"
Topsch: s. Tobias
Topsonder: ON. Topsandern, Herford
(tor): nd. < to der „zur" (d. h. „an der"; vgl. te, ter). Tor|beck(e), brügge, horst, kuhl, mählen, nwaldt, nieport („neuen Pforte"); Thor|becke, speck(e), ley, ndieke, west(en), straten
(Tor): nd. dōr. Vgl. Tür. Thor, Thörl(e), Dörle, Dörler, Dürler. T(h)orer, Dorer = Thor|mann, wächter, = heier, schreiber; weger, meyer, wirth, schmidt. Thorhuter, –hůter Chemnitz XV. Dohrmann, Dormann(s); Stein–, Klap|dor = Faltor (s. Fallgatter); Türlein am Eschzaun s. Esch.
Toran: s. Thorandt
(Torf): Torff–, Dorf|stecher, Torfsticker
–torf, Törfel: s. Dorf
Torgau: ON. > Torg|a, e, er
Torka: poln. torka „Schlehdorn". Torke
Torkel: < lat. torculum „Kelter". In Tirol oft Hofn. Tor|kler, g(g)ler
Törmer, Törner: s. Turm
Torn–: s. tarn
Tornau: 6 Orte (Anhalt, Stendal, Merseb.). Torner. S. tarn
Torned(e)e: s. Darnedde
Torney: s. –ey
Törp–, –torp(f): s. Dorf
Torsch: s. Dorsch
Toschlag: s. Zuschlag
Tossen: ON. Thossen; Vogtl.
Tost: ON. Oberschlesien
Totenohl: s. to und Ohl
Totsch, Töt(t)–, Totz: s. DIET
Tovote: nd. „zu Fuß" (vgl. Pferd). Tofaute, fote
Trab–: s. DRAB
Traban|d, t: „Krieger zu Fuß", entlehnt aus sl. drabant. Draban(d)t (× ON. Draband, Warthegau)
Trach–: s. DRAG
Trache: ON. Dresden
Trach|sel, sler: s. Drechsler

Tracht(e): s. Darnedde
Trachternach: Satzn. „trachte darnach"
Track–, Trag–: s. DRAG
Trader, Träder: ON. Trado, Kamenz
Trafoier: ON. Trafoi, Südtirol (Val de trefoi < trifolium „Kleetal")
Träger: 1. „Lastträger" (Trager, Treger), seltener „Faulpelz" (Träg, Trag; × DRAG). In Zss. oft „Hausierer" (Salztreger; Kreuzträger: s. Kreuz), „Gehilfe" (Eisenträger); Born–, Brunn|träger „Wasserträger". 2. = „Treuträger, Vormund, stellvertretender Lehensträger, Vertrauensmann". 3. = „Dreher, Drechsler": Stuhlträger
Trageser: ON. Trages, Gelnhausen
Traier: s. drehen
Train(er): ON. Train, Niederbay. (× Trainau, O.-Frk.)
Traiser: s. Driesch
Tram(m)–: 1. s. BERCHT (Berhtram), so: Tramsmeyer. 2. obd., westd. „Balken" (bair. Traum), vgl. Tremel. Traum|bauer, er. 3. ON. Tramm, mehrf.; Trams, Mecklenb. — Trambauer s. Traunbauer
Trampe: ON. Kurmark, mehrf. — Tramper, Trampmann
(trampeln): 1. „ungeschickt auftreten". 2. „pfuschen". Tramp|el, ler, lmeier (ähnlich Strampelmeier). Trampelhencze
Trampenau: ON. Marienburg. Trampner
(Träne): Trehenlinus, Dränle, Trönd|le, lin; Trend(e)le (vgl. Trendel). Weiterb. Thrän|hardt, ert; Dren(h)ard
Tranekjer: s. Kjär
Trank–, Tränk–: s. trinken
(Tränke): „Viehtränke". Tränk–, Trenk|er, ler, ner, Trenckmann, Trenktrog. Tiroler Hofn. in der Trenk (aber v. d. Trenck pruß. N.)
Trap–: s. DRAB u. Trippe
Trapp(e): 1. „Treppe" (s. d.), von der Trappen. Trapmann, Trapper. Trappendreher (Trappendrey Allgäu 1650). 2. mhd. trappe „einfältiger Mensch, Tropf"
Trarbach: ON. Mosel
Trathnigg: ON. Tratnig, Villach
Tratt: bair. „Viehtrieb, Brache" (zu „treten"), tirol. Hofn. Trater, Tratt|er, ner, ler, mann; Holztrat(t)ner; Trätner, Trett(n)er, Dreter, An|tretter, (ON. Rosenheim), tritter (ON. Miesbach). Draht(mann), Gedraht (Dratner > Trotten|er, ow KS.)
Tratz–: s. Trotz. Tratzmüller
Trau–, Träu–: s. DRUD
Traub(e): mhd. tr(o)ube (× DRUD). Trub(e), Vklf. Träuble, Treu|bel, pel; Treibel, nd. Dru|be, ve, we; Weintraub, Träubler, Schwarztrauber. Auch = „Gebüsch": Traubinger(× ON. Traubing: Starnberg, Regensburg)
Trauch: mhd. drūch „Wolfs–, Fuchs|eisen"
(trauen): Satzn. Trau|gott, enicht
Trauer: Traurig. Satzn. Trauernicht; nd. Trurnit
Traum: 1. „Traum". Dreumel, nd. Drämer(t) „Träumer". 2. s. Tramm
Traumbauer: s. Tramm und Traunbauer
Traumfellner: ON. Traunfeld, Bay., Österr., vgl. Tramm
Traunbauer: Flußn. Traun, OBay. — Tra(u)mbauer
Trauner: ON. Traun, Österreich, Thüringen
Traut: „lieb". Traut|mann, vet(t)er, loft, wein, wig. So Träutl(ein), Treutlel, le(in). Treutler < treudeln „liebkosen". Trütsch|el(l), ler, Tritsch|el, ler, Dritschel, Truschel, Trutschel, Drutscheli, Trötsch|el, ler, Trüschler. Vgl. dazu mhd. trutschel „kokettes Augenspiel", aber auch tritschler „Schwätzer", trütscheln „Brett spielen"; überall × DRUD (Tritsch|er, ler, el, Dreschler KS.). Trautschold eine junge Bildg. (*Trutschalk, vgl. OD, Udalscalc). Trauzold, Trausold
–traut: s. EISEN, IRMIN, LIEB, WILLE, WIN
Trautner: s. GER (Gertrud)
Traxdorf: ON. Groß–, Kleindraxdorf, Thür.
Traxenberger: ON. Amberg, Passau
Traxl–, Träxler: s. Drechsler
Trayser: ON. Treysa, Kurhessen, s. Driesch
Tre: s. Andreas
TREB: sl. Stämme. 1. in alten PN. zu asl. treb– „geschickt". 2. in ON. trebiti „roden" (ON. Trieb, |el, s, es, Trebl|s, us). Treb|andt, es, esius, in(g), is, s (vgl. Trespe), st, itz, sch, us, usch; Trieb, |s, (i)sch, ig, ke, el, us, usch;

Trib|l, (i)us, uth (× mhd. tribel „Schlegel"), Drebusch, Driebusch
Treber: ON. Treben, mehrf. Trebert (× DRAB)
Trebra: 3 ON. Thür.
Trechsel: s. Drechsler
Treck|er, mann: nd. = Treidler
Tred–: s. treten
Treek: s. te
Treffehn: s. Drawehn
Treffler: zu bair. treafeln „undeutlich reden"
Treffs, Trefz–: s. Trespe
Treger: s. Träger
Treibel: s. DRUD, Traube, treiben
(treiben): Treiber, besd. „Jagdtreiber", doch auch „Gold–, Silber|arbeiter", nd. Driever, |wer; Treib|el (mhd. treibel), mann, Satzn. Treibenreif „Böttcher"
Treichel: schweiz. „Kuhschelle". Treichler, Trinkle(r)
Treide(r): s. TRITT
Treidler: zieht Schiffe den Leinpfad entlang
Treier: 1. ON. Treia, Schleswig. 2. s. truig
Trein(en): s. Katharina
Treis, Treiß: s. Andreas (× TRITT)
Treis(mann), Treischl: s. Driesch
Treit(e)l: zu DRUD, Gertrud oder TRITT (× Treudler)
Treitner: < Gertrud (s. GER)
v. Treitschke: < tsch. Trcky (unerkl.). Dazu auch Terzky (u. Dertsch?), vgl. Dartsch
Treixler: s. Drechsler
Trell(e): obwend. třela „Pfeil", vgl. STRAHL. Vklf. Trelka
Tremel: 1. bair. „Knüttel" > „Grobian" (vgl. Tramm), Trem(me)l, Tröm(e)l, Drem(m)el. 2. wend. třeměl „Hummel". Trömmel
Tremmer: ON. Tremmen, Potsdam
Tremöhlen: nd. „bei der Mühle" (s. te, tor)
Trende: s. Trint
Trendel: 1. „Rundung" in ON. u. Flurn. „Kuppe". ON. Trendel, Franken; Trendelenburg, Westf. 2. bair.-schwäb. „Kreisel" (auch Tri(e)ndl) „trödeliger Mensch" < „trendeln". 3. nd. „Scheibe, Eierkuchen". 4. s. Träne
Trenkle: s. trinken
Trenk(n)er: s. Tränke u. tarn
Trenter: ON. Trent, Holstein, Rügen
Trepp–: s. Tripp(e)
Treppe: Trepper (vgl. Trappe)
Treptow: ON. (5). Trepte
Treschau: ON. Drescha, Altenburg
Trescher: s. dreschen
Treske: zu asl. tresku „Schall"?
Tresp(e): „Grasunkraut" > „Tunichtgut". Dresp. Auch trefzg: Trefz, |er, ger, Treffs, Tröb|s, st, Treb|s, st (diese ostd. zu TREB)
Tressen: s. Andreas
Tresser: ON. Tressau, OPfalz, Tressen, Steierm.
Treßler: s. Trißler
(treten): Trett, nd. Trede „Tritt, Stufe, Weg" (vgl. Tratt). Dazu Treder (oder = „Bälgetreter"), Rosen|tret(t)er, tritt, Leisentritt, Blum(en)|tritt, trat (oder zu mhd. treten „tanzen"?). Satzn. Tredup(p) „tritt auf", verhochdeutscht Tretopf; Tretrop („darauf")
Trett(n)er: s. Trat
Treu: „getreu"; Täuflingsn.: Bleib–, Glaub–, Christ–, Hirten|treu, Treu|herz, mann („Treuhänder"). Aber Treuer: 1. ON. Treuen, Vogtl. 2. s. truig (auch < drewen „drehen"?)
Treu–: s. DRUD
Treubel: s. Traube (× DRUD)
Treuding: s. DRUD Kf.
Treudler: s. Trödel (× Traut)
Treuer: s. Treu
Treu|ge, ke(r): s. DRUD
Treuholz: ON. Holstein
Treupel: s. Traube
Treut–: s. DRUD, traut, TRITT, Trödel
Treviranus: lat. „aus Trier"
Treydte: s. DRUD Kf.
Treyer: s. drehen und truig
Trexler: s. Drechsler
Trib–: s. DRUD und TREB
Tribohm: ON. Stralsund
Triddelfitz: s. Trittelfiz
Trieb–: s. TREB u. trüb(en)
Triebsee: ON. Triebsees, Stralsund. Tri(e)ben–, Tribben–, Trippen|see
Trie(g)laff: ON. Trieglaff, Stettin (< wend. Göttern.)
Triembacher: s. trüb
Triendl: s. Trendel und Katharina
Trien(en): s. Katharina
Triepel, Triet|chen, sch: s. DRUD
Triesch, |mann: s. Driesch
Trietz(e): s. TRITT
Trill–: s. Drill– u. Hose
Trillig: s. Drillich
Triller: Driller. 1. < trillen „drehen" (triller „Drehkreuz am Zaundurch-

Trimborn: gang", > Trillhof). 2. = Trüller
Trimborn: Flurn. bei Schleiden, Rhld.
Trimmel: Hof Trimmelt, Trier
Trindl: s. Triendl
Trinius: Latinis. von Dreiling
(trinken): Trinck „Trinklustiger" = Trink|l, le, lein, Trank, Tränkle(in), Trenk|el, le, Trinker(t), (Trinker viell. zu Tränke), Trunk(hardt). Trunkenbolz; Süß–, Tief–, Kiel|trunk („kühl"), Morghendrunk. Trink|auf, aus (> haus, saus, süß); nd. Drink|uth (> hut, guth), g(i)ern, Trinkus. — Schweiz. Trinkle(r) s. Treichel; Trink|er(t), a, ler KS.
Trinnes: s. Katharina
Trint: nd. „rund" (vgl. Trendel), auch Trende (× Landschaft Drenthe, Holland). Trundt
Trinte: pruß. N. Trinte
Tripp: „Wollsamt". Tripp–, Trepp|macher, Tripma(c)ker (× Trippe)
(Trippe): nd. „Überschuh" (Holzsohle mit Riemen). Dripp(e), Trip–, Trep(p)–, Treb–, Trob–, Trop–, Trüp–, Trüb–, Trapp–, Trab|schuh; Tripp|ner, enheuer, Treppenhauer. Trappendreyer („Drechsler") > Trappentreu, Drappeldrey
Trippel: s. DRUD
Tribs: 1. sl. PN. Tripeš. 2. ON. Aachen, Rügen
Triquart: s. Quart
Trischinger: s. TRITT
Trisl, Trißl: s. Drossel
Trißler: „Schatzmeister" (< frz. trésor; × Drossel 2). Treßler, Drißner

Tristram: Sagenheld Tristan. Dristram
Tritsch–: s. Traut
TRITT: wohl zu ahd. tretan „treten". Tritgerius (Driedger), Trit|bertus, liepus, Trizo. Von DRUD kaum zu scheiden. Hierher viell. Tritt, |el, ing, Tritzmann, Trischinger, Trietz(e), Treite(l), Treide(r), Dreydel, Dreitzel, Dreißing, Treiß (× Andreas)
–tritt: s. treten
Trittelfiz: ON. Trittelfitz, Stettin, T(r)iddelfitz, Tittelwitz
Trittermann: bair. „dritter Knecht auf dem Floße"
Tröb–: s. DRUD. Tröbner
Troch(e): 1. s. DROG. 2. tsch. troch(a) „Bißchen". Trocha (× Trojan)
Trock(e): s. Trojan
Trock: s. DROG
Trockel(s): s. Patroclus
(trocken): obd. trucken, nd. dröge. Truckenbrodt, Druck(en)müller, Dröge,|kopp, müller, nkamp. Dröge auch „Trockenplatz" > Dröger
Trocker: s. Drocker und Trog
Trödel: „Trödler, Altwarenhändler". Treudler, Dreutler, Treut|el, ler
Tröder: s. DRUD
Trog: besd. „Brunnentrog" (vgl. Grand), Trögel, Trog|er, mann; aber Tröger fast stets < ON. Trogen (Vogtl., seltener Riesa, Appenzell)
Tröge: s. DROG
Trojan: sl. PN. Trojan < troj „drei", mehrf. ON. Trojan|dt, er, eus. Zu troj auch Troj|ak, e, Trocke, Trojetzki
Troje: 1. obd. s. truig. 2.

mhd. troje „jackenartiges Wams". 3. ostd. s. Trojan. Zu 1, 2, 3: Troier
Troisch: s. STROJ
Trolf: s. DRUD (Drudulf)
Troll: „Grobian, Kobold". Troll|ius, mann, Droll. Troler „Trippler" (Socin)
Tromatar: „Dromedar, Kamel"
Tröm(e)l: s. Tremel
Tromm–: s. trumbe
(Trommel): spätmhd. trum(p)el, vgl. trumbe (dazu Trommenschläger, Trommeschläger). Auch Wettertrommel im Bergbau. Trummel, Trom(p)ler, Trümp|ler, elmann, Trümler, Trumpfheller
Tromp: ON. Braunsberg
Trömper: s. trumbe
(Trompete): erst spätmhd. Vgl. trumbe. Trumet; Trompet(t)e(r) (× 4 Höfen Hagen, Lennep, Solingen), Trompter, Trümpter, Trometer, Trum(m)eter, Drom(m)eter
Trompheller: s. Trumm
Trompler: s. Trommel
Trönd|le, lin: s. Träne
–trop: s. Dorf
Troppens: s. DRUD Kf.
Tropper: ON. Troppau, Mähren
Tropschuh: s. Trippe
Trösch(er): s. Drescher
Trosiener: ON. Trosienen, Ostpr.
Trost: abstrakter Übern., auch „Helfer". (Nd. auch zu Droste). Schon ahd. Traostilo (> Drossel, Tröstler?) mit Weiterb. wie Trost|mar, olf (so: Trostet < –hart), Troost, Trostmann, Tröster. Aber Trostel (Tirol) Vogeln. „Drossel". — Ammentrost, Blometrost, Megetroster

Trotha: ON. Merseb. Trothe
Trotjer: nd. „Bläser, Nachtwächter"
Trötsch–: s. Traut
Trotte: „Kelter" (zu „treten"), Trott, |(n)er, ler, mann. Sieh auch Tratt
Trott(j)e: frz. N. Trotié, Trottier
Trotz: abstrakter Übern. Auch Trutz(el), Tratz(l)
Trox–: s. DROG
Troxler: s. Drechsler
(trüb): Trieben–, Triem|bacher
Trub–, Trüb–: s. DRUD u. Traube
Trube: 1. s. Traube. 2. wend.-tsch. truba „Trompete"
(trüben): Trimbach. Triembacher (ON. Berchtesgaden, UFrk.) Satzn. Trübswasser, Triebwetter (vgl. it. Storbaltempo i. Fleims < disturba il tempo; Hexenmeister? oder < trüb wie Trüb–, Schöns|wetter)
Trucher: s. Truhe
Truchseß: mhd. truh(t)-saʒe „der über dem Gefolge (truht) sitzt", „Hofbeamter, der für die Tafel sorgt" (Erbtruchsessen, z. B. Tr.-Waldburg), mnd. drossat, nd. droste (s. d.). Truck|säß, ses, Trucks, Trux(es); Drux, |es, ius; Drucks(eis)
TRUCHT: ahd. truht „Kriegerschar, Gefolge" Truhtlib: Drucklieb
Truckenbrodt: s. trocken
Trücks, Trud–: s. DRUD Kf.
Trudhan: s. DRUD
True: zu DRUD oder Truhe
Trugeleib: ON. Trügeleben Gotha
Truger: s. truig
Trugge: s. DROG

Truhe: Tru(c)her (Hersteller; × wend. truha „Wassergraben", oft Flurn.)
Trühl: s. DRUD Kf.
(truig): ladin. „Weg" < lat. trivium. Auch Hofn. Tru(i), Troi, Treu in Tirol. Troje(r), Troier, Treu(er), Treier, Treyer
Trül–: s. DRUD
Trüller: mhd. „Gaukler, Spielmann" (× Triller)
Trum–, Trüm–: s. DRUD (Mitte), Trumm, trumbe, Trommel, Trompete; doch weisen N. wie Trumpoldt (–bald), Trumold (–walt), Drümecker auch auf altd. N. (Vgl. ags. Trum|beorth, veald)
(trumbe): mhd. trumbe, trumme „Trompete", seltener „Trommel" (s. d. u. vgl. Trumm), Trump(p), Drum, Trümpy, Tromm. Trummer, Trommer, Trompert, Drommer, Drummer, Drömmer, Trümper, Trömper. Trümpener wohl „Trompetenmacher". Trommenschläger
Trumet: s. Trompete
Trum(m): südd. „Bruchstück" > 1. Baumstumpf. 2. Biefang (s. fangen). Trum(m)er. — Drum(m), Trum(pf). Trumpusch („Busch"). Ebenso wohl Trumpffeller („Feld"), entstellt Trumpf–, Tromp|heller. Vgl. Trum–
Trummeter: s. Trompete
Trümp–: s. trumbe, Trommel, Trompete
Trumpa: pruß. N. Trumpa, vgl. lit. trumpas „kurz", FN. Trumpeit
Trumpf–: s. Trumm
Trumpfheller: s. Trommel
Trundt: s. Trint
Trunk–, –trunk: s. trinken

Trunte: wend. trunta „Kinderpfeife"
Trunz: pruß. ON. Elbing
–trup: s. Dorf
Trup(p)–, Trüpel: s. DRUD (× Trupp sl. trup „Klotz". Trupke)
Trusch–, Trut(sch)–, Trüt(sch)–: s. DRUD und Traut
Trute: s. DRUD Kf.
Trütken: s. DRUD
Trutnau: pruß. ON. Trutenau, Danzig, Königsberg
Trutz–: s. DRUD Kf. und Trotz
Tschach(e): s. Strache
Tschachtschal: s. Schach 2
Tschachtler: s. Schacht
Tschafaun, Tschaff|on, eller: < lad. cav|one, ella, „Grube"
Tschammer: s. Krämer
Tschan–: s. Johannes 3
Tschantner: s. Alexander
Tschapp, Tschapke: s. Schapp
Tschappel, Tschäppeler: s. schapel
Tscharn(t)ke: s. Czerny
Tscheche: s. Czech
Tschenl(e)in: s. Johannes 3
Tschentscher: ON. Tschentsch (Sternberg, Mark)
Tschepel: s. toplu
Tschern–: s. cierni, Czerny
Tscheschke: s. CIC
Tschich–: s. cis
Tschiedrich, Tschierisch: s. Ziedrich
Tschink(e)l: s. Schink und Zink
Tschirn–: s. ciernie
Tschi(t)sch: s. CIC u. TECH
Tschoche: s. Zschoch
Tschochner: s. Schoch
Tschon(er): s. Johannes 3
Tschö|ke, pe: s. Stephanus

Tschopp(e): s. Joppe und Schöps
Tschorn(ig): s. Czerny
Tschugg(mall): s. Joch
Tschunke: s. Schunke
Tschur: s. Schauer
Tschurtschenthaler: Tirol < tschurtsche „Nadelholzzapfen"
Tschuschke: s. CIC
Tub-, Tüb-: s. DIET (Kf. Tiebbo)
Tubbe-: s. Tippenhauer
(Tuch): 1. Tüchle, Grobtuch. Tuch|er, mann, manger, b(e)reiter, wender (tuochgewender), Tüchler, Dichler, Duchscherer, Grautucher. 2. sl. PN. Tuch, |la, oř (ON. Teuchern), on < sl. t(o)ucha „Ahnung" (oft in ON.). FN. Tauch, |e (ON. Taucha, Leipzig), el, nitz (Wüstung bei Wurzen). Vgl. ON. Tuchen (Potsd., Köslin) > Tucher; Tuchel (Westpreußen) > Tuchler; Tucheband (Küstrin) > Tuchband. Sieh auch Tusch
Tuchhardt: s. TAUGEN
Tuchtenhagen: s. to
Tuck-, Tück-: s. DIET (Kf.) und TAUGEN
Tückmantel: s. Zuckmantel
Tude: s. DIET (Kf. Theuda)
Tüffers, Tuffert: s. DIET (Theudofrid)
Tug-, Tüg-: s. TAUGEN
Tugentlich: Schwaben XVI. Dugend, Tugend
Tuhrig: s. TEUER
Tuin: s. Zaun
Tul(l)-, Tül(l)-: meist zu DULT, doch auch zu DIET (Kf. Thilo) und TOL
Tülf(t): s. DIET (Theudulf)
Tulk(e): s. TOL
Tüller: mhd. tülle „Zaun"

(tum): nd. „zum", d. h. „am" (vgl. te, tom). Tum|bült > bild, brink; ähnlich Thunstrom
Tuma: s. Thomas
Tumbert: s. Dumm
Tumbrägel: s. Brühl
Tumsuden: s. sund
(tummeln): Thümmler, Timmler (× ON. Aurich), Dümmler, Dimmler: wohl „Springer, Gaukler"; frühnhd. deumelen: Däumler, Deimler
Tummernicht: s. tun
Tümpel: „Teich". Timpel, Dimpel, Dümpelmann; obd. Dimpfl (auch ON.), Dimpflmaier, Timpfler. Vgl. Bier
(tun): Satzn. Thudichum, Thudium. Thu(nicht)gut, Thuspaß („besser"), Thußnit, Tumirauf [Dumrauf(f), Dumproff]; Thumer-, Tummer|nicht („Tu mir nichts"); doch ON. Thumirnicht, Colditz < Dammernicht); nd. Daunicht, Donicht, Donte|will, well („Tu ihnen zu Willen")
Tunder: s. Zunder
Tüncher: „Anstreicher" (Donecker < mnd. dönnecker); französiert Dinnier, Dynier, Dinyer
Tüner: s. Zaun
Tungeler, Tüngler: ON. Tungeln, Oldenburg
Tunkel: s. Dunkel
Tünk|el, ler: s. Dinkel
Tünker: in Lippe < Tönneken
Tunner: s. Donner
(tur): sl. „Auerochse". Thur|ack, ke; Tur|ack, ek, ke
(Tür): Thür (× ON. Koblenz), am Türlein („Pforte", auch „Eschtor"; s. Esch); zum Thürli, Dirly, Thürlin; Dürlemann;

Hinterthür (auch Hofn.). Thürwinkel. Anwohner sind: T(h)ürler, Dürler, Dirrler. Thürwächter (Dürr(en)wächter, Dirriw., Dörrw.); Dürr-, Tier|schmidt, Türrschmiedt („Schlosser"; aber Hans Durre, Dürr, Dürrschmidt 1418 Hammerherr, Rehau OFrk.) > Derschmid; Dir(r)igl („Riegel"), Dir(r)nagl, Dürrnagel („Türverschluß"). Türhüter
Tür-: s. TEUER
Turba: Latinis. von Unruh, Schar oder dgl.
Turban: s. Urbanus
Türcher: ON. Türchau, Bautzen
(Türke): meist Übern., z. B. eines Soldaten aus dem Türkenkrieg, auch Gefangener und Häusern., ausnahmsweise < Thuring (vgl. FN. Türkheim, DIET (Theudericus) und tur). Türck(e), Thürck, Turk, Turgg
Turlof: ON. Turloff, Meckl.
(Turm): mhd. turn (auch ON. Turn), mnd. torn. Thurn, von Im Thurn, vom Thurn, Durm, Kirchenthurn, Hothorn, Hodorn (zu „hoch"), von Thurn und Taxis (Taxis bei Bergamo, Oberitalien). — Turnhofer, Thurn|bichler, mayer, reiter, heer = herr (beaufsichtigt die städtischen Kirch- und Mauertürme). T(h)urner (örtlich oder „Turmwächter"), T(h)ürner, Durner, Dürner, Thorner (× ON. Thorn), T(h)örner, Dorner, Dörner; Thürmer, T(h)örmer, Dörmer, Terner, Termer (KS.)
(turse): mhd. „Riese". ON.

Dirschenbach (Tirol), Tirschenreuth (OPf.) < einstämm. PN. Tuerso, z. T. slavisiertem N. Tyrš. Thursch, Türsch(mann), Tiersch, |mann, Tiesel, Thier|se, sch, Diersch; Dirsch, |(e)l, inger, Dürsch, |erl, inger, ner, Dur|z, sch, st (?). Vgl. Dorsch
Türstig: mhd. „wagemutig" (vgl. Thüringen und Durst)
Tusch: 1. ON. Budweis, Graudenz (Tuscher). 2. bair. „Schlag". 2. sl. zu tsch. tucha „Ahnung". Tusch, |e, y, ke, ek; Tausch, |e, ek, ke, il, witz (mehrf. ON.)
Tuschart: s. DUS
Tusche: s. Tusch und Deutsch
Tüscher: s. Tausch
Tuschhof: Hofn. Soest

Tusschenbrök: nd. „zwischen dem Bruch" (s. d.)
Tussing: < frz. N. Toussaint
Tuta: wend. „Blashorn"
Tutschke: s. Deutsch
Tut(t)–, Tüt(t)–: s. DIET (Theuda) und Dudo. Tütschulte
Tütz–, Tutzke: s. DIET Kf. Tutzer (Tirol)
Twachtmann: s. Twiete
Twarz: wend. twarc „Zimmermann". Zwaß
Twe(e)le: nd.; obd. Zwiesel (s. d.). Twelker, Twel(k)emeyer, Twellmann; aber Twelsiek (Flurn. = Quellsiek)
Twe(e)r: s. quer (Hofn. Altena); von der Twer
Tweitmann: s. WID
Twelker: nd. „Zwillichweber"
Twerner: s. Zwirn
Twick: nd. „Zweig"
Twiefel: nd. s. Zweifel

Twiehaus: ON. Twiehausen, Lübbecke
Twiesselmeier: nd. twiessel „wilde Kirsche". Twisselmann; × nd. twiessel, twistel „Zweiteilung". FN. Twistel
(Twiete): nd. „Durchgang, Gasse". Twiet–, Twete|meyer, Tweitmann, Twittenhof. Dafür westfäl. twachte: Twachtmann
Tybus: s. Matthias
Tychsen: s. DIET (Theodicho)
Tyd: s. DIET (Theuda)
Tyken: s. DIET, Theodicho
Tympe, Tympner: s. Timpe
Typelt: s. DIET (Theudobald)
Tyrol: s. Tirol
Tyssen: s. Matthias (Kf.)
Tyxen: s. DIET (Theodicho)

U

Ub–, Üb–: s. OD I u. HUG; Ubber: s. OD III
Übel: 1. s. OD I, Kf. Oppo. 2. „Der Üble". 3. PN. Ubilo. Uibel, Uebele, Uebelin, Ib(e)l. Zu 2: Üb(e)ler, Ibler, mhd. übelaere = Uebelteter, Plauen XIV. Üb(e)lacker, Övelacker, Yblagger, Uflacker. Ublaccker XIII (Schmeller 1, 18). – Übel|eisen, messer, hack. Zu 3: Übelung; Übelher > Übel|herr; hör wohl = übelhörig „schwerhörig"
Uber: s. OD, Audoberht
(über): bei Ortsangaben der, der jenseits wohnt: Über|rhein („Rain"), wasser (ON. Münster), bacher, lacher, brück, dieck, weg, eck, schlag, sax, holz (ON. Siegkreis, Waldbroel), rüter, reiter („Reute"). — Über|mut, all, hörig (mhd. überhoeric „unfolgsam"). Überscha(a)r: „das bei der Flureinteilung überschießende Grundstück", auch „noch ungemutetes Erzfeld", ostd. -schär, sche(e)r; Übeschär, Übscher; ähnlich wohl Überschuß. — Nd. a(e)ver, o(e)ver: auch „oberhalb gelegen". Aver|beck, dieck, gott („Kotte"), hoff, dung (ON. Westf.), kamp, esch, berg; Awerbuch, Äver-, Aber-, Over-; Över-; Ober|-

die(c)k; Overdyck. S. Deich. Over|dick, lacke, lach, beck („Bach"), mann, meyer, bruck, kamp > Ufer|kampf, kott; van Overstraeten. Haberstolz < Overstolz
Uber|ich, le(in): s. OD. Audoberht
Übeschär, Übscher: s. über
Ubisch: sl. N. Ubislaw
(uchte): < mhd. uht „Weide zur Nachtzeit, Weide". Üchting (aber Ucht|er, mann ON. Uchte, Hannover); Auchter, Auch,|mann, ner, Autenrieth (s. d.), Rintsucht
Uck–: s. OD III Kf.
Uckeley: s. Ukeley

Ucker(t), Ücker(t): s. OD I
Ud–, Üd–: s. OD I, III
Udelhoven: ON. Aachen
Uderstadt: s. aus
Üding: ON. NBay.
Üeli–, Ue(t)z: s. OD III Kf.
Uf–: s. OD I und WOLF
Ufen: bair. wohl Dativ von ufe < urvar „Überfahrt, Fähre"
Ufer: (das Wort fehlt obd.). Vom Ufer, Ufermann; Növer = Ten Oever (× ON. Ufer, häufig, und OD I Ufert; s. über)
Uff–: s. OD I und III
Uffelmann: < ON. Uffeln, Minden. Von Uffel
Uffen–: s. auf
Uffingen: ON. OBay.
Uf|ken, kes: s. OD I
Uflacker: s. übel
Ufrecht: s. Aufrecht
Uftring: s. OD I
Ugrich: s. HUG
Uhd–: s. OD I, III
Uhd|ewald, olph: s. OD
Uher(r): tsch. „Ungar"
Uhl–, Ühl–: s. OD III, vgl. Eule, eulen, Euler
Uhland: s. OD III (× ON. Oldenburg). Uhländer
Uhl|es, haas: s. Haus
Uhlhorn: ON. Hann., Oldenb.
(Uhr): Uhr|mann, macher, meister
Uhrbrook: s. Urbach
Uhrha(h)n: s. Auerhahn
Uhrig: s. OD III
Ührz: ON. Ürzig, Mosel. Ihrz, Er(t)z
Uhsadel: s. Usadel
Ui–: = Ü– in ostd. N. z. B. Uibel
Uibrig: < Überreich, mhd. überrīche. Ibrig
Uihlein: s. OD III (Kf.)
Uiselt: s. ASEN, Ansovald
Ukeley: 1. Fischn. Uckeley. 2. ON. Uklei, Holstein; Uckeley, Potsdam
Uken: s. OD III
Ukert, Ükert: s. OD I
Ul–, Ül–: s. OD III
Ulbricht: (schles.); s. ADEL
Ul|er, schmidt: s. Euler
Ulf: s. OD III und WOLF
Ulfilas: < got. Wulfila, s. WOLF Kf.
Ulisses: Sächs. Resident in Rom, † 1710
Ulitz(sch): tsch. ulice „Gasse". Vklf. Ulitzka (ulička)
Ull–, Üll–: s. OD III
Ullen–: s. Eule
Ul(l)ner, Üllner: s. Euler
Ulm–: s. OD III
(Ulme): lat. ulmus > ulm, rein deutsch elm, ilm; mua. auch alm, olm; s. Ulmer, Elm, Ilm
Ulmer: 1. < ON. Ulm, mehrf. 2. = Ullmar (s. ODAL). 3. s. Ulme. Ullmer
Ulner: s. Euler
Ulp–: s. OD III
Ulsamer: ON. Ulsenheim, MFrk. Ulsheimer, Ulzheimer
Ültschi: s. OD III
Um–: in Flurn.: Umlauf, „Umfang, Einfassung", doch auch = FN. Umgeher (1. „Kontrolleur". 2. „Hausierer"), Umseher „Aufseher" (Umlau, |ff, ffd, ft); Umkehrer < umbekēre „Wegbiegung"; Umland „Umgegend"
Umar: s. OD I
Umb–: s. HUNNE, sonst < Unb, z. B. Umbreit „nicht bereitwillig, unfähig" (s. Seltenreich)
Umbach: 4 Orte Bay., Österr.
Umbeck: ON. Lennep
Umbsen: s. OD I
Umfried: s. Unfried
Umgelter: erhebt ungelt, Accise
Umhau(er): s. Unbehauen
Umlau: s. Imlauer
Umlauf(t): s. Um–
Umler: < mhd. umbeler < mlat. humerale „Schultertuch"
Ummar(dt): < frz. Houmard
Ummen: s. OD I
Ummenhofer: ON. Bayr. Schwab., Jagstkreis
Umpfenbach: ON. UFrk.
Umscheid: = Unbescheid
Umsonst: wohl Redn.
Umstädter: ON. Groß-, Klein-Umstadt, Darmstadt
Umt: s. OD I (Ommo)
Unangst: s. Angst
Unbehau(e)n: „ungehobelt". Umb|ehau(en), e(n)hauer, hau, Umhau(er)
Unbekannt: Findlingsn.
Unbescheid(en): „ratlos, ungezogen". Um(b)scheid
Unden: < lat. undae „Wellen", vgl. St. Johanns zu den Unden, Claus in Undis, Hausn.?
Under–: s. unter
Undeutsch, –dütsch: s. Unteu(t)sch
Undinger: ON. Württ.
Unertl: „kleiner Unart"
Unflad: „Unsauberkeit" (vgl. FLAT), „Scheusal"
Unfrau: wohl mnd. unvrowe „Trübsal"
Unfried: Umfried, schon ahd.
Unfromm: „untüchtig"
Unfrücht: s. Unverricht
Unfug: = Ungefug(e)
Ungar: meist Unger, |er, ing, mann (× < Angermann KS.), land; Hunger(land), Magiar
Ungeduld: s. Geduld

Ungefehr: < ān gevēr „ohne böse Absicht"
Ungefro(h)ren: mhd. ungevrō „unfroh" oder eine mundartl. Nebenform von „unverfroren", d. h. „unerschrocken"
Ungefug(e): „unartig, ungeschickt"
Ungeheuer: „unheimlich"
Ungelehrt: geändert in Unglert
Ung(e)lenk: s. G(e)lange
Ungemach: „unfreundlich"
Ungemuth: mhd. ungemuot „verdrießlich, zornig"
Ungenannt: „Fingerwurm, Panaritium"
Ungenetter: s. Ungnade
Unger: s. Ungar
Ungeraten: ON. Ungerath bei Dülken, Rhld.
Ungerberg: s. unter
Ungerecht: s. Gerecht
Ungereit: „nicht bereit" = Umbreit (s. Umb–)
Ungethüm: Bed. nicht festzustellen; mundartl. in älterer Zeit „Gespenst" und „Tumult"
Ungetsuwt: < mhd. zuwen „ziehen"
Ungewiß: mhd. ungewiʒʒen „unwissend"
Ungewitter: s. Wetter
Ungleich: auch „ungerecht"
Unglenk: s. Ungelenk
Unglert: s. Ungelehrt
Ungnad(e): „Unruhe, Unglück" (auch ON. Stralsund). Ungenetter
Unhol(t)z: „nicht als Bauholz geeignet". Unholzer
Unkauf: „Unerlaubter Kauf, Verkauf"
Unkel: ON. Neuwied
Unkelbach: ON. Remagen
Unker: penis. Unkert
Unkraut: „Epilepsie" oder = Un|krott, krodt: „ohne Kummer" (mhd. krot). Unkrauter
Unland: „unbrauchbares Land"
Unlindt: „nicht gelinde"
Unmacht: „kraftlos" oder = nd. Unmack: „Ungemach, Verdruß"
Unmüßig: „unruhig, fleißig". Unmueß
Unmuth: Übern. „Mißmut"
Unna: ON. Westf. Una
Unnutz: U(n)nützer
Unold: s. HUNNE
Unrath: 1. „schlechter Rat, Ratlosigkeit, Mangel, Not" (s. Seltenreich). 2. Kuchenart. Unreter. Die heutige Bed. ist jung
Unrau: s. Unruh
Unrein: „böse, treulos, unkeusch"
Unruh: 1. „Unruhe" (nd. Unrau). 2. mhd. unruoch „sorglos, nachlässig" (Unrug). 3. ON. Unrow, Stralsund; Unruh, Ostpr. (1310 Unraw)
Unseld: 1. mhd. unsaelde „Unheil" (Unsöld). 2. „Unschlitt". Un|selt, slid, sleder
Unser: < ON. Unsen, Hameln
Unshelm: s. Hunshelm
Unsin(n), Unsorg: s. ohne
Unsöld: s. Unseld
Untan: mhd. ungetān „ungeschlacht"
(unter): nd. under, unner. 1. „der unterhalb von etwas oder an der unteren Gasse usw. wohnt". Unter|auer, harnscheidt, köffler, lader, löhner, walder, köhler, kohler, kircher, egger, stöger, ladstätter (< laden) = landstättner (bair. land „Ufer"), birker, forcher, see > seher, weger, gasser, hölzer (> –halt KS.). Underberg, ndrh. Ungerberg. 2. der untere: Unter|wagner, huber, überbacher, dörfel, dörfer
Unterilp: s. hülwe
Unteu(t)sch: „Ausländer"
Untiedt: nd. „Unzeit"
Untucht: nd. „Ungesittetheit"
Unverdorben: vgl. Haincz ganczverdorben Kärnten XV und FN. Jungverdorben
Unver|drossen: droß, druß
Unverfehrt: mhd. unvervaeret „unerschrocken" (Unver|fähr, färth)
Unverhau: = Unbehauen
Unverricht: Un|ferricht, frücht
Unversehrt: „unverletzt"
Unversucht: „unerprobt, unerfahren"
Unverzagt: „unerschrocken, ungebrochen, mutig"
Unwirt, Unwürde: Unwerde „unangesehen" (× ON. Unwürde, Bautzen)
Ünze: ON. Priegnitz
Unzeitig: ndl. Ontyd
Unzel–, Ünzel|mann: rh. „Kerzenmacher", zu unzel „Unschlitt"
Unzicker: s. Hund
Up–: s. auf. Up|heus, hues, hoff, meier
Üpping: s. OD I
UR: zu ahd. ūr „Auerochse". Urscholcus. Urschall, Orschall, Ohrenschall (× ON. Orendelsall, Württ.)
Urbach: 6 ON. 1. < hor. 2. < ur „Auerochs"; ebenso Urbrock, Uhrbrook, Orbig (s. d.)
Urbanus: lat. „städtisch, höflich". Papst U. I., Märt. Ur|ban(i), bann, bahn, bon, ben, banzl, wan(d). Orban(i), Orben,

Urech | Valentinus

Kf. Bohn, |e, en, y; schweiz. RN. Bones(li). Aus (Sank)t Urban: Turba(h)n (auch ON.), Durban, Dorban(d), Bahner? Sl. Urb|anke, ein, entz; Hurban(k), Wurban(k)
Urech: s. OD III
Urf: ON. Niederurff, Fritzlar
Ur|feld: > fel(l), land: wohl „unfruchtbares"
Urha(h)n: Auerhahn
Urich: s. OD III
Urla|s, ß: wohl „von der Bebauung ausgelassenes Land, Brache, Trift"
Urlich, Ürlich: s. OD III
Urmetzer: s. Mais; vgl. ON. Urmitz, Neuwied. Urmitzer
Urner: 1. aus Uri oder Urnau, Baden. 2. s. Ahorn

Urschlechter: < mhd. urslaht „Aussatz, Pocken"
Ursel(l): Ober–, Niederursel a. d. Ursel, Frkf. a. M. Urschel (< Hl. Ursula, He.). Orsch|el, ler
Ursinus: < lat. ursus „Bär". Humanistenn.
Urspringer, Ursprung: s. Sprung
Urwan(d): s. Urbanus
Usadel: ON. Mecklenb. > Husadel
Usart, Usat: s. OD I (Authart)
Usbeck: s. Osbäck
Usch|ald, old: s. OD, Udalscalc
Uschok: sl. „Langohr"
Usener: = FN. Usinger
Usländer, Ußmann: s. aus
Uske: tsch. ON. Usk „Mündung" (> Aussig)
Uslar: ON. Göttingen

Us(s)elmann: < Fluß Ussel, bayr. Schwaben
Ußermann: s. äußer
Uster(i): < ON. Uster, Zürich
Ustrich: s. OST
Ut–: s. aus und OD III
Ut|asch, ech(t), ig u. dgl.: s. TECH
Ulbrecht: s. OD I
Uter–: s. aus und äußer
Uthleb: ON. Uthleben, Sangershausen
Utmer: s. OD I
Utsch: sl. PN. Uč
Utsch–: s. Wutschig
Utters: s. OD I
Utthoff: Hofn. Herford
Uttilie: s. OD III Kf.
Utting: 5 ON. Bay., Österr. Uttinger
Utwald: s. OD I
Utz–, Ütz–, Uz–: s. OD III
v. Uexküll: ON. Riga

V
Vermißtes suche unter F

In lateinischen und slawischen Namen und deren meisten Ableitungen wie w auszusprechen, auch im Innern einiger nd. N. (wie Kleve, Dove, Trave, Hannover, FN. Greve, Wever, Havermann, Overstolz), sonst wie f (z. B. Varel, Vechta, Verden, Villach, Villingen, Vilmar, Varnhagen). Virchow sprach seinen Namen mit F, als slaw. Ortsname ist er aber mit W zu sprechen.
Vaa|s, sen: < Gervasius, Servatius
Vacha: ON. Weimar
Vack: s. Ferkel
VAD: sl. Stamm, asl. vada „Streit". Vadislaw. Kf. Vašek: Waß, Waske,

Waschke, Wäschke (× wend. was „Dorf", wasska „Dörfchen")
Vad(d)er: s. Vater
Vagd, Vagedes, Vagts: s. Voigt
Vagel: s. Vogel
Vahl–: s. Fahland, Fahlen, FAL, Vogel
Vahnenbruck: s. van
Vahr–: s. Fahr–
Vahsen: s. Servatius
Vaigt: s. Vogt (sprich Vāgt)
Vaihinger: 3 ON. Württ.
Vait–: s. Vitus
Val–: s. Fahland, FAL
Valbert: s. FAL
Valentinus: lat. zu Valens < valere „gesund, stark sein". 1. Märtyrer 306. 2. Bischof von Passau im 5. Jhdt. 3. mehrere an-

dere Hl. (oft ON. St. Valentin)
Valentin, |i, e(r); van den Valentyn; Val|tin, ten, tl, Val(l)enthin; Val|ts, z; Falt|in(ger), lhauser, yn, en, (u)s, a; Faltings; Foltin. Fallentinsen; Wallentin, Walent|yn, ini; Wollen|tin, de; Balentin, Ballentien, Balldin, Bollentin; Volz. Mit Umlaut: Velt|in, e(n) (× an den Felden), jen, jes (mit F zu sprechen; × ON. Velten, Havelland; dazu wohl Velte); Fel(d)ten, Feltes, Fell (aber Velt|haus, mann < Feld). Sl. Baltyn, wend. Falt|yn, i(e)n, Waltz, Wall|isch, itschek, Baal, Bal|k, ke, z, ske,

503

Belten; oberschles. Foltys, Walla(sch) (× Walther). Vgl. FULT
Valentor: s. Fallgatter
Valerianus: Weiterb. v. Valerius (s. d.): Val(e)rian (vgl. Baldrian)
Valerius: lat. < valere s. Valentinus, Bischof v. Trier. Auch Filerius. Vallery
Vallbracht: s. Volk
Vallee: s. Wallee
Vallendar: ON. Koblenz. Vollender (Vallendor s. Fallgatter)
Valley: 1. ON. OBay. 2. s. Wallee
Valling: s. FAL
(vallis): lat. „Tal", ladin. val. Faller (Tirol; × Fall). Falser, Walser < ON. Fals, Tirol < valles, vgl. Wallis. Wallum < vallone; Wallnöfer < val nova; Falschlunger < vallis longa; Flunger < val lunga; Fallmerayer < Hof Valmerai Brixen < val Maria oder val maraia „Muhrtal", Flarer (< Vallarer < vallarius „Talbewohner"), Flatscher (< Vallätscher < vallacio „schlimmes Tal"), Verklairer (< val clara „Lichtental")
Valrian: s. Valerianus
Valt-: s. Valentinus
Valter: s. Fallgatter
(van): nd. „von". van Dam (Vandam(me)), van Diek, van der Veld(e); van Cleef („Kleve"); Vanden|bergh, hoff, hoek („Ecke") = Vander|huck, see, stein, burch, bruck (s. Bruch 2; > Vahnenbruck, Fahnenbruch); Vande|warf („Werft"), lo; Vandreike („Eiche"); Van|dahl, höne (s. Hohn), ven (s. Venn); Wan|dam(m), dersee; vamme Kroghe; vgl. von und Ver-
Vandr|ey, ich: s. Fahne
Van(n)hauer: s. Pfanne
Vanselow: ON. Stettin. Fans(e)lau, Fenselau
Varelmann: ON. Var|el, l, rel. Varlemann
Varen|dorf, holz: s. Fahr
Var(re)n-: s. Farnkraut, Farren
Varresbecker: ON. Varresbeck, Elberf.
Varwich: s. Vorwerk
Vas-: s. Servatius, Gervasius, Fasel, Fasold
Vasbeck (Vaßbeck): ON. Elberf., Arolsen
Vae|s, ßkens: s. Servatius
Vas|mer, meyer, Vasters: s. FEST
Vasser: s. Faß
Vässin: s. Gervasius
Väster: s. Silvester
Vat-: s. pfate
Vater: nd. vāder, vadder. Schon ahd. Fader häufig. Vader(s); Vatter(er), Vadder; Fadderjahn; Kinds-, Kinder-, Viel-, Alt-, Best- (beides = „Großvater"), Stief|vater; Schönvatter. Vater|laus (geändert in –haus) = loß („los"), mann, na(h)m. Vettirchen von heide. Himmeli(s)cher vatir. Schiervater s. Wasser
Vaterodt: ON. Vaterode, Witzenhausen; Vatterode, Mansfeld
Vath-: s. 1. FAD. 2. = Pfad. 3. s. Faß
Väth: s. Vogt (Väth|brückner, junker, –röder)
Vau-: s. FAVA u. Fabianus
Vaugt, Vautt: s. Vogt
Vay: s. Sophia
Vecher: Fischername (s. Fach)
Vechner: s. Fechler
Vedal: s. Vitalis
Vedder: s. Vetter
Vedeler: s. Fiedler
Veeger: s. fegen
Veeke: s. FRIEDE Kf.
Vehl|god, gut: s. Vielguth
Veelhauer: s. Feile
Veen-, –veen: s. Venn
Veer(s): s. FAHR
Veersemann: Flußn. Hann.
Vees–: s. Fese
Vehn: s. Venn
Vehr–: s. FAHR und Fähre
Vehres: s. Severus
Vehse: s. Fese
Vehster: s. Silvester
Veicht: s. Fichte (× Vitus)
Veid–, Veit–: s. Vitus
Veie: s. Sophia
Veiel, Veih(e)l: s. Veilchen
Veigt: s. Fichte
Veihoff: s. Vieh
Veik: s. FRIEDE Kf.
Veilchen: < lat. viola, auch Levkoje, Goldlack. Feigelein, Feig(e)l(e), Feigerl; Faigel, Fei(h)l, Fey(h)l (vgl. Fiegel; × Feile u. VOJ). Feigelstock; Vei|el, hl, le, (g)l, gel(e), Vaigle; Veihel, Veyhl; Viegel–, Viechel|mann. Viol(l), Vi(j)ohl („Nachtviole"?)
Veit–, Veiz: s. Vitus
Veithart: s. WID
Veld–, –veld: s. Feld
Veleda: viell. Abstraktum, got. *vilitha „Wohlwollen, Gnade" oder als „Seherin" zu air. fili „Dichter", eigtl. „Seher", lat. vultus „Miene", got. wlaitōn „umherblicken", ags. wlītan „sehen", nhd. Antlitz
Velhagen: ON. Vellage (Aurich u. Oldenb.); Vehlage, Lübbecke i. Westf.
VELIJ: sl. Stamm; velij „groß"

Veli|slav, mir: Fillicke, Fill|mer (× deutsch Vilmar), ing; Fiel|(ic)ke, itz, sch, zlaff; Fel|sche(e), sek, ske, sing, (t)z, zke, kan, Felski; Fell|ing(er), isch; Vellik; Wehl|ack, and, am, ing, isch, itz; Welasch; Welk|e, isch; Wiel|(i)sch; och, atz, an; Will|isch, k (× vlk, s. d.); (aber Wilke fast stets deutsch < WILLE). Zu sl. Vilute wohl Vilhoch, Wilhaut > Wilde|hoech, hudt, danach: Fellguth, Wiligut, Figuth? Wildhuk? Filaus (vgl. Filz und WILLE Kf.)
Velke: ON. Velpke, Braunschweig
Vellauer: s. Felge
Vellmer: ON. Velmar, Hessen
Vellnagel: vgl. mhd. velslos „Türklinke". Fellslos
von Velsen: s. säʒe
Velsing: s. FAL (× VELI J)
Velt–: s. Valentinus
Velter: s. Fallgatter
Vely: s. Levi
Venator: Latinis. für „Jäger"
Vendt: s. FAND
(Venedig): Venedey, aber Venediger wohl ON. Venedig, Mohrungen (Ostpreußen)
Venn: „Sumpf, Moor"; ahd. fenn|i, a; mnd. und afries. fenne, schweiz. venn, ndl. veen (auch ON. Venn(e) mehrf.): Van Veen, van der Venn, Vanven, ter Vehn, ter Feen, Fehnendahl; In het Veen, te Vehne; Intveen; Klein Vehne; Venn, |en, er; Ven|huis, hofen, schröder; Venne|mann, busch, wald; Fenn(er), Fehn(emann), Finner;

fries. Feenstra. Diepe–, Wester|veen
Venne|kohl, kold: s. Fenchel
Vennhaus: ON. –hausen, Düsseld.
Venske: s. Wenzel
Vent: „Bursche", auch „leichtsinniger Mensch, Diener, Fußsoldat". Venten, Fend(t), Oldevend, Grote–, Kahle|fend, Hinkefent. Vgl. FANT
Venskens: s. Vincens
Vent(o)ur: s. Bonaventura
Venus: Übersetzung von Morgenstern
Venz: ON. Rügen. Ventz (vgl. Vincens)
Venz–: s. Wenzel
(Ver–): 1. ndl. < van der: Ver|kerk, po(o)rten, meulen = möhlen, straeten = strate, gas („Gasse"), stappen („Pfad"), crüße („Kreuz"), bruggen, brüggen, steg, |e(n), furth (voort(s), fürth, fürden, würden × Wurte), beek, beck („Bach"), laak („Lache"), lage (s. Lage 2), meer = mehren (doch s. Ver–2), maas („Maas"), dyck, heyden, geest, kamp, bünt, maate („Matte"), hagen, hey(en), hein, heyer („Heide"), haeff („See"), heck, doorn, oord (s. Ort), dang (s. Dunk), hülsdonk, leih = ley, horst, loh, wold, wohlt („Wald"), nholt, ndhll. Van Verschuur („Scheuer"), Verschür. 2. = nhd.: Ver|säumer = nd. siemer, schleißer, meer (nd. vermeer „Vermieter"; × Ver– 1), derber (jüd.), ständig, zagt, lassen, lo(h)ren (Findling? 1536 Verloren kind von Cöln), warner (< verwardenen „bewahren"?), wor(e)-

ner, worn. 3. Ver = „Frau" (vgl. Jungfer): Vermette („Mechthild"), Verklaes („Nicolaus"), Verannemann (wohl Höriger), fries. Ferhildema, Vereenooghe (Dünkirchen; „Frau Einauge"). Genitivisch: Veraechtens („Agathe"), Vernal(e)ken „Frauen Aleken (Adelheid) Sohn" = Vernelken; Vergrietens, Verjutten, Vertruyen (< Truida, Gertrud), Verewen (Eva). Jacob vro Ellinen, Johannes Vorn Hesen
Verber: = Färber
Verch: s. Ferg
Verena: Schweizer Hl. Verener, Frehner, Fröhner (NS.). Frehner 1617 = Frendorf 1613
Vergien: s. Virginius
Vergilius: Hl., Bischof von Salzburg († 758; nach d. N. des röm. Dichters). Vergiels, Virgils
Verheiler: s. Heiler
Verklairer: s. vallis
Verklas: ON. Meckl. Farklas
Vern–: 1. s. firn. 2. s. Ver– 3
Vernekohl: s. Fenchel
Vernick(e)l: s. Fernickel
Vernimb: nd. vernimm „gescheit, aufmerksam" > Vernunft
Veronica: hl. Veroni. Verener, Frener (s. d.)
Verres: s. Severus
Verse: 1. s. Färse. Versl. 2. Verse|n, mann: ON. Veer|se(n), ßen, Hann.
Verster: s. Forst
Verwer: s. Färber
Verzagt: vgl. Unverzagt
Vesper: Vesper|mann, brot; Wesper, Fesper
Vesseler: s. Faß
Vest–: s. FEST und Silvester

Veth: s. Vogt
Vette(l): s. FAD
Vetter: „Vatersbruder"; Vetter|s, l(e)(in), li, mann, dietz; Vötter, l(e); nd. Vedder(mann); Trautvetter, Heine|vetter, fetter; Fetter; Feddersen, vgl. Feder. — Ahd. feter scheint Zss., Zsr. gebildet zu haben; dazu Feder|olf, hardt; Fäder,| hold; Fäd(e)rich, Vetterick, Fed(d)erich (× Friedrich), Feddersen
Veyhl: s. Veilchen
Vian: s. Vivianus
Viand|en, er: ON. Luxemburg
Vibrans: „Wibranz, Pächter", im 16. Jhdt. auch „Amtsmusketier" in Ost- u. Westpreußen. Fi(e)branz
Vicedom(ini): s. Vitztum
Vicent: s. Vincens
Vick: s. FRIEDE Kf.
Vicker: s. Ficke
Victor: lat. „Sieger", mehrere Hl.: Victor, |s, i(u)s, owski. Fictoor, Wic(k)tor, Vitter(s), Wigdor(sky)
Vidal: s. Vitalis
Vidua: lat. „Witwe". Widua
Viechel–, Viegel|mann: ON. Hohenviecheln, Meckl.
Viechtl: s. Fichte
Vief|haus, huse: s. fünf
Viegel: s. Fiegel
Vieh: Vie, Fiech(el); Vie(h)|bacher = beck (bair.), böck, berger, hahn („Hain"), hoff, hofer (> Vier|hub, hufe, Fehuber KS.), hauser, meyer, hirt, weider, mann (Fiemann = –händler), Vie(r)|rath, roth, reuther; Viehweg(er), auch: Vie|beg(k), wig, wäger, bi(n)g; Viehfeger, Fie|big(er), bich, bier, bing(er); Fiehweg(er); Pfi(e)big, Wieweger; nd. Veihoff. In Vie(h)bro(c)k, Vienhus, Viehe aber nd. vī, vihe „Sumpfwald"

VIEL: zu ahd. filu „viel"
Filibert: Filbert, Viel|berth, werth; Philbert, Pilbert (vgl. Philippus)
Filiman: Fielmann
Filmar: Vil(l)mar (× ON. Villmar, Hessen, vgl. Vellmer)
   Kf. Filo: Viel, Filke. Vgl. Filler
(viel): Viel|huber, reicher, weib, haber („Hafer"), nd. Fehlhaber, Velehavere
Vieland: s. Wieland
Viel|er, hauer: s. Feile (Vieler × ON. Vielau, Zwickau)
Vielguth: ON. Öls. > nd. Vehlgod. Fellguth (oder reich?)
Vielmuth: viell. ON. Velmede, Witzenhausen
Vielsmeier: s. Filz
Vielstick|er: s. Pfeil
Vienhus: s. Vieh (Ende)
(vier): Vier (mehrf. ON.), latinis. Quatuor. Fierer = Viermann (× ON.). Vier|tel, tl(er), ling(er), Fierlinger, Fehrling < mhd. vier(de)linc „Viertel als Abgabe", auch „Viertelpfennig". Führling, –lich (als Mehrlingsgeburt erst seit 1716 bezeugt). Vgl. Fertig. Vier|eck, egge (beides ON.; × Viereck < Vierck = Friedrich), Vier|acker, kötter, hub, hufe (vgl. Vieh), thaler, taller (wohl < Vierteil = „Viertelhuber" > Vi(e)rtler KS.), baum, bücher („Buche"), heilig, engel, arm, ermel, heller, schrod („viereckig zugeschnitten, plump"). Vierkandt, Fürkant, nd. Veerkamp (ON. Vierkamp, Holst.). Vir(h)us (ON. Vierh(a)usen, Verhusen). Bei ÖN. aber × für = vor, auch nd. fier „Holzung". Vierzig(mann), Viertzigheller. — Vier|korn, nickel s. Barnickel
Vierether: ON. Bamberg
Vierneusel: s. Firnis. Vgl. firn
Vierth: < mnd. vīride, vīrt < mlat. viride „Grün" (ON. Eutin)
Viet–: s. Vitus
Vietor: (Ausspr. teils Fiĕtor, teils Wi—ētor) latinis. für Faßbender < lat. viĕtor
Vietrich: s. FRIEDE
Vietz: 1. ON. Landsberg. 2. s. Vitus. Vietzmeier
Vie|tzentius, zens: s. Vincens
Vietzke: ON. mehrf.
Vigilius: Hl., † um 400, Rel. Trient (< lat. vigil „wachsam"). Vig(i)l, Fiegl
Vijohl: s. Veilchen
Vil|der, ler: s. fillen
Vill|art, ert, Villhard: s. FRIEDE (Frithubrand)
Villforth: s. Willifrid
Villing(er): mehrf. ON. (NS.). Villiger, Fillinger, Fülling
Villmann: s. fillen
Vil(l)mar: s. VIEL
Villunger: (Tirol) < ladin. villa lunga
Vils|meier, maier: Flußn. N.-Bay.
Vilter: s. Filz
Vinatzer: s. WIN
Vinbert: s. WIN
Vincens: lat. „der Siegende" > Vincentius, Hl., † 304, > Vincentinus (Vinzentini). Vin|centius, cens, cenz, sent; Vie|tzentius, zenz. Vil-

cent, zens. Win|cent, zens; Wizent|i, y Kf. Zen|s, sen, sel|(huber), sler; Zensissen, Zenz, |en, es; Sens; Zins (s. d.), Zintz (× Crescen|s, tius, Innocens). Wintzen (RN. Wintz ndrh.). Ven(t)z, ke, Venskens; Fin|sel, (t)sch, ze(l), Fitzi; Fentz, |(e)l, lein, ling; Fenske; obd. Fieser, Füser, Feuser (Linnartz)
Vin(h)old: s. WIN
Vinke: s. Fink
Vinnenberg: Hofn. Warendorf
Vinschger: Vintschgau, Tirol
Vinzelberg: ON. Gardelegen
Viole, Vio(h)l: s. Veilchen
Violet: Hugenottenn.
Virand: s. Wisent
Virchow: (s. vor Vaas). ON. Köslin. Firch|au, ow
Virginius: lat. „der Jungfräuliche". Vir-, Wer|gin, gi(e)n, Vergien
Vir|(h)us, neisel: s. vier
Visang: s. Wisent
Vischke: s. Fisch
Vi(s)scher, Visser: s. Fischer
Visintainer: s. Wisintainer
Vissinga: s. FISCH
VIT: sl. Stamm, zu asl. viti „Gewinn". Witoslaw, Wisław, Vitoljub (Wittlieb), Witek (× Vitus). Witt|au, ig, ing, ka, chen, ki, ko, ge, ek, eg, esch, osch, sack, schock; Witz|ak, ek, ig, ke, og; Wietz, |e, el, ig, ke, ky, sch, Witzschke; Wiet|asch, eck, ing
Vitalis: mehrere Hl. (lat. „lebenskräftig"): Vital, Vidal, Widale

Vitense: ON. Greifswald, Mecklenb.
Vitter: s. Victor (× WID)
Vittmann: s. WID
Vitus: Märt. unter Diokletian. < lat. vita, doch von Wito (s. WID) und Fito (s. FRIEDE) u. VIT nicht ganz zu trennen. Vit|us, s (Vits in Rheydt auch nach den Vitshöfen der Abtei St. Vitus in Gladbach); z, ken. Vitt,| e(n), ing; Viet, |h, en, je(n), z, (z)meier, sch; Viez, Vietze, |meier, Fi(e)tz; Fiedchen; Veit,| h, weber, z(hans); Veiten|gruber, hansel; Viet–, Veit|meyer, Wachtweitl, Veicht, Veiz, Vait|h, l; Feit, |h(en), l, le; Feid,| el, l, en, ner; Feitenhansl; Veidel; Fix, Fichs, Vix, Feix (× FRIEDE Kf.). Verwelscht Guido; tsch. With, Wittig (Vitek), wend. Feike
Vitzthum: < lat. Vicedominus „Statthalter", eigentl. vice domini „anstatt des Herrn". FN. Vicedom(ini); Viz–, Vitzi–, Vize|dum, Fitzthum. — Vitzthum von Eckstedt
Vivianus: lat. „lebhaft". Vian, Wian
Vix: s. Vitus
Vizens: s. Vincens
VLAD: sl. Stamm „Herrschaft". Wladimir, Ladislaus, Latek, Lasek. Wlathink, Watt|ke, ig, Latt|ka, ke, eck, ich, Lättig, Lat|us(ke), usch, Lassek (× las „Wald"), Latz, e, el, ke, Letzel, Laetzsch
Vlasmann: s. Flachs
Vlatten: ON. Eifel
Vleugels: s. Flügel
Vley: holl. „Lache"
(vlk): tsch. „Wolf", poln.

vilk, wend. wjelk. Auch lit. wilkis. Dazu balt. Wilk|at, uhn (× VELIJ; > obwend. wulki „groß"). ON. Will|ka(u), tsch, xen, Will|schau, Wildschütz (s. wild), Welka, Wölkau. FN. Vlk, Wlk, Wielk, Wilk, |e (× WILLE Kf.), er, ert, s, sch; Wil|sch(ke), sing, z(ig); Welk, |an, e; Wolk(as) (× wolk „Öchslein"), Wölke, Wielgoß (< Vlkoš), Wulk
Vlögel: s. Flügel
Vlosser: s. Flößer
Vobach: s. vohe
Vob|be, elt, ig: s. VOLK, Kf. Foppo
Voche(n)zer: „Kuchenbäcker", < mhd. vochenze, < mlat. focatia „Kuchenart, Weißbrot", focus „Herd". Vochazer, Voges, Fochezer, Fog|es, ezer, Voggesser, Forgetzer
Vochnant: s. VOLK, Folcnand
Vock–, Vöck–: s. VOLK
Vocke|radt, ro(d)t, rot; Vockradt, rodt: ON. Vockerod|e, a; Vocken|rode, roth
Vöckt: s. Vogt
Vodel: s. Vogt
Vorder–: „Vorder–". Voder|berg, holzer, maier
Vogedes, Vögedink: s. Vogt
Vogel: Übern. (× VOLK Kf.). Vogel, |e, s, latinis. Avianus; Vogl, Vögl, Vöge|ll, le(n), li, lein, rl, ls, lke; Foghel. Vogel von Falkenstein, V. v. Vogelstein, Vogel|busch, wedde (nd. wede „Wald"), pohl, bacher, skamp, wi(e)sche, eier (s. Au), rath (reuter, reiter), weid, weyd (Vogilhuette), hut (s. Hut 3),

Vogelsang

fang, fänger = mann, würger, hund (vgl. Stöber unter stieben), bein, ei, ey (doch eher < Folcleih s. VOLK), hofer, schnider, schuster, maier; Voglbaur, nd. Vagel(buhr), Vahl, |kampf, pohl, pahl; Fahl|busch, dick = teich, feder, Pfahlbusch. Aber Vogelländer s. Vogtland. Brachvogel (mehrere Arten), Eisv., Waldv., Nestv., Tzweickvogel, Nastv., Schreiv. (> Schreibv.) = Schrävogl, Schrefogl, Haidv., Wasserv., Seev., Granv., Krav., Grauv., Wittv., Grünv. (< mhd. gram–, krim|vogel „Raubv." oder wie Goldv. nach der Farbe, vgl. Grunysfogillin). — Scharv. („Zugv."?), Sommerv. (obd. „Schmetterling"), Zierv., Freiv., Hauptv. („vorzüglicher V."), Zeitv. (mhd. zitv., „der flügge wird"), Hirschvogel (< Hirse), Hanfv., Singv., Galgenv., Thorenv. (Spottn.), Blotev. (nd. „bloß", „Habenichts"), Puv. (s. d.), Sperv. („Sperling"), Strohv., Schneev., Bratv., Bosev.

Vogelsang: Flurn. („wo die Vögel singen"), der sich im 13. Jhdt., wohl durch den Minnesang begünstigt, über ganz Deutschland, Ortschaften, Höfe, auch Stadtteile, ausbreitet: Vogelg(e)sang, Vogl|sanger, sänger; Fugelsang; de cantu volucrum. Vgl. Flurn. Atzel–, Lerchengesang. Walther Vogelinsanch Allgäu 1398

Vog|es, gesser: s. Vochenzer

Vogler: meist „Vogelsteller", doch auch „Geflügelhändler". Vog(e)ler, Vögler, Fogler, Fög(e)ler, Voghelaere

Vogt: (< mlat. vocatus < advocatus „Anwalt", nd. vagt): „Schirmherr, Statthalter" (z. B. des Kaisers im Vogtland), dann „Aufseher, Richter, Gemeindevorstand", südwestd. „Vormund"; mhd. voget und voit ergeben die Schreibung Voigt
Vog(e)t, Voogt, Vogth, Fogt, Vogd(t), Vokt; Voi(g)t, Voight, Voegd, Vagt, Vagelius, Faget, Fachet, Vaugt, Foit, Fojt, Foyth, Feuth, Fath, Fat(s), (Fäth, Väth, Veth fränk.), Vautt, Fauth, Faudt, Pfaut, Vaigt, Wogt, Woigt, Vö(c)kt, Vögt(le), wend. Bogott; Nevo(i)gt „nicht, d. h. gewesener Vogt". Sonst von den Kf. von Vojtan nicht zu trennen; s. VOJ. Vögt|lin, le(n); Voigtel, Vögtel, Faudel, Vodel, Voit|lein, el(er); Voidl. — Genitive und dgl.: Vo(i)gts, Vogedes, Vagedes, Voithen, Vögten; Vögting(meier), Vögedink, Voider. — Vogt|herr (Gerichtsherr), mann, knecht, meyer (Leibeigene des Vogtes), Fochtmann. Voigt|ritter, sberger. — Voichtleitner, Voit|enleitner, lbauer, swinkler. — Hüner–, Küken|vogt (sammelt Zinshühner ein), Stuhl|faut, faht (vgl. Freistühler), Waldvoigt, Holzvoigt hat Aufsicht über die Flösserei (z. B. an der Schwarza), Fischvo(i)gt, Kirschenfauth, Nunnenvogt, Gassenvoydt; Schlö(n)voigt, Sle–, Schlee(n)–, Schnee|voigt: zu nd. slag, slege „Holzschlag"? Dazu Schneefuß? Jüngere Zss. Polvogt, Brunfaut. Gelegentlich Verwechslung mit nd. vōt, vaut „Fuß": Papen|faut, foht, fuß

Vogtland: (s. Vogt) Vo(i)gt–, Voit–, Fog–, Vogel|länder

Vogtsberger: ON. Ölsnitz im Vogtl.

(vohe): „Füchsin". Vowinkel; Vokuhl, Fokuhl, Vobach, Fohmann; vgl. Fuchs

Vo(h)land, Vöhland: s. Fahland u. VOLK, Folcnand

Vohrmann: s. Fuhr

Vöhrenbach(er): s. FAHR

Vohwinkel: ON. Wuppertal

Void–, Voigt–, Voit–: s. Vogt

VOJ: sl. Stamm (voj „Mann" × Woit unter Vogt; dazu vojak „Krieger, Soldat", Wojazek; vojvoda „Heerführer, Herzog, Statthalter"): Voi|ge, ke; Vojtech, Woi|k(e), gk, nke; Foi|ge, k; Feil(e)ke, Feyl < vojil, Woj|ahn, and, ak; Woy|ach, ak. Woi|wod(e), wade; Woywod, |e, a, t; Waiwod [dazu: Wa(a)dt, Waadz, Waedt, Wädt He.]. PN. Wojtěch, Woit|ech, sch, Woiczech; Woschech, Woit|scheck, schach (so auch Wod|sack, zack?), Vojtan; Kf. Woit,|a,e,as(ke), Woischke, Wutt|ig, ge, ke, Wottke, Wosch, Futtig

Voitländer: s. Vogtland

VOL: sl. Stamm (asl. volja „Wille"), Woli|slaw, mir, bor (Wolber) (ON. Wohla, wend. Walow):

Wolatz, Wollitz, Wohl|an(d), ang, atz, ke; Wöhl|ke, ing; Wahl|is, isch, iß; Wähl|isch, ke

Vol–, Völ–: s. VOLK (Völck(n)er s. auch Lehen)

Volberg: ON. Mülheim (Rhld.)

Volger: 1. < volgen „gerichtlich belangen". Joh. de Volghere. 2. auch „begleiten". Folger (Völger, Völlger wohl 3). 3. < Folcger s. VOLK. 4. häufiger Flurn. Folge (< Füllung). Dazu Volling, Völling(er), Fölling, Fülling(er), Vüllings, Fühling

Volei: s. VOLK (Folcleih)

VOLK, VOLL: 1. zu ahd. folk „Volk, Kriegsvolk". Durch Angleichung des lk zu ll oder Ausfall des k fällt der Stamm zusammen mit 2. ahd. fol, got. fuls „voll". Damit mischt sich ein dritter Stamm (ahd. fultar „trotzig"?; Fultbert, ags. Folthbeorht, vgl. FULT). Enthält der zweite Bestandteil ein r, so wandelt sich gelegentlich das l des ersten Teiles zu r (vgl. Vormeswald < Volmarswald, Tirol 1377)

Folcberaht: Fol|precht, brycht, Vol|barth, bracht, precht, ber(t), behr, per(s), beding; Voll|brecht, brich, pracht, borth (× mhd. volbort „Vollmacht, Verleiher einer Vollmacht"), brod, be(h)r, bring, Vallbracht, Vulbrecht, Vullpracht, Ful|bricht, ber, Fuhlbrecht, Völperling. Folpts (fries. Folpt = Volcbert). Furchbrich (× Vorwerk)

Fulbrand: Vol(l)–, Füllbrandt

Kf. Foppo: Volp(p), Fob(b)e, Fopke, Fopp, | ke, ell, mann, Vop(p)el, Voppmann, Vobbe, Vob|ig, elt, Vö(l)pel, Föp-p(e)l, Vöppelmann, Fubel, Fübel

Folcger: Volger (s. d.), Völlger, Folger, Fölger (s. auch Fulchar), Folkers

Fulchard: Volk(h)art, Vol|chert, hard, Voll|ard, ath, et, ert(sen), Fol|gert, kert(s), chert, chers, Follert, Fockert, Fuck|art, ert, Bolk|hard, art, Völ|kert, chert, lert, Föllert. For|chert, ke(r)t, Forkhardt, Vorgerd, Fur|chardt, chert, kard

Fulchar: (vgl. Folcger) Volker(s, ß, mann), Voller(s), Folkers, Völker(s) (daraus latinis. Populorum?), Felker, Völckerling, Wölker(ling), Völler, Füller (s. d.), Vollring, Volkhering, Fücker, Föcker|er, sberger. Forker

Folcleih: Volei, Vogel|ei, ey? (× VOL?)

Folcman: Vol(c)k–, Folg–, Vol(l)–, Foll–, Föll–, Full–, Volt|mann

Folcmar: Vol(c)k–, Vol(l)–, Völl|mar, Volmary, Vol(k)–, Fol(g)–, Föl(l)–, Füll|mer, Vol(l)-mering, Follmert, Volt–, Folt|mer

Folcmot: Volk–, Voll–, Folk|muth

Kf. Fulmo: Voll-m(icke), Völlm(y), Völm|le, ke, Vö(l)meke, Volmich, Vollminghoff (Fomm?, Fumsel?)

Folcnand: Volk|enand, land(t), Volland (× Fahland), Vollgenan, Folgnand, Folknant, Fuhland, Vöhland, Wohlgenannt,

Vochnant (× VOL und polje)

Fulchrad: Vol(l)rat(h) (× Hofn. Grevenbroich), Voll|rad, roth, Fuhl|roth, rott

Fulkerich: Fullrich, Folrichs, Volkery

Volkold: Vollgold, Volkelt, Volkhol(t)z

Folcward: Volkwarth, Volquar|dt, (t)z, ds, dsen

Folcwin: Volkwein

Fulculf: Fulfs

Kf. Fulco: Volk, | e(ns), el, ner, heimer > amer, Folk(ens), Folg, | e, ner (× Volger 4); Voll(e), Folle(nius); Völk, |e(n), ner, s, el, l(e), lin, ening, Fölks, Föl|ckner, ke; Felk(e)l, Föll(en), Fulge, Full(e), Fülle(s), ner, emann, Fühles. *Focco (doch viell. alter eingliedriger N.): Vock, |e, ner, el, inger, Fockena, Fock, | e, el(mann), ing; Fockenbroch, Fox, Voxbrunner, Föck|(e)l, eler, ler, i, s, Fök|el, s. Vöck|ler, ing, linghaus, Fuck|e(l), ner, Fu(h)g(e), Vücke, Fück(ing), Fügel. Folzo: Volz (× ON. Köslin), Foltz, Pfolz, Föl|z, sch(e), ser, Völsing, Völz|ing, er, ke (× VELIJ), Fuls, Fulst, Vosse

Auslautend: Harvolk

(voll): Voll|bauer, bürger, mai(e)r (s. Meier), meister, herbst, born (vgl. füllen), (en)hals (Volnhals), borth („Vollmacht"), mond (nd. Vul(l)–, Fullmahn). Sieh auch faul und Mond

Voll–, Völl–: s. VOLK. Voll|er, es, müller, möller, eth, köpf (Frkf. 2mal), muth, weiler. Voll-

509

Volm–

macher; Völler: s. Fuller. Voll(en)weide(r) zu Fohlen. Volling, Völling: s. Volger

Volm–, Völ(l)m–: s. VOLK

Volp, Völpel, Völperling: s. VOLK

Volpius: s. Fuchs

Volquard: s. VOLK

Völsing: s. VOLK Kf.

Volt–, Völt: s. FULT und VOLK

Völter: s. Fallgatter

Voltmann, Volz, Völz–: s. VOLK

(von): in Adelsn., doch auch in bürgerlichen: Von Bergen, Essen, Lingen, Nordheim, Eck, dem Hoff, Busch, der Heyde, Mühle, Höh, Heiden, Mark, Trappen, Lieth (līt „sumpfige Niederung"), Burg, Gröben („Grube"); vom Bach, Felde. Von|end, essen, hof(f), höne (s. Hohn), berg, fell, scheidt, moos, ficht, brül, hausen, stadl, arburg (< ON. Aarburg). Schweizerisch: Von|au, bergen, huben, land, kilch, moos, ruß, rüti, tobel, wald, wil, äsch (s. Esch), ach, bank, dann, gries. Vonnoh (ON. OHess. häufig). Vom|end, bach, stein, rath, hof (Funhoff), berg, felde > fell; Vondenbusch, Vondendriesch; Fomholx; Vonder|ahr, ruhr, Vonder|linde(n) = line, forst, hagen, heide(n), bank, straß, schmitt, wahl, weid, scher (mnd. scher „Weide"), hoe („Höhe"); Von der Mühll. Vondr|ach, a, Vontra (s. Aa). Vgl. van und Ver

Voogd: s. Vogt

–voorde: s. Furt

Vooßen: s. Servatius

Vop–, Völp–: s. VOLK, Kf. Foppo

(vor): (vgl. für): 1. wer vor einem Orte wohnt: vor der Brück, vorm Walde, Vorwald, Vor|demfelde, derbrücken, derbrügge; Vor|emberg, enberg; Vordenbäumen; Vorm|schlag, weg, brock, berg; Vorn|hagen, holt, berg, sand, keller, bäumen; Vornewald, Vornoff („Hof"). Fornoff. Ohne Artikel: vor Bruch = Vor|bruik („Bruch"), bach, brugg, weg, baum; hagen, wohle („Wald"); Forberg (× Vorwerk). Ableitungen: Vor|pointner, wälder, lachner, leitner, berger, bucher, zellner, For(m)berger. — 2. Der Ort liegt selbst vorn: Vornanwald, Vorbau(er), werk (s. d.), hof(er), hauser, stadt, land (auch Land mit besonderen Vorrechten; so auch Vor|bauer, länder). — 3. wie 1 oder 2: Vor|holz(er), hölzer, holt, wohlt = wald, busch, kampf; Vor|wälder (waller, wellner; × ON. Vorwalde, Osnabr.), burger. — 4. Zss. mit Verben: Vor|lauf(er), läufer, lauf, lob (vgl. mhd. vorloufe „Jagdhund", mnd. vorlop „arbeitslos umherschweifend"), kauf („Aufkäufer", dazu nd. –köper = Vormeng), tanz, danz, reyer („Reigentänzer"), steher, wieger, hauer (z. T. < ON. Vorau, mehrf.), bringer („Zeuge, Angeber"), spann (mhd. vorspan „Brustspange"), lau-

fer, reiter, reuter (falls nicht zu Rodung, vgl. Förderreuther). — 5. Zss. mit Substantiven: Vor|meier, meister. — 6. Zss. mit Namen: Vor|stoffel, melcher(t) (> melker?), pagel (aber Vorpahl „Grenzpfahl"). — 7. Redn.: Vordank („für Dank")

(vorder): Vorderer „der Vordere", schwäb. Votter (× Forderer „Kläger"). Vorder|mann, mair, leitner, egger, wülbeke; Forder|er, meier; Förder|er, reuther; vgl. Vorder–

Vordran: s. vorn

Vörg: s. Ferg

Vorgert: s. VOLK, Fulchard

Vormeswald: s. VOLK (Anfang)

(Vormund): s. Gerhab, Momber, Pfleger, Vogt

(vorn): Vorndran(n), Vordran, Ford(t)ran (vgl. Hindennach), Vorneweg; Vorn|fett, kahl. Formfeist. Vgl. auch von und Ver– 3

Vorrath: wohl „Vorbedacht" oder „Fürsorge"

Vorsatz: mhd. vürsaz „Pfand"

Vorst–: s. Forst

Vort–: s. Furt

Vorwerk: „vor dem Herrensitz liegendes Gut". Vor|werg, wig, For|wergk, wig, wieger, brich(t), brig(er), brick, Worwerk, Führ|werk, berg(er), westf. Farwick, Fark, Fork; Forwick (Elberf.); Meier zu Varwich, zu Farcke, zum Varwick; Varwich zu Timmern

Vos–, Voß–, Voss–: s. Fos und Fuchs

Vosen: s. Servatius

Vosse: s. VOLK Kf.

Vossebrecker: ON. Vossebrecken, Gemeinde Wipperfürth
Vöst: s. FEST und Silvester
Vötter–: s. Vetter
Vöttiner (Halle): ON. Vettin, Priegnitz
Vowinkel: s. vohe
Vox–: s. VOLK Kf.
Vragner: s. Pfragner

VRAT: sl. Stamm (asl. vratiti „in die Flucht schlagen"). Vrat, |islaw, ek; Wrocimer: Wra|tzke, sse; Wroz(el); auch Wartscheck? (vgl. RAT II)
Vre(e)de: s. FRIEDE Kf.
Vreden: ON. Münster
Vrewen: s. Ver– 3
Vries–: s. FRIESE

Vrin–: s. Severinus
Vücke: s. VOLK Kf.
Vulbrecht: s. VOLK
Vülling(s): s. Volger
Vulmahn: s. Mond
Vulpi(n)us: s. Fuchs. Vulpes, Vulpus
Vullpracht: s. VOLK
Vulturius: Latinis. v. Geier (lat. vultur)

W

Waadt, Waadz: s. VOJ
Waag: s. Waage
Waage: Wage, Waag, van der Wagen. Wullwag(e) („Wollwaage"), Wagschal. — Wager, Wäger, Weger, Wieger = Wagmeister (städt. Beamter; vgl. Messer, Stahl 3), Wage|macher, maker
Waas: ahd. PN. Waso, Wazo
Waaser, Waasner: s. Wasen
Waber, Wäber: s. Weber
Wabersich: s. Laurentius
WACHEN zu ahd. wachēn „wachen" (nhd. wach ist ein junges Wort), s. auch Wacker
Wachard: Wacket, Werkert
Wachari: Wacherle, Wäcker, Wecker(le). Vgl. Wacker
Wacald: Wach|old, (h)olz, hols (×ON. Wachholz, Hann.)
Kf. Vaco, Waccho (vgl. WAG): Wach, |e (×ON. Wachau u. Wenzel, s. d.), Wach, |lin, ler, s, sen(ing), sning, sner; Wachs (aber Wachsweiler, ON. Prüm < Waleswilere; also Wax u. dgl. auch zu WELSCH, s. auch WAS). Wächli, Wack(e),

Weck, |es, en, el, lein; Wegele, Wäge|le, lin; Wex, Wechlin
Wachenbrönner: ON. –brunn, Römhild. Wagenbrenner
Wachenheim: ON. Pfalz, Rheinhessen. Wach(e)mer, Wagenheimer
Wachenhusen: ON. –hausen, Hildesheim
Wachenknecht, Wächner: s. Wagen
Wachenschwanz: s. wagen und Bachstelze
Wachs: Wax. 1. „Bienenwachs". Wachs|mann, ner, nd. Wasser, Waßmann. 2. zu WACHEN Kf.
Wachsmut: s. WAS
(Wacht): Wacht|mann, stetter; Wach(t)meister (Kluge-Mitzka, 829). Wachter, Wächter, Wechter, Klein–, Schaar|wächter, Hochwächter. Dürrw., Thürw. s. Tür. Kurwechter s. Kuhr 2
Wacht(e)l: Vogeln. Wacht–, Wächt–, Wecht|ler „Wachtelfänger". Wachtelborn
Wachtendonk: ON. Geldern
Wack–, Wäck–: s. WACHEN
Wacker: schon ahd. PN.

Wacar „wachsam, tatkräftig" (s. WACHEN), mhd. Weckerlinus, vertschecht Wack|arz, arsch. Wacker|le, s, Wacher(le), Wager|er, le; Wägerle; Wäcker|le, lin(g); Wekker, |ling, mann, Weckher|len, ler; Wager|ingel, engel (falls nicht < ahd. warg|engil, ingel, schles. warkrengel: der Vogel Würger)
Altdeutsche RN. dazu schon Οὐκρόμηος, Chatte bei Strabo 7, 1, 4; Wacarolf. Meist auslautend Odoakar, Gunnacker; s. auch HAG (Haginwakar). Aber Wacker|nagel > nell („Penis"), fuß, barth, zapf, zapp zu wagen 2
Wad–: s. auch Wat–
(Wade): „Zugnetz zum Fischen". Wadenspanner, nd. Wadsteen (zur Beschwerung)
Wadel: „Schwanz". Wohl meist Flurn. Ochsen–, Katzen–, Hü(h)ner–, Hiener|wadel. Hurenw. — Wadl. Kunstwadel viell. < Konstabel
Wadenklee: s. waten
Wader, Wäder: s. WAT
Wadler: mhd. wadeler „Landfahrer, Flüchtling". Wedler (×WAT, Wadel)

511

Wadt, Wädt: s. VOJ
(Waffe): mhd. wāfen, mnd. wāpen. Waffenschmidt, Wappenschmidt, Wapenhensch s. Handschuh. Mhd. wa(e)penaere, wopenaere „Bewaffneter". Wapp|ner, ler, Wepp|ner, ler, elmann. Waffner, Wäffler, Wafler, Waff(e)ler (aber nd. „Waffelbäcker"), Woppner, Wopfner
WAG: zu ahd. wāg „tiefes, bewegtes Wasser", nhd. Woge. Vgl. Wag
Wapolt: Wagpold, Wapold Kf. Wöginger, sonst von WACHEN (Waging, Wägel|e, ing) und Wag nicht zu trennen (s. d.)
Wag: (mhd. wāc, wāge) „See, Weiher" (×öffentliche Waage). Waa(c)k; Wag, |e(mann), er(er), inger, müller, leithner, bach, rainer, Wagen|hofer, huber, lechner, Wage(n)bauer, Wäg|ele(in), ler (× Wagen); Waigl, Woog(e), Woock, Wochenbrunner. Hellwag(e), mhd. hellewāc „Höllenflut", doch auch wohl ÖN.
Wag–: s. Waage, Wag
Wagandt: sl. PN. Wagan
Wagen: Wagen|mann (Weinmann,„Fuhrmann"), führ(er), föhr, knecht („Wachenknecht"), driefer, triftl, schieber, seil („Wahrenseil"), breth. Rollwag, |e(n); Wäge|le, lin, Wegele (× Wag). Wa-g(e)ner, „Schirrmacher", dasselbe Wa(h)ner (vgl. Wahn), Wagler, Wäg|(e)ner, ler, Wächner (fränk.), Weg|(e)ner, eler; Wähner(t), Wehner(t), Wener, Wein|er(t), knecht. Wainer, Wogner, Wohner, schlesisch Woiner, Wanger, Wänger, Wemmer. S. auch Achsen–, Rad–, Stell|macher, Krummholz, Felge. — Die umlautlose obd. Form Wagener hat in den letzten Jh. das md. Wegener nach Norden zurückgedrängt. — Kirrwagen zu mhd. kirren, kirsen „knirschen". Zi(e)rlewagen, Zierlewein < zirlen „zupfen, ziehen"
(wagen): 1. „unternehmen, aufs Spiel setzen". Wag|(en)hals, trotz, blast, blaß, platz (mhd. blāst „Blasen, Zwist"). 2. „(schnell) bewegen". Wagen|pfeil, schwanz (s. Bachstelz), Wa(c)kenhut (vgl. Wacker und wegen)
Wagen|sohn, sonner: < ahd. waganso „Pflugschar" (×Einöde Wagensonn, Oberellenbach, N.-Bay.). Entstellt Wagen|sommer, schein, zink; zu wagense, wegis > Wegesser, Weckesser, Wegisser (Halbinsel Weggis, Luzern, nach der Form)
Wäger: s. Waage
Wager|engel, ingel, Wägerle: s. Wacker
Wagler: s. Wagen
Wägner: meist Wagner (s. Wagner), doch auch zu Wag und Wang
Wagnerhohenlobbese: Hohen-Lobbese ON. Jerichow
Wäh(e): mhd. „stattlich schön"; Weh(e); Wähmann
Wahl–, Wähl–: s. WAL, WALCH, WALTEN (Tirol: wāl „Wasserleitung, Bewässerungsgraben" < aquale)
Wahle: ON. Braunschweig > Wahler (×ON. Wahl(en) mehrf.; < Wald)
Wahl|is, isch, Wähl|isch, ke: s. VOL
Wahl|mar, ter: s. WALTEN
Wahlscheidt: ON. Saarbrücken, Siegkreis
Wähmann: s. Wähe
WAHN: zu got. wēns, ahd. wān „Hoffnung" (nhd. Wahn, Argwohn). Bei Wenn– × WENDE
Wanbald: Wamboldt
Wanibert: Wamp|rechtshammer, erlings; Wammerl, Wametsberger (s. d. × Wanbald), Wember, per, mer(s) Kf. Wamp (s. d.), Wempe, Wemmje, Wammensberger
Wanfrid: Wan(n)–, Wahn(e)fried (× ON. Hessen)
Wanger: Wan|ger(mann, lin), ker(l); Wen|ger, ker (×Wang, Weng, oft ON.)
Wangart: Wangart, Wengart, Wengert(smann), gatz; Quenkert
Wanhard: Wähnert, Mischf. Wansart
Wanheri: Wahner, Wanner, Wehner (eher <Wahn, Wanne, Wagen)
*Wanold (stabreimend, nicht ahd.): Wahn|eld, elt; Wähnelt, Wehnelt
Wanulf: Wannloff (Wan|, Wem|hoff?) Kf. Wano: Wahn (s. d.), |ig, ung; Wan|inger, k, ge(l), ke(l); Wann|ick, eke; Wän|inger, Wähner, Wehn (×WAR II Kf.), We(h)ning, Wenning(er), Wen|i(n)ger, (i)gel, Wenk, |e, el, mann. Doch vgl. ON. Wehnungen, Lüneburg. Wanzo s. WAND

Wahn: ON. Köln, Osnabr. > Wahner (× Wagen, WAHN)
Wahnschaf, |f(e): mhd. „mißgestaltet, verrückt". Wannschaffe; nd. Wanschap(p)
Wahr–, Währ–: s. WAR
Wahren: ON. Leipzig
Wahrenholz: ON. Hann.
Wahrenseil: s. Wagen
Wahrer: „Aufseher"
Währ|er, li: = Wernher (WAR II)
Wahsner: s. Wasen
Wai–: s. Wei–
Waib(e)l: s. Weibel
Waibler: = Weibler (s. d.)
Waiblinger: ON. Stuttgart
Waick: s. Waitz
(Waid): Färberpflanze. Waid|er, ler, ner, mann, messer, müller, küper; Waiter, Weitmesser, mann (× Weid|emann, ner)
Waid|a, e(r): s. Weide
Waigl: s. Wag und WIG, Wigolt, hierzu Waigl(tl)
Waiherdt: s. Wighard
Wainer: s. Wagen
Waiß: s. Weise
Waiter: s. Waid
Waitz: wend. Vklf. vajco, vejce, vajko „kleines Ei". Weitz, Waick. Zu Waiczies: Waitschies, Weitschieß. Vgl. A.. Weitz(e), Weizen, Wizo
Waitz|er, enböck: s. Weizen
Waiwod: s. voj
Wakenhut: s. wagen
Wakup: nd. Satzn. „wach auf", falls nicht mit Wakop zu Kopf (s. d.)
WAL: eher zu got. waljan „wählen", walis „auserwählt, geliebt" als zu ahd. wal „Niederlage", an. valr „die Erschlagenen auf dem Schlachtfelde, der Walstatt". Von WALCH und WALT kaum zu trennen. Walahram könnte „Walstatt-Rabe" sein; für die heutigen ostd. N. macht bedenklich Walweram = Wolfram, Liegnitz 1380, auch Walthram ist häufig, s. WALTEN (aber Walravius, Basel 1285 <WAL): Wall|rabe, rapp, raff, rafen, (a)rabenstein (ON. Taunus); Walram, Wahlrab, Wallerand, Wohl|rab(e), ramm; Woll|rab(e), ram, (vgl. ON. Wallrabs, Thür.)
Wal–: s. WAL, WALCH, WALT
Walb–: s. WALTEN
Walbaum: „Walnußbaum" (Klammerform). Wallbaum, Walbohm; Balnuß, Ballnuss
Wal|bert u. dgl.: s. WALTEN
Walbrecker: Hofn. Walbrecken, Lennep
Walbroel, –bröhl, –brül: ON. Waldbröl, Köln
WALCH: urspr. N. des keltischen Stammes der Volcae, dann Kelte, Römer, Italiener, überh. Ausländer; altslaw. Vlachu, tsch. Vlach, poln. Włochy, zunächst „Wallache" aus dem Germanischen, dann „Italiener"
Walah-heri (Walker, Wal(l)ari): Walcher (× Walker), Wahler, |s, t; Wähler(t), Wehlert Kf. Walh(o), aber auch „der Welsche". Wahl,| e (s. d.), en(s), s, ing, ich(t), mann; Wal|ich, lich, ch(s)hofer (ON. Aichach); (Walesch, Walitsch He.); Walk, |e, el, ling; Wall, |ichs, isch; Wäl|ke, (i)sch, Wehl (× ON. Neuß <Walda), |e, ing; Wel|ch(es), sch(inger, meyer), ke, ge; Wellich
Walch: „der Welsche", oft in ON.: Walch|(n)er, auer, höfer, shofer, Walkhoff (KS.), Welscher. Bei Wall|auer, ner u. dgl. × Wald
Wald: mnd. wold. Vgl. widu, strut, Hard, Hag(en), Hecke, Holz, Horst, Forst, Loh, Strauch, Laub, Busch, Mark, Schlag, Mais, Brand, Reut. Mehrf. ON. Wald. Vormwald, Zwald (< ze „am"); Wald|er, ner, mann (latinis. u. gräz. Sylvander), au(er) (24 ON. Waldau); > hauer, häuer (oder = schläger, hekker), > –eyer (dies md. auch < Waldegger), sachs (wohl = sāʒe, s. d.), grebe (= Holtgrebe = richter, voigt, probst); meister („Forstmeister"), heger, schütz, dobler, egg, eck(er) (oft ON.), schlag, egge, (en)stein, enfels, forst, kirch(er), baur, kötter, müller, schmidt; Waldvogel. Mit PN. Waldhans (Wald|herr, tier u. a. s. WALTEN). Waltner, Wäldner. Assimiliert: Wall|(n)er (ON. Walle(n) mehrf.), meier, mann, inger, enstein (ON. Kurhessen), hauer, schläger, reiter, ro(d)t, roth (s. d.). Nd. Wohl(d), Wohlhage, Wold–, Wolt|mann; Wohlhüter, Wolt|hoff, schläger

Auslautend: –wald: Buchw., Eichw., Grunw., Schön(e)(r)w., Düsterw., Finsterw., Schwarzw.,

Hirschw., Rew., Maiw., Rosenw., Sonnenw., Ost(er)w., Medenw. ("mitten"), Niederw., Odenw. –walde: Fürstenw. (in FN. meist zu –wald gekürzt); nd.: Gronewold, Bockwaldt ("Buche"), Re|woldt, wohl; Grotewohlt; ndl. Groenewoud, Gronewaud. –walder: Unterw., Tränkw. –walter: Lichtenw., Schönw., Steinw. –waldner: Hinterw., Steinw. –wälder: Schwarzw., Odenw. > Ottenw. –waller: Steinw. –wallner: Frauenw., Rottenw., Mitterw., Oberw., Hochw., Reichenw. — Odenwäller, Hinter–, Schwarz–, Westerweller. Satzn.: Brenn–, Wüsten–, Seng|wald (vgl. die Riesen Fellen–, Rumen–, Schellen|walt im Gedichte von Dietrich und seinen Gesellen)

Wald–, Wäld–: s. WALTEN
Wald|a, o: s. EHE
Waldauf: 1. ON. Elsaß. 2. s. Baldauf
Waldemath(e): s. wohl
Waldhauser: s. Balthasar
Waldmin: Hofn. Altena
Waldo: ON. Luckau, Lübben
Walentyn: s. Valentinus, slaw. Walendy
Walesrode: ON. Walsrode, Hann.
Walf: ON. Elsaß
Walfisch: jüd., doch auch alter Hausn. u. × ON. Waldfisch, Meiningen
Walgenbach: ON. Neuwied. Walkenbach
Wal|ich, k(e), kling, Wäl|ke, (i)sch: s. WALCH
Walk, |an, e: s. vlk
Walkenhorst: s. Falke

Walker: „Tuchwalker". Walcher, Walk, Walkner, Walger, Wolker, Wel(c)ker, Welger, Welchert, Wölcker. Gräzis. Gnapheus, Gnapfeus. Walkmeister. Vgl. Fuller. — Ausnahmsweise < Walaheri (s. WALCH) und Waltger (beides häufige N.), so in Walker–, Welker–, Wolker|ling; ON. Walkershofen, Dachau < Waldkereshova. Zss. Huthwelcker, nd. Haudwalker
(Wall): vom Walle, von der Wall, Im Walle, Imwall, Wallmann. Mit PN.: Wallhein(ec)ke
Wall–: meist < WALTEN oder Wald
Wallach: ON. Düsseld.
Wallant: s. Fahland
Wallasch: s. Valentinus
Wallauer: ON. Wallau, Biedenkopf, Neuwied, Taunus
Wallbaum: s. Walbaum
Wallbruch: ON. Marienwerder
Wallee: < frz. Vale|s, t. Valle|y, e
Wallenborn: ON. Daun
Wallenfels: ON. Kronach, Herborn
Wallenstein: s. Wald
Wallentin: s. Valentin
Waller: = FN. Wallfahrer oder zum häufigen ON. Walle(n), seltener zu WALCH, WALTEN, Wald, Wall
–waller, –wäller: s. Wald
Wallerand: s. WAL
Wallerstein: ON. Nördlingen
Wallfert: s. WALTEN
Wallfisch: s. Walfisch
Wall|ich(s): s. WALCH
(Wallis): schweiz. Kanton < lat. vallis „Tal". Wall|ismann, iser, eser; Walser

(× ON. Wals, Salzb., und vallis), Walzer, Wälzer
Wallisch: s. Valentinus
Wallmichrath: ON. Elberfeld
Wallmoden: ON. Goslar
Wallner, –wallner: s. Wald
Wallnöfer: s. vallis
Wallon: belgisches Volk
Wallpott: s. WALTEN
Wal(l)r–: s. WAL und WALTEN
Wallrath: ON. Grevenbroich
Wallroth: ON. Wall|roth (Hanau, Neuwied), roda, rode
Wallschläger: s. Wolle
Wallstab(e): ON. Wallstawe, Magdeb.
Wallum: s. vallis
Walminghaus, Walp–: s. WALTEN
Walsdorf: ON. Bamberg, Hersbruck, Daun, Luxemburg
Walser: s. val:is und Wallis
WALTEN: zu ahd. waltan „herrschen", doch zeigt Waltgang neben Widugang, daß man schon früh auch an den Wald gedacht hat. a geht leicht in o über; dann von WOHL nicht zu trennen. Vgl. auch BALD und WOLF
Waldobert: Waldbart, Wal|brach, barth, brodt, per(t), ber(t, s, er), Wall|bracht, brecht; Wol|ber(t), per(t, ding, s), Woll|brecht, brett; Wohl|brecht, part, Wöl|bert, per(t)
Walbodo: Waldboth, Wallpott, bodt. Doch auch Berufsn. Schon ahd. uualtboto „Gewaltbote", dann „Bevollmächtigter, Amtmann"

(walten)

Waldprand: Wall-, Woll|brand
Walbrun: Walbrun
Waldburga (Heilige): Wald-, Wal(l)-, Wahl|burg, Wall|burger, purger (×ON. Wald-, Wall|burg), nd. Wolper
 Kf. *Walbo (vgl. Wabe = Waldburgis): Walb,|e, inger. Vgl. Wolbo u. Woppo
Walttag: Woll-, Wohl|tag, Woldag
Waldifrid: Waldfried, Wallfert, Welfert
Waltger: s. Walker
Waldhart: Waldhart, Waltert, Wall|at, e(r)t, et(er), shauser, Weldert, Wahlert, Wohl|that?, ert, Woltert, Woldert
Walthari (auf der ersten Silbe betont): Walthe(r). Walter,|ling, höfer, bach, ham (s. Heim), spiel (s. Bühel), skötter, Wald|her(r), hör, er, Wahlter, Wöl|ter, der, Wälterlin, Welt|er(s), ring, Wolter, |s, ing, Wolder(ing), Woller, |mann, sen (×ON. Wollershausen, Hildesh.), Wollring, Wohler(s), Wöhler, tirol. Balter, it. Gualtieri, frz. Gautier, slaw. Wal(d)tier > Walthierer, Waldhier; Woltereck, Walsera, Wauser
Waldhelm: Walt-, Wald|helm
Waldhram: Wald|rab, raf(f), anderes bei WAL
Waldleih: Wolley
Waldman: meist wörtlich „Mann aus dem Walde" (s. Wald); Qualmann?
Waldomar: Walde|mar, mer; Wahlmar, Woldemar, Woll|mar (×ON.

Wolmar, Hessen), mer(t), meier; Wöllmer (×WOLF), Wellmer
*Waltmut (Waldmunt): Wellmuth. Kf. Walminghaus
Waldorat: Wall-, Woll-, Walten|rath (×Wallroth)
Waldarich: Wald|(e)rich, richs, reich; Wallrich, Weltrich, Wold(e)richs, Wölderks
 Kf. Waldo: (× ON. Wald(e) u. Wall mehrf., <Wald): Wald, |e, l, icke (Wald|a, o s. EHE, Ewald); Walt|i, e, (e)l, ke, je(n), inger (×ON. Walting, Walding, Oberösterreich, Waltingen, Franken); Wall, |i, e, Wäld|e, in, ele, chen, Wältin, Wäll|i, e; Welt|i(n), e(n), le, ge, chen, ecken, ing(er), mann, meyer; Weld|e, le, icke, i(n)g, ishofer; Well, |e, ing(er), es, y [Kurz|welti, welly]; Wold|t, e, icke; Woll|t, e, inger, ong; Wohl, Wöldicke, Wöl(l)(inger), Wöhl, |ke, (k)ing. Vgl. WOLKE
Walzo: Wal|tz, tsch (×Valentinus), z(el), zer, Wäl|tz, zel, zlein, zer, Wel|tze, s(ke), ß, st, sing, Welz, |(e)l, ig, er, Wol|tze, z(t), Wölzlein
 Auslautend: Siegwald, Hamwalter, Rabenalt, Kranats, Lothal, Birhals, Friede|wald, bold, Meinold, Ehr(en)hold, Vollgold = Volkelt, Adelholz, Rudolzener, Rodewohl, Machol(l), Marohl, Rohkohl, Crimaul, Steinull, Giesewell, Markott, Pirlot, Marlitt, Mach|lett, leid,

Godet, Riemhelt, Herlte, Hörldt, Grannel. — Jüngere Weiterbildungen: Petzold, Schmerold, Nietzold; z. T. < el + t: wie Henselt; Wentholt < Wendelt

(walten): Redn. Walts-, Walz-, Walti|gott
Walterscheid: Hofn. Siegkreis
Walthemath: s. wohl -walter, Waltner: s. Wald
Wal(t)z-, Wäl(t)z-: s. WALTEN; Wälzer s. Wallis
Waltier, Walthierer: s. WALTEN, Walthari
Wamb|escher, ster: s. Wams
Wambold, Wammensberger: s. WAHN
Wametsberger: Weiler Wammertsberg, Beuerberg (OBay.) (×WAHN)
Wamm-: s. WAHN und Wams
Wamp-: s. WAHN, aber Wamp auch „Bauch" (dazu Vklf. Wemmel)
(Wams): mhd. wambeis. Wammes, Wam|(e)ser, sler = Wambescher > Webscher, Wambster, Wammischer, Wembster
Wan-, Wän-: s. WAHN
WAND: zu nhd. wandern, (ver)wandeln, ablautend zu winden? Dazu auch der Volksn. Wandalen? (dieser nach B. 1,306 wohl zu anord. vandill, vendill „ramulus"). Zufällige Berührung mit dem Volksn. Wenden (s. d.)
Wentiburc (weibl.): Wendeburg, Wenneborg
*Wandhart: Wande(r)t, Wendert
*Wanther: Wander(s), Wenther, Wender (×ON. Wenden, oft), Wend(e)ring, Quan|der, ter,

(Wand)

Quenter. Weiterb. Wenderhold
Wendimar: Wennemer Kf. Wando: Wand,|e, el(t), Want|ke, je, Wan(t)zloeben (ON. Wanzleben, Magdeb. < Wantesleibo); Wend|(e)l, elin (Hl.), ling, l, le (ON. Salzb., Wendlingen, Breisgau), lung, ecke (sonst s. WENDE), Wendelt > Wentholt, Went|ig, ingmann, Wäntig; Quant|e, ius, meyer, Qu(w)andt, Quandyling; Quent, |e, el (× Pflanze, Quendel und Quintinus). Wanzo, Quanzo (×WAHN): Wan|zel, tzelius, Wenz, |ig(er), el (s. d.); Quan|tz, zler, Quen|(t)zel, z(l)er

(Wand): 1. „Felsenwand". Wand|(n)er, inger; Wantner; Haslwanter; Steinwand u. dgl. s. Stein. Aber An-, Am|wander; Anniwanter: mhd. „Angrenzer". Kwandner s. Gewande. — 2. „Gewand". Wand|macher, ma(c)ker, schneider („verkauft Tuch im Anschnitt"); Wan(d)scher, Wantscherer; Niewandt

WANDALEN: vgl. WAND

Wandalburgis (weibl.): Wendelburg

Wan|damm, dersee: s. van

Wandersleb, –lieb: ON. –leben, Erfurt

Wandhoff: Hofn. Wandhof, Vallendar (Rhld.)

Wandr|ach, ack, ey, ich: s. Andreas; auch Wanderscheck

Wanek: s. Johannes 5b

Waner: s. Wahn

Wang: grasiger Abhang (ON. Wang, |e, en; Weng, |en mehrf.). Wang|emann, (n)er, ler, emüller, efeld; Wäng|ler, (e)ner > Wägner; Wenger(t), ler, Wanner (× Wanne), Wank|ler, müller. –wang: Westw., Seew., Haldenw. (×pruß. N. wie Kaltwang, v. Lesgewang, Wangnick nach ON.). –bank: Hasenbank, Hindelbank. –wanger: A(t)zw. (ON. Tirol), Niederw., Perw., Ziegelw., Ellw. (ON. zu Elch; vgl. Wiesend|anger, anner < ON. Wiesendangen, Zürich < Wisuntwangos zu Wisent); Feuchtw. (ON. Ansbach; zu Fichte), Affeltranger (zu Affolter). Mit PN.: Fritzen|wanger, wanker; Hainschwanger, Arnschwanger. –wenger: Beißw. (ON. Württ.), Gutw., Furt|wang, wenger, wängler, Fortwengler (an einer Furt; ON. Baden). Weng, |er(t), el, ler, hoffer, Wenk(er), Weyhuber, Wehmhofer KS.

(Wange): Weiswange. Pawswang

Wangelin: ON. Meckl.

Wangenheim: ON. Gotha

Wanger, Wänger: 1. s. Wang. 2. = Wagner

Wangerin: 3 ON., Stettin

Wanjeck: s. Johannes 5b

Wank: 1. obd. „Seitenweg". 2. = Wang (s. dort Wank|ler, müller, –wanker)

Wanke: s. Wenzel

Wänker von Dankenschwil: Wanger > frz. Vainquière > Wänker + Muttern. v. D

(Wanne): 1. „Futterschwinge". 2. „Talmulde". 3. „Grundstücksgrenze" (vgl. Gewande). Zu 1–3: Wanner, Wenner; 1: Wan(n)–, Wanne(n)–, Wenn|macher; 2, 3: Wanninger (×WAHN; ON. Wanning, Alt-Ötting)

Wannfried, Wansart: s. WAHN

Wann|icke, ing(er), Wänninger: s. Johannes 5b

Wannschaffe, Wanschap(p): s. Wahnschaffe

Wanscher: s. Wand 2

Wanser: ON. Wansen, mehrf.

Wanske: s. Wenzel

Wansleben: ON. Wanzl., Magdeb. Wantzlöben

Want–: s. WAND u. Andreas

Wänt–: s. WAND, Wende und Andreas

Wantner–, want(n)er: s. Wand

Wan(t)z–: s. WAND und Wenzel

Wa(p)pen–: s. Waffe

Wapold: s. WAG

Wapp–: s. Waffe

WAR, WER: hier mischen sich mehrere Stämme, besd. die von 1. ahd. wārjan, md. wĕr(e)n „wehren". 2. ahd. warnōn „warnen". 3. ahd. wārēn „wahren, behüten". 4. ahd. wer „Mann" (vgl. Wer|geld, wolf; Verolfus; lat. vir). 5. ahd. wāri „wahr" (Friese Verritus Tac. ann. 13, 54)

I. Kurzer Stamm:

Warpalt: Werpel

Warfrid: Wehrfritz

Waregand: Warganz, Wergandt

Warger: War|ger, ker

Warhart: Werhard

Warlaicus: War(r)–, Wahr–, Wer|lich

Wariland: Warland, Werlandt

Waraman: Wahr–, Währ–, We(h)r–, Wör–, Quer|mann
Werimer: Warmer('s)berger, Wermer, |s, t (× Warinbert und ON. Warmen, Westf.)
Warimund: Wahr–, Wer|mund
Warmut: Wa(h)r–, Wer– (×Pflanze), Wor|muth; zsgez. Warm|(b)t, (b)ter, mt, Wärmpt, Wermbter (×ON. Wermten, Heiligenbeil)
*Warwig: War|wig, wey
*Warwin: Wehr|wein, bein
Warulf: Werlauff, Warleb
Kf. Waro, Wero: z. T. auch zum längeren Stamm. Wernherus = Wernlinus = Werli(nus) Basel XIII. Wahr|e, y, ig, isch; War|e, le, ling, sirg; Warr|en, ing, elmann; Währli, Wehr, |e, s, en(s), sen, ing, ung, li(n), le, ße; Weeren, Wer|son, le(in), len, (l)ing, li(ch), ich, z (doch ×ON. Werl, |e mehrf.; > Werler); Werr(y), Werren, Worring, Wöhr|le, er; Wör|z, l(e), le(i)n; Wertz, Werz, |el, inger; Warz|el, lberger, en(wieser), inger (× WART), Watzel, Wazmann; Guer|le, ike; Quer|i(n)g, l, ling. Sieh auch II Kf.; × Quirinus
II. Längerer Stamm: WARIN (sicher auch zum N. des in Holstein wohnenden Stammes der Wariner)
Warinbold: Warne–, Warm–, Wehren|bold
Warinbert: Warmbert, We(h)renbrecht. (Vgl. I. Werimer)

Warnefrid: Warnefried
Warengar: Warneger, Warn(i)ger (Wehringer?)
Werinhart: Wern|hard(t), e(r)t; Kurzwernhart, Wörnhart, zsgez. Warntjen, Wern|dt, tgen, z(e), Wehrend
Warinhari: Warn|herr, er, der(s); Wern|her(r), er(s, us, mann); Wörn|hör, er; Wirnhör, Wüörner, Währer, Wenner (Wuorner He.). Frz. Guarnier (×ON. Wern|a, e, mehrf.) Kf. Varin (s. auch I. Waro): Warn|e, s, st; ing, (i)cke (s. d.); Warnk|e, en, s; Warnek|e, en, ing; Wern,|e, z, st, ske, (s)ing, dl-(maier), elinck, tjen, tjes, ick(e), ig(k) (×sl. wierny „gläubig, treu" > Wern|y, itz, ick(e)), Wernekenschnieder, Wärnicke, Wörn, |e, s, z, le, dle, dl(ein); Wehn(vgl. Behn); Wenz(el); We|(t)z, tz(e)l; Wess|es, el(s), ing; Weßling; Quessel, Wötzel. Ostd. Weiterb. Wetz–, Wätz–, Wötz|old (aber auch zu Wenzel). Warms, Werm|s, ke, ler. Wend. Warna|ck, s
Auslautend: Reichwehr
Warch: s. Warg
Ward–: s. WART
Wardenbach: ON. Waldbroel
Wärder: s. Wert
Wardin: „Münz|wardein, prüfer". Wartin, Werd(e)in
Warf–, –warf: s. Werf
Warg: schon ahd. warch „Feind, der Böse". FN. Wolfsgefährth (ON. Wolfsgeferth, Weida). Sieh Recke und vgl. rächen, engl. wretch, elend", an. vargr „Wolf"; zu diesem: Warg in der Greifs-

walder Matrikel: Warch, Wärk, Wargel. Weiterb. Warkhold wie andfrk. Wrachard. Jedoch auch sl. N. Wark, Worka (zu wend. workac „brummen, murren"? Hierzu Wark|os, isch, us, utsch; vgl. ON. Warkotsch, Schles. Auch pruß. N. wie Warkall)
Wark–, Wärk: s. Warg
Warkmeister: s. Werk
Warl|e, ing: s. WART (× WAR I)
(warm): Warm|bier (nd. –ber), brun(n) (ON. Schles.)
Warm–: s. WAR (Werimer, Warmut, Warinbold, II Kf.)
Wärmpt, Warn–: s. WAR II
Warn|as, atsch, ick(e): zu balt. varne „Krähe", warnis „Rabe"
Warndorf: ON. Warendorf, Münster
Warn(e)kro|s, ß: nd. Satzn. „wahre den Krug" (s. Kraus)
Warnholz: ON. Rendsburg. FN. Warmholz
Warr–: s. WAR I
Warstat: ON. Stade
Warßkin: pruß. N.
Warstein: ON. Arnsberg
WART: zu ahd. wart „Hüter, Wart"
Wartman: Wart(e)mann (×Warte)
*Wartold: Warth|ol(d), ul (falls nicht < Barthold)
Kf. Warto: Wart|h, en, (n)er (vgl. Warth), ing, (t)ig, jes; Ward, |ell, el(mann), enga; Werd|ling, elmann; Wärthl, Wertel (auch „Turmwart" u. dgl.), Wertgen, Quard|t, er; Querde (Warz– s. WAR Kf.; vgl. auch WERT)

(Warte)

Häufiger auslautend: Adelwarth, Volquardt, Liebwerth, Herwet, Frewer, Bärwirth, Dank|worth, wärt. Sieh besd. MARK, REICH, SIEG
(Warte): Vandewart, Hohenwarter, Hochwart(er); Wart|(n)er, (e)mann, berger, bigler (s. Bühel). Vgl. Warth (Warter > Werther, Walter KS.)
(warten): Torwart. Sieh auch PN. auf –wart bei BURG und MARK
Wartenberg: 15 Orte
Warth: ON. Württ. — Warth|a, e mehrf. ON. in Ostdeutschland (> Warther) (Wartha × Bartholomäus)
Warthenpfuhl: s. waten
Wartin: s. Wardin
Wartscheck: s. VRAT
Wartusch: s. Bartholomäus
Wartze: ON. Warza, Gotha
Warz–: s. WAR I Kf.
Warz(e)lberger: Einöde Landshut (NBay.)
WAS: zu ahd. hwas, mhd. wa(h)s „scharf", freilich zwei etymol. zu trennende Wörter (vgl. wetzen) Hwasmot, Wahsmut: Waß–, Wa(ch)s|muth; Was–, Waß|mund; Was–, Waß|mus
 Kf. Waso: Waa|s, se; Was(ke), Waschke, Wasel, Wach|s, sel; Wax, Waß|ler, Wass|ing, eng, ibauer; Wäsche, Wesch,|e, ke (× Wasen und Wachs). Weiterb. Wass|hart, ert; Was–, Waß–, Wax|mann
Wäsche: s. WAS
Wascheidt: ON. Prüm
(waschen): Wascher „Tuch–, Erzwäscher", Wäsch(er), Wöscher, Wesch(er), (wischer, wiszer). Wäschle(r), Faßwäscher. Satzn. Waschenpelz. Vgl. Lavater
Waschke: s. VAD (×WAS)
Wäschke: s. VAD (× Kf. von WAS)
(Wasen): „Rasen" (auch ON. ab dem Wasen; Wase|n, rn), Wa(a)ser, Waßer, Wa(a)s–, Wahs–, Wäß|ner, Wasinger (vgl. ON. Wasungen, Thür.), Wasenmüller, Schönwaser, Was(s)enegger, Was|huber, lechner, meier. Wasem > Was–, Waß|mer. Wassem
Wasenberg: ON. Aachen
Wasgetzdichan: Redn.
Wasik: wend. „Kriecher"
Waslé: s. Basilius
Wäspi: s. Wespe
Waß–: s. VAD, WAS, Wasen
Wasser: nd. water. Wäßerle, Wässerlein, Wasserer = Wasser–, Basser–, Water|mann. Zsr.: Kaltw., Warmw., Lauewater, Klarw., Gutw., Faulw., Schier|water, vater (s. schiere). Stobw. u. dgl. s. Staub. Sadewater (s. sod) nd. = Brunnenw., Lobw. s. Lohe. Satzn. Spa(a)rw., Slindewater. — Wasser|fall (ON. Meschede, auch Waterval), lauf, fuhr (5 ON. Rhld., Westf.) = furth, kampf, burg(er) (mehrf. ON.), trüdinger (ON. Dinkelsbühl), lo(o)s, (ON. Schweinfurt); Water|holt(er), hamp, kotte, mann, meyer, val (ON. s. o.), straat. Watterstradt („Straße"), Wasser|zie(he)r, zug „Knecht im Badehause, Pumper im Bergwerk". –ram s. Rabe, –schaff: s. Schaff
Wass|ert, hart: s. WAS
Wäßle: s. Basilius
Wast–: s. Sebastianus

Weber

WAT: 1. zu got. wadi „Handgeld, Pfand", nhd. Wette (Grundbedeutung „Bindung"; vgl. BAND). 2. zu ahd. watan, nhd. waten (lat. vadere)
 Wadirich: Watte–, Wette|rich (× BAD, Bedericus)
 Kf. Wado, Wetli: Wad|l, (l)er, (vgl. Wadel); Watling; Watt|er (× obd. watt „Lache, Furt"), (e)ler, jes; Wäder, Wettengel. Wettich
(wāt): „Kleidung". Wadmenger, Wat(t)mann
Wateler: < Waterlar (Rheydt); zu Lahr
(waten): Satzn. Waten|phul > paul („wate in den Pfuhl" oder „seichter Pfuhl"; vgl. Watt)
Water–, –water: s. Wasser
Watt–: s. WAT
Watten|bach: ON. Kassel
Wattenberg: mehrf. ON.
Watten|scheid: ON. Bochum
Watt|ig, ke: s. VLAD
Watz–, Wätz–: s. WAR Kf. und Wenzel
Watzinger: (Österr.) 7 ON. Bay., Österr.
Wau|er, r–: s. Laurentius
Wauser: s. Walthari
Wawerla: s. Lah
Wawersig: s. Laurentius
Wax: s. WACHEN, Wachs, WAS
Way|(g)and, chand: s. Wigant
Wayland: s. Wieland
Webel: s. Weibel, Wiebel
–webel: s. Wiebel
Weber: Weber, |s, (l)ing, t, us > ruß; Weeber, Wäber, Wöber, Waber, Wober; tirol. Beber, nd. Wever|s, ing; Wefer,|(l)ing (× Widfrid), Wewer(s) (× ON. Wewer, Paderborn). Vgl. Textor,

518

Zauber. — Zss., Zsr. Lein(e)weber, Woll(e)nw., Wullenw., Wüllenw., Füllew., Dünnw. (Dinneweber), Saumw. (zu Zauber 1? oder = Samw. zu Sammet?). Reißenw. s. Riese IV, Zachw. < zēch „Docht". Kleinewefer(s). — Mit Ortsang. Holzw., Hochw., Bodenw., Ekkenweber. Scharnw. mua. „Mistkäfer" (zu Harn). Weberpals
Weber|schock, sinke: s. Laurentius
Webscher: s. Wams
Wechlin: s. WACHEN
Wechmar: s. WIG
Wechselbaum: s. Weichsel
Wechselberger: ON. Bay. mehrf.
Wechsler: „Bankier". Wexler, Wechselmann; nd. Wesseler (vgl. Wesel)
Wechsung: ON. Wechsungen, Nordhausen
Wecht: ON. Wechte, Tecklenburg
Wechter: s. Wacht
Weck–: s. WACHEN und Wacker
Weckbach: ON. Amorbach
Weck(e): 1. „Semmel". Wecklein (Bäckerübern.) = Weck|(l)er, e(n)mann = becker; Wegbecher, Wegge, Weg(ge)ler, Weggenmann. Butter|weg(g)e, weck > Bouterweck („großes Stück Butter"), Eiweck; Spitz|weg, weck; Weck–, Weg|brot (s. Brot), Kleinewegen, Altwegg. Weg|fras, fraß, aß („Esser"), Weck–, Weg|esser; doch s. Wagensohn. 2. nordd. Wecke(n) < Wedekind (Wedege, Weke), südd. s. WACHEN. 3. Weck

auch pruß. — Salweck s. Sallwerk
(wecken): Satzn. Weckauf
Weckher, |t, len, lin: s. Wacker, Wecker(le)
Weckmar: ON. Wechmar, Gotha
Wedag: s. Tag
Wed(d)–: s. WID
–wedde: s. Wede
Wedderi(e)n: ON. Hann.
Wedderkop(f): s. Widder
Weddig(en): ON. Weddingen (Goslar, Magdeb.)
(Wede): nd. „Wald, Holz" (zu WID, engl. wood). Wehde, Stein–, Eich–, Hülse|wede; Vogelwedde, Hülswitt, Stein–, Brück|weh, Wetekamp, Wede|hase, pohl (sonst s. Weide 1), Wehdanner; Steffenauseweh. Vgl. Weide, witu, Brackwehr und Wittum
Wede|kin(d), king: s. WID
(Wedel): 1. nd. Fem. „Furt in Sumpfgegend", auch widel. 2. nd. Mask. „Wald" < wedeloh. 3. Mask. obd. u. nd. „Büschel" (mhd. wadel, wedel), nd. „buschbestandenes Bruch" (ON. Wedel(l), Wehdel). Wed(e)ler (auch „Weihwedelmacher"), Stein–, Eich–, Teich–, Lind–, Ruh–, Hol(l)–, Saltz– (ON. Magdeburg) = Solt|wedel. Brackwehl, Trintwedel (Halle)
Weder: s. Wetter u. WID
Wedewer: s. Witwer
Wediger: s. WIT, Witgar
Weege: s. WID
Weemer: s. Wittum
Weer–: s. WAR I Kf.
Weerda: s. WERT
Weerssen: s. Wigheri
Weerth: s. Wert, Wirt

Weerts: s. Wighart (× Wirt)
Wefer(ing): s. Weber und WID
Weg: Amweg(e), am Weg, Zuweg, van de Weghe, ten Weges, Biedenweg („beim"). Sieh auch Vieh und –wig. **–weg:** Feldw., Gro(e)new., Hollw. = Hohlw., Straßw., Kurzw., Overw., Hohweg; Steinweg(s), amerikanisiert Steinway; **–weger:** Neuw., Unterw. (= Widesott < ladin. via de sotto), Holenw., Mitterw., Hollerw., Oberweg(n)er. Weg|(e)mann („Anwohner" oder „Straßenarbeiter"), ner, erer (Wögerer), hofer, lehner, leiter, scheider
Weg–: s. WIG, Wagen, Weck
–weg: s. Weg und Wecke
Wege: s. WID, Widukind
Wegele: s. WACHEN
Wegeler: s. Wagen
(wegen, wiegen): mhd. „schütteln" (vgl. wagen 2). Satzn. Wegen|ast, stein; Wege|haupt, nd. –höft; Wei(h)kopf, Weykop(f), Weigekop
Wegendt: s. Wiegandt
Wegener: s. Wagen
Weger: 1. „am Wege". 2. s. Waage
Wegerhoff: Hofn. Lennep, Wipperfürth
Wegerich(t): s. Wigirich
Weger(le): s. Wacker
Wege(r)mund: s. Wigmunt
Wegert(seder): s. Wighart und Öd = Wegezeder
Wegesser: s. Wagensohn
Wegezeder: s. Wegert(seder)
Wegfahrt: ON. Wegefahrt, Sa.

519

Wegg–: s. Weck
Wegholz: s. Wigolt
Weging: s. WAG
Wegisser: s. Wagensohn
Wegner: 1. „Wagner". 2. „am Wege"
Wegrad: s. Wigarat
Wegst: schwäb. „Zwetschge"
Wegwart u. dgl.: s. Wigwart
Weh: s. Wähe
Weh–: s. WID und WIG
–weh: s. Wede, Weide
Wehaus: Hofn. Wähaus, Diepholz
Wehage, Wehde: s. Weide (×Wede)
Wehdanner: s. Wede
Wehdes: s. Wedel
Weh(e)fritz: s. WID
Wehinger: ON. Rottweil, Saarburg
Wehke, Wehkin|d, g: s. WID
Wehl–: s. WALCH, WIEL, WOHL, VELI J
–wehl: s. Wedel
Wehlack: ON. Königsberg
Wehler: ON. Wehlen (Trier, Pirna), Wehl (Neuß)
Wehler|s, t: s. WALCH und WIEL
Wehm: ON. Osnabrück
Wehm–: s. WID und Wittum
Weh|meyer, müller: s. Weide (×Wede und Wittum)
Wehmhofer: s. Wang
Wehmuth: s. Wigimuot
Wehn–: s. WAHN
Wehner: s. auch Wagen
Wehr: 1. „Landwehr" (mehrf. ON.). Wehr|er, inger, mann (×mhd. werman „Gewährsmann"), brink, kamp, van der Wehr; Steinwehr (ON. Rendsburg, Stettin). Vgl. Land- und Brackwehr. 2. „Flußwehr", dazu Wehrmaker. 3. „Falle im Wildgehege", dazu Wehrmeister „Förster" (Schm. I), Hirschwe(h)r. 4. „Waffe": Werschmied. 5. < nd. weder „Wetter", s. d. 6. < nd. weder „wider", s. d.
Wehr–: s. WAR
Wehres: s. Severus
Wehr(h)an: ON. Hagen (× ON. Wehrhagen, Aachen und Wetter)
Wehringer: ON. Schwabmünchen
Wehser: s. Weser, Weibgen
Weiand: s. Wiegand
Weib–: s. WIG
Weibel: „Amtsbote". Waib(e)l, Webel, Waible
Weiberg: ON. Minden
Weibler: < weibe(l)n „sich hin- und herbewegen, schwanken". Dazu Weibe(l)zahl „Schweifwedler" (s. Zagel) > Weibezahn, Weibelohr. Waibler
(weich): Breiw., Dotterw., Weichbrodt
Weich–: s. WIG
Weichau: mehrf. ON. (auch Weicha, Bautzen). Weicher(t)
Weichenrieder: ON. Weichenried, OBay.
Weich(h)and: s. Wiegand
Weichhaus: mnd. wīchhūs „Zeughaus, Festungsturm" (zu WIG)
Weichsel: mhd. wī(h)sel, „Sauerkirschbaum", Weichselbaum(er): Weixl–, Wechsel–, Weißel|baum; Weichsler (× ON. Weichsel, mehrf.), Wiechsler, vielleicht der Baumname, gebildet wie Affolter, Holunder, Wacholder; so in Bern Wichsler, ostfrk. Waigslder. Weichsel|berger, gartner; Weichsleder (s. Öd)
Weick–: s. WIG
Weickgenannt: s. WIG, Wignand
Weid–: s. WID
Weida: 1. ON. Sa. Thür. (×ON. Weidau, Weißenfels). Weidauer. 2. = Weidach (s. Weide). 3. s. Tag
Weide: meist 1. „Baum", mhd. wīde, nd. wī(d)e, wēe (vgl. Wichel–). 2. „Wiese"; nd. auch wēde, wāde. Zu 1: Weid|e(r)t (kollektiv), ig(t), ascher (oft ON.). Zsr. Wiedenbohm, Widenbösch = Weidenbusch, Wie|bus, brock (s. Bruch), Krummwiede. Die folgenden N. ohne n können auch zu Wede und wītu gehören: Wied|ner, auer, ekamp, ebruch, hahn (< hagen; Wiethan), brauk; Widebusch; Widtkamp, Wiet|hoff, hölter; Wittstruck; Wieden|bohm, bach, brüg(ge), mann, höft = haupt (Wiedekopf); Wiehenbrauk; Wienbrock, Wiedenbröker; Wien|hold (meist zu WIN), höft (Widehöft; s. Haupt), dieck; Wie|brock, busch (Hofn. Altenort), beck(e) = bach, hager, meyer. Zu 2: Wehde, Kuhwe(i)de; Wede|pohl, kämper, gärtner; Wehage, Weh|müller, meyer. — (Schm. III) Weiden|thal, hiller (s. hülwe); Weide|hof, kamp, land, Weidgang, Nacht|weide, weh (vgl. dazu uchte), Terweide, Nienweide, Futterweid, Gaisweidt, Fohlen–, Moll|weide, Vollen–, Gans|weider

Weidehopf: s. Wiedehopf
Weidelt: s. Widwalt
Weid(e)mann: „Weidmann" (× WID, Widiman, Waid und wie Weidenmann: Weide 1). Waidmann
Weiden: 24 ON. (× St. Vitus)
Weidgenannt: s. WIG, Wignand
Weidhaas: 1. Waidhas, Schwaben XIV, nd. Wedehase zu ahd. witu „Waldhase"; der Verbreitung nach aber meist 2. „wendischer Lehensträger" [wend. wičas. Witsch|as, es (verdeutscht Lehmann), Witasek]. Weidhase, Weithaß, Witthase
Weidinger: ON. Weiding(en), mehrf.
Weidlich: mhd. weide(n)lich „jägermäßig, stattlich". Weide(n)-, Weit|lich, Weideli (× WID, Widolaic)
Weidner: 1. mhd. weidenaere „Jäger". 2. zu Weide 1.–2. s. Waid. 3. ON. Weiden(au)
Weier: 1. obd. „Raubvogel Weihe". 2. WIG, Wigheri. 3. s. Weiher
Weier–: s. Weiher
Weiershaus: ON. -hausen, Marburg
Weife: s. wīfe
Weif(f)enbach: ON. Biedenkopf (Hessen)
Weig–: s. WIG (Wignand) und Wiegand
Weigang: s. WID (Widugang)
Weigekop: s. wegen
Weigel: Kf. zu WIG oder Wiegand, doch auch < Romanheld Wigalois
Weigenand: s. WIG, Wignand

Weigrecht: s. WIG, Wigirih. Weig(e)rich
Weih–: s. WIG
Weiher: mhd. Wīer, Weier|mann, müller, maier. Weyer|busch, gräber, Wirrmann; schweiz. Wiger (ON. Weyer mehrf.)
Wei(h)kopf: s. wegen
Wei(h)nacht: nd. Wi(e)nacht
Weihnert: s. Weiner
Weihrauch: Übern. Weuh–, Wein|rauch; Weyrach
(Weihraute): Pflanze Ruta graveolens, wird zu Mariä Himmelfahrt geweiht. Weihrauter, Weyra(u)ter. Wegen des Geruches und als Weingewürz auch „Weinraute" genannt
Weihtag: s. Tag
Weijandt: s. Wiegand
Weik–: s. WIG
Weikopf: s. wegen
Weikus: lit. „schnell". Weikusat
Weil: ON. häufig
Weil–: s. WIG Kf. und WIEL
Weilacher: ON. OBay.
Weiland: s. Wieland
Weilbrenner: ON. Weilbronn
Weiler: 1. s. WIEL. 2. oft ON. < mhd. wīler < lat. villare (< villa „Gehöft". Zu diesem ahd. –wīla; vgl. Rottweil, Württ.; schweiz. –wyl. ON. Wyl). Ahr–, Dett–, Wald–, Roth– = Rott|weiler; Leutwyler; Eckenschwiller (ON. Eggenschweiler, Württ.)
Weilhammer: ON. Weilham, OBay.
Weilinger: ON. Regensburg
Weilmünster: ON. Nassau

Weim–: s. WIG Kf.
Weimann: = Weinmann
Weimar: 1. ON. Thür., Kassel. 2. < PN. Wigmar, Winmar. Weimer (hier × Wittum)
Wein: nd. wīn (vgl. WIN). Altw., Gutw., Lauterw. (mhd. lūtertranc, clārek „Rotweinbowle"). Kühl(e)w. = Kielw., Schillerw., Firnew., Schaumw., Meßw., Gänsw., Pfefferw., Brandwein(er). Tepperw. (nd. tepper „Zapfer, Schenkwirt") > Töpperw., Töpferw. (Töpperwien). Satzn. Panschenw., Mengew., Lobenw., Schwendenw., Schlind(e)wein (< slinden „schlucken"), Eßw. (s. oesen); aber Lieb(en)w. eher zu LIEB. — Weinsgnugk (Jännerw. u. dgl. s. Genuinus; Rothw. wohl < Hrodowin). — Wein|geber (vgl. līt), schenk(er), zapf, zäpfli (nd. Wien|tapp(er), tepper), mann (s. d.), börner = brenner, reber („Weinbergarbeiter"), rufer („Ausrufer") = schell, führer, kercher („Kärrner"), läder, meister, knecht, schröder, kieser = koster, messer („Prüfer"), stecher („Makler"), stock, strauch, holz (meist < PN. Winewold), reis, ast, reb, krantz (Ausschankzeichen), laub, traub, beer, bir, beerer („Rosinenhändler"), kauf (= Leikauf, s. d. oder zu kouf „Käufer", nd. Wienkopp), kopf (s. Kopf 1), wurm („Zecher", vgl. Bier), haus, keller, berg(er) (nd. –barg; in Flurn. gelegentlich Verhochdeutschung von wienbarg),

Wein– | Weiß

acker, feld, land, länder, gart(en) (mehrf. ON.), dazu –gart|ler, ner, mann; –gärtner, Wingert, |er, rhein. Wengertsmann, Wengerter, nd. Wiengarn, van den Wyngaert. Wien|struck, rank, berg, schroer (s. Schröter), breyer (= Branntweiner); Winblad, Wingberg
Wein–: s. WIN
–wein: 1. s. WIN; z. B. Alw. (ALB, ADEL), Bodew. (Boudewien, BALD), Bärw., Eberw., Goßw. (GOTT, Mischf.), Edelw. (ADEL), Leutw., Reichw., Trautw., Volkw., Reinw. (RAGIN). 2. s. Wein. 3. in ON. zu ahd. winni „Weide, Wiese". Schlettw. (Rudolstadt)
Weinand: s. WIG, Wignand
Weinauge: vgl. Biereye unter Bier; Schmalkalden XV Wenege, Wenige, XVI Weineig(e), XVII Weinaug
Weine: ON. mehrf.
Weiner: 1. = Wagner. Weinert. 2. ON. Wein|e, er(n). 3. sl. viniař „Winzer" (obwend. „Weinschenk"). Winar(ski), Wiener. 4. s. WIN, Winiheri
Wein|gand, handl: s. WIG (Wignand), Wiegand
Weingold: ON. NBay.
Weinig: s. Wenig
Weinigel: s. Igel
Weinmann: 1. Weinschenk. 2. md. = Weiner 1
Weinrauch: s. Weihrauch
Weinretter: s. Weireter
Weinreuter: ON. Weinreith Graz
Weinrieth: Obpf. Weinreiter
Weinzi(e)rl: mhd. wīnzurl < lat. vinitorem „Winzer"; auch mehrf. ON. — Wein(s)ziehr, Winz|er(l), enhörlein
Weip–, Weirich: s. WIG
Weireter: 3 ON. Weyret, Ober-Österr. FN. Weyreter, Wei(h)reter, Weihretter, Weinretter, Weinrath
Weis–, –weis: vgl. Weiß
Weisang: s. Vincenz
Weisbecker: s. Weizen
Weisch: frühnhd. „Stoppel", Weisch(n)er, bei Weischer × ON. Weischau, Coburg
Weischedel: = Weißschädel
WEISE: 1. zu ahd. wīs „weise" und wīsan „weisen". 2. zu idg. * uesu, gr. εὔ „gut" (vgl. Wisegothi > Westgoten)
Wisbraht: Weisbrich, Weißbrich(t)
***Wisigar:** Wisger, Weisker
Wisichart: Wissert, Wiesert, Weishart, Weiß|hardt, e(r)t
Wisheri: Wieser (× Wiese), Wisser, Weiser (s. d.), Weysser
Wisman: Wi(e)sm., Wißm., Weißm., Weisem.
Wisamar: Wies(e)mer, Wi(h)smer, (× Wismar, ON. Meckl.)
Kf. **Wiso:** Vgl. ahd. wīso „Führer". Heute vor der Menge der Kreuzungen kaum zu erkennen. Vgl. Wizo u. ON. wie Wiesing, Wiss|el, ing(en), Weisingen, Weiß|en, ig, ingen. × Weise, Weiß, Wiese: Wies|en, ing, eke; Wiske, Wiss|ing(er), el; Weis|e, ing, ig(er), Weis|ke, ner, huber; Weiß|ig, ing(er), el
Weise: 1. s. WEISE Kf. 2. ein Weiser (mhd. wīse). 3. „elternlos", mhd. weise (so Waiß)
Weisel: ON. mehrf.
Weisenbeck: s. Weizen
Weiser: 1. s. WEISE, Wisheri. 2. „ein Weiser". 3. „Tüncher" (s. Weiß). 4. < ON. s. Weiß
Weisheit: Übern. Weis|haitinger, heidinger (× Haupt)
Weisner: pruß. N. Waysnar
Weissaag: mhd. wīssage (vgl. FN. Prophet) oder = Wiesocke
Weiß–: s. WEISE und Weizen
Weiß: 1. ON. Weis, Weiß(en) mehrf. 2. s. Wizo. 3. Farbe: nd. witt. Weiß,| e, er (× Weiß(l)er „Tüncher" = Wißler 2). Vgl. auch Weitze. Witt, |e, er, ing. — weiß: Halbw. (Wis u. gra, Basel XIV), Schönw., Leuchtweiß > Leichtweiß, Schneew., Scheinew. („glänzend"), Kohlw., Krappweis? Kreitenweis. Weiß– (auch Weis–)|haupt, häupl, schädel (Weischedel), kopf, köppel, haar = flock (flog, floh, flack, flach, floch, pflog, pflock, pflug), barth, wange(r), mantel, ermel (> Weißermehl), schuh, fuß; gerber (gärber), leder; pfennig (kleine Silbermünze); hahn, huhn, taub; bach(er), tanner, brem (s. brame), leitner, auer. Vgl. Weizen. Weißen|bach(er), born, fels, see, (> seel), rieder, bühler, klee. Witt|kamp, kämper, kop(f) > köpper = höft, foht („Fuß") = poth, rock, kugel (s. d.), mütz, brodt, penning, hohn, huhn, hans, jo-

hann, Withand, Witten|berg, brink, bach (beck, becher). (Aber Weiß|moll, mütz, pferdt, schnur, sohn (Waysvne), Witt|mütz, schnur: pruß. N.) — (Weißpfahl: s. Westfal) S. auch Weitz(e)
Weißelbaum: s. Weichsel
Weiß|ig, ke, ing(er): s. Wiesocke (×ON. Weißig oft, Weißingen, Dillingen)
Weiß(l)er: s. Weiß und Wißler (Weißer < wīseherre „erfahrener Herr" NS.)
Weißener: 1. ON. Weißen, mehrf. 2. mhd. wiʒenaere „Strafer, Henker, Gerichtsdiener" (dies auch Wiesner, Wißner)
Weißnicht: s. wissen
Weist: ahd. Wisod (Weiterb. von Wiso; s. WEISE)
Weisweiler: ON. Düren
(weit): Hofn. auf der Weit, Tirol. Weit|feld, land, emeier, öder, horn; nd. Wiet|feld, hoff. Aber Weitenauer mehrf. ON. Vgl. Waid und Weiter
Weitag: s. Tag
Weit(e)kamp: s. Weizen
Weiter: 1. s. Waid. 2. mhd. weitaere „fischt mit dem weit (Netz)"
Weithaß: s. Weidhaas
Weithaus: 1. ON. Waidhaus OPf. 2. „Waidniederlage"
Weitlich: s. Weidlich
Weitnauer: 5 ON. Weitenau
Weitprächtiger (Nürnb.): 2 Weiler Weiprechting, Bay.
Weitschieß: s. Waitz und schießen
Weitz–: s. WID, WIG Kf., Wizo, Weizen
Weitz(e): soweit ostd. < wend. wejza, woiza „Schaf". Vklf. Weitzke. Gewiß auch mancher Weiß(e) hierher. Tsch.-poln. owca > Autze. Vgl. Waitz, Wizo, Weizen
Weixer: 5 ON. Weichs Bay.
Weixler, Weixlbauer: s. Weichsel
(Weizen): mhd. weiʒe, mua. weiß. Weitze, Semmelweis, Buchweitz mhd. weiʒ|becke, brōt neben wīʒbrōt; vgl. Wittbrodt). Weitzen–, Weisen|beck, Weiß(en)beck = Waitzen|beck, bök (×ON. Waitzenbach, UFrk.) = Weisbecker; Weitz|mann, enbauer, müller, Weitzfelder, Weißenbau, Weiz(s)äcker (< Acker), Weit(e)kamp. Waitzer
Wel|ack, asch: s. VELIJ
Welbers: s. WILD
Wel|ch–: s. WALCH
Welchert: s. Walker
Weld–: s. WALTEN
Welde: ON. Welda, Minden
(Welf): Weiterb. Welf|er(t), ing (×Waldfrid); nd. Welp(e) (×ON. Welpe, Köln, Oldenburg)
Welge: s. WALCH
Welger: s. Walker
Welk–: s WALCH, VELIJ, vlk
Welker, –welker: s. Walker; Welke(r): ON. Welka, Bautzen
Well–: s. WALTEN Kf., WILD, WILLE
Welland: s. Wieland
Wellbaum: „Achse des Mühlrades"
(Welle): nd. „Quelle" (engl. well), van Well, van der Well. Well|mann, brock, meyer; Wellen|brink, kamp, peter
Wellems: s. Willahalm
Wellenberg: ON. Holstein
Wellens: rhein. FN. < ON. Wellen, mehrf.
Weller: 1. s. WILLE. 2. ON. Welle(n) mehrf. (vgl. Welle), Wellmann. 3. < welle „Reisigbündel" (Socin). 4. bair. = Wels 2. 5. zu Wald. 6. rhein. zu Welle „Ackerwalze".
–weller: s. Wald
Wellich: s. WALCH
Welling(er): ON. Welling, Koblenz; Wellingen: ON. Trier, Württ.
Wellmuth: s. WALTEN
Wellpott: s. WILLE
Welm: s. Willahalm
Welp(e): s. Welf
Wels: 1. ON. Österr. (> Welser) (×Welz, Jülich). 2. Fischn. — Welskop(f). 3. Kf. zu WALTEN. Wel|ske, ß, sing, st
Welsch: s. WALCH
Welt–: s. WALTEN (doch Übern. Alberecht diu welt)
Welte(r): 1. ON. Welte, Münster. 2. s. WALTEN (Walthari, Waldo)
Weltin: s. Valentinus
Wel(t)zien: ON. mehrf. Feltzin, Feldsien
Welwart: s. WILLE
Welz: ON. Jülich. Welzer (×Wels, Wallis)
Welz–: s. WALTEN Kf.
Welzbacher: ON. Langensalza, Trier
Wem–: s. WAHN (Wanibert)
Wembster: s. Wams
Wem|er, hoff: s. Wittum
Wemhöner: s. Wittum
Wemmel: s. Wamp–
Wemmer: s. Wagen
Wend–: s. WAND
WENDE: Deutsche Bezeichnung des Slawen; mhd. Wint, Winde × ahd. mhd. wint „der Wind"

523

Windogast: Wendega|st, s, ß, tz
Winidhari (Win(i)ther, Hl.): Wint(h)er (meist Übern.), |le, ling, mann; Wintterlin; Winder, |l(e), Quinders (Winitmund): Windemuth
Vindrig: Wint(e)rich, Windrich (ON. Wintrich a. d. Mosel, vgl. Wendrich u. WIN, Winirich)
Winidolt: Wind|holt, holz
Winidulf: Windol|f(f), ph

Kf. Windo (s. auch Wende): Wind, |e, en, l, el(s, er, ken); Windt|- (en), Wint|e, el, gen(s); Quindel; Winz– auch < WIN (s. d.)

Wende: 1. „Slawe" s. WENDE. Wend(t). Adjektivisch: Wendisch, Windisch(mann), Wintsch,| e, er; Winsch, |(er)mann; Wünd(i)sch; Wüntsch, Wünsch(e) (× ON. Wünsch, Merseb., Wündsch, Querfurt; schles. Wünsch, Winsch < ON. Wünschendorf). 2. „Grenze": Wende|baum, born, kamm, nkampf („Kamp")

Wendel–: zu WAND und WANDALE

(wenden): Satzn. Wenden–, Wendel|spieß, Wendeha(c)ke, Wenhake, Wennhak (wohl nd. Wendehoike „Dreh den Mantel", Reinke de vos), Wentrock und Wend–, Went|hut (Spottn.?). Wendschuh wie Wendleder Schusterübern. (Wen–, Win|schuh; Wind|schügl, schigl). Wen(d)nagel = Stülpn. Wendschatz (schweiz.

„Reugeld"), Wendenschimpf („Spielverderber", schimpf „Scherz"), Wende(l)muth (mhd. „Wankelmut"), Windemuth

–wender: s. Wand
Wendert: s. WAND
Wendig: s. Benedictus
Wendland(t): Land der (hannoverschen) Wenden, Polaben. Wentland, Wendländer. Vgl. Drawehn
Wendler: 1. s. Wandler. 2. ON. Trier
Wendling: 15 ON. Wendling(en)
Wendrich: wend. = Heinrich
Wendsche: ON. Bautzen (Wensch|aw, e), Wentscher
Wendschlag: s. Wenzel
Wenedicter: s. Benedictus
Wener: s. Wagen
Weng: s. wenig
Weng–: s. WAHN, Wang, wenig
–weng(l)er: s. Wang
Wengeroth: ON. Nassau
Wengertsmann: s. Wein
Wenhake: s. wenden
Wenhold: s. WIN, Wineuald
(wenig): „klein, gering". Weniger, Weng (auch oft ON.), Wenger, Winge, Weinig (weinec), Wenigekind = „Kleinkind". Vgl. Wenzel
Wenisch: s. Wenzel
Wen(n)inger: ON. We(h)ningen, Weiningen
Wenk: s. WAHN, Kf. und Wink
Wenk–: s. WAHN und Wang
Wenn–: s. WAHN Kf. und Wanne
Wennagel: s. wenden
Wenne|borg, mer: s. WAND

Wenner: s. Wanne und WAR II
Wennhol(t)z: s. WIN, Wineuald
Wenrich: wend. = Heinrich
Went–: s. WAND, Wende, wenden, Wendland
Wenthur: s. Bonaventura
Wentscher: s. Wendsche
Wen(t)z: Kf. zu WAR II (besd. Werner), WAHN, WAND (vgl. Wenzel)
Wenzel: < Wenceslaw wohl zu russ. vjenec „Kranz" oder aslaw. vešte „mehr" und slawa „Ruhm", Schutzhl. Böhmens; ohne n: Vac|lav, ek (× wend. wjacy „mehr"), Vecek. Wachna > Wache (Glatz); tsch. Wach. Wiche (Vicha), Wichera, Wanke (Vaněk), Wanschura, Wenig (Venik), Wenisch, Wenzig. Manche der folgenden N. auch deutsch (s. Wentz): Wentz, Wenz|laff, (lau, law(e), lah, lav), el, ler, ke, ig; Mühl|wenzl, fenzl, Hirsewenzel; Rollwenzel; Venz, |laff, mer, l, ke; Fentz |laff, ke, ahn; Fenz, |laff, lau, an; Wendschlag; Wanz|ek, ke, el, lick; Wanske, Watz|laff, lau, eck, ke, el, lick; Wetz, |laugk, lich, el, ek, ig, ke, ko, Wätzold, Wislaug, Winzel, Witzel
Wep–: s. WIG
Wepfer(mann): ahd. wephare „Gaukler"
Wepold: s. WAG
Weppelmann, ler, ner: s. Waffe
Weppert: s. WIG, Wigberht
Weps: s. Wespe
Wer–: s. WAR

(wĕra): obwend. „Treue". PN. Wer|en, slaw; tsch. vĕrni „treu". Wern|ick, itz(ke), Wier|i(n)g, nik, Wirny

Werb–: s. Wirba

Werber: ON. Werben, mehrf., wend. Werban

Werch–: tsch. vrch „Gipfel", wend. wjerš „der Höchste" (dazu ON. Warschau, auch wend. PN. Werch, |an). Werch, |e, au, an, hahn, ner; Wersch, |e, ke; Wirsch,| ke, ing(er), Würsch, Wyrsch (× wjerša Fischreuse"; ON. Wersch,| au, e)

Werd–: s. WART und WERT

Werder: 1. s. WERTH. 2. Werder(mann) (46 Orte), s. Wert

Werd(e)in: s. Wardin

Werfel: s. Würfel

Werfler: s. Worfler

Werft: ndl. (nd. warf). 1. „Uferdamm". 2. „künstlicher Hügel, Wohnstätte darauf": van der Werf. Warf|en, smann; Kalk–, Münken|warf (zu Mönch); Niederwerfer

Wer|gand, ger, hard: s. WAR I

Wergin: s. Virginius. Wergien

Werk: Werker, Wirker, Würker(t), Würcher, Würger, dissimiliert Wülker (s. d.) „Werker, Anfertiger, Arbeiter". Würch, dazu mhd. worhte, würhte u. dgl., Beispiele s. Schubert. Hierher: Steinwirker, würk; Holz–, Mande–, Ficken|wirth, Sallwürk, Salweck, Preiswerk, Licht|wark, wer(t), Wolwerter, Sarwetter, Ohl|wärter, werter (s. Öl), Hotwarker, Mestwaro, werdt; Steinwarb(er), Steenwarder, Bartenwerfer, Armstwurcher, Handwerth (ndl. schrijnwerker „Tischler"). — Werk|er, mann „Arbeiter, Bauführer"; Werkmüller, Werkmeister (nd. Warkmeister) „Baumeister, Aufseher". Sieh auch Vorwerk

Werkshage: ON. Werkshagen, Altena

Werl: ON. Lippe, Soest

Werl–, Werm–: s. WART I

Werm(b)ter: s. WAR I

Wermuth: 1. Pflanze. 2. Warmut (s. WAR I)

Wern–: s. WAR II, wĕra

Werninghaus: ON. –hausen, Hagen

Wernitz(er): ON. Potsdam, Magdeb.

Wernwag: ON. Schwaben; Frk. auch Wörwag

Werr–: s. WAR I (Werres: s. Severus)

Wersch–: s. Werch

Werschmied: s. Wehr

Werse: ON. Münster

WERT: zu ahd. werd „wert", wirdī „Würde". Kaum zu trennen von got. wairdus „Gastfreund", ahd. wirt, as. werd „Wirt, Hausherr" (×WART)

Vertehard: Werdath

Werdheri: Werder, Werther × Wert; mehrf. ON. Werth(er)

Werdmann: Werth–, Wirth–, Würde|mann Kf. Werdo, Werzo: Werd|dt, th, zel; Weerda (ostfries.), Wir|th, z. Ähnliches s. bei WART. Würdi|g (× „der Würdige"), ele; Würt|h, h(e)le, (t)z; Würl (meist unsicher; vgl. Wert, Wirt)

Wert: „Flußinsel, Uferland", auch wierd, wört, wöhr, werder (ON. Werd|a, en, er; Werth(er); Kaiserswerth, Wörth, Donauwörth, Bischofswerda, Friedrichswerder in Berlin): Anderwerth; vom, aus dem, van de| Werth, aus en Weerth, Am(g)werd; Werth, |(n)er, müller; Wertinger; Schön–, Königs|werth (ON. Ellbogen, Böhm.), Rosenwert, Hesselschwerth (des Hezzilo), Wirth|mann, müller; Wörth|er, müller; Wörtmann; Wöhr, |er, müller; Werder(mann), Wärder (aber Werthemann, Basel < della Porta di Vertemate). Sieh auch Wirth

Wertheim: ON. Baden

Werthenbach: ON. Siegen

Wertwein: s. WURT

Wer(t)z: s. WAR II und WERT

Wes–: s. Wiese

Wesarg: 1514 Wesarch. Satzn. „Sei bös!"

Wesch(ke): 1. s. WAS. 2. s. wjes

Wesche: s. WAS u. WEST

Wescher: s. waschen

Wesel: ON. Rhld. (× nd. wesel „Wiesel", sl. ON. Wesela, Wesola oft) Wesel|er, mann; Wesler (× Wechsler)

Wesel|au, oh, Weßlau: ON. Wes(s)eloh, Wesloe, Wess|elowo, olowen

Wesely: s. Wessely

Wesenberg: ON. Meckl.

Weser: wend. wjazař „Binder". Wehser

Wesnick: s. Weßnick

Wesp(e): Wäspi, Wespi, Wisp(e), Weps, Wöp|s, se (× ON. Wespen, Kalbe)

Wesper: s. Vesper

Wess–: s. WAR II Kf.

Weßbecher: s. West

Wessel: 1. s. WAR II Kf. 2. ON. Bautzen, Marienwerder. 3. pruß. N. Wessele
Wesselbur: ON. Wesselburen, Holst.
Wesseler: zu Wessel 2 oder „Wechsler"
Wessel|hoeft, höfft: ON. Visselhövede, Bremen (< Flußn. Vissel)
Wessel|y, i: tsch. vesely „fröhlich" (3 ON. Wessely, Mähren)
Wesseling: 1. ON. Köln. 2. nd. „Stellvertreter". Weßling
Wessendorf: 2 Orte Münster
Weßlau: s. Weseloh
Weßnick: s. wjes
WEST: Himmelsgegend. Westfried mit kurzem Stamm wie Westburg; mit längerem wie Westrulf wohl: West|(e)rich, reich(er) (×ON. Westrich mehrf.). Kf. Wester(ling) (× Silvester), West|ing, je, Wesche
(West): vgl. WEST. West(er)- „westlich" in Zss. Zsr. West|landt, brock, bunk, dickenberg, feld, hoff, hoven, rup (5 ON.), reicher (Tirol), kamp, kämpe(r), heider, becher („Bach"; Weßbecher?), haus, huse, huys, häusler, holl, meier, emeyer; Wester|mann (schon ahd.), beck, hol|z, t, d; hoff (hove, howe, hooven), kamp, walbesloh, wald, weller, nhagen, dieck; Westen|holz (ON. Paderborn), feld (ON. Thür.), huber, rieder. Westrup s. Dorf. Westr|am, um s. Heim
Westfal: West|phal(en), pa(h)l, phely, fa(h)l, fälinger, Wes–, Weiß|phal

Westiner: ON. Westin, Miesbach, OBay.
Wetekamp: s. Wede
van de Wetering: „vom Ent- oder Bewässerungsgraben"
Wet|jen, jes: s. WID Kf.
Wetsch|gemacher, er: s. Wetzger
Wett–: s. WID (× WAT) **(wette):** südd. „Pferdeschwemme, Lache". Wette|l, (n)mann, r, Wettinger (× ON. Ulm)
Wetter: 1. ON. mehrf. (> Wetter|er, mann). 2. „der gern wettet" (Socin). 3. Übern. wie Schauer; nd. wēder. Weder. Dazu Zss., Zsr. Brausew., Kühlw., Naßw., Triebsw. (s. trüben), Hellw., Faulw., Schön(s)w., Ungewitter. Satzn. Zeigsw. > Zeugsw.; Kiesew. u. dgl. s. kiesen. Wetterhahn. Vgl. Wehrhahn. Sieh auch roh. (Wetterhold, Wetterheld s. WID, Schluß)
Wetterau: Landschaft in Hessen an der Wetter. Wetterauer
Wetterich: s. WAT
Wetteroth: Wüstung Wetterode, Weimar
Wettig: 1. ON. Weddingen (Hildesh., Magdeb.). 2. wend. wjatk(i) „altmodisch"
Wettin: ON. Halle
Wettwer: s. Witwer
Wetuschat: balt. N.; vgl. lit. vētušas „alt"
Wetz–: s. WAR II Kf. und Wenzel. Wetzeld
Wetz|ger, ker: „Reisetasche". Wetschler, gemacher
Wetzler: ON. Wetzlar
Weuhrauch: s. Weihrauch
Weust–: s. wüst. Weuster
Wever–, Wewer: s. Weber
Wewel–: nd. s. Wiebel

Wex: s. WACHEN
Wexler: s. Wechsler
Wey–: s. Wei–
Wey, |el, en, h: s. WIG Kf.
Wey|chert, gert: s. Wighard
Wey|dert, gang: s. WID
Weyerbusch: ON. Koblenz
Weyhuber: s. Wang
Weylepp: s. Wigleip
Weymann: s. Wigman (× Weinmann)
Weymar: s. Weimar
Weymuth: s. Wigimuot
Weynand(s): s. Wignant
Weyrach: s. Weihrauch
Weyra(u)ther: s. Weihraute
Weyrich(s): s. Wigirich
Weyter: s. Weiter
Wian: s. Vivianus
Wiarda: s. Wighard
Wib–: s. WIG
Wib(b)el: s. WIG und Wiebel
Wib(b)eler: s. Wiffler
Wiborg: ON. Viborg, Jütland
Wich–: s. WIG
–wich: s. wīk und Wiese
Wichel|haus, mann: zu nd. wichele, wilge „Weidenbaum"
Wiche(ra): s. Wenzel
Wicher(ek): poln. wicher „Sturm"; wend. Wichor
Wicht(el): „Zwerg". Wichtelhuber, Wichtendahl. Zwar schon in ahd. N., aber Wicht|erich, erig, rey wohl ON. Wichterich, Köln
Wichterich: 2 Orte. Euskirchen
Wichura: sl. < Wichard, Ludwig oder dgl.
Wick: < Wittich, s. WID
Wick–: s. WIG. Wickel, Wick|leder, lein, ler
Wicktor: s. Victor
WID: hauptsächlich zu 1.

Wid– witu (s. d.) „Wald, Holz", nd. Wede (s. d.). 2. zu ahd. wīt, as. wīd „weit". Daneben besd. vorahd. (z. B. got. Vitigis) und nd. auch zu ags. wit, ahd. wizzi „Verstand, Wissen, Witz" (Wiz|mar, rich; vgl. WEISE) und got. gawidan „verbinden" (Ablaut zu WAT 1). Formen ohne d (t) fallen mit denen von WIG zusammen (× sl. Stämmen VIT „Gewinn" u. VID „sehen": Vit|oslaw, ko)

Witbald: Witbold, Wittbolte

Widbert: Weit|brecht, pert, prächtiger (< -inger). Weippert

Widbod: Wittpoth

Witbrannus: Wit–, Viede|brandt, Weidebrand

Widpurc (weibl.): Wideburg
  Kf. **Wibo:** s. bei WIG

Widfrid: Weh(e)fritz, Wiefer(s), Wefer, |(l)ing (vgl. ON. Weferling(s)en; ×Weber)

Widugang: Witt–, Wie–, Wey|gang

Witgar: Widiger, Wittger, Wediger (s. Wigheri)

Withard: Weydert, Veithart, Wedertz

Withar: Witter (s. d.); Wieder, |s, er, mann; Wieter(s); Vitter(s) (× Victor); Weder, |ling, mann; Weiter, Beitter, Quitter (× „Rechnungsführer"); zsgez. Wiers

Withelm: Wit–, Wi(e)d|halm

*****Widuhoh:** Wittoch?

Widukind: Wi(e)de–, Wiete–, Witte–, Wette|kind; Wede|kind, king; Wehkin|d, g, Wehke, Wecke(n), Wege

Widolaic: Wedlich (vgl. Weidlich)

Widiman: Widm., Wied(e)m., Wittm. (s. d.), Quit(t)m., Weid(e)m. (s. d.), Weydem., Waidm., Weitm., Wedem., Wehm. Vgl. Wittum

Wittimar: Wied|emar, (e)mer; Witt|mar, mer(s), emer; Widmar, Vidmar, Wedemar (× Wimmer und Wittum)

Witmuot: Wied(e)–, Wie|muth

Vitiric: Witt–, Wiet(t)–, Wiehte–, Wied–, Wed–, Wett–, Beit|rich; Wittreich, Quittry, Wierichs. Vgl. Wittrich

Widwalt: Wied|(e)wald, hold, (e)holz, Witold, Wit(t)holz (alle auch ÖN. zu witu: mnd. withold). Weidelt

Widuin: Wiede(n)bein

Widulf: Weitlof, Widlöf
  Kf. **Wido** (s. Vitus u. QUID × weiß, Weide, VIT.) Wied|e(l), le, i(n)g; Wiet|jes, i(n)g, engel; Wid(de)l, Witke; Witt, |e, el, lin(g), ing(er), (× ON. Wittingen, Lüneb.), ig, jen, che(n), cke, ich (aber Wittichen, ON. Baden), Widdig (× ON. Bonn), Wick, Witschi; Quitt, |e, ner; Quidde; Weit(h)|e, ig, ling; Weid, |e, l, le, lin(g), ler; Waid, Beit|el, ler, ke; Wed|e, el, l, ig(e), ege, jen; We(e)ge, Wedd|e, ig; Wet|jes, jen, ken; Quetting. Sieh auch Wizo

Erweiterter Stamm:

Widarolt: Wieder|hold, holz; Wetter|hold, feld

Wid–: s. WID, Wittum, witu

Widale: s. Vitalis

Widauer: s. witu

Widdenhöfer: s. Wittum

Wid(d)er: Widderkopf, nd. Wedder|kop(f), mann. Vgl. Ramm und Ster

Widebusch: s. Weide

(wider): Wieder|satz, spahn („–spenstig", nd. Wehrspo(h)n)

Widerath: 4 Orte Rhld.

Widesott: s. Weg

Widhopf: s. Wiedehopf

Wid|maier, mann, mer, ner: s. Wittum

Widmoser: s. witu

Widtkamp: s. Weide

Widua: s. Vidua

Wieb–: s. WIG

Wie|bach, beck(e), brock, busch: s. Weide

Wiebel: „Käfer", besd. „Kornkäfer" (× WIG, Wigibald, Wibo). Wib(b)el; nd. Wewel, |er, meyer. Dönewebel, Dien|webel, wiebel < dönen „surren"? Vgl. Korn

Wiebelhaus: Hofn. Wiebelshaus, Meschede

Wiebelitz: ON. Salzwedel

Wiebus: s. Weide

Wiech–: s. WIG

Wiechsler: s. Weichsel

Wieck: mehrf. ON. (zu wīk)

Wieck–: s. WIG und Wietzer

Wied–: s. WID, Weide, witu

Wiedau: ON. Oldenb. (× ON. Wieda, Harz) > Wiede

–wiede: s. Weide und witu

(Wiedehopf): Widhopf, Wiethop (zu witu). Vgl. Dudek, Huppatz, Mutke, Puvogel

Wiedenbrück: ON. Minden

Wiedenbrüg: ON. Wiedenbrügge, Schaumburg-Lippe

527

Wieder: 1. ON. Wied, |a, e, öfter. 2. s. WID, Withar
(wieder): Wieder|anders, änders, auf(f), wach; kehr ÖN. = Kehre oder „Rückkehrer"; sonst s. wider und WID (Withar, Widarolt)
Wiedero: (Halle 2×) < ON. Wiederoda
Wiedersich: s. DIET (Theudoricus)
Wied|mer, ner: s. Wittum
Wieduwilt: Redn. „Wie du willst". Wiedewild
Wiefer(s): s. WID
Wieg–: s. WIG
Wi(e)gand: mhd. wīgant „Kämpfer", Partiz. zu ahd. wīgan „kämpfen" (s. WIG), doch z. T. < Wignand: Wie(g)andt, Wiget, Wei|(g)and, gend; Way(g)andt, Waichand, Weich(h)and, Weijandt, Weingandt, Biegandt; Wikander, Wegendt
Wiegang: s. WID (Widugang)
Wieger–: s. Waage und Wigheri
Wiegner: ON. Wiegen, Wipperfürth
Wie|gräfe, grebe: s. witu und Graf
Wieh–: s. WIG
Wiehager, Wiehenbrauk: s. Weide
Wiehmeier: s. Wittum und Weide
Wiehr: s. Wigheri und Wier
Wiek–, Wiel–: s. WIG (× ON. Wie(c)k, Wie(h)l, |e)
WIEL: zu an. vēl „Kunstwerk" (vgl. Wieland), ags. viola, ve(o)la „Schatz, Glück". Wealdrud, Wielfrid
Wialbret: Weilbret
*****Wielhart:** Wiel|ard, ath, atz; Weil|hart, ert; Wehlert
Wielher: Wieler(s) (× ON. Wiel), Wehlers, Weiler (s. d.)
 Kf. Wialo: Wiel|e, ing; Wehl|e, ing
 Geht sonst in WILLE auf. Ähnliche Kf. bei VELIJ. Vgl. auch WALTEN u. WALCH
Wieland: zu WIEL und Hand oder altes Partiz. Sagenhafter Schmied, z. T. aber < Wig|nand, land. –land: Wi(h)l., Viel., Well., Wei(h)l., Wayl., Feil., Wielan; Willanzheimer (MFrk.)
Wiele: ON. Bromberg (× WIEL Kf.)
Wieler: ON. Wiehl, Wie(l)le, auch Wielen
Wielepp: s. Wigleip
Wielgoß: s. vlk
Wielpütz: ON. Siegkreis
Wiem–: s. WIG
Wiemann: s. Wittum
Wiemeier: s. Wittum und Weide
Wiemeister: wohl zu witu
Wiemhöfer: s. Wind
Wiemschulte: s. Wittum
Wiemuth: s. WID und WIG
Wien–: s. WIN, Wein, Wink
–wien: s. Wein
Wienand(s): s. Wignand
Wien|haus, husen: ON. Wienhausen, Lüneb.; Winsen, Lüneb.
Wienhöfer: s. Wind
Wien(n)er: 1. ON. Wien. 2. s. Weiner 3
Wienröder: ON. Wienrode, Brschw.
Wienskroer: s. Schröter
Wiep–: s. WIG
Wiepke: 1. s. WIG (Kf. Wibo). 2. ON. Magdeb.
Wiepleb: s. Wigleip

Wier: Raubvogel Weihe (obd.) (× Wigheri)
Wier–: s. Wig|hard, heri und wĕra
Wierer: 1. ON. Wier|a, en (mehrf.). 2. s. Wuhre (Wieringer)
Wierichs: s. WID, Vitric
Wierig: s. Worjech
Wierschem: ON. Mayen. Wierscheim
Wiersdörfer: ON. Bremen, Salzwedel, Trier
Wiersi(n)g: s. Wirsing
Wies–: s. WEISE, Wisent und VIT
Wiesand: s. Wisent
Wiesber: 1. wend. wĕz-(b)ar „Binder". Wisbar, Wieser(t). 2. s. Wisbar
Wiesche, –wiesche: s. Wiese
(Wiese): nd. wisch(e) und wese. Von der Wisch, aus der Wiesche, Austerwischen, Angewisch (rhein. „an der W."), Interwies, Opwis. — Wieser (s. d.), Wis(s)er, Wischer (×ON. Wies, Wiesa(u), Wisch, mehrf.), Wiesener, Wies|ner, mer (×ON. Wiesen, oft, und Weißner), Wiesinger (s. d.), Neuwiesinger.–mann: Wiesm., Wischm., Wissem., Wißm., Wesem., Wiskem. — Schönwie|s, se, Seggewiß, Markwisse, Hülsewische, Langewische; meist –wisch: Gosew., Krehw., v. Pogw., Breitw., Veltw., Meyerw., Lange(r)w. (Langerwich). Doch Heuwisch s. Heibicht. — Nieder–, Streit|wieser; Feldwießer; Reitwiesner, Breitenwischer, Thalweiser (NS.) Wies|thaler, heu (s. Hei), hayer, kotten, flecker (ON. Lindau), math, meth, mede (Wiese

zum Mähen, nicht zum Weiden); Wiese|brock, hügel; Wiesen|grund, dahl, hofer, feller, farth („Weg"), hüt(t)er (vgl. Hei); Wiesch|köster, ebrink; Wisch|höfer, husen, haus, weh (s. Wede); Wesen|donk, feld. Wiesbaum (× ON. Trier), Wesebaum = FN. Heubaum (Stange oben auf dem Heuwagen)

Wiesecke: s. Wiesocke

Wiesegradt: sl. ON. „Hohenburg"; vgl. ON. Wiesegrade, Öls

Wiesel: Tiern. > Wiesler (× Wißler). Vgl. Wesel

Wiesend(anger): s. Wisent und Wang

Wieser: 1. s. Wiese. 2. ON. Wiesau u. dgl. 3. Wieser(t) s. Wisbar. 4. Wi(e)ser, Wisser-, Wies-, Weiß(en)berger KS. 5. zu Aloys (B. 1, 250)

Wies|igk, (i)ke: s. wjes

Wiesing(er): desgl. u. vgl. ON. Wiesing (oft) und Wiese

Wiesocke: wend. wyscki „hoch" (ON. Weiß|ack, agk, Weißig). Weissaag (s. d.), Wiesatzke, Wieseke, Weiß|ig, ing(er), ke. Wiesach. Wiesike (× wjes)

Wiest-: s. wüst

Wieswell: Redn. „(Gehe es,) wie es welle (= wolle)"

Wiet-: s. WID, Weide, witu (sl. VIT), Wiet|feld, hoff s. weit

Wiethop: s. Wiedehopf

Wietz|e, mann: ON. Wietze, Hann.

Wietzer: nd. „geringwertige Ulme", oft Waldn. Dasselbe wīke(r): Wieck|er, horst

Wiewall: s. WID (Widwalt)

(wīfe): „Merkzeichen, Strohwisch". Wife(l), Weife, Wifling

Wiffler: = FN. Stopfer, nd. Wib(b)eler

WIG: zwei Stämme mischen sich: 1. got. weihan, ahd. wīgan „kämpfen", ahd. wīcgot „Mars"; wīghorn, tuba (s. FN. Wiegand, Weichhaus; vgl. lat. vinco, pervicax). 2. got. weihan „weihen", got. weihs, ahd. wīh „heilig"; ahd. wīh, as. weg „Tempel", nhd. weihen, Weih|nacht, rauch, wasser, Weihenstephan (lat. victima). Die Mischung zeigt sich z. B. in Clodo|vechus, veus (zu „weihen"), wie Merewioingias „Merowinger" im Beowulf 2922) > Ludowicus (zu wīgan). Männl. Hathuwic, weibl. Hathuwi > Hedwig. Auch jetzt noch gibt es fries. weibl. RN. wie Rūnwe, Rinneweh (< Ragin). Vor Konsonanten Berührung mit WID; auch wīk mag hereinspielen

Wigibald: Wick-, Wie(g)-, Wich|boldt; Wie|bols, belt; Wipp|old, el; Wibbel(t) (s. auch Wiebel)

Wigberht: Wiegbers, Wieb|racht, er, ets; Wiep|recht, rich, ert; Wiber; Wyb|recht, ert, Guibert; Wipp|recht [Leipzig: Wilberger = Wilprecht = Wipprecht], er(t); Weib|recht, art, ert; Weip|recht, ert, per(t) (× ON. Weipert, Erzgeb.), Weppert

Wigbod: Wigt

Wigbrand: Wickbrand, Wippern
 Kf. Wibo, Wippo (auch zu WID und WILLE): Wieb|el (s. d.), e(n), ke, eking; Wibl, Wibbels, Wibbeling, Wyben, Wiep|en, el; Wiplinger, Wyp(p)ler, Wibbe, Wippe (× ON. Solingen), Wipp|o, el, ing, ich; Weib|el (s. d.), els, len, chen, gen

Wighard: Wieghardt, Wiegard, Wiegert, Wig|aart, e(r)t; Wickardt, Wiechart, Wich|ert, artz; Weig|ert, eth, Weicka(r)t, Weich|(h)ardt, ert (× ON. Weich|a, au, e); Weihert; Waiherdt, Wey|chert, gerd; Wegert(seder) (s. d.); Weer(t)s; fries. Wiarda, Wierds(ma), Wiertz

Wigheri (nebst Wigger und Widger): Wieger (× Waage), |s, ing; Wiecker (× Wieck), Wicker (nd. „Wahrsager"; × ON. Wiesbaden), Wigger(mann), Wicher, |n, s; Wiecher,| s, ing; Weil|ger, cker(s), chers; Weier, |ich, ke, lein; Weyers(haus), Weerssen, Wiehr, Wiermann

Wichraban: Wy(ch)gram, Wickram, Wichgraf

Wigleip: Wi(e)gleb > Wiepleb; Wig-, Wie-, Wey|lepp; Wieglipp

Wigland (< -nand); Wieg-, Wick(e)|land > Wieland (s. d.)

Wig|man, -mann: Wi(e)gm., Wiekm., Wi(e)chm., Wi(e)m., Wei(k)m., Weickhm., Weigm., Weichm., Weym.

Wigmar: Wi(e)-, Weg-, Wech|mar (×ON. Wechmar, Gotha). Wiemer(s), Wege-, Weh-, Wy|mer;

Wei|mar (s. d.; Wymmarer u. hof ze dem Wimar, Allgäu 1398), mer(t)
Wigmunt: Wieg–, Wege(r)|mund
Wigimuot: Wie(h)–, Weich–, Wey–, Wehl|muth (×„Trauer"); Wegmeth
Kf. **Wimo**: Wiemken, Wymstra, Wimme, Wimmel, |bacher, mann; Wimmler (× Winbald)
Wignand (vgl. Wigland): Wienand, |(t)s; Winand(y), Winet, Wienen (ndrh.); Weynand(s), Wei(ge)nand, Weick–, Weid|genannt; Wein|gand, handl; frz. Guinand > von Gienanth
Wigarat: Wegrad, Wegerat, Wiegratz
Wigirich: Wigrich, Weyhrich(s), Wierich(s), Weich(e)rich, Wey(e)rich, Weg|(e)rich, richt; Weigrecht, Wikrey
Wigolt: Wiegold, Wiechelt, Weich|(h)old, elt, held, Weig|olt, el(t), t; Weikelt, Weih|gold, olz, elt; Wegholz, Beischold, Waigl(t) (z. T. Kf. und t)
*****Wigwart**: Wegwart, Wek–, Weg|werth
Kf. **Wig(g)o**, **Wicco**, **Wego** (× Weiko, zu ahd. weigar „tollkühn", auch < WIG): Wieg|ele (× Sagenheld Wigalois), elmann; Wiech|(e)l, en(s); Wie|ck (× mehrf. ON.), ken, kel; Wigel, Wigg|e, li; Wick, |e, y, el, lein, sohn; Wix, Wich(e) (× sl. PN. Wiech „Strohwisch"), Weig|el(e), elin, lein, l(sperger), Waig|el, lmayer; Weik|l, s; Weicke, Weich, |e, el, inger; Wey, |h, en, el; Vigelius > fries. Jellies

(Weike auch pruß. N., desgl. Weikinn, Wigel)
Auslautend: Hartwig, Alwich, Budweg, Gönnewicht, Herweck, Gerwing, Brumwey, Berbich
–wig: 1. s. WIG. 2. = weg: Holtz–, Kurtz|wig; vgl. Vieh
Wigdor: s. Victor
Wiget: s. Wiegand
Wigg–: s. WIG
Wiggenhauser: ON. Wikkenhaus, Ravensburg; –hausen, Tettnang
Wihland: s. Wieland
Wihsmer: s. WEISE
(wīk): as. „Ortschaft". Wohl nicht < lat. vicus, sondern „Zufluchtsort, Bucht, Winkel" (zu wīkan „weichen"). Englisch z. B. Greenwich. Braunschweig < Brunswīk, Erkenzweig (ON. Erkenschwick, Recklinghausen), Bollschwig, Winterschweig (Winterswijk, Holland), Holt|wich, ick; Horstick, Lowick (< lōh „Wald"), Östrick (<Osterwick), Suerick (<Suderwick)
Wikander: s. Wiegand
Wikrey: s. Wigirich
Wil–: s. WILLE
Wilamowitz: s. Willahalm
Wiland: s. Wieland
WILD: zu ahd. wildi „wild" (Wild|erich, ulf)
*****Wildhart** (Wilterdinc): Bild|ert, at
Eingliedrig **Wilto**: Wild, |e, icke, ing, ang, ung, um, Wiltmann
(wild): mhd. und mnd. auch „fremd" (vgl. wildfremd). Wild, |e, er, e(r)mann, van der Will („Wildnis"). Wildner: 1. aus Wilden. 2. mhd. wildenaere „Jäger, Wildhändler, schütz" > Will-

ner. Wild|bredt, brett, prath (×Willaperht; jüd. Wi(e)lpred). Wild|schütz (dies auch mehrf. ON. < sl. Wilsch(e)witz < vlk, s. d.; doch vgl. nd. Wildschütte), schrei (vgl. Hirschgeschrei). — Wild|anger, hues, moser, grube(r), fellner (Wild|huber, meier, schulz leisteten viell. Jagddienste), Wiltberger; nd. Will|water, born, hagen; Wilden|see, berg, au, ow (alles auch ON.), Willen|brink, brock, borg, bücher; Wild|hak (s. Hag), haber, wurzer; Wildführ: mhd. wiltvuore „Wild|bahn, park" > Will(e)führ, Wildfeu|er, rer (doch auch Wildfeuer: 1. „Blitz". 2. „ausgelassener Mensch"); Wild–, Will|fang (schon ahd.): 1. „wilder (eingefangener) Mensch". 2. „Wildbann". 3. „Fremder, der durch Ansiedelung Leibeigener geworden ist"; Wildermuth, Wilder–, Willer|sinn. Wild(e)gans (nd. Willgoß, × vlk), Wilthuhn; Wiltheiß, Wildeisen, Willisen (s. Eisen). — Wild|bolz, helm, traut: zu WILLE. Wildhuk: s. VELIJ. Wildebrand: s. FRIEDE (Frithubrand)
Wilf–: s. WOLF Kf. und Willifrid
Wilisch: s. VELIJ
Wilk–: s. WILLE Kf. u. vlk
Will–: s. wild
Willach: 3 Hofn. Aachen, Bremen
Willam: pruß. N. (×WILLE, Willahalm)
Willanzheimer: s. Wieland
WILLE: zu ahd., as. willio

"Wille". Vgl. WIEL. Gudewill s. gut
Willibald: Wil(l)ibald, Böswillibald, Willebald, Wil(l)bold, Wilbolz
Willaperht: Will|brecht, barth; Wil|pert, berz, berding; Welbers. Gelegentlich > Will– > Wild|bret (s. wild)
Willibodo: Wellpott
Willibrand: Will(e)–, Wil–, Willy|branc(t), Wilbränder (Villbrand u. dgl. eher zu FRIEDE)
Williprort (ags. Hl.): Willebrord
Willidrud (weibl.): Wildtraut
Willifrid: Will|fried, fer(th), fersegger, furt; Will|fahrt, froth; Wihlfarth; Villforth
Williger: Will|iger, cher (× ON. Willich, Rhld.), gert (z. T. < weibl. N. Willigard), Will|ger, kehr; Wilker|t, ling; Welker(ling) (vgl. Walker)
Willihard: Will|(i)ard, hardt, e(r)t, a(d)t, atzen, ax, erding; Wilt|s, z; Vill|ard, ert
Wiliachar: Willer, |s, er, inghaus; Weller (s. c.), shaus, mann. Gullery
Willahalm, dissimiliert Willem und Willermus (span. Guillermo): Will|halm, chelm, ems(sen); Wilhelm, |s, y, j, er, sroth, us; Wilhelmann, Will|harm, hermsdörfer; Willem, |er, s, sen, Willms; Wellems; zsgez. Wilm, |s, es, sen, ink, shöfer, kes, king, ius; Welm. Kf. Helmus, gelegentlich Halm, Helm; sl. Wylem (Kf. Lemke), Wilimski, Willam, Wilamowitz (ON. Wilamowo, Bromberg)
Williman: Will–, Well–, Vill– (s. d.), Quill|mann; Wilmans(dorf)
Willamar: Wil(l)mar, Wille–, Well|mer; Willmer, |s, ding(er)
Willimod: Willmuth, Willmutz
Willimund: Willmund
Willarat: Will|rath, radt, rett
Wilierich: Wil(l)rich
Willold: Willwoll
*Willwart:** Willwerth, Welwart
Kf. **Willo:** Will, |i, e(n), es, ing(er) (ON., mehrf.), ink, im, ecke, ich(s) (× ON. Willich, Rhld.), ig(e, mann), ikens, schweiz. Willi, |sch, mann; Wilk (vgl. vlk),| e, er (× ON. Wilkau, oft), ner (vgl. VELIJ), ing, eling, s, sen; Wilken, |s(hof), loh, ing, ding, höner, dorf; Will-(t)sch (× ON. Wil|sch(e), tsch), Will|son, ts, ß, strupp (s. Dorf), aber Wil|ske, sing, zeck, zing, wohl sl.; vgl. Will|ski, zki < VELIJ oder vlk. Well,| e, ing(s); Quilling. — Aber auch pruß. Wilk,| e, at, uhn
Willeitner: ON. Weilleithen NBay.
Willerscheidt: ON. Köln
Willgeroth–: vgl. ON. Wilkenrath, Rhld. Willigerod
Willhauck: = Wilhelm Hauck
William: < frz. Villan
Willich: ON. Geldern, Krefeld
Willkomm: eine substantiv. Bildung wie Nachkomme; schon ahd. Willicumo, ags. Vilcume
Willner: s. wild und Wolle
Willuhn: pruß. N. Willune
Wilm–: s. Willahalm
Wilmersdörfer: soweit jüdisch, eher < Wilmhersdorf, Franken, als von den märkischen Orten
Wilsnack: ON. Priegnitz. Wilsenack, Wilsenach
Wil|tz, ß, t(sch) u. dgl.: s. WILLE (Willihard und Kf.)
Wimar: s. Wigmar
Wimber: s. Winibert
Wimm–: s. WIG (Kf. Wimmo)
Wimmer: 1. < mhd. windemer < lat. vindemiator "Winzer", so z. B. oberrhein. Wimm|erli(n), ler. 2. anderwärts < Wittum. 3. obd. "Knorren". 4. Winmar. Wimmerer. Zss., Zsr. Hart–, Hierl–, Ober–, Pfaffen–, Salz|wimmer (s. Salz)
Wimmershof(f): Hofn. Elberf.
Wimpassing u. dgl.: s. Wind
Wimprecht: s. Winibert
WIN: zu ahd., as. wini, mhd. wine "Freund", so bes. im 2. Teil; im 1. eher im Sinne von lat. Venus, nhd. WONNE (s. d.), Wunsch, gewinnen. Auch an wīn "Wein" ist gewiß schon früh gedacht worden (vgl. die N. mit Wien–, Wein–)
Winibald: Wein|bold, pold (Bre.)
Winibert: Wi(e)n–, Wim|precht; Wimber, Vinbert; Wein–, Bein|brecht
Winidrud (weibl.): Weintrau|d, t
Winifrid: Wienforth, Weinforth
Winigard (männl.): Quin|ckardt, kertz; Weingart (s. Wein)
*Winigast:** Weingast?
Winiger: Wini(c)ker,

Wi(e)nker (× Kf.), Quinger (aber Winniger eher <ON.Winningen, mehrf.)
Winihart: Wien|er(d)t, atz; Win|hard, ertz, et; Winn|hart, at, et; Vinatzer, Quinat, Wein|ar(t), ert (×Wagner), Weinhardt
Winiheri: Wiener(s) (s. d.), Wyner, Winner, |lein, Weiner (s. d.), Beiner
Winileih: Wein|lich, lig
Winiman: Wei(n)–, Winne|mann
Winimar: Wei(n)mar (s. Weimar), Wimmer (s. d.), |s, shoff, sberg
Winirich: Wien–, Wein–, Wind|rich (vgl. WENDE); Wind–, Wein|reich
Wineuald (junger stabreimender N., der nicht immer aus Wignand dissimiliert sein muß): Winhold (× mhd. wineholde „ein durch Freundschaft Holder"), Wienholt(z), Winnholz, Wein|hold, noldt, holzer; Wenhold, Wennhol(t)z; Bienholt, B(e)in|hold, holz; Finhold, Vin(h)old
Winulf: Winolf Kf. Wino, Quino (× W(ig)nand): Winn|e, en, i(n)g, ich, eke(n); Winnegge; Wien (× ON.), |en, s, dl, icke, ke(n), ker, kesmeier, tge, sch, ze, tz(el) (×Vincens), inger; Wyn|en, ecken; Win| je, z, tz (× ON. Bochum), tsch(er), dstra; Wink|e, en(s), le, el(sen), haus, ofer (<Hof); Winz, |en, ler (vgl. WENDE); Quin, |ing, cke, (t)z; Wein, |e, s, ig, (d)el, dlmair, lein, eck(e), ing, isch
Auslautend: Bollwi(e)n, Hildwein, Kerbein, Trudwind

Winacht: s. Weihnacht
Winand(y): s. WIG (Wignand)
Winar(ski): s. Weiner
Winblad: s. Wein
Wincent: s. Vincens
Winviers: frz. N. Vinzere
(Wind): Wint, Wind|auer, ecker = egger, hagen (mehrf. ON.), horn (ON. Schaumb.-Lippe), scheidt, gassen (s. d.), hoff, h(a)usen = (a)us, heuser, horst (mehrf. ON.), fuhr (ON. Altena), schild, möller; Wind|maißer, mässinger, massinger: „am Windbruch". Ähnl. Wim|pas(s)ing, pes(s)ing > Wimpessinger [50 ON. Wind–, Wim|passing, Wimpessing, Wimpersting < Wintpozingun < pozen „stoßen"; Ort, wo der Wind anstößt; vgl. FN. Windstoßer u. s. Schnurrer (ON. Windschnur(re)) und Wulz]. Sturm–, Hoch|wind (der an der Gebirgswind–, d. h. Südwindstraße wohnt; vgl. Saurwind, Eisenach). Susewind („Sausew."), dictus ze allen Winden (Hausn. Basel). Vgl. Schneidewind. Aber Trudwind s. DRUD, Oberwin|ter, der: ON. Oberwinter Rhld. < lat. vinitor(ium). Windberg(er) > Weinb. KS.; Windhöfer > Wiem–, Wienh., Winterhoff KS.
Wind–: s. WENDE, Wende
(Winde): Windner, Winde|macher, mann, knecht (× mhd. wint „Windhund")
Winder: ON. Winden, mehrf.
Winder|lich, ling: s. Wunder

Windfuhr: s. Wind
Windgassen: Hofn., Lennep
Windhaus: 14 Orte –haus, –hausen
Windhorn: s. Wind
Windhorst: 4 Orte Hann., Oldenb.
Windhövel: Hofn. Elberf.
Windrath: ON. Elberf.
Windr(e)ich: s. WIN
Wind|schügl, schigl: s. wenden
Windstra, Winecke: s. WIN Kf.
Winet: s. WIG, Wignand und WIN, Winihart
WING: zu engl. wing „Flügel"? Winchpald. Wenige Reste, etwa: Wing|els, en(s), enroth (< roden). Wingertszahn (< hagen, vgl. Winchartesheim, ON. Bist. Passau), Wingsheim (viell. Wingishaim, jetzt Winzenheim, Kolmar). Wingold
Wingberg, Winger(er): s. Wein
Winge–: s. wenig
Wingenroth: ON. Wingerode, Fulda, Worbis
Wingl|er, mann: s. Winkel
Winicker: s. WIN (Winiger)
Winje: s. WIN Kf.
Wink–: s. WIN (Winiger und Kf.)
Wink: obwend. wěnk „Kranz"; auch wěnc: Wenk, Winz, Wintzek, Wien|igk, ing(er), ke. Zwěnk: Zwink
Winkel: ÖN.; von Bergen oder Wald eingeschlossene Flur, Zusammenfluß von Quellbächen, auch Straßenwinkel (FN. Winkel|strater, sträter) und ON.; oft mit ck. Aus dem,

von dem, der, ter| Winkel. Tewinkel. Win(c)kel|mann, maier, sesser, sett, voß, heiner. Winklhofer; Win(c)kler (nd. auch „Krämer"; so Winkel|hake, hock). Wingl|er, mann; Bärw. (s. d.), Bockw., Fußw. = Voẑw. („Fuchs"; mehrf. ON. Voßw.), Vow. (mehrf. ON. Vohw., s. vohe; Wohw.), Kraw. (Gra(u)w., Krew. <„Krähe"; ON. Kraw., Thür., Krehw., Düsseld.), Rehw. (mehrf. ON.), Schnakenw., Ruhw. (nd. „rauh"). — Voitswinkler

Winkelsen: Hofn., Elberf.
Winkhaus: ON. Westf., Duisburg
Winn–: s. WIN
Winner: s. wunne (auch ON. Winnen, Ahrweiler, Marburg, Nassau)
Winniger: ON. Winningen, Mosel
Winsch–: s. Wende
Winse|mann, r: ON. Winsen, Lüneb., Holstein
Winslö|f, w: ON. Südschweden
Winster: „links". Winstermann (vgl. Link)
Wint–: s. WENDE
Winter: 1. s. WENDE. 2. Zeitn. (schon ahd.), Winter, |s, er, l; Wintter|le, lin; in ÖN. „Nordseite". Gutw., Kutw., Heww.; Winter|kamp, feld, mayer, reit(n)er, sohle, steiger, halde > halter, bauer, gerst, mantel, mütz, berg (mehrf. ON.), scheid (ON. Hessen, Siegkreis, Prüm), schweig (s. wīk). Winterhoff s. Wind; Seelenwinter s. Seil
Winter|werb(er): ON. Winterwerb, Nassau

Wintruff: ON. Wintrup, Münster
Wintsch: s. Wende
Win(t)z–: s. WIN Kf., Vincens und Wink
Winzel: s. Wenzel
Winzenhörlein: s. Weinzierl
Winzens: s. Vincens
Winzer: 1. „Winzer". 2. mehrf. ON. Bay. (Winzerl s. Weinzierl)
Winzig(er): ON. Breslau
Winzlmeier: s. Wulz
Wipfler: Imker, der Bienen auf Bäumen hegt
Wip(p)–: s. WIG
Wippenhohe: ON. Siegkreis
Wipperfeld: Hofn. Wipperfürth
Wippermann: Flußn. Wipper, NThür. u. sonst
Wipplinger: ON. NBay.
Wirba: wend. wjerba, tsch. vrba „Weidenbaum". Wrba, Werb|ach, ke, ing; Wirwa
Wirbel: s. Wrobel
Wirbelauer: ON. Nassau
Wirbser: s. Worms
Wirfel: s. Würfel
Wirges: ON. Westerwald. Wir|gis, ks
Wirgi(eh)n: s. Virginius
Wirker, –wirker: s. Werk
Wirks: s. Wirges
Wirnhör: s. WAR II
Wirny: s. wĕra
Wirrmann: s. Weiher
Wirsch: s. Werch
Wirsel: s. Wirsing
Wirsing: nicht der so erst um 1700 bezeugte Kohlname, sondern –ing-Bildung zu mhd. wirsic „schlimm, übel"; verwandt wohl Wirselin, Wirsel, Wirs|ich, ig, ung, um; Wirschin, |g(er); Firsching(s). Sieh auch Werch–
Wirth: Wirth, |s, le;

Wirt|es, l, Wir(t)z, Wurth (alem.), Wür|th, th(e)le, (t)z; Hausw., Altw., Jung(er)w., Frühw., Freiw., Lieberw., Thorw., Brinkw., Landw. (s. Land), Schneiderwirth. Satzn. Vindenwirt. — Nd. wērt (auch „Hauswirt, Bauer"), (de) Weerth, Weerths; Werth(mann), Nie–, Neu–,Land|werth;Wirthschaft,,Bewirtung"(schon XIII). Vgl. WERT, Wert, Wisent. Manches < WART z. B. Machw. (s. MAG, MAGAN), Bärw., wohl auch Bierw.; zu Werk: Fickenw., Mandew.; Wirthwein s. WURT
Wirwa: s. Wirba
Wirz: zu Wirth oder WERT
Wisbar: pruß. N. Wisse|bar, bir. Wiesber. Dazu Wisper(eit) (× Wiesber)
Wisch–, –wisch, |e, er: s. Wiese (ON. Wisch mehrfach; vgl. wjes)
Wischeropp: ON. Wirschleben, Anhalt (Wissirobi), Weißtropp, Dresden, oder Wüstung Fischeribbe, Stendal (Wischerup). Fischerop
Wischert: s. Wizo
Wisch|ka, ke: s. wjes
Wischlee: jung
Wischner: zu poln. wiśnia „Sauerkirsche". Wischn(i)ewski
Wisent: „Buckelochse", ahd. wisant. Schon O ὑίσανδος, Eruler bei Prokop; ursprünglich viell. Partiz. zu wīsan „weisen"; vgl. Wiegand, Wieland, Helfant, Rātant und den Heliand: Wi(e)sand, Wissend, Wiesen|d(t), der (vgl. ON. Wiesent, Regensb.), Visang. Wiesendanger s. Wang, Wiesentheid ON. UFrk. —

533

Mit gramm. Wechsel ahd. Wirand, mhd. Wirnt (häufiger N.): Virand (Gottschee), sonst wohl in Wirth aufgegangen, dazu viell. Wirth|gen, ner, mann, ensohn
Wiser: s. Wiese
Wisger: s. WEISE
Wis|gott, kott: s. wissen
Wisintainer: Südtirol. < ON. Wissentain = Vicenza. Visintainer
Wis|kandt, ke: pruß. N.
Wiske(mann): zu WEISE oder Wiese
Wislang: ON. Zürich < Wizinwanc
Wislaug: s. Wenzel
Wislicenus: Emigrantenfamilie aus Polen. Viell. lat. Ableitung vom ON. Wislika bei Kjelze. Wißlicen
Wisloch: ON. Heidelberg
Wismath: s. mähen
Wisp(e): s. Wespe
Wisper(eit): s. Wisbar
Wispler: „Zischler"
Wiß: s. Wizo. Wisse
−wiß, −wisse: s. Weise
Wissel: ON. Wissel, Kleve (× Wizo). Wissel|er, mann
Wissemann: s. Wiese
(wissen): Redn. Weißnicht, Wis|gott, kott (wiʒʒe got), Kod−, Kot|weiß (Bre.)
Wissend: s. Wisent
Wisser: 1. ON. Wissen (Düsseld., Koblenz). 2. s. Wiese. 3. s. waschen. 4. s. WEISE
Wissert: s. WEISE
Wißgott: s. wissen
Wißler: 1. nd. (ī) „Wechsler". Wisseler (× Wissel). 2. alem. (ī) Wiesler, Weiß(l)er „Tüncher" (× Wiesel)
Wißlicen: s. Wislicenus
Wißmann: zu WEISE u. Wiese; in Lippe = Meier zu Wissentrup
Wißmede: s. Wiese
Wißner: = Wisser 1., 2. (× Weißener)
Wißpeintner: s. Bünd
Wit−: s. WID, witu; nd. auch zu Weiß. Witkop, Wit|hut, kugel
Witkowski: < ON. Witkowo, Gnesen, Posen; jüd. > Witting
Witsch|as, es: s. Weidhaas
Witscher: nd. „Tüncher, Weißbinder"
Witsch(i), Witschel: s. Wizo
Witschwenter: s. witu
Witt−: s. WID, witu, Weiß; sl. s. VIT. Auch pruß. N. Witthe
−witt: s. Wede
Wittan: tsch. vitan(y) „willkommen"
Wittau: ON. Wittau, Crailsheim; Wittow, Rügen. Wittauer, Witthauer (× ON. Witthau, Ulm)
Wittber: s. Witwer
Wittelsbach: ON. Baden, Aichach
Wittenbecher: ON. Baden, Bay., Schwaben
Wittenstein: Hofn. Altena, Hagen, Halle in Westf.
Witter: 1. s. WID (Withar). 2. mnd. witehere „Ratsherr". 3. schwäb. auch = Victor. 4. tsch. vitr „Wind", wend. wĕtr. Dazu Wittrin
Wittgenstein: Schloß im Kreis W., Westf. (× ON. Wittchenstein, Thür.)
Witthase: s. Weidhaas
Wittiber: s. Witwer
Wittlich: ON. Trier
Wittlieb: s. VIT
Wittlingen: ON. Baden, Württemberg
Wittmann: s. Wittum (× „Witwer" und WID)
Wittmund: ON. Aurich
Wittneb|en, el: Wittnebern „Weißbuche", Weißebern „Feldahorn"
Wittpenn(ing): s. Pfennig
Wittrich: 1. s. WID. 2. wend. wĕtrik „Wind". (Vgl. Witter)
Wittrin: s. Witter
Wittstock: 9 ON. Priegnitz
Wittstruck: s. Weide
(Wittum): Kirchengut, mhd. widem, mnd. wedeme. Withum, Widumann; Wid|mer, ner, enbauer, maier, mann; Wiedner, Bi(e)dner, Witt|(e)mer, ner, maier, e(n)maier, mann; Widdenhöfer, Winemer, Wimmer(s), Wiemer (> Wimmer, Weimer, Wiedner, Wiemann KS.), Wiemschulte, Wiemeier; Wede−, Weh|meyer; Wehmann, We(e)mer, Wemhoff, We(h)mhöner (s. Hohn); Kirch|wehm, wehn (× Wede, Weide)
(witu): ahd. „Wald, Holz" (vgl. WID, Wede, Kranich). Wid|auer, moser; Witschwenter (s. schwenden), Witt|hauer (× ON. Wittau, s. d.), hege, müller, kämper, grefe; Wie|brauck, struck, gräfe, grebe (s. Graf); Wiet|heger, gräfe, grefe, hoff; Wiede|bruch, kamp, Wiedmark(t)er (zu Mark); s. WID (Widald)
Witwer: Witt|(i)ber, wer, mann; nd. Wett−, Wede|wer
Witz−: s. Wizo, VIT, Wenzel
Witzig(mann): „klug"
Witzke: ON. Rathenow
(von) Witzleben: ON. Arnstadt. Witzleb

Witztum: s. Vitztum
Wix: s. WIG Kf.
Wizenti: s. Vincens
Wizo: Kf. zu WIG und WID, ausnahmsweise zu WAR, WER (vgl. Waitz, Weitz). Witz, |e, mann, (sch)el, ert (Mischf.); Wischert (Mischf.), Wiß, Wisse(l), Witschel, Wyß, Wizemann, Witsch(i), Quitsch, Quitz, |sch, mann; Weitz, |e(l), mann; Wei|tsch, ß, ssel, ze(l); Waitz, |mann, inger; Beitz, |e, el (< BIT)
(wjes): obwend. „Dorf", Vklf. wjeska. Wesch(ke) (× weška „Läuschen"), Weßnick „Dörfler". Wies|igk, (i)ke, ing(εr), Wisch|ka, ke (aber ON. Wischke, Reiße, zu Wiesocke).
Wlathink: s. VLAD
Wloch: poln. Włoch < welsch „Italiener, Vlame". Woch
Wlost: sl. vlast „Besitz, Heimat"
Wnu(c)k: sl. wnuk „Enkel". Nuck
Wobbe, Wöb(b)−: s. Woppo
Wober, Wöber: s. Weber
Wöb|s, se: s. Wespe
Woch−: s. Wloch u. WCK
Woches|lander, länder: zum ON. Woch|os, oz (Böhmen, Mähren <tsch. ochoz „Waldschlag")
Wochner: mhd. wochenaere „der den Wochendienst hat"
Wock−, Wöck−: s. WOK, woko
Wocken|foht, fuß: mittelb. Berufsn. des Spinnrockendrechslers (nd. Wocken = md., obd. Rocken, Kunkel), anders Bre. S. 1459 (= wockenstel „langbeiniger Mensch", vgl. Rockenstil XV. Oder = „Stelzbein"?)
Wöckener: nd. wokener „Wucherer". Wogener
Wod−, Wöd−: s. WUT
Woda|k, rz: tsch. vod|ák, ař „Wasserträger". Wodar|sch, g
Wodke: sl. 1. Wässerchen. 2. Branntwein (s. WUT Kf.)
Wöffkens: s. WOLF Kf.
Wogener: s. Wöckener
Wögerer: s. Weg
Wöginger: s. WAG
Wogner: s. Wagen
Wogon: s. Ogon
Wogram(m): ON. Ostpr.
Wogt: s. Vogt
WOHL: zu ahd. wola „gut". Ist von WALTEN kaum zu scheiden. Sieh dort
Wobold: Wo(h)lbold
Wolbero: Wol(l)−, Wohl−, Wöhl|bier, Wollenbär, Wolbring
Wolpreht: Wohl|brecht, part
Wolhart: Wollhardt, Wohlert, Wöhlert (s. d.), Wehlert
Wolamar: Woll|mar (× ON. Marburg), mer(t), Wöllmer
Wolarat: Wohlrat
(wohl): Redn. Immer−, Wieder|wohl, Widerwoll. — Wohlfahrt (s. d.), Wohl|gebor(e)n, gezogen (Wol|zogen, zonn), grott („geraten"), geschaffen = schaffner, gedahn (Wollthan; mhd. wol(ge)tan „wohlgestaltet"), t(h)at, täter, thät, leben, Wohlleb, Wohllebe(r); vgl. WOLF, Wulflaib, gehaben („sich benehmen, sich befinden") > gehoben, zufrieden, gemuth (mhd. nicht nur „heiter", sondern auch „von gutem Charakter", „rechtschaffen" und „verständig") [muth(eder), Wolkenmuth], auf, feil. — Woltemate (nd. „wohl zu Maße", Woltema|th, s; Wollmade, Waldemath, |e). Manche dieser N. sind offenbar Täuflingsn. — Wohl|schlag, schlegel, secker, sager s. Wolle
Wohl−: s. Wald, WALTEN, wohl, WOLF, Wolle
Wöhl−: s. WALTEN, WOLF
Wohl|an(d), ang, atz, ke; Wöhl|ke, ing: s. VOL
Wohld: s. Wald
Wohler(t), Wöhler(t): 1. s. WOHL. 2. ON. Wohla(u) mehrf.; Wohlen, Schweiz
Wohlfahrt: Wohl(ge)fahrt. Meist wohl Täuflingsn. (z. B. 1746 in Freiburg i. Sa. ein Türke Wolko als Wohlfahrt getauft), doch auch < Wulfhard (s. WOLF, so gewiß Wohlfahrter)
Wohlfromm: s. Wolfhraban
Wohlmuth: s. WOHL
Wohlgenannt: s. VOLK (Folcnand)
Wohlhage: s. Wald
Wohlketzetter: s. WOLKE
Wohlleib: s. WOLF
Wohl|rab(e), ramm: s. WAL
Wohlsecker: s. Wolle
Wohltag: s. WALTEN
Wohltmann: s. Wald
(wohnen): Wohnlich (mhd. „wohnlich, vertraut"); Wohnung; zur Wohnung; Niewöhner
Wohner: s. Wagen
Wöhner: < Wehner = Wagner
Wöhr−: s. WAR I Kf. und Wert

Wöhrden, Tom: s. Worte
Woi–: s. voj
Woiner: s. Wagen
Wojee: s. Woschee
WOK: zu afries. woker „Sprößling", nhd. Wucher; ablautend zu nhd. wachsen: Wocard, Wohrid. Geringe, unsichere Reste

Wocard: Wuchert
 Kf. Woco, Wuko: Wocke(l) (× 1. Wocke nd. „Spinnrocken", 2. woko); Wöck|l, el, er; Woch, |e, ele?; Wu(c)ke > Wuckold?, Wüchle, Wück, |e, ler

(woko): wend. „Auge". Wock|e, ek, o; Ogge. Wend. wokać „großäugig": Wokatsch, tsch. Wogk. Wokatz = Okatz = okoř (Ocker, Wocker). Tsch. PN. Oko(u)n, FN. Okon(ek), Ogon

Wolatz: s. VOL
Wolb–, Wölb–: s. WALTEN, WOHL, WOLF, Wolbo
Wolber: s. VOL
Wolbo, Wolpelinus: Kf. zu Waldobert, Wolbold, Wolfbald oder dgl.; nach Stark viell. keltisch. Wolbe, Wölb(l)ing, Wölp(e)l
Wölcker: s. Walker
Wold–, wold: s. Wald u. WALTEN
Wolde: s. EHE
Woldschläger: s. Wolle
WOLF: zu ahd. wolf, as. wulf „Wolf". Berührt sich mit WALTEN und WOHL

Wolfbero: Wülbern
Wulfbert: Wülberding
Wolfbrand: Wull–, Wol(l)|brand. Kf. s. Wolbo
Wolffrid: s. Wulfhard
Wolfgang: Wolf|gang (auch 27 ON. St. Wolfgang), gengel
Wulfger: Wülker (s. d.), Wolker, Wölker (×WOLKE)
Wolfgard (weibl.): Wolfgart, Wollgarten
Wulfhard: Wolffhardt, Wolf|art, ard, ert(z) (× ON. Wolferts, Fulda); Wohlfahrt(er), Wollfahrt, Wulf(f)ert, Wülfert, Wüllfahrt (z. T. auch < Wolffrid. Wolfart auch 1650 in Ulm aus Wolff erweitert)
Wolfhar: Wolfer, |s (–eder, Einöde b. Mühldorf, OBay.), mann; Wölfer (× ON. Wolfen, Merseb.), Wulffers, Ulfers (× OD III), Wülfer, |s, ling (× Wulfhard, Wolffrid)
Wolfhraban: Wolf|gram(m), ra(h)m, rom, rum, Wolfraum; Wohlfrom(m), Wulfgramm, Wolgram (anders bei WAL)
Wulflaib: Wolf–, Wulf|leff; Wolfleipsch, Wohl|laib, leib (> z. T. Wohlleb; s. wohl)
Vulfrad: Wolf|rath, radt (aber Wülffrath: ON. Elberfeld)
Wolfrun (weibl.): Wolfrun (× Wolfhraban)
Ulfoard: Wöllwarth
 Kf. Vulf: Οὔλφος auch eingliedrig „der Wolf" und so auch got. Wulfila (> gr. Ulfilas); vgl. aind. Vrkala, slaw. Vukolin: Wolf, |f, inger, ner, el; Wulf|f, es, ing, ken; Wölf|l(e), el, flen, li(n), (l)ing, chen; Wülf|ing, cken, ke; Wilf|ing(er), ink, ling; Bölfing, Wöffke(n)s, Olf(en), Ulff, Uf|en, ken, ig. Auslau-

tend: s. LEIB, Marcellus und die N. auf –wulf bei ADEL, HROD, MUT, LUT. Andere Beispiele: Bärwolf, Kierulff, Gerlhoff, Kar|lob, lopp (GER), Dedolph, Bartloff, Trautloft, Starck|loph, lufft; Littof, Widlöf, Rickleff, Sielaff, Haidelauff, Gottauf. — Ohlf, Ölfke (OD), Tülf (DIET), Morf, Mörfel (MOR), Fulfs (VOLK), Graalfs (GER)

Wolf: nd. wulf s. WOLF Kf., auch mehrf. ON.; latinis. Lupus: De Wolf. Wolf|angel („Falle"), anger, änger, feher („Fänger"), (en)steller, beißer („Hetzhund"), schütz, seher (< See), enstetter, geher („Werwolf"?). Wolfs|gruber [20 ON. Wolfsgrub, |e(n)], hohl, egger = ecker, perger, stieg, holz (Hofn. Elberfeld), kehl (ON. –kehlen, Hessen), zahn, zagel, haut, feller [= Schindewolf oder = Wolfs|fellner, fehlner (2 ON. Wolfsfeld(en), Bay.)], gefärth (s. Warg). Wolwes|goume, darm; Wolfs|helm, hand, kinn, klau. — Wolf|müller, schmidt, bauer (Müller usw. namens Wolf). Wolfschläger < „Schlag, Wald" oder = Wollschläger; Wolfzach < Zacharias oder zoche „Knüttel". — Nd. Wulwekop, Wufekopf, Wulfe|steg, stig („Steig"; aber Wulfstich?). Slawisiert: Wolf|owitsch, sky. — Heidenwolf, Wer|wolff (Hofn. Solingen), wulf, Hüner–, Ror–, Sne|wolff. Satzn. Schinde(n) w. > Schön(e)w., Dempew. (dempen „er-

sticken"), Labenw., Gripenwulf. Jüdisch: Wol-f, heim, hügel, so(h)n; Wolfs|steiner, feld; Wolffensteiner, Wulfsohn. — Rauwolf: s. Hrodulf. S. auch WOLF (Wulfhard)
Wolgast: ON. Stralsund, Frankfurt a. d. Oder
Wolge(m): frz. N. Vouillième. Woljem
Wolk−, Wölk−: zu WALTEN und WOLF (Wulfger)
Wolk(as), Wölk(e): s. vlk
WOLKE: zu ahd. wolka(n) „Wolke". Wolcmar, Wolchandrud
Wolchard: Wolkaerd XV; Wohlketzetter, Wolkerseder (ON. Wolkertsöd, Ob.-Österr.)
Wolchanhart: Wolker|haar, hauer, aer
Wolchari: Wolker, Wölker (s. d.), Wülker (s. d.) Anderes wie Wolkmann eher zu VOLK.
Kf. Wolco: Wolk, |e, en (× ON. Wolk|a, au, en, ow); Wölke. Von WALTEN nicht zu trennen; s. auch vlk
Wolkenmuth: s. wohl
Wolker−, Wölker(ling): vieldeutig, s. WALTEN, WOLF, WOLKE, VOLK; Wolker, Wölker (× ON. Wolk|a, au, en, ow; Wölk|au, en) auch = Walker
Wölkhammer: ON. Wölkheim, Trostberg (OBay.)
Woll−, Wöll−: s. WALTEN (Waldobert), WOLF, wohl
−woll: s. wohl
Wolle: nd. wull(e). Wollmann = Wollner (Wöllner, Wüllner, Willner). Woll(e)nschläger reinigt die Wolle. Wull−, Wohl|schlegel; Wullschleger, Wohlschlager, Wold−,

Wall|schläger; Wolfschl.? — Woll(en)−, Wull(en)−, Wüllen−, Will(en)|weber−; Wohlstreicher; Wollwerter (s. Werk) = Wohlmacher. Wollensack (Wohl|secker, sager), Wullwag(e). Woll(en)haupt, Wohlhaupter = nd. Wulkop > Wul(l)ekopf
Woll|hardt, mar, mer(t), Wöllmer: s. WOHL
Wollen|de, tin: s. Valentinus
Wolley: s. WALTEN
Wollenbär: s. WOHL
Wollitz: s. VOL
Woll|rab(e), ram: s. WAL
Wollseifen: ON. Aachen. Wollseif(er), Wollziefer
Wollstein: ON. Witzenhausen, Bomst
Wollthan: s. wohl
Wöllwarth: s. WOLF
Wolmuth: s. wohl
Wolp−, Wölp−: s. WALTEN, Wolbo, WOLF
Wolper: s. WALTEN, Waldburga
Wol|s, sch u. dgl.: s. Öls
Wolt−: s. Wald u. WALTEN
Wölt−: s. WALTEN
Woltema|s, te: s. wohl
Woltze: s. WALTEN Kf.
Wölz−: s. Wulz
Wölzlein, Wolzt: s. WALTEN Kf.
Wol|zogen, zonn: s. wohl
Wondra(k): s. Andreas
Wönkhaus: ON. Wönkhausen, Lennep
WONNE: zu ahd. wunn-(i)a, mhd. wunne „Wonne" und ablautend ahd. winne „Weideplatz" (vgl. WIN u. wunne). Unmittelbar zu Weide: Wunn|er, enberg; Wünne|mann, nberg; Wonnebauer
Wunnibald: Wunibald
Wunniger: Wöniger, Wünker

Wunihart: Wonnert
*Wunniram: Wun(d)ram
*Wunnirich: Wondrich, Wunrig, Wündrich
Weiterb. wie in as. wonodsam „wonnesam": Wonatmar
Kf. auch wunne): Won|ke, ig(s); Wonne, Wohn. Wönig, Wöhning; Wun|(c)k, ke, Wund|t, enberg, ling, sam (s. Heim; oder Übern. „wonnesam"), shammer (ON. Wunsheim, Oberviechtach); Wuntke, Wunn(ecke), Wüncke, Wünn, |e, ing, ecke
Wönne, Wonne|r, bauer, berg(er): s. wunne
Wonz: poln. wąz „Schlange" (vgl. Wuschke)
Woo|ck, g(e): s. Wag
Woog: pruß. N.
Woor|d, t: s. Wurte
Woost: 1. mehrf. ON. 2. s. wüst
Wopfner, Woppner: s. Waffe
Wopp−, Wöppel: s. Woppo
Woppisch: wend. wopuš „Schwanz, Zipfel"
Woppo, Wubbe: Kf. zu WALTEN u. Wolf, auch wohl zu WUT, sogar zu WILLE (vgl. Stark)
Wobbe, Wöb|ken, king; Wöbbe|ke, kind; Wopp (auch pruß. N.), Wöppel, Wuppinger (Weiler Innkreis, O.-Öst.), Wübbe, n, na, cke, ling
Wöp|s, se: s. Wespe
Wör−: s. WAR I
Worbis: ON. Eichsfeld. Worbs (× Wurbs, ON. Bautzen u. mhd. wurpōӡ „Wurzelstock")
−wörden: s. Wert
Worfler: „der Korn worfelt". Wurfler, Werfler

Worjech: wend. wohrjech „Nuß". Wurche, Wierig
Worlich: s. orilu
Worlitz(er): vgl. Wurlitzer
Worm–, Wörm–: s. WURM, Wurm (Worm: ON. Aachen)
Wörmann, Wormuth: s. WAR I
Worms: ON. Wormser, Wurm|s, ser; Wurmbser > Wirbser
Worm|slev, schleef, schlief: ON. Wormsleben, Mansfeld
Wormstall: ON. Wormsthal, Rinteln
Wörn: s. WAR II
Wörpel: s. Würfel
Worring, en, er: ON. Worringen, Köln
Worst(er), –worst: s. Wurst u. schmecken
Wört|che, ge: Rheinaue Wörthchen bei Gernsheim, Hessen
Wort(h), –wort: s. Wurte
Wört(h), –wörth: s. Wert
Wört(h)wein: s. WURT
Worwerk: s. Vorwerk
Worzel: s. Wurz
(wosa): obwend. „Espe". Wos, |ka, ke; Wosch, |e, ke (×sl. wosa „Wespe")
Wosch: s. VOJ und wosa
Woschee: frz. N. Vauch|é, er. Wojee
Wöscher: s. waschen
Wost–, Wöst–: s. wüst
–wost: s. Wurst
Woster: s. Sebastianus
Wostrach, ck: s. ostrow
Wothe, Wött–: s. WUT
Wotschke, Wott(g)e: auch sl. Formen für Otto
Wottke: s. VOJ
Wötz|el, old: s. WAR II Kf.
Wotzke: wend. wocko „Äuglein"
Woy–: s. VOJ
Woythal: Hofn. Woithal, Berent (Danzig)

Wra(a)se: nd. „Rasen". Wraß(mann), Wrahse
Wrabec: tsch. „Sperling"
Wramp(e): nd. „krumm". Wrampe(lmeyer)
Wrana: tsch. „Krähe"
Wrangel(l): nd. „streitsüchtig"
Wrase, Wraßmann: s. Wraase
Wratislaw, Wrasse, Wratzke: s. VRAT
Wrba: s. Wirba
Wrede: nd. wrēt „wild, böse, stark"
Wresch: obwend. wrjós, tsch. vřes „Heidekraut"; Wreske (ON. Friesen, Plauen)
Wreschner: ON. Wreschen, Posen
Wricke: s. Wrigge
Wriedt: nd. „Gestrüpp". Wrieth, Wried|en, struck
Wrief(f)penning: s. reiben
Wrigge: mnd. „eigensinnig, heimtückisch". Wricke
Wrietz|en, ner: ON. Wrietzen, Oder
Wrobel: sl. vrobl „Sperling". Robel, Fröbel? Wirbel, Wrobbel, Wröbel, Wrubel, Wrübel, Würbel. Vklf. Roblick, Röbling. (Wend. wroblatko „junger Spatz" > Rublack). Paul Rubel oder Sperling, Göda bei Bautzen XVI
Wrocklage: s. wruk
Wröhlich: s. Fröhlich
Wronn: sl. wrona „Krähe"
Wroz(el): s. VRAT
Wrubel, Wrübel: s. Wrobel
(wruk): nd. „Streit, streitsüchtig". Wru(u)ck; Wrocklage
Wübb–: s. Woppo
Wuchatsch: wend. wuchać „großohrig"
Wuchatz: wend. „Hase"

Wucher: „Zuwachs" (vgl. WOK), „Zinsertrag". Wucher, |er, pfennig.
Wuchert: s. WOK
Wüchle, Wück–: s. WOK
Wuck–: s. WOK und lonka
Wud–, Wüd–: s. WUT
Wüest: s. wüst
Wufekopf: s. Wolf
Wugler: wend. wuglar, huglar „Köhler". Wuhler, Hugler
Wühler: fränk. „Maulwurf"
(Wuhre): „Mühlgraben, Deich" (südd.; zu Wehr), Wuhr|er, mann; Wührer; Wier|er (s. d.), inger
Wuigk: wend. „Onkelchen"
Wukasch: s. Lucas
Wuke: s. lonka
Wulb–, Wülb–, Wulf–, Wülf–, Wulfila: s. WOLF
Wulk: s. vlk
Wülker: s. WOLF (Wulfger) und WOLKE; aber meist dissimiliert < Würker (s. Werk)
Wulkop, Wull–, Wüll–: s. Wolle
Wullbrand: s. WOLF
Wulschke: s. Öls
Wulstein: ON. Wollstein, Witzenausen. Bomst
Wulwekop: s. Wolf
Wulz: bair. „Windbruch im Walde" (vgl. FN. Wurfbaum, Windmaißer und s. Fall). Wulzinger; Wölz, |l, enberger. Dasselbe ist Winzel: Winzlmeier
Wumpkes, Wümkes, Wun–, Wün–, Wund–: s. WONNE
Wunder: auch „Neugierde, Vorwitz". Wunder, |er, mann, le, li(n), ly, ling; Wunnerlich, wohl auch Winder|lich, ling (frühnhd. wünderlich), Winterling, Winnerling. Wun-

Wunderschütz (wüst)

derlich „seltsam, reizbar, launisch"
Wunderschütz: s. Andreas
Wünd(i)sch: s. Wende
Wundr–: s. Andreas
Wundt: 1. s. WONNE. 2. N. des Philosophen < Wundegger, Kärnten
Wünker, Wunn–, Wünn–: s. WONNE
(wunne, wünne): mhd. „Wiesenland", vgl. WONNE. Wunn(er), Wünn(e)(mann), Wumen–, Wümen|berg; Wonn|er, ebauer, eberg(er), Wönne, Winner
Wunnerlich: s. Wunder
Wunsch: sl. PN. Unislav, Wuneš (ON. Wunsch a, e, witz), Wundsch, Wunsch|eck, el, old; Wünsch|el, ig, ow
Wünsch(e), Wüntsch: meist „Wende". Sieh dort
Wüörner: s. WAR II
Wuppermann: Flußn. Wupper. Wupperfeld
Wuppinger: s. Woppo
Wurban(k): s. Urbanus
Würbel: s. Wrobel
Wurbs: s. Worbis
Würch: s. Werk
Wurche: s. Worjech
Würd: s. WERT
Wurdemann: s. Wurte
Wurfbaum: s. Wulz
Würfel: Wirfel, Würf|ele, fell, ler (wohl „Würfelmacher"), Werfel, Schüttenwürfel; nd. Wörpel. Wurfler eher = Worfler. Vgl. Dobbeler
Würger: s. Werk
Würges: ON. Wiesbaden
Würker(t): s. Werk, aber Genzwürker s. Gans
Würl: s. WERT
Wurlich: s. orilu
Wurlitzer: ON. OFrk. Worlitz(er)
WURM: vgl. Wurm

Wurmprant: Wurmbrand (auch ON. Österr.)
Wurmhari: Wurmer, Würmer (× Flußn. OBay.; Wüstungen dort)
Wurm: nd. wurm, worm. Übern., schon ahd.: Wurmb, Wurmbauer, Worm|sberg, ke, inghaus; Würm|li, lin, le, eling; Wörm| s, cke. — 1. „Schlange, Drache": Wurm|dobler, bach, nest; 2. „Wurm": nd. Uhlworm („Regenw."); Wurmsam (Apothekern.). 3. „Käfer" und ähnliche Insekten; (vgl. nhd. noch Holzw., Glühw., Ohrw.): Maiworm, Bies–, Biß|wurm „Bremse", Roßw. „Mistkäfer"; Wurmstich, Wurmehl („Mehl"). Eßwurm „Schmied". Vgl. Ruß. Weinwurm „Zecher"? Aber Wurm|s, ser: s. Worms; Wurm|see, seher, Würmse(h)er < Würmsee, Bay. — Wurmheld? Wurmtödter nach Bre. „Arzt, der Wurmkuren macht"
Würsch: s. Werch–
Würslin: s. Wurst
Wurst: nd. wo(r)st, wust. Würst|l, le, lin; Würslin; Wurst|er, Worst(er), Wurst|macher, ius („Wurstmacher"; × Land Wursten, Hann.: Wurstner), horn (diente zum Stopfen), isen (s. Eisen), stumb, bendel, bauer, schmid. Blut– („Rotw."), Leber–, Brat– (Hofn. Elberfeld), Hirn–, Knack–, Fret(t)–(nd. „friß"), Mettwurst; Kraut–, Pagen|worst; Langwost, Knappwo(r)st, Klappworst („Knackw."); Rolwurs
WURT: zu ahd. wurt „Schicksal". Hierher

viell. Wortwin: Würth–, Würd(t)–, Wirth –, Wört(h)–, Wert|wein
(Wurte): nd. „(erhöhter) freier Platz", auch „Hofstätte", seltener „Flur–, Waldstück". Wurth, |e, mann; Wurdemann; Worth(mann), Wort|hoff, müller; Woord, Woort(mann); Klindworth s. klint; Terwo(o)rt, Tom Wöhrden, Lange|wort, fort; Verwurden
–wurtel: s. Wurz
Wurth: nd. s. Wurte, alem. s. Wirth
Würth–: s. Wirth, WERT, WURT
Wurz: mhd. 1. „Kraut, Pflanze". Würtz. (FN. Hauswurz: Pflanze Sempervivum tectorum × ON. Fulda). 2. „Wurzel", gräzisiert Rhiza. Dazu Kollektiv „Gewürz". Wurz|el, ach (auch ON. Württ.), rainer; Worzel; nd. Oldewurtel („Alte Wurzel"). Wurz|er, ler, ner; Würz|ler, ner: 1. „Wurzel–, Kräuter|sammler". Wildwurtzer. 2. „Apotheker" (vgl. Kraut) = Wurz|mann, menger (s. Manger). Wurzian: zu Johannes
Wurzinger: ON. Graz. Wurziger
Würzinger: Weiler Wilshofen (N.-Bay.)
Wusch–: s. lonka, Lusche; Wuschke auch Vklf. zu wend. wuž „Schlange, Wurm" (vgl. Wonz)
Wussak: zu hussoki oder Lossak
Wußler: s. WUT Kf.
(wüst): mhd. wuoste, wüeste, as. wōsti, nd. weust. Örtlich „öde", persönlich „roh, häßlich, verschwenderisch".

539

Wüest, Wü(h)st, Wiest, Wüst|e(r), ner, inger, emann, hofen; Wüste,| hube, nhagen; Wüstenei (8 ON.); Wysthoff, Wiestner, Woost, Wöst|e, efeld, hoff, mann, endiek; Wost|mann, brock; Wustmann (×ON. Wust, Jerichow), Weust|er, ink, hoff, enfeld. Aber ein sl. Stamm in Wust|andt, rach, rich, row, rau, ig, lich (> Wüstling), Wystrock (z. T. zu ostrow)
Wusterbarth: ON. Köslin
WUT:
*W u d g e r : Wüdiger
*W o d h e r : Woders
W o d a r i c u s : Wod|erich, rig; Wott-, Wud-, Wutt-, Wüth(e)|rich
Kf. W o t o , V u t t o : Wod|o, e, ick(e); Wothe, Wödel, Wud|e, emann, el, ick(e) (×ON. Wudicke, Jerichow; Wuticke, Priegnitz); Wut|che, ge; Wutt|ig, ke, ge; Wuth, |e, emann; Wutz, |o, el, ig; Wuz, |er, ler; Wußler, Wutscher, Wütschke. Die meisten N. mit g und k gehören freilich wohl eher zu sl. voda „Wasser" (vgl. Wodke) oder zu Vojtech (s. VOJ), andere wie Wußler z. T. zu wuseln, wutzeln, wutschen „kleine, schnelle Bewegungen machen"; Wutzl „kleiner Kerl"
Wutsch|ig, ke: sl. PN. Wuček (zu učiti „lehren"), Utsch, |ig, ing (Uč, |ek), Autsch (Auč)
Wutta: frz. N. Vouta(t)
Wutt|ig, ge, ke: s. VOJ
Wyb–: s. WIG
Wy(ch)gram: s. WIG (Wichraban)
Wydra: wend. wydra „Fischotter"
Wyhl, –wyl(er): s. Weiler
Wymstra: s. WIG (Wimo)
Wyn|en, eken: s. WIN Kf.
Wyp(p)ler: s. WIG (Wibo)
Wyrsch–: s. Werch–
Wyß–: s. Wizo
Wyst–: s. wüst

X

Xand|er(s), ry: s. Alexander
Xanten: ON. Rhld. Von Zanten, (van) Santen, Santner
Xaver: Hl. Franciscus Xaverius < Francisco Xavier aus Xavier, heute Javier (bask. Name) bei Pamplona (starb 1552)
Xeller: s. Geselle
Xylander: Gräzis. für Holzmann. Xylaender

Y

Yahuda: s. Judas
Yblagger: s. Übel
Yelin: s. OD III, Kf.
v. Yorck: nicht von der engl. Stadt, sondern sl. (kaschubisch) < Jarke,| n, Yorks, Jork (× ON. Hamburg), Jark, Jarcken (zu Georgius)
Ysop: bibl. Pflanzenn., auch Küchengewächs, Bohnen–, Pfefferkraut
Ytting: zu ID oder OD
Yüngst: s. jung
Yxem: ON. Ixheim, Pfalz
Yserntant: (Aachen): s. Zahn

Z

(za–): sl. Präp. „hinter". Sa(a)bor (zu bor); Za–, Sa|gorski, Zahorak (zu gora); Zalesky, Zalisch, Sal|is, isch, eske (zu les); Samosch (zu Most 3; ON. Zamosch, Pleß); v. Zabeltitz > v. Zobeltitz (< zablato „hinterm Sumpf" oder zu sobol „Zobel"); Sawusch (zu Lusche); Zau|s, sch (zu wjes, × tsch. PN. Zaviš).
Zaabel: s. Zabel
Zaar, Zahr: 1. altd. Zaro, unerkl. > FN. Zahren und ON. Zähringen, Baden. 2. sl. zar „Brandstätte". (× SAR Kf. u. Nazarius)
Zabe: sl. zaba „Frosch". Vklf. Zab|ka, ke; Zäpk(e) (vgl. Zappe), Schabe, Schapke

Zabel: unerkl. sl. PN. (auch RN.). Zaabel, Zab|ell, elt, old, olt; Sabel. Zappold
Zaberer: ON. Zabern
Zäberle: s. Zwiebel
Zabler: „Schachspieler", s. Schach 2 (× zappeln). Zabeler
Zacco: ahd. PN., viell. zu nhd. Zacken, gr. δάκνειν: Zack(l)(×Zacken), Sagel. Ahd. Zahheri(?): Zacker, Zager. Anderes eher zu Zacharias und Zäh
Zach–, Zäch: s. Zäh, Zacco; sl. s. CACH; meist wohl < Zacharias
Zacharias: hebr. „Jehova gedenkt", besd. Prophet Sacharja, doch auch der Vater Johannes des Täufers. Zacharilä, tz, Zacharies; Zacher, |t, l, z; Zach,| a, ar, l, ler, en; Zarges, Zächerle, Zecherle, Zechl, Sacher, |l, len, er; Sächerl (schweiz. Chris, Krieß, Reis) × obwend. Flurn. cachory „Sumpfstellen": Zach|or, er
Zachau: 5 ON. Zachow
Zachäus: Kf. zu Zacharias (oder Sakkal). Zichäus. Zach|ei(s), é
Zachenbrecher: s. Zahn
Zachlechner: s. Such
Zack–: s. Zacco (Zacker auch < zackern „pflügen" < ze acker gān). Zackel s. Szekler
Zadek: hebr. „der Gerechte". Zad|ick, ig, ock, uck, Zodik
Zadel: ON. Meißen (sl. „Zaun, Schanze"). Zadler
Zadera: wend. zadora „Hader"
Zaf(f)ke: Vklf. von sl. cava „Rabe". Saffke
Zagel: mhd. auch zail „Schwanz", oft in ÖN.; (vgl. ON. Cranzahl, Erzgeb.). Ratten–, Pfan– („Pfauenz.", Pfobinczail), Rab–, Alster–, Pern|zagel; Zägelein. Hasen–, Lämmer–, Schaf–, Mäuse|zahl (< md. mäuse „Kuh"), Messenz., Mössez., Meise(n)z. (vgl. Flurn. Ochsensaal), Voszal, („Fuchs") wohl auch meist Flurn., so auch zahlacker; vgl. Rübe. Weibezahl s. Weibler. Seidenzahl s. Seide. — Zagelmayer, Zagl|auer, er, mann; Zahl|auer, er (× Zell), berg
Zager: s. Zacco
Zäh: Zach (vgl. Zacco und Zacharias; mua. auch „schlank, zärtlich"), Zeeh, Zeh(e) (s. d.). Zachacker
Zahl–, –zahl: s. Zagel
Zahlbaum: s. Salweide
Zahmel: s. Samuel
Za(h)n: mhd. zant (auch „Felsspitze", obd. Zahnleiter, Zantner); Zan(d)t (ON. mehrf.), Zähnle, Zehnle; Breit–, Ber– (< Bär 2?; doch ahd. Peronzan), Weibe– (s. Weibler) |zahn (aber Maltza(h)n sl. !). Zahnweh; Zahn|brecher (Zachen–, Zaun|brecher? = Satzn. Reisenzahn), messer, eisen. S. Zander. Yserntant (Aachen): nl. „Eiserner Zahn", vgl. den Kurfürsten Friedr. II Eisenzahn v. Brandenb.
Zahner, Zähner: s. Zein
Zahr–: s. SAR und Zaar
Zahrenhusen: ON. Zahrensen, Verden. Sahrenhusen
Zähringer: s. Zaar
Zai: (Freib. im Uechtl.) < hl. Lucia, Metron. (Fischer, 4, 1356. — Schweiz. Id. 3, 1570)
Zai–: s. Zei–
Zain(l)er: s. Zein
Zaiser: s. Zeiser
Zajac: poln. wend. „Hase"; (tsch. Zajic), Sajitz, Sagitz, obschles. Sajonz (vgl. zeiz)
Zakel: s. Szekler
Zalisch: s. za–
Zambach: s. zu
Zameck: s. SAM II
Zamel: s. Samuel
Zametzer: bair. zaumetzen „an der Auszehrung leiden"
Zamjahn: s. SAM II
Zampauer: s. Zaun
Zan: s. Zahn
Zand–: s. Sand
Zander: 1. s. Alexander. Zand|ers, ring. 2. an der Küste Fischn. 3. < ON. Zan(d)t, mehrf. 4. s. SAND. 5. südwestd. „Zahnzieher, Bader", s. Zahn
Zänder: s. Zent
Zandt: s. Zahn
Zaner: s. Zanner
Zang: ON. Württ.
Zang(e): mittelb. Berufsn. Zängle, Zeng|el, lein, l(er); Zang(e)meister; nd. Tange
Zanger, Zänger: südd. „scharf, bissig, lebhaft". Ahd. Zangr|o, ulf „bissiger Wolf"; Zang(g)er, Zangerl(e), Zäng|erle, ry; Zenger, |le, t, ling
Zank: Die heutige Bedeutung erscheint im späten Mittelalter, wird also nicht für alle folgenden N. gelten. Grundbed. von zanken, zenken ist „zerren, reißen". Mhd. zanke ist „Zacke, Spitze", danach ÖN., aber auch schon ahd. Übern. Zanco: Zank, |e, l(meier), er; Zänk|e(l), er(t), Zenke(l), Zenker, |t, ling. — Ostd. auch zu wend. zank „Schloß": Zank, |e, owski,

Zankeisen

wend. Dzen(i)k < dzen, „Tag": Zenk(e)
Zankeisen: altes Vexier-Spielzeug aus verflochtenen Ringen, die zu lösen und wieder zu befestigen sind. Seit XVI bezeugt, auch auf zänkische Menschen übertragen
Zann(er): 1. s. Zein. 2. Zan(n)er: mhd. zannen „knurren, weinen", auch „Zähne blecken"
Zannbauer: s. Zaun
von Zanten: s. Xanten
Zanter: s. Zander (3.4) und Zahn
Zantop: s. Sand
Zantuch: ON. Zantoch, Öls, Landsberg
Zapel: ON. mehrf.
Zapf(e): „Zapfer", allein wohl meist „Trunkenbold", in Zss. meist „Wirt". (Zapper auch „Arbeiter, der die Sole abläßt"); Zapf, (f)e, t, er; Zäpf|el, ler; Zepf(e)l; md. Zapp, |e (s. d.), er(t), ner (mhd. zapfenaere), Zepp. Nd. Tappe|n, r (× Tapfer), Tepper (vgl. Wein); wend. Zopp. — Sauer|zapf, zapp(e) > zopf; Leier–, Wein–, Öl |zapf; Wackerzapp (vgl. Wackernagel). Dörrzapf wohl „Teuerz.", „überteuernder Wirt"
Zapke, Zäpke: s. Zabe und Zappe
Zapp(e): 1. s. Zapf(e). 2. nordostd. zapp(e), zapke, zopp, zupp „Bläßhuhn", s. Zapke (× Zabe), Zop(p)-ke, Zup|p(e), (p)ke
Zappel: sl. czapla „Reiher"
Zapprun: eher < tsch. čaprun als mhd. schaprun „Mantelart"
Zarge: „Rand" (Waldrand, Mauer, Wall). Zarger

Zarges: s. Nazarius und Zacharias
Zarnack, (e)ke: s. Czerny
Zars: s. Nazarius
Zart(h): 1. „lieblich, weichlich" (Zartmann, ndl. Sartezon „Sohn"). 2. ndwend. cart „Teufel"
Zartner: ON. Zarten, Baden
Zäsar: s. Caesar
Zaschke: ON. Zatzschke, Pirna
Zäslin: schweiz. „Iltis"
Zassenhaus: Hofn. Düsseldorf
Zauber: 1. „Weber" < mhd. zauwe „Webstuhl". Zauer. 2. s. Zuber 3
Zauch(e): s. Such
Zaufall: s. Zufall
Zaugg: obd. < ahd. Zougo, wohl wie Zu(o)go (FN. Züge) zu „ziehen". Zeuch, Zeug, |e, in, erling. — Ostd. Zau|g, k, ke: s. Such
(Zaum): Zaumer („Verfertiger"), Zäumer, Zeumer, Zeiner (× Zaun und Zein). Zaumseil: vgl. mhd. ein pfert seilen „aufzäumen", Zaum|seel, segel, siegel
Zaun: nd. tun. Zaun|er, bauer (Zambauer, Zampaur), mayer, egger, müller, fuchs, huber, seder (s. Öd), macher, brecher (× Zahn), scherbe, schirn (scherbe, schirbe, „Bruchstück"); Zäun|er (< ziunen „flechten", also „Korbflechter"), inger, Zeuner(t), Zeiner (× Zein und Zaum), Lang|zauner, zäuner, zeiner, zen; Zünen; Satzn. Springenz. (aber Reckenz. s. Zein); nd. Thun, Ostertun („östlicher Z."), Tüner; ndl. Tuin (spr. teun); auch „Garten", Zein
Zau|s, sch: s. za–

Zedlach

Zausinger: Einöde Simbach (NB.)
(zawada): sl. „Hindernis" (ON. Zawad|a, ka, Sawade), Zawadke, Sawade, Sowad|a, e
Zberg: schweiz. „am Berge"
Zbinden: „an der Bünd" (s. d.)
z'Blatten: s. Platte
Zebart: s. SIEG, Sigibreht
Zebe: s. Zehe
Zebedaeus: Vater des Johannes und Jakobus: Zebedys
Zebelein: s. Zobel
Zeberle: s. Zwiebel
Zebger: s. Zöbiger Leipz.
Zebisch: s. SOB
Zebnet: s. eben
Zech: 1. „Tscheche". 2. = Zeche, mhd. „Ordnung, Gesellschaft > deren „Schmaus, Wachtdienstordnung, Bergwerksgesellschaft". Zech|mann, meister (Zunft-, Knappschaftsvorstand; bair. Verwalter des Kirchgemeindevermögens = FN. Zechpropst). Zecher, mhd. „Anordner" (als „Trinker" erst im 16. Jh.) = Zechmann [× ON. Zech, |au, e, ow: Zechner (× zehn), Zecherer]
Zech(el)iel: s. Hesekiel
Zeche(n)t–: s. Zehender
Zecherle, Zechl: s. Zacharias
Zeck: Mainfrk. N. 1. < PN. Zakko, Zac. 2. Übern.: Cunradus dictus Zecke 1311 Grünberg, Oberhessen und Zeckh 1763 Lahr (Schwarzwald)
Zedel: ON. Lausitz. Zed(el)ler (vgl. Zettel)
(Zeder): Zederbohm. Zetter|strand, holm (schwed.)
Zedl|ach, ich: s. Sedlack

Zeeb(e): 1. s. Zehe. 2. s. Seba
Zeeck: s. Sieg Kf.
Zeeh: s. Zäh und Zehe
Zeelke: s. Selig
Zeemann: ndl. „Seemann"
Zeender: s. Zehnte
Zeeze: ON. Zeetze, Lüneb.
Zegfart: s. SIEG (Sigifrith)
Zegler: wend. ceglar „Ziegler". Zegla
Zeh(e): „Fußzehe" (× Zāh). Zeeh, Zehelein, Zehle; westd. Zebe, Zeeb(e), Zehbe. Vgl. recken
Zehe(n)ter u. dgl.: s. Zehnte
Zehfuß: s. SIEG (Sigifuns)
Zehme: Kf. zu sl. Zemišlaw < sl. semja „Erde, Land"; vgl. Nowaja Semlja. Zehm, |ke, isch; Zemke, Zemsch; Ziem, |ack, e, ek, es, us; Ziehm, |e, ke, s; Zimm|ack, e; Zimke; Sehmisch; Sem|isch, ig, Seemisch, Sömisch, Sämisch. Dazu ON. Zehmen, Leipzig u. Zehma, Altenburg (> Zehmer)
(zehn): mhd. zehen, Zehner, Zechner. Zehn|acker, pfennig
Zehngraf: s. Zent
Zehnle: s. Zahn
(Zehnte): Der Zehentner erhob den Zehnten oder zinste ihn, arbeitete auch als „Zehentfröner" für ein Zehntel der Ernte: Zehn|t(n)er, Zeche(n)tner, Zehender, Zeender, Zend(l)er, Zentner, Zionder, Zi(e)ntner, Zehentgruber, Zehntmichel, Zehe(n)tbauer, Zent|höfer, maier; Zechetmayer (vgl. Teget–). (Zehenthoffer, Zehthofer, Zent|huber, awer KS.)
Zehren: schweiz. s. Herr
Zehrer: 1. ON. Zehren, mehrf. 2. „Verschwender". Vgl. Pfennig
Zehschnetzler: s. Zein
Zeichfießl: s. SIEG (Sigifuns)
Zeichner: zu mhd. zeichen „Wappen, Siegel"
Zeidler: „Waldbienenzüchter". Zeitler, Zidler. Dazu auch Zeidlmayr, Zeitelberger, Zeitl|mann, hofer, huber (auch Zi(e)telmann?)
Zeig–: s. Zeug
Zeigan: s. Zigeuner
Zeiher: s. Cyriacus
Zeil: mhd. zīl „Dornbusch". Zeil(l)er (ON. Zeil 17, Zeilen 2), mann, berger, felder, hofer; aber Oberzeiler < Zeile „Häuserreihe"
Zeilbeck: ON. Zeilbach NBay., Österr.
Zeilinger: 5 Weiler Zeiling Bay., Österr.
Zeilma(c)ker: ndl. „Segelmacher"
Zeilner: ON. Marktzeuln, OFrk.
Zeimer: „Mistel– und Wacholderdrossel". Zeimer(t), Ziemer(t), Zeimer(t), (s. Zaum, Zein und × SIEG, Sigimar)
Zein: 1. „Stabeisen". Der Zeiner reckt das Eisen. 2. „kleiner Korb". Zein(emann), Kürbenzeiner; schweiz. Zahner, Zähner. 3. Hürde. 4. Pfeil. Zu 1: Recken|zain, zaun, zu 1–3: Zeiner(t), (> Zauner KS.; × Zaun und Zeimer), Zain(l)er; zu 2: Zann(er); zu 2–3: Zeindl(meier), Zeintl. Zu 4: Czenschniczer, Zehschnetzler
Zeininger: ON. Nd.Österr.
Zeis(e), Zeiß: s. ZEIZ, Zeisig
Zeiser: mhd. zeisen „(Wolle) zupfen, Streit anfangen". Zaiser, Zeißler
Zeisig: Vogeln. < sl. ciž(ik), wozu Zisch, Ziß, Ziske, Zitschke, Zeske, Zetsche (s. d.) (× ON. wie Zeißig, Zeiske, Ziskau, Zitzschen). Deutsch: Zeis, Zisich, Zeis|i(n)g, el; Zeiske, Zeitsch, |e(l), Zeisigbein, Ziesing, Zisecke, Zieske; Z(e)isler, Zeißler, Ziesler „Vogelfänger". Aber bair. Zeisel, Zeißel „Knüttel" > Zeiselmayer? Vgl. zeiz
Zeisold: s. zeiz
Zeiß(n)er: s. Sense
ZEIT: zu ahd. zīt „Zeit", Zit|wart, olf. Dazu viell. Zeit|her, ing(er), ung, el
(Zeit): nd. tīd. Gut(e)–, Liebe–, Hoch|zeit. Neuenzeit (nd. Niegetid u. Negentid, wo Neun– als Zahlwort aufgefaßt ist). Zeitböß. Zeitvogel (mhd. zītvogel „V., der flügge wird", vgl. Unzeitig). Hausn. Zuo der Zīt (wohl nach einem Bilde)
Zeitel–, Zeitl–: s. Zeidler
(zeiz): ahd. zeiz, an. teitr „anmutig, zart", noch jetzt fränk. zeiß. Einst auch in Volln. (Tetwin, Zeizulf, sowie in Unzeiz). Reste davon ganz unsicher, da Zeisold (vgl. Tetald) aus Zeisel „Zeisig" entstanden sein kann. Zaißer s. Zeiser (× Zeizheri): Zai|ß, s, tz(mann); Zei|ß, se, sberg(er), sel, sing (vgl. Zeisig). Zeihs, Zeuß, Zeyß. Daher meist (NS.) als eingliedrig und Übern. aufzufassen. (× ON. Zeitz und zajac. Zeitzer)
Zekeli: s. Szekler
Zelch: s. Cyriacus. Zelich
(zelge): das bestellte Drit

543

Zeligsohn / Zey–

tel der Flur bei der Dreifelderwirtschaft. Zelger
Zeligsohn: s. Salomon
Zelk: s. SAL
Zell: < lat. cella. 1. klösterliche Zweigniederlassung. 2. Wirtschaftshof (nicht nur eines Klosters). ON. Celle > Zellmann; Zell, a|, e ON. oft (× obwend. ćelo „Kalb"): Zeller(> Zahler KS.), Ober-, Vor-, Appen|zeller. Zeller auch < Kf. von Orten wie Appen–, Königs|zell. Langceller, Zell|huber, meier (> mer?), hahn, mann. — Zellerhoff. — Zellekens. — Aber Brotzeller: ON. Stadtprozelten, UFrk.
Zellner: s. Zöllner
Zelnik: wend. „Zöllner"
Zelter: 1. Meist zu zelten „flacher Kuchen". Lebzelter, Pfanzelt(er). 2. im Paßgang gehendes Pferd. 3. „Zeltmacher". Zu 1, 3: Zeltner, zu 2: Zelterer, zu 3: Gezelter
Zeltz: ON. Zels, Sorau
Zem–: s. zu
Zemke: s. Zehme
Zemp: unerkl. alter PN. Zempo
Zemper(t): s. Semper
Zemrich, Zemmerich: s. Schummrik und Zimmer
Zemsch: s. Zehme
Zen–: s. zu
Zendath: s. SIND
Zend|el, ler: s. Zindel, Zendler auch Zehnte
Zender: s. Zehnte, Zent; jüd. Alexander
Zeng: s. Zange und Zanger
Zenk–: s. Zank, zanken
Zenner(t): 1. = Zanner. 2. s. Zent. 3. unerkl. RN. Zenard (Dortmund 1339)
Zenon: Hl., gr. Kf. von Zenodotos „von Zeus gegeben". Zenon

Zens: 1. ON. Magdeb. Zenser. 2. Zen|s siehe Vincens
(Zent): 1. „Hundertschaft (< lat. centena), Gerichtsbezirk", Zentner: centenarius „Strafrichter", besd. moselfränk. (wohl aus gleichbed. centurio). Centnerowsky, Zender, Zänder, Zintner, Zenner. Centmayer. Der Zentgraf leitet das Gericht: Zehn(t), Zint–, Zin(k)–, Zick|graf(f). Zinkgref(f), Zinngrefe. 2. Vgl. Zehente. 3. Gewicht
Zenthöfer: vgl. Domäne Zenthof, Warstein in Westf.
Zenz: s. Vincenz
Zepelin: ON. Mecklenb. Zepli(e)n, v. Zepelin, Graf Zeppelin (aber schweiz. Zeppelin wohl „Zwiebelchen")
Zep(h)rin: s. Severinus
Zepp: tsch. cep „Dreschflegel, Tölpel". Zepke
Zeppel: s. Zwiebel
Zeppenfeld: ON. Siegen
Zeptor: lat. receptor „Einnehmer". Zepter, Szepter. Wend. Zept|ar, er < lat. praeceptor „Lehrer". Zeptner
Zer–: s. zu
Zerbe: 1. s. Serbe. 2. ON. Zerb|au, en, ow, Zerber
Zerbe(s): s. Servatius
Zerbst(mann): ON. Zerbst, Merseburg
Zer|faß, fuß: s. Servatius
Zerges, Zerle: s. Nazarius
Zerkiebel: s. Giebel
Zern–: s. Czerny
(zerno, zorno): obwend. „Korn". Zern, Zorn; ON. Zerna, Kamenz > Zerner
Zerr, |(i)es: s. Nazarius
Zerrenner: 1. „Verschwender", 1461 Zerrenner = Zerer. 2. „schmilzt Eisen im Zerrennfeuer" (ostd. × ON. Zerrehne, Köslin). Zrenner
Zerrer: „Necker". Zörrer
Zerrleder: s. Leder
Zerwas u. dgl..: s. Servatius
Zesch: ON. Potsdam
Zeschau: ON. Zescha und Zöschau, Sachsen
Zeschke, Zeske: s. CIC u. Zeisig
Zeschnigk: s. Schesning
Zessak: s. CIC
Zessel, Zeßler: ON. Zessel, Öls
Zessin: ON. Rügen
Zett(e)l: 1. „Urkunde". 2. „Aufzug eines Gewebes". 3. zu Sedel; s. d. (Zettelmeyer). — Zu 1, 2: Zettler, nd. Zeddel(mann). Zu 1, 3: Zedel, Zedler, Zettler. Zu 3: Zettelmann, Landzettel = Landsiedel. Südostd., auch zu sl. sedlak (s. d.), PN. Sedlik; so Haber–, Wein|zettl, Zettel|meißel, meisl wohl jüngere Zss.
Zettner: ON. Bunzlau (Böhm.)
Zet(z)sche: 1. ON. Zetsch(a), Zschetzsch (> FN. Zschetzsche). 2. s. Zeisig. 3. wend. PN. Ćeć
Zetter–: s. Zeder und Zieter
Zeuch, Zeug, |e, in: s. Zaugg
(Zeug): 1. „Kriegsgerät". Zeugmeister, Zeigschmied. 2. „Jagdgerät". Zeugträger
Zeul: ON. Marktzeuln, OFrk.
Zeumer: s. Zaum
Zeuner(t): s. Zaun
Zeuß: s. zeiz
Zeuter: ON. Zeuthen, Teltow
Zeverain: s. Severinus
Zey–: s. Zei-

Zeyn: ON. Seyen, Koblenz. Zeyen
Zib|ell, old, oll, ull: s. Zwiebel
Zibr(i)d: s. SIEG (Sigifrith)
Zich: sl. cichy „still". Zich,| e, el (× Hesekiel), owitz
Zichner: s. Zieche
Zick–: s. SIEG und Ziege
Zickeli: s. Szekler
Zickendraht: Satzn. „zieh den Draht" (Schuster?)
Zickenoppasser: s. siech
Zicker: ON. mehrf. (× ON. Zickra, Thür., und SIEG)
Zickermann: ON. Zikker, Rügen
Zidden: s. SIND
Zidler: s. Zeidler
Zieb–: s. SIEG. Ziebol|d, z; s. auch Zwiebel
(Zieche): „Bettkissenüberzug" < gr.-lat. theca. Der Ziech(e)ner webt ihn. Zichner, Züchner (s. d.); frk. Ziegerer, Zigner
Ziech(en)aus: s. ziehen
Ziechert: s. SIEG
Zied(e)rich: zigeunerisch „Amtmann". Zschiedrich, Tschiedrich, Tschiersch, Schie(d)risch (× ON. Zidderich, Mecklenb.)
Ziefer: 1. „Kleinvieh". 2. SIEG (Sigifrith)
Zieg–: s. SIEG
Ziegan(dt): s. Zigeuner
Ziege: Ziegen|bock, bein, fuß (auch „Brechstange"), speck („magerer Mensch"), barth, horn, hals (ON. Neiße), rücker (ON. -rück, Saale; Zügenrücker), bauer, hirt, hierd, meier, manger; in bair. N. aber × zigen, ziher. „Föhre, Kiefer" > Zieg|ast > naß. Zick, |lam. Jüd. Ziegenbaum. Zieg|(en)aus, enbalg: s. ziehen
Ziegel: 1. „Backstein, Dachziegel". Ziegler, Cziegler, Zügler = Ziegel|bacher = becker = nd. Teigelkampff, Theilkuhle, Teg(e)ler (× ON. Tegel), Teigeler, Tig(g)eler, Tichler = nl. Tichelaar; Te(e)gelbecker(s). Tsch. cihlar > Ziegelasch, poln. Ceglarek. Ziegel|decker, trum („Bruchstück", Zigldrum), Ziegl|gruber, eder, auer; Tiegel|kamp. 2. = Zügel
Ziegelhein: ON. Zwickau
Ziegelroth: ON. -roda Mansfeld, Querfurt
Zieg(e)mund: s. SIEG
Ziegenhagen: mehrf. ON. (× Ziegen|hain, hahn)
Zi(e)ger: „Quark, auch Kräuterkäse" (× ON. Ziegra, Döbeln u. SIEG). Ziegerer (× Zieche), Zigermann (s. Manger)
Ziegert: s. SIEG
Ziegfeld: s. Siek
Ziegold: s. SIEG
(ziehen): Zieh(e)r („Förderer im Bergwerk"). Satzn. Ziech|(e)naus, aus; Zieg(en)aus, Ziehaus („Zieh hinaus, Zieh ihn aus"); Ziegenbalg wohl Satzn. „Zieh den Blasebalg"
Ziehfreund: s. Severinus
Ziehfuß: s. SIEG, Sigifuns
Ziehm–: s. Zehme
Ziehr: s. ziehen und Zier
Ziekenoppasser: s. siech
ZIEL: zu got. tils „passend, geschickt", afries. til „gut", ahd. zīlon „sich beeifern", nhd. Ziel. Die nd. N. mit Til– von den zu Thilo (s. DIET) gehörigen nicht zu trennen. Viell. hierher Til|bert, gert
Cilger: Zieleger, Zill|ger, ker
*****Zilhart:** Zill|hardt, at (× ON. Zeilhard < Zylhart, Darmstadt)
Ciliman: Zillmann Kf. Zil(l)o: Zill, |e(n), es, ing (salzburg. = „Seidelbast"), igen; Zils (× ZIV und Cyriacus, vgl. ziele)
Ziel: „Grenzpunkt", Ziel,| er (× ON. Zielen, Thorn), bauer, felder
Ziel–: s. auch ZIV
Zielaß: vgl. ON. Zielasn|a, o, Posen
(ziele): sl. „Kraut", ziolko „Kräutchen", zielony „grün". Ziel|e, ke, isch, ecke, onka; Ziehlke
Ziellenbach: ON. Waldbroel
Ziem–: s. SIEG, Kf. Simo und Zehme
Ziemann: s. SIEG (Sigiman)
Ziemer(t): s. Zeimer und SIEG (Sigimar)
Zien|der, tner: s. Zehnte
Ziepel: ON. Magdeb.
Zipr|echt, ich: s. SIEG (Sigiberht)
ZIER: ahd. ziari „schön". Först.: Zierhild XI, Zierolf VIII, IX mehrf.
Zier: 1. „zierlich, schmuck". Ziehr, Ziermann. Weiterb. Zier|en, de, l(ein), old, olt > holz. Auch Zier|tz, zelmeier? Zier|vogel, hut (vgl. Giebel); zieren: Satzn. Ziernhut. 2. ON. Zier, Aachen. 3. Zier |es, iacks: s. Cyriacus. Sieh auch Zierslaff
Zierck: s. SIEG (Sigurih)
Zierfuß: s. Servatius
Zierlewein: s. Wagen
Zierslaff: sl. N. Siroslaw (< siru „verwaist"; vgl. Sirach 2), ähnlich Zier|bock (< bog), k, ke, ing
Zierus: s. Cyrus
Ziesch: wend. sćež „Meise". Ziesche
Zieschang: s. Christianus7

Ziesel: bair. Pflanzenn. „Seidelbast"
Ziesemann: viell. „Akziseneinnehmer", desgl. Ziesen|er, henne(× Zizo?)
Zies(e)mer: Kloster Cismar b. Lübeck
Zie|sing, sler, ske: s. Zeisig
Zietelmann: s. Zeidler
(Zieter): „Vordeichsel für ein Ochsengespann". Zieter-, Zetter|mann
Ziff|er(t), us: s. SIEG
Ziger: s. Zieger
Zigeuner: Zigeiner, tsch. cikan: Czygan, Zigan, n, ke. Zigahn, Ziegan(dt), Zeigan
Zigldrum: s. Ziegel
Zigner: s. Zieche
Zikeli: s. Szekler
Zil–: s. ZIEL, Cyriacus u. ZIV
Zilber–: s. Silber
Zilcher: ON. Züllichau
Zill–: s. ZIEL
Zillessen: s. Cyriacus u. Marsilius
Zillgen, Zil(l)i: s. Caecilia
Zillig: 1. alem. „jung". 2. ostd. s. ZIV
Zilliox: s. Cyriacus
Zillmer: zu SUL oder Želimir < asl. želiti „begehren". Zilm
Zils: 1. poln. cielec „Kalb". Zil|ske, ß, tz, esch, isch, se. 2. bair. zülß, zols „grober Bengel". Zolls, Zöl(l)s
Zilver–: s. Silber
Zima: wend. zyma „Winter"
Zimander: s. Simon
Zimbal(l), Zimbel: „Musikgerät, Schelle, Becken" (× SIND und Zimpel). Zimbehl
Zimber: s. Zimmer
Zimbrich: s. SIND

Zimdarse: ON. Stettin. Zimdars, Zinda(r)s
Zimk(e): s. Zehme
Zimma: poln. zima „Winter"
Zimmank: s. Simon
Zimmel(s): s. SIEG (Kf. Simo)
Zimmer: 1. „Holzhaus" (ON. Zimmern häufig). 2. „Bauholz". Zimber, Zimmer|le, li, lein, er, ius; Zimperer. Zimmer|ling = mann(s), macher, häkel (< hacken), hindrick; nd. Timmer|mann, meister, beil; Timpernagel. (× SIEG, Sigimar und sl. PN. Cemer > Zemmrich)
Zimmerath: ON. Simmerath, Aachen
Zimmerschied: ON. Wiesbaden
Zimmeter: „Zimthändler"
Zimpel: 1. „zimpelt, benimmt sich zimperlich". 2. ON. Schlesien. Zu 1, 2: Zimpler; zu 1: Zimpfer, Zimpelmann
Zimperer: s. Zimmer
Zimp|fer, her: s. Symphorianus und Zimpel
Zinda(r)s: s. Zimdarse
Zindath: s. SIND
Zindel: 1. „ein Seidengewebe". Zint|(e)l (× bair. zint „Felszacke", FN. Zint|erer, erhofer), ler; Zendel. 2. ON. Schlesien; zu 1, 2. Zindler (× Sinter)
Zinderstein: ON. Zindelstein, Baden
Zindikus: s. Syndicus
Zindram: s. SIND
Zingel: „Wallgraben" < lat. cingulum. Zing|elmann, ler; nd. Singelmann
Zingerle: Tirol < nordital. zingar „Zigeuner". Vgl. ital. FN. Zingarelli

Zingg, Zingkehl: s. Zink
Zingsheim: ON. Aachen. Zingsen
Zink: 1. „Zacke, Spitze", z. B. „Felsspitze, große Nase" (vgl. Eisen). 2. ahd. cinko „Zinke, Fleck im Auge". Gottschee: zinkat „mit einem Augenfehler". Dort FN. Zinkel, Tschinkel, Zingkehl. 3. sl. synk „Söhnchen". Synack. 4. Jacinctus < Hyacinthus, Hl. (N. des Metalls erst um 1500). Zincke(n), Zingg
Zinkgreff: s. Zent
Zinn: Metall, Zinner(t), nd. Tinner „Zinngießer". Zin(n)kann, Zin|kan(d), kha(h)n (× ON. Zi|na, n(n)ow > FN. Zinnau)
Zinnagel: s. Nagel
Zinngrefe: s. Zent
Zinnikus: s. Syndikus
Zin(n)ram: s. SIND
Zinober: „Zinnober" (Schinober s. Au)
Zins: Abgabe an den Lehensherren, 1. erhoben vom Zinsmeister; 2. gezahlt vom Zinßmann, Zins|enhofer, inger. Zu 1, 2: Zin|ser, ßer, Zintz (× Vincens); aber Zinstag < ziestac „Tag des Gottes Ziu" = Dienstag
Zinserling, Zinzerling: mhd. zinzerlich „niedlich, zärtlich"
Zint–: s. Zindel
Zintgraf: s. Zent
Zintner: s. Zehnte, Zent
Zioken: s. SIEG (Sigiwart)
Zipf(el): Flurn. wie Zagel; „modischer Kleiderzipfel", obd. auch „Einfältiger". Zipf|ehli, ler; md. Zippel(ius), Zipler
Zipp(e): „Singdrossel"
Zippel: s. Zipfel u. Zwiebel
Zipper: 1. Cyprianus. 2. wend. cepař „Drescher".

Zipperle(n)

3. elsäss. nach Socin „kleine Pflaume". Zu 1: Zipperjahn. Zu 2: Zipperer

Zipperle(n): 1. „Podagra". 2. „zapplig" od. „zimperlich". Zipperl, Zipperlin(g)

Zippert: jüd. Metron. < Zipora

Zipplies: s. Sipplie

Zips: „aus der Zips". Zipse, Zyps; jüd. > Spitz, |er

Zirbes: s. Servatius

Zircher: s. Zürich

Zirfas: s. Servatius

Zir|iacus, iax, k: s. Cyriacus

Zirig: s. SIEG (Sigurih)

Zirkenbach: ON. Fulda, Zirkelbach

Zirk(l)er: mhd. zirk|aere, eler „der die Runde macht, Nachtwächter". Zirk(e)l, Zirkuli (Siebenbürgen), Zürcklert. (× Zirckenmacher XVII „Zirkelschmied")

Zirn–: s. Zorn

Zirngibel: s. Giebel

Zirnstein: ON. Zschirnstein, Pirna (zu Czerny)

Zirnwald: zu Zirbelkiefer

Zir|was, wes: s. Servatius. Zirvas

Zisch, Zis|ke, ler u. dgl.: s. Zeisig

Zischg: s. Franciscus

Zischkau: ON. Zischkow, Brünn

Zisch(l)er: „der zisch(el)t"

Ziskoven: s. Zizo

Ziss–: s. Zizo

Ziß–: s. Zeisig

Zistl: bair. „Korb" < lat. cistella. Zistler

Zitschke: s. Zeisig

Zitt: s. ZIV

(Zittau): Zittauer; mua. Sitte > Sitte(r)

Zitz–: s. ZIV, CIC, Zizo

Zitz|er, mann: „Zitzweber" (Zitz „bunter Kattun")

Zitzke: s. CIC

Ziuden: s. SIEG (Sigiwart)

ZIV: zu asl. živu „lebendig". Ziwas, Schiew|e, eck, eg, ick; Schiw|eck, ig, on. Dazu Žil|oslaw, o, ik: Ziehl(ke), Zil|ch, esch, isch; Zill|ich, ig (s. d.); Schil|g, k(e), ske, z(er); žitu „Leben". Žit|omer, an: Sit|as, asch; Zitt, Zitz, Schitke, Schitt|eck, ing, ko(w), Schitz|ig, kowski

Zivy: dictus Zivi Basel XIII, unerkl.

Zizibin: „Galan" (nach Fischer) < it. cicisbeo „Liebhaber"

Zizo: ahd. PN. (Lalln.?), Zitz, |ler, lmann, (e)lsberger, Ziz|old, (< el), elmann. Zissel(er), Ziß|ler, mann, Ziskoven (s. Hof; vgl. Ziesemann)

Znidrist: s. Nieder– und zu

Zobeck: s. SOB

Zobel: 1. schon ahd. Zobel VIII, zu südd. Zobel „unreinlicher od. ungezogener Mensch"? Zobeley, Zöbelein, Michelzöbelein, Zebelein, nach Socin < Zwobel „Zwiebel". Zöberlein. 2. „Zobelpelz" (danach auch „Kürschner"), auch sl. PN. Sobol „Zobel" und ON. Schlesien

v. Zobeltitz: s. za–

Zober: s. Zuber

(Zöbigker): ON. Leipzig. Zcebeker, Czebker: Zebger, Zwicker

Zöbisch: s. SOB

Zobries: s. Zuber 3

Zobrist: s. Ober

Zoch: 1. „Knüttel". Zoch|er(t), mann. 2. sl. PN. Coch(ař): Zocher(t), Zock (× ON. Zochau, Dresden)

Zocher(t): s. Socher und Zoch

(Zockel, Zuckel): bair. „Holzschuh". Zöck|el, ler; Zogel, Zögl, Zögge|le(r), Zogl|meier, mann; Zuckel, Zugl (× ahd. PN. Tzogo, Zugo, Zuchilo; vgl. Zaugg)

Zofall: s. Zufall

Zöfel: Zöffel, Zöphel, viell. zu einem ahd. PN. *Zofo, ähnlich Tzogo (s. Zockel), Zoppo (s. d.), Zotto (s. d.); ON. Zöfing

Zol|da(h)n, dann: s. Sultan

Zolg, Zolk: obd. „Klotz"

Zoll: 1. ahd. PN. Zollo. Zöllin, Zoll|inger (ON. mehrf.), ikofer s. Zolliker: > (en)kopf? 2. = Zolg

Zoll–, Zöll–: s. SUL und Zöllner

Zoll|and, mer, itsch, Zöll|ich, ig: s. SUL

Zolle: wend. coła „Biene"

Zoll|iker, inger, Zollikof(f)er: < Zollinchovun (s. Zoll)

Zöllner: mhd. zol|laere, naere < mlat. tolonarius < τελώνιον, Zoll|(n)er, mann; Zöll(n)er; Zellner; nd. Töll(n)er, Toll|er, knäpper, greve (Oberbeamter), aber Zollmeyer s. SUL

Zolls, Zölls: s. Zils

Zonn|er, eveld: s. Sonne

Zons: ON. Sons, Düsseld.

Zopf: auch Flurn. Zopfy, Zöpf|l, ler, gen; Zopp, Zöpke; Güldenzopf (vgl. Seide). Sauerzopf s. Zapf

Zöphel: s. Zöfel

Zopp, Zop(p)ke: s. Zappe, Zopf, Zoppo

Zoppo: unerkl. ahd. N. Zoppe(s), Zopp, Zöppel

Zorbach: s. zu

Zörbe: s. Servatius

Zorn: Übern., mhd. auch

547

adjektivisch „zornig" (Zorner wohl < ON. Zorn, Wiesbad.). Zürni, Zörn, |dlein, tlein, er, lin, Zürn(er), Zirn(dorf) (mehrf. ON.). Zornig, Zörnig (mhd. zürnec, × Czerny). Zornickel < Nicolaus. 2. s. zerno

Zörrer: s. Zerrer
Zöschg: s. Franciscus
Zotto: ahd. PN. Zutto (zu ags. tud „Schild" oder Lallname?) Zothe, Zote, Zott|(e)l, erl, maier; Zöth(el), Zött, |l(ein); Zutt(el)
Zoufall: s. Zufall
Zrenner: s. Zerrenner
Zried: s. zu und Ried
Zschacke: sl. PN. Čak, Čach [zu čak– „erwarten", ON. Zschockau, Zschocken, Sa. (> FN. Zschocke, Zschöckner), Zschangwitz, Tschocha]. FN. Schack, |e, ow; Schach, |e, el, er(t), ow (× PN. Šach), Schaak(e); Schock, |n, el, Schöck(el), Schoch, |er(t), inger, ow, Schöch(ert), Schook, Zscha|ch, ge, Schaege, Zschäck(el), Zschoch(e) (s. d.), Zschock, Zschoge
Zschau(er): s. Schaue
Zscheile(r): ON. Zscheila, Meißen. Scheiler
Zschepang s. Stephanus
Zscherper: s. Scherper
Zschetzsche: s. Zetzsche
Zschiedrich: s. Ziederich
Zschille: tsch. čily „munter"
Zschipp–: s. Stephanus
Zschoch–, Zschock–: s. Zschacke; Zschoch auch wend. Čoch „Tscheche". Tschoche
Zschorlich: s. Scherper
Zschorn, Zschörn|er, igk: s. Czerny

(zu): Vgl. nd. to, te, tom, tor, tum, Somfleth
Ohne Artikel: Zu|-egg, blasing, born, tavern (s. Taferne), felde(n), trum („Ende"); zu Felde, zu Bentrup; Zerath („Rodung"), Zwald, Zried, Zberg, Zbinden (s. d.)
zum: zum Thürli, Hagen, Winkel, Felde, Luft („Wind"), Bruch, Zum|-bühl = bichl, wald, busch, loh, tobl, bild (s. tom), ach = bach (beck), ste(e)g, brunn, sande, bruch (brock, broich), stein, dieck, vohrde (s. Furt), klay, kley, holz, norde bansen („Scheune"), baum (bohm), grunde, kehr, keller, ofen, thurn. Zem|bach(er), rosser (< Hausn.). Zambach
zu den: Zen|klusen, ruffinen (s. Rufine)
zur: zur Kilchen, Wohnung, Westen, Jacobsmühlen, Linden, Straßen, Gant, Kehr (Frauen, vgl. Megede); Zur|helle(n), heggen, thannen, horst, buch(en), eich, eck, lage, mahr, kuhle(n), born, bach, bruggen, brügg(en), briggen, fluh, flüh, lauben, burg, kirch, mühl|(e), schmiede, gilgen, hellen, westen, kinden (< der Kindere, s. Kind), kann, nedden, nieden (s. Darnedde). Zor|bach, möhle; Zer|husen, lang, rath („Rodung"), kaulen (s. Kuhle)

Zuban: s. Supan
(zube): schweiz. „kleiner Bach". Züblin, Zerzuben, Zuber, Zuben–, Zuber|bühler
Zuber: 1. „Gefäß". Zober. Zuberer („Böttcher"); Zuber–, Zober|bier „Tropfbier". 2. s. zube. 3. sl. zubr „Wisent", FN. Zubr(owitz), Zobries, Zauber, Schuber(t), Supper(t), Schauber, Sauber(t)
Zübler: s. Zwiebel
Zubrat: s. zucken. Zubrod(t)
Zuch: ahd. PN. Zucho (> Zuch|ardt, holdt, ler, Zugholdt s. Zaugg). Vgl. auch Zuch, e, ke, antke bei Such
Züchner: 1. s. Zieche. 2. ON. Zuchen, Köslin; Züchen, Breslau
Zuck(e): s. Suck
Zuckel: s. Zockel
(zucken): 1. obd. „zücken"; Zuck(s)–, Zug|schwerd(t); Zuckrigl (Zucker|riedel, rill). 2. = „rauben". Zuck–, Zug|wurst, Zugsbradl, Zu(g)brat
Zucker: 1. „Räuber". 2. „Süßstoff". Jüd. Zucker,|berg, kand(e)l, mand(e)l, süß. Zucker|riedel, rill s. zucken
Zuckmantel: doppeldeutig. „zucke (raube) den Mantel"(Zucken–, Zück–, Zick|–, nd. Tück|mantel, vgl. Zernm., Raumenrock); als häufiger ÖN. ON. „Räubernest"? Von anderen zu obd. zuck „Zacken", mantel „Fichte" = „Gabelfichte" (als Merkmal an einer Wegscheide) gezogen
Zufall: „zugeteiltes Gemeindeland"; nd. T(h)o–, Tau|fall (halbnd.). Zo(u)–, Zau|fall. Vgl. Zuschlag
Zug–: s. zucken
Züge: s. Zaugg
Zügel: schwäb. „Zapfen"
Zügenrücker: s. Ziege
Zugholdt: s. Zuch
Zugl: s. Zockel
Zugland: s. suchen

Zukunft: wohl Redn.
Zul–, Zül–: s. SUL
Zulauf: Satzn. (Socin: Zulof)
Züllich: s. Cyriacus
Zum–: s. zu
Zumm: s. Summ
Zumpf: „Penis". Zump(f)t, Zumpfe, Zümpfel, Zumpe(l) (egerländ. zumpl „dummer Kerl")
Zünd: s. Zunder
Zunder: mhd. auch zundel. Zun|del, dler, derer, terer „fertigt ihn an". Zün|del, dler, terer; nd. Tunder (doch auch ahd. PN. Zundo, Zuntil „Anzünder"; dazu Zünd)
Zunk: obd. „Zacken". Zunk|(e)l, er
Zun|ser, tsch, (t)z: s. Zons
Zunken: s. SUN
Zünram: s. SIND
Zupan: s. Supan
Zupp–: s. Zappe
Zur–: s. zu
Zürcklert: s. Zirkler
(Zürich): ON. Zürcher, Zircher
Zürks: s. Cyriacus
Zürn–: s. Zorn
Zusamm: s. Susanna
Zuser: Tirol < zusach „Gestrüpp"
Zuske, Züske, Zu(t)schke: s. CIC und Such
Zut|her, termeister: s. sutor
Zutt(el): s. Zotto
Zutz: sl. czucz, mua. „Hund"
Zverdlin: s. Schwert
Zwack: obd. „Nagel, kleiner Mensch"
Zwa(h)r: wend. swor „Band"; Zwarg (× wend. twarog „Quark")
Zwald: s. Wald und zu
Zwaling: s. Zweilinger
(zwange): mhd. „Zange". Zwengel, Zwanger(–, macher")

Zwanzig: Zahln. Zwanz(i)ger, Zwenzner
Zwarg s. Zwahr
Zwaß: s. Twarz und SVET
Zweck: s. „Nagel" (Zwekker „Nagler"), auch Flurn.: Zweck|er(l), inger, stätter
Zwehl: „Handtuch"
(zwei): Zweibäumer, Zweypfennig
Zweichardt: s. Zweig
Zweifel: schon ahd. zwīval. Zwiefel, nd. Twiefel
Zweig: Zweigle, nd. Twieg. Zweigart [mhd. zwīggart „Baumschule". Zwei|ger(t)(× SCHWIND, Swidiger), chardt; Zwigardt]. Grün–, Rosen–, Main|zweig
Zweiling(er): ON. Goldeck (Salzb.) > Zwilling(er), Zwaling KS.
Zwengauer: obd. < zwängen „in der engen Au"; ähnlich Zweng(n)er; vgl. Zwinge
Zwengel: s. zwange
Zwenker: ON. Zwenkau, Sa.
Zwenzner: s. Zwanzig
Zwerch: „quer" (× Zwerg). Zwerger zu mhd. twergen „schief gehen" oder wie Zwer|n(er), nemann „der querüber wohnt" (vgl. Zwirn)
Zwerg: „kleiner Mensch"
Zwerger: s. Zwerch
Zwern–: s. Zwerch, Zwirn
Zwick: 1. Nagel; Weiterb. Zwick|i, y, e, er, l(e). Zwicknag(e)l. 2. Flurn. (wie Keil, Zweck und Zwickel), Zwick|el(bauer, huber); er, ler; Zwiggl. 3. sl. PN. Cvik „Schlaukopf"
Zwicker: besonders vieldeutig: 1. am häufigsten wohl „Zwickauer" (nicht nur in Sachsen. Die Namensform Zwickauer scheint es gar nicht zu geben). 2. s. Zwick 1–3 (auch „Nagler"; vgl. Zwecker). 3. < Swidiger s. SCHWIND (Zwick|ert, hardt?). 4. urkundlich auch < ON. Zöbigker (s. d.), Leipzig. (Vertschecht Zwikirsch. Als engl. FN. in Dickens M. Chuzzlewit.) Vgl. schließlich noch Pfetzer u. Satzn. Zwicksbein
Zwi(e)bel: < lat. cepula, mhd. z(w)ibolle, zubel. Zwiebler, Zübler; Zib|oll, old, ell; Ziebell (× ON. Zibelle, Liegnitz), Ziebol|l, d, z (× Sigibald); Zippel, Zeppel, Zäberle, Zeberle, Ziefel; wend. Zib|ull(a), olski, ale, el(ius), Ziebel (× ON. Zibelle, Zybell > FN. Zibell). Sipolenkop (vgl. Zepelin.
Zwiefel: s. Zweifel
(Zwiesel): „Gabel, Gabelung". Flurn. Zwie|sele, sler, selsberger; Zwißler. (Zwislecker, Zwielecker KS.)
Zwietasch: s. SVET
Zwigardt: s. Zweig
Zwiggl: s. Zwick
Zwilcher: „webt Zwillich"
Zwilling: nd. Dwilling. Dasselbe Zwingly. Zwillinger. Vgl. Zweiling
(Zwinge): „Klamm". Zwing, |el, ler, mann, er (× Zwinger „Raum zwischen Mauer und Graben"). Zwingauer (vgl. Zwengauer und ON. Zwinkau, Böhm.: Zwinkauer). Zwingenberger mehrf. ON.
Zwink: s. Wink
Zwink(a): s. swina
Zwinkau: vgl. ON. Zwingau, Böhm.

549

Zwintscher: 1. „Blinzler". Zwintz(sch)er. 2. s. swina

Zwirn: Zwir|ner, (e)mann, Zwern|er, emann, Zwörner, Zwir(n)lein (jüd. Blauzwirn); nd. Twerner

Zwischenberger: „der zwischen den Bergen wohnt"

Zwisler, Zwislecker, Zwißler: s. Zwiesel

Zwist: „Art Gewebe", engl. twist

Zwietasch: s. SVET

Zwölfer: Zahln.

Zwyer: zu schweiz. zwy „Pfropfreis"

Zy|barth, brandt, fuß, gmun(d)t, p(p)recht: s. SIEG

Zybor: s. Schiebuhr

Zyl|mann, stra: s. Siel

van der Zypen: s. Seife II

(Zypresse): Zypreß, Zipreß

Zyps: s. Zips

Zyr|iß, us: s. Cyrus

Anhang

Vorbemerkungen. Der Anhang bringt vor allem bibliographische Hinweise, die den familiennamenkundlich Interessierten zu den verschiedenen Aspekten des vielgestaltigen Problembereichs weiterführende Hilfe geben können. Bei der kaum übersehbaren Masse namenkundlicher Literatur waren Sichtung und Auswahl notwendig.

Vorangestellt ist ein Verzeichnis der **Abkürzungen**, das im wesentlichen die berücksichtigten Zeitschriften erfaßt. Die **Abkürzungen** werden im Verzeichnis der Literatur wie in Anmerkungen zu den verschiedenen Bereichen verwandt.

Die **Literatur** ist nach Kurztiteln geordnet, die außer den Verfassernamen nur den Titelanfang oder bei unselbständigen Publikationen den Haupttitel des Sammelbandes beziehungsweise nur den Band der Zeitschrift anführen, nötigenfalls mit zusätzlichen unterscheidenden Angaben. Danach folgen jeweils die genauen und vollständigen bibliographischen Angaben.

Die **Anmerkungen** zu verschiedenen Bereichen bringen Literatur mit den Kurztiteln, gegebenenfalls mit Seitenangaben oder ähnlichem. Erläuterungen sind in allen Fällen knapp gehalten, ebenso sonstige Ausführungen in den **Anmerkungen**.

Abkürzungen

A.	Auflage
AGB.	Anhaltische Geschichtsblätter
AGH.	Alt-Gunzenhausen. Beiträge zur Geschichte der Stadt und des Kreises
AHVKB.	Archiv des historischen Vereins des Kantons Bern
AKDMA.	Anzeiger für Kunde des deutschen Mittelalters
Alemannia	Alemannia, Zeitschrift für Sprache, Litteratur und Volkskunde des Elsaszes, Oberrheins und Schwabens
Alsatia	Alsatia. Jahrbuch für elsässische Geschichte, Sage, Alterthumskunde, Sitte, Sprache und Kunst, im Vereine mit befreundeten Schriftstellern herausgegeben von August Stöber
Analysis	Analysis [Edited by Peter Wench]
APGK.	Altpreußische Geschlechterkunde
ASF.	Archiv für Sippenforschung und alle verwandten Gebiete
AStNSpL.	Archiv für das Studium der neueren Sprachen und Literaturen
AVSLK.	Archiv des Vereines für siebenbürgische Landeskunde
AVZ.	Aus Aachens Vorzeit. Mittheilungen des Vereins für Kunde der Aachener Vorzeit
BCRTD.	Bulletin de la Commission Royale de Toponymie et de Dialectologie
BGB.	Bergische Geschichts-Blätter
BHLMO.	Bausteine zur Heimatkunde des Landkreises Marktoberdorf
BMSch.	Baltische Monatsschrift
BNF.	Beiträge zur Namenforschung
BONF.	Blätter für oberdeutsche Namenforschung
Brandenburgia	Brandenburgia. Monatsblatt der Gesellschaft für Heimatkunde und Heimatschutz in der Mark Brandenburg Berlin
BSt.	Baltische Studien
DAZ.	Deutsche Apotheker-Zeitung
DE.	Deutsche Erde. Zeitschrift für Deutschkunde. Beiträge zur Kenntnis deutschen Volkstums allerorten und allerzeiten
DL.	Die Laterne

Abkürzungen

DMB.	Driemaandelijkse Bladen voor taal en volksleven in het Oosten van Nederland
DMHP.	Deutsche Monatshefte in Polen
DSch.	Der Schlern
DU.	Der Deutschunterricht
DVF.	De Vrije Fries. Tijdschrift uitgegeven door het Friesch Genootschap van Geschied-, Oudheid- en Taalkunde
FF.	Forschungen und Fortschritte
FGB.	Familiengeschichtliche Blätter
FKN.	Familienkundliche Nachrichten
FV.	Familie und Volk
GAAWF.	Gießener Abhandlungen zur Agrar- und Wirtschaftsforschung
GBM.	Geschichts=Blätter für Stadt und Land Magdeburg
GJB.	Genealogisches Jahrbuch
HBStW.	Heimatblatt des Landkreises St. Wendel
HE.	Heimaterzähler. Heimatbeilage für das „Schwandorfer Tageblatt" und die „Burglengenfelder Zeitung", Augsburg 1959, Nr. 5, S. 18–19, Nr. 6, S. 23, Nr. 7, S. 27–28
HFK.	Hessische Familienkunde
HJBStL.	Historisches Jahrbuch der Stadt Linz
HL.	Hannoverland
HTL.	Handelingen. Zuidnederlandse Maatschappij voor Taal- en Letterkunde
HV.	Heimat und Volkstum. Amtliches Nachrichtenblatt der Wörterbuchkommission der Bayerischen Akademie der Wissenschaften in München
IF.	Indogermanische Forschungen. Zeitschrift für Indogermanistik und allgemeine Sprachwissenschaft
INR.	Im neuen Reich
JAE.	Jahrbücher der Königlichen Akademie gemeinnütziger Wissenschaften zu Erfurt
JBBW.	Jahrbuch der Bremischen Wissenschaft
JBFLF.	Jahrbuch für fränkische Landesforschung
JBHVL.	Jahrbuch des Historischen Vereins für das Fürstentum Liechtenstein
JBMF.	Jahrbuch des historischen Vereins für Mittelfranken
JBMGA.	Jahrbuch des Vereins für mecklenburgische Geschichte und Altertumskunde
JBMM.	Jahrbuch der Männer vom Morgenstern. Heimatbund an der Elb= und Wesermündung

JEL.	Jahrbuch für Geschichte, Sprache und Litteratur Elsass-Lothringens
JFF.	Jüdische Familien=Forschung
JPh.	The Journal of Philosophy
KBGV.	Korrespondenzblatt des Gesamtvereins der deutschen Geschichts= und Altertumsvereine
KVNSpF.	Korrespondenzblatt des Vereins für niederdeutsche Sprachforschung
KVSL.	Korrespondenzblatt des Vereins für siebenbürgische Landeskunde
LB.	Leuvense Bijdragen. Tijdschrift voor Germaanse filologie
LBH.	Limburgsche Bijdragen uitgegeven door het Leesgezelschap van Hasselt
LMGLK.	Lippische Mitteilungen aus Geschichte und Landeskunde
MBOF.	Der Mainbote von Oberfranken
MDFK.	Mitteldeutsche Familienkunde
Mecklenburg	Mecklenburg. Zeitschrift des Heimatbundes Mecklenburg
MFAV.	Mitteilungen des Freiberger Altertumsvereins mit Bildern aus Freibergs Vergangenheit
MGAGO.	Mittheilungen der Geschichts und Alterthumsforschenden Gesellschaft des Osterlandes
MGAVE.	Mitteilungen des Geschichts- und Altertumsforschenden Vereins zu Eisenberg im Herzogtum Sachsen=Altenburg
MGAVL.	Mitteilungen des Geschichts- und Altertums-Vereins zu Liegnitz
MGB.	Mühlhäuser Geschichtsblätter. Zeitschrift des Altertumsvereins für Mühlhausen i. Thür. und Umgegend
Mind	Mind. A Quarterly Review of Psychology and Philosophy
MJB.	Mecklenburgische Jahrbücher
MLR.	The Modern Language Review
MNK.	Mitteilungen für Namenkunde
Muttersprache	Muttersprache. Zeitschrift zur Pflege und Erforschung der deutschen Sprache
MVGAF.	Mittheilungen an die Mitglieder des Vereins für Geschichte und Alterthumskunde in Frankfurt a. M.
MVGN.	Mitteilungen des Vereins für Geschichte der Stadt Nürnberg
MVN.	Mededelingen van de Vereniging voor Naamkunde te Leuven en de Commissie voor Naamkunde te Amsterdam

Abkürzungen

MWGF.	Mitteilungen der westdeutschen Gesellschaft für Familienkunde
MZDFG.	Mitteilungen der Zentralstelle für deutsche Familiengeschichte
NDB.	Neue Deutsche Bücherei
NDFK.	Norddeutsche Familienkunde
NDJB.	Niederdeutsches Jahrbuch. Jahrbuch des Vereins für niederdeutsche Sprachforschung
NDM.	Niederdeutsche Mitteilungen
NDW.	Niederdeutsches Wort
NDZV.	Niederdeutsche Zeitschrift für Volkskunde
NF.	Neue Folge
NI.	Namenkundliche Informationen
NK.	Naamkunde. Mededelingen van het Instituut voor Naamkunde te Leuven en de Commissie voor Naamkunde en Nederzettingsgeschiedenis te Amsterdam
NLM.	Neues Lausitzisches Magazin. Im Auftrag der Oberlausitzischen Gesellschaft der Wissenschaften herausgegeben von Richard Jecht
NRh.	Der Niederrhein
NSJLG.	Niedersächsisches Jahrbuch für Landesgeschichte
ODFK.	Ostdeutsche Familienkunde
ÖNF.	Österreichische Namenforschung
ÖP.	Öcher Platt. Zeitschrift für Aachener Mundart und Volkskunde
OJB.	Oldenburger Jahrbuch
OM.	Osnabrücker Mitteilungen
Onoma	Onoma. Bibliographical and Information Bulletin. Bulletin d'information et de bibliographie
OSG.	Onomastica Slavogermanica
OZVK.	Oberdeutsche Zeitschrift für Volkskunde
PBB.	H. Paul/W. Braune: Beiträge zur Geschichte der deutschen Sprache und Literatur
PfH.	Pfälzer Heimat
PfM.	Pfälzisches Museum
RB.	Rundblick
RhHB.	Rheinische Heimatblätter
RhJBV.	Rheinisches Jahrbuch für Volkskunde
RhS.	Rheinische Sippen
RhVB.	Rheinische Vierteljahrsblätter
RhWZVK.	Rheinisch-westfälische Zeitschrift für Volkskunde
RIO.	Revue Internationale d'Onomastique
RRL.	Revue Roumaine de Linguistique

SchAV.	Schweizerisches Archiv für Volkskunde
SchFF.	Der Schweizer Familienforscher
SchH.	Schlesische Heimat
SDFF.	Sudetendeutsche Familienforschung
SFK.	Saarländische Familienkunde
StJB.	Stader Jahrbuch
Teuthonista	Teuthonista. Zeitschrift für deutsche Dialektforschung und Sprachgeschichte
UB.	Unser Bocholt
UH.	Unsere Heimat
UJB.	Ungarische Jahrbücher
VJB.	Vestisches Jahrbuch
VLF.	Vogtländische Forschungen
VMKVA.	Verslagen en Mededeelingen. Kon. Vlaamsche Academie voor Taal- en Letterkunde
VSch.	Volk und Scholle
VZ.	Vestische Zeitschrift
WJBV.	Württembergisches Jahrbuch für Volkskunde
WSpB.	Wiener Sprachblätter
WW.	Wirkendes Wort
ZADSpV.	Zeitschrift des Allgemeinen Deutschen Sprachvereins
ZAGV.	Zeitschrift des Aachener Geschichtsvereins
ZDA.	Zeitschrift für deutsches Altertum und deutsche Literatur
ZDB.	Zeitschrift für deutsche Bildung
ZDK.	Zeitschrift für Deutschkunde
ZDPh.	Zeitschrift für deutsche Philologie
ZDU.	Zeitschrift für den deutschen Unterricht
ZDWF.	Zeitschrift für Deutsche Wortforschung
ZFB.	Zeitschrift der Gesellschaft für Beförderung der Geschichts-, Altertums- und Volkskunde von Freiburg, dem Breisgau und den angrenzenden Landschaften
ZFR.	Zeitschrift für Familienrecht
ZGMSch.	Zeitschrift des deutschen Vereines für die Geschichte Mährens und Schlesiens
ZHGLK.	Zeitschrift des Vereins für hessische Geschichte und Landeskunde
ZMF.	Zeitschrift für Mundartforschung
ZNDFK.	Zeitschrift für niederdeutsche Familienkunde
ZNF.	Zeitschrift für Namenforschung
ZPhSpK.	Zeitschrift für Phonetik, Sprachwissenschaft und Kommunikationsforschung

Abkürzungen

ZSchHG.	Zeitschrift der Gesellschaft für Schleswig-Holstein-Lauenburgische [Schleswig-Holsteinsche] Geschichte
ZSDG.	Zeitschrift für sudetendeutsche Geschichte
ZSPh.	Zeitschrift für slawische Philologie
ZVGA.	Zeitschrift für Vaterländische Geschichte und Altertumskunde
ZVSpF.	Zeitschrift für vergleichende Sprachforschung auf dem Gebiete des Deutschen, Griechischen und Lateinischen
ZVSpW.	Zeitschrift für Völkerpsychologie und Sprachwissenschaft

Literatur

A

Achtnich, SchFF. 37 = Walter Hermann Achtnich, Name und Vorfahren der Familie Achtnich von Winterthur. Zusammengestellt nach Aufzeichnungen von Kirchenrat Theodor Achtnich, Mannheim, SchFF. 37 (1970) S. 15—31

Adamek, Die Räthsel = Eduard Adamek, Die Räthsel unserer deutschen Schülernamen. An den Namen der niederösterreichischen Lehrerschaft erklärt, Wien 1894

Ahlers, Civilitates = Civilitates. Lübecker Neubürgerlisten. 1317—1356. Herausgeber von Olof Ahlers, Veröffentlichungen zur Geschichte der Hansestadt Lübeck. Band 19, Lübeck 1967

Albers, NDFK. 14 = Wilhelm Albers, Bauernnamen aus den Urkunden der Herren von Behr, NDFK. 14 (1965) S. 65—69

Algeo, On Defining the Proper Name = John Algeo, On Defining the Proper Name, University of Florida Humanities Monograph. Number 41, Gainesville 1973

Althaus, LB. 57 = Hans Peter Althaus, Ruf- und Familiennamen als Haustierbezeichnung? Mit einer Karte, LB. 57 (1968) S. 92—100

Althof, Grammatik = Hermann Althof, Grammatik Altsächsischer Eigennamen in Westfälischen Urkunden des neunten bis elften Jahrhunderts, Paderborn 1879

Altrichter, ZGMSch. 14 = A. Altrichter, Die Iglauer deutschen Familiennamen, ZGMSch. 14 (1910) S. 196—233

Andresen, AStNSpL. 42 = K. G. Andresen, Die heutigen familiennamen auf -mann, AStNSpL. 42 (1868) S. 409—432

Andresen, AStNSpL. 43 = K. G. Andresen, Imperativnamen, AStNSpL. 43 (1868) S. 395—404

Andresen, Die deutschen Familiennamen = Andresen, Die deutschen Familiennamen. Realschule I. Ordnung in Mülheim an der Ruhr. Zehnter Jahresbericht. Einladung zu den öffentlichen Prüfungen im Realschulgebäude am 29. und 30. August 1862, Mülheim an der Ruhr 1862

Andresen, Konkurrenzen = Karl Gustaf Andresen, Konkurrenzen in der Erklärung der deutschen Geschlechtsnamen, Heilbronn a./N. 1883

Andresen, Die altdeutschen Personennamen = Karl Gustav Andresen, Die altdeutschen Personennamen in ihrer Entwicklung und Erscheinung als heutige Geschlechtsnamen, 2. Ausgabe Mainz 1876

Andresen, ZDA. 31 = K. G. Andresen, Mit einem Attribut zusammengesetzte Personennamen, ZDA. 31 (1887) S. 338—354

Andresen, ZDPh. 20 = K. G. Andresen, Der Teufel in deutschen Geschlechtsnamen, ZDPh. 20 (1888) S. 227—230

Andresen, ZVSpF. 17 = K. G. Andresen, Hoffmann von Fallersleben und die deutschen familiennamen, ZVSpF. 17 (1868) S. 282—291

Angermann, VLF. (1904) = Angermann, Vogtländische Familiennamen, VLF. (1904) S. 41—56

Apel, Jenas Einwohner = Hans Apel, Jenas Einwohner aus der Zeit von 1250 bis 1600. Quellenbuch zur Jenaer Sippengeschichte, Görlitz 1937

Arend, Die Personennamen = Maria Arend, Die Personennamen des Friedberger Urkundenbuches I. Bd. 1216—1410, Dissertation Bonn, Bottrop 1934

Armbrust, HL. 7 = Armbrust, Alte hannoversche Familiennamen, HL. 7 (1913) S. 154—156

Armbrust, VSch. (1924) = Ludwig Armbrust, Satznamen als hessische Familiennamen, VSch. (1924) S. 132—134

Arneth, JBFLF. 16 = Konrad Arneth, Die Familiennamen des ehemaligen Hochstifts Bamberg in ihrer geschichtlichen Entwicklung, JBFLF. 16 (1956) S. 143—454

Aschenberg, Eigennamen = Heidi Aschenberg, Eigennamen im Kinderbuch. Eine textlinguistische Studie, Tübinger Beiträge zur Linguistik 351, Tübingen 1991

Auckenthaler, Geschichte der Höfe und Familien des obersten Eisacktals = Engelbert Auckenthaler, Geschichte der Höfe und Familien des obersten Eisacktals (Brenner, Gossensaß, Pflersch). Mit besonderer Berücksichtigung des 16. Jahrhunderts, Schlern-Schriften 96, Innsbruck 1953

Auckenthaler, Geschichte der Höfe und Familien von Mareit = E. Auckenthaler, Geschichte der Höfe und Familien von Mareit und Ridnaun (Oberes Eisacktal, Südtirol). Mit besonderer Berücksichtigung des 16. Jahrhunderts, Schlern-Schriften 121, Innsbruck 1954

Auckenthaler, Geschichte der Höfe und Familien von Mittewald = Engelbert Auckenthaler, Geschichte der Höfe und Familien von Mittewald und Mauls (Oberes Eisacktal, Südtirol). Mit besonderer Berücksichtigung des 16. Jahrhunderts, Schlern-Schriften 122, Innsbruck 1955

Ausserer, Personennamen-Gebung = E. Ausserer, Die hochmittelalterliche Personennamen-Gebung in Bozen, Diss. masch. Innsbruck 1989

B

Bach, Deutsche Namenkunde, I. 1 = Adolf Bach, Die deutschen Personennamen. 1. Einleitung. Zur Laut- und Formenlehre, Wortfügung, -bildung und -bedeutung der deutschen Personennamen. Deutsche Namenkunde. I. 1, 2. stark erweiterte Auflage, Heidelberg 1952

Bach, Deutsche Namenkunde, I. 2 = Adolf Bach, Die deutschen Personennamen. 2. Die deutschen Personennamen in geschichtlicher, geographischer, soziologischer und psychologischer Betrachtung. Mit 8 Skizzen. Deutsche Namenkunde. I. 2, 2. stark erweiterte Auflage, Heidelberg 1953

Bach, Germanistisch-historische Studien = Adolf Bach, Germanistisch-historische Studien. Gesammelte Abhandlungen. Dem Autor zum Goldenen Doktorjubiläum am 27. Februar 1964. Herausgegeben von Heinrich M. Heinrichs und Rudolf Schützeichel, Bonn 1964

Bach, Germanistisch-historische Studien, S. 555—575 = Adolf Bach, Die Verbindung von Ruf- und Familiennamen in den deutschen, insbesondere den rheinischen Mundarten. Germanistisch-historische Studien. Gesammelte Abhandlungen. Dem Autor zum Goldenen Doktorjubiläum am 27. Februar 1964. Herausgegeben von Heinrich M. Heinrichs und Rudolf Schützeichel, Bonn 1964, S. 555—575

Bach, Germanistisch-historische Studien, S. 778—782 = Adolf Bach, Familiennamen und Kulturkreisforschung, in: Adolf Bach, Germanistisch-historische Studien. Gesammelte Abhandlungen, Dem Autor zum Goldenen Doktorjubiläum am 27. Februar 1964. Herausgegeben von Heinrich M. Heinrichs und Rudolf Schützeichel, Bonn 1964, S. 778—782

Bach, WW. 5 = A. Bach, Besprechung von: M. Gottschald, Deutsche Namenkunde, Berlin 3. A. 1954, WW. 5 (1954/1958) S. 243—244

Bacmeister, Germanistische Kleinigkeiten = Adolf Bacmeister, Germanistische Kleinigkeiten. Alte Familiennamen. Das Fremdwort im Deutschen. Stab oder Meter? Stenotelegraphie. Deutsche Schlecht- und Rechtschreibung. Der Ursprung der Sprache, Stuttgart 1870

Bär, HV. 17 = Leonhard Bär, Die Judennamen im Wandel der Zeiten. Aus einer oberpfälzischen Gemeinde nachgewiesen, HV. 17 (1939) S. 33—46

Bahlow, BSt. NF. 36 = Hans Bahlow, Die Stralsunder Bürgernamen um 1300, BSt. NF. 36 (1934) S. 1—59

Bahlow, BSt. NF. 63 = Hans Bahlow, Stettiner Familiennamen, BSt. NF. 63 (1977) S. 66—78

Bahlow, Volkskundliche Beiträge = Hans Bahlow, Die mecklenburgische Namenlandschaft, Volkskundliche Beiträge. Richard Wossidlo am 26. Januar 1939 zum Dank dargebracht von Freunden und Verehrern und dem Verlag, Neumünster 1939, S. 45—51

Bahlow, Pommersche Familiennamen = H. Bahlow, Pommersche Familiennamen. Ihr Geschichts- und Heimatwert, Neustadt a. d. Aisch 1982

Bahlow, Die schlesischen Familiennamen = Hans Bahlow, Die schlesischen Familiennamen. Ihr Geschichts- und Heimatwert, Liegnitzer Heimatbrief Nov./Dez. 1970

Bahlow, Metronymika = Hans Bahlow, Metronymika. Frauennamen des Mittelalters als Familiennamen. Ein soziologisches Phänomen, Hamburg 1976

Bahlow, MGAVL. 10 = Hans Bahlow, Studien zur ältesten Geschichte der Liegnitzer Familiennamen, [Dissertation Jena 1923] MGAVL. 10 (1924/1925) S. 102—162

Bahlow, Liegnitzer Namenbuch = H. Bahlow, Liegnitzer Namenbuch. Familiennamen, gedeutet aus den Quellen des Mittelalters, Beiträge zur Liegnitzer Geschichte. 5. Band, Lorch/Württ. 1975

Bahlow, Mittelhochdeutsches Namenbuch = Hans Bahlow, Mittelhochdeutsches Namenbuch nach schlesischen Quellen. Ein Denkmal des Deutschtums. Mit 2 Karten, Neustadt an der Aisch 1975

Bahlow, Niederdeutsches Namenbuch = Hans Bahlow, Niederdeutsches Namenbuch, Walluf bei Wiesbaden 1972

Bahlow, Schlesisches Namenbuch = Hans Bahlow, Schlesisches Namenbuch. Mit einer Kartenskizze. Quellen und Darstellungen zur schlesischen Geschichte. Dritter Band, Kitzingen/Main 1953

Bahlow, Mecklenburgisches Namenbüchlein = Hans Bahlow, Mecklenburgisches Namenbüchlein. Ein Führer durch Mecklenburgs Familiennamen, Rostock 1932

Bahlow, Deutsches Namenlexikon = Hans Bahlow, Deutsches Namenlexikon. Familien- und Vornamen nach Ursprung und Sinn erklärt, München 1967

Bahlow, Niederdeutsche Namenwelt = H. Bahlow, Niederdeutsche Namenwelt. Erscheinungsbild und Wesengehalt. Mit 500 Namen und 2 Abbildungen, Hamburg 1973

Bahlow, ODFK. 23 = Hans Bahlow, Schlesiens Deutschtum im Spiegel seiner Bürgernamen (1250—1500), ODFK. 23 (1975) S. 137—144, 169—175

Bahlow, Störtebeker = H. Bahlow, Störtebeker und Konsorten. 800 niederdeutsche Satznamen, Hamburg 1982

Bahlow, Teuthonista 3 = Hans Bahlow, Beiträge zur Geschichte der deutschen Familiennamen, Teuthonista 3 (1926/1927) S. 33—38

Bahlow, ZDA. 81 = Hans Bahlow, Metronymika. Frauennamen des Mittelalters als Familiennamen, ZDA. 81 (1979) S. 448—466

Barth, NK. 1 = Erhard Barth, Zur Theorie der Struktur des Namens, NK. 1 (1969) S. 41—44

Barthel, Lexikon = M. Barthel, Lexikon der Pseudonyme. Über 1000 Künstler-, Tarn- und Decknamen. 2. A. Wien 1989

Bauer, Namenkunde = G. Bauer, Namenkunde des Deutschen / Deutsche Namenkunde, 2. A. Bern, Frankfurt a. M., New York 1985 / Berlin 1998

Baumbach, RB. 12 = U. Baumbach, Zufall und Namensbildung, RB. 12 (1965) S. 12—15

Baumgartner, Namengebung = Xavier Baumgartner, Namengebung im mittelalterlichen Zürich. Die alt- und mittelhochdeutschen Personennamen der Zürcher Überlieferung vom Jahr 1000 bis zum Jahr 1254, Studia Onomastica Helvetica. Herausgegeben von Stefan Sonderegger, 1, Arbon 1983

Bechstein, Die deutschen Familiennamen = R. Bechstein, Die deutschen Familiennamen, Sondershausen 1864

Bechtel, Die historischen Personennamen = Friedrich Bechtel, Die historischen Personennamen des Griechischen bis zur Kaiserzeit, Halle a. d. S. 1917

Becker, MDFK. 2 = Karl-Heinz Becker, Jechaer Familiennamen des 17. und 18. Jahrhunderts, MDFK. 2, 8.—10. Jahrgang (1967—1969) S. 22—24

Becker, ZFR. 2 = H.-J. Becker, Namensrecht und Namensänderung, ZFR. 2 (1955) S. 40—41

Beckmann, Korveyer und Osnabrücker Eigennamen = Paul Beckmann, Korveyer und Osnabrücker Eigennamen des IX.—XII. Jahrhunderts, ein Beitrag zur altsächsischen Dialektforschung. Dissertation Münster, Bielefeld 1904

Beele, Studie = W. Beele, Studie van de Ieperse persoonsnamen uit de stadsen baljuwsrekeningen, 1250—1400. Study of the Ieper personal names on the basis of the accounts of the town and the bailiffs, 1250—1400, Handzame 1975

Berger, BNF. NF. 11 = Dieter Berger, Zur Abgrenzung der Eigennamen von den Appellativen, BNF. NF. 11 (1976) S. 375—387

Berger, Die Familiennamen = Friedrich Berger, Die Familiennamen der Reichsstadt Schwäbisch Hall im Mittelalter, Dissertation Tübingen 1927 (Manuskript)

Berger-Etter, Die Familiennamen = Fritz Berger und Otto R. Etter, Die Familiennamen der Reichsstadt Eßlingen im Mittelalter, Veröffentlichungen der Kommission für geschichtliche Landeskunde in Baden-Württemberg. Reihe B. Forschungen. 15. Band, Stuttgart 1961

Berger, Volkskundlich-soziologische Aspekte = Hans Berger, Volkskundlich-soziologische Aspekte der Namengebung in Frutigen (Berner Oberland), Sprache und Dichtung. Forschungen zur deutschen Sprache, Literatur und Volkskunde. NF. Band 14. Sonderreihe. Berner Arbeiten zur Dialektologie und Volkskunde, Bern 1967

Berger, FKN. 1 = Walter Berger, Wandelbare Familiennamen, FKN. 1 (1956/1963) S. 274—275

Bergerhoff, Humanistische Einflüsse = H. Bergerhoff, Humanistische Einflüsse in den deutschen Familiennamen, Dissertation Freiburg i.B. 1918

Bergmann, Namenforschung = Rolf Bergmann, Die Trierer Namenliste des Diptychons Barberini im Musée du Louvre. Mit einem Faksimile, Namenforschung. Festschrift für Adolf Bach zum 75. Geburtstag am 31. Januar 1965. Herausgegeben von Rudolf Schützeichel und Matthias Zender, Heidelberg 1965, S. 38—48

Bergmann, RhVB. 29 = Rolf Bergmann, Ein Kölner Namenverzeichnis aus der Zeit Erzbischof Hermanns I. (a. 889—a. 924). Mit zwei Abbildungen, RhVB. 29 (1964) S. 168—174

Bering, Fremdes und Fremdheit = Dietz Bering — Friedhelm Debus — Wolf-Armin Frhr. v. Reitzenstein — Antje Schmitz, Fremdes und Fremdheit in Eigennamen, Heidelberg 1990

Bering, Kampf um Namen = Dietz Bering, Kampf um Namen. Bernhard Weiß gegen Joseph Goebbels, Stuttgart 1991

Bering, Der Name = Dietz Bering, Der Name als Stigma. Antisemitismus im deutschen Alltag 1812—1933, 2. A. Stuttgart 1988

Bernhardt, JAE. NF. 20 = Bernhardt, Zur Geschichte der deutschen Geschlechtsnamen. Ein Beitrag aus Erfurter Urkunden, JAE. NF. 20 (1894) S. 269—292

Bertsche, ZFB. 21 = Karl Bertsche, Die volkstümlichen Personennamen einer oberbadischen Stadt. Ein Beitrag zur Geschichte der alemannischen Namengebung, ZFB. 21 (1905) S. 161—224, 241—280

Besser, UB. 15 = Horst Besser, Bocholter Familiennamen in den Kirchenbüchern der evangelischen Gemeinde zu Werth. Ein Beitrag zur Geschichte der evangelischen Kirchengemeinde Bocholt, UB. 15 (1964) Heft 4 S. 29—33

Betz, Namenforschung = Werner Betz, Zur Namenphysiognomik, Namenforschung. Festschrift für Adolf Bach zum 75. Geburtstag am 31. Januar 1965. Herausgegeben von Rudolf Schützeichel und Matthias Zender, Heidelberg 1965, S. 184—189

Bickel, Beinamen = Hartmut Bickel, Beinamen und Familiennamen des 12. bis 16. Jahrhunderts im Bonner Raum, Rheinisches Archiv 106, Bonn 1978

Bilek, Familienstruktur = M. I. Bilek, Familienstruktur und Familiennamen im Adel der österreichischen Lande des Mittelalters, Wien 1973 (Dissertation)

Birlinger, ZDA. 32 = A. Birlinger, Beiträge zur Kunde mittelalterlicher Personennamen aus mittelrheinischen Urkunden, ZDA. 32 (1888) S. 128—137

Birus, Vorschlag = H. Birus, Vorschlag zu einer Typologie literarischer Namen, in: F. Debus — H. Pütz (Hg.): Namen in literarischen Texten des Mittelalters, Neumünster 1989, S. 17—41

Blanár, ZPhSpK. 30 = Vincent Blanár, Der linguistische und onomastische Status des Eigennamens, ZPhSpK. 30 (1977) S. 138—148

Bleier, BNF. NF. 9 = Reinhard Bleier, Zur Rolle der Siedlungsnamen in der Familiennamendeutung, BNF. NF. 9 (1974) S. 133—150

Bleier, BNF. NF. 14 = Reinhard Bleier, Unerkannte Siedlungsnamenherkunft bei Tiroler Familien- und Hofnamen, BNF. NF. 14 (1979) S. 309—319

Bleier, BNF. NF. 15 = Reinhard Bleier, Zur Frage der Sippennamen als Familiennamen, BNF. NF. 15 (1980) S. 246—285

Bleier, WSpB. 23 = Reinhard Bleier, 27 v. H. der Wiener Familiennamen tschechisch? WSpB. 23 (1973) S. 61—62

Blumer, Die Familiennamen = Josef Blumer, Die Familiennamen von Leitmeritz und Umgebung, Leitmeritz 1895, 1897

Blumschein, Streifzüge = Gustav Blumschein, Streifzüge durch unsere Muttersprache. Die sprachbildende Kraft der Bedeutungsübertragung. Über Wort=Wanderungen und Wort=Wandelungen. Unsere Personennamen im Lichte der Geschichte. Die deutschen Familiennamen. — Mundartliches. Kulturgeschichtliches in unserer Muttersprache, Köln a. Rh. ohne Jahr [1898]

Bock, MVGN. 45 = Friedrich Bock, Nürnberger Spitznamen von 1200—1800. Ein Verzeichnis mit Einführung, MVGN. 45 (1954) S. 1—147

Boesch, DU. 9 = Bruno Boesch, Die Eigennamen in ihrer geistigen und seelischen Bedeutung für den Menschen, DU. 9 (1957) Heft 5. Zur Namenkunde, S. 32—50

Boesch, Namenforschung = Bruno Boesch, Die Namenwelt in Wittenwilers ‚Ring' und seiner Quelle, Namenforschung. Festschrift für Adolf Bach zum 75. Geburtstag am 31. Januar 1965. Herausgegeben von Rudolf Schützeichel und Matthias Zender, Heidelberg 1965, S. 127—159

Böttger-Busch, Geschichte = Hermann Böttger und Gustav Busch, Geschichte der Gemeinde Klafeld-Geisweid mit Karten, Siegen 1955

Borck, OM. 78 = Heinz-Günther Borck, Die Verwendung von Hofnamen als Familiennamen im Regierungsbezirk Osnabrück seit 1815, OM. 78 (1971) S. 117—130

Borgmann, OJB. 52/53 = Heinrich Borgmann, Ammerländische Hof- und Familiennamen im oldenburgisch-ostfriesischen Grenzgebiet, OJB. 52/53 (1952/1953) S. 52—68

v. Borries, JEL. 15 = E. v. Borries, Ueber die älteren Strassburger Familiennamen, JEL. 15 (1899) S. 185—204

Bosch, Von den Geschlechtsnamen = R. Bosch, Von den Geschlechtsnamen im Seetal. Ihre Entstehung und ihre Deutung, ohne Ort, ohne Jahr [1937]

Brasse, Die Familiennamen = Ernst Brasse, Die Familiennamen in M.-Gladbach und Umgegend bis zum Schluß des sechzehnten Jahrhunderts, Beilage zum Jahresbericht des Gymnasiums zu M.-Gladbach. Progr.-Nr. 553, Leipzig 1907

Braun, Studie = Ludwig Braun, Studie über die Verbreitung von Familiennamen in den ländlichen Bezirken der Oberpfalz. Bearbeitet nach den Kontrollisten der Volkszählung vom 1. Dezember 1905 unter Berücksichtigung sämtlicher Gemeinden der Oberpfalz bis 1000 Einwohner, Staatswissenschaftliche Dissertation München 1910, München 1911

Braun-Rink, Bürgerbuch = Bürgerbuch der Stadt Kaiserslautern. 1597—1800. Bearbeitet von Fritz Braun und Franz Rink unter Verwendung von Vorarbeiten von Richard Louis und Hermann Bolle, Veröffentlichungen des Stadtarchivs Kaiserslautern. Band 1 (= Schriften zur Geschichte von Stadt und Landkreis Kaiserslautern. Band 4), Kaiserslautern 1965

Brechenmacher, Deutsches Namenbuch = Josef Karlmann Brechenmacher, Deutsches Namenbuch, 2. A., Stuttgart ohne Jahr

Brechenmacher, Muttersprache 47 = J. K. Brechenmacher, Guten Tag, Herr Rindfleisch!, Muttersprache 47 (1932) Sp. 215—219

Brechenmacher, Deutsche Sippennamen = Josef Karlmann Brechenmacher, Deutsche Sippennamen. Ableitendes Wörterbuch der deutschen Familiennamen. Mit zahlreichen urkundlichen Nachweisungen, über 60000 Hinweisungen auf heutiges Vorkommen und über 8000 Wappennachweisungen. I. Teil: A bis G. II. Teil: H bis L. III. Teil: M bis R. IV. Teil: S bis St. V. Teil: T bis Z, Sippenbücherei. Band 5 bis 9, Görlitz 1936

Brechenmacher, Etymologisches Wörterbuch = Josef Karlmann Brechenmacher, Etymologisches Wörterbuch der Deutschen Familiennamen. Zweite, von Grund auf neugearbeitete Auflage der „Deutschen Sippennamen" (Bände 5—9 der Sippenbücherei). Lieferung 1—10 = Erster Band = 1957—1960. A—J. Lieferung 11—21 = Zweiter Band 1960—1963. K—Z. Limburg a. d. Lahn 1957

Breza, Beiträge zur Onomastik = Edward Breza, Quellen zur Erforschung der Familiennamen des Pomorze Gdaskie (Pommerellen), Beiträge zur Onomastik. Herausgegeben von Ernst Eichler und Hans Walther, Linguistische Studien. Reihe A. Arbeitsberichte. 73/II, Berlin 1980, S. 235—239

Briesemeister, NDB. = D. Briesemeister, Besprechung von: Max Gottschald, Deutsche Namenkunde, 4. A. 1971, NDB. (1971) S. 81

Brilling, RhWZVK. 5, 6 = Bernhard Brilling, Die Familiennamen der Juden in Westfalen. Die geschichtliche Entwicklung der Namensgesetzgebung der Juden, RhWZVK. 5 (1958) S. 133—162; 6 (1959) S. 91—99

Brockmüller, Die Rostocker Personennamen = Helene Brockmüller, Die Rostocker Personennamen bis 1304, Dissertation Rostock, Rostock 1933

Broniš, Die slavischen Familiennamen = P. Broniš, Die slavischen Familiennamen in der Niederlausitz, Bautzen 1867

Brons, Friesische Namen = Bernhard Brons, Friesische Namen und Mittheilungen darüber, Emden 1877

Brouwer-Miedema, Studies = J. H. Brouwer en H. T. J. Miedema, Studies over Friese en Groningse familienamen, Anthroponymica XV. Onomastica Neerlandica, Leuven/Brussel 1965

Bruckner, Allerlei = Wilhelm Bruckner, Allerlei von unsern Familiennamen. Mit besonderer Berücksichtigung der baslerischen Verhältnisse, Veröffentlichungen der Schweizerischen Gesellschaft für Familienforschung. Reihe I Heft 18, Bern 1950

Brücker, NRh. 10, 11 = Friedrich Brücker, Niederrheinische Hof- und Familiennamen. Unter Benutzung handschriftlicher Aufzeichnungen des Lokalforschers weil. Geometers Buyx in Neukerk, NRh. 10 (1914) S. 155—158; 11 (1914) S. 171—173

Bruinier, Vom Werden = J. W. Bruinier, Anklamer Namen im Ausgang des Mittelalters, in: Vom Werden des deutschen Geistes. Festgabe Gustav Ehrismann zum 8. Oktober 1925 dargebracht von Freunden und Schülern. Herausgegeben von Paul Merker und Wolfgang Stammler, Berlin/Leipzig 1925, S. 159—170

Buchner, KBGV. 75 = Gg. Buchner, Literatur zur Kunde oberdeutscher Familiennamen, KBGV. 75 (1927) Sp. 205—209

Buchner, Silvae Monacenses = Georg Buchner, Bayerische Familiennamen aus ehemaligen Berufsbezeichnungen, Silvae Monacenses. Festschrift zur 50jährigen Gründungsfeier des philologisch-historischen Vereins an der Universität München, München/Berlin 1926, S. 10—15

Buck, Alemannia 13 = M. R. Buck, Alte Familiennamen, Alemannia 13 (1885) S. 10—39

Bücher, Die Bevölkerung = Karl Bücher, Die Bevölkerung von Frankfurt am Main im XIV. und XV. Jahrhundert. Socialstatistische Studien, Tübingen 1886

Bülck, FGB. 33 = Heinrich Bülck, Die Familiennamen der Juden in Deutschland, FGB. 33 (1935) Sp. 313—314

Büky, BNF. NF. 11 = Béla Büky, Namengebrauch — Namengebung. Funktionsparallelismus zwischen Eigennamen und Appellativen, BNF. NF. 11 (1976) S. 361—374

Büttner, Der Familienname = Johannes W. E. Büttner, Der Familienname Büttner und seine ähnlichen Schreibweisen. Frühe Vorkommen, Verbreitung, Bedeutung, redende (den Namen versinnbildlichende) Familienwappen, Waldheim (Bezirk Leipzig) 1962

Buitenhuis, MVN. 38 = H. Buitenhuis, Familienamen in Friesland uit 1947, MVN. 38 (1962) S. 64—78

Buitenhuis, MVN. 39 = H. Buitenhuis, Nogmaals de familienamen in Friesland ult 1947. Een rectificatie en enkele aanvullingen, MVN. 39 (1963) S. 34—40

Buitenhuis, MVN. 41 = H. Buitenhuis, De familienaam De Vries, MVN. 41 (1965) S. 163—173

Buitenhuis, MVN. 42 = H. Buitenhuis, Familienamen en migratie in Nederland, MVN. 42 (1966) S. 104—117

Buitenhuis, MVN. 43 = H. Buitenhuis, De representativiteit en interpretatie van naamkundige gegevens voor het onderzoek van de spreiding der familienamen, MVN. 43 (1967) S. 145—165

Buitenhuis-Heeroma, Noordbrabantse herkomstnamen = H. Buitenhuis en K. Heeroma, Noordbrabantse herkomstnamen, Bijdragen en Mededelingen van de Commissie voor Naamkunde en Nederzettingsgeschiedenis van de Koninklijke Nederlandse Akademie van Wetenschappen te Amsterdam XXVII, Amsterdam 1972

Burckas, Die Ohrdrufer Familiennamen = Victor Burckas, Die Ohrdrufer Familiennamen [Teil I], [Teil II], [Teil III], [Teil IV], Jahresbericht des Gräflich Gleichenschen Gymnasiums/Progymnasium und Realprogymnasium (letzteres in Umwandlung in eine Realschule begriffen) zu Ohrdruf für das Schuljahr 1895/96, Ohrdruf

1896, S. 3—12; für das Schuljahr 1896/97, Ohrdruf 1897; für das Schuljahr 1897/1898, Ohrdruf 1898; für das Schuljahr 1898/1899, Ohrdruf 1899, S. 3—16

Burge, JPh. 10 = T. Burge, Reference and Proper Names, JPh. 70 (1973) S. 425—439

Burghardt, Festschrift für Karl Bischoff = Werner Burghardt, Namensänderungen slawischer Familiennamen im Ruhrgebiet, Festschrift für Karl Bischoff zum 70. Geburtstag. Herausgegeben von Günter Bellmann, Günter Eifler, Wolfgang Kleiber. Mit einem Titelbild und 22 Karten im Text, Köln/Wien 1975, S. 271—286

C

Cämmerer, Thüringische Familiennamen = Cämmerer, Thüringische Familiennamen, mit besonderer Berücksichtigung des Fürstentums Schwarzburg-Sondershausen. 1. Teil. Programm der Fürstlichen Realschule zu Arnstadt, womit zu der öffentlichen Prüfung am 24. März ergebenst einladet Schulrat Kroschel, Direktor. Progr. Nr. 650, Arnstadt 1885, S. 1—24. 2. Teil. Programm der Fürstlichen Realschule zu Arnstadt, womit zu der öffentlichen Prüfung am 8. April ergebenst einladet Schulrat Kroschel, Direktor. Progr. Nr. 655, Arnstadt 1886, S. 3—26

Campbell, Mind 77 = R. Campbell, Proper Names, Mind 77 (1968) S. 326—350

Carnoy, BCRTD. 27 = A. Carnoy, Anciennes professions dans les noms de familles, BCRTD. 27 (1953) S. 4—5

Carnoy, BCRTD. 27 = A. Carnoy, Oude beroepen in de familienamen, BCRTD. 27 (1953) S. 16—17

Carnoy, HTL. 6 = A. Carnoy, Oude beroepen en Vlaamse familienamen, HTL. 6 (1952) S. 27—38

Carnoy, Origines = Albert Carnoy, Origines des noms de familles en Belgique, Louvain 1953

Carstens, Beiträge = Karl Carstens, Beiträge zur Geschichte der bremischen Familiennamen, Dissertation Marburg 1906

Christmann, Bürgerbuch = Ernst Christmann, Deutung der Familiennamen für die Zeit von 1597 bis 1734, Bürgerbuch der Stadt Kaiserslautern. 1597—1800. Bearbeitet von Fritz Braun und Franz Rink unter Verwendung von Vorarbeiten von Richard Louis und Hermann Bolle, Veröffentlichungen des Stadtarchivs Kaiserslautern. Band 1 (= Schriften zur Geschichte von Stadt und Landkreis Kaiserslautern. Band 4), Kaiserslautern 1965, S. 247—344

Christmann, Dörferuntergang = Ernst Christmann, Dörferuntergang und -wiederaufbau im Oberamt Lautern während des 17. Jahrhunderts mit über 200 Einwohnerlisten, Schriften zur Geschichte von Stadt- und Landkreis Kaiserslautern. Band 1, Otterbach-Kaiserslautern 1960

Christmann, HV. 12 = E. Christmann, Pfälzische Familiennamen, HV. 12 (1934) S. 123—127, 138—143, 153—159

Christmann, JBFLF. 21 = Ernst Christmann, Zur Erforschung französischer Familiennamen in der Pfalz, JBFLF. 21 (1961) S. 109—116

Christmann, PfH. 6 = Ernst Christmann, Hepp, Serr, Stubenrauch, Juckenschnabel und andere Familiennamenrätsel, PfH. 6 (1955) S. 57—61

Christmann, RhWZVK. 7 = Ernst Christmann, Die deutschen Familiennamen in Albert Dauzats „Dictionnaire étymologique des noms de famille", RhWZVK. 7 (1960) S. 1—65

Christophorus, Alsatia (1853) (1856/1857) = Christophorus, Versuch über ältere deutsche Personennamen. Als Einleitung zu einer Erklärung der aus dem Deutschen stammenden elsässischen Personen= und Ortsnamen, Alsatia (1853) S. 246—286, (1856/1857) S. 361—382

Claes, NK. 5 = F. Claes, Plaats- en persoonsnamen bij Kiliaan, NK. 5 (1973) S. 1—36

Coseriu, Perspektiven = Eugenio Coseriu, Inhaltliche Wortbildungslehre (am Beispiel des Typs „coupe-papier"), Perspektiven der Wortbildungsforschung. Beiträge zum Wuppertaler Wortbildungskolloquium vom 9.-10. Juli 1976. Anläßlich des 70. Geburtstags von Hans Marchand am 1. Oktober 1977. Herausgegeben von Herbert E. Brekle und Dieter Kastovsky, Bonn 1977, S. 46—61

D

Dändliker, In Winterthur vorkommende deutsche Personen- und Familiennamen = J. Dändliker, In Winterthur vorkommende deutsche Personen- und Familiennamen nach ihrer Entstehung und Bedeutung, Winterthur 1867

Damroth, Die älteren Ortsnamen = Konstantin Damroth, Die älteren Ortsnamen Schlesiens, ihre Entstehung und Bedeutung. Mit einem Anhange über die schlesisch-polnischen Personennamen. Beiträge zur schlesischen Geschichte und Volkskunde, Beuten O.-S. 1896

Dauzat, Les noms de famille = Albert Dauzat, Les noms de famille de France. Traité d'anthroponymie francaise. 3ème édition revue et complétée par M. T. Morlet, Paris 1977

Debrabandere, NK. 4 = F. Debrabandere, Persoonsnamenstudie en Migratie. De herkomstnamen in de Kasselrij Kortrijk 1350—1400, NK. 4 (1972) S. 134—149

Debrabandere, Kortrijkse naamkunde = Frans Debrabandere, Kortrijkse naamkunde 1200—1300, met een kumulatief familienamenregister. Verhandeling nr VII uitgegeven door De Leiegouw, 1980 = Anthroponymica nr 22, 1980

Debrabandere, Kortrijkse Persoonsnamen = F. Debrabandere, Kortrijkse Persoonsnamen omstreeks 1400, Werken uitgegeven door de Koninklijke Commissie voor Toponymie en Dialectologie (Vlaamse Afdeling) 8, Tongeren 1958

Debus, Namenkundliche Beiträge = Namenkundliche Beiträge. Wolfgang P. Schmid zum 70. Geburtstag. Herausgegeben von Friedhelm Debus, Akademie der Wissenschaften und der Literatur Mainz, Abhandlungen der Geistes- und sozialwissenschaftlichen Klasse 2001/1, Stuttgart 2001

Debus, Lexikon = Friedhelm Debus, Onomastik, Lexikon der Germanistischen Linguistik. Herausgegeben von Hans Peter Althaus, Helmut Henne, Herbert Ernst Wiegand. 2., vollständig neu bearbeitete und erweiterte Auflage. Studienausgabe I, Tübingen 1980, S. 187—198

Debus, Namen = Friedhelm Debus, Namen in literarischen Werken. (Er-)Findung — Form — Funktion, Akademie der Wissenschaften und der Literatur Mainz. Abhandlungen der Geistes- und sozialwissenschaftlichen Klasse. Jahrgang 2002. Nr. 2, Stuttgart 2002

Debus, Reader = Reader zur Namenkunde. II. Anthroponymie, herausgegeben von Friedhelm Debus und Wilfried Seibicke, Germanistische Linguistik 115—118, Hildesheim, Zürich, New York 1993

Debus, Stadtbücher = Friedhelm Debus, Stadtbücher als namenkundliche Quelle. Vorträge des Kolloquiums vom 18.—20. September 1998, Akademie der Wissenschaften und der Literatur. Abhandlungen der Geistes- und sozialwissenschaftlichen Klasse. Einzelveröffentlichung. Nr. 7. Jahrgang 2000, Mainz/Stuttgart 2000

Degen, Über den Ursprung = W. Degen, Über den Ursprung von Geschlechtsnamen des Baselgebietes, Basel 1945

Dertsch, Das Altenburger Urbar = Richard Dertsch, Das Altenburger Urbar von 1569, Allgäuer Heimatbücher. 9. Bändchen. Alte Allgäuer Geschlechter. Herausgegeben von Alfred Weitnauer. IV, Kempten (Allgäu) 1938

Deusch, Münstermann = U. Deusch, Münstermann. Zu einem Familiennamentyp, BNF. NF. 29/30 (1994/95) S. 371—445

Diehl, Die Wormser Familiennamen = Irmgard Diehl, Die Wormser Familiennamen bis zum Jahr 1500, Dissertation Mainz 1950 (Maschinenschrift)

Dieterichs, StJB. (1959) = Heinz Dieterichs, Niedersächsische Herkunftsnamen mit „von" in New York, Chicago und Iowa, StJB. (1959) S. 174—176

Dietz, Frankfurter Bürgerbuch = Alexander Dietz, Frankfurter Bürgerbuch. Geschichtliche Mittheilungen über 600 bekannte Frankfurter Familien aus der Zeit vor 1806, Frankfurt a. M. 1897

Dilthey, Über die Natur der Eigennamen = K. Dilthey, Über die Natur der Eigennamen, Programm Darmstadt 1857

Dittmaier, RhJBV. 7 = Heinrich Dittmaier, Ursprung und Geschichte der deutschen Satznamen. Zugleich ein Beitrag zur vergleichenden Namenkunde, RhJBV. 7 (1956) S. 7—94

Dittmaier, RhVB. 17 = Heinrich Dittmaier, Die Herkunfts- und Wohnplatznamen im westdeutschen Sprachraum, RhVB. 17 (1952) S. 399—426

Doer, Die römische Namengebung = Bruno Doer, Die römische Namengebung. Ein historischer Versuch, Stuttgart 1937

Dorider, VJB. 54 = Adolf Dorider, Personen- und Ortsnamen aus den Urkunden des Gräflich Westerholter Archivs von 1400 bis 1430, VJB. 54 (1952) S. 98—133

Dornseiff, Sprache und Sprechender = Franz Dornseiff, Tiere und Pflanzen in Familiennamen, in: Franz Dornseiff, Sprache und Sprechender. Herausgegeben von Jürgen Werner, Franz Dornseiff. Kleine Schriften. II, Leipzig 1964, S. 362—365

Dornseiff, ZNF. 16 = F. Dornseiff, Redende Namen, ZNF. 16 (1940) S. 24—38, 215—218

Drees, Die heutigen Personennamen Wernigerodes = H. Drees, Die heutigen Personennamen Wernigerodes, Fürstlich Stolbergisches Gymnasium zu Wernigerode. Beilage zum Jahresbericht 1913, Wernigerode 1913

Dreifuß, Die Familiennamen der Juden = Erwin Manuel Dreifuß, Die Familiennamen der Juden unter besonderer Berücksichtigung der Verhältnisse in Baden zu Anfang des 19. Jahrhunderts. Ein Beitrag zur Geschichte der Emanzipation, Frankfurt a. M. 1927

Durrant, Mind 78 = M. Durrant, Professor Zink on „The Meaning of Proper Names", Mind 78 (1969) S. 571—575

Dziuba, Familiennamen = Bernhard Dziuba, Familiennamen nach Freiburger Quellen des 12.—15. Jahrhunderts, Forschungen zur oberrheinischen Landesgeschichte. Band XVIII, Freiburg im Breisgau 1966

E

Ebeling, Familiennamen = R. A. Ebeling, Familiennamen im Landkreis Leer um 1940. Teil I: Namenverzeichnis. Teil II: Namenlandschaft, Aurich 1979—1984

Ebeling, Philologia Frisica = R. A. Ebeling, Auf dem Wege zu einem ostfriesischen Familiennamenbuch, Philologia Frisica. Anno 1972, Ljouwert 1974, S. 92—104

Ebneter, Akten = Theodor Ebneter, Semantische Merkmale und Metapher, Akten der 1. Salzburger Frühlingstagung für Linguistik. Salzburg vom 24. bis 25. Mai 1974. Gaberell Drachman (Hrsg.), Tübingen 1975, S. 167—182

Egger, Die Höfe = Alois Egger, Die Höfe des Wipptales von Schönberg bis zur Brixener Klause. I. Band. Die Höfe des Landgerichtes Matrei-Steinach mit Einschluß von Hintertux und Ellbögen. Unter Mitwirkung von E. Auckenthaler, J. und K. Egg, K. Finsterwalder, H. Holzmann, F. Kolb, L. Narozny, J. Reinthaler überarbeitet und herausgegeben von L. Steinberger. Erster Teil. Gemeinde Mühlbachl (ohne Burgfrieden und Altenstadt Matrei); Gemeinde Steinach westlich der Sill (ohne Plon und Umgebung); Gemeinde Gries am Brenner. Anhang über Flurnamen des Unteren Wipptals, Veröffentlichungen des Museums Ferdinandeum. Heft 14, Innsbruck 1935

Eggert, Die deutschen Familiennamen = Oskar Eggert, Die deutschen Familiennamen von Swinemünde. Ein erweiterter Vortrag, gehalten vor der Ortsgruppe Swinemünde der Gesellschaft für pommersche Geschichte und Altertumskunde, Swinemünde 1930/31

Eichhoff, Name und Gesellschaft = Name und Gesellschaft: Soziale und historische Aspekte der Namengebung und Namenentwicklung. Herausgegeben von Jürgen Eichhoff, Wilfried Seibicke und Michael Wolffsohn. Duden Thema Deutsch. Herausgegeben von der Dudenredaktion durch Dr. Matthias Wermke und der Gesellschaft für deutsche Sprache durch Prof. Dr. Rudolf Hoberg und Dr. Karin M. Eichhoff-Cyrus. Band 2, Mannheim u. a. 2001

Eichler, Namenforschung = Namenforschung. Name Studies. Les Noms Propres. Ein internationales Handbuch zur Onomastik. An International Handbook of Onomastics. Manuel international d'onomastique. Herausgegeben von / Edited by / Edité par Ernst Eichler, Gerold Hilty, Heinrich Löffler, Hugo Steger, Ladislav Zgusta, Handbücher zur Sprach- und Kommunikationswissenschaft 11, 1. Teilband / Volume 1 / Tome 1, Berlin/New York 1995; 2. Teilband / Volume 2 / Tome 2,1996; Registerband / Index Volume / Index, 1996

Eis, BNF. 10 = Gerhard Eis, Tests über suggestive Personennamen in der modernen Literatur und im Alltag, BNF. 10 (1959) S. 293—308

Eis, SDFF. 8 = Gerhard Eis, Die deutschen Familiennamen in Böhmen und Mähren. Vortrag, gehalten bei der 13. Sommerhochschulwoche in Reichenberg am 27. August 1935, SDFF. 8 (1935/1936) S. 1—6, 41—45

v. Emstede, Van Patronymica = E. J. Th. A. M. van Emstede, Van Patronymica en Geslachtsnamen in Drente, Amsterdam 1943

Endler, FGB. 28 = C. A. Endler, Die Ratzeburger Bauernfamilien vor dem 30jährigen Krieg, FGB. 28 (1930) Sp. 77—88

Engelhardt, MWGF. 26, 27 = Walther Engelhardt, Frühe Ortsbezeichnungen und Familiennamen in den Kirchenbüchern von Niederbrombach, MWGF. 26 (1973) S. 208—211; 27 (1975) S. 93—97

Erbacher, PfH. 3 = Konrad Erbacher, Französische Familiennamen in Frankenthal, PfH. 3 (1952) S. 69—73

Erbacher, PfH. 13 = Konrad Erbacher, Französische Familiennamen in Frankenthal, PfH. 13 (1962) S. 46—50

Erbe, Die Ludwigsburger Familien-Namen = K. Erbe, Die Ludwigsburger Familien-Namen. Eine sprachlich-geschichtliche Untersuchung, Ludwigsburg 1901

Erhard, Alt-Nürnberger Namenbuch = Charlotte Erhard, Alt-Nürnberger Namenbuch. Die ältesten Personennamen der Freien Reichsstadt bis zum Ausgang des 14. Jahrhunderts gesammelt und nach ihrer Entstehung und Bedeutung untersucht, Dissertation Erlangen 1943 (Maschinenschrift)

Ermann, Die Namengebung = L. Ermann, Die Namengebung des 1. Iglauer Stadtbuches, Dissertation Prag 1944 (Maschinenschrift)

Ernst, Das kurmainzische Amt Höchst-Hofheim = Lorenz Ernst, Das kurmainzische Amt Höchst-Hofheim — Einwohnerlisten 1595—1650 — Teil I. Stadt Höchst; II. Gemeinden des Amts Höchst (außer der Stadt Höchst selbst); III. Gemeinden der Kellerei Hofheim, Höchster Geschichtshefte 4, 7/8, Frankfurt a. M. 1963, 1965

Ernst-Zyma, Familiennamen = Gertrude Ernst-Zyma, Familiennamen aus Österreich. Gesammelt, belegt und erläutert anhand ihres Vorkommens in Münichsthal und Wolkersdorf im Weinviertel, Niederösterreich, I—III, Wien 1995

Esser, Die Personennamen = Theodor Richard Esser, Die Personennamen des Heisterbacher Urkundenbuches bis zum Jahre 1500. Ein Beitrag zur Geschichte der Namengebung im Rheinland, Dissertation Bonn, ohne Jahr (Maschinenschrift)

F

Fähndrich, Zuger Familiennamen = Th. Fähndrich, Zuger Familiennamen, Zug 2000

Failing, Die Familiennamen = Adolf Falling, Die Familiennamen von Uelversheim in Rheinhessen. Dissertation Gießen 1939, Gießener Beiträge zur deutschen Philologie 72, Nachdruck Amsterdam 1968

Familiennamenbuch der Schweiz = Familiennamenbuch der Schweiz. I—III, 3. A. Zürich 1989

Fassbinder, MWGF. 27 = M. Kurt Fassbinder, Latinisierte Familien- und Berufsnamen, MWGF. 27 (1975) S. 11—16

Fay, Grüninger Namengebung = Wilhelm Fay, Grüninger Namengebung. Vergangene und lebende Namen eines oberhessischen Dorfs, Gießener Beiträge zur deutschen Philologie 59, Gießen 1938, Neudruck Amsterdam 1968

Feigl, Die ältesten Linzer Familiennamen = H. Feigl, Die ältesten Linzer Familiennamen, Historisches Jahrbuch der Stadt Linz, Linz 1966

Felten, MJB. 100 = Werner Felten, Die Personennamen der Stadt und des Landes Boizenburg vom 13. bis 17. Jahrhundert, MJB. 100 (1936) S. 1—178

Fenzlau, Die deutschen Formen = Walter Fenzlau, Die deutschen Formen der litauischen Orts- und Personennamen des Memelgebiets, Zeitschrift für Mundartforschung. Teuthonista. Beiheft 13, Halle/Saale 1936

Feyerabend, Die Rigaer und Revaler Familiennamen = Liselotte Feyerabend, Die Rigaer und Revaler Familiennamen im 14. und 15. Jahrhundert mit besonderer Berücksichtigung der Herkunft der Bürger, Köln, Wien 1985

Fick, Die Göttinger Familiennamen = August Fick, Die Göttinger Familiennamen. Den Mitbürgern gewidmet von August Fick, Gymnasium und Realschule erster Ordnung zu Göttingen, Göttingen 1875, S. III—IV, 1—31

Finsterwalder, Die Familiennamen = Karl Finsterwalder, Die Familiennamen in Tirol und Nachbargebieten und die Entwicklung des Personennamens im Mittelalter. Mit einem urkundlichen Nachschlagswerk für 4 100 Familien- und Hofnamen, Schlern-Schriften 81, Innsbruck 1951

Finsterwalder, Tiroler Familiennamenkunde = Karl Finsterwalder, Tiroler Familiennamenkunde. Sprach- und Kulturgeschichte von Personen-, Familien- und Hofnainen. Mit einem Namenlexikon. Schlern-Schriften 284, Innsbruck 1990, Nachdruck 1994

Fischer, VI. Internationaler Kongress = Rudolf Fischer, Familiennamen der Lausitz, VI. Internationaler Kongress für Namenforschung. München 24.—28. August 1958. Kongreßberichte. Band II. Kongreßchronik und Sektionsvorträge 1—50 herausgegeben von Karl Puchner. Studia Onomastica Monacensia. Band III, München 1961, S. 274—283

Fischer, OSG. 1 = Rudolf Fischer, Deutsch-tschechische Beziehungen an Anthroponymen, OSG. 1 (1965) S. 7—12

Fischer, PBB. 82. Sonderband = Rudolf Fischer, Familiennamen — Herkunftsnamen, PBB. 82. Sonderband. Elisabeth Karg-Gasterstädt zum 75. Geburtstag am 9. Februar 1961 gewidmet (Halle 1961) S. 353—362

Fischer, Schwäbisches Wörterbuch = Schwäbisches Wörterbuch. Auf Grund der von Adelbert v. Keller begonnenen Sammlungen und mit Unterstützung des Württembergischen Staates bearbeitet von Hermann Fischer, Erster Band. A. B. P., Tübingen 1904. Zweiter Band. D.T.E.F.V. Bearbeitet unter Mitwirkung von Wilhelm Pfleiderer, Tübingen 1908. Dritter Band. G. H. Bearbeitet unter Mitwirkung von Wilhelm Pfleiderer, Tübingen 1911. Vierter Band. I. J. K. Q. L. M. N. Bearbeitet unter Mitwirkung von Wilhelm Pfleiderer, Tübingen 1914. Fünfter Band. O. R. S. Bearbeitet unter Mitwirkung von Wilhelm Pfleiderer, Tübingen 1920. Weitergeführt von Wilhelm Pfleiderer. Sechster Band. Erster Halbband. U. W. X. Z., Tübingen 1924. Zu Ende geführt von Wilhelm Pfleiderer. Sechster Band. Zweiter Halbband. Nachträge, Tübingen 1936

Fischer-Eichler-Fleischer-Schultheis, Onoma 15 = R. Fischert — E. Eichler — W. Fleischer — J. Schultheis, German Democratic Republic, Onoma 15 (1970) S. 424—450

Fissen, OJB. 50 = Karl Fissen, Alt-Oldenburger Familiennamen. Ein Stück Oldenburger Volks- und Familienkunde, OJB. 50 (1950) S. 214—231

Fleischer, BNF. 12 = Wolfgang Fleischer, Die Namen der Dresdener Ratsmitglieder bis 1500, BNF. 12 (1961) S. 44—87

Fleischer, FF. 40 = Wolfgang Fleischer, Zur Terminologie der Namenkunde, FF. 40 (1966) S. 376—379

Fleischer, Die deutschen Personennamen = Wolfgang Fleischer, Die deutschen Personennamen. Geschichte, Bildung und Bedeutung, Wissenschaftliche Taschenbücher. Reihe Sprachwissenschaft. 20, Berlin 1964, 2. Auflage Berlin 1968

Földes, Anthroponyme = C. Földes, Anthroponyme als Strukturkomponenten deutscher Phraseologismen, Zeitschrift für germanistische Linguistik 1511 (1988) S. 1—19

Förstemann, Altdeutsches Namenbuch = Ernst Förstemann, Altdeutsches Namenbuch. Erster Band. Personennamen, Nachdruck der zweiten, völlig umgearbeiteten Auflage [Bonn 1901], München Hildesheim 1966

Förstemann, Ueber die Familiennamen = Ernst Günther Förstemann, Ueber die Familiennamen in Nordhausen im 13. und 14. Jahrhundert, [Programm des Gymnasiums zu Nordhausen], Nordhausen 1851, S. 1—12

Förstemann-Kaufmann, Ergänzungsband = Ernst Förstemann, Altdeutsche Personennamen. Ergänzungsband verfaßt von Henning Kaufmann, München/Hildesheim 1968

Fokkema, MVN. 24 = K. Fokkema, Een en ander over Friese achternamen, MVN. 24 (1948) S. 44—59

Forssner, Deutsche und englische Imperativnamen = Th. Forssner, Deutsche und englische Imperativnamen. Redogörelse för Högre Allm. Lärov. i Östersund Läsåret, 1921—1922, S. 1ff.

Frank, Reader = R. Frank — G. Koß, Reader zur Namenkunde IV: Namenkunde in der Schule, Hildesheim/Zürich 1994

Freund, Germanistische Beiträge = Folke Freund, Die Personenbeinamen des Kieler Stadtbuches aus den Jahren 1264—1289. Beinamen nach Herkunft und Wohnstätte, Germanistische Beiträge. Gert Mellbourn zum 60. Geburtstag am 21. 5. 1972 dargebracht von Kollegen und Schülern des Deutschen Instituts der Universität Stockholm, Stockholm 1972, S. 29—48

Frey, Heiligenverehrung = Johannes Frey, Heiligenverehrung und Familiennamen in Rheinhessen, Gießener Beiträge zur deutschen Philologie 61, Gießen 1938, Amsterdam 1968

Fröhner, Karlsruher Namenbuch = C. Wilh. Fröhner, Karlsruher Namenbuch. Die Einwohnernamen der Residenzstadt Karlsruhe nach ihrer Bedeutung geordnet und erklärt, Karlsruhe 1856

G

v. d. Gabelentz, MGAGO. 5 = H. C. von der Gabelentz, Ueber die Entstehung der Familiennamen, mit besonderer Rücksicht auf Sachsen und Thüringen, MGAGO. 5 (1862) S. 45—55

Gansen, BGB. (1928) = Peter Gansen, Familiennamen und Bürgerrecht der Juden, insbesondere in der rechtsrheinischen Rheinprovinz, BGB. (1928) S. 33—36

Gansen, JFF. 2 = Peter Gansen, Die Familiennamen der rechtsrheinischen Juden, JFF. 2 (1928/1929/1930) S. 93—104

Gardiner, The Theory = A. H. Gardiner, The Theory of Proper Names. A Controversial Essay, Oxford 1940. Reprintet London-New York-Toronto 1954

Gartmayer, Namengebung = J. Gartmayer, Namengebung als Ausdruck sozialer Veränderungen, dargestellt an österreichischen Adelsfamilien im Mittelalter, Wien 1973 (Dissertation)

Geisheim, Berliner Namenbüchlein = [Felix Geisheim] Berliner Namenbüchlein. Scherz und Ernst aus dem Allgemeinen Wohnungs=Anzeiger für Berlin und Umgebungen auf das Jahr 1855, Berlin 1855

Geißendörfer, Geißendörfer — ein fränkischer Familienname = Paul Geißendörfer, Geißendörfer — ein fränkischer Familienname, Weissenburg in Bayern [1978]

Geographie = Geographie der Luxemburger Familiennamen (nach der Volkszählung von 1930). Beiträge zur luxemburgischen Sprach- und Volkskunde Nr. XVIII. Herausgegeben von der sprachwissenschaftlichen Sektion des Großherzoglichen Instituts von Luxemburg. Institut Grand-Ducal — Section de Linguistique, de Folklore et de Toponymie, Luxemburg 1989

Getto, Die Familiennamen = Erich Getto, Die Familiennamen und die Bevölkerungsentwicklung des Bienwalddorfes Schaidt im Wandel der Jahrhunderte. Historische Seminararbeit, Universität München 1946

Geuenich, Nomen = D. Geuenich — W. Haubrichs — J. Jamut (Hg.), Nomen et gens. Zur historischen Aussagekraft frühmittelalterlicher Personennamen, Berlin, New York 1997

Geuenich, Die Personennamen = Dieter Geuenich, Die Personennamen der Klostergemeinschaft von Fulda im früheren Mittelalter, Münstersche Mittelalter-Schriften, Band 5, München 1976

Gloël, Die Familiennamen Wesels = Heinrich Gloël, Die Familiennamen Wesels. Beitrag zur Namenkunde des Niederrheins, Wesel 1901

Goebel, Niederdeutsche Familiennamen = Otto Goebel, Niederdeutsche Familiennamen der Gegenwart. Gesammelt und erläutert, Wolfshagen-Scharbeutz 1936

Götze, Familiennamen = Alfred Götze, Familiennamen im badischen Oberland, Neujahrsblätter der Badischen Historischen Kommission. Neue Folge 18, Heidelberg 1918

Götze, Volkskundliche Gaben = Alfred Götze, Mittelbare Berufsnamen, Volkskundliche Gaben. John Meier zum siebzigsten Geburtstage dargebracht. Mit einem Bildnis und fünfzehn Tafeln. Herausgegeben unter besonderer Mitwirkung von Erich Seemann von Harry Schewe, Berlin/Leipzig 1934, S. 44—48

Goetze, Germanica = Alfred Goetze, Spuren alter Hörigkeit in heutigen Familiennamen?, Germanica. Eduard Sievers zum 75. Geburtstage. 25. November 1925. Mit 2 Lichtdrucken und 23 Abbildungen, Halle a. d. Saale 1925, S. 203—211

Götze, Muttersprache 50 = Alfred Götze, Erfahrungen mit Sippennamen, Muttersprache 50 (1935) S. 371—376

Götze, Aus der Werkstatt = Alfred Götze, Die Namen südwestdeutscher Drucker der Frühzeit, Aus der Werkstatt. Den deutschen Bibliothekaren zu ihrer Tagung in

Freiburg Pfingsten MCMXXV dargebracht von der Universitäts-Bibliothek, Freiburg im Breisgau ohne Jahr, S. 63—86

Götze, ZADSpV. 37 = Alfred Götze, Berühmte Namen, ZADSpV. 37 (1922) Sp. 127—130

Götze, ZDB. 4 = Alfred Goetze, Grundsaetzliches zur Namenforschung, besonders zu den deutschen Familiennamen, ZDB. 4 (1928) S. 399—417

Götze, ZNF. 19 = Alfred Götze, Melanchthons deutscher Familienname, ZNF. 19 (1943) S. 124—126

Gottschald, ZDB. 10 = Max Gottschald, Unsere Familiennamen im Unterricht, ZDB. 10 (1934) S. 309—319

Gottschald, ZNF. 14 = Max Gottschald, Die deutschen Männernamen des 12.—14. Jahrhunderts, ZNF. 14 (1938) S. 179—194, 282—301

Greule, Nomina Gratia = Nomina Gratia. Namenforschung in Bayern und Nachbarländern. Festgabe für Wolf-Armin Frhr. v. Reitzenstein zum 60. Geburtstag. Unter Mitwirkung von Reinhard Bauer und Robert Schuh herausgegeben von Albrecht Greule und Alois Schmid, Materialien zur Bayerischen Landesgeschichte 13, München: Kommission für Bayerische Landesgeschichte 2001

Grimm, Deutsches Wörterbuch = Deutsches Wörterbuch von Jacob Grimm und Wilhelm Grimm. Band I—XVI, Leipzig 1854—1954. Neubearbeitung. Herausgegeben von der Deutschen Akademie der Wissenschaften zu Berlin in Zusammenarbeit mit der Akademie der Wissenschaften zu Göttingen. Band I. Lieferung 1 ff., Leipzig 1965 ff.

Grob, SchAV. 48 = Fritz Grob, Entstehung und Bedeutung von Zunamen in solothurnischen Gemeinden, SchAV. 48 (1952) S. 43—54

Grönhoff, Kieler Bürgerbuch = Kieler Bürgerbuch. Verzeichnis der Neubürger von Anfang des 17. Jahrhunderts bis 1869. Unter Mitwirkung von Hermann Petersen, Elsa Rodenbek und anderen aus den Kieler Bürgerbüchern zusammengestellt und herausgegeben von Johann Grönhoff, Mitteilungen der Gesellschaft für Kieler Stadtgeschichte. Band 49, Kiel 1958

Grohne, Die Hausnamen = Ernst Grohne, Die Hausnamen und Hauszeichen, ihre Geschichte, Verbreitung und Einwirkung auf die Bildung der Familien- und Gassennamen, Göttingen 1912

Grohne, JBBW. 1 = E. Grohne, Die bremischen Personen- und Familiennamen, historisch und statistisch betrachtet, JBBW. 1 (1955) S. 123—138

Grohne, NDZV. 3 = Ernst Grohne, Wochentagsnamen als Familiennamen, NDZV. 3 (1925) S. 41—42

Grohne, NDZV. 3 = Ernst Grohne, Zur Geschichte und Verbreitung der patronymischen Familiennamen in Schleswig-Holstein und Hamburg, NDZV. 3 (1925) S. 73—80

Groth, MGB. 21, 22, 24, 25/26 = Hugo Groth, Familien- und Personennamen aus dem XIV. Jahrhundert. Ein Beitrag zur Geschichte der Mühlhäuser Familien, MGB. 21 (1920/1921) S. 1—32; 22 (1921/1922) S. 1—32; 24 (1923/1924) S. 1—32; 25/26 (1924/1926) S. 152—240

Grünert, GAAWF. 3 = Horst Grünert, Herkunftsnamen und mittelalterliche deutsche Ostsiedlung, Gießener Abhandlungen zur Agrar- und Wirtschaftsforschung des europäischen Ostens 3 (1957) S. 139—167

Grünert, Die altenburgischen Personennamen = Horst Grünert, Die altenburgischen Personennamen. Ein Beitrag zur mitteldeutschen Namenforschung, Mitteldeutsche Forschungen. Band 12, Tübingen 1958

Günther, Von Wörtern und Namen = L. Günther, Von Wörtern und Namen. Fünfzehn sprachwissenschaftliche Aufsätze, Berlin 1926

Guggenheimer, Etymologisches Lexikon = H. W. Guggenheimer — E. H. Guggenheimer, Etymologisches Lexikon der jüdischen Familiennamen, München 1996

Gutmandlberger, Zunamen = A. Gutmandlberger, Zunamen in Emmersdorf an der Donau vor 300 Jahren, Waldviertel 1934

Gutschmidt, Bemerkungen = K. Gutschmidt, Bemerkungen zum Gegenstand und zu den Aufgaben der poetischen (literarischen) Onomastik, in: Friedhelm Debus — W. Seibicke (Hg.), Reader zur Namenkunde 1. Hildesheim, Zürich 1989, S. 425—430

H

Härtel, Personennamen und Identität = Personennamen und Identität. Namengebung und Namengebrauch als Anzeiger individueller Bestimmung und gruppenbezogener Zuordnung. Akten der Akademie Friesach ‚Stadt und Kultur im Mittelalter', Friesach (Kärnten), 25. bis 29. September 1995, herausgegeben von Reinhard Härtel, Grazer Grundwissenschaftliche Forschungen 3, Graz 1997

Hagny, Die Ruf- und Familiennamen = H. Hagny, Die Ruf- und Familiennamen des Duxer Stadtbuches, Dissertation Prag 1944 (Maschinenschrift)

Hagström, Kölner Beinamen, I = Sten Hagström, Kölner Beinamen des 12. und 13. Jahrhunderts. I, Nomina Germanica 8, Uppsala 1949

Hagström, Kölner Beinamen, II = Sten Hagström, Kölner Beinamen des 12. und 13. Jahrhunderts. II, Acta Universitatis Upsaliensis. Nomina Germanica 16, Uppsala 1980

Hagström, Zur Inversion = Sten Hagström, Zur Inversion in deutschen Satzwörtern, Uppsala Universitets Arsskrift 1952: 8. — Acta Universitatis Upsaliensis —, Uppsala Wiesbaden 1952

v. Hahn, Darmstädter Familiennamen = Walter v. Hahn, Darmstädter Familiennamen bis zum Ende des 16. Jahrhunderts. Mit einer Karte, Gießener Beiträge zur deutschen Philologie 69, Gießen 1939, Neudruck Amsterdam 1968

Haider, Die Personennamen = G. Haider, Die Personennamen des ältesten Braunauer Stadtbuches, Dissertation Prag 1944 (Maschinenschrift)

Hanno-Weber, Namengebungsmotivationen = Sabine Hanno-Weber, Namengebungsmotivationen zeitgenössischer Hamburger Autoren. Eine empirische Untersuchung zur Literarischen Onomastik, Europäische Hochschulschriften 1, 1598, Frankfurt a. M. 1997

Hansack, Der Name = E. Hansack, Der Name im Sprachsystem. Grundprobleme der Sprachtheorie, Regensburg 2000

Hansult, Vogelsberg = Moritz Hansult, Vogelsberg und Wetterau in alten und neuen Zeugnissen für Sinn und Art ihrer Bauern. Gesammelt und erläutert, Gießener Beiträge zur deutschen Philologie 75, Gießen 1940

Hartmann, Untersuchung = Torsten Hartmann, Untersuchung der konnotativen Bedeutung von Personennamen. Ein theoretischer und empirischer Beitrag zur Psychoonomastik, Neumünster 1984

Hartmann, Das Wort als Name = Peter Hartmann, Das Wort als Name, Veröffentlichungen der Arbeitsgemeinschaft für Forschung des Landes Nordrhein-Westfalen. Wissenschaftliche Abhandlungen, Köln/Opladen 1958

Heeroma, BNF.NF. 3 = Klaas Heeroma, Familiennamengeographie im Osten der Niederlande. Mit acht Karten, BNF.NF. 3 (1968) S. 1—18

Heeroma, BNF. NF. 5 = Klaas Heeroma, Die Drenter Herkunftsnamen. Mit 4 Karten, BNF. NF. 5 (1970) S. 1—13

Heeroma, BNF.NF. 6 = Klaas Heeroma, Zum ostfälischen Familiennamenbuch, BNF. NF. 6 (1971) S. 215—221

Heeroma, DMB. 21 = K. Heeroma, De betrouwbaarheid van het Overijsele deel van het Nederlands Repertorium van Familienamen, DMB. 21 (1969) S. 107—120

Heeroma, DMB. 21 (1969) S. 164—168 = K. Heeroma, Drentse famillenamen op -a, DMB. 21 (1969) S. 164—168

Heeroma, DMB. 24, 25 = K. Heeroma, Familienamen in Overijsel, DMB. 24 (1972) S. 91—105; 25 (1973) S. 12—58

Heeroma, Namenforschung = Klaas Heeroma, Die friesischen Familiennamen auf -a. Mit zwei Karten, Namenforschung. Festschrift für Adolf Bach zum 75. Geburtstag am 31. Januar 1965. Herausgegeben von Rudolf Schützeichel und Matthias Zender, Heidelberg 1965, S. 168—177

Heeroma, NK. 1 = K. Heeroma, Mensen en namen in Genemuiden volgens de volkstelling vau 1795, NK. 1 (1969) S. 175—184

Hegel, Die Personennamen = Hildegard Hegel, Die Personennamen der Freien Reichsstadt Wetzlar bis zur Mitte des 14. Jahrhunderts, Dissertation Erlangen 1947 (Maschinenschrift)

Hegi, ZDWF. 15 = Friedrich Hegi, Gesellennamen. Ein Beitrag zur Entstehung der Familiennamen, ZDWF. 15 (1914) S. 243—245

Heintze, Die Familien-Namen = Albert Heintze, Die Familien-Namen von Stolp mit Berücksichtigung der Umgegend, Programm des städtischen Gymnasiums zu Stolp, Stolp 1886

Heintze, Die deutschen Familiennamen = Albert Heintze — Paul Cascorbi, Die deutschen Familiennamen geschichtlich, geographisch, sprachlich, 2. Nachdruck der siebenten, sehr verbesserten und vermehrten Auflage Halle 1933, Hildesheim, Zürich, New York 1999

Heinz, Familiennamen = G. Heinz, Familiennamen des Raumes Pforzheim. Eine genealogische, sprach- und kulturgeschichtliche Darstellung, Pforzheim, Büchenbronn 1985

Hellfritzsch, Familiennamenbuch = Volkmar Hellfritzsch, Familiennamenbuch des sächsischen Vogtlandes. Auf der Grundlage des Materials der Kreise Plauen und Oelsnitz. Sächsische Akademie der Wissenschaften zu Leipzig. Sprachwissenschaftliche Kommission. Deutsch-slawische Forschungen zur Namenkunde und Siedlungsgeschichte. Begründet von Theodor Frings und Rudolf Fischer. Herausgegeben von

Ernst Eichler, Wolfgang Fleischer, Rudolf Große und Hans Walther. Nr. 37, Berlin 1992

Hellfritzsch, Vogtländische Personennamen = Volkmar Hellfritzsch, Vogtländische Personennamen. Untersuchungen am Material der Kreise Plauen und Oelsnitz. Mit 1 Übersichtskarte und 18 Abbildungen, Deutsch-slawische Forschungen zur Namenkunde und Siedlungsgeschichte. Nr. 23, Berlin 1969

Hennig, Deutsche Namen = Ursula Hennig, Deutsche Namen in altrussischen Urkunden und Chroniken vom 12. bis zum 16. Jahrhundert, Dissertation Berlin 1958

Hertel, Deutsche Familiennamen = Engelbert Hertel, Die deutschen Familiennamen. Ihre Herkunft und ihre Erklärung auf Grund der Namenvergleichung, Bremen/Berlin ohne Jahr

Hessel, Die deutschen Familiennamen = C. Hessel, Die deutschen Familiennamen und ihr Zusammenhang mit der deutschen Cultur. Erläutert an den in Kreuznach vorkommenden Namen, Kreuznach 1869

Heuberger, Studien = Helmut und Adelheid Heuberger, Familiennamen von Trentiner Friedhofinschriften als Zeugen von Wanderbeziehungen im Südtiroler Sprachgrenzgebiet, Studien zur Namenkunde und Sprachgeographie. Festschrift für Karl Finsterwalder zum 70. Geburtstag. Herausgegeben von Wolfgang Meid, Hermann M. Ölberg, Hans Schmeja, Innsbrucker Beiträge zur Kulturwissenschaft. Band 16, Innsbruck 1971, S. 227—240

Hintner, Nachträgliches = Valentin Hintner, Nachträgliches zu den Stubaier Namen, Jahresbericht über das K. K. Akademische Gymnasium in Wien für das Schuljahr 1903/04, Wien 1904, S. 3—41

Hintner, Die Gsiesser Namen = Val. Hintner, Die Gsiesser Namen. Orts-, Flur- und Personennamen. Gesammelt und besprochen, Wien und Leipzig 1909

Hintner, Die Stubaier Personen- und Güternamen = Valentin Hintner, Die Stubaier Personen- und Güternamen. Jahres-Bericht über das K. K. Akademische Gymnasium in Wien für das Schuljahr 1902/03, Wien 1903, S. 3—28

Hirsch, WJBV. (1965/1969) = Ernst Hirsch, Die Familiennamen unserer Waldenser, WJBV. (1965/1969) S. 215—221

Hirzel, Der Name = Rudolf Hirzel, Der Name. Ein Beitrag zu seiner Geschichte im Altertum und besonders bei den Griechen. Des XXXVI. Bandes der Abhandlungen der philologisch-historischen Klasse der sächsischen Akademie der Wissenschaften N° II. Zweite Auflage, Leipzig 1927

Höfler, Festschrift für Dietrich Kralik = Otto Höfler, Über die Grenzen semasiologischer Personennamenforschung, Festschrift für Dietrich Kralik. Dargebracht von Freunden, Kollegen und Schülern, Horn 1954, S. 26—53

Hoffmann von Fallersleben, Braunschweigisches Namenbüchlein = Hoffmann von Fallersleben, Braunschweigisches Namenbüchlein. Einwohner-Namen der Herzoglichen Haupt= und Residenzstadt Braunschweig, nach ihrer Bedeutung geordnet und erläutert, Braunschweig 1866

Hoffmann von Fallersleben, Breslauer Namenbüchlein = Hoffmann von Fallersleben, Breslauer Namenbüchlein, d. i. Einwohner-Namen der Haupt- und Residenz-Stadt Breslau, nach Stand und Würden, und sonstigen Eigenschaften geordnet. Für Liebhaber der deutschen Sprache, Leipzig 1848

Hoffmann von Fallersleben, Casseler Namenbüchlein = [August Heinrich] Hoffmann von Fallersleben, Casseler Namenbüchlein. Einwohner-Namen der Kurfürstlichen Haupt- und Residenzstadt Cassel, nach ihrer Bedeutung geordnet und erläutert, Cassel 1863

Hoffmann von Fallersleben, Hannoversches Namenbüchlein = [August Heinrich] Hoffmann von Fallersleben, Hannoversches Namenbüchlein. Einwohner-Namen der Königlichen Haupt- und Residenzstadt Hannover, nach ihrer Bedeutung geordnet und erläutert, Hannover 1852

Hoffrichter, Echonamen = Kirsten Hoffrichter, Echonamen, Heidelberg 1992

Holmberg, NDM. 5 = Märta Åsdahl-Holmberg, *Helleveger* ‚Schornsteinfeger'?, NDM. 5 (1949) S. 198—210

Hoppe, Orts- und Personennamen = F. Hoppe, Orts- und Personennamen der Provinz Preußen, Gumbinnen 1879/1880

Hornung, BONF. 10 = Maria Hornung, Familien- und Übernamen in der deutschen Sprachinsel Pladen (Sappada), Prov. Belluno, BONF. 10 (1969) S. 2—9

Hornung, Lexikon = M. Hornung, Lexikon österreichischer Familiennamen, St. Pölten, Wien 1989 / Wien 2002

Horwitz, AGB. 6/7 = L. Horwitz, jüdische Familiennamen in der Heimat Mendelssohns, AGB. 6/7 (1930/1931) S. 202—205

Huber, Musterungslisten = Konrad Huber — J. Stabs, Die Musterungslisten des Württemb. Amtes Maulbronn 1523—1608. Edition mit Beiträgen zur Namenkunde, Militär- und Regionalgeschichte, Pforzheim 1999

Huber, Rätisches Namenbuch = Konrad Huber, Rätisches Namenbuch. Band III. Die Personennamen Graubündens mit Ausblicken auf Nachbargebiete. Teil 1: Von Rufnamen abgeleitete Familiennamen. Teil 2: Von Übernamen abgeleitete Familiennamen, Bern 1986

Huber, Die Personennamen Graubündens = Konrad Huber, Die Personennamen Graubündens. Mit Ausblicken auf Nachbargebiete, Bern 1986 (Rätisches Namenbuch Bd. III)

Hünfeld, JBMF. 82 = H. Hünfeld, Die Familiennamen der Reichsstadt Windsheim, JBMF. 82 (1964) S. 1—33

Huisman, MVN. 33 = J. A. Huisman, Negatie in de naamgeving, MVN. 33 (1957) S. 79—88

I

Schweizerisches Idiotikon = Schweizerisches Idiotikon. Wörterbuch der schweizerdeutschen Sprache. Gesammelt auf Veranstaltung der Antiquarischen Gesellschaft in Zürich unter Beihülfe aus allen Kreisen des Schweizervolkes. Herausgegeben mit Unterstützung des Bundes und der Kantone. Begonnen von Friedrich Staub und Ludwig Tobler und fortgesetzt unter der Leitung von Albert Bachmann, Otto Gröger, Hans Wanner, Peter Dalcher, Frauenfeld 1881 ff.

Iten, Zuger Namenstudien = Albert Iten, Zuger Namenstudien. Gesammelte Beiträge der Jahre 1925 bis 1966 über Orts-, Flur- und Familiennamen des Kantons Zug und der Innerschweiz, Zweite Auflage Zug 1969

J

Jabusch, Bildung und Bedeutung = P. Jabusch, Bildung und Bedeutung der deutschen Eigennamen mit besonderer Berücksichtigung der ostfriesischen Namen. Drei Vorträge, Norden 1922

Jacob, Die Personennamen = L. Jacob, Die Personennamen in den Urkunden der Stadt Halle von den Anfängen der Überlieferung bis zum Jahre 1350, Diss. Leipzig 1991

Jacobson, Die Judenbürgerbücher = J. Jacobson, Die Judenbürgerbücher der Stadt Berlin 1809—1851, mit Ergänzungen für die Jahre 1791—1809, Veröffentlichungen der Berliner historischen Kommission 4, Berlin 1962

Jansen, Die Bei- und Familiennamen = Erna Jansen, Die Bei- und Familiennamen nach dem Beruf in der Aachener Überlieferung des 13. und 14. Jahrhunderts. Dissertation Bonn, Bonn 1940

Janssen, Familiengeschichtliches Quellengut = Joseph Janssen, Familiengeschichtliches Quellengut aus den Kölner Weiheprotokollen, Imgenbroich 1929

Jeanblanc, Untersuchung = H. Jeanblanc, Untersuchung einer westfälisch-märkischen Namenlandschaft, Diss. Bochum 1980

Jecht, Beiträge = R. Jecht, Beiträge zur Görlitzer Namenskunde. I. Ueber Görlitzische Personen- und Familiennamen im vierzehnten Jahrhundert. II. Statistische Aufstellungen über Görlitzische männliche Vornamen von 1415—1705, NLM. 68 (1892) S. 1—49

Joachim, Landshuter Geschlechtsnamen = Carl Joachim, Landshuter Geschlechtsnamen. I. Teil. Programm des K. Humanistischen Gymnasiums in Landshut für das Schuljahr 1891/92, Landshut ohne Jahr

Jodogne, Répertoire belge = Répertoire belge de noms de famille. I. Arrondissement de Nivelles et communes wallones des arrondissements de Louvain et Bruxelles. Répertoire publié par Omer Jodogne, Louvain 1956. II. Arrondissement de Liège. Répertoire publié par Omer Jodogne, Louvain 1964

Jost, Der Deutsche Orden = Wilhelm Jost, Der Deutsche Orden im Rhein=Main= Gau. Ein Quellenbuch für Namenforschung, Gießener Beiträge zur deutschen Philologie 80, Gießen 1941

K

Kadler, Germanische Eigennamen = Alfred Kadler, Germanische Eigennamen der Stadt Rawitsch. In einer etymologischen Untersuchung erklärt, Rawitsch 1886

Kahlo, Muttersprache (1955) = Gerhard Kahlo, Vom „sorbischen Lehmann" und „deutschen Pawlik". Name und Volkstum bei Deutschen und Sorben. Ein Hinweis, Muttersprache (1955) S. 107—109

Kalverkämper, Textlinguistik = Hartwig Kalverkämper, Textlinguistik der Eigennamen, Stuttgart 1978

Kany, Personennamen = Werner Kany, Inoffizielle Personennamen. Bildung, Bedeutung und Funktion. Reihe Germanistische Linguistik. Herausgegeben von Helmut Henne, Horst Sitta und Herbert Ernst Wiegand. Band 127, Tübingen 1992

Kapff, Schwäbische Geschlechtsnamen = Rudolf Kapff, Schwäbische Geschlechtsnamen. Geschichtlich und sprachlich erläutert, Schwäbische Volkskunde. Drittes Buch, Stuttgart 1927

Kapff, OZVK. 2 = Rudolf Kapff, Zur schwäbischen Geschlechtsnamenforschung, OZVK. 2 (1928) S. 37—40

Kapff, Teuthonista 5, 6 = Rudolf Kapff, Mundart und Geschlechtsnamenforschung, Teuthonista 5 (1928/1929) S. 286—289; 6 (1929/1930) S. 260—266

Kaßner, Muttersprache 53 = C. Kaßner, Wie Sippennamen (Familiennamen) heute entstehen, Muttersprache 53 (1938) Sp. 217

Kehrein, Nassauisches Namenbuch = Joseph Kehrein, Nassauisches Namenbuch enthaltend alle Personen-, Orts- und Gemarkungsnamen. Neudruck der Ausgabe: J. Kehrein, Volkssprache und Volkssitte in Nassau. Band III, 1872, Wiesbaden 1970

Keintzel-Schön, Die siebenbürgisch-sächsischen Familiennamen = Fritz Keintzel-Schön, Die siebenbürgisch-sächsischen Familiennamen, Studia Transylvanica 3, Köln/Wien 1976

Keiper, Französische Familiennamen = Philipp Keiper, Französische Familiennamen in der Pfalz und Französisches im Pfälzer Volksmund. Zweite vermehrte und verbesserte Auflage, Kaiserslautern 1891

Keiper, PfM. 33 = Philipp Keiper, Französische Familiennamen in der Pfalz, die auf französische Ortsnamen zurückgehen, PfM. 33 (1916) S. 94—95

Kelleter, AVZ. 2, 3 = H. Kelleter, Namen in Aachen, AVZ. 2 (1889) S. 97—108; 3 (1890) S. 25—31, 41—46, 71—78

Kempf, Bibliographie = Gabriele Kempf, Bibliographie zur deutsch-slawischen Namenkunde. Lieferung 1—2, Osteuropastudien der Hochschulen des Landes Hessen. Reihe II. Marburger Abhandlungen zur Geschichte und Kultur Osteuropas. Band 17, Gießen 1976—1977

Kessler, Familiennamen der Juden = Gerhard Kessler, Familiennamen der Juden in Deutschland, Leipzig 1935

Kessler, Die Familiennamen der ostpreußischen Salzburger = Gerhard Kessler, Die Familiennamen der ostpreußischen Salzburger, Königsberg i. Pr. 1937

Kewitz, Coesfelder Beinamen und Familiennamen = Bernhard Kewitz, Coesfelder Beinamen und Familiennamen vom 14. bis 16. Jahrhundert, Heidelberg 1999

Keyser, Die Bevoelkerung Danzigs = Erich Keyser, Die Bevoelkerung Danzigs im 13. und 14. Jahrhundert und ihre Herkunft, Pfingstblätter des Hansischen Geschichtsvereins. Blatt XV. Zweite, erweiterte Auflage, Lübeck 1928

Kießling, MWGF. 26 = Hermann Kießling, Über- und Zusatznamen in den Kirchenbüchern von Elberfeld (ref.) 1584—1622, MWGF. 26 (1973) S. 14—16

Kietz, ZNF. 15 = Georg Kietz, Die Personen- und Familiennamen im Leipziger Lande zur Zeit Luthers. Ein Stück heimatlicher Kultur- und Sprachgeschichte, ZNF. 15 (1939) S. 244—261

Kirwan, Mind 77 = C. Kirwan, On the Connotation and Sense of Proper Names, Mind 77 (1968) S. 500—511

Kisch, AVSLK.NF. = Gustav Kisch, Nordsiebenbürgisches Namenbuch, AVSLK. NF. 34 (1907) S. 5—153

Kisch, Festgabe = Gustav Kisch, Die Familiennamen der Stadt Bistritz. Ein Beitrag zur deutschen Namenkunde, Festgabe der Stadt Bistritz, Bistritz 1897, S. 5—43

Klarmann, Zur Geschichte = Johann Ludwig Klarmann, Zur Geschichte der deutschen Familiennamen. Zweite, umgearbeitete und stark vermehrte Auflage, Lichtenfels 1927

Kleemann, Die Familiennamen Quedlinburgs = Selmar Kleemann, Die Familiennamen Quedlinburgs und der Umgegend, Quedlinburg 1891

Kleinöder, Konfessionelle Namengebung = Rudolf Kleinöder, Konfessionelle Namengebung in der Oberpfalz von der Reformation bis zur Gegenwart, Europäische Hochschulschriften: Reihe XXI, Linguistik, Band 165, Frankfurt am Main 1996

Klose, Grünberger Familiennamen = Martin Klose, Grünberger Familiennamen. Erster Teil. Wissenschaftl. Beilage zum Jahresbericht des Friedrich-Wilhelms-Realgymnasiums zu Grünberg i. Schl. — Ostern 1912. Programm Nr. 304, Grünberg i. Schl. 1912; Zweiter Teil. Wissenschaftl. Beilage zum Jahresbericht des Friedrich-Wilhelms-Realgymnasiums zu Grünberg i. Schl. — Ostern 1914. Programm Nr. 312, Grünberg i. Schl. 1914

Kluge, Etymologisches Wörterbuch = Elmar Seebold, Etymologisches Wörterbuch der deutschen Sprache. 24., durchgesehene und erweiterte Auflage, Berlin/New York 2002

Klumpp, Beutelsbacher Namenbuch = Heinrich Klumpp, Beutelsbacher Namenbuch. Die Vor- und Familiennamen 1380 bis 1700. Mit 10 Familienstammreihen 1570 bis 1700, Stuttgart 1938

Knauß, Die Entstehung = Otto Knauß, Die Entstehung der Grünberger Familiennamen. Dissertation Gießen, Gießener Beiträge zur deutschen Philologie 74, Gießen 1940, Nachdruck Amsterdam 1968

Knauth, MFAV. 55 = P. Knauth, Freiberger Familiennamen vom Mittelalter bis zum 19. Jahrhundert und ihre Herkunft, MFAV. 55 (1925) S. 22—61

Knorr, Die Familiennamen = W. Knorr, Die Familiennamen des Fürstentums Lübeck, Beilage zum Programm des Grossherzoglichen Gymnasiums zu Eutin, Eutin 1882

Knorr, Ueber die Familiennamen = [Wilhelm] Knorr, Ueber die Familiennamen des Fürstenthums Lübeck, [Programm] Eutin 1876, S. 1—55

Knorr, ZSchHG. 19 = Wilhelm Knorr, Über besonders bemerkenswerte Personen- und Geschlechtsnamen in Schleswig=Holstein, ZSchHG. 19 (1889) S. 135—200

Koberne, Die Familiennamen = Julius Koberne, Die Familiennamen von Burkheim am Kaiserstuhl sprachgeschichtlich untersucht, Dissertation Freiburg i. Br. 1927

Koch, Familiennamen = E. Koch, Saalfelder Familiennamen und Familien aus dem 16. und 17. Jahrhundert. Zweiter Theil, Programm der Herzoglichen Realschule I. O. zu Saalfeld. Progr. Nr. 579, Saalfeld 1878

König, Aus Alt=Eschwege = E. König, Aus Alt=Eschwege. Familiennamen und Bauwerke. Zweite Auflage (von „Alte Eschweger Familiennamen"), Eschwege 1933

Kohlheim, Bei- und Familiennamen = Rosa Kohlheim, Bei- und Familiennamen im ersten Bayreuther Stadtbuch (1430—1463), in: R. Hamisch/D. Wagner (Hrsg.), 800 Jahre Sprache in Bayreuth, Bayreuth 1994, S. 75—88

Kohlheim, Beinamen = Rosa Kohlheim, Regensburger Beinamen des 12. bis 14. Jahrhunderts. Beinamen aus Berufs-, Amts- und Standesbezeichnungen, Bayreuther Beiträge zur Dialektologie. Herausgegeben von Rüdiger Hamisch und Anthony Rowley. Band 6, Hamburg 1990

Kohlheim, Berufsnamen = Rosa Kohlheim, Mittelbare Berufsnamen im spätmittelalterlichen Regensburg, in: Akten des 18. Internationales Kongresses für Namenforschung, Band III, Tübingen 1999, S. 227—237

Kohlheim, Familiennamen = Duden. Familiennamen. Herkunft und Bedeutung. Bearbeitet von Rosa und Volker Kohlheim, Mannheim, Leipzig, Wien, Zürich 2000

Kohlheim, Festigkeit = Rosa Kohlheim, Zur Festigkeit der Doppelnamigkeit in Regensburg im ausgehenden 14. Jahrhundert, in: Proceedings of the XVIIth International Congress of Onomastic Sciences. Volume 2, Helsinki 1991, S. 22—29

Kohlheim, Motivik = Rosa Kohlheim, Zur Motivik und Aussagekraft berufsbezogener Bei- und Familiennamen, in: Wort und Name im deutsch-slawischen Sprachkontakt. Ernst Eichler von seinen Schülern und Freunden, Köln, Weimar, Wien 1997, S. 235—243

Kohlheim, Stadt-Umland-Beziehungen = Rosa Kohlheim — Volker Kohlheim, Spätmittelalterliche Stadt-Umland-Beziehungen bei Personennamen. Untersuchungen anhand des Bayreuther Landbuchs B von 1421/24, in: Nominum gratia. Namen in Bayern und Nachbarländern. Festgabe für W.-A. Frhr. Von Reitzenstein, München 2000, S. 193—208

Kohlheim, Übernamen = Rosa Kohlheim, Übernamen als Spiegel spätmittelalterlicher Mentalität, in: Proceedings of the XIXth International Congress of Onomastic Sciences. Volume 3, Helsinki 1998, S. 237—243

Kohlheim, Vornamenlexikon = Duden. Das große Vornamenlexikon. Bearbeitet von Rosa Kohlheim und Volker Kohlheim, Mannheim, Leipzig, Wien, Zürich 1998

Koß, Namenforschung = Gerhard Koß, Namenforschung. Eine Einführung in die Onomastik. Germanistische Arbeitshefte 34. Herausgegeben von Otmar Werner und Franz Hundsnurscher, 3. A. Tübingen 2002

Krause, DAZ. 52 = Konrad Krause, Der Apothekerberuf und seine Vorläufer in den deutschen Familiennamen, DAZ. 52 (1937) S. 1160

Krause, Muttersprache 53 = Konrad Krause, Echo=Namen: Sippennamen nach Lieblingswendungen des ersten Namensträgers, Muttersprache 53 (1938) Sp. 333—336

Krause, Bürgerliches Recht = Hans G. Krause, Bürgerliches Recht. Familienrecht, Stuttgart, Berlin, Köln, Mainz 1977

Krien, Namenphysiognomie = Reinhard Krien, Namenphysiognomie. Untersuchungen zur sprachlichen Expressivität am Beispiel von Personennamen, Appellativen und Phonemen des Deutschen, Tübingen 1973

Krueger, Eigennamen = G. Krueger, Eigennamen als Gattungsnamen, Königliche Realschule zu Berlin. Realgymnasium, Bericht über das Schuljahr Ostern 1890 bis 1891. Programm Nr. 92, Berlin 1891, S. 3—19

Krüger-Ploen, Dreißig Dörfer = Georg Krüger, Dreißig Dörfer des Fürstentums Ratzeburg. Geschichte der Bauernschaft nach amtlichen Quellen bearbeitet, 2. Auflage erweitert und bis zur Gegenwart fortgeführt von Heinrich Ploen, Schönberg i. Mecklb. 1926

Küffner, MZDFG. 5 = G. Küffner, Die sogenannten Befehlsnamen, MZDFG. 5 (1909) S. 98 ff.

Kunze, Familiennamengeographie = K. Kunze — R. Kunze, Computergestützte Familiennamengeographie. Kleiner Atlas zur Verbreitung der Apokope, BNF. NF. 38 (2003) S. 121—324

Kunze, dtv-Atlas = Konrad Kunze, dtv-Atlas Namenkunde. Vor- und Familiennamen im deutschen Sprachgebiet. Mit 125 Abbildungsseiten in Farbe. Graphiker: Hans-Joachim Paul, 4. überarbeitete und erweiterte Auflage, München 2003

Kunze, Verbreitung = K. Kunze, Zur Verbreitung der häufigsten deutschen Familiennamen, in: J. Eichhoff — W. Seibicke — M. Wolffsohn (Hrsg.), Name und Gesellschaft. Soziale und historische Aspekte der Namengebung und Namenentwicklung, Mannheim u. a. 2001, S. 179—208

Kuske, Der Einfluß der Rufnamen = Bruno Kuske, Der Einfluß der Rufnamen auf die Entstehung der Familiennamen [S.-A. aus der Rheinischen Zeitung], Köln 1923

L

Laabs, Kolping = K. M. Laabs, Kolping. Ein rheinischer Familienname wallonischer Herkunft, BNF. NF. 27 (1992) S. 311—315

Van Langendonck, Beiträge zur Onomastik = W. Van Langendonck, Sozioonomastische Aspekte der Übernamen, Beiträge zur Onomastik. Herausgegeben von Ernst Eichler und Hans Walther, Linguistische Studien. Reihe A. Arbeitsberichte. 73/II, Berlin 1980, S. 203—212

Langfeldt, Personennamen = J. Langfeldt, Personennamen des ausgehenden Mittelalters aus Nordosthannover, Stade 1938

Laumanns, ZVGA. 82 = Clemens Laumanns, Alte Lippstädter Bürgernamen, ZVGA. 82 (1924) S. 130—143

Laur, Festschrift für Gerhard Cordes, II = Wolfgang Laur, Die Namen der Dithmarschen Geschlechterverbände, Festschrift für Gerhard Cordes zum 65. Geburtstag. Herausgegeben von Friedhelm Debus und Joachim Hartig. Band II: Sprachwissenschaft, Neumünster 1976, S. 154—178

Laur, Der Name = Wolfgang Laur, Der Name. Beiträge zur allgemeinen Namenkunde und ihrer Grundlegung, Heidelberg 1989

Laur, Patronymika = Wolfgang Laur, Patronymika und Familiennamen in Schleswig-Holstein, BNF. NF. 18 (1983) S. 22—35

Lehmann, Namenbüchlein = Hans Lehmann, Namenbüchlein der bürgerlichen Geschlechter der Stadt Zofingen seit dem Jahre 1200. Ein Versuch zu ihrer Erklärung, Zofingen 1884

Lenk, Personennamen = Hartmut E. H. Lenk, Personennamen im Vergleich. Die Gebrauchsformen von Anthroponymen in Deutschland, Österreich, der Schweiz und Finnland, Germanistische Linguistik, Monographie 9, Hildesheim, Zürich, New York 2002

Lerch, Die Gießener Familiennamen = Friedel Lerch, Die Gießener Familiennamen bis zu Beginn des 17. Jahrhunderts. Ihre Entstehung und Bedeutung, Dissertation Marburg 1948 (Maschinenschrift)

Leskien, IF. 26 = A. Leskien, Litauische Personennamen, IF. 26 (1909) S. 325—352

Lévy, Les noms = Paul Lévy, Les noms des Israélites en France. Histoire et Dictionnaire, Paris 1960

Lexer, Mittelhochdeutsches Handwörterbuch = Matthias Lexer, Mittelhochdeutsches Handwörterbuch. Zugleich als Supplement und alphabetischer Index zum Mittelhochdeutschen Wörterbuch von Benecke — Müller — Zarncke. Erster Band. A—M. (1869—1872), Leipzig 1872. Zweiter Band. N—U. (1873—1876), Leipzig 1876. Dritter Band. VF—Z. Nachträge. (1876—1878), Leipzig 1878, Nachdruck Stuttgart 1974

Leys, MVN. 27, 28 = O. Leys, Vlaamse bijnamen vóór 1225, MVN. 27 (1951) S. 109—120; 28 (1952) S. 61—67

Leys, MVN. 33, 34 = O. Leys, De bij- en beroepsnamen van Germaanse oorsprong in de Westvlaamse oorkonden tot 1225, MVN. 33 (1957) S. 105—125; 34 (1958) S. 147—158

Lindemans, Brabantse persoonsnamen = J. Lindemans, Brabantse persoonsnamen in de XIIIe en de XIVe eeuw, Anthroponymica. I, Leuven/Brussel 1947

Linke, Niedersächsische Familienkunde = Wilhelm Linke, Niedersächsische Familienkunde. Ein biographisches Verzeichnis. Auf Grund der Leichenpredigten und sonstigen Personalschriften der Königlichen Bibliothek zu Hannover und anderer hannoverscher Sammlungen herausgegeben, Hannover 1912

Linnartz, Unsere Familiennamen = Kaspar Linnartz, Unsere Familiennamen. Band I. Zehntausend Berufsnamen im Abc erklärt. Band II. Aus deutschen und fremden Vornamen im Abc erklärt, 3. A. Bonn 1958

Littger, Studien = Klaus Walter Littger, Studien zum Auftreten der Heiligennamen im Rheinland. Mit 3 Tafeln, Münstersche Mittelalter-Schriften. Band 20, München 1975

Lösch, Die bäuerlichen Familiennamen = Hildegard Lösch, Die bäuerlichen Familiennamen des Habsburgischen Urbars, Gießener Beiträge zur deutschen Philologie XLV, Gießen 1936

Losch, Altkasseler und althessische Familiennamen = Philipp Losch, Altkasseler und althessische Familiennamen. Ein Register zu Stölzels Casseler Stadtrechnungen 1468 bis 1553, Sonderbeilage zu den „Nachrichten der Gesellschaft für Familienkunde in Kurhessen und Waldeck", Kassel 1939

Loy, AGH. 29 = Karl Loy, Familiennamen im Landkreis Gunzenhausen, AGH. 29 (1958) S. 60—72

Loy, BHLMO. (1959) = Karl Loy, Familiennamen im Landkreis Marktoberdorf, BHLMO. (1959) S. 7—17

Loy, BNF. 3 = Karl Loy, Probe aus der Einleitung zum „Bayerischen Zunamenbuch". Beziehungslose Übernamen, BNF. 3 (1951/1952) S. 327—328

Loy, BNF. 4 = Karl Loy, Probe aus der Einleitung zum „Bayerischen Zunamenbuch". Satznamen, BNF. 4 (1953) S. 98—99

Loy, BNF. 9 = Karl Loy, Verkannte Familiennamen, BNF. 9 (1958) S. 205—208

Loy, BNF. NF. 4 = Karl Loy, Verkannte schwäbische Familiennamen, BNF. NF. 4 (1969) S. 212—214

Loy, Bamberger Familiennamen = Karl Loy, Bamberger Familiennamen, Die hohe Warte. Unterhaltungsbeilage zum Bamberger Tagblatt, 1923, Nr. 6—13

Loy, Kulmbacher Familiennamen = Karl Loy, Kulmbacher Familiennamen, Kulmbach 1923

Loy, Familiennamen im Frankenwald = Karl Loy, Familiennamen im Frankenwald und anderswo, Kronach 1940

Loy, Familiennamen im Landkreis Kronach = Karl Loy, Familiennamen im Landkreis Kronach, Historia Franconiae. Heft 3, Coburg 1965

Loy, Familiennamen in Nordoberbayern = Karl Loy, Familiennamen in Nordoberbayern, Heimatpfleger des Bezirks Oberbayern. Volkstümliche Veröffentlichungen 8, Schongau 1958

Loy, Familiennamen in Ostoberbayern = Karl Loy, Familiennamen in Ostoberbayern, Heimatpfleger des Bezirks Oberbayern. Volkstümliche Veröffentlichungen 9, Schongau 1959

Loy, Familiennamen in Stadt- und Landkreis Eichstätt = Karl Loy, Familiennamen in Stadt- und Landkreis Eichstätt, Heimgarten. Beilage zur Eichstätter Volkszeitung 23, 1952, Nr. 10, 11

Loy, Familiennamen in Südoberbayern = Karl Loy, Familiennamen in Südoberbayern, Heimatpfleger des Bezirks Oberbayern. Volkstümliche Veröffentlichungen 7, Schongau 1956

Loy, Familiennamen in Westoberbayern = Karl Loy, Familiennamen in Westoberbayern, Heimatpfleger von Oberbayern. Volkstümliche Veröffentlichungen. Heft 4, Schongau 1956

Loy, HE. (1959) = Karl Loy, Schwandorfer Familiennamen, HE. (1959) Nr. 5, S. 18—19, Nr. 6, S. 23, Nr. 7, S. 27—28

Loy, VI. Internationaler Kongress = Karl Loy, Die Satznamen unter den deutschen Familiennamen, VI. Internationaler Kongress für Namenforschung. München: 24.-28. August 1958. Kongreßberichte. Band III. Kongreßchronik und Sektionsvorträge 51—144 herausgegeben von Karl Puchner, Studia Onomastica Monacensia. Band IV, München 1961, S. 531—538

Loy, MBOF. 15 = Karl Loy, Oberfränkische Familiennamen, MBOF. 15 (1930) S. 35—37

Loy, Zunamenkundliches = Karl Loy, Zunamenkundliches aus den Landkreisen Ebern, Haßfurt und Hofheim, Kronach ohne Jahr [1942]

Loy, Zunamenkundliches aus dem Kronacher Stadtarchiv = Karl Loy, Zunamenkundliches aus dem Kronacher Stadtarchiv, Kronach ohne Jahr [1940]

Lübben, NDJB. 6 = A. Lübben, Etwas über niederdeutsche Familiennamen, NDJB. 6 (1881) S. 145—149

Lütge, Die landesherrlichen Urbarsbauern = Friedrich Lütge, Die landesherrlichen Urbarsbauern in Ober- und Niederbayern. Mit 1 Karte im Text, Quellen und Forschungen zur Agrargeschichte Band 2, Jena 1943

Luthers Namen-Buechlein = Herrn D. Martin Luthers Seel. Vielfaeltig verlangtes Namen=Buechlein / Welches erstmahl ohne seinem Namen zu Wittenberg A. 1537. numehro schon vor 137. Jahren / nachmahls mit und unter seinem Namen Anno 1570. auch zu Wittenberg im Latein außgegangen: Jetzo der Edlen Deutschen Haupt=Sprache auffrichtigen Liebhabern / die der alten Deutschen Namen Deut= und Außlegung zu wissen begehren / zu Gefallen / Deutsch / neben einer Vor= rede / etzlichen Anmerckungen / zwifachen Namen= und einem der fuernehmsten Sachen= und merckwuerdigsten Historien=Register herauß gegeben Von M. Gott= fried Wegener / Silesio-Marchitâ, Leipzig 1674. Fotomechanischer Neudruck der Originalausgabe Leipzig 1674 nach dem Exemplar der Universitätsbibliothek Halle, Leipzig 1974

M

Maas, Von Abel bis Zwicknagel = Herbert Maas, Von Abel bis Zwicknagel. Lexikon deutscher Familiennamen, dtv. Nr. 255, München 1964

Maas, DMHP. 4 = Walther Maas, 700 Posener Bauernnamen aus dem 18. Jahrhundert, DMHP. 4 (1937/1938) S. 332—347

Mackel, NDJB. 55 = Emil Mackel, Grundsätzliche Erwägungen zur Namenforschung. Auf Grund der Alt-Hildesheimer Familiennamen, NDJB. 55 (1929) S. 25—39

Mackel, Niederdeutsche Studien = Emil Mackel, Die Namenbildung im Hochstift Hildesheim mit Rücksicht auf die einzelnen Stände, Niederdeutsche Studien. Festschrift für Conrad Borchling, Neumünster in Holstein 1932, S. 113—125

Mahnken, Die hamburgischen niederdeutschen Personennamen = Georg Mahnken, Die hamburgischen niederdeutschen Personennamen des 13. Jahrhunderts, Hamburgische Texte und Untersuchungen zur deutschen Philologie. Reihe II: Untersuchungen 4, Dortmund 1925

de Man, MVN. 24 = Louis de Man, De bijstelling met „dictus" en het probleem van de vaste familienaam, MVN. 24 (1948) S. 25—32

de Man, RhWZVK. 4 = Louis de Man, Findelkinder und ihre Namengebung, RhWZVK. 4 (1957) S. 214—231

de Man, RhWZVK. 8 = L. de Man, Ein schwieriges Problem: die indirekten Berufsnamen, RhWZVK. 8 (1961) S. 190—196

Mancaş, RRL. 15 = Mihaela Mancaş, La structure sémantique de la métaphore poétique, RRL. 15 (1970) S. 317—334

Mańczak, RIO. 20 = Witold Mańczak, Le nom propre et le nom commun, RIO. 20 (1968) S. 205—218

Manke, Die Familiennamen = Paul Manke, Die Familiennamen der Stadt Anklam, Anklam 1887. Zweiter Teil, Anklam 1889. Dritter Teil, Anklam 1890

Maßmann, AKDMA. 3 = H. F. Maßmann, Ausgezeichnete Eigennamen, AKDMA. 3 (1834) Sp. 83—88

Matschoß, Waldenburger Familiennamen = Alexander Matschoß, Waldenburger Familiennamen aus der Weberei, dem Bergbau und dem Hüttenwesen, Beiträge zur Heimatkunde, I, Waldenburg in Schlesien 1931

Mayer, Ueber Kölner Familiennamen = Chr. Aug. Mayer, Ueber Kölner Familiennamen des zwölften Jahrhunderts, Jahresbericht (Nr. 3) über das Schuljahr 1905—1906. Städtisches Realprogymnasium i. E. zu Cöln-Nippes. Progr. Nr. 599, Cöln 1906, S. 3—15

Mechow, APGK. NF. 8 = Max Mechow, Prussische Namen als deutsche Familiennamen, APGK. NF. 8 (1975) S. 313—351

Meertens, De betekenis = P. J. Meertens, De betekenis van de nederlandsche familienamen, 2de, herziene druk, Naarden 1944

Meertens, Zeeuwse familienamen = P. J. Meertens, Zeeuwse familienamen, Doesburg 1947

Meiche, DE. 12 = Alfred Meiche, Alte, nichtadelige Familiengüter in Ostsachsen. (Ein Beitrag zu der Frage nach der Seßhaftigkeit von Bauernfamilien in Mitteldeutschland.), DE. 12 (1913) S. 5—13

Meiche, Meißnisch-sächsische Forschungen = Alfred Meiche, Alt-Meißner Bürgernamen ‚Eine Quelle zur Besiedelungsgeschichte der Stadt', Meißnisch-sächsische Forschungen. Zur Jahrtausendfeier der Mark Meißen und des Sächsischen Staates herausgegeben von Woldemar Lippert, Dresden 1929, S. 54—80

Meier-Petz, Register = Zeitschrift für Namenforschung (früher: Zeitschrift für Ortsnamenforschung). Herausgegeben von Joseph Schnetz. Register. 1. Teil: Die Orts- und Personennamen der Bände I—XIII (1925—1938). Bearbeitet von Franz Joseph Meier. Berlin 1939. 2. Teil: Die Orts- und Personennamen der Bände XIV bis XIX (1938—1943). Bearbeitet von Bertha Petz, München 1955

Meixner, Die Ruf- und Familiennamen = J. Meixner, Die Ruf- und Familiennamen des Deutsch-Broder Stadtbuches, 1379—1401, Dissertation Prag 1945 (Maschinenschrift)

Melchers, VII° Congresso = Paul Melchers, Das griechische Element in den deutschen Humanistennamen, VII° Congresso Internazionale di Scienze Onomastiche, Firenze 1962—1963, S. 219—226

Melchers, VI. Internationaler Kongress = P. Melchers, Zur Rückverdeutschung latinisierter und gräzisierter Personennamen in Universitäts-Matrikeln des 16. und 17. Jahrhunderts, VI. Internationaler Kongreß für Namenforschung. München: 24.—28. August 1958. Kongreßberichte. Band III. Kongreßchronik und Sektionsvorträge 51—144 herausgegeben von Karl Puchner, Studia Onomastica Monacensia. Band IV, München 1961, S. 821—822

Melchers, MNK. 8 = Paul Melchers, Zum Humanistennamen Peträus, MNK. 8 (1960/1961) S. 14—16

Menke, Die Tiernamen = Hubertus Menke, Die Tiernamen in Van den Vos Reinaerde, Heidelberg 1970

Mertens, Stadthannoversche Geschlechtsnamen = Th. Mertens, Stadthannoversche Geschlechtsnamen. (Nach dem Adreßbuch von 1874.), Fünfter Bericht über die Stadttöchterschule II. zu Hannover. Ostern 1873 bis Ostern 1875, Hannover 1875

Mestwerdt, NRh. (1913) = G. Mestwerdt, Clevische Familiennamen, NRh. (1913) S. 265—268

Methner, APGK. 7 = Arthur Methner, Die Namen der Kulmer Bürger im ersten Drittel des 15. Jahrhunderts, APGK. 7 (1933) S. 38—46

Meyer, BMSch. 17 = Leo Meyer, Über die in Dorpat vorkommenden Familiennamen, BMSch. 17 (1870) S. 293—327

Meyer, RhS. 5, 6 = Jakob Meyer, 10.000 Familiennamen des Trierer Landes um 1624, RhS. 5 (1941) S. 1—4; 6 (1942) S. 3—16

Meyer, ZDA. 43 = Richard M. Meyer, Copulative Eigennamen, ZDA. 43 (1899) S. 158—169

Mieck, Über niederrheinische Familiennamen = Mieck, Über niederrheinische Familiennamen, Programm Düsseldorf 1886

Miedel, Die Juden in Memmingen = Julius Miedel, Die Juden in Memmingen. Aus Anlaß der Einweihung der Memminger Synagoge, Memmingen 1909

Miller, Analysis 33 = B. Miller, Proper Names and Suppositio Personalis, Analysis 33 (1973) S. 133—137

de Moel, Doopnaamgeving = C. J. de Moel, Doopnaamgeving te Edam-Volendam in de 17e en 18e eeuw en P. J. J. Stavenuiter Waren achternamen familienamen? Een functioneel achternamensysteem te Enkhuizen in de 16e en 17e eeuw. Lezingen gehouden voor de Commissie voor Naamkunde en Nederzettingsgeschiedenis der Koninklijke Nederlandse Akademie van Wetenschapen op 12 januari 1974, Bijdragen en Mededelingen van de Commissie voor Naamkunde en Nederzettingsgeschiedenis van de Koninklijke Nederlandse Akademie van Wetenschappen te Amsterdam XXIX, Amsterdam 1975

Mollay, Ödenburger Familiennamen = Mollay Károly, Középkori soproni családnevek. Ödenburger Familiennamen im Mittelalter, Német nyelvészeti dolgozatok. Arbeiten zur deutschen Sprachwissenschaft I, Budapest 1938

Morsheuser, Muttersprache 53 = Hans Morsheuser, Sippennamen (Findlingsnamen), Muttersprache 53 (1938) Sp. 274

Moser, Unsere Familiennamen = Tim Moser, Unsere Familiennamen. Kurzgefaßte elsässische Namenkunde mit besonderer Berücksichtigung der Zaberner Gegend, Saverne 1950

Mucke, Wendische Familien- und Ortsnamen = Ernst Mucke, Serbske swojźbne a městnostne měna Dołneke Łužyce. Wendische Familien- und Ortsnamen der Niederlausitz. Gesammelt und erklärt, Prag 1928

Mucke, Wörterbuch = Ernst Mucke, Wörterbuch der niederwendischen Sprache und ihrer Dialekte. III. 1. Familiennamen. — 2. Ortsnamen. — 3. Flurnamen. 4. Nachträge, Prag 1928

Müller, Commentationes = E. Müller, Vornamen als appellative Personenbezeichnungen, Commentationes Humanarum Litterarum. Tomus III, Helsingfors 1929, S. 1—176

Müller, Barther Familiennamen = Kurt Müller, Barther Familiennamen im Spät-Mittelalter, Vorarbeiten zum Pommerschen Wörterbuch. Heft 5, Greifswald 1933

Müller, Die Familiennamen = Nik. Müller, Die Familien-Namen des Grossherzogthums Luxemburg zusammengestellt und geordnet, Luxemburg 1886

Müller, Personennamen = Erhard Müller, Personennamen auf dem Eichsfeld, Heilgenstadt 1988

Müllers, FGB. 33 = Heinrich Müllers, Deutsche Familiennamen mit Verwachsungen, FGB. 33 (1935) Sp. 172—173

Mulch, Arnsburger Personennamen = Roland Mulch, Arnsburger Personennamen. Untersuchungen zum Namenmaterial aus Arnsburger Urkunden vom 13.—16. Jahrhundert, Quellen und Forschungen zur hessischen Geschichte 29, Darmstadt 1974

Muoth, Ueber bündnerische Geschlechtsnamen = J. C. Muoth, Ueber bündnerische Geschlechtsnamen und ihre Verwertung für die Bündnergeschichte. I. Theil. Vornamen und Taufnamen als Geschlechtsnamen, Beilage zum Kantonsschulprogramm 1891/92, Chur 1892

N

Naumann, Buch = H. Naumann, Das große Buch der Familiennamen. Alter, Herkunft, Bedeutung. Niederhausen/Taunus 1994

Naumann, Familiennamen = H. Naumann, Deutsche Familiennamen. Eine Einführung, Neustadt a. d. Aisch 1993

Naumann, Musterungslisten = H. Naumann — K. Huber, Die Maulbronner Musterungslisten aus namenkundlicher Sicht, in: K. Huber — J. H. Staps, Die Musterungslisten des württembergischen Amtes Maulbronn 1526—1608. Edition mit Beiträgen zur Namenkunde, Militär- und Regionalgeschichte, Pforzheim 1999, S. 163—227

Nerius, ZPhSpK. 33 = Dieter Nerius, Zu orthographischen Problemen der Eigennamen im Deutschen, ZPhSpK. 33 (1980) S. 93—102

Neumann, Die bäuerlichen Familiennamen = Isolde Neumann, Die bäuerlichen Familiennamen des Landkreises Oschatz. Mit 2 Karten und 20 Abbildungen. Obersächsische Familiennamen. I, Deutsch-slawische Forschungen zur Namenkunde und Siedlungsgeschichte Nr. 25, Berlin 1970

Neumann, OSG. 3 = Isolde Neumann, Slawische Personennamen im Oschatzer Land, OSG. 3 (1967) S. 77—97

Neumann, Obersächsische Familiennamen = I. Neumann, Obersächsische Familiennamen. I: Die bäuerlichen Familiennamen des Landkreises Oschatz. II: Die Familiennamen der Stadtbewohner in den Kreisen Oschatz, Riesa und Grossenhain bis 1600, Berlin 1970/1981

Neumann, Tschechische Familiennamen = J. Neumann, Tschechische Familiennamen in Wien, 3. A. Wien 1977

Neupert, Plauische Familiennamen = A. R. Neupert, Plauische Familiennamen. Das Geschlecht der Canise = Canze-Kanze durch sechs Jahrhunderte (1244—1833) in Plauen und andere Beiträge zur Geschichte Plauischer Familien (Hartenstein, Teuscher, Tröger). Vortrag gehalten im Altertums = Verein am 18. Nov. 1909, Plauen 1910 (Sonderdruck)

Neweklowsky, HJBStL. (1966) = Max Neweklowsky, Zur Namensschreibung in den Linzer Pfarrmatriken der ersten Hälfte des 17. Jahrhunderts, HJB StL. (1966) S. 363—373

Nied, Familiennamen = E. Nied, Familiennamen der Baar, Freiburg im Breisgau 1938

Nied, Fränkische Familiennamen = Edmund Nied, Fränkische Familiennamen urkundlich gesammelt und sprachlich gedeutet, Heidelberg 1933

Nied, Südwestdeutsche Familiennamen = Edmund Nied, Südwestdeutsche Familiennamen, urkundlich gesammelt, kulturgeschichtlich beleuchtet und sprachlich gedeutet mit Tausenden von sippengeschichtlichen Nachweisungen, Freiburg im Breisgau 1938

Nied, Familiennamen=Buch = Edmund Nied, Familiennamen=Buch für Freiburg Karlsruhe und Mannheim, Freiburg i. Br. 1924

Nied, Heiligenverehrung und Namengebung = Edmund Nied, Heiligenverehrung und Namengebung. Sprach- und kulturgeschichtlich mit Berücksichtigung der Familiennamen, Freiburg i. Br. 1924

Nölle-Hornkamp, Mittelalterliches Handwerk = I. Nölle-Hornkamp, Mittelalterliches Handwerk im Spiegel oberdeutscher Personennainen. Eine namenkundliche Untersuchung zu den Handwerkerbezeichnungen als Beinamen im „Corpus der altdeutschen Originalurkunden", Frankfurt a. M., Berlin, Bern, New York, Paris, Wien 1992

Nörrenberg, FGB. 35 = Constantin Nörrenberg, Entstellte Familiennamen, FGB. 35 (68) (1937) Sp. 111—124

Noggler, Romanische Familiennamen = Anselm Noggler, Romanische Familiennamen in Obervinschgau, Programm des k. k. Obergymnasiums in Meran. Veröffentlicht am Schlusse des Schuljahres 1907—1908, Meran 1908. Veröffentlicht am Schlusse des Schuljahres 1908—1909, Meran 1909. Veröffentlicht am Schlusse des Schuljahres 1909—1910, Meran 1910. Veröffentlicht am Schlusse des Schuljahres 1910—1911, Meran 1911. Veröffentlicht am Schlusse des Schuljahres 1913—1914, Meran 1914. Veröffentlicht am Schlusse des Schuljahres 1914—1915, Meran 1915

Nüske, Die Greifswalder Familiennamen = Hugo Nüske, Die Greifswalder Familiennamen des 13. und 14. Jahrhunderts (1250—1400). Ein Beitrag zur niederdeutschen Namengeschichte, Vorarbeiten zum Pommerschen Wörterbuch. Heft 2, Greifswald 1929

O

Obergföll, Gottscheer Familiennamen = J. Obergföll, Gottscheer Familiennamen. Festgabe zur Feier des 10jährigen Bestandes des Gymnasiums in Gottschee, 1882

Oettli, Familiennamen der Schweiz = P. Oettli, Familiennamen der Schweiz, Frauenfeld 1932

Oettli, Deutsch=schweizerische Geschlechtsnamen = Paul Oettli, Deutsch=schweizerische Geschlechtsnamen, Volksbücher des Deutschschweizerischen Sprachvereins. Vierzehntes Bändchen, Erlenbach-Zuerich [1935]

Ondrusch, Die Familiennamen = Karl Ondrusch, Die Familiennamen in Neustadt O.-S., Jahresbericht des Königlichen Gymnasiums zu Neustadt Ob.-Schl. über das Schuljahr 1893/94, Neustadt O.-S. 1894, S. 3—34; II. Teil. Nebst allgemeinen Erörterungen, Jahresbericht des Königlichen Katholischen Gymnasiums zu Sagan für das Schuljahr 1898/99, Sagan 1899, S. 3—22

Opel, Die Satznamen = B. Opel, Die Satznamen unter den deutschen Familiennamen, Dissertation Erlangen 1951

Opper, Die Rumpenheimer Familiennamen = Otto Opper, Die Rumpenheimer Familiennamen, Gießener Beiträge zur deutschen Philologie 79, Gießen 1941, Nachdruck Amsterdam 1968

Orend, VJB. 9 = Misch Orend, Die ältesten von Stammes-, Gebiets- und Ortsnamen abgeleiteten Familiennamen der Siebenbürger Sachsen, VJB. 9 (1929) S. 256—273

Orthner, Ostmärkische Sippennamen = Wilhelm Orthner, Ostmärkische Sippennamen, Görlitz 1941

Ospelt, JBHVL. 39 = Joseph Ospelt, Sammlung liechtensteinischer Familiennamen, JBHVL. 39 (1939) S. 63—117

v. d. Osten, JBMM. 14/15 = von der Osten, Die Personennamen der Wurstfriesen, JBMM. 14/15 (1911/1913) S. 105—133

Ott, Die Namengebung = H. Ott, Die Namengebung der Bürger von Iglau im 1. Losungsregister von 1425, Dissertation Prag 1945 (Maschinenschrift)

Ott, ASF. 37 = Stefan Ott, Das neue Familiennamenrecht, ASF. 37 (1971) S. 176

P

Pagenstert, Lohner Familien = Clemens Pagenstert, Lohner Familien. Ein Beitrag zur Heimatkunde, 2. Auflage Dinklage 1975

v. Palm, Muttersprache 53 = v. Palm, Wie Sippennamen (Familiennamen) heute entstehen, Muttersprache 53 (1938) Sp. 216—217

Paquay, LBH. 5 = Alfons Paquay, Limburgsche familiennamen, LBH. 5 (1907) S. 123—147

Patridge, Name into Word = E. Patridge, Name into Word. Proper Names that Have Become Common Property. A Discursive Dictionary, 2nd revised and enlarged edition, London 1950

Pauli, Ueber Familiennamen = Carl Pauli, Ueber Familiennamen, insbesondere die von Münden. Höhere Bürgerschule zu Münden in Hannover. II. Programm, München 1870, S. 3—30

Paulus, Die alten Lahrer Familiennamen = Marta Paulus, Die alten Lahrer Familiennamen sprachgeschichtlich untersucht, Gießener Beiträge zur deutschen Philologie 23, Gießen 1928

Pée, Feestbundel = Willem Pée, Familienamen en Bijnamen te Staakte, Feestbundel H. J. van de Wijer. Den Jubilaris aangeboden ter Gelegenheid van zijn vijfentwintigjarig Hoogleeraarschap aan de R. K. Universiteit te Leuven 1919—1943. Uitgegeven door H. Draye. Deel I, Leuven 1944, S. 237—265

Petersen, Mittelbare Berufsnamen = P. Petersen, Mittelbare Berufsnamen unter deutschen Familiennamen, Gießener Beiträge zur deutschen Philologie 83, Gießen 1944

Piel-Kremer, Hispano-gotisches Namenbuch = Joseph M. Piel — Dieter Kremer, Hispano-gotisches Namenbuch. Der Niederschlag des Westgotischen in den alten und heutigen Personen- und Ortsnamen der Iberischen Halbinsel, Heidelberg 1976

Piper, ZNDFK. 37 = K. Piper, Die Namenführung der Unehelichen in Schleswig-Holstein. Sammlung der darauf Bezug habenden Gesetze, Verordnungen, Ministerialerlasse und Entscheidungen geordnet nach der Zeitfolge (1522—1852), ZNDFK. 37 (1962) S. 56—57, 66—68

Piper, ZNDFK. 37 (1962) S. 17 = K. Piper, Die Namenführung des Adoptivkindes in Schleswig-Holstein, ZNDFK. 37 (1962) S. 17

Piston, Muttersprache 75 = Rudolf Piston, Besprechung von: Fritz Berger und Otto R. Etter, Die Familiennamen der Reichsstadt Eßlingen im Mittelalter, Stuttgart 1961, Muttersprache 75 (1965) S. 91—92

Pohl, Gehöft= und Familien=Namen = Fritz Pohl, Gehöft= und Familien=Namen in der Niederlausitz, Familienkundliche Hefte für die Niederlausitz 1, Cottbus 1936

von Polenz, MNK. 8 = Peter von Polenz, Name und Wort. Bemerkungen zur Methodik der Namendeutung, MNK. 8 (1960/1961) S. 1—11

Poll, ZAGV. 80 = B. Poll, Besprechung von: E. Quadflieg, Die Erbnamensitte beim Aachener und Kölner Patriziat des 13. bis 16. Jahrhunderts, 1958, ZAGV. 80 (1958) S. 219—220

Pongratz, Familiennamen = Walter Pongratz, Die ältesten Waldviertler Familiennamen, 2. A. Krems a. d. Donau 1986

Postma, DVF. 38 = O. Postma, Personen of Geslachten in plaatsnameh en boerderijnamen? DVF. 38 (1946) S. 29—53

Pott, Die Personennamen = August Friedrich Pott, Die Personennamen, insbesondere die Familiennamen und ihre Entstehungsarten; auch unter Berücksichtigung der Ortsnamen. Eine sprachliche Untersuchung, Zweite, durch ein Register vermehrte Ausgabe Halle 1859, Neudruck Wiesbaden 1968

Preuß, Die Lippischen Familiennamen = Otto Preuß, Die Lippischen Familiennamen mit Berücksichtigung der Ortsnamen. Zweite, umgearbeitete und erweiterte Auflage Detmold 1887

Prims, VMKVA. (1936) = Fl. Prims, Het ontstaan der Familienamen te Antwerpen en hun ontwikkeling in de Middeleeuwen, VMKVA. (1936) S. 715—734

Q

Quadflieg, Erbnamensitte = Eberhard Quadflieg, Erbnamensitte beim Aachener und Kölner Patriziat im 13. bis 16. Jahrhundert, Genealogische Forschungen zur Reichs- und Territorialgeschichte. Heft 1, Aachen 1958

Quasebarth, ZDK. (1927) = Richard Quasebarth, Alte ärztliche Berufsbezeichnungen unter den deutschen Familiennamen, ZDK. (1927) S. 761—763

Quester, ASF. 37 = Erich Quester, Auf dem Wege zur Wahl des Ehenamens durch die Ehegatten, ASF. 37 (1971) S. 161—168

R

Ramsauer, Die Personennamen = W. Ramsauer, Die Personennamen, Heimatkunde des Herzogtums Oldenburg, Bremen 1913, S. 478—507

Ramseyer, Festschrift für Paul Zinsli = Rudolf Ramseyer, Das „Register" im bernischen Udelbuch von 1466. Tauf- und Familiennamen bernischer Ausburger im

15. Jahrhundert, Festschrift für Paul Zinsli. Herausgegeben von Maria Bindschedler, Rudolf Hotzenköcherle und Werner Kohlschmidt, Bern 1971, S. 26—35

Ramseyer, Onoma 20 = Rudolf J. Ramseyer, Attributive Zusätze bei Personennamen. Formen der nichtamtlichen Namengebung, Onoma 20 (1976) S. 252—258

Raveling, Die ostfriesischen Vornamen = Irma Raveling, Die ostfriesischen Vornamen. Herkunft, Bedeutung und Verbreitung, 2., verbesserte Auflage, Aurich 1972

Redlich, OSG. 3 = Friedrich Redlich, Herkunftsnamen des 16. Jahrhunderts in Luckau. Eine demographische und namenkundliche Studie. Mit 2 Kartenskizzen, OSG. 3 (1967) S. 59—76

Redlich, OSG. 5 = Friedrich Redlich, Zur Personennamenforschung im zweisprachigen Gebiet der Niederlausitz, OSG. 5 (1970) S. 95—103

Redlich, OSG. 8 = Friedrich Redlich, Familiennamen eines Niederlausitzer Landkreises aus dem 1. Viertel des 18. Jahrhunderts unter Berücksichtigung sozialer Gegebenheiten, OSG. 8 (1973) S. 167—176

Redlich, Leipziger Studien = Friedrich Redlich, Sorbische Personennamen in der Niederlausitz aus der zweiten Hälfte des 17. Jahrhunderts, Leipziger Studien. Theodor Frings zum 70. Geburtstag, Deutsch-slawische Forschungen zur Namenkunde und Siedlungsgeschichte Nr. 5, Halle a. d. Saale 1957, S. 165—177

Regula, PfH. 4 = Hans Regula, Der Familienname Regula zugleich ein Beitrag zur pfälzischen Hugenottenforschung, PfH. 4 (1953) S. 55—56

Reichel, Marburger Namenbüchlein = Rudolf Reichel, Marburger Namenbüchlein, Programm des kais. königl. Gymnasiums in Marburg. Veröffentlicht von der Direktion am Schlusse des Studienjahres 1870, Marburg 1870, S. 3—24

Reichert, BNF. NF. 12 = Hermann Reichert, Thesaurus Paleogermanicus. Lexikon der altgermanischen Namen, BNF. NF. 12 (1977) S. 241—256

Reichert, Die deutschen Familiennamen = Hermann Reichert, Die deutschen Familiennamen nach Breslauer Quellen des 13. und 14. Jahrhunderts, Wort und Brauch. Volkskundliche Arbeiten namens der Schlesischen Gesellschaft für Volkskunde in zwanglosen Heften herausgegeben, 1. Heft, Breslau 1908

Reimer, Die Familiennamen = Gustav E. Reimer, Die Familiennamen der westpreußischen Mennoniten, Schriftenreihe des Mennonitischen Geschichtsvereins. Nr. 3, 2. Auflage Weierhof (Pfalz) 1963, S. 91—121

Reimpell, Die Lübecker Personennamen = Almuth Reimpell, Die Lübecker Personennamen unter besonderer Berücksichtigung der Familiennamenbildung bis zur Mitte des 14. Jahrhunderts, Dissertation Hamburg 1928, Lübeck ohne Jahr

Nederlands Repertorium = Nederlands Repertorium van Familienamen. Uitgegeven door de Naamkundecommissie van de Koninklijke Nederlandse Akademie van Wetenschappen onder Redactie van P. J. Meertens. I. Drente. Mit een Inleiding van P. J. Meertens. Assen 1963. II. Friesland. Mit een Inleiding van H. Buitenhuis. Assen 1964. III. Groningen. Mit een Inleiding van H. T. Miedema. Assen 1964. IV. Utrecht. Mit een Inleiding van H. Buitenhuis. Assen 1967. V. Zeeland. Mit een Inleiding van P. J. Meertens. Assen 1967. VI. Uitgegeven door de Naamkundecommissie van de Koninklijke Nederlandse Akademie van Wetenschappen onder Redactie van P. J. Meertens met Medewerking van H. Buitenhuis. Overijsel met Urk en de Noordoostpolder. Ingeleid door K. Heeroma met Medewerking van R. A. Ebeling. Assen 1968.

VII. Amsterdam. Met een lnleiding van P. J. Meertens. Assen 1970. VIII. Gelderland. Ingeleid door K. Heeroma en R. A. Ebeling. Assen 1971. IX. 's-Gravenhage. Met een Inleiding van H. Buitenhuis. Assen/Amsterdam 1976. X. Rotterdam. Met een Inleiding van H. Buitenhuis. Assen/Amsterdam 1976. XI. Noordbrabant. Met een Inleiding van H. Buitenhuis. Assen/Amsterdam 1977

Richter, Muttersprache 53 = Konrad Richter, Wie Sippennamen (Familiennamen) heute entstehen, Muttersprache 53 (1938) Sp. 118

Rieck, Mecklenburg 13 = K. Rieck, Die Personennamen von Woldegk und Umgegend, Mecklenburg 13 (1918) S. 49—66

Riese, GJB. 13 = Hans Riese, Familienname und Gleichberechtigung der Geschlechter (§ 1355 BGB), GJB. 13 (1973) S. 129—131

Roelandts, Familiarismen = Karel Roelandts, Familiarismen met anorganische konsonant (Types jakke, Witte, Pelle enz.), Anthroponymica XVIII. Onomastica Neerlandica, Leuven/Brussel 1966

Roelandts-Meertens, Nederlandse familienamen = K. Roelandts en P. J. Meertens, Nederlands familienamen in historisch perspectief, Anthroponymica IV. Onomastica Neerlandica, Leuven/Brussel 1951

Roelen, NRh. 23 = J. Roelen, Latinisierte Familiennamen aus Vornamen, NRh. 23 (1956) S. 7—8

Rösel, Die Familiennamen von Rettendorf = H. Rösel, Die Familiennamen von Rettendorf, Münster/Hamburg 1995

Rolland, Das neue Ehe- und Familienrecht = Walter Rolland, Das neue Eheund Familienrecht. 1. EheRG. Kommentar zum 1. Eherechtsreformgesetz, Neuwied 1977

Ronge, VZ. 66/67 = Paul Ronge, Oberschlesische Familiennamen in Bottrop, VZ. 66/67 (1964/1965) S. 56—58

Rospond, OSG. 7 = Stanislaw Rospond, Miscellanea Onomastica Slavogermanica IV, OSG. 7 (1973) S. 65—84

Rospond, OSG. 8 = Stanislaw Rospond, Miscellanea Onomastica Slavogermanica V. Nazewnictwo pomorskie w rekopisach Mikolaja Kopernika, OSG. 8 (1973) S. 7—42

Rospond, OSG. 10 = Stanislaw Rospond, Miscellanea Onomastica Slavogermanica VI. Onomastica Copernicana, OSG. 10 (1976) S. 7—66

Rug, SFK. 6 = K. Rug, Beiträge zur Namens- und Familiengeschichte von Völklingen, SFK. 6 (1971) S. 269—278

Ruprecht, Die deutschen Patronymica = L. Ruprecht, Die deutschen Patronymica nachgewiesen an der ostfriesischen Mundart, Programm Hildesheim 1864

S

Salfeld, Das Martyrologium = Das Martyrologium des Nürnberger Memorbuches. Im Auftrage der historischen Commission für Geschichte der Juden in Deutschland herausgegeben von Siegmund Salfeld, Quellen zur Geschichte der Juden in Deutschland. III. Band, Berlin 1898

Sang, Die appellative Verwendung = K. Sang, Die appellative Verwendung von Eigennamen bei Luther, Gießener Beiträge zur deutschen Philologie 2, Gießen 1921

van der Schaar, Uit de wordingsgeschiedenis = J. van der Schaar, Uit de wordingsgeschiedenis der Hollandse doop- en familienamen, Taalkundige bijdragen van Noord en Zuid V. Dissertation Leiden, Assen 1953

Schad, Die Dinkelsbühler Familiennamen = F. Schad, Die Dinkelsbühler Familiennamen, Programm Dinkelsbühl 1878

Schäfer, Ansbacher Namenbuch = G. Schäfer, Ansbacher Namenbuch mit einer Sammlung der ältesten Personennamen bis 1500 und einer Untersuchung nach ihrer Entstehung und Bedeutung, Dissertation Erlangen 1952 (Maschinenschrift)

Schaeffler, Wie heißt du? = Julius Schaeffler, Wie heißt du? Ein Büchlein über Ursprung, Entwicklung und Bedeutung unserer Familiennamen, Berlin 1925

Scharf, Personennamen = Winfried Scharf, Personennamen nach Braunschweiger Quellen des 14. Jahrhunderts. Die Neubürger-, Verfestungs- und Vehmgerichtslisten bis zum Jahre 1402. Band 1. Untersuchungen. Band 2. Register, Dissertation Freiburg im Breisgau, Freiburg i. Br. 1960

Schatz, ZDA. 43 = Joseph Schatz, Die Sprache der Namen des ältesten Salzburger Verbrüderungsbuches, ZDA. 43 (1899) S. 1—45

Scheffler-Erhard, Alt-Nürnberger Namenbuch = Charlotte Scheffler-Erhard, Alt-Nürnberger Namenbuch, Nürnberger Forschungen. Einzelarbeiten zur Nürnberger Geschichte. Herausgegeben vom Verein für Geschichte der Stadt Nürnberg. 5. Band, Nürnberg 1959

Schiff, Die Namen = Adelheid Schiff, Die Namen der Frankfurter Juden zu Anfang des 19. Jahrhunderts, Dissertation Freiburg i. Br. 1917

Schildberg-Schroth, Eigenname und Literarizität = Gerhard Schildberg-Schroth, Eigenname und Literarizität, Kieler Beiträge zur deutschen Sprachgeschichte 16, Neumünster 1995

Schlimpert, Slawische Personennamen = Gerhard Schlimpert, Slawische Personennamen in mittelalterlichen Quellen zur deutschen Geschichte, Deutsch-Slawische Forschungen zur Namenkunde und Siedlungsgeschichte. Nr. 32, Berlin 1978

Schlüter, Familienrecht = Wilfried Schlüter, Familienrecht, Schwerpunkte. Eine systematische Darstellung der wichtigsten Rechtsgebiete anhand von Fällen, Heidelberg. Karlsruhe 1979

Schmeller, Bayerisches Wörterbuch = J. Andreas Schmeller, Bayerisches Wörterbuch. Zweite, mit des Verfassers Nachträgen vermehrte Ausgabe. Bearbeitet von G. Karl Frommann. Erster Band, enthaltend Theil I. und II. der ersten Ausgabe, München 1872

Schmerler, Familiennamen aus dem Bauernwesen = Heinrich Schmerler, Familiennamen aus dem Bauernwesen, Wissenschaftliche Beilage des Dresdner Anzeigers, 1932, Nr. 49—51; 1934, Nr. 4—7

Schmerler, Familiennamen aus dem Bergbau = Heinrich Schmerler, Familiennamen aus dem Bergbau und Hüttenwesen, Wissenschaftliche Beilage des Dresdner Anzeigers, 1930, Nr. 14—16

Schmerler, Familiennamen aus dem Reiche der Jagdtiere = Heinrich Schmerler, Familiennamen aus dem Reiche der Jagdtiere und des Jagdwesens, Wissenschaftliche Beilage des Dresdner Anzeigers, 1931, Nr. 19—21

Schmidt, ASF. 6 = Alois Schmidt, Familiennamen der Eifel, ASF. 6 (1929) S. 84—87, 182—185

Schmidt, Altdeutsches Namengut = Willibald Schmidt, Altdeutsches Namengut in Tölzer Familiennamen, Wissenschaftliche Beilage zum Jahresbericht 1926/27 der Städtischen Realschule mit Latein- und Handelsabteilung Bad Tölz, Bad Tölz [1927]

Schmitt, HBStW. 22 = K. H. Schmitt, Satznamen im alten St. Wendel, HBStW. 22 (1967/1968) S. 157—159

Schneider, Die Bamberger Familiennamen = Schneider, Die Bamberger Familiennamen, 1909

Schneider, RhHB. 9 = Heinrich Schneider, Die mittelrheinischen Familiennamen, RhHB. 9 (1932) S. 245—249

Schneller, Innsbrucker Namenbuch = Christian Schneller, Innsbrucker Namenbuch, Innsbruck 1905

Schobinger, Zürcher Familiennamen = V. Schobinger — A. Egli — H. Kläui, Zürcher Familiennamen, Zürich 1994

Schöffl, Die Limburger Familiennamen = St. A. Schöffl, Die Limburger Familiennamen von 1200—1500, Frankfurt/Berlin 1993

Schöne, Ueber Elberfelder Familiennamen = Gustav Schöne, Ueber Elberfelder Familiennamen. Vorlesung zum Besten der Lehrerpensions= Wittwen= und Waisen= Stiftung der Realschule in Elberfeld gehalten und herausgegeben, Elberfeld 1861

Schönthür, Das Recht = Rudolf Schönthür, Das Recht der Namensänderung, FV. 10 (1961) S. 348—350

Schoof, HFK. 9 = W. Schoof, Familiennamen aus Flurnamen, HFK. 9 (1968) Sp. 177—178

Schoof, ZHGLK. 67 = Wilhelm Schoof, Das mittelalterliche Gewerbe im Spiegel der Treysaer Familiennamen, ZHGLK. 67 (1956) S. 223—226

Schoof, ZHGLK. 68 = Wilhelm Schoof, Zur Geschichte der hessischen Familiennamen, ZHGLK. 68 (1957) S. 226—229

Schott, Alte Mannheimer Familien = Sigmund Schott, Alte Mannheimer Familien. Ein Beitrag zur Familienstatistik des XIX. Jahrhunderts, Mannheim ohne Jahr [1910]

Schramm, Namenschatz = Gottfried Schramm, Namenschatz und Dichtersprache. Studien zu den zweigliedrigen Personennamen der Germanen, Ergänzungsheft zur Zeitschrift für vergleichende Sprachforschung auf dem Gebiet der indogermanischen Sprachen Nr. 15, Göttingen 1957

Schröder, Deutsche Namenkunde, S. 70—79 = Edward Schröder, Über die alte Latinisierung deutscher Eigennamen und ihre Rückwirkung, Deutsche Namenkunde. Gesammelte Aufsätze zur Kunde deutscher Personen. und Ortsnamen von Edward Schröder. 2. stark erweiterte Auflage, besorgt von L. Wolff. Mit einem Bildnis, Göttingen 1944, S. 70—79

Schröder, Deutsche Namenkunde, S. 132—135 = Edward Schröder, Frauennamen als Familiennamen, Deutsche Namenkunde. Gesammelte Aufsätze zur Kunde deutscher Personen- und Ortsnamen von Edward Schröder. 2. stark erweiterte Auflage, besorgt von L. Wolff. Mit einem Bildnis, Göttingen 1944, S. 132—135

Schröder, Deutsche Namenkunde, S. 138—158 = Edward Schröder, Die Familiennamen in unseren Hafenstädten. Allerlei Lehrreiches aus den Adreßbüchern von Bremerhaven und Wesermünde, Deutsche Namenkunde. Gesammelte Aufsätze zur Kunde deutscher Personen- und Ortsnamen von Edward Schröder. 2. stark erweiterte Auflage, besorgt von L. Wolff. Mit einem Bildnis, Göttingen 1944, S. 138—158

Schröder, Deutsche Vornamen = Edward Schröder — Gottfried Schramm, Deutsche Vornamen einst und jetzt, Göttingen 1999

Schubert, Die Familiennamen = Bruno Schubert, Die Familiennamen der Oschatzer Pflege nach ihrer Entstehung und Bedeutung mit Angabe der Grundzüge der allgemeinen Namenkunde, Naundorf 1921

Schütte, Braunschweiger Personennamen = Otto Schütte, Braunschweiger Personennamen aus Urkunden des 14. bis 17. Jahrhunderts, Wissenschaftliche Beilage zum Jahresbericht des Herzoglichen Neuen Gymnasiums zu Braunschweig Ostern 1901, Braunschweig 1901

Schütte, ZDU. 22 = Otto Schütte, Imperativische Namen aus Braunschweiger Urkunden, ZDU. 22 (1908) S. 450—453

Schütz, Französische Familiennamen = Fritz Schütz, Französische Familiennamen in Ostpreußen aus der Zeit der Schweizerkolonie, ihre Herkunft, Schreibweise, Änderung. Mit zwei Bildtafeln und einer Karte, Gumbinnen 1933

Schützeichel, BNF. NF. 4 (1969) S. 1—52 = Rudolf Schützeichel, Zu Adolf Socins oberrheinischem Namenbuch. Mit 4 Karten, BNF. NF. 4 (1969) S. 1—52

Schützeichel, BNF. NF. 14 (1979) S. 265—277 = Rudolf Schützeichel, Zum Anteil der Philologie an der Auswertung mittelalterlicher Personeneinträge, BNF. NF. 14 (1979) S. 265—277

Schützeichel, Erlanger Familiennamen-Colloquium = R. Schützeichel — A. Wendehorst (Hg.), Erlanger Familiennamen-Colloquium, Neustadt a. d. Aisch 1985

Schützeichel, Festschrift Karl Schneider = Rudolf Schützeichel, Shakespeare und Verwandtes. Festschrift Karl Schneider zum 70. Geburtstag am 18. April 1982. Herausgeben von Ernst S. Dick — Kurt R. Jankowsky. Amsterdam, Philadelphia 1982, S. 137—152

Schützeichel, Glossenwortschatz = Rudolf Schützeichel, Althochdeutscher und Altsächsischer Glossenwortschatz. Bearbeitet unter Mitwirkung von zahlreichen Wissenschaftlern des Inlandes und des Auslandes. Band I bis XII, Tübingen 2004

Schützeichel, „Johan van Schudsichel" = Rudolf Schützeichel, „Johan van Schudsichel". Zur Methode der Familiennamenforschung. Geschichtliche Landeskunde der Rheinlande. Regionale Befunde und raumübergreifende Perspektiven. Gustav Dröge zum Gedenken. Herausgegeben von Magdalena Nikoley-Panter, Wilhelm Janssen, Wolfgang Herborn. Köln/Weimar/Wien 1994, S. 490—503

Schützeichel, Köln und das Niederland = R. Schützeichel, Köln und das Niederland. Zur sprachgeographisch-sprachhistorischen Stellung Kölns im Mittelalter. Rede, uitgesproken bij de officiele aanvaarding van het ambt van gewoon hoogleraar in de Middeleeuwse Duitse letterkunde en de Duitse taalkunde aan de Rijksuniversiteit te Groningen op Dinsdag 21 Mei 1963, Groningen 1963

Schützeichel, Namenforschung = Rudolf Schützeichel, Die Kölner Namenliste des Londoner Ms. Harley 2805. Mit einem Faksimile, Namenforschung. Festschrift für Adolf Bach zum 75. Geburtstag am 31. Januar 1965. Herausgegeben von Rudolf Schützeichel und Matthias Zender, Heidelberg 1965, S. 97—126

Schützeichel, Aus dem Namengut Mitteleuropas = Rudolf Schützeichel, Zum Stand und zur Methode der deutschen Personennamenforschung. Aus dem Namengut Mitteleuropas. Kulturberührungen im deutsch-romanisch-slawobaltischen Sprachraum. Festgabe zum 75. Geburtstag von Eberhard Kranzmayer. Herausgegeben von Maria und Herwig Hornung, Kärntner Museumsschriften Nr. 53, Klagenfurt 1972, S. 71—77

Schützeichel, Register = Register der Beiträge zur Namenforschung Band 1—16. In Verbindung mit Ernst Dickenmann und Jürgen Untermann herausgegeben von Rudolf Schützeichel, Heidelberg 1969

Schützeichel, RhVB. 32 = Rudolf Schützeichel, Die Personennamen der Münchener Leges-Handschrift Cl. 4115. Mit einem Faksimile, RhVB. 32 (1968) S. 50—85

Schützeichel, Althochdeutsches Wörterbuch = Rudolf Schützeichel, Althochdeutsches Wörterbuch. 5. Auflage, Tübingen 1995

Schultes, UH. 5 = Anton Schultes, Die Hohenauer Familiennamen. Ein Beispiel für Namen an der Sprachgrenze, UH. 5 (1932) S. 35—46

Schulze, Die Familiennamen = O. Schulze, Die Familiennamen der Bürgermatrikel der Immediatstadt Haldensleben, Neuhaldensleben 1926

Schuppius, Die Familiennamen = Richard Schuppius, Die Familiennamen von Stolp und Umgebung im 16. Jahrhundert, Beiträge zur Heimatkunde Hinterpommerns Nr. 3, Stolp 1928

Schwab, Die Beinamen = Lucian Schwab, Die Beinamen im Urkundenbuch der Stadt Straßburg, Straßburg i. E. 1912

Schwab, Familienrecht = Dieter Schwab, Familienrecht, München 1980

Schwanzer, 10. Internationaler Kongreß = Viliam Schwanzer, Niederdeutsche Familiennamen in der Slowakei, 10. Internationaler Kongress für Namenforschung. Abhandlungen. Disputationes ad montium vocabula aliorumque nominum significationes pertinentes. Editor: Herwig H. Hornung, Tom. III. Supplement, Wien 1971, S. 389—397

Schwarz, Sudetendeutsche Familiennamen = Ernst Schwarz, Sudetendeutsche Familiennamen aus vorhussitischer Zeit. Mit 23 Kartenskizzen, Ostmitteleuropa in Vergangenheit und Gegenwart 3, Köln/Graz 1957

Schwarz, Sudetendeutsche Familiennamen des 15. und 16. Jahrhunderts = Ernst Schwarz, Sudetendeutsche Familiennamen des 15. und 16. Jahrhunderts. Mit 4 Abbildungen, Handbuch der Sudetendeutschen Kulturgeschichte. 6. Band, München 1973

Schwarz, Deutsche Namenforschung. I = Ernst Schwarz, Deutsche Namenforschung. I. Ruf- und Familiennamen. Mit 9 Kartenskizzen, Göttingen 1949

Schwarz, Deutsche Philologie im Aufriß, I = Ernst Schwarz, Orts- und Personennamen, Deutsche Philologie im Aufriß. 2. überarbeitete Auflage. Unter Mitarbeit zahlreicher Fachgelehrter herausgegeben von Wolfgang Stammler. Band I, Berlin 1957, Sp. 1523—1598

Schwarz, ZNF. 16 = Ernst Schwarz, Altbrünner Herkunftsfamiliennamen und deutsche Volkstumsgeschichte. (Mit einer Karte), ZNF. 16 1940, S. 3—24

Schwarz, ZNF. 19 = Ernst Schwarz, Die Personennamengebung einer innerböhmischen Stadt um 1400 (Mit zwei Abbildungen), ZNF. 19 (1943) S. 274—282
Schwarz, ZSPh. 26 = Ernst Schwarz, Über deutsche Herkunftsfamiliennamen in Böhmen und Mähren, ZSPh. 26 (1958) S. 61—77
Schwettscher, Familiennamen = J. Schwettscher, Familiennamen des Amtes Segeberg bis 1665, Beiträge zur Heimatkunde aus dem „Segeberger Kreis- und Tageblatt", Bad Segeberg 1937
See, Familiennamen = Gottlieb See, Familiennamen in der Landgrafschaft Hessen-Homburg und einigen angrenzenden Orten, Genealogie und Landesgeschichte. Band 36, Neustadt a. d. Aisch 1980
Sehrt, Vollständiges Wörterbuch = Vollständiges Wörterbuch zum Heliand und zur altsächsischen Genesis von Edward H. Sehrt. 2. durchgesehene Auflage, Hesperia. Schriften zur germanischen Philologie, Göttingen 1966
Seibicke, Die Personennamen = Wilfried Seibicke, Die Personennamen im Deutschen, Berlin/New York 1982
Seibicke, Vornamen = Wilfried Seibicke, Vornamen. Zweite, vollständig überarbeitete Auflage. Herausgegeben von der Gesellschaft für deutsche Sprache Wiesbaden/Frankfurt a. M. 1991
Seibicke, Historisches Deutsches Vornamenbuch = Wilfried Seibicke, Historisches Deutsches Vornamenbuch. Band 1: A—E, Berlin, New York 1996; Band 2: F—K, Berlin, New York, 1998; Band 3: L—Sa, Berlin/New York 2000
Seppeler, Die Familiennamen Bocholts = Georg Seppeler, Die Familiennamen Bocholts. Mit Berücksichtigung der Umgegend für das 14. Jahrhundert. Ein Beitrag zur Etymologie und Bedeutungslehre der deutschen Familiennamen, Beilage zum Jahresbericht des Gymnasiums zu Bocholt. Zu Progr. No. 461, Bocholt 1909
Seutter, Eigennamen = K. Seutter, Eigennamen und Recht, Tübingen 1996
Silberstein, Festschrift = [Siegfried] Silberstein, Die Familiennamen der Juden unter besonderer Berücksichtigung der gesetzlichen Festlegung in Mecklenburg, Festschrift zum 75jährigen Bestehen des jüdisch-theologischen Seminars Fraenckelscher Stiftung, II. Band, Breslau 1929, S. 303—366
Simek, Kleines Lexikon = R. Simek — St. Mikulášek, Kleines Lexikon der tschechischen Familiennamen in Österreich, Wien 1995
Slevogt, ASF. 42/63 = W. Slevogt, Familiennamen im südwestlichen Sauerland, die auf ostpreußische Ortsnamen verweisen, ASF. 42/63 (1976) S. 533—543
Slevogt, ASF. 58/41 = W. Slevogt, Betrachtungen zum westfälischen Familiennamen Cosack, ASF. 58/41 (1975) S. 143—153
Šmilauer, OSG. 3 = Vladimír Šmilauer, Tschechisierung deutscher Personennamen im Kreise Saaz in der Steuerrolle vom Jahre 1654, OSG. 3 (1967) S. 27—32
Socin, Mittelhochdeutsches Namenbuch = Adolf Socin, Mittelhochdeutsches Namenbuch nach oberrheinischen Quellen des zwölften und dreizehnten Jahrhunderts, Basel 1903, Neudruck Hildesheim 1966
Solluntsch, Bei- und Familiennamen = M. Solluntsch, Bei- und Familiennamen der Stadt Leipzig von den Anfängen bis 1500, Diss. Leipzig 1991
Sonderegger, Die Bedeutsamkeit = St. Sonderegger, Die Bedeutsamkeit der Namen, Zeitschrift für Literaturwissenschaft und Linguistik 17 (1987) H. 67, S. 11—23

Sonderegger, Namenforschung = Stefan Sonderegger, Aufgaben und Probleme der althochdeutschen Namenkunde. Mit sieben Abbildungen und neun Karten, Namenforschung. Festschrift für Adolf Bach zum 75. Geburtstag am 31. Januar 1965. Herausgegeben von Rudolf Schützeichel und Matthias Zender, Heidelberg 1965, S. 55—96

Spal-Grünspanová, OSG. 4 = Jaromír Spal — Růžena Grünspanová, Die ältesten Pilsener Familiennamen, OSG. 4 (1968) S. 173—186

Spanuth, Die Familiennamen = Gottfried Spanuth, Die Familiennamen der jetzigen und früheren Schülerinnen der Viktoria=Luise-Schule in Hameln, Hameln 1909

Stark, Die Kosenamen der Germanen = Franz Stark, Die Kosenamen der Germanen. Mit drei Excursen: 1. Über Zunamen, — 2. Über den Ursprung der zusammengesetzten Namen, — 3. Über besondere friesische Namensformen und Verkürzungen, Wiesbaden 1967. Unveränderter Neudruck der Ausgabe von 1868

Steding, KVNSpF. 72 = Rudolf Steding, Niederländer und Westfalen in Göttingen. Ein Beitrag zur Namengeschichte, KVNSpF. 72 (1965) S. 6—11

Steger, DSch. 47 = Paola Steger, Zur Italienisierung der Familiennamen in Südtirol, DSch. 47 (1973) S. 455—562

Stephan, Brandenburgia 38 = Bruno Stephan, Brandenburger Familiennamen, Brandenburgia 38 1929, S. 200—207

Stern, Über das Namenwesen = Karl Stern, Über das Namenwesen nach österreichischem Rechte, Wien und Leipzig 1894

Steub, Die Oberdeutschen Familiennamen = Ludwig Steub, Die Oberdeutschen Familiennamen, München 1870

Strackerjan, Die jeverländischen Personennamen = Karl Strackerjan, Die jeverländischen Personennamen mit Berücksichtigung der Ortsnamen, Jever 1864

Stricker, INR. 1 = W. Stricker, Frankfurter Familien-Namen, INR. 1 (1871) Zweiter Band S. 427—432

Stricker, MVGAF. 4 = W. Stricker, Frankfurter Familien-Namen, MVGAF. 4 (1873) S. 454—460

Strutz, Werden und Vergehen = Edmund Strutz, Werden und Vergehen Remscheider Familien. Vorträge zur Familienforschung im alten Remscheid, Bergischer Geschichtsverein. Abteilung Remscheid 1964

Studer, AHVKB. 6 = G. Studer, Verzeichnis der in dem Jahrzeitbuche vorkommenden Familiennamen, AHVKB. 6 (1865/1867) S. 491—519

Studerus, Die alten deutschen Familiennamen = Gottlieb Studerus, Die alten deutschen Familiennamen von Freiburg im Üchtland, Dissertation Freiburg i. Ue., Sursee 1926

Stübler, Über Lausitzer Familiennamen = Hans Stübler, Über Lausitzer Familiennamen, Bautzen 1917

Sturm, Die Familiennamen = K. Sturm, Die Familiennamen ... der Insel Usedom bis 1700, Dissertation Greifswald 1920

Sundqvist, Deutsche und niederländische Personenbeinamen = Birger Sundqvist, Deutsche und niederländische Personenbeinamen in Schweden bis 1420. Beinamen nach Herkunft und Wohnstätte, Anthroponymica Suecana 3, Stockholm 1957

Surläuly, Zur Geschichte = Karl Surläuly, Zur Geschichte der deutschen Personennamen nach Badener Quellen des 13., 14. und 15. Jahrhunderts, Aarau 1928

Svoboda, OSG. 3 = Jan Svoboda, Bemerkungen über alttschechische Personennamen deutscher Herkunft, OSG. 3 (1967) S. 33—39

Swaen, Nederlandsche Geslachtsnamen = A. E. H. Swaen, Nederlandsche Geslachtsnamen, Zutphen 1942

T

Tarneller, Tiroler Familiennamen = Josef Tarneller, Tiroler Familiennamen. Viertausend Geschlechtsnamen, die tirolischen und vorarlbergischen Hofnamen entsprossen sind. Mit vielen Hin- und Nachweisen, Worterklärungen und Deutungsversuchen (Hauptsächlich bearbeitet von 1902—1912). Herausgegeben vom Heimatschutz-Verein Meran, Zur Namenkunde. I. II, Bozen 1923

Thomas, Familiennamen = Robert Thomas, Familiennamen und Familiengeschichte, Schriften des Bayerischen Landesvereins für Familienkunde e.V. Heft 6, München 1938

Tiefenbach, Xanten-Essen-Köln = Heinrich Tiefenbach, Xanten-Essen-Köln. Untersuchungen zur Nordgrenze des Althochdeutschen an niederrheinischen Personennamen des 9.—11. Jahrhunderts, Göttingen 1984

Tobler, ZVSpW. 4 = L. Tobler, Ueber nomina propria und appellativa, ZVSpW. 4 (1886) S. 68—77

Tobler-Meyer, Deutsche Familiennamen = Wilhelm Tobler-Meyer, Deutsche Familiennamen nach ihrer Entstehung und Bedeutung, mit besonderer Rücksichtnahme auf Zürich und die Ostschweiz, Zürich 1894

Tragl, Leipaer Familiennamen = Alexander Tragl, Leipaer Familiennamen, Jahres-Bericht des kais. kön. Staats-Ober-Gymnasiums in Böhm.-Leipa am Ende des Schuljahres 1896, S. 1—30

Trathnigg, ZMF. 12 = Gilbert Trathnigg, Gesellennamen, ZMF. 12 (1936) S. 98—102

Trautmann, Die altpreußischen Personennamen = Reinhold Trautmann, Die altpreußischen Personennamen, 2. unveränderte Auflage, Göttingen 1974. Unveränderter Nachdruck der 1. Auflage von 1925

Trier, Der Heilige Jodocus = Jost Trier, Der Heilige Jodocus. Sein Leben und seine Verehrung zugleich ein Beitrag zur Geschichte der deutschen Namengebung, Germanistische Abhandlungen 56, Breslau 1924

Trötscher, Die ältesten Egerer Familiennamen = Josef Trötscher, Die ältesten Egerer Familiennamen, Programm des k. k. Staats-Ober-Gymnasiums zu Eger (Böhmen) für das Jahr 1883, Eger 1883, S. I—XVII

Trupp, Die Personennamen = Heinz Trupp, Die Personennamen des Gladbacher Urkundenbuches bis zum Jahre 1600. Dissertation Bonn, Essen 1936

Tschiersch, Deutsche Familiennamen = Otto Tschiersch, Deutsche Familiennamen rotwälschen Ursprungs, Rats- und Friedrichs-Gymnasium mit Vorschule zu Cüstrin. Schuljahr 1885—86. XXVIII., Progr. Nr. 70, Cüstrin 1886, S. 1—18

Tschiersch, Formwandlungen = Tschiersch, Formwandlungen deutscher Geschlechtsnamen. Ein Vortrag, Programm des Gymnasiums zu Luckau, Luckau 1875, S. 1—14

Tschirch, Festgabe = Fritz Tschirch, Namenjagd durch sieben Adreßbücher. Statistisches zur Landschaftsgebundenheit deutscher Familiennamen, Festgabe für Ulrich Pretzel zum 65. Geburtstag dargebracht von Freunden und Schülern. Herausgegeben von Werner Simon Wolfgang Bachofer Wolfgang Dittmann, Berlin 1963, S. 398—410

Tümpel, Über Bielefelder Familiennamen = Tümpel, Über Bielefelder Familiennamen, 6. Jahresbericht des historischen Vereins für ... Ravensberg, Bielefeld 1886

U

Ungar, KVSL. 31 = Hans Ungar, Die Namen der sächsischen Familien in Reussen samt ihren Übernamen, KVSL. 31 (1908) S. 132—135

Uphoff, Vom Vaternamen = B. Uphoff, Vom Vaternamen zum festen Familiennamen. I. II, Quellen und Forschungen zur ostfriesischen Familien- und Wappenkunde, 1952

Urbach, Muttersprache 53 = O. Urbach, Eigennamen werden Begriffe, Muttersprache 53 (1938) Sp. 250—253

V

Vasmer, Die Sprache 5 = Max Vasmer, Zur brandenburgischen Namenforschung, Die Sprache 5 (1959) S. 209—212

Vater, Muttersprache 75 = H. Vater, Eigennamen und Gattungsbezeichnungen. Versuch einer Abgrenzung, Muttersprache 75 (1965) S. 207—213

Vennedey, Die Herkunft = H. Vennedey, Die Herkunft des Familiennamens Ven(n)edey, BNF. NF. 24 (1989) S. 348—357

Verdenhalven, LMGLK. 28 = F. G. Verdenhalven, Die Familiennamen in den lippischen Landgemeinden um 1780, LMGLK. 28 (1959) S. 123—162

Verdenhalven, Familienkundliches Wörterbuch = Fritz Verdenhalven, Familienkundliches Wörterbuch, Neustadt an der Aisch 1964

Videsott, Ladinische Familiennamen = Paul Videsott, Ladinische Familiennamen. Cognoms ladins, zusammengestellt und etymologisch gedeutet anhand der Enneberger Pfarrmatrikeln 1605—1784; coüs adöm y splighês␣aladô dai libri da bato d'La Pli de Mareo 1605—1748, Schlern-Schriften 311, Innsbruck 2000

Vilmars Deutsches Namenbüchlein = A. F. C. Vilmars Deutsches Namenbüchlein. Die Entstehung und Bedeutung der deutschen Familiennamen. Achte Auflage. Neu herausgegeben von Rudolf Homburg, Marburg 1926

Vintr, ÖNF. (1973) = Josef Vintr, Besprechung von: Johann Neumann, Tschechische Familiennamen in Wien, 1972, ÖNF. (1973) S. 67—69

Vocelka, Die Haus- und Hofnamen = K. Vocelka, Die Haus- und Hofnamen der Kastralgemeinden Altaussee, Grundlsee, Lupitsch, Obertressen, Reitern und Strassen im steirischen Salzkammergut. I. II, Diss. Universität Wien 102, Wien 1974

Vogt, Über deutsche besonders Neuwieder Familiennamen = Vogt, Über deutsche besonders Neuwieder Familiennamen, Neuwied & Leipzig 1888
Vopat, Personennamen = Christiane Vopat, Zu den Personennamen des Hildebrandsliedes, Heidelberg 1995
de Vries, Friese Persoonsnamen = W. de Vries, Friese Persoonsnamen, 1952

W

Wackernagel, Abhandlungen. III = Wilhelm Wackernagel, Die deutschen Appellativnamen, in: Wilhelm Wackernagel, Abhandlungen zur Sprachkunde. Mit einem Anhange: Biographie und Schriften des Verfassers, Kleinere Schriften von Wilhelm Wackernagel. Dritter Band, Leipzig 1874, S. 59—117
Wagenbreth-Hartung, NI. 17 = P. Wagenbreth und A. Hartung, Das slawische Element in Leipziger Familiennamen des 19. und 20. Jahrhunderts, NI. 17 (1970) S. 15—17
Wagner, Schäftlarn = N. Wagner, Schäftlarn und das Suffix -ler, BNF. NF. 25 (1990) S. 163—168
Wagner, Studien = Fritz Wagner, Studien über die Namengebung in Köln im zwölften Jahrhundert. I. Teil. Die Rufnamen. Inaugural-Dissertation zur Erlangung der Doktorwürde der hohen philosoph. Fakultät der Kgl. Georg-August-Universität, 1910, Göttingen 1913
Walter, NDW. 6 = Fr. edr. Walter, Zur Entstehung münsterländischer Hofnamen, besonders im Raum Telgte. Ein Beitrag zur Methodik der Hofnamenforschung, NDW. 6 (1966) S. 73
Walther, OSG. 1 = Hans Walther, Bautzener Bürgernamen vom Ende des 14. Jahrhunderts. Mit 1 Abbildung, OSG. 1 (1965) S. 13—21
Wardale, MLR. 49 = W. L. Wardale, ‚Satzwörter', MLR. 49 (1954) S. 213—214
Wasmansdorff, Kleines Lexikon = E. Wasmansdorff, Kleines Lexikon fremdländischer Familiennamen (Gräzisierte und latinisierte Sippennamen mit biographischen und genealogischen Nachweisen), Neustadt a. d. Aisch 1957
Wedding, Zur Feier = Georg Wedding, Die Familiennamen der Merseburger Domschüler von 1711 bis 1925. Ein Beitrag zur Namenkunde, Zur Feier des dreihundertfünfzigjährigen Bestehens des Domgymnasiums zu Merseburg 1925, [Merseburg 1925], S. 35—87
Weifert, Weißkirchner Familiennamen = Ladislaus Weifert, Weißkirchner Familiennamen, 2. Auflage Bela Crkva (Weißkirchen) im Banat 1928
Weinheimer, HFK. 3 = H. Weinheimer, Oppenheimer Familiennamen aus dem 15. Jahrhundert, HFK. 3 (1955) S. 365—372
Weise, MGAVE. 32/33 = O. Weise, Die Eisenberger Familiennamen, MGAVE. 32/33 (1917) S. 69—166
Weitershaus, Muttersprache 82 = Friedrich Wilhelm Weitershaus, Zur Schreibung der deutschen Familiennamen, Muttersprache 82 (1972) S. 315—323
Weitershaus, Watsack = F. W. Weitershaus, Von Watsack zu Weizsäcker. Die Wandlungen eines Familiennamens, Der Sprachdienst 33 (1989) S. 84—87

Wendehorst, Berufsbezeichnungen = A. Wendehorst — G. Rechter, Berufsbezeichnungen als Grundlage von Familiennamen in Franken, in: R. Schützeichel/ A. Wendehorst (Hrsg.), Erlanger Familiennamen-Colloquium, Neustadt a. d. Aisch 1985, S. 1—17

Wenisch, SDFF. 8, 9 = Rudolf Wenisch, Saazer Neubürger (1571—1726), SDFF. 8 (1935/1936) S. 15—18, 53—57, 97—100, 131—134; 9 (1936/1937) S. 17—20, 56—58, 93—95

Wenners, Die Probsteier Familiennamen = P. Wenners, Die Probsteier Familiennamen vom 14. bis 19. Jh. Mit einem Überblick über die Vornamen, Neumünster 1988

Wentscher, Oberlausitzer Beiträge = Erich Wentscher, Schwankende Familiennamen im alten Görlitz, Oberlausitzer Beiträge. Festschrift für Richard Jecht, Görlitz 1938, S. 75—81

Wenzel, Beiträge zur Onomastik = Walter Wenzel, Prinzipien der Klassifizierung sorbischer Familiennamen, Beiträge zur Onomastik. Herausgegeben von Ernst Eichler und Hans Walther, Linguistische Studien. Reihe A. Arbeitsberichte. 73/II, Berlin 1980, S. 213—217

Wenzel, Lausitzer Familiennamen = Walter Wenzel, Lausitzer Familiennamen slawischen Ursprungs, Bautzen 1999

Wenzel, OSG. 2 = Walter Wenzel, Die letzten Wenden in den Kreisen Herzberg und Jessen, OSG. 2 (1966) S. 17—28

Wenzel, OSG. 3 = Walter Wenzel, Personennamen des Amtes Schlieben. Nach den Sammlungen von Fritz Stoy, OSG. 3 (1967) S. 41—58

Wenzel, OSG. 7 = Walter Wenzel, Verifizierung und Präzisierung von Ortsnamendeutungen mit Hilfe slawischer Familiennamen, OSG. 7 (1973) S. 85—95

Wenzel, Schichten = Walter Wenzel, Schichten sorbischer Personennamen in arealer Sicht, in: E. Eichler (Hg.), Probleme der älteren Namenschichten, Heidelberg 1991, S. 211—222

Wenzel, Studien = Walter Wenzel, Studien zu sorbischen Personennamen. Teil I: Systematische Darstellung, Bautzen 1987; Teil II/1: Historisch-etymologisches Wörterbuch. A—L, Bautzen 1991; Teil II/2: Historisch-etymologisches Wörterbuch. M—Z. Rückläufiges Wörterbuch. Suffixverzeichnis, Bautzen 1992; Teil III: Namenatlas und Beiträge zur Siedlungsgeschichte, Bautzen 1994

Werner, DL. 7 = G. Werner, 200 Findlingsnamen, DL. 7 (1957) S. 24, 33—34, 44, 46

v. Werveke, Die Familiennamen = N. van Werveke, Die Familiennamen des Luxemburger Landes, Sonderabdruck aus der „Luxemburger Zeitung", Luxemburg 1900

Wesche, 10. Internationaler Kongreß = Heinrich Wesche, Bäuerliche Familiennamen unter soziologischem Aspekt, 10. Internationaler Kongress für Namenforschung. Wien 8.—13. IX. 1969. Abhandlungen. Editor: Herwig H. Hornung. Tom. II, Wien 1969, S. 371—378

Wesche, NDJB. 83 = Heinrich Wesche, Bäuerliche niederdeutsche Ruf- und Familiennamen, NDJB. 83 (1960) S. 91—106

Wiarda, Ueber deutsche Vornamen = Tileman Dothias Wiarda, Ueber deutsche Vornamen und Geschlechtsnamen, Berlin/Stettin 1800

Willems, Eigenname und Bedeutung = K. Willems, Eigenname und Bedeutung. Ein Beitrag zur Theorie des nomen proprium, Heidelberg 1996

Wimmer, Der Eigenname = Rainer Wimmer, Der Eigenname im Deutschen. Ein Beitrag zu seiner linguistischen Beschreibung, Linguistische Arbeiten 11, Tübingen 1973

Winkler, Friesche Eigennamen = J. Winkler, Friesche Eigennamen, Emden 1880

Winkler, De nederlandsche geslachtsnamen = Johan Winkler, De nederlandsche geslachtsnamen in oorsprong, geschiedenis en beteekenis, Haarlem [1885], Nachdruck 1971

Winkler, Friesche Naamlijst = Johan Winkler, Friesche Naamlijst, 1898

Winkler, Studiën = Johan Winkler, Studiën in Nederlandsche Namenkunde, Haarlem 1900

Witte, Herkunft = U. Witte, Herkunft und Ausbreitung niederdeutsche Böttcherbezeichnungen vor 1600, in: R. Schmidt-Wiegand (Hg.), Text- und Sachbezug in der Rechtssprachgeographie, München 1985, S. 123—145

Witte, JBMGA. 71 = Hans Witte, Wendische Zu- und Familiennamen aus mecklenburgischen Urkunden und Akten gesammelt und mit Unterstützung des Herrn Prof. Dr. Ernst Mucke zu Freiberg (Sachsen) bearbeitet, JBMGA. 71 (1906) S. 153—290

Wolf, Eigennamen = U. Wolf (Hg.), Eigennamen. Dokumentation einer Kontroverse, Frankfurt a. M. 1993

Wunder, FV. 3 = G. Wunder, Wechsel von Familiennamen noch in neuerer Zeit (1400—1600), gezeigt an Beispielen aus der Reichsstadt Schwäbisch-Hall, FV. 3 (1954) S. 18—22

X—Z

Zamora, Hugenottische Familiennamen = Juan Zamora, Hugenottische Familiennamen im Deutschen. Heidelberg 1992

Zatschek, ZSDG. 1 = Heinz Zatschek, Die Namengebung der Brünner Bürger nach den Losungsbüchern 1343—1365, ZSDG. 1 (1937) S. 256—280

Zender, DU. 9 = Matthias Zender, Über Heiligennamen, DU. 9 (1957) Heft 5, S. 72—91

Zender, Geschichte = M. Zender, Severinus-Frings-Sörensen. Zur Geschichte und Verbreitung des Personennamens Frings, Rheinische Vierteljahrsblätter 50 (1986) S. XXI—XLVII

Zernecke, Festschrift für Karl Bischoff = Wolf-Dietrich Zernecke, Die Hausnamen in Oppenheim, Festschrift für Karl Bischoff zum 70. Geburtstag. Herausgegeben von Günter Bellmann Günter Eifler Wolfgang Kleiber. Mit einem Titelbild und 22 Karten im Text, Köln/Wien 1975, S. 245—270

Zernickow, Die Familiennamen = Zernickow, Die Familiennamen der Stadt Labes in Pommern von 1647—1764, Monatsblätter der Gesellschaft für Pommersche Geschichte 1922. Nr. 1—4

Ziller, Die Salzburger Familiennamen = L. Ziller, Die Salzburger Familiennamen, Salzburg 1986

Ziller, Aberseer Namenbuch = Leopold Ziller, Aberseer Namenbuch. Die Flur-, Haus- und Familiennamen des Gerichtsbezirkes St. Gilgen. Herausgegeben als Festschrift zur 75-Jahr-Feier der Raiffeisenkasse St. Gilgen-Fuschl-Strobl, St. Gilgen, Fuschl und Strobl 1977

Zobel, SchH. (1939) = Arthur Zobel, Schlesische Bauernsippen. Die Verbreitung ihrer Namen vor dem Dreißigjährigen Kriege, SchH. (1939) S. 77—82

Zoder, Magdeburger Familiennamen = Rudolf Zoder, Magdeburger Familiennamen, Dissertation Leipzig 1921

Zoder, Familiennamen in Ostfalen = Rudolf Zoder, Familiennamen in Ostfalen. I. A—K, II. L—Z, Hildesheim 1968

Zoder, GBM. 56/59 = Rudolf Zoder, Magdeburger Familiennamen, GBM. 56/59 (1921/1924) S. 29—62

Zoder, NSJLG. 23 = Rudolf Zoder, Die niedersächsischen Meier. Eine sozial- und agrargeschichtliche Studie an Hand der Familiennamen auf -„meier", NSJLG. 23 (1951) S. 1—88

Zumbusch, Die Familiennamen Grevenbroichs = [Anton] Zumbusch, Die Familiennamen Grevenbroichs und der Umgebung nach ihrer Entstehung u. Bedeutung, Progymnasium zu Grevenbroich. Bericht über das Schuljahr 1896 bis 1897. Progr.-No. 462, Grevenbroich 1897, S. 3—24

Zunz, Namen der Juden = L. Zunz, Namen der Juden. Eine geschichtliche Untersuchung. Nachdruck der Ausgabe Leipzig 1837, Hildesheim 1971

Anmerkungen

Die Anmerkungen beziehen sich auf das Gesamt der Namenkunde, auf größere Komplexe und auf regional gebundene Arbeiten.
Die Anmerkungen sind als Literaturhinweise gestaltet.
Die Literatur wird in Auswahl geboten. Sie erhebt keinen Anspruch auf Vollständigkeit.
An den Anfang sind einige für die deutsche Namenforschung wichtige **Zeitschriften** gestellt, ebenfalls nur in Auswahl.
Es folgen dann ausgewählte Literaturhinweise **zu den sprachtheoretisch/sprachwissenschaftlichen Grundlagen**.
Danach werden **Handbücher, Namenbücher, Wörterbücher, Sammelwerke, Einführungen** in Auswahl gebracht.
Zu allen Abschnitten der Einführung wird auf die einschlägigen großen Hilfsmittel verwiesen, insbesondere auf **Bach, Deutsche Namenkunde I.**
Hilfsmittel von überregionaler Geltung in Auswahl treten zu den zunächst Genannten.
Schließlich folgen **lokal oder regional gebundene selbständige Publikationen**, danach **unselbständige Publikationen**. Die Titel sind im groben **räumlich geordnet**, und zwar von Süden nach Norden innerhalb des deutschen Sprachgebietes.
Aus einigen Bereichen wird Literatur in Auswahl gebracht: **Herkunftsbezeichnungen, Wohnstättenbezeichnungen, Berufsbezeichnungen, indirekte Berufsbezeichnungen, Satznamen, Übernamen, Humanistennamen, Fremdnamen, Familiennamengeographie, Appellative aus Eigennamen,** dann **Entwicklungen in der Neuzeit**. Alle diese Bereiche werden in der Hauptsache in den vorhergehenden Hinweisen berücksichtigt, so daß die zuletzt genannten Hinweise nicht ohne die betreffenden Arbeiten der vorgängigen Abschnitte nutzbar gemacht werden können.
Die großen Hilfsmittel, insbesondere aber auch die verschiedenartigen Einzeluntersuchungen, öffnen den Zugang zu den Namenzeugnissen früherer Jahrhunderte, die im vorliegenden Buch nicht gebracht werden können. Das Verständnis eines Familiennamens, seiner Entstehung und Entwicklung macht Einzelforschung notwendig. Dazu liefern die Beispiele des Namenbuches, die Einführung im engeren Sinne, die gesamten größeren Werke und die zahlreichen ausgewählten Abhandlungen und Studien unerläßliche Hilfen und Wegweisungen.

Zeitschriften

BNF. = Beiträge zur Namenforschung. In Verbindung mit Ernst Dickenmann herausgegben von Hans Krahe. 1—16 (1949/50—1965). — Dazu: Schützeichel, Register.

BNF. NF. = Beiträge zur Namenforschung Neue Folge. [Begründet von Rudolf Schützeichel] 1 ff. (1966 ff.).

MNK. = Mitteilungen für Namenkunde herausgegeben für den Arbeitskreis für Namenforschung von B. Boesch (Zürich, ab 1959: Freiburg i. Br.), K. Puchner (München), E. Schwarz (Erlangen). 1—10 (1957—1961/1962).

MVN. = Mededelingen van de Vereniging voor Naamkunde te Leuven en de Commissie voor Naamkunde te Amsterdam. 1—44 (1925—1968). — Fortsetzung: Naamkunde. Mededelingen van het Instituut voor Naamkunde te Leuven en de Commissie voor Naamkunde en Nederzettingsgeschiedenis te Amsterdam. 1 ff. (1969 ff.).

Names. Journal of the American Name Society. 1 ff. (1953 ff.).

NI. = Namenkundliche Informationen (Heft 1—14: Informationen der Leipziger namenkundlichen Arbeitsgruppe an der Karl-Marx-Universität). 1 ff. (1964 ff.).

Onoma. Bibliographical and Information Bulletin. Bulletin d'information et de bibliographie [International Centre of Onomastics Leuven]. 1 ff. (1950 ff.). Die bibliographischen Berichte für das deutsche Sprachgebiet und für das niederländische Sprachgebiet sind weiter unten auch im einzelnen aufgeführt.

ÖNF. = Österreichische Namenforschung. Zeitschrift der österreichischen Gesellschaft für Namenforschung (1973 ff.).

ZNF. = Zeitschrift für Namenforschung (früher: Zeitschrift für Ortsnamenforschung). Herausgegeben von Joseph Schnetz. 1—19 (1925—1943). Dazu: Meier-Petz, Register.

Zu den sprachtheoretisch/sprachwissenschaftlichen Grundlagen

Algeo, On Defining the Proper Name. — Aschenberg, Eigennamen. — Barth, Naamkunde 1 (1969) S. 41—44. — Barthel, Lexikon. — Berger, BNF. NF. 11 (1976) S. 375—387. — Birus, Vorschlag, S. 17—41. — Blanár, Beiträge zur Onomastik, S. 50—57. — Blanár, ZPhSpK. 30 (1977) S. 138—148. — Boesch, DU. 9 (1957) Heft 5, S. 32—50. — Büky, BNF. NF. 11 (1976) S. 361—374. — Burge, JPh. 70 (1973) S. 425—439. — Campbell, Mind 77 (1968) S. 326 bis 350. — Coseriu, Perspektiven, S. 48—61. — Debus, Namenkundliche Beiträge. — Debus, Lexikon, S. 187—198. — Debus, Namen. — Debus, Stadtbücher. — Dilthey, Über die Natur der Eigennamen. — Durrant, Mind 78 (1969) S. 571—575. — Ebneter, Akten, S. 167—182. — Eichhoff, Name und Gesellschaft. — Eis, BNF. 10 (1959) S. 293—308. — Fleischer, FF. 40 (1966) S. 376—379 [Terminologie]. — Fleischer, Die deutschen Personennamen, S. 195 [Literaturangaben]. — Földes, Anthroponyme, S. 1—19. — Funke, Probleme, S. 72—79. — Gardiner, The Theory. — Geuenich, Nomen. — Greule, Nomina Gratia. — Gutschmidt, Bemerkungen, S. 425—430. — Härtel, Personennamen und Identität. — Hanno-Weber, Namengebungsmotivationen. — Hansack, Der Name. — Hartmann, Untersuchung. — Hartmann, Das Wort als Name. — Hirzel, Der Name. — Höfler, Festschrift für Dietrich Kralik, S. 26—53. — Kalverkämper, Textlinguistik. — Kany, Personennamen. — Kirwan, Mind 77 (1968) S. 500—511. — Kleinöder, Konfessionelle Namengebung. — Krien, Namenphysiognomie. — Van Langendonck, Beiträge zur Onomastik, S. 203—212. — Laur, Der Name. — Lenk,

Personennamen. — Mancaş, RRL. 15 (1970) S. 317—334. — Mańczak, RIO. 20 (1968) S. 205—218. — Miller, Analysis 33 (1973) S. 133—137. — Nerius, ZPhSpK. 33 (1980) S. 93—102. — v. Polenz, MNK. 8 (1960/1961) S. 1—11. — Ramseyer, Onoma 20 (1976) S. 252—258. — Schildberg-Schroth, Eigenname und Literarizität. — Schützeichel, Festschrift Karl Schneider, S. 137—152. — Schützeichel, Köln und das Niederland. — Seutter, Eigennamen. — Sonderegger, Die Bedeutsamkeit, S. 11—23. — Vater, Muttersprache 75 (1965) S. 207—213. — Willems, Eigenname und Bedeutung. — Wimmer, Der Eigenname. — Wolf, Eigennamen.

Handbücher, Namenbücher, Wörterbücher, Sammelwerke, Einführungen und Arbeiten zu mittelalterlichen Personennamen (in Auswahl)

Althof, Grammatik. — Ausserer, Personennamen-Gebung. — Bach, Deutsche Namenkunde, I. — Bahlow, Pommersche Familiennamen. — Bauer, Namenkunde. — Baumgartner, Namengebung. — Beckmann, Korveyer und Osnabrücker Eigennamen. — Bergmann, Namenforschung, S. 38—48. — Bergmann, RhVB. 29 (1964) S. 168—174. — Brockmüller, Die Rostocker Personennamen. — Debus, Reader. — Ebeling, Familiennamen. — Eichhoff, Name und Gesellschaft. — Eichler, Namenforschung. — Ernst-Zyma, Familiennamen. — Esser, Die Personennamen. — Fähndrich, Zuger Familiennamen. — Familiennamenbuch der Schweiz. — Feyerabend, Die Rigaer und Revaler Familiennamen. — Finsterwalder, Tiroler Familiennamenkunde. — Förstemann, Altdeutsches Namenbuch. — Förstemann-Kaufmann, Ergänzungsband. — Frank, Reader. — Geographie. — Gottschald, ZNF. 14 (1938) S. 179—194, 282—301. — Grimm, Deutsches Wörterbuch. — Heintze, Die deutschen Familiennamen. — Heinz, Familiennamen. — Hellfritzsch, Familiennamenbuch. — Hornung, Lexikon. — Huber, Musterungslisten. — Huber, Rätisches Namenbuch. — Huber, Die Personennamen Graubündens. — Jacob, Die Personennamen. — Jeanblanc, Untersuchung. — Kewitz, Coesfelder Beinamen und Familiennamen. — Kluge, Etymologisches Wörterbuch. — Kohlheim, Beinamen. — Kohlheim, Bei- und Familiennamen, S. 75—88. — Kohlheim, Familiennamen. — Kohlheim, Vornamenlexikon. — Koß, Namenforschung. — Kunze, dtv-Atlas. — Lexer, Mittelhochdeutsches Handwörterbuch. — Luthers Namen=Buechlein. — Menke, Die Tiernamen. — Meyer, ZDA. 43 (1899) S. 158—169. — de Moel, Doopnaamgeving. — Müller, Personennamen. — Naumann, Buch. — Naumann, Familiennamen. — Naumann, Musterungslisten, S. 163—227. — Neumann, Obersächsische Familiennamen. — Piel-Kremer, Hispano-gotisches Namenbuch [Westgotische Namen]. — Pongratz, Familiennamen. — Raveling, Die ostfriesischen Vornamen. — Reichert, BNF. NF. 12 (1977) S. 241—256. — Rösel, Die Familiennamen von Rettendorf. — Schatz, ZDA. 43 (1899) S. 1—45. — Schobinger, Zürcher Familiennamen. — Schöffl, Die Limburger Familiennamen. — Schramm, Namenschatz, S. 39—173. — Schröder, Deutsche Vornamen. — Schützeichel, Erlanger Familiennamen-Colloquium. — Schützeichel, Glossenwortschatz. — Schützeichel, „Johan van Schudsichel", S. 490—503. — Schützeichel, Namenforschung, S. 97—126. — Schützeichel, Aus dem Namengut Mitteleuropas, S. 71—77. — Schützeichel, RhVB. 32 (1968) S. 50—85. — Schützeichel, Althochdeutsches Wörterbuch. — Schwarz, Deutsche Namenforschung. I. — Sehrt, Vollständiges Wörterbuch. — Seibicke, Die Personennamen. — Seibicke, Vornamen. — Seibicke, Historisches Deutsches Vornamenbuch. — Solluntsch, Bei- und Familiennamen. — Sonderegger, Namenforschung, S. 55—96. — Stark, Die Kosenamen der Germanen. — Tiefenbach, Xanten-Essen-Köln. — Vopat, Personennamen. — Wackernagel, Abhandlungen. III, S. 59—117. — Wagner, Studien. — Wenners, Die Probsteier Familiennamen. — Wenzel, Lausitzer Familiennamen. — Wenzel, Schichten. — Wenzel, Studien. — Ziller, Die Salzburger Familiennamen.

Hilfsmittel und Publikationen von überregionaler Geltung

Andresen, Konkurrenzen. — Andresen, Die altdeutschen Personennamen [Heutige Familiennamen]. — Andresen, ZDA. 31 (1887) S. 338—354 [Namen mit Attribut]. — Andresen, ZDPh. 20 (1888) S. 227—230 [Der Teufel in Familiennamen]. — Bach, Germanistisch-historische Studien, S. 555—575 [Verbindung von Rufname und Familienname]. — Bach, Germanistisch-historische Studien, S. 778—782 [Kulturkreisforschung]. — Bacmeister, Germanistische Kleinigkeiten, S. 1—52. — Bahlow, Metronymika. — Bahlow, Deutsches Namenlexikon. — Bahlow, Störtebeker. — Bahlow, Teuthonista 3 (1926/1927) S. 33—38 [Umgekehrte Schreibung]. — Bahlow, ZDA. 81 (1979) S. 448—466 [Frauennamen als Familiennamen]. — Baumbach, RB. 12 (1965) S. 12—15. — Bechstein, Die deutschen Familiennamen. — Berger, FKN. 1 (1956/1963) S. 274 f. [Wandelbare Familiennamen]. — Bering, Fremdes und Fremdheit. — Bering, Kampf um Namen. — Bering, Der Name. — Betz, Namenforschung, S. 184—189 [Namenphysiognomik]. — Bleier, BNF. NF. 9 (1974) S. 133—150 [Siedlungsnamen in der Familiennamenforschung]. — Bleier, BNF. NF. 15 (1980) S. 246—285. — Blumschein, Streifzüge, S. 111—139. — Brechenmacher, Muttersprache 47 (1932) Sp. 215—219 [Familiennamen vom Typus *Rindfleisch*]. — Brechenmacher, Deutsches Namenbuch, S. 65—326, 335—388. — Brechenmacher, Deutsche Sippennamen. — Brechenmacher, Etymologisches Wörterbuch. — Buchner, KBGV. 75 (1927) Sp. 205—209 [Bibliographie zu den oberdeutschen Familiennamen]. — Büttner, Der Familienname. — Deusch, Münstermann, S. 371—445. — Dornseiff, Sprache und Sprechender, S. 362—365 [Tiere und Pflanzen in Familiennamen]. — Dornseiff, ZNF. 16 (1940) S. 24—38, 215—218 [Literarische (redende) Namen]. — v. d. Gabelentz, MGAGO. 5 (1862) S. 45—55 [Sachsen/Thüringen]. — Goetze, Germanica, S. 203—211. — Götze, Muttersprache 50 (1935) S. 371—376. — Götze, Aus der Werkstatt, S. 63—86 [Namen früher südwestdeutscher Drucker]. — Götze, ZADSpV. 37 (1922) S. 127—130. — Goetze, ZDB. 4 (1928) S. 399—417. — Gottschald, ZDB. 10 (1934) S. 309—319 [Familiennamen im Unterricht]. — Heintze, Die deutschen Familiennamen. — Hertel, Deutsche Familiennamen. — Hoffrichter, Echonamen. — Huisman, MVN. 33 (1957) S. 79—88 [Negation in der Namengebung]. — Kaßner, Muttersprache 53 (1938) Sp. 217. — Klarmann, Zur Geschichte. — Knauß, Die Entstehung [Grünberger Familiennamen]. — Kohlheim, Berufsnamen, S. 227—237. — Kohlheim, Festigkeit, S. 22—29. — Kohlheim, Motivik, S. 235—243. — Kohlheim, Stadt-Umland-Beziehungen, S. 193—208. — Kohlheim, Übernamen, S. 237—243. — Kunze, Familiennamengeographie, S. 121—324. —

Anmerkungen

Kunze, Verbreitung, S. 179—208. — Laabs, Kolping, S. 311—315. — Laur, Patronymika, S. 22—35. — Leys, MVN. 27 (1951) S. 109—120; 28 (1952) S. 61—67 [Flämische Beinamen vor dem Jahre 1225]. — Linnartz, Unsere Familiennamen. — Loy, BNF. 9 (1958) S. 205—208 [Verkannte Familiennamen]. — Maas, Von Abel bis Zwicknagel. — de Man, MVN. 24 (1948) S. 25—32 [Festwerden der Familiennamen]. — de Man, RhWZVK. 4 (1957) S. 214—231. — Morsheuser, Muttersprache 53 (1938) Sp. 274. — Müllers, FGB. 33 (1935) Sp. 172 f. [Ineinander verschmolzene präpositionale Ausdrücke in Familiennamen]. — Nölle-Hornkamp, Mittelalterliches Handwerk. — Nörrenberg, FGB. 35 (1937) Sp. 111—124 [Entstellte Familiennamen]. — Opel, Die Satznamen. — Pott, Die Personennamen. — Reimpell, Die Lübecker Personennamen. — Richter, Muttersprache 53 (1938) Sp. 118. — Schaeffler, Wie heißt du? — Schlimpert, Slawische Personennamen. — Schmerler, Familiennamen aus dem Bauernwesen. — Schmerler, Familiennamen aus dem Bergbau. — Schmerler, Familiennamen aus dem Reiche der Jagdtiere. — Thomas, Familiennamen. — Tschiersch, Deutsche Familiennamen. — Tschiersch, Formwandlungen. — Tschirch, Festgabe, S. 398—410 [Zur Landschaftsgebundenheit]. — Uphoff, Vom Vaternamen. — Vennedey, Die Herkunft, S. 348—357. — Verdenhalven, Familienkundliches Wörterbuch. — Vilmars Deutsches Namenbüchlein. — Wagner, Schäftlarn, S. 163—168. — Weitershaus, Muttersprache 82 (1972) S. 315—323 [Schreibung]. — Weitershaus, Watsack, S. 84—87. — Wendehorst, Berufsbezeichnungen, S. 1—17. — Werner, DL. 7 (1957) S. 24, 33 f., 44, 46. — Wiarda, Ueber deutsche Vornamen [Auch über Familiennamen]. — Witte, Herkunft, S. 123—145. — Wunder, FV. 3 (1954) S. 18—22 [Familiennamenwechsel, 1400/1600]. — Zender, Geschichte, S. XXI—XLVII.

Lokal oder regional gebundene selbständige Publikationen

Die Titel sind im groben räumlich geordnet, und zwar von Süden nach Norden innerhalb des deutschen Sprachgebietes. Die unselbständigen Publikationen (Aufsätze und Miszellen) zur Familiennamenforschung (weiter unten aufgeführt) sind gegebenenfalls mitzuberücksichtigen.

Berger, Volkskundlich-soziologische Aspekte [Berner Oberland]. — Bosch, Von den Geschlechtsnamen [Seetal im Aargau]. — Bruckner, Allerlei [Basel]. — Dändliker, In Winterthur vorkommende deutsche Personen- und Familiennamen. — Degen, Über den Ursprung [Basel]. — Familiennamenbuch der Schweiz, I—VI. — Iten, Zuger Namenstudien. — Lehmann, Namenbüchlein [Aargau]. — Muoth, Ueber bündnerische Geschlechtsnamen. — Oettli, Familiennamen der Schweiz. — Oettli, Deutsch-schweizerische Geschlechtsnamen. — Socin, Mittelhochdeutsches Namenbuch [Oberrhein. 12./13. Jahrhundert]. Dazu Schützeichel, BNF. NF. 4 (1969) S. 1—52. — Studerus, Die alten deutschen Familiennamen [Freiburg im Üchtland]. — Surläuly, Zur Geschichte [Baden]. — Tobler-Meyer, Deutsche Familiennamen. Zürich und Ostschweiz].

Adamek, Die Räthsel [Niederösterreich]. — Auckenthaler, Geschichte der Höfe und Familien des obersten Eisacktals [Südtirol. 16. Jahrhundert]. — Auckenthaler,

Geschichte der Höfe und Familien von Mareit [Südtirol]. — Auckenthaler, Geschichte der Höfe und Familien von Mittewald [Südtirol]. — Bilek, Familienstruktur [Adel]. — Egger, Die Höfe [Tirol]. — Feigl, Die ältesten Linzer Familiennamen. — Finsterwalder, Die Familiennamen [Tirol und Nachbargebiete]. — Gartmayer, Namengebung [Österreich]. — Gutmandlberger, Zunamen [Waldviertel]. — Haider, Die Personennamen [Braunau]. — Hintner, Nachträgliches [Stubai]. — Hintner, Die Gsiesser Namen. — Hintner, Die Stubaier Personen- und Güternamen. — Keintzel-Schön, Die siebenbürgisch-sächsischen Familiennamen. — Lösch, Die bäuerlichen Familiennamen. — Mollay, Ödenburger Familiennamen. — Neumann, Tschechische Familiennamen [Wien]. Dazu Vintr, ÖNF. (1973) S. 67—69. — Noggler, Romanische Familiennamen [Obervinschgau]. — Obergföll, Gottscheer Familiennamen. — Orthner, Ostmärkische Sippennamen [Linz]. — Pongratz, Die ältesten Waldviertler Familiennamen. — Schneller, Innsbrucker Namenbuch. — Tarneller, Tiroler Familiennamen. — Vocelka, Die Haus- und Hofnamen [Steirisches Salzkammergut]. — Weifert, Weißkirchner Familiennamen [Banat]. — Ziller, Aberseer Namenbuch.

Blumer, Die Familiennamen [Leitmeritz]. — Ermann, Die Namengebung [Iglau]. — Hagny, Die Ruf- und Familiennamen [Dux]. — Meixner, Die Ruf- und Familiennamen [Deutsch-Brod]. — Ott, Die Namengebung [Iglau]. — Schwarz, Sudetendeutsche Familiennamen. — Schwarz, Sudetendeutsche Familiennamen des 15. und 16. Jahrhunderts. — Tragl, Leipaer Familiennamen. — Trötscher, Die ältesten Egerer Familiennamen.

Berger, Die Familiennamen [Schwäbisch Hall]. — Berger-Etter, Die Familiennamen [Eßlingen]. Dazu Piston, Muttersprache 75 (1965) S. 91 f. — Dziuba, Familiennamen [Freiburg im Breisgau]. — Fröhner, Karlsruher Namenbuch. — Götze, Familiennamen [badisches Oberland]. — Kapff, Schwäbische Geschlechtsnamen. — Klumpp, Beutelsbacher Namenbuch. — Koberne, Die Familiennamen [Kaiserstuhl]. — Miedel, Die Juden in Memmingen, S. 104—114. — Moser, Unsere Familiennamen [Zabern. Elsaß]. — Nied, Familiennamen [Baar]. — Nied, Südwestdeutsche Familiennamen. — Nied, Familiennamen=Buch [Freiburg. Karlsruhe. Mannheim]. — Paulus, Die alten Lahrer Familiennamen. — Schad, Die Dinkelsbühler Familiennamen. — Schott, Alte Mannheimer Familien. — Schwab, Die Beinamen [Straßburg].

Braun, Studie [Oberpfalz]. — Dertsch, Das Altenburger Urbar [Allgäu]. — Erhard, Alt-Nürnberger Namenbuch. — Geißendörfer, Geißendörfer — ein fränkischer Familienname. — Joachim, Landshuter Geschlechtsnamen. — Loy, Familiennamen im Landkreis Kronach [Franken]. — Loy, Familiennamen in Nordoberbayern. — Loy, Familiennamen in Ostoberbayern. — Loy, Familiennamen in Südoberbayern. — Loy, Familiennamen in Westoberbayern. — Lütge, Die landesherrlichen Urbarsbauern [Oberbayern. Niederbayern]. — Nied, Fränkische Familiennamen. — Scheffler-Erhard, Alt-Nürnberger Namenbuch. — Schmidt, Altdeutsches Namengut [Bad Tölz]. — Schneider, Die Bamberger Familiennamen. — Steub, Die Oberdeutschen Familiennamen.

Andresen, Die deutschen Familiennamen [Mülheim/Ruhr]. — Arend, Die Personennamen [Friedberg]. — Bickel, Beinamen [Bonn]. — Brasse, Die Familiennamen

Anmerkungen

[Mönchen-Gladbach]. — Braun-Rink, Bürgerbuch [Kaiserslautern]. — Christmann, Dörferuntergang [Kaiserslautern]. — Diehl, Die Wormser Familiennamen. — Dietz, Frankfurter Bürgerbuch. — Erbe, Die Ludwigsburger Familiennamen. — Ernst, Das kurmainzische Amt Höchst-Hofheim. — Esser, Die Personennamen [Heisterbach]. — Failing, Die Familiennamen [Uelvesheim]. — Fay, Grüninger Namengebung [Oberhessen]. — Frey, Heiligenverehrung [Rheinhessen]. — Getto, Die Familiennamen [Pfalz]. — Hagström, Kölner Beinamen, I, II. — v. Hahn, Darmstädter Familiennamen. — Hansult, Vogelsberg, S. 93 f. — Hegel, Die Personennamen [Wetzlar]. — Hessel, Die deutschen Familiennamen [Kreuznach]. — Hoffmann von Fallersleben, Casseler Namenbüchlein. — Jansen, Die Bei- und Familiennamen [Aachen]. — Janssen, Familiengeschichtliches Quellengut [Köln]. — Jost, Der Deutsche Orden [Rhein-Main-Gebiet]. — Kehrein, Nassauisches Namenbuch, S. 1—117. — Keiper, Französische Familiennamen [Pfalz]. — König, Aus Alt=Eschwege. — Lerch, Die Gießener Familiennamen. — Losch, Altkasseler und althessische Familiennamen. — Mayer, Ueber Kölner Familiennamen. — Mieck, Über niederrheinische Familiennamen. — Mulch, Arnsburger Personennamen. — Müller, Die Familiennamen [Luxemburg]. — Opper, Die Rumpenheimer Familiennamen. — Quadflieg. Erbnamensitte [Aachen. Köln]. Dazu Poll, ZAGV. 80 (1958) S. 219 f. — Schöne, Ueber Elberfelder Familiennamen. — See, Familiennamen [Hessen-Homburg]. — Strutz, Werden und Vergehen [Remscheid]. — Trupp, Die Personennamen [Gladbach]. — Vogt, Über deutsche besonders Neuwieder Familiennamen. — v. Werveke, Die Familiennamen [Luxemburg]. — Zumbusch, Die Familiennamen Grevenbroichs.

Apel, Jenas Einwohner. — Bahlow, Die schlesischen Familiennamen. — Bahlow, Liegnitzer Namenbuch. — Bahlow, Mittelhochdeutsches Namenbuch [Schlesien]. — Bahlow, Schlesisches Namenbuch. — Bahlow, ODFK. 23 (1975) S. 137 bis 144, 169—175. — Broniš, Die slawischen Familiennamen [Niederlausitz]. — Burckas, Die Ohrdrufer Familiennamen [Thüringen]. — Cämmerer, Thüringische Familiennamen. — Grünert, Die altenburgischen Personennamen [Thüringen]. — Hellfritzsch, Vogtländische Personennamen. — Hoffmann von Fallersleben, Breslauer Namenbüchlein. — Kadler, Germanische Eigennamen [Rawitsch]. — Klose, Grünberger Familiennamen [Schlesien]. — Knauß, Die Entstehung [Grünberger Familiennamen]. — Koch, Familiennamen [Saalfeld/Thüringen]. — Matschoß, Waldenburger Familiennamen [Schlesien]. — Mucke, Wendische Familien- und Ortsnamen [Niederlausitz]. — Mucke, Wörterbuch [Lausitz. Auch Familiennamen]. — Neumann, Die bäuerlichen Familiennamen [Oschatz. Obersachsen]. — Neupert, Plauische Familiennamen. — Ondrusch, Die Familiennamen [Neustadt. Oberschlesien]. — Pohl, Gehöft= und Familien=Namen [Niederlausitz. Wissenschaftlich fragwürdig]. — Reichert, Die deutschen Familiennamen [Breslau. 13./14. Jahrhundert]. — Schubert, Die Familiennamen [Oschatz. Obersachsen]. — Stübler, Über Lausitzer Familiennamen.

Bahlow, Niederdeutsches Namenbuch. — Bahlow, Niederdeutsche Namenwelt. — Carstens, Beiträge [Bremen]. — Drees, Die heutigen Personennamen Wernigerrodes. — Ebeling, Familiennamen [Leer]. — Fick, Die Göttinger Familiennamen. — Förstemann, Ueber die Familiennamen [Nordhausen]. — Gloël, Die Familiennamen Wesels. — Goebel, Niederdeutsche Familiennamen. — Grohne, Die Hausnamen [Hausnamen und Hauszeichen in ihrer Bedeutung für die Bildung der Familiennamen]. —

613

Grönhoff, Kieler Bürgerbuch. Dazu Hahn, ZSchHG. 84 (1960) S. 306—308. — Hoffmann von Fallersleben, Braunschweigisches Namenbüchlein. Dazu Andresen, ZVSpF. 17 (1868) S. 282—291. — Hoffmann von Fallersleben, Hannoversches Namenbüchlein. — Kleemann, Die Familiennamen Quedlinburgs. — Langfeldt, Personennamen [Nordosthannover]. — Linke, Niedersächsische Familienkunde. — Mahnken, Die hamburgischen niederdeutschen Personennamen. — Mertens, Stadthannoversche Geschlechtsnamen. — Pagenstert, Lohner Familien. — Pauli, Ueber Familiennamen [Münden]. — Preuß, Die Lippischen Familiennamen. — Scharf, Personennamen [Braunschweig]. — Schulze, Die Familiennamen [Haldensleben]. — Schütte, Braunschweiger Personennamen. — Schwettscher, Familiennamen [Segeberg]. — Seppeler, Die Familiennamen Bocholts. — Spanuth, Die Familiennamen [Hameln]. — Strackerjan, Die jeverländischen Personennamen. — Tümpel, Über Bielefelder Familiennamen. — Zoder, Familiennamen in Ostfalen. Dazu Heeroma, BNF. NF. 6 (1971) S. 215—221.

Ahlers, Civilitates [Lübeck]. — Bahlow, Mecklenburgisches Namenbüchlein. — Eggert, Die deutschen Familiennamen [Swinemünde]. — Fenzlau, Die deutschen Formen [Memelgebiet]. — Feyerabend, Rigaer und Revaler Familiennamen — Geisheim, Berliner Namenbüchlein. — Heintze, Die Familiennamen [Stolp]. — Hoppe, Orts- und Personennamen [Ostpreußen]. — Kessler, Die Familiennamen der ostpreußischen Salzburger. — Keyser, Die Bevoelkerung Danzigs. — Knorr, Die Familiennamen [Lübeck]. — Knorr, Ueber die Familiennamen [Lübeck]. — Krüger-Ploen, Dreißig Dörfer [Ratzeburg]. — Manke, Die Familiennamen [Anklam]. — Müller, Barther Familiennamen [Pommern]. — Nüske, Die Greifswalder Familiennamen. — Reimpell, Die Lübecker Personennamen. — Schuppius, Die Familiennamen [Stolp]. — Schütz, Französische Familiennamen [Ostpreußen. Schweizerkolonie]. — Sturm, Die Familiennamen [Usedom]. — Sundqvist, Deutsche und niederländische Personenbeinamen [Schweden]. — Zernickow, Die Familiennamen [Labes. Pommern]. — Zoder, Magdeburger Familiennamen.

Brons, Friesische Namen. — Brouwer-Miedema, Studies [Friesland. Groningen]. — Jabusch, Bildung und Bedeutung [Ostfriesische Familiennamen]. — Ruprecht, Die deutschen Patronymica [Ostfriesland]. — de Vries, Friese Persoonsnamen. — Winkler, Friesche Eigennamen. — Winkler, Friesche Naamlijst.

Hier seien schließlich noch einige Werke aufgeführt, die **das niederländische Sprachgebiet** betreffen: Beele, Studie [Ypern]. — Debrabandere, Kortrijkse Persoonsnamen. — v. Emstede, Van Patronymica [Drente]. — Meertens, Zeeuwse familienamen. — Nederlands Repertorium, I—XI. Dazu Buitenhuis, MVN. 38 (1962) S. 64—78 [Friesland]; 39 (1963) S. 34—40 [Friesland]; 41 (1965) S. 163—173 [De Vries]; 42 (1966) S. 104—117 [Namenmigration]; 43 (1967) S. 145—165. — Paquay, Limburgsche familienamen. — Roelandts, Familiarismen [Witte]. — Roelandts-Meertens, Nederlandse familienamen. — van der Schaar, Uit de wordingsgeschiedenis [Holländische Familiennamen]. — Swaen, Nederlandsche Geslachtsnamen. — Winkler, De nederlandsche geslachtsnamen. — Winkler, Studiën [Niederländische Namenkunde].

Anmerkungen

Unselbständige Publikationen

Es folgen nun **unselbständige Publikationen** zur Familiennamenforschung in einer begrenzten Auswahl. Sie können Ergänzungen zu den aufgeführten selbständigen Publikationen sein. Die Anordnung ist ungefähr gleich, im groben von Süden nach Norden in größeren landschaftlichen Blöcken.

Achtnich, SchFF. 37 (1970) S. 15—31 [Winterthur]. — Grob, SchAV. 48 (1952), S. 43—54 [Solothurn]. — Ospelt, JBHVL. 39 (1939) S. 63—117 [Liechtenstein]. — Ramseyer, Festschrift für Paul Zinsli, S. 26—35 [Bern]. — Studer, AHVKB. 6 (1865/1867) S. 491—591 [Bern].

Bleier, BNF. NF. 9 (1974) S. 133—150 [Siedlungsnamen in Familiennamen]. — Bleier, BNF. NF. 14 (1979) S. 309—319 [Tirol]. — Heuberger, Studien, S. 227—240 [Südtirol]. — Hornung, BONF. 10 (1969) S. 2—9 [Sprachinsel Pladen]. — Neweklowsky, HJBStL. (1966) S. 363—373 [Linz]. — Reichel, Marburger Namenbüchlein, S. 3—24 [Jugoslawien]. — Schultes, UH. 5 (1932) S. 35—46 [Familiennamen an der Sprachgrenze. Hohenau]. — Steger, DSch. 47 (1973) S. 455—562 [Südtirol].

Kisch, AVSLK. NF. 34 (1907) S. 5—153 [Siebenbürgen]. — Kisch, Festgabe, S. 5—43 [Bistritz]. — Orend, VJB. 9 (1929) S. 256—273 [Siebenbürgen]. — Ungar, KVSL. 31 (1908) S. 132—135 [Reussen].

Altrichter, ZGMSch. 14 (1910) S. 196—233 [Iglau]. — Eis, SDFF. 8 (1935/1936) S. 1—6, 41—45 [Böhmen. Mähren]. — Fischer, OSG. 1 (1965) S. 7—12. — Schwarz, ZNF. 16 (1940) S. 3—24 [Brünn]. — Schwarz, ZNF. 19 (1943) S. 274—282. — Schwarz, ZSPh. 26 (1958) S. 61—77 [Böhmen. Mähren] — Šmilauer, OSG. 3 (1967) S. 27—32. — Spal-Grünspanová, OSG. 4 (1968) S. 173—186. — Svoboda, OSG. 3 (1967) S. 33—39 [Alttschechische Personennamen deutscher Herkunft]. — Wenisch, SDFF. 8 (1935/1936) S. 15—18, 53—57, 97 bis 100, 131—134; 9 (1936/1937) S. 17—20, 56—58, 93—95 [Saazer Neubürger]. — Zatschek, ZSDG. 1 (1937) S. 256—280 [Brünn. 1343/1365].

Bertsche, ZFB. 21 (1905) S. 161—224, 241—280 [Südbaden]. — Bleier, BNF. NF. 15 (1980) S. 246—285. — Buchner, KBGV. 75 (1927) Sp. 205—209 [Oberdeutsche Familiennamen]. — Buck, Alemannia 13 (1885) S. 10—39. — Kapff, OZVK. 2 (1928) S. 37—40 [Schwäbische Geschlechtsnamen]. — Kapff, Teuthonista 5 (1928/1929) S. 286—289; 6 (1929/1930) S. 260—266. — Loy, BNF. NF. 4 (1969) S. 212—214 [Schwaben. Verkannte Namen].

v. Borries, JEL. 15 (1899) S. 185—204 [Straßburg]. — Christophorus, Alsatia (1853) S. 246—286; (1856/1857) S. 361—382.

Arneth, JBFLF. 16 (1956) S. 143—454 [Bamberg]. — Bock, MVGN. 45 (1954) S. 1—147 [Nürnberg]. — Hünfeld, JBMF. 82 (1964) S. 1—33 [Windsheim. Mittelfranken]. — Loy, AGH. 29 (1958) S. 60—72 [Günzenhausen]. — Loy, BHLMO. (1959)

S. 7—17 [Marktoberdorf]. — Loy, BNF. 3 (1951/1952) S. 327 f.; 4 (1953) S. 98 f. — Loy, Bamberger Familiennamen. — Loy, Kulmbacher Familiennamen. — Loy, Familiennamen im Frankenwald. — Loy, Familiennamen in Stadt- und Landkreis Eichstätt. — Loy, HE. (1959) Nr. 5, S. 18 f.; Nr. 6, S. 23; Nr. 7, S. 27 f. [Schwandorf]. — Loy, MBOF. 15 (1930) S. 35—37 [Oberfranken]. — Loy, Zunamenkundliches [Ebern, Haßfurt, Hofheim]. — Loy, Zunamenkundliches aus dem Kronacher Stadtarchiv. — Schäfer, Ansbacher Namenbuch.

Christmann, Bürgerbuch, S. 247—344 [Kaiserslautern]. — Christmann, HV. 12 (1934) S. 123—127 [Pfalz]. — Christmann, JBFLF. 21 (1961) S. 109—116 [Pfalz]. — Christmann, PfH. 6 (1955) S. 57—61 [Pfalz]. — Erbacher, PfH. 3 (1952) S. 69—73; 13 (1962) S. 46—50 [Frankenthal]. — Regula, PfH. 4 (1953) S. 55 f. — Rug, SFK. 6 (1971) S. 269—278 [Völklingen]. — Weinheimer, HFK. 3 (1955) S. 365—372 [Oppenheim]. — Zernecke, Festschrift für Karl Bischoff, S. 245—270 [Oppenheim].

Bach, Germanistisch-historische Studien, S. 555—575 [Rheinische Mundarten]. — Besser, UB. 15 (1964) Heft 4, S. 29—33 [Bocholt]. — Birlinger, ZDA. 32 (1888) S. 128—137. — Böttger-Busch, Geschichte, S. 169—219 [Siegerland]. — Brücker, NRh. 10 (1914) S. 155—158; 11 (1914) S. 171—173 [Niederrhein]. — Dittmaier, RhVB. 17 (1952) S. 399—426. — Engelhardt, MWGF. 26 (1973) S. 208—211; 27 (1975) S. 93—97 [Birkenfeld]. — Kelleter, AVZ. 2 (1889) S. 97—108; 3 (1890) S. 25—31, 41—46, 71—78 [Aachen]. — Kießling, MWGF. 26 (1973) S. 14—16 [Elberfeld]. — Mestwerdt, NRh. (1913) S. 265—268 [Cleve]. — Meyer, RhS. 5 (1941) S. 1—4; 6 (1942) S. 3—16 [Trierer Land] — Schmidt, ASF. 6 (1929) S. 84—87, 182—185 [Eifel]. — Schneider, RhHB. 9 (1932) S. 245—249 [Koblenz]. — Schützeichel, Festschrift Karl Schneider [Rheinische Satznamen]. — Schützeichel, Köln und das Niederland. — Schützeichel, Namenforschung, S. 97—126 [Köln].

Becker, MDFK. 2, 8.-10. Jahrgang (1967—1969) S. 22—24 [Jecha. 17./18. Jahrhundert]. — Bernhardt, JAE. NF. 20 (1894) S. 269—292 [Erfurt]. — Groth, MGB. 21 (1920/1921) S. 1—32; 22 (1921/1922) S. 1—32; 24 (1923/1924) S. 1—32; 25 (1924/1926) S. 152—240 [Mühlhausen].

Angermann, VLF. (1904) S. 41—56 [Vogtland]. — Fleischer, BNF. 12 (1961) S. 44—87 [Dresden]. — Kietz, ZNF. 15 (1939) S. 244—261 [Leipzig]. — Knauth, MFAV. 55 (1925) S. 22—61 [Freiberg]. — Meiche, DE. 12 (1913) S. 5—13 [Ostsachsen]. — Meiche, Meißnisch-sächsische Forschungen, S. 54—80. — Weise, MGAVE. 32/33 (1917) S. 69—166 [Eisenberg].

Bahlow, MGAVL. 10 (1924/1925) S. 102—162 [Liegnitz]. — Bahlow, ODFK. 23 (1975) S. 137—144, 169—175 [Schlesien]. — Damroth, Die älteren Ortsnamen, S. 189—238 [Personennamen]. — Fischer, VI. Internationaler Kongress, S. 274—283 [Lausitz]. — Jecht, Beiträge [Görlitz]. — Walther, OSG. 1 (1965) S. 13—21 [Bautzen]. — Wentscher, Oberlausitzer Beiträge, S. 75—81 [Görlitz]. — Zobel, SchH. (1939) S. 77—82.

Albers, NDFK. 14 (1965) S. 65—69 [Bauernnamen]. — Bahlow, BSt. NF. 36 (1934) S. 1—59 [Stralsund]. — Bahlow, BSt. NF. 63 (1977) S. 66—78 [Stettin]. —

Bahlow, Volkskundliche Beiträge, S. 45—51 [Mecklenburg]. — Borck, OM. 78 (1971) S. 117—130 [Osnabrück]. — Borgmann, OJB. 52/53 (1952/1953) S. 52—68 [Oldenburg/Ostfriesland]. — Bruinier, Vom Werden, S. 159—170 [Anklam]. — Dieterichs, StJB. (1959) S. 174—176 [Niedersächsische Herkunftsnamen in Nordamerika]. — Dorider, VJB. 54 (1952) S. 98—133. — Ebeling, Philologia Frisica, S. 92—104. — Endler, FGB. 28 (1930) Sp. 77—88 [Ratzeburg]. — Felten, MJB. 100 (1936) S. 1—178 [Boizenburg]. — Fissen, OJB. 50 (1950) S. 214—231 [Oldenburg]. — Grohne, JBBW. 1 (1955) S. 123—138 [Bremen]. — Grohne, NDZV. 3 (1925) S. 73—80 [Schleswig-Holstein]. — Holmberg, NDM. 5 (1949) S. 198—210. — Knorr, ZSchHG. 19 (1889) S. 135—200 [Schleswig-Holstein]. — Laumanns, ZVGA. 82 (1924) S. 130 bis 143 [Lippstadt]. — Laur, Festschrift für Gerhard Cordes, II, S. 154—178 [Dithmarschen]. — Lübben, NDJB. 6 (1881) S. 145—149. — Maas, DMHP. 4 (1937/1938) S. 332—347 [Posen]. — Mackel, NDJB. 55 (1929) S. 25—39 [Hildesheim]. — Mackel, Niederdeutsche Studien, S. 113—125 [Hildesheim]. — Methner, APGK. 7 (1933) S. 38—46 [Kulm]. — Meyer, BMSch. 17 (1870) S. 293—327 [Dorpat]. — v. d. Osten, JBMM. 14/15 (1911/1913) S. 105—133 [Personennamen der Wurstfriesen]. — Ramsauer, Die Personennamen, S. 478—507 [Oldenburg]. — Reimer, Die Familiennamen [Westpreußen]. — Reimpell, Die Lübecker Personennamen. — Rieck, Mecklenburg 13 (1918) S. 49—66 [Woldegk]. — Schröder, Deutsche Namenkunde, S. 138—158 [Bremerhaven. Wesermünde]. — Schwanzer, 10. Internationaler Kongreß, S. 389—397 [Slowakei]. — Steding, KVNSpF. 72 (1965) S. 6—11 [Göttingen]. — Stephan, Brandenburgia 38 (1929) S. 200—207. — Verdenhalven, LMGLK. 28 (1959) S. 123—162 [Lippische Landgemeinden]. — Walter, NDW. 6 (1966) S. 73 [Münsterland]. — Wedding, Zur Feier, S. 35—87 [Merseburg]. — Wesche, 10. Internationaler Kongreß, S. 371—378 [Bäuerliche Familiennamen]. — Wesche, NDJB. 83 (1960) S. 91—106. — Zoder, GBM. 56/59 (1921/1924) S. 29—62 [Magdeburg]. — Zoder, NSJLG. 23 (1951) S. 1—88 [Niedersachsen].

Es sei noch einige wenige Literatur aufgeführt, die **die westlichen Nachbarn** des Deutschen betrifft, das Friesische, das Niederländische und das Französische.

Fokkema, MVN. 24 (1948) S. 44—59 [Friesische Familiennamen]. — Postma, DVF. 38 (1946) S. 29—53.

Claes, NK. 5 (1973) S. 1—36. — Debrabandere, Kortrijkse naamkunde. — Debrabandere, NK. 4 (1972) S. 134—149 [Kortrijk]. — Lindemans, Brabantse persoonsnamen. — Meertens, De betekenis. — Pée, Feestbundel, S. 237—265. — Prims, VMKVA. (1936) S. 715—734.

Carnoy, Origines. — Christmann, RhWZVK. 7 (1960) S. 1—65. — Dauzat, Les noms de famille. — Jodogne, Répertoire belge.

Herkunftsbezeichnungen in Familiennamen werden in den Handbüchern und in vielen Einzelpublikationen behandelt. Hier werden nur einige Arbeiten genannt, die sich über den ganzen Sprachraum verteilen: Bickel, Beinamen [Reiches Material an Herkunftsnamen. Karte zu den Bonner Herkunftsnamen]. — Debrabandere, NK. 4 (1972) S. 139—149 [Kortrijk]. — Dieterichs, StJB. (1959) S. 174—176 [Niedersächsische Herkunftsnamen in nordamerikanischen Städten]. — Dittmaier, RhVB. 17 (1952) S. 399—426. — Fischer, PBB. 82. Sonderband (Halle 1961) S. 353—362. — Freund, Germanistische Beiträge, S. 29—48 [Kieler Herkunftsnamen]. — Grünert, GAAWF. 3 (1957) S. 139—167 [Herkunftsnamen und Ostsiedlung]. — Keiper, PfM. 33 (1916) S. 94 f. [Französische Herkunftsnamen]. — Knauß, Die Entstehung, S. 77—95 [Grünberger Herkunftsnamen]. Orend, VJB. 9 (1929) S. 256—273 [Siebenbürger Sachsen]. — Ramseyer, Festschrift für Paul Zinsli, S. 26—35 [Bern]. — Redlich, OSG. 3 (1967) S. 59—76 [Luckau]. — Schützeichel, Köln und das Niederland. — Schwarz, ZNF. 16 (1940) S. 3—24 [Altbrünner Herkunftsnamen]. — Schwarz, ZSPh. 26 (1958) S. 61—77 [Böhmen. Mähren]. — Slevogt, ASF. 42/63 (1976) S. 533—543 [Sauerländische Familiennamen als ostpreußische Herkunftsnamen].

Wohnstättenbezeichnungen in Familiennamen dürfen nicht mit den Herkunftsbezeichnungen in eins gesetzt werden. Sie werden in den großen Handbüchern behandelt, ebenso in Einzelstudien. Hier werden nur wenige exemplarische Fälle genannt: Bickel, Beinamen, S. 128—237, 384—391 [Bonner Raum]. — Freund, Germanistische Beiträge, S. 29—48 [Kieler Beinamen nach der Wohnstätte]. — Knauß, Die Entstehung, S. 77—95 [Grünberger Familiennamen aus Flurnamen]. — Schoof, HFK. 9 (1968) Sp. 177 f. [Familiennamen aus Flurnamen].

Berufsbezeichnungen spielen in den Familiennamen eine große Rolle, ebenso in den Handbüchern und sonstigen Untersuchungen. Für die Aufschlüsselung nach Berufsgruppen ist besonders hilfreich: Bach, Deutsche Namenkunde, I. 1. Einige Beispiele aus der wissenschaftlichen Literatur: Bickel, Beinamen. — Buchner, Silvae Monacenses. — Carnoy, BCRTD. 27 (1953) S. 4 f., S. 16 f. [Frühere Berufe]. — Carnoy, HTL. 6 (1952) S. 27—38 [Frühere Berufe in flämischen Familiennamen]. — Fassbinder, MWGF. 27 (1975) S. 11—16 [Latinisierte Berufsnamen]. — Günther, Von Wörtern und Namen [Familiennamen nach Stand und Beruf]. — Knauß, Die Entstehung [Grünberger Familiennamen nach Beruf und Stand]. — Krause, DAZ. 52 (1937) S. 1160 [Apotheker in Familiennamen]. — Leys, MVN. 33 (1957) S. 105—125; 34 (1958) S. 147—158 [Beinamen und Berufsnamen in westflämischen Urkunden]. — Quasebarth, ZDK. (1927) S. 761—763 [Bezeichnungen des Arztes in deutschen Familiennamen]. — Schmerler, Familiennamen aus dem Bauernwesen. — Schmerler, Familiennamen aus dem Bergbau. — Schmerler, Familiennamen aus dem Reiche der Jagdtiere. — Schoof, ZHGLK. 67 (1956) S. 223—226 [Treysa. Mittelalterliche Berufsbezeichnungen in Familiennamen].

Indirekte Berufsbezeichnungen sind gleichermaßen von Interesse. Einige beispielhafte Untersuchungen: Bickel, Beinamen [Mittelbare Berufsbezeichnungen]. — Brechenmacher, Muttersprache 47 (1932) Sp. 215—219 [Namen auf *-fleisch*]. — Götze, Volkskundliche Gaben. — de Man, RhWZVK. 8 (1961) S. 190—196 [Indirekte Berufsnamen]. — Petersen, Mittelbare Berufsnamen.

Satznamen als Zusammenrückungen verdienen besondere Beachtung. Einige Beispiele aus den Untersuchungen:

Andresen, AStNSpL. 43 (1868) S. 395—404. — Armbrust, HL. 7 (1913) S. 154—156 [Mit Satznamen]. — Armbrust, VSch. (1924) S. 132—134 [Hessen]. —

Arneth, JBFLF. 16 (1956) S. 283 f. [Beispiele]. — Bach, Deutsche Namenkunde, I. 1. — Bickel, Beinamen [Bonner Raum]. — Boesch, Namenforschung [Wittenwilers Ring]. — Brechenmacher, Deutsches Namenbuch, S. 308—316 [Zahlreiche Beispiele]. — Burckas, Die Ohrdrufer Familiennamen. Teil IV. [Satznamen]. — Coseriu, Perspektiven [Typus *coupe-papier*]. — Dittmaier RhJBV. 7 (1956) S. 7—94 [Reiche Materialsammlung]. — Finsterwalder, Die Familiennamen [Tiroler Belege]. — Forssner, Deutsche und englische Imperativnamen. — Grünert, Die altenburgischen Personennamen [Zahlreiche Belege]. — Hagström, Zur Inversion [Satznamen]. — Hellfritzsch, Vogtländische Personennamen, S. 113—115. — Hoffrichter, Echonamen. — Iten, Zuger Namenstudien, S. 367. — Knauß, Die Entstehung, S. 73 f. [Satznamen in Grünberger Familiennamen]. — Krause, Muttersprache 53 (1938) Sp. 333—336 [Echonamen]. — Küffner, MZDFG. 5 (1909) S. 98 ff. [Befehlsnamen]. — Loy, BNF. 4 (1953) S. 98 f. [Bayern]. — Loy, VI. Internationaler Kongreß, S. 531—538 [Deutsche Satznamen]. — Mackel, Niederdeutsche Studien, S. 121 f. [Hildesheim]. — Maßmann, AKDMA. 3 (1834) Sp. 83—88 [Imperativnamen]. — Neumann, Die bäuerlichen Familiennamen, S. 164 [Landkreis Oschatz]. — Opel, Die Satznamen. — Schmitt, HBStW. 22 (1967/1968) S. 157—159 [St. Wendel]. — Schütte, Braunschweiger Personennamen, S. 18—22. — Schütte, ZDU. 22 (1908) S. 450—453 [Braunschweig]. — Schützeichel, Festschrift Karl Schneider [Satznamen vom Typus *Shakespeare*]. — Schwarz, Deutsche Namenforschung. I, S. 128 f. [Böhmen]. — Tobler-Meyer, Deutsche Familiennamen [Zürich]. — Trathnigg, ZMF. 12 (1936) S. 98—102 [Gesellennamen]. — Wackernagel, Abhandlungen III, S. 59—117 [Appellativnamen]. — Wardale, MLR. 49 (1954) S. 213 f. [Satzwörter].

Übernamen werden in der familiennamenkundlichen Literatur allenthalben berücksichtigt. Im folgenden werden nur einige wenige Beispiele gebracht, die von Interesse sein können:

Andresen, ZDPh. 20 (1888) S. 227—230. [Der Teufel in Familiennamen]. — Bickel, Beinamen, S. 295—356, 398—406 [Bonner Raum]. — Bock, MVGN. 45 (1954) S. 1—147 [Nürnberg]. — Boesch, Namenforschung, S. 127—159 [Wittenwilers Ring und seine Quelle]. — Dornseiff, Sprache und Sprechender, S. 362—365 [Tiere und Pflanzen in Familiennamen]. — Grohne, NDZV. 3 (1925) S. 41 f. [Wochentagsbezeichnungen als Familiennamen]. — Hegi, ZDWF. 15 (1914) S. 243—245 [Gesellennamen]. — Knauß, Die Entstehung, S. 49—76 [Grünberg]. — Loy, BNF. 3 (1951/1952) S. 327 f. [Bayern. Beziehungslose Übernamen]. — Schoof, ZHGLK. 68 (1957) S. 226—229 [Hessen]. — Schwarz, Deutsche Philologie im Aufriß I, Sp. 1582—1585. — Trathnigg, ZMF. 12 (1936) S. 98—102.

Humanistennamen. Hier sei zunächst einige wenige Literatur genannt, die auch auf die antiken Namenverhältnisse selbst hinführen kann: Bechtel, Die historischen Personennamen [Griechisch bis zur Kaiserzeit]. — Doer, Die römische Namengebung. — Hirzel, Der Name [Insbesondere bei den Griechen].

Für die Humanistennamen ist zunächst hinzuweisen auf Bach, Deutsche Namenkunde, I. 2, weiterhin auf die sonstigen Handbücher. Einige Einzelliteratur sei genannt: Bergerhoff, Humanistische Einflüsse. — Fassbinder, MWGF. 27 (1975) S.

11—16 [Geilenkirchen. Latinisierte Namen]. — Götze, ZNF. 19 (1943) S. 124—126 [Melanchthon]. — Melchers, VII° Congresso, S. 219—226 [Griechisch in deutschen Humanistennamen]. — Melchers, VI. Internationaler Kongreß, S. 821 f. [Rückverdeutschung latinisierter und gräzisierter Personennamen. — Melchers, MNK. 8 (1960/1961) S. 14—16 [Der Name *Peträus*]. — Roelen, NRh. 23 (1956) S. 7 f. [Latinisierungen aus Rufnamen]. — Schröder, Deutsche Namenkunde, S. 70—79 [Vorhumanistische Latinisierung von Eigennamen]. — Wasmansdorff, Kleines Lexikon [Gräzisierte oder latinisierte Familiennamen].

Fremdnamen sind in allen familiennamenkundlichen Publikationen zu erwarten, die sich mit früheren oder heutigen sprachlichen Mischgebieten oder Berührungszonen befassen, östlich der Elbe, im Donauraum, in den Alpen, in den Sprachinseln, am Westrand des deutschen Sprachgebietes, im Ruhrgebiet und auch sonst gelegentlich im Binnenland. Es ist also auf die genannte überregionale und regionale und lokale Literatur zu verweisen. — Im einzelnen sei noch auf die folgenden Arbeiten hingewiesen:

Bleier, WSpB. 23 (1973) S. 61 f. [Wien. Tschechische Namen]. — Breza, Beiträge zur Onomastik, S. 235—239 [Pommerellen]. — Burghardt, Festschrift für Karl Bischoff, S. 271—286 [Ruhrgebiet. Änderungen slawischer Familiennamen]. — Christmann, JBFLF. 21 (1961) S. 109—116 [Pfalz. Französische Familiennamen]. — Damroth, Die älteren Ortsnamen, S. 189—238 [Schlesisch-polnische Personennamen]. — Dreifuß, Die Familiennamen der Juden. — Erbacher, PfH. 3 (1952) S. 69—73; 13 (1962) S. 46—50 [Frankenthal. Französische Familiennamen]. — Fenzlau, Die deutscher Formen [Memelgebiet. Litauische Namen]. — Fischer, VI. Internationaler Kongress, S. 274—283 [Lausitz]. — Fischer, OSG. 1 (1965) S. 7—12 [Deutschtschechische Beziehungen]. — Guggenheimer, Etymologisches Lexikon. — Hirsch, WJBV. (1965/1969) S. 215—221 [Waldenser Familiennamen]. — Kahlo, Muttersprache (1955) S. 107—109 [Sorbisch/Deutsch]. — Keiper, PfM. 33 (1916) S. 94 f. [Pfalz. Französische Familiennamen aus französischen Ortsnamen]. — Leskien, IF. 26 (1909) S. 325—352 [Litauische Personennamen]. — Littger, Studien. — Mechow, APGK. NF. 8 (1975) S. 313—351 [Prussische Namen]. — Neumann, OSG. 3 (1967) S. 77—97 [Oschatzer Land]. — Neumann, Tschechische Familiennamen. — Nied, Heiligenverehrung und Namengebung. — Redlich, OSG. 5 (1970) S. 95—103 [Niederlausitz]. — Redlich, OSG. 8 (1973) S. 167—176 [Niederlausitz]. — Redlich, Leipziger Studien, S. 165—177 [Niederlausitz]. — Ronge, VZ. 66/67 (1964/1965) S. 56—58 [Bottrop. Oberschlesische Familiennamen]. — Rospond, OSG. 7 (1973) S. 65—84; 8 (1973) S. 7—42; 10 (1976) S. 7—66 [Kopernikus und andere Namen]. — Salfeld, Das Martyrologium, S. 386—419 [Nürnberg]. — Schlimpert, Slawische Personennamen. — Schütz, Französische Familiennamen [Ostpreußen. Schweizerkolonie]. — Simek, Kleines Lexikon. — Slevogt, ASF. 58/41 (1975) S. 143—153 [Der Familienname *Cosack* in Westfalen]. — Šmilauer, OSG. 3 (1967) S. 27—32 [Tschechisierung deutscher Personennamen]. — Steger, DSch. 47 (1973) S. 455—562 [Italianisierung deutscher Familiennamen. Südtirol]. — Stricker, INR. 1 (1871) Zweiter Band, S. 427—432 [Italienische, französische, tschechische Familiennamen. Frankfurt am Main]. — Trautmann, Die altpreußischen Personennamen. — Trier, Der Heilige Jodocus. — Tschiersch. Deutsche Familiennamen [Rotwelscher Ursprung].

— Videsott, Ladinische Familiennamen. — Wagenbreth-Hartung, NI. 17 (1970) S. 15—17 [Slawisches in Leipziger Familiennamen. 19./20. Jahrhundert]. — Wenzel, Beiträge zur Onomastik, S. 213—217 [Sorbische Familiennamen. Prinzipien der Klassifizierung]. — Wenzel, OSG. 2 (1966) S. 17—28 [Sorbische und deutsche Familiennamen. Herzberg. Jessen]. — Wenzel, OSG. 3 (1967) S. 41—58 [Amt Schlieben]. — Wenzel, OSG. 7 (1973) S. 85—95 [Präzisierung von Ortsnamendeutungen mit Hilfe slawischer Familiennamen]. — Witte, JBMGA. 71 (1906) S. 153—290 [Wendische Familiennamen]. — Zamora, Hugenottische Familiennamen. — Zender, DU. 9 (1957) Heft 5, S. 72—91.

Familiennamengeographie, die statistisch fundiert ist, wurde vor allem in den Niederlanden entwickelt: Bickel, Beinamen [Mit einer Karte zum Bonner Einzugsbereich]. — Heeroma, BNF. NF. 3 (1968) S. 1—18 [Ostniederlande]. — Heeroma, BNF. NF. 5 (1970) S. 1—13 [Drente]. — Heeroma, DMB. 21 (1969) S. 107—120 [Overijsel]. — Heeroma, DMB. 21 (1969) S. 164—168 [Drente]. — Heeroma, DMB. 24 (1972) S. 91—105; 25 (1973) S. 12—58 [Overijsel]. — Heeroma, Namenforschung, S. 168—177 [Friesland. Familiennamen auf -*a*]. — Heeroma, NK. 1 (1969) S. 175—184 [Genemuiden]. — Nederlands Repertorium. — Roelandts-Meertens, Nederlandse familienamen [Historische Perspektive]. — Schützeichel, Köln und das Niederland. — Jetzt sind vor allem die Arbeiten von Kunze zu beachten.

Appellative aus Eigennamen. Für die in der Einführung behandelten Übergänge sei folgende Literaturauswahl gebracht: Althaus, LB. 57 (1968) S. 92—100 [Familienname als Haustierbezeichnung]. — Bach, Deutsche Namenkunde, I. 1. — Krueger, Eigennamen [Als Appellative]. — Müller, Commentationes, S. 1—176 [Rufnamen als appellative Personenbezeichnungen]. — Patridge, Name into Word [Eigennamen mit appellativer Geltung]. — Sang, Die appellative Verwendung [Luther]. — Tobler, ZVSpW. 4 (1886) S. 68—77. — Urbach, Muttersprache 53 (1938) Sp. 250—253.

Neuzeitliche Entwicklungen betreffen die Durchsetzung der Familiennamen, die neuen Namen der Findelkinder, vor allem auch die neuen Namen der Juden. Dazu: Bach, Deutsche Namenkunde, I. 2. — Bär, HV. 17 (1939) S. 33—46 [Judennamen. Oberpfalz]. — Brilling, RhWZVK. 5 (1958) S. 133—162; 6 (1959) S. 91—99 [Westfalen. Namengesetzgebung der Juden]. — Bücher, Die Bevölkerung, S. 526—601 [Frankfurt am Main. Juden. Herkunft der Bevölkerung]. Bülck, FGB. 33 (1935) S. 313 f. [Familiennamen der Juden]. — Dreifuß, Die Familiennamen der Juden [Baden. 19. Jahrhundert]. — Gansen, BGB. (1928) S. 33—36 [Rheinprovinz. Bürgerrecht der Juden] — Gansen, JFF. 2 (1928/1929/1930) S. 93—104 [Familiennamen rechtsrheinischer Juden]. — Günther, Von Wörtern und Namen, S. 92—105 [Familiennamen der Juden]. — Horwitz, AGB. 6/7 (1930/1931) S. 202—205 [Heimat Mendelssohns. Jüdische Familiennamen in Dessau]. — Jacobson, Die Judenbürgerbücher [Berlin]. — Kessler, Familiennamen der Juden. — Lévy, Les noms [Namen der Juden in Frankreich]. — Miedel, Die Juden in Memmingen, S. 104—114 [Jüdische Namen aus Schwaben]. — Salfeld, Das Martyrologium, S. 386—419 [Nürnberger Memorbuch. Eigennamen der Juden]. — Schiff, Die Namen [Frankfurter Juden. Anfang des 19. Jahrhunderts]. — Silberstein, Festschrift, S. 303—366 [Gesetzliche

Festlegung. Mecklenburg]. — Stricker, INR. 1 (1871) Zweiter Band, S. 427—432 [Frankfurt am Main]. — Stricker, MVGAF. 4 (1873) S. 454—460 [Edikt vom Jahre 1809. Festlegung der Familiennamen Frankfurter Juden]. — Zunz, Namen der Juden.

Zu den gesetzlichen Bestimmungen sei zunächst auf Bach, Deutsche Namenkunde, I., verwiesen, außerdem auf die folgende Literatur, die sich mit den rechtlichen Verhältnissen, auch aufgrund der neuen Gesetzgebung in der Bundesrepublik Deutschland befaßt. Die alphabetische Reihenfolge ist nicht zugleich sachlich gemeint.

Becker, ZFR. 2 (1955) S. 40 f. [Namensänderung]. — Burghardt, Festschrift für Karl Bischoff, S. 271—286 [Änderung slawischer Familiennamen]. — Krause, Bürgerliches Recht [Familienrecht. Stand des Jahres 1977]. — Ott, ASF. 37 (1971) S. 176 [Das neue Familiennamenrecht]. — Piper, ZNDFK. 37 (1962) S. 17 [Namenführung des Adoptivkindes in Schleswig-Holstein]. — Piper, ZNDFK. 37 (1962) S. 56 f., 66—68 [Namenführung Unehelicher in Schleswig-Holstein. 1522/1852]. — Quester, ASF. 37 (1971) S. 161—168 [Ehenamenwahl]. — Riese, GJB. 13 (1973) S. 129—131 [Familienname und Gleichberechtigung]. — Rolland, Das neue Ehe- und Familienrecht [Stand des Jahres 1977]. — Schlüter, Familienrecht [Stand des Jahres 1979]. — Schönthür, Das Recht [Namensänderung]. — Schwab, Familienrecht [Stand des Jahres 1980]. — Stern, Über das Namenwesen [Österreichisches Recht. Stand des Jahres 1894].

Die blauen Wörterbücher von de Gruyter

www.degruyter.de/sprachschaetze

■ Kluge
Etymologisches Wörterbuch der deutschen Sprache

Bearbeitet von Elmar Seebold

24. Auflage 2002.
Gebunden + CD-ROM.
ISBN 3-11-017472-3
Broschur. ISBN 3-11-017473-1
CD-ROM. ISBN 3-11-017474-X

■ Variantenwörterbuch des Deutschen

Die Standardsprache in Österreich, der Schweiz und Deutschland sowie in Liechtenstein, Luxemburg, Ostbelgien und Südtirol

Von Ulrich Ammon et al.

2004. Gebunden. ISBN 3-11-016575-9
Broschur. ISBN 3-11-016574-0

■ Dornseiff
Der deutsche Wortschatz nach Sachgruppen

Mit einer lexikographisch-historischen Einführung und einer ausführlichen Bibliographie zur Lexikographie und Onomasiologie

Herausgegeben von Uwe Quasthoff

8. völlig neu bearb. Aufl. 2004.
Gebunden + CD-ROM.
ISBN 3-11-009822-9
Broschur. ISBN 3-11-017921-0
CD-ROM. ISBN 3-11-017922-9

Rudolf Köster
■ Eigennamen im deutschen Wortschatz

Ein Lexikon

2003.
Gebunden. ISBN 3-11-017701-3
Broschur. ISBN 3-11-017702-1

W
DE
G
de Gruyter
Berlin · New York

Wilfried Seibicke

■ Historisches Deutsches Vornamenbuch

Das HDV ist das erste deutsche Vornamenlexikon, das Aufkommen und Verbreitung nahezu jedes im deutschen Sprachgebiet seit 1400 vergebenen Vornamens anhand zahlreicher Belege aus gedruckten und ungedruckten Quellen dokumentiert. Die alphabetisch geordneten Namenartikel geben Auskunft über die Bedeutung (Etymologie), den Gebrauch und die Zulässigkeit sowie die korrekte Aussprache und Schreibweise des jeweiligen Vornamens, nennen Namenspatrone und verzeichnen einschlägige Literatur.

Bd 1: A - E
1996. Gebunden. ISBN 3-11-014445-X

Bd 2: F - K
1998. Gebunden. ISBN 3-11-016196-6

Bd 3: L - Sa
2000. Gebunden. ISBN 3-11-016819-7

Bd 4: Sc - Z
2003. Gebunden. ISBN 3-11-017540-1

de Gruyter
Berlin · New York